Dieter Metzler

Kleine Schriften
zur Geschichte und Religion des Altertums
und deren Nachleben

Herausgegeben von
Tobias Arand und Alfred Kneppe

Forschungen zur Anthropologie und Religionsgeschichte

Band 39

begründet von
Alfred RUPP†

herausgegeben von
Manfried L.G. Dietrich — Oswald Loretz

2004
Ugarit-Verlag
Münster

Dieter Metzler

Kleine Schriften
zur Geschichte und Religion des Altertums
und deren Nachleben

Herausgegeben von
Tobias Arand und Alfred Kneppe

2004
Ugarit-Verlag
Münster

Metzler, Dieter:
Kleine Schriften zur Geschichte und Religion des Altertums
und deren Nachleben.
Herausgegeben von Tobias Arand und Alfred Kneppe
    Forschungen zur Anthropologie und Religionsgeschichte Band 39

© 2004 Ugarit-Verlag, Münster

Herstellung: Hanf Buch und Mediendruck GmbH, Pfungstadt

Printed in Germany

ISBN 3-934628-51-6

ISSN 0341-8367

Printed on acid-free paper

Inhalt

Vorwort

Hesperio de limine surgit origo
sed nutrix Aurora tibi.

Am 18. Mai 2004 vollendet Dieter Metzler sein 65. Lebensjahr. Als Hochschullehrer gehörte er seit 1978 dem damaligen Fach Geschichte der Pädagogischen Hochschule Westfalen-Lippe, später dem Institut für Didaktik der Geschichte der Westfälischen Wilhelms-Universität Münster an. In Forschung und Lehre gelang es ihm, als *vir doctus* Fragestellungen der Alten Geschichte und Archäologie einerseits, der Rezeptionsgeschichte und Geschichtsdidaktik andererseits auf originelle Weise zu verknüpfen und zu Ergebnissen zu gelangen, die weit über den Horizont der einzelnen Disziplinen hinaus reichen. Auf diese Weise verstand er es als akademischer Lehrer, eine große Anzahl von Studenten sämtlicher Studiengänge für seine Forschungsschwerpunkte zu interessieren. Die Zahl von mehr als 900 Staatsexamina sowie von acht durch ihn betreuten Promotionen zeugen davon. Darüber hinaus war er immer wieder in der Lage, durch die ihm eigene Eloquenz in zahlreichen öffentlichen Vorträgen einen breiten Kreis außeruniversitärer Interessenten für die Ergebnisse seiner Forschungen zu gewinnen.

Eigene Anschauung im Sinne Herodots war und ist für Dieter Metzler bei seinen Forschungen wesentliches Anliegen. Sie wurde zum Beweggrund für zahlreiche Reisen, die ihn außerhalb Europas vor allem in die verschiedenen Regionen Asiens und nach Nordafrika führten. Sie ließ ihn ebenfalls während seiner Lehrtätigkeit zahlreiche Exkursionen veranstalten, auf denen er seinen Studenten gerade diese ihm bedeutsamen Kategorien von ὄψις und ἱστορίη nahe zu bringen versuchte. Die beiden Herausgeber dieses Bandes erinnern sich lebhaft und dankbar an zwei Unternehmungen dieser Art, die sie jeweils nach Algerien und Tunesien sowie nach Griechenland führten.

Er selbst hat von seinen akademischen Lehrern – unter ihnen besonders von Franz Altheim, Ruth Altheim-Stiehl, Max Wegner und Sir Moses Finley – die Fähigkeit erhalten, zunächst an archäologischen Denkmälern Details wahrzunehmen und zu interpretieren, sie dann einem weitgespannten Bezugsfeld von Kulturaustausch und Kulturverbindung zuzuordnen. Besonders interessierte und interessiert ihn der europäisch-asiatische bzw. asiatisch-europäische Transfer, wie er in ästhetischer Konzeption, künstlerischer Gestaltung, in religiösen Vorstellungen und religiöser Praxis zum Ausdruck kommt. Geographische Schwerpunkte sind dabei Griechenland, die Schwarzmeerregion, der Iran und China.

Ein solches Interesse an Entwicklungen, die räumlich übergreifend sind, korrespondiert mit dem an epochenübergreifenden Phänomenen. Dieter Metzler befaßte sich intensiv mit der Wirkungs- bzw. der Rezeptionsgeschichte der Antike. Das Zeitalter des Humanismus war dabei naturgemäß eines der Betätigungsfelder. Besonders jedoch ist seine Auseinandersetzung mit der Antikenrezeption zweier Persönlichkeiten hervorzuheben, deren Biographie ihn stets über diesen thematischen Ansatz hinaus beschäftigt hat: Johann Joachim Winckelmann und Johann Wolfgang von Goethe. Ein dauerhaftes Anliegen waren ihm darüber hinaus Fragestellungen, die die Thematik des Geschichtsbewußtseins betreffen, so z.B. die der Instrumentalisierung von Geschichte und Geschichtsbildern in der vormodernen Zeit.

Die Vielfalt der Forschungsinteressen Dieter Metzlers schlägt sich in seinen zahlreichen Aufsätzen und Beiträgen nieder. Die Herausgeber dieses Bandes sehen daher ihr Anliegen darin, eine Auswahl seiner Publikationen einer größeren Öffentlichkeit zugänglich zu machen und sie anläßlich des 65. Geburtstags des Autors zu präsentieren. Sie danken allen Verlagen, die freundlicherweise den Wiederabdruck der Texte und Bilder genehmigt haben. Sie sind dem Ugarit-Verlag in Münster zu Dank dafür verpflichtet, daß er den vorliegenden Band in seine Reihe „Forschungen zur Anthropologie und Religionsgeschichte" aufgenommen hat. Sie möchten darüber hinaus Frau Anne Ritter ein großen Dank aussprechen, daß sie durch ihre hervorragenden Fähigkeiten, ihre Tatkraft und Sorgfalt die technischen Voraussetzungen für die Herstellung des Bandes geschaffen hat.

Die Herausgeber wünschen Dieter Metzler, daß er in der nächsten Zeit ohne dienstliche Verpflichtungen bei guter Gesundheit seine Forschungen fortsetzen und sie weiterhin einer interessierten Öffentlichkeit präsentieren möge.

Münster, im Januar 2004

Tobias Arand   Alfred Kneppe

Diogenes – Kyniker oder Sufi?
Außenseiter und Randgruppen im antiken Griechenland

Als Tassos Katsanakis, unser spiritus rector und unermüdlicher Organisator der münsterschen Griechenlandtage, mich einmal wieder aufforderte, dort einen Vortrag zu halten – 1999 über Randgruppen –, zögerte ich zunächst angesichts der beträchtlichen Weite des Themas (vgl. WEILER 1988, SALLES 1995), ist doch ihre Mitte scheinbar bekannt, nicht aber das Ausfransen der antiken Kultur an ihren Rändern. Vieles wäre zu behandeln. So erzeugte etwa schon die Verfaßtheit der klassischen Polis als Ausschluß-Demokratie Randgruppen: Frauen, Metöken, Sklaven. Es war also das Thema auf den Umfang eines Vortrages – man kann über alles sprechen, nur nicht über eine Stunde – zu begrenzen und diesen hier wiederum als knappes Autorreferat festzuhalten.

Am Rande der Ränder schien Diogenes einer Erinnerung wert, der wie ein Hund (κύων) lebte und sich als Erster Weltbürger (κοσμοπολιτης) nannte (67)[1], der jemanden auf den Vorwurf hin, seine Mitbürger in Sinope hätten ihn ausgewiesen, verbesserte: „Ich habe sie zurückgelassen". (49) Und aus diesem Anlaß habe er zu philosophieren begonnen. Sein Ausgestoßensein läßt ihn also nicht zum Objekt oder gar Opfer werden, sondern veranlaßt ihn, aus dieser Außenseiterposition auf einer neuen Ebene autonomes Subjekt zu werden – etwa wenn er später als feilgebotener Sklave auf dem Markt nach seinen besonderen Fähigkeiten befragt, über Menschen herrschen zu können (74) angibt und sich folgerichtig seinen Käufer selbst aussucht – der ihn dann zum Verwalter seines ganzen Hauses und zum Erzieher seiner Kinder macht. Die Menschen haben ihn in eine Randgruppe gestoßen, und aus eben dieser Randgruppe heraus geht er mit einem neuen Anspruch auf die Menschen zu.

Zahlreiche Anekdoten – und fast nur in dieser Form hat die antike Doxographie seine Philosophie überliefert oder erweitert – erzählen von Diogenes' Appellen an seine Mitmenschen. Verbindendes Element möchte man dabei geradezu die häufig wiederkehrende Variation des delphischen Themas „Erkenne dich selbst" nennen, ausgedrückt in den Oxymora von

---

[1] Die Zahlen in Klammern verweisen auf Kapitel im 6. Buch der „Leben und Meinungen der bedeutendsten Philosophen" des DIOGENES LAERTIOS, dtsch. von Otto Apelt. Hamburg 1921, Nachdruck 1998, und „Das Leben des Diogenes von Sinope erzählt von Diogenes Laertios, hrsg. von Karl Steinmann. Zürich 1999.

Anspruch und Wirklichkeit und als Provokationen frech formuliert oder demonstrativ in Szene gesetzt. Sie sind so zahlreich wie bekannt, bei seinem kaiserzeitlichen Namensvetter aus Laerte nachzulesen und daher hier nur mit Beispielen ins Gedächtnis zu rufen: auf die Frage, wo in Griechenland er tüchtige Männer gesehen habe, antwortete er: „Männer nirgends, nur tüchtige Knaben in Sparta" (27). Einem, der ihn zum Besuch eines prächtigen Hauses einlud, ihm aber gleichzeitig dort ausdrücklich das Ausspucken verbieten zu müssen glaubte, spie er ins Gesicht mit den Worten, er habe keine schäbigere Stelle finden können (32). Einem, der sich mit Weihwasser besprengte, sagte er: „Begreifst du nicht, daß dich das Wasser ebensowenig von den Fehlern in deinem Leben wie von denen in der Grammatik befreit?" (42). Auf solche ebenso drastischen wie moralisierenden Neudefinitionen liebgewordener Begriffe und Verhaltensweisen stützen sich seine antiken Interpreten, wenn sie das Selbstzeugnis aus seinem Dialog Pordalos (= der Stinker, Spottname für Kyniker), er habe die Münze umgeprägt (nach anderen war auch seinem Vater in Sinope Falschmünzerei vorgeworfen worden), so deuten (20), daß Apollo selbst in Delphi oder Delos ihm durch ein Orakel die städtische Münze überlassen habe – Diogenes hat den tieferen Sinn dieses „Umprägens" verstanden und ihn auf moralischem statt auf monetärem Felde gesucht und gelebt.

Rechtschaffenheit in individueller Unabhängigkeit mag man als sein Lebensziel bezeichnen, Bedürfnislosigkeit als das Mittel, es zu erreichen. Darüber ist von berufener Seite vieles geschrieben worden (vgl. NACHOV 1976 und GOULET-CAZÉ 1999, jeweils mit weiterführender Literatur). Hier soll zur Einschätzung der historischen Bedeutung des Diogenes durch zwei Vergleiche aus vielleicht etwas ungewöhnlicher Perspektive beigetragen werden: durch einen Blick von außerhalb der antiken Welt und den Vergleich mit einer zeitlich früheren Gestalt aus der älteren griechischen Kultur.

Askese verbindet ihn mit den Sufis der islamischen Welt, deren Ideal einer entsagenden Randexistenz andererseits auch Elemente vorislamischer Lebensformen weiterzuführen scheint (vgl. TRIMINGHAM 1971, DEMIDOV 1988). Natürlich war Diogenes sensu stricto kein Sufi vor deren Zeit, kein mystischer Gottsucher, kein Ordensgründer und kein missionierender religiöser Organisator. Aber in einigen Teilaspekten ergeben sich doch bemerkenswerte Vergleichsmöglichkeiten: Die dem tasawwuf (= Sufismus) Folgenden wurden – um mit einer nur scheinbar belanglosen Äußerlichkeit zu beginnen – von ihrer Umwelt nach ihrem aus (grober, brauner) Wolle (= arab. Suf) gewebten Mantel Sufis genannt. Ein grober Wollmantel der bedürfnislosen Kyniker und also auch des Diogenes selbst war der τρίβων (13), der neben der πήρα (= lederner Brotbeutel) oft ihren einzigen Besitz darstellte (13, 23). „Wanderradikalismus" (THEISSEN 1973) bzw. freiwillige Obdachlosigkeit lassen sich in beiden Gruppen finden (METZLER

1988, S. 89f. mit Anm. 36) – „als Schlafplatz dienten Diogenes Tempel und Säulenhallen und auch jene Tonne im Metroon" (STEINMANN 1999, S. 15). Weiter noch geht in der Distanz zur Kulturwelt das im Sufismus immer wieder begegnende Verdikt gegen Bildung und Wissenschaft (MEZ 1922, S. 181) und entsprechend habe Diogenes gesagt: „Um Musik, Geometrie, Astronomie und dergleichen brauche man sich nicht zu kümmern, da solcherlei Dinge nutzlos und nicht nötig seien" (73). Wie auf eine Formel gebracht, heißt es in der Ethik Apollodors, der Kynismus sei der kurze Weg zur Tugend (τὸν κυνισμὸν σύντομον ἐπ᾽ ἀρετὴν ὁδόν. D. L. VII 121) Ähnlich ist der „Weg" (arab. tarīqa) mancher Sufis – oder auch der „Pfad", das dao mancher hinduistischer, buddhistischer und anderer Erweckungs- prediger – der „kurze" und nicht der lange über die theologische Systematik.

Statt in theologischen Lehrgebäuden zu philosophieren, überläßt man sich in Spätphasen des Sufismus einer „emotionalen All-Einheits-Mystik" mit pantheistischen Elementen (SCHIMMEL 1974, S. 199), dem in der An- schauung des Diogenes das „Alles in Allem" (73) als pantheistisches Pen- dant entspräche. In gesellschaftlichen Fragen leiten beide – Kyniker wie Sufis – daraus Gleichheitsforderungen ab. Vielleicht gewinnt in diesem Kon- text auch die berühmte Alexander-Anekdote – „Geh mir aus der Sonne" (paululum a sole, wie Cicero Tusc. V 92 zitiert) – einen neuen Aspekt. Ist doch Helios, die Sonne der Gerechtigkeit, auch der Gott utopischer Gleichheitshoffnungen – durch Alexanders Schatten werden also gerade sie und nicht allein Diogenes ins Dunkel gerückt. Hinter dem Bürger, dem Aristokraten, dem Würdenträger sucht Diogenes den Menschen (ἄνθρωπον, 41) – bei Tageslicht mit der Laterne! Dschelaleddin Rumi, dessen my- stisches Idealbild der zu Gott strebende "Mann" ist, spielt in seinem Werk gleich dreimal ausdrücklich auf Diogenes an: „Gestern umschritt unser Meister die Stadt mit der Lampe: Geister! Getier! Während ich einen Men- schen nur wünsche!" (SCHIMMEL 1978, S. 106). Zwischen dem Maulana (= „unser Meister") Rumi aus dem 13. Jahrhundert und Diogenes liegen Welten, doch dem Gottsucher bleibt der Menschensucher ein erinnerungs- würdiges Beispiel. Diogenes lebte fernab aller Frömmigkeit und konnte dem Lobpreis der in Seenot helfenden Götter von Samothrake, denen ja so viele Weihgeschenke von Geretteten errichtet seien, hinzufügen, daß noch viel mehr davon zu sehen wären, wenn auch die Nichtgeretteten Geschenke dorthin geweiht hätten (59). Dieser Spruch lief zwar auch unter dem Namen des radikalen Atheisten Diagoras von Melos, seinem Zeitgenossen, aber auch Diogenes' Religionskritik ist gut belegt (GOULET-CAZÉ 1999, Sp. 975). Seine Mühen und sein Ziel bleiben durchaus innerweltlich. Um seiner Menschenwürde willen versagt er sich die vom für ihn Wesentlichen ablenkenden Annehmlichkeiten des bürgerlichen Lebens. Zu seiner Würde gehört die Selbstbestimmung: Fast neunzigjährig zieht er die letzte Konsequenz und bestimmt auch sein Lebensende selbst – durch Anhalten der Atmung (76f.). Im Sāmkhya-Yoga wird diese Haltung und Technik von indischen Yogis geübt (CONRADY 1906, S. 350). „Kurze Wege" haben Kyniker und Sufis gemeinsam, ihre Ziele allerdings liegen welt- bzw. himmelweit auseinander. Ihre Bewegungen entstanden jeweils am Rande von und als Antwort auf etablierte Gesellschaften – der der demokratischen Polis im Altertum und der einer verbürgerlichten Stadtkultur des Islam, wo die Theologie der Qadis als Weltweisheit (arab. ʿilm ad-dunya) von den Sufis mißbilligt wurde (MEZ 1922, S. 210).

Während Diogenes und die Kyniker die Mitte – ἐς μέσον τιθέναι heißt es, wenn etwas der Polis zur gemeinsamen Entscheidung vorgelegt wird – verlassen, um am Rande zu leben, zwar parasitär die Polisstruktur nutzend, aber deren Bürger als Bürger verachtend, drängte vom Rande der homerischen Adelsgesellschaft her die literarische Gestalt des Thersites (WELSKOPF 1962, S. 107ff., STONE 1989, S. 28ff.) in deren Mitte, wurde aber dort zum Außenseiter gestempelt. Zwar benutzte er in der Volksversammlung (Ilias II 240ff.) gegen Agamemnon dieselben Argumente, die schon Achill auf diesen gemünzt hatte, doch quod licet Iovi non licet bovi: Wie Diogenes wurde er zum Falschmünzer gestempelt. Lukian (Demonax 61) nennt ihn folgerichtig einen Kyniker, denn so wird er karikiert: armselig und häßlich (Ilias II 212ff.). Odysseus erwartet zwar – selbst in entsprechende Situation geraten – von anderen die Einsicht, daß man Häßlicher klüger als ein Schöner sei und auch daß ein armseliger Bettler Achtung verdiene, aber da Thersites die richtigen Worte am falschen Platz (vgl. HEINER MÜLLER 1975, S. 114f.: Geschichten von Homer) sagte, nämlich von seinem Platz am Rande der Gesellschaft her, verprügelte er ihn – unter dem ängstlichen Gelächter der Genossen seines Opfers. Gelächter, und zwar homerisches, muß ja bekanntlich auch ein anderer Außenseiter ertragen: Hephaistos, der verkrüppelte Schmiedegott, der als einziger unter den Göttern jemals Zeug zu widersprechen wagt (Ilias I 571ff.).

Um noch einmal auf das Bild von Diogenes als Falschmünzer zurückzukommen: Falsches sagte eigentlich nicht Thersites, sondern verleitet durch einen falschen Traum, den Zeus ihm gesandt hatte – Agamemnon, als er nur mal so zur Probe die falsche Nachricht einer bevorstehenden Heimfahrt verkündete. Die angemessene Antwort der darauf hoffenden, von der Beuteverteilung ausgeschlossenen einfachen Kämpfer, der contribuens plebs und von den Heroen an den Rand Gedrängten gibt Thersites. Er forderte noch vergeblich seine Rechte in einer Gesellschaft, die Diogenes hinter sich lassen wird. Aber mit welchem Risiko? „Die Kyniker wollten das Unmögliche möglich machen: die Menschen von den Fesseln des Staates, der Gesetze, von der Gesellschaft, in der sie lebten, befreien" (NACHOV 1976, S. 396).

Kein Wunder, daß Diogenes in der Renaissance im Bild der durch die Architektur wie auch durch die Protagonisten Platon und Aristoteles hierarchisch aufgebauten „Schule von Athen" Raffaels als einziger am

Boden gelagert, schräg zur Bildachse in besonderem Perspektivsystem eingefügt, mit abgewandtem Blick und dürftig bekleidet deutlich als Außenseiter gekennzeichnet ist.

In einer Epoche jedoch konnte noch eine optimistischere Ideologisierung ihren Ausdruck finden: Auf dem Höhepunkt der Französischen Revolution verbreitet die Bildpropaganda die Erfolgsmeldung, daß Diogenes mit der Laterne nicht umsonst gesucht habe. Denn schon selbst mit der Freiheitsmütze auf dem Kopfe, seine Tonne verlassend und dem Untier auf den Schwanz tretend, trifft er endlich auf den wahren Menschen – Marat, der die Hydra der Aristokratie zermalmend aus dem Dunkel eines Kerkerlochs in den Lichtstrahl der Laterne des Menschen suchenden Diogenes emporsteigt (VIDAL-NAQUET 1996, S. 127f.) und so den von seinem Befreier begonnenen Kampf beendet. Und auch schon etwas früher dürfte er auf einem Stich nach Moreau 1782 vom langen Suchen erlöst seine Laterne ausblasen, denn Rousseau, der wie er das „natürliche Leben" gepriesen hatte, war in den Kreis erlauchter literarischer Aufklärer zu ihm ins Elysium eingegangen – nicht ohne die beträchtliche Menge seiner Schriften (HARTEN – HARTEN 1989, S. 124).

Bibliographie:
Conrady, August: Indischer Einfluß in China im 4. Jahrhundert v. Chr., in: Zeitschrift der Deutsch-Morgenländischen Gesellschaft 60 (1906), S. 335ff.
Demidov, Sergej M.: Sufismus in Turkmenien. Hamburg 1988
Diogenes Laertios, Das Leben des Diogenes von Sinope, hrsg. von Karl Steinmann. Zürich 1999
Goulet-Cazé, Marie-Otilie: Kynismus, in: Der Neue Pauly 6, Stuttgart – Weimar 1999. Sp. 969-977
Harten, Hans Christian – Harten, Elke: Die Versöhnung mit der Natur, Reinbek 1989
Metzler, Dieter: Widerstand von Nomaden gegen zentralistische Staaten im Altertum, in: Forms of control and subordination in antiquity, hrsg. von Tori Yuge – Masaoki Doi. Leiden 1988. S. 86-95
Mez, Adam: Die Renaissance des Islams. Heidelberg 1922
Müller, Heiner: Texte 3 : Die Umsiedlerin. Berlin 1975
Nachov, Isaj: Der Mensch in der Philosophie der Kyniker, in: Der Mensch als Maß der Dinge, hrsg. von Reimar Müller. Berlin 1976. S. 361-398
Maß der Dinge, hrsg. von Reimar Müller. Berlin 1976. S. 361-398
Salles, Catherine: Les bas fonds de l'antiquité. Paris 1995
Schimmel, Annemarie: Mystik, in : Lexion der islamischen Welt, hrsg. von Werner Diem u.a. Stuttgart 1974
Schimmel, Annemarie: Rumi. Ich bin Wind und du bist Feuer. München 1978
Steinmann, Karl, siehe: Diogenes Laertios

Stone, Isidor F.: The trial of Socrates. New York 1989

Theissen, Gerd, Wanderradikalismus, in: Zeitschrift für Theologie und Kirche 70 (1973), S. 245-271

Trimingham, John Spencer: The Sufi orders in Islam. Oxford 1971

Vidal-Naquet, Pierre: Athen – Paris und zurück. München 1996

Weiler, Ingomar (Hrsg.): Soziale Randgruppen und Außenseiter im Altertum. Graz 1988

Welskopf, Elisabeth-Charlotte: Probleme der Muße im antiken Hellas. Berlin 1962

Bilderstürme und Bilderfeindlichkeit in der Antike

Bilder sind Mittel der Kommunikation. Künstlerische Bilder sind es in gesteigertem Maße: Sie vermitteln nicht nur Inhalte, sondern auch Werturteile und Gefühle über die Art von Darstellung und Inhalt. Bilder setzen Betrachter voraus – gedachte oder reale. Und entsprechend den gesellschaftlichen Verhältnissen der jeweils angesprochenen oder auch ausgeschlossenen Betrachter kann die Kommunikation unter ihnen verschiedene Formen annehmen. Im Falle der Bilder können ihre Inhalte oder die in der Form ihrer Darstellung implizierten Wertvorstellungen den Herrschenden oder den Unterdrückten nützlich sein oder auch als störend empfunden werden, weshalb es zu Bilderfeindlichkeiten oder Bilderstürmen kommen kann.

Diese Zerstörung oder Behinderung von Bild-Kommunikation wurde auch im Altertum ständig in den verschiedensten Formen und mit jeweils verschiedenen politischen oder moralischen Zwecken angewendet, um Herrschaft zu bewahren bzw. umzustürzen. Die im Folgenden skizzierte Übersicht beansprucht schon wegen der wenigen und disparaten Quellen keineswegs für diesen entlegenen und langen Zeitraum historische Vollständigkeit oder auch eine umfassende Systematik zu bieten, sondern möchte durch Aufzeigen ihrer Vorläufer moderne Erscheinungen durchsichtiger machen helfen und durch mögliche Beispielreihen vermeintlich einmalige Ereignisse der Anwendung allgemeiner historischer Gesetze zugänglich machen.

Zahlreich überliefert und in ihrer Bedeutung leicht durchschaubar sind die stets sich wiederholenden Fälle von primär politischen Bildzerstörungen, sei es, daß man nach der Eroberung eines fremden Gebietes Bildnisse und Symbole des unterworfenen Souveräns zerstört und seinen Namen auslöscht, sei es, daß ein Usurpator die Denkmäler seines mehr oder weniger legitimen Vorgängers beseitigt oder unkenntlich macht oder sei es schließlich, daß eine unterdrückte Klasse sich zu erheben versucht und dabei die Herrschaftssymbole ihrer Unterdrücker zerstört.

Aus dem Alten Mesopotamien kenne ich neben einer Tempelzerstörung in einem Volksaufstand um 1531 v. Chr. nur ein archäologisches Beispiel. Ein bronzener Herrscherkopf aus dem 3. Jahrtausend[1], dem mutwillig die Ohren abgehauen und ein Auge ausgeschlagen wurde. Ob dies bald nach

---

[1] B. Brentjes in Klio 46 (1965). S. 34f. [Erra-Epos, zur Datierungsproblematik dieses Epos jetzt: Cagni, L.: L'epopea di Erra. Rom 1969]. Strommenger, E. -M. Hirmer: Fünf Jahrtausende Mesopotamien. München 1962. Taf. XXIIf. mit Text. Allgemeines zur Bilderverehrung im Alten Orient: Oppenheim, A. L.: Ancient Mesopotamia. Chicago 1964. S. 183f.

seiner Entstehung geschah oder erst sehr viel später, bei seiner Verschlep-
pung in einen der Tempel von Ninive im 8./7. Jahrhundert, ist nicht zu entscheiden, doch darf man hier nach einem Blick auf das Alte Ägypten vielleicht mit analogen Verhältnissen rechnen. Schon im Alten Reich (2660 bis
2134) werden Bilder und Namen von Privatleuten und Herrschern ausgekratzt[2], teils um sich an ihnen zu rächen, teils um ihr Andenken auszulöschen
und ihr Fortleben nach dem Tode damit zu beenden. Neben diesen Einzelak-
tionen steht sehr früh ein Bildersturm großen Ausmaßes mit eindeutig revolutionärer Zielsetzung: Beim Aufstand der im Laufe der Feudalisierung des
untergehenden Alten Reiches maßlos verelendeten Unterschichten werden
auch die Pyramiden als die Symbole der Staatsmacht geplündert und die
Gräber des Adels zerstört.[3]

Im Gegensatz zu diesem revolutionär motivierten Bildersturm – wie weit
die „Mahnworte des weisen Ipu" bei ihrer Schilderung, die eingefügt ist in
vielfältige Klagen über den Umsturz der guten alten Ordnung, übertreiben,
bleibe dahingestellt – ist die Zerstörung der Bilder und Namens-Kartuschen
der Königin Hatschepsut[4] (1490-1470) ausschließlich der Rache ihres erst
spät in den Genuß der ihm rechtmäßig gebührenden Herrschaft kommenden
Sohnes Thutmosis III. zuzuschreiben. Sie selbst hatte in gleicher Weise das
Andenken ihres verstoßenen Günstlings Senmut[5] auszulöschen versucht.
Echnatons Zerstörungen sollen wegen ihrer theologischen Bedeutung weiter
unten erwähnt werden.

Aus Griechenland sind politisch motivierte Bildzerstörungen erst seit
etwa 500 v.Chr. bekannt: Die Statue des Hipparchos Charmidou aus der
Familie des Tyrannen Peisistratos wird gleichzeitig mit seiner Ostrakisierung
(487) auf Beschluß des Volkes von Athen eingeschmolzen und in eine Ge-
setzestafel gegen Staatsfeinde umgewandelt.[6] Aus der gleichen demokratischen Haltung heraus wurde vermutlich die Statue des letzten Königs von
Kyrene, Arkesilaos IV.,[7] beseitigt. Pausanias' Epigramm[8] auf dem Weihge-

[2]   Erman, A. – Ranke, H.: Ägypten. Tübingen 1923. S. 190f. und S. 288.

[3]   Spiegel, J.: Soziale und weltanschauliche Reformbewegungen im alten Ägypten.
Heidelberg 1950. S. 18 und S. 34. Neuere Literatur zu den „Admonitions" des Ipu:
R. O. Faulkner in Journ. of Egypt. Archaeology 51 (1965). S. 53ff.

[4]   Wolf, W.: Kulturgeschichte des Alten Ägypten. Stuttgart 1962. S. 287. Drioton,
E. – Vandier, J.: L'Egypte. Paris 1962. S. 381ff.

[5]   Wolf, a.a.O., S. 287.

[6]   Shriver, J. R.: Documents from the Persian Wars. Diss. Cincinnati 1964. S. 85ff.;
Metzler, D.: Porträt und Gesellschaft. Münster 1971. S. 357; vgl. auch Livius 31, 44.

[7]   Chamoux, F.: Cyrène sous la monarchie des Battiades. Paris 1953. S. 370;
Metzler, a. a. O., S. 224 und S. 241.

[8]   Metzler, a.a.O., S. 35; Gauer, W.: Weihgeschenke aus den Perserkriegen. Tübingen 1968. S. 92f., glaubt, daß die verbündeten Städte gegen Pausanias Weihinschrift
vorgegangen seien.

schenk für die Siege über die Perser bei Platää (479), der sogenannten Schlangensäule, wurde eradiert und durch die Namen der Städte ersetzt, die am Kampf gegen Persien teilgenommen hatten, da die Nennung eines einzelnen an dieser prominenten Stelle zu leicht den berechtigten Verdacht auf Tyrannis aufkommen ließ. Ebenfalls gegen einen Tyrannen gerichtet, wenn auch primär gegen einen auswärtigen, war die Zerstörung des Zeus-Altares des Dareios und seiner Inschrift-Stelen durch die Leute von Kalchedon und Byzanz[9], die sich mit dieser Tat möglicherweise auch gegen ihren eigenen von den Persern gestützten Dynasten wandten (513).

Daß die Bildzerstörung als publizistischer und psychologischer Ausdruck des Klassenkampfes auch bei den späteren gewaltsamen innenpolitischen Auseinandersetzungen – A. Fuks kennt in der hellenistischen Zeit über 60 Revolutionen bzw. Aufstandsversuche[10] – eine Rolle spielte, läßt sich in Analogie zu diesen früheren Beispielen und zu verwandten Erscheinungen der Neuzeit[11] vermuten. Blinde Zerstörungswut dürfte in solchen Fällen gelegentlich durchaus eine Erfindung der Greuelpropaganda sein, wie die Anweisungen der Anführer der aufständischen sizilischen Sklaven nahelegen, die sich eben gegen unsinnige Zerstörungen richten[12].

Rom ist auch auf unserem Gebiet ein gelehriger Schüler der Griechen und führt in der Kaiserzeit die „memoriae damnatio" zu ihrer eigentlichen Blüte[13]. Zahlreiche Kaiserstatuen, Inschriften und Reliefs sind auf diese Weise behandelt worden, und auch die literarischen Quellen fließen reichlich. Bemerkenswerteste Tatsache: Die Bilderstürme sind in ihrer Mehrzahl von oben angeordnet. In den Machtkämpfen der Thronprätendenten und nach dem Tode verhaßter Kaiser sind es meist die Soldaten, die über die

---

[9]   Herodot IV, 87; Burns, A. R.: Persia and the Greeks. London 1962. S. 136; Newskaja, W. P.: Byzanz in der klassischen und hellenistischen Epoche. Leipzig 1955. S. 67.

[10]   A. Fuks in La Parola des Passato 21 (1966). S. 439.

[11]   Eine Parallele zur Psychologie antiker Sklavenaufstände bildet etwa ein Indio-Aufstand in Mexiko 1927, den Traven, B.: Ein General kommt aus dem Dschungel. Berlin 1971, schildert. Zur Mentalität der bilderstürmenden Aufständischen vgl. dort S. 91f.

[12]   Vogt, J.: Struktur der antiken Sklavenkriege, in: Abhandlungen der Mainzer Akademie der Wissenschaften und der Literatur, Nr. 1. Wiesbaden 1957. S. 23f. und S. 47.

[13]   Vittinghoff, F.: Der Staatsfeind in der römischen Kaiserzeit. Berlin 1936. S. 21. Wenn Cicero: 2. Verr., II, 35 § 159, die Zerstörung der Verresbilder durch die erbitterten Massen der sizilischen Städte als eine unerhörte Neuerung darstellt, die in Griechenland niemals geübt wurde, so tut er das nur um des rhetorischen Erfolges willen: So wie die Untaten des Verres sind auch seine Strafen ohne Beispiel. Richtiger über griechische Bildzerstörungen berichtet Favorinus: Dion von Prusa, 37, 41). Zur damnatio memoriae: Vittinghoff, a.a.O., S. 13-18; A. Alföldi in Römische Mitteilungen 49 (1934). S. 66ff.; Niemeyer, H. G.: Studien zur statuarischen Darstellung der römischen Kaiser. Berlin 1968. S. 20 und S. 22.

Bilder der Verdammten herzufallen haben, so daß bei Tacitus „imagines detrahere"[14] beinahe zum terminus technicus für Militärputsch wird. In der Hast der Ereignisse kann es dabei zu scheinbar kuriosem Vorgehen kommen: Inschriften werden in Ermangelung eines Steinmetzen mit Lehm verschmiert[15], Gesichter mit schwarzer Farbe unkenntlich gemacht[16] und – handgreiflich den Sinn des Herrscherbildes darstellend – schließlich sogar der leibhaftige neue Kaiser auf den Sockel des umgestürzten Bildes seines Vorgängers ins Fahnenheiligtum gestellt.[17] Neros exzentrisches Gebaren treibt ihn dazu, seine Gegner auch unter Sängern und Schauspielern zu suchen. Konsequenterweise läßt er auch die Bilder seiner Konkurrenten auf diesem Gebiet ebenfalls der damnatio memoriae anheimfallen – sie werden in die Latrinen geworfen.[18] Wohl einmalig ist der Fall des Augustus, der – um 27 v.Chr. – über 80 stadtrömische Statuen mit seinem eigenen Bildnis einschmelzen läßt, um aus ihrem Erlös Weihgeschenke für seinen Apollotempel auf dem Palatin fertigen zu lassen[19]. Die innenpolitische Lage hat nach der Ausrottung seiner Gegner jene Friedhofsstille erreicht, die auch die Propaganda zu leiseren, subtileren Tönen nötigt. In denselben Tempel läßt Augustus auch die Sammlung der Sibyllinischen Sprüche überführen – bzw. was davon noch übrig war, nachdem er mehr als 2000 davon hatte verbrennen lassen[20]; denn deren sozial-utopischer Inhalt entsprach wohl nicht dem literarischen Rang der Hofliteratur mit ihrer Stereotypen Lobpreisung der kaiserlichen Friedenspolitik!

Der Verlust von allein 80 Kaiserbildern in Rom, deren Zahl sicher weit höher war, wurde übrigens – abgesehen von der Wirkung, die der neue kaiserliche Privat-Tempel seines Schutzgottes Apollo ausstrahlte – durch die Umfunktionierung der plebejischen Larenkulte der vicorum magistri mit ihrer revolutionären Tradition in einen Kult für den Genius Augusti[21] mit den entsprechenden Bildern ausgeglichen. Eine Umfunktionierung, deren innenpolitische Bedeutung etwa der Faschisierung der Maifeiern seit 1933 entspricht. Bildvernichtung durch Sinnentleerung eines Kultes ist das Ergebnis dieser Umfunktionierung.

---

[14] Alföldi, a.a.O., S. 71.

[15] Scriptores Historiae Augustae, Elagabal, 13, 7.

[16] Eusebius, Hist. Eccles., IX 11, 2.

[17] Tacitus, Historiae, I 7, 36.

[18] Sueton, Nero 24, 1. Freundlicher Hinweis von Prof. Th. Pekáry.

[19] Res Gestae Divi Augusti, IV 24; Latte, K.: Römische Religionsgeschichte. München 1960. S. 304 mit Anm. 3.

[20] Sueton, Augustus, 31, 1. Zur Bedeutung der Sibyllinischen Sprüche: Fuchs, H.: Der geistige Widerstand gegen Rom in der antiken Welt. Berlin 1964. S. 66ff. und S. 78ff.

[21] Preller, L.: Römische Mythologie. Berlin ³1881, II, S. 112f.

Einige wenige Bildvernichtungen dieser Epoche haben aber revolutionären Charakter, denn noch ist nicht überall der Widerstandswille gegen Rom gebrochen[22]. In Palästina kommt es in den Unterklassen immer wieder zu Aufstandsbewegungen, die sich des entwickelten jüdischen Nationalbewußtseins und des kultischen Bilderverbots (dazu unten S. 18f.) als ideologische Waffe gegen Rom zu bedienen wissen. Flavius Josephus spricht mehrfach von Aktionen, die gegen Bilder als Symbole der Unterdrückung gerichtet sind[23]. Zwei davon verdienen ausführlichere Erwähnung: Im Jahre 4 v.Chr. wurde „eine Art Volksaufstand" von zwei angesehenen Rabbinern ausgelöst, die Jugendliche daran erinnerten, daß die von König Herodes nach hellenistischem Brauch am Tempel angebrachten Adler mit traditioneller Lehre von der Bildlosigkeit des Kultes in Jerusalem unvereinbar seien. Der spontane Versuch, diese Adler im Handstreich zu entfernen, scheiterte; die Täter wurden grausam bestraft. Josephus, längst romanisierter Vertreter der einheimischen Kompradorenschicht, erkennt durchaus die politische Zielsetzung der Berufung auf das alte Kultgesetz, hat sich von den Traditionen seiner Religion aber schon so entfremdet, daß er diesen doch immerhin ganz im Sinne der alten Propheten (dazu unten S. 18f.) geführten Bildersturm schlicht und wahrheitsfremd einen Gottesfrevel nennen kann[24]. Ein zweiter Fall von Bildersturm war gewaltlos und erfolgreich: Durch einen fünftägigen „Sitzstreik" vor dem Palast des Pilatus, der auch durch die Androhung der sofortigen Niedermetzelung nicht aufgehoben werden konnte, wurde der Statthalter gezwungen, die heimlich nach Jerusalem gebrachten Feldzeichen mit dem Bild des Kaisers Tiberius wieder abzuziehen[25]. Beide Fälle zeigen, daß es den jüdischen Aufständischen gelingt, das religiöse Bilderverbot zu einem wirksamen Kampfmittel gegen die Fremdherrschaft und ihre einheimischen Kollaborateure zu entwickeln. Die Feiern für die Märtyrer des mißlungenen Bildersturmes werden zu neuen Demonstrationen des sozialen Kampfes.

Mehr oder weniger privaten Anlaß scheint dagegen die Zerstörung des Caracalla-Bildnisses auf dem Berliner Tondo[26] aus Alexandrien (Abb.1) gehabt zu haben. Die Interpretation dieses gemalten Tondos ist bisher um-

---

[22] Neben den jüdischen Aufständen sind vor allem die in den westlichen Provinzen zu nennen: S. L. Dyson in Historia 20 (1971). S. 239ff.; vgl. auch für Sizilien hier Anm. 13.

[23] Flavius Josephus: Antiqu. Jud. 7, 6, 2; 17, 6, 2; 18, 55ff. Bell. Jud., 1, 33, 2-4; 2, 1, 2; 2, 9, 2; 2, 10, 1-4. Vita, 66.

[24] Flavius Josephus: Antiqu. Jud., 17, 1, 3.

[25] Flavius Josephus: Bell. Jud., 2, 9, 2. Zur Beurteilung der Klassenlage dieser Aufständischen jetzt Kreissig, H.: Die sozialen Zusammenhänge des jüdischen Krieges. Berlin 1970. S. 89f. und S. 113, der vor einer Überschätzung der Verbreitung von Schrift-Frömmigkeit unter der ärmeren Bevölkerung warnt.

[26] K. A. Neugebauer in Die Antike 12 (1936). S. 155ff.

stritten; wie mir scheint jedoch lösbar. Dargestellt sind die Büstenbildnisse
der Familie des Kaisers Septimius Severus (193-211). Die Prinzen Caracalla
und Geta kleiner vor ihren Eltern. Deutlich erkennbar unter ihnen wiederum
ein Größenunterschied. Der kleinste muß der jüngere – Geta – sein. Sein
Gesicht ist aber nicht eradiert, wie es die gegen ihn von seinem Bruder später verhängte damnatio memoriae vermuten ließe. Denn nicht der jüngere,
sondern der ältere, der noch dazu rechts von seinem jüngeren Bruder steht,
ist ausgekratzt und beschmiert worden[27]. Warum? Eine Erklärung bietet die
Geschichte Alexandriens, des mutmaßlichen Fundortes: Caracalla hat sich
hier in grausamen Vergeltungsakten an den Einwohnern für ihren Spott bei
seinem Einzug in die Stadt gerächt. Denkbar wäre also, daß als Gegenmaß-
nahme nunmehr sein eigenes Bildnis von einem seiner Opfer vernichtet
wurde[28], zumal es sich bei dem schlichten Tondo nicht um ein offizielles
Staatsdenkmal, sondern um ein privates Kaiserbild, etwa aus einem Lara-
rium handeln wird. Möglicherweise gehört seine Zerstörung in den größeren
Rahmen der alexandrinischen Unruhen des Jahres 215, die gegen Caracalla
gerichtet auch vor – fertigen wie unfertigen – Kaiserstatuen nicht haltma-
chen. Die verhältnismäßig wohlhabenden Unternehmer von Tempelwerk-
stätten stiften ihre Sklaven zu diesen Zerstörungen an[29], die Ausdruck der
Unzufriedenheit des alexandrinischen Bürgertums mit der kaiserlichen Politik zu sein scheinen. Umgekehrt werden in der Spätantike für spontane Bildzerstörungen in Massenaufständen Rädelsführer unter Ausländern, Schauspielern und im kriminalisierten Proletariat gesucht und etwa in Antiochien
387 n.Chr. auch entsprechend gefunden[30], um die angeblich loyale eigene
Bevölkerung von diesem Makel freizuhalten.

Grundvoraussetzung jeder politisch motivierten Bildzerstörung ist die
wie auch immer im Einzelfall verstandene Identität von Bild und Abgebil-

---

[27] So auch Altheim, F.: Soldatenkaiser. Frankfurt 1939, S. 225; F. W. Goethert in
Festschrift für B. Schweitzer. Stuttgart 1954. S. 361 und U. Hausmann in
Gymnasium 79 (1972). S. 253. – Das Bildnis ist mit menschlichem Kot beschmiert
worden. Caracalla reagierte auf die alltägliche Art ähnlicher Bildentehrung empfind-
lich (Script. Histor. Aug., vita Carac. 5, 7). Vgl. dazu auch ein kaiserzeitliches Relief
in Aquileia (Brusin, G.: Kleiner Führer. Padua 1961. Abb. 62): Zeus schleudert
seinen Blitz gegen einen solchen Tempelschänder.

[28] Daß das Caracalla-Bild nur aus Versehen zerstört wurde, in Wirklichkeit aber
Geta gemeint war, wie Blanck, H.: Wiederverwendung alter Statuen als Ehren-
denkmäler bei Griechen und Römern. Diss. Köln 1963. S. 112, 2., annimmt, scheint
mir schon wegen des erkennbaren Altersunterschiedes unwahrscheinlich.

[29] P. Benoit – J. Schwartz in Etudes de Papyrologie 7 (1945). S. 17ff. und besonders S. 22f. (Hinweis von Prof. Th. Pekáry).

[30] Downey, G.: Ancient Antioch. Princeton 1963. S. 189. Weiteres Material gerade
zu spätantiken Bilderzerstörungen bei Pekáry, Th.: Der römische Bilderstreit, in:
Frühmittelalterliche Studien 3 (1969). S. 13ff. Vgl. auch Kohns, H. P.: Versorgungskrisen und Hungerrevolten im spätantiken Rom. Bonn 1961. S. 93, S. 146 und
S. 154.

detem. Im Bild soll der Dargestellte getroffen werden. Magische Praktiken[31] wie Bildzauber und verwandte Dinge sind die auf allen Kulturstufen sich wiederholenden ethnologischen Parallelen zu diesen Vorgängen, deren Mächtigkeit gerade in spontanen Aufständen zum Beweger politischer Aktionen werden kann. Der politische Sinn der von oben angeordneten Bilderstürme dagegen zielt – von vordergründigen Racheakten einmal abgesehen – mit der damnatio memoriae auf eine Korrektur der Geschichte. Durch Bildzerstörung soll Gewesenes geleugnet und Zukünftiges verhindert werden. Bücherverbrennungen[32] oder theologisch motivierte Bildvernichtungen gelten eindeutig der Propagierung vorhandener Ideen.

Exemplarische Bedeutung kommt den Bücherverbrennungen zu, mit denen Augustus und seine unmittelbaren Nachfolger in Rom sowie Tsi Huan Ti in China (213 v.Chr.) als Begründer des zentralistischen Staates jegliche nicht von ihm autorisierten historischen und religiösen Traditionen zu unterbinden versuchten (Dio Cassius 56, 27; Tacitus, „Annales" 4, 35; F. Cramer, „Bookburning and Censorship in Rome", in: „Journal of the History of Ideas" 6, 1945, S. 157ff. bzw. A. F. P. Hulsewé, in: „Propyläen Weltgeschichte", hrsg. v. A. Heuß und G. Mann, Bd. 2: „Hochkulturen des mittleren und östlichen Asiens", Berlin 1962, S. 523) – der chinesische Kaiser mit der unverhohlenen und einleuchtenden Begründung, daß mit geschichtlichen Beispielen Kritik an der regierenden Macht geübt werden könnte. Geschichtsstudium verbot er deswegen bei Todesstrafe. In entsprechender Machtkonstellation der Neuzeit erfüllt Verachtung denselben Zweck wie Verbrennung einst: „History is bunk" (Henry Ford).

Wie sehr andererseits die Argumentation der theologisch motivierten Bilderstürmer in politische Aktion übergeht, lehrt – unter vielen anderen Zeugnissen – etwa ein Brieffragment des Kaisers Julian[33] (Apostata), in dem der Kaiser die religiöse Verehrung der Bilder mit dem Hinweis auf den Kaiserkult verteidigt, denn was sich hier im Staatlichen bewährt habe, müsse auch der Religion nützlich sein. Damit wendet er die Lehren der sophistischen Aufklärung ins Positiv-Staatstragende, soweit sie nämlich in der Einführung der Götterbilder die Erfindung kluger Herrscher sahen, die versuchten, mit ihrer Hilfe den regierten Massen Gottesfurcht nahezubringen[34].

---

[31] Deonna, W.: L'image incomplete ou mutilé, in: Revue des Etudes Anciennes 32 (1930). S. 321ff.; Brückner, W.: Bildnis und Brauch. Studien zur Bildnisfunktion der effigies. Berlin 1966.

[32] Platon hat als erster – ganz im Geiste seiner reaktionären Staatstheorien – konsequent und planmäßig Bücherverbrennungen durchführen wollen, allein äußere Umstände sollen ihn davon abgehalten haben: die Schriften seiner Opfer und Gegner seien schon zu weit verbreitet gewesen (Aristoxenos von Tarent frg. 83; vgl. Metzler, a.a.O., S. 288, 5).

[33] Julian, Epist. frag. 293 C (hrsg. Bidez – Cumont).

[34] Kritias 88 B 25 (Sisyphos). Cicero De nat. deor. I 27, 77.

In Widerspruch zu dieser publizistisch einleuchtenden These – Orwells „big brother is watching you" ist Schreckens-Utopie und Geschichte zugleich! – scheint das Verhalten monotheistischer Bilderstürmer zu stehen, die gerade mit der Bildlosigkeit den Absolutheitsanspruch ihres Gottes zu verbreiten suchen.

Das früheste Beispiel dieser radikalen Theologie ist die bekannte Einführung des Aton-Kultes durch Amenophis IV. (1364-1347), der sich deswegen seit etwa 1358 Echnaton nennt[35]. Zur Durchsetzung des neuen Kultes bedient sich Echnaton – nach politischem Vorbild seiner Vorgänger – der Bildzerstörung. Hauptgegner ist der Reichsgott Amun, dessen Tempel in Karnak/Theben nicht nur bedeutendstes religiöses Zentrum, sondern zugleich der mit weitem Abstand größte Grundbesitzer in Ägypten ist und eine entsprechend mächtige politische Kraft darstellt. Echnaton zerstört den Amun-Namen, wo er ihn trifft[36], verläßt Theben und gründet Achet-Aton/ Amarna als neue Hauptstadt Ägyptens. Seine Reliefs zeigen, da des Königs sublimer Gottesbegriff, der übrigens nach S. Freuds einleuchtender Argumentation einigen Anspruch darauf hat, über den „Mann Moses" nicht nur die jahwistische, sondern auch die christliche Gottesvorstellung wesentlich bestimmt zu haben, mit künstlerischen Mitteln nicht darstellbar war[37], als einziges Gottes-Symbol die Sonnenscheibe mit ihren segnenden Strahlen. Aton ist „ursprünglich die Sachbezeichnung für die Sonnenscheibe", also eine Entmythologisierung des Gottes, der nur noch zeichenhaft dargestellt ist. Der Absolutheitsanspruch des neuen Gottes, dessen voller Kultname übrigens auch die Umschreibung der messianischen Wiederkehr des alten Sonnengottes Re in der Licht-Gestalt Atons enthält[38], geht soweit, daß auch die Pluralschreibung „Götter" eradiert wird. Zugleich werden selbst die Pantherfelle der Priestertracht in manchen Grabbildern zerstört[39]. Der Bildersturm richtet sich also nicht nur gegen die „Götter", sondern auch gegen ihre Funktionäre. So schickte etwa Echnaton gleich am Anfang seiner Reform den Oberpriester des Amun buchstäblich in die Wüste – als Leiter der königlichen Steinbrüche.

---

[35] Aldred, C.: Echnaton. Berg.-Gladbach 1968; Assmann, J.: Die Häresie des Echnaton: Aspekte der Amarna-Religion, in: Saeculum 23 (1972). S. 109ff.

[36] Aldred, a.a.O., S. 208f., S. 212ff.; Hornung, E.: Der Eine und die Vielen. Darmstadt 1971, S. 245f.

[37] Sandman, M.: Texts from the time of Akhenaten, in: Biblioth. Aegypt. VIII (1938). Nr. 11, 7: „Die Bildhauer kennen ihn (Aton) nicht". Vgl. Assmann, a.a.O., S. 118.

[38] Helck, W. – Otto, E.: Kleines Wörterbuch der Ägyptologie. Wiesbaden 1970. S. 52.

[39] Hornung, a.a.O., S. 246 und Weynants-Ronday: Les statues vivants, 1926 (zitiert nach Deonna, a.a.O., S. 329).

Aton ist der eine, er hat keine anderen Götter neben sich. Atons Macht-
fülle spiegelt den Anspruch Echnatons wider, deutlich ist unter seiner Regierung eine Steigerung der königlichen Zentralmacht zu erkennen. Aber
Echnaton beging einen entscheidenden Fehler, dessen Vermeidung späteren
Monotheisten zu dauerndem Erfolg verhalf: Er monopolisierte Aton gegen
die Interessen der Priester von Theben: Amun hätte sich verabsolutieren
lassen wie Jahwe und Allah, nicht aber Aton. Und da er nicht mit, sondern
gegen die Priesterbürokratie zu arbeiten sich gezwungen sah, ruinierte er
gleichzeitig die politischen Grundlagen des bestehenden ägyptischen Staates,
dessen imperialistische Eroberungspolitik eben in der 18. Dynastie gerade
den Tempeln enorme Beuteanteile und kriegsgefangene Arbeitskräfte ver-
schafft hatte. Echnatons Monotheismus erschien nicht zu früh, denn im religiösen Empfinden der Ägypter hatten seit dem Alten Reich „der Eine und
die Vielen" eine Rolle gespielt und in Ptah und Re auch Vorstufen einer
monotheistischen Verwirklichung gefunden[40], vielmehr scheiterte er zunächst an einer falschen Entscheidung. Die Restauration setzte in Karnak
dann auch nach Echnatons Tod schlagartig ein: Seine dortigen Bauten wurden nun ihrerseits abgetragen und in die neuen Pylone des Amun-Tempels
vermauert[41]. Ebenso wurden seine Günstlinge sofort ihrer Ämter enthoben:
In Karnak wird wieder „der Sohn eines (bekannten) Mannes" Priester[42]. Daraus darf man schließen, daß Echnaton sich auf „unbekannte" Leute niederer
Herkunft stützen konnte, keineswegs aber vermuten, daß die Aton-Religion
so etwas wie eine Volksreligion der unterdrückten Massen gewesen ist. Das
krasse Gegenteil ist der Fall: Armana und seine Kultur zeigen alle Züge einer Hofkultur, deren aufklärerische und fortschrittliche Elemente Privileg
einer elitären Minderheit bleiben. In der Beschränkung auf die neuen Hof-
kreise liegt zugleich die politisch-ökonomische Grenze des Aton-Mono-
theismus, denn des Königs Reformversuch bleibt die letztlich vergebliche
Auflehnung gegen seine Priester-Funktionäre, die sich – mit ursprünglich
vom König delegierter religiöser Amtsgewalt – längst zu einer Kaste mit
Sonderinteressen verselbständigt haben.

Da auch die jüdischen Kulte ursprünglich weder bildlos noch monotheistisch waren, kommt auch hier den Bilderstürmen eine wichtige Funktion bei
der Monopolisierung der Religion zu. Den gesellschaftlichen Widersprüchen
bei ihrer Durchsetzung entspricht die kontroverse Überlieferung im Alten
Testament, die durch den Wust der theologischen Literatur nur noch un-
durchsichtiger geworden ist. Es kann sich darum hier nur um den Versuch

---

[40] Wolf, a.a.O., S. 151 und S. 154. Vor einer schematisierenden Anwendung des
Monotheismus-Begriffes warnt Hornung, a.a.O., S. 247f. Zur Sonderstellung Atons
ebda., S. 240f. und besonders S. 245.

[41] Aldred, a.a.O., S. 93f., Taf. 45f.

[42] Otto, E.: Ägypten. Stuttgart ⁴1966. S. 165.

handeln, einige Entwicklungslinien herauszuarbeiten. „Die vorexilische Zeit nahm durchweg an, daß die fremden Götter als reale Mächte bestehen und über bestimmte Völker und Länder herrschen"[43]. Deren Verehrung entsprechen in der Frühzeit auch die jüdischen Kultformen. So darf vermutet werden, daß sich hinter den efod-Bildern die Steine der Bundeslade als die Baityloi (Steinidole) der nomadisierenden Wüstenbewohner verbergen[44], die ihrerseits bei ihrer Landnahme in Kanaan das Stierbild der höheren Kultformen übernahmen (abbīr jiśrā'ēl = Stier Israels)[45], in dem auch Jahwe verehrt worden ist, der seinerseits noch lange Genossen neben sich dulden mußte[46] – in der Religion niederer Schichten sogar eine Gemahlin ('Anatjahu)[47]. Im Zuge der Stärkung der Zentralgewalt in Jerusalem kommt es naturgemäß immer wieder zu Versuchen, die Macht des Tempels in Jerusalem und seines Gottes zu stärken. Dessen Priester suchen in der mosaischen Tradition eine Legitimierung ihrer jeweilig tagespolitischen Aktionen[48]. Von ihrem Geist ist auch die Schilderung der Zerstörung des Goldenen Kalbes (Stierbild) durch Moses geprägt und entsprechend grausam die Vergeltungsmaßnahme gegen die Verehrer dieses Stieres geschildert, die sich der Einheit des Kultes – und des Staates – widersetzen[49]. Je monotheistischer der Lokalgötze von Jerusalem auftritt, desto heftiger werden die Bilderstürme gegen andere Götzen neben ihm, desto rigoroser wird schließlich seine eigene Entbildlichung, die in letzter Konsequenz sowohl auf die Manifestation im Idol wie auch sogar auf den Gottesnamen verzichtet, denn „Götternamen sind klingende Götterbilder"[50], und in der alt-ägyptischen Theologie des Ptah gibt der Gott der Schöpfung Leben durch Aussprechen ihrer Namen[51], so daß ein menschlicher Name für den Gott eine ungebührliche Umkehrung der Schöpfungsideologie wäre. Die Predigten der Propheten sind voll von Aufrufen gegen

---

[43]   G. Fohrer in Biblisch-Historisches Handwörterbuch, Göttingen 1962, sv. „Götzendienst", Sp. 603.

[44]   S. Mowinckel in Acta Orientalia (Leiden) 8, (1930). S. 257ff. In 2. Mos. 34, 17 werden nur die gegossenen Statuen - also wohl anthropomorphe Bilder - verboten. Von anderen Idol-Formen ist nicht die Rede.

[45]   Mowinckel, a.a.O.

[46]   Meyer, E.: Der Papyrusfund von Elephantine. Leipzig 1912. S. 50 und S. 57.

[47]   Meyer, a.a.O., S. 63.

[48]   O. Eißfeld in Zeitschrift für Alttest. Wissenschaft 17 (1940). S. 199ff., bes. S. 214. – Die hellenistische Legende der Haggadah macht schließlich die Zerstörung der Idole seines Vaters Tharah-Terach zu einem Hauptereignis im Leben des Erzvaters Abraham – oft dargestellt in jüdischer Buchmalerei, vgl. z.B. Monumenta Judaica (Katalog). Köln 1963. D 56.

[49]   2. Mos. 32, 20-28.

[50]   Demokrit 68 B 142.

[51]   Wolf, a.a.O., S. 149f. „Name" bedeutet im Ägyptischen „Leben machen".

die Idololatrie, wobei dieser Vorwurf gelegentlich gegen die ungerechten Könige[52] erhoben wird, deren Unrecht gegen Gott und sein Volk sich auch in dieser Verfehlung zeigt. Umgekehrt scheuen die so angegriffenen Könige nicht davor zurück, die Schriften der Propheten zu vernichten – wie etwa um 600 König Jojakim das Buch des Jeremia verbrannte[53]. Da gerade in der Assyrerzeit die jüdischen Vasallenkönige und ihr feudaler Anhang sich der einheimischen Kultur entfremden und sich assyrischen Einflüssen öffnen[54], findet die sozial-revolutionäre Agitation der Propheten einen Verbündeten in der um ihre Monopolstellung kämpfenden Priesterschaft des Jerusalemer Tempels. Ihre Reformpartei[55] besiegelt schließlich die Entwicklung zum Monotheismus Jahwes, die von so zahlreichen und blutigen Bilderstürmen begleitet war[56].

Wie Jahwe, so akzeptiert mehr als ein Jahrtausend später auch Allah den Kompromiß zwischen Prophet und Priesterschaft. Im Falle Muhammads sind es die Quraiš in Mekka, mit denen sich der Prophet in seiner Verurteilung jeder Möglichkeit, daß Gott einen Genossen haben könnte (širkun)[57] schließlich zu einigen hat. Seine heftige Verfolgung der heidnischen Kulte und die durch seine Beauftragten vorgenommene Zerstörung ihrer Idole[58] muß vor dem Schwarzen Stein der Ka'ba schließlich halt machen. Zwar entfernt er von diesem Bau die alten Götzen[59] (Abb. 2), aber der Schwarze Stein, den er einst selbst dort wieder hineingelegt hatte, gilt auch weiterhin als heilig und

---

[52] Hosea 8, 4.

[53] Jer. 36, 1-32 bes. 23 – Zur Bücherverbrennung im Altertum allgemein: W. Speyer in Jahrbuch für Antike und Christentum 13 (1970). S. 123ff.

[54] Noth, M.: Geschichte Israels. Göttingen ⁵1963. S. 223ff.; Jeremia 2, 25-27.

[55] Mowinckel, Meyer, Eißfeld, a.a.O.

[56] Z.B. 1. Könige 15, 13; 2. Kön. 21, 7; 2. Kön. 23, 6ff. Die unrechtmäßige Anwesenheit der Bundeslade in einem fremden Tempel vermag sogar die fremden Götzen zu zerstören (1. Sam. 5-6) - dargestellt mit zerbrochenen Statuen auf einem Fresko der Synagoge von Dura Europos (245-256 n.Chr. Ghirshman, R.: Parther und Sassaniden. München 1962. S. 287, Abb. 367). – Zur Haltung der hellenistisch beeinflußten Judenschaft gegenüber bildlichen Darstellungen: Kraeling, C. H.: Excavations at Dura Europos. Final Report VIII 1, The Synagoge. New Haven 1956. S. 340ff.

[57] Quran, 112. Sure.

[58] Ibn al Kalbī: Kitāb al-aṣnām, hrsg. v. R. Klinke-Rosenberger. Leipzig 1941. S. 42, S. 46, S. 50 und S.63. Viermal werden danach Idole von Muhammads Beauftragten, einmal von ihm selbst zerstört. Unter ihnen sind vier Baityloi bzw. Naturmale und eine steinerne Gewandstatue genannt. – Zum islamischen Bilderverbot siehe unten Anm. 129.

[59] Abgebildet auf persischen Miniaturen des späten 16. Jh.: Arnold, T. W.: Painting in Islam (1926). New York 1965. Taf. XXI a; Museum für Islamische Kunst. Berlin, Katalog 1971. Nr. 15, Abb. 2. Die Bilder zeigen Ali auf den Schultern Muhammads, beide im Flammennimbus, wie er die goldenen Statuen von der Ka'ba herabnimmt. – Vgl. auch Arnold, a.a.O., Taf. XIX b.

gibt Mekka und der Ka'ba die Bedeutung des überragenden Pilgerortes, dessen Beherrscher und Nutznießer eben die erwähnten Quraiš waren. Ähnlich nachsichtig wird auch das Idol eines Hindu-Tempels in Multān, einem berühmten Pilgerort Indiens, von den muslimischen Eroberern behandelt: Nachdem sich die dortige Priesterschaft bereit erklärte, die nicht unbeträchtlichen Tempeleinnahmen mit den neuen Herren zu teilen, ließen diese ihr auch – jedenfalls für die ersten Jahrhunderte einer noch nicht ganz gesicherten Herrschaft – das Objekt ihrer Verehrung und ihrer Einnahmen unversehrt.[60]

Bildlosigkeit und Bildersturm als Propagandamittel eines monotheistischen Kultes zeigt sich noch ein viertes Mal in Persien. Seit Kyros (559-530) tolerieren die persischen Großkönige die fremden Kulte in den unterworfenen Reichsteilen[61] und fördern sie auch in nicht unbeträchtlichem Maße[62]. In ihren Selbstzeugnissen stellen sie sich jedoch als Verehrer Ahuramazdas dar. Darius bildet nur scheinbar eine Ausnahme: Wenn er, der sich in der großen Behistun-Inschrift als Verehrer Ahuramazdas rühmt, in derselben Inschrift die Wiedererrichtung der durch die Revolution des Gaumata zerstörten Heiligtümer hervorhebt, so muß man wissen, daß es sich bei diesen Heiligtümern um die des Adels handelt[63], dessen Loyalität Darius sich zu versichern hat. Politische Gründe also bestimmen sein Verhältnis zum Zarathustrismus und zu der von diesem geforderten Wahrheit[64].

Zum Bilderstürmer par excellence hat die Überlieferung seinen Vorgänger Kambyses gestempelt: Herodot, der voller Staunen – oder Bewunderung[65] – von der spiritualisierten Gottesvorstellung der Perser berichtet, macht ihn zum freigeistigen Spötter der theriomophen und anthropomorphen Götterbilder der Ägypter, die er schließlich auch verbrennen lassen bzw.

---

[60] Friedmann, Y.: The temple of Multān. A note on early Muslim attitudes to idolatry, in: Israel Oriental Studies 2 (1972). S. 176ff. mit reichen Literaturangaben zur juristischen und fiskalischen Behandlung der bilderverehrenden Untertanen in den verschiedenen muslimischen Rechtsschulen.

[61] Allgemein zur Religionspolitik der Achämeniden: J. Duchesne-Guillemin in Persica 3 (1967/68). S. 1ff. Vgl. z.B. den Gadates-Brief Dareios' I. aus Magnesia im Louvre: Brandenstein, W. – Mayrhofer, M.: Handbuch des Altpersischen. Wiesbaden 1964. S. 91ff. Tendenziös dürfte Aischylos' Behauptung sein, die Perser hätten die Tempel, Kultbilder, Altäre und Grabmäler der Griechen aus religiösen Gründen zerstört (Perser 809ff.), was im übrigen höchstens eine Vergeltungsmaßnahme für die vorangegangene Zerstörung des Kybeletempels in Sardes durch die Athener bedeuten könnte (Herodot V, 102).

[62] Esra 1. 6, 4-5 und 6, 12-26.

[63] Altheim, F. – Stiehl. R.: Die aramäische Sprache unter den Achämeniden. Frankfurt 1963. S. 93ff. über die soziale Bedeutung Gaumatas.

[64] Zur Wahrheitsliebe des Darius, die griechische und persische Quellen preisen, vgl. Herodot III, 72.

[65] Herodot III, 29 und 37. Siehe auch unten Anm. 95.

eigenhändig verwundet haben soll. Die ägyptischen Quellen hallen einerseits wider vom Lamentieren der Priester über zerstörte Tempel, doch sind dahinter eher wirtschaftliche Gründe zu sehen, denn die Zerstörung der Tempel durch die persischen Eroberer bedeutet die Zerschlagung ihrer Wirtschaftskraft[66], andererseits aber berichtet die Inschrift des Udjahoresnet von den Wohltaten des Kambyses gegen den Tempel der Neith und von der Unterweisung in ägyptischen Kultfragen, die Kambyses von ihm erhalten haben soll[67]. Letzteres wird auch durch die archäologischen Funde im Serapeion von Sakkara (Sarkophage der Apis-Stiere) bestätigt[68]. Immerhin bleibt der Vorwurf der Tempelzerstörung noch jahrhundertelang ein Politikum: Eine Inschrift der Zeit Ptolemaios' II. Philadelphos' (285-246), die vom Satet-Tempel in Elephantine berichtet, war an der Stelle, wo vom Auftreten der Meder-Perser die Rede ist, einer zeitgenössischen Zensur unterworfen, die die Erwähnung eines Bildersturmes durch Fremde unter einer erneuten Fremdherrschaft für inopportun hielt[69]. Andererseits sollte man auch nicht übersehen, daß auch Pharaonen des mittleren und neuen Reiches Tempel abgerissen und aus ihrem Material neue (Kult-)Bauten errichtet haben, aber auch daß ferner die Zerstörung der Tempel in Ägypten nicht durch die Christen und schon gar nicht durch Kambyses, sondern in erschreckend hohem Maße – z.T. sogar in staatlichem Auftrag – erst im vorigen Jahrhundert geschehen ist[70].

Das Beispiel des Xerxes, der die Tempel einheimischer – etwa plebejischer (?) – Kulte zerstörte[71], wird von dem sasanidischen Hohenpriester Karter[72] im dritten Jahrhundert nach Christus wieder aufgegriffen, indem er sich rühmt im Dienste der königlichen Zentralmacht die Juden, Schamanen, Brahmanen, Nazoräer, Christen, Maktik (?) und Manichäer vernichtet und ihre Tempel und Kultbilder zerstört zu haben[73], um so den Zoroastrismus als

---

[66] Kienitz, F. K.: Die politische Geschichte Ägyptens vom 7. bis zum 4. Jahrhundert. Berlin 1953. S. 59f. und S. 108. Zerstörung des Jahwe-Tempels in Elephantine zur Zeit der Perser durch Chnum-Priester: Kienitz, a.a.O., S. 74.

[67] Statue des Udjahoresnet mit Inschrift im Vatikan: Botti, G. – Romanelli, P.: Le sculture del Museo Gregoriano Egizio. Rom 1951. S. 32ff., Nr. 40; E. Bresciani in Bengtson, H.: Griechen und Perser. Frankfurt 1965 (= Fischer Weltgeschichte 5), S. 312ff.

[68] Kienitz, a.a.O., S. 58; Drioton, E. – Vandier, J.: L'Egypte. Paris 1962. S. 624.

[69] E. Lüddeckens in Mitt. des deutsch. Archäolog. Inst. Kairo 27 (1971). S. 203 und S. 205, Anm. h.

[70] L. Habachi in Festschrift für A. S. Atyia, Leiden 1972, S. 192ff.

[71] Persepolis-Inschrift. Brandenstein - Mayrhofer, a.a.O., S. 8 und S. 88f.

[72] Chaumont, M. L.: L'inscription de Kartir, in: Journal Asiatique 248 (1960). S. 339ff.

[73] Ebd., S. 347, Zeile 10, mit Kommentar S. 358f.; Karter zerstört auch die Bilder des alten iranischen Anahita-Kultes, so daß es in der Tat nur noch Feuerheiligtümer

alleinige Staatsreligion zu sichern. Umgekehrt kam es aber auch zu Übergriffen der christlichen Minderheit gegen die sasanidischen Feuertempel – ein Vorgehen, das auf politischen Ausgleich mit den Persern bedachte byzantinische Autoren der Zeit nur deshalb tadeln, weil es „unzeitgemäß" ist[74].

Der bildlose Feuerkult der Perser ist den Griechen nicht unbekannt geblieben, doch bleibt dieser Einfluß auf wenige Intellektuelle beschränkt[75], deren Zeugnisse aber um so wichtiger sind, als ihre Argumente auch in der christlichen Theologie weiterleben[76]. Eine Abkehr von den Götterbildern auf breiter Ebene und entsprechende Bilderstürme hat es in der griechischen Welt nie gegeben. In ihrer polyzentristischen Staatenwelt konnte es sie auch nicht geben, denn Monotheismus war im benachbarten Orient weniger eine rassenpsychologische als eine machtpolitische Frage: Großreiche und zentralistische Institutionen haben sich seiner bedient. Erst die hellenistische Epoche und besonders das römische Kaiserreich füllen die ideologische Lücke mit dem alle und alles gleichschaltenden Herrscherkult, dem die monotheistischen Philosopheme der Stoiker theoretischen Vorschub geleistet haben.

Diese konnten ihrerseits auf die vorsokratische Tradition zurückgreifen. Heraklits und Xenophanes' Kritik anthropomorpher Gottesvorstellungen und entsprechender Kulte sind bekannt[77]. Von Clemens von Alexandrien[78] werden sie ausdrücklich zitiert, der auch entsprechende Zitate aus den Tragikern Euripides[79] und Sophokles[80] hinzufügt. Von den Vorsokratikern bis zu den Stoikern ständig wiederholt wird der intellektuelle Dünkel, Bilderverehrung sei eine Sache des gemeinen Volkes, über die der wahrhaft Wissende sich zu erheben habe[81]. Die Verinnerlichung des intellektuellen Gottesbegriffes er-

---

für Ohrmazd gibt, die er in großer Zahl errichtet zu haben sich rühmt. - Gegen die Buddhisten wandte sich schon 184 v.Chr. ein theologisch und politisch motivierter Bildersturm in Indien (B. C. Law in East and West 19 [1969], S. 407), gegen die Manichäer geht der frühe Islam ständig so vor - z.B. um 820 und 923 in Basra (Spuler, B.: Iran in frühislamischer Zeit. Wiesbaden 1961. S. 208, Anm. 6).

[74]   Labourt, J.: Le christianisme dans l'empire perse. Paris 1904. S. 105f.; Theodoret, Hist. eccles., V 39.

[75]   Nestle, W.: Vom Mythos zum Logos. Stuttgart ²1942, S. 99 und S. 142.

[76]   Siehe unten S. 26ff..

[77]   Nestle, a.a.O., S. 88ff. und S. 98ff.; Fahr, W.: Theous Nomizein. Zum Problem der Anfänge des Atheismus bei den Griechen. Hildesheim 1969 (= Spudasmata, Bd. 26), S. 18ff.

[78]   Clemens von Alexandrien: Stromateis, Buch V. Die beste Übersicht über die verstreuten Quellen bietet die eingehende Darstellung von Geffcken, J.: Der Bilderstreit im heidnischen Altertum, in: Archiv für Religionswiss. 19 (1916 bis 1919). S. 286ff.

[79]   Clemens: Strom., V, § 75, 1 = frg. 968.

[80]   Ebd., § 113, 1 = frg. 1025.

[81]   Ebd., § 111, 1. Heraklit 22 B 5, B 15, B 17. Vgl. Xenophon, Memorabilia, I 1, 11ff. und Platon, Phaidros, 229 c über Sokrates' gegenteilige Haltung.

füllt hier doppelte Funktion: Einmal vertieft sie den Klassengegensatz und arbeitet mit dem verinnerlichten Gottesbegriff der früher oder später sich zentralisierenden Staatsmacht in die Hände, zum anderen schafft sie ihren Produzenten die angenehme Illusion, sich von den Zwängen dieser Staatsmacht fernhalten zu können. Es verwundert denn auch nicht, die theoretischen Forderungen der Philosophen von reaktionären Abenteurern in die Tat umgesetzt zu sehen: Die Hermokopiden-Frevler um Alkibiades gestehen ausdrücklich, die Verstümmelung der Hermen vorgenommen zu haben, um das Volk von Athen zu brüskieren[82]. Auf privater Ebene setzt in gleicher Weise Diagoras von Melos mit dem Beinamen der Atheist ein Wort des Epicharm[83] in die Tat um: Er verheizt eine hölzerne Heraklesstatue („Vollbringe deine dreizehnte Tat, indem du mir meine Suppe kochst!"[84]), um die Absurdität der Götterbilder zu zeigen, wobei übrigens das Motiv des praktischen Nutzens noch bis in die Neuzeit weiterlebt: Ein Kampflied von 1848 fordert die Bildergalerie des fürstlichen Schlosses ebenfalls zum Verheizen. Juvenal spottet, daß das gestürzte Standbild Sejans zu Krügen, Schüsseln, Pfannen, Nachtgeschirren verarbeitet wird[85]. Ob die sprichwörtliche Tat des Herostrat – er zündete 356 v.Chr. den Artemistempel von Ephesos an – wirklich nur privatem Interesse, nämlich seiner Ruhmsucht entsprang oder ob sie politisch motiviert war, ist neuerdings umstritten[86]. Unklar auch die Motive, aus denen der Bildhauer Apollodor (1. Hälfte des 4. Jahrhunderts v. Chr.) seine fertigen Werke zerstörte[87]. War es nur sein hyperkritischer Ästhetizismus oder empfand er – wie Echnaton tausend Jahre vor ihm – das Skandalon der Nicht-Darstellbarkeit des Göttlichen? Daß seine Umwelt ihn

---

[82] Thukydides VI 27, 2 und 28, 2. Vgl. Macdowell, D.: Andocides on the Mysteries. Oxford 1962. S. 192. G. A. Lehmann weist mich auf einen „römischen Alkibiades" (Mommsen) hin: Sextus Titius, radikaler Popular und Volkstribun, 99 v.Chr., soll laut Cicero (De orat. II 253) nachts die Götterbilder an den Straßen umgestürzt haben. Falls der Vorwurf keine verleumderische Erfindung ist, kann das Motiv dieses Radikaldemokraten wohl nur bewußte Herausforderung der Staatsmacht gewesen sein.

[83] Epicharm frg. 131. Nestle, a.a.O., S. 122 mit Anm. 76. Auf plebejischer Stufe wiederholt die äsopische Fabel die Kritik am handgefertigten Götterbild (Fabel 284 ed. Hausrath, Bronnen, A.: Aisopos. Berlin 1969. S. 296) - vgl. auch Deuterojesaia 44, 16f.

[84] Nestle, a.a.O., S. 417.

[85] Juvenal, Sat., 10, 56ff.

[86] RE Suppl. XII, Sp. 1666 sv. Ephesos (W. Alzinger). Ch. Picard in Comptes Rendus Acad. Inscr. Bell. Lettr. (1956). S. 81ff.

[87] Plinius: Nat. Historia 34, 81. - Falls es möglicherweise religiöse Gründe waren, die Apollodor zur Zerstörung seiner Bilder führten, wäre an eine - unter anderen geistigen Verhältnissen entstandene - Parallele zu denken: Ein vatikanisches Fresko des 16. Jahrhunderts zeigt, wie unter dem Eindruck der bilderfeindlichen Schriften Gregors des Großen ein antiker Bildhauer eigenhändig seine Werke zerstört. T. Buddensieg in Journ. Warb. Court. 28 (1965). S. 64, Taf. 6a, 7a.

für wahnsinnig hielt, zeigt zumindest den Ernst, mit dem er zu Werke ging. Gegen Diagoras und ähnlich denkende Philosophen richten sich im Jahrhundert der Klassik die bekannten Asebieprozesse[88] des athenischen Volkes, deren bornierte Intoleranz wenn überhaupt, nur aus seiner prekären politischen Situation verstanden werden kann, aber doch in jedem Falle Ausdruck der zu plattem Konservativismus depravierten Demos-Ideologie ist[89]. Ihre strikte Ablehnung religiöser Neuerungen, besonders solcher, die von einzelnen Individuen eingeführt werden, teilt sie mit Anschauungen der römischen Republik, als diese sich gleichfalls mit Außenseitern – und Unterprivilegierten –, die ihre Freiheit in religiösen Formen zu finden hoffen, konfrontiert sieht[90].

Nur mittelbar mit dem Problem der Bilderfeindschaft hängt die Frage der anikonischen Kulte zusammen. Diese historisch ältere Kultform existiert auch in der Klassik weiter, ist jedoch keineswegs ein Hort plebejischer Religiosität[91]. Sie erfährt in der Klassik eine für unser Problem bezeichnende Neubelebung und Vertiefung: Wie der Apollokult in Delphi stets bildlos gewesen ist[92] – das in welcher Form auch immer geheiligte Gottes-Symbol scheint die mehrfach erwähnte Säule im Innern des Tempels gewesen zu sein, so vermutet man mit guten Gründen auch im Apollotempel von Bassai das Kultmal in der einzelnen korinthischen Säule[93]. In dieser Bedeutung begegnet die Säule an bezeichnender Stelle wieder: in der Utopie des Euhemeros ist auf der Insel Panchaia die Säule des Zeus, aufgerichtet in einem Klinen-Thron, einziges Kultobjekt[94].

Ein Rückgriff sei hier gestattet: Euhemeros kleidet seine Vorstellung vom Idealstaat in eine fiktive ethnographische Beschreibung. Sollte nicht auch Herodot die Ethnologie bemüht haben, um mit persischen Beispielen[95] den

[88] Derenne, E.: Les proces d'impiete. Lüttich 1930.

[89] Snell, B.: Die Entdeckung des Geistes. Hamburg ²1955, S. 45.

[90] Cicero: De nat. deorum, II 8, 19 und 10, 25. Vgl. Platon, Apologia, 19 B, 24 B.

[91] Majewski, K.: Les images de culte dans l'antiquité, in: Festschrift für M. Renard. Brüssel 1969, II (= Latomus), S. 478ff.

[92] Nilsson, M. P.: Geschichte der griechischen Religion, I. München ³1955. S. 208

[93] J. Fink in Antike und Abendland II, 1962, S. 45ff. bes. S. 49ff.

[94] Euhemeros bei Diodor V 46, 7. Rohde, E: Der griechische Roman. Leipzig ³1914, S. 238. Zeus in Gestalt einer Säule verehrt auf einer Amphora des 4. Jahrhunderts v. Chr. aus Ruvo (Roscher: Mytholog. Lexikon sv. „Oinomaos" Sp. 775 - Archäol. Ztg., 1853, Taf. 54, 1). - Ob Euhemeros für seine Utopie auf Panchaia-Ceylon indische Vorbilder gekannt hat, bleibe dahingestellt. Doch ist bemerkenswert, daß in den überaus bilderreichen indischen Tempeln die eigentlichen Kultobjekte anikonische Male gewesen zu sein scheinen (darüber demnächst G. Gropp, Orient. Sem. Hamburg).

[95] Herodot I 131. Vgl. auch IV 59 und 62 sowie II 172.

Griechen seine Vorstellung von höheren Kultformen nahezubringen? Jonathan Swift hätte ihn gewiß so verstanden!

Einen weiteren Aspekt von Bilderfeindlichkeit spiegeln die Anti-Luxus-Gesetze und verwandte Phänomene wider. Am bekanntesten sind die seit Solon (um 594 v.Chr.) ständig wieder erneuerungsbedürftigen Grabluxus-gesetze[96], die in Prunk und künstlerischem Aufwand antidemokratische Demonstration von Macht und Reichtum anprangern[97]. Aus dem gleichen Geiste stammen Kleidervorschriften, die Gleichberechtigung mit Uniformität ausdrücken möchten[98]. Im klassischen Athen spielen diese Dinge eine wichtige Rolle. Perikles hat sich mit entsprechenden Vorwürfen auseinanderzusetzen. In seiner thukydideischen Programmrede sagt er: „Wir sind maßvoll in unserem künstlerischen Aufwand und lassen uns durch Philosophie nicht verweichlichen"[99]. Angesichts der Kulturblüte des perikleischen Athen ein erstaunliches Wort und sicher als Antwort auf den oligarchischen Vorwurf zu verstehen, Perikles habe Athen herausgeputzt wie ein eitles Weib[100]. Das richtet sich nicht allein gegen die angebliche Genußsucht des Demos, sondern eben so sehr auch gegen Perikles als Tyrannen. So ist es für Aristoteles eine ausgemachte Sache, daß Kunst eine Propagandafunktion hat. Aufwand und Prunk empfiehlt er deshalb den Herrschenden, um mit demselben Mittel zugleich eigene Macht zu repräsentieren und das Volk wirtschaftlich und politisch kurz zu halten[101]. Die Wirksamkeit dieses Mittels liegt auf der Hand. Zwar zeigen in der heidnischen Antike Bilderstürme nicht den aske-tisch-puritanischen Aspekt der Zerstörung von Schönheit um ihrer selbst willen, wohl aber gilt Askese und Nüchternheit den Besitzenden als vorzei-genswert: Zur römischen Republikanertugend gehört auch ein gerütteltes Maß an Anti-Intellektualismus und Kunstverachtung[102]. Auch im klassischen

---

[96] Zinserling, V.: Das attische Grabluxusgesetz des frühen 5. Jahrhunderts, in: Kunst und Politik in der Antike, Wiss. Zeitschr. Univ. Jena 14 (1965). S. 29ff. mit älterer Literatur.

[97] Metzler, a.a.O., S. 361f.

[98] Zimmern, A.: The Greek Commonwealth. Oxford ⁵1961. S. 131. Ps.-Xenophon I 10.

[99] Thukydides II 40, I.

[100] Plutarch: Perikles 12, 2.

[101] Aristoteles: Politik, 1313 b 21ff. 1314 b 37f. 1321 a 35ff. Müller, W.: Bemerk. zur Stellung der bildenden Kunst in der griechischen Staatstheorie, in: Wiss. Ztschr. Jena 14 (1965). S. 60.

[102] Jucker, H.: Vom Verhältnis der Römer zur bildenden Kunst der Griechen. Frankfurt 1950. S. 87ff. Typisch ist Ciceros Understatement in Kunstfragen: „Nos, qui rudes harum rerum sumus" (2. Verr. II 35 § 87). Vgl. auch Sallust, Catilina, 11, 6: Freude an Kunstwerken ist unrömische Verweichlichung.

Athen gibt es ähnliche Züge[103], doch sind sie nicht in der Weise typisiert und kanonisiert wie später in Rom.

Bei der Beurteilung der angeführten Beispiele darf natürlich nicht übersehen werden, daß es sich dabei im klassischen Griechenland um Ausnahmeerscheinungen handelt, die zwar nicht atypisch sind, da sie immerhin von der Reflektion der Problematik zeugen und auch als Ansätze künftiger Entwicklungen ihre historische Bedeutung haben, aber doch nicht das eigentliche Bild der klassischen Antike zeigen. Das ist auf unserem Gebiet vielmehr durchweg von einer großen Toleranz geprägt. Sie ist der religiöse Ausdruck jener Durchlässigkeit der meisten griechischen und römischen Gesellschaftsstufen, die für jeden Abstiegs- und Aufstiegschancen in der Theorie bereithielt und dadurch letztlich zu einer Atomisierung der Gesellschaft beitrug.

Der einzelne Sklave träumte von seiner Freilassung, hoffte auf einen gütigen Herrn. Der Herr seinerseits teilte mit ihm dieselbe Religion und war nie sicher, nicht auch seinerseits in Sklaverei zu fallen. Wo viele Möglichkeiten nebeneinander existieren, bleiben Bilderstürme ohne Massenbasis, zumal auch jenes Maß von Klassenbewußtsein in den antiken Aufstandsbewegungen durchweg fehlt, das aus der Not der gemeinsamen Unterdrückung ein gemeinsames politisches Ziel entwickelt. Ein Verhalten, das durch die Vielfalt der religiösen Erlösungsformen nicht nur ausgedrückt, sondern auch stabilisiert wird. Wie groß der Rahmen sich schließlich spannen ließ, der alle Hoffnungen und Ängste umfassen sollte, zeigt die Tatsache, daß man im späten Hellenismus, weit entfernt davon, Kulte – soweit sie nicht staatsfeindlich weil plebejisch-revolutionär waren, wie zeitweise die Bacchanalien und der Isis-Kult in Rom[104] zu verfolgen, auch den unbekannten Göttern Altäre errichtete[105].

In diese Vielfalt religiöser Möglichkeiten wachsen die Christen hinein. Sie sehen sich selbst in Opposition zur Welt und schwanken lange zwischen rigoristischer Ablehnung in ihren linken Sekten und skrupellosem Opportunismus auf ihrem erfolgreichen Flügel, der schließlich in der ecclesia triumphans das anfänglich verabscheute Kaiserreich in theokratischer Form perpetuiert. Entsprechend verschieden ist ihr Verhältnis zur Kunst moti-

---

[103] Verurteilung der modernen, klassischen Kunst durch Aischylos (Porphyrios, De abstin. 2, 18 e) aus religiösen Gründen. Musik sei eines ernsthaften Staatsmannes unwürdig (Plutarch, Kimon 9, 1) – mit ähnlicher Begründung tadelt Cicero Verres Beschäftigung mit Kunst (Jucker, a.a.O., S. 93, 4).

[104] Latte: Römische Religionsgeschichte, S. 270ff. und S. 282f. mit Hinweis auf die sozialen Implikationen dieser Kultverbote, S. 282, Anm. 4: 50 v. Chr. mußte ein Konsul selbst den ersten Hieb zur Zerstörung tun, weil die Arbeiter sich weigerten (Valerius Max. I 3, 4).

[105] Nilsson, M. P.: Geschichte der griechischen Religion II. München ²1961, S. 338, S. 355 und S. 357.

viert[106]. Es reicht von ihrer Ablehnung als eitlem Blendwerk bis zur Ausschmückung christlicher Basiliken durch heidnische Statuen[107]. Solange eigene Kult- bzw. Andachtsbilder fehlen, richtet sich die aus dem Judentum übernommene und von den Kirchenvätern durch griechische Argumente unterstützte Verurteilung der Idololatrie gegen die Götterbilder der Heiden. Was nicht uminterpretiert werden kann, wird auf Geheiß der Bischöfe von den fanatisierten Massen beseitigt[108]. Die Statuen des Hermes Kriophoros (guter Hirte) werden als Christus, die Szene „Athena vor Hera" wird auf der letzten Metope der Parthenon-Nordseite als „Verkündigung" gedeutet. Alle übrigen Metopen – ausgenommen die der weniger zugänglich Südseite – fallen der Christianisierung dieses Tempels (Marienkirche) zum Opfer[109]. Zu Bilderstürmen kommt es, sobald das Christentum zur Staatskirche wird. Doch ist die Furcht der Heiden vor der bilderfeindlichen Haltung der Christen älter: Unter ökonomischem Aspekt wird sie Anlaß für eine Demonstration gegen Paulus in Ephesos, wo der Silberschmied Demetrios Geschäftsschädigung für den Devotionalienhandel des Artemis-Tempels befürchtet, falls die von Paulus verkündete Lehre weiter um sich greift[110]. Die Befürchtungen des Demetrios sollten im 4. und 5. Jahrhundert in ganz anderer Weise Wirklichkeit werden: Zahlreiche Zerstörungen der heidnischen Tempel durch Christen sind von Enteignungen des Tempelbesitzes begleitet, ja werden gelegentlich nur zu diesem Zwecke unternommen[111]. Nutznießer sind der kaiserliche Fiskus oder vom Kaiser beschenkte Privatleute[112]. Christliche Pamphletisten fordern den Kaiser zur Zerstörung und Enteignung der Tempel auf[113] und auch die heidnischen Bilderverehrer selbst werden er-

---

[106] Die Literatur zu diesem Fragenkomplex ist – schon in der Antike – sehr reich. Einen bequemen Überblick und ausführliche Bibliographien bieten die Artikel „Bild" in den Reallexika für Antike und Christentum bzw. der byzantinischen Kunst.

[107] Klauser, Th.: Die Äußerungen der Alten Kirche zur Kunst, in: Atti VI. Congresso Arch. Christ. 1962. Rom 1965. S. 224f. (Frdl. Hinweis von F. Molinski). 427 antike Statuen in der älteren Sophien-Kirche: Gregorovius, F.: Geschichte der Stadt Athen im Mittelalter. Stuttgart ²1889 I, S. 27. - Vgl. auch C. Mango in Dumb. Oaks Papers 17 (1963). S. 53ff.

[108] Majewski, K.: L'iconophobie et la destruction des temples, des statues des dieux et des monuments des souverains dans le monde greco-romain, in: Archeologia (Warschau) 16 (1965), S. 63ff. und besonders S. 83.

[109] G. Rodenwald in Archäol. Anzeiger 1933, S. 401ff.; Brommer, F.: Die Metopen des Parthenon. Mainz 1967. S. 60.

[110] Apostelgesch. 19, 23ff.

[111] Lasaulx, E. von: Der Untergang des Hellenismus und die Einbeziehung seiner Tempelgüter durch die christlichen Kaiser. München 1854. S. 31f., S. 46, S. 56 und S. 102.

[112] Lasaulx, a.a.O., S. 52.

[113] Z.B. Firmicus Maternus und Lasaulx, a.a.O., S. 53.

mordet und enteignet[114]. Wenn nicht Vorwand, so ist Bildersturm hier immerhin Anlaß für eine Art „ursprünglicher Akkumulation" von Kapital in den Händen der neuen, christlichen Machthaber.

Erste bildliche Darstellungen von Statuenzerstörungen finden sich im 4. Jahrhundert[115]. Vorangegangen war die Ablehnung des Kaiserkultes, dessen sinnfälligster Ausdruck die Verehrung des Kaiserbildes war[116]. In der Hervorhebung dieser Verweigerung fanden die Christen der ersten Jahrhunderte einen charakteristischen Topos der Selbstdarstellung, dessen symbolische Darstellung sie im Bild der „drei Jünglinge im Feuerofen"[117] fanden – im vierten Jahrhundert programmatisch ergänzt durch die Antithese zum Bild der Anbetung durch die Magier[118]. Den Jünglingen dort, die die von einer Heischefigur geforderte Verehrung der ebenfalls dargestellten Herrscherbüste (Nebukadnezar = Kaiser) verweigern, stehen hier die Magier gegenüber, die dem wahren Gotte auf dem Schoß der Gottesmutter ihre tributären Geschenke bringen.

Den Wandel im Verhältnis zur Bilderverehrung bezeichnet deutlich der Bedeutungswandel des – seinem Inhalt nach schon alttestamentlichen – Begriffes „acheiropoietos" (nicht von Händen gemacht): Im Neuen Testament dient er der Verurteilung aller irdisch-weltlichen Institutionen und der Hinwendung zu vergeistigten Formen der Frömmigkeit – wie etwa, wenn Christus sagt, er werde den Tempel, der mit Händen gemacht ist, abbrechen und in drei Tagen einen anderen bauen, der nicht mit Händen gemacht ist[119], während sich in der Spätantike gerade den konkreten Objekten der Acheiro-

---

[114] Lasaulx, a.a.O., S. 55, S. 108 und S. 139. Da bis 467 immer wieder entsprechende Gesetze nötig waren, scheint die Enteignung der Bilderverehrer nur gegen heftigen Widerstand durchführbar gewesen zu sein. Es klingt wie Hohn, wenn christliche Kaiser in Alexandrien die Zerstörung von Tempeln mit der Begründung anordnen, daß dadurch die Ursachen von Volksaufständen ausgeräumt werden sollen – Volksaufstände, die erst durch den Bildersturm der durch ihren Bischof fanatisierten Christen hervorgerufen worden waren. Lasaulx, a.a.O., S. 103.

[115] Majewski, a.a.O., S. 64, Abb. 1.

[116] Auch unter den Nicht-Christen gibt es eine – wenn auch schwache – Tendenz gegen den Kaiserkult und seine Bilderverehrung: F. Taeger in Archiv für Religionswiss. 32 (1935). S. 282ff.

[117] Daniel 9, 1-28.

[118] Fink, J.: Les grandes thèmes de l'iconographie chrétienne des premiers siècles. Brügge 1966. S. 42f, Abb. 19 und 20. Im Selbstverständnis der Christen hat die Bilderfeindlichkeit auch den Sinn, Ausdruck ihrer Exklusivität zu sein (Eusebius: Ep. ad Constant., Klauser, a.a.O.: „Ist denn nicht allgemein bekannt, daß nur uns verboten ist, derartiges herzustellen?").

[119] Markus 14, 58. (Frdl. Hinweis von Prof. J. Fink). Vgl. Euripides frg. 968: „Wie könnte ein von Menschen gemachter Tempel einen Gott fassen!"

poieta, den durch angebliche nicht-irdische Herkunft geheiligten Bildern, die Verehrung zuwendet[120].

Gegen eben diese Bilder und ihre Verehrung richten sich dann im 8. Jahrhundert die byzantinischen Bilderstürmer, unter denen die radikale Sekte der Paulikianer[121], die mit dem erwähnten Christuswort ihre Ablehnung von Kult, Bildern und kirchlicher Hierarchie begründen, eine nicht geringe Rolle spielt. In ihren theoretischen Äußerungen bemühen Ikonodulen und Ikonoklasten dieser Epoche das ganze Arsenal philosophisch-theologischer Zitate, das sich seit den Propheten und den Vorsokratikern angesammelt hat. Neu sind die Verleumdungen der Ikonoklasten durch ihre Gegner, sie seien muslimisch[122] oder manichäisch[123] beeinflußt, um dadurch ihr Verhalten als barbarisch und ungriechisch hinzustellen. Der zweite Vorwurf ist eine pure Erfindung, da die Manichäer sowohl katechetische als auch kultische[124] Bilder besaßen und da Mani selbst nicht zuletzt seine Fähigkeiten als Maler in den Dienst seiner Verkündigung stellt und entsprechend rühmt[125], wogegen zwar ein islamisches Bilderverbot durchaus einige Jahre (722/713) vor dem Edikt Leos III. (726 bzw. 730) erging[126], aber andererseits die byzantinische Bilderfeindlichkeit eigene, ältere Vorläufer hat[127] und man in Byzanz von

---

[120] Reallexika sv. Acheiropoietos. Der schon im Alten Testament (Hosea 8, 6) gegen die Götterbilder erhobene Vorwurf, sie seien von Menschen gemacht und deswegen göttlicher Kräfte nicht teilhaftig, geht am Wesen der altorientalischen und antiken Kultbild-Vorstellung vorbei. Denn erst nach umständlichen Ritualen (z. B. „Mundöffnung" in Ägypten, vgl. auch Proklos, in Timaeum III 155, 8 für die Spätantike) nehmen die materiellen Statuen göttliche Kräfte an (Morenz, S.: Ägyptische Religion. Stuttgart 1960. S. 162f.; Hornung, E.: Der Eine und die Vielen. S. 125ff. und S. 132f. über die Gottwerdung des Pharao im Ritual).

[121] Garsoian, N. G.: The Paulician Heresy. Den Haag - Paris 1967. Die sozialen Hintergründe dieser Bewegung behandelt E. Lipschits in Vizantiisky Vremennik 5 (1952). S. 49ff.

[122] Leo III. wurde Sarakēnophrōn genannt. Grabar, A.: L'iconoclasme byzantin. Paris 1957. S. 103.

[123] Garsoian, a.a.O., S. 200ff. Al-Nadim, Fihrist, IX 1 (ed.. Dodge 1970, S. 789) berichtet, daß die Manichäer Götzenbilder (al-asnām) zerstörten, doch bezieht sich das – genau wie das Edikt des Khalifen 'Umar II. von 720 – auf die Zerstörung fremder Kultbilder.

[124] Eusebius, Ep. ad Const. (Patr. Graec. 20, 1548 D) – mag vielleicht auch polemisch überinterpretiert sein. Zur katechetischen Funktion von Bildern besonders in den Sekten: Widengren, G.: Mani und der Manichäismus. Stuttgart 1961. S. 108. Das gleiche Phänomen bei den Hussiten: Drobná, Z.: Der Jenaer Kodex. Prag 1970. S. 45 – J. Hus fürchtet, daß während seiner Abwesenheit die didaktisch-antithetischen Bilder der Bethlehems-Kapelle von den katholischen Prälaten zerstört werden könnten.

[125] Widengren, a.a.O., S. 108ff.

[126] A. A. Vasiliev in Dumb. Oaks Pap. 9/10 (1956). S. 23ff. Grabar, a.a.O., S. 103ff.

[127] Philoxenos (Xenaias von Mabbug) verbietet 488 in seiner Diözese Hierapolis in

diesem Ereignis auch kaum Notiz genommen hat[128]. Im übrigen findet sich
im Koran selbst noch keineswegs das Bilderverbot des Islams erwähnt.
Vielmehr entstammt es erst der theologischen Tradition, der Hadith[129]. Eine
Erschwernis des Studiums der ideologischen Auseinandersetzungen im Bilderstreit[130] bedeutet die Tatsache, daß die Schriften der Ikonoklasten von
ihren siegreichen Gegnern verbrannt wurden und daß ihre Argumente fast
ausschließlich nur in den Zitaten eben ihrer Gegner vorliegen. Seine politische Bedeutung erhält der byzantinische Bilderstreit in der Frage des Kampfes um die Macht im Staate. Deutlich ist das Schwergewicht der Ikonoklasten im Heer, das ganz hinter dem Kaiser Leo III. und seinem Sohn und
Nachfolger Konstantin V. steht, den eigentlichen Bewegern des Bildersturmes[131], während die Bilderfreunde kirchlichen Kreisen und besonders dem
Mönchtum entstammen. Rückhaltlos getragen wird die Bilderverehrung von
den unteren Schichten der Westprovinzen. Die vom Kaiser unmittelbar abhängige Stadtbevölkerung Konstantinopels ist dagegen oft genötigt, mit dem
Heer zusammenzugehen, und unter diesem verstärkten Druck weitet sich die
ikonoklastische Bewegung zeitweilig in eine antimonarchische[132] aus, mit
dem Ziel, den oftmals beträchtlichen Klosterbesitz aufzulösen. Dieser
Kampf gegen den Kirchenbesitz bedeutet zugleich aber, da er vom Heer
getragen wird, eine Vergrößerung der kaiserlichen Zentralmacht und seine
Verteidigung dementsprechend ein Eintreten für die Unabhängigkeit der
orthodoxen Kirche[133].

Allein im Osten des Reiches, der die Hauptlast der Heeresversorgung und
der Kriege gegen die Araber zu tragen hat, gelingt es den Paulikianern, im
Bildersturm zugleich eine ideologische Hilfe im Kampf gegen das inzwi-

---

Syrien die Heiligenbilder. Pamphlet des Epiphanios von Salamis gegen die Bilderverehrung um 393.

[128] Grabar, a.a.O., S. 109 argumentiert: Da Johannes von Damaskus, christlicher
Untertan des Khalifen und erbitterter Gegner der Ikonoklasten, keine muslimischen
Bilderstürme erwähnt, dürften sie auch für Byzanz ohne Bedeutung gewesen sein.

[129] Paret, R.: Textbelege zum islamischen Bilderverbot, in: Festschrift für H.
Schrade. Stuttgart 1960. S. 36ff. und ders.: Das islamische Bilderverbot und die
Schia, in: Festschrift für W. Caskel. Leiden 1968. S. 224ff.; Ipsiroglu, M. S.: Das
Bild im Islam. München 1971. Grundsätzlich darf man wohl behaupten, daß im
Islam – besonders in seiner Frühzeit – die bildliche Darstellung eng mit der
imperialen Repräsentation verbunden ist – genau wie in Byzanz, wo die ikono-
klastischen Kaiser die profane Hofkunst durchaus fördern.

[130] Ostrogorsky, G.: Studien zur Geschichte des byzantinischen Bilderstreites.
Breslau 1929. Weitere Literatur in den Reallexika sv. Bild.

[131] Ostrogorsky, G.: Geschichte des byzantinischen Staates. München 1963. S.
123ff.

[132] Ostrogorsky, a.a.O., S. 145.

[133] Schwarzlose, K.: Der Bilderstreit. Ein Kampf der griechischen Kirche um ihre
Eigenart und um ihre Freiheit. Gotha 1890.

schen seit 786 wieder bilderfreundliche Kaisertum zu mobilisieren. Mit dem endgültigen Sieg der Bilderverehrung fällt dann auch ein entscheidender Schlag gegen die Paulikianer zusammen: 843 werden Hunderttausend von ihnen umgebracht[134] und die wenigen Überlebenden schließlich einige Jahre später an die Balkanfront nach Thrakien verpflanzt. Von dort verbreitet sich ihr rigoristisches, bilderfeindliches Christentum über Bogumilen und Katharer nach Westen, um in den reformatorischen Bewegungen des 15. und 16. Jahrhunderts weiterzuwirken.

Die verschiedenen politischen Intentionen der byzantinischen Ikonoklasten – Förderer der kaiserlichen Zentralmacht auf der einen Seite und proletarischer Rigorismus bei den Paulikianern – zeigen noch einmal, daß Bildersturm ein in beliebiger Richtung[135] verwendbares ideologisches Instrument ist. Als solches wird es von Intellektuellen gehandhabt – Rabbiner agitieren die Zeloten in Palästina gegen die römische Besatzungsmacht und ihre Kollaborateure oder Bischöfe hetzen die christlichen Massen gegen heidnische Kultbilder. Äußerst selten sind die Fälle spontaner Zerstörungen, die in der Kunst die Kunst der Herrschenden[136] sehen – wie am Ende des Alten Reiches in Ägypten oder die sizilischen Demonstrationen gegen Verres. Gerade die theologisch motivierten Bilderstürme entlarven ihre Führer, die Intellektuellen, als die Vandalen[137]! Die Zerstörung von Kunst als solcher ist allerdings ein Vorwurf, der im Altertum – wie mir scheint von Cicero noch nicht – erst in der Spätantike erhoben wurde: Libanios, der heidnische Rhe-

[134] Garsoian, a.a.O., S. 126, Anm. 50. Wie weit die Paulikianer über ihre östlichen Gruppen in Armenien Kontakte zu den Bauernaufständen (Khurramiten u.a.) des 8. Jahrhunderts im nördlichen Iran (Sadighi, G. H.: Les mouvements religieux Iraniens au 2ᵉ et au 3ᵉ siècle de l'hégire. Paris 1938 (= Thèse Fac. Lettres) gehabt haben, wäre noch zu erforschen.

[135] Gegen K. Majewski (Archeologia 16 [1965], S. 82f.), der im anikonischen Kult eine Zuflucht der Massen vor der ikonischen Propaganda ihrer Unterdrücker sieht. Die monotheistischen Bewegungen – mit der bedeutenden Ausnahme der prophetischen Aufrufe des AT – und die Verachtung der bilderfeindlichen griechischen Philosophen für den Bilderkult des Pöbels zeigen das Gegenteil. Rein formal sind theologisch motivierte Bilderstürme – wie Maschinenstürme (Luddisten) übrigens auch – reaktionär. Denn sie rufen stets den alten („unverdorbenen") Zustand herbei. Ihre historische Grenze liegt darin, daß sie die ästhetischen bzw. materiellen Produktivkräfte der Gesellschaft, da sie sich in den Händen ihrer Unterdrücker befinden, zerstören, statt Besitz von ihnen zu ergreifen.

[136] Der Herrscher als Bewahrer und Schützer der Kunst – dargestellt in zwei Bildern der Gegenreformation im Vatikan: Alexander und Augustus retten die Ilias bzw. die Äneis (T. Buddensieg in Journ. Warb. Court. 28 [1965], S. 64f., Taf. 7 b, c). Antike Beispiele: Musenhöfe der Tyrannen (Metzler, a.a.O., S. 50), Aristoteles: Siehe oben Anm. 101. Islam: Moghulkaiser und Safeviden-Schahs (Arnold, T. W.: Painting in Islam. S. 140ff.).

[137] Verurteilung der christlichen Bilderstürme gegen die antike Kunst seit dem 14. Jahrhundert und deren Freisprechung vom Vorwurf des Vandalismus in der Gegenreformation (Buddensieg, a.a.O., S. 50 und S. 57).

tor, beklagt sich um 390 in einer an den Kaiser gerichteten Flugschrift darüber, daß christliche Mönche sogar eine Statue des Asklepios mit den Zügen
des Alkibiades zerstörten, obwohl dieses wertvolle – angeblich sogar von
Phidias stammende – Kunstwerk gar kein Kultbild sei[138]. In der heidnischen
Reaktion auf den christlichen Fanatismus scheint also der bürgerliche Begriff vom Kunstwerk vorweggenommen. Zwar kennt man früher den De-
monstrationswert der von den Persern zerstörten Tempelruinen[139], des leeren
Sockels oder des Pferdes darauf ohne seinen Reiter (Verres – von den Ausgebeuteten in Tyndaris herabgezerrt)[140], doch beklagt der Torso dort nicht
ästhetischen Unverstand, sondern ist politisches Symbol.

Ein Aspekt der Bilderfeindlichkeit wurde im Vorangegangenen nicht erwähnt. Er liegt auf einer anderen Ebene als unser Ansatz, möge aber zum
Schluß wenigstens angedeutet werden: Im Wandel der ästhetischen Form
selbst zeigt sich in der Entwicklung der antiken Kunst Bilderfeindlichkeit im
byzantinischen Verständnis als allmählicher Verlust an Plastizität, Zunahme
von Flächigkeit, Frontalität und Bezug auf einen Betrachter, Verlust von
plastischem Raum und Zunahme von spirituellem, im Goldgrund manifesten
Raum. Eine formale Erscheinung, in der die politische Entwicklung zu Zentralismus und Monotheismus künstlerisch verinnerlicht wird.

---

[138] Libanios: 30. Oratio pro templis 22. Th. Pekáry in Antiquitas 4, 7 (1970). S. 152.
Die Wertschätzung des Kunstwerkes im Bildersturm äußert sich auch in einer
anderen, spezifisch „bürgerlichen" Form, nämlich in der Privatisierung von Kunst-
besitz: Nach der Schließung des Zeustempels von Olympia (384) wandert die Zeus-
Statue des Phidias in den Palast des konstantinopolitanischen Magnaten Lausos, der
aus den der Ächtung anheimgefallenen heidnischen Kultbildern eine private Kunst-
sammlung anlegt (Lasaulx, a.a.O., S. 110).

[139] Pausanias X 35, 2-3 – von Ed. Meyer: Geschichte des Altertums, IV 1, S. 350, 1
nicht berücksichtigt. Vgl. Herodot V 77, 3.

[140] Cicero, 2. Verr., II 65 § 160.

Abb. 1: Die Familie des Kaisers Septimus Severus – Carracalla eradiert. Tempera auf Holz, aus Ägypten. Um 200 n. Chr. Staatl. Museen, Preußischer Kulturbesitz, Antikenabteilung, Berlin [S. 183]

Abb. 2:Muhammad entfernt die Idole von der Ka'ba. Persische Miniatur, aus Schiraz, 1585/95. Staatl. Museum, Preußischer Kulturbesitz, Museum für Islamische Kunst, Berlin [S. 184]

Zur Theorie und Methode der Erforschung von Rassismus in der Antike*

Kontakt mit der Umwelt bedeutet in allen Phasen des Altertums für Griechen und Römer auch das Zusammentreffen mit Angehörigen fremder Rassen, deren Andersartigkeit nicht nur bemerkt, sondern verhältnismäßig häufig auch wissenschaftlich reflektiert oder künstlerisch gestaltet wurde.

Von dem augenfälligsten Gegensatz zwischen schwarzer und weißer Rasse kann man sagen, daß er nicht nur in den uns erhaltenen – und das heißt in der Mehrzahl der Fälle: von der antiken und abendländischen Tradition für überlieferungswert gehaltenen – Quellen aus weißer Sicht dargestellt und kommentiert ist, sondern daß er darüber hinaus auch in der modernen Fachliteratur fast ausschließlich von weißen Historikern bearbeitet wurde.

In den von Schwarzen selbst geschriebenen modernen Darstellungen drücken sich zwei extreme Positionen aus. Auf der einen Seite steht der Versuch der Usurpierung weißer Kulturleistungen für ein schwarzes Pantheon, indem man möglichst viele große Gestalten der Vergangenheit – von Beethoven bis zu den griechischen Göttern – mit einer schwarzen Großmutter versieht, auf der anderen werden weiße Theorien, die in Folge der Idealisierung der griechischen Vergangenheit von einem toleranten Nebeneinander von Weiß und Schwarz ausgehen, kritiklos übernommen. Für diesen Ansatz ist das jüngste Buch von F.M. Snowden, Blacks in Antiquity – Ergebnis von mehr als zwanzig Jahren Forschung –, ein wichtiges Beispiel, das alle Vorgänger, die diese These stützen, zu Kronzeugen aufruft (S. 169). Die noch ausstehende wissenschaftliche Untersuchung des Verhältnisses von Schwarz und Weiß in den konkreten Situationen der antiken Gesellschaften wird dennoch von diesem Buch auszugehen haben, weil es die bisher umfassendste Zusammenstellung des verfügbaren archäologischen, epigraphischen, papyrologischen und literarischen Materials enthält.

Die Grundthese Snowdens: Die Griechen und Römer kannten kein rassisches Vorurteil. Als Beleg dient der Verweis (S. 25) auf das antike anthropologische Interesse an rassischen Unterschieden. So wird Polybios be-

---

* Überlegungen bei der Lektüre eines Buches von Snowden, F. M.: Blacks in Antiquity: Ethiopians in the greco-Roman Experience. Harvard University Press, Cambridge, Mass. 1970. Zum Thema vgl. auch: Borgeois, A.: La Grece antique devant la Negritude. Paris 1971; Locke, A.: The Negro in Art. London 1971 und Kunst, H.-J.: Der Afrikaner in der europäischen Kunst. Bad Godesberg 1967. – Abkürzungen: ARV² – Beazley, J. D.: Attic red-figure vase-painters. Oxford 1963, CVA = Corpus Vasorum Antiquorum, JHS – Journal of Hellenic Studies.

müht (S. 172ff.), nach dem die Griechen denselben Naturgesetzen unterworfen seien wie Äthiopier oder Skythen[1]. Snowdens Schluß aus dieser Quelle ist nur bedingt gerechtfertigt: Die Parallelisierung der rassischen Extreme – weiße Skythen des Nordens neben schwarzen Äthiopen des Südens – diente stärker der Selbstidentifikation der Griechen. Sie heben sich von beiden Rassen ab, und nur sie sind Norm und/weil Mitte. Ähnlich ist auch die in der griechischen Literatur beliebte Darstellung des Gegensatzes zwischen den nördlichen und südlichen Barbaren zu deuten Bei den einen ist es zu kalt, bei den anderen zu warm; nur bei den Griechen ist das Klima ausgeglichen. Schließlich spricht auf dem Höhepunkt der römischen Macht Vitruv (VI 1, 11) die dieser Metapher zugrundeliegende Ideologie deutlich aus: „So hat in derselben Weise Italien in der Mitte zwischen Nord und Süd durch die Mischung der beiden Teile ausgeglichene und unübertroffene, gute Eigenschaften. So bricht es durch seine staatsmännische Klugheit den kriegerischen Mut der Barbaren, durch die Kraft seiner Arme die Pläne der Südvölker. So hat die göttliche Vorsehung die Bürger des römischen Reiches in einen ausgezeichneten und gemäßigten Himmelsstrich gesetzt, auf daß das römische Volk die Welt beherrsche"[2]. Der römische Bürger kann zum Herrenmenschen werden, weil die anderen Rassen als „Abnormitäten" abgewertet werden. In diesen Zusammenhang gehört auch der Erlaß des Augustus über die Reinerhaltung des Römischen Volkes, das von allem Unrat fremden und sklavischen Blutes unberührt zu erhalten sei[3].

„Racial diversity, then, was explained in a uniform manner that applied as well to the Ethiopians as to any other people, and any special racial theory about darker peoples was completely absent" (S. 176). Zur Untermauerung dieser These führt Snowden u.a. ein Fragment des Menander an, aus dem hervorgehen soll, daß rassische Herkunft ohne Bedeutung war: Ein junger

---

[1] Vgl. Burckhardt, J.: Griechische Kulturgeschichte I. Darmstadt 1956. S. 290ff. Zur Wertung der „Barbaren im Urteil der Griechen" zuletzt H. Dörrie in Antike und Universalgeschichte. Festschrift für H. E. Stier, Münster 1972, S. 146ff. – Zur Diskrepanz von „literarischen" und politischen Äußerungen über die Wertung der Rassen vgl. auch Ägypten: Von demselben Echnaton, in dessen Sonnenhymnus Menschen verschiedener Hautfarbe als Geschöpfe Gottes gelten (Erman, A.: Die Literatur der Ägypter. Leipzig 1923. S. 360), gibt es eine Statuette, die den Pharao zeigt als einen, der „alle Fremden unter seinen Sohlen" zertritt (W. Helck in Saeculum 15 [1964], S. 105. Aldsed, C.: Akhenaten und Nefertiti. New York 1973. S. 47, Abb. 28).

[2] Diese Vitruvstelle ist auch Snowden bekannt. Er bringt jedoch – übrigens wieder in mehrfacher Wiederholung – nur die darin enthaltenen positivistischen Naturbeobachtungen, ohne die politischen Folgerungen, derentwillen Vitruv selbst schließlich seine ganze Argumentation aufbaut, auch nur zu erwähnen.

[3] Sueton, Augustus 40, 3: ab omni colluvione peregrini ac servilis sanguinis incorruptum servare populum. Vgl. dazu auch Tarn, W. W.: The Greeks in Bactria and India. Oxford 1938. S. 36 über den verächtlichen Sinn der Bezeichnung μιξέλληνες

Mann versucht seine Mutter davon zu überzeugen, daß seine schwarze
Freundin ihm ebenbürtig sei. Er argumentiert in der Absicht, sie zu heiraten,
mit dem Hinweis: „Der Mensch, dessen natürliche Neigung gut ist, der ist,
Mutter, auch wenn Äthiopier, von edler Geburt." Nun kann aus dem Fehlen
von Rassismus nicht daraus geschlossen werden, daß ein Dichter oder ein
Wissenschaftler Neger und Weiße für gleichberechtigt hielten. Überhaupt
läßt sich aus diesem Fragment des Menander weniger die These ableiten, „it
is unimportant whether one is as racially different from a Greek as the Etio-
pian ... it is *natural bent, not race,* that determines nobility"[4], als vielmehr
die Schlußfolgerung ziehen, daß die Pointe der Bühnenszene eine weit verbreitete Rassendiskriminierung war, deren Wirkung der Dichter in diesem
Fall aufzeigt. Wie verbreitet der Rassismus war, macht die ethnologische
Theorie des Antiphon deutlich. „Antiphon the Sophist had insisted that the
Greek practice of honoring those of good birth and looking down upon those
of humble family was barbarous, since by nature all – both barbarians and
Greeks – are born alike in all things" (S. 177). Dem steht eine wesentlich
rigidere griechische Alltagspraxis gegenüber.

Snowdens Schluß, „as to the color of the skin and the Graeco-Roman
concept of beauty, attitudes apparently varied with the individual" und „As
in several modern societies ... the matter was one of individual preference"
(S. 178), kann nicht aus einer Aufzählung der in der antiken Literatur erwähnten Geschmacksurteile weißer Männer über schwarze Frauen gezogen
werden (S.178). Wenn gewisse Schriftsteller die schwarze Schönheit rühmen, entspricht ihr Urteil derselben Mentalität, die heute in Josephine Baker
oder Muhammad Ali ihre erotischen Wunschbilder findet. Für die Auffassung spricht der Kontext, aus dem Snowden seine Belege nimmt: Es sind
überwiegend Bordellgraffiti und erotische Literatur, also kaum Zeugnisse für
die antike rassische Gleichberechtigung, Als Beispiel sei die zitierte Beschreibung der Schönheit einer Schwarzen namens Didyme aus der Feder
des Asklepiades angeführt: „Was macht es mir aus, wenn sie auch schwarz
ist. Schwarz sind auch die Kohlen, wenn wir sie aber entzünden, glühen sie
wie Rosenknospen." (S. 178). Aus dem Zitat spricht die weiße Arroganz, die
im Schwarzen die unbewußte Schönheit erst zu entzünden glaubt. In diesen
Zusammenhang gehört auch eine in der Rezeption verdrängte, aber für den
antiken Rassismus bezeichnende Pliniusstelle (Nat. Hist. 6, 35, 190) –

---

[4]   Falsche Folgerungen aus dieser These zieht R. Mauny in Journ. of African
History 12 (1971). S. 159. – Die Bedeutung rassistischer Vorurteile in der griechischen Anthropologie zu minimalisieren, versucht Klees, H.: Herren und Sklaven.
Wiesbaden 1975. S. 213ff. – Bemerkenswerterweise werden gelegentlich die Angehörigen der Oberschichten von „Barbarenvölkern" vom Vorwurf der Barbarei
freigesprochen. So ist etwa Morbod „natione magis quam ratione barbarus",
Arminius „ultra barbarum promptus ingenio" oder Civilis „ultra quam barbaris
solitum ingenio sollers" (K. Christ in Saeculum 10 [1959], S. 277ff.).

Snowden zitiert sie in einer Anmerkung. Plinius sagt über die Mesagches (diese Schreibweise weist auf einen griechisch schreibenden Gewährsmann hin – wohl Juba von Mauretanien oder Agatharchides von Knidos): „Hi pudore[5] atri coloris tota corpora rubrica inlinunt". Hier wird das weiße Vorurteil den Schwarzen selbst angelastet. Ähnliche Geringschätzung des Negers verrät auch Juvenal (II 23), wenn er in einem Sprichwort die schwarze Hautfarbe mit einem körperlichen Gebrechen gleichsetzt – beider Unnatürlichkeit wird mit dem „Normalzustand" verglichen und belacht.

Snowden sieht in diesen Beispielen keine „overtones of racial bias" (S. 322). Solche klingen aber mehrfach bei Juvenal an – etwa I 129ff., wo er unter den Statuen römischer Triumphatoren an der Rostra die eines Ägypters und Arabarches (hier etwa als „Beduinenscheich" zu verstehen) für so deplaziert hält, daß man an ihr sein Wasser abschlagen sollte. Rassistische Züge verbergen sich auch hinter der Darstellung der Andromeda: „Greek artists depicted Andromeda and her father as whites; the people of the country in which they lived, as Negroes" (S. 154 nach Apollodor II 4. 3). Im übrigen fallen alle Zeugnisse dafür, daß Andromeda schwarz war, in die römische Zeit, die ihr Andromedabild wahrscheinlich nach ihrer Vorstellung von dem Aussehen der meroitischen Kandake (Königin) bildete. Philostrat (Imagines I 29, von Snowden mehrfach herangezogen), der ebenfalls den Mythos erzählt, beschreibt bemerkenswerterweise *ein Gemälde,* auf dem die Schönheit der weißen Andromeda ästhetisch so eindrucksvoll ist, weil sie sich von ihrer dunkelhäutigen Umgebung auffällig unterscheidet. Schwarze Hautfarbe erhält hier das Prädikat ἄτοπος – unnatürlich – eine Einschätzung, die auf rassistischen Vorurteilen basiert.

Snowden weist wiederholt auf das *künstlerische* Interesse am Neger hin („Both Greeks and Romans ... selected blacks as subjects because they found them artistically and scientifically interesting".) So sieht er zum Beispiel in den janiformen plastischen Gefäßen aus dem 6. und frühen 5. Jh. v. Chr., die den Kopf eines Negers mit dem einer Weißen paaren, eine durch ästhetische Überlegung motivierte Töpferarbeit und spricht von einem „mysterious and romantic clash of color"[6]. An dieser Stelle wäre aber zu untersuchen, welche Funktion diese Gefäße hatten. Im Gegensatz zu Snowdens vordergründiger und verharmlosender Interpretation steht die Verachtung, die die Griechen dem Neger im Alltag zuteil werden ließen. Die rassistische Haltung läßt sich etwa auch an einem in mehreren Exemplaren erhaltenen – also offensichtlich

---

[5]   Die Codices haben nach der Ausgabe von D. Detlefsen (Berlin 1866) hipdores, ipsodore und ipsodoro, die Emendation von L. Jan-K. Mayhoff (Leipzig 1906) hat auch H. Rackham (London 1942) übernommen.

[6]   Eine ähnliche abwegige Begründung für diese plastischen Darstellungen hatte bereits Beazley („Charinos", JHS 49, 1929, S. 39) formuliert: „It seemed a crime not to make Negroes when you had that magnificent black glaze". H. Metzger (Rev. Etudes Anc. 73, 1971, S. 498) beurteilt Beazleys Bemerkungen anders.

populären – Neger-Krokodil-Gefäß (Abb. 1) des athenischen Töpfers Sotades[7] ablesen. Da diese Gefäße sicher bei Symposien (Trinkgelagen) verwendet wurden, dürften diese Darstellungen besonders deutlich machen, welche
Haltung die Griechen gegenüber dem Neger einnahmen. Ein erwachsener
Neger[8], durch dicke Lippen, krauses Haar und schwarzglasierte Hautfarbe
charakterisiert, ist einem Krokodil zum Opfer gefallen. Verzweifelt, aber
vergebens, denn das Untier hat sich schon in seinem Arm festgebissen, sucht
er sich zu retten. Die frontale, auf den Betrachter ausgerichtete Stellung des
Negers, sein theatralischer Kniefall und seine in Bittgebärde ausgestreckte
Hand werden erst sinnvoll, wenn wir die Gruppe als Darstellung eines
Mummenschanzes verstehen. Während eine ägyptische Fayence (Abb. 2)[9]
die Verspeisung eines Negers durch ein Krokodil wohl als Ritual darstellt[10],
wird der Vorgang bei den Griechen als komische Burleske vorgeführt. Der
Neger in den Klauen des Untiers ist der leicht verletzbare, anfällige und ver-
ächtliche Gegner, der – implicite – in Kontrast zu dem überlegenen Griechen
steht.

Offensichtlich kennt Sotades das Niltier nur als Bühnenattrappe, denn
sein Krokodil mit der Delphinenschnauze, ist gerade nur menschengroß und
packt sein Opfer, dessen barbarische Furchtsamkeit sich durch bleckende
Zähne[11] zeigt, nach Löwenart mit den Pranken. Die Darstellung des grausamen Vorgangs dürfte als Theaterbelustigung vorgeführt worden sein und ist
von dort ins Symposion geraten – eher eine verstärkte als verminderte Verächtlichmachung[12]. Der Neger ist also schon im 5. Jh. v. Chr. Gegenstand
des Komödienwitzes!

Snowden möchte, um das Ziel seiner Argumentation zu erreichen, Platos
und Aristoteles' biologisch begründete Einstellung zur Rassenfrage gegen
die des Isokrates ausspielen: „Isocrates seemed to point the way to a differ-
entiation less racial and more cultural when he spoke of the race of the Hel-
lenes as suggesting no longer race but intellect and as a designation to be
applied to those sharing in the culture rather than in the ancestry of the

---

[7]   ARV[2] 764, 9-11. Snowden, S. 27, Abb. 33, dort nicht weiter kommentiert.

[8]   Nicht „Negerlein" wie Buschor („Krokodil des Sotades", Münchner Jahrb. 1919
passim) meint.

[9]   Die ägyptische Darstellung besagt, daß der Nil stärker ist als der Neger.

[10]   Zu dieser Deutung führt das Vorhandensein des klotzartigen Altars.

[11]   Zu Zähneblecken als Ausdruck von Furchtsamkeit vgl. etwa Patroklos auf der
Sosias-Schale in Berlin (ARV[2] 21, 1).

[12]   Im Zusammenhang mit den Neger-Krokodilgefäßen des Sotades ist auch die
Darstellung eines Pygmäen, der einen erlegten Kranich heranschleppt (ARV[2] 737,
125; 766, 34) zu erwähnen, denn die beiden Gruppen sind thematisch verknüpft. Die
Pygmäen sind Paradiesbewohner und bezwingen spielend leicht ihre Gegner: Im
Krokodilkampf des Negers gewinnt die Bestie, im Kranichkampf der Pygmäe.

Greeks." (S. 170). Was die *wirkliche* Volksmeinung[13] war, läßt sich aus euripideischen Versen (Iphig. Aul. 1400ff.) ablesen: der natürliche Kampf zwischen Griechen und Barbaren sei ein Kampf zwischen Herren und Sklaven. Wenn Isokrates diese Feststellung differenziert, indem er Zugehörigkeit zu den Griechen von kulturellen statt rassischen Kriterien abhängig macht, so bedeutet das nur eine Umgruppierung und Erweiterung der Herrenschicht, da in der Tat inzwischen griechische Kultur Statussymbol makedonischer, lykischer und persischer Hofhaltungen geworden war.

Snowden wirft der früheren Forschung vor, daß sie die Anzahl der Neger – unter den persischen und ptolemäischen Truppen, sowie unter den griechischen Sklaven – unterschätzt habe, und ist darum bemüht, die schwarze Bevölkerung in Griechenland und in Rom möglichst hoch zu beziffern, um seiner These der „friedlichen Koexistenz" die nötige Basis zu verschaffen. Darüber hinaus will Snowden zeigen, wie der Neger sich in verschiedenen Lebensbereichen, Berufen und Religionen durchsetzte, wie es ihm gelang, sich sozial in die weiße Gesellschaft zu integrieren und sich sogar durch Mischehen mit dieser zu verbinden. Er versucht wiederholt den Eindruck zu erwecken, als ob seine Neger *verschiedenen Klassen* angehören: „The Roman world continued this tradition and selected Negroes from different social classes" (S. 180).

Die Beweisführung gelingt jedoch nie, und kann auch nicht glücken, denn wir dürfen davon ausgehen, daß nahezu *alle* von ihm aufgeführten Neger Sklaven oder Angehörige der Unterschichten sind. So erfahren wir endlich – verspätet (S. 186 und S. 216) und beiläufig – „a large, doubtless the largest portion of Ethiopians in Greece and Italy arrived as prisoners of war or as slaves". Dieser Tatbestand verdient genauer betrachtet zu werden: Unter rein ökonomischen Aspekten war der Neger zumindest für die Griechen kein interessanter Sklave, da er nicht über eine handwerkliche Ausbildung verfügte, die den Sklaven aus den altorientalischen Kulturländern und ihren Randgebieten so wertvoll machte (kilikische Bergwerkssklaven, thrakische Köhler, ägyptische Textilarbeiter, syrische Lederarbeiter usw.). Der Negersklave stellte in Griechenland schon wegen seiner Seltenheit eher ein Prestigeobjekt dar. Allein die Tatsache, daß es unter den Hunderten von überlieferten Sklavennamen aus dem Bergwerk von Laureion keinen einzigen Hinweis auf einen Neger gibt, kann als ein Indiz für die Sonderbehandlung der Neger gelten[14]. Auch taucht in den Handwerkerdarstellungen auf

---

[13] Im Zusammenhang mit den Neger-Krokodilgefäßen des Sotades ist auch die Darstellung eines Pygmäen, der einen erlegten Kranich heranschleppt (ARV² 737, 125; 766, 3-4) zu erwähnen, denn die beiden Gruppen sind thematisch verknüpft. Die Pygmäen sind Paradiesbewohner und bezwingen spielend leicht ihre Gegner: Im Krokodilkampf des Negers gewinnt die Bestie, im Kranichkampf der Pygmäe.

[14] Snowden hätte aus dem Skiapous (vgl. Lauffer, S.: Die Bergwerkssklaven von Laureion II. Mainz 1956. S. 127) vielleicht einen Neger gemacht, doch handelt es

griechischen Vasen kein Neger auf. Da auf diesen nicht nur Sklaven, sondern auch freie Handwerker (u.a. auch Töpfer) wiedergegeben sind, haben
diese Selbstdarstellungen einen berufsständischen[15] und damit emanzipatorischen Charakter. Neger bleiben von derartigen Emanzipationsversuchen
ausgeschlossen.

In den Berufen des Showbusiness trifft man den antiken Neger in den
gleichen Tätigkeiten an, die ihm auch heute die weiße Erwartung zuweist[16]:
Er wird mit Vorliebe dargestellt als Jongleur, Akrobat, ekstatisch Tanzender,
Boxer, Musikant und Trainer von Zirkuselefanten (S. 164ff., Abb. 44-51,
60). Er wird aber nie in den Situationen gezeigt, die für den freien Griechen
charakteristisch sind, nämlich bei Symposien, Kampf, Abschied des Kriegers, Kult, Liebe, Handwerk. Diese Bilder sind den Griechen vorbehalten.
Wo Neger dargestellt sind, erscheinen sie also vereinzelt als Schausportler,
als Luxussymbole und Herrschaftsattribute oder als Zubehör eines Triumphzuges[17]. Die eigentliche Bedeutung des Negers und der Negerin liegt – in
Griechenland wie in Rom – in ihrer Rolle als teure Hausssklaven und exotische Luxusobjekte. Ein aus dem fernen Afrika hergeholter schwarzer
Mundschenk wies beim Symposion seinen Besitzer als Mann von Welt und
Kenner aus[18].

Über das Luxusobjekt wird auch als *Lust*objekt verfügt. So ist z.B. die
Bedeutung des attischen Weinhumpens in Form eines Negerkopfes (Abb. 3 –
wie noch vom 16. bis ins 19. Jh.[19] – als Symbol für Luxus und kolonialen
Anspruch zu verstehen, andererseits als Anspielung auf die dem schwarzen
Mann zugeschriebene übernatürliche Potenz[20]. So ist der häufig wiederkeh-

---

sich bei diesem „Schattenfüßler" höchstens um einen trogodytischen Bewohner der
Küste des Roten Meeres.

[15] Selbstbewußtsein der arbeitenden Bevölkerung als Berufsstolz artikuliert:
Lauffer, a.a.O., S. 203. D. Metzler in Archäolog. Anzeiger 1969, S. 138 und S. 152.
Ders., Porträt und Gesellschaft, S. 296 und S. 304ff.

[16] Zur Differenzierung dieses Themas jetzt auch: Steinkamp, E.: Sport und Rasse.
Der schwarze Sportler in den USA. Ahrensburg bei Hamburg 1976.

[17] Als letzten Beweis für seine These der schwarzen Gleichberechtigung – zitiert
Snowden (S. 168) ein Epigramm aus der Anthologia Latina auf einen ungeschlagenen Wagenlenker mit dem Namen Memnon: „Memnon, wenn auch Sohn der
Morgendämmerung, fiel in die Hände des Peliden. Du aber, Kind der Nacht, Aeolus,
wenn ich mich nicht irre, gezeugt und geboren in den Grotten des Zephyrus.
Niemals wird es einen Achill geben, der Dich übertreffen wird. Memnon bist Du
zwar nach Deinem Aussehen, nach Deinem Schicksal aber nicht".

[18] Theophrast, Charact. 21. Himmelmann, N.: Archäologisches zum Problem der
griechischen Sklaverei, Mainz 1971 (= Abh. Akad. Wiss. Mainz Nr. 13). S. 31,
Anm. 3.

[19] Vgl. Raab-Richter, I.: Das Kopfgefäß, Köln 1967, Abb. 47 und 58.

[20] Daß es sich dabei noch heute um eine Projektion weißer Angstvorstellungen
handelt, hat C. C. Hernton in seinem Buch Sex and Racism in America (New York
1965) treffend klargestellt. Als Schau- und Lustobjekt hat es im 5. Jh. nicht nur

rende mit einer weißen Frau gepaarte Negerkopf als „schwarzer Silen"[21] (Abb. 4) zu deuten. Nach in der antiken Kunst sehr häufigen phallischen Negerdarstellungen sucht man in Snowdens Buch vergeblich[22]. Es fehlt ein Kapitel, in dem das vorrangige Verhalten der Griechen und Römer gegenüber dem Neger – nämlich das sexuelle – hätte dargestellt werden müssen. Diese Prüderie, deren Wurzeln viktorianischer oder nordamerikanischer Herkunft sind, hat durchaus eine politische Bedeutung.

Ein weiterer Topos in der Literatur betrifft die Frömmigkeit des Negers. Snowden zitiert Homer, Herodot, Diodor, Statius, Aelian, Pausanias, Seneca und schließlich Stephanos von Byzanz, um mit Genugtuung festzustellen, daß „an image of pious, just Ethiopians became so inbedded in Graeco-Roman tradition that echoes are heard throughout classical literature" (S. 144).

Die Ursache für die sich in der Literatur niederschlagende hohe Meinung der Griechen von der Frömmigkeit der Neger ist nicht in der Volksmeinung zu suchen. Am sinnvollsten will es scheinen, sie mit verwandten Erscheinungen der Antike und der Neuzeit zu vergleichen: Tacitus' Germanen, die indischen Gymnosophisten in der hellenistischen Literatur, die Indianer des Bartolome de las Casas oder die frommen Skythen und Thraker wie Anacharsis und Zalmoxis im griechischen Volksglauben, sie alle gleichen dem „guten Wilden" Rousseaus und sind als solche weniger Gegenstand der Ethnologie als der Ideologiegeschichte: über die Wilden sagen sie weniger aus als über Rousseau. E. Rohde[23] hat darauf hingewiesen, daß die Utopien an den Rändern der jeweils bekannten Welten angesiedelt werden. Die ikonologischen Entsprechungen dazu entdeckte J. Thimme auf „Griechischen Salbgefäßen mit Libyschen Motiven"[24]. Ihm gelang der Nachweis, daß zahlreiche vordergründig ethnologische Elemente Afrikas auf griechischen Vasen des Grabkultes als Jenseits-Zeichen zu interpretieren sind. Dazu gehören etwa die Neger[25] und Amazonen[26] auf den weißgrundigen Alabastra, die hier

---

männliche Neger, sondern auch Negerinnen gegeben: z.B. CVA Wien II, 1, Taf 45, Nr. 3714 (dem entspricht das, was Snowden Abb. 12 für einen männlichen Neger hält, obwohl der schwarze Kopf eine weibliche Frisur hat.) „Schwarzes Fleisch für den weißen Mann".

[21] Vgl. E. Simon in Schweiz. Numismat. Rundschr. 49 (1970). S. 5ff.

[22] Der einzige Hinweis darauf findet sich S. 182, wo von einer „prophylaktischen" Bedeutung gesprochen wird, das Problem also durch Verlagerung in den Symbolbereich verharmlost wird.

[23] Rohde, E.: Der griechische Roman und seine Vorläufer, Leipzig ³1914. S. 215ff.

[24] J. Thimme in Jhb. d. Staatl. Kunstslg. in Baden-Württemberg 7 (1970). S. 7ff.

[25] Auffallend ist die Primitivität der Zeichnung auf dieser Vasengruppe. Es gibt kaum attische Darstellungen im 6. Jh., die auch nur annähernd so primitiv gemalt sind. Sie sind nicht als „provinziell" zu verstehen, sondern sind bewußt schlecht gemalt. Es handelt sich allem Anschein nach um einen *indentierten* Primitivismus, in dem sich möglicherweise die kulturelle Unterlegenheit des Negers in griechischen Augen widerspiegelt. Ist vielleicht mit diesen Darstellungen auf Negerkunst

als mythische Bewohner eines Jenseitslandes zu verstehen sind. Denn als solches durchzieht das Aithiopenland seit Homer die Träume der Griechen[27]. Engverbunden mit diesem utopischen Vorstellungsbereich ist der Sonnengott Helios als Herrscher des Äthiopenlandes. Und zum Sonnengott wiederum gehörte ursprünglich die Gestalt des Memnon, dessen zunächst befremdliche Lokalisierung in Susa (S. 151) jüngst von G. Dossin[28] sehr überzeugend aus den etymologischen Spekulationen sumerischer Schreiber erklärt worden ist. Deren Mythologie wiederum gelangte durch vorderasiatische Vermittlung zu den Griechen. Sie ist zugleich der Beweis dafür, daß der Memnonmythos ursprünglich in Asien beheimatet ist und erst sekundär mit den schwarzen Aithiopern verbunden wurde. Überhaupt scheint es sinnvoll, auf das oft widersprüchliche Nebeneinander von spekulativ-mythologischer und real-ethnologischer Geographie bei den Griechen hinzuweisen. Die Neger in den erwähnten Jenseitsbildern sind – genau wie Skythen, Mänaden und Satyrn – nicht um ihrer selbst willen, sondern stellvertretend für die auf dieses durch solche Gestalten symbolisierte Paradies hoffenden griechischen Mysteriengläubigen dargestellt. Es sind also weniger die historischen Neger, die angeblich in Massen mit den Persern 490 und 480 nach Griechenland gelangt seien[29], als vielmehr die griechischen Wunschbilder von Negern, deren mythischer Charakter gerade durch ihre bildliche Verknüpfung mit dionysischen, solaren und mysterienartigen Motiven hervorgehoben wird[30]. In diesem Sinne sind auch wohl die Negerköpfe auf der Goldphiale aus Panagurischte (bei Snowden Abb. 39) zu verstehen.

Auf einer griechischen Goldphiale mit Negerköpfen in New York[31] deuten Bienen und Eicheln auf einfaches[32], paradiesisches Leben hin, das Herodot (III 17ff.) mit dem immer gedeckten, allen zugänglichen Sonnentisch bei

---

angespielt?

[26] Vgl. auch die attisch-schwarzfigurige Amphora Brüssel A 130: schwarzer Krieger – bärtig und bekränzt! – zwischen den Amazonen.

[27] Wahrscheinlich liegt ägyptische Vermittlung vor, denn schon in der Zeit der Hatschepsut (18. Dyn.) gelten Punt und Hbš (wohl das Gebiet des heutigen Äthiopien und wie es scheint die älteste Bezeugung des Habes-Namens für Abessinien) als Götterland (Doresse, J.: Histoire sommaire de la corne orientale de l'Afrique. Paris 1971. S. 55.)

[28] G. Dossin in Acad. Royale de Belgique, Bulletin Cl. Lettres et Sciences Mor. et Pol. LVIII (1972). S. 324ff.

[29] Aischylos, Perser 315. Snowden, S. 156.

[30] Thimme, a.a.O.

[31] Strong, D. E.: Greek and Roman Gold and Silver Plate. London 1966, S. 97, Taf. 23 A.

[32] Zur griechischen Vorstellung von der Einfachheit des urzuständlichen Lebens der Vorzeit bzw. Barbaren: Müller, K. E.: Geschichte der antiken ethnographischen und ethnologischen Theoriebildung I. Wiesbaden 1973.

den Aithiopen evoziert. So wäre denn auch die Phiale der Nemesis von Rhamnus mit ihren Negerköpfen zu verstehen: nicht triumphal als Zeichen des Sieges über die Perser, wie Ch. Picard[33] vorschlug (und dabei eine plausible Erklärung für die Ersetzung der Perser durch Neger schuldig blieb), sondern als Versöhnungssymbol der Rachegöttin. Ähnlich wird auch bei Apollostatuen mit der Phiale (im Gegensatz zum Bogen) stets der versöhnende und segenspendende Aspekt der Gottheit bezeichnet. Die Durchdringung der Neger-Ikonographie mit dionysischen Elementen (vgl. Abb. 4) wird besonders augenfällig in dem „schwarzen Silen"[34] eines Doppelkantharos in der Sammlung Hearst, auf dem die Trabanten des Dionysos um die Aithiopen bereichert sind[35]. Auf Dionysisches weist auch das Thema der „Verkehrten Welt"[36] auf dem einen Halsbild desselben Gefäßes: Grieche flieht vor Kentaur, Rationale Welt flieht vor ekstatischer Natur[37]. Das andere Halsbild zeigt die typischen „Mantelfiguren" der dionysischen Nachtfeiern[38] über dem plastischen Mänadenkopf. Entsprechendes gilt für das apulische Kopfgefäß Bibliothèque Nationale 20884 mit der Gegenüberstellung des thyrsostragenden „seligen Verstorbenen" im Halsbild und dem plastischen Negerkopf mit Kyrbasia – letztere Zeichen seiner kriegerischen Arete oder ein Hinweis auf die dem älteren Epos bekannte Lokalisierung der Aithiopier in Asien, also die romantische Orientalisierung eines mythologischen Randvolkes.

Wie sehr übrigens auch der Topos von der kriegerischen Tüchtigkeit schon in der Antike selbst als Mythologem verstanden wurde und mit der durch politische und geographische Beschränkungen bestimmte Realität konfrontiert werden muß, lehrt die gegen Herodot gerichtete Kritik bei Strabo 17, 153 (819) – eine Stelle, die zwar auch (S. 117 n. 70) bekannt war, deren weiteren Inhalt aber erst J. Rouge in die Diskussion brachte[39].

Der fromme Neger aller dieser Bilder ist also nicht der historische Neger, sondern eine idealistische Konstruktion[40]. Für Kritias, dem radikalsten Ver-

---

[33] Ch. Picard in Revue Archeol. 1958, S. 98ff.

[34] Silene in Punt und verwandte Motive: Hommel, F.: Ethnologie und Geographie des Alten Orients. München 1926. S. 724.

[35] Simon, a.a.O.

[36] Kenner, H.: Das Phänomen der verkehrten Welt in der griechisch-römischen Antike. Bonn 1970.

[37] Dazu jetzt: G. S. Kirk, Myth (1970). S. 152ff.

[38] Mantelfiguren als Hinweis auf nächtliche Zeremonien: J. Thimme in Antaios 11 (1970). S. 492f.

[39] J. Rouge in Latomus 30 (1971). S. 1206.

[40] Wichtig ist in diesem Zusammenhang der Hinweis von M. Smith (American Histor. Review 76 [1971]. S. 140) auf die methodische Scheidung der Quellen nach dem Gesichtspunkt, ob sie aus einem historischen, mythologischen und literarischen

treter antiker Religionskritik, heißt „fromm" unterwürfig, und die Verehrung von Göttern gilt ihm als eine Erfindung der Herrschenden[41]. Die idealistische Konstruktion des frommen Negers gerät also in den fatalen Verdacht, wegen eben dieser Betonung von Frömmigkeit zugleich die Unterwürfigkeit und Lenkbarkeit einer heute wie in der Antike sozial benachteiligten Gruppe den Herrschenden zu empfehlen. Die wirkliche Religiosität der als Sklaven unter Griechen und Römern lebenden Neger dürfte andere Ausdrucksformen gefunden haben. Man kann annehmen, daß etwa die Bacchanalien und Isiskulte, die wegen ihrer Außenseiterhaltung dem römischen Staat politisch gefährlich schienen und deshalb wiederholt verboten und gewaltsam aufgelöst wurden, als religiöses Sammelbecken für sozial Unterprivilegierte auch Negern Zuflucht boten[42].

Indem man die Antike harmonisierend interpretiert, empfiehlt man sich und die anpassungswilligen, arrivierten Schichten den Herrschenden als koalitionsfähig. Aelius Aristides[43] ging ähnlich vor, als er den Römern die von diesen verachteten und ausgebeuteten graeculi – genauer: deren Oberschichten – empfahl und aus diesem Grunde auch darauf verfiel, die Liberalität der Römerherrschaft zu entdecken – und zu preisen.

Mit der vermeintlich friedlichen Integration der Rassen in der Antike zeigt man – angesichts der Brisanz des Themas – eine Lösungsmöglichkeit für die gegenwärtigen Rassenprobleme, indem man sie auf diesem Wege zugleich entpolitisiert. So jedenfalls scheint J. L. Angel in seiner Rezension die Botschaft des Snowdenschen Buches zu verstehen und richtet diese deshalb gegen die black militants[44]. Die historische Wirklichkeit sah jedoch anders aus – und zwar spätestens seit dem 6. Jh. v. Chr., als der Negerkopf die Form für ein Trinkgefäß abgeben mußte. „The Greeks and Romans counted black peoples in" (S. 218) – leider *nicht*.

Bemerkenswert ist der psychologische Verdrängungsprozeß, der – fixiert auf die vermeintlich große Zahl von Schwarzen in der griechischen und römischen Welt – Selbstbewußtsein und Identität auf die Quantitätsfrage reduziert. Das positiv verkürzte Ideal der Antike wird unter dem Zugriff kritischer Reflexion und Sichtung des Materials brüchig. Man kann aus dem Dilemma der Gegenwart nicht in ein vergangenes Paradies entfliehen. Daß Snowdens Darstellung aber dazu benutzt werden kann, zeigen auch die Re-

---

Zusammenhang stammen.

[41] Kritias B 25. Vgl. auch Euripides, Elektra 743f.

[42] Latte, K.: Römische Religionsgeschichte. München 1960. S. 270f. und S. 282.

[43] Bleicken, J.: Der Preis des Aelius Aristides auf das römische Weltreich, In: Nachr. der Akad. Wiss. in Göttingen (1966). Nr. 7. S. 272.

[44] Angel, J. L.: American Anthropologist 74 (1972). S. 184.

zensionen von R. Mauny[45] und F. L. von Straten[46], die die angeblich glücklichen Zustände der Antike der Gegenwart zum Studium empfehlen.

Da Snowden aus ideologischen Gründen um eine möglichst große Zahl
von Schwarzen in der griechisch-römischen Welt bemüht ist, ist auch eine
Sichtung der Quantität angezeigt. Wir wollen deshalb hier anhangsweise die
uns zweifelhaft erscheinenden Belege anfügen. Bei den literarischen Quellen
ist – wie schon mehrere Rezensenten erwähnt haben und auch Snowden
selbst gesehen hat – besonders schwierig die Abgrenzung der Blemyer und
anderer hamito-semitischer Völker von den Negern. Probleme bietet auch
das onomastische Material, zumal wenn es sich um Farbbezeichnungen handelt: denn melas, fuscus, niger etc. bedeuten ja nicht nur schwarz in Bezug
auf die Hautfarbe, sondern auch auf Haarfarbe und können schließlich sogar
nur dunklere Individuen des weißen Normaltyps (vgl. etwa Sueton über Au-
relia, die Mutter Caesars: cute fusca) bezeichnen. Ebenso sind die Her-
kunftsbezeichnungen Afer (die notwendige Einschränkung gehört in den
Text und nicht in eine Anmerkung – S. 270 Nr. 3, wo sie leicht übersehen
wird), Indus, Maurus (S. 14), sowie unter Umständen auch Aithiops kein
eindeutiger Beweis für schwarze Rasse, da in den entsprechenden geographischen Räumen heute wie in der Antike[47] Weiße und Schwarze zu finden
sind. Deshalb sollte man auch alle hamito-semitischen Völker wie Blemyes,
Megabari, Trogodytes (sic!), Nubae u.a.m. (S. 14) grundsätzlich ebenso beiseite lassen wie Libyer, Berber, Garamanten (S. 112) und andere Völker, da
bei ihnen sich schwarze Elemente nur als gelegentliche Beimischung und
mit entsprechend geringer physiognomischer Auswirkung zeigen. Dies war
auch Juba (Plinius, Nat. Hist. 6, 177 und 181, von Snowden nicht erwähnt)
schon bekannt, der deshalb die Völker zwischen Syene und Meroe (Assuan
und Khartoum) nicht den Schwarzen, sondern den Arabern zuordnete.

Die Verwirrung und Unkenntnis mancher späterer Autoren wird sehr
tendenziell ausgewertet (S. 118). Aus der langen Liste von 17 Personennamen dieser Völker (S. 16-18) bleibt deshalb allein Moses übrig – nicht wegen seines Namens, sondern weil dieser „Ethiopian Father of the desert of
Scetis" ausdrücklich als schwarz charakterisiert ist! Unter den griechischen
Personennamen ist Iras Εἰράς (S. 15) problematisch: Wollhaarigkeit ist kein
Privileg der Schwarzen – auch Kimon, aus athenischem Hochadel, wird so
beschrieben[48].

---

[45]   S.o. Anm. 4.

[46]   F. L. van Straaten in Bull. Vereen. Ant. Beschav. 45 (1970). S. 184.

[47]   Desanges, J.: Catalogue des tribus africains de l'antiquité classique à l'ouest du
Nil, Dakar 1962, passim. Dazu die Ergänzung für das 2. und 3. Jahrtausend v. Chr. :
Zibelius, K. : Afrikanische Orts- und Völkernamen in hieroglyphischen und hierati-
schen Texten. Wiesbaden 1972.

[48]   Plutarch, Kimon 5, 3. Metzler, Portrait und Gesellschaft, S. 25.

Entsprechendes Haar hatte Eurybates (S. 19), der Herold des Odysseus; da er außerdem μελανόχροος genannt wird, *kann* er zwar ein Neger, muß es aber nicht gewesen sein, denn dieses Wort kann ebenso mit „dark skinned" übersetzt werden. Der Name Aithiops (S. 15) scheint auf den ersten Blick einen Neger zu bezeichnen, doch darf man nicht übersehen, daß in der karikierenden Überzeichnung derartige Benennungen üblich sind. Deshalb konnte böswillige Kritik in der Spätantike den plebejischen Fabeldichter Aisopos (S. 6 und S. 188) aus Phrygien durch falsche Etymologie[49] wegen seiner Häßlichkeit zum Aithiops machen. Wenn Aesop – dieser meistverachtete Dichter – von seinen Gegnern Αρόχειλος μέλας und Αἰϑίοφ (Prooem. vitae Aesopi) genannt wird, so drückt sich hier nur ein anti-plebejisches Vorurteil aus, das den Plebejer dadurch diffamiert, daß es ihn zum Neger macht. Dem *Klassen*gegner wird das Bild des *Rassen*gegners gegeben. Ähnliche nicknames können Aithiops aus Korinth (S. 15) und ai-ti-jo-qo aus dem mykenischen Pylos (S. 102) gewesen sein. Da auch Zeus den Kultnamen Aithiops führt[50] – ähnlich wie Demeter als Gattin Poseidons vielerorts unter dem chthonischen Namen die „Schwarze" verehrt wird[51] – scheint uns auch hier die rassische Bedeutung des Namens problematisch (worauf schon A. Dihle[52] hinwies). Zu den einzelnen Abstrichen, die von Snowdens literarischen „Belegen" für Neger zu machen sind, gehören u.a. folgende: S. 14 (Zusammenfassung der Kriterien, nach denen beurteilt wird, ob in einem Literaturzitat ein Neger gemeint ist). Zu (1): Das Wort αἰϑίοφ (Aethiops) wird auch für die *nicht* negroiden Bewohner Afrikas verwendet, kann also nicht schlechthin auf Neger bezogen werden. Snowdens „Nilotic or mixed type" ist auch keine akzeptable Subgruppe von Negern. Zu (2): Das gleiche gilt auch für *Afer, Indus* und *Maurus.* Zu (3): μέλας und *niger (fuscus)* sind nur mit Einschränkungen als Rassenbezeichnungen zu verstehen: sie können sich auch auf Haarfarbe beziehen. Der Kaiser Pescennius hatte seinen Beinamen Niger nach seinem dunklen Nacken (cervix, SHA 6, 5). Zu (4): Die Gleichsetzung von Blemyes, Megabari, Trogodytes, Nubae, etc. mit „Neger" oder „Negroid type" ist offensichtlich irreführend. So sind z.B. die Blemyer, die auf dem Konstantinsbogen dargestellt werden, weiße Semiten, die Trogodyten ein hamitischer Stamm. Bei (5) und (6) handelt es sich um einen methodologischen Kurzschluß (s.o.). In einer Liste von Aithiopiern

---

[49] Die richtige bei Zgusta, L.: Kleinasiatische Personennamen. Prag 1964. S. 49f., § 25. Vgl. Homer, Ilias VI 21.

[50] Roscher, W.: Lexikon der griechischen und römischen Mythologie VI 595 (als einer von mehreren Hundert verschiedenen Kultnamen).

[51] Nilsson, M. P.: Geschichte der griechischen Religion. München 1955, I². S. 214 und S. 479.

[52] Umstrittene Daten. Untersuchungen zum Auftreten der Griechen am Roten Meer. Köln/Opladen 1965. S. 68.

(nach Snowden: Negern) werden Personennamen aufgeführt, die ihre Träger als Neger kennzeichnen sollen (S. 15ff.). Darunter befinden sich *Chione* („Schneeweiß"), *Afer* (bedeutet in Wirklichkeit nicht „schwarz", sondern „Aus Afrika", besonders Nordafrika, und bezeichnet auch den weißen Berber – lat. *Afor* entspricht berber. *Ifru*[53]. Dann folgen eine Reihe von ägyptischen und äthiopischen Beamten- und Gesandtennamen – von Aron bis Sophonias –, bei denen es sich kaum jemals um Neger handelt, sondern um Semiten und Hamiten. Diese Leute verdanken ihre gehobene Stellung in Rom der Tatsache, daß sie Vertreter kleiner Königreiche sind. Zu ihrem möglichen Aussehen vgl. die Darstellung eines Kuschiten auf einer attischen Scherbe des Berliner Malers ARV^2 213, 238 = D. Metzler a.a.O. 122f., Abb 13.

S. 150. Delphos, der eponyme Gründer von Delphi, ist Sohn des Poseidon und der Demeter, nicht, wie Snowden meint, einer Negerin. „Melantho", „Melaena", „Melanis" etc. sind als Kultnamen der Demeter alle gleichbedeutend mit „schwarzer Erde" (im Sinne von „Mutter Erde")[54] und haben nichts mit einer Negerin zu tun.

Snowdens durchweg extensive Interpretation der antiken Kunstdenkmäler hält in manchen Fällen der Überprüfung nicht stand. Entsprechende Zweifel äußert auch R. Mauny[55] zu den Abb. 1, 3, 5, 25, 51, 63, 67, 68, 70, 74, 75, 86, 101, 105 u. 115. Wenn die archäologischen Quellen die Bestimmung eines Bildes als Neger nicht eindeutig zulassen, ist es gewagt, aus „two or more of the physical characteristics included by modern anthropologists in their classification of Negroes" (S. 14) auf Negerdarstellungen zu schließen. Denn beispielsweise können Prognathie und Kraushaar – zwei für manche Negerrassen typische Merkmale unter anderen ebenso typische Merkmalen – ebenso auch bei Weißen auftreten und sind in der Antike besonders dann mit Vorsicht zu beurteilen, wenn die Hautfarbe, sei es in Marmor oder in der Vasenmalerei, nicht erkennbar ist.

Es folgen einige Beobachtungen zu einzelnen „Neger"-Darstellungen: Abb. 9. Auf der Londoner Amphora des Exekias steht der Name „Amasis" – eine hellenisierte Form des ägyptischen Namens „Ahmose" – über einem Neger aus dem Gefolge des Memnon. Daraus, und aus einem „Amasos" als Negername auf einer Amphora desselben Malers in Philadelphia, hat Boardman geschlossen, daß es sich bei dem Töpfer Amasis um einen Ägypter handelt (J. Boardman, JHS 78/1958, S. 1ff. Für einen aus Naukratis

---

[53] Zur berberischen Herkunft des lateinischen Wortes Afer, von dem Africa erst eine Ableitung ist, vgl. Pellegrin, A.: Essais sur les noms des lieux d'Algerie et de Tunisie. Tunis 1949. S. 61 und S. 132 sowie Basset, H.: Le culte des grottes au Maroc. Algier 1920. S. 47ff.

[54] Schachermeyr, F.: Poseidon. München 1950. S. 138.

[55] Mauny, a.a.O. S. 157.

stammenden Metöken hält jetzt E. Foster, Archaeological News I/1972, S. 26ff. den Amasis.). Snowden (S. 16ff., S. 104) hat diesen ohne weitere Begründung zu einem Neger gemacht. Sollte der Grieche Exekias seinen ägyptischen (?) Kollegen wirklich als Neger porträtiert haben, so sagt dieser Tatbestand weniger über das wirkliche Aussehen des Töpfers, als über die Xenophobie der Athener aus, die schon bei einem Ägypter Negroides entdeckten. Die Hypothese vom schwarzen Töpfer steht aber schon deshalb auf schwankenden Füßen, weil der historische König Amasis ein libyscher Söldner war und mit Negern nichts zu tun hatte.

Abb. 25. Die einzigen „Negermerkmale" sind hier Stupsnase und prognathes Kinn. Da diese aber keineswegs an die schwarze Rasse gebunden sind, könnte man – mit Rücksicht auf die Frisur – eher vermuten, daß es sich um eine Charakterisierung des Klassenunterschiedes zwischen Sklavin und Herrin handelt (vgl. N. Himmelmann, Archäologisches zum Problem der griechischen Sklaverei, Abh. Akad. Wiss. Mainz 1971 Nr.13, S. 16, Abb. 13 und S. 38ff.).

Abb. 36. Wenig spricht dafür, daß in den karikaturhaften Odysseus und Kirke-Figuren auf dem Kabirion-Skyphos Negerdarstellungen zu sehen sind. Odysseus wird als alter Mann mit struppigem Bart, mageren, durch hervorstehende Rippen gekennzeichneten Oberkörper, Dickbauch und Phallos charakterisiert – aber kaum als Neger. Die Punkte auf der Frisur der Zauberin könnten Locken andeuten, die Mundfalte kennzeichnet Alter, ähnlich wie bei der Alten auf dem Schweriner Skyphos (ARV^2 862-3), deren Kinn auch eine deutliche Altersprognathie aufweist. Ein Verjüngungsritual ist dargestellt. Die Betonung von phallischen Zwergen, Pygmäen (vgl. Snowden Abb. 6) etc. auf den Kabirionskyphoi deutet auf einen Fruchtbarkeitsritus. Die Anhänger solcher „Zauberkulte" werden (wie Odysseus) verwandelt und neugeboren. Hierzu vgl. E. E. Evans Pritchard, Some Collective Representations of Obscenity in Africa", London 1947; P. Worsley, The Trumpet Shall Sound, London 1957, S. 257ff. (Zur Komik und Obszönität als rituelles Durchbrechen von Tabu).

Abb. 54. Snowdens „unknown Negro dignitary" ist sicher kein Porträt, denn die Darstellung – eine eher abstrakt wirkende Personifizierung („Luxussklave") – findet sich hier als plastische Form eines Bronzegefäßes und ist mehrfach belegt (vgl. zu dieser Gefäßform: I. Raab-Richter, a.a.O., S. 549).

Abb. 64. Für die Bronzestatuette eines jungen Redners (nach Snowden „a princely lad from upper Egypt or beyond sent to study among the philosophers and teachers of rhetoric at Alexandria") gäbe es auch zwei andere Deutungsmöglichkeiten: Er ist der Liebling eines weißen Gönners, oder er wurde von seinem Besitzer ausgebildet im Hinblick auf einen lukrativen Weiterverkauf, vgl. etwa den Grabstein des Xantias und des Sidonius (Corpus Inscript. Latin. XIII 8355 mit dem Kommentar).

Abb. 68. Nichts deutet bei dieser Darstellung eines Afrikaners auf negroide Züge (weil schön, wird der Kopf von Snowden als der eines „aristokratischen" Negers gedeutet).

Abb. 71. Kein Neger (worauf B.V. Bothmer seinerzeit mit Recht hinwies), eher ein Araber oder Erythräer. Die Flockenhaare kommen in der spätägyptischen Plastik auch bei Götterdarstellungen vor. Deshalb entfällt auch diese Figur als Beleg für Neger in höheren sozialen Rängen.

Abb. 72. Keine Negerin (wie bereits von Paribeni festgestellt), sondern eher hamito-berberischer Idealtyp in der Verwendung als Provinzdarstellung oder anderer Idealfigur.

Abb. 86. Nicht negroide, sondern brutale Soldatengesichter.

Abb. 88. Die wagenlenkende Nike auf der Oinochoe des Nikias-Malers, Louvre N 3408, ist nicht negroid. Sie hat eine griechische Frisur. Ihre übertriebene Stupsnase (wie Neger sie *nicht* haben), sowie die des Herakles (nicht „seated", wie in der Bildunterschrift, sondern stehend), erinnern eher an eine Phlyakenposse (Beazley, ARV^2 1335, 34; „... all the heads show the influence of comic masks").

Abb. 89. Keine Darstellung einer Negerin; vielmehr machen sich in diesem Bild Satyroi über die Personifikation des Alters her, wie der Vergleich mit dem Herakles-Geras-Mythos nahelegt (G. Hafner, Herakles Geras Ogmios, Jhb. RGZM 5, 1958, S. 139ff.).

Abb. 116. Die lebensgroße Statue in Neapel, in der Snowden einen berühmten Künstler („a singer or an actor") sieht, trägt einfache Handwerkertracht, kann also nur einen Handwerker, d.h. wahrscheinlich einen Sklaven darstellen. Neger aus einer Darstellung der Provincia Africa?

Abb. 120. Schwarzer Marmorkopf einer Frau, auf modernem Sockel. Nach Snowden „dedication of a well-to-do Roman (who) ... perhaps demonstrated his affection by a memorial in the form of a head of a Negro woman". Hier bringt Snowden gleich drei Hypothesen: Er nimmt an, daß es sich um ein individuelles Porträt handelt, und er weiß, daß es von einem Weißen gestiftet ist, der dann obendrein noch reich gewesen sei! Übrig bleibt also nur Memnon (Abb. 73, S. 20 und S. 187), der seine hohe Stellung nicht eigener Emanzipation oder gar der seiner Rasse, sondern der Laune eines weißen Gönners, dem Milliardär Herodes Atticus verdankt. Der von der Rezension von J. M. Cook (The Classical Review 22, 1972, S. 254 n. 1) in die Reihe mit Memnon gestellte „gebildete" Kämmerer der Königin Kandake gehört in die Reihe der schon erwähnten ausländischen Gesandten. Im übrigen besagen Sprachkenntnisse nichts über ihr Ansehen bei den Griechen, sondern nur über die – von Baktrien bis Mauretanien reichende – Verbreitung des Griechischen als Verkehrssprache (Lingua franca). – Eine Liste von Philosophen aus dem Sklavenstand bietet M. Gevers, De servilis conditionis hominibus, artes litteras et scientias Romae colentibus, Leiden 1816.

Abb. 1: Neger und Krokodil. Rhyton des Töpfers Sotades,
450-440 v. Chr., Boston, Museum of Fine Arts [S. 8]

Abb. 2: Neger und Krokodil. Ägyptische Fayence, etwa 6. Jh.
v. Chr., Berlin (DDR), Staatliche Museen [S. 9]

Abb. 3: Negerkopf-Rhyton, Ende
6. Jh. v. Chr., Boston, Museum of
Fine Arts [S. 11]

Abb. 4: Janiformes Rhyton, 470-460
v. Chr., San Simeon, Hearst. Coll. [S.
111

Ökonomische Aspekte des Religionswandels in der Spätantike:
Die Enteignung der heidnischen Tempel seit Konstantin

I

Die Geschichte des Mittelmeerraumes wird im 4. Jahrhundert über weite Strecken durch den religiösen und politischen Gegensatz zwischen Heidentum und Christentum geprägt[1]. Nach den letzten schweren Christenverfolgungen unter Diocletian und Galerius muß sich letzterer zusammen mit dem älteren Licinius angesichts des ungebrochenen Selbstbehauptungswillens des Christen schließlich im Jahre 311 zur Duldung dieser Religion entschließen – fixiert im sogenannten Toleranz-Edikt von Serdica[2]. Ein Jahr später übernimmt Konstantin nach seinem Sieg über Maxentius bei der Milvischen Brücke diese Politik und verkündet von Rom aus (im Edikt von Mailand und Nikomedia 313 wiederholt) zusammen mit Licinius sowohl für den Westen als auch den Osten des Reiches erneut die Tolerierung der Christen, diesmal so gesichert, daß auch die materiellen Belange der Gemeinden berücksichtigt werden: allen Kirchen und Privatpersonen werden die in den voraufgegangenen Verfolgungen enteigneten Besitztümer zurückerstattet. In strittigen Fällen übernimmt der Kaiser die entsprechende Entschädigung privater Zwischenbesitzer[3].

Ging es bisher um die Gleichberechtigung von Christen und Heiden, die schon im Jahre 313 nicht näher bestimmte Privilegien des katholischen Klerus einschloß[4], so setzt in den folgenden Jahren die wirtschaftliche und

---

[1] Cambridge Medieval History I 1911. Sesan, V.: Kirche und Staat im römisch-byzantinischen Reiche I. Die Religionspolitik der christlich-römischen Kaiser von Konstantin d. Gr. bis Theodosius d. Gr. Czernovitz 1911 (Reprint 1973). Geffcken, J.: Der Ausgang des griechisch-römischen Heidentums. Heidelberg 1920. The conflict between paganism and christianity in the fourth century, hrsg. v. A. Momigliano. Oxford 1963. Jones, A. H. M.: The later Roman Empire I-III. Oxford 1964. Piganiol, A.: L'empire chrétien. Paris ²1972. Wichtig die Aufsatzsammlung „Die Kirche angesichts der konstantinischen Wende", hrsg. v. G. Ruhbach. Darmstadt 1976. – Der vorliegende Aufsatz ist die überarbeitete Fassung meines am 5.12.1977 im Fachbereich 10 (Geschichte) der Westfälischen Wilhelms-Universität zu Münster gehaltenen Habilitationsvortrages.

[2] Lactantius, de morte persec. 34. Eusebios, Hist. Eccl. VIII 17.

[3] Lactantius, de morte persec. 48. Eusebios, Hist. Eccl. IX 10, X 5. Rückgabe des in der Zeit der Verfolgung konfiszierten Kirchengutes: Liber Pontificalis, ed. Duchesne I p. CL und 181. Sozomenos I 8.

[4] Cod. Theod. XVI 2, 1 (313): indulta privilegia. – Von Anfang an galten die

politische Privilegierung der Kirche ein: 315 wird der Kirchenbesitz von der Grundsteuer befreit[5], 316 wird den Bischöfen das Privileg erteilt, die manumissio von Sklaven rechtskräftig in Kirchen vorzunehmen[6], und 318 erhalten sie eine partielle Gerichtsbarkeit (Schiedsgericht in privaten Streitfällen)[7]. 319 werden Priester von den sordida munera ausgenommen[8], seit 320 bleiben Fabriken (ergasteria) und Läden im Besitz von Bischöfen abgabenfrei[9] und schließlich werden 321 die Kirchen als corpora – qua incerta persona – erbfähig[10]. Einige dieser Vorrechte sind zwar Begünstigungen, deren sich auch andere Personenkreise – wie heidnische Priester etwa – erfreuen durften[11]. Doch handelt es sich bei den wichtigsten um Privilegien des Kaisers, so die Exemption von der Grundsteuer die außer für den Kaiser und eben die Kirche nur noch für zwei Privateigentümer galt[12]. Sie wurde 412, als der Kirchenbesitz zu groß und der entsprechende Steuerverlust für den Staat untragbar geworden war, jedoch endgültig zurückgenommen. Die

---

Begünstigungen nur der Katholischen Kirche und ihren Gläubigen, ausdrücklich davon ausgenommen blieben die von der siegreichen Kirche sogenannten Häretiker (Mommsen, Th.: Römisches Strafrecht. Leipzig 1899. S. 601, n. 4 = Cod. Theod. XV 12,1 (313) und 5,1 (326); S. 600, n. 2 = Optatus). – In seinem Aufsatz über den „Einfluß der konstantinischen Wende auf die Auswahl der Bischöfe im 4. und 5. Jhd." (Chiron 8 [1978]. S. 561ff.) weist W. Eck darauf hin, daß das Sozialprestige des Klerus in der gesamten Öffentlichkeit – und nicht nur in der Kirche – gestiegen war (S. 563). Das Jahr 313 bildet auch hier einen Wendepunkt.

[5]   Cod. Theod. XI 1,1. – Das Datum ist umstritten, vgl. Pietri, Ch.: Roma Christiana I. Rom 1976. S. 89, n. 9. Die allgemeine Steuerfreiheit des Kirchengutes wird jedoch 360 von Constantius erheblich eingeschränkt (Cod. Theod. XVI 2, 15). – Lasaulx, E. v.: Der Untergang des Hellenismus und die Einziehung seiner Tempelgüter durch die christlichen Kaiser – Ein Beitrag zur Philosophie der Geschichte. München 1854. S. 26. – Ernst Peter von Lasaulx (1805-1861) studierte in Bonn bei Schlegel, Niebuhr und Welcker, war Professor in München. Die „Allgemeine Deutsche Biographie" nennt ihn einen „glühenden Katholiken", der 1848 dem Frankfurter Parlament „auf der äußersten Rechten" angehörte. Zu Lasaulx vgl. die konservative Beurteilung durch H. Schoeps (Vorläufer Spenglers): Studien zum Geschichtspessimismus im 19. Jh. (1953). S. 31ff. Lasaulx wird im Folgenden so oft zitiert, um zu zeigen, wie sehr neuere Bemühungen verhältnismäßig weit zurückliegenden Forschungen verpflichtet sind.

[6]   Cod. Iust. I 13, 1. Lasaulx, a.a.O., S. 26f.

[7]   Sozomenos I 9 – Lasaulx, a.a.O., S. 27. Girardet, K. M.: Kaisergericht und Bischofsgericht. Bonn 1975.

[8]   Cod. Theod. XVI 2, 2. Lasaulx, a.a.O., S. 27. Wegen Mißbrauchs jedoch schon 326 eingeschränkt (Cod. Theod. XVI 2, 6).

[9]   Cod. Theod. XVI 2, 10 (320) und 2, 14 (357).

[10]   Cod. Theod. XVI 2, 4 (321). Gaudemet, J. : L'eglise dans l'empire romain. Paris 1958. S. 295.

[11]   Sesan, a.a.O., S. 112f. sieht in der Begünstigung nur die Gleichstellung mit den Heiden, dagegen betont Gaudemet, a.a.O., S. 295 zu Recht das Neuartige dieser Privilegien, ebenso auch G. Bodei Giglioni in Riv. Storica Italiana 89 (1977). S. 43.

[12]   Gaudemet, a.a.O., S. 312, S. 314.

Möglichkeit von Sklavenfreilassung und Schiedsgericht in Kirchengebäuden macht aus diesen durch die Übernahme kaiserlicher Funktionen Amtslokale, steigerte also Ansehen und Bedeutung der christlichen Basilika in einem Maße, dessen sich ein heidnischer Tempel im politischen Bereich normalerweise nicht erfreuen durfte. Auch die Gewährung des Rechtes der Erbfähigkeit mit der Möglichkeit langfristiger Steigerung des Vermögenszuwachses war keineswegs üblich. Die meisten Tempel und Priesterkollegien waren davon ausgeschlossen. In den wenigen Fällen, wo ein solches Vorrecht gewährt wurde, geschah dies durch ein spezielles senatus consultum[13]. Auch in diesem Falle trat der Kaiser eines seiner Vorrechte an die Kirche ab[14]. Allein die Befreiung des Klerus von den sordida munera – übrigens nach gut hundert Jahren (423) auch wieder aufgehoben[15] – hielt sich im Rahmen des üblichen, insofern sie den Oberschichten (honestiores) gewährt wurde. Andererseits zeigt aber gerade dieses Privileg den sozialen Aufstieg des Klerus in die Eliten des Reiches[16]. Da diese Bevorzugung aber ausdrücklich nur der Katholischen Kirche gilt, nicht aber den Häretikern[17], ist damit die Entscheidung für die Staatskirche gefallen.

In die Reihe dieser ökonomischen Maßnahmen fügt sich auch die „Einziehung der heidnischen Tempelgüter durch die christlichen Kaiser"[18]. Selbstverständlich hat die Politik der Kaiser gegenüber den Tempeln auch andere als nur ökonomische Aspekte, und aus religionstheoretischer Sicht[19] gibt es vielleicht Interessanteres, aber sie stehen nicht im Blickpunkt unserer Fragestellungen, die eben den wirtschaftlichen Aspekten des Untergangs des Heidentums und des Aufstiegs des Christentums seit Konstantin gelten. Die knappe einleitende Aufzählung von Privilegien der Kirche erwies diese als Teilhaberin kaiserlicher Gewalt (Iurisdiktion und Immunitäten). Auch in der Frage der Politik gegenüber den Tempeln lassen sich über weite Strecken gemeinsame Interessen von Kirche und Kaiser aufzeigen.

II

Verschiedene Quellengruppen belegen, daß die Zerstörung und Beraubung von Tempeln schon unter Konstantin einsetzte, also unter jenem Herrscher,

---

[13] Bodei Giglioni, a.a.O., S. 43.

[14] J. Gaudemet in Rev. d'Hist. de l'Eglise de France 33 (1947). S. 25. Piganiol, a.a.O., S. 407.

[15] Jones, Later Roman Empire, S. 898.

[16] Piganiol, a.a.O., S. 75 und Eck, a.a.O.

[17] Cod. Theod. XVI 5, 1 (326); 2, 1 (313).

[18] So im Titel des Buches von E. von Lasaulx, a.a.O. Zurückhaltender sieht R. M. Grant (Christen als Bürger im Römischen Reich. 1981. S. 173f.) die Stellung Konstantins in der Entwicklung der christlichen Tempelberaubungen.

[19] Vgl. etwa die Bibliographie in RAC, sv. Constantinus der Große (J. Vogt).

der – wenn auch Förderer der Christen – selbst erst auf dem Sterbebett die Taufe annahm und Zeit seines Lebens wichtige Formen des heidnischen Kultes beibehielt[20]. Erinnert sei in diesem Zusammenhang nur an seine Verehrung des Sonnengottes. Trotzdem ließ er es nicht nur zu, daß heidnische Tempel geplündert wurden, sondern stellte zu diesem Zweck Truppen und Beamte zur Verfügung. Dies berichten voller Genugtuung die christlichen Autoren dieser Zeit: Eusebios[21] hebt hervor, daß der Kaiser ihm ergebene christliche Beauftragte (γνώ ριμοι καὶ ἄνδρες χριστιανοί) aussandte, in den heidnischen Tempeln nach verborgenen Schätzen und Statuen zu suchen. Ihnen mußten die Priester die geheimen Verstecke und selbst das Allerheiligste der Tempel öffnen. Statuen beraubte man ihrer kostbaren Metallüberzüge und ihrer Edelsteine und ließ – so der triumphierende christliche Autor – den formlosen, wertlosen Kern zu ihrer eigenen Beschämung zurück (εἰς μνήμην αἰχύνης)[22]. Eusebios – und gleich ihm auch Sozomenos – spricht von solchen Aktionen in allen Provinzen[23]. Ausdrücklich erwähnen will er dann aber nur drei Tempel, deren Schließung und Beraubung durch Christen und kaiserliches Militär dem frommen Leser besonders gerechtfertigt erscheint, nämlich die durch ihre Tempelprostitution berühmten Aphroditeheiligtümer von Baalbek und Aphaka im Libanon und den volkstümlichen, durch mancherlei heidnischen Bräuche bestimmten Kult von Hebron, wo im Haine Mamre der Erzvater Abraham geopfert hatte[24]. Dieser von zahlreichen umwohnenden Stämmen und Städtern jährlich im Zusammenhang mit einer bedeutenden Messe besuchte Platz mußte den Zorn des christlichen Klerus gerade deswegen erregen, weil Heiden, Juden und Christen gemeinsam sich hier versammelten, aber andererseits jegliche geistige Gemeinsamkeit mit Andersgläubigen von den Kirchenvätern als unzulässige Verwischung der eigenen Lehre angesehen wurde. Da der Ort nicht christianisiert werden konnte, fiel er der Zerstörung anheim. Ganz anders sollte sich über zwei Jahrhunderte später Gregor der Große in einem ähnlich gelagerten Fall entscheiden: Er empfahl einem Missionar Britanniens, die Kultbräuche der Heiden und ihre Tempel nicht zu zerstören, denn dazu habe er, weil außerhalb der römischen Reichsgrenzen agierend, gar keine Macht, vielmehr möge er versuchen, heidnischen Bräuchen eine christliche Erklärung aufzupfropfen[25]. Unter Konstantin stellte sich die Machtfrage anders: er stellte bei

---

[20] Zu Konstantin allgemein: Burckhardt, J.: Die Zeit Konstantins des Großen. Basel 1853 und die Aufsatzsammlung: Konstantin d. Gr., hrsg. Kraft. Darmstadt 1974.

[21] Euseb., vita Const. III 54.

[22] Lasaulx, a.a.O., S. 32.

[23] Euseb., vita Const. III 54; de Laudibus Const. 8. Sozomenos I 8. Lasaulx, a.a.O., S. 31.

[24] Euseb., vita Const. III 55-58. Lasaulx, a.a.O., S. 34.

[25] Gregor, ep. 11, 56 (MG ep. 2, 331).

den besonders nach den Vicennalien-Feiern von 326 sich häufenden Tempelzerstörungen gelegentlich auch seine Soldaten dem christlichen Missionswillen zur Verfügung. So machten sie etwa unter seinem Statthalter Akakios und Makarios, dem Bischof von Jerusalem, gewaltsam dem heidnischen Treiben ein Ende[26].

Eusebios' namentlich genannte heidnische Heiligtümer liegen alle im Osten des Reiches, konzentriert im syrisch-palästinischen Raum. Man wollte darin einen Beleg für die Begrenztheit der kaiserlichen Aktionen sehen. Doch gilt es zu beachten, daß unser Autor mit diesen Gebiet besonders vertraut ist: er stammt aus Caesarea in Palästina, und es ist daher anzunehmen, daß er zur Illustration seiner Behauptung, „in allen Provinzen" seien Tempel zerstört worden, nur auf geographisch naheliegende Beispiele zurückgriff. Spätere christliche Autoren – der Kirchenhistoriker Sozomenos[27] und der Chronograph Theophanes – nennen zwar noch einzelne Tempel namentlich, verallgemeinern aber auch mit der Feststellung, daß Konstantin nach der Erringung der Alleinherrschaft begonnen habe, die Kirche aus Staatsmitteln (ἐκ τοῦ δημοσίου λόγου) zu beschenken und das erste Gesetz erließ, wonach Heiden ihre Tempel Christen zu übergeben hatten[28]. Ein solches Gesetz Konstantins erwähnt auch Eusebios[29] und möglicherweise bezieht sich Constantius[30], wenn er gemäß den Gesetzen seines Vaters heidnische Opfer verbietet, auf diese oder ähnliche Anordnungen Konstantins. Denn auch Julian[31] stellt fest, daß Konstantins Söhne nur die von ihrem Vater gegenüber den Tempeln begonnene Politik fortgesetzt haben.

Unter den heidnischen Autoren ist es einmal Libanios[32], der Konstantin mit dem Vorwurf der Tempelberaubung belastet, zum anderen aber – obwohl auch er kein Zeitgenosse, so doch näher an den Ereignissen – der An-

---

[26] Sozomenos II 4. Lasaulx, a.a.O., S. 34. Vgl. Augustin, ep. 47, 3: Zerstörung eines Tempels ist nur durch staatliche Gewalt (potestas) möglich. – Die Beteiligung des Militärs an den Tempelzerstörungen erinnert noch an einen weiteren interessanten Aspekt der Konstantinischen Wende: Da seit dem Konzil von Arles (314) Wehrdienstgegner exkommuniziert werden können, ist es nur folgerichtig, daß auch die frühen Märtyrer, die als Christen vor der Zeit Konstantins den Wehrdienst verweigerten, aus den Märtyrerlisten des späteren 4. Jhds gestrichen werden (Harnack, A. v.: Die Mission und Ausbreitung des Christentums in den ersten drei Jahrhunderten. Leipzig ⁴1924. S. 588, n. 1). Denn im Kampf gegen die Tempel sieht sich die Kirche nunmehr selbst als Teil des Militärs – vgl. unten Anm. 80.

[27] Sozomenos II 5.

[28] Theophanes, Chron., ann. mundi 5810. Lasaulx, a.a.O., S. 52.

[29] Euseb., Hist. Eccl. IV 25.

[30] Cod. Theod. XVI 10, 2 (341).

[31] Julian, oratio VII 228b.

[32] Libanios, orat. 30, 6; 62, 8.

onymus de rebus bellicis[33]. Die Datierung dieser Schrift schwankt um zwei Jahrzehnte – vor oder nach der Regierung Julians des Abtrünnigen entstanden[34]. Auch er nennt Konstantin als den ersten Kaiser, unter dem die in seinen Augen so verhängnisvollen Maßnahmen gegen die Tempel begannen[35]. Ob schließlich ein weiterer Anonymus der Zeit, der Konstantin in dessen mittlerer Regierungszeit – also nach dem Sieg über Maxentius – als Räuber (latro) bezeichnet[36], damit dem Raub von Tempeleigentum, die Konfiskation der Güter von Gegnern im Bürgerkrieg oder schlicht die unter dem Begriff der collatio lustralis eklatante Besteuerung meinte, ist nicht zu entscheiden.

Sicher ist jedoch, daß zahlreiche Heiligtümer, Statuen und wertvolle Weihgeschenke aller Art für die Ausschmückung der 330 gegründeten neuen Hauptstadt Konstantinopel[37] herausgegeben werden mußten, und daß in Rom selbst Götterstatuen – wenn auch nur in Einzelfällen – dadurch entweiht wurden, daß sie von dem christlichen praefectus urbi Anicius Paulinus 331 zur Ausschmückung renovierter Thermenanlagen herbeigeholt wurden, ganz zu schweigen von der oft behandelten Verwendung von Spolien aller Art sowohl an den kaiserlichen als auch den kirchlichen Monumentalbauten Roms[38]. Dabei wurde in beiden Hauptstädten die Säkularisierung sakraler

---

[33] Thompson, E. A.: A Roman Reformer and Inventor. Oxford 1952 (Reprint 1979).

[34] Ebd., S. 1f. und S. 32. Piganiol, a.a.O., S. 220, n. 1.

[35] Anon. de reb. bell. II 1 = Thompson, a.a.O., S. 94, S. 110.

[36] Lasaulx, a.a.O., S. 52, n. 144.

[37] Euseb. vita Const. III 54. Libanios, or. XXX 6 und 37. Lasaulx, a.a.O., S. 46. C. Mango in DumbOaksPap. 17 (1963). S. 53ff.

[38] Anicius Paulinus: CIL VI 1651. – Spolien: Da ihre Verwendung die künstlerische und propagandistische Manifestation der Beraubung älterer, profaner wie sakraler Monumente durch die Sieger ist, seien hier einige Hinweise erlaubt: Marangoni, G.: Delle cose gentilesche e profane trasportate ad uso e adornamento delle chiese. Rom 1774, beeindruckt trotz gelegentlich mangelnder Quellenkritik durch die Fülle des gesammelten Materials und der eingebrachten Gesichtspunkte. Neuere Arbeiten betonen die ästhetisch-kunsthistorische Seite (Esch, A.: Spolien, in: Archiv f. Kulturgesch. 51 (1969). S. 1ff. Deichmann, F. W.: Die Spolien in der spätantiken Architektur, in: Sb. Bayr. Akad. Wiss. München 1975. H.6), weisen aber zugleich auf den imperialen-propagandistischen Aspekt der sichtbaren Wiederverwendung älterer Bauteile, sowohl durch den Kaiser (Euseb. vita Const. III 54) als auch durch die Kirche (Süssenbach, V.: Christuskult und kaiserliche Baupolitik bei Konstantin. Bonn 1977. S. 75ff.). Wenn für die konstantinischen Basiliken von St. Peter und St. Johannes (Lateran) keine neuen Kapitelle angefertigt wurden, sondern Spolien verwendet wurden, so heißt das auch, daß die Kirche über heidnische Elemente in dienender Funktion triumphiert – über das Zitieren heidnischer Autoren und die Übernahme heidnischer Stilelemente in der christlichen Literatur ließe sich gewiß Entsprechendes sagen. Zwar ist Spoliengebrauch schon seit Septimius Severus (Lanciani, R.: The destruction of Ancient Rome. New York 1899. S. 28f.) und Diocletian (Laubscher, H. P.: Arcus Novus und Arcus Claudii, zwei Triumphbögen an der Via Lata in Rom. Nachr. Akad. Wiss. Göttingen 1976, No. 3. S. 107)

Bilder durch ihre Transferierung in eine museale Aufstellung vollzogen –
eine friedfertige, aber sehr wirkungsvolle Form von Bildersturm[39], deren
moderne Parallelen zu bekannt und zu zahlreich sind, um sie eigens erwähnen zu müssen. Ferner ist zu beachten, daß eine ganze Reihe von Tempeln,
zu denen in den meisten Fällen ja auch Tempeldomänen gehört haben müssen, besonders im Osten des Reiches in Kirchen verwandelt wurden – teils
vor Julian, der sie wieder kurzfristig ihrer ursprünglichen Bestimmung zu-
führte (die beiden Apollotempel in Didyma bei Milet und in Daphne bei Antiochia), teils unter Konstantin (Hermestempel in Antiochia, Saturntempel in
Alexandria, Aphroditetempel in Jerusalem und – vermutlich – fünf Tempel
in Byzantion-Konstantinopel). Die entsprechenden Angaben hat F.W. Deichmann gesammelt[40]: Von 89 Tempeln, deren Umwandlung in Kirchen ihm
bekannt war, sind 16 als konstantinisch bzw. als vor-iulianisch in den Quellen bezeichnet, die übrigen verteilen sich auf einen sehr langen Zeitraum bis
hin zum Pantheon in Rom, das erst 609 in eine Marienkirche verwandelt
wurde.

Dieses Zahlenverhältnis zwischen frühen und späteren Umwandlungen
heidnischer Tempel in christliche Kirchen lehrt zugleich, daß unter Konstantin keineswegs umfassende Maßnahmen ergriffen wurden – werden
konnten oder werden sollten, ist die Frage, die zugleich verknüpft ist mit
dem hier auszusparenden Problem der Frömmigkeit des Kaisers selbst. Zwar
tun fast alle christlichen Autoren so, „als zuckte zu jener Zeit der verhaßte
Feind schon wehrlos am Boden", wie J. Geffcken in seinem ‚Ausgang des
griechisch-römischen Heidentums' sich ausdrückte[41], denn „bei allen historischen Auseinandersetzungen gehört es zum literarischen Stil der angreifen-
den Kräfte, früh- oder gar vorzeitig den Zusammenbruch der gegnerischen
Kräfte anzusagen"[42], doch bleibt das häufig erwähnte Faktum, daß bis in das

---

nachgewiesen, wobei ökonomische Gründe – Kosteneinsparung und Materialknapp-
heit – den Ausschlag gegeben haben (Laubscher S. 101f.), doch wurde seit Konstantin nicht nur „the dismantling of earlier buildings for the sake of their materials
(became) common practice" (Lanciani S. 31), sondern die Spolienverwendung
erreichte am Triumphbogen wie in den Basiliken eine neue Bedeutungsebene.

[39] Aufsatzsammlung: Bildersturm. Die Zerstörung des Kunstwerks, hrsg. v. M.
Warnke. München 1973.

[40] F. W. Deichmann in JdI 54 (1939). S. 105ff. Weitere Beispiele noch bei Esch,
a.a.O., S. 11, n. 36 und in RAC, sv. Africa. Sp. 177. Deichmann weist darauf hin,
daß im 5. Jhd. in der Stadt Rom auch der Mangel an Baumaterialien, nicht unbedingt
der Eifer fanatisierter Bilderstürmer der Grund für die Zerstörung von Tempeln gewesen ist (S. 113 nach Cod. Theod. Nov. Major 4, 1). – Auf die Verbindung von
Tempel und Tempelland weist F. M. Heichelheim hin (RAC, sv. Domäne, S. 60).

[41] Geffcken, a.a.O., S. 96.

[42] Kötting, B.: Christentum und heidnische Opposition in Rom am Ende des 4.
Jhds., Rektoratsrede Münster 1960. – Charakteristisch für diese Selbstsicherheit ist
die lapidare Angabe bei Hieronymus, Chron. ad ann. 331 p. Chr.: edicto Constantini
gentilium templa subversa sunt.

5. Jahrhundert hinein immer wieder Gesetze erlassen werden mußten[43], die jeweils die allumfassende und endgültige Enteignung und Zerstörung der Tempel urgierten, so 356 unter Constantius, dann 364 unter Valentinian, wobei in diesem Falle besondere Maßnahmen nötig wurden, nachdem unter Julian Tempel ihr Eigentum zurückerstattet bekommen hatten[44]. Ihre erneute Enteignung vollzog sich 364 bemerkenswerterweise, ohne daß die früher begünstigte Kirche beteiligt wurde, zum alleinigen Nutzen des Kaisers (universa loca vel praedia quae nunc in iure templorum sunt ... ei patrimonio quod privatum nostrum est adgregari)[45]. Noch unter Theodosius ist der Prozeß der Enteignung der Tempel nicht beendet: 385 und 391 werden entsprechende Gesetze für Orient und Okzident erlassen, 415 muß noch ein besonderes Gesetz für Afrika erlassen werden, das jetzt auch wieder die Kirche an der Beute beteiligt[46]. Zu ihrem Ende gelangt diese Entwicklung erst unter Justinian, der in jenen Epochejahren um 529, die die Gründung der Kirche der Göttlichen Weisheit zu Konstantinopel[47] und des Klosters des Heiligen Benedikt auf Montecassino – in einem Tempelbezirk des Apollon[48] – sahen, die neuplatonische Akademie in Athen schloß und ihr Stiftungsvermögen einzog, sowie heidnische und häretische Lehrer per Berufsverbot vom Schulunterricht ausschloß und aus dem gesamten Reichsgebiet verbannte sowie schließlich eine Verfolgung aller Heiden verbunden mit der Konfiskation ihrer Güter anordnete[49].

Wie sehr der lang andauernde Prozeß der Beraubung und Behinderung der Tempel andererseits sich keineswegs linear und überall gleich vollzog, sondern lokalen und temporären Machtverhältnissen unterworfen war, zeigt nichts deutlicher als der Streit um den Victoria-Altar und seine Privilegien zwischen dem heidnischen Hochadel Roms und den christlichen Kaisern des späten 4. Jahrhunderts[50]. Ferner kam es sogar zu Schutzgesetzen, die den Baubestand heidnischer Tempel vor unbefugtem Zugriff bewahren sollten –

---

[43] Marquardt, J.: Römische Staatsverwaltung III. Leipzig [2]1885. S. 112-117. RAC, sv. Christianisierung (F. W. Deichmann). S. 1229.

[44] Sozomenos V 5. Lasaulx, a.a.O., S. 64.

[45] Cod. Theod. X 1, 8. Lasaulx, a.a.O., S. 85.

[46] Cod. Theod. XVI 10, 20, 2. Lasaulx, a.a.O., S. 126.

[47] Kähler, H.: Die Hagia Sophia. Berlin 1967.

[48] Lasaulx, a.a.O., S. 142.

[49] Cod. Iust. I 5, 12, 9-10 (527) und I 5, 18 (529). Lasaulx, a.a.O., S. 148ff. Vom höheren Verwaltungs- und Militärdienst waren Heiden schon durch Berufsverbote von 416 ausgeschlossen (Cod. Theod. XVI 10, 21). Behinderungen des christlichen Unterrichts durch Julian waren dem vorausgegangen.

[50] Wytzes, J.: Der Streit um den Victoria-Altar. Paris – Amsterdam 1936 und die unter demselben Titel von R. Klein herausgegebene Aufsatzsammlung. Darmstadt 1972.

so 399 und noch einmal 458[51]. Die Gefahr eigenmächtigen Handelns muß
beträchtlich gewesen sein, denn einige Male werden mahnende Worte von
Kirchenvätern laut, die beklagen, daß Einzelne unter dem Vorwande der
Religion Heiden berauben und ohne obrigkeitlichen Befehl Götterstatuen
zerstören – so Augustinus[52] und ähnlich schon der Bischof Hilarius unter
Constantius[53]. Dessen Beamtenschaft scheint allzu großzügig bei der Enteignung der Tempel in die eigene Tasche gewirtschaftet zu haben – „sie mäste-
ten sich an der Beute aus den Tempeln", sagt Ammianus Marcellinus (pasti
templorum spoliis)[54]. Auf private Initiative bezieht sich wohl auch eine
Bemerkung im Corpus Agrimensorum aus dem späteren 4. Jahrhundert, wo
es heißt, daß in Italien mit der Ausbreitung der hochheiligen christlichen
Religion multi lucos profanos sive templorum loca occupaverunt et serunt[55].

Wie umfangreich hat man sich die Beute eigentlich vorzustellen? – Eine
Frage, die sich dem durch das statistische Material über die Säkularisation in
der Französischen Revolution, den Reichsdeputationshauptschluß oder die
enclosure-Maßnahmen des englischen Adels verwöhnten Neuzeit-Historiker
gewiß schon längst aufgedrängt, auf die der Althistoriker aber leider nur mit
dem in solchen Fällen üblichen verlegenen Achselzucken antworten kann:
Zahlenangaben sind so gut wie nicht vorhanden – weder für das Metallge-
wicht der Statuen und Schätze noch für die Größen des Landbesitzes, der
bekanntlich zumal in den Tempeln des Ostens seit hellenistischer Zeit beträchtlich gewesen sein muß. Die wenigen – sehr wahrscheinlich zuverlässig
überlieferten – Wertangaben für Landbesitz und Kirchengerät im Liber Pontificalis, die sich auf die Schenkungen Konstantins an die großen römischen
Kirchen beziehen[56], lassen nur bedingt Schlüsse auf die Herkunft der Gaben
zu. Es kann sich bei diesen Gütern sowohl um Beute aus den Bürgerkriegen
als auch möglicherweise um ehemaliges Tempeleigentum handeln. Letzteres
vermutete jüngst Signora Bodei Giglioni, denn die Schenkungen Konstantins
an Papst Silvester liegen interessanterweise – soweit sie Italien betreffen –
im Bereich von Städten, die durch ihre reichen Heiligtümer seit republikani-
scher Zeit berühmt sind – Suessa, Antium und Praeneste[57].

---

[51] Cod. Theod. XVI 10, 15 (399) und Nov. Maj. 4, 1 (458).

[52] Lasaulx, a.a.O., S. 132.

[53] Ebd., S. 56, n. 156.

[54] Amm. Marc. XXII 4, 3. Lasaulx, a.a.O., S. 56.

[55] Agennius Urbicus = Blume, F. – Lachrnann, K. – Rudorff, A.: Die Schriften der
römischen Feldmesser I. Berlin 1848. S. 57 und S. 88. Dilke, O.: The Roman Land
surveyours. Newton Abbot 1971. S. 108.

[56] Duchesne, L.: Liber Pontificalis I. Paris ²1955 – zur Zuverlässigkeit dieser
Quelle für unsere Fragen: pp. CXLIXs. und CL. Zu den kaiserlichen Schenkungen:
Pietri, Ch.: Roma Christiana I. Rom 1976. S. 79ff.

[57] Bodei Giglioni, a.a.O., S. 33ff., bes. S. 45. – Die Werte dieser Grundstücke sind

Die Kirche war nicht die einzige Nutznießerin des Tempelraubes, Kaiser und Hofstaat[58] bereicherten sich nicht minder. Konstantin im Besonderen hatte einen enormen Bedarf an Geld: wie alle Kaiser brauchte er Geld für seine Kriege – gegen Sarmaten und Goten, für ein Heer, das sich beträchtlich vergrößert hatte – die Zahlen schwanken bei modernen Autoren zwischen 450.000 und 750.000 Mann[59]. Darüber hinaus jedoch verschlang die glanzvolle Ausstattung seiner neuen Hauptstadt[60] gewaltige Mittel, und schließlich forderte die innenpolitische Absicherung seiner Alleinherrschaft nicht unbeträchtliche Summen zur Ausstattung seiner Gefolgschaft: jener homines novi, deren er sich allenthalben in Heer und Verwaltung bediente[61], um die Macht der alten Senatorenfamilien zu brechen und – last not least – zur Ausstattung seines wichtigen Verbündeten: der Kirche. Diese Mittel zu beschaffen gab es mehrere Wege: Steuern – vor allem die in Gold zu zahlende collatio lustralis und die Grundsteuer – dürften den größten Anteil gestellt haben, denn die Klagen darüber werden am Anfang des 4. Jahrhunderts immer lauter. Aber auch die Beute aus den Bürgerkriegen – zunächst gegen Maxentius, dann gegen Licinius (324) brachte erhebliche Beträge in die kaiserliche Kasse. Konfiskationen von privaten Gütern, sonst in der Kaiserzeit ein häufig begangener Weg kaiserlicher Finanzpolitik[62], sind unter Konstantin zwar nicht bekannt, wohl aber müssen die Beraubungen der Tempel hier genannt werden. Juristische Grundlage dafür boten unter der konstantinisch-flavischen Dynastie die kaiserlichen Sondergesetze, wie das des Constantius,

---

im Liber Pontificalis mit 360, 240 und 300 Solidi (Goldstücke à 4,5 g., dem Gegenwert von 30 Modii Getreide à 8,75 Liter = 260 Liter) Jahreseinnahme angegeben. Andererseits wird das Vermögen der Kirche unter Konstantin oft überschätzt: 25.000 Solidi jährlich aus Grundbesitz „représentent une richesse comfortable" – so Ch. Pietri, S. 90 – aber 72.000 bis 108.000 gelten nach Olympiodor unter den ganz Reichen als bescheidene Vermögen. Mehr als Vermutungen können diese Zahlenbeispiele allerdings nicht auslösen. – Zu den Einkünften der Kirche und des Klerus vgl. auch Jones, Later Roman Empire, S. 894-910. – Zur Problematik der Schenkung und der Silvester-Legende: RAC, sv. Constantinus, S. 376ff.

[58] Lasaulx, a.a.O., S. 56. Daß Bischöfe – Liberius und Hilarius – hier einmal das Vorgehen des Kaisers gegen die Heiden tadeln, mag auch wohl darin begründet sein, daß die Kirche in solchen Fällen von der Beute ausgeschlossen war. – Charakteristische Beispiele für eine von den christlichen Kaisern konfiszierte Tempeldomäne ist das Σάλτον ἱερατικόν in Syrien (Jones, A. H. M.: The Cities of the Eastern Roman Provinces. Oxford ^{2}1971. S. 293), möglicherweise auch die Langmauer-Südzone bei Trier, falls auf diesem Gelände tatsächlich ein gallisches Heiligtum gelegen hat (Wrede, H.: Die spätantike Hermengalerie von Welschbillig. Berlin 1972. S. 8 mit älterer Literatur).

[59] Piganiol, a.a.O., S. 366.

[60] Lasaulx, a.a.O., S. 46.

[61] Zosimos II 31 und 38. A. H. M. Jones in Momigliano, a.a.O., S. 36. Alföldy, G.: Römische Sozialgeschichte. Wiesbaden 1975. S. 171f.

[62] RE, sv. publicatio (M. Fuhrmann). Sp. 2491ff., zu Konstantin: Sp. 2514.

das sich auf eine lex seines Vaters Konstantin beruft[63]. Als dann 379 von Gratian das katholische Christentum zur Staatsreligion erklärt wurde, wurden dadurch neben den Häretikern auch alle Heiden zugleich Staatsfeinde und ihr Vermögen verfiel prinzipiell der proscriptio und publicatio bonorum[64]. Die Christen haben durchweg darauf geachtet, diese juristische Basis – verbunden mit der politischen Macht – zu bewahren, wie die aus Eusebios zitierten Fälle und die schon erwähnte Warnung Augustins zeigen.

III

Im Folgenden soll versucht werden, die hauptsächlichen sozialen und politischen Konsequenzen der Enteignung der Tempel nachzuzeichnen. Wichtigstes Zeugnis für diesen Komplex ist der in der neueren Literatur immer wieder zitierte und auch hier schon erwähnte Text des Anonymus de rebus bellicis[65]. Der Autor stellt fest, daß unter Konstantin mit dem Raub der alten Tempelschätze allenthalben die Habsucht zunahm: cum enim antiquitūs aurum argentumque et lapidum pretiosorum magna vis in templis reposita ad publicum pervenisset, cunctorum dandi habendi cupiditates accendit[66]. Die Folge davon sei gewesen, daß die Reichen reicher und die Armen ärmer geworden seien: privatae potentium repletae domus, in perniciem pauperum clariores effectae tenuioribus videlicet violentia oppressis, so daß den Armen kein anderer Weg als der des Aufruhrs geblieben sei[67] – womit also letztlich dem antiheidnischen Kaiser Konstantin die Schuld am inneren Verfall des Reiches anzulasten sei.

Ähnlich urteilt auch der Heide Zosimos über Konstantins Politik gegenüber den Städten[68]. Wenn beide Autoren auch offensichtlich von einem anti-

---

[63]   Cod. Theod. XVI 10, 2 (341).

[64]   Mommsen, a.a.O., S. 595f.; S. 604, n. 3; S. 608, n. 4.

[65]   Thompson, a.a.O. Zur Beurteilung der ökonomischen Einsichten des Anonymus jetzt auch F. Kolb, in: Festschr. F. Vittinghoff (1980) 497ff. mit gelegentlicher Kritik der auch von mir übernommenen Positionen S. Mazzarinos.

[66]   Anon. de reb. bell. II 1.

[67]   Ebd., II 2-3.

[68]   Zosimos II 38 mit dem Kommentar von F. Paschoud (1971), pp. 241-244. Wegen seiner anti-christlichen Tendenz wurde Zosimos im Mittelalter totgeschwiegen (RE, sv. Zosimos. Sp. 836, F. Paschoud). Seinem Wiederentdecker, dem westfälischen Humanisten und Kryptocalvinisten Johannes Leunclavius/Hans Lövelingloh (1541-1594) brachte die lateinische Übersetzung der Historia Nova des Zosimos, zusammen mit einer Apologia pro Zosimo 1576 veröffentlicht (Mazzarino, S.: The End of the Ancient World. London 1966. S. 92f.), die Indizierung aller seiner Schriften und die Klassifizierung unter die Ketzer ersten Ranges ein. Er benutzte den von ihm wiederentdeckten Zosimos-Text als Argument in der politischen Auseinandersetzung mit dem Anspruch des Kaisers und der Kirche in der Zeit der Gegenreformation, indem er in der seiner Übersetzung vorangestellten „Apologia pro Zosimo" 1576 feststellt, daß der Herrscher nicht befugt sei, „das Gut seiner

christlichen Standpunkt her argumentieren, so kann doch nicht übersehen werden, daß sie durch die Religionskritik Grundsätzliches an der Struktur des konstantinischen Staates auszusetzen haben. Beide sehen in der Zentralisierung des Staates mit seiner neuen Elite von des Alleinherrschers Gnaden ein gefährliches Moment, dem dann auch in der Tat der Heide Julian energisch entgegengewirkt hat, indem er gleich bei seinem Regierungsantritt die Reform der Munizipalverfassung[69] betrieb und den Städten und den Tempeln ihren enteigneten Besitz zurückerstatten ließ[70], um so partikularen Gewalten in Reiche mehr Einfluß zuzugestehen, andererseits aber durch Verwaltungs- und Steuerreformen die Macht des hierarchischen Hofstaates einzuschränken. Namentlich das Personal der Kurie und der Geheimpolizei (agentes in rebus) und die Privilegierungen im Post- und Verkehrswesen schränkte er ein[71] – traf damit also die unter Konstantin und seinen Söhnen an die Macht gekommenen Stützen des Zentralstaates: den weitgehend christlichen Hofadel. Seinen Reformen war bekanntlich nur eine kurze Dauer beschieden (361-363). Auch das Auseinanderklaffen von Gold- und Bronzewährung als Ausdruck der sich ständig erweiternden wirtschaftlichen Kluft zwischen honestiores und humiliores mit der zunehmenden Verelendung der Unterschichten und ihren juristischen Folgen (confusio iuris) konnte durch Julians Maßnahmen nicht aufgehalten werden[72]. Eine Entwicklung, die besonders in den Untersuchungen von S. Mazzarino nachgezeichnet worden ist[73].

Untertanen mit einer Willkür zu behandeln, welche Julian und andere Heiden sich nicht erlaubt haben". Den Anteil der Renaissance an der Wiederentdeckung und partiellen Rehabilitierung Julians – „un caso chiaramente rivelatore quando si parla di illuminismo" (A. Momigliano in Riv. stor. Ital. 89 [1977]. S. 10) – behandelt J.-M. Demarolle in Influence de la Grèce et de Rome sur l'Occident Moderne, hrsg. v. R. Chevallier. Paris 1977. S. 87ff. – Über J. Leunclavius bereitet der Verf. eine Biographie für die Reihe „Westfälische Landesbilder" vor.

[69] Piganiol, a.a.O., S. 149. Tinnefeld, F.: Die frühbyzantinische Gesellschaft. München 1977. S. 24f.

[70] Lasaulx, a.a.O., S. 62ff. His, R.: Die Domänen der römischen Kaiserzeit. Leipzig 1896. S. 37: J. J. Arce in Riv. Storica dell' Antichitá 5 (1975). S. 201ff.

[71] Piganiol, a.a.O., S. 143f., S. 149f. Allgemein zu Julians Reformen: J. Bidez, Kaiser Julian (1956).

[72] Thompson, a.a.O., S. 26ff. Nach dem Anon. de reb. bell. XXI 1 führt die Unterscheidung der Menschen nach ihrem Goldbesitz vor Gericht zu dieser confusio iuris. Am Anfang dieser Entwicklung steht für ihn die Einführung der Solidus-Währung durch Konstantin (II 1), der das nötige Gold aus dem Tempel geraubt habe und gleichzeitig die Anwendung der Goldwährung selbst im Kleinhandel erzwungen habe, wo früher Bronzemünzen ausgereicht hätten.

[73] Mazzarino, S.: Aspetti sociali del quarto secolo. Rom 1951. S. 72ff., S. 108f. Zur sozialen Situation vgl. auch: Kohns, H. P.: Versorgungskrisen und Hungerrevolten im spätantiken Rom. Bonn 1961. Patlagean, E.: Pauvreté économique et pauvreté sociale à Byzance 4e – 7e siècles. Paris 1977.

Neben dieser strukturellen Bedeutung der Überführung des „toten" Tempelbesitzes in das wirtschaftliche Leben einer Klassengesellschaft[74] kommt unter Konstantin der Enteignung der Tempel aber auch eine wichtige tagespolitische Bedeutung zu – und zwar im Kampf gegen Licinius. Dieser regierte – besonders nach 324 – als bewußter Heide in der östlichen Reichshälfte, wo das Christentum bekanntlich stärker verbreitet war als im Westen[75]. Die Vermutung drängt sich auf, daß Konstantin daran gelegen war, die christlichen Untertanen seines Gegners zu sich hinüberzuziehen, sie als eine Art „Fünfter Kolonne" im Gebiet des Feindes zu benutzen. So verwundert es nicht, daß Eusebios berichtet, die von Licinius bedrängten Christen in Amaseia im Pontus hätten für Konstantin gebetet[76]. Dessen Aktionen gegenüber den heidnischen Tempeln entsprächen also sehr gut ihren Erwartungen.

Auch auf die christliche Kirche selbst haben die Maßnahmen gegen die Tempel zurückgewirkt. Der plötzliche Reichtum ist keineswegs spurlos an der Moral des Klerus vorübergegangen, wie Klagen von Christen und Heiden mehrfach belegen[77]. Selbst Augustinus' Argument, die Kirche sei nur Treuhänderin des übernommenen Reichtums, der in Wirklichkeit den Armen gehöre[78], ist natürlich nur eine schwache Entschuldigung, wenn auch festgehalten werden muß, daß es gerade die ziemlich kostspieligen sozialen Einrichtungen der Kirche waren, die dem Heiden Julian so nachahmenswert weil effektiv erschienen, da gerade sie dem Christentum zu solchem Zulauf verhalfen[79]. Daß die Kirche ihr gutes Recht auf die Beute aus heidnischen Tempeln habe, versucht Eusebios in seinem Lobe Konstantins dem Kaiser zu verdeutlichen: da der Krieg gegen Licinius auch ein Kampf gegen dessen Götter gewesen sei, sei es nur billig, wenn auch die Kirche als Streiter des

---

[74] Siehe unten Anm. 84.

[75] Harnack, a.a.O., S. 949ff., S. 953. Den Durchsetzungswillen des Christentums in der östlichen Reichshälfte belegen in unserem Zusammenhang des Verhaltens gegenüber den Sakralbauten zwei Einzelfakten: Lykische Städte bitten den Kaiser, den Bau von Kirchen in ihren Mauern zu verhindern, da die Christen eine Belästigung darstellten (OGIS 569). Und unter der Regierung des Maximinus (303-313) kommt es in Damaskus zu christlichen Bilderstürmen gegen heidnische Tempel (Euseb., Hist. Eccl. IX 5, 2). Daß es sich dabei um Zerstörungen, nicht um Konfiskationen von Tempelbesitz handelt, braucht, weil vor Konstantin, nicht betont zu werden.

[76] Euseb. vita Const. II 2. Vgl. Sozomenos I 2.

[77] Lasaulx, a.a.O., S. 52f., S. 102. Vgl. auch Amm. Marc. 27, 3, 14 über die Attraktivität des Bischofsamtes in Rom oder Bodei Giglioni, a.a.O., S. 44, n. 53 über Mißbrauch des Erbrechts.

[78] Augustin, ep. 185, 9, 35. Vgl. Cod. Theod. XVI 2, 6 (326) und 2, 10 (353 oder 320).

[79] Bidez, a.a.O., S. 176. (Ende cap. III 9).

Einen Gottes und Helfer Konstantins ihren Anteil an der Kriegsbeute gleichsam als eine Veteranenversorgung erhalten habe[80].

Bemerkenswert bleibt, wie wirklichkeitsnah die Argumente der Christen für die Enteignung der Tempel waren: ein durchgehender Zug ist die Betonung des Nutzens, utilitas und χρῆσις sind die Umschreibungen für die Verwendung, der die „nutzlosen" Götterstatuen zugeführt werden sollen[81]. Sie stehen darin in Einklang sowohl mit der ionisch-aufgeklärten Haltung eines Hekataios von Milet[82], der seinen Landsleuten – wenn auch erfolglos – empfahl, den Reichtum des Branchidentempels zu nutzen, um eine Flotte gegen die Perser auszurüsten, als auch dem paulinischen „Alles ist Euer, ihr aber seid Christi". Dieses utilitaristische Verhalten gipfelt in den Worten des Konvertiten Firmicus Maternus, mit denen er den Söhnen Konstantins zum Sturm auf die Tempel rät: „Nehmt, ergreift ohne Furcht, heiligste Kaiser, die Schätze der Tempel. Jene Götterbilder möge das Feuer der Münzstätte oder die Flamme der Werkstätten schmelzen, überführt alle Weihgeschenke Eurem Nutzen"[83]. Wenn auch der Umfang dieser Beute schwer zu ermessen ist – vor Überschätzung muß eher gewarnt werden – so scheint es doch angebracht, auf die ökonomische Funktion hinzuweisen, die dieser Raub an den heidnischen Tempelvermögen für die Etablierung der christlichen Kirche gehabt hat: sie dürfte der von Marx für die Herausbildung des Kapitalismus konstitutiven „ursprünglichen Akkumulation" vergleichbar gewesen sein[84].

IV

In einem abschließenden Kapitel sei versucht, die Enteignungen der heidnischen Tempel in einem komparatistischen Ansatz zu vergleichbaren Maßnahmen anderer Epochen gegenüberzustellen. An chinesische, indische, islamische, zionistische und neuzeitlich-christliche Parallelen sei nur erinnert[85], um dann die Aufmerksamkeit auf solche Phänomene zu richten, die in

---

[80] Euseb. de laude Const. VII 13 und VIII 9.

[81] Libanios, or. 30, 6. Firmicus (unten Anm. 83). Euseb. de laude Const. IX 6.

[82] Herodot V 36, 3. Edelstein, L.: The idea of progress in classical antiquity. Baltimore 1967. S. 13.

[83] Firmicus Maternus, de errore 28, 6.

[84] Marx, K.: Das Kapital I (MEW 23). S. 741ff.

[85] Exemplarische Arbeiten sind etwa: Kühn, H.-M.: Die Einziehung des geistlichen Gutes im Albertinischen Sachsen 1539 – 1553. Köln 1966; Säkularisierung von Kirchenbesitz wurde im 16. Jhd. Auch durch andere protestantische Obrigkeiten in Deutschland und in England durch Heinrich VIII. vorgenommen. Zu Indien: Unter König Harscha (1089-1101) gab es in Kaschmir sogar einen „Minister für die Abschaffung der Götter"-(Statuen), dessen Aufgabe die Geldbeschaffung durch Bildersturm war (Kosambi, D. D.: Das alte Indien. 1969. S. 210). Für China : Demiéville, P.: Mélanges Ch. Puech. Paris 1974. S. 17ff. über ökonomische Aspekte der Zerstörung buddhistischer Heiligtümer in T'ang - China (824-845). Ferner

engerem historischen Kontext zur Konstantinischen Wende[86] in Rom stehen. Plünderungen und Enteignungen von Tempeln hat es in der Antike ständig gegeben[87]. Zwar galt den Griechen die Profanierung und Beraubung eines Tempels auch im Kriege als Sakrileg[88], doch bot die juristische Konstruktion eines Gemeinschaftsbesitzes des Gottes und der jeweiligen politischen Gemeinde an einem Tempel[89] dem Angreifer die Möglichkeit, sich auch der eroberten Tempel zu bemächtigen. Daß diese Überfälle zum alleinigen Ziel von Kriegen werden konnten, zeigen die wiederholten Razzien Antiochos' IV. gegen orientalische Tempel sehr deutlich[90]. Man war sich im Klaren darüber, daß das Einströmen großer Geldmengen aus bisher ungenutzten Tempelschätzen die bestehenden wirtschaftlichen und sozialen Beziehungen in einer Gesellschaft erheblich beeinflußt. So gehört es zum Topos der antiken Geschichtsschreibung über Sparta, daß der im Tempel des delphischen Apollo bewahrte Gold- und Silberschatz der Spartaner, nachdem er von Ly-

---

Hinweise auf gelegentliche Fälle von islamischer Usurpation fremder Heiligtümer bei B. Spuler (Iran in frühislamischer Zeit. Wiesbaden 1952. S. 144, S. 185 und S. 296). Weiteres dürfte in der reichen arabischen Futūḥ-Literatur zu finden sein, wobei auch zu betonen ist, daß gerade im Islam bei der Übernahme fremder Sakralbauten auch ein anderes Verfahren als das mehr oder minder gewaltsamer Annektionen möglich ist: Abd ar-Rahmān I. kauft den Christen in Cordoba die Kathedrale ab, erst eine Hälfte, dann (784) die andere – gegen ihren Willen zwar, aber für 100.000 Dinar (Dozy, R.: Histoire des musulmans d'Espagne II. Leiden 1861. S. 48f.). In Multān kommt es – aus steuerlichen Gründen allerdings – zur anfänglichen Schonung des Hindu-Tempels durch die muslimischen Eroberer, die dann unter den radikaleren Karmaten endete (al-Birunī's India, ed. E. Sachau. S. I 116f.). Die zionistische Umwandlung von islamischem waqf-Besitz in Synagogen- und Yeshiva-Besitz nach 1967 beschreibt A. L. Tibawi (The islamic pious foundations in Jerusalem. Origins, History and Usurpation by Israel. London 1978. S. 35ff., bes. S. 39).

[86] Der römische Staat kannte schon in der Republik die Konfiskation der Güter und Geräte verbotener Kulte (RE, sv. publicatio. Sp. 2502). In den Zeiten der Verfolgung hatten die Christen unter den gleichen Maßnahmen zu leiden (siehe oben Anm. 3).

[87] Z.B. Clemens Alex., Protrept. IV 46, Cic. de nat. deor. III 34.

[88] Phillipson, C.: The international law and custom of ancient Greece and Rome II. London 1911. S. 246-251.

[89] So argumentierte schon Marangoni, a.a.O., S. 278. Busolt, G.: Griechische Staatskunde II. München ³1926. S. 501ff., S. 1169.

[90] Rostovtzeff, M.: The social and economic history of the hellenistic world. Oxford 1941. S. 695f. Es scheint mir in unserem Kontext bemerkenswert, daß es gerade Antiochos IV. war, der durch die Förderung des Zeus-Kultes seinem „zusammengesetzten Reiche einen universalen Gott zu geben beabsichtigte" (Rostovtzeff, S. 434), wobei er die Besonderheit dieses Kultes durch klassizistische Anlehnung an die Zeus-Statue des Phidias sanktionierte (Stuart, A.: Attika. Studies in Athenian Sculpture of the Hellenistic Age. London 1979. S. 59). Zwar ließ auch er natürlich die in hellenistischer Zeit übliche Mannigfaltigkeit der Kulte bestehen, doch zeigt er durch seine Ansätze in Richtung auf eine Art Staatskult für Zeus Olympios bei gleichzeitiger Beraubung fremder Tempel Aspekte, die als Vorstufen zur Entwicklung der weiter unten behandelten Staatsreligion angesehen werden können.

sander nach Sparta zurückgebracht worden war, zur Ursache für den inneren Verfall des Staates wurde[91] – auch der Anonymus de rebus bellicis steht in dieser moralisierenden Tradition.

Von großer Bedeutung für die Vermögensbildung der Kaiser sind in Rom die seit der späten Republik üblichen Enteignungen von Tempeln in Italien und – seltener – in den Provinzen, jüngst in dem schon zitierten italienischen Aufsatz behandelt[92]. Wurden alle bisher genannten Enteignungen jedoch mit politischen Argumenten gerechtfertigt, so bildet sich seit dem späten 3. Jahrhundert eine neue Konstellation mit entsprechendem Argumentationsmuster heraus: der zentralistische Staat bedient sich der Ideologie einer Staatskirche, die keine abweichenden Religionen und unabhängigen Institutionen mehr duldet – zum ersten Mal[93] faßbar im sasanidischen Iran. Dort hatten sich, getragen von der systembedingten Toleranz des parthischen Feudalstaates, zahlreiche Religionen frei entfalten können[94]. Mit der Umwandlung der anfangs noch bestehenden Teilkönigreiche in Bezirke von Gouverneuren und der Stärkung der großköniglichen Zentralgewalt, wobei sich seit den Christenverfolgungen Shapurs II. auch der Druck des außenpolitischen Gegners – des inzwischen christlich gewordenen Römischen Reiches – auswirkte, begann auch die nationaliranische Religion des Zoroastrismus eine bedeutendere Rolle zu spielen. So kommt es zur Herausbildung einer zoroastrischen Staatskirche mit einem hierarchischen Klerus, der auch wichtige Staatsaufgaben übernimmt. Einer ihrer Oberpriester, der Mobeḏān Mobāḏ Kartēr kann sich schließlich rühmen, nicht nur alle fremden Religionen verfolgt zu haben, sondern auch „viele Feuertempel und Magier zu Wohlstand" gebracht zu haben, seine Tätigkeit sei für Ahuramazda und die iranischen Götter ein Gewinn, für Ahriman und die Teufel aber ein Verlust gewesen[95].

---

[91] Poseidonios bei Athenaios VI 233f. = 87 FGH F 48.

[92] oben Anm. 11.

[93] Inwieweit schon zeitweilige achämenidische Verbote fremder Kulte zugunsten der Ahuramazda-Verehrung als Vorstufe zur Herausbildung einer Staatsreligion zu werten sind, ist schwer zu entscheiden, denn die dafür wichtigste Quelle, die sogenannte Daiva-Inschrift des Xerxes, vermag nicht alle entsprechenden Fragen zu klären (R. Girshman in Acta Ant. Hung 24 [1976]. S. 3ff.).

[94] Colledge, M. A. R.: The Parthians. London 1967. Feudalismus: J. Wolski in Iranica Antiqua 7 (1967). S. 133ff. Religion: Widengren, G.: Iranisch-semitische Kulturbegegnung in parthischer Zeit. Köln – Opladen 1960. C. Colpe in Kairos 17 (1975). S. 118ff. Nach der Inschrift des Kartēr (unten Anm. 95: Hinz, S. 261, § 9-10) gab es im 3. Jahrhundert n. Chr. neben den Zarathustriern in Iran auch „Juden, Buddhisten, Mandäer, Christen, Maktik (?) und Manichäer".

[95] Christensen, A. E.: L'Iran sous les Sassanides. Copenhagen ²1944. Frye, R. N.: The Heritage of Persia. London 1962. S. 218ff. Kartēr-Inschrift: W. Hinz in Arch. Mitt. Iran NF. 3 (1970). S. 260, § 2 und S. 261, § 11.

Zwischen Iran und Rom liegt das stark von parthischen Traditionen geprägte Armenien[96] als ein Pufferstaat, dessen König Tiridates III. (287-330)
am Ende des 3. Jahrhunderts zeitweilig mit Rom verbündet ist. Es gelingt
Gregor, dem seine missionarische Tätigkeit den Ehrennamen des „Erleuchters" eingebracht hat, den König zum Christentum zu bekehren. Das genaue
Datum ist umstritten, 288, 294 und 301 werden genannt, jedenfalls mehrere
Jahre vor der Konstantinischen Wende im Römischen Reich[97]. Bemerkenswert ist der Bericht über die sich daran unmittelbar anschließende Christianisierung Armeniens, wie er von Agathangelos, dem Sekretär des Königs, in
hagiographischer Form überliefert wurde[98]: zu den wichtigsten Taten des
Missionars, der im Schutze des Königs selbst und des Heeres das ganze
Land bereist, gehören die Zerstörungen und Enteignungen der großen Tempel. Neun werden namentlich genannt, daneben eine unbestimmte Anzahl
weiterer[99]. Überall wiederholt sich dasselbe: der König nimmt die Tempelschätze an sich, verteilt einen Teil an die Armen und weist den neugegrün-
deten Kirchen Tempelland zu ihrem Unterhalt zu. Daß die Widerstände dagegen zum Teil beträchtlich waren – mehrfach ist von feindlichen Truppen
die Rede[100], läßt darauf schließen, daß die partikularen Gewalten des armenischen Feudalstaates sich nur widerstrebend dem zentralistischen Anspruch
des Königs beugten. Ich möchte vermuten, daß Konstantin die Funktion der
Kirche im armenischen Zentralstaat gekannt hat.

---

[96] Adontz, N.: Armenia in the Period of Justinian. Lisbon 1970 (1908).

[97] Chaumont, M.-L. : Recherches sur l'Histoire d'Arménie. Paris 1969. S. 131ff.
MacDermot, B.: The conversion of Armenia in 294 AD, in: Rev. Et. Armén. 7
(1970). S. 281ff. Gulbenkian, E. V.: The Conversion of King Trdat and Khorenatsi's
"History of the Armenians", in: Le Museon 90 (1977). S. 49ff.

[98] Agathangelos, History of the Armenians, hrsg. u. übers. v. R. W. Thomson. New
York 1978. Im 5. Jhd. wird A. in mehreren Versionen aus dem Armenischen ins
Griechische übersetzt – Texte bei Langlois, V.: Collection des historiens anciens et
modernes de l'Arménie I. Paris 1867. S. 105ff. und Garitte, G. : Documents pour
l'étude du livre d'Agathange. Citta del Vaticano 1946. Zur Glaubwürdigkeit des
Agathangelos: Garitte, S. 313. Allgemeine methodische Überlegungen: Lotter, F.:
Historische Erkenntnisse aus hagiographischen Quellen, in: HZ 229 (1979). S.
298ff.

[99] Langlois, a.a.O., cap. CIX § 132 – CXIX § 151 = pp. 166-178. Garitte, a.a.O., §§
104-112 = pp. 75-79; Chaumont, a.a.O., S. 144ff. Adontz, a.a.O., S. 243.

[100] Langlois, a.a.O., § 133. Garitte, a.a.O., § 104. M. Rostowzew (Studien zur
Geschichte des römischen Kolonates. Leipzig – Berlin 1910. S. 273, n. 1) betont bei
der Übernahme der armenischen Tempelgüter durch die Kirche den Aspekt des
Machtwechsels: „eine feudale Macht ersetzt hier direkt die andere".

Demokratie als Bauherr
Ideologische Aspekte der Architektur der Klassik

Ideologische und politische Aspekte der klassischen griechischen Architektur sind seit der Antike oft bemerkt worden. Aus jüngster Zeit liegen zu wichtigen Einzelfragen wertvolle Untersuchungen von A. Bammer[1], J. S. Boersma[2], O. Donnay[3], B. Fehr[4], H. von Hesberg[5], N. Himmelmann-Wildschütz[6], F. Kolb[7], G. Zinserling[8] u.a. vor. Hier soll versucht werden, an einigen bisher wenig oder anders gedeuteten Beispielen die Verknüpfung von architektonisch-bildlicher Form und politisch-ideologischer Aussage in der Repräsentationsarchitektur Athens als Selbstdarstellung der athenischen Demokratie zu verstehen, um sich auch auf diesem Wege der Bedeutung des Klassischen in der Kunst des 5. Jhdts. zu nähern.

Wie selbstverständlich und verbreitet diese nur scheinbar modernistische Verknüpfung von Kunst und Ideologie ist, mögen zunächst – gleichsam als captatio benevolentiae – einige Zitate unterstreichen: Daß Platon Kunst als ein Politikum begreift, ist allseits bekannt. Sein Zeitgenosse Isokrates drückt sich sehr präzise über die Wirkung der klassischen Architektur Athens aus: „Die Demokratie hat die Stadt so mit Tempeln und Heiligtümern geschmückt, daß auch noch heutzutage die Besucher glauben, sie sei nicht nur würdig, über die Griechen zu herrschen, sondern über alle anderen"[9]. Auch an anderer Stelle[10] erkennt er in der Architektur einen manifestierten Machtanspruch. Über die Wirkungsabsicht von repräsentativer Architektur hat er keinen Zweifel: so geschmückt, daß die Besucher glauben ... (οὕτω ... ὥστε ... νομίζειν).

Selbst im Mittelalter wird die Würde der Architektur der Klassik in der Rückerinnerung beschworen: Michael Choniates, Metropolit von

---

[1] A. Bammer, Architektur und Gesellschaft (1974).

[2] J. S. Boersma, Athenian Building Policy from 561/0 to 405/4 B.C. (1970).

[3] G. Donnay in Perikles und seine Zeit, hrsg. v. G. Wirth (1979). S. 379ff.

[4] B. Fehr in Hephaistos 2 (1980). S. 155ff., bes. S. 177f.

[5] H. v. Hesberg in JdI 96 (1982). S. 74ff.

[6] N. Himmelmann in Festschrift für J. Straub (1977). S. 67ff.

[7] F. Kolb, Agora und Theater, Volks- und Festversammlung (1981).

[8] G. Zinserling in Acta Antiqua 13 (1965). S. 41ff.

[9] Isokrates, Areopag 66.

[10] Isokrates, Antid. 234.

Athen, evoziert im Angesicht der fränkischen Eroberer 1204 das Bild der einstigen Blüte Athens. Heiligtümer und Rednertribünen zusammen mit den Institutionen der Demokratie sind für ihn deren erinnerungswürdige Kennzeichen[11]. Am Beginn der neuzeitlichen Beschäftigung mit klassischer Kunst schließlich sah J. J. Winckelmann den Grund für die Entfaltung klassischer Idealität, indem er im Rückgriff auf Herodot die Freiheit der Athener zu ihrer Erklärung heranzog[12], ausdrücklich in ihren gesellschaftlichen Bedingungen und nicht etwa in den klimatischen, die nur einen äußerlichen Rahmen bei ihm abgeben, oder den metaphysischen. Zu diesen nahmen zwar die „Winckelmänner, die nach ihm kamen", nur zu gerne ihre Zuflucht, doch ließen sie sich auch in den Sumpf der „Blut und Boden"-Theorien führen.

1. Am Anfang unserer, hier in gebotener Kürze vorgetragenen Beobachtungen steht ein Hinweis von H. G. Evers[13]. Er sah in den großartigen Versammlungsräumen (Theater, Odeion, Telesterion, Bouleuterion) als den Orten politischen und kulturellen Geschehens das eigentlich Neue der klassischen Architektur. In ihnen drückten sich einmal die Bedürfnisse des Demos aus, und aus ihnen ließen sich andererseits auch die Formen der Versammlungsräume neuzeitlicher Massen oder ihrer Vertretungen ableiten Daß dabei die Innenräume für die Einweihung in die Mysterien verwandte Formen wie die für die politischen Ratsversammlungen haben, ist sicher nicht nur aus ihrer Funktion, große Volksmengen aufzunehmen, zu erklären, sondern mag auch durch den Hinweis auf demokratische Elemente in den dionysisch-ekstatischen und jenseitsbezogener Mysterien (J. J. Bachofen, E. R. Dodds) zu deuten sein.

2. Eigenartigerweise bringt die klassische Epoche in der eigentlichen Tempelarchitektur keine wesentlichen Neuerungen. H. G. Evers stellte fest, daß sich die klassischen Tempel nur durch ihre Proportionierung – bzw. deren Verwissenschaftlichung, wie W. Hoepfner zeigen kann[14], nicht durch ihre Substanz von den älteren Vorbildern unterscheiden. Ihnen fehlte im 5. Jahrhundert das sonst in allen Kunstgattungen sichtbare Element des radikal Neuen[15]. Das scheint mir um so bemerkenswerter, als gerade im religiösen Bereich mit der Umwandlung der alten Familienkulte in Staatskulte (Aristoteles) und der Hinwendung zu individualistischer religiöser Erfahrung (M. P. Nilsson) in der Epoche der De-

---

[11] Σπ. Λάμπρος, Μιχαὴλ Χωριάτης (1880) II. S. 398, vv. 19-27.

[12] J. J. Winckelmann, Geschichte der Kunst des Altertums (1964). S. 118 (= 1764, Teil. 4, Kap. 1.).

[13] H. G. Evers in Festschrift für H. Schrader (1960). S. 1ff., bes. S. 34.

[14] Hier S. 75-76.

[15] Evers, a.a.O., S. 34.

mokratie tatsächlich Neues sich entwickelt. Die Frage, weshalb der Tempelbau in einer Phase sich wandelnder Religiosität selbst konservativ blieb, könnte ihre Antwort möglicherweise darin haben, daß es galt, eben diesen Wandel durch eine Form-Kontinuität zu verschleiern.

Die sich daraus scheinbar zwangsläufig ergebende Hinwendung zur formalistischen Durchorganisierung von Detailformen muß nun ihrerseits nicht unbedingt als logische Konsequenz innerhalb der sogenannten Eigenentwicklung der Kunst gesehen werden, sondern scheint mir sinnvoller erklärbar zu sein als architektonische Parallele zur Paideia und Selbstdisziplinierung des Bürgers[16], der in der Demokratie mit der Stilisierung seines urbanen Lebenswandels das ältere aristokratische Formalismus-Ideal[17] als Statussymbolik adaptiert und andererseits auch als natürlich und daher verbindlich für Alle hinstellt. Diese Natürlichkeit ist aber nur eine scheinbare – vgl. in der Architektur die inzwischen obsolete Diskussion über die Herkunft der Triglyphen aus dem Holzbau oder die Deutung der Echinos-Form als Ausdruck des Lastentragens. Sie scheint mir der Darstellungsweise des Theaters vergleichbar: Wie der gute Schauspieler nicht geht, sondern zeigt, wie man geht (P. Valery. B. Brecht), indem er allgemein verständliche und akzeptierte pantomimische Symbol-Gesten benutzt, so könnte man sagen, daß der Echinos das Symbol für die Arbeit des Gebälktragens ist. „Die tektonische Form ist nur suggeriert", bemerkt R. Carpenter[18] – wie der Kontrapost nur eine Symbolform für die rechte Bewegungsweise[19] ist, die ihrerseits durch die Rahmenbedingungen bestimmt wird, mit der die Demokratie Freiheit und Bindung in der körperlichen Gebärde des realen Lebens jeweils auszudrücken gestattet[20]. Die Klassik neigt dazu, entsprechende Formen als natürlich, weil rational begreifbar darzustellen. Doch handelt es sich dabei um eine scheinbare Rationalität oder Transparenz, wie B. Fehr am Beispiel des Stadtplans von Priene gezeigt hat[21]. Seine Beobachtungen illustrieren die politologischen Ergebnisse, zu denen N. Loraux gelangte: „La démocratie athénienne n'était pas transparente à elle même, mais elle a produit l'idée d'une transparence politique, pour son usage – et pour le nôtre"[22].

---

[16] B. Fehr, Bewegungsweisen und Verhaltensideale (1979).

[17] Bammer, a.a.O., S. 93.

[18] R. Carpenter, Die Erbauer des Parthenon (1970). S. 171.

[19] Fehr, s. Anm. 16.

[20] M. Douglas, Ritual, Tabu und Körpersymbolik (1981).

[21] Fehr, s. Anm. 4.

[22] N. Loraux, Aux origines de la democratie. Sur la „transparence" démocratique, Raison presente 1978. S. 13.

Wissenschaftlichkeit und Rationalität architektonischer Planung finden hier ihre historischen Grenzen.

3. Ein Weg der Klassik, diese Rationalität und Natürlichkeit zu bestimmen, ist der Bezug auf den „consensus omnium"[23] als politisches und ästhetisches Urteil. In der Architektur und dort besonders in der Bauplastik[24] wird dieses Verfahren darin deutlich, daß Verantwortung und Kontrolle der Bauprojekte bei gewählten oder durch Los bestimmten Kommissionen[25] und nicht bei Einzelpersonen liegen.

4. Isokrates' Feststellungen zur Propagandafunktion der klassischen Repräsentationsarchitektur führen zu der Frage nach den Adressaten dieser Propaganda. Daß auf sie in der Klassik spekuliert wurde, dürfte aus Thukydides hervorgehen, wenn er Perikles „Athen als die Schule von Hellas" preisen läßt. Sofern klassische Kunst von ihren Zeitgenossen wie aus der historischen Perspektive – als Paradeigma[26] begriffen wird, sind wiederum Adressaten angesprochen. Sie zu differenzieren, sei am Beispiel der Isokephalie und der einheitlichen Tracht der Panathenäen-Teilnehmer (die Fußgänger, nicht Reiter) im Parthenon-Fries versucht. Ihre scheinbare Gleichheit – vgl. die entsprechenden Klagen bei Ps.-Xenophon I 10 über die Schwierigkeit, im athenischen Alltag Sklaven von Freien zu unterscheiden – hat auch politische Absichten: sie stabilisiert das Selbstverständnis der Staatstragenden, sie wehrt durch scheinbare Integration die Ansprüche der Unterschichten ab und diskriminiert die Extravaganzen des Adels – vgl. die Kritik an Alkibiades' Lebenswandel – als undemokratischen Luxus. Schließlich suggeriert sie nach außen durch ihre scheinbare Rationalität die angeblich natürliche Überlegenheit Athens – vgl. z.B. den Melier-Dialog des Thukydides oder B. Fehr über Priene – und legitimiert die imperialistischen Ansprüche Athens gegenüber seinen Verbündeten.

Der Blick aus der Perspektive des abhängigen Verbündeten auf die jeweilige Hegemonialmacht vermag dem von dieser verbreiteten und andererseits auch sogar gelegentlich akzeptierten Bild von Demokratie in der Neuzeit wie in der Antike einige wie mir scheint nicht unwesentliche Korrekturen hinzuzufügen. So brachte mich der Blick aus der Sicht des Attisch-Delischen Seebundes auf die athenische Demokratie und ihre Selbstdarstellung im Panathenäenfries des Parthenons auf den Vergleich

---

[23] Unveröffentlichtes Vortragsmanuskript des Verf.

[24] Himmelmann, a.a.O.

[25] A. Wittenburg, Griechische Baukommissionen des 5. und 4. Jhd. (Diss. 1978).

[26] H. Protzmann (Diss. Berol. 3, 1967).

mit dem anderen Imperium der Zeit, dem Achämenidenreich[27]. Athen und seine Kultur kann nämlich als Demokratie nicht nur von innen, sondern muß auch von außen gesehen als Hegemonialmacht über zeitweilig bis zu 265 abhängige Orte verstanden werden; denn „selbst d. Athenian Empire soweit es nicht Attica betraf, sondern die subject cities und islands was clearly a tax-taking empire wie die Asiatischen"[28]. Kulturelle Kontakte zwischen beiden Imperien sind vielfältig und bekannt. Auch die Griechen haben von den Persern gelernt, und Marathon ist nur ein Aspekt in ihren beiderseitigen Beziehungen. Im Panathenäenfries scheint mir das athenische Imperium sich die Selbstdarstellung der Achämeniden im Audienzfries von Persepolis bewußt zum Vorbild zu nehmen. Dieser schon früher gezogene Vergleich ist noch sinnvoller geworden, seit A. B. Tilia das Relief mit der Audienzszene als zentrales Bild der Festzüge an den Apadanatreppen in Persepolis einfügen konnte[29]: Wie sich am Hochfest des Reiches der Zug der gabenbringenden unterworfenen Völker, der Garden und des Adels dem Großkönig nähert, so zeigt das demokratische Pendant am Fest der Göttin, dem Stichtag für die Tribute der Bündner, im Zug der Bürger auch die gabenbringenden Metöken, die zum Stieropfer verpflichteten Bündner und unter den (adligen?) Reitern auch die an ihrer Tracht als Thraker erkennbaren Hilfstruppen Athens. Die Kenntnis vom nur scheinbar weitentfernten Bildprogramm in Persepolis kann sowohl über die zahlreich dort lebenden Griechen, wie über persische Flüchtlinge in Athen oder – am sinnvollsten vielleicht – über die ebenfalls nachgewiesenen häufigen Gesandtschaften nach Athen gelangt sein. Die Synthese dorischer und ionischer Stilelemente in der Architektur des Parthenons entspricht dieser Interpretation des Tempels als Monument athenischer Hegemonie im Seebund: seine über attische Traditionen hinausgreifenden Formen unterstreichen die panhellenischen Ansprüche Athens.

An vier Problemen, die sich auf Bautypen, Stilformen, Wirkungsweisen und Ikonologie der klassischen Architektur beziehen, sollte hier versucht werden, die Kunst der Klassik als absichtsvoll paradeigmatische nach Maßgabe zeitgenössischer Quellen auf ihre historischen, d.h. politisch-ideologischen Bedingungen und Absichten hin zu befragen, ehe sie auf eine normative Ebene entrückt nur noch ästhetischer Wertung zugänglich wird. Diese Entwicklung begann schon in der Antike und erhielt für die Neuzeit in der hegelschen Formulierung von der klassischen

---

[27] Unveröffentlichtes Vortragsmanuskript des Verf.

[28] K. Marx, The Ethnological Notebooks, hrsg. v. L. Krader (1972). S. 334 = Exzerpt aus H. S. Mayne, Lectures on the Early History of Institutions (³1880). S. 384.

[29] A. B. Tilia, Studies and Restorations at Persepolis and other Sites of Fars (1972).

Schönheit als dem „sich Bedeutenden und damit auch sich selber Deu-tenden"[30] seine klassizistische, aber unhistorische Absegnung. Die Klas-sik ist zu wichtig, als daß man sie den Klassizisten überlassen dürfte.

---

[30] G. W. F. Hegel, Ästhetik (1965), I. S. 413 (= 1835, 2. Teil, 2. Abschn., Einleitung).

Zur Geschichte Apuliens im Altertum

Apulien, der entlegenste Teil Italiens, hat oder hatte einmal für deutsche Ohren einen begeisternden Namen: als „chint von Pulle", als „puer Apuliae" wurde im Sommer des Jahres 1212 Friedrich II. bei seinem Einzug in Deutschland gefeiert. Dem jugendlichen Kaiser aus dem fremden Land des Südens galten hier die Hoffnungen und Erwartungen der Menschen[1]. Apulien, das ist aber auch das Land der jahrhundertealten Arbeitsemigration, Teil jenes Mezzogiorno, den G. Galassi als „das andere Europa" beschreibt[2]. Dessen Andersartigkeit apostrophierte Carlo Levi mit seinem Buchtitel „Christus kam nur bis Eboli"[3]. Noch weit jenseits davon liegt Apulien, das Land der Trulli, die Hans Soeder als eine der „Urformen der abendländischen Baukunst" beschrieb[4]. Kontinuität oder Rückständigkeit einer Landschaft, die im Altertum wie im Mittelalter gelegentliche Blütezeiten kultureller und ökonomischer Entfaltung gekannt hatte, und die heute über die Ströme seiner arbeitsuchenden Bevölkerung und der Kapitalerträge aus seinen modernen chemischen Industrieanlagen mit dem Norden verbunden ist. Eine Landschaft, in der im Altertum wie in der Neuzeit Phasen kultureller Eigenständigkeit und schöpferischen Austausches mit Nachbarkulturen abgelöst wurden von bedingungsloser Nivellierung unter den Einheitszivilisationen übergeordneter politischer Mächte.

Die in dieser Ausstellung zusammengetragenen Objekte entstammen jener weit zurückliegenden Epoche apulischer Identität, der die Eroberung durch die Römer ein Ende bereitete. Mit ihnen breitet sich die gelangweilte Arroganz der Villenkultur und der Sadismus der Amphitheater aus, die sich in und um Canosa genauso finden lassen wie im römischen Nordafrika oder in Gallien – von der Verarmung und Entwürdigung seiner Bevölkerung ganz zu schweigen –, ohne allerdings zu übergehen, daß unter den mehr als 6.000 Gekreuzigten, mit denen die Römer an der Straße nach Brundisium/Brindisi ihren Sieg über Spartakus dokumentierten und ihren Anspruch auf Apulien dauerhaft besiegelten, nicht nur Sklaven waren, denn dieser Aufstand der

---

[1] Kantorowicz, E.: Kaiser Friedrich der Zweite. Düsseldorf – München 1964 (1927). S. 59f.

[2] Galassi, G.: L'altra Europa. Mailand 1982.

[3] Levi, C.: Christo si e fermato a Eboli. Turin 1947. Vgl. C. Ginzburg in Die Gleichzeitigkeit des Ungleichzeitigen. Fünf Studien zur Geschichte Italiens, hrsg. v. R. Romani u.a. Frankfurt 1980. S. 279ff.

[4] Soeder, H.: Urformen der abendländischen Baukunst. Köln 1964.

Jahre 74-71 v.Chr. war auch von den einheimischen Unterschichten getragen worden.

Die Beschäftigung mit Kultur und Eigenart der Völker Apuliens beginnt naturgemäß schon im Altertum: Hekataios und Herodot als die Väter der Geschichtsschreibung sind auch hier zu nennen. Von etwa zwei Dutzend weiteren griechisch schreibenden Autoren und einigen Lateinern, die sich ganz speziell der Erforschung Unteritaliens widmeten, sind es besonders drei Sizilianer des 5. und 4. Jhds. v.Chr. – Antiochos und Philistos von Syrakus sowie Timaios von Tauromenion/Taormina –, auf die sich uns heute noch zur Verfügung stehende spätere Autoren der Antike wie Strabon, Diodor, Athenaios oder Polybios bei ihren Beschreibungen Apuliens stützen[5]. Das bei ihnen und in einigen älteren Texten wie der Erdbeschreibung des Hekataios und der Mythologie des Lykophron gesammelte Material hat in der Neuzeit als erster der Arzt und Humanist Antonio de Ferraris (1454-1517) in seinem posthum erschienenen Liber de situ Iapygiae[6] bearbeitet. Er ist einer der vielen Historiker des Humanismus, die sich mit den neuen kritischen Formen von Wissenschaftlichkeit der Lokalgeschichte zuwenden, um Eigenart und Besonderheit ihrer jeweiligen Heimat in einem durchaus politisch gemeinten Sinne zu betonen. Aus unserem Jahrhundert sind als epochemachende Forschungen die Arbeiten von M. Mayer[7] zu nennen und natürlich die besonders nach dem letzten Weltkrieg sich immer erfolgreicher engagierende archäologische Feldforschung, deren faszinierende Ergebnisse in den einschlägigen regionalen und internationalen Zeitschriften und in den Akten der jährlichen „Convegni di Studi sulla Magna Grecia" zu Tarent publiziert werden[8]. Eine vorläufige Bilanz dieser Forschungen ist in das siebenbändige Sammelwerk „Popoli e civiltá dell'Italia antica" (Rom 1974-78) eingearbeitet.

Nach dem derzeitigen Stand der Forschung beginnt die Geschichte des Menschen auf dem Boden Apuliens mit den jungpaläolithischen Funden an der Küste bei Monopoli, in der Grotta Romanelli bei Diso (Lecce) und mit den Malereien der Grotta Paglicci bei Rignano Garganico etwa um 10.000 v.Chr.[9] Auffällig früh wird Apulien von der in den letzten Jahrhunderten immer weiter zurückdatierten Neolithisierungswelle des Mittelmeerraumes

---

[5] Jacoby, F.: Die Fragmente der griechischen Historiker. Leiden 1955. Nr. 554-577.

[6] Gedruckt in Basel 1558 bei P. Perna unter dem Titel „Antoni Galatei Liciensis philosophi et medici doctissimi qui aetate magni Pontani vixit Liber de situ Iapygiae".

[7] Mayer, M.: Apulien vor und während der Hellenisierung. Leipzig – Berlin 1914.

[8] Bis 1982 sind 21 Bände der Atti del Convegni di Studi sulla Magna Grecia erschienen.

[9] Müller-Karpe, H.: Handbuch der Vorgeschichte I. München 1966. S. 326f., Nr. 288, 297, 298, Taf. 237f.

berührt. Als das früheste C-14 Datum wird für einen Fundplatz in der Nähe von Manfredonia 6200 v.Chr. genannt[10]. Damals also sind Ackerbau treibende Gruppen mit festen Wohnplätzen – in den Boden eingetieften Rundhütten der Molfetta-Kultur – nachweisbar. Aus dem Mittleren Neolithikum ist aus der Umgebung von Foggia sogar eine größere geschlossene Siedlung bekannt: etwa hundert Hütten wurden in einer Anlage von ungefähr 500 x 800 m Ausdehnung gefunden. Ein dreifacher Graben faßte den Komplex ein[11]. Die Keramik der jungsteinzeitlichen Fundplätze – Serra d'Alto etwa – zeigt mäanderartige Muster, ist teilweise mehrfarbig und in der Bildung der Gefäßhenkel sehr phantasievoll[12]. Weiter im Norden, in Ripoli in den Abruzzen, begegnen auf dieser frühen Stufe figürliche Gefäß-Attaschen[13], die die Ahnen jener hellenistischen Figuren zu sein scheinen, die als plastischer Gefäßschmuck die canosiner Urnen[14] klassizistischem Verständnis so schwer zugänglich machen.

Auffallend geformte, geradezu barocke Gefäßhenkel charakterisieren auch die Keramik der folgenden Epochen, der Kupfer- und der Bronzezeit[15]. Gerade für diese Merkmale gibt es, was für die Frage nach eventuellen ethnischen Verwandtschaftsbezügen von Bedeutung sein könnte, Parallelen in den auf der anderen Küste des Adriatischen Meeres liegenden Balkangebieten[16]. Handfestere Beweise für diese beide Ufer der Adria übergreifende Verwandtschaft stammen zwar erst aus späteren Epochen[17], doch sind auch diese frühen Hinweise möglicherweise nicht ohne Interesse. Als neue Bauformen sind in der Bronzezeit jedoch auch bienenkorbartige Gewölbe[18] nachweisbar, die die Frühformen der Trulli der Gegenwart bilden. Ob diese Gewölbetechnik unter ägäischem Einfluß entstanden ist oder eher der westmediterranen Kulturgemeinschaft mit entsprechenden Beispielen von den

---

[10] J. Guilaine in Antiquity 53 (1979). S. 25 (Chronologie). Narr, K. J.: Handbuch der Urgeschichte II. Bern – München 1975. S. 266ff. Vgl. auch Cassano, S. M. Manfredini, A.: Studi sul neolitico del Tavoliere della Puglia (= Brit. Archaeol. Reports 1983).

[11] Narr, a.a.O., S. 269. Müller-Karpe, a.a.O. II (1968), S. 236.

[12] Narr, a.a.O., S. 272. Müller-Karpe, a.a.O. II (1968), Taf. 259 A und E.

[13] Ebd., Taf. 258 A 1-5.

[14] Siehe Stähler, K.: Graecodaunische (canosinische) polychrome Keramik und Tonplastik, in: Stähler, K. (Hrsg.): Apulien. Kulturberührungen in griechischer Zeit. Münster 1985. S. 102ff.

[15] Müller-Karpe, a.a.O. III (1974), Taf. 432 (Laterza); ders. IV (1980), Taf. 271 E 9-15 (Leporano).

[16] J. de la Genière in Italy before the Romans, hrsg. v. D. und F. R. Ridgway. London – New York 1979. S. 59ff., bes. S. 71.

[17] Siehe unten Anm. 19ff.

[18] Müller-Karpe, a.a.O. III, S. 178, Taf. 431 A.

Balearen, Sardinien oder der iberischen Halbinsel zuzurechnen ist, ist schwer bestimmbar. Immerhin gibt es seit mittelhelladischer Zeit[19] ägäischen Keramikimport in Apulien und damit Beziehungen, die sich am Ende der Bronzezeit intensivieren und neben mykenischen auch minoische Stücke umfassen. Die Zahl der entsprechenden Fundplätze hat sich übrigens zwischen dem ersten zusammenfassenden Bericht (1967) und der jüngsten Übersicht (1982) von 9 auf 18 verdoppelt[20]. In der Hauptsache gehören sie in die Spätphase der mykenischen Expansion (1300-1100 v.Chr.) und sind historisch insofern von Bedeutung, als sie die mythologische Überlieferung von einer Anwesenheit der Griechen im Adriagebiet zumindest archäologisch denkbar erscheinen lassen. Das gilt sowohl für den Zug des Diomedes nach der Zerstörung Trojas als auch für die antike Behauptung vom kretischen Ursprung der Messapier, einem der Völker Apuliens. Was auch immer der Anlaß für die Ausformung dieser Berichte gewesen sein mag, durch die mykenischminoischen Funde an der apulischen Küste erhalten sie eine gewisse Plausibilität.

Welche Namen die apulischen Völker der Bronzezeit trugen, bleibt einstweilen unbestimmt. Vielleicht gehören die Oinotrer, die Antiochos von Syrakus als die ältesten Bewohner des Landes nennt, in diese Zeit, und vielleicht führt auch der Name Japyger als ein Sammelbegriff für viele Völker und Stämme, weiter zurück. Doch sind das nur Hypothesen. Deutlicher faßbar wird für uns die einheimische Bevölkerung der Eisenzeit in der Epoche der griechischen Kolonisation[21], also seit dem 8. Jhd. v.Chr. Denn jetzt gibt es neben den einheimischen stummen archäologischen Zeugen auch die erhaltenen Texte der griechischen Einwanderer, deren Voreingenommenheit und kolonialistische Sehweise ja nicht betont zu werden braucht. Da andererseits die einheimische Bevölkerung vor dem Kontakt mit den Griechen keine Schrift benutzt hat, muß man sich notgedrungen auf die fremden griechischen Autoren stützen. Bei Strabon etwa findet sich eine längere Beschreibung[22], die teils auf ältere Quellen aus dem 5. und 4. Jhd. v.Chr. zurückgeht. Danach bestand das zu seiner Zeit so genannte Apulien aus den Landschaften Daunien und Peuketien mit fließenden Grenzen und gemeinsamer Sprache, von der die der Messapier zu trennen sei. Messapien umfasse den Absatz des italienischen Stiefels, man nenne es auch Kalabria, Iapygia oder Salentino, womit offenbar andere dort wohnende – historische oder mit Strabon zeitgenössische Gruppen gemeint sind. Nördlich daran schließen sich

---

[19] I Micenei in Italia. Katalog Tarent 1967. S. 7, Taf. 3.

[20] Ebd.„ S. 17f. Magna Grecia, Rassegna di Archeologia 18 (1983). Nr. 1-2 (= Bericht über den 22. Convegno di Studi a Taranto 1982). Magna Grecia e mondo miceneo: nuovi documenti. Katalog Tarent 1983.

[21] Dunbabin, T. J.: The Western Greeks. Oxford 1948.

[22] Strabon VI 3, 1-11 (277-285).

die Peuketier an, auf sie folgen weiter nach Norden bis zum Monte Gargano die Daunier. Seit M. Mayers Forschungen hat die Archäologie sich angewöhnt, diesen drei Völkern unterschiedliche Keramikstile zuzuweisen. Diese Stile sind bekanntlich, wie das Ausstellungsmaterial zu zeigen vermag, nicht nur voneinander gut zu unterscheiden, sondern heben sich auch von den Erzeugnissen ab, die auf dem Gebiet der einheimischen Nachbarn Apuliens, der samnitischen und lukanischen Völker, gefunden werden. Die Variationsbreite dieser lokalen Sonderstile ist eines der Charakteristika der altitalischen handwerklichen Produktion. Selten finden sich einzelne Importstücke fremder Herkunft. Für die Ausdehnung der daunischen Beziehungen bemerkenswert sind jedoch gelegentliche Funde daunischer Keramik – und teilweise auch ihrer lokalen Nachahmungen – in den benachbarten Landschaften Süditaliens, so in Kampanien und in der Basilikata – stets als Einzelobjekte im Kontext lokaler Erzeugnisse als Grabbeigaben gefunden[23]. Diese Objekte mögen – sicher auch wegen ihres geschätzten Inhalts[24] – im Geschenkverkehr, im Tauschhandel, wie er etwa durch die periodischen, überregionalen Markttage ermöglicht wurde, die man aus der Spätantike in diesem Teil Italiens kennt[25], oder auch im kriegerischen Zusammenhang transportiert worden sein. Für letzteres gibt beispielsweise der Einsatz daunischer Söldner auf seiten der Etrusker im Jahre 524 v.Chr. gegen die älteste griechische Kolonie Kyme bei Neapel – vor 750 v.Chr. gegründet – einen Anhaltspunkt[26]. Die daunische Tenda-Keramik ist gegenüber der altertümlichen Impasto-Ware, in deren Kontext sie jeweils bei den Nachbarn gefunden wurde, deutlich technisch und künstlerisch überlegen. In größeren Nekropolen findet sie sich in einzelnen Gräbern, deren Ausstattung reicher ist als die der übrigen. Man hat daher auf soziale Differenzierung der entsprechenden Bevölkerungsgruppen geschlossen[27]. Diese Differenzierung wird übrigens auch in den Nekropolen des gesamten Süditalien deutlich. Hier sind besonders orientalische Importe zu nennen, aus deren Erscheinen und Funktion B. d'Agostino die Akkulturation der Eliten[28] der jeweiligen Gesellschaften erschlossen hat. Präkoloniale Kontakte mit den Griechen, Handelsbeziehungen mit der Levante oder Söldnerdienste in Ägypten[29] etwa gaben einzelnen Italikern die

---

[23] J. de la Genière (oben Anm. 16). S. 72, Abb. 3 und 4. Allgemein: Jullis, E. M. de: La ceramica geometrica della Daunia. Florenz 1977.

[24] B. d'Agostino in Mon. Ant. 50 (1977). S. 56f.

[25] Cassiodor, Var. VIII 33 – nach J. Heurgon in Atti 11° Convegno 1972. S. 57.

[26] Dion. Halik. VII 3, 1.

[27] J. de la Genière (oben Anm. 16). S. 74f.

[28] B. d'Agostino in Ann. ESC 32 (1977). S. 3ff.

[29] Vgl. F. W. von Bissing in Sb. Bayr. Akad. Wiss. 1941. Nr. 7. M. Pallotino in Rendic. Acc. Naz. Linc. 6 (1951). S. 580ff. Hölbl, G.: Beziehungen der ägyptischen Kultur zu Altitalien. Leiden 1979.

Möglichkeit, fremde, zivilisatorisch teilweise überlegene Kulturen kennen-
zulernen und durch den Erwerb von Luxusgütern dieser bewunderten Kulturen sich von dem niedrigeren Standard der eigenen Landsleute demonstrativ
abzusetzen. Insofern bringen die fremden Einflüsse nicht nur Kulturkuriosa
mit, sondern dokumentieren bzw. befördern die Klassenspaltung der bis
dahin nach Ausweis der Grabbeigaben ökonomisch relativ homogenen
Gruppen – vergleichbar in ihrer sozialen Bedeutung etwa dem Auftreten von
römischem Tafelsilber in germanischen Adelsgräbern[30].

Die Frage, wer denn diese einheimischen Völker sind, deren Oberschichten so offensichtlich an griechischen und orientalischen Luxusgütern Interesse zeigen und die über Mythologien und Genealogien mit den Griechen in
Verbindung zu stehen behaupten, hat natürlich schon die antiken Beobachter
beschäftigt. Seit Hekataios gibt es unter ihnen immer wieder Stimmen, die
die Verwandtschaft zu den Völkern der gegenüberliegenden Balkan-Land-
schaften – besonders den Illyrern – betonen und zum Beweis gelegentlich
namenkundliche Parallelen anführen[31]. Die Archäologie hat die darauf
aufbauenden sprachwissenschaftlichen Überlegungen mit manchen bronze-
und eisenzeitlichen Parallelen zwischen italischen und balkanischen Kulturen unterstützen können[32]. Ich möchte diese Verwandtschaften der alten
Völker auf beiden Ufern der Adria mit einigen etymologischen Beispielen
illustrieren:

Das dalmatische Cavtat = Ragusa Vecchia hieß in der Antike bekanntlich
Epidauros. Dieser so genuin griechisch klingende Name scheint mir aber
nicht primär zu sein. Griechische Kolonisation oder bedeutendere griechische Importe – von Münzen abgesehen – sind bisher im dalmatischen Epidauros nicht nachweisbar. Es scheint daher sinnvoll, nach einem einheimischen Namen zu suchen, den gelehrte oder volkstümliche Tradition hellenisierte. Als solcher bietet sich der Name des illyrischen Gottes Medauros[33]
an, der auch Züge des griechischen Asklepios trägt und dessen Name in der
Schreibung Metauros im unteritalischen Medma einen Flußgott[34] bezeichnet.
Die Namensform Bedaures läßt sich einer Inschrift von Thasos entnehmen.

---

[30] B. Krüger in Beitr. zur Entstehung des Staates, hrsg. v. J. Herrmann – I. Sellnow.
Berlin 1973. S. 158ff., bes. S. 160, Anm. 1. H. Vierck in Les pays du nord et
Byzance, hrsg. v. R. Zeitler. Uppsala 1981. S. 81.

[31] Vgl. Kl. Pauly, sv. Illyr. Sprache (G.Neumann).

[32] Literatur bei Bailo Modesti, G.: Cairano nell' eta arcaica. Neapel 1980. S. 204
mit Anm. 3.

[33] Zu Epidaurus: Kl. Pauly, sv. Epidaurum (J. Szilágyi). Dilkes, J. J.: Dalmatia.
London 1969. Carter, F. W.: Dubrovnik (Ragusa). A classic city-state. London –
New York 1972. Zu Medauros: Kl. Pauly, sv. Illyricum. Sp. 1368 (J. Szilágyi).
Wörterbuch der Mythologie, hrsg. v. H. W. Haussig. Stuttgart 1973, II. S. 458 (K.-
H. Schroeder).

[34] Gianelli, G.: Culti e miti della Magna Grecia. Florenz 1963. S. 217 und 272.

B und M sind bekanntlich nah verwandte Laute und in bestimmten sprachgeschichtlichen Entwicklungen voneinander ableitbar, so wie die balkanische
Gottheit Bendis auch Mendis heißt[35].

Die „vermutlich illyrische" Wurzel mend- bedeutet Pferd. Davon leitet
sich der Name des messapischen Gottes Menzanas = Herr der Pferde ab,
dem die Sallentiner Pferdeopfer darbrachten[36]. Möglicherweise haben wir
damit den Namen jener Gottheit, die in der nördlich an Apulien anschließenden Landschaft Picenum als Krieger zwischen zwei Pferden dargestellt
wird[37].

Strabon wußte, daß der Name der Stadt Brindisi/Brentesion das messapi-
sche Wort für Hirsch enthält[38]. Entsprechende Ortsnamen gibt es auch auf
dem Balkan[39]. Analog dazu möchte ich vorschlagen, in dem von H. Krahe
als illyrisch erkannten Ortsnamen Tarent – er vergleicht auch Tharand in
Sachsen – das Wort für Elch zu erkennen, der den Griechen seit Aristoteles
als tárandos bekannt ist[40]. Der Hirsch (oder verwandte Tiere) spielt in Land-
nahme-Sagen eine Rolle. Im kalabrischen Kaulonia ist er auf Münzen im
Zusammenhang mit Apollo dargestellt[41].

Tarent (griech. Taras, Genitiv: Tarantos) ist die einzig bedeutende der
wenigen griechischen Kolonien auf dem Boden Apuliens[42]. 706 v.Chr.
wurde sie von Spartanern gegründet, die als eine Gruppe vom Typus des aus
Italien bekannten „ver sacrum"[43] unter der Führung des Phalantos ihre Heimat verlassen mußten, weil ihre Väter aus kriegsbedingten Gründen unbekannter, respektive helotischer Herkunft waren: die Spartiaten hatten im
Krieg mit den Messeniern ihre Frauen zu lange allein gelassen. Auseinandersetzungen mit der einheimischen Bevölkerung hat es im Kolonialgebiet der

---

[35] IG XII, 8, 279 = Detschew, D.: Die thrakischen Sprachreste. Wien 1957. S. 46.
Bendis = Mendis = ebd., S. 50f. und S. 294.

[36] Festus s. October equus ... et Sallentini, apud quos Menzanae Iovi dicatus vivos
conicitur in ignem. Krahe, H.: Sprache und Vorzeit. Heidelberg 1954. S. 73 und S.
106. Radke, G.: Die Götter Altitaliens. Münster 1965. S. 212f. Vgl. auch die antiken
apulischen Ortsnamen Mandonia und Bandusia.

[37] Popoli e civiltá dell'Italia antica 5. Rom 1976. S. 167, Taf. 131. Prima Italia =
Ausstellungskatalog. Brüssel 1980, Nr. 10.

[38] Strabon VI 3, 6 (282). Krahe, a.a.O., S. 104 und S. 116.

[39] Detschew, a.a.O., S. 86: Brendice.

[40] Krahe, a.a.O., S. 104. Aristoteles, Mirabilia 832 b 8.

[41] K. Meuli, Kl. Schriften II. S. 769ff. Vgl. G. Moravcsik in Festschrift F. Altheim.
Berlin 1970, II. S. 114ff. Gianelli, a.a.O., S. 180ff. Alföldi, A.: Die Struktur des
voretruskischen Römerstaates. Heidelberg 1974. S. 155.

[42] Kl.Pauly, sv. Tarentum (K.-D. Fabian). E. Greco in AION 3 (1981). S. 139ff.
Greco, E. – Torelli, M.: Storia dell urbanistica. Il mondo greco, Rom – Bari 1983. S.
177ff.

[43] Altheim, F.: Italien und Rom 2. S. 194ff. RE, sv. ver sacrum (W. Eisenhut).

Megale Hellas = Großgriechenlands[44], wie man seit dem 4. Jhd. v.Chr. Unteritalien und Sizilien nannte, immer wieder gegeben, aber kaum eine der griechischen Städte ist in so viele Konflikte mit den Italikern verwickelt wie Tarent, die nordöstlichste und abgelegenste von ihnen. Nach dem Sieg der Italiker über Siris (um 530) und dem Ende von Sybaris (um 510) kann Tarent sich zwar weiter entfalten, aber Kämpfe mit Messapiern, Peuketiern und Iapygern dauern an. Zwei tarentinische Siege rühmten Denkmäler in Delphi, das eine waren Statuen kriegsgefangener Messapierinnen[45], das andere eine freiplastische Gruppe[46]: zwischen Reitern und Fußsoldaten die Gründungsheroen Taras und Phalantos auf der Leiche des Iapygerkönigs Opis stehend – ein Motiv, das gelegentlich in der orientalischen Machtkunst begegnet und wegen seiner Grausamkeit als typisch barbarisch angesehen zu werden pflegt. Gegen die Iapyger muß das während der Perserkriege in Tarent herrschende Königtum 473 eine Niederlage hinnehmen, deren innenpolitische Folge wegen der hohen Kriegsverluste des Adels die Errichtung der Demokratie ist[47].

In innergriechische Auseinandersetzungen wird Tarent ebensooft hineingezogen, wie es sich fremder Anstürme zu erwehren hat, andererseits befindet sich die Stadt nach 346 v.Chr. in einem Bündnis mit Dauniern und Peuketiern gegen Lukanier, Bruttier und Messapier. Noch am Ende des 4. Jhds. v.Chr. muß sie sich gegen eine römische Vertragsverletzung verteidigen. Zwei Jahrzehnte später greift sie ihrerseits römische Truppen in Thurii an, geht ein Schutzbündnis mit Pyrrhos ein, um schließlich nach dessen Sieg und Tod 272 unter römische Gewalt zu geraten. Im zweiten punischen Krieg geht Tarent auf die Seite Hannibals über und wird vom siegreichen Rom mit dem Verlust der Autonomie bestraft. Seine griechische Sprache und Kultur bewahrte es noch bis in den Ausgang der römischen Republik[48].

Die militärischen Auseinandersetzungen sind wie stets nur die eine Seite der Beziehungen zu den Nachbarn: auf friedlichen Austausch läßt nicht zuletzt die Verbreitung griechischer Kunstwerke im Hinterland schließen. Wie sich der Verkehr der Einheimischen mit den Griechen der Küstenstädte im Einzelfalle gestaltete, ist allerdings schwer zu sagen. Epochen und Räume eines gleichberechtigten Nebeneinanders wechselten ab mit griechischen Versuchen, die bäuerliche Wirtschaftskraft der einheimischen Bevölkerung in die Abhängigkeit ihrer eigenen städtischen Oberschichten zu bringen.

---

[44] Timaios (= 566 FGH 13). R. Cantarella in Atti 7° Convegno 1968. S. 11ff. E. Manni in Klearchos 11 (1969). S. 5ff.

[45] Pausanias X 10, 6; H. J. Schalles in AA 1981. S. 65ff.

[46] Pausanias X 13, 10.

[47] Herodot 7, 170. Aristoteles, Pol. V, 1303 a 4.

[48] Strabon VI 1, 2 (253).

Interessanter als vorschnelle Verallgemeinerungen sind daher wegen des notorischen Quellenmangels die strukturierenden Fragestellungen, mit denen S. C. Humphreys das Zusammenleben von Griechen und Einheimischen als Problem zu erfassen sucht[49]. Dabei spielt die Kategorie der kulturellen Identität und ihrer Öffnung bzw. Abschließung gegenüber fremden Einflüssen eine nicht unwesentliche Rolle. In diesem Zusammenhang ist es besonders auffallend, daß die Italiker wie andere Nichtgriechen übrigens auch zwar archaische oder hellenistische Kunstelemente relativ leicht rezipieren, die athenische Klassik aber kaum als Vorbild oder Anregung benutzen – gleichsam einen Hiatus in der Hellenisierung hinterlassend. Wie wenig begründetes Wissen uns zur Verfügung steht, zeigt beispielsweise ihre nur scheinbar simple Frage, wieso zwar die Hellenisierung der einheimischen Kulturen so offensichtlich ist, die „Barbarisierung" der Griechenstädte dazu aber in keinem Verhältnis steht. Mit dem Hinweis auf gewisse kulturelle Überlegenheiten ist es dabei nicht getan, denn zeitgenössische griechische Beobachter meinen immerhin beklagen zu müssen, daß etwa Poseidonia/Paestum sich barbarisiert habe[50]. Worin drückte sich das aus? In der Übernahme fremder Sitten? Durch wen? Oder im schlichten Zahlenverhältnis zwischen griechischen und einheimischen Bewohnern der Stadt? Aus griechischer Sicht sah es möglicherweise ganz anders aus als aus lukanischer. Und wie empfand ein Messapier etwa den Einfluß samnitischer, keltischer oder römischer Kultur und Politik, die mit den jeweiligen Eroberern im 4. Jhd. v.Chr. Apulien berührten? Sind die Unterschiede zu den oft von Adelsgruppen beherrschten Bürgergemeinden der Griechen von den Einheimischen als gravierend empfunden worden, oder sahen sie eher Ähnlichkeiten zur Stellung ihres eigenen Adels? Nach der Interpretation der unterschiedlich reichen Grabbeigaben muß es ihn bei ihnen gegeben haben – neben den Königen, von denen die schriftlichen Quellen wiederholt berichten[51].

Das Leben in den jeweiligen Städten – denn die gab es bei ihnen auch, wie etwa Strabon noch weiß und wie sie etwa die Mauerreste von Manduria oder Canosa bezeugen – wird sicher einen anderen Rahmen gehabt haben: Tempel, Theater und andere öffentliche Bauten waren in den griechischen Städten prächtiger als in den großen Siedlungen des Hinterlandes. Dafür überrascht andererseits der Reichtum mancher einheimischer Gräber, die neben lokaler Keramik ausgesprochen prächtige und mannigfaltige griechische Vasen hervorragender Qualität umfassen, wie etwa die Gräber aus der Umgebung von Ruvo. Neben mehr oder minder vordergründigem Interesse

---

[49] S. Humphreys in Atti 12° Convegno 1973. S. 71ff.

[50] Aristoxenos frg. 124 Wehrli. A. Fraschetti in AION 3 (1981). S. 97ff.

[51] Vgl. Pausanias X 13, 10. Porphyrios, v. Pyth. 19 = Dikaiarchos frg. 33 Wehrli. Strabon VI 1, 3 (254).

an der ostentativen Übernahme griechischer Luxusprodukte sind aber auch
ganz offensichtlich religiöse Einflüsse griechischer Konzepte auf die einheimische Vorstellungswelt zu vermerken. Aus der Ikonographie der Grabvasen mit ihren reichen Bezügen zu verschiedenen griechischen Mysterien-
kulten ist das ebenso ersichtlich wie aus literarischen Zeugnissen über die
Verbreitung pythagoreischer Philosophie und Ethik. Dabei werden bemerkenswerterweise namentlich oder als Gruppe nur Adlige oder Herrscherper-
sonen als Anhänger der Pythagoreer genannt[52]. Man wüßte gern genauer,
was gemeint ist, wenn es etwa heißt, daß bei Bruttiern und Samniten „griechische Sitte – mos graecus" verbreitet sei[53]. Welche Schichten der Bevölkerung umfaßte diese Gräzisierung, und in welchen Formen äußerte sie sich?
Wer waren andererseits diejenigen, die ihre einheimische Sprache noch bis
weit in die Römerzeit bewahren konnten[54]? Und warum wiederum sprach
der römische Dichter Ennius (239-169 v.Chr.) aus dem messapischen Rudiae
nicht messapisch, sondern samnitisch als Muttersprache, ehe er die griechische Sprache lehrte und in lateinischer Sprache dichtete?

Das Griechische wiederum ist durch das Lateinische bzw. Italienische,
von einer vorübergehenden kurzen Byzantinisierungsphase im Mittelalter
einmal abgesehen, schon früh in den Städten verdrängt worden, griechische
Sprachinseln gibt es aber auch heute noch gerade in abgelegenen Dörfern
des apulischen Salentino und des kalabrischen Berglandes und bemerkenswerterweise in Dialektformen, die, wie noch jüngst bestätigt wurde, auf das
Griechisch der Kolonisationszeit zurückgehen[55]. Daß es sich dabei um Rück-
zugsgebiete handelt, ist offensichtlich. Bemerkenswert erscheint mir aber
das Phänomen des Wandels; die in der Antike nicht-griechische Landbevölkerung hat in der späteren Entwicklung die Sprache der Städter der Antike
angenommen – und beibehalten!

Die Form des Fragens wurde hier gewählt, um auf dem gegebenen engen
Raum den Blick für ein umfassenderes Problembewußtsein für das Nebeneinander der Kulturen zu entwickeln. Die Behandlung des Materials und der
entsprechenden Fragestellungen hat besonders in den mehrfach zitierten
Akten der Tarentiner Magna Grecia-Kongresse ihren Niederschlag gefunden.

---

[52]   A. Mele in AION 3 (1981), S. 62 und S. 64.

[53]   Iustinus 20, 6, 14.

[54]   Zu den italischen Sprachen: Parlangeli, O. – Santoro, C.: Popoli e civiltá
dell'Italia Antica. Rom 1978, VI. S. 918ff. C. de Simone in Die Sprachen im
Römischen Reich der Kaiserzeit, hrsg. v. G. Neumann = Bonner Jahrb. Beiheft 40
(1980). S. 65ff. Der Neufund einer messapischen Inschrift aus einer Grotte bei
Policoro von 1982 wird von C. de Simone/Tübingen bearbeitet.

[55]   Rohlfs, G.: Lexicon Graecanicum Italiae Inferioris. Tübingen 1964. F. Mosino in
Klearchos 18 (1976). S. 121ff. Atti 17° Convegno 1978. S. 289f.

Die griechischen Zeitgenossen haben die einzelnen Phasen der Geschichte des Kolonisationsgebietes, der Megale Hellas, je nach Standpunkt verschieden beurteilt: Auf das Mutterland übte der goldene Westen mit seinen – auf Kosten der Einheimischen – unbegrenzten Möglichkeiten eine bemerkenswerte Faszination aus, die E. W. Eschmann unter dem Titel „Im Amerika der Griechen" fesselnd dargestellt hat und die den Athener Themistokles veranlaßt haben mußte, seine Töchter Sybaris und Italia zu nennen[56]. Aus der Rückschau stellte der kosmopolitische Geograph Strabon in der Zeit des Augustus bedauernd das Ende jenes vielfältigen Nebeneinanders von jeweils besonderen Einzelkulturen fest: bis auf drei Städte – Tarent, Rhegion/ Reggio und Neapel – habe Unteritalien sein Griechentum verloren und die Unterschiede der einheimischen Völker in Sprache, Kleidung, Bewaffnung und Siedlungsform hätten sich in der Römerzeit verloren, da es das jeweils verbindende politische System für diese Völker nicht mehr gebe[57]. Im „Prokrustesbett der politischen Einheit" haben die Römer die Eigenart nicht nur der italischen, sondern der Völker des Mittelmeerraumes im Ganzen vernichtet, wie R. Rocker in seinen Untersuchungen über „Nationalismus und Kultur" einmal bemerkte[58]. Denn der Herrschaftsanspruch von Einheitsstaaten pflegt zur Durchsetzung seiner politischen und ökonomischen Ziele, um einen einheitlichen Wirtschaftsraum und dessen Regierbarkeit zu erreichen, die Einheit einer Nationalkultur zu erfinden und zu propagieren. So verhielt sich das Alte Ägypten bei seiner sogenannten Reichseinigung, so das Römische Imperium und so der moderne Industriestaat. Italien und besonders dessen Süden[59] haben diesen Entwicklungen in besonderem Maße Opfer bringen müssen. Von der Vielfalt, dem Nebeneinander und der gegenseitigen Durchdringung der Einzelkulturen der vorrömischen Antike vermag die Sammlung von Kunstwerken aus einer relativ engen, aber doch unerwartet komplexen Kulturlandschaft, wie das Apulien ist, beispielhaft einen Eindruck zu vermitteln.

Literatur-Nachtrag : Genière, I. de la: Entre Grecs et Non-Grecs en Italie du Sud et Sicile, in: Modes de contacts et processus de transformation dans le sociétés anciennes = Coll. de l'Ecole Française de Rome 67 (1983). S. 257-285; d'Andria, F.: Greci et indigeni in Iapigia, ebd., S. 287-297. Sowie weitere Aufsätze zu generellen Fragen von Kulturkontakten.

---

[56]   Eschmann, E. W.: Im Amerika der Griechen. Düsseldorf – Köln 1961. S. 12.

[57]   Strabon VI 1, 2 (254).

[58]   Rocker, R.: Nationalismus und Kultur. Korrigierte und ergänzte Neuausgabe des zuerst 1949 unter dem Titel „Die Entscheidung des Abendlandes erschienen Werkes, Münster 1999. S. 523.

[59]   Zum ehemaligen Reichtum Apuliens vgl. Strabon VI 3, 5 (281); 3, 9 (283); 3, 11(285).

Widerstand von Nomaden gegen
zentralistische Staaten im Altertum

Widerstand als Notwehr kann unerträgliche gewordene Unterdrückung auf verschiedene Weise zu beenden versuchen: durch gewaltsame oder friedliche Beseitigung des Unterdrückers oder durch Vermeidung des Zustandes der Unterdrückung, also auch dadurch, daß man weggeht, denn ohne Ausgebeutete kann auch der Ausbeuter nicht existieren. Die Frage ist allerdings jeweils, ob es offene Auswege gibt, die Alternativen zur Unterdrückung bieten können – naturgemäß nicht nur eine Frage objektiver politischer, ökonomischer, technischer oder geographischer Bedingungen, sondern in weit höherem Maße unter Umständen auch der subjektiven Einstellungen und Erwartungen.

In diesem Rahmen soll hier Nomadismus betrachtet werden. Er kann natürlich vielfältige Entstehungsgründe und Erscheinungsformen haben[1]. Als Alternative zur seßhaften ist die nomadische Lebensweise in der Geschichte wiederholt bewußt gewählt oder aufrechterhalten worden, so daß in bestimmten Fällen Nomadentum auch eine Art des Widerstandes gegen verschiedene Formen von ideologischem, politischem oder ökonomischem Druck werden konnte. Dabei ist der komplexe Begriff des Nomadismus für unsere Überlegungen relativ weit zu fassen, um durch die Beachtung auch scheinbar heterogener Phänomene erweiterte Möglichkeiten für eine vertiefende Analyse zu bekommen – und zwar sowohl für den Nomadismus als auch besonders für die Frage nach den Formen des Widerstandes.

Natürlich ist längst nicht jede Form von Nomadismus ein Akt des Widerstandes gegen die Fixierung in der Seßhaftigkeit, wie ja auch ebensowenig jeder Protest oder Widerstand nomadische Formen angenommen hat. Immerhin sind deutliche Anzeichen für bewußt gewählten Widerstand gegen die Aspirationen der jeweiligen Zentralgewalten bei den nomadisierenden Teilen der Gruppen vom Typus „Habiru" im Alten Orient des 2. Jahrtausends v. Chr. mehrfach beobachtet worden[2]. Wie diese Gruppen –

---

[1] Vajda, L.: Untersuchungen zur Geschichte der Hirtenkulturen. Wiesbaden 1968 (wichtig auch für theoretische Fragen). The nomadic alternative. Modes and models of interaction in African-Asian deserts and steppes, hrsg. v. W. Weißleder. Den Haag 1978. Khazanov, A. M.: Nomads and the outside world, trsl. by Crookend. Cambridge 1983.

[2] Luke, I. T.: Pastoralism and politics in the Mari-period. Diss. Michigan 1965. K.-H. Bernhardt in Die Rolle der Volksmassen in der Geschichte der vorkapitalistischen Gesellschaftsformationen, hrsg. v. J. Herrmann – I. Sellnow. Berlin (DDR) 1975. S. 65ff., bes. S. 66-69. Loretz, O.: Habiru-Hebräer. Eine sozio-lingui-

Stämme sind sie auch zu nennen, wenn man dabei berücksichtigt, daß sie als
solche nicht notwendig durch Verwandtschaftsbeziehungen zusammen-
gehalten werden – sich als Kollektive den bestehenden staatlichen Institutionen entziehen bzw. sich diesen widersetzen, so wählen – ebenfalls seit dem
2. Jahrtausend v. Chr. nachweisbar – auch Individuen durch ihre Flucht aus
jeweiligen Abhängigkeitsverhältnissen (Anachóresis) oft für mehr oder minder lange Zeit Formen des Nomadisierens[3]. Im folgenden geht es darum, die
dem kollektiven und individuellen Nomadisieren gemeinsamen Züge, soweit
sie von gesellschaftlicher und politischer Relevanz sind, anzudeuten, da dieselben Kriterien beide Phänomene, das kollektive und das individuelle Nomadisieren bzw. Vagabundieren, bestimmen: 1. Wandern ohne festen Wohn-
sitz und damit verbunden die stark eingeschränkte Möglichkeit der Kontrol-
lierbarkeit durch staatliche Institutionen. 2. Lebensgrundlagen können in
beiden Formen außer der Viehhaltung oder in Ergänzung dazu Bettelei und
Gelegenheitsarbeiten, sowie auch Raub und Razzien sein.

Da nur wenige Nomadengruppen in geographischen Randzonen (z.B. Es-
kimos, Lappen) autark leben, scheint es angebracht, die sehr viel häufiger zu
beobachtende Komplementär-Situation des Neben- und Miteinanders von
Seßhaften und Nomaden eben auch als politische zu sehen. Entsprechend
politisch können auch die jeweils verfügbaren Quellen gefärbt sein, besonders wenn man berücksichtigt, daß als Primärquellen nicht Selbstzeugnisse
der Nomaden, sondern Verwaltungsvorgänge oder Triumphalakten der in-

---

stische Studie über die Herkunft des Gentiliziums ʻibrī vom Appellativum ḥabiru.
Berlin – New York 1984.

[3]   Renger, J.: Flucht als soziales Problem in der altbabylonischen Gesellschaft, in:
Gesellschaftsklassen im Alten Zweistromland und in den angrenzenden Gebieten –
XVIII. Rencontre Assyriol. Internat., hrsg. v. D. O. Edzard. München 1972. S.
167ff. Bellen, H.: Studien zur Sklavenflucht im Römischen Kaiserreich. Wiesbaden
1971. Posener, G.: Festschrift für Claire Preaux. Brüssel 1975. S. 663ff. (über das
pharaonische Ägypten). Metzler, D.: Ziele und Formen königlicher Innenpolitik im
vorislamischen Iran. Habilitationsschrift Münster 1977. S. 259ff., bes. S. 266f. –
Anachoresis als Form des Widerstandes wird in anderen Beiträgen zu diesem
Symposion (Yuge, T. – Doi, M. [Hrsg.]: Forms of Control and Subordination in
Antiquity. Tokyo – Leiden 1988) erwähnt – vgl. z.B. Tačeva, M.: Widerstand gegen
die römische Herrschaft in Thracia zur Zeit des Antoninus Pius. S. 246-252,
Miyahara, T.: Social Status and Class Struggles in Ancient Japan. S. 49-54,
Bieżunska-Małowist, I.: Formes de résistance dans l'Égypte grecque et romaine et
l'attitude de gouvernement, S. 239-245, Günther, R.: Programm und Wirklichkeit
weströmischer Politik zur Unterordnung der Volksmassen im 4./5. Jahrhundert. S.
611-616. Daß andererseits auch schon die Drohung mit beabsichtigter Anachoresis
von notleidenden Teilen der Bevölkerung als strategische Waffe benutzt werden
kann, um dem Unterdrücker Zugeständnisse abzuringen, zeigen ebenfalls einige
römische Beispiele (I. Bieżunska-Malowist und M. Tačeva) oder etwa auch die
secessiones plebis in montem sacrum. Typisch die Formulierung der Landarbeiter
der kaiserlichen Domäne von Vaga in Tunesien: vertamur ubi liberi morari possimus
(CIL VIII 14428. A. Deman in ANRW II 3 [1975]. S. 43). Vgl. auch Brynn Shaw in
Past & Present 1984 (nondum vidi).

volvierten Staaten erhalten sind, die auf Motive und Perspektiven der Objekte ihrer Maßnahmen so gut wie nie eingehen. Dies geschieht allerdings gelegentlich in der erzählenden Historiographie, indem ein Autor in der Form einer (fiktiven?) Rede Argumente der Gegenseite darlegt, die ihm belangvoll erscheinen, weil sie beispielsweise moralisierenden Ansprüchen – wie etwa der Kritik bestehender Verhältnisse – entgegenkommen.

Diodors Bericht über die Selbstbehauptung der Nabatäer gegenüber dem Machtanspruch der Seleukiden (312 v. Chr.) gehört hierher[4]. Er läßt „einen Barbaren" argumentieren, daß König Demetrios unverständlicherweise gegen Bewohner einer Wüste kämpft, die keinerlei Nutzen für den seßhaften Eroberer böte. Sie selber aber hätten sich gerade in ein Land, das anderen keinerlei Wert bedeute, zurückgezogen (sympepheúgamen), um auf keinen Fall Sklaven sein zu müssen. Selbst ein entbehrungsreiches Leben hätten sie dafür auf sich genommen und niemandem schadeten sie. Deshalb bitten (axioûmen) sie den Angreifer, sich zu entfernen, denn hier in der Wüste könne er sich nur wenige Tage aufhalten, und sie selbst wären ihm nur unwillige Sklaven, die ein Leben unter fremden Bedingungen nicht akzeptierten. Es kommt zu Verhandlungen, in denen sich die Ältesten (presbýtatoi) der Araber zu Geschenken bereit erklären. Da Geschenke aber zur üblichen diplomatischen Verkehrsform zwischen Gleichen gehören, hat der Biograph des Demetrios Unrecht, wenn er daraus einen militärischen Triumph ableitet[5] – die Nabatäer[6] blieben noch gute vier Jahrhunderte (römischer Sieg 105 n. Chr.) unabhängig.

Die Nabatäer und andere nomadisierende arabische Stämme lagen in den Interessensphären der angrenzenden Imperien. Wiederum für die hellenistische Zeit interessant ist eine Nachricht des Agatharchides von Knidos, die Nabatäer an der Küste des Roten Meeres hätten als Piraten Schiffbrüchige überfallen und zwar zu der Zeit, als die Ptolemäer auch diese Gegenden in ihren Seehandel einbeziehen wollten[7]. Mir scheint die nabatäische sogenannte Piraterie ebenso eine Art Selbstverteidigung gegen Einmischungen von außen zu sein, wie die als Piraterie[8] denunzierte Unabhängigkeit der Anwohner der Adria gegenüber den Versuchen griechischer Kolonisation[9].

---

[4] Diodor XIX 97, 4.

[5] Plutarch, Demetrios VII 1.

[6] Zum Problem der Herkunft und Identität der Nabatäer vgl. Eph'al, I.: The ancient Arabs. Nomads on the borders of the Fertile Crescent 9th-5th centuries B.C. Jerusalem – Leiden 1982. S. 221ff.

[7] Woelk, D.: Agatharchides von Knidos, Über das Rote Meer, Übersetzung und Kommentar. Diss. Freiburg 1966. S. 74, § 88 (=Diodor III 43, 4-5).

[8] Diodor XVI 5, 3.

[9] Vgl. Metzler, D.: Zur Geschichte Apuliens im Altertum, in: Apulien. Kulturberührungen in griechischer Zeit, hrsg. v. K. Stähler. Münster 1985. S. 14ff.

Die Quellen – geschrieben aus der Sicht der jeweiligen Sieger, sprich: der jeweils ökonomisch überlegenen Zivilisation – sehen in diesen Versuchen, Unabhängigkeit zu wahren, nur Behinderungen eines größeren Konzeptes von Ordnung und Effizienz[10]. Randgruppen, und unter ihnen besonders Nomaden, widersetzen sich aber immer wieder hartnäckig sogenannten Zivilisationsversuchen – charakteristisches Beispiel ist die anfängliche, erst später vergebliche Weigerung der zentralasiatischen Türken, die von den Hochkulturen geprägten Religionen ihrer Nachbarn anzunehmen[11], so daß zu fragen ist, welche Werte und Ideale die marginale Existenz so hoch hält, daß sie sich der Zivilisation verweigert. Doch auch hier gilt es wieder zu beachten, daß entsprechende Quellen ebenfalls von Seßhaften stammen und daher gerade bei positiven Schilderungen des Andersartigen von eigenen Interessen – wie etwa als romantische Stilisierung des sogenannten einfachen Lebens[12] oder durch moralistische Polarisierung[13] eigener Entwicklungen im Bilde des Fremden – geleitet sein können.

Schon bei Homer gelten die „Stutenmelker" weit im Norden jenseits der Thraker als die „gerechtesten" aller Menschen[14], den nomadisierenden Skythen werden besondere Fähigkeiten zugesprochen, die sie von Natur aus besitzen, die aber die Griechen nicht einmal durch sapientia erreichen[15]. Die

---

[10] Autonome und libertäre Elemente in marginalen Lebensformen behandelt die Münsteraner sozialhistorische Dissertation von Frank Bardelle über Piraten in der Karibik vom 16. bis 18. Jahrhundert (1986). Herrn Bardelle verdanke ich mannigfaltige Anregungen zur Konzeptualisierung des Nomadismus.

[11] Yāqūt berichtet von ihrer Ablehnung der islamischen Mission unter Hishām (724-743) mit der Begründung, daß ihnen die zivilisatorischen Voraussetzungen für die Erfüllung muslimischer Gebote fehlen (Barthold, W.: Zwölf Vorlesungen über die Geschichte der Türken Mittelasiens. Darmstadt ²1962. S. 70). Bezeichnenderweise bedeutet „sart", das türkische Wort für Muslim, bei den Mongolen ursprünglich Kaufmann (Saunders, J. J.: The Mongol conquests. London 1971. S. 213, Anm. 18). Der Türke Tonyuḥuḥ lehnt die von China offerierten Formen des Buddhismus ab, weil er seine Nomaden verweichlicht, und auf Stadtgründungen verzichtet er, weil sie aus strategischen Überlegungen zur Verteidigung von Nicht-Seßhaften ungeeignet sind (S. Jagchid in Centr. Asiat. Journ. 25 [1981]. S. 70).

[12] Vischer, R.: Das einfache Leben. Wort- und motivgeschichtliche Untersuchungen zu einem Wertbegriff der antiken Literatur. Göttingen 1965. Müller, K. E.: Geschichte der antiken Ethnographie und ethnologischen Theoriebildung I-II. Wiesbaden 1972 und 1980, svv. Idealisierung der Urzeit, – der Barbaren. Blundell, S.: Theories of evolution in antiquity. London 1985, sv. primitivism.

[13] Lateiner, D.: Polarità: il principio della differenza complementare, in: Quaderni di storia 22 (1985). S. 79ff. Vgl. auch Strasburger, H.: Die Wesensbestimmung der Geschichte durch die antike Geschichtsschreibung. Wiesbaden ²1975 über humanistische Ziele in der antiken Kulturkritik, z.B. bei Agatharchides (S. 88f.).

[14] Ilias XIII 5-6. Ebenso generell über Nomaden Ephoros (70 FGrH, F 42).

[15] Iustinus II 2.

Weisheit der Nomaden im Osten kennt auch das Alte Testament[16]. Ihre politischen Institutionen führen fremde Beobachter immer wieder dazu, sie als „autonom"[17], herrscherlos[18], matriarchalisch lebend[19] kurzum als „demokratisch"[20] zu benennen, Beobachtungen, die auch in der Neuzeit gemacht wurden, und aus denen Leibniz – am Beispiel der Irokesen und Huronen – ableitete: Sie haben die „politischen Lehrsätze des Aristoteles und Hobbes über den Haufen geworfen! Sie haben ... dargetan, daß ganze Völker ohne Obrigkeit und ohne innerliche Streitigkeiten leben können"[21]. „Freiheit" (eleuthería) erkennt Herodot den Völkern in allen drei Erdteilen am Rande der Welt, außerhalb des achämenidischen Imperiums zu: den Thrakern, Arabern und Libyern[22], bei denen Viehzucht und teilweise auch Nomadentum eine wichtige Rolle spielen.

Freiheit, soll Sokrates gesagt haben, ist eine Schwester der Faulheit, denn die Inder und Perser[23] seien die mannhaftesten und freiesten, weil sie zum Gelderwerb (chrematismós) die trägsten seien, Phryger und Lyder dagegen als die arbeitsamsten (ergastikótatoi) seien Sklaven[24]. Aristoteles stellt eine solche Verbindung zwar nicht explizit her, betont aber seinerseits, daß die Nomaden wegen der Viehhaltung die bequemste Form der Nahrungsbeschaffung hätten und daher über Muße (scholázein) verfügten[25]. Elisabeth-

---

[16] 1. Könige 5, 10 – nach Eph'al, a.a.O., S. 10 mit weiteren Belegen.

[17] Thukydides II 96, 2-3 und 98, 3 über die seßhaften Hirtenstämme in den Bergen Thrakiens. Vgl. auch Herodot V 6: Geringschätzung des Ackerbaues durch die Thraker (M. Tačeva danke ich für notwendige Verbesserungen).

[18] Ssu-ma Ch'ien über Nomaden in SW-China (Cheng te-Kun: Archaeological studies in Szechuan. Cambridge 1967. S. 11. Ebenso die Aratta-(= raja-lose) Stämme in NW-Indien.

[19] Vgl. David, T. : La position de la femme en Asie Centrale, in: Dialogues d'histoire ancienne 2. Besançon 1976. S. 129ff. Martin, W. P.: Rückkehr der herrschenden Klasse. Diss. Hamburg 1973. S. 79f.

[20] R. Benedicty in Byz. Ztschr. 55 (1962). S. 8. Vgl. Lipsic, E. E.: Byzanz und die Slaven. Weimar 1951. S. 27.

[21] Zitiert nach Irrlitz, G.: Anarchia, in: Soziale Typenbegriffe 5, hrsg. v. E. Ch. Welskopf. Berlin (DDR) 1981. S. 233, Anm. 102.

[22] Herodot III 88, 1; IV 167, 3; VII 111.

[23] Eingehende Behandlungen des Nomadismus im alten Iran hat P. Briant vorgelegt: 1. „Brigandage", dissidence et conquête en Asie achéménide et héllenistique, in : Dialogues d'histoire ancienne 2. Besançon 1976. S. 163ff. mit der Rez. von H. Sancisi-Weerdenburg und E. van der Vliet in: Bibl. Or. 36 (1979). S. 119ff. 2. Etats et pasteurs au Moyen-Orient ancien. Cambridge – Paris 1982.

[24] Aelian, Var. hist. X 14.

[25] Aristoteles, Pol. I 1256a 31-32. Ebenso Agatharchides § 37 Woelk (= Diodor III 17, 1) über die Ichthyophagen. Welskopf, E. Ch.: Probleme der Muße im Alten Hellas. Berlin (DDR) 1962. S. 290f. mit Marx, Grundrisse (1953). S. 231f. und Kapital I S. 538. – Ein anderes Beispiel von relativ weitgehender Muße bei soge-

Charlotte Welskopf fügt in ihrer Darstellung der „Muße im Alten Hellas" diesem Zitat zwei entsprechende völkerkundliche Beobachtungen von Karl Marx hinzu. Die theoretischen Ausführungen seines Schwiegersohnes scheinen mir in diesem Kontext ebenfalls erwähnenswert: Paul Lafargue, Das Recht auf Faulheit (1883 französisch, 1891 deutsch erschienen).

Diese Lebensform mag also eine gewisse Attraktivität für die in den Imperien von den Segnungen der Zivilisation Ausgeschlossenen und Ausgebeuteten gehabt haben, zumal wenn, wie zu zeigen ist, idealisierte Einzelzüge dieses Bildes von Individuen oder Gruppen provozierend herausgestellt werden oder religiös-rituell sanktioniert als Alternative angeboten werden. Zunächst die bewußte Imitation des als barbarisch gewerteten Nomadismus: Langes Haar gilt in der römischen Spätantike den Behörden als Provokation, da es ein Element der Tracht der andrängenden Wandervölker ist[26]. Im fernen China der T'ang-Dynastie dagegen gelten Polospiel, Jagd und Reiten für Damen oder das Wohnen in Jurten, weil exotisch als chic[27]. Die quasinomadische Randgruppen-Existenz der squatters auf unbebautem Staatsland in der euböischen Idylle des Dion von Prusa ist den Bürgern verdächtig, aber im Roman goutiert das etwa gleichzeitige bürgerliche Lesepublikum die Hirten-Idylle von Daphnis und Chloe – quod licet Iovi, non licet bovi!

Im Bereich der Religion bietet der Kult des Dionysos den Mänaden im Ritual der Oreibasia[28], des Aufbruchs in die Bergeinsamkeit, eine zeitlich und räumlich ausgegrenzte Möglichkeit des Ausbrechens aus der Ordnung der Polis[29]. Kynische Philosophen ziehen in bewußt gewählter Heimatlosigkeit als Bilder lebender Kritik der Zivilisation in der Mittelmeerwelt um-

---

nannten Primitiven zieht H.-J. Markmann heran in seinem theoretisch und didaktisch wichtigen Aufsatz über „Weltgeschichte im Unterricht als kulturkritische Analyse", in: Sozialgeschichte und Strukturgeschichte in der Schule. Bonn 1975 (=Schriftenreihe der Bundeszentrale für politische Bildung 102). S. 156f.

[26] Codex Theodos. XIV 10, 4 (416). Haussig, H. W.: Kulturgeschichte von Byzanz. Stuttgart 1959. S. 72. Vergleichbare Phänomene in Ostasien: Bauer, W.: China und die Hoffnung auf Glück. München 1974. S. 390 sowie hier Toma, S.: What Could the Overcoming of the Eschatological Thought of Ancient China Bring to the East Asian World?, in: Yuge – Doi, a.a.O., S. 68- 78, hier S. 68ff.

[27] Schafer, E. H.: The golden peaches of Samarkand. Berkeley (1963) 1985. S. 28f. Zum Interesse japanischer Aristokraten an barbarischen Luxusgütern hier Miyahara, a.a.O., S. 49ff.

[28] Euripides, Bacch. 985 mit dem Kommentar von Dodds. Burkert, W.: Griechische Religion der archaischen und klassischen Epoche. Stuttgart 1977. S. 434. – Für ethnologisch vergleichbare „Grenzüberschreitungen" siehe Duerr, H. P.: Traumzeit. Über die Grenze zwischen Wildnis und Zivilisation. Frankfurt 1978. S. 54f., S. 80 mit S. 267, Anm. 9 und S. 268, Anm. 17.

[29] Kraemer, R. S.: Ecstasy and possession: the attraction of women to the cult of Dionysus, in: Harv. Theol. Rev. 72 (1979). S. 55ff. (Frdl. Hinweis von H. Hoffmann).

her[30]. Zu ihrem Vorbild haben sie den „umherirrenden" Herakles stilisiert, der auf seinen Wanderungen für die Menschen segensreiche Heldentaten vollbringt. Diejenigen unter ihnen, die durch so renommierte Gesprächspartner wie Seneca geehrt sind, haben Eingang in die Philosophiegeschichte gefunden[31], die ungebildeteren und radikaleren haben abschreckende Beispiele in Friedländers gestrenger Sittengeschichte abzugeben[32]. Als Massenbewegung ist christlich begründeter „Wanderradikalismus" in den von Endzeiterwartung geprägten ältesten Schichten des Neuen Testamentes nachgewiesen[33]. Als aber wenig später ein (nicht genannter) christlicher Führer in Syrien die inzwischen dogmatisch verfügte Parusie-Verzögerung nicht akzeptierte, seine Gemeinde zur Absage an ihr bisheriges Leben brachte und sie in eschatologischer Erwartung zu einem besseren Leben „in die Wüste" führte, wurde er mit seinen Anhängern von den Ordnungskräften nicht nur fast wie ein Räuber eingefangen, sondern auch die Erinnerung an seinen Aufbruch verfiel der Deformierung durch das dogmatische Interpretationsmonopol der inzwischen etablierten Großkirche, das in diesem Falle der Kirchenvater Hippolytos wahrnahm[34].

Mönchen war es jedoch offensichtlich in Syrien um 300 n. Chr. noch möglich, ein Wanderleben zu führen[35] – eine Lebensform für radikale Religiöse, die auch anderswo wieder auftreten sollte[36], während später gerade auch im Mönchstum – im Abendland – die Vorschrift der „stabilitas loci" Eingang fand. Wiederum als Massenbewegung entfalteten andererseits die

---

[30] Überweg, F. – Prächter, K.: Die Philosophie des Altertums ([12]1925). Darmstadt 1961. S. 159ff., S. 512. – Vergleichbares in China: Bauer, a.a.O., S. 199ff. sowie hier Toma, a.a.O., S. 68ff.

[31] Demetrios: Überweg – Prächter, a.a.O., S. 503f.

[32] Friedländer, L.: Darstellungen aus der Sittengeschichte Roms III. Leipzig [10]1923. S. 268f., S. 292ff.

[33] Theissen, G.: Wanderradikalismus, in: Ztschr. Theol; u. Kirch. 70 (1973). S. 245ff. – Zu partiell vergleichbaren – säkularen – Erscheinungen in der Neuzeit: Pessin, A. : Vagabonds libertaires, in : L'Homme et la Société 59-62 (1981). S. 45ff. (über anarchistischen Wanderradikalismus am Ende des 19. Jahrhunderts) und Trappmann, K. (Hrsg.): Landstraße, Kunden Vagabunden. Frankfurt 1980 (über Ähnliches am Anfang des 20. Jahrhunderts).

[34] Hippolytos, in Danielem IV 18.

[35] Kawerau, P.: Ostkirchengeschichte I. Löwen 1983. S. 109.

[36] Vgl. christliche Wandermönche im mittelalterlichen Rußland, buddhistische in Indien sowie islamische Derwische – z.B. einen, den Busbecq 1555 in der Türkei über dessen Erlebnisse in China ausfragte (erat is e sectae genere, cui pietas est per longinquas regiones vagari et in altissimis montibus, in locis desertis et vastis Deum venerari) A. Gislenii Busbequii Omnia quae extant. Amsterdam 1660. S. 326 (4. Brief) oder einen ebenso lebenden und argumentierenden chinesischen Muslim, den Reisende 1982 in Kanton trafen. Auch er verbindet Heimatlosigkeit und Devotion. – Zu Gemeinsamkeiten von Kynikern und christlichen Mönchen im 4. und 5. Jhd. vgl. Überweg – Prächter, a.a.O., S. 660.

christlichen Circumcellionen im römischen Nordafrika in ihrer nicht-seß-haften Lebensweise Formen des Widerstandes gegen private und staatliche Ausbeutung[37]. Ihr Nomadisieren ist jedoch eher eine Reaktion auf die in den Unterschichten des Römischen Reiches zunehmende Armut, denn entwur-zelte Arme sind als vagi, vaga mancipia häufig nachweisbar[38], ähnlich den umherziehenden Armen (planoómenoi) im Griechenland der Zeit des Isokra-tes[39]. Riesenhafte Ausmaße nahm die aus Not zum Wandern gezwungene chinesische Landbevölkerung in den Krisenzeiten der Han-Dynastie an[40]. Unter religiösen Vorzeichen spielt auch hier der Aufbruch aus der zusam-mengebrochenen Ordnung eine wichtige Rolle[41].

Unter den erfolgreichen Religionsstiftungen ist der Exodus der Juden unter Moses aus dem ägyptischen Staatsgefüge hinaus in das jahrzehntelange Nomadisieren[42] im Sinai das bekannteste Beispiel. G. Lüling hat im Vollzug des alt-semitischen Passah-Opfers durch Jesus und seine Jünger die Ver-schwörung zum Aufbruch erkannt[43] und in Muhammads Hegra[44] aus Mekka den radikalen Ausdruck religiösen Reformeifers gesehen[45], wobei er in bei-

---

[37] J. Burian in Altheim, F. – Stiehl, R.: Die Araber in der Alten Welt V 1. Berlin 1968. S. 196ff., bes. S. 199. Bellen, a.a.O., S. 83f., S. 123, S. 146f., S. 155.

[38] Ebd., S. 93f., S. 138, S. 154.

[39] Fuks, A.: Isocrates and Greece, in: Ancient Society 3 (1972). S. 17ff., bes. S. 26ff. – Vgl. auch Xenophon, Anab. VII 1, 33.

[40] Hulsewe, A. F. P.: China im Altertum, in: Propyläen Weltgeschichte II. Berlin 1962. S. 526. Gernet, J.: Die chinesische Welt. Frankfurt 1979 (frz. 1972). S. 135.

[41] Stein, R. A. : Mouvements du Taoïsme, in : T'oung Pao 50 (1963). S. 1ff. (Frdl. Hinweis von D. Kehren-Tafel). Balazs, E. : Entre révolte nihiliste et évasion my-stique, in: La bureaucratie céleste, hrsg. v. P. Demiéville. Paris 1968. S. 108ff.

[42] Besonders streng hielt sich viel später noch die konservative Gruppe der Rehabiten an die Lebensformen der Nomadenzeit (Jerem. 35, 6ff. Bernhardt, K.-H.: Gott und Bild. Berlin [DDR] 1956. S. 128). Im Islam traten mehrfach rigoristische, also heterodoxe Bewegungen, gerade unter Nomaden auf und führten dort auch zu Staatenbildungen (Planhol, X. de: Kulturgeographische Grundlagen der islamischen Geschichte. München – Zürich 1975. S. 72); andererseits ist es noch im heutigen Indien möglich, daß religiöse Randgruppen sich in die Einöde zurückziehen (Kosambi, D. D.: Das alte Indien. Berlin [DDR] 1969. S. 122).

[43] Lüling, G.: Das Passahlamm und die altarabische „Mutter der Blutrache", die Hyäne, in: Ztschr. Rel. Geistes-Gesch. 34 (1982). S. 130ff.

[44] Nicht nur der Kuriosität halber sei darauf hingewiesen, daß „Goethes Hin-wendung zum Orient eine innere Emigration" (so der Titel des Aufsatzes von S. Abdel-Rahim, in: Ztschr. Dtsch. Morgenl. Ges. 132 [1982]. S. 269ff.) von ihm selbst 1815 ausdrücklich als Hegire bezeichnet wurde, wenn er hinzufügt: „Man flüchtet aus der Zeit in ferne Jahrhunderte und Gegenden, wo man sich etwas Paradies-ähnliches erwartet." (a.a.O., S. 271.).

[45] Lüling, G.: Die Wiederentdeckung des Propheten Muhammad. Eine Kritik am „christlichen" Abendland. Erlangen 1981. S. 241ff., S. 403f., Anm. 49.

den Fällen auf die archaischen Elemente früher Stammeskulturen hingewiesen hat.

Spartakus und den von ihm geführten Sklaven und Armen wird gelegentlich der Vorwurf gemacht, sie hätten es versäumt, auf Rom zu marschieren, um dort die Macht an sich zu reißen. Caesar marschierte erfolgreich auf Rom. Er wollte die Macht, aber wollte sie Spartakus? Der ging weg! Solange die Territorialisierung der bekannten Welt nicht flächendeckend und solange die Überwachungsapparate der Imperien noch lückenhaft waren, erschien das Weggehen, die Sezession[46], noch als eine verheißungsvolle Alternative, deren scheinbare Realisierbarkeit die Denkbarkeit einer wirklichen Revolution der gesellschaftlichen Verhältnisse unter Umständen gegenstandslos werden lassen konnte.

Weiterführende Aspekte hat diese eskapistische Strategie andererseits kaum. Sie will den Unterdrücker nicht besiegen, um die Zustände verändernd zu verbessern, sondern läßt ihn mit seinen Problemen zurück[47], sucht für sich das Heil in der Flucht und verzichtet auf die Wiedergewinnung der den Unterdrückten abgepreßten Reichtümer, sucht sogar unter Umständen das freie Leben in selbstgewählter Armut aus selbstbewußtem Protest gegen die verlassene, verachtete Welt – und gelegentlich allerdings auch in gründlicher Verkennung ihres ins Marginale abgedrängten Sektierertums.

---

[46] Vom „uneingeschränkten Recht auf Sezession" – so F. Bardelle im Anschluß an Jona Friedmann, Machbare Utopien – machten im Altertum Gebrauch der Demos der Kimmerier (Herodot IV 11) und Abraham, der sich mit seinen Leuten von der Stammesgruppe seines Bruders Lot trennte (1. Mos. 13). An den europäischen Universitäten des Mittelalters ist die secessio als en bloc unternommene Auswanderung in eine andere Stadt eine wie selbstverständlich geübte Form studentischen Widerstandes. Durch den Residenz-Eid versucht man sie später – etwa in Bologna – zu verhindern (Steffen, W.: Die studentische Autonomie im mittelalterlichen Bologna. Bern – Frankfurt 1981. S. 52f., S. 101f., S. 127).

[47] Vgl. Diogenes den Kyniker bei Diog. Laert. VI 49.

Gesellschaftliche Verfassung und Programmatik der antiken Bildung

Die antiken Theoretiker der Erziehung hätten mir diesen Vortragstitel nicht präziser formulieren können, als es der hilfreiche Initiator unseres Symposions tat. Denn etwa Platon (Staat 544 D) wie auch Aristoteles (Pol. 1275 b 3 und 1337 a 17) waren davon überzeugt, daß jeder Verfassung ein ihr eigentümlicher Menschen-Typos entspricht, dessen Bildungs-Programmatik der Staat im Interesse der Aufrechterhaltung seiner ihm eigentümlichen Verfassung zu beaufsichtigen habe. Um ihre beiden Theorien gruppieren sich die bekannten und bewährten modernen Darstellungen der antiken Bildung[1].

Die freundlicherweise gewählte Organisationsform „Symposion" für unsere wissenschaftliche Darstellung aufgreifend habe ich meine Gedanken und Beobachtungen mündlich vorgetragen und mich dabei naturgemäß wie schon die *Deipnosophistai* des Athenaios nicht nur in der Auswahl beschränken müssen, sondern auch in den Darstellungsmitteln – an Stelle der auch beim sokratischen Symposion anwesenden Tanzmädchen konnte ich leider nur deren schwache Schatten mit Diapositiven nach griechischen Vasenbildern gleichnishaft projizieren, um uns, die wir der Antike längst den Rücken gekehrt haben, wenigstens eine Idee vom Symposion als einem der gesellschaftlichen Orte antiker Bildung zu geben[2]. Die auch dort gepflegte Rhetorik als einen ihrer wesentlichen Bestandteile vernachlässigend – trotz des ihr neuerlich schuldigerweise wieder entgegengebrachten theoretischen und didaktischen Interesses[3] sei hier die Kurzform des überarbeiteten Autorreferates gewählt, um auf einige Phänomene griechischer Bildung aufmerksam zu machen, die weniger geläufig oder auch von unseren Bildungskonzepten verschieden sind, damit der Forderung des Isokrates-Schülers

---

[1] Jaeger, W.: Paideia. Die Formung des griechischen Menschen I-III. Berlin 1934-1936. Marrou, H. I.: Geschichte der Erziehung im klassischen Altertum. Freiburg 1957 (zuerst frz. 1948, dtv. Taschenbuch-Ausgabe 1977). Johann, H. Th.: Erziehung und Bildung in der heidnischen und christlichen Antike. Darmstadt 1976. Reichert, W.: Erziehungskonzeptionen der griechischen Antike. Rheinfelden 1990.

[2] Platon, Staat 7. Buch, 514ff.

[3] Fuhrmann, M.: Die antike Rhetorik. München – Zürich 1987. Rüsen, J.: Die vier Typen des historischen Erzählens, in: Theorie der Geschichte. Beiträge zur Historik, hrsg. v. R. Koselleck u. a. IV. München 1982. S. 514-605. White, H.: Auch Klio dichtet. Stuttgart 1986. Moos, P. von: Geschichte als Topik. Hildesheim 1988. Müller, H.: Geschichte zwischen Kairos und Katastrophe. Frankfurt 1988. S. 97-119.

Theopompos von Chios[4] Genüge getan werde, die die philosophische Rhetorik Übenden müßten die Vielfalt der Völker, Barbaren und Hellenen, studieren, Verfassungsformen, Taten und Biographien von Menschen, ihre Ziele und Schicksale hören, ehe sie Konzepte konstruierten.

Daß „von Anfang an alle nach Homer gelernt haben"[5], ist der Antike und ihrer modernen Erforschung vertrautes Bildungsgut. Gewöhnlich wird dann das heroische[6] Menschenbild in all seinen Facetten als inhaltlicher Aspekt der Bildung durch Homer dargestellt oder das homerische Epos als übergreifend enzyklopädische Grundform begriffen, der die später daraus abgeleiteten Stilformen und Bildungsinhalte verpflichtet sind, wie es jener anonyme Dichter besang, dessen „Apotheose Homers" das bekannte Archelaos-Relief[7] aus der Zeit nach der Mitte des 2. Jhds. v. Chr. zeigt (Abb. 1): Dem zwischen „Ilias" und „Odyssee" thronenden Homer, von Oikoumene („Eumeleia" ist eine ältere, bald korrigierte Lesung) und Chronos bekränzt, wird von den Kunstgattungen Poesie, Tragödie und Komödie gehuldigt, vor ihnen – assistiert vom „Mythos" als Opferdiener – streut „Historia" als erste Weihrauch auf den Altar. Zu den durch sie alle vermittelten Tugenden Arete, Mneme, Pistis und Sophia (Tüchtigkeit, Erinnern, Glaube und Weisheit) reckt sich im Hintergrund Physis als noch zu bildendes Kind empor.

Neuerdings hat aber die auf die Mündlichkeit ausgerichtete Epenforschung auch einen überaus wichtigen formalen Aspekt herausgearbeitet: J. M. Foley[8] erkannte im kollektiven Erleben epischen Vortrages, in der vom Sänger gestifteten Einheit seiner Zuhörerschaft ein wesentliches Element früher Bildung. Mit dem Anruf der Muse „zu uns zu sprechen" wird über das

---

[4]   Jacoby, F.: Die Fragmente der griechischen Historiker II. Leiden 1962. Nr. 115, T 20, 5. Vgl. Metzler, D.: Die griechische Ethnographie unter geschichtsdidaktischen Aspekten, in: Hephaistos 10 (1991). S. 106.

[5]   Xenophanes 21 B 10. Vgl. Platon, Staat 606 D. – Eine brillante Einführung in die konzeptionelle Vielfalt neuzeitlicher Homer-Rezeption bietet Wohlleben, J.: Die Sonne Homers. Göttingen 1990.

[6]   Held und Schurke sind noch keine Gegensätze, „daher kommen in der Ilias auch keine Schurken vor" (Finley, M.: Die Welt des Odysseus. München 1979. S. 30).

[7]   London, Brit. Mus. 2191 – im 17. Jhd. im antiken Bovillae bei Rom gefunden. D. Pinkwart in Antike Plastik IV (1965). – Hier abgebildet nach dem von Athanasius Kircher schon 1671 publizierten Stich aus Feithius, E.: Antiquitatum Homericarum Libri IV. Strasburg 1743, da dort die Inschriften besser zu lesen als auf Photographien. – Üblicherweise wird in der Antike die Geschichte durch ihre Muse Klio personifiziert. Historia begegnet m.W. nur noch einmal auf einem frühislamischen Fresko – dort zusammen mit Skepsis! (Musil, A.: Kusejr Amra. Wien 1907. S. 229, Anm. 71 Taf. XXIV), wohl konzipiert nach einem frühhellenistischen Vorbild (D. Metzler in Hephaistos 2 [1980]. S. 88, Anm. 80 und Klio 71 [1989]. S. 454, Anm. 70).

[8]   Foley, J. M.: Education before Letters: Oral Epic Paideia; in: Denver Quarterly 13 (1978). S. 94-117.

„Wir" von Sänger und Zuhörern[9] Gemeinschaft selbst ins Erleben gerückt, deren kollektive Wünsche und Leitbilder wiederum im Idealtypus des heroischen Charakters verallgemeinerbar sind – nach Foley etwa in der Gestalt des Odysseus, der unter allen Schicksalsschlägen „seine Seele zu retten sucht" (Od. I 5). Sein Ziel „was one very noble and utterly human aspect of education before letters"[10].

Diese informelle und nichtprofessionelle Bildung, die durch das Vorleben individueller Beispielcharaktere und -situationen sichernde und tröstende Normen bietet, verfestigt sich zum kosmischen Bild in der homerischen Beschreibung des Schildes Achills (II. 18, 477-616). Die darauf vor Augen geführte Menschenwelt ist dann aber auch gleichsam schon die epische Ausweitung der späteren Sentenz des Simonides von Keos: πόλις ἄνδρα διδάσκει – die Stadt erzieht den Mann (frg. 53 Diehl). Pointierter ist die Selbstauffassung der griechischen Bildungsidee kaum zu fassen. Stadt – Mann – Erziehen, das sind gesellschaftspolitische Kernbegriffe und als solche immer wieder Gegenstand mannigfaltiger theoretischer Erwägungen von der Antike selbst bis in die neuzeitliche althistorische Forschung.

Wenn auch seit dem sumerischen Gilgamesch-Epos der Unzivilisierte durch die Segnungen der städtischen Kultur aus seiner urtümlichen Wildheit gerissen wird, so erhält Erziehung in der Stadt und durch die Stadt in der Selbstdarstellung der Griechen einen besonderen Rang. Das gilt sogar für deren nur scheinbar äußerliche Erscheinungsform: B. Fehr hat am Beispiel des rechtwinkligen Stadtplanes von Priene diese Ideologisierung und Selbst-Stilisierung in subtiler Analyse herausgearbeitet[11]. Rationalität und demonstrative Durchschaubarkeit sind hierbei die Merkmale des die Bürger zu „politischen" Wesen erziehenden Layouts der Siedlung. Ein durchaus angemaßter „Mythos der Durchschaubarkeit"[12] wird dabei entfaltet, um Loyalität und Überlegenheitsgefühle zu stimulieren – in einem Umfeld, das die umwohnenden „Barbaren" als neidvolle und führungsbedürftige Ungebildete zu bevölkern haben. Damit ist auch als Komplementarfunktion zu verbinden, was Isokrates über die Akkulturierbarkeit von Barbaren[13] sagt: insofern sie

---

[9] Ebd., S. 101. – Eindrucksvoll erfaßt in einer Zeichnung Rembrandts von 1652 (Einem, H. von: Rembrandt und Homer, in: Wallraff-Richartz Jahrb. 14 [1952]. S. 182-205, bes. S. 186, Abb. 164).

[10] Foley, a.a.O., S. 117.

[11] Fehr, B.: Kosmos und Chreia. Der Sieg der reinen über die praktische Vernunft in der griechischen Stadtarchitektur des 4. Jhs. v. Chr., in: Hephaistos 2 (1980). S. 155-185.

[12] Loraux, N.: Aux origines de la democratie. Sur la „transparence" democratique, in: Raison présente 1978. S. 13.

[13] Isokrates, Panegyrikos 50. Vgl. B. D'Agostino in Annales ESC 32 (1977). S. 3ff. über die politische Funktion der Akkulturation von Eliten durch Übernahme fremder Bildungs- und Luxuselemente.

griechisch gebildet sind, seien sie als Hellenen zu betrachten. Aus durchschaubaren Gründen dachten die Landbesitzer in Priene anders.

Der Formalisierung der Architektur der Polis entspricht nicht nur die der sie schmückenden Skulptur – Polyklets „Kanon" ist das einschlägige Stichwort; sondern auch die „Bewegungsweisen und Verhaltensideale"[14] ihrer Bewohner. Alle drei zeigen damit Phänomene eines hochgradig stilisierten Formwillens, dessen bildungspolitische Zielrichtung – auch ohne die Kunstpolitik in Platons Staat zu bemühen – im archäologisch nachweisbaren Erscheinungsbild der Polis zu Tage treten[15]. Dabei kann der Anspruch auf Verbindlichkeit und Allgemeingültigkeit durchaus Zwangscharakter annehmen, wie nicht nur die verbreiteten Überwachungsbehörden[16], sondern auch und gerade die in den Skulpturen und Texten erkennbare Internalisierung des erzieherischen Druckes bezeugen[17], dem etwa der Bürger in der Gesellschaft der athenischen Demokratie ausgesetzt war.

Formalisierung ist dabei ein Kulturelement, das die aristokratische[18] Welt der voraufgegangenen archaischen Epoche zur Darstellung der eigenen Genußfähigkeit und damit zur sozialen Überlegenheit nutzte, um so ihre Herrschaftsfähigkeit zu unterstreichen[19]. Sie wird auch von der nunmehr erheblich verbreiteten Trägerschicht der athenischen Demokratie akzeptiert und geachtet[20], obwohl diese durchaus andere Begründungsmöglichkeiten für die Individualität einer entfalteten Persönlichkeit wenigstens ansatzweise entwickelte. Dazu zählt in besonderer Weise das Selbstbewußtsein von Handwerkern und Intellektuellen, das diese aus der Besonderheit ihrer eigenen Leistung und nicht (mehr) aus der kanonischen Erfüllung eines Bil-

---

[14] So der Titel des einschlägigen Buches von B. Fehr (Bad Bramstedt 1979).

[15] Vgl. Metzler, D.: Demokratie als Bauherr. Ideologische Aspekte der Architektur der Klassik, in: Praktika des 12. Intern. Kongr. für Klass. Archäologie 1983. Athen 1988, IV. S. 129-133, bes. S. 131 und Hephaistos 4 (1982). S. 179ff. zur domestizierenden Funktion des agonalen Elements in der griechischen Kultur. – Die Bildungsaufgabe der Stadt dokumentiert ihr architektonisches Erscheinungsbild auch insofern, als im Gegensatz zu den einfachen und bescheidenen Wohnbauten der Bürger – Alkibiades' Extravaganzen auch auf diesem Gebiet werden als undemokratisch gebrandmarkt – Aufwand und Gestaltung öffentlicher Profanbauten, von den Tempeln einmal ganz abgesehen, gerade dort herausgestellt wurden, wo sie, wie etwa im Falle von Marktplätzen, Stoai und Leschen Orte formaler Begegnung sind.

[16] Marrou, a.a.O., S. 61, S. 201f., S. 219.

[17] Fehr, a.a.O., S. 22, S. 29f., S. 36f.

[18] Bammer, A.: Architektur und Gesellschaft. Wien 1974. S. 93.

[19] Fehr, a.a.O., S. 15. Schneider, L.: Zur sozialen Funktion der archaischen Korenstatuen. Hamburg 1975.

[20] Metzler, D.: Porträt und Gesellschaft. Über die Entstehung des griechischen Porträts in der Klassik. Münster 1971. S. 369.

dungsideals ableiten[21]. Zwar gilt das adlige Ideal des καλοσ κάγαϑός (schön und edel) auch noch im 5. Jhd. v. Chr., und erfreuen sich die adligen Vergnügungen des Sportes und des Symposions durchaus bürgerlichen Interesses wie der Kritiker Ps.-Xenophon[22] tadeln zu müssen glaubt, doch wenn A. Rosenberg am Anfang der Weimarer Republik noch schreiben konnte: „Das menschlich schönste Ergebnis, das die Durchführung der proletarischen (ie. athenischen, D. M.) Demokratie hatte, war die Steigerung des Selbstbewußtseins des Einzelnen"[23], so sprechen dafür nicht nur die überlieferten Selbstzeugnisse[24] der Handwerker und Künstler, sondern auch die auf Entfaltung der Persönlichkeit angelegten Bildungsideale der Sophisten.

Wenn auch das Wort „Persönlichkeit" nicht ins Griechische zu übersetzen ist[25], so gibt es doch durchaus Äquivalente – etwa αὐτάνϑροπος oder ὁ αὐτὸς ἀνήρ[26]. Letzteres im bekannten Epitaphios des Perikles bei Thukydides, wo die Behauptung, „daß als Einzelner das Individuum bei uns wohl am vielseitigsten, voll Anmut und mit Gewandtheit eine selbständige Person darstellt" begründen hilft, die Polis (ie. Athen, D. M.) in ihrer Gesamtheit als Schule (παίδευσις) für Griechenland zu bezeichnen[27].

Thukydides benützt hier die Formel des Simonides, um Athens hegemonialen Anspruch in Griechenland bildungspolitisch begründen zu können. Das ptolemäische Alexandria kann analog dazu später als „die Stadt als Lehrerin, die gesamtgriechische Spitze"[28] bezeichnet werden – im ausdrücklichen Kontrast zum „unwissenden Volk", den einheimischen Ägyptern[29]. Ebenfalls aus dem ptolemäischen Ägypten ist überliefert, daß der Zugang zum Gymnasion, der hellenistischen Sport- und Bildungsstätte par excellence in betonter Abgrenzung jenen vorbehalten blieb, die ihren Arier-Nachweis erbringen konnten, d.h. in beiden Linien griechisch-makedonische Großeltern, nicht etwa semitohamitische hatten[30]. Hier baut eine zahlenmä-

---

[21] Metzler, a.a.O., S. 54ff.

[22] Ps. Xenophon, Staat der Athener I 13.

[23] Rosenberg, A.: Demokratie und Klassenkampf im Altertum. Leipzig – Bielefeld 1921. S. 41. – Zu „proletarisch" vgl. M. Webers Begriff der Plebejerstadt (Wirtschaft und Gesellschaft. Köln – Berlin 1964. S. 984ff., cap. IX, 7, 4).

[24] Phillip, H.: Tektonon daidala. Berlin 1968 und in: Polyklet. Der Bildhauer der griechischen Klassik, hrsg. v. H. Beck, P.C. Bol u.a. Frankfurt 1990. S. 79ff.; Metzler, a.a.O., S. 289ff.

[25] Harder, R.: Kleine Schriften. München 1960. S. 458.

[26] Metzler, a.a.O., S. 40.

[27] Thukydides II 41, I.

[28] Fraser, P. M.: Ptolemaic Alexandria. Oxford 1972, ad finem.

[29] Cl. Preaux in Chron. D'Egypte 53 (1978). S. 305f.

[30] Mitteis, L. – Wilcken, L.: Grundzüge und Chrestomathie der Papyruskunde. Leipzig 1912, I 1. S. 138ff. und I 2. Nr. 147 = P. Oxy II 257. Vgl. auch P. J.

ßig begrenzte Elite eine rassistische Bildungsschranke auf, während das demokratische Athen über Bürgerrechtsbeschränkungen und Zuweisung eines
besonderen Gymnasions an nicht vollbürtige Athener[31] Diskriminierungen
ermöglichte, die das perikleische Idealbild durchaus differenzieren. Dennoch
gilt, daß Metöken und andere Fremde etwa zum Theaterbesuch – Dichter als
Lehrmeister der Erwachsenen, wie Aischylos[32] seine Aufgabe charakterisiert
– zugelassen sind, worin andererseits natürlich auch ebenso wie in der Teil-
nahmepflicht[33] bei gesamtstädtischen Götterfesten der ganz entschieden
vorgetragene Propagandaaspekt athenischer Kulturpolitik zum Ausdruck
kommt.

Weitaus einschneidendere Beschränkungen waren inhaltlicher Art, denn
geradezu nervös[34] reagierte der athenische Souverän, das Volk, auf Kritik an
der angestammten Religion, und es wirkt schon befremdend, die Häufung
von Prozessen wegen Religionsfrevel gegen Sophisten und Physiologen gerade in der Epoche Athens konstatieren zu müssen, als die Stadt ihren Füh-
rungsanspruch behauptete. Befremdend auch – um an geschichtsdidaktische
Erscheinungen zu erinnern – der selektive Umgang mit der historischen Erinnerung: Das Verbot der Tragödie des Phrynichos, die die Eroberung Milets
durch die Perser auf die Bühne brachte, bildet nur den Auftakt zur offiziellen
Stilisierung der Geschichte, die zur Mahnung der Lebenden bei der jährlichen Gefallenenehrung in der Leichenrede *(Epitaphios)* vorgetragen
wurde[35]. Neben den besonders in der Spätzeit häufig bezeugten historischen
Gedenktagen mit ihren Reden, Umzügen und Kultfeiern[36] waren wie mir
scheint eben diese Totenehrungen für die Etablierung eines gesamtstaatli-
chen, einheitlichen Geschichtsbildes von ganz erheblicher Bedeutung, zumal
ihre psychologische Wirkung nicht zu unterschätzen ist, wenn auch Sokrates
wohl ein wenig ironisch übertreibt. Immerhin will er sich beim Hören für
verzaubert gehalten haben, in Ekstase geraten und sich noch drei Tage für

---

Sijpestetin in Bull. Americ. Soc. Papyrologists 13 (1976). S. 181-190. Hengel, M.:
Judentum und Hellenismus. Tübingen ²1973. S. 122ff. – Tendenzen zur Öffnung des
Gymnasion im Interesse von Loyalitätsförderung: Thierfelder, H.: Unbekannte
antike Welt. Eine Darstellung nach Papyrusurkunden. Gütersloh 1963. S. 33. Dementsprechend funktionalisierten die Seleukiden den Oktroy eines Gymnasion in
Jerusalem, um gerade dadurch die Juden ihrer eigenen Kulturtradition zu entfremden (1. Makk.), um so über kulturpolitische Maßnahmen ihren zentralistischen Einheitsstaat aufzubauen (1. Makk. 1, 41).

[31] Demosthenes XXIII, 213. Metzler, a.a.O., S. 200. Bürgerrechtsbeschränkungen:
Baslez, M. F.: L'étranger dans la Grèce antique. Paris 1984. S. 94ff.

[32] Aristophanes, Frösche 1054ff.

[33] Busolt, G.: Griechische Staatskunde. München 1926, II. S. 1354.

[34] Snell, B.: Die Entdeckung des Geistes. Hamburg ³1955. S. 45.

[35] Loraux, N.: L'invention d'Athenes. Paris – den Haag 1981. S. 133ff.

[36] Ziebarth, E.: Aus dem griechischen Schulwesen. Leipzig 1909. S. 135f.

unsterblich betrachtet haben[37]. Kein Wunder, denn berichtet wurden dabei nur „die schönen Taten", der Anteil den die Bundesgenossen daran hatten, verschwiegen, und die Existenz des durchaus imperialistischen Attisch-delischen Seebundes blieb ebenso unerwähnt wie gar nicht so seltene innere Auseinandersetzungen[38].

Dagegen praktizierte die athenische Bildpropaganda die selbstentlastende Projektion von eigenem Fehlverhalten auf Fremde: die Beendigung der angeblichen Menschenopfer des fiktiven ägyptischen Königs Busiris, der Fremde am Betreten seines Landes hindern wollte, durch das Eingreifen des Herakles wird gerade in jener Epoche auf Vasen dargestellt, in der griechische Münzen in ägyptischen Funden besonders häufig nachweisbar sind[39], während gleichzeitig die Opferung der drei Neffen des Xerxes zu Ehren des Dionysos vor der Schlacht bei Salamis nur durch Phanias[40], überliefert ist – ein Historiker von Lesbos, jener Insel, die den athenischen Schutz vor den Persern als so bedrückend empfand, daß sie auch Athens unvermeidliche Vergeltung für den Austritt aus dem Verteidigungsbündnis in Kauf nahm. Pikanterweise ist dieses Phanias-Zitat von demselben Plutarch überliefert, der den ebenfalls nicht-athenischen Herodot als barbarophil beschimpft[41], weil er die Busiris-Erzählung als unglaubwürdige Erfindung erweist. Überhaupt fällt den Fremden (Barbaren) im erwähnten Epitaphios bezeichnenderweise eine eigenartige Aufgabe zu: ihnen gilt der identitätsstiftende „reine Haß", und „von Natur aus Barbarenhasser" zu sein gilt den Athenern dort als aufmunterndes Lob[42]. So kann es auch nicht verwundern, daß bei Aristophanes das Schimpfwort „Barbaren" sogar zur Diffamierung der non-konformistischen – griechischen (!) –Sophisten entsprechend bühnenwirksam wird[43].

Pendant zur Abweisung des Fremdartigen ist naturgemäß die Betonung der eigenen Verwurzelung in der angestammten Heimat. Zur politischen Erziehung wird besonders von der Hegemonialmacht Athen die Autochthonie der Athener herausgestellt. Mehrfach betonen die Epitaphien, daß Athens Kriege deswegen nur Verteidigungskriege sein können, und in der Bildspra-

---

[37] Platon, Menexenos 235 A-C.

[38] Loraux, N. : L'Oubli dans la Cite, in: Le temps de la reflexion I. Paris 1980. S. 213-242 und L'invention S. 87, S. 159, S. 161, S. 402.

[39] Mein entsprechender Busiris-Artikel wurde von der Redaktion eines mythologischen Lexikons seinerzeit nicht angenommen, weil er auch Karl Marx' Behandlung des Busiris-Themas erwähnte.

[40] Plutarch, Themistokles 13, 2-5.

[41] Plutarch, de malign. Herod. 12 (857).

[42] Platon, Menexenos 245 D.

[43] Aristophanes, Vögel 1700f. – Vgl. generell: Hall, E.: Inventing the Barbarian. Greek Self Definition through Tragedy. Oxford 1991.

che der Vasenmalerei bedeutet die gewappnete Eule zwischen Olivenzweigen in der Abwehr von Satyrn[44] die Wehrbereitschaft der gerüsteten Athener gegen die Unnatur, die sich wie die immer nachwachsenden, sich stets verjüngenden Blätter der Olive in immer neuen Generationen die Polis dadurch lebendig erhalten, daß sie für das Leben des ganzen Baumes ihr eigenes kurzes dahinzugeben bereit sind[45].

Bilder[46] wie diese wurden bei Symposien betrachtet und besungen. Dem Symposion[47], seit archaischer Zeit die an Bedeutung kaum zu unterschätzende Organisationsform für private, religiöse und politische Gruppenbildung, kommen wie der Stadt als Ganzem noch einmal in besonderer Verdichtung Bildungsfunktionen zu. Auch ohne die philosophischen Höhen des sokratischplatonischen Symposion erahnen zu wollen, bleibt vorderhand genügend literarisch und musikalisch geprägte Kultur in Symposien aller möglichen gesellschaftlichen Gruppen, um Bildung gerade auch hier festmachen zu müssen. Als formalisierte Nicht-Arbeit[48] haben sie in einer auf Muße-Präferenz[49] orientierten Wirtschafts- und Lebenswelt ihre kaum zu unterschätzende Bedeutung für den Einzelnen und die Gemeinschaft. Nur andeutungsweise soll hier auf einige Punkte verwiesen werden: Da nach Aristoteles der Frieden höchstes Ziel der Politik ist[50], muß Bildung auf dieses Ziel gerichtet sein. Die eigentliche Bildung kann sich daher nicht auf nur Nützliches und Notwendiges beschränken[51], sondern sollte eine freie und

---

[44] Widder-Rhyton des Sotades in Hamburg, Mus. f. Kund und Gewerbe. Frdl. Hinweis von H. Hoffmann, der dessen Publikation vorbereitet für die Zeitschrift Metis (Paris) 1991.

[45] Sophokles, Oid. Kol. 694ff. Detienne, M.: L'olivier: un mythe politico-religieux, in: Rev. d'Hist. Rel. 178 (1970). S. 5ff.

[46] Meinen Vortrag hatte ich mehrfach mit entsprechenden Darstellungen zu erläutern versucht.

[47] J. Trumpf in Zs. Papyrol Epigraphik 12 (1973). S. 139-160. Frdl. Hinweis von R. Merkelbach; Metzler, D.: Symposion, in: Korzus, B. – Stähler, K. (Hrsg.): Griechische Vasen aus westfälischen Sammlungen. Münster 1984. S. 100-102; Murray, O. (Hrsg.): Sympotica. The Papers of a Symposium on the *symposion* (1874). Oxford 1990.

[48] Veblen, T.: The theory of leisure class (1899), dtsch.: Theorie der feinen Leute. München 1971.

[49] Groh, D.: Strategien, Zeit und Ressourcen. Risikominimierung, Unterproduktivität und Mußepräferenzen – die zentralen Kategorien der Subsistenzökonomie, in: Prokla 67 = Probleme des Klassenkampfes 17 (1987) 2. S. 7-34, bes. S. 16ff. Frdl. Hinweis von F. Bardelle. – Die einzige Monographie zur Muße – von der marxistischen Althistorikerin. E. Ch. Welskopf (Probleme der Muße im alten Hellas. Berlin [DDR] 1962) pflegt in der bildungsgeschichtlichen Forschung übersehen zu werden.

[50] Aristoteles, Politik VII 14 (1334a 5).

[51] Ebd., VII 3 (1338a 30-33).

schöne sein, die zur Muße-Fähigkeit erzieht und wegen der geistigen Bedürfnisse daher zur Genußfähigkeit (ὄρεξις) heranbilden muß[52]. Daher haben die Älteren die musische Bildung gepflegt, fügt er hinzu[53]. Konkrete
Erziehung dieser Art bot in archaischer Zeit etwa die Dichterin Sappho für
den Kreis ihrer Mädchen[54]. Formalisierung des Genießens und der eigenen
Erscheinung spielt dabei eine hervorragende Rolle – durchaus auch zur sozialen Abgrenzung von bäurischem Auftreten[55]. Platon nennt daher Zurück-
haltung und würdiges Benehmen[56] als erwünschte Haltung beim Symposion,
das ja Weihung an die Gottheit (τελετή) und Bildungsvergnügen (παιδία)
zugleich ist[57]. In seinem Idealstaate steht wegen dieser Anforderungen das
Symposion erst den reiferen Männern, den über Vierzig-Jährigen offen[58].

Daß der Staat auch das Vergnügen kontrolliert, wird aus der Sicht des
Reaktionärs Platons durchaus einsichtig, wirft man einen Blick auf das nicht
minder reaktionäre Sparta: Dort war den unterworfenen Heloten das Singen
von Kriegsliedern spartanischer Dichter verboten[59], während umgekehrt die
Spartaner die weniger kriegerischen Lieder des Archilochos nicht singen
durften[60] (à propos: analoge Tagesbefehle der Bundeswehr müssen deswegen nicht unbedingt als Ergebnis klassisch-humanistischer Bildung gesehen
werden). Doch heißt das nicht, daß die Heloten sich nicht amüsieren durften,
sie mußten es sogar, denn zur Abschreckung der heranwachsenden Sparta-
ten zwang man sie, bei den Syssitien volltrunken unanständige und lächerli-
che Lieder und Tänze darzubieten[61]. Umgekehrt bestand im archaischen
China Pflicht zu ritueller Ausgelassenheit: gerügt wird, wer beim Gelage des
Adels zu Ehren der Ahnen wenig Neigung zum Trunk demonstriert und

---

[52] Ebd., VII 15 (1334b 27).

[53] Ebd., VIII 3 (1338a 14).

[54] So schon K .O. Müller (1797-1840) bei Schickel, J.: Sappho. Strophen und
Verse. Frankfurt 1978. S. 72f. mit S. 95 = Hinweis auf die pädagogische Wertung
der Dichterin durch Maximos von Tyros.

[55] Vgl. Sappho frg. 61 D. Schneider, a.a.O., S. 29f.

[56] Platon, Gesetze 671 D. – Generell vergleichbar ist hier die negative Bewertung
„paganer" Festfreude in zentralistisch organisierter Religionsausübung (Ostheeren,
K.: Studien zum Begriff der „Freude" und seinen Ausdrucksmitteln in altenglischen
Texten [Diss. Berlin 1959]. Heidelberg 1964. S. 44ff. und S. 102ff.).

[57] Platon Gesetze 666 B.

[58] Ebd., 666 B. Παιδία (eigentlich: Kinder-Erziehung) und πρεσβύτεροι (Ältere)
bilden ein eigenartiges Oxymoron.

[59] Plutarch, Lykurgos 28, 10.

[60] Valerius Maximus 6, 3.

[61] Plutarch, Lykurgos 28, 9.

schlecht taumelt, um sich also „auf diese Weise den elementarsten Pflichten ekstatischer Trunkenheit zu entziehen"[62].

Zur Kontrolle des Symposions noch eine verallgemeinernde Bemerkung: Nicht nur Platon spricht von Gehorsam der Symposiasten gegenüber dem Symposiarchen. Ein solcher wurde vielmehr allenthalben für diesen Anlaß bestimmt[63]. Damit gehört auch das Symposion in die lange Reihe jener „Ausnahmen", in denen Befehlsgewalt statt Mitbestimmung im griechischen Alltag schon von der antiken Haushaltsliteratur diagnostiziert wurde. So begründet der Spartaner Kallikratidas (2. Jhd. n. Chr.) in seiner neupythagoräisch gefärbten *Oikonomia* die bestimmende Stellung des Hausvaters über seine Gattin und alle Mitglieder des Haushaltes mit der „Herrschaft" des Arztes über den Kranken, des Lehrers über den Schüler, des Wissenden über den Unwissenden und so fort[64] – bis zum Symposion, möchte man hinzufügen, wo der Symposiarch seine. Herrschaft durch Formenkontrolle ausübt.

Formalismus ist hier unter verschiedenen Blickwinkeln betrachtet worden. In der antiken Bildung – und sicher nicht nur damals – nimmt er in seinen mannigfaltigen Erscheinungen eine ganz beherrschende Stellung ein. Die aristokratische Betonung von formal richtigem Verhalten, die damit ausgedrückte Wertschätzung von „Stil" und „Haltung" blieb natürlich auch in den großen politischen Theorien so unreflektiert, daß sowohl Platon als auch Aristoteles die von ihnen nichtbeschriebenen weil wohl nicht für wahrnehmungswürdig befundenen, von anderen Wertvorstellungen geleiteten Lebensformen der Unterschichten nur mit moralischen Urteilen verunglimpfen konnten, da von ihnen die durch aristokratische Werte geprägte „Tugend" den Banausoi schon aus rein formalen Gründen abgesprochen wurde[65]. Ich sehe im Formalismus auch den geistigen Ausdruck der ökonomischen Grenze der antiken Gesellschaften: insofern sie als agrarische auf Risikominimierung und Mußepräferenzen orientiert waren[66], wurden jede

---

[62] Granet, M.: Das chinesische Denken. München 1963. S. 46. – Da sich nach Hegel die Geschichte als Satyrspiel zu wiederholen beliebt, sollen hier die entsprechenden Rituale einstiger DDR-Funktionäre nicht übergangen werden – vgl. Oelschlegel, V.: „Wenn das meine Mutter wüßt' ..." Selbstporträt. Berlin – Frankfurt 1991. S. 190. Frdl. Hinweis von L. Bulazel.

[63] Platon, Gesetze 671 CD. Trumpf, a.a.O., S. 151. – Zur Kontrolle des korrekten Verhaltens der Bedienung vgl. D. Metzler in Epigraphica Anatolica I 1 (1983). S. 5f.

[64] Kallikratidas bei Stobatos.

[65] Wood, E. M. – Wood, N.: Class ideology and ancient political theory. Socrates, Plato, and Aristotle in social context. Oxford 1978. S. 128 und S. 158. Zum Begriff Banausos: D. Rössler in Soziale Typenbegriffe im alten Griechenland und ihr Fortleben in den Sprachen der Welt, hrsg. v. E. Ch. Welskopf III, Berlin (DDR) 1981. S. 203. Seine pejorative Bedeutung hat der Begriff im Deutschen seit seinem ersten Auftreten 1819 in aristokratischer Polemik beibehalten (M. Simon, ebd. V. S. 280f.).

[66] Groh, a.a.O.

Produktivität und jeder Erwerb außerhalb des agrarischen Bereichs als störende Angriffe auf die Hierarchie der als Rentiers lebenden Grundbesitzer wahrgenommen. Entsprechend durchgängig ist in diesen Kreisen die Verachtung des von seiner Hände Arbeit Lebenden als Banausos. Geachtet sind das Kunstwerk und die formalistische Kennerschaft, es zu würdigen, nicht aber der Künstler[67]. „Catonismus" hat B. Moore diese Haltung nach einem ihrer prominentesten Vertreter in der Antike genannt[68]. Mir scheint, daß unter dem sozialen Druck solcher Vorstellungen eine auf praktisches Wissen ausgerichtete Bildung sich auf Formalisierung, Theoretisierung und Rhetorisierung werfen mußte, um sich legitimieren zu können. Im 5. Jahrhundert v. Chr. gibt es davon einen Überschuß[69] in eben jener Zeit also, als sich im technisch, ökonomisch und politisch differenzierten Athen das von stadtbürgerlichen und nicht-bürgerlichen Handwerkern und Intellektuellen aus der eigenen Leistung abgeleitete Selbstbewußtsein entfaltet[70]. Wie brisant diese Entwicklung war, bezeugt das Verdikt Pindars. Er, der die Überlegenheit der „natürlichen" Veranlagung seiner adligen Mäzene zu preisen hat, hat für die μάϑοντες, die Lernenden, nur Verachtung übrig[71].

Das hier Dargelegte ist unvollständig – und einseitig. Gewiß. Mir schien es jedoch sinnvoll, Phänomene anzusprechen, die einem humanistisch verengten Blick – denn dazu neigen Festveranstaltungen, über Bildungsfragen allzumal – dann zu entgleiten pflegen, wenn die formalisierenden und theoretisierenden rhetorischen Texte der Antike schon für diese selbst genommen werden, ganz zu schweigen von ihren betont anti-demokratischen Inhalten, insofern es sich um die bildungspolitischen und staatstheoretischen Klassiker Platon und Aristoteles als Schüler des „Socrates: Saint of Counter-Revolution"[72] handelt.

---

[67] Plutarch, Perikles 1-2. Lukian Traumgesicht 8-9 mit dem Wettstreit von Téchne (Kunst, Handwerk) und Paideía (Bildung). Vgl. dazu E. Ch. Welskopf in Klio 43-45 (1965). S. 55: „Führende Leistungen und Elitepropaganda können weit auseinanderklaffen".

[68] Moore, B.: Soziale Ursprünge von Diktatur und Demokratie. Frankfurt 1974 (amerik. 1966). S. 561f.

[69] So R. Müller im Beitrag zur 18. Intern. EIRENE-Konferenz in Budapest 1988.

[70] Metzler, Porträt und Gesellschaft, S. 68f. und S. 366ff. Engels, J.: „Mit meiner Hände Arbeit". Zeugnisse über die Wertschätzung eigener Arbeit im demokratischen Athen, in: Festschrift für Th. Pékary, hrsg. v. H.-J. Drexhage – J. Sünskes. St. Katharinen 1989. S. 136-156.

[71] Pindar 2. Olymp. Ode 94-96.

[72] Wood – Wood, a.a.O., S. 81. Vgl. Stone, I. F.: The trial of Socrates. New York 1989. S. 11ff.; S. 36ff. zu Sokrates' monarchistischem Ideal – in Auseinandersetzung mit der homerischen Diffamierung des Thersites. Das von Stone (a.a.O., S. 250, Anm. 13) mit Recht beklagte moderne Vorurteil gegenüber dieser Symbolfigur für den Widerstand des Volkes gegen die Anmaßungen seiner Regierenden wurde schon von Welskopf, Probleme der Muße, S. 107-112 zurechtgerückt.

Personifikationen von Bildungsbegriffen auf dem Relief der sog.
"Apotheose Homers", 2. Jhd. v. Chr. (Brit. Mus. London) [S. 27]

Rezension zu: Edith Hall, Inventing the Barbarian. Greek Self-Definition through Tragedy (Oxford Classical Monographs), Oxford 1989

„Was soll nun aus um werden ohne Barbaren.
Irgendeine Lösung waren diese Menschen."

Die Zahl der Untersuchungen zum griechischen Barbarenbegriff ist mittlerweile ganz beachtlich, das Verhältnis zum Fremden – strukturalistisch zur „alterité" verkommen – längst ein kongreßwürdiges Thema und ganze Forschungsprojekte und -institute haben sich Aspekten dieses Problemfeldes gewidmet. Stößt man also auf ein Buch, das die „Erfindung des Barbaren" aufzuklären verspricht, wird man hellhörig, wem Nicole Loraux' „Invention d'Athènes" von 1981 etwas zu sagen hatte. Entsprechend hohe Erwartungen werden von Edith Hall nicht enttäuscht. Der Untertitel ihres Buches – griechische Selbstdefinition/Selbstvergewisserung durch die Tragödie – bedeutet keine spezialistische Verengung, sondern die fruchtbar genutzte Möglichkeit zur Vertiefung. Zu Recht wurde diese Dissertation mit einer so ehrenvollen Auszeichnung wie dem Hellenic Foundation's Prize für 1988 bedacht. Seit 1991 ist sie auch als Paperback-Ausgabe zugänglich.

Über nützliche Materialsammlungen (Bacon, H. H.: Barbarians in Greek Tragedy 1961) hinausgehend stellt H. angesichts der erstaunlichen Tatsache, daß von den knapp dreihundert ganz erhaltenen, fragmentarisch überlieferten oder nur als Titel nachweisbaren griechischen Dramen – aus einer durch Hochrechnung für das 5. Jahrhundert anzunehmenden Zahl von mindestens Tausend – sich fast die Hälfte mit Barbaren befaßt (Bacon, S. 7-9), die eigentlich historischen und ideologiekritischen Fragen: Warum waren gerade die Tragiker so interessiert an Barbaren und inwiefern waren ihre Interpretationen des überkommenen Mythos durch diese Einstellung bestimmt (S. XII)? Denn in der Tat ist die Behandlung des Barbaren im Drama durchaus eigenständig verglichen mit der der Ethnographen, Historiker und Philosophen oder der in den verschiedenen Genera der bildenden Künste. H.'s. Fragestellung vermag also auch Lösungswege aufzuzeigen für das scheinbare Dilemma, daß die griechischen Äußerungen über den Barbaren im 5. Jh. teilweise höchst widersprüchlich sind. Sie müssen es sein! Denn die einzelnen Genera sind nicht willkürlich gewählt, sondern fordern bzw. erlauben jeweils verschiedene Aspekte und Wertungen des Barbarenthemas (zur Funktion der künstlerischen Gattung vgl. die Aufsatzsammlung in Visible Religion 7 [1990] – für das 5. Jh. dort S. 184f.) Die scheinbaren Widersprüche sind durch die unterschiedlichen Situationen und Zielsetzungen bestimmt, von denen etwa die ethnographischen Berichte Herodots oder die politisch-pädagogischen Dramen, physiognomische Studien von Fremden bei Vasenmalern (Metzler, D.: Porträt und Gesellschaft 1977. S. 108-128) oder triumphale Kampfreliefs mit Siegen über Barbaren geprägt sind.

Nicht die Möglichkeit, ethnographische Charakterisierungen von Fremden auch aus Dramentexten gewinnen zu können, interessiert H., sondern das in der Tat bemerkenswerte Phänomen, daß in ihnen einzelne Gestalten und ihr Ambiente durch Exotismen „barbarisiert" werden können: der Opferdiener ein Asiat, die Teppiche persisch, die Musik phrygisch oder trojanische Fürsten als orientalische Despoten und die dionysische Ekstatik als fremde Religiosität. Warum? H. verweist (S. 1) auf die Selbstdefinition durch Opposition zum Fremden. Das europäische 18. Jahrhundert nutzt die Ethnographie – sowohl selbstkritisch als auch affirmativ – ebenfalls in dieser Weise. Wie das athenische 5. Jahrhundert v. Chr. ist es ein bürgerliches Zeitalter, in beiden werten sich die aufstrebenden bürgerlichen Schichten gegen die ältere hierarchisch-ständische Ordnung auf – einerseits durch die Berufung auf eine allgemeine natürliche Humanität, andererseits durch die Kontrastierung mit dem Orientalen und/oder dem Primitiven. Weder das christliche Mittelalter noch das archaische Griechenland brauchten die Konfrontation mit dem Andersartigen zur Selbstvergewisserung. Beiden war die vorgefundene Welt ein einheitliches Ganzes, in dem Macht und Ansehen hierarchisch verteilt waren, und beiden standen außerdem gerade im Orient kulturell und politisch überlegene Gesellschaften gegenüber. Ihre Besonderheiten wurden staunend wahrgenommen und in ihrer Mannigfaltigkeit als Ausdruck der Wunder göttlicher Schöpfung beziehungsweise der natürlichen Einheit der Welt begriffen.

Das ändert sich in der Antike gerade in jener Epoche, als das bürgerlich-dynamische Athen expansiv wird. Da das Drama eben in dieser Polis und in diesem historischen Moment sich nicht nur entwickelt, sondern auch zur führenden literarischen Gattung aufsteigt, ist es nur sinnvoll, im Rahmen seiner politischen und gesellschaftlichen Funktion nach der so auffälligen Rolle des Barbaren, oder abstrakter: des Exotischen im Drama zu fragen. H. betont das von Anfang an, indem sie darauf aufmerksam macht, daß die athenische Demokratie nach innen auf der Arbeit der Sklaven – fast ausschließlich barbarischer Herkunft – und nach außen auf dem durch panhellenische Ideologeme gestützten Seebund – gegen die Barbaren – beruht (S. 2). Zum „Rollback" des persischen Einflusses wurde Panhellenismus „as a legitimization of the Athenian leadership of the Delian league" eingesetzt. Darin bildete „the invention of the barbarian ... a response to the need for an alliance against Persian expansionism and the imposition of pro-Persian tyrants" (S. 16). Ein Konzept, das um so heftiger strapaziert wurde, je mehr der Einfluß des Gegners sank, denn es diente „as a tool of propaganda for the hegemonial or imperial rule of a polis; it served to justify the hegemony ... by proposing a common aim, war against the barbarians" (S. 17, Anm. 54 nach Perlman). Bei einer so klaren Stellungnahme nimmt es nicht wunder, daß die Autorin auch die moralischpädagogische Zielsetzung ihrer historischen Analyse umreißt: „In an era which must see the fight against racism and nationalism as crucial to the survival of mankind, there may have been a reluctance to spend time on this artistic expression of one of the most unattractive aspects of classical Greek ideology, its arrogant and insistent chauvinism. But the Greek mind will never be understood unless its faults are accepted alongside its virtues" (S. 73).

Gerade die „artistic expression", der sie ihre besondere Aufmerksamkeit widmet, ist aber in diesem Falle so untersuchungswürdig, weil – nicht nur in der athenischen Klassik – die literarischen und bildkünstlerischen Gestaltungen des Barbarenbegriffs bzw. Feindbildes normativen Charakter haben. Edward Said betont deswegen in der Einleitung zu seinem „Orientalismus"-Buch S. 30 besonders den Aspekt der „Repräsentation": „Bereits in Aischylos' Drama ‚Die Perser' ist der Orient von etwas sehr Entferntem und einer oft bedrohlichen Andersartigkeit in Figuren transformiert, die relativ bekannt sind (bei Aischylos: die trauernden asiatischen Frauen)", um dann zu folgern: „Die dramatische Unmittelbarkeit der Repräsentation der Perser v e r s c h l e i e r t die Tatsache, daß das Publikum eine sehr künstliche Inszenierung dessen sieht, was ein Nichtorientale als ein Symbol für den ganzen Orient setzte". Daher haben für seine Analyse des europäischen Orientalismus „solche Repräsentationen *als Repräsentationen*", deren Evidenz keineswegs sichtbar sein muß, Bedeutung „und nicht als ‚natürliche' Abbildungen des Orients". Deshalb muß man „Stil, Sprachfiguren, Szene, narrative Mittel, historische und soziale Bedingungen ansehen und *nicht* die Korrektheit der Repräsentation".

Verschleierung ist andererseits auch die neuzeitlich klassizistische Verharmlosung der aggressiven Sprache des Euripides: Orest 1430, wo der Dichter den Phryger sein eigenes Tun mit bárbaros bezeichnen läßt, übersetzt Ernst Buschor, der auch den todgeweihten Neger im Rachen des „Krokodil des Sotades" (1919) mit „Negerlein" verniedlichen zu müssen glaubt, falsch, aber glatt mit: „nach der Heimat Brauch", oder analog dazu entschärft er Eur. Troad. 991, wo Hekabe die „barbarische Kleidung" ihres Sohnes Paris erwähnt, durch Verschweigen des anstößigen Wortes, indem er „Kleiderprunk" setzt. Hier wird wie mir scheint besonders sinnfällig, wie notwendig H.s Analyse der Funktion der Barbaren in einer literarischen Gattung von d e r Bedeutung ist, die in Athen das Drama hat, denn: „Überhaupt Worte (Reizwörter, Sprach/regelungen, Memoranden zwischen den Zeilen / zu entziffern) haben mehr Wirkung / als die Dinge / warum?

weil sie verdecken / verallgemeinern vervielfältigen / weil sie verdecken was fehlt" (Braun, V.: Training des aufrechten Ganges 1979).

Um die neue Qualität des Barbarenbildes, das sich unter dem Eindruck der Perserkriege bei Aischylos zuerst manifestiert (wie es die Forschung verständlicherweise immer schon gesehen hat), stellt H. in Kapitel 1 „Setting die Stage" (S. 1-55) die vorklassische Entwicklung des Barbarenbegriffs dar und in Kapitel 2 „Inventing Persia" (S. 56-100) die Fixierung des Bildes des Hauptfeindes. Kapitel 3 „The Barbarian Enters Myth" (S. 101-159) behandelt die Erfindung eines neuen „Vokabulars" und neuer Techniken, mit denen das Drama das Feindbild aufbaut. Kapitel 4 „An Athenian Rhetoric" (S. 160-200) umreißt den innenpolitischen und daher ideologischen Rahmen des Diskurses über den Hellenen-Barbaren-Gegensatz. Der Epilog „The Polarity Deconstructed" (S. 202-223) zeigt auch Inversionen und Grenzen der geläufigen Stereotypen auf. Eine umfangreiche Bibliographie, Stellen- und Sachindices bilden auf über 50 Seiten den Schluß.

Da ich mich selbst gelegentlich mit dem griechischen Barbarenbild wie auch mit den Achämeniden beschäftigt habe, reizt ein so gegliedertes Buch mit einem so klug und herausfordernd gewählten Titel verständlicherweise zum Dialog – bei dem unbescheidenerweise der eigene Part hier naturgemäß überwiegt. Das ist so, weil H.s Buch nicht nur so viele Informationen, sondern ganz besonders neue Einsichten und Denkanstöße vermittelt, so daß die anfallenden Assoziationen vor allem auch ein Zeugnis für die Wirkungsmächtigkeit ihres Anregers sind. Dessen Bedeutung wird andererseits dadurch unterstrichen, daß es darauf aufmerksam macht, wie sehr die öffentliche Aufführung der Dramen an den städtischen Dionysien auch und gerade dadurch ihre auf den Seebund bezogene politische Funktion zu erfüllen hatte, daß die Bünder verpflichtet waren, mit ihrer Teilnahme auch die Abgabe und Vorführung ihrer Tribute zu demonstrieren (S. 163 – vgl. Busolt, G.: Griech. Staatsrecht 1926. S. 1353f. Meier, Chr.: Die politische Kunst der griechischen Tragödie 1988. S. 68f.). Ganz offen zeigte sich hier die Polis als Tyrann (W. R. Connor in Festschrift für G. F. Else 1977. S. 95ff.), aber ausgesprochen werden durfte diese Anmaßung der Hegemonialmacht im Drama nicht (wohl in der Komödie). Tyrannis blieb das Stereotyp für den Orient (S. 154-159).

Analog verhält es sich mit der Wahrnehmung expansionistischer Politik: Sie galt den Griechen als so typisch persisch (S. 69), daß sie von Herodot (VII, 8a, 1 und IX 41, 4 – vgl. J. Evans in The class. Journ. 57 [1961]. S. 109ff.) geradezu als persischer *nomos* bezeichnet werden kann. Nicht reflektiert wird dagegen die Aggressivität und Expansion Athens – Annektion von Eleutherai und Salamis sowie Eroberungen in Thrakien durch Peisistratos oder andere „Einzelpersönlichkeiten" – und dann der athenischen Demokratie im besonderen: Enteignung von Ackerland des euböischen Chalkis für 4.000 arme athenische Siedler ein Jahr nach kleisthenischen Reformen (506) oder die Zerstörungen Äginas und des ätolischen Chalkis (456), um vom Seebund als einem „tax-taking empire" (Mayne, H. S.: Lectures on the early history of institutions (1875) [3]1880. S. 385) zu schweigen.

Damit ist ein sozialpsychologischer Mechanismus angesprochen, der die propagandistische Evokation der Hellenen-Barbaren-Antithese immer wieder bestimmt: die projektive Selbstentlastung. Tyrannen sind bekanntlich ein griechisches Phänomen, das zwar in der archaischen Zeit seine weiteste Verbreitung kannte, doch auch später immer wieder auftrat und im Verhältnis zu seinen Bündnern den Demos von Athen als den kollektiven Tyrann erwies. Das Drama projiziert den Tyrannenvorwurf fast ausschließlich auf die Barbaren (S. 59, S. 203). Thukydides' wissenschaftliche Betrachtung bot statt dieser Selbstentlastung die Historisierung, die zeitliche Dimension als Bewältigungsstrategie an. Nach seinem Schema „Wie die Barbaren heute noch, so einst die Griechen in ihrer Frühzeit" (I 5, 6) ließe sich im rationalen Diskurs Vieles erklären, was die emotionale Unmittelbarkeit des Dramas dem Fremden anlastet: Z.B. war der luxuriöse Aufwand *(habrosyne* und *tryphe*, der als barbarisch denunziert wird [S. 80f., S. 126f., S. 207f.]), Standesprivileg und als solches Standespflicht des griechischen Adels in archaischer Zeit (Nenci, G.: *Tryphe* e colonizzazione, in: Forme di contatto e processi di transformazione nelle società antiche = Coll. de l'Ecole Franc. de Rome 67 [1983]. S. 1019ff. und Lombardo, M.: *Habrosyne* e habra nel mondo greco arcaico, ebd. S. 1077ff.), und um sein herausragendes Künstlertum zu dokumentieren, betont in klassischer Zeit der Maler Parrhasios ebendiese *habrosyne* (Athenaios XII 543 cdf. Metzler, Porträt und Gesellschaft 1977. S. 59). Entsprechend sind auch die Formen von persischem Luxus dem Alkibiades als *medismos* angelastet worden (Athenaios XII 535e). Das als so anmaßend empfundene Wagenfahren (S. 96, S. 205) gehört ebenfalls hierher, ganze Reihen von schwarzfigurigen Vasenbildern preisen es im archaischen Athen und Pindar widmet Wagenfahrern Siegeslieder. Andererseits ist es bezeichnend für die Prägung moderner Vorurteile durch das antike Bild vom Despoten, daß das Stehen des Siegers auf der Leiche des Gegners nicht anders als „orientalisch" gedeutet werden kann (S. 207), wo doch auch die klassische griechische Triumphalkunst dieses Motiv kennt (Paus. X 13, 10: Tarent auf dem Japygerkönig Opis).

Schließlich ist noch der Vorwurf der Frauenherrschaft bei den Barbaren (S. 95, S. 202f.) hier zu nennen, denn auch das ältere Griechenland hatte sein Matriarchat – trotz der in Mode gekommenen strukturalistischen Eskamotierung der durchaus ernstzunehmenden Bachofenschen Beobachtungen. H. bemerkt sehr richtig, daß das Verdikt gegen diese Phänomene erst von der athenischen Demokratie formuliert wurde, die als solche nicht nur egalitär, sondern auch chauvinistisch – im doppelten Sinne: nationalistisch und sexistisch – war. Vgl. E. Borneman (in: Lessing, E.: Griechische Sagen 1977. S. 241) über die Erziehung der Söhne der Hellenen durch Mythen zur Erkennung ihrer Feinde: „Und wer waren diese Feinde? Die Fremden und die Frauen." Wie der barbarische Orient aus der Perspektive der Selbstdarstellung Athens im Drama weibisch wurde (S. 201ff. – Vgl. G. Piccaluga in Mesopotamien und seine Nachbarn, hrsg. v. H. J. Nissen – J. Renger 1978 [²1987]. S. 575ff.), so wurde er auch despotisch (S. 99, Anm. 198, vgl. Valensi, L.: Venise et la Sublime Porte. La naissance du despote 1987. S. 74, S. 117 zum griechischen Einfluß und S. 124). In Goethes ‚Epimenides' Erwachen' (1815) lautet deshalb die Regieanweisung zum 10. Auftritt des 1. Aufzuges lapidar: „Dämon der Unterdrückung tritt auf, im Kostüm eines orientalischen Despoten".

Schon das griechische Vorurteil war so selbstverständlich (S. 58), daß Herodot seine gegenteiligen eigenen Kenntnisse von Demokratie in persischer Politik (VI 43, 3 und III 80, 1) – die Verfassungsdebatte ist weniger sophistisch als orientalisch, genau wie Lessings aufklärerische Diskussion der alten Ringparabel zunächst einmal orientalisch ist – ausdrücklich als staunenswert und „einigen Griechen unglaubwürdig" erklären mußte. Offensichtlich haben die Athener unter dem verinnerlichten Druck, ihre Freiheit legitimatorisch demonstrieren zu müssen, auch ihr Feindbild besonders negativ ausstatten müssen. Da nicht sein kann, was nicht sein darf, leugnet die Selbsteinschätzung der Griechen auch das noch in den Perserkriegen von ihnen selbst praktizierte Menschenopfer (Phanias von Lesbos in Plut. Them. 13, 2-5. Vgl. jetzt auch Hughes, D. D.: Human sacrifice in ancient Greece 1991) und stigmatisiert diesen Brauch als typische Eigenart der Barbaren (S. 27, S. 145ff., S. 211). Herodot, der entsprechende Vorwürfe gegen Busiris und die Ägypter entkräftet, sie vielmehr an Menelaos richtet (Her. III 115, 119), wird deswegen auch prompt noch von Plutarch als *philo-barbaros* denunziert – vergleichbar auch die Schmähung der Sophisten als „Barbaren" in den Vögeln des Aristophanes (1700f.), schließlich auch die „Barbarisierung" des innergriechischen Feindbildes, wenn das Drama das athenische Spartabild nach der Karikatur Persiens formt (S. 214). Diese simple, aber durchschlagende Methode, geschätzte Eigenarten bei sich selbst, unerwünschte oder weniger geachtete bei Fremden zu suchen, reduziert sich auf die schematische Opposition von Griechen-Nichtgriechen (S. 183). Martin Luther hat so gesehen im Römerbrief (I 14) *barbaroi* ganz sinnvoll mit „Ungriechen" übersetzt.

Da das „Ungriechische" als solches aber auch erkennbar sein muß, gehört zu seiner theatralischen Vergegenwärtigung zumindest partiell die Kenntnis des Fremden. „Inventing Persia" (S. 56ff.) scheint mir deshalb nicht die ganz richtige Überschrift, da H. dank ihres soliden Wissens über die achämenidische Kultur und Geschichte Aischylos für sein Perser-Drama eben diese

Kenntnis bescheinigen kann. Ebenso wie die Bühnensprache exotische Assoziationen evozieren muß und offensichtlich punktuelle Kenntnisse fremdsprachiger Wörter und Klänge zumindest bei einem Teil der Zuschauer voraussetzen kann (S. 117ff.), werden auch fremde Waffen, Geräte und Kleidung als Exotica auf der Bühne zeichenhaft eingesetzt (S. 81, S. 158). Entsprechende Luxusgüter waren trotz vorgeblicher *austerity* in Athen (bei der Oberschicht?) relativ verbreitet und trotz offensichtlicher Gefahr des *medismos*-Vorwurfes auch beliebt, so daß Margaret Christin Miller ihrer Harvard Diss. 1985 über „The Arts of the East in Fifth-Century Athens" höchst treffend den eleganten Titel „Perserie" geben konnte.

Mit Aischylos' Persern beginnt zwar naturgemäß die uns bekannte Stilisierung des Gegners zum exotischen Barbaren, und er überträgt die Technik der „Barbarisierung" des Gegners auch auf das mythische Paradigma der Perserkriege, wenn er die Trojaner als Phryger darstellt (S. 39 zu Aisch. Frg. 446), doch werden die Perser von ihm bekanntermaßen nicht ohne Sympathie (S. 71) dargestellt und der Vorwurf imperialer Hybris von der Stimme des toten Königs Dareios selbst gegen seinen eigenen Sohn gerichtet – zwar griechisch gedacht (S. 70), aber als eine innerpersische Angelegenheit vorgeführt. G. Walsers Beobachtungen, daß die „pejorativen Züge in das Barbarenbild" erst mit den Bedürfnissen der Seebundspropaganda ihre eigentliche Ausprägung erfahren (Hellas und Iran 1984. S. 7), bleiben von dieser Priorität des Aischylos allerdings unberührt (S. 57, Anm. 4; vgl. S. 16f., S. 55, S. 59).

Als Instrument politischer Propaganda, die das Drama in Athen über seine hier nicht zur Debatte stehenden religiösen, pädagogischen und künstlerischen Aspekte hinaus zu leisten hatte (S. 54ff., S. 183), steht es der öffentlichen Gefallenenehrung (*epitaphios logos*) naturgemäß sehr nahe (S. 198, Anm. 119 nach Loraux). Das von Platon im Menexenos stilisierte Beispiel kann bei aller feinsinnigen Ironie nicht so an der Wirklichkeit vorbei konstruiert sein, daß das arrogante Selbstlob der Athener, sie seien – als angeblich Autochthone übrigens! – von Natur aus „Fremdenhasser" (*physei misobarbaroi*, 245 D), als unhistorisch beiseite geschoben werden könnte. Man sollte Platon als reaktionären Staatstheoretiker hier genauso ernst nehmen, wie bei seiner Rechtfertigung der konstitutiven Lüge von der Ungleichwertigkeit der Menschen, mit der er die Klassenherrschaft seines Idealstaates zu begründen versucht (Staat 414 b). Das Skandalöse seiner Zumutung überspielt er bezeichnenderweise mit der Bemerkung, der entsprechende Mythos sei phönizischer – also barbarischer – Herkunft.

Gerade hier (S. 193) ist noch einmal daran zu erinnern, daß es literarische Texte sind – Platon und das Drama – die die griechische „antipathy towards the rest of the world" (S. 195 nach Demosthenes) kultivieren. Sie preisen den Haß auf das Fremde und nutzen seine identitätsstiftende Potenz. Daß sie dabei nicht das „Niveau" ihrer deutschen Epigonen erreichen, mag – pace C.

G. Jochmann – mit den Fortschritten der Poesie zusammenhängen, noch mehr allerdings mit dem pietistisch gefärbten christlichen Sendungs-bewußtsein ihrer wichtigeren Wortführer, wie die Blütenlese im Kapitel über „Die Erziehung zum Nationalhaß in den Befreiungskriegen" in H. D. Frank, Geschichte des Deutschunterrichts (1973). S. 432ff. anschaulich belegt. Jakob Burckhardt, der als Bürger von Basel der Deutschtümelei vom Anfang seines Jahrhunderts ziemlich fern stand, konnte sich schon über die vergleichsweise harmlosen Ausfälle des Euripides erregen, wenn er ihm vorwarf, daß er „bereits die Vorurteile seiner athenischen Zuschauer auf eine wahrhaft widerliche Weise mißbraucht" (Griech. Kulturgeschichte, Ausgabe 1956, I. S. 301 mit Hinweisen auf Eur. Orest). Schon Aristophanes sah sich durch diese Haltung herausgefordert. Natürlich ist auch er mit seinen Verleumdungen der Barbaren nicht zimperlich, aber die Obsession, mit der sich der von ihm gehaßte Euripides in der Skythen-Szene der Thesmo-phoriazusen zu den komischsten Barbarisierungen verleiten läßt – H. hat das in einem eigenen Aufsatz scharfsinnig analysiert (Philologus 123 [1989]. S. 38-54) –, zeigt noch durch die ironische Distanz des Komikers, daß Euripides' sophistisch-rhetorische Bildung zu Überakzentuierungen – in be-liebiger Richtung übrigens – einsetzbar war (S. 221f.).

Daß Euripides (Orest 485) wie übrigens auch Antiphon (87 B 44, B Col. 2, 9) das Verbum „sich barbarisieren" benutzt (S. 219) – wozu auch immer interessiert hier nicht (vgl. jedoch D. Metzler in Hephaistos 10 [1991]. S. 106; Corpus dei papiri filosofici greci et latini I, 1989. S. 176ff.) –, zeigt doch, wie sehr das hellenozentrische bipolare Denken kulturelle Wahr-nehmung und politisches Urteil deformiert hatte. Nimmt man die ebenso üblen Begriffe *mixhellenes* und *mixobarbaros* – beide nach den Lexika im 5. Jahrhundert geläufig (vgl. S. 178) – hinzu, scheint es mir nicht so leicht, die Hellenen vom Vorwurf des Rassismus deswegen freizusprechen, weil es anachronistisch sei (S. IX), den Begriff hier zu verwenden, denn seine konkreten Inhalte – auch die modernen – bestimmten ihre Einstellung und ihr Handeln (Metzler, D. – Hoffmann, H.: Zur Theorie und Methode der Erforschung von Rassismus in der Antike, in: Kritische Berichte 5, 1 [1977]. S. 5ff.). Der klassenspezifische Charakter von Rassismus wird daran deutlich, daß die „äthiopischen" Heldenfiguren des Memnon und der Andromache als Weiße unter schwarzen Nebenfiguren dargestellt werden. Eine „popularity of blacks in Greek vase-painting" (S. 139) ist so vor-dergründig nicht zu behaupten, wie Snowden idealisierend interpretierte (S. 140 in Anm. 112 zitiert). Mit Recht hebt H. die Tatsache hervor, daß „almost all Athenian slaves were barbarians" (S. 101) und daß erst durch die Verbreitung der Sklavenarbeit die Demokratie ermöglicht wurde. Sie hat dementsprechend die Wahrnehmungs- und Handlungsweisen der Bürger gegenüber den Barbaren beeinflußt durch das vorgefundene Klassen-verhältnis. Dessen Widerspiegelung im Drama hat auch gerade mit Bezug auf den Barbaren-Begriff eingehend Citti, V.: Tragedia e lotta di classe in Grecia (1979) behandelt. Bemerkenswerterweise führen auch die Ausgrenzungen innerhalb der Gruppe der Freien – durch das perikleische Bürgerrechts-Gesetz von 451/50 – zu Begriffen, die den Denkkategorien des Fremdenhasses und des Rassismus entstammen. Auch sie haben ihren Widerhall ebenso im Drama (S. 175-181) wie der Mythos von der Autochthonie (S. 171), der zur Begründung eigener Überlegenheit über die eingewanderten Dorer wie über die mit Barbaren vermischt lebenden Jonier (S. 168 zu Eur. Bacch. 17-19, vgl. Corsaro, M.: Gli Ioni tra Greci e Persani. Groningen Workshop 1988, in: Achaemenid History VI, hrsg. v. H. Sancisi-Weerdenburg 1991) und zur Rechtfertigung von Kriegen als Verteidigungskriegen eingesetzt werden konnte (H. Hoffmann in Antiquity 62 [1988]. S. 746).

Da H. (S. 211-223) den „edlen Barbaren" im Drama als „the paradigm of the rule-proving exception" / S. 222) einführt, sei, um auch ex contrario noch einmal die sozialpolitische Besonderheit eben der athenischen Tragödienaufführungen zu betonen, auf die ganz andere, nämlich überaus positive Bewertung verwiesen, die bestimmte, halb mythische Barbaren wie Skythen/Hyperboräer und Äthiopen als „utopische" Völker (S. 114, S. 149) in der Bildsprache der Jenseitsreligion erfahren konnten (Thimme, J.: Griech. Salbgefäße mit libyschen Motiven, in: Jb. Staatl. Kunstslgn. in Baden-Württ. 7 [1970]. S. 7-30. H. Hoffmann in Festschrift für J. Thimme 1983. S. 67). Sie tauchen als Hoffnungssymbole religiöser Erwartungen vom Rande der den Griechen bekannten Welt auf. „Warten auf die Barbaren" überschrieb Konstantinos Kavafis 1904 sein Gedicht auf die Dekadenz der spätantiken Stadtkultur, deren Situation denkbar weit entfernt ist von diesen mythischen Jenseitsbildern wie von der imperialen Barbarenpolitik Athens im 5. Jahrhundert. Dennoch scheinen gerade auch für das Selbstverständnis der Klassik die von mir in der Übersetzung von W. Josing (1983) hier als Überschrift zitierten Schlußverse des Gedichtes ihre besondere Bedeutung zu haben:

Καὶ τώρα τί θά γένουμε χωρὶς βαρβάρους;
Οἱ ἄνθρωποι αὐτοὶ ἦσαν μία κάποια λύσις.

Zur Münzkunst Siziliens im 5. Jahrhundert v. Chr.

Unter den vielfältigen Kulturlandschaften des Mittelmeergebietes hat Sizilien stets eine besondere Stellung eingenommen. Immer wieder haben neue Einwandererströme ihre Kultur der Insel eingepflanzt, aber stets haben Landschaft und Volkstum dieser so „wüst üppigen" Insel – wie Goethe sie bezeichnet – den fremden importierten Kulturen ihren eigenen Stempel aufgeprägt. Die zähe, schwerblütige und rücksichtslose Kraft dieser Insel bricht aus den Schöpfungen der neolithischen Keramik und frühzeitlichen Terrakotten ebenso hervor wie aus den Gemälden Antonello da Messinas und den Komödien Luigi Pirandellos.

Ihre Hochblüte von Kunst und Kultur erlebte die Insel jedoch in den Jahrhunderten der griechischen Städte, wo wiederum das 5. Jahrhundert sich zu besonderer Höhe heraushebt. Für diese so glänzende, alle Gebiete menschlicher Tätigkeit umfassende Blütezeit legen die Münzen beredtes Zeugnis ab.

Mit vollem Recht gelten sie als die schönsten der griechischen Welt, doch wie weit sie als rein griechische Schöpfungen zu gelten haben, wird um so weiter fraglich, als man sich der Eigenständigkeit Siziliens bewußt wird. Ernst Langlotz wies in einem grundlegenden Aufsatz in „Antike und Abendland II" 1947 auf die Wesenszüge der bildenden Kunst Großgriechenlands hin[1]. Neben den Terrakotten bieten die Münzen das beste Studienmaterial für die Frage nach dem Sizilischen in der Kunst der griechischen Epoche der Insel, wobei die Münzen wegen der Exaktheit und besseren Erhaltung der Prägung in Metall noch den Vorzug haben.

Nach zögernden, aber gleichwohl bedeutenden Anfängen in der zweiten Hälfte des 6. Jahrhunderts beginnt die Münzkunst der verschiedenen sizilischen Städte in den ersten Jahrzehnten des 5. Jahrhunderts in ihrer künstlerischen Qualität und bedrängenden Mannigfaltigkeit das Niveau des Mutterlandes mindestens zu erreichen. Sicher steht Sizilien dabei besonders unter dorischem Einfluß. So ist in syrakusanischen Arethusaköpfen das Vorbild der korinthischen Athenaprägungen zu spüren (Boehringer Nr. 46ff.)[2]. Aber neben diesen in ihren festen und schwellenden Formen typisch griechischen Geprägen stehen andere (Rizzo, S. 184, Taf. D, 1[3] = B. Nr. 34-36): ihre Ge-

---

[1] Einem Kolleg Prof. Wegners über „Sizilien" im SS 1961 verdanke ich ebensosehr zahlreiche Anregungen wie auch den Vorlagen und Vorträgen im Westfälischen Münzverein.

[2] Boehringer, E.: Die Münzen von Syrakus. Berlin 1929. Abgekürzt: B.

[3] Rizzo, G. E.: Monete Greche della Sicilia. Rom 1946. Abgekürzt: R.

sichter wirken weich, verschwommen. Das Auge löst sich kaum aus der Fläche, wie in Ton modelliert scheint der Kopf zu sein, die Haare sind in grobe
Strähnen aufgeteilt, deren Buckel sich nicht wie auf den zur gleichen Serie
gehörigen Stücken (R. Taf. D, 2) hart und prall aneinanderdrängen, sondern
ein gleichsam malerisches Geflimmer bilden[4]. Verwandt sind diesen Köpfen
die frühen Stierprotomen von Gela, die die gleiche Art der Augenbehand-
lung zeigen: nicht in fester Begrenzung, sondern in weichen Übergängen
sind sie gebildet[5]. In den Jahrzehnten des strengen Stiles wird das Motiv des
Arethusakopfes in immer neuen Formen von den verschiedensten Künstler-
charakteren gebildet. Man glaubt, sie auch verschiedenen Landschaften zu-
weisen zu können: Neben der dorischen Schwere und Energie (B. Nr. 304)
steht die ionisch anmutende Zierlichkeit (B. Nr. 292), dagegen das gänzlich
andere Profil von B. Nr. 309 und 313.

Die beiden ersten sind sicher Griechen, der letztere jedoch möglicherweise ein einheimischer Sizilianer. Wie ist das möglich? Die Griechen haben
zwar Kolonien gegründet, haben ihre junge Mannschaft ausgesandt, aber in
mehr als 200 Jahren, d.h. etwa sieben Generationen, fand eine Mischung mit
der einheimischen Bevölkerung statt. Das erscheint um so gewisser, als gerade die Griechen – noch dazu in entfernten Kolonien – sich bei ihren Heiraten nicht mit rassischen oder nationalen Vorurteilen belasteten. Die blühenden Städte müssen eine starke Anziehungskraft auf die Alteingesessenen
ausgeübt haben, die die Griechen selbst eher noch herausgestrichen als neid-
voll versteckt haben werden. Schließlich ist so gut wie niemals die Rede von
kriegerischer Eroberung bei der Gründung der Kolonien. Allerdings kommen im Laufe des Krieges gegen Karthago (480) sizilianische Kriegsgefangene, die auf der Seite Karthagos standen, in die Hand der Griechen, die sie
in Massen als Sklaven-Handwerker in ihre Städte abführen, wie Diodor XI,
25, 2ff. berichtet. Sollten unter diesen nicht auch Stempelschneider der
Münzstätten gewesen sein? Zumal, da ja Münzstätten einige Ähnlichkeit mit
den aus Athen bekannten Töpferwerkstätten aufweisen, die in großem Maße
Sklaven – also Fremde – beschäftigten.

Wie einheimische Sklaven im Rahmen der Münzstätte beschäftigt wor-
den sein können, vermag ein Beispiel zu erläutern. G. E. Rizzo hat für einige
Prägungen von Katane einen gemeinsamen Künstler, den „Maestro della
foglia" angenommen. Bei genauem Hinsehen zeigen sich jedoch erhebliche
Unterschiede (Rizzo, S.108, Taf. C). Nicht die Entwicklung eines einzelnen
Meisters bis hin zur vollendeten Lösung läßt sich aus der Reihe der Abbil-

---

[4] Die Schrift ist nicht regelmäßig nach innen gerichtet um den Kopf herumgeführt,
sondern in recht wilden, zum Teil verzeichneten Buchstaben spiegelverkehrt in einer
krummen Reihe aufgeführt.

[5] Regling, K.: Die antike Münze als Kunstwerk. Berlin 1924. Nr. 252 und 263.

dungen erschließen, sondern ein Nebeneinander mehrerer Künstler verschiedener Herkunft. Das Urbild eines jugendlichen Apollo ist von dem griechischen Meister mit dem Olivenblatt (Taf. C, 3) geschaffen, das zeigen deutlich die scharf geschnittenen Formen der Haare, die in mehreren Schichten übereinander liegend eine sorgfältig geordnete, lockere Frisur bilden, die straff gespannten Wangen, die deutlich umrissenen Augen. Jede Form ist deutlich erkennbar von ihrer Umgebung abgegrenzt. (Die Exaktheit ist hier nicht so sehr eine Frage der Meisterschaft als vielmehr des künstlerischen Empfindens.) Nicht so beim Gegenstück (Taf. C, 2), das sich in den Einzelheiten als direkte Kopie erweist, jedoch in ganz anderer Manier: die Haare geben ihr vielfältiges Nebeneinander auf zu Gunsten eines groß gesehenen Ineinanders in nur einer Ebene. Das Gesicht wird weichlich, verschwimmt und gewinnt so einen neuen, üppigen Liebreiz. Schließlich die konsequente Weiterbildung dieser Stiltendenzen auf der dritten Stufe (Taf. C, 1): sämtliche plastischen Werte sind von malerischem Oberflächenspiel aufgelöst und zu einer flimmernden, reich bewegten, ja geradezu zerfledderten Fläche aufgelöst. Wiederum drängt sich der Vergleich mit der Modellierung in Ton auf, nicht Formen werden herauskristallisiert, sondern Übergänge betont. Mit aller Vorsicht könnte man diesen Stil impressionistisch nennen. Während der Stempelschneider von Taf. C, 2 sich noch um die Kopie der griechischen Art bemühte, bildet der von Taf. C, 1, schon etwas ganz Neues: sizilische Variation über ein griechisches Thema.

Bei den Stempeln mit dem Efeublatt läßt sich derselbe Vorgang auf zwei Stufen erneut zeigen: Taf. C, 4, das klar und übersichtlich gegliederte, aus vielfältigen, phantasievollen Formen gefügte Original und die schematisierend übertreibende Kopie (Taf. C, 5) mit ihrer weichen aufdringlichen Plumpheit. Ebenso zeigen sehr deutlich die Münzen von Gela die Tätigkeit einheimisch-sizilischer Kopisten nach griechischen Originalen. Mehrere dieser grob und unproportioniert, aber gerade wegen ihrer strengen Energie interessant gestalteten Nachschneidungen sind in dem Münzhort vom Mazaros, westlich von Selinunt gefunden worden[6]. Sehr unbekümmert setzt der sizilische Kopist die Bestandteile der Bilder aneinander, trennt überdeutlich die Flächen ab, fügt in Disharmonien die Körperglieder und behandelt in graphischer Holzschnittmanier massig und eindringlich die Oberfläche (R. Taf. XIX, 1, 7a; XXXVI, 2). In der Kopie zeigt sich die deutliche Unterlegenheit gegenüber dem Original, wenn man mit griechischen Maßstäben mißt. Sobald sich der sizilische Künstler jedoch aus dieser Enge des bloßen Imitierens zu befreien vermag, steht die neue, unbekümmerte Frische und Stärke eines ganz anders gearteten Kunstwollens dem Griechischen frei — und für unsere heutigen Begriffe ebenbürtig – gegenüber.

---

[6]   Lloyd, A. H.: Westsicilian Find, Num. Chronicle, Ser. V, Bd. V (1925), S. 277-300.

Vom Griechischen her gesehen bleiben solche Köpfe wie die frühen Apollines von Leontinoi (R. Taf. XXIV, 2) ganz unverständlich, ja sogar minderwertig und unfertig. Doch liegt ein gewisser Zauber in dieser sehr ursprünglich simplen Art des Aneinanderreihens von Einzelheiten, die sich sehr eigenwillig keiner gemeinsamen Harmonie fügen wollen, die aus den Münzbildern genauso spricht, wie etwa aus der widerspenstigen Naivität des Bronzekuros von Selinunt in Castelvetrano. Unvermittelt sitzt ein recht dürftiger, schraffierter Haarknoten an einer großzügig, straff durchfurchten Haarkalotte. Nase und Auge drohen das Gesicht zu sprengen, sammeln den ganzen Ausdruck des Gesichtes auf diese Punkte. Die dekorative „Lust zum Fabulieren" löst die kunstvoll gefügte Frisur auf, um vor und hinter dem Ohr sehr natürlich Löckchen hervorrieseln zu lassen. Die Rückseiten einiger dieser Münzen (R. Taf. XXII, 23-25) zeigen in ähnlicher Weise recht ungriechisch verwilderte Löwenköpfe.

Die Nachbarstadt Katane soll wieder ein Beispiel für einen anderen Aspekt sizilischer Kunst bieten. Die herben, großartigen dorischen Apolloköpfe (R. Taf. X, 1-4) bezeichnete Langlotz als einige der schönsten und würdigsten Apollobilder überhaupt[7]. Neben diesen sehr ausgewogenen, wuchtigen Gesichtern zeigen die Münzen von Katane jedoch auch ein ganz anderes Menschenbild, das im Laufe des strengen Stils vorherrschend wird (R. Taf. X, 9, 10; XI, 1-14). Eine merkwürdige frische Lebendigkeit hat die Wucht der schönen Formen im Sinne einer größeren Natürlichkeit und Spontaneität geradezu überwunden. Die große, lang und schmal geformte Nase charakterisiert ein kluges, lebensvolles Wesen, scharfe Falten am Hals und am Mund verraten Energie und Jugendfrische. Fast möchte man von einem Porträt sprechen.

Die Arethusaköpfe von Syrakus weisen ähnliche Tendenzen einer individueller empfundenen Schönheit auf, die nichts gemein hat mit der in konsequenter Tradition höher und höher entwickelten, geradezu abstrahierenden Schönheit griechischer Köpfe. Gesichtsfalten, geknickte, große Nase und ein fast leidender Mund (B. Nr. 652) scheinen eine bestimmte Person bezeichnen zu wollen. Ferner die Arethusa des „Maestro della dama col sakkos" (R. Taf. XXXVIII, 20) – schon auf der Stufe der Hochklassik (450-439), zeigt sie diese persönlichere, augenblicksnahere Auffassung von erhabener Größe. Unaussprechlich schön muten diese Köpfe an, aber ihre Schönheit ist nicht die der Klassik. Ihr eigentümlicher Reiz wird vielmehr aus geradezu antiklassischen Elementen wie Verschiebung der Proportionen, Heftigkeit der Linienführung oder Vermischung der plastischen Formen gebildet. Auch das

---

[7] Von ihnen existieren wiederum leicht erkennbare sizilische Kopien (R. Taf. X, 6-7) mit steilerem Profil, scharf geschnittenen Zügen, vereinfachten Lorbeerkränzen und spielerischen Zierlöckchen vor und hinter dem Ohr.

Demarateion (R. Taf. XXXVI, 2) gehört hierher. Die Vergleiche mit den Köpfen der Orpheus-Schale und des Pan-Malers, die W. Schwabacher in dem Opus-Nobile-Heft 1957 anstellt, zeigen zwar die Gleichzeitigkeit, aber doch auch die Andersartigkeit des Menschenbildes Siziliens: die große, leicht vorgewölbte Nase, das spitzige Kinn, die niedrige Stirn und die groß-flächigen Wangen sprechen viel ursprünglich-elementarer als es im griechi-schen Mutterland noch möglich ist. – Was hier – wie auch in anderen Bei-spielen – zunächst als zeitlicher Unterschied erscheint, ist in Wirklichkeit durch die Verschiedenheit des künstlerischen Temperamentes der Land-schaften bedingt. – Die überschlanken Proportionen des Wagenlenkers und der Pferde auf der Vorderseite zeigen dieselbe Art.

Sizilischem Schönheitsempfinden entspricht besonders die Anhäufung dekorativer Elemente. In der Buntheit und dem übermäßigen Gepränge der Tondächer der archaischen Tempel oder in den überladenen Fassaden der Barockdome drückt es sich ebenso aus wie in der maßlosen Üppigkeit der Frisuren der Münzbilder. Besonders charakteristisch sind neben den zahlrei-chen Stempeln der Dekadrachmen mit der Kimon-Signatur wiederum Ge-präge von Katane. Der Apollokopf mit der Choirion-Signatur (R. S. 112, fig. 24)[8] verschwindet geradezu unter der exuberanten Fülle der Haare. Immer neue Schnörkel variieren die Formen der Locken. Buchstaben, Symbole, Beizeichen, Gesicht und Haare füllen in unübersichtlichem Gedränge das Rund der Münze, ja drohen es zu sprengen. Das Nonplusultra erreicht die Auflösung des Haares jedoch in den wirren Haarschöpfen der spätklassi-schen Apolloköpfe (R. Taf. XIV, 2, 3), die eine höchst eigenwillige Weiter-bildung der Köpfe mit dem Olivenblatt (R. Taf. C, 1-3) darstellen – nur ohne den Lorbeerkranz.

Eine verwandte Art der Haarbehandlung findet sich bei den Zeusköpfen von Lokroi Epizephyrioi (Leu, Katalog Bruttium 1961, Nr. 87-88), die gera-dezu barbarisiert erscheinen. Hier noch von griechischer Kunst sprechen zu wollen, dürfte wohl niemandem einfallen. Bei diesem Sprung hinüber auf die terra ferma sei noch hingewiesen auf die Vielfalt der möglichen Verhält-nisse in Unteritalien zur griechischen Münzprägekunst: Während Elea, Thourioi und Tarent stets einen rein griechischen – um nicht zu sagen atti-schen – Stil prägen, erscheinen in Sybaris, Poseidonia und anderen Orten sehr schwerfällig urtümliche Gestaltungen der Götterbilder und Tierzeichen, die kaum mit der mutterländisch-griechischen Anmut und Natürlichkeit zu vergleichen sind.

---

[8] Die Signatur ist hier sehr viel nachlässiger gezeichnet als auf der Münze R. fig. 25. Graphologisch betrachtet stellt sich hier dieselbe Frage, die bei vielen Münz-signaturen gestellt werden muß: Sind alle signierten Stempel einem Meister zuzu-schreiben, oder wird die Signatur mit kopiert?

Es würde den Rahmen dieses Artikels – den Rahmen eines Versuches – sprengen, wollte man die Gesamtheit der unteritalisch-sizilischen Münzkunst erfassen. Wie in den griechischen Städten sizilische Stempelschneider tätig waren, so haben auch die sikeliotischen und nicht zuletzt die punischen Offizinen – besonders Segesta, Panormos und Eryx – mit besonderer Vorliebe griechische Künstler herangezogen, die allerdings oft nur die Entwürfe angefertigt haben werden. Denn zahlreiche Köpfe der Nymphe von Segesta (R. Taf. LXI) sind von schwerfälliger Hand in so harter und trockener Manier ausgeführt, daß man auch hier trotz der Unterschiede zu den feineren Stilen der in den griechischen Städten kultivierten sizilischen Künstler ebenso Sizilianer als Stempelschneider annehmen muß. Deutlich unterscheidet sich von dieser massiven Manier die flächenhaft verhärtete Art der punischen – schematisierten und verzerrten – Nachbildungen von Panormus (R. Taf. LXIV, 27). Die Punier weisen hier wie auch sonst eine große Mannigfaltigkeit der Imitationen und Adaptationen fremder Stile auf.

Die vorklassische Hälfte des 5. Jahrhunderts brachte in besonderem Maße vielfältige und eigenständige Schöpfungen, die im 4. Jahrhundert, der nachklassischen Periode – unter dem starken Einfluß von Syrakus und Athen – zu einer vereinheitlichten und rationalisierten Stil-Koine hindrängen; die große Rolle, die hier der wirtschaftliche Niedergang Siziliens spielte, bleibe in unserem Rahmen dahingestellt. Wie Antonello da Messina in der Frühzeit der Renaissance seine großen eigentümlichen Werke schafft, so sind auch die typisch sizilischen Münzprägungen Schöpfungen der kraftvollen Jugendzeit der klassischen Epoche.

Eunomia und Aphrodite
Zur Ikonologie einer attischen Vasengruppe*

Mythologische und dramatische Szenen bilden die Masse der attischen Vasenbilder. Daneben gibt es aber auch – wie T. B. L. Webster einmal zusammengestellt hat – mehrere hundert Personifikationen, also menschengestaltige Darstellungen abstrakter Begriffe[1]. Diese können zwar ihrerseits in allen Epochen zu mythologischen Gestalten oder gar Göttern werden und auch in dramatisch-erzählenden Bildern als handelnde Figuren auftreten, doch erreichen sie ihre charakteristische Ausprägung in scheinbar handlungslosen Reihen statuarisch anmutender Einzelfiguren auf Vasen des sogenannten Schönen Stils vom Ende des 5. Jahrhunderts vor Christus.

Aus ihnen soll hier eine bestimmte Gruppe herausgegriffen werden, um zu versuchen, durch die ikonologische Betrachtung ihrer inhaltlichen und formalen Besonderheiten einen Einblick zu gewinnen in die geistige und politische Situation Athens, dessen demokratische Gesellschaft in jenen Jahrzehnten des peloponnesischen Krieges und seiner für Athen katastrophalen Folgen erheblichen Pressionen von innen und außen ausgesetzt ist. Glücklicherweise kann sich ein solches Unterfangen dankbar auf eine solide Basis archäologischer wie philologisch-historischer Vorarbeiten stützen – sowohl auf Samelwerke wie Beazleys Vasenlisten oder Hamdorfs Buch über die „Kultpersonifikationen der vorhellenistischen Zeit", Grossmanns Basler Dissertation über die „Politischen Schlagwörter aus der Zeit des Peloponnesischen Krieges[2]" und natürlich Roschers „Mythologisches Lexikon" als auch auf wichtige Einzelarbeiten verschiedener Autoren, unter denen hier nur H. Metzger, E. Simon und R. Hampe[3] stellvertretend für viele genannt seien.

---

* Dieser Aufsatz ist die überarbeitete Fassung eines Vortrages, der am 5.2.1979 auf Einladung von J.-P. Vernant in Paris am Collége de France gehalten wurde.

[1] T. B. L. Webster in Journ. Warburg-Courtauld Inst. 17 (1954), S. 10ff.; ders.: Potter and Patron in Classical Athens. London 1972. S. 68ff.

[2] Hamdorf, F. W.: Kultpersonifikationen der vorhellenistischen Zeit. Mainz 1964. Grossmann, G.: Politische Schlagwörter aus der Zeit des Peloponnesischen Krieges. Basel 1950.

[3] Metzger, H. : Les représentations dans la céramique attique du IVe siècle. Paris 1951; ders. : Recherches sur l'imagerie athenienne. Paris 1965 ; Simon, E.: Die Götter Griechenlands. München 1969; dies. in OJH 41 (1954). S. 77ff.; Hampe, R.: Eukleia und Eunomia, in: RM 62 (1955). S. 108ff.

Nr.	Vasenform	Museum	ARV²	Eunomia	Eukleia	Paid(e)ia	Eutychia	Eudaimonia	Euthymia	Hygieia	Thaleia	Aponia	Makaria	Antheia	Klymene	Pandaisia	Pannychis	Harmonia	Himeros	Peitho	Aphrodite	Eros	Halie/Nesaie
1	Lekanis	Mainz	1327,87	■	■																■		
2	Pyxis	London E775	1328,92	■		■		▶													■		
3	Lekythos	London E697	1324,45	■		■		▶											■		■		
4	Lekanis	Neapel 316	1327,85	■	■		▶								▶		▶	▶		▶			
5	Hydria	Slg. Hope	—	■	■																		
6	Lekythos	Paris Bauville	1326,67	■							▶												
7	Oinochoe	Budapest	1324,41 bis	■	■																		
8	Lekythos	Baltimore	1330,8	■		■	▶				▶									▶	■		
9	Lekythos	Kansas City	1248,8	■		■		▶	▶					▶							●		
10	Amphora	Berlin	apulisch	■																			
11	Fragm.	Antwerpen	—																				
12	Lekythos	Reading	1330,7					▶		▶			▶										
13	Lekythos	London E696	1316 a					▶								▶			■				
14	Lekanis	Neapel 2296	1327,86												▶					▶		■	
15	Pyxis	New York, MM	1328,99		■					▶		▶								▶	■	■	◆
16	Schale	Neapel Astarita	1269,6																	▶			

Hampe war es denn auch, der durch seine Publikation eines Lekanis-
Deckels aus dem Umkreis des Meidias-Malers in Mainz mit den Darstellungen von „Eukleia und Eunomia" in der Umgebung der Aphrodite den Anstoß
gegeben hat zu dem hier vorgetragenen Versuch, die durch eine ganze Reihe
von Vasenbildern suggerierten Beziehungen zwischen der Liebesgöttin und
solchen Eigenschaften wie Wohlverhalten oder guter Ordnung (Eunomia)
und gutem Ansehen oder Ruhm (Eukleia) darzustellen.

Hätte der erwähnte Mainzer Deckel einer Lekanis nicht die Namen Eunomia und Eukleia den Figuren beigeschrieben (Abb. 1-5), so könnte mancher
sich schnell damit zufriedengeben, die gabenbringenden Frauen als dem
Bereich des Privatlebens zugehörig abzutun. Frauengemachbilder oder
häusliches Leben wären dann die geläufigen Kategorien, die noch in einer
neueren Dissertation[4] als Sammelbecken für die mannigfaltigsten Personifikationen herhalten müssen, obwohl von verschiedenen Ausgangspositionen
her mehrfach betont wurde, in den beigeschriebenen Bezeichnungen nicht
etwa Namen mehr oder minder historischer Individuen zu sehen[5] – aber
selbst dann wäre zumindest die eigenartige Namenwahl als solche des Frau-
gens wert, sondern wie Webster etwa sie nannte: „explanatory personifi-
cations"[6]. In ihnen weiterhin schlicht Schöpfungen der Phantasie des Künstlers[7] zu sehen, enthebt zwar der Pflicht zu intensiverem Nachdenken, muß
sich aber andererseits den Vorwurf eines platten Positivismus gefallen lassen. Hampe konnte vielmehr nachweisen, daß es sich bei beiden Gestalten
keineswegs um sogenannte blasse Personifikationen später Zeit, sondern um
alte attische Gottheiten handelt, denen andererseits auch noch im Hellenismus Priesterämter zugeordnet waren. Der Sessel in der Prohedrie des Dionysostheaters ist dafür monumentaler Beweis, zeigt er doch, wie ernst Kultus

---

[4]   Papadaki-Angelidou, V.: Αἱ προσωποποιήσεις εἰς τὴν ἀρχαίαν Ἑλληνι-
κὴν τέχνην . Athen 1960. S. 129f.

[5]   So etwa Tillyard, E.: The Hope Vases. Cambridge 1923. S. 63f. und S. 110 –
dagegen Hampe, a.a.O., S. 121 und D. Metzler in Festschrift H.E. Stier. Münster
1972. S. 113.

[6]   Webster (1972), S. 68.

[7]   Papadaki-Angelidou, a.a.O., S. 116. Peinlich wird es, wenn ebd., S. 130, empfohlen wird, gar nicht erst nach einer tieferen Bedeutung zu suchen, da es sich bei
den fraglichen Bildern um häusliche Szenen handele. Die Behauptung, daß die
Figuren – mit Aphrodite in Lebensfreude verbunden (a.a.O., S. 128) – in rein
dekorativer Absicht (a.a.O., S. 129) auf Gefäßen dargestellt wurden, die angeblich
nur von Frauen verwendet wurden, ist – von ihrer positivistischen und klassizistischen Naivität einmal abgesehen, gewiß auch unter aufklärerisch-femi-
nistischen Gesichtspunkten anfechtbar – etwa nach der Methode, die Silvia
Bovenschen (Die imaginierte Weiblichkeit. Exemplarische Untersuchungen zu
kulturgeschichtlichen und literarischen Präsentationsformen des Weiblichen.
Frankfurt 1979) entfaltet hat. – Daß diese Kritik sich nicht gegen die einzelne
Dissertation richtet, dürfte den dafür verantwortlichen Altmeistern und ihrer Schule
klar sein.

und Ritual für Eunomia und Eukleia genommen wurde und welchen gesellschaftlichen Rang ihre Priester einnahmen, wenn ihnen einer der Ehrenplätze im Theater zustand, wo übrigens auch die Priester der Aphrodite Pandemos und der Peitho ihre Sitze hatten[8].

Auffällig bleibt jedoch die Zusammensetzung des Kreises der Personifikationen um Aphrodite: Pothos, das Verlangen, Eros, Himeros, die Sehnsucht, Harmonia, Eutychia oder Eudaimonia – beide Glück bedeutend – gehören zweifelsfrei hierher, aber weniger einleuchtend ist der Zusammenhang von Eunomia (gute Ordnung, Eintracht, Gesetzlichkeit, Wohlverhalten), Eukleia (Ruhm, Ansehen), Paideia (Kinderaufzucht, Erziehung, Bildung) oder Aponia (Mühelosigkeit) mit der Liebesgöttin[9]. Daher scheint es sinnvoll, nach einem Überblick über das seit Webster und Hampe übersichtlich zusammengestellte Bildmaterial (Schema S.115)[10] erneut nach Interpretationsweisen zu suchen, die dem vermuteten komplexen Sinnzusammenhang näher kommen.

Diese Komplexität gilt besonders für den Bereich der Eunomia. Wenn sie auch möglicherweise schon früh (Homer Odyssee 17. Gesang 487) eine Verhaltensweise eines einzelnen Menschen bedeuten kann – die Götter sehen auf die Hybris und die Eunomia von Menschen (ἀνθρώπων ὕβριν τε καὶ εὐνομίην), so liegt ihr Ursprung doch im sozialen Leben der Menschen untereinander: In Hesiods Theogonie (Vers 902) ist Eunomia neben Dike (Recht) und Eirene (Frieden) eine der drei Chariten, der Töchter des Zeus. Diese politisch-soziale Bindung wird die vorherrschende in Athen zur Zeit Solons, und bildet im gleichzeitigen Sparta das eigentliche Schlagwort für die Eintracht und Gleichwertigkeit der Spartiaten. War sie somit in der archaischen Zeit sowohl von Demokraten als auch von Aristokraten zu reklamieren, so verlor sie einerseits in Athen an politischer Konkretheit, wo sie seit dem 5. Jhd. immer häufiger als private Tugend – als Wohlverhalten –

---

[8] Hampe, a.a.O., S. 111f. Maass, M.: Die Prohedrie des Dionysostheaters in Athen. München 1972. S. 127. Die Sesselinschriften sind gesammelt in IG II² 5022-5164. Aphrodite – 5149, Peitho = 5131. Daß ein Tempel der Eukleia aus der Perserbeute errichtet wurde (Paus. I 14,5. Hampe, a.a.O., S. 112) zeigt die politisch-militärische Bedeutung dieser Gottheit im 5.Jhd. v.Chr.

[9] Zusammengestellt bei Richter, G. M. A. – Hall, L. F.: Red-figured Athenian vases in the Metropolitan Museum of Arts. New Haven-Yale 1936. Nr. 161 (= hier Nr. 15). – Selbst Harmonia (hier Nr. 4) kann nicht allein privatistisch gesehen werden, vielmehr verwies schon Götte, E.: Frauengemachbilder in der Vasenmalerei des 5. Jhd.. Diss. München 1957. S. 71 auf die „Harmonie spendende, staatserhaltende Bedeutung" Aphrodites. Vgl. dazu unten Anm. 14.

[10] Literaturnachweise zu den einzelnen Vasen sind über die angegebenen Beazley ARV-Zitate zu erreichen. – Nr. 5 (Hydria der Slg. Hope) = Hampe, a.a.O., S. 119 e. Nr. 10 (Amphora Berlin) = Hampe, a.a.O., S. 120h und Papadaki-Angelidou, a.a.O., S. 125 Nr. 5. Nr. 11 (Fragm. Antwerpen) = D. Cramers in AA 1978. S. 67ff.

begegnet, während sie andererseits – im Gegensatz zur Isonomia (Gleichheit vor dem Gesetz, einer der frühen Bezeichnungen für die Demokratie) – geradezu zum Schlagwort für konservative Verfassungen werden konnte[11]. Pindar preist im diesem Sinne die Oligarchie von Korinth, Aigina und dem Lokrischen Opus wegen ihrer Eunomia[12], die sowohl die gute Ordnung des Staatswesens als auch die Sittlichkeit des Einzelnen umgreift. Will man für Athen, woher immerhin neun der zehn mir bekannten Darstellungen der Eunomia auf Vasen stammen, nicht die gänzliche Verinnerlichung einer politischen Kategorie zu einer moralischen annehmen, so bleibt die Möglichkeit, in der weiten Verbreitung dieses Schlagwortes im Athen des 5. Jhd. den zunehmenden Einfluß der sparta-freundlichen Oligarchenpartei zu sehen, wofür Grossmann zahlreiche Belege gesammelt hat[13].

Aphrodite steht einem solchen Verständnis von Eunomia nur scheinbar im Wege, denn Herrin der Liebe ist nur eine ihrer Funktionen. In Athen wie auch anderswo hat sie darüber hinaus als Schützerin des Staates mannigfaltige politische Funktionen[14], die sich in den verschiedenartigen Kulten widerspiegeln – als Beispiele seien nur Aphrodite Nomophylakis (Wächterin über die Einhaltung der Gesetze) in Kyrene oder Aphrodite als Führerin des Demos in Athen genannt[15]. Bezeichnenderweise wird diese Aphrodite Pandemos bei dem notorischen Antidemokraten Platon zur sinnlichen Liebe – von der Urania als der himmlischen getrennt[16], um dadurch in ihr – analog zur Gestalt der Eunomia – einen wesenhaft politisch-sozialen Aspekt zu einem privaten nicht nur zu verinnerlichen, sondern ihn obendrein – da demokratisch – auch noch verächtlich zu machen.

Diesem notwendig skizzenhaften Überblick wird nunmehr als unser eigener Beitrag der Versuch folgen, die Vielfalt der Sinnzusammenhänge auf Vasenbildern mit Personifikationen am Beispiel einer formal wie inhaltlich verhältnismäßig geschlossenen und übersichtlichen Gruppe aus dem Umkreis des Meidias-Malers (Schema S. 115) zu entfalten. Ausgehend von dem zunächst subjektiven Eindruck, daß die vordergründig überraschende Ver-

---

[11] Solon: Jaeger, W.: Solons Eunomie, in: Sb. Akad. Berlin 1929. S. 69ff. Grossmann, a.a.O., S. 30ff. Sparta: Grossmann, a.a.O., S. 31f., Aristokratie: Grossmann, a.a.O., S. 33ff. Hampe, a.a.O., S. 118.

[12] Ebd.

[13] Grossmann, a.a.O., S. 34f., S. 77f.

[14] Bachofen, J. J.: Versuch über die Gräbersymbolik der Alten. Basel 1859. S. 166f., S. 208. Oliver, J. H.: Demokratia, the gods and the free world. Baltimore 1960. S. 91ff. F. Sokolowski in Harvard Theol. Review 57 (1964). S. 1ff. F. Croissant – F. Salviat in BCH 90 (1966). S. 460ff.

[15] Kyrene: IG XIV 448, Sokolowski, a.a.O., S. 3. Athen: IG II² 2798, Sokolowski, a.a.O., S. 1.

[16] Platon, Symp. 180d. Xen. Symp. VIII 9.

bindung von Eunomia und Aphrodite in Bildern, deren wesentliche formale Gestaltungselemente einmal manieristischer und lyrischer, zum anderen klassizistischer und rhetorischer Art sind – worauf noch im Einzelnen einzugehen ist – Ausdruck der ikonologischen Komplexität dieser Denkmälergruppe ist, soll nach Methoden gesucht werden, den Nachweis zu erbringen, daß in diesen Bildern mehrere Sinn-Ebenen einander überlagern, die über das einfache Evozieren bloßer Nebenbedeutungen und Konnotationen hinausgehen.

Wenn diese Überlegungen auch eine gewisse Verallgemeinerung beanspruchen, so muß doch andererseits zugleich davor gewarnt werden, in allen und jeden Bildern oder Texten Mehrdeutigkeit zu vermuten. Im Bereich der Personifikationen mindestens, jedoch scheint uns dieses Suchen und Mutmaßen gerechtfertigt, da die Begriffe selbst vieldeutig sind, und die griechischen Götter sich nicht nach Art von Ressort-Göttern auf einen bestimmten Tätigkeitsbereich festlegen lassen.

Um zu entscheiden, ob das Mutmaßen über mehrdeutige – seien es sich ergänzende oder widersprechende – Interpretationen durch den modernen Betrachter dessen Subjektivität entspringt, oder ob die Griechen selber mit der Möglichkeit von Mehrdeutigkeit (Ambiguité) bestimmter Bilder und Texte rechneten, so daß entsprechende historische Zeugnisse als wegweisende Interpretationshilfen genommen werden können, empfiehlt es sich, die einschlägigen antiken literarischen Quellen zu befragen.

Plutarch geht im 2. Jhd. n.Chr. in seiner Abhandlung über „Das Daimonion des Sokrates" auf das Problem der polyvalenten Mythendeutung ein, indem er darstellt, wie Menschen verschiedener Bildungsstufen und verschiedener religiöser Erfahrung auf unterster Ebene (Kap. 11) in einem so äußerlichen Vorgang wie dem Niesen des Sokrates die Anwesenheit jenes Daimonions erleben – übrigens nach R. B. Onians eine nur scheinbar unbedeutende Lebensäußerung, in der sich nach älterer, auch den Griechen geläufiger – Vorstellung vielmehr die Wirkung der Seele als Substanz der Lebenskraft zeigt[17]. Auf höherer Stufe wird dann (Kap. 20) das Daimonion als die Fähigkeit, Gott zu hören verstanden, und den wahrhaft Eingeweihten gilt es schließlich als letztes Mysterium (Kap. 21f.). An anderen Stellen[18] trennt Plutarch in der mystagogischen Funktion des Mythos einen oberflächlichen und auf der Hand liegenden Logos von einem philosophischeren. Proklos' spätantiker Platonkommentar[19] geht in derselben Interpretationsrichtung

---

[17] Onians, R. B.: The origins of european thought about the body, the mind, the soul, the world, time and fate. Cambridge ²1954. S. 103ff., S. 205, Anm. 4.

[18] Plutarch, Isis et Osir, 7, 353d und 32, 363d: λόγος ἐμφανὴς καὶ πρόχειρος und φιλοσοφώτερος λόγος.

[19] Proclus, ad rem publ. II 108, 17 Kroll (= Festugière III 51).

noch weiter, greift damit aber nur Denkformen auf, die schon Platon selber
andeutete, wenn er im Gorgias (492 E) etwa den Mythos von der Strafe der
Danaiden, den ja auch Polygnot von Thasos in seinem Unterweltsgemälde in
der Lesche zu Delphi[20] dargestellt hatte, wie er sagt, nach Art eines in
Sinnbildern dichtenden (μυθολογεῖν) Mannes aus Sizilien als Bild für die
Leiden der Seele interpretiert, um so – wie an anderen Stellen auch – philosophisches Verstehen mit der Einweihung in die Mysterien zu parallelisie-
ren. Genauso versteht auch Pausanias oder sein delphischer Fremdenführer
die Danaidenszene des Polygnot, sicher zu Recht, denn der Gruppe der
Nicht-Eingeweihten ist auf demselben Gemälde die Gruppe der Kleoboia
gegenübergestellt, die – als Eingeweihte – die Demetermysterien nach Thasos brachte[21]. Diese durch die platonischen Stichwörter „Analogia" und
„Amphibolia" vermittelte „Legitimation des Sprechens und Verstehens auf
zwei Ebenen" hat H. Dörrie jüngst dargelegt[22].

Doch Platon ist Philosoph und schreibt eine gute Generation nach der
Entstehung der hier in Frage stehenden Vasenbilder. Bezeichnenderweise
lassen sich jedoch Vorstufen und Vorläufer ausmachen, die sich – wie übrigens auch Platon selbst – über die Kritik an der scheinbaren Anstößigkeit
homerischer Götter-Mythen zu tiefschürfenderen Erklärungen veranlaßt
sehen. Das Stichwort liefert am Ende des 6. Jhd. der Ahnherr der Homer-
philologie, Theagenes von Rhegion mit dem Begriff „Allegoria"[23]. Für ihn
sind Athena und Aphrodite – hinter allem unziemlichen Dichtergeschwätz –
im eigentlichen Sinne Allegorien für Verstand und Begierde. Apollo steht
ihm für Feuer, Hera für Luft.

Auch Stesimbrotos von Thasos – wie sein Landsmann Polygnot in Athen
lebend und den aristokratischen Kreisen der Stadt nahestehend – hat Homer
allegorisch gedeutet. Über seine Tendenz läßt sich mutmaßen, daß sie my-
stagogisch war, zieht man die Fragmente aus seiner Schrift über die Mysterien zuhilfe[24]. Als Rhapsode war Stesimbrotos bis in die Zeit des Pelo-

---

[20] Paus. X 31, 9.

[21] Paus. X 28, 3.

[22] H. Dörrie in Festschrift F. Ohly. München 1975, Bd. 2. S. 9ff., vergl. ders. in
Antike und Abendland 16 (1970). S. 85ff. und ZfNTW 65 (1974). S. 124ff., S. 132.
– Die patristisch-neuplatonische Weiterentwicklung dieses Denkschemas in der
christlichen Theologie hat Ohly, F.: Schriften zur mittelalterlichen Bedeutungs-
forschung. Darmstadt 1977. S. 321ff. unter dem Begriff des „Typologischen
Dreischritts" dargestellt.

[23] Diels-Kranz, Fragmente der Vorsokratiker⁹ Nr. 8, 2. Vgl. Wehrli, F.: Zur
Geschichte der allegorischen Deutung Homers. Diss. Basel 1928.

[24] Jacoby, Fragmente der griechischen Historiker Nr. 107, F 12. Aristokratische
Tendenz: Jacoby, a.a.O., S. 348 zu Frgt. 9. Stesimbrotos scheint den Begriff für den
tieferen Sinn eines Mythos benutzt zu haben (nach Cumont, F.: Recherches sur le
symbolisme funeraire des Romains. Paris 1942. S. 5) – vgl. Xen. Symp. III 6 oder
Platon, Republ. 378d und Plutarch, de audiendis poetis 16e: ταῖς πάλαι μὲν

ponnesischen Krieges in Athen tätig[25], als Aison, dessen Oeuvre man jüngst wieder als das Frühwerk des Meidias-Malers identifizieren zu können glaubte[26], seine Vasenbilder schuf. Möglicherweise lebte er jedoch noch etwas länger. Jedenfalls drängen sich Assoziationen auf, die etwa die Bilder der vom Töpfer Meidias signierten Hamilton-Hydria im British Museum[27] – oben das polygnotisch komponierte Hauptbild des Leukippiden-Raubes, unten der Fries der attischen Phylen-Heroen mit Herakles im Hesperidengarten vereint[28] – mit den mystagogischen Intentionen des Stesimbrotos verbinden möchten. Denn Raub oder Entführung stehen für Aufnahme ins Jenseits, dessen Seligkeit der Hesperidengarten symbolisiert[29]. Die Maler des Meidias-Kreises stünden nach diesen Mutmaßungen – mehr Sicherheit läßt sich vorerst nicht gewinnen – im Banne der zeitgenössischen thasischen Anschauungen. Im formal-kompositorischen Bereich hieße das: Polygnot, wie mehrfach in der Forschung betont wurde (und übrigens auch Aglaophon, Polygnots Bruder – nach F. Hauser)[30], im inhaltlichen: Stesimbrotos, soweit der Bezug von Mythos und Jenseitsglaube in Frage steht[31].

Mehrschichtiges oder mehrdeutiges Mythenverständnis mag Philosophen vertraut sein. Doch darf man dieses „intellektuelle Spiel" auch den scheinbar

---

ὑπονοίαις, ἀλληγορίαις δὲ νῦν λεγομέναις.

[25] Schachermeyer, F.: Stesimbrotos von Thasos und seine Schrift über die Staatsmänner. Sb. Österr.Akad. Wien 1965. S. 9f.

[26] U. Knigge in AM 90 (1975). S. 138ff. Frdl. Hinweis von K. Stähler.

[27] London, Brit. Mus. E 224. ARV² 1313, 5.1.

[28] E. B. Harrison in Hesperia 33 (1964). S. 78f. Kron, U.: Die zehn attischen Phylenheroen. Geschichte, Mythos und Darstellungen. Diss. Würzburg 1973 (= AM Beih. 5, 1976). S. 117f. Auf den polygnotischen Charakter des Leukippiden-Bildes und verwandter Kompositionen des Meidias-Malers haben hingewiesen: Nicole, G.: Meidias et le style fleuri dans la céramique attique. Genf 1908. S. 125; Löwy, E.: Polygnot. Wien 1929. S. 38; Becatti, G.: Meidias. Un manierista antico. Florenz 1947. S. 20; Arias, P. E. – Alfieri, N. – Hirmer, M.: Spina. München 1958. S. 63.

[29] Zu diesem Thema jetzt Kaempf-Dimitriadou, S.: Die Liebe der Götter in der attischen Kunst des 5. Jahrhunderts v.Chr., in: AntK. Beiheft 11 (1979) mit der Rezension von H. Hoffmann in Gnomon 52 (1980). Zur kulturellen Bedingtheit der Auffassungen von Entführung: Scherer, R. – Hocquenem, G.: Coire-Kindheitsmythen. München 1977. S. 9ff. mit der Deutung des Erlkönig-Motivs als Entrückung (S. 36f.).

[30] Nicole, a.a.O., S. 72. – Aglaophon (Brunn, H.: Geschichte der griechischen Künstler. Stuttgart ²1889, Bd. 2. S. 10) malte für den Aristokraten Alkibiades (Athenaios XII 534D = Overbeck SQ 1132). Den Alkibiades auf dem Schoß der Nemea mag man sich etwa in der Art des Adonis auf dem Schoße der Aphrodite auf der Florentiner Hydria des Meidias-Malers (ARV² 1313, 1) vorstellen.

[31] Stesimbrotos steht möglicherweise nur als ein Name für andere verlorene Autoren. Immerhin ist die Häufung der Namen thasischer Herkunft in unserem Zusammenhange auffallend.

naiven Vasenmalern zumuten? Wie mir scheint, ja. Denn nicht nur ihre Auftraggeber, deren Vorstellungen möglicherweise die rhetorisch-aufzählende Reihung der statuarischen Personifikationen beeinflußte, sondern sie selbst müssen ihre Aufträge verstanden und künstlerisch bewältigt haben, sonst wären so ausgereifte Kompositionen wie die der Hamilton-Hydria schwer verständlich. Ist es ferner erlaubt, in Anmut (χάρις) ein Charakteristikum des reichen Stils zu sehen, so bilden auch Inhalt und Form eine Einheit, nennt doch Protagoras[32] die mythologische Darstellung – durch Personifikationen – anmutiger (χαριέστερον) als den nüchternen Logos abstrakter Begriffe. Da der Philosoph diese Form wählt, um sich einem breiten Publikum auf sinnfälligere Art verständlich zu machen, darf man vermuten, daß er eine Darstellungsweise gewählt hat, die auch Vasenmalern zugänglich ist.

Auch aus den Vasen selbst und ihrer Verwendung wird klar, daß ihre Bildprogramme – unter bestimmten Voraussetzungen – von ihren antiken Betrachtern auf verschiedenen Sinn-Ebenen rezipiert wurden. Da ist einmal das Argument der verschiedenen Fundort-Kategorien: Siedlung, Tempel, Grab, in denen Vasen gleicher Darstellungs-Kategorien gefunden wurden. Die gleichen Bilder müssen also, da Profanes von Sakralem und Sepulkralem doch trotz gegenseitiger Durchdringung unterscheidbar ist, mehrdeutig sein. Beispiele dafür bietet eine zweite Beweisgruppe: weil sogenannte Frauen-Gefäße oder typisch weibliche Beigaben sich auch in Männergräbern finden, wie jüngst noch einmal Patricia Gastaldi nachgewiesen hat[33], wird die positivistische Behauptung, daß das Leben im Jenseits nach dem Modell des Diesseits verstanden worden sei – wofür dann die angeblich berufs- und geschlechtsbezogenen Grabbeigaben als Beweis herhalten müssen, vollends zur Plattitüde. Denn auch Sportgeräte oder athletische Preise wie Panathenäen-Amphoren zum Beispiel finden sich auch in Gräbern von Personen, die nicht athletisch tätig waren[34]. Diese Beigaben und ihr Bilddekor haben also für ihre Zeitgenossen eine Doppelbedeutung gehabt, die über ihren vordergründigen Sinn hinausweist. Damit wird hier zwar nichts Neues gesagt[35],

---

[32] Platon, Protag. 320c, vgl. 324d und 328c. Der Mythos steht hier nicht für sich, sondern weist über sich hinaus auf einen Logos, den es hinter der anmutigen Erzählweise zu entdecken gilt.

[33] P. Gastaldi in Convegno internazionale sulla ideologia funeraria nel mondo antico (Univ.di Napoli – CNRS Paris). Ischia 1977. In diesem Zusammenhang ist auch von Bedeutung, daß in manchen Initiationsriten Travestie üblich ist (P. Vidal-Naquet in Annales ESC 23 [1968]. S. 957), will sagen: das Erscheinungsbild überlagert – vorübergehend – das Wesenhafte. Zur Übertragbarkeit von Initiationssymbolik auf Grabriten siehe unten Anm. 62.

[34] Vgl. die Fundort-Liste bei Frel, J.: Panathenaic Prize-Amphoras. Athen 1973. S. 7. und J. Thimme in AA 1967. S. 199ff., bes. S. 212, ders. in Antaios XI (1970). S. 497ff.

[35] Vgl. die Literaturhinweise bei Thimme (1970). S. 489ff.

aber dieses Alte scheint sich geringer Beliebtheit zu erfreuen (wobei die Beliebtheit des positivistischen Ansatzes ebenso groß ist wie seine Unbeweisbarkeit – und seine ideologische Bequemlichkeit).

Die gemeinte Mehrdeutigkeit kann am Beispiel der zahlreichen erotischen Darstellungen aus dem sepulkralen Bereich durch zwei sich gegenseitig erhellende Texte verdeutlicht werden. Der erste ist ein Grabepigramm aus dem 3./2. Jhd. für einen Menekrates in Kyzikos[36]. Der Tote sagt darin unter anderem von sich selbst: „Ich habe Knabenliebschaften nie gehuldigt; allein, kein Makel haftet in der Jugend an den Liebesfreuden (ἀφροδίσια), deren schön skulptierte Bilder das Grab hier zeigt". Läßt man biographische Erklärungen aus Mangel an weiteren Informationen beiseite, so besagt der Text, daß der Grabinhaber oder seine Verwandten sich von dem konventionellen Grabbild distanzieren. Warum das erotische Bild trotz der spießigen Entschuldigung blieb? Möglicherweise aus halbherzigem Traditionalismus – Bilder dieser Art waren üblich, wurden vom Steinmetz angeboten, wurden aber wohl von der moralisierenden Öffentlichkeit des hellenistischen Bürgertums verachtet[37]. Auf jeden Fall also zeigt die Inschrift, daß zwischen Grabbild und individueller Biographie kein unmittelbarer Zusammenhang bestehen muß. Dem Totenglauben verbunden waren diese Bilder, denn schon Heraklit nimmt in einem seiner dunklen Paradoxa – unser zweiter Text – den vordergründig anstößigen Gegensatz von Kult und Obszönität auf, um die Bedingtheit und Ambivalenz menschlichen Handelns bloßzulegen: „Wenn nicht dem Dionysos zu Ehren die Bakchanten dahinzögen und das Lied sängen vom Phallos, dann wäre das doch wohl höchst schamlos. Und dann ist ein und derselbe Hades und Dionysos, dem geweiht sie im Rausche wahnsinniger Lust daherrasen"[38]. Diese Ambivalenz ist zweifach anstößig: das normalerweise Unanständige wird im Kult geheiligt, und außerdem gilt dieser Ausdruck der Lebensfreude dem Gott der Unterwelt. Übertragen vom lebendigen Vollzug auf dessen künstlerische Wiedergabe hieße das: trotz der Gleichheit der Bilder haben sie doch eine verschiedene Bedeutung, je nach dem, ob sie profan, sakral oder sepulkral zu verstehen sind.

Schließlich gilt die Mehrdeutigkeit auf dem weiten Feld der poetischen und rhetorischen Evokation. Das 5. Jhd. hat in unserem Zusammenhang dafür den Begriff des Paradeigma (Beispiel)[39] geprägt: Das Grabepigramm

---

[36] Peek, W.: Griechische Grabgedichte. Berlin 1960. Nr. 232.

[37] Vgl. die von Cumont, F.: Une pierre tombale érotique de Rome, in : L'Ant.Class. 9 (1940). S. 5ff. gesammelten Argumente.

[38] Diels-Kranz, a.a.O., S. 22 B 15. – Mehr Verständnis für Mysteriensymbolik zeigt Herodot II 51, 4.

[39] Protzmann, H.: Paradeigma als Schlüsselbegriff des hochklassischen Stilbewußt-

auf die Gefallenen der Schlacht von Eion erinnert an die Kämpfe gegen die Amazonen und die Zerstörung Trojas, um die Taten seiner Helden in einer „So-Wie-Beziehung" begreifbar zu machen[40]. Das klassische Historienbild[41] lebt weitgehend von dieser Doppeldeutigkeit des Mythos (z.B. Amazonomachie und Ilioupersis am Parthenon). H. Hoffmann führt in diesem Kontext eine rf. Loutrophoros (Frgte. Berlin, Athen) in Athen mit Kriegers Abschied im Hauptbild und der Amazonomachie im Predellafries an, um das über sich selbst Hinausweisende des mythologischen Zitates zu betonen[42]. Erst dadurch wird das verglichene historische Faktum der Darstellung würdig. Neben Paradeigma (Beispiel) tritt – ebenfalls neu im 5. Jhd. – der Begriff Eikon (Bild). Simonides von Keos, dessen von M. Detienne herausgearbeitete Vorstellungen über Denken und Dichtung für die klassische Archäologie noch viel zu wenig fruchtbar gemacht worden sind, sagt: „Der Logos ist das Bild (εἰκών) der Wahrheit"[43]. Auf die Frage: „Wie kommt es, daß du nur die Thessaler nicht täuschen (ἐξακατᾷς) kannst" soll er geantwortet haben: „Weil sie zu ungebildet sind, um von mir getäuscht zu werden." Dichter und Publikum haben hier einen jeweils verschiedenen Realitätsbezug. Für beide bedeutet das jeweilige Bild, d.h. die jeweiligen künstlerischen Mittel, etwas anderes – auch die Wirklichkeit ist nicht mehr, was sie mal war, gerät sie erst einmal zum Stoff des Künstlers. Den Konflikt zwischen bildhaftem Denken in der Dichtersprache und alltäglicher Erfahrung spiegelt auch eine Anekdote wider. Ion von Chios[44] berichtet über Sophokles: Ein standesgemäß pedantischer Lehrer tadelt beim Symposion den Dichter, daß er – ein Wort des Phrynichos zitierend – das Leuchten des Eros auf den purpurroten Wangen des aufwartenden Knaben pries. Der Tadel bleibt ganz an der Oberfläche: wie können purpurrot gepinselte Wangen schön sein? Sophokles zählt daraufhin noch weitere, allen vertraute poetische Formeln auf wie Purpurmund, Goldhaar, Rosenfinger – und hat die Lacher auf seiner Seite. Denn nur der borniere vordergründige – vermeintliche – Realist kann sich ihrem Zeichencharakter verschließen, wenn er nur das Ding (Goldhaar), nicht seine poetische Bedeutung sieht. Genau die nämlich meint der Dichter, da er Poe-

---

seins. Diss. Berol. 3 (1967). S. 48ff.

[40]   F. Jacoby in Hesperia 14 (1945). S. 185ff., bes. S. 203.

[41]   Hölscher, T.: Griechische Historienbilder des 5. und 4. Jhds. v.Chr. Würzburg 1973; K. Schefold in Festschrift F. Stoessl = Grazer Beitr. 4 (1975). S. 231ff.; Thomas, E.: Mythos und Geschichte. Köln 1976.

[42]   H. Hoffmann in Hephaistos 2 (1980). S. 127ff. – Vgl. auch zur Amazonomachie als Todessymbol G. Bakalakis in Ant.K. 14 (1971). S. 81.

[43]   M. Detienne in REG 77 (1964). S. 405ff., bes. S. 408. Metzler, D.: Porträt und Gesellschaft. Münster 1971. S. 154ff. Vgl. Daut, R.: Imago. Heidelberg 1975. S. 12, Anm. 7.

[44]   Blumenthal, A. v.: Ion von Chios. Die Reste seiner Werke. Stuttgart – Berlin 1939. Nr. 8 = Athenaios XIII 603e-604d.

sie ja zitiert. Und obendrein entlarvt er die scheinbar besonders konkret-
sinnliche Erkenntnistheorie seines Gegners, als blutlose Abstraktion, indem
er seinerseits dem Streitobjekt, den Purpurwangen des Knaben, sehr hand-
fest-sinnlich einen Kuß aufdrückt. Selbstironisch und triumphierend zugleich
fügt er hinzu: Schon dieses Strategem müßte Perikles beweisen, daß ich ein
tüchtiger Stratege bin. – Die pedantischen Lehrer sterben nicht aus: Auch
heute noch sehen sie in Purpur und Rosetten nur Purpur und Rosetten. Denn
wie der in szenischen Bilde konkretisierende Mythos kann auch das sogenannte Ornament der Vasen neben seiner dekorativen sowohl eine gegenständliche als auch eine symbolische Bedeutung haben, worauf von
verschiedener Seite mit jeweils unterschiedlichen Argumenten hingewiesen
worden ist – und das nicht nur für die klassische oder spätere Entwicklungs-
stufe der griechischen Kunst, sondern auch schon für die geometrische Epoche[45].

Halten wir einen Moment inne! Im Vorangegangenen wurde der Versuch
gemacht, Argumente aus der literarischen und archäologischen Überlieferung der Antike zu sammeln, die die Fixierung auf eine nur eindimensionale
Mytheninterpretation als obsolet erscheinen lassen. Spätestens seit der Einführung des Münzgeldes und dem Vordringen der marktorientierten Wirtschaft im archaischen Griechenland sind die Dinge nicht nur sie selbst, sondern – da konvertierbar – auch zugleich etwas anderes, denn sie haben nicht
nur einen Gebrauchswert, sondern auch einen Tauschwert[46]. Genausowenig
wie Heraklit von diesen Beziehungen unberührt blieb, genauso scheint es
gerechtfertigt, entsprechende Erfahrungen den Griechen auch im lebendigen
Umgang mit dem Mythos zuzumuten.

Im letzten Drittel dieser Ausführungen soll nunmehr versucht werden,
nach Maßgabe der Methoden, die durch die antike Überlieferung für die
Entstehungszeit der hier zu untersuchenden Vasenbilder legitimiert scheinen,
verschiedene Sinn-Ebenen für die Darstellungen von Aphrodite und Eunomia zu unterscheiden, denn, um es noch einmal zu wiederholen: Eindeutig
sind die Beziehungen zwischen beiden Gestalten nicht.

---

[45] Vgl. Roes, A.: Greek geometric art, its symbolism and its origin. Haarlem 1933.
Himmelmann-Wildschütz, N.: über einige gegenständliche Bedeutungsmöglichkeiten des frühgriechischen Ornaments. Abb. Akad. Mainz. Wiesbaden 1968 und A.
Snodgrass in Proc. Cambridge Philol. Soc.205 (1979). S. 118ff., bes. S. 128
(Bilderwelt als „projective system"). Ferner: Gordon, R.: The real and the
imaginary: production and religion in the graeco-roman world, in: Art History 2
(1979). S. 5ff., bes. S. 14, S. 16, S. 19, S. 25f.

[46] Müller, R. W.: Geld und Geist. Zur Entstehungsgeschichte von Identitätsbewußt-
sein und Rationalität seit der Antike, Frankfurt – New York 1977 (dazu P.
Triefenbach in Festschrift K. Heinrich. Frankfurt 1979. S. 595ff.).

Auf einer vordergründig poetisch-rhetorischen Bedeutungs-Ebene bilden diese auf Grund ihres handlungsarmen Charakters nur scheinbar gleichförmigen Bilder (so E. Götte)[47] die bildliche Entsprechung zu literarisch überlieferten Aufzügen von personifizierten Tugenden, die seit Hesiods schon erwähnter Einführung der Eunomia in die Reihe der Chariten[48] immer wieder begegnen. In Euripides' Bakchen gelangt der Zug der Mysten des Dionysos zu Aphrodite auf Kypros im seligen Kreise von Chariten, Eroten, Pothos und Eirene, der Friedensgöttin, an sein erhofftes Ziel, wo allen gleicher Anteil an mystischer Festfreude winkt – somit auf eine Gleichheit verweisend, die auf Erden nicht gewährt wird[49]. Vergleichbar sind in dem späten kynisch-stoischen Text der Tabula Cebetis die Schilderung von Allegorien. die dem Sokrates-Schüler Kebes in den Mund gelegt werden. Dort ist es Episteme, das Wissen, die die Initianden zu ihrer Mutter Eudaimonia, der Glückseligkeit, hinanführt. Den wohlgeordneten, schlichten Festzug anmutiger Frauengestalten bilden ihre begleitenden Schwestern Andreia (Mannhaftigkeit), Dikaiosyne (Gerechtigkeit), Kalokagathia (Wohlanständigkeit, Adel), Sophrosyne (Mäßigung), Eutaxia (gute Ordnung – in der Stoa soviel wie Takt, aber auch schon bei Aristoteles auch Synonym für bestimmte Aspekte der Eunomia), Eleutheria (Freiheit), Enkrateia (Selbstbeherrschung) und Praōtes (Leichtigkeit, Sanftmut)[50]. Der Ausruf der Hinaufstrebenden „in welch großer Hoffnung (Elpis) sind wir" greift das alte Thema der Großen Hoffnung der Mysten auf[51].

---

[47] Götte, E.: Frauengemachbilder in der Vasenmalerei des 5. Jhd. v.Chr. Diss. München 1957. Die nur scheinbare Gleichförmigkeit verleitete Papadaki-Angelidou dazu, den immerhin durch Gebärden, Attribute und Frisuren oder Zuordnungen zu anderen Gestalten durchaus charakterisierten Personifikationen nachdrücklich jede Individualität – ohne Begründung übrigens – abzusprechen (a.a.O., S. 128).

[48] Hesiod. Theog. 902 – Über politische Aspekte der Chariten-Verehrung im 5. Jhd. vgl. Oliver, a.a.O., S. 91ff.

[49] Eur. Bacch. 402ff. und 414f. – Vgl. den Katalog einander bekämpfender Personifikationen von Charaktereigenschaften in der Erziehung des demokratischen Menschen bei Platon (Resp. 560de).

[50] Tabula Cebetis XX 2-4. – Praótes als Sanftmut wird von Aristoteles (Ath. Pol. 22, 4) als die gewohnte Verhaltensform des Demos (etwa im Sinne von Nachgiebigkeit) bezeichnet, hat also ebenso wie die anderen Synonyme Eutaxia und Sophrosyne über individualistische Aspekte hinaus sehr wohl eine politische Bedeutung (Grossmann a.a.O., S. 70ff.). Eutaxia, von Aristoteles (Pol. VII 1326a 30) mit Eunomia gleichgesetzt, ist auch in der Bildkunst überliefert (O. Palagia in JHS 95 [1975]. S. 181f., frdl. Hinweis von R. Stupperich) – auch hier in politischem Kontext (Urkundenrelief, Athen Nat. Mus. 2958). Mit εὐτάκτειν (Thuk. VIII 1, 3) wird die geforderte Selbstbeschränkung des Demos ausgedrückt.

[51] Tabula Cebetis XX 4: ὡς ἐν μεγάλῃ ἐλπίδι ἐσμέν H. Dörrie in Festschrift F. Ohly. München 1975, Bd. 2. S. 11.

Thiasoi darf man diese Festzüge nennen, die orgiastisch ungebunden in den Bakchen, philosophisch verhalten bei Kebes sich bewegen[52]. Beider Ziele – selige Dauer – scheinen unsere Vasenbilder mit ihren mehr oder minder ruhig in offener Landschaft weilenden Gestalten als erreichte Endzustände zeigen zu wollen. Auf die Vorstellung des Thiasos als Ausdruck des Wirkens der Gottheit in ihren Begleitern hingewiesen zu haben, ist das Verdienst von Jane Harrison, deren Cambridger Offenheit für ethnologische und soziologische Fragen an die Antike noch heutigen Archäologen gelegentlich die Schamröte der Prüderie ins klassizistische bleiche Antlitz steigen läßt. Was sie für Dionysos konstatiert, läßt sich unschwer auch über die Aphrodite der Meidias-Vasen sagen: Der Mysteriengott, der der Ausdruck und die Vergegenwärtigung der durée (Durkheim) ist, ist allein unter den griechischen Göttern – neben Aphrodite, dürfen wir ergänzen – durchgängig von einem Thiasos begleitet, ein grundlegender Tatbestand für das Verständnis seines Wesens. „Der Mysteriengott erhebt sich aus jenen Instinkten, Emotionen und Wünschen, die Leben erwarten und ausdrücken. Aber diese Emotionen, Wünsche und Instinkte sind, insofern sie religiös sind, eher der Aufbruch des Bewußtseins einer Gruppe als eines Individuums"[53]. Allgemeinheit und Vieldeutigkeit sind also demnach eine mögliche Begründung für die rhetorische Handlungslosigkeit der statuarischen Gestalten unserer Vasen, deren Käufen-Publikum höchst heterogener Herkunft war, wenn man berücksichtigt, daß nicht nur die komplex geschichtete athenische Gesellschaft, sondern auch mehr oder minder hellenisierte „Barbaren" Unteritaliens von diesen Bildern angesprochen wurden.

Gerade weil Eunomia verschiedene Erwartungen hervorrufen konnte, und etwa Aponia den Einen die mühelose Leichtigkeit anmutiger Körperhaltung bedeuten konnte – worauf B. Fehr hingewiesen hat[54], den Anderen aber Befreiung von mühevoller Arbeit, kann dieses Wunschziel nicht in konkre-

---

[52] Einige Generationen nach den Meidias-Vasen mit ihrer rhetorisch-klassizistischen Reihung von Figuren des Schönen Stils tritt mit dem Reigen archaistischer Tänzerinnen, wie ihn die Reliefs vom Propylon des Heiligtums von Samothrake (um 340 v.Chr. Lehmann, Ph. W. – Lehmann, K.: Samothracian Reflections. Princeton UP 1973. S. 104ff., Abb. 30-32) zeigen, eine völlig neue, bis dahin nur selten geübte Darstellungsform für die überzeitlich-geistige Bedeutung des Thiasos im Bereich der Mysterienreligion auf. Der archaisierende Rückgriff auf nicht historisch gewordene, d.h. hier: alltäglich gewordene Formen, die aus einer abgeschlossenen, vergangenen Epoche herübergeholt werden, scheint als Vehikel für den Ausdruck der utopischen Hoffnungen der Initianden geworden zu sein. Ihnen zeigt der nicht-alltägliche Thiasos schon im Tor zum Heiligtum ein Bild des Verheißenen. Zum Archaismus als Bruch mit der Geschichtlichkeit: Bammer, A.: Architektur und Gesellschaft. Wien 1974. S. 66f.

[53] Harrison, J. E.: Themis. Cambridge 1912. S. IX.

[54] Fehr, B.: Bewegungsweisen und Verhaltensideale. Bad Bramstedt 1979. S. 12ff.

tem Vollzug – wie Tapferkeit als Tugend im strengen Stil und in der Hochklassik mit dramatischen Zweikampfszenen oder Eros mit der drastischen
Sinnlichkeit spätarchaischer Hetärenbilder – dargestellt werden, sondern
verflüchtigt sich in Abstraktionen, deren hohle Würde mit euripideischer
Lyrisierung und gorgianischem Detail prunkt, um sich in kostbarer Veräu-
ßerlichung der Form zu verlieren[55]. Der prononzierte kalligraphische
Linearismus und die teilweise raffiniert tordierten Körperhaltungen der Personifikationen auf unseren Vasen sind von solcher Art, auf die der antike
Ausdruck κατατεξίτεχνος[56] paßt. Denn „die Form eines Kunstwerkes ist
nichts anderes als die vollkommene Organisation seines Inhaltes, ihr Wert
daher völlig abhängig von diesem", wie B. Brecht sagt.

Der eben erwähnte Käuferkreis in Unteritalien weist nach Maßgabe der
Fundangaben auf eine besondere Bedeutungs-Ebene: die sepulkrale, denn
einige der Gefäße stammen aus den Nekropolen von Ruvo und Egnatia, aber
auch aus der von Eretria in Griechenland selbst[57]. Deutlicher Hinweis auf die
Bezüge zum Totenglauben ist der auf mehreren Gefäßen neben Eunomia
stehende Reiher-Vogel (Taf. 1). der nach J. Thimme als Phönix, Symbol der
Wiedergeburt und Auferstehung. zu erklären ist[58]. Körbe, Truhen, Tänien
(Binden) und Kränze gehören zum Kreis jener Objekte, in denen die „gegen-
ständlich veranschaulichte Doppeldeutigkeit" (E. Götte) Grab und Kult bzw.
häusliches Leben in gleicher Weise meint, wobei die Doppeldeutigkeit sich

---

[55] Vgl. die Charakterisierung des nach-parthenonischen Schönen Stils durch W.
Fuchs in Festschrift B. Schweitzer. Stuttgart 1954. S. 210. – Die Brüche und
Widersprüche in den Lebensformen des ausgehenden 5. Jhds. hat W. Jaeger (Paideia
III. Berlin 1936, Bd. 1. S. 422) mit den Worten beschrieben: „Je großartiger sich die
Zeit äußerlich in dem bedeutenden Format aller ihrer Unternehmungen darstellt, je
elastischer, bewußter und gespannter jedes Individuum seine besondere und die
allgemeine Aufgabe erfaßt, desto trauriger berührt die ungeheure Zunahme der Lüge
und des Scheins, um die dieser Glanz erkauft wird, und die Fragwürdigkeit der
inneren Existenz, von der dieser noch nie erhörte Einsatz aller Kräfte für die äußere
Leistung gefordert wird". Ich möchte diese Worte nicht nur auf die Verklammerung
von psychologisch-politischem Inhalt und rhetorischer Form in unseren Bildern
beziehen, sondern auch auf die den Einzelnen verpflichtenden ideologischen
Zwänge, die sich hier in gefälligem Gewande verbergen. Einfacher sieht V. M.
Strocka (Athens Kunst im peloponnesischen Krieg, in: Krisen der Antike, hrsg. v. G.
Alföldy u.a. Düsseldorf 1975. S. 46ff.) bei der Betrachtung der – unserem
Themenkreis nahestehenden Phaon-Hydria des Meidias-Malers das Problem. Er
fragt sich, ob sich in diesen Bildern „die Sehnsucht nach einer schöneren
Traumwelt" oder ob „sich in ihnen die Genußsucht und der bedenkenlose Leichtsinn
der Athener" (a.a.O., S. 56) ausdrückt.

[56] Becatti, a.a.O., S. 25.

[57] Aus Egnatia: Neapel 316, hier Nr. 4; aus Ruvo: London, Brit. Mus. E 698, hier
Nr. 13; aus Eretria: London, Brit. Mus. E 775, hier Nr. 2.

[58] J. Thimme in JhB. Staatl. Kunstslgen. Baden Württemberg 7 (1970). S. 9 und S.
19. Vgl. auch J. P Martin in Mél. W. Seston. Paris 1974. S. 327ff.

auch gerade darin zeigt, daß die häuslichen Objekte in freier Natur[59] (Taf. 1)
übergeben werden, der Gaben-Austausch als Form der zwischenmenschlichen Kommunikation also auf der höheren Ebene einer idealen Landschaft
dargestellt wird. Einige der Namen wie Klymene weisen direkt auf die Unterwelt – Hades heißt in Hermione Klymenos –[60] oder sind als Nereiden-Namen – Nesaie und Halie – Hinweise auf das okeanische Jenseits[61], andere
– Eunomia und ihr Synonym Sophrosyne oder Paideia – begegnen als Tugenden in Grabepigrammen[62]. Schließlich wäre auf die seit langem beobachtete Austauschbarkeit von Hochzeitsbildern und -symbolen mit solchen des
Totenglaubens hinzuweisen. Die Kongruenz von Tod und Hochzeit vermittelt sich über ihre gemeinsame Funktion als „rites de passage"[63].

Damit kommen wir zur dritten – und für die Griechen wohl einleuchtendsten – Bedeutungs-Ebene, der der Initiation. Initiation als „rite de passage"
hat es in Griechenland – auch in klassischer Zeit – in verschiedensten Formen gegeben, im konkreten Vollzug bestimmter Rituale sowohl als auch in
mythologisch erinnernder Umdeutung von überlieferten Riten zu aitiologischen Mythen[64]. Mysterien unterschiedlicher Herkunft übernahmen oder
erfanden Bilder als deutende und verbergende Hinweise zugleich, so daß
schon von hieraus verständlich werden kann, daß konkrete Bezeichnungen
ganz bestimmter Initiationsriten im größeren Kontext eines Bildes zugleich
Anspielungen auf andere oder allgemeinere Initiationen sein können. Sofern
die Vasen den Typus der sitzenden Aphrodite zeigen, darf man mit E. Langlotz darin den Hinweis auf das athenische Heiligtum der Aphrodite ἐν
κήκοις (in den Gärten) erkennen[65]. Hier fand die Initiation der Arrhepho-

---

[59] Götte, a.a.O., S. 71. Sepulkrale Bedeutung der Gaben: Thimme in Antaios 11 (1970). S. 500f.

[60] Neapel 2296 = hier Nr. 14. Klymenos: Paus. II 35, 4.

[61] Neapel 2296. Thimme in Festschrift U. Jantzen. Wiesbaden 1969. S. 156ff.

[62] Peek, a.a.O., passim.

[63] F. L. Bastet in Bull. Ant. Beschav. 40 (1965). S. 26ff. Borneman, E.: Das Patriarchat. Frankfurt 1975. S. 212. Bolkestein, H.: τέλος ὁ γάμος . Amsterdarn 1933. Die Frage nach der sepulkralen Bedeutung griechischer Vasenbilder mit einem ausschließlichen Entweder-Oder zu beantworten (G. Schneider-Herrmann in Bull. Ant. Beschav. 52/53 [1977/78]. S. 253ff.), erscheint daher als eine zu simplifizierende Reduzierung der Komplexität bildlicher Darstellungen.

[64] Gennep, A. van: Les rites de passage. Paris 1908. Harrison, a.a.O., S. 16ff. A. Brelich in Acta Antiqua 9 (1961). S. 267ff. Bleeker, C. J. (Hrsg.): Initiation = Numen Suppl. X. Leiden 1965. W. Burkert in Hermes 94 (1966). S. 1ff., ders.: Griechische Religion. Stuttgart 1977. S. 390ff.

[65] Langlotz, E.: Aphrodite in den Gärten. Heidelberg 1954. – Gegen Langlotz' Benennung argumentiert A. Delivorrias in AM 93 (1978). S. 12ff.

ren[66] statt, jener 7 bis 11-jährigen Mädchen, die in nächtlichen Ritualen – Pannychis (Abb. 6-7)[67] auf dem Neapeler Lekanis-Deckel – unter anderem durch das furchterregende Tragen geheimnisvoll verschlossener Kisten auf ihren Tempeldienst bei Athena vorbereitet wurden. Die Vasenbilder des Meidias-Kreises zeigen von den Riten nur wenig. Denn von dem typischen Ablauf der rites de passage, deren Dreigliedrigkeit van Gennep als Trennung von der bisherigen Lebensgemeinschaft, Leben in der Absonderung (en marge) und Rückgliederung in die neue Gemeinschaft charakterisiert hat, verschweigen sie das Mühsame (κόνος) und zeigen nur das glückliche Gelingen (ἀκονία) – dürfen auch nicht mehr zeigen, da einerseits die beiden ersten Stufen vielfach der Geheimhaltung unterliegen[68] und andererseits erst der neu errichtete Status Dauer und Erfüllung zugleich bedeutet, die als positive Werte mitteilbar und sozial integrierend sind. Wenn also im Falle der Pannychis bei der Aphrodite in den Gärten konkret die – übrigens höchst seltene – Darstellung einer Initiation von Mädchen vorliegt, scheint es mir doch erlaubt zu sein, an die Übertragbarkeit auf die Initiation der Knaben, d.h. ihre Aufnahme in den Kreis der Epheben zu denken. Denn die dargestellten Werte – Eunomia, Paideia, Eukleia, Harmonia oder Hygieia sind ja auch zugleich die der Ephebenerziehung[69].

Wegen ihrer politischen Bedeutung ziehen wir sie zur Behandlung der vierten und – möglicherweise nur vorläufig – letzten Bedeutungs-Ebene, der soziologisch-politischen. Die Ephebie als Institution des Staates ist in der Zeit unserer Vasenbilder nicht eindeutig belegbar, doch reichen ihre Anfänge in sehr frühe Epochen zurück, wie P. Vidal-Naquet gezeigt hat[70]. Kriegerische und soziale Erziehungsziele sind ihre Charakteristika, dementsprechend steht sie je nach politischer Opportunität nur einem mehr oder minder beschränkten Personenkreis offen. Eukleia, der gute Ruf, synonym zu Eugeneia, edle Abstammung, und fünfmal auf unseren Vasen zusammen mit Eunomia dargestellt, spricht diese Privilegierung deutlich aus[71]. Entsprechendes gilt von den Arrhephoren, die κατ εὐγένειαν (nach ihrer adligen

---

[66]   Burkert (1966), S. 1ff.

[67]   Hier Nr. 4. Paus. I 27, 3. Tragen von Kisten: Burkert (1966), S. 15. – Vgl. hier Nr. 4 und 14.

[68]   Eine Ausnahme bildet etwa die Darstellung der „ballspielenden Arrhephoren" (Langlotz, a.a.O., S. 11, Taf. 31, 1).

[69]   Für diese Übertragbarkeit zwischen Knaben und Mädchen spricht etwa, daß auf dem Ballspielplatz der Arrhephoren eine Statue des ballspielenden Isokrates aufgestellt werden konnte (Deubner, L.: Attische Texte. Berlin 1932. S. 15, Anm. 3).

[70]   P. Vidal-Naquet in Annales ESC 23 (1968). S. 947ff.

[71]   Hier Nr. 1, 4, 5, 7, 15. Möglicherweise ist in dieser Betonung der Abstammung ein Reflex der perikleischen Bürgerrechts-Beschränkungen zu sehen (Aristot. Ath. Pol. 26, 3; vgl. J.-M. Hannick in L'Ant. Class. 45 (1976). S. 136, Anm. 8).

Herkunft) ausgewählt wurden oder den Thesmophoriazusen in einem vergleichbaren Ritual, zu dem auch wieder nur die vornehmsten unter den
Frauen Athens zugelassen waren[72].

Daher scheint es sinnvoll, unter den im Kreis der Aphrodite geschätzten
Tugenden nach den Idealen der Aristokraten zu suchen. Wenn Aristoteles
von dem – wiederum erst später als Institution des Staates belegten – Amt
der Gynaikonomen (Wächter über die Tugendhaftigkeit der Frauen) sagt,
daß es – ebenso wie das der Paidonomen – undemokratisch und ein typi-
sches Merkmal der Aristokraten ist[73], so gewinnt auch die scheinbar so frau-
liche Eunomia aus der Nähe der Aphrodite damit einen konkreten historischen Platz – im Kontext der Mobilisierung der oligarchischen Opposition
gegen die athenischen Demokraten, die auch im Kerameikos von den Vasenmalern propagiert wird – ob aus Überzeugung oder auf Bestellung ihrer
Auftraggeber, bleibe dahingestellt. Eindeutige Stellungnahme für die Oligarchen beziehen bekanntermaßen die zahlreichen Kalos-Namen auf den Vasen,
aber es finden sich auch explizite Huldigungen, wenn etwa Kallias im Kreise
anderer Oligarchen beim Vollzug eines Opfers auf einen Krater des Kleo-
phon-Malers dargestellt wird[74]. Ganz zu schweigen von so eklatanten Äußerungen, wie der Beschimpfung des Demos auf einem apulischen Napf
(οὖτο[ς] τὸν δᾶμον ἔφα πονηρόν)[75]. Aponia auf der New Yorker Pyxis
(Nr. 15) gewinnt möglicherweise durch dieses πονηρόν eine politische Färbung.

Der Adel orientierte sich in entscheidenden Punkten an Sparta. Sparta als
Personifikation auf einer attischen Schale hat Beazley in den Mittelpunkt
einer Reihe von „Philolakonismen" in der attischen Vasenproduktion vom
Ende des 5. Jhd. gestellt[76]. Aus dieser Perspektive bekommen auch die Per-

---

[72] Harpokration und Etymolog. Magnum sv. ἀρρηφορεῖν . Deubner, a.a.O., S. 11f.
Plut. Solon 8, 4. Aristoph. Thesmoph. 330. Deubner, a.a.O., S. 53 und S. 57.

[73] Aristot. Pol. IV 1300a, 5. Cl. Wehrli in Mus. Helv. 19 (1962). S. 33ff. Da im
Hellenismus das Amt des Gynaikonomen der Marktbehörde zugerechnet wird,
verwundert es nicht, wenn auch später in der städtischen Kultur des Islam der
muhtasib als Agoranomos als Aufseher der Frauen begegnet – vgl. Ibn 'Abdun =
Levi Provençal, E.: Séville musulmane au debut du XIIe siècle. Paris 1947. S. 59.

[74] Boston 95. 25. ARV² 1149, 9. Webster (1972), S. 50.

[75] Kretschmer, P.: Die griechischen Vaseninschriften. Gütersloh 1894. S. 218, §
202.

[76] Beazley, J. D. – Caskey, L. D.: Attic Vases in the Museum of Fine Arts Boston.
Oxford 1963, Bd. 3. S. 90f., Nr. 175. – Bezeichnenderweise läßt Thukydides (II 37,
2) Perikles am Beginn des Peloponnesischen Krieges in der Leichenrede mit der
Betonung der athenischen Liberalität ein Gegenbild zum totalitären Erziehungs-
anspruchs Spartas formulieren (Grossmann, a.a.O., S. 80). Damit wird nicht allein
der tagespolitisch relevante Gegensatz zum Kriegsgegner offensichtlich, sondern
mehr noch ein Epochen-Gegensatz in der innenpolitischen Entwicklung Athens,

sonifikationen aus dem Aphroditekreis einen gerade bei ihren aristokratisch denkenden Betrachtern nicht zu überhörenden Oberton. Peitho, die schmeichelnde Überredung, ist im archaischen Sparta[77], aber auch später in Athen bei Xenophon und Isokrates der Gehorsam[78] – in unterwürfiger Gebärde stellt denn auch Peitho auf einer Londoner Lekythos (Nr. 3) ihre Weihgabe hinter Aphrodite – ihre Abhängigkeit hat sie im Bilde ebenso verinnerlicht, wie die Epheben in der Realität ihre Beziehung zum Staat. Nach Aristoteles ist es die wichtigste Aufgabe der wiederum nur in den Aristokratien dafür eingesetzten Paidonomen die Erziehung der Epheben in aristokratischen Geiste zu überwachen. Die Behörden, denen die Aufsicht über die Einhaltung von Eunomia und Eukleia obliegt, nennt er ausdrücklich „aristokratisch und nicht demokratisch"[79]. Von Sparta her bekommt auch das Ziel der Erziehung (Paideia) eine spezifische Färbung: Paideia – fünfmal auf unseren Vasen dargestellt – ist in einer späteren Grabinschrift die kriegerische Tugend, die der Tote den Lehren des Tyrtaios entnahm, dessen Hauptgedicht als eine der grundsätzlichen Darstellungen spartanischer Werte seinerseits den Titel „Eunomia" erhielt[80]. Eunomia, den Arm um die Schulter der züchtig niederschauenden Paideia legend[81], vor Aphrodite, der Peitho gehorsam naht, sind auf der Londoner Lekythos (Nr. 3) vereint. Spartanische Erziehung wurde von Alkibiades bewundert, aber als unerreichbar dargestellt[82]. Er, dessen Schildzeichen ein blitzschleudernder Eros[83] war – ganz in

---

wenn man die hier besprochenen Bildzeugnisse in Erwägung zieht.

[77] Alkman frg. 44 Diehl. Grossmann, a.a.O., S. 72.

[78] Xen. Cyrupaed. II 3, 19 und III 3, 8. Isokrates XV 249. Hamdorf, a.a.O., Anm. 364.

[79] Busolt, F.: Griechische Staatskunde. München ³1920. S. 494. Grossmann, a.a.O., S. 77. Marrou, H. I.: Geschichte der Erziehung im klassischen Altertum. München 1977 (1957). S. 201.

[80] Peek, a.a.O., Nr. 130, aus Thyrrheion in Arkananien, 3. Jhd. v.Chr. Den Titel „Eunomia" erhielt das Gedicht des Tyrtaios erst von späteren Philologen (Tigerstedt – hier Anm. 84 – S. 52 mit Anm. 339).

[81] Das Motiv der schwesterlich aneinander lehnenden Gruppe – im späten 5. Jhd. weit verbreitet, vgl. H. Speier in RM 47 (1932). S. 1ff., bes. Taf. 1, 2; 4, 1; 11, 1-4 – taucht in einem Bild der nachantiken Überlieferung wieder auf, das wir hier wegen seines Inhaltes – Hinweis auf Methode – nicht unterschlagen möchten: So wie die athenische Reaktion Eunomia und Paideia miteinander verbindet (Speier, a.a.O., S. 45, Taf. 14, 1) zeigt in der gleichen Haltung ein Fresko im ummayadischen Wüstenschloß Qusair 'Amra in Jordanien (Musil, A.: Kusejr 'Amra. Wien 1907. Taf. 29) Historia und Skepsis. Als Historiker – denn auch die Archäologie ist eine historische Wissenschaft – halten wir es mit den Schwestern in der Wüste!

[82] Marrou, a.a.O., S. 51ff. Platon (?), Alkibiades I 122cd. Olympiodor, Commentary on the first Alcibiades, hrsg. V. L. G. Westerink. Amsterdam 1956. S. 102.

[83] Plut. Alkibiades 16, 1. Vgl. Greifenhagen, A.: Griechische Eroten. Berlin 1957 und H. Hoffmann in Rev. Arch. 1974. S. 195ff., bes. S. 206ff. – In Sparta gab es einen Kult der (waffentragenden) Aphrodite Enhoplios (RE sv. Aphrodite Sp.

der Tradition der kriegerisch-erotischen alten Adelsethik, macht mitten im
demokratischen Athen aus seiner Bewunderung Spartas keinen Hehl und
steht damit nicht allein da – auch eine Form von „Krisenbewußtsein und
nostalgischer Rückwendung in Athen am Ende des 5. Jhd. v.Chr."[84]. Über
die Konsequenzen dieser Einstellung, die auch auf unseren Vasen angesprochen ist, sagt E. Tigerstedt in seiner „Legend of Sparta in Classical Antiquity": Die Vorliebe der athenischen jeunesse dorée für Sparta „war nur die
Kehrseite ihres tiefen Hasses auf die athenische Demokratie, die ihnen
Macht und Vergnügen verweigerte ... Dieser Konservativismus und die damit verbundene Glorifizierung Spartas gewann eine Bedeutung – dies ist
keine Übertreibung – für die Weltgeschichte. Denn er bildet den Hintergrund
und die entscheidenden politischen Bedingungen für die politische und philosophische Literatur, die jetzt in Athen zur Blüte kam; für Xenophon und
Isokrates nicht weniger als für Platon und Aristoteles. Er ist in erster Linie
verantwortlich für die Tatsache, daß die athenische Demokratie in der Antike
einen so schlechten Ruf genoss." „Der Sieg Spartas über Athen", fährt er
fort, „zeigte der Gesamtheit Griechenlands, daß Spartas Eunomia der Isonomia Athens überlegen war. Daß dieser Sieg mit der Hilfe von Barbaren und
nur unter Aufgabe der spartanischen politischen Prinzipien und Traditionen
gewonnen wurde, wurde zunächst nicht und in der Tat auch für eine lange
Folgezeit nicht erkannt." Erst die Niederlagen bei Leuktra und Mantinea
ließen die Griechen die Fehler Spartas erkennen, „aber da war es zu spät,
denn die Sparta-Legende hatte bereits ihre verhängnisvolle Gestalt gewonnen, die für alle Zeit gültig bleiben sollte"[85].

Der Anteil unserer Vasenbilder an der Entstehung dieser politischen Wertungen mag demjenigen gering erscheinen, der über dem Schönen Schein der
Welt Aphrodites und einer paradiesischen Landschaft verdrängt, daß Verinnerlichung und Ideologien die dauerhafteste weil unreflektierte und –
scheinbar – selbstverständliche Verwurzelung von Vorurteilen ist. Werden
der formalästhetische Hintergrund und die psychologischen Mechanismen
dieser Verinnerlichung aber offengelegt, erweisen sie sich in ihrer vermeintlichen Harmlosigkeit als um so gefährlicher. Schließlich sind die Konzeptionen, die hinter diesen Tugendkatalogen aus dem ausgehenden 5. Jhd. stehen,
auch die praktisch-tagespolitischen Vorläufer jener Theorien und Entwürfe,
mit denen zwei und drei Generationen später Platon und Aristoteles die Entwicklung der Politologie der Antike wie der Neuzeit belastet haben. „Ihren

---

2743f.), der diese kriegerisch-erotische Ambivalenz der spartanischen Erziehung
symbolhaft charakterisiert.

[84]   So der Titel eines Aufsatzes von Th. Schleich in Journal für Geschichte 1 (1979).
S. 9ff.

[85]   Tigerstedt, E. N.: The legend of Sparta in Classical Antiquity. Lund 1965. S.
158f.

Versuchen, diesen Polisstaat nicht durch Eingriff in die Besitzverhältnisse, wie es von den Sophisten gefordert worden war, nicht durch Schaffung neuer Institutionen, sondern durch die moralische Erziehung der Staatsbürger, gleichsam durch eine innere Regeneration der Gesellschaft zu festigen, ist ein Erfolg letztlich versagt geblieben. Die Zukunft gehörte dem monarchisch regierten Flächenstaat[86]. Mit diesem Zitat sind zugleich auch die sozio-ökonomischen Grenzen und Bedingungen umrissen, die – wie mir scheint – im ausgehenden 5. Jahrhundert in Athen zur Entstehung jener nur scheinbar so schlichten Vasenbilder beitrugen.

Abb. 1: Lekanis, Institut für Klassische Archäologie
der Universität Mainz

---

[86] W. Müller in WZ Jena 14 (1965). S. 60.

Abb. 2-3: Lekanis, Mainz

Abb. 4-5: Lekanis, Mainz

Abb. 6: Neapel 316. Nicole fig. 23 (hier Schema Nr. 4) [S. 77]

Abb. 7: Neapel 2296. Nicole fig. 22 (hier Schema Nr. 14) [S. 77]

Einfluß der Pantomime auf die Vasenbilder des 6. und 5. Jhds. v. Chr.

Dieser Beitrag bietet einige Beobachtungen zu dem schon mehrfach bemerkten Phänomen der Verbindlichkeit einer Bilder- oder Symbolsprache. In der „prépublication" unseres Kolloquiums hat B. d'Agostino Entsprechendes von C. Bérard zitiert: „Le bricoleur et l'imagier œuvrent à partir d'un ensemble d'éléments déjà constitué, fini et donc limité; ils disposent d'un ‚trésor' d'objets, de signes, de formules précontraintes, semi-particularisées et n'en cherchent pas d'autres"[1]. Dies scheint auch unbeschadet der Tatsache zu gelten, daß zweidimensionale Bilder einer dreidimensionalen Wirklichkeit – wie etwa die Vasenbilder – naturgemäß besonderen Gesetzmäßigkeiten der Darstellung unterliegen: der Reduzierung von Formen, der Übersichtlichkeit der Bildelemente etc. Über die rein photografische Wiedergabe gehen ferner stilistische und historische Formeln der Wiedergabe hinaus.

Meine Hypothese ist, daß die übersichtlich auseinandergelegte, bühnenbildhafte Inszenierung von Bildern auf Vasen und die ostentative Gestik ihrer Einzelfiguren unter dem Einfluß mimetischer Tänze, die im Folgenden zur Pantomime gerechnet werden sollen, komponiert sind, was dann mutatis mutandis auch für Rundplastik und Relief zu gelten hat.

Damit scheint sich insofern ein Zugang zur „Topik des visuellen Erzählens" zu ergeben, als Tanz und Mimus in der Polis-Kultur der archaischen und klassischen Zeit neben – oder gar vor? – den Werken der bildenden Kunst die einzig mögliche Form von visuell erlebbaren Gestaltungen des Menschenbildes waren, sieht man von Halluzinationen u.ä. hier einmal ab. Aus dem Tanz entwickelte sich das Theater als Ort gesellschaftlicher Erfahrung, das im Spiel Erkenntnis über simulierte Realität anbietet. Darstellung und Wiedererkennen sind als kommunikativer Vorgang auf Reziprozität angelegt, d.h. Gesten und ihre Inhalte unterliegen einer verbindlichen Übereinkunft, die der Verständlichkeit des Dargebotenen zugrunde liegt. Die Lesbarkeit der Vasenbilder sollte auch unter diesem Blickwinkel bedacht werden, da es den Anschein hat, daß auf Vasenbildern Figuren so in Szene gesetzt werden, wie die Sehgewohnheiten den Betrachter von Theater und Tanz zur Aufnahme von Bildern menschlicher Erscheinung und Bewegung konditionierten.

Auf diese Einsicht brachte mich das Blättern in J. Burckhardts Griechischer Kulturgeschichte. Dort (III 136) wird Athenaios, Deipnosophistai XIV

---

[1] C. Bérard in Anodoi (1974). S. 47

26 (629b) zitiert: „es sind nämlich die Bildwerke der archaischen ‚archaioi‘ Künstler Überreste ‚leipsana‘ des alten ‚palaia‘ Tanzens". Burckhardt kritisiert Athenaios, aber der Mythos scheint ihn zu bestätigen, wenn es von Daidalos heißt, er habe einen Reigentanz in Relief geschaffen. Einflüsse von Tanzfiguren auf die Gestik und Haltung von einzelnen Kunstwerken sind in der Forschung zwar häufig gesehen worden[2], mir geht es aber hier um die grundsätzliche Bedeutung der Beobachtung des Athenaios, zumal E. Mâle[3] und A. Nitschke[4] Vergleichbares für die mittelalterliche Kunst feststellten, als sie in deren Bildkompositionen Elemente des Schauspiels wiedererkannten. Athenaios ist zwar ein später Zeuge, doch bezieht er sich ausdrücklich auf die alten Künstler, und der Begriff Pantomime taucht zwar erst seit augusteischer Zeit auf, doch verfügte die alte Orchesis (Tanz) über so gut belegte mimetische Elemente, daß es sinnvoll erscheint, nach Maßgabe der literarischen Quellen[5] mit pantomimenartigen Aufführungen schon im 6. und 5. Jhd. zu rechnen. Dem entspricht auch eine etymologische Überlegung: „Drama" läßt sich bekanntlich von „draô" ableiten, dessen ursprüngliche Bedeutung „mit den Händen agieren" ist, so daß man annehmen darf, daß gerade in der Gestik ein konstitutives Element der Theaterpraxis gesehen worden ist.

Im Rahmen des Tanzes erhielten also mimetische Aufführungselemente ihren gesellschaftlich legitimierten und wirksamen Ort. Ihre Wirkungsweise hängt vom Zuschauerverständnis ab, ebenso ihr Wirkungsgrad: in modernen Kino-Untersuchungen wurde beobachtet, daß realer Schrecken auf der Leinwand von nur 2%, künstlerisch dargestellter Schrecken dagegen von 52% der Zuschauermenge wahrgenommen wurde[6]. Es kommt also auf die Lesbarkeit, Erkennbarkeit von Ausdrucksformen an, darüber hinaus aber auch auf gemeinsame Konzepte, die in der Art eines *consensus omnium* Darsteller und Zuschauer bestimmen. Die Verbindlichkeit des auch als Symbolik der Gebärdensprache zu verstehenden *consensus* hat M. Douglas gesehen und zugleich ihre jeweils gesellschaftlich bedingte Eigenart betont[7].

Die vorplatonische Philosophie hat für diesen *consensus* den Begriff der Doxa (von „déchomai" = annehmen) geprägt[8]. Mit einem „angenommenen

---

[2]   Sittl, C.: Die Gebärden der Griechen und Römer (1890). S. 262ff.; Neumann, G.: Gesten und Gebärden (1965); Prudhommeau, G.: La danse grecque antique (1965).

[3]   E. Mâle (nach Huizinga, J.: Herbst des Mittelalters [1952]. S. 342, Anm. 36).

[4]   Nitschke, A.: Kunst und Verhalten. Analoge Konfigurationen (1979) – über die Widerspiegelung gesellschaftlicher Bezüge im Bild.

[5]   Sittl, a.a.O., S. 224ff., S. 244ff.

[6]   Merz, F.: Pantomimik als Ausdruck und Ware (1974). S. 20.

[7]   Douglas, M.: Ritual Tabu und Körpersymbolik (1981). S. 1.

[8]   M. Detienne in REG 77 (1964). S. 412ff. ; ders., Les maîtres de vérité dans la Grèce archaïque (1967). S. 109ff.

System" von Formen charakterisiert auch J. J. Winckelmann[9] die Besonderheit der klassischen Kunst. Platon[10] sagt, daß man in der Kunst eine andere Richtigkeit des Bildes zu suchen habe. Kommunikation über Kunst impliziert in allen diesen drei Aussagen die Annahme der Verbindlichkeit eines bestimmten, akzeptieren Systems von Form und Inhalten.

In diesem Kontext hat der mimetische Tanz in der griechischen Kultur wohl den Vorzug der deutlichen Erkennbarkeit. Einfühlsam hat das P. Valéry in seinem Dialog „L'âme et la danse" über die Tänzerin Athikte gesagt: „Elle nous apprend ce que nous faisons, montrant clairement à nos âmes, ce que nos corps obscurément accomplissent"[11]. Ähnlich äußerte sich B. Brecht zu M. Frisch: „Ein Schauspieler, das ist ein Mensch, der etwas mit besonderem Nachdruck tut"[12]. So wirken auf mich die Gebärden der Gestalten auf den Vasenbildern: Sie zeigen nicht so sehr Agierende, sondern vielmehr Gestalten, die Aktionen darstellen. Die Expressivität und die Konvention dieser Gebärden ist dabei so umfassend, daß auch Unsichtbares[13] dargestellt werden kann: Wie auf den weit verbreiteten Typus der rückwärtsgewandt vorwärts Fliehenden bezogen heißt es bei P. Valéry über Athikte: „Tout n'est que spectre autour d'elle ... Elle les enfante en les fuyant"[14] – die Gebärde des sich Abwendens läßt etwas erkennbar werden, von dem man sich abwendet.

Bei Valéry kann selbst Sokrates ein solches Schauspiel genießen, für Platon und Aristoteles war es aber eben diese Bindung an die körperliche Erscheinung der Ausdrucksgebärde, die ihnen Theater und Bildende Kunst als schwerfällig „phortikê" erscheinen ließen[15]. Gemessen an der distanzierten Wahrnehmungsweise und der geistigen Abstraktion, die einen entsprechenden literarischen Bericht (Epos) ihnen als Aristokraten angemessen erscheinen lassen, haben sie in der aufdringlichen Körperlichkeit der Gebärdensprache im Schwerfälligen zugleich das Proletarische erkannt. Die auffällige Ruhe und Bewegungslosigkeit der Gestalten auf so vielen athenischen Vasenbildern des späten fünften Jahrhunderts könnte in diesem Sinne mögli-

---

[9]   Winckelmann, J. J.: Geschichte der Kunst des Altertums (1764). S. 224.

[10] Platon, Kratylos 432 cd. – Platon selbst hatte großes Interesse am Mimus (Athenaios XI III (504b) und Diog. Laert. III 18).

[11] Valéry, P. : Eupalinos. L'Ame et la Danse. Dialogue de l'Arbre (1970). S. 122.

[12] Erinnerungen an Brecht, hrsg. v. H. Witt (1964). S. 145 (= M. Frisch, Tagebuch 1948).

[13] Vgl. K. Schefold in AA 1961. S. 231 ff.

[14] Valéry, a.a.O., S. 130.

[15] Platon, Leg. 658e ff. Aristot. Poet. 1462b24.

cherweise als Ausdruck des Verhaltens der konservativer werdenden Demokraten zu verstehen sein.

B. Fehr hat in seinen Untersuchungen über „Bewegungsweisen und Verhaltensideale" die gesellschaftlichen Bedingungen des angemessenen körperlichen Gestus in der Öffentlichkeit der Polis aufgezeigt[16]. Diese sozialen Zwänge, die vorschreiben, wie man zu gehen, zu grüßen, zu geben, zu nehmen hat, spiegeln ebenfalls einen *consensus* wider, der dem der Bühnensprache so nahe steht wie etwa heute der Gang einer Dame in der Öffentlichkeit des Boulevards dem Gehabe, das die Mannequin-Schulen unserer Tage ihren Adepten beibringen.

Beides – internalisierte Körpersprache in der alltäglichen Öffentlichkeit und Bühnengestus – sind einander bedingende Darstellungsformen, deren deutlichste und verbindlichste jeweils ihren Niederschlag in den Bildwerken finden.

Als gesellschaftlich sich entfaltende sind die natürlich historischem Wechsel unterworfen: das polyvalente archaische Knielauf-Schema[17] fällt dem „technischen Sehen"[18] der Klassik zum Opfer. Anders wieder ist die barocke Extravaganz hellenistischer Figuren. Geschlechtsspezifische Körpersprache für Lebende wie Kunstwerke versteht sich in hierarchischen Gesellschaften von selbst. Das hat für die Antike an Aphrodite-Statuen W. Neumer-Pfau[19], an Photo-Serien der Gegenwart M. Wex[20] nachgewiesen.

Das Gemeinte kann mit einigen Bildbeispielen illustriert werden, um Polyvalenz einerseits und Konkretheit andererseits hervorzuheben.

1) Mit dem erwähnten Knielauf-Schema kann sowohl Geschwindigkeit als auch Tragen gezeigt werden. Bei archaischen Gorgonen ist wohl ersteres zu sehen, ebenso sind aber auch die Beine der lastenschleppenden Träger auf der bekannten Arkesilaos-Schale in der Bibliothèque Nationale[21] gebildet. Ich vermute, daß die Haltung der geknickten Beine sowohl die Eile als auch die Anstrengung kenntlich machen soll. Dieses Schema behält auch noch um 440 der Steine schleppende Gigant auf dem Skyphos im Louvre[22] bei (Abb. 1). Mit geknickten Beinen kann man in der Realität zwar keine Lasten schleppen, aber als Gebärde deuten sie das Gewicht und die Anstrengung an

---

[16] Fehr, B.: Bewegungsweisen und Verhaltensideale (1979).

[17] Vgl. H. Wiegartz in MarbWPr 1964, S. 46ff., bes. S. 50ff.

[18] Vgl. K. Schefold in Gnomon 25 (1953). S. 312 über die Nike des Paionios.

[19] Neumer-Pfau, W.: Studien zur Ikonographie und gesellschaftlichen Funktion hellenistischer Aphroditestatuen (Diss. Hamburg 1981).

[20] Wex, M.: „Weibliche" und „männliche" Körpersprache als Folge patriarchalischer Machtverhältnisse (1979).

[21] Arias, P. E. – Hirmer, M.: 1000 Jahre griechische Vasenkunst (1960). Taf. XXIV. Prudhommeau, a.a.O., fig. 283.

[22] FR III 168. Prudhommeau, a.a.O., fig. 120.

– in der gleichzeitigen Architektur vergleichbar der Form des Echinus am dorischen Kapitell, der gleichsam als Polster den Konflikt von Tragen und Lasten vermittelt, dessen ästhetische Erscheinungsform aber keineswegs statische Funktionen hat, wie H. G. Evers einmal gezeigt hat[23].

2) Eine häufig wiederkehrende Körpergebärde ist folgende: eine schreitende Figur wird so dargestellt, daß das vorgestellte Bein leicht angeknickt ist und das nachgezogene abgespreizt wird, wodurch sich ein Parallelismus der Unterschenkel ergibt. Der Oberkörper ist zwar en face gegeben, nicht aber die Beine und der rückwärts gewandte Kopf. In der Realität ist diese Haltung einigermaßen exaltiert und unpraktisch, wenn es gilt, auf diese Weise eine schwere Last zu ziehen – wie Theseus den getöteten Minotauros auf der Aison-Schale in Madrid[24] (Abb. 2). Im gleichen Schema kann aber Artemis rückwärts schießend den Aktäon töten[25] oder ein Satyr auf den Anblick einer schlummernden Mänade reagieren[26] (Abb. 3). Die Gestik der Arme ist zwar der jeweiligen Tätigkeit entsprechend variiert, doch bleibt die Grundstellung des Körpers unverändert. Sie wirkt wie auf einen Zuschauer bezogen, d.h. das jeweilige Vasenbild zeigt nicht unmittelbare Wirklichkeit, sondern die pantomimische Darstellung von Wirklichkeit.

Neben diesen quasi allgemeinen Grundtypen der Gestik gibt es aber auch spezifische Gebärden, die die Bildsituation so eindeutig bestimmen, daß auch Unsichtbares sichtbar wird. Am Beispiel der inschriftlich bezeichneten „Autopsia“[27] habe ich das schon früher zu zeigen versucht. Wenn jede Gebärde Bedeutungsträger ist, muß es bei genauem Hinsehen auch möglich sein, Vasenbilder präziser zu deuten.

Dies ist 3) an einem neugefundenen Glockenkrater des Kleophon-Maler-Kreises aus Nocera[28] zu zeigen, dessen Bildseiten angeblich „Apollo und die Musen" bzw. „Drei Jünglinge" zeigen (Abb. 4, Abb. 5). Der vermeintliche Apollo ist eine Frau – wegen des Diadems, des Haarknotens, des langen Untergewandes und der angedeuteten linken Brust, ebenso ist die mittlere Gestalt der Rückseite wegen der Frisur und des langen, mit Sternen verzierten Untergewandes eine Frau. Musizierende Frauen also, vergleichbar dem Bild auf einer etwa gleichzeitigen Basler Hydria[29]. Doch ist die Szene noch

---

[23]   H. G. Evers in Festschrift H. Schrade (1960). S. 5, fig. 4.

[24]   ARV 1174, 1; Prudhommeau, a.a.O., fig. 695.

[25]   ARV 550, 1.

[26]   Pfuhl, E.: Malerei und Zeichnung (1923). fig. 565. Prudhommeau, a.a.O., fig 709.

[27]   D. Metzler in Festschrift H. E. Stier (1972). S. 113ff.

[28]   G. d'Henry in AION (archeol) 3 (1981). S. 160f., fig. 32-36

[29]   d'Henry, a.a.O., fig. 124. Weitere Beispiele von Gruppen musizierender Frauen

konkreter zu verstehen: zwischen der sitzenden Frau und der links von ihr
stehenden kauert mit gesenktem Kopf ein geflügelter Knabe: Eros. Er bezeichnet das Verhältnis zwischen den beiden, deren Blicke sich nicht zu
treffen scheinen. Die Stehende blickt geradeaus, die Sitzende schaut zu ihr
empor in einer plötzlichen Gebärde. Denn ihre rechte Schulter ist leicht
hochgezogen, die rechte Hand – wie im Spiel der Leier innehaltend – vor die
Brust gehoben. Die Gebärde drückt leises Erschrecken, Betroffenheit aus.
Die Anwesenheit des Eros gibt den Grund an. Sein gesenktes Haupt kann
ebenso wie das Hocken am Boden als Trauergebärde verstanden werden[30].
Dem entspricht der nicht erwiderte Blick der sitzenden Frau, in der ich die
Dichterin Sappho[31] sehen möchte. Sie beschreibt einmal die Liebe zu einem
Mädchen ihres Kreises als süß und bitter zugleich[32]. Die Mädchen verlassen
sie, wenn sie eine Ehe eingehen – auf der Rückseite des Kraters scheint eine
von ihnen züchtig in den Mantel gehüllt zwischen zwei Männern zu stehen.
Der eine redet auf sie ein, der andere hört ihm zu. Die Szene der Vorderseite
spielt im Inneren eines Hauses, denn an der imaginären Wand hängt über der
Sitzenden eine Buchrolle, die der Rückseite dagegen in der Öffentlichkeit,
denn die Frau hat ihren Mantel über den Kopf gezogen[33]. Was den Fundzu-
sammenhang angeht – der Krater stammt aus einem Grab, so bekräftigt seine
Thematik die Vermutung der Bearbeiterin, es habe sich wegen einer eben-

---

bei Beck, F.:Album of greek education (1975). pl. 82-83.

[30] Das gesenkte Haupt kann auch Ergriffenheit oder Schamhaftigkeit (Aidôs)
bedeuten. Trauer: F. L. Shisler in AJPh 66 (1945). S. 381. – Ein trauernder Eros
scheint mir auch der kauernde geflügelte Knabe über dem Haupt der Ariadne auf der
Lekythos aus dem Kreis des Pan-Malers in Tarent (ARV 560, 5) zu sein, den man
als Hypnos zu identifizieren pflegt. (L. Curtius in JOE AI 38 [1950]. S. 1ff., fig. 3).
Hypnos ist aber meist als agierende mythische Gestalt – zusammen mit seinem
Bruder Thanatos – dargestellt und selten als untätige Beifigur. Als solche ist Hypnos
im Falle der Ariadne nicht nötig, weil sie durch die geschlossenen Augen schon
eindeutig als Schlafende gekennzeichnet ist. Der trauernde Eros – am Boden kauern
ist ein geläufiger Trauergestus – kann also auf die unerfüllte Liebe der Ariadne
hinweisen, denn im Bilde fordert Athena Theseus auf, sich bei seiner Geliebten nicht
zu „verliegen". Diese scheint noch im Schlaf das bevorstehende Schicksal – Verlust
des Geliebten – zu spüren, denn ihre Hände sind zu einer Angstgebärde verschränkt
(vgl. die schriftlichen Quellen bei Sittl, a.a.O., S. 23, Anm. 2). Die zum oberen
Bildrand hin davon eilende Beifigur hat E. Simon treffend als Parthenia deuten
können (JOE AI 41 [1951]. S. 77f.). Gerade ihr Entschwinden beim Aufbruch des
Geliebten vergrößert die Trauer des Eros.

[31] Bildliche Darstellungen der Sappho: Schefold, K.: Die Bildnisse der antiken
Dichter, Redner und Denker (1943). S. 56, S. 3, S. 203; Richter, G. M. A.: The
Portraits of the Greeks (1965). S. 70ff.; Beck, a.a.O., pl. 74, Nr. 366.

[32] Sappho frg. 137 D, vgl. Maxim. Tyr. 18, 9h = Sappho, hrsg. v. M. Treu (1976).
S. 94, S. 102.

[33] Vgl. Pfister, F.: Die Reisebilder des Herakleides (1951). S. 161f. zu frag. 118.

falls dort gefundenen Lekythos mit Gynaikeion-Szenen um die Bestattung einer Frau gehandelt[34].

Für den Archäologen hat die Verbindlichkeit der Gesten hermeneutische Funktion, für die Antike selbst jedoch besonders eine gesellschaftliche. Das lehrt Platon, wenn er am Beispiel der Stereotypen ägyptischer Tempelreliefs den erzieherischen Aspekt der vorbildlichen Körperhaltungen hervorhebt[35]. B. Fehr hat auf die soziale Kontrolle des würdigen Auftretens in der athenischen Öffentlichkeit hingewiesen[36]. Sophrosyne als die Tugend des Angemessenen scheint mir auch über die Gestik der Bilder propagiert worden zu sein, denn Bild, Bühne und kontrollierte Bewegung in der Öffentlichkeit stellen nicht natürliche, sondern konventionelle Verhaltensschemata dar. Dabei liegen den festen Figurationen der bildenden Kunst verkürzte und über den verknappenden[37] griechischen Zeitbegriff des Kairós[38] dialektisch gesteigerte Ausschnitte aus Bewegungsfolgen mimetischen Bühnentanzes zugrunde, deren Gestik so eindeutig und allgemeingültig war, daß sie auch von den Vasenmalern als Kommunikationsform genutzt werden konnte.

---

[34]   d'Henry, a.a.O., S. 172.

[35]   Platon, Leg. 656 de

[36]   Fehr, a.a.O., S. 22f.

[37]   M. Franz in Weimarer Beiträge 6 (1981). S. 74

[38]   Kairós als „rechtes Maß": Platon, Politikos 307 b. Fehr, a.a.O., Anm. 96.

Abb. 1: Skyphos G 372, Paris, Louvre, ARV
1300, 4, photo d'après G. Prudhommeua,
La danse grecque antique fig. 120 [S. 74]

Abb. 2: Coupe 11265, Madrid Museo
Arqueologicò, ARV 1174, 1, photo
d'après G. Prudhommeua, La danse
grecque antique fig. 695 [S. 75]

Abb. 3: Oenochoè sans No d'inv.,
Boston, Museum of Fine Arts, Pierce
Fund 1961, photo d'après G. Prudhommeua, La danse grecque antique
fig. 709 (détail) [S. 75]

Abb. 4: Cratère en cloche, sans No d'inv., atelier du peintre de Kleophon, Nocere, photo d'après AION (archeol), 3 (1981), fig. 32 [S. 76]

Abb. 5: Idem, face B, photo d'après AION (archeol), 3 (1981), fig. 33 [S. 76]

Audiatur et altera pars: zur Doppeldeutigkeit einer griechischen Amazone aus dem Sudan

1. Amazonen im Verständnis der Griechen[1]

Im Hinblick auf die Thematik dieser Tagung haben D. Metzler und ich für unseren gemeinsamen Diskussionsbeitrag ein Bildwerk ausgewählt, das, wie wir meinen, wegen seiner Vielschichtigkeit geradezu exemplarisch für „Genre als verborgene Leseorientierung" stehen kann: die Amazonenvase im Museum of Fine Arts von Boston (Beazley: 1963, S. 772; Dunham: 1963, S. 383) (Abb. 1-4). Sie wurde 1921 von einer Expedition der Harvard Universität und des Bostoner Museums nahezu perfekt erhalten auf (!) einem Kindergrab von Meroe im heutigen Sudan gefunden, ist aber griechisch, ihrem Ton und Stil nach attisch und etwa gleichzeitig mit dem Parthenon (447-432 v. Chr.) entstanden. Der Fundort Meroe – die kuschitische Königsstadt südlich der Grenze des persischen Ägypten – lag an der alten Elfenbeinstraße, die Innerafrika mit dem Mittelmeer, aber auch mit Susa und Persepolis verband (Barnett: 1982). Hier kreuzten sich griechische und persische Handelsinteressen.

Die Tonskulptur – eine figürliche Vase – wurde aus verschiedenen Teilen hergestellt: der auf der Töpferscheibe gedrehte Gefäßteil – der obere Teil eines Trinkhorns mit Henkel; Kopf und Torso der Amazone, beide aus der Form gewonnen und reliefartig mit dem Gefäßteil verbunden; die Arme und Beine der Amazone frei modelliert, ebenso die freistehenden Teile des Helmes; Kopf des Pferdes matrizengeformt; der Pferdekörper und Unterteil der Amazone, inklusive der Pferdebeine aus zwei Formenhälften gepreßt; Stütze unter dem rechten Vorderhuf des Pferdes; und zuletzt, rechteckiger hohler Sockel, auf dem die Gruppe steht[2].

---

[1] Der erste Teil dieses Aufsatzes behandelt einen Teilaspekt meines demnächst erscheinenden Buches über Sotades. Mein besonderer Dank gilt der DFG, die meine Forschungsarbeit durch ein Stipendium unterstützte. Christoph Clairmont, Luca Giuliano, Dieter Metzler und Lambert Schneider möchte ich an dieser Stelle für ihren Rat und ihre wertvollen Hinweise danken. François Lissarague hat kollegialerweise seine Protodokumentation zu Jägerinnen in der attischen Vasenmalerei zur Verfügung gestellt. Die Zeichnung für Taf. 4 hat freundlicherweise Timothy Kendall vorn Egyptian Department des Bostoner Museum, of Fine Arts angefertigt, die Photographien der Gießener Schale Norbert Eschbach.

[2] Die Vase ist nicht „open at the base" wie bei Dunham: 1963, S. 383, Anmerkungen zu 21-55.

Die Amazone trägt die enganliegende, purpurfarbene Hose eines persischen Bogenschützen und ein blaues, rotgetüpfeltes Jäckchen mit langen Ärmeln. Dazu weiße Schuhe mit roten Sohlen und purpurfarbenen Laschen. Über der Jacke ist ein gelbes, vorne geknotetes Pantherfell mit blauen Flecken befestigt. Sie hält die Zügel mit der Rechten, in der geschlossenen Linken hielt sie wahrscheinlich einen nach unten gerichteten Speer[3]. An ihrer Seite hängt ein roter Köcher mit einem blauen Wellenmuster am Rand. Auf ihrem Kopf trägt sie den ‚attischen‘ Helm (Snodgrass: 1964; Hoffmann: 1980, Anm. 145). Ihr gelöster Blick und ihre entspannte Haltung sind die einer Einzelfigur. Der Paradeschritt ihres Pferdes – weder Trab noch Galopp – vermittelt den Eindruck, als würde sie an einem feierlichen Zug teilnehmen (man vergleiche die Reiter des Parthenonfrieses, Abb. 5), wobei zu vermerken ist, daß dieser Reitertypus formal schwer von dem Bildtypus des trauernden Reiters (Kurtz: 1984, S. 326) sowie dem aus der griechischen Grabplastik bekannten Typus des siegreichen Reiters (Clairmont: 1986, S. 39f.) zu unterscheiden ist (man vergleiche das Dexileosrelief Abb. 6). Zwischen Sockel und Pferd ist ein Hügel als Stütze für die Reiterfigur eingeschoben und dieser ist auf jeder seiner beiden Seiten mit einem Tier bemalt, einem Löwen und einem Eber (Abb. 7), die aufeinander ausgerichtet sind und zusammen eine Kampfgruppe bilden.

Der Gegenstand aus billigem Ton gibt – wie schon an der Notwendigkeit einer Stütze unter dem Pferdehuf erkennbar – in vereinfachter Form ein Original aus Gold oder Silber oder eine Kombination der beiden Metalle wieder (Vickers – Impey – Allan: 1986). Den kostbaren Gegenstand, der dem Keramiker als Vorbild diente, kann man sich aus zwei Teilen bestehend denken: einem Untersatz in Form einer berittenen Amazone und einem herausnehmbaren, unten spitz zulaufenden Trinkhorn, dem die Amazone als Ständer diente. Vor der kleinen kreisrunden Öffnung in der Mitte der Sockelvorderkante scheint eine Ausgußtülle befestigt gewesen zu sein: vielleicht ist dieses Detail als symbolischer Hinweis auf die ursprüngliche Funktion des Trinkhorns als Rinngefäß zu verstehen.

Trinkhörner (Rhyta) verschiedenster Form gab es im 5. Jh. aus Edelmetall, Bronze und Ton. Sie galten als persische Gefäßform (Hoffmann: 1961) – Inbegriff des medischen Luxus. Persische sowie griechische Metallrhyta haben immer einen Ausguß – ein Loch oder eine Tülle – unten, wodurch man in einem gemeinschaftlichen Trinkritual den Wein in eine henkellose Schale (Phiale) fließen ließ (Hoffmann: 1961; de Vries: 1977, S. 545). Die keramischen Rhyta, meist Repliken oder Nachahmungen der kostbaren Originale, haben in der Regel keinen solchen Ausguß und konnten daher nicht zum Trinken verwendet werden. Ihre Bedeutung war eine rein symbolische:

---

[3]   Bothmer, D. von: Amazons in Greek Art. Oxford 1957. S. 222.

Sie waren für den ‚Gabentausch' zwischen den Lebenden und den Toten
gedachte Ersatzopfergaben (Hoffmann: 1980, S. 140)[4]. Trotz ihrer möglicherweise einst vorhandenen Ausgußtülle ist die Bostoner Amazonenvase
als funktionales Trinkgefäß nicht denkbar. Daß es sich nicht um einen Ge-
brauchsgegenstand handeln kann, wird durch ihr beträchtliches Gewicht,
aber auch durch ihre weißgrundig-polychrome Maltechnik deutlich, die den
für den Totenkult hergestellten Gefäßen vorbehalten war (Wehgartner: 1983,
S. 186ff.).

Wie wir heute wissen, war der Geldwert solcher tönernen Ersatzopfergaben in der Antike gering (Vickers: 1985; 1986; Gill: 1987). Ihr Wert lag auf
einer anderen – heute schwer nachvollziehbaren – Ebene: Sie waren *Symbole*
für Reichtum und damit Opfergaben, deren Bedeutung in der Botschaft lag,
die sie als Bildträger verkörperten[5], d.h. sie hatten *Erinnerungsfunktion.* Mit
solchen „erzählenden" Opfergaben wurde damals ein lukrativer Handel getrieben. Die griechischen, etruskischen und phönikischen Kauffahrer, die in
den Jahrzehnten nach den Perserkriegen Athen mit Rohmaterialien wie
Edelmetall, Eisen, Kupfer und Elfenbein, aber auch mit Lebensmitteln wie
Wein und Getreide aus aller Welt belieferten, brauchten, nachdem sie ihre
wertvollere Fracht gelöscht hatten, Ballast und gut verkäufliche Raumfüller.
Hierfür war bemalte Keramik – wie die in den letzten Jahren durchgeführten
Unterwasserexplorationen der Ladungen untergegangener Handelsschiffe
eindeutig zeigen – vortrefflich geeignet (Gill: 1987). In den rotfigurigen
Bildern auf dem Gefäßhals der Amazonenvase wird ein Perser dargestellt,
der über einen gefallenen Griechen hinwegreitet (Abb. 3). Hinter ihm kämpft
ein zweiter Perser ebenfalls mit einem Griechen. Als Schildemblem führt
dieser Perser einen schnüffelnden Hund. Die Frage nach der inhaltlichen
Bedeutung des Dargestellten wirft ein interessantes Problem auf. Wie ist es
zu erklären, daß ein athenischer Vasenmaler einen persischen Barbaren anscheinend als siegreich über einen auf dem Boden liegenden Griechen wiedergibt? Hatte er nicht den Vorwurf des *medismos,* der persischen Gesin-

---

[4]   Zur Ersatzfunktion von Keramik im Opfer: 1) In allen Hochkulturen (China Iran,
Indien, Israel, Hellas) sublimiert sich der Opferbegriff in der „Achsenzeit". Man
verinnerlicht: Nicht mehr der Wert des Verschwendeten zählt, sondern die Gesinnung des Gläubigen, weil man sparsam wird (vgl. gleichzeitige Erfindung des Geldes). 2) Dies drückt sich schon im *agalma* aus: im 7./6. Jh. ist es ein wertvolles
Objekt (wörtlich das, womit man prunkt, von *agallomai* = stolz sein); in der Klassik
ist es jedes Götterkultbild – was bekanntlich hohl, wertlos sein kann. 3) Solon und
andere verbieten sogar den Grabluxus. Solon ist damit nicht nur politischer Reformer, sondern ökonomischer Progressist. Die Verschwendung von Realien im Grabkult ist außerdem zutiefst aristokratisch und wird daher durch Keramik-Ersatz ersetzt. Vgl. zu diesen Gedanken Bataille, G.: Die Aufhebung der Ökonomie.
München 1975.

[5]   Vgl. Eurip. Medea 190ff. zum Motiv „Die Kunst tröstet uns über den Tod hinweg".

nung (Graf: 1984) zu befürchten? Eine Analyse des Gesamtbildes als kohärentes Symbolbündel muß eine Antwort auf diese Frage geben.

Lenken wir unsere Aufmerksamkeit zunächst auf die Formelemente. Welche Bedeutung hat der Trinkhornteil für den Sinngehalt der Gesamtdarstellung? Läßt sich durch ihn vielleicht die Funktion des Bildträgers präziser ermitteln?

Rhyta galten im 5. Jh. als die Trinkgefäße des Dionysos und der Heroen, die man sich – entsprechend einer persischen Vorstellung – als Teilnehmer an einem ewigen Gelage dachte (Guy: 1981). Mit dem Begriff „Heroen" waren außer den halbgöttlichen Figuren der Mythologie und einigen hervorragenden historischen Persönlichkeiten auch die Kriegsgefallenen gemeint, die nach ihrem „Opfertod" in die Tafelgemeinschaft der Unsterblichen aufgenommen wurden (Nock: 1944; Clairmont: 1983). Darüber hinaus verband man mit diesen Trinkgefäßen einerseits Vorstellungen von exotischen Rassen, die im unterschiedlich konzipierten Jenseits an den äußersten Grenzen der Welt zuhause sind (Hyperborea, Inseln der Seligen usw.) (Thimme: 1970; Hoffmann: 1980, S. 133f.). Andererseits. war man durch Rhyta auch an die eigene heroische, d.h. minoisch-mykenische Vergangenheit „erinnert" (Loraux: 1981), in der die kultische Verwendung solcher Gefäße eine große Rolle spielte. Im vierten Jahrhundert wurden auch die in die Mysterien des Dionysos und der Demeter Eingeweihten – die „Glückseligen" (Effenberger: 1972) – in Angleichung an die „Heroen" mit Rhyta in der Hand dargestellt (Thönges-Stringaris: 1965).

Nun zur Amazone. Welche symbolische Bedeutung hatte die Darstellung einer berittenen Amazone im Zeitalter des Perikles? Welche Bedeutung hatte sie für einen Griechen? Welche für einen Perser oder Kuschiten? Im folgenden werde ich nur auf die erste Frage eingehen, die zweite wird durch D. Metzler im 2. Teil dieser Ausführungen behandelt.

Bronislaw Malinowski, der wichtigste Theoretiker der anthropologischen Mythenforschung vor Lévi-Strauss, definiert den Mythos als eine Erzählung über vergangene Ereignisse, mit der man gegenwärtiges Handeln rechtfertigt (Malinowski: 1926). Der zeitgenössische Handlungsablauf, auf den im Parthenon – wie in jedem perikleischen Amazonenbild – angespielt wird, ist der Krieg gegen die Perser und die sich aus diesem ergebenden Konsequenzen.

Im perikleischen Zeitalter feierte man im Bildprogramm des Parthenon den mythologischen Sieg griechischer Helden über die Amazonen als Paradigma für den historischen Sieg über den persischen Feind (Hoffmann: 1980, S. 137; Tyrell: 1984). Auf dem Schild der Athena Parthenos, dem Götterbild dieses Tempels, wurde die Amazonomachie – der Kampf der Griechen gegen die Amazonen – dargestellt (Hölscher-Simon: 1976; Fehr: 1981). Der Sage nach hatten in mythischer Vorzeit die Amazonen unter der Führung ih-

rer Königin Penthesilea auf Seiten der Trojaner gegen die Griechen ge-
kämpft. Penthesilea wurde von Achill im Zweikampf getötet; im Epos hatte
er sich vorher in sie verliebt. Ein anderer Sagenkreis bringt Herakles und
Theseus in Verbindung mit den Amazonen. In seinem 9. Abenteuer stiehlt
Herakles den Gürtel der Amazonenkönigin (= „Pferd auf wilder Flucht"), in
anderen Worten: er vergewaltigt sie. Theseus raubt Hippolyte, heiratet sie
und zeugt mit ihr den Helden Hippolytus. Darauf folgt der Rachezug der
Amazonen. Von Antiope, Hippolytes Schwester, geführt, besetzen sie den
Areopag und stürmen gegen die Akropolis, bis Theseus seine Schwägerin
tötet und die Amazonen aus Athen vertreibt und zurück bis nach Asien verfolgt. Hippolyte kämpft dabei auf Seiten der Athener.

Es stellt sich nun die Frage, wieso die griechische Phantasie wilden
Frauen eine so hervorragende Bedeutung beigemessen hat. Wieso wird die
historische Wirklichkeit der persischen Besetzung Athens als Invasion von
männlichen Frauen dargestellt?

Die Antwort ist komplex. Für die männliche Gesellschaft Athens im fünften Jahrhundert galten Frauen als irrational und als Sklaven ihrer sexuellen
Begierden, den Tieren ähnlich, mehr Natur als Kultur (Hoffmann: 1983,
Anm. 49; Cantarella: 1986). Das Ideal des Mannes war die homosexuelle
Liebe zwischen dem Mann und dem Jüngling oder Knaben, dem *erastes* und
dem *eromenos* (Dover: 1978; Koch-Harnack: 1983). So betrachtet kann man
die Invasion Griechenlands durch eine Rasse wilder Frauen als eine männliche Projektion sehen, als Kampf gegen die Natur und gegen die eigenen
natürlichen Triebe, von denen der Mann sich befreien muß, wenn er das
Werk der Kultur vollziehen will. Die Auseinandersetzung der Kultur mit der
Natur wird in den Parthenonreliefs durch die Gleichstellung von Amazonen
und Kentauren versinnbildlicht. Als Pendant zu den männlich-weiblichen
hybriden Amazonen mit ihren „Pferdeeigenschaften" – gemeint ist ihr Hang
zur unkontrollierten Leidenschaft – sind die Kentauren mensch-tierische
Hybriden, die in ungezügeltem Rausch griechische Ehefrauen vergewaltigen
und mit ihrer Maßlosigkeit die gesittete Ordnung bedrohen. Sowohl Kentauren als auch die Amazonen werden von Herakles und erneut von Theseus,
Athens staatsgründendem Helden, bekämpft und besiegt. Als eine vergleichbare männliche Projektion habe ich an anderer Stelle die in der attischen
Vasenmalerei oft abgebildete aggressiv-erotische Verfolgung von Knaben
und Frauen durch Götter und Dämonen bezeichnet (Hoffmann: 1985).

Um die religionspsychologische Komplexität der Amazone zu erfassen
und einer Antwort auf die oben gestellte Frage näher zu kommen, müssen
wir ihre Wesensverwandtschaft mit zwei anderen griechischen Frauentypen
kurz skizzieren. Da sind zunächst die Mänaden des Dionysos (Hoffmann:
1977a; Keuls: 1985; Bérard-Bron: 1986), die von ihrem Ekstasegott beses-
senen Frauen, die von griechischen Vasenmalern gelegentlich – hier auf der

Gießener Schale aus, der Werkstatt des Sotades (Abb. 8-11)[6] – mit Amazonen verglichen werden. Auch sie tragen Tierfelle und essen rohes Fleisch. Auch sie sind wilde, unberechenbare und gewalttätige Frauen, die die gesittete Ordnung bedrohen.

Eine andere Affinität der Amazone besteht zur Göttin Artemis (Sourvinou-Inwood: 1985, S. 131 und Anm. 117), weshalb auch diese – ähnlich der Mänade – manchmal in der Darstellung schwer von einer Amazone zu unterscheiden ist[7]. Die typologischen Übereinstimmungen der beiden Figuren lassen auf eine weitere Überschneidung schließen, nämlich auf die strukturale Gemeinschaft der Amazone mit Figuren, die als göttlich verehrt werden. Artemis und die Amazonen sind beide gefährliche, männermordende Frauen mit männlichen Attributen, in einem gewissen Sinn Transvestiten. Bei Artemis und den Amazonen steht das Männerabwehrende im Vordergrund, das, was wir gemeinhin „amazonenhaft" nennen.

Eine weitere Affinität – hier im Sinn einer Verkehrung – gilt der Göttin Athena[8]. Auch sie ist „amazonenhaft", als kriegerische Jungfrau in Ablehnung aller Weiblichkeit vollbewaffnet aus dem Haupt ihres Vaters entsprungen. Athena ist die Schutzgöttin von Helden, insbesondere der Amazonengegner Herakles und Theseus, und damit des Staates: „Athena ist Athen".

---

[6] Beazley: ARV² 768, 35, Hinkel: 1968, S. 652ff., Abb. 1-11 (mit älterer Literatur). Während Zschietzmann die Fliehende mit *chitoniskos, sakkos, pardalis* und thrakischen Stiefeln für Atalante hielt, erklärte sie Brommer zunächst für Artemis. In Satyrspiele folgte Brommer Beazley in der Benennung „Amymone", die auch von Hinkel beibehalten wird. Nach meiner Auffassung treffen keine dieser monosemantischen Deutungen das Wesentliche dieser Bilder, die nur zusammen gesehen einen Sinn ergeben. In ‚Sotades' schreibe ich: „The scene to me represents a juxtaposition of symbols akin to that of the Sotades Painter's cup Napels 2628. Here the theme is maenadism, the maenad on the one side of the cup being contrasted rhetorically by a female exhibiting, in attribute form, all the barbarous excesses of which woman, to the Greek mind, is capable if not restrained. The pantherskin is typical maenadic garb. The bow and the boots suggest the Amazon, the stone the centaur (symbolic of destructive opposition to the institution of marriage) and the sakkos may hint at the sexual promiscuity associated with the hetera. The scene becomes significant when we recall Solon's enactments defining the role of women: Plut. Vit. Sol. XII." Vgl. auch das weißgrundige Alabastron Athen 15002 (Beazley: 98, Nr. 2), auf dem einer Mänade eine Amazone gegenübergestellt wird. Vgl. hierzu Sourvinau-Inwood: 1985, S. 131: Amazonen und Mänaden als „'wild women' variants of the women series".

[7] Zum Problem der Jägerinnen in der attisch-rotfigurigen Vasenmalerei, dessen „Lösung" bisher an einer positivistischen Fragestellung (= Etikettierung) gescheitert ist, siehe Beazley: ARV² 607, 86; 693, 5; 1067, 2 *bis;* 1681 (zu 1067, 2 *bis).*

[8] Bezeichnend hierfür Beazley: ARV² 744, 3. Beazleys Vermutung, es handele sich um eine Amazone, ist deshalb nicht sehr wahrscheinlich, weil die Frau mit Gans einen Peplos mit langem gegürtetem Überschlag trägt (M. Schmidt). Nach freundlicher Auskunft von Frau Schmidt wird die Lekythos – jetzt Basel, Antikenmuseum, Inv. Kä 416 – im demnächst erscheinenden CVA Basel 3 enthalten sein.

Indem sie dem Helden seine Waffen überreicht – ein beliebter Topos der attischen Vasenmalerei (Lissarrague: 1984; Shapiro: 1983) – wird dieser durch den Staat bestimmt. Der Staat bedarf eines Gegenübers bzw. eines unterlegenen Feindes/Opfers für seinen eigenen Fortbestand, d.h. er definiert sich durch den Feind, den es zu besiegen gilt. Athena/Athen braucht seine Amazonen/Perser, die die Göttin bezeichnenderweise als ihr Schildemblem führt (Fehr: 1981, S. 66ff.). Diese „Athenahaftigkeit" der Amazone wird nach unserer Auffassung auch durch ihren ‚attischen' Helm angesprochen.

Kein Georg ohne Drache: Täter und Opfer bilden nicht nur in der visuellen Darstellung eine Einheit[9]. Wenn unsere berittene Amazone als Opfer- oder Grabgabe konzipiert ist, ist mit ihrem Bild nicht nur sie gemeint, sondern wie in jedem Kriegerdenkmal der Tod an sich bzw. die Toten. „Macht es wie Eure heroischen Vorfahren" ist die Botschaft der Amazone für einen Griechen, „werdet selbst zu toten Kriegern/Heroen für den Staat". Diese Aufforderung an die Lebenden unter Heranziehung des großen heroischen Vorbildes ist Sinn auch der athenischen *epitaphioi logoi* (Loraux: 1981), der Grabreden für die Kriegsgefallenen, das bekannteste Beispiel hierfür Perikles' Heranziehung des Amazonenkampfes in seiner Grabrede für die im ersten Kriegsjahr Gefallenen (Hoffmann: 1977a, S. 6f.). Mit diesem Sinn erscheinen berittene Amazonen noch Jahrhunderte später auf römischen Sarkophagen.

Das bekannteste Beispiel der Amazonomachie als Bildtopos der attischen Grabkunst ist wohl die fragmentarisch erhaltene Grabloutrophore aus der Nähe des Talosmalers in Athen und Berlin (Abb. 12), auf der die Ideologie vom „Höchsten Opfer" durch die Koppelung von Amazonen mit der Bestattung von Kriegsgefallenen im *demosion sema,* der staatlichen Gräberanlage von Athen (Hoffmann: 1980, S. 137; Clairmont: 1983, S. 78ff.) versinnbildlicht wird. Auf der einen Vasenseite wird der lorbeerbekränzte Tote gleich zweimal dargestellt – einmal als Krieger vor seiner Stela und ein zweites Mal als Reiterstandbild. Seine Familienangehörigen und sein junger Freund *(eromenos)* vollziehen die Opferriten an seinem Grab wie aus den zerbrochenen Lekythen, die auf den Stufen des staatlichen Grabmonumentes abgebildet sind, deutlich hervorgeht. Die andere Vasenseite zeigt den Topos „Kriegers Abschied". Um das ganze Gefäß zieht sich eine Amazonomachie als schmaler Predellafries. Die Kombinierung von ausziehendem und totem Krieger unter Heranziehung des großen heroischen Vorbildes aus der mythologischen Vergangenheit läßt keinen Zweifel an der intendierten Botschaft. Das durch Athena vertretene Wünschenswerte, nämlich militärischer

---

[9]   Die These u.a. von Sartre, Juif et Antisemite. Edmund Leach schreibt in The Nature of War (Disarmament and Arms Control 1965): „In sacrificial terms, the creature that is slain is ... a part of the killer's own self – a memorial of his murderous triumph. Such mementoes of death preserve a kind of vicarious relation with the deceased as do gravestones and war memorials."

Opfertod, wird mit diesem Beispiel als primäre Bildaussage auch der Bostoner Amazone deutlich, und diese Aussage wird auf der Figurenstütze der Amazonenvase in dem ‚homerischen' Gleichnis des Löwen mit dem Eber wiederholt.

Ich habe die Bostoner Amazonenvase schon von ihrer Rhytongattung her als todesbezogen bezeichnet und angedeutet, daß es sich mit ihrer Symbolik um eine Art von „Kriegerdenkmal" handelt. Indem ich versuchte, sie mit athenischen Augen zu sehen, entwickelte ich einen Deutungsvorschlag ihrer Botschaft sowohl für den Athener wie auch für den modernen abendländischen Betrachter. Damit ist aber die Frage nach der Bedeutung dieses Objektes für den Perser oder den Kuschiten, in dessen Hände sie nachweisbar gelangte, noch nicht beantwortet. Für dieses Bezugsfeld möchten wir folgende Deutungshypothese formulieren: Die Amazonenvase gelangte als Einzelstück oder (wahrscheinlicher) als Ladung gleichartiger und ähnlicher Produkte – denn sotadeische plastische Vasen sind serienmäßig gefertigte „multiples" – in das persische Ägypten[10], wo sie als Opfergabe für den dortigen Grabkult einen Käufer fand. In Athen wußte man wohl, daß die Perser – wie D. Metzler im folgenden ausführen wird – mit dem Bild der Amazone ihre eigenen toten Krieger assoziierten, die sie als bewaffnete Reiterinnen sahen. Diese Lesung aus anderer Perspektive wird durch das Bild des siegreichen Persers (Schauenburg: 1977) auf dem Vasenhals bestätigt.

Der griechische Vasenmaler hat sich aber ein subtiles Doppelspiel erlaubt – ein Detail, das wohl dem barbarischen Käufer einer griechischen Opferware nicht auffallen sollte: Das von dem Perser geführte „Hundewappen" zeigt einen schnüffelnden Hund (Vaerst: 1980, S. 564ff.) mit *eingezogenem Schwanz,* was schon immer den Hinweis auf den Feigling bedeutete. Aus griechischer „kultureller Optik" wurde der feige Hund natürlich auf die Perser bezogen, denn er würde jeden Griechen an eine Reihe von Schimpfwörtern erinnern, die mit den Hundspräfixen *kyn-* und *skyl-* beginnen und die „verachtenswert" und *schamlos* in verschiedenen Schattierungen bedeuten (Hoffmann: 1977b). Die häufigste Verunglimpfung der Perser seitens der Griechen war die Anspielung auf ihr rituelles Transvestitentum: Sie galten als „weiblich" *(gynaikōdēs),* weshalb ich für das Hundsemblem die spezifische Verunglimpfung als *skylax* vorschlagen möchte. Als weiterer Hinweis auf den „eigentlichen" (d.h. griechischen) Sieger kann womöglich die Kampfrichtung des Paares gedeutet werden: Nach griechischer „Lesegewohnheit" geht die Kampfrichtung des Siegers bei Perserkämpfen norma-

---

[10] Siehe hierzu De Vries: 1977 und Boardman: 1979. Das relativ häufige Vorkommen von Amazonendarstellungen in der attisch-rotfigurigen Keramik aus dem persischen Reich wäre in diesem Kontext zu untersuchen.

lerweise von links nach rechts[11]. Der Perser mit dem Hundewappen bedrängt seinen griechischen Gegner aber von rechts nach links! Eine (zweite) verborgene Leseorientierung?

Ein Grieche war hier also einem Perser mit einem Amazonenbild entgegengekommen, hat jedoch vor dessen Augen ein einzigartiges Doppelspiel getrieben: er stellte sich selbst als Sieger dar, denn aus *seiner* Optik gesehen ist ja die Amazone geschlagen[12]. Das Bild kann damit als Musterbeispiel griechischer *metis* gelten.

II. Amazonen im Verständnis der Perser[13]

„Bevor du nicht von Beiden den *mythos* gehört hast, sollst du nicht entscheiden", zitiert Aristophanes einen der alttestamentarisch klingenden Sinnsprüche des Phokylides[14]. Daher jetzt die andere Version des Mythos von der Sotades-Amazone, die hier nicht primär aus dem Kontext ihres Verfertigers, sondern aus dem ihres möglichen Benutzers oder Empfängers verstanden sein soll. Das bedeutet, daß über das vordergründig positivistische (von Bothmert: 1957) Ablesen und die strukturalistische (M. Rosellini – S. Said: 1978) Analyse innerhalb der gewohnten griechischen Bildersprache hinaus versucht wird, parallel – also nicht. im Widerspruch – zu H. Hoffmanns anthropologischer Deutung aus griechischer Sicht die konkret historische Fundsituation zum Einstieg in ihre Interpretation zu nehmen, und von da ausgehend nach nicht-griechischen Bedeutungen der Bildinhalte zu fragen. Entsprechend umständlich dürfte die Argumentation voranschreiten, hat sie es doch mit relativ entlegenen Fakten und notwendigerweise gelegentlich auch hypothetischen Konstrukten zu tun, deren Komplexität ihrerseits eines vielgliedrigen Netzes bedarf, um eine sinnvolle Deutung fassen zu können, die mehr sein will als *un jeu des miroirs*.

Zwar ist das Amazonen-Rhyton mit der Sotades-Signatur aus Meroe[15] das Werk eines griechischen Künstlers, seine Formen- und Bildersprache der

[11]　Klaus Stähler unterrichtete mich, daß die Perserkämpfe auf attischen Vasen in der Regel von links nach rechts gehen. Er möchte dies als Anlehnung an Amazonomachiebilder erklären und weist darauf hin, daß beide sowohl ikonographisch wie typologisch eng zusammenhängen. Vgl. hierzu auch Bovon: 1963.

[12]　Krasser ist die Symbolik des „von uns geschlagenen" in der verwundeten Amazone des Phidias ausgedrückt, was die große Popularität dieses Bildwerkes bei den Römern erklärt. Siehe Fuchs: 1983, S. 195ff. mit Literatur auf S. 590.

[13]　Den schuldigen Dank zuvor – Josine Blok und Bianca Röhrig für wichtige Literaturhinweise zu den Amazonen, den Kollegen und Freunden vom Bad Homburger Genre-Symposion und vom Groninger Achaemenid Workshop für ihre hilfreiche Diskussionsbereitschaft und schließlich H. Hoffmann dafür, daß er mir die Mitarbeit an seinem Thema anbot.

[14]　Aristophanes, Wesp. 725. Dornseiff: 1939, S. 37ff.

[15]　Beazley: 1963, S. 772; Dunham:. 1963, S. 383; Metzler: 1977, S. 67, Anm. 3, S.

Ikonographie der klassischen Kunst Athens zuzuordnen und seine mytholo-
gisch-historische Aussage sowie seine rituell-funktionale Bedeutung auch
aus griechischem Gedankengut mehr oder minder umfassend erklärbar, doch
gibt es gute Gründe, die Perspektive des Interpreten zu wechseln, um sich zu
fragen, welche andere Bedeutung es außerhalb des griechischen Kulturberei-
ches für einen nicht-griechischen Betrachter gehabt haben könnte, denn der
exotische Fundort verlangt geradezu einen solchen Erklärungsversuch, zumal die seltenen griechischen Darstellungen von siegreichen Persern – auf
unserem Rhyton und auf dem mit dem Kamel aus Memphis[16] – beide aus der
Sotades-Werkstatt stammen und beide im persischen Machtbereich gefunden
wurden (Raeck: 1981, S. 125).

Das Grab in der königlichen Nekropole von Meroe[17], dem Hauptort des
Reiches Kusch im heutigen Sudan, mag nämlich vielleicht einen Griechen
geborgen haben, seit Psammetichs Söldnern gibt es nämlich Kontakte zwischen der Ägäis und dem Sudan, und der Zeitgenosse Demokrit verfaßte
eine Monographie über Meroe, das zugleich an einer der Routen des Äthio-
pien-Handels lag, an dem seit dem 5, Jhd. v. Chr. auch Griechen beteiligt
waren[18]. Sinnvoller scheint es jedoch, die Bestattung eines Mitglieds des
kuschitischen Hofstaates anzunehmen – Skelettreste eines 7- bis 12jährigen
Kindes wurden in dem arg geplünderten Grab geborgen. In diesem Kulturkreis haben charakteristische Elemente des Bildtextes des Rhytons einen
positiven Wert: Zunächst die Amazone selbst, die nach Zeugnissen griechischer Autoren auch in der Welt nordafrikanischer Stämme zu finden ist[19], wo
man gelegentlich auch auf matriarchalische Strukturen stößt – wie etwa in
der matrilinearen Erbfolge des Königshauses von Kusch[20]. Deshalb hat P.
Scholz mit Recht behauptet, die Sotades-Amazone „könnte mit der besonderen Stellung der Frau am kuschitischen Hofe in Zusammenhang stehen"
(1986: S. 66 zu Abb. 97). Auf das Königshaus bezogen erhält auch der Hund
als Schildzeichen der gemalten Kriegerfigur am Hals des Rhytons seinen
Sinn, denn Königsreliefs lassen unter dem Thronsessel in Kusch häufig ei-

---

107, Anm. 3; Bittner: 1987, S. 121 F.

[16] Paris, Mus. Louvre C 3825. Paralip. 416 = Beazley: 1971. Kahil: 1972.

[17] Dunham: 1963, S. 383. Ein Photo der Fundsituation auch schon bei Sanborn:
1930, S. 11.

[18] Metzler: 1971, S. 122f.; Metzler: 1977, S. 107; Habermann: 1986. Diog. Laert.
IX 48 nennt Demokrits Meroe-Schrift.

[19] Hanson: 1974; Thimme: 1970; Alvarez: 1977. Afrikanisches Sprachmaterial
benutzt J. Karst (Atlantis und der Liby-äthiopische Kulturkreis. Heidelberg 1931. S.
62) für die Erklärung des Amazonen-Namens.

[20] Priese: 1981; Millet: 1981, S. 129f. (Diese Hinweise verdanke ich dem
verstorbenen Münsteraner Ägyptologen H. Oster.) Scholz: 1986, S. 64.

nen Hund erkennen[21]. Aelian verbindet den Hund mit afrikanischem Königtum sogar so sehr, daß er von der Hundsgestalt gewisser Könige sprechen kann. Die meroitische Königin – Kandake/Schwester ist ihr Titel – schickt im Alexanderroman dem Helden schließlich 300 Kampfhunde[22].

Ein wesentliches Bildelement weist aber so weit über Meroe hinaus, daß die bis hierher epichorische Interpretation ausgeweitet werden muß: der Sieg des persisch gekleideten, lorbeerbekränzten Lanzenreiters und seines jugendlichen Genossen zu Fuß auf dem Halsbild des Rhytons. Ihretwegen dürfte die meroitische Interpretation eine sekundäre, abgeleitete sein, so daß wegen der hier offensichtlichen Überlegenheit der beiden Perser nach iranischen, achämenidischen Auftraggebern gesucht werden sollte. Es gibt zwar eine – wiederum griechische – Überlieferung, wonach man mit achämenidischem Einfluß in Meroe zu rechnen hat, denn Meroe soll nach der Schwester des Ägypteneroberers Kambyses benannt sein, also nach kuschitischer Vorstellung nach der eigentlichen Herrscherin, der Kandake/Schwester des Machthabers[23]. In diesen Zusammenhang gehört auch das bisher unerklärte moderne Toponym Kabushiya/Kambyses Stadt (Metzler: 1977, S. 88, Anm. 9) in der Nähe von Meroe, und die achämenidischen Königsinschriften, die bekanntlich Tribute von Kush erwähnen, doch haben andererseits zwischen 404 und 342 die Ägypter ihre persischen Besatzer vertreiben können (Kienitz: 1953, S. 75; S. 107f.) – nicht zuletzt mit Hilfe griechischer Söldner. Unter ihnen waren übrigens auch Kreter aus Kydonia, einer Stadt, deren zeitgenössische Münzen eine Hündin als Amme des Stadtgründers Kydon zeigen[24]. Die Haltung Meroes zu den Befreiungskämpfen Ägyptens ist nicht ganz eindeutig. Möglicherweise haben nationalägyptische Führer auch Unterstützung in Meroe gefunden (Priese: 1978, S. 80). Bemerkenswert ist andererseits aber, daß in der Retrospektive des heliodorischen Äthiopenromans die meroitischen Personen durchweg achämenidische Namen tragen und persischen Sitten gemäß leben (Altheim: 1948, S. 107ff.).

Diese Situation läßt folgende Hilfskonstruktion als Erklärungsversuch zu: Über die Person des Erziehers – in den Adelsfamilien der iranisch-arabischen und iranisch-kleinasiatischen Grenzgebiete ist der *tropheus* des Heranwachsenden oft ein Fremder[25] – könnte achämenidischer Einfluß auf die

---

[21] Bachofen: 1948, S. 106f.; RE, sv. Hund. Sp. 2547 (Orth).

[22] RE ebd. – zum Lexem *kdi/kandi* (Frau, Schwester) im Titel Kandake Hofmann: 1977, S. 1404.

[23] Meroe gilt auch als Mutter des Kambyses (Diodor I 33, 1), Strabon XVII 1, 5 (790) und Josephus (Ant. Jud. II 249) nennen sie aber seine Schwester.

[24] Perdrizet-Lefebvre: 1919, IX und Nr. 405. – Münzen: Head: 1911, S. 463f.

[25] Widengren: 1969, S. 70ff. Vgl. Belege in Inschriften aus der iranisch-arabischen Grenzzone (A. Maricq in Syria 39 [1962]. S. 97f.) und bei Tabari (Nöldeke 81 Anm. 3 und 313).

jugendliche Person der Bestattung ausgeübt worden sein. Er könnte das Rhyton, das übrigens schon einige Jahrzehnte alt war (wohl 440-430 entstanden), ehe es unter die Erde kam, auf das Grab hinter die Wand der Grabkapelle gestellt haben und zwar zwischen 398 und 355 bzw. 369 und 340 v. Chr. (Dunham: 1963, S. 383, Anm. 1), jenen Jahren ägyptischer Selbständigkeit, in denen Persien an guten Verbindungen zu Meroe gelegen sein mußte. Weitere Belege für solche Einflüsse kenne ich allerdings in der fraglichen Zeit aus Meroe selbst nicht[26].

Persisch nun läßt sich der Bildtext des Rhytons viel eindeutiger lesen. Die siegenden beiden Perser auf seinem Halsbild bieten nur den Einstieg, denn auch alle übrigen Bildelemente sind so gut im iranischen Kulturbereich belegt, daß eine generelle Vorbemerkung seine griechische Machart unter dem neuen Aspekt erklären helfen kann: Unter den griechischen Fachleuten im Achämenidenreich sind Künstler und Bauhandwerker mehrfach und gut belegt[27]. Bekannt sind ferner die zahlreich im Iran gefundenen griechischen Kunstgegenstände und schließlich auch die Tatsache, daß ideologisch so bedeutende Themen wie Szenen des achämenidischen Herrscherzeremoniells in griechischer Formensprache wiedergegeben sind. J. Borchardt hat das besonders an Satrapenbildern aufzeigen können (1983). Als weiteres Beispiel sei hier eine attisch-rotfigurige Lekythos aus Vouni[28] erwähnt. Sie zeigt einen persisch gekleideten Satrapen – wie auf persischen Münzen[29] mit dem Szepter in der Hand thronend – in seinem Palast (Säule!) ein Rhyton haltend[30] zwischen zwei griechisch gekleideten Frauen, von denen die eine – wohl Anahita[31] wie in vergleichbarem sasanidischen Kontext – ihm einen

---

[26] Beachtenswert jedoch die hellenistische Bronzestatuette in iranischer Tracht aus Kawa im Nationalmuseum Khartoum (Scholz: 1986, Abb. 136), vergleichbar der Statuette eines ebenfalls Thronenden von der Insel Failaka im Nationalmuseum von Kuwait (Mathiesen, H. E.: The Terracotta Figurines = Failaka/Ikaros. Kopenhagen 1982 (= Jutland Archaeol. Soc. Publ. XVI, 1).

[27] Metzler: 1977, S. 218f.; Hofstetter: 1978; Walser: 1984, S. 23f.

[28] Stockholm, Medelhavsmuseet, Vouni 249. ARV^2 1150, 27 = Beazley: 1963; Schauenburg: 1975, S. 115f., Taf. 39, 3-4.

[29] Bagadates, Tetradrachme. de Morgan: 1923-1935, S. 277, Abb. 340.

[30] Die Bedeutung dieses durch das Agieren mit dem Rhyton ausgezeichneten Rechtsaktes wird durch das hethitische Wort für Rhyton = *sipandi,* vgl. griech. *spendo,* also Libation unterstrichen. Nach vollzogener Libation wurde das benutzte Gerät feierlich deponiert (Burkert: 1977, S. 71 und S. 121, Anm. 34), galt also als sichtbares Zeugnis, als Unterpfand des Aktes.

[31] Die Erklärung als Investitur durch Anahita verdanke ich P. Briant: vgl. Trümpelmann: 1971, S. 184, dort auch die Möglichkeit angedeutet, in der Darstellung einer Säule die Abbreviatur für einen Anahita-Ternpel zu sehen. Anahita ist entgegen verbreiteter Ansicht schon in der Zeit des Dareios verehrt worden (Metzler: 1977, S. 94).

Reflexbogen, ein iranisches Herrschaftssymbol[32], darbietet. Eine *Frau* also
übergibt die Waffe. Ein Grieche, der sich an Achill mit den Waffen von seiner Mutter Thetis erinnert, braucht hier übrigens nichts Weibisches zu sehen,
wie das gelegentlich im Bilde, das sich Griechen von Persern machen, geschieht (siehe oben). Jedenfalls ist kein antipersischer Spott darin zu sehen,
da der Fundort, der Palast von Vouni auf Zypern schon wegen seines Grundrisses, der den des großköniglichen Palastes von Susa nachahmt (Metzler:
1977, S. 159ff.), auf einen persischen Benutzer verweist. Offensichtlich ist
an eine Investitur-Szene zu denken. Das Œuvre der Sotades-Werkstatt selbst
ist ein weiterer Beleg für persische Kunst griechischen Stils, denn ihre Produkte – gelegentlich auch mit achämenidischen Themen – Kamel-Rhyton
aus Memphis (Kahil: 1972) – und in achämenidischen Formen (Phiale,
Rhyton) gebildet, so daß ein griechischer Benutzer in der Fremde in unserem
Falle wohl eher auszuschließen ist – sind an mehreren Orten des Achämenidenreiches gefunden worden. Darunter Fragmente von drei verschiedenen
Rhyta der SotadesWerkstatt mit Amazonendarstellungen allein aus der
Hauptstadt Susa[33].

Amazonen – die Griechen stellten sie seit dem 6. Jahrhundert anfangs in
thrakischer, dann in iranischer, d.h skythischer und persischer Hosentracht
dar (Shapiro: 1983) – müssen in Persien also eine gewisse Bedeutung gehabt
haben. Aus griechischer Perspektive werden sie auch mit Persern zusammen
gesehen, so gelegentlich auf Vasenbildern (Schauenburg: 1974, S. 89, Anm.
15). Kriegerische Frauen – ihre Existenz ist auch archäologisch in Grabfunden faßbar[34] – haben die Perser bei ihren skythischen Nachbarn selbst
kennenlernen können und auch ihre Überlegenheit anerkennen müssen: der
Massageten-Königin Tomyris' Sieg über Kyros oder der Amorger-Königin
Sparethre mutigen Widerstand[35]. Bildlich dargestellt finden sich Amazonen
auf den sogdischen Fresken des frühmittelalterlichen Pendjikent (Belenizki:
1980, S. 200ff.). Besonders ausdrucksvoll dort das Wegtragen einer Gefallenen, wie das noch zu erwähnende. Motiv auf praenestischen Cisten gleichsam eine Antwort auf das Staunen des Theophanes von Mytilene, der die
Teilnahme von Amazonen am Verteidigungskampf der kaukasischen Albaner gegen die Aggression des Pompeius berichtet und sich wundert, daß man

---

[32] Metzler: 1977, S. 132 und S. 135f.; Calmeyer: 1979.

[33] Paris, Louvre SB 4143 und 4154 = ARV² 765, 19; SB ohne Nr. = ARV² 768, 30;
SB 4138 und 4151 = ARV² 773. Die singuläre Namensbeischrift ΑΥΛΑΜΙΣ auf SB
4143/4154 (Beazley bei Rostovtzeff) ist wohl einfacher als ΔΥΝΑΜΙΣ zu lesen. So
heißt die bekannte Königin des Bosporanischen Reiches (Gaidukevič: 1971, S.
327ff.).

[34] Smirnov: 1982. Freundlicher Hinweis von R. Martinez-Lacy.

[35] Tomyris: Herodot I 205ff. Sparethre: Ktesias (688 FGrH F 9a) aus Photios – vgl.
Ktesias F 8, 3 aus dem Anonym. de mulier, 2: die Frauen der Saken kämpfen wie
Amazonen.

nur ihre Pelta-Schilde, nicht aber ihre Leichen auf dem Schlachtfeld gefunden habe (Plutarch, Pompeius 35, 5 = Fabricius: 1888, S. 185). Wiederum im Kaukasus wurde dem Persien-Reisenden Jean Chardin im 17. Jh. eine Amazonenrüstung „aus dem letzten Krieg" gezeigt (Pereira: 1973, S. 14f.). Mehrfach begegnen tapfere, selbstbewußte Frauen als geachtete Gestalten in den altiranischen Novellen, oft als Fremde iranischen Männern verbunden: Zarinaia und Stryangaios, Zarina und Mermeros, Panthei und Abradates, Zariadris und Odatis, ferner Azad und Bahram Gör oder Bahram Čobin und seine Schwester Gurdia in sasanidischer Zeit sowie unter gewissen Aspekten auch Semiramis und Ninos, Esther und Ahasver, Judith und Holophernes[36]. Penthesilea und Achill muten so gesehen wie die griechische Variante dieser orientalischen Motivgruppe an.

Wertschätzung der aktiven, kämpfenden Frau schließt nicht aus, daß für die generell patriarchalische Gesellschaft Irans auch negative Einschätzungen der Frau – übrigens in griechischer Überlieferung – angeführt werden können. So berichtet Herodot (IX 107), bei den Persern sei es das Schlimmste, jemanden als Frau zu beschimpfen, und folgerichtig erzählt er (IX 20), die Perser nennten die Griechen Weiber. Damit geben sie nur zurück, was ihnen selbst, wie H. Hoffmann erwähnt, auch die Griechen nachsagten. Das gehört in den Problemkreis der wechselseitigen Wahrnehmungsstörungen von benachbarten Völkern, von Heleen Sancisi-Weerdenburg treffend im Titel ihres Buches „Yaunā en Persai" auf die chiastische Kurzformel gebracht (1980).

Ein anderes Problem ist die Art und Weise, in der weibliche Krieger von Anderen wahrgenommen wurden. Die Skythen sollen nach Herodot ein Amazonenheer zunächst als Truppe ganz junger Knaben angesehen haben[37]. Das führt weiter zu der den Griechen und Römern weibisch anmutenden Erscheinung der altiranischen Männerbund-Krieger[38]. Wie im alten Indien waren sie geschminkt, mit Schmuck behängt und kunstvoll frisiert (Widengren: 1969, S. 19, S. 21, S. 56, S. 85). Ähnliches wird im 19. Jahrhundert von afghanischen Karawanen berichtet, deren Begleitung aus jungen Männern in Frauenkleidern bestand, (Alvarez: 1977, S. 391). Täuschung möglicher Feinde – so von Dio Cassius von den unter priesterlicher Führung kämpfenden Bukolenkriegern des 2. Jahrhunderts n. Chr. im Meroe benach-

---

[36] Die wichtigsten Namen finden sich in der Literatur zum antiken Roman (Rohde: 1914, Hägg: 1987), bei Tabari (Nöldeke) und in Justis Iranischem Namenbuch.

[37] Herodot IV 111, 1. Palaiphatos' Skepsis ist daher durchaus erklärbar, wenn er – im 4. Jhd. v. Chr. – behauptet, Amazonen habe es nie gegeben, es handle sich um glattrasierte Männer in Frauenkleidern (Mythographi Graeci. III fasc. 2 cap. 32).

[38] Widengren: 1969, S. 20, Anm. 58 zit. Amm. Marcell. 23, 6, 80: effeminati. Generell zur „angeblichen Weiblichkeit" der Persertracht in der griechischen Literatur Bittner: 1987, S. 47, Anm. 1 und Register S. 330, sv. Weibl. Männertracht.

barten Oberägypten berichtet (Dio Cass. Epitome 72, 4) – ist sicher nur ein
Aspekt, männerbündische Homoerotik ein anderer und rituelle Transvestie
gewiß auch mit im Spiel. Wieder einmal wäre noch auf Achill zu verweisen,
dessen Aufenthalt unter den Töchtern des Leukippos auf Skyros, wie E.
Crawley schon 1893 nachgewiesen hat, das ältere Ritual der Krieger-Initia-
tion hinter der griechischen Rationalisierung der Geschichte von der fürsorglichen Mutter Thetis, die ihren Sohn verstecken möchte, hervorscheinen
läßt. Die „ganz jungen Knaben" – *meirakion* griechisch und seine indoirani-
schen Entsprechungen vom Typus *marut, maryaka, merak* – bilden die un-
terste Stufe im nach Altersklassen gegliederten Männerbund (Widengren:
1969, S. 83 et passim). Ihre mädchenhafte Erscheinung könnte eine positive
Wertung der Amazonen mitbestimmt haben.

Eindeutiger ist die griechische Nachricht von den Nebenfrauen des
Perserkönigs, die ihren Herrn auf die Jagd begleiten[39]. Wohl übertreibend ist
von 300 Frauen die Rede, und 70 amazonische Frauen nennt Nizami als
bogenschießende und polospielende Begleiterinnen König Khusraus II. (Sykes: 1902, S. 337f.). Eine Frau dieses Schlages scheint auch Hypsikrateia,
die Geliebte des pontischen Königs Mithridates VI., gewesen zu sein, die
von männlicher Art *(andrōdēs)* und überaus kühn gewesen sein soll. Sie
begleitete den König bis zuletzt zu Pferd in persischer Tracht (Plutarch,
Pompeius 32, 14). Einzelne Frauen – oft musizierend – kennt man als Jagd-
begleitung aus sasanidischen Bildern und Texten (Trever-Lukonin: 1987, S.
75, Abb. 53-55). Jagend – als *synkynēgos* der Artemis (Diodor IV 16, 3) –
kann auch die Sotades-Amazone verstanden werden, falls man den Löwen
und den Eber auf den Rhytonseiten unter dem Pferdekörper nicht heraldisch
als Symboltiere für Mut und Stärke, sondern bezogen auf ihre mögliche Bewaffnung – ein Speer, wie mehrfach auf Vasenbildern belegt – als Jagdbeute
versteht. Nicht nur Atalante jagt den Eber, auch thrakische Frauen hetzen
ihn[40]. Die jagenden Nebenfrauen des Perserkönigs heißen bei Herakleides
von Kyme *pallakides*. Hinter dem eindeutig erotischen Sinn des Begriffes
verbirgt sich wiederum männerbündische Tradition[41]. Ihre persische Bezeichnung ist einstweilen nicht faßbar. Vielleicht sind sie jedoch gemeint in
dem problematischen Text einer Schatzhausanweisung aus Persepolis, mit
der „dem Verwalter der Frauen der Pferde (Frauen zu Pferde?)" von Darius
eine bestimmte Menge Silbers für den Unterhalt dieser Frauen zugewiesen
wird[42]. Weibliche Tapferkeit ist also persischem Denken nicht nur in

---

[39] Herakleides von Kyme 689 FGrH F 1 aus Athenaios XII 514 C.

[40] Silberkanne Rogozen Nr. 159. Zazoff: 1987, S. 28, Abb. 36.

[41] Vgl. Peters: 1982, S. 163ff. Freundlicher Hinweis von M. Röskau. Palakos als
skythischer Königsname und Palakion = Balaklawa als davon abgeleitetes Toponym
bei Gaidukevič: 1971, 308f.

[42] Cameron PIT nr. 6 bei Sancisi-Weerdenburg: 1981, S. 26, Anm. 41. Eine andere

verschiedenen Formen vertraut, sondern wurde auf verschiedenen gesellschaftlichen Ebenen auch geachtet.

Das griechische Bild einer Amazone konnte also mit persischen Augen
durchaus positiv gesehen werden, zumal in unserem Falle auf dem Halsbild
des Rhytons dem siegenden persischen Reiter heraldisch ein amazonenhaft
wirkender junger Perser mit fliehendem Griechen gegenübergestellt ist. Daß
er – entgegen üblicher griechischer Sehgewohnheit – in die falsche Richtung
(von rechts nach links) siegt, kann durch die Orientierung beider Kampf-
gruppen auf den Gefäßhenkel bestimmt sein, und von rechts nach links sie-
gende Amazonen sind – wenn auch als Ausnahmen von der Regel – belegt.
Es bleibt jedoch ein Vorbehalt: die im Halsbild als solche zu vermutende
Amazone wäre es nur wegen ihres Pelta-Schildes. Der wird aber auch von
nicht-amazonischen Kämpfern getragen (Bittner: 1987, S. 161ff.). Die Figur
wird vielmehr ein jugendlicher unbärtiger Perser sein, wie er mehrfach auf
Vasenbildern begegnet[43]. Indem also der griechische Künstler die Kann-
benhaftigkeit eines persischen Kriegers amazonisch dargestellt hat, bot er
gleichsam die Umkehrung der oben erwähnten skythischen Perspektive
Herodots.

Die eben betonte „heraldische", auf die Achse zwischen plastischem
Amazonenkopf und Henkel bezogene Anordnung des siegenden Perserpaa-
res im Halsbild des Rhytons ist auch inhaltlich durchaus achämenidisch, war
doch gerade das Perserheer berühmt für seine *dō-sar* (= zwei Köpfe) genannte Kampfformation aus schweren Reitern und den sie begleitenden Fußsoldaten[44]. Noch in islamischer Zeit galt diese „doppelköpfige" Truppe arabischen Autoren als besonders ungestüm[45].

Das Schildzeichen auf der Pelta ist ebenfalls aus iranischer Sicht sinnvoll:
ein Hund oder Wolf[46]. Das persische Wort für Wolf – *varka* – steckt im
Landschaftsnamen Hyrkanien – östlich des Kaspischen Meeres gelegen und
Heimat tüchtiger Krieger, die von den Achämeniden in anderen Reichsteilen
in Wehrdörfern angesiedelt wurden (Metzler: 1977, S. 67, Anm. 3), aber

---

Lesung bei R. T. Hallock in Journ. Near Eastern Stud. 19 (1960). S. 97.

[43] Schauenburg: 1975, S. 105 und S. 114, Taf. 38, 2 und 40, 2, weitere Beispiele
bei Bittner: 1987 abgebildet.

[44] Seibt: 1977, S. 116 und S. 129 beschreibt die Taktik, Nyberg: 1959, S. 320
erklärte die *dōsar* = arab. *dausar* als „eine schwerbewaffnete Truppe, die sowohl
Reiterei wie Fußvolk umfaßte". Als Toponym begegnet *Dausara* bzw. *Dausaron* am
Euphrat in parthischer Zeit (Fronto. Epist. ad Verum II 1 p. 121; Prokop, de aed. II
6), gehört also zu dem verbreiteten Typus von Ortsbenennungen nach Mili-
täreinheiten (vgl. *ala* zu Aalen, *legio* zu Leon).

[45] Quellen bei Rothstein: 1899, S. 134ff. und Nyberg: 1959, S. 319f.

[46] Wolf als Schildzeichen auf griechischen Vasenbildern bei Chase: 1902, S. 126 (3
Beispiele) und Hund ebd. 103 (5 + 2 Beispiele) – also relativ selten.

auch der Heimat der Massageten mit ihrer amazonischen Königin Tomyris unmittelbar benachbart. Ebenso wie der Wolf ist aber auch der Hund hochgeachtetes Symboltier in der Welt des indoeuropäischen Männerbundes (Höfler: 1940; Widengren: 1969, S. 59). Den persischen Magiern ist er so heilig, daß seine Tötung ebenso wie die eines Menschen geahndet wird[47]. Wie bei dem schon kurz erwähnten griechischen Gründungsheros Kydon (oben S. 164) begegnet, die Hündin ja auch in der Biographie des achämenidischen Reichsgründers Kyros als Nährmütter: *Kyno*, Hündin habe die Frau auf griechisch geheißen, die ihn aufgezogen habe, berichtet Herodot, denn eben dies – Hündin – bedeute ihr medischer Name *Spaka*[48]. Aber nicht nur die Herkunft wird durch den Bezug zum Hund hervorgehoben, sondern auch der Tod als Wiedergeburt: Hunden als Seelengeleitern und heilkräftigen Wesen werden in Iran, Zentralasien und anderswo die Leichen zum Fraß vorgeworfen[49], was in der olympischen Religion den Heroen als größte Schmach angedroht wird (Segal: 1971). Für Weiteres genüge der Hinweis auf die materialreichen Abhandlungen von O. Höfler (1940) über die Reiterdenkmäler der Scaliger in Verona und von M. Boyce (1975, S. 303; 1982, S. 169) in der Geschichte des Zarathustrismus.

Daß der Hund – oder Wolf, denn nach Auskunft eines Zoologen verhalten sich beide gleich – mit gesenktem Kopf und eingezogenem Schwanz dargestellt ist, bedeutet allerdings eindeutig etwas Minderwertiges, denn so verhält sich im Rudel oder gegenüber einem Überlegenen immer der Rangniedrigere. In der Sotades-Werkstatt mag man also für persische Auftraggeber gearbeitet haben, wie H. Hoffmann erkannte, möglicherweise nicht ohne Ironie oder heimliches Triumphieren. Andererseits könnte ein späterer Besitzer des Rhytons, das bekanntlich erst mehrere Generationen nach seiner Verfertigung am Grabe einer jugendlichen Person in der kuschitischen Königsnekropole aufgestellt wurde, mit der verächtlichen Haltung des Wappentieres sich der griechischen Söldner aus Kydonia erinnert haben, die wie oben erwähnt, auf Seiten der Ägypter noch 404 gegen Perser kämpften. Das Wappentier ihrer Stadt war ein Hund. Fliehend erblickt demnach der Grieche im Blick zurück sein schmähliches Ebenbild auf dem Schild des Siegers[50]!

---

[47] Herodot I 140, 3. Vgl. RE, sv. Hund. Sp. 2573f. (Orth). Hinweis von R. Altheim-Stiehl.

[48] Herodot I 140, 1; Iustin I 4, 14; Binder: 1964.

[49] Herodot I 140, 2; Cicero, Tusc. I 45; Huc: 1966, S. 143; Lurker: 1983.

[50] Vergleichbar sind Schildzeichen auf den Amphorafragmenten des Exekias in Philadelphia MS 3442 (Beazley: 1964. S. 68f. Taf. 30): „a dog gnawing a haunch". Zusammen gesehen mit dem Raben auf dem zweiten Schild derselben Vase könnte dieser Hund eine Drohung an den jeweils fliehenden Gegner sein, denn aus griechischer Sicht war es schimpflich, auf dem Schlachtfelde gefallen, unbestattet von Raben und Hunden gefressen zu werden.

Zu einem weiteren Element der Tiersymbolik nur eine kurze Bemerkung: Das Pantherfell der Amazone hat zwar nicht in Iran selbst, wohl aber im Kaukasus eine bedeutsame Parallele. „Der Mann im Pantherfell" ist der Held des gleichnamigen georgischen Nationalepos von Schota Rustaweli. Außer dem Pantherfell über seinem Kleid trägt er auch eine Pantherfellkappe, vergleichbar den Kappen aus Fellen wilder Tiere, die der schon erwähnte Theophanes bei Iberern und Albanern im Kaukasus beobachtete (Strabon XI 4, 4 [502] = Fabricius: 1888, S. 185).

Es bleibt der Typus des Reiter-Rhytons als solcher: Auch er verweist auf Iran, dessen Einfluß auf Form und Gebrauch der attischen Rhyta H. Hoffmann schon früher dargestellt hat (1961,). Ganz besonders deutlich ist nun die Abhängigkeit vom iranischen Vorbild bei der hier zu behandelnden, ungewöhnlich seltenen Form des Reiter-Rhytons. In der Gestalt einer Amazone ist es ein Unikat, aber zwei Fragmente mit Pferdehufen aus Capua[51] und wiederum aus Susa[52] gehören möglicherweise ebenfalls zu diesem Typus. Außerhalb der Sotades-Werkstatt ist es einstweilen nicht belegt. Nächste iranische Parallele ist das Silber-Rhyton mit der Reiter-Protome aus Erebuni (Abb. 13)[53]. Ohne Reiter sind Pferde-Rhyta auch in Iran verbreiteter (Sherpherd: 1966, S. 296f.).

Daß Sotades das iranische Reiter-Rhyton in der Gestalt der Amazone vorführt, ist in doppelter Hinsicht bedeutsam: den Griechen galten die Amazonen als Erfinder des Reitens (Lysis, Epitaphios § 4 [190]), und in Kush, wo auch Einflüsse der asiatischen Steppenvölkerkultur beobachtet wurden (Scholz: 1984, S. 14) entsprach ihre Hervorhebung der matriarchalischen Organisation der Hofgesellschaft. Offensichtlich ist also mit der größeren, vollplastischen Amazone ihre Vorbildlichkeit für den bärtigen persischen Reiter am Halsbild des Rhytons evozierbar.

Als Reiter mag hier auch der Kentaur gelten. Er begegnet – Steinbock tragend – als Bronze-Rhyton hellenistischer Zeit im Hindukusch[54]. Zwei Steinzeug-Rhyta in Form von Panzerreitern stammen schließlich aus dem

---

[51] Paris, Mus. Louvre CA 1526. ARV² 772 η.

[52] Paris, Mus. Louvre SB 4138/4151. ARV² 773.

[53] Eriwan, Mus. Erebuni. Arakelian, B. N.: Ocerki po istorii iskusstva drevnei Armenii. Eriwan 1976. S. 37-41, Taf. 46f. Cultural Contacts: 1985, Nr. 5. Freundlicher Hinweis von Atsuko Gotoh. – Ebd. Nr. 159 eine frühmittelalterliche silberne Reiterstatuette aus dem östlichen Zentralasien, jetzt im Kreml, die wegen eines Ausgusses auf dem Bug des Pferdes als Rhyton anzusprechen ist (Marschak, B.: Silberschätze des Orients. Leipzig 1986. Abb. 220-223).

[54] Oxford, Ashmolean Mus. 1963, 28; Stein: 2944, 15. Klassischer ist allerdings ein gleichzeitiges Kentauren-Rhyton aus dem parthischen Nysa (Masson-Pugačenkova: 1982, Nr. 4. Cultural Contacts: 1983, Nr.41).

Alten Königreich Silla in Korea (5./6. Jahrhundert n. Chr.) (Abb. 14)[55].
Beide Beispiele sind nur scheinbar entlegen, liegen sie doch beide in der
Einflußsphäre iranischer Kultur, der sogdischen genauer gesagt. Denn das
Kentaurenrhyton aus Ishkoman diente nach Sir Aurel Stein einer aus dem
Norden in den Hindukush eingedrungenen iranischen Herrenschicht[56]. Die
Herrenschicht von Silla, dem konservativsten und urtümlichsten der drei
Königreiche Altkoreas, kannte in der Institution der *hwarang* eine dem indo-
germanischen Männerbund in charakteristischen Zügen verwandte Form der
Vereinigung junger Elitekrieger[57]. Spätantike Waffen und Zeremonialgürtel
aus Silla weisen engste Parallelen zu sogdischen Stücken auf[58]. Koreanische
Gesandte sind auf einem sogdischen Fresko abgebildet, und ein sogdischer
steht an einem koreanischen Königsgrab[59].

Möglicherweise wird der Sinn des Trinkens aus dem Reiter-Rhyton verständlicher, blickt man auf den iranischen Reitergott mit der Trinkschale
(Metzler: 1985/86, S. 107, Anm. 82), aus der im Ritus der Sekte der Ahl al-
Haqq der Heilige trinkt, um „trunken Gott zu schauen", wie es in einem
späten Texte heißt. Dieser soteriologisch-eschatologische Apekt scheint zum
Grabgebrauch des Reiterrhytons wohl zu passen. Auch der Hund, wenn es
denn einer ist, der als Schildzeichen auf dem Rhyton vorkommt, gehört als
seelengeleitendes Tier (siehe oben) in diesen Rahmen, in dem auch die
Amazone, wie J. Thimme (1970) für Griechenland gezeigt hat, eine besondere Rolle spielt. Im italischen Kulturbereich können die Amazonen sogar
die spezifische Sepulkralfunktion der *genies de l'au delà* (Devambez: 1976,
S. 279) haben, denn auf praenestinischen Bronzecisten sind mehrfach die
Griffe als ein Amazonenpaar gebildet, das eine gefallene Kampfgenossin
trägt[60]. Da schließlich in Iran die *Fravashi* – Heroen- und Totenseelen
(Boyce: 1975, S. 122ff.) – als speerbewaffnete Reiter (Widengren: 1965, S.
21f.) und die *Daena*-Seele in weiblicher Gestalt (Corbin: 1983, S. 76) vorgestellt werden, bildet gerade die Amazone aus iranischer Sicht eine besonders
sinnfällige Gestalt des Totenglaubens.

---

[55] Seoul, Nat. Mus. Guide Book The National Museum of Korea, Seoul 1985 Abb.
83-84; Goepper: 1984, Nr. 6. Das hier Taf. 8 abgebildete Stück – nicht bei Goepper
– ist das größere.

[56] Stein: 1944, S. 15. Vgl. mit weiteren Argumenten auch Jettmar: 1975, S. 294f.

[57] Goepper: 1984, S. 39f.; Rutt: 1961 (non vidi).

[58] Kim Wong-Yong: 1984, Abb. 3-4, 28; Goepper: 1984, Nr. 79, 92; Cultural
Contacts: 1985, Abb. im Text bei Nr. 120.

[59] Adams, E. B.: Kyongju Guide. Seoul 1979. S. 151: Statue vom Kwoe-nung; Kim
Wong-Yong: 1984, Abb. 3, 40; Cultural Contacts: 1985, Abb. im Text bei Nr. 98.

[60] Z.B. Rom, Villa Giulia 13199. Pallotino, M.: Etruskische Kunst. Zürich 1955.
Abb. 105 und Berlin, Staatl. Mus. Antikenabteilung 6239.

Unter diesem Aspekt ist sie als Weihegabe auf dem Grabe in der – partiell – persisch orientierten Hofkultur von Kush durchaus sinnvoll. Der von mir angenommene Erzieher als ihr mutmaßlicher Stifter mag seinem Zögling damit, um es in aller didaktischen Plattheit zu sagen, folgende Assoziationen nahegelegt haben: Gestärkt durch das Ritual der mit der sakralen Form des Rhytons vertrauten Gruppe tapfer und mutig wie die vorbildliche (zumal im matriarchalischen Kush) amazonische Jägerin die im Halsbild dargestellten persischen Heldentaten gegen die feigen Griechen zu wiederholen. Oder dachte er zugleich ägyptisch und gab der jugendlichen Person also auch jene Kampfbilder mit ins Jenseits, die etwa dem jugendlichen Tutanchamun mitgegeben wurden, um – „Geschichte als Fest" (Hornung: 1966) verstanden – den pflichtgemäßen Vollzug jener Heldentaten vor den richtenden Göttern im Bilde vorweisen zu können, zu deren konkreten Vollzug sie ihr jugendliches Alter oder die politische Situation nicht kommen ließ?

III. Historisches zur Methode

Daß Perser und Griechen im sepulkralen Bildtext des Amazonenrhyton wie die hier durchgeführte Parallelanalyse schließlich auch ergab, vergleichbare paränetische und soteriologische Werte sehen konnten, ist wohl im gemeinsamen Erbe der alt-indoeuropäischen Kriegerinitiation mit ihren travestitischen Ritualen begründet. Auch der Gedanke an Walküren liegt nicht ganz fern. Dennoch gibt es bemerkenswerte Unterschiede, die, wie mir scheint, zum einen in der Belastung des Amazonenmythos mit der griechischen Exaltation eines zweifachen Feinderlebnisses – Amazonenzug nach Griechenland und spätere propagandistische Gleichsetzung der Amazonen mit den Persern – begründet sind, sowie andererseits die sexuellen Aspekte beider patriarchalischer Gesellschaften betreffen. Die persische scheint (!) weniger chauvinistisch – im doppelten Sinne: nationalistisch und sexistisch – auf die weiblichen Kriegergestalten reagiert zu haben. Jedenfalls hat sie den Sieg der Tomyris und den Widerstand sakischer Frauen nach unserer Quellenkenntnis nicht auf jener prinzipiellen Ebene dramatisiert, die für die klassisch-griechische Reaktion auf Amazonen so charakteristisch ist. Andererseits ermöglichen einstweilen weder der Quellenbestand noch der Stand der Methodik ihrer Analyse, trotz richtungsweisender kritischer Ansätze (Sancisi-Weerdenburg: 1987), jene Deutungen, die die anthropologisch orientierte Forschung am griechischen Material für die *histoire des mentalités* erarbeiten zu können glaubt. In persischen Augen konnte eine Amazone als Grabbeigabe möglicherweise also doch etwas ganz anderes als in griechischen bedeuten. Damit haben H. Hoffmann und ich zwar nicht einen Wechsel des Genres im engeren Sinne beschrieben, vielmehr den Bedeutungswechsel desselben Objektes beim Übergang von dem einen in den anderen

Kulturkreis. „Die verborgene Leseorientierung" liegt also in den Konnotationen des „Genres" der jeweiligen Nationalkultur.

Bei einer *metabasis eis allo genos*[61] können Amazonenbilder natürlich verschiedene Bedeutungen haben: Im Genre des für den Grabgebrauch geschaffenen Terrakotta-Rhyton überwiegen sepulkrale Bezüge. Das Großformat der monumentalen Einzelstatue spiegelt in den Amazonen von Ephesos die Würde der mythischen Stadtgründerinnen. Die Tempel-Plastik[62], die verlorenen Fresken Polygnots und ihr Nachhall in den Kampfszenen der attischen Grabvasen präsentieren in der Amazonenschlacht die Selbstdefinition der Polis der Athener, die über die Exaltation ihrer Feindbildes zur eigenen Identität zu finden versuchen. „Amazone ist nicht Amazone" müßte ein antiker Schüler also schließen, in dessen *progymnasmata* der Sophismus „Sokrates ist nicht Sokrates" eine durchaus, gängige Argumentationsfigur bildete (Rüdiger: 1978). Vom verborgenen Sinn der Bilder wußte man vor Platon auch schon im 5. Jahrhundert, denn was dem profanen Betrachter als blanker Widerspruch erscheint, eröffnet dem Eingeweihten tieferes Verständnis – so etwa aus dem Begriff *hyponoia* (verborgene Aussage) der mystagogischen Schrift des Stesimbrotos von Thasos abzulesen[63] wie aus dem *symbolaion* in Herodots Periandergeschichte (V 92, 3) oder aus der Geschichte des Pherekydes von den Schwierigkeiten der Ratgeber des Dareios, die Mehrdeutigkeit in der Symbolsprache der Geschenke des Skythenkönigs zu verstehen[64]. G. B. Vico bezeichnete diese ausgetauschten Geschenke als „Realworte"[65], in Rätselspielen lassen sie sich überall wiederfinden. Die Orakelsprache kennt sie natürlich ebenso und gewinnt ihre Mehrdeutigkeit gerade aus dem Wechsel der Kontexte und Genres, aus denen sie ihre Zeichen jeweils holt oder in die sie sie übertragen wissen möchte.

Schon früher wird andererseits auch das gleichsam grenzüberschreitende Spiel mit der Bedeutung der Genres als ein Mittel zu rationaler Kritik obsolet gewordener Verhältnisse benutzt. Das beginnt, wie sollte es anders sein, in der Homer-Philologie, indem Theagenes von Rhegion die ‚homerischen

---

[61] Quintil. IX 3, 25; Lukian, de hist. conscrib. 55.

[62] Vgl. die Friese vom Niketempel, den Parthenos-Schild, die Parthenon-Westmetopen, die Friese von Bassai und vom Mausoleum sowie die Giebelfiguren von Eretria, Epidauros und die, die nach den jüngsten Rekonstruktionen am Apollo Sosianus-Tempel wiederverwendet wurden (La Rocca: 1985). Unter letzteren weist auch die kleinformatige Reiterin A beachtliche stilistische und motivische Parallelen zur Sotades-Amazone auf (ebd. S. 37f., Nr. VIII, Taf. XX11f. – erhaltener Torso 64 cm hoch).

[63] Metzler: 1980, S. 78. Ebd., S. 76-80 Argumente für Mehrdeutigkeit antiker Bildtexte.

[64] Clemens von Alexandrien, Stromat. V 8, 2.

[65] Vico, G. B.: Principi di una scienza nuova. Neapel ³1744, II, 2. Abt. 4. Kap. – deutsch: rororo Klassiker 1966. S. 87f.

Götter als Allegorien für physikalische und psychologische Phänomene erklärt[66] Xenophanes hält das altmodische Genre der Erzählung von Titanen- und Kentaurenkämpfen – also ein Kernstück der Bildwelt der schwarz- und rotfigurigen Vasenmalerei – für eines Symposions unwürdig, fordert vielmehr als Ersatz das Genre des Enkomions auf den tüchtigen und nützlichen Bürger[67], und in seiner Religionskritik argumentiert er mit der Gegenüberstellung zweier Bildgenres – Tierbilder und Menschenbilder: wenn Ochsen, Pferde und Löwen Götterbilder hätten, sähen diese tiergestaltig aus, denn schon Äthiopen und Thraker stellen sich ihre Götter nach ihrem eigenen Aussehen vor[68]. Mit einem anderen Aspekt von Genre-Wechsel spielt Sophokles in der von Ion von Chios überlieferten Anekdote vom Streit mit dem pedantischen Lehrer, der die poetischen Bilder erotischer Lyrik für platte Realität nehmend Purpurmund, Goldhaar und Rosenfinger mit menschlicher Schönheit für unvereinbar halten muß (Metzler: 1972, S. 4, Anm. 8).

Heraklits rationalistische Ironie weigert sich, den Unterschied zwischen sakralem und profanem Gebrauch, zwischen symbolischer und realer Bedeutung anzuerkennen: „Wenn nicht dem Dionysos zu Ehren die Bakchanten dahinzögen und das Lied sängen vom Phallos, dann wäre das doch wohl höchst schamlos"[69]. Eben – „wenn nicht!" Gerade durch diese Bedeutungsinversion aber wird der Sprung von einem in das andere Genre möglich und das ältere Rituelle – gemessen an der Alltagserfahrung des Profanen – unsinnig. *Espaces croisés* nennen J. L. Durand und F. Lissarague (1970, S. 96) dieses Phänomen der Genreüberschreitung, wenn die Lesung der Bilder oder Texte aus stilistischen und kompositorischen Gründen mehrfache Deutungen erlauben. Platons Konservatismus hat übrigens nichts mehr zu fürchten als die Vermischung der Kunstgattungen, denn, so sagt er, die Grenzüberschreitungen fördern das Verständnis und die Teilnahme – damit schließlich die Freiheit – der Unterschichten[70]. In seinen Gesetzen beharrt er also folgerichtig auf der strikten Einhaltung der traditionellen Musikgattungen[71]. Da in der Entstehungszeit des Sotades-Rhytons Mehrdeutigkeit und Gattungsunterschiede in der Wahrnehmung von Kunst nach den hier zitierten Beispielen

---

[66] Diels – Kranz: 1960, S. 8. Theagenes Nr. 2.

[67] Diels – Kranz: 1960, S. 21 F 1, 21.

[68] Diels – Kranz: 1960, S. 21 F 15 und 16.

[69] Diels – Kranz: 1960, S. 22 F 15.

[70] Platon, Leges 700 d-701 a.

[71] Daß demgegenüber die klassische Musik der Neuzeit ihre humanistischen und allgemeinverständlichen Ausdrucksmöglichkeiten eben dieser un-platonischen Öffnung der Gattungen verdankt, haben Eggebrecht: 1972 und Knepler: 1970 an einigen der schönsten Werke Mozarts und Beethovens zeigen können.

wohl nichts Ungewöhnliches waren, ist es methodisch nicht gerechtfertigt, hinter die Erkenntnis des 5. Jahrhunderts zurückzufallen, indem man positivistisch bei einer vordergründigen Eindeutigkeit der Bildsprache stehen bliebe. Daher unser Versuch, das Rhyton von zwei verschiedenen Standpunkten her zu sehen.

Allerdings blieben über die Grenzen der Kulturkreise hinweg in der Lesung der Genres und der Motive Mißverständnisse natürlich nicht aus: Herodot berichtet, die Perser hätten sich vor der Schlacht bei den Thermopylen über die sich in aller Ruhe die Haare kämmenden Spartaner (VII 208-209) verwundert. Spartaner und Perser kennen beide – ebenso übrigens die Germanen – diesen Akt der Kriegerinitiation, durch den der männerbündische Kämpfer zum rituell Toten wird[72]. Offensichtlich will Herodot hier rationalistisch moralisieren, indem er vorgibt, er verstünde die einen, oder die einen die anderen nicht. Die magische Selbstschmückung im archaischen Kriegertum wird dabei als rituelles Genre von ihm übersehen, um denselben Vorgang im Genre des zweckrationalen Verhaltens kritisierbar zu machen. Kriegerische Frauen haben nicht nur im Altertum unter dem Bild der Amazonen sich die mannigfaltigsten Widerspiegelungen in Ideologie, Mythos und Ritual gefallen lassen müssen. Genre und Kontext des jeweiligen Amazonenbildes bestimmen daher das Geflecht der mit ihnen verbundenen Assoziationen – und der Mißdeutungen. Daher mag auch das hier von mir Vorgetragene nur als Versuch einer partikularen Annäherung gelten.

---

[72] Haar: Widengren: 1969, S. 19, S. 59. Krieger als rituell Tote: Duerr: 1978, S. 79f.; Hasenfratz: 1982; Ellinger: 1978 (über die weiß geschminkten Krieger von Phokis – den Thermopylen benachbart!). Haarpflege und Auferstehung vereinen Vorder- und Rückseite des fränkischen Grabsteines von Niederdollendorf (Krüger: 1983, S. 235, Taf. 24 a mit der älteren Literatur; dazu Lüling: 1981, S. 35 zur Lanze als Wiederauferstehungssymbol).

F. Altheim
1948   Literatur und Gesellschaft im ausgehenden Altertum I, Halle.

O. J. Alvarez
1977   The Amazons. In: Almogaren 8, S. 189-194.

J. J. Bachofen
1948   Das Mutterrecht (1861), hrsg. v. K. Meuli, Basel[3].

R. D. Barnett
1982   Ancient Ivories in the Middle East (Qedem, Monographs of the Institute of Archaeology, The Hebrew University of Jerusalem, 14).

J. D. Beazley
1963   Attic Red-Figure Vase-Painters, Oxford[2] = ARV[2].

J. D. Beazley
1964   The development of Attic Black Figure, Berkeley - London[2].

J. D. Beazley.
1971   Paralipomena. Additions to ABV and to ARV[2], Oxford.

A. M. Belenizki
1980   Mittelasien. Kunst der Sogden, Leipzig.

C. Bérard - C. Bron
1986   Bacchos au Coeur de la Cité. Le thiase Dionysiaque dans l'espace politique. In: L'Association Dionysiaque dans les Sociétés Anciennes. Collection de l'Ecole Française de Rome, 89, 1986.

G. Binder
1964   Die Aussetzung des Königskindes, Meisenheim.

S. Bittner
1987   Tracht und Bewaffnung des persischen Heeres zur Zeit der Achaimeniden, München[2].

J. Boardman
1979   The Athenian pottery trade. In: Expedition, Summer S. 33ff.

J. Borchhardt
1983   Bildnisse achämenidischer Herrscher. In: Archäol. Mitt. aus Iran, Erg. Bd. 10, S. 209-223.

A. Bovon
1963   La representation des guerriers perses er la notion des barbares dans la premiére moitié du Ve siècle. In: Bull. Corresp. Hellen. 87, S. 579ff.

M. Boyce
1975-1982   A history of Zoroastrianism I-II, Leiden.

W. Burkert
1977   Griechische Religion der archaischen und klassischen Epoche, Stuttgart.

P. Calmeyer
1979   Toxotai. In: Arch. Mitt. aus Iran, NF 12, S. 303-313.

E. Cantarella
1986   Pandora's Daughters. The Role and Status of Women in Greek and Roman Anliquity.

G. H. Chase
1902   The shield devices of the Greeks. In: Harvard Stud. Class. Philology 13, S. 61-127.

C. Clairmont
1983   Patrios Nomos. Public Burial in Athens during the Fifth and Fourth Centuries B.C., Oxford.

C. Clairmont
1986   Some Reflections on the Earliest Classical Attic Gravestones. In: Boreas 9, S. 39f.

H. Corbin
1983   L'homme et son ange. Initiation et chevalerie spirituelle, Paris.

E. Crawley
1893   Achilles and Scyros. In: Class. Review 7, S. 243-245.

Cultural Contacts
1985   Ausstellungskatalog: Cultural Contacts between East and West in Antiquity and Middle Ages from USSR, Tokyo Nat. Museum.

P. Devambez
1976   Les Amazones et l'Orient. In: Revue Archeol. S. 265-280.

H. Diels - W. Kranz
1960   Die Fragmente der Vorsokratiker, Berlin[9].

F. Dornseiff
1939   Echtheitsfragen Antik-Griechischer Literatur, Berlin.

K. J. Dover
1978   Greek Homosexuality, London.

H. P. Duerr
1978   Traumzeit. Über die Grenze zwischen Wildnis und Zivilisation, Frankfurt.

D. Dunham
1963   Meroe (Royal Cemetery of Kush, V), Boston.

J. L. Durand - F. Lissarrague
1970   Un lieu d'image? L'espace du louterion. In: Hephaistos 2, S. 89-106.

A. Effenberger
1972   Das Symposium der Seligen. Zur Entstehung und Deutung
              der Totenmahlreliefs. In: Forschungen und Berichte ...
              Staatliche Museen, Berlin 14, S. 128ff.

H. H. Eggebrecht
1972   Versuch über die Wiener Klassik. Die Tanzszene in Mozarts
              „Don Giovanni", Wiesbaden.

P. Ellinger
1978   Le gypse et la boue. In: Quaderni Urbinati 29, S. 7-35.

W. Fabricius
1888   Theophanes von Mytilene und Quintus Dellius als Quellen
              der Geographie des Strabon, Stassburg.

B. Fehr
1981   Zur religionspolitischen Funktion der Athena Parthenos III.
              In: Hephaistos 3, bes. S. 66ff.

W. Fuchs
1983   Die Skulptur der Griechen, München.

V. F. Gaidukeviç
1971   Das Bosporanische Reich, Berlin DDR.

D. W. J. Gill
1987   An Attic Lamp in Reggio: The Largest Batch Notation out-
              side Athens? In: Oxford burn. of Archaeol. 6, S. 121ff.

R. Göbl
1971   Sasanian numismatics, Braunschweig.

R. Goepper
1984   Kunstschätze aus Korea. Ausstellungskatalog hrsg. von R.
              Goepper, Ji Hyun Whang R. Whitfield, Hamburg - Köln.

D. F. Graf
1984   Medism: The origin and the significance of the term. In:
              Journ. Hellenic Studies 104, S. 15-30.

R. Guy
1981   A Ram's Head Rhyton Signed by Charinos. In: Arts in Vir-
              gina 21, 2, S. 2ff.

W. Habermann
1986   Die athenischen Handelsbeziehungen mit Ägypten, Kar-
              thago und Kyrene während des 5. Jahrhunderts v. Chr. In:
              Münstersche Beiträge zur Antiken Handelsgeschichte V, 2,
              S. 96-105.

T. Hägg
1987   Eros und Tyche. Der Roman in der antiken Welt, Mainz.

J. O. de G. Hanson
1974   The myth of the libyan Arnazon. In: Museum Africanum 3, S. 38-43.

H. P. Hasenfratz
1892   Der indogermanische „Männerbund". In: Zs. f. Religions- und Geistesgeschichte 34.

B. V. Head
1911   Historia Numorum. A manual of greek numismatics, Oxford^2 (Reprint London 1963).

H. Hinkel
1968   Die Giessener Satyrspiel-Schale. In: Archäol. Anz., S. 652-663.

O. Höfler
1940   Cangrande von Verona und das Hundssymbol der Langobarden. In: Brauch und Sinnbild - Festschrift für E. Fehrle, Karlsruhe, S. 101-137.

T. Hölscher - A. Simon
1976   Die Amazonenschlacht auf dem Schild der Athena Parthenos. In: Mitt. Athen. 91, S. 115ff.

H. Hoffmann
1961   Persian Influence on Greek Rhyta. In: Antike Kunst 4, S. 21-26.

H. Hoffmann
1977a   Sexual and Asexual Pursuit. A Structuralist Approach to Greek Vase Painting (Royal Anthropological Institute of Great Britain and Ireland, Occasional Paper 34).

H. Hoffmann
1977 b   Animal Categories and Terms of Abuse. In: Man 12, S. 527ff.

H. Hoffmann
1980   Knotenpunkte. Zur Bedeutungsstruktur griechischer Vasenbilder. In: Hephaistos 2, S. 127ff.

H. Hoffmann
1983   Hybrin Orthian Knodalon. In: Antidoron Jürgen Thimme, Karlsruhe, S. 61ff.

H. Hoffmann
1985   From Charos to Charun: Some Notes on the Human Encounter with Death in Attic Red-Figured VasePainting. In: Visible Religion 3, S. 173ff.

H. Hofmann
1977   Zu den meroitischen Titeln *Ktke* und *Pqr*. In: Zs. Dtsch. Morgenl. Ges., Suppl. III, S. 1400-1409.

J. Hofstetter
1978   Die Griechen in Persien. Prosopographie der Griechen im
            persischen. Reich vor Alexander = Arch. Mitt aus Iran Erg.
            Bd. 5, Berlin.

E. Hornung
1966   Geschichte als Fest, Darmstadt,

R. E. Huc
1966   Wanderungen durch die Mongolei und Tibet (1855), Stutt-
            gart.

K. Jettmar
1975   Die Religionen des Hindukusch, Stuttgart.

L. Kahil
1972   Un nouveau vase plastique du potier Sotades au Musée du
            Louvre. In: Revue Archéologique, S. 271-284.

E. Keuls
1985   The Reign of the Phallus. Sexual Politics in Ancient Athens.

F. K. Kienitz
1953   Die politische Geschichte Ägyptens vom 7. bis zum 4. Jahr-
            hundert vor der Zeitenwende, Berlin DDR.

Kim Won-Yong
1984   Ancient Korea and the Silk Road. In: Misul Charyo. Na-
            tional Museum of Arts, Seoul 34, Juni, S. 1-26.

G. Knepler
1970   Zu Beethovens Wahl von Werkgattungen. Ein soziologi-
            scher Aspekt eines ästhetischen Problems. In: Beitr. z. Mu-
            sikwissenschaft 12, S. 308-321.

G. Koch-Harnack
1983   Knabenliebe und Tiergeschenke. Ihre Bedeutung im pedera-
            stischen Erziehungssystem Athens, Berlin.

B. Krüger
1983   Die Germanen II, Berlin DDR.

D. C. Kunz
1984   Vases for the Dead, An Attic Selection, 750-400 B.C. In:
            Ancient Greek and Related Pottery (Proceed of the Interna-
            tional Vase Symposium Amsterdam), S. 314ff.

E. La Rocca
1985   Amazzononiachia. Le sculture frontonali del tempio di
            Apollo Sosiano, Rom.

F. Lissarrague
1984   Autour du Guerrier. In: La Cité des Images. Religion et
            Société en Grèce Antique, Lausanne, S. 35ff.

N. Loraux
1981   L'Invention d'Athènes, Den Haag - Paris.
G. Lüling
1981   Die Wiederentdeckung des Propheten Muhammad, Erlangen.
M. Lurker
1983   Der Hund als Symboltier für den Übergang vom Diesseits in das Jenseits. In: Zs. f. Religions- und Geistesgesch. 35, S. 132-144.
B. Malinowski
1926   Myth in Primitive Psychology.
M. E. Masson - G. A. Pugacenkova
1982   The Parthian rhytons of Nisa, Florenz.
D. Metzler
1971   Porträt und Gesellschaft, Münster.
D. Metzler
1972   Eine geometrische Amphora. In: Antike Kunst 15, 1972, S. 3-6.
D. Metzler
1977   Ziele und Formen königlicher Innenpolitik im vorislamischen Iran. Habilitationsschrift Münster.
D. Metzler
1980   Eunomia und Aphrodite. In: Hephaistos 2, S. 73-88.
D. Metzler
1985/86   Anikonische Darstellungen. In: Visible Religion 4-5, S. 96-113.
N. B. Millet
1981   Social and political organization in Meroe. In: Zs. f. ägypt. Sprache 108, S. 124-141.
J. de Morgan
1923-1936   Manuel de numismatique orientale I, Paris.
A. D. Nock
1944   The Cult of Heroes. In: Harvard Theol. Review 37, S. 141ff.
H. S. Nyberg
1959   Die sassanidische Westgrenze und ihre Verteidigung. In: Septentrionalia et Orientalia, Festschrift für B. Karlgren, Stockholm.
P. Perdrizet - G. Lefebvre
1919   Les graffites grecs du Memnonion d'Abydos, Nancy – Paris – Strasbourg.
M. Pereira
1973   Across the Caucasus, London.

U. H. Peters
1982   Hölderlin. Wider die These vom edlen Simulanten, Reinbek.

K. H. Priese
1978   The kingdom of Kush: The Napatan Period. In: Africa in
               Antiquity. The arts of Ancient Nubia and Sudan. The
               Brooklyn Museum, New York, I, S. 74-88.

K. H. Priese
1981   Matrilineare Erbfolge im Reich von Napata. In: Zs. f. ägypt.
               Sprache 108, S. 49-53.

W. Raeck
1981   Zum Barbarenbild in der Kunst Athens im 6. und 5.
               Jahrhundert v. Chr., Bonn.

E. Rohde
1914   Der griechische Roman und seine Vorläufer, Leipzig.

M. Rosellini - S. Said
1978   Usages de femmes et autres nomoi chez les ‚Sauvages‘
               d'Herodote: Essai de lecture structurale. In: Ann. Scuola
               Norm. Pisa III 8, S. 949-1005.

G. Rothstein
1899   Die Dynastie der Lahmiden in al-Hira, Berlin.

H. Rüdiger
1978   Sokrates ist nicht Sokrates. Klassische Trug- und Fang-
               schlüsse, Bern[2].

R. Rutt
1961   The Flower Boys of Silla. In: Transact. of the Korea Branch
               of the Royal Asiatic Soc. 37, October, S. 1-66.

A. R. Sanborn
1930   The Amazon Rhyton by Sotades in the Museum of Fine
               Arts, Boston. In: Festschrift für J. Loeb, München, S. 11ff.

H. W. A. M. Sancisi-Weerdenburg
1980   Yaunā en Persai. Grieken en Perzen in een ander Perspectief,
               Groningen.

H. W. A. M. Sancisi-Weerdenburg
1981   Exit Atossa. In: Jaarb. voor Vrouwengeschiedenis II.

H. W. A. M. Sancisi-Weerdenburg
1987   Decadence in the empire or decadence in the sources? In:
               Achaemenid History I. Sources, structures and synthesis,
               hrsg. v. ders., Leiden, S. 33-46.

K. Schauenburg
1974   Achilleus als Barbar. In: Antike und Abendl. 20, S. 88-96.

K. Schauenburg
1975   Eurymedon eimi. In: Athen. Mitt. 90, S. 97-121.

K. Schauenburg
1977   Siegreiche Barbaren. In: Athen. Mitt. 92, S. 91ff.
P. Scholz
1984   Auf den Spuren der äthiopischen Vergangenheit zwischen
              dem Niltal und Arabia Felix. In: Antike Welt 15, 3, S. 3-34.
P. Scholz
1986   Kush - Meroe - Nubien I = Antike Welt, Sondernummer.
Ch. Segal
1971   The theme of the mutilation of the corpse in the Iliad,
              Leiden.
G. F. Seibt
1977   Griechische Söldner im Achaimenidenreich, Bonn.
H. A. Shapiro
1983   Amazons, Thracians and Scythians. In: Greek Roman and
              Byz. Stud. 24, S. 105-114.
D. G. Shepherd
1966   Two Silver Rhyta. In: The Bull. of the Cleveland Mus. of
              Art, Cleveland, S. 289-311.
K. F. Smirnov
1982   Une Amazone du IVe siècle avant n.e. sur le Territoire du
              Don. In: Dialognes d'Hist. Ancienne 8, S. 121-141.
A. Snodgrass
1964   Early Greek Armour and Weapons, Edinburgh.
C. Sourvinou-Inwood
1985   Altars with Palm-trees, Palm-Trees and *Parthenoi*. In: Bul-
              letin of the Institute of Classical Studies, University of
              London, 32, S. 125ff.
C. Sourvinou-Inwood
1987   A series of erotic pursuits: images and meanings. In: Journ.
              Hellenic Studies 107, S. 131-153.
Sir Aurel Stein
1944   Archaeological notes from the Hindukush region. In: Journ.
              Royal Asiatic Soc. of Great Brit. and Ireland 1-2, S. 1-16.
P. M. Sykes
1902   Ten thousand miles in Persia, London.
J. Thimme
1970   Griechische Salbgefäße mit libyschen Motiven. In: Jahrb.
              Staatl. Kunstsammlungen in Baden-Württemberg, 7, S. 7ff.
R. N. Thönges-Stringaris
1965   Das griechische Totenmahl. In: Athen. Mitt. 80, S. 1ff.
K. V. Trever - B. G. Lukonin
1987   Sasanidskoe Serebro, Moskau.

L. Trümpelmann
1971   Sapur mit der Adlerkopfkappe. In: Arch. Mitt. aus Iran NF. 4, S. 173-185.

W. B. Tyrell
1984   Amazons. A Study in Athenian Mythmaking, Boston – London.

A. Vaerst
1980   Griechische Schildzeichen (Diss. Salzburg).

M. Vickers
1985   Artful Crafts: The Influence of Metalwork on Athenian Painted Pottery. In: Journ. Hellenic Studies 105, S. 108ff.

M. Vickers
1986   Silver, Copper and Ceramics in Ancient Athens. In: M. Vickers (Hrsg.), Pots and Pans, A Colloquium on Precious Metals and Ceramics in the Muslim, Chinese and Graeco-Roman Worlds, Oxford 1985, S. 137ff.

M. Vickers - O. Impey – J. Allan
1986   From Silver to Ceramic. The Potter's Debt to Metalwork in the Graeco-Roman, Oriental and Islamic Worlds, Oxford.

K. de Vries
1977   Attic Pottery in the Achaemenid Empire. In: Amer. Journ. of Archaeol. 81, S. 544-548.

G. Walser
1984   Hellas und Iran, Darmstadt.

I. Wehgartner
1983   Attische weißgrundige Keramik, Mainz.

G. Widengren
1965   Die Religionen Irans, Stuttgart.

G. Widengren
1969   Der Feudalismus im alten Iran, Köln und Opladen.

P. Zazoff
1987   Der neue thrakische Silberschatz von Rogozen in Bulgarien. In: Antike Welt 18, 4, S. 3-28

Abb. 1-2: Berliner Amazone des Sotades [S. 194]

Abb. 3-4: Berliner Amazone des Sotades [S. 195]

Abb. 5: Reiter vom Parthenonfries [S. 196]

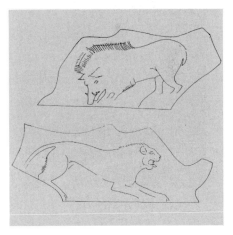

Abb. 6: Grabrelief des Dexileos [S. 196]   **Abb. 7**: Löwe und Eber. Umrißzeichnungen auf der Stütze der Bostoner Amazonenvase [S. 196]

Abb. 8-11: Attisch-rotfigurige Schale aus der Werkstatt des Sotades [S. 197]

Abb. 12: Attisch-rotfigurige Loutrophore [S. 198]

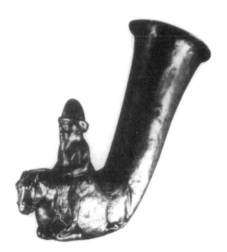

Abb. 13: Silber Rhyton mit Reiter-Protome [S. 198]

Abb. 14: Steinzeug Rhyton in Form eines Panzerreiters [S. 198]

Archaische Kunst im Spiegel archaischen Denkens
Zur historischen Bedeutung der griechischen Kouros-Statuen

Das Standbild des unbekleideten Jünglings als eine der Leitformen in der bildenden Kunst des archaischen Griechenland hat seit dem vorigen Jahrhundert, seit der Wiederentdeckung archaischer Kunst[1] naturgemäß verschiedene Deutungen kunsthistorischer, ideologischer oder dichterischer Art erfahren, die jeweils zwar deutlich Zeitgeist und Interessenlage widerspiegeln[2], aber – analog zur Bedeutungsvielfalt der Bildform in der Epoche ihres Entstehens – einander durchaus nicht ausschließen müssen. Daß in jüngster Zeit verstärkt gerade sozialgeschichtliche Argumente zur Deutung der Funktion der Kouroi in ihrer antiken Öffentlichkeit vorgetragen werden[3], kann natürlich in keiner Weise die lyrische Bewältigung der Betroffenheit moderner Betrachter berühren, die ihre Erlebnisweisen etwa nach Rainer Maria Rilkes Apollo-Sonetten[4] kultivieren. Das bleiben Wahrnehmungsebenen, die nebeneinander existieren.

---

[1] Fuchs, W. – Floren, J.: Die griechische Plastik I. Die geometrische und archaische Plastik von J. Floren (1987). S. 74f. mit dem wichtigen Hinweis, daß „archaisch" als Epochenbegriff nicht wie oft angenommen – vgl. Most (hier Anm. 2), 5 – erst seit der Mitte des 19. Jhds. verwendet wird, sondern schon an dessen Beginn, nämlich von George Gordon Hamilton Earl of Aberdeen (An Inquiry into the Principles of Beauty in Greek Architecture with an Historical View 1822, – nach ursprünglichem Text von 1812). S.174: „Imitation of the Archaic Style").

[2] Vgl. Kenner, H.: Weinen und Lachen in der griechischen Kunst (1960). S. 64f. Most, G. W.: Zur Archäologie der Archaik, in: AuA 35 (1989). S. 1ff. Martini, W.: Die archaische Plastik der Griechen (1990). S. 68ff. und S. 83, S. 85 – jeweils mit Hinweisen auf die Interpretationsgeschichte des Kouros. – Als verspätetes rassistisches Kuriosum bemerkenswert: Birkmeyer, K. M.: Der archaische Kuros, in: AuA 3 (1948). S. 32ff., bes. S. 36 und S. 45.

[3] Zinserling, V.: Zum Bedeutungsgehalt des archaischen Kuros, in: Eirene 13 (1975). S. 19ff. Schneider, L.: Zur sozialen Bedeutung der archaischen Korenstatuen (1975). Ducat, J.: Fonctions de la statue dans la Grèce archaique: Kouros et Kolossos, in: BCH 100 (1976). S. 239ff. Zinserling, G.: Bemerkungen zum Klassencharakter frühgriechischer Kunst, in: Humanismus und Menschenbild im Orient und in der Antike, Halle-Wittenberg (1977). S. 319ff., bes. S. 325f. Kluwe, E.: Das Verhältnis von Persönlichkeit und Gesellschaft im Spiegel der attischen Geschichte und Kunst. Habil. Jena (1980). S. 158ff. D'Onofrio, A.: Korai e Kouroi funerari attici, in: AnnAStorAnt. 4 (1982). S. 135ff. Steuernagel, D.: Der gute Staatsbürger: Zur Interpretation des Kuros, in: Hephaistos 10 (1991). S. 35ff.

[4] R. M. Rilke, „Früher Apollo" und „Archaischer Torso Apollos" (1908 in den „Neuen Gedichten"). Hausmann, U.: Die Apollosonette Rilkes und ihre plastischen Urbilder (1947).

Hier soll versucht werden, aus historischer Perspektive der „Erfassung und Beschreibung der Rezeption des [Kouros] in seinem zeitgenössischen Kontext und in seiner zeitgenössischen Begrifflichkeit"[5] näherzukommen. Das bedeutet das Wagnis, die Denkweise einer fremden Epoche zu rekonstruieren, gestützt auf die Annahme, daß bestimmbare ikonographische, formale und stilistische Merkmale der Standbilder vom Kouros-Typ sich in der Begriffsgeschichte ihrer Epoche – hier verstanden als in die Ideen- **und** Sozialgeschichte eingebettet – widerspiegeln. Den zu diesem Ziele wenig betretenen aber gangbaren Weg scheint mir eine historisch-etymologische Methode zu eröffnen. Wegführer ist mir dabei der Orientalist und Theologe Günter Lüling, der zur Einleitung seiner Aufsatzsammlung „Sprache und Archaisches Denken" für das Fragen nach dem „Denken der Vorzeit und Frühzeit" vorschlägt, die in den alten Texten überlieferten Worte „... unter Absehung von ihrem unmittelbaren Textzusammenhang auf ihren Sinn zu untersuchen, nämlich auf ihren etymologischen Sinn im alten, zu rekonstruierenden semasiologischen System der Sprache als dem Spiegelbild des einstigen systematischen Weltverständnisses"[6]. Dem entsprechend werde ich sprachwissenschaftliche[7] Argumente nutzen, um über Werke der Bildkunst historische Aussagen machen zu können. An etymologische Beobachtungen anknüpfend geht es hier um zwei Aspekte des Kouros: um seine glanzvolle Erscheinung, die im sogenannten archaischen Lächeln gipfelt und um seinen ostentativen Denkmalcharakter – beide für seine ästhetische wie auch historische Deutung von besonderer Wichtigkeit.

In den „Meisterwerken der Griechen" schreibt Max Wegner über die Kouroi: „In dem, was uns wie Lächeln erscheint, drückt sich das selbstgewisse und sich geborgen wissende Lebensgefühl aus, zuerst ganz urwüchsig froh, später besinnlich, manchmal verfeinert und zuletzt überspitzt. Worte, die wir mit ‚lächeln' oder ‚vor Freude strahlen' übersetzen, klingen aus der frühen archaischen Lyrik, etwa bei Sappho, vernehmlich und bedeutsam zu uns herüber"[8].

---

[5] D. Hertel in BJhb. 188 (1988). S. 590 (Rez. zu L. Giuliani, Bildnis und Botschaft [1986]. S. 53ff.).

[6] Lüling, G.: Sprache und archaisches Denken. Neun Aufsätze zur Geistes- und Religionsgeschichte (1985). S. 8.

[7] Selbstverständlich ist die literarische Überlieferung der Antike immer zur historischen Interpretation der bildenden Kunst herangezogen worden. Zwei solche Beobachtungen zum Kouros seien – nur beispielsweise – hier genannt: E. Simons Hinweis auf das Strahlende im pindarischen Bild (Pyth. VIII 95-97) des tüchtigen Mannes (in: Gnomon 33 [1961]. S. 647 – dazu hier S. 195) oder G. M. A. Richters Vergleich mit der Erscheinung Apolls „in der Blüte der Jugend, die breiten Schultern vom Haupthaar bedeckt" (Kouroi, [3]1970. S. 2 nach Hom. Hymn. Pyth. Apoll 450).

[8] Wegner, M.: Meisterwerke der Griechen. Basel 1955. S. 27.

Sappho benutzt beide geläufige Verben: μειδιάω für den visuellen Ausdruck des Gesichtes und γελάω für das hörbare Lachen. Beide sind aber keineswegs auf die eine oder andere Spezifizierung festgelegt. Hesych setzt die entsprechenden Begriffe ausdrücklich gleich[9]. Der epische Sprachgebrauch kennt gerade auch γελάω für stumme **Dinge** : der Demeter-Hymnus spricht vom „Lachen" des Himmels, der Erde und des Meeres[10] bei der Geburt der Gottheit, und in der Theogonie „lacht" der Palast des Zeus beim Gesang der Musen[11]. „Vor Freude strahlen" wäre dafür eine angemessene Erklärung, im Englischen gibt „to rejoice" diesen Aspekt wieder[12]. Wiederum bestätigt Hesych: γελεῖν:λαμπεῖν, ἄνθειν. Die Nebenform vom selben Wortstamm – e – statt a-Konjugation – bedeutet also leuchten, blühen. Γέλαν·αὐγὴν ἡλίου (Strahl der Sonne) und γέλας·αὐγάς sowie in der Schwundstufe γλῆνος·φάος (Licht) finden sich ebenfalls bei Hesych, Strahlen, Glanz also als Bedeutung der Wurzel g-l – wie in ἀγλαός/ἀγλαΐα. Dazu fügt sich γαλήνη = die glatte Meeresfläche, deren Glanz im „Lachen" des zitierten Verses aus dem Demeter-Hymnus evoziert wird und schließlich ἀγάλλω (schmücken, verherrlichen) mit prothetischem und Verdoppelung des zweiten Radikals zur Wiedergabe einer Iteration und/oder Intensivierung: glänzen machen, strahlen lassen – zur medialen Form ἀγάλλεσθαι = prunken und seiner Ableitung ἄγαλμα weiter unten (S.200f.).

Bemerkenswerterweise hat im semitischen Sprachbereich dieselbe Wurzel g-l neben der Bedeutung „blank, glänzend" – vgl. etwa hebr. *gillājon* = Metallplatte – auch die Bedeutung „blank = enthüllt, nackt sein"[13].

Daß der Bezug auf Glanz und Strahlen keineswegs nur ästhetisch gewertet wurde, zeigt die Verwendung des Verbums vom Stamm gel – der e-Konjugation im Partizip des Präsens: Geleontes heißt die vornehmste[14] der vier alten ionischen Phylen[15], meint also die „Strahlenden"[16] – vergleichbar den παχεῖς = die Fetten, von Herodot und Aristophanes zur Bezeichnung

[9]   Sappho 1, 14 D. und 2, 5 D. Simon, a.a.O., S. 645. Hesych: μεῖδος, γέλως.

[10] Hom. Hymn. Dem. 13f.

[11] Hes. Theog. 40. – Zur Deutungs- und Bedeutungsvielfalt von Lächeln und Lachen in der Antike vgl. außer H. Kenner (hier Anm. 2) auch Otto, W. F.: Das lächelnde Götterkind, in: Festschrift für W. Worringer (1943). S. 191ff. Lévêque, P.: Colère, sexe, rire. Le Japon des mythes anciens (1988), bes. S. 51ff. über das befreiende Lachen der Götter – mit Hinweisen auf den griechischen Mythos. Arans, O. R.: Jambe and Baubo. A study in ritual laughter (1988).

[12] Vgl. H. Hoffmann in Festschrift für Jürgen Thimme (1983). S. 64.

[13] Möller, H.: Vergleichendes indogerm.-semitisches Wörterbuch (1911). S. 92, sv. gl-i – vgl. ebd. auch ʼaglā – als semit. Elativ = splendidissimus.

[14] Jacoby, F.: Die Fragmente der griech. Historiker (1954) III b2. S. 292 zu 328 F94, 23.

[15] Her. V 66,2. Eur. Ion 1579ff.

[16] RE sv. Geleontes (Boerner).

der jeweils herrschenden Klasse in verschiedenen Polis benutzt[17]. „Fett" ist also eine ehrenvolle Bezeichnung wie etwa auch im Falle von λιπαρή als Epitheton für die Göttin Themis[18].

Dieselbe Bedeutungskoppelung von behaglich, glänzendem Äußeren und entsprechenden Gefühlen liegt auch dem Begriff χλιδή zugrunde. Werner Jäger sah die „ἀρχαία χλιή" in der „modisch üppigen kleinasiatischen Geziertheit der archaischen Bildwerke, die aus dem Perserschutt der Akropolis aus Licht gestiegen sind"[19]. Für die attischen Schriftsteller – seit Aischylos ist das Wort belegt – hat der so charakterisierte Aufwand und Luxus zwar einen durchgehend negativen Beigeschmack, er entspricht aber genau der hohen Wertschätzung von ἁβροσύνη und τρυφή[20] in der Adelswelt des archaischen Griechenland. Das Lächeln archaischer Gesichter scheint mir bei χλιδή deshalb mitgemeint zu sein, weil es etymologisch über hypostasiertes* ghlaitos[21] dem lateinischen laetus = fröhlich, erfreulich, fett entspricht. Das davon abgeleitete Verbum χλοιδᾶν bedeutet nach Hesych διέλκεσθαι καὶ τρυφᾶν (zechen und schwelgen). Neugriechisch lebt es weiter in γλέντι (gemütliches Feiern) und γλεντῶ (vergeuden, genießen, gemeinsam heiter sein)[22]. Altenglisch glaed (fröhlich, heiter) gehört ebenso hierher. Gerade an diesem Begriff hat Klaus Ostheeren die religionsgeschichtlichen und gesellschaftlichen Aspekte vorchristlicher Festfreude aufzeigen können[23]. Im Kontext unserer Erklärungsversuche vergleichbarer griechischer Begriffe scheint mir von besonderer Bedeutung zu sein, wenn er anknüpfend an „glaed = glatt, glänzend, vom Meere" feststellt, daß „in dieser Beschränkung der Funktion des Wortes auf den rein visuellen Aspekt es sich offenbar wieder um den Rest einer in der Poesie häufiger belegten Bedeutung" handelt, „die vermutlich den archaischsten Begriffsinhalt des ursprünglich sinnlichen Bereichen angehörenden Etymons bietet"[24].

---

[17] Her. V 30,1; V 77,2; VI 91,1; VII 156,2. Aristoph. Pax 639, Equ. 1139, Vesp. 289.

[18] Hes. Theog. 901.

[19] Jaeger, W.: Paideia I (1936). S. 191.

[20] Lombardo, M.: Habrosyne e habra nel mondo greco arcaico, in: Forme di contatto e processi di trasformazione nelle società antiche = Coll. de l'Ecole Franç. de Rome 67 (1983). S. 1077ff.; zu Aischylos: S. 1079, Anm. 5. Nenci, G.: Tryphe e colonizzazione, in: ebd., S. 1019ff.

[21] A. Walde in Indogerman. Forsch. 19 (1906). S. 104.

[22] Giannoulellis, G. G.: Neohell. idiomatikes Lexeis xenes glosses (1982), sv. g.

[23] Ostheeren, K.: Studien zum Begriff der „Freude" und seinen Ausdrucksmitteln in altengl. Texten (1964). S. 99ff.

[24] Ebd., S. 204. Mündlich machte mich der Autor freundlicherweise darauf auf-

Als dritte Begriffsgruppe ist γάνος mit seinen vielfältigen Bedeutungen aus dem Wortfeld „Erscheinung des Kouros" zu nennen. Im spät überlieferten aber sehr altertümlichen Koureten-Hymnus[25] aus der Dikte-Höhle auf Kreta wird der Fruchtbarkeit und Segen bringende Zeus als Herr des γάνος angerufen. Das Etymologicum Magnum erläutert: γάνος·ὓδωρ χάρμα φῶς λίπος αὐγή λευκότης λαμπηδών (Wasser, Freude, Licht, Fett, Strahlen, Weiße, Glanz)[26]. Auf Zypern und auf Lesbos bezeichnet dasselbe Wort einen Garten[27], entsprechend hat Hesych: γάνεα·κῆπους. Bemerkenswerterweise hat diese Wurzel auch im Semitischen dieselbe Bedeutung – arab. *gan*[28]. Die Einzelfunktionen übergreifend darf man wohl von der Grundbedeutung Lebendigkeit und Üppigkeit, geknüpft an die Vorstellung Feuchtigkeit und Glanz ausgehen. Feuchtigkeit – ὑγρότης – ist dabei auch als Begriff in der Fachsprache der bildenden Kunst geläufig[29] Dahin gehört in spezifischer Verwendung auch γάνωσις. Vitruv erwähnt es im Zusammenhang mit der Heißwachspolitur der Mennig-Farbe (Zinnober-Rot) und nimmt ausdrücklich auf die Marmorskulptur Bezug: *uti signa marmorea nuda curantur* (*hoc autem* γάνωσις *graece dicitur*)[30].

In den drei zum Verständnis der Kouroi genannten Begriffen spiegelt sich, wie mir scheint, jene leuchtende Erscheinung des Mannes, die Pindar – hier in Hölderlins Übersetzung – mit den Worten preist:

Der Schatten Traum, sind Menschen. Aber wenn der Glanz
der gottgegebene kommt,
Leuchtend Licht ist bei den Männern
und liebliches Leben[31].

---

merksam, daß auch das deutsche Toponym **Glad**-bach so zu erklären ist.

[25] Harrison, J. E.: Themis. A Study of the Social Origins of Greek Religion (1927, Repr. 1974). S. 5ff. Die Konjekturen von M. L. West in JHS 85 (1965). S. 149ff. sind mit H. S. Versnel in Approaches to Greek Myth, hrsg. v. L. Edmunds (1990). S. 71, Anm. 25 abzulehnen.

[26] Nach G. Murray bei Harrison, a.a.O., S. 9, Anm. 4.

[27] Liddell-Scott, Greek-English Lexicon, sv. g.

[28] Lüling, G.: Die Wiederentdeckung des Propheten Muhammad (1981). S. 271. Vgl. Dunant, Chr.: Le Sanctuaire de Baalshamin à Palmyre III: Les Inscriptions (1971). Nr. 45 (Bilingue: gn = ἄλσος). – Für den Aspekt des „Strahlens" in Iran vgl. D. Metzler in Visible Religion 4/5 (1985/86). S. 102 mit Abb. 10.

[29] G. Murray bei Harrison, a.a.O., S. 7 und S. 9. Fehr, B.: Bewegungsweisen und Verhaltensideale (1979). S. 41 und S. 69. Über das Ästhetische hinaus beinhaltet die Wahrnehmung des „Feuchten" ursprünglich das Konzept des Lebens, der Lebenskraft; vgl. Onians, R. B.: The Origins of European Thought about the Body, the Mind, the Soul, the World, Time and Fate (1951). S. 213f. mit antiken Belegen. – H. Wismann verdanke ich den Hinweis auf dieses wichtige Buch.

[30] Vitr. VII 9,3.

[31] Pindar, Pyth. VIII 965-97 (136-139): σκιᾶς ὄναρ ἄνθρωπος, ἀλλ᾽ ὅταν αἴ | γλα διόσδοτος ἔλθῃ. λαμπρὸν φέγγος ἔπεστιν ἀν | δρῶν καὶ μείλιχος αἰών.

Rilkes Sonette übertragen diese Licht-Metaphorik auf die Statuen. Aber während sie dort die Empfindungen des genießenden Ästheten ausdrückt, ist sie bei Pindar als Göttergabe gegen die Vergänglichkeit – des Schattens Traum – gesetzt, denn μέιλιχος αἰών ist über „liebliches Leben" hinaus durchaus verheißungsvoller zu verstehen: αἰών[32] ist ja auch – im Bilde der das lebenspendende Rückenmark (siehe unten S. 203) verkörpernden, sich in ständiger Häutung verjüngenden Schlange – die Zeit im Sinne von ewiger Dauer[33] und μέιλιχος in der Schlangen-Gestalt des (Zeus) Meilichios mit Leben, Sühne und Jenseits verbunden[34]. Lebendigkeit und ganz besonders das strahlende Leuchten, in dem die Gottheit im Orient und in Griechenland als Epiphanie ihren Gläubigen erscheinen kann[35], evozieren also auch die Vorstellung von überzeitlicher Dauer, können also in besonderer Weise auf den Monument-Charakter der Manns-Bilder verweisen. (Siehe unten S. 200ff.)

An diese etymologisch-terminologischen Beobachtungen lassen sich gleichsam zur Illustration einige ikonographische Deutungsversuche anschließen. Der moderne terminus technicus „Kouros" – in Anlehnung an die goldenen, auf Altarsockeln stehenden und Fackeln haltenden κοῦροι im Phäaken-Palast als Bezeichnung für Statuen benutzt[36] – verweist auf die Jugendlichkeit des Bildtypus wie sie in Körperform und Bartlosigkeit deutlich wird[37]. Doch muß darin keinesfalls real oder gar biographisch be-

---

F. Hölderlin, Sämtliche Werke (hrsg. v. D. E. Sattler) Bd. 15 (1987). S. 237. Auch E. Simon hat diese Stelle schon zur Interpretation des Kouros herangezogen (hier Anm. 7). – Zum „Strahlen" des Kunstwerks vgl. Chr. Karusos' Τηλαυγές μνῆμα (in: Münchner Jhb. Bild. Kunst 20 [1969]. S. 22, Anm. 30) in einem Grabepigramm um 400 v. Chr.

[32] Siehe unten S. 203.

[33] Onians, a.a.O., S. 208f., S. 249.

[34] Burkert, W.: Griechische Religion der archaischen und klassischen Epoche (1977). S. 309.

[35] Hom. Hymn. Pyth. Apollo 441f. Mensching, G.: Die Lichtsymbolik in der Religionsgeschichte, in: Stud. Gen. 10 (1957). S. 422ff. Langer, B.: Gott als „Licht" in Israel und Mesopotamien (1989).

[36] Homer, Od. 7,100. Das Wort selbst ist schon in Linear B als „very common" nachgewiesen (J. Chadwick – L. Baumbach in Glotta 41 [1963]. S. 212). – Die archaisierende Bezeichnung von sehr jungen Kindern als κοῦρος in der römischen Kaiserzeit (A. M. Vérilhac, Παῖδες 'Ἄωροι [1978] drückt idealisierende Tendenzen der Spätzeit aus.

[37] Im Gegensatz zu den ägyptischen unbekleideten Statuen sind selten die Schamhaare im Relief, aber ehemals wohl häufiger durch Bemalung angegeben gewesen, wie mir freundlicherweise V. Brinkmann nach seinen Untersuchungen über die Farbigkeit archaischer Plastik mitteilt, vgl. etwa die Farbreste beim samischen Koloss des Isches (H. Kyrieleis in Archaische und klassische griechische Plastik. DAI Akten des Internationalen Kolloquium 1985 [1986]. S. 37ff., hier: S. 39). Zur gelegentlichen Extravaganz ihrer Gestaltung zitiert Chr. Karusos in

gründete Jugend zu sehen sein, denn Nicole Loraux machte anhand von Grabepigrammen, die ἤβη/Jugend als Eigenschaft eines ἀνήρ/Mannes nennen[38], darauf aufmerksam, daß "ἤβη est d'abord une qualité" – und keine Altersstufe[39]. Jugendlichkeit also als Ideal verstanden. Deren Deutung ist durchaus mehrschichtig: Einerseits ist sie ein deutlicher Ausdruck der nach Thorstein Veblen, von Ernest Borneman und anderen im Sport wie im Liebesleben der männlichen Griechen beobachteten puerilen Unreife[40], zugleich auch ein sinnfälliger Anknüpfungspunkt für Karl Marx' bekannten Beobachtung der hohen griechischen Kulturblüte in der „geschichtlichen Kindheit der Menschheit"[41]. Darüber hinaus sind auch religionsgeschichtliche Vergleiche möglich: Die gar nicht so seltenen, immerhin in bisher wohl 18 Beispielen nachweisbaren unbekleideten männlichen Statuen aus dem Alten Reich Ägyptens werden von Hermann Junker wegen ihrer jugendlichen Erscheinung mit Hinweis auf einen Sarkophagtext als Bild der Wiederverjüngung in verklärtem Leibe gedeutet[42]. Ägyptische Vorbilder für das Kouros-Motiv hat schon Diodor gesehen, neueste Detailvergleiche haben seine – nur im hellenozentrischen Weltbild sakrilegischen – Beobachtungen bestätigt[43]. Bedenkt man nun, daß aus ägyptischen Totenbuch-Illustrationen

---

Aristodikos (1961). S. 72: „il a demandé à son friseur d'étranges services." – Zu den jugendlich kleinen Geschlechtsteilen L. Bonfante in AJA 93 (1989). S. 551, Anm. 48 und 50.

[38] Loraux, N.: Ηβη et ἀνδρεῖ : deux versions de la mort du combattant athénien, in : Anc. Soc. 6 (1975). S. 1ff., hier: S. 20f.

[39] Der Arzt Sombrotidas, der als Weihender auf einem Kouros genannt wird, ist wegen der jugendlichen Erscheinung seines Weihgeschenkes daher nicht schon selbst ein Jugendlicher (pace N. Himmelmann, Herrscher und Athlet [1989]). S. 40.

[40] Vgl. Veblen, Th.: Theorie der feinen Leute. Ein ökonomische Untersuchung der Institutionen (amerik. 1899), 1986. S. 245. Borneman, E.: Das Patriarchat (1975).

[41] Marx, K.: Grundrisse der Kritik der politischen Ökonomie (Rohentwurf 1857-58), 1953. Einleitung S. 31. – Zum Nachleben des auf Platon (Tim. 226) zurückreichenden Topos „Ελληνες ἀεὶ παῖδες" vgl. Billeter, G.: Die Anschauungen vom Wesen des Griechentums (1911). S. 45f, S. 220ff.

[42] Junker, H.: Giza VII (1944). S. 40ff. Wolf, W.: Die Kunst Ägyptens (1957). S. 159. Lexikon der Ägyptologie, sv. Nacktheit.

[43] Diodor I 97,5-6 und 98,6-9. Quelle für Diodor ist der Demokriteer Hekataios von Abdera. B. Schweitzer (Xenokrates von Athen. Beitr. zur antiken Kunstforschung und Kunstanschauung [1932]. S. 27f.) hat Demokrit selbst wahrscheinlich machen können – und damit für die Beurteilung archaischer Kunst einen Autor der Epoche der Klassik benannt. – Übernahme des ägyptischen Proportionssystems der Spätzeit: Ahrens, D.: Metrologische Beobachtungen am ‚Apoll von Tenea'. Max Wegner zum 70. Geburtstag, in: ÖJh 49 (1968-71). Beibl. S. 115ff. E. Guralnik in AJA 82 (1978). S. 461ff. und 86 (1982). S. 173ff. Weitreichende Übereinstimmungen stellt auch H. Kyrieleis in seinem unveröffentlichten Vortrag über den „großen Kouros von Samos" (1990) fest. Für die Bedeutung orientalischen Einflusses auf die Entwicklung der griechischen Figuralplastik seit dem 7. Jhd. scheint mir auch die Fundstatistik von Interesse: von insgesamt 66 Statuetten aus der Zeit um 700 sind im Heiligtum von Samos die Hälfte ägyptisch, ein Drittel aus dem syrisch-phönikisch-

Einflüsse auf die Ikonographie der Bestattungsszenen auf griechisch-geometrischen Vasen nachgewiesen sind[44], scheint es mir auch sinnvoll, im Kouros-Motiv nicht nur formale, sondern auch inhaltliche Anlehnungen an ägyptische Vorbilder zu erkennen. Im eben erwähnten Sarkophagtext wird der Tote „in seiner Gestalt eines göttlich Verklärten" als „junger (*rnp*) Gott" willkommen geheißen[45]. Seine Epiphanie wird in der „Verklärung" verbildlicht. Der dafür immer wieder begegnende Begriff *3ḫ* (*ach*) umfaßt auch die Vorstellung von Sonnenglanz und Strahlen[46]. Glanz (ἀγλαός) ist wiederum die stereotype Charakterisierung der ἤβη[47].

In einigen Fällen tragen die nackten ägyptischen Statuen einen aufgemalten Halskragen. Auch Kouroi – der Kopf vom Dipylon und der New Yorker – tragen ein Halsband. Beide Objekte müssen ebenso wie der Gürtel eine über das Schmückende hinausgehende Bedeutung gehabt haben: Im indoeuropäischen Männerbund bezeichnet der Gürtel den Krieger[48]. Dort hat auch das Langhaar der Kouroi seine spezifisch religiöse[49] und ehrende Bedeutung[50]. Wird es geopfert, dann wohl kaum im Sport[51], denn archai-

babylonischen Raum und 2 griechisch. – Generell zum orientalischen Einfluß auf Griechenland und seiner Bewertung in der Neuzeit: Bernal, M.: Black Athena. The Afro-Asiatic Roots of Classical Civilization I (1987), II (1991).

[44]   Benson, J. L.: Horse Bird and Man (1970).

[45]   E. Lüddekens in MDIAK 11 (1943). S. 24. – Wiederverjüngung ist auch in mehreren Pyramidentexten angesprochen (Junker, a.a.O., S. 43).

[46]   Gardiner, A.: Egyptian Grammar (1927). Sign List G 25. Faulkner, R. O.: Dict. of Middle Egyptian (1962). S. 4f. Assmann, J.: Ägypten. Theologie und Frömmigkeit einer frühen Hochkultur (1984). S. 108ff. – Bemerkenswerterweise begegnet der Ibis (ibis comata), die Hieroglyphe für „*ach*" (G 25), auf griechischen Vasenbildern als Vogel, bei mythologischen Gestalten, die als verklärt Entrückte gelten (Thimme, J.: Griechische Salbgefäße mit libyschen Motiven, in: Jhb. Staatl. Kunstslgen. in Bad.-Württ. 7 [1970]. S. 7ff., hier: S. 22 zu Europa, Kadmos, Harmonia und Amphiaraos). Thimme erkennt den ägypt. *bnw*-Vogel als Vorbild des griechischen Phönix – Ibis und Kranich sind aber ebenso zur Erklärung der griechischen Darstellungen denkbar (ebd., Anm. 106). Vgl. auch die eigentümliche frühklassische Bronzestatuette eines athletischen Siegers (?) in Genf (Katalog der Ausstellung „Sport in Hellas" Brüssel 1992. Nr. 286) mit einer Kopfbedeckung in Gestalt eines Wasservogelhalses. Ich bin versucht, auch darin eine Erinnerung an die Bedeutung „Verklärung" des ägyptischen *ach*-Vogels zu sehen.

[47]   Loraux, a.a.O., S. 21, Anm. 85 mit zahlreichen Belegstellen.

[48]   Farbspuren zeigen einen Gürtel für die Statue des Königs Hōr an (Junker, a.a.O., S. 42). Schwyzer, E.: Profaner und heiliger Gürtel im Alten Iran, in: Wörter und Sachen 12 (1929). S. 20ff. Widengren, G.: Der Feudalismus im alten Iran (1969). S. 22ff., S. 56, Anm. 53 mit Abb. 1: griechisches Beispiel. G. Gropp in AMI, NF. 3 (1970). S. 273ff.

[49]   Onians, a.a.O., S. 130ff., S. 229ff. D. Metzler in Visible Religion 7 (1990). S. 185 mit Anm. 72.

[50]   Widengren, a.a.O., S. 19. Steuernagel, a.a.O., S. 36f., S. 42f. Weitere Bedeutungsfelder: L. Bonfante in AJA 93 (1989). S. 551, Anm. 47.

scher Sport war Adelsprivileg[52], sondern, wie schon Johann Jakob Bachofen gezeigt hat, im Ritual der Freilassung: Weil sie von der Tyrannis befreit sind, tragen also die Demokraten der nacharchaischen Zeit das Haar kurz[53]. Langes Haar, Schmuck und jugendlich geschmeidige Körperformen dürfen als Erscheinungsformen der ἀρχαία χλιδή gesehen werden. Als Merkmale männerbündischen Kriegertums können sie wie die χλιδή aus der Sicht der die *austerity* betonenden Demokraten auch dem Vorwurf des Effeminierten verfallen[54]. In der ostentativen Herrichtung des schönen Leibes drückt sich wie mir scheint einmal Veblens *„theory of the leisure class"* aus, indem sie in ihren steingewordenen Leitbildern die Ergebnisse sportlichen und kosmetischen Aufwands als *„conspicuous consumption"* wie als *„pseudoactivity"*[55] demonstriert, zum anderen aber auch *„sensibilité"*, mit der Luc Boltanski das Körpergefühl privilegierter Oberschichten charakterisiert[56]. In diesen Begriffen neuzeitlicher Sozialanalyse möchte ich Phänomene wiedererkennen, die Aristoteles als Merkmale der „Paideia der Alten" beschreibt. Sie war darauf gerichtet, ὄρεξις/Genußfähigkeit (neugriechisch: Appetit) zu erzeugen[57], um καλῶς σχολάζειν/Muße in Schönheit als wohlanständiges zweckfreies Tun zu ermöglichen[58]. Ausdruck dessen ist, wie mir scheint, auch die strahlende Körperlichkeit und das Lächeln der Kouroi.

Heiterkeit[59] als glückhafte Ruhe, in der σχολή[60]/Muße sich mit dem χαρίεν[61]/Anmut verbindet, sei hier schließlich als ein weiterer Aspekt aristokratisch-archaischen Lebensideals genannt, für dessen Begrifflichkeit

---

[51] Fink, J.: Die Haartrachten der Griechen (1938). S. 97 und S. 100. – Eine die Regel bestätigende Ausnahme ist möglicherweise die (relativ) kurze Haartracht des Münchener Kouros.

[52] Pleket, H. W.: Zur Soziologie des antiken Sports, in: Mededel. Nederl. Inst. te Rome 36 (1974). S. 57ff.

[53] Bachofen, J. J.: Das Mutterrecht (1861), 1948. S. 373, Anm. 1.

[54] Borneman, a.a.O., S. 232f. Vgl. Ammianus Marcell. 23,6,80 über die iranischen Krieger: *effeminati*. Metzler, a.a.O. (hier Anm. 49), S. 180; ders. in Hephaistos 11 (1992).

[55] D. Metzler in Hephaistos 4 (1982). S. 182.

[56] L. Boltanski in Zur Geschichte des Körpers, hrsg. v. D. Kamper – V. Rittner (1976). S. 138ff., hier: S. 162ff., S. 169f.

[57] Aristot. Pol. VII 1334 b 27.

[58] Aristot. Pol. VIII 1337 b 31f.

[59] F. Hölderlin (Zuschreibung), Hymne an die Heiterkeit, hrsg. v. R. Breymayer (1985) mit Stellenverzeichnis S. 87.

[60] Welskopf, E. Ch.: Probleme der Muße im alten Hellas (1962).

[61] Χάρις, χαριέν für Kunstwerke: Aischylos, Agamemn. 416f. (Frauenstatuetten); Raubitschek, a.a.O., S. 212 (Kouros).

etymologische Erwägungen angestellt werden, um sie auf die Erscheinung des Kouros zu übertragen: Die Bedeutung des lateinischen *quietus* ist zwar auf Ruhe und Muße beschränkt, seine unmittelbar etymologisch verwandte altpersische Entsprechung – als *šiyata* erhalten – meint Freude, Glück[62]. Selige Ruhe als Abwesenheit von Hektik – im Lächeln der Kouroi von Luca Giuliani als „Minimaldynamik" beschrieben[63] – ist hieratisch gesteigert in den Ikonen der Ostkirche wie in den Meditationsbildern des Buddhismus das Merkmal der Heilsgestalten, die sich mit zunehmenden Verzicht auf Körpergebärden der Bewegung in einer Hierarchie von Verklärtheit zu befinden scheinen. Der Kouros ist zwar die Verkörperung von Bewegungs-energie[64], aber sie wird ostentativ zurückgehalten. Sein Schritt ist zurückge-nommen. Ich kenne keinen, dessen linke Hacke im Abstand **vor** der rechten Fußspitze steht. Besonders den Statuenbasen ist abzulesen, wie die Fußstel-lung den Schritt so verkürzt, daß es in der Seitenansicht meist zu einer knappen Überschneidung der Fußprofile kommt. Daher scheint es mir wenig sinnvoll zu sein, den im Vollzug von Anstrengung ausgreifenden Schritt des homerischen Kriegers und des archaischen Hopliten mit der engen Schritt-stellung des Kouros zu vergleichen[65], denn dieses Schema wird mit εὖ διαβάς bezeichnet[66], über das Standbild des Pankratiasten Arrhachion auf dem Markt von Phigalia heißt es bei Pausanias aber gerade im Gegenteil: οὐ διεστᾶσι μὲν πολὺ οι πόδες.[67] Daß es sich um einen Kouros – datiert durch den Sieg in Olympia auf die Zeit nach 572-64 v. Chr. – handelt, geht aus der übrigen Beschreibung klar hervor: τά τε ἄλλα ἀρχαῖος καὶ οὐχ ἥκιστα ἐπὶ τῷ σχήματι ᾧ καθεῖνται δὲ παρὰ πλευρᾷ αἱ χεῖρες ἄχρι τῶν γλουτῶν. Diese „nicht viel auseinander **stehenden** Füße" mit den „an der Seite bis zur Höhe des Gesäßes herabreichenden Händen" zeigen auch die unbekleideten Statuen des Alten Reiches[68].

---

[62] Walde, A. – Hofmann, J. B.: Lateinisches etymologisches Wörterbuch (²1954), sv. quies. Sims-Williams, N. – Hamilton, J.: Documents turco-sogdiens du IX-X siècle de Touen-huang = Corp. Inscr. Iran. II 3, 3 (1990). S. 53.

[63] Giuliani, Bildnis und Botschaft (1986). S. 129.

[64] Himmelmann, Erzählung und Figur in der archaischen Kunst (1967). S. 87f.

[65] So Steuernagel, a.a.O., S. 38f. Der Topos „Schreiten = Lebendigkeit" wird allerdings in späten Quellen ständig für die Statuen des Daidalos wiederholt (Overbeck SQ 125ff.).

[66] Homer, Il. XII 458.

[67] Pausanias VIII 40,1. Richter, Kouroi 1 und 77. – Da Arrhachion im Wettkampf ums Leben kam, ist bei der Aufstellung seiner Statue auf dem Markt – ebenso wie bei dem von Paus. VIII 41,1 genannten Polyandreion – an ein Heroengrab zu denken – vgl. Kolb, F.: Agora und Theater (1981). S. 7, Anm. 8.

[68] Junker, a.a.O., S. 39, Abb. 14.

Es folgen Bemerkungen zum Denkmalcharakter des Kouros – zunächst von ἄγαλμα ausgehend. Oben wurde über seine Wurzel *g-l* auf die Grundbedeutung Glanz, Strahlen verwiesen[69]. Schon die Antike nutzt die etymologische zur inhaltlichen Erklärung: ἄγαλμα· πᾶν ἐφ᾽ ᾧ τις ἀγάλλεται[70] = alles womit jemand prunkt. Als Agalma ist inschriftlich ein nur fragmentarisch erhaltener überlebensgroßer Kouros aus dem samischen Heraion bezeichnet[71]. Anknüpfend an Verena Zinserlings[72] Beobachtung, daß gerade auch die sorgfältige, gleichsam ornamentale Ausarbeitung seiner Einzelformen den Kouros zu einem kostbaren Wertgegenstand macht, ist auf den bisher in diesem Kontext zu wenig beachteten Aufsatz von Louis Gernet über „La notion mythique de la valeur en Grèce"[73] hinzuweisen. Darin geht es um Dreifüße, Ringe, Halsketten und andere Kleinodien[74] = ἀγάλματα, an deren Besitz bzw. Weitergabe bestimmte Erinnerungen, Ansprüche, Werte geknüpft sind. Auffällig ist, daß sie mit der Territorialisierung der archaischen Gesellschaft in Polisgrenzen zunehmend in Heiligtümern deponiert werden können[75] und damit also aus feudalem Familieneigentum in die Öffentlichkeit eines Heiligtums gelangen, wo sie dem Kreislauf des Gabentausches entzogen auf Dauer dem Schutz einer Gottheit unterstellt bleiben. Als entäußerte, verschwendete[76] Werte künden sie dort zur öffentlichen Ehre der Götter von der Macht ihrer Stifter. Die Anlässe können höchst unterschiedliche sein – Sühne, Dank für Kriegsbeute oder Erfolg, Totenehrung, Heldenlob. Ihre öffentliche Wirkung haben die Agalmata – und wegen der samischen Inschrift als solche auch die Kouroi – wegen der sozialen Begründung und Funktion ihres Wertes. In einer Kindheitserinnerung Walter Benjamins leuchtet anekdotisch, symbolhaft-verdichtet diese Ambivalenz auf: Er erinnert sich an ein Kleinod, „es prunkte mit einem ... blitzenden Steine", das seine Mutter zu gesellschaftlichen Empfängen anlegte und berichtet: „Die wichtigste Minute, da die Mutter es der Schatulle, wo es lag,

---

[69] Siehe oben S. 193.

[70] Scholion zu Aristophanes, Thesm. 773 sowie Hesych und Suida.

[71] Buschor, E.: Altsamische Standbilder I (1934). S. 12, Abb. 17-18. Bloesch, H.: Agalma (1943). S. 17, Anm. 17. Zum Begriff vgl. auch Philipp, H.: Tektonon Daidala. Der bildende Künstler und sein Werk im vorplatonischen Schrifttum (1968). S. 103ff.

[72] V. Zinserling, a.a.O., S. 24.

[73] L. Gernet in Journ. de Psychologie 41 (1948). S. 415ff. = ders.: Anthropologie de la Grèce antique (1968). S. 93ff.

[74] Klein-od ist insofern eine angemessene deutsche Übersetzung, als es „feines, zierliches Besitztum" bedeutet – vgl. Kluge-Goetze, Etym. Wörterb. der deutschen Sprache, sv. K.

[75] Polignac, F. de: La naissance de la cité grecque (1984). S. 66.

[76] Bataille, G.: Die Aufhebung der Ökonomie (französ. 1967) 1975.

entnahm, ließ seine Doppelmacht zum Vorschein kommen. Es war mir die Gesellschaft, deren Sitz in Wahrheit auf der Schärpe meiner Mutter war; es war mir aber auch der Talisman, der sie vor allem schützte, was von außen bedrohlich für sie werden konnte. In seinem Schutze war auch ich geborgen"[77].

Von dieser individuellen Wahrnehmung abstrahierend ließe sich in unserem Kontext verallgemeinern, daß die Kouroi in der nach-epischen Epoche Griechenlands wie keine andere Kunstgattung dazu dienten, die gesellschaftlichen Leitbilder – in einer Männergesellschaft, wohlgemerkt – öffentlich zu bekunden und diejenigen, die sich an ihnen messen zu können oder zu müssen glaubten, in entsprechend hohes Ansehen versetzten. Daß das so propagierte Ideal andererseits ziemlich an der Alltagswirklichkeit der Mehrzahl der Bürger – um nur von ihnen und nicht von Sklaven zu reden, also der Bauern, Handwerker und Händler in ihrem zivilen und militärischen Leben vorbeiging[78], zeigt schon die irreale Nacktheit[79] der Statuen.

In ihrer artifiziellen Präsentation – denn auch auf diese Aspekte des Zierlichen und Künstlichen ihres Könnens weisen die archaischen ἀγάλματοποιοί mit besonderem Stolze hin – scheint sich mir auch das Bestreben auszudrücken, das Über-Reale des Intendierten gleichsam durch „Literarisierung" zu verdeutlichen, ist doch die Orientierung am ägyptischen Vorbild nicht allein Ausdruck der Wertigkeit des kunstvollen Agalma, sondern zunächst auch Zitat eines Kunstwerkes und nicht etwa Imitation von Natur. Öffentliche Bildaussage nutzt so gesehen in analoger Weise zitierte Bildform wie etwa auf der Ebene des öffentlichen Wortes die Grabepigramme oder Solons politische Gedichte homerische Sprachformeln nutzt. Da die als Vorbild verstandene homerische Epoche kaum Monumentalkunst kennt – im Epos werden nur ältere (mykenische) oder orientalische Kunstgegenstände der Schilderung für würdig erachtet – ist es nur sinnvoll – zumal jegliche Vorurteile gegenüber angeblichen Barbaren noch fehlen –, das Vorbild für die Statuenform dorther zu übernehmen, wo Jahrhunderte lang griechische Söldner und Händler das bewunderte Exotische vor Augen hatten – in Ägypten. Was Bruno d'Agostino am Beispiel italischer Völker der archaischen Epoche gezeigt hat[80], scheint mir – unter spezifischen Be-

---

[77] Benjamin, W.: Berliner Kindheit um neunzehnhundert. Fassung letzter Hand (1987). S. 83.

[78] Vgl. die Kritik des Xenophanes 21 B 2. Metzler, D.: Porträt und Gesellschaft (1971). S. 367 und S. 369.

[79] Generell zum Problem der Nacktheit bei den Griechen: Bonfante, L.: Nudity as a costume in classical art, in: AJA 93 (1989). S. 543ff. Rezeption der Antike: Himmelmann, N.: Ideale Nacktheit (1985). Allgemein: König, O.: Nacktheit. Soziale Normierung und Moral (1991) – non vidi.

[80] B. d'Agostino in Annales ESC 32 (1977). S. 3ff.

dingungen und auf einer anderen Kulturstufe gewiß – in Bezug auf den
Orient auch für Griechenland zu gelten: zur *acculturation* der Eliten trug in
besonderer Weise auch der Konsum orientalischer Luxusgüter bei. Gerade
durch den qua Zitat gewonnenen Zeichencharakter (σῆμα) kann die
Kunstform Kouros unkonkret, d.h. polyvalent – nicht schichtenspezifisch
und nicht eindeutig auf Götter- oder Menschenbild festlegbar – verwendet
werden. Das Element des Kunstvollen ist hier hervorgehoben, weil der
Begriff ἄγαλμα mit seinen Konnotationen Prunk und Glanz dazu anregt.
Von anderen[81] Bezeichnungen der Kouroi ausgehend – wie etwa
ἀνδριάς/Mannsbild – sind von anderen andere Aspekte betont worden.

Als ein weiterer den Denkmalcharakter des Kouros bezeichnenden
Begriff sei schließlich auf μνῆμα/Denkmal, Erinnerungsmal eingegangen.
Μνεμα χαρίεν nennt die Basisinschrift des Grabmals des Neilonides in
Athen den (verlorenen) Kouros von der Hand des Endoios[82]. Natürlich ist
μνῆμα nicht auf Kouroi beschränkt, inschriftlich werden in dieser Funktion
auch andere Kunstwerke wie etwa eine Sphinx, Grabstelen oder der Altar
des Peisistratos benannt[83]. Erinnerung und Heldenlob gehören unverzichtbar
zur archaischen Gesellschaft[84], Dichtern und bildenden Künstlern kommt
gleichermaßen die Aufgabe zu, sie der Nachwelt zu bewahren und ihrer
Mitwelt zu künden. Zu einem tieferen Verständnis der historischen Bedeutung, die der Kouros gerade wegen seiner eigentümlichen Erscheinungs-
weise, wie sie oben durch die Interpretationen des Begriffsfeldes von γέλως,
γάνος, χλιδή und ἄγαλμα zu erläutern versucht wurde, als Künder
erinnerungswürdigen Ruhmes in der archaischen Öffentlichkeit hatte,
scheinen mir wiederum einige etymologische Erwägungen beitragen zu
können.

Die Wurzel *mn* in μνῆμα und verwandten Wörtern umfaßt ein bemerkenswertes Bedeutungsfeld, dessen Kohärenz deutlich wird, zieht man –
Überlegungen von Siegbert Hummel[85] folgend – zur linguistischen auch die
Überlieferung der Sachkultur und die in beiden sich ausdrückenden
religiösen Vorstellungen heran. *Mn* scheint Geist/Denken, Leben und Dauer
zu umfassen – in einer Sprachschicht, die Spuren im Ägyptischen, Etruskischen und Griechischen sowie weiterer indoeuropäischen Sprachen
hinterlassen hat. Etrusk. *m a n im* = Denkmal[86], latein. ***mon-umentum***, alt-

---

[81]   Zu den griechischen Begriffen für Statuen vgl. Metzler, a.a.O., S. 153ff.

[82]   Raubitschek, a.a.O., S. 212. Karusos, a.a.O., S. 63f., Anm. 20.

[83]   Jeffery, L. H.: The local scripts of archaic Greece (1961). S. 71, S. 75, S. 194, S.
293. Peek, W.: Griechische Grabgedichte (1960). Nr. 42, 76.

[84]   Detienne, M.: Les maîtres de vérité dans la Grèce archaïque (1967). S. 9ff.: La
mémoire du poète.

[85]   Hummel, S.: Ägyptische Miszellen, in: Almogaren 8 (1977). S. 87ff.

[86]   Pfiffig, A.: Die etruskische Sprache (1969). S. 273.

bretonisch *men-hir*[87] meinen ebenso wie ägypt. *mnw*[88] das Erinnerungszeichen = μνῆμα. Die griechische Übersetzung für den Namen des ägyptischen „Reichseinigers" **Menes**[89] ist Αἰώνιος[90] – Aion aber umfaßt ebenfalls beide Inhalte: Ewigkeit, Dauer (μένω) und Leben. In der Anschaulichkeit frühen Denkens – für wichtige Aspekte von Richard Broxton Onians[91] sinnfällig rekonstruiert – konkretisiert sich Aion als Flüssiges, Feuchtes - im Tränenwasser sowohl als auch im Rückenmark[92]. Salbung mit Öl dient seiner Stärkung – αἰονάω = befeuchten[93]. Aus dem Rückenmark entsteht nach dieser Vorstellung der Samen[94]. In einem orphischen Heilstext trinkt die trockene Seele kühlendes Wasser aus dem Teich der Mnemosyne, um dann eingehen zu können in den Kreis „der übrigen Heroen"[95]. Römisch gesprochen wären das wohl die den Laren verwandten *Manen*, zu denen Kurt Latte aus etymologischen Gründen den phrygischen *Men* einer Person als „die von einem Einzelnen ausstrahlende Macht"[96] als vergleichbare Gestalt heranzieht. Μανία Begeisterung und μένος Leben, Mut scheinen mir ebenfalls aus diesem Umkreis verstanden werden zu können. Die Konkretheit solcher Veranschaulichung von Weiterleben wird deutlich an einem alttestamentlichen Beispiel: Absalom läßt sich schon zu Lebzeiten eine Stele errichten, denn er hat keinen Sohn (mehr), um seinen Namen zu erinnern[97] – die LXX hat: ἀναμνῆσαι τὸ ὄνομα αὐτοῦ. Die Zeugung eines Sohnes wäre demnach das eigentliche Erinnern. Die Wiedergabe des Namens dieser Stele – „Hand Absaloms" – könnte auch euphemistisch gemeint sein, denn ein

---

[87] Kluge-Goetze, Etymolog. Wb. d. deutschen Sprache, sv. M.

[88] Faulkner, a.a.O., S. 108.

[89] Zur Identifizierung des Menes vgl. Drioton, E. – Vandier, J.: L'Egypte (⁴1962). S. 161ff.

[90] Ps.-Manetho (Eratosthenes?) frg. 7a aus Synkellos p. 171 = Manetho, ed. Loeb, 214. S. Hummel in Anthropos 86 (1991). S. 179.

[91] Onians, a.a.O.

[92] Ebd., S. 109f., S. 203ff.

[93] Ebd, S. 209.

[94] Ebd., S. 109.

[95] Olivieri, A.: Lamellae Aureae Orphicae (1915). S. 12, Z. 11.

[96] Latte, K.: Römische Religionsgeschichte (1960). S. 99, Anm. 3. Vgl. D. M. Robinson zu Strabon XII 3,31 (557) ed. Loeb, 430 Anm. 4. Auch der oben (Anm. 34) erwähnte Meilichios ist in Selinunt wie hier Men als persönlicher Gott (Schutzgeist?) mit einer im Genitiv genannten Person verbunden, ebenso der syrische Gott Gad (O. Tudor, Ann. Archéol. Arab. Syr. 21, 1971, 73 zum Namen Gadates). Sind das möglicherweise die als Schutzgottheit verehrten Lebenskräfte/Seelenformen von Individuen?

[97] 2. Sam. 18,18.

älterer Erklärungsversuch ging vom Namen „Phallos Absaloms" aus[98]. Das war sinnvoll im Vergleich mit Sinn und einzelnen Ausgestaltungen des Menhirs allgemein, besonders aber mit einem Vorstellungskomplex im frühen China, wo die Namenstafel des Verstorbenen, die im Ahnenkult zu den entsprechenden Symbolen seiner Vorväter gestellt wird, mit dem Wort *tsu* für Phallos bezeichnet wird[99]. Erinnerung und Dauer verdichten sich zum Weiterleben diesem Denken entsprechend auch im griechischen Wort μνάομαι = heiraten – also: **min**nen. Das hat sich weniger „als höfischer Ausdruck die Bedeutung ‚um eine Frau werben, freien'"[100] aus μιμνήσκω = erinnern entwickelt, sondern dürfte eher aus der ursprünglichen Bedeutungsfülle des anschaulichen Denkens über Erinnerung als Verlebendigung, Weitergabe von Leben zu verstehen sein.

In Ägypten reicht diese Vorstellung mit der Gestalt des phallischen Fruchtbarkeitsgottes **Min** von Koptos, der wie der Eros im böotischen Thespiai in seiner frühen Erscheinungsform als **Men**hir[101] gebildet ist, an jene älteren Denkmalformen heran, die megalithischem Denken und Bauen entsprechen, und von denen einige bemerkenswerte Exemplare unterschiedlicher Formgebung ja auch in Griechenland gefunden sind[102]. Guido von Kaschnitz-Weinberg sah im „**mon**umentalen Charakter" des Menhirs – das Wort bekommt jetzt seine ursprüngliche Sinnfülle zurück _ bekanntlich neben der gegliederten Statuette aus der Tradition des Idols eine der beiden Wurzeln für die „statuarische Form"[103] des archaischen Menschenbildes in Griechenland. Aus der älteren dieser beiden Wurzeln fließt dem Kouros – insofern er als **Mn**ema verstanden wird – die Lebenskraft zu, die ihn zu einer Art Stütze[104] für jenen Seelenteil macht, der das Weiterleben ermöglicht. Genauer zu formulieren als durch Evokation von Assoziationen scheint mir insofern nicht sinnvoll zu sein, als mit diesen Überlegungen wohlgemerkt nicht der Kouros, sondern sein funktionaler Aspekt als Erinnerungsmerkmal zu verstehen versucht wird. Darüber hinaus eröffnete sich hier wohl eher ein neues Thema, nämlich das in diesem Denken sich manifestierende Geschichtsbewußtsein.

---

[98] Albright, W. F.: Suppl. to Vetus Testamentum IV, 1957. S. 251. – Die dort genannten Stelen mit Darstellungen von je zwei Händen: Pritchard, J. B.: The Ancient Near East in Pictures (1969). Abb. 871.

[99] Eberhard, W.: Lokalkulturen im alten China II: Die Lokalkulturen des Südens und Ostens (1942). S. 179f. = Reihe 54,7.

[100] H. Frisk, Griechisches Etymolog. Wb., sv. μιμνήσκω 240.

[101] Wolf, a.a.O., S. 57, Abb. 27. Zum Eros-Kult in Thespiai Pausanias IX 27,1: ἄγαλμα παλαιότατόν ἐστιν ἀργὸς λίθος = ältestes Kultbild ist ein unbearbeiteter Stein. Das jüngere Bild ist der bogenspannende Eros des Lysipp. Seine Pfeile sind nicht neckische Spielzeugwaffen, sondern wohl sinnvoller wie anderswo auch als (herrscherliche) Fruchtbarkeitssymbole zu verstehen (Heesterman, J.: The Ancient Indian Royal Consecration [1957]. S. 127f.). Vgl. S. Hummel in Zentralasiatische Studien 22 (1989-91). S. 10, Anm. 11. Im Sumerischen wird mit dem

Für die alte Kontroverse um den ursprünglichen Sinn der Kouroi, in der die Frage „Grabdenkmal oder Weihgeschenk" wie mir scheint von einem nur scheinbaren Gegensatz ausgeht, hat meine gelegentliche Betonung der Aspekte von Jugendlichkeit und Verjüngung oder von Erinnerung und Dauer natürlich keine Bedeutung, hat man doch wohl von einer in verschiedenen Kulturen zu beobachtenden Multifunktionalität der Stele bzw. der Statue auszugehen[105]. Allerdings scheint mir bemerkenswert, daß die Statue des unbekleideten Mannes, die in Ägypten dem Grabe vorbehalten war, in Griechenland von Anfang an sowohl in Heiligtümern als auch **auf** Gräbern zu finden ist. Insofern das Kouros-Motiv ein Zitat aus der hochgeschätzten ägyptischen Kunst ist, muß es auch als solches gewertet werden, braucht also Öffentlichkeit und in ihr einen Freiraum, in dem es erkannt und bewundert werden kann. Das geschieht formal über die Betonung seiner steinernen Basis und wird bei dem neuen Isches-Koloß aus dem Heraion von Samos in besonderer Weise durch seine ungewöhnlich breite Basis von 5,25 m im Quadrat[106] augenfällig: auf dieser weiten Fläche steht die fast ebenso große Gestalt von allen Seiten sichtbar frei im Raum. Schon wegen dieses Raumes wird der Rückenpfeiler des ägyptischen Vorbildes obsolet und verzichtbar. Andere Kouroi haben zwar weitaus kleinere Basen, aber auch sie stehen im Freien und nicht wie die ägyptische Grab-Statue vor der Rückwand eines unbeleuchteten Innenraumes.

Im Zusammenhang mit den kolossalen Maßen des Samiers hat Helmut Kyrieleis sehr sinnvoll an die antike Vorstellung von der Riesenhaftigkeit der Vorzeit-Heroen[107] erinnert und aufgrund von Farbspuren an die den

---

Pfeil (*ti*)-Zeichen das Wort *ti(l)* = Leben geschrieben. – Zum Menhir allgemein: Kirchner, H.: Die Menhire in Mitteleuropa und der Menhirgedanke (1955).

[102] Menhir von Levidhi: Homann-Wedeking, E.: Die Anfänge der griechischen Großplastik (1950). S. 124, Abb. 62; von Midea: Persson, A. W.: The Royal Tombs at Dendra near Midea (1931). S. 73ff.; von Souphli Magoula: Vermeule, E.: Greece in the Bronze Age (1964). S. 21, Taf. IIC.

[103] Kaschnitz-Weinberg, G. von: Von der zweifachen Wurzel der statuarischen Form im Altertum, in: Festschrift für W. Worringer 1943. S. 177ff.

[104] Vgl. S. Hummel in Almogaren 7 (1976). S. 246 über Ägypten: „Als Stützen der Besinnung für die menschliche Psyche erkennen wir die Bedeutung von Pfeilern und Statuen ... bei der Aktivierung heilsamer Potenzen der Ordnung, aber auch zu ihrer Erhaltung (das Prinzip der Dauer)."

[105] Vgl. Dittmer, K.: Allgemeine Völkerkunde (1954). S. 184.

[106] Kyrieleis, a.a.O. (hier Anm. 37). S. 37ff.

[107] Ebd., S. 41. Vgl. Himmelmann, Herrscher und Athlet. S. 69ff. „Frühgriechische Jünglingsstatuen", bes. S. 76 und S. 78. Zum Motiv der Deutung paläontologischer Knochenfunde auf die Größe der Vorzeitheroen vgl. Rohde, E.: Der griechische Roman und seine Vorläufer (³1914). S. 221, Anm. 2. – Mehrere Beispiele aus seiner Heimat stellte in der Antike zusammen Phlegon von Tralleis, Memorabilia (257 FGrH F 36 XI-XIX mit Kommentar II 846f.). Taylor Thompson, E.: The Relics of

Göttern beigelegte Körperfarbe Rot erinnernd die Statue als Bild der von den Göttern abstammenden Ahnen gedeutet[108]. Das homerische Epos nennt einen solchen Heros θεῖος ἀνήρ. Dieser Begriff scheint mir geeignet, den Rang und die komplexe Bedeutung der Vorstellung vom bedeutenden Menschen zu bezeichnen, die die Kouros-Statuen bei ihren zeitgenössischen Stiftern und Betrachtern ansprechen konnten. In dem oben erwähnten Begriff γάνωσις – in der Fachsprache der Bildhauer auf einen nur scheinbar verengten Inhalt (Heißwachspolitur der zinnoberfarbenen Körperflächen) beschränkt – konkretisiert sich die Wahrnehmung der göttlichen Erscheinung dieser gleichsam „übermenschlich" gesehenen Wesen. Ihr strahlend leuchtendes Lächeln, ihre glanzvoll üppige Gestalt sollen lebendiges Erinnern bewirken.

Der „göttliche Mann" verkörpert ein Menschenbild, das ein langes Weiterleben führt[109]. Nach der Krisenzeit des 7. Jahrhunderts[110], an deren Ende die Geschichte der Weihungen mit der Monumentalisierung der Kouroi gleichsam neu Tritt faßt, kann dieser Rückgriff auf die idealisierte Welt Homers wohl auch als der Versuch einer notwendig gewordenen Stabilisierung gewertet werden. Das Neue, das die Unsicherheit überwindet und in die Zukunft weist, knüpft dabei zitierend an bewährtes Vergangenes an. Es kann Allgemeingültigkeit beanspruchen und schichtenübergreifend integrieren, weil es Bildungsgüter, literarische Inhalte (Homer) und exotisch Bedeutendes (ägyptische Kunst) als Zitate aus einer zeitlich und räumlich fernen Welt εἰς μέσον[111] = in die Mitte der Gesellschaft holt, indem es sie in die Öffentlichkeit von Grabplatz und Heiligtum stellt. Dort wirken die Kouroi durch ihre Wertigkeit dann ihrerseits stilbildend: für die Bildhauer – also das befördernd, was die Archäologie ex eventu entwicklungslogisch als „in die Zukunft weisend" registriert, für die Weihenden – im Agon des durch Vermögen und Einfluß hierarchisierten konkurrierenden Stiftens und schließlich für die betrachtende Öffentlichkeit – nicht nur für die durch die Statuen- und Basisinschriften auf Tugenden wie Schönheit und Tüchtigkeit aufmerksam zu machende, sondern auch für die ästhetisch sachkundige. Wie sehr der Kouros als Zitat, Zitat von Werten und Formen, verstanden werden muß, beleuchtet nicht zuletzt die eigenartige Tatsache, daß seine Geschichte – ebenso abrupt endend wie sie glanzvoll begonnen hatte – eigentlich nicht

---

the Heroes in Ancient Greece. Diss. Univ. of Washington 1985.

[108] Kyrieleis, a.a.O., S. 41. – Ein charakteristisches Beispiel bei Memnon von Herakleia (434 FGrH F 1,1: der Tyrann Klearchos tritt als Zeus-Sohn auf).

[109] Jones, E.: The concept of the θεῖος ἀνήρ in the Graeco-Roman world. Diss. Durham 1973.

[110] Vacano, O. W. von: Im Zeichen der Sphinx. Griechenland im VII. Jahrhundert. Ende und Beginn eines Zeitalters (1952).

[111] Zur Funktion der „Mitte" als Öffentlichkeit: Detienne, a.a.O., S. 81ff.

mit der Entwicklung des klassischen Menschenbildes zu verbinden ist. Während seine männliche, unbekleidete Gestalt zeichenhaft verstanden werden wollte und als Agalma oder Mnema in gleicher Weise Gräber von Athleten und Ärzten, Griechen und Fremden, dazu die Heiligtümer von Göttinnen und Göttern zierte, bleibt es unvorstellbar, wie die nur vordergründig gleichbedeutende Athletenstatue – unbekleidet, männlich – in der klassischen Epoche ähnlich vielfältige Repräsentationsaufgaben hätte übernehmen können. Als Agalma, also als Prunkstück, womit der Weihende einerseits sich im Glanz der eigenen Großzügigkeit zeigt und zugleich den Glanz der Erscheinung des ϑεῖος ἀνήρ im Bild erkennen läßt, aber auch möglicherweise den Abglanz der Götternähe, in der die Heroen weiterleben, in seinem strahlenden Antlitz widerspiegelt[112] ist der Kouros nämlich zunächst „*objet de valeur*"[113] – und zwar nicht nur der materiellen, sondern auch der ethischen und religiösen Werte der archaischen Gesellschaft, die diese Religion verkörpert[114].

---

[112] Götternähe: Od. 7,201 (Phäaken). – Zum Gott-Schauen: Metzler, D.: Autopsia, in: Festschrift für H.-E. Stier (1972). S. 113ff. Vgl. 2. Mos. 34,29 und Matth. 17,2, Luk. 9,31 zum Leuchten derjenigen, die eine Epiphanie erleben.

[113] Gernet, a.a.O.

[114] „L'association humaine etait une religion" (Fustel de Coulanges, N. D.: La cité antique 1864 III 7, 1 = dtsch. Der antike Staat [1981]. S. 213).

Rezension zu: Lawrence Frederic Fitzhardinge, The Spartans, London 1980

Thukydides (I 10) bemerkte schon, daß die Nachwelt, wenn Sparta verödete und nur die Grundmauern der Bauten erhalten blieben, kaum zu einem gerechten Urteil über die politische und militärische Bedeutung dieses Staates kommen könnte, verglich es man mit dem Glanz und der Größe des zeitgenössischen Athen. Trotzdem hält es der Autor für die geeignete Methode, „to survey first the contemporary evidence, and only then to see how far the later sources are consistent with it" (S.14). Das bedeutet: etwa 110 Seiten Beschreibung und Abbildungen archäologischer Funde, die Dichter des archaischen Sparta – Tyrtaios und Alkman in Sonderheit – kommen anschließend auf einen Dutzend Seiten zu Wort, und ziemlich lange Exzerpte aus Herodot sowie Zitate aus einigen späten Autoren ergänzen die „evidence". Knappe 10 Seiten „conclusions" ziehen die Quintessenz aus der vorangegangenen Darstellung. Übersichtliche chronologische Tabellen und Literaturangaben machen den Abschluß. Es bleibt die Frage, ob mit dieser Stoffaufteilung „die Spartaner" in einem Band der bekannten populärwissenschaftlichen Reihe „Ancient Peoples and Places" angemessen dargestellt sind, denn „contemporary evidence" für eine Gesellschaft aufzuzeigen, die nicht nur ihre Geschichte beinahe ausschließlich in mündlicher Überlieferung (zum Grad der möglichen Zuverlässigkeit entsprechender Überlieferungen vgl. etwa J. Vansina, De la tradition orale. Essai de methode historique 1961 oder D. P. Henige, The chronology of oral tradition 1974) bewahrte und außerdem die schriftliche Fixierung ihrer Gesetze zu verhindern wußte, scheint eine zweifelhafte Methode zu sein, wenn sie weitgehend auf dem archäologischen Zufall basiert.

Es ist natürlich dankenswert, in guten Abbildungen die zum Teil erstrangigen Werke der Kunst Lakoniens vorzustellen, zumal das Vorurteil, Kunst und Dichtung hätten dort ein Schattendasein geführt, tief verwurzelt zu sein scheint – übrigens ein typisch materialistisches Ergebnis des Idealismus, der sich eine oligarchische Militärkaste nur zweckrational orientiert vorstellen wollte. Doch archaische Kriegerkulturen legen sehr wohl Wert auf Schönheit und Glanz der äußeren Erscheinung. Daher ist es natürlich auch kein Kuriosum, wie der relativ aufgeklärte Herodot (VII 208f.) unterstellt und Fitzhardinge (S. 143) kolportiert, daß spartanische Hopliten vor dem Kampf ihr Haar frisieren und gymnastische Übungen – tänzerische sogar, darf man hinzufügen! – veranstalten. Nicht um den Persern ihre Selbstsicherheit zu demonstrieren, sondern weil sie als archaische Krieger in der

Tradition ihrer Rituale stehen, die sich etwa auch im altiranischen Männerbund zeigen (G. Widengren, Feudalismus im alten Iran 1969. S. 19f. und S. 56). Von daher gesehen ist denn auch der vom Autor mehrfach betonte Gegensatz zwischen „swinging Sparta" und „barrack Sparta" – da das Deutsche eigenartigerweise nur für das letztere ein analoges Wort (Kasernenhof) zu bieten hat, scheint mir eine Übertragung des auf den ersten Blick so eingängigen ganzen Begriffspaares kaum möglich – nur ein scheinbarer Widerspruch, zumal „swinging" ja wohl durchaus klassenspezifisch geübt worden sein dürfte, denn das Singen der Lieder Alkmans war den Heloten ja untersagt (S.135) und auch Alkman selbst weist – wohl nicht nur aus rein geschmäcklerischen Gründen – auf Unterschiede in der Küche des Adels und des Volkes hin (S.132, Frgt. 49).

Um also die Spartaner über ihre Kunst uns näher zu bringen, bemüht Fitzhardinge die Archäologie. Die hat aber längst ihren Erstgeburtsanspruch für einen Scherbenhaufen verkauft, wie ein geistvoller Anthropologe einmal formulierte. Und was er da alles zu bieten hat: Strichmännchen auf Vasenfragmenten, zerbrochene Toilettenartikel und mieser Terrakotta-Nippes neben ungeschlachten Relieffiguren wollen alle mehr oder minder umständlich beschrieben werden, um an ihnen das typisch Lakonische herauszuarbeiten. Was das ist, wird aber nie definiert, sondern immer nur beschworen.

Weniger wäre mehr gewesen, denn die wirklich bedeutenden Werke – vor allem Kleinbronzen – gehen im Wust des Unbedeutenden fast unter. Angemessen hervorgehoben sind der „Leonidas" (S. 87ff.), einige archaische Vasen (S. 36ff.) mit einer eindrucksvollen Fundverbreitungskarte Seite 32/33, die allerdings nichts über den lakonischen Handel aussagt, da Samier und Korinther den Transport übernommen zu haben scheinen (S. 35) sowie der Krater von Vix (S.112f.), den man, wenn nicht für tarentinisch so vielleicht für lakonisch halten kann. Kann – denn sichere Hinweise auf Sparta bieten die lakonischen Versatzmarken auch nicht, wie die argivischen Buchstaben auf dem rhodischen Euphorbos-Teller (A. Rumpf) oder der Graffito. „kōrinthiōrgēs" auf einem attischen Krater (Beazley, AJA 31 [1927]. S. 351) zeigen. U. Häfner, deren Dissertation über „das Kunstschaffen Lakoniens in archaischer Zeit". Münster 1965, neben der von Fitzhardinge (S.173) beklagten Skepsis immerhin die sorgfältigsten Definitionen lakonischer Stilmerkmale bietet, warnt denn auch mit Recht vor der Anwendung des Begriffes „Landschaftsstil" für Lakonien (Häfner, S.109). Für Fitzhardinge's Suche nach den Spartanern ist das „typisch Lakonische" ohnehin ein fragwürdiges Argument, denn den Spartiaten waren handwerkliche Tätigkeiten verboten, so daß allein die Periöken als Künstler Lakoniens in Frage kommen dürften – von Zugereisten wie Bathykles aus Magnesia;(S. 78), so wichig sie gerade für die Kunst Spartas sind (S. 158), einmal abgesehen.

Angesichts der breiten Darstellung der Kunst in Sparta, fragt man sich natürlich, wie dieses kunstliebende Völkchen eine solche Faszination auf die Reaktionäre der Antike und der Neuzeit ausüben konnte, zumal der Autor in seiner Zusammenfassung gerade auf die demokratischen Elemente in der spartanischen Verfassung hinweist. Gewiß, die Ephoren wurden von der Apella gewählt – schon Aristoteles sah übrigens in dem atavistischen Wahl- modus (Lautstärke als Kriterium) etwas Kindisches und Gefährliches –, und diese Volksversammlung wurde auch angehört (S. 161), nur konnte sie we- der Anträge einbringen noch galt ihr Widerspruch, denn die Gerousia konnte sich über unerwünschte Äußerungen der Volksversammlung hinwegsetzen – darauf geht Fitzhardinge nicht ein! Und indem er dann noch im gleichen Zusammenhang betont, daß diese Volksversammlung genauso groß war wie viele andere demokratische Versammlungen Griechenlands, gibt er ein Bei- spiel mehr für die Hohlheit des weit verbreiteten formalistischen Demokra- tieverständnisses – aus Zynismus oder Naivität, fragt man sich.

Hier liegt der Hauptpunkt meiner Kritik an dem in Einzelheiten durchaus lesbaren Buch: Durch den Wust belangloser Fakten – sogenannter zeitgenös- sischer Quellen, angesichts deren relativer Unbedeutendheit man wieder einmal Th. Mommsen recht gibt, der sagte: „Archäologie ist die Wissen- schaft von dem, was zu wissen sich nicht lohnt" – wird der Leser so vollge- stopft, daß im Rahmen des Buches keine Gelegenheit mehr bleibt, ihn mit wesentlicheren Problemen zu konfrontieren. Auch eine Form von Informa- tionspolitik! Sie wirkt um so verheerender, als die ansprechende Auf- machung des Buches (Text, Bebilderung, Layout – und – last not least – Band der Reihe eines bekannten Verlages!) für weite Verbreitung sorgt. Am Ende der Lektüre fällt einem F. Schiller ein: Im Sommersemester 1789 hielt er in Jena seine Vorlesung zur Universalgeschichte, aus der sein Aufsatz „Die Gesetzgebung des Lykurgus und Solon" hervorging, wo es heißt: „Wäre aber meine Schilderung hier zu Ende, so würde ich mich eines sehr großen Irrtums schuldig gemacht haben. Diese bewundernswürdige Verfassung ist im höchsten Grade verwerflich, und nichts Traurigeres könnte der Menschheit begegnen, als wenn alle Staaten nach diesem Muster wären gegründet worden. Es wird uns nicht schwer fallen, uns von dieser Behauptung zu überzeugen" – der moderne Leser kann, um Schillers Behauptung zu verifizieren, auch die reiche und übersichtlich gegliederte Bibliographie bei Fitzhardinge zu Hilfe nehmen.

Sie beginnt (S. 168, Kap. 1, Nr. 7) dankenswerterweise mit dem zu Un- recht fast vergessenen, aber grundlegenden dreibändigen Werk des Breslauer Lehrers Johann Kaspar Friedrich Manso: „Sparta. Ein Versuch zur Aufklä- rung der Geschichte und Verfassung dieses Staates", 1800-1805. Nicht ge- nannt dagegen – und das stimmt hoffnungsvoll – ist K.O. Müller, Die Do- rier, 1824, dessen romantischer Idealismus einerseits dem deutschen Sparta- wahn mehr zu bieten hatte als die nüchterne Aufklärungsarbeit Mansos und andererseits von den offen nationalsozialistischen Arbeiten H. Berves oder H. Lüdemanns ausgeschlachtet werden konnte. Erwähnt ist auch E. N. Tigerstedt, The legend of Sparta in Classical Antiquity I, 1965 – inzwischen sind auch Band II 1974 und III 1978 erschienen – bedeutend, weil es einmal durch breites Quellenmaterial belegend und kritisch hinterfragend die jeweils politisch bedingten Interpretationen des historischen Spartabildes aufzeigt und zum anderen über die Quellenkritik Hilfen für die Rekonstruktion der älteren schriftlosen spartanischen Geschichte aus der von Fitzhardinge wohl unterschätzten späteren Überlieferung beibringen kann. Hinzugefügt sei hier noch, weil an einem nur scheinbaren Randproblem die geistigen Grundlagen Spartas exemplifizierend: J. Ducat in Annales ESC 29 (1974). S. 1451-1464, der die Verachtung, die die Spartiaten für ihre Heloten übrig hatten, in der Verinnerlichung und Verfestigung durch das Ritual aufzeigt.

Abb. 1: Marmorstatue des frühen 5. Jhs. v. Chr. (sog. Leonidas). Sparta, Museum [S. 63]

Abb. 2: Atlas und Prometheus. Schale des Arkesilas-Malers. Um die
Mitte des 6. Jhs. v. Chr. Rom, Museo Gregoriano Etrusco [S. 65]

Rezension zu: Bronislaw Bilinski, Agoni ginnici. Componenti artistiche ed intellettuali nell'antica agonistica greca, Warschau 1979

Bronislaw Bilinski, langjähriger Direktor der angesehenen Polnischen Bibliothek in Rom und ausgewiesener Kenner der antiken Sportgeschichte, hat mit seiner Arbeit über die „Gymnischen Agone. Künstlerische und geistige Komponenten der antiken griechischen Agonistik" eine materialreiche und anregende Studie vorgelegt, deren Ansätze und Ergebnisse über die engere Sportgeschichte hinaus wegen ihrer kulturhistorischen Breite die Aufmerksamkeit der verschiedenen Altertumswissenschaften verdienen.

Ausgehend von der in der Neuzeit erwogenen Einbeziehung kultureller und künstlerischer Veranstaltungen in den Rahmen der Olympiaden und ihren antiken Modellen greift B. die Frage nach dem agonalen Geist der griechischen Kultur auf. Im ersten Kapitel (S. 10-43) untersucht er die Erscheinungsformen des Agon (= Wettkampf) von der mykenischen Kultur bis zur Entstehung der Polis-Gesellschaft. In der mykenischen Epoche sieht er die Ursprünge (S. 10). Weiter zurückzutragen ist wohl einstweilen nicht möglich, solange man auf die Interpretation der Mythen, sofern man sie sich in dieser Epoche entstanden denkt, fixiert bleibt. Da aber auch einfachere Kulturen durchaus agonale Elemente aufweisen, wie durch die Ethnologie hinreichend erwiesen (vgl. Thompson, S.: Motif Index of Folk Literature), könnte man also im ägäischen Bereich durchaus über Mykene hinaus in den älteren, auch den vorindoeuropäischen Phasen nach „Ursprüngen" suchen. Aus der Gegenüberstellung mit der mykenischen Kultur, die hier wesentlich durch den Zugang über die Mythen verstanden wird, zieht B. überzeugende Argumente für das Problem des doppelten Ursprungs der Olympischen Spiele (S. 23f.), das in den antiken Quellen auftaucht.

Im 2. Kapitel (S. 44-86) untersucht B. die Formen künstlerischer und geistiger Agone, soweit sie Bestandteil der großen panhellenischen Spiele sind. Dabei fällt auf, daß Olympia, dessen ursprüngliches Wettkampfprogramm – nur ein Lauf – weit hinter der Vielfalt der aus dem Epos bekannten Wettkämpfe zurücksteht, nie über die gymnischen Agone hinaus auch musische oder intellektuelle Veranstaltungen als Agone akzeptiert hat, sondern solche Schaustellungen nur „fuori del concorso e del rituale delle gare" gleichsam als Rahmenprogramm tolerierte (S. 62). B. hält diese olympische Exklusivität als agon gymnotatos (S. 78, nach Lukian) für so wichtig, daß er dieses Phänomen gleich achtmal erwähnt (S. 54, 56, 62, 78, 102, 103, 112 und 113).

Anderswo trat aber in den großen und kleinen Agonen das Geistige durchaus neben das Körperliche, so daß B. im 3. Kapitel (S. 87-114) die berechtigte Frage „Gleichgewicht oder Überwiegen des einen oder anderen Elementes in den späteren Epochen der Antike?" stellt. Die Quellen lassen keinen Zweifel daran, daß das etwa von Isokrates (S. 3 und 97) postulierte Nebeneinander von agon somatos und agon psyches auch und gerade noch in der Spätzeit als Ideal gegolten hat. In diesem Kontext ist vielleicht nicht uninteressant, daß später in der frühbürgerlichen Welt der oberitalienischen Stadtkultur dieses antike Ideal – was Olympia betrifft, das hier zum ersten Mal im Abendland und noch dazu in einem fruchtbaren Mißverständnis erwähnt wird – zeitkritisch zitiert wird: Ferreto de'Ferreti tadelt um 1318 seine Mitbürger in Vicenza, daß sie verweichlicht seien, Zinsgeschäfte machen, unkriegerisch seien und stellt fest, sie „veranstalten keine Spiele der Olympiade, wollen sich nicht mit dem Training des Geistes oder Körpers schmücken, sondern mit der Menge des Reichtums" (G. Miczka in Antiqui und Moderni. Traditionsbewußtsein und Fortschrittsbewußtsein im späten Mittelalter, hrsg. von Albert Zimmermann, Berlin u.a.1974 [= Miscellanea mediaevalia 9]). Was hier moralisierend und scheinbar allgemein gültig vorgetragen wird, bleibt natürlich auf seine tagespolitische Funktion in den Klassenkämpfen der Stadt Vicenza zu untersuchen.

Der Epilog (S. 115-133) geht besonders auf die Rezeption der griechischen Agonistik in der Römischen Zeit ein. B. betont mehrfach, daß das agonistische Ideal stets nur als Privileg der herrschenden Klasse (z.B. S. 63) verwirklicht wurde.

Alle Abschnitte stützen sich auf eine breite Literaturkenntnis. Auch scheinbar nebensächliche Aspekte führen schnell und erkennbar auf die Hauptprobleme zurück, die B. in der Frage nach den gesellschaftlichen Funktionen der behandelten sportlichen und kulturellen Veranstaltungen sieht. Sie in ihrer Komplexität verstehen zu lehren, ist B. bleibendes Verdienst. Der hohe Rang, den die Agonistik in der Selbstdarstellung der antiken Eliten einnahm, sowie deren Auswirkungen auf die gesamte Kultur der Antike und auf uns als ihre Erben, rechtfertigen es wohl, noch etwas weiter auszugreifen.

Zunächst der Hinweis auf eine schon vorliegende Rezension zu B.s „Gymnischen Agonen": H. W. Pleket, ebenfalls ausgewiesen durch grundlegende Untersuchungen zur Soziologie des antiken Sports, hat sich in Stadion 5 (1979). S. 282-285 ausführlich zu Konzept und Methode B.s geäußert. Ferner sind ergänzend auch zwei wichtige Neuerscheinungen zu nennen: Maroti, E.: Bibliographie zum antiken Sport und Agonistik = Acta Antiqua Archaeologica (Universität Szeged) 22 (1980) mit übersichtlich geordneten 767 Titeln sowie Weiler, I.: Der Sport bei den Völkern der Alten. Welt. Darmstadt 1981 – ebenfalls mit reichen Literaturangaben.

B.s Stärke liegt in seinem komplexen und konkreten Zugriff auf die Vielfalt der kulturellen Phänomene der Agonistik. Schon vor Jahrzehnten hat er Theorie und Methode seines Ansatzes in seinen „Gedanken zur Erneuerung der klassischen Philologie" (Das Altertum 4 [1958]. S. 141-149) dargelegt. Darin vertritt er ein Konzept von Kulturgeschichte, das in der polnischen Forschung eine bedeutende Rolle spielt (T. Wasowicz, L'histoire de la culture matérielle en Pologne, in: Ann. ESC 17 [1962]. S. 75-84), aber auch – mutatis mutandis – in der Bundesrepublik in Modellstudien seine Tragfähigkeit erwiesen hat. Zu nennen wären als Beispiele etwa H. Canciks Aufsätze über das „Amphitheater" (Der Altsprachliche Unterricht 3 [1971]. S. 66-81) und über die „Gesellschaftlichen Bedingungen der römischen Erotik" (gemeinsam mit H. Cancik-Lindemaier, in: Gegenwart der Antike. Zur Kritik bürgerlicher Auffassungen von Natur und Gesellschaft, hrsg. v. L. Hieber und R. W. Müller. Frankfurt u.a. 1982. S. 29-54), ferner aus dem hier interessierenden Bereich der Agonistik die umfangreiche architekturgeschichtliche Studie von Meinel, R.: Das Odeion. Bern – Frankfurt 1980 und die gesellschaftskritische Untersuchung von Verspohl, F. J.: Stadionbauten von der Antike bis zur Gegenwart. Regie und Selbsterfahrung der Massen. Gießen 1976. Hier stehen Teilnehmer und Zuschauer der Agone gemeinsam im Mittelpunkt – ein Aspekt der für die meisten Historiker des antiken Sports nur eine Nebenrolle spielt, dem im homerischen Epos aber eine große Bedeutung zukommt (Welskopf, E. Ch.: Hellenische Poleis III. Berlin 1974. S. 1484f.). Diese – gesellschaftlich bedingten – Wechselbeziehungen zwischen Zuschauer und Athlet in der historischen Situation des Agons am Beispiel einer antiken Athletenstatue festzumachen und in der „Wahrheitsfähigkeit" von Kunstwerken als Spiegelung ihres historischen Umfeldes verstehen zu können, gelang M. Franz (Das Wahrheitsproblem als ästhetische Fragestellung, in: Weimarer Beiträge 6 [1981]. S. 66-85) in einer Analyse, die über ihren abstrakten Ansatz modellartig zu durchaus konkreten Ergebnissen für die Frage nach dem Platz der Agonistik in der Geschichte der Antike führt.

Kulturgeschichte in dem in diesen Arbeiten dokumentierten Sinne hat eine aufklärerische Funktion und als solche eine beachtlich lange Geschichte (Dilly, H. – Ryding, I.: Kulturgeschichtsschreibung vor und nach der bürgerlichen Revolution von 1848, in: Ästhetik und Kommunikation 6, Nr. 21 [1975]. S. 15-32 und Hoffmann-Axthelm, D.: Diskussionssätze zum marxistischen Gebrauch der Kulturgeschichte, ebd., S. 59-65). Im gegenwärtigen Italien ist sie Gegenstand heftiger Debatten (vgl. etwa Carandini, A.: Archeologica e cultura materiale Dai „lavori senza gloria" nell'antichità a una politica dei beni culturali. Bari ²1979) und schon in der Antike – wie könnte es anders sein – hatte sie ihre zwar heute fast vergessenen, aber erinnernswerten Vertreter. Genannt sei beispielhaft Agatharchides von Knidos, dessen Schilderungen des Sklavenelends in den Bergwerken Ägyptens (Woelk, D.: A von Knidos, Über das Rote Meer [Diss. Freiburg 1965].

Bamberg 1966. § 23-29. Vgl. Marx, Kapital I. S. 250) und der Lebensweisen
der Völker am Roten Meer (Woelk, a.a.O., bes. etwa § 49, § 61-63) in Form
und Inhalt durch das *sympathein* der teilnahmsvollen Beobachtung geprägt
ist (Strasburger, H.: Die Wesensbestimmung der Geschichte durch die antike
Geschichtsschreibung. Wiesbaden ²1975. S. 49-54). Für die klassische Archäologie bleibt auf dem Felde einer so verstandenen Kulturgeschichte noch
eine Menge zu tun. B. verweist als Philologe im Kontext seines Themas
Agonistik auf das weite Feld archäologischer Quellen hin – S. 133 werden
die Vasenbilder genannt, die einer entsprechenden Auswertung harren.

B.s Untersuchungen beruhen auf marxistischen Ansätzen. Deshalb seien
einige eher allgemeine Bemerkungen zum marxistischen Griechenbild gestattet. Denn es berührt eigenartig, daß es bei vielen seiner Vertreter so klassizistisch gefärbt ist. Als Marxist hat man dem Faktum zu begegnen, daß die
in der klassischen Tradition bürgerlicher Aufklärung aufgewachsenen Begründer der Theorie ihr Antikenbild verinnerlicht hatten, bevor auf der einen
Seite die anfangs emanzipative Rezeption der klassischen Antike zum Instrument triumphaler Selbstdarstellung und kultureller Einschüchterung ver-
kam und bevor auf der anderen Seite durch die neu entzifferten Quellen des
Alten Orients eine Korrektur am Monopolanspruch der griechisch-römischen
Antike angebracht werden konnte. Wie in der bürgerlichen Welt (vgl. etwa
Verf. in: Antidoron. Festschrift für J. Thimme. Karlsruhe 1982. S. 79, mit
weiterführender Literatur) so blieb auch im marxistischen Denken ein hellenozentrisches Weltbild, das in der Orientierung an der Klassik kulminiert,
vorherrschend. B. sieht dieses Problem (S. 14f.) und zitiert zur Begründung
des Klassizismus Marx aus der Einleitung zur Kritik der Politischen Ökonomie (1857, MEW 13, S. 642). Dieser sah die Schwierigkeit, daß die
Kunstwerke der Kindheitsstufe der Menschheit – eben der Griechen – trotz
ihrer „unreifen gesellschaftlichen Bedingungen, unter denen sie entstanden"
... „für uns noch Kunstgenuß gewähren und in gewisser Beziehung als Norm
und unerreichbare Muster gelten". Eigenartigerweise scheint sich die Lösung
in der These von der Einzigartigkeit des Griechischen in allen Lagern an-
zubieten, denn auch marxistische Forscher behaupten, etwa den Ägyptern
das „agonale Prinzip" absprechen zu müssen (W. Eichel – G. Lukas in WZ
der Deutschen Hochschule für Körperkultur Leipzig 15 [1974]. S. 136). B.
kennt die Nachweise von agonistischen Elementen in nicht-griechischen
Kulturen, sieht aber trotzdem gerade in dem so hoch bewerteten Komplex
des Agonalen den eigentlichen Grund für die Besonderheiten des Griechischen (vgl. auch Wes, M. A.: Verslagen verleden. Over geschiedenis en oud-
heid. Amsterdam 1980. S. 83-90 zu wissenschaftsgeschichtlichen Aspekten),
ja sieht darin sogar einen bedeutenden Antrieb der griechischen Kultur-
entwicklung, durch das sich die „società in motu" der archaischen Zeit von
der „società statica" (S. 15f.) der voraufgehenden mykenischen Zeit unter-
scheide. Im Agon so etwas wie die freie Konkurrenz zu sehen, scheint mir

widersinnig, denn Wettkampf als Ritual ist „pseudoactivity", wie Th. Veblen gesagt hätte. Gerade dadurch, daß die Agonistik Aktivitäten – noch dazu die der jeweiligen „leisure class" – in fest geprägte Bahnen lenkt, kanalisiert und verinnerlicht sie mögliche Konflikte, wirkt also geradezu als Katharsis der Gesellschaft, deren Dynamik sie in der Statik ewig gleicher Regeln erstickt. Was gibt es Konservativeres in der Antike als Agonistik? Nicht sie wandelt sich, sondern die jeweiligen Aufsteiger passen sich den in ihr gültigen konservativen Verhaltensmustern an (vgl. Marrou, H. I.: Geschichte der Erziehung im klassischen Altertum [1948]. München 1977. S. 92-94).

Veblen sah in ihnen den Ausdruck einer puerilen Unreife. E. Bornemann weist auf verwandte Erscheinungen hin, wenn er in der griechischen Erotik Defizite menschlicher Reife erkennt. Slater benennt in anderem Zusammenhang den jugendlichen Narzißmus der Griechen als Produkt autoritär erlebter Erziehung (Bammer, A.: Die Angst der Männer vor den Frauen – oder Ästhetisierung als Entmachtung, in: Hepahistos 4 [1982]. S. 67-77, hier S. 69ff.). J. Burckhardts Distanz zur Jugendlichkeit der Griechen – Marx sprach von „Kindheit" – gewinnt also an Aktualität, sofern man sich darüber im Klaren bleibt, daß es sich um die jeweils gesellschaftlich sanktionierte, demonstrative Jugendlichkeit in der Selbstdarstellung der Griechen handelt – wobei natürlich differenziert werden kann (vgl. etwa Verf., Porträt und Gesellschaft. Münster 1971. S. 369). Das Zwanghafte und den gesellschaftlichen Druck, die auch und gerade in der Klassik die entsprechenden Bilder von Jugendlichkeit formten, hat B. Fehr (Bewegungsweisen und Verhaltensideale. Bad Bramstedt 1979) aufgedeckt. In Arbeiten wie dieser läßt sich am ehesten die Dialektik von historischer Bedingtheit und ästhetischer Form in der griechischen Klassik umreißen, die H. Protzmann in seinen Studien über den Paradeigma-Begriff (Diss. Berlin. 3, 1967. S. 48-70 und ÖJH 50 [1972/73]. S. 68-93) mit abstrakteren Methoden aufzeigte.

Gerade weil der Marxismus als historisch-kritische Methode mit humanistischem Anspruch auftritt, sollten wir das Ideal der Klassik materialistisch untersuchen, denn wenn es wirklich jene überragende Bedeutung hat – auch für uns Heutige, davon bin ich überzeugt – kann es Ideal nur als ein historisch und nicht wunderbar (S. 11) Erklärbares sein. Ob die Erklärung eines für die Selbstdarstellung der Griechen so wichtigen Problems wie der Agonistik, deren Erforschung gerade auch durch B.s Arbeiten vorangetrieben wurde, allerdings zu einem tieferen Verständnis des Griechenideals beitragen kann, scheint mir davon abzuhängen, wie die Funktionen des Agonalen in der griechischen wie in unserer Gesellschaft gesehen werden. Thorstein Veblens „Theory of the Leisure class" von 1899 (deutsch: Theorie der feinen Leute. Eine ökonomische Untersuchung der Institutionen. München 1971 [= dtv 762]) scheint mir dabei insofern hilfreich sein zu können, als sie von den Überbauphänomen der Kultur ausgeht. Denn zu ihnen gehören ja auch die Gymnischen Agone.

Autopsia

Der Naturwissenschaftler und der Jurist kennen Autopsie als methodologischen Terminus. Dem Historiker ist das nomen agentis zu diesem Begriff aus Herodot vertraut. Als αὐτόπτης, so sagt der Vater der wissenschaftlichen Geschichte, habe er Ägypten bis Elephantine bereist, was dahinter liege, erzähle er nur nach dem Hörensagen[1]. Stößt man also im Inschriften-Index einer Monographie über griechische Vasen auf das Wort αὐτοψία[2], vermutet man – obschon erstaunt – dahinter zunächst die geläufige wissenschaftstheoretische Bedeutung, zumal auch Stephanus' Thesaurus Linguae Graecae versichert: „Vox ab Empiricis excogitata." So bieten denn die einschlägigen Lexika dafür auch Belegstellen aus der medizinischen Fachliteratur. Doch überwiegen allem Anschein nach die theologisierenden Schriftsteller, bei denen αὐτοψία mit seinen Ableitungen im magischen und mystischen Bereich begegnet – hier wie dort übrigens kaum jemals vor der Kaiserzeit verwendet. Eigene Anschauung als wissenschaftliches Kriterium einerseits und göttliche Erscheinung bzw. Erlebnis der Erscheinung der Gottheit andererseits sind seine beiden gegenpoligen Bedeutungsinhalte.

Angesichts dieser Ambivalenz und der Wichtigkeit des Begriffs verdient die Vaseninschrift mehr Beachtung als man ihr bisher widmete, zumal sie der älteste Beleg für αὐτοψία ist – auch noch wohl ein paar Jahre älter als das herodoteische αὐτόπτης. In ihr nur einen banalen Personennamen[3] zu sehen, der wie üblich einer Vasenfigur beigeschrieben ist, scheint mir zu kurz gegriffen. Gewiß gibt es Abstrakta – gerade solche aus dem religiösen Bereich – als Frauennamen und zwar nicht nur als erklärende Bildbeischriften zu Personifikationen, sondern etwa auch auf Grabmälern für menschliche Individuen[4]. Doch erlaubt die Interpretation der Autopsia-Inschrift im Kontext der Bildsprache der Vase eine sinnvollere Erklärung, die sowohl die dargestellte Szene als auch die Inschrift komplexer und das heißt tiefer zu deuten vermag.

---

[1] Herodot II 29, 2.

[2] Trendall, A. D.: The red figured vases of Lucania, Campania and Sicily. Oxford 1967. S. 709.

[3] Kretschmer, P.: Die griechischen Vaseninschriften. Gütersloh 1894. S. 236 zu § 157. RE, sv. Autopsia. Trendall, a.a.O., S. 9.

[4] Kretschmer, a.a.O., S. 286. Peek, W.: Griechische Versinschriften. Berlin 1955. Nr. 1712.

Das Bild befindet sich auf einer rotfigurigen lukanischen Hydria im Britischen Museum[5]. Gezeichnet wurde es nach A. Trendall vom Pisticci-Maler um 440 bis 430 v. Chr. Der Fundort der Vase ist unbekannt. Vielleicht stammt sie wie die meisten der unteritalienischen und auch der mutterländischen griechischen Vasen aus einem Grabe, zumal es sich um eine Hydria handelt, welche Gefäßform im Totenkult bekanntlich eine große Rolle spielte[6]. Dargestellt sind drei stehende Frauen, von denen die mittlere, über deren Stirn Autopsia geschrieben steht, sich mit vorgestreckten Armen der rechten zuwendet. Zwischen ihnen steht ein Korb (Kalathos). Sie sind im Profil dargestellt, während die linke frontal gesehen ist. Obschon diese einen Spiegel in der Linken hält, wendet sie Kopf und Blick nach rechts. Das Stehen aller drei Gestalten ist keineswegs ein ruhiges, vielmehr deuten alle Gebärden auf ein plötzliches Ereignis hin, das im Bilde wie in einer Momentaufnahme sich gestisch verfestigt. Auch die äußerlich gelassen erscheinende Spiegelträgerin deutet durch die Wendung ihres linken Fußes nach rechts an, daß ihr dorthin gerichteter Blick heftig hinübergezogen wurde. Ihr Gegenüber – wie sie mit einem Diadem geschmückt – hält in ihrem Tun inne: in beiden Händen trägt sie die breite Tänie[7], wie wenn sie sie aus dem vor ihr stehenden Korb genommen hätte, um sie sich um das Haupt zu legen. Die mittlere Gestalt ist um ein Weniges bewegter: kontrapostisch ruht sie auf ihrem linken Fuß, während der rechte unter dem noch schwebenden Gewandzipfel eben erst mit den Zehen den Boden berührt. Die begrüßende Gebärde[8] ihrer verschieden hoch vorgestreckten Arme wird im Zeitablauf konkretisiert durch die leichte Vorwärtsneigung ihrer Körperhaltung: Eben erst ist sie hinzugetreten! Und ihr Erscheinen ist der Grund, weswegen die anderen beiden Frauen wie erschreckt innehalten.

---

[5]   London, Brit. Mus. E 223. CVA (6) Taf. 90, 6. Tillyard, E.: The Hope Vases. Cambridge 1923. S. 10. Trendall, a.a.O., S. 15, Nr. 6. (Hier Taf. 1) Die Trustees of the British Museum gewährten freundlicherweise die Publikationserlaubnis. – Bevor Trendall die Vase als nicht-attisch identifizierte, galt die Schreibung ΠΣ bei Kretschmer, a.a.O., S. 179 § 157 als Ausnahme an Stelle des im Attischen geläufigeren ΦΣ. Auch von der Epigraphik her läßt sich also Trendalls Zuweisung unterstützen. Doch bedeutet die Herkunft Lukanien keineswegs, daß es dasselbe Bild nicht auch in Athen gegeben haben kann, weist doch gerade Trendall ausdrücklich darauf hin, daß von zwei ikonographisch nah verwandten Stücken in Paris (a.a.O., S. 15, Nr. 7) und New York (a.a.O., S. 15, Anm. 1) das letztere eine attische Arbeit sei.

[6]   Neutsch, B.: Tas nynphas emi hiaron, in: Abh. Heidelb. Akad. Wiss. 1957. S. 2; Diehl, E.: Die Hydria. Mainz 1964. S. 65ff.

[7]   Vgl. Krug, A.: Binden in der griechischen Kunst. Hösel 1968. S. 3ff. Typ I. Mehr als eine Typologie bietet diese Mainzer Dissertation nicht.

[8]   Weitere Beispiele bei Neumann, G.: Gesten und Gebärden in der griechischen Kunst. Berlin 1965. S. 10, Abb. 2 mit Anm. 31. Sehr ähnlich ist auch die Begrüßungsgebärde der rechten Frau auf einer Hydria mit verwandter Thematik in Oxford (1925, 137. CVA [2] Taf. 58, 3. ARV[2] 1166, 104).

Die Inschrift „Autopsia" sagt, was sie erleben – die Erscheinung des Göttlichen, die Epiphanie. Ungemein dicht und konkret ist das Übersinnliche hier ins Bild gesetzt, der personifizierte Begriff dramatisch eingefügt in ein Geschehen, das sich transitorisch in Gebärden veranschaulicht. So wie der Kontrapost der Autopsia ist die Haltung des Kasseler Apolls ein Zusammenfall von Ruhe und Bewegung, von Stehen und Schreiten als ein Bild für Nähe trotz Ferne. Eben in dieser Ambiguität hat man die bildliche Gestaltung seiner Epiphanie erkennen können[9] und wie wir hinzufügen wollen: das Unsichtbare sichtbar werden lassen[10]. Vom Geiste des phidiasischen Götterbildes ist auch die Autopsia des Pisticci-Malers geprägt. Sie ist keineswegs eine der banalen Figuren der Frauengemach-Szenen[11], deren Individualität sich durch einen zufälligen Namen als menschlich identifizieren ließe. Denn nicht nur der dramatisch-mimische Zusammenhang der Szene rechtfertigt unsere Deutung, sondern auch die Attribute: Spiegel als Gerät der Mantik[12], Korb als sakrales Behältnis[13] und besonders die Tänie, das τέλος als Manifestation der τελετή[14] der Einweihung, weisen in den Bereich der Mysterien. In der auf diese bezüglichen Literatur – besonders etwa im Jamblichos de mysteriis, einem „Grundbuch der spätantiken Religion"[15] – ist

---

[9]　Chr. Karusos in Festschrift für B. Schweitzer. Stuttgart 1954. S. 164. Das Besondere dieses Kontrapostes beschreibt Zinserling, G.: Abriß der griechischen und römischen Kunst. Leipzig 1970. S. 159 – ganz im Formalen bleibend und deswegen die Interpretation von Karusos unterstützend – mit den Worten: „Die Bewegungen sind nicht mehr ... nur funktioneller Ausdruck einer Verrichtung, sondern werden von einer sich selbst genügenden Eleganz bestimmt."

[10]　Auch für die Epiphanien, deren Phänomenologie in der Spätantike Iamblichos de mysteriis II[3] (s. unten Anm. 15) entwickelt, gilt meiner Ansicht die Problematik der Bildwerdung des Unsichtbaren (K. Schefold AA 1961, S. 231f.).

[11]　E. Tillyard, a.a.O., S. 10.

[12]　Hopfner, Th.: Griechischer Offenbarungszauber II. Leipzig 1924. § 272f. (Freundlicher Hinweis von Herrn Prof. Sicherl). Handwörterbuch des deutschen Aberglaubens IX. S. 547ff.

[13]　Deubner, L.: Attische Feste. Berlin 1932. S. 79, Anm. 9.

[14]　R. B Onians (The origins of european thought. Cambridge ²1954. S. 426ff.) gebührt der Verdienst, auf die konkrete Manifestation abstrakter Begriffe in sichtbaren Gegenständen hingewiesen zu haben – eine Vorstellung, die für die frühen Stufen griechischen Denkens noch viel zu wenig beachtet wird, gerade was die Interpretation bildlicher Darstellungen angeht. Τέλος wird demnach im ursprünglichen Sprachgebrauch als ein konkreter Gegenstand behandelt, der Träger jener Eigenschaften ist, die späteres Denken nur noch als abstrakte Begriffe kennt. Begriff als Substanz verstanden bedeutet auf dieser frühen Stufe, daß mit dem Verlust oder Gewinn des Träger-Gegenstandes (Binde, Zweig, Flüssigkeiten etc.) auch Gewinn oder Verlust der darin verkörperten abstrakten Eigenschaften verbunden ist. Vgl. J. Thimme in Jb. Kunstslg. Bad.-Württ. 7 (1970). S. 20.

[15]　Nilsson, M. P.: Geschichte der griechischen Religion II. München 1950. S. 429. Iamblichos, de myst. 114 und VII 3., hrsg. v. E. des Places, Paris 1966, mit Übersetzung und Anmerkungen. Vgl. auch Hopfner, a.a.O., § 79 und 83.

Autopsia einer der Zentralbegriffe, der wie uns jetzt das Vasenbild bestätigt, auch schon der klassischen Zeit geläufig war.

Inschrift, Attribute und Gebärden der Figuren identifizieren das Vasenbild als Mysteriendarstellung. Welcher Mysterien, ist nicht eindeutig zu bestimmen. Zwar begegnet der Korb vielleicht auch in Eleusis, doch spielt der Spiegel dort gar keine Rolle, so daß etwa mit einer lokalen Modifikation der Riten zu rechnen sein dürfte, die in noch unmittelbarerem Zusammenhang als die eleusinischen zur Vorbereitung für den Weg ins Jenseits stehen. Darauf weist der Spiegel hin, denn die Katoptromantie wird nach Vasenbildern zu urteilen gerade im Bereich des Grabes geübt[16]. Da wir aber über Eleusis trotz mancher ungelöster Fragen noch am besten informiert sind, mag unser Vasenbild mit den Zeugnissen für diese Mysterien konfrontiert werden, denn gerade auf Eleusis wirft die Gestalt der Autopsia das hellste Licht.

Vieles weist darauf hin, daß die mystische Schau, das Erlebnis der Gotteserscheinung, Mitte und Höhepunkt der Mysterien gewesen ist. Nicht nur Ausdrücke wie ἱεροφάντης und ἐποπτεία haben das Zeigen bzw. Sehen zum Inhalt[17], vielmehr sprechen auch Pindar und der Demeterhymnus es eindeutig aus: „Selig, wer die Weihen geschaut hat[18]." Selig, weil der Eingeweihte voller Hoffnung ins Jenseits eingehen kann. Denn das ist der Sinn dieser visio beatifica[19]: die mystische Antizipation eines glücklicheren Lebens, das das Diesseits den meisten vorenthält, um es mit der Hoffnung[20], die auf den mystischen Trost, nicht auf politische Aktion ihre Utopie baute, abzuspeisen. Von ihrem eigentlichen Bezugspunkt, vom Jenseits her, deutet denn auch K. Kerenyi die Schau des höchsten Geheimnisses der Mysterien dementsprechend als „die Begegnung mit dem Tode in der Gestalt der Unterweltskönigin[21]".

In diesem Sinne zeigt ein attisches Relief des 4. Jahrhunderts, was unser Vasenbild verschweigt, wenn es zwar die Schau, nicht aber ihren Inhalt, nämlich die Göttin selbst als das, was die Augen des Mysten sahen, personifiziert. Die Inschrift nennt Demeter als die Geehrte und Eukrates als Stifter dieses Weihreliefs aus dem heiligen Bezirk von Eleusis[22]. Es ist zweizonig

---

[16] Z.B. apulische Hydria in Altenburg (CVA (8) Taf. 100, 3). Grabrelief der Mika in Athen (J. Thimme in Antike Kunst 7 [1964]. S. 27, Taf. 5, 4). Vgl. J. Thimme in AA 1967. S. 209f.

[17] P. Roussel in BCH 54 (1930). S. 72. L. Deubner, a.a.O., S. 83, Anm. 2.

[18] Nilsson, Griech. Religion [2]I. S. 661. Pindar frg. 137 a Hymn. Dem. 480.

[19] Kerenyi, K.: Eleusis. New York 1967. S. 95ff.

[20] Isokrates, Panegyr. 28. Wilamowitz, U. v.: Der Glaube der Hellenen. Darmstadt [3]1939 II. S. 56, Anm. 1.

[21] Kerenyi, in: Initiation, hrsg. v. C. J. Bleeker (Numen, Suppl. X) 1965. S. 64.

[22] Athen, Nat. Mus. (Arch. Ges. Nr.4853), gefunden 1888. O. Kern in Eph. Arch.,

gegliedert: Oben en face der Kopf der Göttin von einem purpurnen Strahlen-
schein umgeben, unten zwei Augen. Merkwürdig abstrakt ist die Darstellung, aber gerade deswegen ihrem Gegenstande angemessen: Auf die Augen
des Mysten fällt der Glanz der göttlichen Lichterscheinung. Dieses passive
Erleben des Mysteriums hebt auch Aristoteles hervor, der von παθεῖν καὶ
διατιθῆναι spricht[23]. Und von daher wird eine merkwürdige Formel in
Sophokles' Mysterienpreisung deutlich: „Dreimal selig jene der Sterblichen,
οἳ ταῦτα δερχθέντες τέλη μόλωσ᾿ ἐς Ἅιδου[24]. Δέρκομαι = sehen wird
mit passivischem Aorist verwendet[25]. Berücksichtigt man etymologische
Parallelen aus verwandten indogermanischen Sprachen zur Wurzel *derk,
die Licht oder Glanz bedeuten[26], so wäre in Analogie zur Interpretation des
Eukrates-Reliefs hier sinngemäß zu übersetzen: die in den Hades kommen,
nachdem das Licht dieser Mysterien auf sie fiel. Die strahlende Erscheinung
der Gottheit im Lichtglanz ist im Demeterhymnus wie in der spätantiken Literatur bezeugt[27]. Um das Übersinnliche dieser Erscheinung auszudrücken,
wurde im Relief wohl nicht die ganze Gestalt, sondern nur das Haupt der
Göttin dargestellt. Denn Kopf und Büste scheinen meiner Ansicht nach Darstellungsformen für die Epiphanie zu sein[28]. Merkwürdig bleibt dieses ganz
vereinzelt dastehende Relief auch weiterhin, denn zu eitler fester Bildtradition gehört es nicht. Seine trotz der erhaltenen Bemalung primitive Arbeit
und das winzige Format (19 cm x 17 cm) lassen es als einen unkanonischen
und privaten Versuch erkennen, das individuell erlebte Unsagbare zeichenhaft darzustellen.

Angesichts der alleinstehenden Augen hat man an eine Blindenheilung
durch Demeter gedacht[29]. Eukrates hätte also die geheilten Organe dargestellt in der Art wie häufig auf primitiven Weihreliefs Körperteile auf ihre
Heilung anspielen. Auszuschließen ist diese Interpretation grundsätzlich
nicht, doch spricht schon der Bildaufbau dagegen: in zwei Zonen werden
häufig unten sterbliche und oben göttliche Wesen dargestellt, z.B. unten

---

1892. S. 118ff. mit Farbtafel 5. O. Rubensohn in AM 20 (1895). S. 360ff. Kerenyi,
Eleusis. S. 97, Abb. 34.

[23] Aristoteles frg. 15 (Rose). Nilsson, a.a.O., [2]I, S. 654, Anm. 1.

[24] Sophokles frg. 758 [2]Nauck.

[25] Schwyzer, E.: Griechische Grammatik I. München 1939. S. 758. A. Prevot in
Rev. Phil. 9 (1935). S. 239 zu Soph. frg. 837.

[26] Nach den Etymologien der einschlägigen Lexika.

[27] Hymn. Dem. 189 und 278. Proclus ad rem publ. II 119; vgl. dazu Hopfner,
a.a.O., § 83.

[28] Darauf deuten gewisse Demeter-Bilder hin (Pausanias VIII 15, 3 und IX 16, 5).
Weitere Hinweise bei F. Brommer in AA 1963. S. 680ff.

[29] Siehe oben Anm. 22.

Opfernde und oben eine Götterversammlung[30]. Darüber hinaus haben sich gerade eine Reihe von sogenannten Augenheilungen als Einweihungsbilder entpuppt. R. Egger[31] hat am Beispiel eines Mystensarkophages aus Ravenna nachgewiesen, daß das Salben oder Berühren des Auges nicht von einem Arzt, sondern von einem Mystagogen vorgenommen wird, daß entsprechende Darstellungen also nicht vordergründig-realistisch, sondern geistig-symbolhaft verstanden werden wollen. Der Sinn dieses Vorganges ist – in spätantik systematisierender Theologie ausgedrückt – der ἀπαθανατισμός. Diese „Verunsterblichung" (sit venia verbo) wird aber auch wohl die Darstellung der Autopsie bzw. Epoptie auf dem Eukrates-Relief nach allem, was die klassischen Zeugnisse als das Ziel der Einweihung ansehen, meinen.[32] Das Autopsia-Bild auf der Hydria gehört gewiß in den sepulkralen Bereich, und zwar nicht nur wegen der Vasenform und des mutmaßlichen Fundortes, sondern noch durch eine weitere Konkretisierung des dargestellten Einweihungsvorganges: Die erwähnten klassischen Literaturzitate sprechen von der Seligkeit des Mysten, der die Mysterien geschaut hat. Der Schau aber geht nach mehrfach belegtem Zeugnis der frühere Akt der τελετή voraus[33]. Genau diesen Sachverhalt drückt aber auch die Bildsprache der Vasenszene aus: die Mystin, der die Autopsia erscheint, hält das τέλος, die Binde, schon in der Hand. Sie hat damit die vorbereitenden Weihen schon erhalten, um jetzt für das höchste Erlebnis empfänglich zu sein. Geführt auf diesen Weg hat sie wohl die Mystagogin mit dem Spiegel. – Hier verlassen wir in der Interpretation den eleusinischen Bereich und benutzen Analogien aus anderen Mysterien zur Deutung der Spiegelszene als Katoptromantie[34]: Zwischen der Spiegelnden und der Frau mit der Tänie besteht das Verhältnis von Mystagogin und Initiandin, in dem beide von gleicher Bedeutung sind. Denn auch dem Mystagogen gilt die Seligpreisung, so wenn etwa Philon von By-

---

[30]   Z.B. AM 29 (1904). S. 24, Abb. 2. BCH 32 (1908). S. 521ff., Taf. 5. AAA I (1968). S. 121, Abb. 4.

[31]   R. Egger in MdI 4 (1951). S. 35ff. – Echte Augenheilungen erwähnt Egger auf S. 54.

[32]   Egger, a.a.O., S. 56 nach Dieterich, A.: Eine Mithrasliturgie. Leipzig ³1903. S. 12 und S. 85.

[33]   Deubner, a.a.O., S. 83.

[34]   Katoptromantie ist z. B. dargestellt im Mysterienfries der Villa von Boscoreale (E. Simon in JdI 76 [1961]. S. 160f., Abb. 33). Herr Dr. Thimme gab mir diesen Hinweis. Diskutierend und beratend hat er die hier vorgetragene Interpretation des Autopsia-Bildes gefördert. Ich möchte ihm auch an dieser Stelle meinen Dank aussprechen. – Die von Hopfner, a.a.O., § 272 vorgetragenen Bedenken gegen die Deutung der sogenannten Aigeus-Themis-Schale (Berlin F 2538. ARV² 1269, 5) als Lekanomantie (P. B. Mudie Cooke JRS 3 [1913], S. 169), die ja der Katoptromantie entspricht, halte ich für unbegründet.

zanz Phidias deswegen preist, weil dieser sein Gotteserlebnis auch anderen mitzuteilen imstande war[35]. Es scheint, als ob die Interaktion der beiden äußeren Figuren im Erscheinen der mittleren, die als Autopsia ja nicht das Objekt der Schau, sondern diesen von beiden vollzogenen Vorgang selbst darstellt, ihren Ausdruck auf einer neuen Wirklichkeitsebene findet. Dieses Schema der höheren Synthese aus einer dialektischen Antithese findet sich als klassisches Darstellungsmittel auch in manchen Dreifiguren-Reliefs oder in der Einführung des dritten Schauspielers seit Sophokles.

Trotz ihrer dramatischen Präsenz bleibt die mittlere und auch im übertragenen Sinne zentrale Gestalt merkwürdig unzugänglich. Als Autopsia gibt sie sich zwar dem Betrachter des Bildes zu erkennen, doch bleibt das Mysteriengeheimnis weiterhin der Eingeweihten vorbehalten. Was Heraklit vom Gott in Delphi sagte, gilt uns auch für sie: οὔτε λέγει οὔτε κρύπτει ἀλλὰ σημαίνει[36]. Als ein σημεῖον ist auch dieses Vasenbild nur ein Zeichen, das der Wissende zu deuten versteht – also ein Geheimnis. Gerade deswegen aber können wir in ihm ein klassisches Mysterienbild sehen – gewiß eines der bedeutendsten, denn nirgendwo sonst hat sich das Unsagbar-Unsichtbare so zum Bilde verdichtet wie hier – und zwar auf dem Wege über die Personifikation, wobei dieser Terminus natürlich nur umschreibende Hilfsformel für Komplexeres ist.

Personifikation ist ein auf verschiedenen Stufen des primitiven Denkens verbreitetes anthropomorphes Vorstellungsmittel und dementsprechend auch bei den Griechen zu finden. Ungefähr 300 Personifikationen im weitesten Sinne hat T. B. L. Webster[37] einmal zusammengestellt. Im religiös-mythologischen Bereich wären als Verwandte der Autopsia etwa Aponia[38], Athanasia[39], Eutychia[40], Parthenia[41], Telete[42], Theoria[43] oder Tragodia[44] zu nen-

---

[35]   A. J. Festugière in Mon. Piot 58 (1968). S. 135ff. D. Metzler in Antike Kunst 7 (1964). S. 44 mit Anm. 42.

[36]   Heraklit B 93.

[37]   T. B. L Webster in Journ. of theWarburg-Courtauld Inst. 17 (1954). S. 10ff.

[38]   Richter, G. M. A. – Hall, L. F.: Red-figured Athenian vases in the Metropolitan Museum of Arts. New Haven – Yale 1936. Nr. 161 mit weiteren Beispielen für Personifikationen im Kreis der Aphrodite.

[39]   Richter – Hall, a.a.O., Nr.136.

[40]   Z.B. auf der Hydria des Meidias-Malers in Karlsruhe (B 36. CVA [1] Taf. 22f. ARV² 1315, 1). Dazu: Creuzer, F.: Zur Galerie der alten Dramatiker. Heidelberg 1839. S. 19f. Vgl. auch Kretschmer, a.a.O., S. 286 zu § 157.

[41]   Simon in ÖJH 41 (1951). S. 77ff. Obwohl inschriftlich nicht benannt sichern der Kontext der Szene und literarische Parallelen die Identifizierung.

[42]   Relief aus Luku: S. Karuzu in RM 76 (1969). S. 256, Taf. 88, 2. Ferner: Pausanias IX 30, 4. Telete als Empfängerin von Opfern, also als Gottheit in Epakria: Roscher, W. H.: Lexikon der griech. und röm. Mythologie. Leipzig 1897ff. sv. Personifikation, Sp. 2141.

nen, um nur einige der uns am abstraktesten erscheinenden zu erwähnen. Personifikationen begegnen als Emanationen von Göttern (Nike bei Zeus), werden genealogisch zu Verwandtschaften geordnet, umschwärmen die Gottheiten wie Thiasoi (Eukleia, Pannychis, Himeros und Eros bei Aphrodite)[45] und greifen in der Klassik schließlich aktiv in dramatisches Geschehen ein – sei es in der bildenden Kunst oder auch in der Tragödie. So hat man die Personifikationen des Aischylos Mächte genannt, „die den augenblicklichen Zustand ganz beherrschen" und „stets etwas Dämonisches haben"[46]. Kratos und Bia verkörpern in diesem Sinne das Wesen der Macht des Zeus[47]. Wie bildhaft diese Gestalten von Aischylos geprägt sind, zeigt eben eine seiner Bildbeschreibungen aus den „Sieben gegen Theben"[48]: Der Dichter benutzt, um den Anspruch des Polyneikes auf Theben zu unterstreichen, ein redendes Schildzeichen – wie wenn er den bekannten Satz seines älteren Zeitgenossen Simonides von Keos mit einem Beispiel belegen wollte: „Poesie ist redende Malerei, Malerei stumme Poesie[49]." Eine Frau, die einen gewappneten Mann an der Hand führt[50], ist auf seinem Schilde dargestellt. Nach einer längeren Beschreibung wird sie schließlich als Dike benannt, die den rechtmäßigen Anspruch ihres Schützlings Polyneikes personifiziert. Nicht nur agierend, auch redend ist sie beschrieben, denn auch eine Inschrift hat der Dichter auf dem Schilde gelesen und als ihre Worte entziffert[51]. Dike ist nicht einfach untätig-dekorative Beifigur, sondern greift aktiv[52] in das

---

[43] Deubner, a.a.O., S. 250, Nr. 12 und Roscher, a.a.O., sv. Theoria Nr. 2.

[44] P. Gardner in JHS 25 (1905). S. 69, Nr. 543 = ARV² 1258, 1.

[45] Artemis-Lexikon der Alten Welt, sv. Personifikation, Sp. 2271 (Schefold). R. Hampe in RM 62 (1955). S. 107ff.

[46] Petersen, L.: Zur Geschichte der Personifikation in der griechischen Dichtung und bildenden Kunst. Würzburg 1939. S. 82 und S. 85.

[47] Petersen, a.a.O., S. 81ff. Aischylos, Prometheus Einführungsszene.

[48] Aischylos, Septem 631ff.

[49] Plutarch, de glor. Ath. 3. M. Detienne, Les maitres de la verité en grèce archaique, Paris 1967, S. 106f.

[50] Einen Vorläufer hat dieses Thema in der Geschichte vom Einzug des Peisistratos in Athen unter dem Schutz einer als Athena kostümierten Frau (Herodot I 60, 4).

[51] Septem 646ff. Vgl. die Inschrift auf dem Schild des Agamemnon in einem Bild der Kypselos-Lade (Pausanias V 19,4) und die Schildinschrift im Gigantomachie-Fries des Siphnier-Schatzhauses (M. Guarducci in Festschrift für L. Banti. Rom 1965. S. 167ff.).

[52] Das gilt mutatis mutandis auch für die oben Anm. 39 und 41 erwähnten Darstellungen der Athanasia und Parthenia, die zwar jeweils aus der Szene fliehen, aber auch unter diesem negativen Aspekt durchaus agierend und nicht statisch-komplementär dargestellt sind. Vgl. ferner schon in archaischer Zeit Ker und Eris handelnd in Szenen der Kypselos-Lade (Pausanias V 19, 2 und V 19, 6).

Geschehen ein, sie beherrscht den augenblicklichen Zustand ganz, so wie auch Autopsia als eine dämonisch wirkende Kraft aus dem Gegenüber der beiden Frauen unseres Vasenbildes hervortritt und gestisch sprechend sich der Initiandin offenbart.

Wir können festhalten: Autopsia ist nicht nur ein im Mysterienwesen der Klassik fest verankerter Begriff, sondern diese Epoche hat auch die ihr adäquaten Vorstellungsformen auf diesen Begriff übertragen, um ihn so bildhaft Gestalt werden lassen. Und zwar göttliche Gestalt, wenn wir ihre Erscheinung auf dem Vasenbild richtig interpretiert haben. Zeigt sie sich doch so, wie die klassischen Kunstwerke die Götter darstellen: sich selbst genügend im Vollzug des ihnen eigenen Wesens[53]. Autopsia hier durch die sprechende Geste als Sich-Offenbarende dargestellt. Ihr Wirken wird vom Initianden nicht als eigene, aktive Leistung, sondern als Betroffenheit empfunden. Euripides beschreibt verwandtes Erleben, wenn er Helena in der Erkennungsszene ausrufen läßt: „O Götter! Denn ein Gott ist es auch, die Liebenden zu erkennen[54].“ Alles scheint voll von Göttern – seit langem, denn schon Aischylos glaubt den Unernst der Menschen tadeln zu müssen, die sogar das Glücklichsein vergöttlicht haben[55]. Auch in die Mysterien hat diese Subjektivierung der Religiosität Eingang gefunden. Die Gestalt der Autopsia und ihr Wirken widerspiegeln dieses Phänomen in klassischer, das heißt ästhetisierter Verinnerlichung.

Autopsia – lukanische Hydria – London, Britisches Museum, E 223 [S. 113]

[53] Himmelmann-Wildschütz, N.: Zur Eigenart des klassischen Götterbildes. München 1959. S. 31 et passim.

[54] Euripides, Helena 560. Dazu der Kommentar von R. Kannicht, R.: Euripides Helena. Heidelberg 1969 II, S. 1985f. mit Hinweis auf 11 weitere Personifikationen bei Euripides.

[55] Aischylos, Choephoren 59f.

Anikonische Darstellungen[*]

„Eure abscheuerregende Sünde hindert euch, meinen Glanz zu sehen ... "
al Muqanna' nach J. L. Borges[1]
„Andererseits ist auch die Bilderlosigkeit kein Kriterium für die ‚Geistigkeit' einer Gottesvorstellung. "
K.-H. Bernhardt[2]

Den beiden diametral entgegengesetzten Religionsformen der antiken Mittelmeerwelt, dem griechischen Polytheismus und dem jüdischen Monotheismus, ist etwas immerhin gemeinsam, denn der Menschengestaltigkeit der griechischen Götter und der Gottesebenbildlichkeit des Menschen im jüdischen Schöpfungsbericht liegt jeweils die Vorstellung von der Menschenähnlichkeit und der Personenhaftigkeit des Göttlichen zugrunde. Deren bildhafte Erscheinung dagegen wird durchaus verschieden erlebt und wiedergegeben. Im griechischen Bereich wird das Erscheinen eines Gottes, seine Epiphanie, üblicherweise als glückhafte Erfahrung erstrebt, herbeigeführt oder erfahren, dagegen ist im Alten Testament der Anblick Jahwes im Normalfalle tabuisiert. Dem entspricht die jeweilige Einstellung zu den bildlichen Darstellungen der Gottheit, denn die Griechen verehren das Göttliche gewöhnlich im menschengestaltigen Kultbild, während Jahwe seine bildliche Darstellung verbietet.

Diese Feststellungen sind zwar zusammen mit ihren jeweiligen historisch bedingten und erklärbaren Ausnahmen natürlich schon seit der Antike selbst Gemeinplätze religionsgeschichtlichen Denkens[3], dennoch seien sie hier wiederholt, um mit ihnen ein Koordinatennetz abzustecken, in dem das Anikonische zu verorten sein könnte: der Verzicht, das Desinteresse oder das Tabu also, mit denen eine religiöse Gruppe begründet, ihre anthropomorphe Gottheit eben nicht in menschlicher Gestalt darzustellen, sondern sich darauf

---

[*] Überarbeitete und erweiterte Fassung des Vortrages vom 12. April 1984.

[1] Borges, J. L.: Der Färber in der Maske Hakim von Merw, in: Universalgeschichte der Niedertracht, dtsch. von K. A. Horst. Berlin – Frankfurt 1972. S. 50. Vgl. G. Widengren in ANRW II 9, 1, Berlin – New York 1976. S. 234.

[2] Bernhardt, K.-H.: Gott und Bild. Berlin (DDR) 1956. S. 79.

[3] Vgl. z.B. Schrade, H.: Der verborgene Gott. Stuttgart 1949; Bernhardt, a.a.O. Leeuw, G. van der: Vom Heiligen in der Kunst. Gütersloh 1957. S. 169ff., S. 307ff.; Dohmen, Chr.: Das Bilderverbot im Alten Testament, in: Bonner Bibl. Beitr. 62 (1984), S. 198, oder Scheffczyk, L. (Hrsg.): Der Mensch als Bild Gottes. Darmstadt 1969 – mit unterschiedlichen dogmatischen Ausgangspositionen.

beschränkt, sich dieser in der Verehrung eines wie auch immer gearteten Gegenstandes oder Phänomens zu nähern. Dabei ist, worauf noch weiter unten zurückzukommen sein wird, jenes Objekt – Stein, Thron, Naturerscheinung – zwar heilig, aber es ist nicht unmittelbar die Gottheit selbst. Diese wird durch Rituale der Belebung, Mundöffnung oder wie sie jeweils heißen mögen, in einem sakramentalen Akt herbeibeschworen[4], um für den geweihten Moment oder auch auf Dauer in oder bei dem Objekt anwesend zu sein. Das christliche Meßopfer verfährt so, aber auch die in der Spätantike so oft praktizierte und von den etablierten Kultreligionen verpönte Theurgie[5], wenn sie mit magischen Mitteln die Gottheit herbeizwingt. Die Kritiker dieser Technik sahen und sehen darin Zauberei, aber zwischen Zauberei und Religion besteht kein prinzipieller Unterschied[6], ein soziopolitischer, wie schon Hobbes im „Leviathan" bemerkte, als er feststellte, daß die Furcht vor unsichtbaren Mächten Religion heißt, wenn sie in öffentlich anerkanntem Rahmen vollzogen wird, wenn aber außerhalb davon, dann als Aberglauben diffamiert wird[7]. Theurgische Praktiken sollte man daher auch nicht allein als spätantikes Phänomen[8] definieren, gibt es doch schon in weit älteren Zusammenhängen Formen des Herbeirufens der Gottheit, um in der Theopaneia, ihrer bildhaften Erscheinung die Beglückung göttlicher Anwesenheit als Segen zu erfahren. Theophaneia nennt schon Herodot das Fest der Erscheinung Apolls in Delphi[9]. Sapphos ersten Hymnos, den an Aphrodite[10], kann man als einen *klētikós*[11], ein herbeirufendes Ritual bezeichnen und vollends den recht alten Zeus-Hymnos von Kreta[12]. Ohne auf diese literarischen Ausprägungen einzugehen, hat F. Matz aus der formalen Analyse des ikonographischen Materials archäologischer Funde die Göttererscheinung als das Ziel minoisch-kretischer Kultübung erkannt[13]. Ekstatische Tänzer und

---

[4]   Bernhardt, a.a.O., S. 42ff.

[5]   Nilsson, M. P.: Geschichte der griechischen Religion II. München 1950. S. 418, S. 433f. et passim.

[6]   F. Pfister in RE Suppl. IV, Sp. 305 § 28.

[7]   Zitiert nach Rocker, R.: Die Entscheidung des Abendlandes. Hamburg 1949. S. 175.

[8]   Dodds, E. R.: Die Griechen und das Irrationale. Darmstadt 1970. S. 150ff.

[9]   Herodot I 51.

[10]   Sappho, frgt. 1 Diehl.

[11]   Pfister, a.a.O., Sp. 304.

[12]   Harrison, J.: Themis. A study of the social origins of greek religion. Cambridge [2]1927. S. 6ff.

[13]   Matz, F.: Göttererscheinung und Kultbild im minoischen Kreta. Mainz 1958 (= Abh. Akad. Wiss. Mainz. Nr. 7). Tscheng-tsu Schang, Der Schamanismus in China. Hamburg 1934. S. 1f. (wu = Frau, die durch Tanz Gottheiten zum Erscheinen veranlaßt. Das Zeichen für wu ähnelt – nach dem Shuo-wen, einem Glossar des 2.

Tänzerinnen sind es, die dort – analog zu den Kureten des Zeushymnos – die Gottheit herbeirufen, auf daß sie auf einem Berge oder bei einem Heiligtum bildhaft erscheine. Bergmotive, Kultsäulen oder Altäre sind die anikonischen Zeugen der Möglichkeit des Erscheinens der Götter auf den minoischen Bildzeugnissen, auf denen man also mit Matz nicht Kultbilder, sondern Göttererscheinungen zu sehen hat.

Das Verhältnis der Menschen zu den Erscheinungen der Götter ist ambivalent, sie können nämlich auch schwer zu ertragen sein, wie es in der Ilias[14] heißt, sind aber andererseits auch so beseligend, daß von den glücklichen Phäaken[15] gesagt wird, sie sähen die Götter ohne Mühe. Wenn daher „Gott schauen" zum Kern der älteren griechischen und orientalischen Religiosität gehört, erhält die Frage nach der Funktion der ikonischen und der anikonischen Darstellung gerade in Bezug zu den Theophanien eine besondere Bedeutung.

Mir scheint, daß auch in der Überlieferung der Bibel eine vergleichbare Form von theurgischer Gotteserfahrung, wenn auch in monotheistisch sublimierter Form, vorliegt: Jakobs Kampf mit dem Engel findet am Orte Pniel, d.h. „Anblick Gottes" statt, den auch die LXX eindeutig mit *Eidos Theou* übersetzt (Gen. 32, 31). Der Engel steht für Gott, und Jakobs Ziel ist dessen Segen. Nicht eher wird er von dem „Manne" lassen (Vers 27), der ihn nicht besiegt, aber seine Hüfte verrenkt (Vers 26 und 32) – ein Hinweis auf die Auszeichnung durch das altsemitische Hinkeopfer[16]. Wegen dieser Auszeichnung und wegen der Benennung des Ortes durch Jakob selbst, denn er ist es, der ihn „Anblick Gottes" nennt, stellt er beglückt fest: „ich habe Gott von Angesicht gesehen, und meine Seele ist gerettet" (Vers 31). Die eschatologische Heilsgewißheit, Gott zu schauen, verspricht auch der Psalmist (Ps. 63, 3). Das Neue Testament kennt entsprechende Verheißungen (Mt. 5, 8; I. Joh. 3, 2). Aus griechischer Sicht wäre dreierlei anzumerken: Der Anblick der Gottheit, den der Myste in gewissen Einweihungen erfährt, und zwar offensichtlich passivisch erlebt, wie der sprachliche Befund ausweist[17], verspricht ihm das Weiterleben nach dem Tode, die Rettung der Seele. Und die Mittel und Wege, diesen segnenden Anblick Gottes zu erfahren, können – Jakob vergleichbar – sehr robuster Natur sein; die Griechen kennen den Götterzwang, Porphyrios spricht von *theiódamoi anágkai*[18]. Ferner weiß Diodor zu

---

Jhds. – einem Menschen mit flatternden Ärmeln, also einer Tanzenden).

[14] Ilias 20, 131. Vgl. Odyss. 16, 161: nicht allen Menschen erscheinen die Götter.

[15] Odyssee 7, 201.

[16] Lüling, G.: Das Passahlamm und die altarabische „Mutter der Blutrache", die Hyäne, in: ZRG 34 (1982). S. 130ff.

[17] Metzler, D.: Autopsia, in: Festschrift für H. E. Stier. Münster 1972. S. 117. Vgl. LXX Esod. 24, 11 und 33, 23.

[18] Porphyrios, de philos. ex orac. p. 154 Wolff. Nilsson, a.a.O., S. 418.

berichten, daß die Mysterien auf Kreta ursprünglich allgemein zugänglich gewesen sind[19]. An Matz' Beobachtung anknüpfend könnte man auf Epiphanien schließen. Auch Jakob gelang es, eine segenverheißende Epiphanie zu erwirken. Daß diese seit Moses verpönt war – Gott gestattet ihm nur den Anblick seiner Rückseite (Exod. 33, 23) und Moses' siebzig Begleiter sehen nur den Ort[20], wo Gott steht (Exod. 24, 9-11), hat wohl etwas mit der von N. Luhmann beobachteten Verknappung der Gnadenmittel durch die Klerikalisierung einer Religion zu tun[21] – ein Phänomen, das sich mutatis mutandis etwa auch bei Griechen und Germanen finden läßt. Denn die Tabus, mit denen unter jeweils wechselnden Formen und Begründungen das Betreten bestimmter Heiligtümer – und damit das Sehen der Kultbilder – belegt ist[22], sind auf soziologischer Ebene nur mit der Privilegierung der Priester bzw. dem Ausschluß der gewöhnlichen Sterblichen zu erklären. Die Kriterien des Ausschlusses und der Privilegierung sind dabei naturgemäß höchst unterschiedlich, wichtig bleibt die Kenntlichmachung der Differenzierung in der Distanz zum sakralen Zentrum und seinen Wirkungskräften.

Damit ist das Problem der Authentizität und Autorität religiöser Erlebnisse berührt, das B. Fehr in Bezug auf die griechischen Kultbilder behandelt hat[23], und das sich natürlich auch auf die anikonischen Darstellungs- und Erlebnisweisen des Göttlichen erstreckt. Eine typologische Reihe mag unseren Gedankengang illustrieren, um eine Hypothese zur Bedeutung der anikonischen Verehrung aufzustellen, die dann als Rahmen die weiter unten behandelten Einzelbeobachtungen umfassen könnte: Im polytheistischen Griechenland und in der Ägäis wurde das im minoischen Kreta von Matz erkannte und später noch in einzelnen Mysterien praktizierte ekstatische Schauen der Gottheit durch die Religion der Kultstatuen und ihrer Priester bzw. ihrer Behörden kanalisiert und diszipliniert, so daß einerseits das Erwirken einer Erscheinung als *eidolopoiòs magikē* (bilderwirkender Zauber) verpönt werden konnte[24] und jemand, der bekennt, Gott geschaut zu haben, als phantasiebegabter Aufschneider galt[25], andererseits eine Götterstatue und

---

[19] Diodor V 77. Metzler in Antidoron. Festschrift für J. Thimme. Karlsruhe 1983. S. 78.

[20] R. P. Carroll (The Aniconic God and the Cult of Images, in: Studia Theologica 31 [1977]. S. 54) übersieht die Angabe „Ort" und nimmt fälschlich für die 70 Ältesten das Schauen Gottes selbst an.

[21] Luhmann, N.: Funktion der Religion. Frankfurt 1977. S. 82 und S. 167.

[22] Generell: Stengel, P.: Griechische Kultusaltertümer. München 1920. S. 21ff. Einzelne Beispiele: Tacitus, Germ. 40 (Kult der Nerthus). F. Preisshofen in AA 1977. S. 77ff. (Akropolis-Heiligtümer in Athen).

[23] B. Fehr in The Archaeological Advertiser. Bad Bramstedt 1980. S. 63ff.

[24] Jamblichos, de myst. III 28. Nilsson, a.a.O., S. 434.

[25] Plutarch, daimon. Socrat. 588 bc.

ihr begnadeter Künstler wegen der Vermittlung religiöser Erlebnisse gepriesen werden konnte, wie etwa Dion von Prusa den Zeus des Phidias pries: „Wer je unter den Menschen ganz beschwert in seiner Seele, weil er viele Schicksalsschläge und Leiden in seinem Leben durchgemacht hat und nicht einmal im süßen Schlaf mehr Erquickung findet, auch der wird, wenn er diesem Bilde gegenübersteht, alles vergessen, was es im menschlichen Leben Furchtbares und Schweres zu tragen gibt"[26]. Eben deswegen preist Dion aber auch den Phidias, da er das von ihm geschaffene Kunstwerk benutzt, den Menschen ein philosophisches Bild der Gottheit zu vermitteln[27]. Platon ist also nur konsequent, wenn er für seinen Idealstaat religiöse Handlungen nur erlaubt, wenn sie von einem Priester vollzogen werden[28], denn Priester und Statue treten gleichsam als Mittler zwischen Gottheit und Mensch.

Unter dem politischen Aspekt der Frage nach der Entstehung des Staates müßte also auch näher auf die Rolle eingegangen werden, die die Einführung von Kultbildern dabei gespielt hat. Wenn bei den Germanen Stämme aus Kultbünden, die sich um konkrete Heiligtümer organisierten, entstanden, wäre analog zu Aristoteles' Beobachtung, daß mit der Herausbildung des Polisstaates die privaten Gruppenheiligtümer zu wenigen großen Tempeln zusammengelegt werden (Pol. VI 13 19b24), auch zu untersuchen, ob die Bindung von Ritualen und Hoffnungen an ganz konkrete Kultbilder nicht auch die politische Organisationsform einer Bevölkerung bedeutete, deren religiöse Bedürfnisse dann erst durch den Bezug auf das jeweilige Kultbild legitimiert und garantiert würden. Ausgehend von A. Bammers Entdeckung von ursprünglich zwei Tempeln im Artemision von Ephesos hat U. Muss den Zusammenhang zwischen Synoikismos und Kultkonzentration mit Beispielen belegt, deren jeweilige Kultbilder jedoch quellenmäßig schwer faßbar sind[29] und auch im Rahmen unserer Fragestellung eine sekundäre Phase der Entwicklung darstellen. Dies gilt soweit allerdings nur für den griechischen Bereich, denn im jüdischen hat sich gerade der umgekehrte Weg als erfolgreich erwiesen: die Aufhebung des Wanderheiligtums und der lokalen

---

[26] Dion, or. 12, 51.

[27] Dion, or. 12, 63ff. und 84. Weitere Literatur bei: Koch, C.: Vom Wirkungsgeheimnis des menschengestaltigen Gottes, in: Aus dem Bildungsgut der Antike, hrsg. v. F. Hörmann. München 1956. S. 72. Vgl. auch Metzler, D.: Ein neues Porträt des Phidias, in: Antike Kunst 7 (1964). S. 51ff.

[28] Platon, Leg. 909d-910c. D. Metzler in Griechische Vasen aus westfälischen Sammlungen, hrsg. v. B. Korzus – K Stähler. Münster 1984. S. 163. H. von Petrikovits in Studien zur Ethnogenese. Opladen 1984 (= Abh. d. Rhein.-Westf. Akad. d. Wiss. 72). S. 120 und S. 127 (Entstehung von Völkern aus Kultverbänden).

[29] Muss, U.: Studien zur Bauplastik des archaischen Artemisions von Ephesos. Diss. Bonn 1983. S. 53, S. 58, S. 93ff. – Zum politischen Kontext von Agalma-Kultbild, Territorialisierung und Polis-Entstehung vgl. Polignac, F. de: La naissance de la cité grecque. Paris 1984. S. 66 und S. 81.

Kulte zugunsten der anikonischen Verehrung im Tempel von Jerusalem. Bilderverehrung und Bildlosigkeit im Kult sind also auch als politische Phänomene durchaus ambivalent zu sehen.

In Ägypten, wo Priester und Kultbilder sich uneingeschränkt vermehren konnten, setzte erst der Konflikt mit den Interessen des Königtums eine Grenze. Will sagen: Echnatons anikonischer Monotheismus ist auch als die rigorose Antwort auf die für Königtum und Volk belastende Ausweitung der Priesterreligion zu verstehen[30]. Doch kommt es nicht etwa zu einer theologischen Befreiung des Volkes von seinen Vermittlern, sondern im Gegenteil: Echnaton monopolisiert als der Prophet Atons den dogmatischen und kultischen Zugang zu seinem Gotte. Daß man in Moses seinen Jünger erkannte[31], scheint angesichts der mosaischen Entfaltung der monotheistischen und anikonischen Jahwe-Religion[32] nur plausibel. Deren Bildnisverbot hat durchaus herrschaftstechnische Elemente, schließlich dient es der Monopolisierung des Jahwe-Kultes im Jerusalemer Tempel. Dem „Du *sollst* dir kein Bildnis machen" stellt D. Seckel das buddhistische „Du *kannst* dir kein Bildnis machen" gegenüber[33], denn für „das unerkennbare Nirvāna-Wesen des Buddha", zitiert er aus der Suttanipāta, einer der ältesten im Pāli-Kanon enthaltenen Schriften, „gibt es nichts mehr, womit man ihn vergleichen könnte; womit man ihn aussagen möchte, das ist an ihm nicht zu finden. Wo alle Vorstellungen zunichte geworden sind, da sind auch alle Pfade der Rede zunichte geworden"[34]. Diesem meditativen Philosophieren über das Un-

---

[30] Aldred, C.: Echnaton. Bergisch Gladbach 1968. Assmann, J.: Die Häresie des Echnaton, in: Saeculum 23 (1972). S. 109ff. D. Metzler in Bildersturm, hrsg. v. M. Warnke. München 1973. S. 19f. E. Hornung in Monotheismus im Alten Israel und seiner Umwelt, hrsg. v. O. Keel. Freiburg/Schweiz 1980. S. 84ff.

[31] Freud, S.: Der Mann Moses und die monotheistische Religion (1939) = Ges. Werke XVI. Frankfurt ²1961. Bakan, D.: Freud et la tradition mystique juive. Paris 1977. S. 119ff. Genner, M.: Spartakus. Eine Gegengeschichte des Altertums nach den Legenden der Zigeuner. München 1980. S. 71ff., bes. S. 75 – die Zigeuner sind für unser Problem hier weniger wichtig. Die Verbindung Moses – Aton scheint mir so abwegig nicht – ich bin kein Theologe. Immerhin setzt auch die jüdische Tradition Moses in Beziehung zur Sonne (= Aton). Darauf weist Bakan, a.a.O. hin (Zohar, trad. franc. J. de Pauly 1908, II 368). Ferner ist bemerkenswert, daß Josephus (c. Apion. I § 230) aus nationalistisch-apologetischen Gründen die Existenz eines vierten Amenophis leugnet, von dem sein Gewährsmann Manetho berichtet, unter ihm habe Moses gewirkt. Amenophis IV. ist Echnaton. Zur Entschuldigung des Josephus sei allerdings noch hinzugefügt, daß er, weil an einem früheren Datum für Moses interessiert, nur allzu leicht Habiru/Poimenes/ Hirten/ Hyksos in seinen Quellen verwechseln konnte, denn die Hebräer sind ja nicht die einzigen Habiru, die über die Grenzen Ägyptens wechselten.

[32] Bernhardt, a.a.O., S. 116ff.

[33] Seckel, D.: Jenseits des Bildes: anikonische Symbolik in der buddhistischen Kunst. Heidelberg 1976. S. 7.

[34] Suttanipāta 5.7.8 – nach Seckel, a.a.O., S. 7; Benda, E.: Der vedische Ursprung des symbolischen Buddhabildes. Leipzig 1940 (altindische Traditionen anikonischer

begreifbare viel näher als dem jahwistischen Machtanspruch steht die vorsokratische Religionskritik: In Ionien heißt es bekanntlich bei Xenophanes (frgt. 23): „Ein einziger Gott, unter Göttern und Menschen am größten, weder an Gestalt den Sterblichen ähnlich noch an Gedanken" oder (frgt. 34): „Und das Genaue freilich erblickte kein Mensch ... in bezug auf die Götter ... denn selbst wenn es einem im höchsten Maße gelänge, ein Vollendetes auszusprechen, so hat er selbst trotzdem kein Wissen davon: Schein(meinen) haftet an allem"[35]. Kritisch zum Bilderkult äußert sich aus verwandtem Geiste Heraklit: „Und sie beten auch zu den Götterbildern da, wie wenn einer mit Häusern schwätzen wollte, nicht erkennend, was Götter und Heroen eigentlich sind"[36].

Ob Kritik dieser Art allerdings Auswirkungen auf die nachweisbaren Fälle von anikonischem Kult bei den Griechen gehabt haben, ist schwer auszumachen. Außerdem gilt es auch zu beachten, daß die von der griechischen Ethnographie mehrfach gemachte Beobachtung der Verehrung nicht menschengestaltiger Götter und bildlosen Kultes bei manchen Barbaren-Völkern (z.B. bei Persern und Skythen), wenn sie auch im Einzelfall als Kritik am eigenen Verhalten intendiert sein mochte, eben gerade nicht-griechische, barbarische Bräuche aufdeckte[37], und somit durchaus auch unwirksam bleiben konnte. Das überlieferte Arsenal von philosophischen Bemerkungen dieser frühen und späteren Autoren, oft von den Kirchenvätern für eigene Belange ausgebeutet[38], könnte zwar den Anschein einer intellektuellen Sublimierung des Bilderkultes erwecken, doch weist das archäologisch überlieferte Material – die realen Kultobjekte selbst oder auch deren bildliche Dar-

---

Darstellungen).

[35] Diels, H.: Die Fragmente der Vorsokratiker. Berlin [9]1960. 21 B, F 23, 34; vgl. auch F 14-16 und F 24-26.

[36] Diels, Vorsokratiker, 22 B 5.

[37] Her. I 131; III 37; IV 59 und 62. Nestle, W.: Vom Mythos zum Logos. Stuttgart [2]1942. S. 99 und S. 142. Vgl. auch Müller, Klaus E.: Geschichte der antiken Ethnographie und ethnologischen Theoriebildung I. Wiesbaden 1972. S. 83 f. II 1980. S. 40f.

[38] Zu soziopolitischen Aspekten der Rezeption früher griechischer Religionskritik vgl. D. Metzler in Bildersturm (hier Anm. 29). S. 23ff. – Gordon, R. L.: The Real and the Imaginary: Production and Religion in the Graeco-Roman World, in: Art History II, 1 (1979). S. 26 weist – auch für unseren Kontext wichtig – darauf hin, daß Bilder und ihre Kulte nicht nur Beständigkeit und Wiederholbarkeit des Rituals garantieren, sondern durchaus ambivalent auch dem Spott und der Zerstörung Zweifelnder ausgesetzt sind, und da sie deren Einwirkungen als Wundmale beibehalten (vgl. etwa die demonstrativen Beschädigungen einer heidnischen Venus-Statue durch die von ihren geistlichen Führern aufgehetzten christlichen Pilger in Trier [Th. Kempf in Rheinischer Verein für Denkmalpflege und Heimatschutz, Jg. 1952: Trier ein Zentrum abendländischer Kultur S. 47f.], aber auch Strafen und Zornesausbrüche gegen Bilder der eigenen Religion [Bernhardt, a.a.O., S. 152f.] von enttäuschten Gläubigen) und vorweisen müssen, eben auch von der Verletzbarkeit und Vergänglichkeit der Bilder zeugen.

stellung in oft mythischen Szenen auf Vasen – eher darauf hin, daß die betreffenden Phänomene noch einer Welt angehören, die man so darstellen
wollte, als ob sie den Umgang mit Kultbildern, aus welchen lokalen oder
allgemein verbreiteten Traditionen auch immer, nicht kennt oder nicht
schätzt. Archaisierende Tendenzen mögen dabei durchaus eine Rolle spielen.
Andererseits hat auch gerade die Kunst der griechischen Klassik, aber nicht
nur sie allein, Möglichkeiten, das Erlebnis der Gottheit in der Darstellung
des oder der davon Betroffenen bildlich darzustellen.

Die folgenden Beispiele sollen die Variationsbreite anikonischer Formulierungen der Begegnung mit der Gottheit umreißen. Sie stammen – dem
Kenntnisstand des Verfassers entsprechend – überwiegend aus der griechischen Kultur. Hilfreich für ihre Erfassung ist das Konzept einer Darstellbar-
keit des Unsichtbaren[39], mit dem K. Schefold die Möglichkeiten der Bildkunst erfaßt hat, das Unsichtbare, aber auch das Abwesende im religiösen
Bereich als Begreifbares manifest werden zu lassen. Dem sozialen Kontext
von Religion entsprechend können analoge Darstellungsphänomene natürlich auch im Totenkult und im politischen Bereich, etwa in der Herrscherrepräsentation, aufgezeigt werden.

„Die nicht menschengestaltigen Götter der Griechen" – so der Titel der
epochemachenden Untersuchung von M. W. de Visser – sind in der Religionsgeschichte ein gut erforschtes Phänomen[40]. Auffallend ist, daß sich die
Verehrung von Steinen, Pfeilern, Säulen, Bäumen und anderen Objekten,
wie Lanzen oder Blitzbündeln, keineswegs auf die Frühzeit beschränkt, sondern auch gleichzeitig mit der Verehrung der anthropomorphen Kultbilder
der klassischen Zeit zu beobachten ist. Prominentestes Beispiel ist die Säule,
in der Apollo im Tempel zu Delphi verehrt wurde[41], gleiches gilt für Dionysos (Abb. 1)[42], oder auch für Zeus, der auf dem bekannten unteritalischen

---

[39] K. Schefold in AA 1961. S. 231ff.

[40] Visser, M. W. de: Die nicht menschengestaltigen Götter der Griechen. Leiden
1903. Nilsson, a.a.O. I, S. 201ff., S. 278ff.

[41] Clemens von Alexandria, Stromat. I 24, 418 Nilsson, a.a.O., S. 208. – Ob
Apollon auch im Tempel von Bassai anikonisch als Säule verehrt wurde, wie
besonders von J. Fink (Antike und Abendland 11 [1962]. S. 43ff.) herausgearbeitet
werden konnte, kann durch die fragliche Verteilung der gefundenen korinthischen
Kapitell-Fragmente auf eine oder drei Säulen (A. Mallwitz in AM 77 [1962]. S.
140ff., bes. S. 163ff.; ders. in Hofkes-Brükker, Ch.: Der Bassai Fries. München
1975. S. 33) allein nicht widerlegt werden. Immerhin bleibt der Unterschied in der
Gestaltung der fraglichen Säulenbasen und -kannelierungen, die die Mittelsäule
gegenüber den übrigen auszeichnet. Andeutungen einer Kultbild-Basis sind im
Adyton-Pflaster des Bassai-Tempels übrigens nicht zu finden. Die „anikonischste"
Deutung wäre in Bassai die hypothetische Verehrung des Gottes in der Leere des
Innenraumes, der als Raumschöpfung allerdings das Äußerste der Möglichkeiten der
Klassik bedeutet (vgl. G. Zinserling in Acta Antiqua Hungar. 13 [1965]. S. 41ff.).

[42] Lukanische Kanne. Bonn, Akad. Kunstmuseum Nr. 2666. Antiken aus dem
Akad. Kunstmuseum Bonn. Düsseldorf 1969. Nr. 221, Taf 102 (E. Langlotz). Die

Vasenbild mit dem Opfer des Oinomaos im Beisein des Pelops durch einen inschriftlich bezeichneten Pfeiler („des Zeus") hinter dem Altar ins Bild gebracht wird (Abb. 2)[43]. Da in derselben Szene neben den Sterblichen auch die Göttin Aphrodite in menschlicher Gestalt vorkommt, muß dem Pfeiler eine besondere Bedeutung zukommen, zumal es auch gleichzeitige Darstellungen desselben Themas gibt, in denen Zeus ebenfalls in menschlicher Gestalt vorkommt und die Säule hinter dem Opferaltar eine Statue trägt – eine archaistische Artemis[44]. Eine Bezeichnung des heiligen Ortes allein kann der Pfeiler – wegen seiner kapitellartigen Bekrönung kein einfacher Grenzstein (Horos) – kaum meinen, dafür wäre auch ein Säulenmonument einzusetzen gewesen, vielmehr scheint der Pfeiler „des Zeus" auf die kultbildlose Verehrung des Gottes in Olympia anzuspielen. Dort hatte er in der Frühzeit im heiligen Hain bekanntlich nur einen Aschen-Altar. Den Tempel und die schon erwähnte Statue erhielt er erst im 5. Jahrhundert. Denkbar wäre, daß der Vasenmaler des frühen 4. Jhds. auch zu historisieren versucht: Sein Zunftgenosse unterscheidet nämlich in dem eben benannten Bilde gleichen Inhaltes von der zeitgenössischen Tracht der leibhaften Götter durch archaistische Stilelemente die Andersartigkeit, d.h. die durch hohes Alters ehrwürdige Statue der Artemis auf der Säule. Sollte daher der andere Maler mit dem Pfeiler das Kultobjekt einer mythischen Frühzeit meinen? Dafür spräche, daß in der Antike selbst – bei Römern und Griechen – die Bildlosigkeit gelegentlich nicht nur als eine besonders sublime, sondern auch unverdorbene, also alte Kultform galt[45].

---

um die Säule gewundene Binde bezeichnet wohl deren Heiligung. Allgemein zum Dionysos Perikiónios: Nilsson, a.a.O., S. 207f.

[43]   Apulische Amphora London, Brit. Mus. F 331. AZ 1853, Taf. 54, 1. Rumpf, A.: Die Religion der Griechen. Leipzig 1928. Abb. 12. Trendall, A. D. – Cambitoglou, A.: The red-figured vases of Apulia. Oxford 1978. S. 338, Nr. 5. – Vgl. RE Suppl. XV (1978). Sp. 1412f. (E. Simon). Die Josuah-Rolle im Vatikan übernimmt die Säule hinter dem Altar in die christlich-jüdische Ikonographie (10. Jhd.).

[44]   Attischer Krater. Neapel 2200. AZ 1853, 49ff., Taf. 55. J. Beazley, ARV ²1440, 1.

[45]   Varro, rer. div. 1 frg. 59. Ulf, Chr.: Das römische Lupercalienfest. Ein Modellfall für Methodenprobleme in der Altertumswissenschaft. Darmstadt 1982. S. 158f. – Bezeichnenderweise ist es ein utopischer Ideal-Staat, die Insel Panchaia des Euhemeros, in dem das Objekt höchster Verehrung ein Goldener Pfeiler ist, der auf einer Kline stehend den Text der „Heiligen Aufzeichnung" trägt (Diodor V 46, 7), womit gleichsam das christliche Motiv des Buches auf dem Thron als Symbol für Christus als Logos vorweggenommen ist. C. H. Oldfather, der Übersetzer des Diodortextes in der Loeb-Edition, zitiert Laktanz (Inst. div. I 11), der als Vorbild für Euhemeros den uralten Tempel des Zeus in Triphylien – in der Nähe von Bassai gelegen – nennt, wo sich die goldene Stele befand, die die Heilstaten des Gottes von dessen eigener Hand geschrieben trug. Möglicherweise ist das von Laktanz aus der Erzählung des Euhemeros selbst abgeleitet, der ja einen Berg als triphylischen Olymp bezeichnet (Diodor V 44, 5. Vgl. Rohde, E.: Der griechische Roman. Leipzig ³1914. S. 238).

Steinen und Säulen als Göttermalen eng verwandt sind theophore Geräte und Tiere wie Altäre, Throne, Wagen, Pferde – auch sie gut erforscht[46] und daher hier nur wieder mit ergänzenden Beobachtungen vorzustellen.

Ein besonders sinnfälliges theophores Objekt ist der Thron. Beispiele für seine Funktion als anikonische Darstellung im Kult sind aus vielen Kulturen und Epochen belegt[47]. Aus dem christlichen Bereich haben die Berliner Museen in der Reliefplatte mit dem Throne Christi (Abb. 3)[48] ein eindrucksvolles Zeugnis. Sehr viel älter ist der in den Felsen gehauene Doppelthron für Zeus und Hekate auf der kleinen Insel Chalke vor Rhodos (Abb. 4)[49]. Ob er aber innerhalb der Entwicklung der griechischen Religion als besonders altertümlich anzusehen ist, scheint fraglich, wenn man berücksichtigt, daß auch die rotfigurige Vasenmalerei der Klassik den Räderthron des eleusinischen Kultes – wenn auch selten – als den leeren Sitz des sonst meistens darauf dargestellten Triptolemos kennt[50]. Denkbar wäre die seltenere Darstellung als Bild für die Erwartung der Epiphanie des Gottes, für die auch der Doppelthron von Chalke bereitgehalten worden sein könnte. Bereithaltung (= Hetoimasia) ist bezeichnenderweise ja auch der theologische Begriff für die eschatologische Dimension dieses Topos im christlichen Bereich[51].

Nicht auf eine zu erwartende Endzeit, sondern auf die ständig wiederkehrende Möglichkeit der Wiederkehr von zeitweilig abwesenden Ahnen-Seelen und von Göttern bezogen sind die Steinsitze an der Agora in der megalithisch anmutenden Kultur der Leute von Nias (Indonesien)[52]. Ahnen und Agora führen in den politischen Bereich, wo der Thron seinen gleichsam natürlichen Ort hat. Leere Throne als Symbole ständig anwesender Herr-

---

[46] Zu der in Anm. 38 genannten Literatur vgl. besonders: Reichel, W.: Über vorhellenische Götterkulte. Wien 1897.

[47] W. Reichel (a.a.O.); von ihm stammt der Begriff „Thronkultus" (S. 14). H. Herter in Rh. Mus. 74 (1925). S. 164ff., ders. in Wiener Studien 79 (1966). S. 556ff. = Kleine Schriften. München 1975. S. 8ff., bes. S. 18.

[48] Berlin, Ehem. Staatl. Mus., Skulpturenabteilung, Frühchristl.-Byzant. Slg. Inv. Nr. 3/72. J. Engemann in Spätantike und frühes Christentum. Katalog Liebighaus. Frankfurt/Main 1983. S. 265, Abb. 96. Vgl. auch den sog. „Stuhl des Heiligen Markus", ein Thronreliquiar der Spätantike: D. Gaborit-Chopin in Der Schatz von San Marco in Venedig, hrsg. v. H. Hellenkemper. Köln 1984. S. 106ff.

[49] Reichel, a.a.O., S. 30, Abb. 8.

[50] Vgl. die Gegenüberstellung in: La Cité des Images, hrsg. v. C. Bérard. Lausanne 1984. Abb. 156 und 157. Auch im germanischen Norden begegnen leere Throne neben solchen mit Götterfiguren (Freya), wie K. Hauck/Münster in einem Vortrag am 19.1.82 darlegte.

[51] Ps. 88, 15 (LXX). Reallex. byzant. Kunstgesch. II 1971, S. 1189ff. sv. Hetoimasia (Th. von Bogyay). Vgl. Brand Philip, L.: The Ghent altarpiece and the art of Jan van Eyck. Princeton U.P. 1971. S. 90f., Abb. 42 und 81 (Hetoimasia als anikonische Darstellung der eschatologischen Wiederkehr Christi).

[52] Dittmer, K.: Allgemeine Völkerkunde. Braunschweig 1954. Taf. XIII bei S. 112.

schermacht kennt das chinesische[53] ebenso wie das römische[54] Kaisertum. Die Allgegenwärtigkeit von Macht in Klassengesellschaften ist denn auch so offensichtlich, daß sie einerseits karikiert werden kann – im nur scheinbar harmlosen Kontext akademischer Institutionen etwa (Abb. 5)[55], andererseits auch schon von einem der frühesten der neuzeitlichen Theoretiker des Staates als eines der Mittel zur Einschüchterung der Untertanen entlarvt werden konnte: Etienne de la Boétie's Essay von der freiwilligen Knechtschaft (um 1548) läßt im leeren Thron (Abb. 6)[56] den Gipfel der Verhöhnung wie der Selbstaufgabe erkennbar werden. Ohne ihn zu nennen, berief er sich auf Herodots personalisierende Analyse der Entstehung des Staates. Dieser nahm den Meder Dejokes[57] als Beispiel für den Typus des „princeps clausus"[58], um die Bedeutung der Unsichtbarkeit und Unzulänglichkeit des Herrschers für die Wahrung der Unterwürfigkeit der Beherrschten zu demonstrieren[59]. Etienne de la Boétie ist denn auch wohl als einzigem Autor des 16. Jahrhunderts die zweifelhafte Ehre zuteilgeworden, von den Nazis verboten zu werden[60].

Um auf den sakralen Bereich zurückzukommen, bleibt der Hinweis, daß der Götterthron an einem für die Erscheinung der Götter privilegierten Ort der klassischen Architektur, nämlich im Tempelgiebel, auch durch eine Säule ersetzt werden kann: Im Giebelfeld des Magna Mater-Tempels zu

---

[53] Vgl. z.B. den Kaiserthron in der Moschee von Xian (nach 1392).

[54] A. Alföldi in RM 50 (1935). S. 134ff.

[55] Karikatur aus: Forschung Mitteilungen der Deutschen Forschungsgemeinschaft. Bonn 1983.

[56] La Boétie, Etienne de: Discours de la servitude volontaire. Brüssel 1947 (mit Illustrationen von J. Laudy). S. 64.

[57] Herodot I 99, 1.

[58] Stroheker, K.: Princeps clausus, in: Bonner SHA Colloquium 1968/69. Bonn 1970 (= Antiquitas IV 7). S. 278f. – Während de la Boétie entdeckte, „die medischen Könige (zeigten) sich so selten wie möglich öffentlich, um das gemeine Volk vermuten zu lassen, daß sie übermenschliche Eigenschaften hätten", trat der napoleonisch gesonnene „Staatsrath Regnault de St. Jean d'Angely in seinem Bulletin de Paris" mit der Ansicht hervor, Dejokes habe unter Anderem dadurch, daß er „sich seinen neuen Unterthanen nie anders, als von der Pracht des Königtums umgeben" zeigte, diese, die „sich seit langer Zeit den mörderischen Wuthanfällen der Democratie Preis gegeben" sahen, „den gefährlichen Illusionen der Freiheit" entrissen (G. Graf von Schlabrendorf [?], Napoleon Bonaparte und das französische Volk unter seinem Konsulate, Germanien im Jahre 1804).

[59] La Boétie, Etienne de: Von der freiwilligen Knechtschaft, hrsg. v. H. Günther. Frankfurt 1980. S. 75. Vgl. Metzler, D.: Ziele und Formen königlicher Innenpolitik im vor-islamischen Iran. Habil. Schrift Münster 1977. S. 157ff., bes. S. 158 und Cotterell, A.: Der erste Kaiser von China. Frankfurt 1981. S. 163 über die „unnahbare Autorität" des Herrschers.

[60] H. Günther in E. de la Boétie (1980). S. 229f.

Rom steht ein leerer Diphros[61], ein Grabmonument aus Gela dagegen zeigt über dorischem Fries im Giebel eine kleine Säule, die wegen ihrer Plinthe und ihres äolischen Kapitells den architektonischen Funktionszusammenhang durchbricht (Abb. 7)[62], und daher als Bildzeichen zu verstehen ist.

Die ortsgebundenen Göttersitze werden ergänzt durch die beweglichen: Wagen, Räderthrone, Kult-Laden, Reittiere. Das Rad, den keltischen[63] Himmelgott ebenso wie den jüdischen[64] auszeichnend, mag dabei die Bedeutung der ständigen Möglichkeit der Allgegenwart des Gottes ausdrücken. Auf Rädern fuhr auch die ältere Bundeslade[65] der Juden, somit als leeres (?) Kultobjekt den Kultwagen des Nordens[66] und der iranischen Welt[67] vergleichbar oder den leeren Kultsänften[68], die arabische Stämme als Symbole göttlichen Beistandes vor ihren Heeren auf Kamelen tragen ließen, wie das etwa eine Berliner Terrakottafigur (Abb. 8) illustrieren könnte[69].

Gesattelte, aber reiterlose Pferde sind in jüngster Zeit mehrfach behandelt worden[70]. Erstaunlich dabei die weite Verbreitung und die trotz unterschiedlicher Adaptionen an die jeweils modernen Religionen auffällige Kon-

---

[61] Hommel, P.: Studien zu den römischen Figurengiebeln der Kaiserzeit. Berlin 1954. S. 34, Taf. 34.

[62] Villard, F. – Miré, G. u. V. de : Sicile Grecque. Paris 1955. Taf. 72. Zum äolischen Kapitell: Betancourt, Ph. P.: The Aeolic Style in Architecture. Princeton UP 1977 (das Beispiel aus Gela dort nicht erwähnt).

[63] Bauchhenß, G. – Noelke, P.: Die Jupitergigantensäulen in den germanischen Provinzen. Köln – Bonn 1981. S. 73ff. (Bauchhenß).

[64] Kienle, H.: Der Gott auf dem Flügelrad. Zu ungelösten Fragen der „synkretistischen" Münze BMC Palestine, S. 181, Nr. 29. Wiesbaden 1975. Bes. S. 63ff.

[65] Bernhardt, a.a.O., S. 144ff. Lüling, G.: Die Wiederentdeckung des Propheten Muhammad. Eine Kritik am „christlichen" Abendland. Erlangen 1981. S. 345f., Anm. 79.

[66] Lüling, a.a.O. Vgl. Biesantz, H.: Thessalische Grabreliefs. Mainz 1965. S. 121, Taf. 71, 2-3 (Kultwagen von Krannon). RE Suppl. XV (1978). Sp. 1414f., sv. Zeus (E. Simon).

[67] Herodot VII 40. P. Calmeyer in AMI N.F. 7 (1974). S. 66ff.; ders. in Urartu. Ein wiederentdeckter Rivale Assyriens, Katalog. München 1976. S. 49, Abb. 45. – Vgl. auch die Opfer für heilige Wagen auf assyrischen Reliefs (Keel, O.: Die Welt der altorientalischen Bildsymbolik und das Alte Testament. Zürich – Neukirchen 1977. S. 215, Abb. 322, 323.

[68] Bernhardt, a.a.O., S. 147, Anm. 5 und 6.

[69] Berlin, Ehem. Staatl. Mus. Katalog Museum für Islamische Kunst. Berlin 1971. Nr. 451 = Inv. Nr. J 77/62. Vgl. Lüling, a.a.O., S. 267.

[70] Metzler, D.: Das Pferd auf den Münzen des Labienus – ein Mithras-Symbol?, in: Festschrift für F. K. Dörner, hrsg. v. S. Sahin – E. Schwertheim – J. Wagner. Leiden 1978. S. 619ff. Heine, P.: Ross ohne Reiter, in: Ztschr. f. Miss.- und Religionswiss. 69 (1979). S. 25ff. Kippenberg, H. G.: Zu einem normativen Symbol Vorderasiens : das gesattelte Pferd, in: Visible Religion 1 (1982). S. 76ff.

tinuität der Grundideen: Im späteren Hellenismus des Ostens hatte sich nachweisbar besonders im Partherpferd der Münzen des Labienus (Abb. 9) – das Bild vom gesattelten, theophoren Pferd als politisch und religiös gleichermaßen befrachtetes Symbol der Hoffnung und Erlösung herauskristallisiert[71]. Gerade seine anikonische „Leere" ließ es einerseits die verschiedenartigsten Konnotationen und Synkretismen transportieren, andererseits aber auch durch die Bereithaltung des Sattels auf einen künftigen Reiter hinweisen und entsprechende Erwartungen auf diesen konzentrieren.

Schon in früher Zeit ist im Iran das leere Pferd mit verschiedenen Gottheiten verbunden worden: auf spätassyrischen[72] und achämenidischen[73] Siegeln mit der darüber schwebenden Sonne, im Mythos von der wilden Jagd am Berge Sanbulos mit Herakles (= Verethragna?)[74]. Beide Elemente – Sonne und Jagd – verbinden sich in der Gestalt des Mithras[75]. Auf ihn scheinen sich mir die Elemente zurückführen zu lassen, die im schiitischen Islam das gesattelte Pferd mit Ali oder dem Mahdi verbinden[76], denn der Bogen und die Pfeile, die auf zeitgenössisch-volkstümlichen Bildern das Reittier treffen[77], hängen auf einer Zeichnung des 17. Jahrhunderts[78] noch am Sattel des Pferdes – ganz so wie im Sambulos-Mythos bzw. am Partherpferd des Labienus. J. Chardin berichtete von zwei Pferden, die man im Iran seiner Zeit bereithielt – eines für den Mahdi, eines für Jesus[79]. Letzteres geradezu eine Illustration zum Motiv des Großen Königs der Johannes-Apokalypse[80]. Über den gesattelten Pferden der schiitischen Volkskunstdarstellungen schwebt die (altiranische) Sonne, in die in einem Falle eingeschrieben ist: Dhu al-Ǧanāh (Abb. 10). Das ist mit „Herr des Flügels" vielleicht sinnvoll übersetzbar, könnte aber möglicherweise auch auf etwas ganz Anderes zurückzuführen sein: Das im Griechischen fremd wirkende Wort *gános* umfaßt sowohl die Bedeutung „Paradies, Garten" als auch die von „glänzend,

---

[71] Metzler, Pferd, S. 633ff.

[72] Potratz, J. A. H.: Die Skythen in Südrußland. Basel 1963. S. 93, Abb. 68. Vgl. Archäologie zur Bibel. Sammlung Borowski, Katalog. Frankfurt 1981. Nr.173: Stute mit Fohlen unter einer geflügelten Sonne.

[73] Metzler, Pferd, S. 632, Taf. CL, 4.

[74] Ebd., S. 624.

[75] Ebd., S. 633. Merkelbach, R.: Mithras. Königstein 1984.

[76] Kippenberg, a.a.O., S. 78. – Auf das Pferd Hussains gehe ich hier nicht ein.

[77] Ebd., Abb. 3 und 4. – Ein Reisebericht von 1790 nennt Wunden der Pferde (ebd., S. 78).

[78] Ebd., Abb. 2 – nach Adam Olearius 1656.

[79] Ebd., S. 78, Anm. 21.

[80] Apokal. 19, 11ff. Metzler, a.a.O., S. 638.

glücklich, fett"[81]. Ich möchte es in Verbindung zur arabischen Wurzel *gan* stellen, die ebenfalls Garten, ferner Reichtum und Gesang umfaßt. Das Weitere muß ich Semitisten überlassen. Immerhin sind die „Flügel" einigermaßen befremdlich, zwar in Analogie zu Muhammads Flügelroß, dem Buraq, verständlich, aber bei den schiitischen Pferden des Ashura-Festes nie dargestellt. Wohl aber ist der Glanz der Sonne über dem Sattel so offensichtlich, daß man an eine sekundäre Interpretation „Flügel" statt „Glanz" – *ġan* für *gan* denken könnte, wobei ursprünglich Dhu al-ġannat als „Herr der Gärten" auch noch an den Herrn des Jagdparadieses auf den Höhen des Sambulos erinnert haben dürfte und daher uminterpretiert, islamisiert werden mußte, wie Ali ja auch anderswo die Funktionen des älteren Mithras übernahm[82]. Auf Gärten als Orte eines antiken Erlöserkultes auf den Höhen, der

---

[81] Liddell-Scott, Greek-English Lexicon, sv. g. Harrison, a.a.O., S. 9, Anm. 4.

[82] So etwa im afghanischen östlich von Balkh gelegenen Mazar-i Sharif, dem Begräbnisplatz Alis, wo am Neujahrsfest (Nauruz) Elemente älterer Religiosität hervortreten: Nauruz ist auch das Fest der Drachentötung, Ali gilt in Afghanistan auch als Drachentöter (Dupree, L.: Afghanistan. Princeton 1973. S. 115). Um die rote Drachenfahne bewegen sich ekstatische Tänzer zu Ehren Alis nach der Art von Kriegertänzen im altiranischen Männerbund (Wikander), dessen Kultsymbol die Fahne = drafš, ist. Drapsaka = Fahnen-Ort heißt auf der Karte des Ptolemaios ein Ort östl. von Balkh. Auch der moderne Begriff für die Fahne in Mazar-i Sharif – ġandah, geht auf ein vorislamisches Wort zurück: ġund = Heer. Der Bezug Alis zum Nauruz-Fest wird heute damit erklärt, daß er am Neujahrstag zum Kalifen bestimmt wurde. Auf die eschatologische Komponente des iranischen Neujahrsfestes, dessen „soziologischer Ort vor allem der archaische Männerbund ist", hat G. Widengren (Die Religionen Irans. Stuttgart 1965. S. 49) verwiesen. Ali übernimmt die entsprechenden Funktionen von Mithras. – Ein weiteres Beispiel ist der Kosmogonie der Ahl-al Haqq entnommen. Ali tritt dort als „Roi Cavalier de Doldol" auf. In seiner Hand hält er eine Trinkschale, aus der Pir trinkt und „en fut enivré et son âme et son corps furent illuminés comme le soleil. Alors il connut Dieu" (Mokri, M.: La naissance du Monde chez les Kurdes Ahl-e Haqq, Trudy 25. Meshdunarod. Kongr. Vostokovedov 1960. Moskau 1963, II. S. 164 mit Anm. 9). Diesem Bildmotiv des Reitergottes mit der Trinkschale entspricht die Darstellung auf einer thrakischen Silber-Zierplatte des 4. Jhd. v. Chr. aus dem Schatz von Letnica/Bulgarien (Goldschätze der Thraker, Katalog. Wien 1975. Nr. 244), in der Frau Alice Schulte/ Wien (unveröffentlichtes Manuskript) ein Motiv der altiranischen Heldensage erkannte, und das auch in der Ikonographie des reitenden Mithras wiederkehrt (Statuette in Malibu: J. Duchesne-Guillemin in Acta Iranica 17 [1978]. S. 201ff.). Östlich von Iran schließlich finden sich bisher anders gedeutete göttliche Reiter mit der Trinkschale in buddhistischem Kontext auf zwei Holztafeln des 6. Jhds. aus Dandan-oilik/Sinkiang im Britischen Museum (Stein, A.: Ancient Khotan. Oxford 1907. S. 278, Taf. LX und LXII. Whitfield, R.: The Stein Collection III. Tokyo 1984. Taf. 69) – ihre Pferde tragen iranisch wirkendes Zaumzeug; J. Williams in East & West 23 (1973). S. 150ff. (Reiter mit Trinkschale in der buddhistischen Ikonographie Zentralasiens). Alle diese Reitergötter mit Trinkschale sind zwar nicht anikonisch dargestellt, weisen in unserem Kontext aber über Mithras auf die altiranische Herkunft der gesattelten Pferde schiitischer Feste hin, die gleichsam durch ihre Islamisierung zu Vehikeln anikonischer Darstellung wurden. Dies in Ergänzung zu Kippenberg, a.a.O.

auch Gethsemane berührt, hat G. Lüling hingewiesen[83]. Seine beachtenswerten Studien zum christlichen Ursprung des Islam finden also auch in einem Nebenaspekt ihre Bestätigung – falls man ein etymologisch-ikonologisches Argument als Nebensache werten will. Immerhin bezieht es sich auf christologisch-soteriologische Fragen[84].

Die bedeutungsvolle Leere des Sattels wird besonders evident bei einem zwar neuzeitlichen, aber im Motivischen auf die für iranische Einflüsse offene Tang-Epoche zurückreichenden Bronze-Pferd aus China: aus seinem durchbrochenen Sattel kann Weihrauch aufsteigen (Abb. 11)[85]. Anikonisches verbindet sich hier mit der Wahrnehmung des Transzendenten im „göttlichen Wohlgeruch"[86]. Für wen die Tang-Pferde gesattelt waren, scheint noch unklar zu sein, bemerkenswerterweise stammen sie jedoch aus Gräbern, gehören also der Verehrung der Toten an. Das gesattelte Pferd als sepulkrales Bildmotiv kennt auch die westliche Kunst[87]. In der Herrscherrepräsentation kann es am osmanischen Hof – um 1584 in vierzehnfacher Wiederholung – zur Darstellung der Reihe der herrscherlichen Ahnen genutzt werden (Abb. 12)[88]. Im republikanischen Rom sind bei ähnlichen Anlässen Bildnisse der Ahnen mitgeführt worden, wie die berühmte Schilderung bei Polybios deutlich macht[89]. Das islamische Bilderverbot[90] allein kann die osmanische Reihe

---

[83] Lüling, Die Wiederentdeckung des Propheten, S. 271.

[84] Daß das ʿAšūrā-Fest mit seinen soteriologischen Aspekten auf judenchristliche Elemente zurückgeht, ist gelegentlich festgestellt worden (Lüling. A.a.O., S. 367, Anm. 5. Vgl. auch Goldziher, I.: Vorlesungen über den Islam. Heidelberg ²1925. S. 217ff., bes. S. 221), doch scheint auch hier wiederum Iranisches hineinzuspielen, denn bemerkenswerterweise ist es der Sasanide Šāpūr I., der nach dem Talmud den Juden für den Messias ein weißes Pferd zur Verfügung stellt (b. Sanh. 98a. Neusner, J.: A history of the Jews in Babylonia II. Leiden 1966. S. 45). Die ostjüdische Vorstellungswelt kennt das „Messiaspferdchen" – übertragen auf den Marienkäfer (Itzig Manger).

[85] Münsterberg, O.: Chinesische Kunstgeschichte. Esslingen 1912, II. S. 148f., Abb. 251. Der ebendort (Abb. 252) abgebildete gesattelte Hirsch in gleicher Verwendung dürfte auch kaum als profanes Reittier zu verstehen sein.

[86] Lohmeyer, E.: Vom göttlichen Wohlgeruch. Heidelberg 1919. B. Kötting in Festschrift für A. Stuiber. Münster 1982. S. 168ff.

[87] Metzler, Pferd, S. 631, Anm. 89. Eine auf den Tod des Prinzen Wilhelm II. von Oranien 1650 geprägte Medaille hat ein springendes Pferd mit Schabracke (v. Loon II 341), noch 1965 wurde im Trauerzug Sir Winston Churchills hinter dem Katafalk ein gesatteltes Pferd mitgeführt (Hinweis von A. Kneppe).

[88] Wien, Nationalbibliothek, Cod. or. 8615 fol. 39 Abb. 37 und 38 – 1586 von Leunclavius herausgegeben (Metzler, D.: Johannes Löwenklau, in: Westfälische Lebensbilder 13 [1985]. S. 19ff., bes. S. 38). – Die Bildüberschrift lautet: „Dises sindt des Khaisers Leibroß von jedes Khaisers wegen ains, also das jezzige Lezzte biß in 14 vorfüehren läßt."

[89] Polybios VI 53, 7-8. In der Antike wurden für verstorbene Herrscher aber auch leere Thronsessel aufgestellt: für römische Kaiser (Alföldi in RM 50 [1935]. S. 135f.), für Alexander den Großen (Diodor XVIII 60, 6) und möglicherweise galten

dieser vierzehn gesattelten Pferde nicht erklären. Vielmehr muß die Bedeutung des Pferdes im Kontext der erwähnten älteren Vorstellungen mitberücksichtigt werden.

Die ausführliche Behandlung anderer Möglichkeiten anikonischer Darstellung, soweit sie durch die Betonung der bedeutungsvollen Leere oder des ungeformten, nicht-menschengestaltigen Objektes bestimmt ist würde den hier gegebenen Rahmen sprengen. Einige Hinweise seien zum Schluß jedoch noch angefügt: Partielle Wiedergabe des Körpers, wie die „Hand Gottes" seit assyrischer Zeit (Abb. 13)[91] oder die Betonung der Leere durch die Nicht-Darstellung des Gesichtes über einem naturalistischen Körper, wie die weiblichen Büsten[92] aus Kyrene[93], sind Bildformen für tabuisierte Darstellungen. Ferner muß anikonische Wahrnehmung, obwohl es der von *eikon* = Bild abgeleitete Begriff nahelegt, nicht auf das Sehen allein beschränkt bleiben.

---

die Throne in der Prozession des Ptolemaios Philadelphos nicht nur Göttern, sondern auch seinen vergöttlichten Ahnen (Athenaios V 202a nach Kallixeinos). Leere Totenlager kennt auch der etruskische Grabkult, vgl. z.B. die Tomba del letto funebre in Tarquinia (Über Theoxenien und Verwandtes handelt K. Schauenburg in Festschrift für A. M. Mansel. Ankara 1974, I. S. 101ff., bes. S. 105, Anm. 17).

[90]   R. Paret in Festschrift für H. Schrade. Stuttgart 1960. S. 36ff.; ders. in Festschrift für W. Caskel. Leiden 1968. S. 284ff. Es gibt aber auch islamische Argumente zur Rechtfertigung der Bilder: Chauvin, V.: La défense des images chez les Musulmans. Antwerpen 1896.

[91]   London, Brit. Mus. Obelisk Tiglatpilesars I. = Schrade, H.: Der verborgene Gott. Stuttgart 1949. Abb. 39 – Reallexikon byzant. Kunstgesch. 1971, II. S. 950ff., sv. Hand Gottes (K. Wessel). Das Motiv der „Hand Gottes" in der christlichen Kunst dürfte kaum aus römischer Triumphalkunst stammen (J. Deckers in Spätantike und frühes Christentum – hier Anm. 48 – S. 215, Anm. 26), wo sie zwar seit dem dritten Jahrhundert auch vorkommt (in Lambaesis, 267/68 n. Chr., Deckers, a.a.O., Abb.115), vielmehr ist sie über die jüdische Kunst Mesopotamiens (Bild des Isaak-Opfers in der Synagoge von Dura Europos 244/45 n. Chr., J. Gutmann in Festschrift für J. Fink. Köln – Wien 1984. S. 116, Taf. 6,1) mit der Bildsprache des Alten Orients verbunden.

[92]   Zur Büste als Anodos-Motiv in der Erscheinung der Erdgöttin: Berard, C.: Anodoi. Essai sur l'imagerie des passages chthoniens. Neuchatel 1974.

[93]   Chamoux, F.: Cyrène sous la monarchie des Battiades. Paris 1953. S. 293ff., Taf. Xff. Rowe, A.: Cyrenaican expeditions of the University of Manchester 1955-57. Manchester 1959. S. 3f., Taf. 27ff. – Wegen anikonischer Götterbilder aus dem Demeter Malophoros-Heiligtum in Selinunt (Dunbabin, T. J.: The western Greeks. Oxford 1948. S. 174) möchte man auch in den Kyrene-Büsten Bilder der Demeter sehen (Metzler, D.: Porträt und Gesellschaft. Über die Entstehung des griechischen Porträts in der Klassik. Münster 1971. S. 331), andererseits gibt es aber auch – in Indien – die Vorstellung von den gesichtslosen Toten (Malamoud, Ch.: Les morts sans visage, in: La mort, les morts dans les sociétés anciennes, hrsg. v. J.-P. Vernant – G. Gnoli. Cambridge – Paris 1982. S. 441ff.), die auch möglicherweise den kopflosen Figuren von Çatal Hüyük (Mellaart, J.: Çatalhüyük. Bergisch-Gladbach 1967. S. 198f., Taf. 44ff.) oder den sog. Violin-Idolen der Kykladen (Kunst der Kykladen, hrsg. v. J. Thimme, Katalog. Karlsruhe 1976. S. 221ff., Nr. 26ff.) zugrundeliegt. – Vgl. auch Preisendanz, K.: Akephalos – der kopflose Gott. Leipzig 1926 (= Alter Orient, Beiheft 8).

Es können vielmehr alle Sinne angesprochen werden: Der „göttliche Wohlgeruch" wurde schon erwähnt, über das Gehör wird das Göttliche – meditativ oder theurgisch – im Schweigen wie im Donner oder in der Sphärenmusik erfahren, über den Geschmack im Genuß des Weines oder der Hostie, über das Gefühl ist die Nähe Gottes in der Ekstase der Heiligen Therese erlebt und von Bernini dargestellt worden. Lichterscheinungen als abstrakte Bilderlebnisse gehören ebenfalls hierher. Ein breites Spektrum nicht-bildlicher Erfahrungsweisen schildert in der späteren Antike etwa die sogenannte Mithras-Liturgie[94].

Vielen der hier genannten Phänomene – leerer Thron, Lichterscheinung – ist gemeinsam[95], daß sie nicht selbst das Göttliche sind, sondern nur den Ort oder eine Erscheinungsform der Theophanie bezeichnen und nur als Hinweise auf etwas Höheres heilig sind. Den Griechen gelang es, auch den Augenblick des Erlebens bildhaft darzustellen, ohne den Inhalt des Erlebten, das Erlebnis selbst, profanen Blicken preiszugeben. In diesem Rahmen ist die Personifikation der Autopsia = „selber sehen" in der Szene einer Einweihung in Mysterien (Abb. 14)[96] die anikonische Darstellung des Mysteriums. Der Initiandin erscheint der Moment des Sehens des mystischen Geheimnisses in der Gestalt der Autopsia, die das Sehen als solches, nicht das Gesehene verkörpert[97].

Die religionshistorische Betrachtung bliebe unvollständig ohne die – punktuell gelegentlich hier auch schon berührten – politischen Implikationen der Durchsetzung von anikonischen Formen der Gottesverehrung. Verwiesen sei daher auf das schon früher behandelte Phänomen der Bilderstürme im Altertum[98] und ihrer nicht unerheblichen wirtschaftlichen Aspekte, die mit der Enteignung der heidnischen Tempel seit Konstantin in der Geschichte

---

[94] Dietrich, A.: Eine Mithrasliturgie (1903). Darmstadt 1966. Papyri Graecae Magicae, hrsg. v. K. Preisendanz – A. Henrichs. Stuttgart [2]1973, I. S. 88ff. Gnoli, G.: Hesychasm and Yoga, in: East & West 4 (1953) (Lichterscheinungen als Ziel byzantinischer und indischer Ekstasetechnik).

[95] Eine Kombination von Thron und Licht bietet die Bauvision Gregors des Erleuchters (Ringbom, L.-I.: Graltempel und Paradies. Stockholm 1951. S. 208).

[96] Lukanische Hydria in London, Brit. Mus. E 223. Metzler, Autopsia, S. 113ff.

[97] Die griechische Kunst kennt im „Gestus des Aposkopein" – so der Titel des Buches von I. Jucker (Zürich 1966) – die pantomimische Darstellung des Sehens einer göttlichen Erscheinung (ebd., S. 26ff.). Diese Gebärde kann sich so sehr verselbständigen, daß sie auf der Bühne des 5. Jhds. v. Chr. schon als altmodische Tanzfigur erscheint (ebd., S. 11). Satyrn und andere Gestalten mit der Hand vor der Stirn treten gleichsam als Zeugen von Epiphanien auf, deren Wirken eben in der Betroffenheit der Geste des Schauens sichtbar wird – eines Schauens, dessen Ziel nicht immer dargestellt werden muß.

[98] Metzler, Bildersturm, S. 14ff. Iconoclasm. Papers of the 9th spring symposium of byzantine studies 1975, hrsg. V. A. Bryer – J. Herrin. Birmingham 1977.

des Abendlands – aber auch anderswo – bedeutsam werden[99]. Insofern religiöse Formen auf profane Bereiche – und umgekehrt – übertragbar sind, finden bilderstürmerische Tendenzen ihren Ausdruck im Herrscherkult in der damnatio memoriae, im Totenkult in den Grabluxus-Verboten. Anikonische Konzepte können sowohl als identitätsstiftende Konzepte der eigenen Gruppe die Widerstandskraft gegen fremde Eroberer stärken – wie etwa im Falle des jüdischen Widerstandes gegen den römischen Herrscherkult das jahwistische Bilderverbot gegen die Kaiserbilder aktiviert wurde[100], als auch die Aggressivität und Habgier monotheistisch geleiteter Eroberer oder rigoristischer Dogmatiker gegenüber Bilderverehrern und deren oft sehr wertvollen Bildern anfachen, wobei die theologischen Argumente von den Führungseliten vorgetragen und durch die meistens von jenen aufgehetzten Massen in die Praxis umgesetzt, innerhalb der eigenen wie gegenüber der fremden Religion dem Raube oder der Zerstörung nicht unerheblicher Werte dienten – von der Zahl der Todesopfer einmal ganz abgesehen. Das Christentum hat auf diesem Gebiete besonders verheerend gewirkt[101].

---

[99] Metzler, D.: Ökonomische Aspekte des Religionswandels in der Spätantike: Die Enteignung der heidnischen Tempel seit Konstantin, in: Hephaistos 3 (1981). S. 27ff.

[100] Josephus, ant. Jud. XVII 6, 2 und 9, 2; bell. Jud. II 1, 2.

[101] Methodologische Schlußbemerkung: Die scheinbar unsystematische Heranziehung verschiedenartigster und entlegener Beispiele entspricht zwar dem fragmentarischen Kenntnisstand des Verfassers, bietet aber zugleich den Vorteil, die Fallen der strukturalistischen oder auch evolutionistischen Erklärungen eines auf eine einzelne Kultur begrenzten Corpus von Zeugnissen zu vermeiden und somit offen zu bleiben für die Mannigfaltigkeit der Phänomene. Wir halten es mit Theopompos von Chios (115 FGrH, T 20 § 5): Die Philosophen sollen zunächst einmal die Vielfalt der Lebensformen von Barbaren und Hellenen kennenlernen.

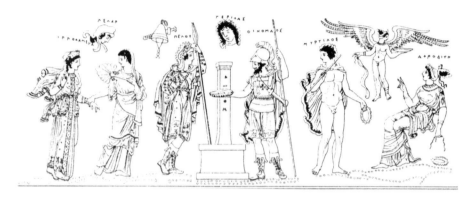

Abb. 2: Zeus-Pfeiler, London, Brit. Mus. F 331. Apulische Amphora (4. Jhd. v. Chr.) [S. 110]

Abb. 1: Dionysos als Säule, Bonn, Akad.
Kunstmus. Lukan, Kanne
(4. Jhd. v. Chr.) [S. 110]

Abb. 4: Doppelthron für Zeus und Hekate
Insel Chalke vor Rhodos (archaisch?) [S. 110]

Abb. 3: Thron Christi. Berlin,
Skulpturenabteilung. Marmorplatte
aus Konstantinopel (um 400) [S. 110

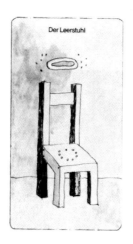

Abb. 5: Lehrstuhl-Karikatur
(1983) [S. 111]

Abb. 6: Thron des Tyrannen. Illustration von J. Laudy
zu Etienne de la Boétie (1947) [S. 111]

Abb. 7 : Säule im Giebelfeld eines Grab-
denkmals aus Gela. Syrakus, Nat. Mus.
(5. Jhd. v. Chr.) [S. 111]

Abb. 8: Kamel-Sänfte (Qubbah),
Berlin, Islam. Mus. Terralotta, Iran
(13. Jhd.) [S. 111]

Abb. 9: Gesatteltes Pferd,
Denar des Labiens
(1. Jhd. v. Chr.) [S. 112]

Abb. 10: Dhu al-Ǧanāh, das Pferd Hussains,
Pakistan (20. Jhd.) [S. 112]

Abb. 11: Gesatteltes Pferd als
Weihrauchgefäß, Kunsthandel
(?), China, Qing-Dyn.
(18./19. Jhd.) [S. 112]

Abb. 12: Für einen verstorbenen Sultan gesatteltes Pferd,
Wien, Nat. Bibl. Buchmalerei (1586) [S. 112]

Abb. 13: Hände des Gottes Assur, london, Brit. Mus. Obelisk
Tiglarpilesars I. (1115-1077 v. Chr.) [S. 113]

Abb. 14: „Autopsia" (Inschrift der mittleren Figur): Einweihung in Mysterien
London, Brit. Mus. E 223. Lukan. Hydria (5. Jhd. v. Chr.) [S. 122]

Die politisch-religiöse Bedeutung des Vlieses
auf dem skythischen Pektorale der Tolstaia Mogila

Auf dem goldenen Pektorale aus dem skythischen Fürstengrab der Tolstaia Mogila[1] ist die Gruppe der beiden Männer, die zwischen sich ein Schaffell halten, beiderseits von Tierbildern aus dem Leben der Viehzüchter[2] einge-faßt – vordergründig zunächst eine Idylle, in die der romantische Blick seine Vorstellungen vom naturhaft leichten Leben der Nomaden legt, wie das seit den Tagen der Griechen, deren Kunst diese prominente skythische Insignie ja entstammt, üblich ist[3]. Doch fordert der Rang des insignienhaften Objektes und seines durch ihn ausgezeichneten Trägers ebenso eine darüber hinausweisende Deutung wie die Plazierung dieser Szene genau in der Mitte des oberen der drei Friese – über den Tierkampfgruppen unten und der Mittelblüte des von Vögeln belebten Rankenwerkes[4] im Zwischenstreifen.

Dargestellt sind zwei am Boden kniende Männer, die zwischen sich ein Widderfell bzw. ein Stück davon ausbreiten. Dessen zottige Vliesstruktur unterscheidet sich markant von den ornamental gedrehten Kurzlocken der beiden jeweils weiter links und rechts angeordneten Schafe. Ob damit nur

---

[1] Siehe hier S. 265.

[2] Auch die Szenen des Schafmelkens und des Verschließens/Reinigens (?) einer griechischen Weinamphore hinter dem linken Schaf dürften zusammen mit der Glückssymbolik säugender Muttertiere (seit ägyptischen Hieroglyphen geläufig) und der Vielfalt der Nutztiere Ausdruck herrscherlicher Fürsorgepflicht sein. Sie wird gewährt durch die Huld der Großen Mutter = Erde, zu der alle vier Männer kniend bzw. hockend engsten Kontakt halten. – Doch ist das hier nicht unser Thema.

[3] Lovejoy, A. O. – Boas, G.: Primitivism and related ideas in antiquity I. Balti-more 1935. S. 287ff. und allgemein: Müller, K. E.: Geschichte der antiken Ethno-graphie und ethnologischen Theoriebildung I. Wiesbaden 1972. S. 59, S. 126 et passim. Gegen die geläufige Tendenz, entsprechende Darstellungen als „Szenen des skythischen Alltags" zu lesen verweist D. S. Raevskij auf seine Schrift „Očerki ideologii skifosakskich plemen" (Grundzüge der Ideologie der skythisch-sakischen Stämme. Moskau 1977), die mir leider nicht zugänglich ist. Den Hinweis darauf entnehme ich: Rostowzew, M.: Skythien und der Bosporus, Band II. Wiederentdeck-tes Kapitel und Verwandtes, übers. und hrsg. v. H. Heinen. Stuttgart 1993. S. 57, Nr. 16, wo Raevskij sich auch ausdrücklich auf das Pektorale bezieht.

[4] Eine eigenartige literarische Parallele zu dieser Dreigliederung bieten die spät-antiken „Orphischen Argonautica" (hrsg. F. Vian. Paris 1987. vv. 914-933): Dem Goldenen Vlies dort entspräche hier das Schaffell, dem Heil- & Zauberpflanzenfeld dort (ebd., S. 185f.) das Rankenwerk und dem bewachenden Drachen hier die Tierkämpfe. Den Ranken käme dann möglicherweise auch eine psychotrope Be-deutung zu wie sie Wasson, R. G. – Hofmann, A. – Ruck, C. A. P.: Der Weg nach Eleusis (amerik. 1978). Frankfurt 1990, aufgezeigt haben.

die füllige Wollmenge des Vlieses charakterisiert ist, oder aber möglicherweise dadurch ein höheres Alter für das Vlies angegeben werden soll, es also ein besonders würdiges Exemplar ist, bleibe dahingestellt. Widdergehörn möchte ich wegen der Schraffur und Drehung der beiden unteren Enden des Vlieses gegenüber den Knien der Männer erkennen. Dazwischen fehlt der Kopf, der entweder nie dargestellt war oder weggebrochen ist, wobei die Ausbruchstelle nachgearbeitet sein könnte. Brüche gab es, was bei den ohne Hintergrund frei gearbeiteten Figuren nicht verwundern darf, denn weder die Füße der Männer noch die Hörner des Vlieses sind noch mit den Lötstellen auf dem zweiten Torques des Pektorale verbunden. Am Vlies wird gearbeitet, denn der rechte Mann hält in der Hand mit dem vorgestreckten Zeigefinger einen Draht. Beide Männer richten ihren Blick auf ihre vorgestreckte Hand. Möglicherweise dient der Faden in der Hand des rechten als Aufhänger oder für eine Applikation[5], denn für eigentliches Nähen[6] scheint mir der Hinweis auf ein anzunähendes zweites Fellteil zu fehlen. Unvollständig ist wohl der sichtbare Teil des Vlieses wegen seiner relativen Kleinheit und weil in seinen ausgespannten Seitenstücken wohl die Vorderläufe des Tieres zu erkennen sein dürften.

Beide Männer sind zwar durch je einen Goryt als Bogenherren, als τόξαρχοι[7] – über dem Vlies und zu Füßen des rechten – ausgezeichnet, doch offensichtlich nicht ganz gleichrangig, mißt man der Stoffbinde des im Gestus des Ziehens leicht nach rückwärts geneigten linken eine Bedeutung bei. Auch in der Haartracht unterscheiden sie sich. Zwar sind beide bärtig, doch trägt der rechte sein langes Haupthaar in schräg schraffierten Einzelzöpfen oder -strähnen, über der Stirn dazu ein stehendes Haarbüschel genau wie am gleichfalls strähnigen Kopf des jugendlichen Kuhmelkers mit der Amphore im linken Friesteil. Die Haare des linken Mannes sind dagegen gekämmt und fallen unter der Stoffbinde in langen Locken herab. Kämmen

---

[5]   Applikation von Metallscheiben (Sonnen) ist von hethitischen Vliesen überliefert (Haas, V.: Medea und Jason im Lichte hethitischer Quellen, in: Acta Antiqua Hung. 26 [1978]. S. 241-253, bes. S. 245, Anm. 22).

[6]   Von Nähen gehen allerdings neuere Katalogtexte aus – idyllisch 1991: „Zwei kniende Männer mit nacktem Oberkörper. Sie haben ihre Goryte mit den Bogen beiseite gelegt und nähen Kleidung aus Fell" (Gold der Steppe. Archäologie der Ukraine. Schleswig 1991. S. 314 zu Nr. 104) und verständnisvoller 1993: „Möglicherweise wird hier gezeigt, wie Priesterkönige eine rituelle Festtracht nähen" (Gold aus Kiew. Wien 1993. S. 200 zu Nr. 59, T. F. Shamina). Noch weiter führte der Text des Kataloges „Or des Scythes – Trésors des musées soviétiques" (Paris 1975. S. 78). Er spricht von einer „tunique en peau de mouton qu'ils tiennent chacun par une manche" und fährt dann fort: „Sans doute la scène illustre-t-elle quelque épisode célèbre de l'épopée scythe, qu'un contemporain identifiait aussitôt." – Im übrigen sind Schafpelzjacken meines Wissens bislang in der Bilderwelt skythischer Kunst nicht belegbar – wohl allerdings textile Jacken mit Pelzbesatz.

[7]   Metzler, D.: Zum Schamanismus in Griechenland, in: Antidoron. Festschrift für J. Thimme. Karlsruhe 1982. S. 75-82, bes. S. 75 mit Anm. 12.

gehört zur rituellen Kampfvorbereitung indoeuropäischer Krieger, in Sparta und Iran ebenso nachzuweisen wie bei den Germanen[8]. Bei den Skythen ist der berühmte Goldkamm mit dem Reiterkampfbild aus dem Solocha-Kurgan[9] in diesem Kontext zu sehen. Daß beide Männer mit nacktem Oberkörper[10] dargestellt sind, ist ungewöhnlich[11]. Sie tragen nur die übliche weite Hose, die in weiche Stiefel gesteckt ist. Ob die ebenfalls unterschiedene Körperhaltung – der rechte kniet nur auf einem Bein, während er sein rechtes angezogen hält, wie das fehlende Stirnband und sein ungekämmtes Haar ebenfalls statusdifferenzierend gemeint ist, ist schwer zu entscheiden.

Festhalten ließe sich also: das Vorderteil eines Widdervlieses wird von zwei hochstehenden (Goryte), aber nicht gleichrangigen (Frisuren und Stirnband) gleichaltrigen (Bärte) Männern in Ausnahmesituation (unvollständige Kleidung) gehalten. Aus griechischer Bildsprache verstanden ist, was vordergründig wie Alltag oder Idylle aussieht, etwa in Analogie zur Webstuhlszene auf der bekannten Lekythos des Amasis-Malers[12] wegen der dort darüber befindlichen Göttin, sinnvoller als Arbeit an einem sakralen Gegenstand zu verstehen, dessen Würde durch seine Position auf einer Herrschaftsinsignie, dem Pektorale, dokumentiert wird. Mythisch ließe sich das Motiv „zwei hochrangige Männer mit einem Vlies beschäftigt" etwa analog zu Phrixos und König Aietes erklären, von denen der eine den Widder dem Zeus Phyxios opfert und der andere dessen Vlies im Hain des Ares an eine Eiche nageln läßt[13], politisch wäre an Machtübertragung auf den Brudersohn (*tanistry*) bei den frühen Parther-Königen[14] zu denken.

---

[8]   Metzler, D.: Archaische Kunst im Spiegel archaischen Denkens, in: Mousikos Aner. Festschrift für M. Wegner. Bonn 1992. S. 289-303, bes. S. 295 mit Anm. 49-51. Da die im Gegensatz zum lang fallenden gekämmten Haar schraffierten Zopf-Strähnen auf den modernen Betrachter den Eindruck des Ungepflegten machen, wäre zu erwägen, ob damit nicht ein zeitweiliges Leben in der Wildnis als Durchgangsphase männerbündischer Initiation gemeint sein kann.

[9]   Or des Scythes Nr. 64. Der Kamm wurde in geringer Entfernung bei der rechten Schulter des Toten gefunden (Polovtsoff, S.: Une tombe de roi Scythe (Tumulus de Solokha. Russie méridionale), in: Rev. Arch. 23 [1914]. S. 14). Goldene Kämme als Kampfpreis von Kyros d. J. ausgesetzt: Xenophon, Anab. I 2,10.

[10]   Kultische Bedeutung des nackten Oberkörpers: Ohm, Th.: Die Gebetsgebärden der Völker und das Christentum. Leiden 1948. S. 449.

[11]   Mir bekannt sind nur zwei: der linke von 5 Kriegern auf dem goldenen Goryt ebenfalls aus dem Solocha-Kurgan (Polovtsoff, a.a.O., S. 24, Taf. X), der seinerseits einen Goryt am Gürtel trägt und lang fallendes offenes Haar hat, sowie der zu opfernde, also dem Tode geweihte Mann auf dem Golddiadem von Sachnovka (Gold der Steppe Nr. 99, Abb. S. 379).

[12]   New York, MMA 1931. 31.33.10. Goddess and Polis, The panathenaic festival in ancient Athens, hrsg. v. J. Neils. Princeton UP 1992. S. 108, Abb. 66b.

[13]   Apollodor I 9,1. – Zu Dyarchie, Verbrüderung und vergleichbarem Miteinander von zwei Männern bei den Reitervölkern Alföldi, A.: Die Struktur des voretruskischen Römerstaates. Heidelberg 1974. S. 151ff. sowie in der skythischen Kultur

Deswegen gilt es dazu zunächst an die Bedeutung des Widders und seines Vlieses in der Herrschaftssymbolik zu erinnern. Sie ist durch mythographische und ikonographische Arbeiten bekannt. Der Bulgare I. Marazov[15] hat besonders das gut belegte thrakische Umfeld des Mythos von Phrixos und dem Widder mit dem Goldenen Vlies herausgearbeitet und in diesem Kontext auch die Mittelszene unseres Pektorale behandelt[16]. Der Grieche G. S. Korres[17] stellte die zahlreichen griechischen und römischen Helme mit Widderzierat zusammen und betonte ebenfalls vom Goldenen Vlies ausgehend die Herrschaftssymbolik des Widders. Beide Autoren verweisen generell auf hethitische Traditionen. Diese sind nunmehr durch entsprechende Ritualtexte in der Verehrung von Vliesen als „Heilssymbole eines sakralen Königtums"[18] sowohl für männliche Herrscher als auch – matrilinearer[19] Dynastiebildung bei den frühen Hethitern entsprechend – für Königinnen bekannt. Unter ihrem Einfluß ist im mykenischen Griechenland der Mythos vom goldenen Vlies in der Truhe der Aerope, die es ihrem Schwager Thyestes als Machtsymbol überträgt[20], zu verstehen und in Etrurien die glückhafte mantische Bedeutung purpurner und goldener Flecken im Fell des Opferwidders[21]. Glück und Widder verbindet auch chinesisches Denken – nicht nur in der uralten Symbolik der Jahresnamen, sondern auch in der Schreibweise: das Doppelzeichen 羊 *xiang* für Glück ist mit dem Zeichen 羊 *yang* für Widder gebildet.

Ein später und höchst bedeutsamer Nachhall findet sich noch in der Epik des spätsasanidischen Iran: Das Karnamag-i Ardašir erzählt vom Dynastiegründer wie er mit der entführten Tochter Ardawans, des letzten Partherkönigs im Sattel flieht und von einem Widder verfolgt wird. Als auch der zu ihm aufs Pferd springt, deutet das der Dastur dem Ardawan: „Die Majestät der Kajanier – *churrak-i Kajān/Kawaēm chwareno* – hat den Ardašir

---

Fuhrmeister, K.: Zweiergruppen und Brüdermotiv?, in: Stähler, Klaus (Hrsg.): Zur graeco-skythischen Kunst. Archäologisches Kolloquium Münster, 24.-26. November 1995. Münster 1997 (= Eikon. Beiträge zur antiken Bildersprache, Bd. 4). S. 161-176

[14]   Altheim, F. – Stiehl, R.: Geschichte Mittelasiens im Altertum. Berlin 1970. S. 447f.

[15]   Marazov, I.: Sacrifice of a ram on the Thracian helmet from Cotofenesti, Pulpudeva 3. Plovdiv 1978 (1980). S. 81-101. Freundlicher Hinweis von J. Gebauer.

[16]   Marazov, a.a.O., S. 88ff.

[17]   Korres, G. S.: Ta meta kephalōn kriōn kranē. Athen 1970.

[18]   Haas, V.: Geschichte der hethitischen Religion. Leiden 1994. S. 187. Freundlicher Hinweis von K. Metzler.

[19]   Ebd., S. 187.

[20]   Ebd., S. 188.

[21]   Macrobius, Saturn. III 7,2 nach Haas, Hethitische Religion, S. 188.

erreicht"[22]. In der Schlacht von Amida (359) trägt Šapur II., einer seiner bedeutenden Nachfahren, einen Widderkopf als Helmzier[23]. Aus iranischem Geistes können auch die beiden goldenen Widder der Armreifen aus dem skythischen Bolshoia Bliznitza-Kurgan[24] verstanden werden. Ihr Naturalismus ist zwar griechisch, nicht aber die Anbringung ihres Leibes, besonders der Hinterläufe auf den sie tragenden Hülsen, denn so liegen Tierbeine und Fell auf luristanischen Wetzstein-Hülsen und auf achämenidischen Rhyta und Amphorengriffen auf[25]. Auch dieses Paar von Widder-Armreifen dürfte als Herrschaftssymbol zu verstehen sein – zumal sie über die sonst üblichen Widderköpfe hinaus die ganzen Tiere mit ihren Vliesen zeigen.

Vom Iran zeitlich zurück zu den Hethitern. Unter den „Anatolische(n) Schutzgottheiten in Gestalt von Vliesen" hat M. Popko als älteste Zitharija genannt, die protohattischer Herkunft ist und „ausschließlich in der Gestalt eines Vlieses erscheint"[26]. Möglicherweise kommt man mit ihrem Typus in die Nähe jener frühbronzezeitlichen steinernen Menhire in Armenien, auf denen in Relief Tierfelle mit erkennbarem Kopf und Fußteilen hängen[27]. Sie wiederum sind räumlich und zeitlich nicht mehr weit entfernt vom sogenannten Opfer eines Pferdefells mit Schädel und einem nachweisbaren Vorderlauf aus der neolithischen Sredni Stog II-Kultur am Dnjepr, das man wohl als Vorstufe zu dem von Herodot beschriebenen Ausstopfen der geopferten Pferdehäute an einem skythischen Fürstengrab verstehen kann[28].

---

[22] Nöldeke, Th.: Geschichte des Artachšir-i Papakan, in: Bezzenbergers Beiträge 4 (1878). S. 22-69, bes. S. 45 mit Anm. 5. – Zur Bedeutung des Königsheils, der „Majestät" in der iranischen Herrscherideologie vgl. Calmeyer, P.: Fortuna – Tyche – Khvarnah, in: JdI 94 (1979). S. 347-365.

[23] Ammian. Marcell. XIX 1,3: *aureum capitis arietini figmentum ... pro diademate gestans.* Korres, a.a.O., S. 27 erwähnt dazu ein safawidisches Pendant des 18. Jhds.

[24] Eremitage BB 194, 195. Williams, D. – Ogden, J.: Greek Gold. Jewellery from the classical world. London Brit. Mus. 1994. Nr. 118. Freundlicher Hinweis von K. Stähler.

[25] Vgl. z.B. Bronze-Wetzstein-Griff in Gestalt eines Steinbocks (Bunker, E. C. u.a. [Hrsg.]: Animal style. New York Asia House 1970. Nr. 97); Armreif mit Löwinnen aus Bolshoia Bliznitza (Williams – Ogden, a.a.O., Nr. 124); Amphore mit Steinbock-Henkeln, G. Ortiz Collection (Faszination der Antike. Berlin 1996. Nr. 205) mit verwandtem Stück in Sofia aus Duvanlij, ebd. auch der Hinweis auf das Silber-Rython mit Widderfell aus der N. Schimmel Collection (New York MMA 1989. 281. 30); parthisches Löwenrython A. M. Sackler Collection (A. Gunter, Asian Art I 2, 1988, 40 Abb. 23).

[26] M. Popko in Acta Antiqua Hung. 22 (1974). S. 309-311, bes. S. 309f.

[27] Ein gewaltiges Exemplar in der Ausstellung „Armenien", Bochum 1995 – ohne Beschreibung. Vgl. Bauer-Manndorf, E.: Das frühe Armenien. Grundlagen der Archäologie und Urgeschichte. Wien 1984. S. 63 (zit. nach Michel, S.: Der Fisch in der skythischen Kunst. Frankfurt – Bern – New York 1995. S. 43 mit Abb. 61).

[28] Her. IV 71,2-3. Anthony, D. W. – Brown, D. R. – Telegin, D. Y.: Ursprünge des Reitens, in: Spektrum der Wissensch. 1992. S. 88-94, bes. S. 90. Kritisch zum

Man denkt es sich an einer Stange aufgehängt und verehrt, wie das noch im 17. Jhd. von Olearius[29] bei Kasan und von W. Radloff[30] im 19. Jhd. in Sibirien beobachtet wurde. Entsprechende Vergleichsmöglichkeiten im paläolithischen Jagdopfer eröffnete K. Meulis berühmte Opfer-Studie[31].

Der im Bedeutungskontinuum offensichtliche Funktionswandel im Laufe eines so großen Zeitraumes läßt sich möglicherweise durch sprachgeschichtliche Beobachtungen verständlicher machen. Den Weg weisen georgische Linguisten. 1987 griff A. Uruschadse Ansätze seines Landsmannes T. W. Gamkrelidse auf, im Kontext der Sagen vom Goldenen Vlies auch frühgriechisch-kaukasische sprachliche Beziehungen auszuwerten[32]. Unter den verschiedenen griechischen Bezeichnungen des Vlies selbst ist für ihn das häufigste und ältere Wort κῶας – in kontrahierter Form κῶς und als Diminuitivformen κῴδιον bzw. κωδάριον wichtig. Ursprünglich mit Digamma als κῶϝας zu schreiben findet er es „in den mykenischen Inschriften in der Form kovo belegt"[33]. In der Tat hat die Un-Serie der Pylos-Täfelchen in Linear-B-Schrift ko-wo mit dem Ideogramm für „Haut" (Py Un 718). Da κωας im Griechischen „ohne sichere Etymologie" ist[34], bringt er T. Gamkrelidses Vorschlag, „die lexikalische Einheit κωϝ mit dem georgisch-kartwelischen tqav-, tqov-, tkov- zu verknüpfen", was in den westgeorgischen Dialekten „Fell" bedeutet. Die Griechen hätten also das Goldene Vlies mit einem Wort bezeichnet, das auch den Kolchern vertraut war, und zwar sehr früh, da dieses Wort schon in der zweiten Hälfte des zweiten Jahrtausends in den Linear B-Texten belegt ist. Er verweist generell auf enge Kontakte, die Indoeuropäer, Semiten und Kartwelier im frühen Vorderasien hatten und fragt nach der Möglichkeit, die Wurzel κυτ- in den verschiedenen Formen des schon antik überlieferten Ortsnamens Kutaisi/Κύταια für die Residenz des Königs Aietes von Kolchis „vielleicht mit dem griechischen Wort σκῦτος ‚Fell' zu verknüpfen"[35]. In der Tat nun

---

Befund A. Häusler in Festschrift für B. Schlerath. Budapest 1994. S. 232: „Abfallgrube".

[29] Olearius, A.: Vermehrte Newe Beschreibung der Muscowitischen und Persischen Reyse. Schleswig 1656. S. 344.

[30] Radloff, W.: Aus Sibirien II. Leipzig ²1893. S. 18, Taf. 1. Diesen und den Hinweis auf A. Olearius verdanke ich den immer anregenden Gesprächen mit H. Vierck (†).

[31] Meuli, K.: Griechische Opferbräuche, in: Phyllobolia. Festschrift für P. Von der Mühll. Basel 1945. S. 185-288, bes. S. 259f. und S. 263 = Ges. Schriften II. Basel 1975. S. 907-1021, bes. S. 987f. und S. 991.

[32] Uruschadse, A.: Das goldene Vlies. Jena – Tbilissi 1987 (= Georgica 10). S. 48-52 mit der älteren Literatur.

[33] Ebd., S. 49.

[34] Ebd., S. 50 nach H. Frisk.

[35] Uruschadse, a.a.O., S. 51.

überliefert Lykophron dafür die Form κύτος[36], zu verbinden mit lateinisch *cutis* „Haut"[37] und *scutum* „Schild" (aus Tierhäuten). Σκύτης auf einer magischen Gemme als Inschrift neben dem Löwenfell des Herakles fügt sich hier ein[38]. Einen Herrschersitz als Ort des Vlieses zu bezeichnen unterstreicht einmal mehr den Rang dieser Insignie.

Deren Bedeutung jedoch auf den politischen Aspekt einzuengen, hieße die Wurzeln frühen Königtums zu verkennen, die Etymologie kann auch die religiösen aufzeigen. Bei den Hethitern wurden die mehrfach erwähnten Vliese bekanntlich als Schutzgottheiten der Könige und Königinnen verehrt und in diesem Kontext explizit mit dem Ideogramm DINGIR als Götter bezeichnet[39]. Wiederum zum Kaukasus blickend lassen sich im zum iranischen Zweig der indoeuropäischen Sprachen gehörenden Ossetisch – also bei fernen Abkömmlingen der Skythen – meines Erachtens wichtige Verwandte zu κῶϝας „Fell" nennen: *kovun, kuft* im Digoron-Dialekt und *kuvyn, kuft* im Iron-Dialekt – jeweils mit der Bedeutung „Magie, Totenopfer" verbunden – hat Sir Harold Bailey zur Erläuterung von khotan-sakisch *kauvale* „to use magic" (*-valaa* = machen) herangezogen[40]. Osset. *kuvd* übersetzt G. Dumezil mit „banquet, sacrifice" – für den toten Heros[41]. Die Verbindung derselben Wurzel **kof-* mit ihrer Verwandten für „Fell" und zugleich für „Magie, Totenbeschwörung" wird sinnvoll vor dem weiten ethnologischen Horizont rituellen und magischen Gebrauchs von Tierfellen. Dafür eine nur scheinbar disparate Gegenüberstellung als einleitendes Beispiel: Die eben angenommene Grundbedeutung von khotan-sakisch *kau-* als „Fell" zu **kof-* wird sinnvoll, stellt man zu dem sprachlichen Befund der Bezeichnung *kau-* für den auch anderswo bekannten Zauber-Armreif bei den Darden des Bagrot-Tales im Karakorum-Gebirge[42] das archäologisch-ikonographische Faktum, daß Bronze-Armbänder der Pianobar-Kultur im südsibirischen Bezirk Tobolsk aus den ersten Jahrhunderten n. Chr. Löwen- oder Tiger(?)-Felle als Dekor zeigen[43], deren Bedeutung A. Alföldi nach

---

[36] Lykophron, Alexandr. 73. Das Scholion: hat δέρμα für κύτος.

[37] Zur Verwandtschaft von *cutis* mit *Haut, Hut* vgl. Frisk, H.: Griechisches etymologisches Wörterbuch II. Heidelberg 1973. S. 57 und Walde, A. – Hofmann, J. B.: Lateinisches etymologisches Wörterbuch I. Heidelberg [4]1965. S. 320.

[38] Freundlicher Hinweis von S. Michel.

[39] Haas, Medea und Jason, S. 244.

[40] Bailey, H. W.: The culture of the Sakas in ancient iranian Khotan, Delmar. New York 1982. S. 55.

[41] Dumezil, G.: Romans de Scythie et d'alentour. Paris 1978. S. 105.

[42] Snoy, P.: Bagrot. Eine dardische Talschaft im Karakorum. Graz 1975. S. 203f. Generell zum religiösen Konservativismus des Bagrot-Tales und der Gilgit-Agency Jettmar, K.: Die Religionen des Hindukusch. Stuttgart 1975. S. 209ff.

[43] Boroffka, G.: Wanderungen eines archaisch-griechischen Motives über Skythien

Maßgabe des nur wenig älteren Tigerteppichs aus dem Kurgan Nr. 6 von Noin Ula (Mongolei) aus dem Kontext „theriomorpher Weltbetrachtung" zu verstehen lehrte[44]. Dieser aus vielen gestickten Miniatur-Tigerfellen zusammengesetzte Teppich, der mit anderen Textilien zusammengenäht über der äußeren Kammer vor dem Zuschütten ausgebreitet worden war[45] und also wohl mit einem besonderen Ritual bei der Bestattung verbunden war, hat zusammen mit noch älteren Dokumenten als Vorläufer der modernen tibetischen Tigerteppiche zu gelten[46], deren ursprünglich sakrale Bedeutung Kleidung oder Sitz von Gottheiten und Visionären ist, und die als rangerhöhende oder apotropäische Textilien in der Neuzeit belegbar sind[47]. Manche der 84 Mahasiddhas, der großen visionären Meister des tantristischen Lamaismus werden bekanntlich auf ihnen sitzend dargestellt[48] – etwa im Hof des Klosters Hemis (Ladakh). Andere wiederum sitzen oder stehen wie der bekannteste tibetische Yogi und Dichter Milarepa (1040-1123) auf einem Gazellen-Fell[49]. Aber auch noch im safawidischen Iran wird nach tibetischer Art das Tigerfell als Sitz eines Sufi abgebildet[50].

Übertragung übernatürlicher Kräfte und Visionen soll das Sitzen auf dem Tierfell bewirken. Nora Chadwick nennt im Kontext bewußt herbeigeführter mantischer Träume aus der nordeuropäischen Epentradition am Beispiel des norwegischen Sehers Thorleifr Spaki („Spökenkieker" würde man in Westfalen übersetzen) den Schlaf auf Tierfellen als Inspirationshilfe mit Hinweisen auf walisische und sibirische Belege[51]. In der griechischen

---

und Baktrien nach Alt-China, in: Festschrift 25 Jahre Römisch-Germanische Kommission 1927. Berlin 1930. S. 52-81, bes. S. 65 mit Abb. 35.

[44] Alföldi, A.: Die theriomorphe Weltbetrachtung in den hochasiatischen Kulturen, in: AA 1931. S. 393-418, bes. S. 399ff.

[45] Rudenko, S. I.: Die Kulturen der Hsiung-nu und die Hügelgräber von Noin Ula (russ. 1962). Bonn 1969. S. 76: „Die Decke der äußeren Kammer in Kurgan No. 6 von Noin Ula war vor dem Zuschütten mit Erde mit einem mächtigen Stoffstück bedeckt worden, das aus verschiedenen solchen Wandbehängen, einem davon mit der Darstellung von Tigern, zusammengenäht war."

[46] Metzler, D.: Der Seher Mopsos auf den Münzen der Stadt Mallos, in: Kernos 3 (1990). S. 235-250, bes. S. 244f.

[47] Lipton, M.: Les tapis-tigres du Tibet. Brüssel 1988. S. 10ff. und S. 153f.

[48] Essen, G. W. – Thingo, T. T. (Hrsg.): Die Götter des Himalaya. Buddhistische Kunst Tibets I. München 1989. S. 90ff. mit Abb. 52-54.

[49] Ebd., S. 104, Nr. I-59 und S. 129, Nr. I-78 sowie Bd. II, S. 109, Nr. II-236.

[50] Lewis, B.: The World of Islam. Faith, People, Culture. London 1976. S. 127 (F. Meier) – an Tibetisches erinnern auf dem abgebildeten Teppich auch die schachbrettgemusterten Felder (aufgehängte Taschen) unter dem Tigerfell (vgl. Essen – Thingo, a.a.O. II, S. 270, Nr. II-657).

[51] Chadwick, N.: Dreams in early european literature, in: Celtic Studies. Festschrift für Angus Matheson. London 1968. S. 33-60, bes. S. 40f. mit Hinweis auf Czaplikka, M. A.: Aboriginal Siberia. Oxford 1914. S. 234 und S. 238. – Auch dieses Ar-

Literatur erwähnt Strabon[52] schwarze Widderfelle, auf denen die illyrischen Daunier Unteritaliens beim Traum-Orakel des Kalchas auf dem Hügel Drion schlafen, und Pausanias[53] berichtet dasselbe vom Amphiareion in Attika. Das Tierfell als sakrales Objekt markiert in räumlichen Kategorien gesprochen einen aus der alltäglichen Umgebung herausgehobenen Ort, markiert also auch eine Grenze und als solche eine Übergangssituation, so daß es als Fell des Opfertieres auch dem Opfernden den Übergang in einen neuen Status ermöglicht. So vollzieht sich nach Hesych ein Reinigungsritual, indem der linke Fuß auf das Vlies des Zeus (Διὸς κώδιον)[54] gesetzt wird. Auch „Treten auf Ziegenfelle zum Zeichen der Abkehr vom Alten" erscheint aus dieser Perspektive so merkwürdig nicht[55]. Lukian schreibt, daß der Verehrer der Großen Syrischen Göttin, wenn er zum ersten Mal in die Festgemeinde aufgenommen werden will, das Fell seines Opfertieres auf den Boden legt und sich darauf kniet[56] – das Knien der beiden Skythen auf dem Pektorale aus der Tolstaia Mogila wäre analog zu deuten. Auch sie könnten mit dem Vlies möglicherweise ein Ritual vorbereiten. Dies würde sich einfügen in die übrige Ikonographie des Pektorale, die mit Tieren in Ranken[57], Tierkämpfen und Tiernutzung auf das Wirkungsfeld der Großen

---

gument verdanke ich Hajo Vierck. Es findet sich in seiner unveröffentlichen Arbeit „Wieland der Schmied ... und Schamane?" (Typoskript Münster 1987. S. 140, Anm. 328f.), die von seiner Witwe Sigrid Vierck zum Druck vorbereitet wird.

[52] Strabon VI 3,9 (284). Vgl. Giannelli, G.: Culti e miti della Magna Grecia. Florenz 1963. S. 98.

[53] Pausanias I 34,5.

[54] Vgl. auch Wetterzauber mit dem Διὸς κώδιον: Nilsson, M. P.: Geschichte der griechischen Religion I². München 1955. S. 110ff.

[55] Burkert, W.: Antike Mysterien. München 1990. S. 86 mit Anm. 75. Vgl. RAC, sv. Cilicium (A. Hermann).

[56] Lukian, de Dea Syria 55: τὸ δὲ νάκος χάμαι θέμενος ἐπὶ τούτου ἐς γόνυ ἕζεται. Dieses Knien ist ein Hocken auf den Hacken (Bolkestein, H.: Theophrast's Charakter der Deisidaimonia als religionsgeschichtliche Urkunde. Giessen 1929. S. 28-30) und entspricht damit als rituelle Haltung dem linken der beiden Männer auf unserem Pektorale. – Jane Harrison (Prolegomena to the study of greek religion [1903]. London 1962. S. 27, Anm. 2), die diese Stelle zur Rekonstruktion chthonischer Rituale heranzieht, möchte sich die Fortsetzung des Initiations-Opfers im Kult der Dea Syria – Füße und Kopf des Opfertieres hebt der Opferer auf sein eigenes Haupt – nach Art des Anlegens und Knotens des herakleischen Löwenfells vorstellen. Doch paßt dazu nicht, daß der Opfernde schon auf dem Fell selbst kniet. Immerhin gilt ihr Hinweis aber einem Ritual mit einem Fell (νάκος) auf der Erde (χάμαι), das vor einer der großen Muttergöttinnen vollzogen wird, die auch von den Skythen verehrt wird (Rostovtzeff, M.: Le culte de la Grande Déesse dans la Russie meridionale, in: REG 32 (1919). S. 462-481. Bessonova, S. S.: Religioznye predstavlenija skifov. Kiew 1983), nämlich als Atargatis/Anahita (Hörig, M.: Dea Syria. Neukirchen-Vluyn 1979) auch mit der skythischen Argimpasa verglichen wird (S. S. Bessonova in Gold der Steppe, S. 151).

[57] Siehe Gebauer, S.: Rankengedanken – zum Pektorale aus der Tolstaja Mogila, in: Stähler, Klaus (Hrsg.): Zur graeco-skythischen Kunst. Archäologisches Kollo-

Muttergöttin verweist. Deren Macht ist andererseits aber nicht auf das Gedeihen der Natur beschränkt, sondern erstreckt sich nach Maßgabe der zahlreichen skythischen Bilder mit thronender weiblicher Gestalt – oft mit Spiegel[58] in der Hand – und ihr gegenüber stehendem Mann[59] – oft mit Trinkgefäß in der Hand – durchaus auf das politische Leben der Gesellschaft, insofern diese über Kriegerweihe aus männerbündischen Organisationsformen erklärbar wird.

Mehr als Verständnishilfen bietet auch diese Analogie jedoch nicht, daher scheint es nötig, den Blick noch auf eine verwandte andere Funktion des Felles als heiligende Lokalisierung einer grenzüberschreitenden[60] Erfahrung zu richten. Angesprochen werden schon die Fellsitze der visionären Tantriker Tibets. Vergleichbares scheint sich mir auch hinter der Himmelsreise der ältesten Version des Alexander-Romanes zu verbergen: Alexander, der sich die Erde unterworfen hat, versucht auch zum Himmel aufzusteigen. Zu dem ihm dazu empfohlenen Machinationen gehören die beiden überlisteten Riesenvögel. Sie haben seinen Sitz emporzutragen. Mit zunehmender Verbreitung und Erweiterung des Textes werden daraus Geräte, Wagen und schließlich ein fluggeeigneter schützender Käfig mit den ihn konstruierenden Zimmerleuten – gleichsam parallel zur Entwicklungsgeschichte der Technik – entfaltet[61]. Am Anfang aber steht in der ältesten Fassung eine Rindshaut als Sitz (δέρμα βωδίου) mit dem erklärenden Zusatz w i e ein Korb (ὥσπερ σπυρίδα bzw. ὥσπερ κοφινίδα)[62]. Die Vögel vor dem Tierfell werden in ein Joch (ζυγύς) gespannt. Diesem *jugum* entspricht der Götterzwang, den auf der Ur-Stufe des *Yoga* der tantrische *Yogi* bewirkte, indem er die Gottheit in seiner rituellen Übung unter-*jochte*[63]. Alexanders Schamanenflug

---

quium Münster, 24.-26. November 1995. Münster 1997 (= Eikon. Beiträge zur antiken Bildersprache, Bd. 4). S. 147-160.

[58] Zur religiösen Bedeutung des Spiegels: Metzler, D.: Autopsia, in: Antike und Universalgeschichte. Festschrift für H. E. Stier. Münster 1972. S. 113-121 (Gott sehen) und ders., Der Seher Mopsos, S. 242f. (Sonnensymbolik). Hummel, S.: Der Spiegel als Garant des Lebens bei den Etruskern, in: ÖJh 59 (1989). Beiblatt S. 29-32 (Schamanistische und tibetische Parallelen). – Der Bezug des Spiegels zu Geburt und Leben, also als Initiationssymbol verstehbar, wird auch durch die Inschrift Ελευϑιας εμι (= Geburtsgöttin Eileithyia) auf einem griechischen Handspiegel (Karlsruhe 77/60. J. Thimme in Jhb. Staatl. Kunstslg. BW. 15 [1978]. S. 140f.) nahegelegt.

[59] Siehe Fuhrmeister, a.a.O.

[60] Vgl. van Gennep, A.: Les rites de passage. Paris 1909. Duerr, H. P.: Traumzeit. Über die Grenze zwischen Wildnis und Zivilisation. Frankfurt 1978.

[61] Millet, G.: L'ascension d'Alexandre, in : Syria 4 (1923). S. 85-133, bes. S. 121 und S. 124.

[62] Leben und Taten Alexanders von Makedonien. Der griechische Alexanderroman nach der Handschrift L, hrsg. und übers. v. H. van Thiel. Darmstadt 1974. S. 120 (II 41, 9). Millet, a.a.O., S. 92 (nach Oxford, Misc. 283 = Om) und S. 132.

[63] Hauer, J. W.: Die Anfänge der Yogapraxis im alten Indien. Berlin – Stuttgart

endet im Roman natur- und moralgemäß in der Begrenztheit menschlichen Strebens. Phrixos aber, dem Reiter des Widders mit dem Goldenen Vlies[64], war doch wohl ursprünglich mehr verheißen, vertraut man dem Namen seiner Mutter: Theophane[65] – „die die Gottheit erscheinen lassende". Gewiß keine zufällig von den Mythographen gefundene Benennung, eher eine übersehene. Wie absichtsvoll redende Namen vielmehr gewählt werden können, zeigen im Bereich der Mantik die beiden homonymen Seher Mopsos: des einen Mutter heißt schlicht „Manto", des anderen Vater „Lebes" = Kessel als schamanistisches Gerät[66].

Theophane, die die Götter erscheinen läßt, ist also die Mutter des Goldenen Vlieses, das seinen Be-Sitzer zu Visionen befähigt. Im Alten Testament entspricht ihr die „Hexe von Endor", insofern deren hebräische Bezeichnung als *ba'alat 'ōb* mit G. Lüling[67] als „Herrin des Tierfells" zu übersetzen ist. Die Diskussion um die mit/bei diesem *'ōb* vollzogene Totenbeschwörung ist zwar ganz andere Wege gegangen, berief sich auf *'āba* „Vater"[68], um eine „Herrin der Ahnen" zu postulieren oder hielt sich an hethitische Beschwörungsrituale, ließ sich von der entsprechenden Grube für das Totenopfer des Odysseus inspirieren und verwies auf heth. *api* und sumer. *ab* für „Grube".[69] Immerhin bedeutet hebr. *'obōt* an anderen Stellen – etwa Hiob 32,19 „Wein-Schläuche", die ja aus Tierfellen bestehen[70]. Vom Graben einer Grube wie etwa in der Odysee (XI, 25) ist in der Bibel nicht die Rede, wäre im Hause der Frau, wo das Ritual stattfindet, wohl auch wenig wahrscheinlich. Bemerkenswert für unsere Parallelisierung mit *Theo-phane* ist die Antwort

---

1922. S. 190 und S. 192.

[64]   Außerordentlich materialreich und anregend ist das Kapitel „La Toison" in Roux, R.: Le probleme des Argonautes. Recherches sur les aspects religieux de la legende. Paris 1949. S. 247-297. Vgl. auch Hoffmann, H.: Sotades. Symbols of immortality on greek vases. Oxford UP 1996. Kapitel: Rams, fleece and gold (im Druck).

[65]   Hyginus, fab. III 188. Auffällig ist hier die Häufung thrakischer Stammes-Namen: Theophane ist die Tochter des Bisaltes, Phrixos = der Phryger und Paiones der Sohn seiner Schwester Helle. – Phrixos mit dem Kerykeion des Hermes Psychopompos auf dem Widder über das Meer reitend zeigt ein kaum beachtetes att. rotfig. Schalen-Innenbild (Gerhard, E.: Phrixos der Herold, 2. BWPr. 1842).

[66]   Metzler, Der Seher Mopsos, S. 246.

[67]   Lüling, G.: Sprache und archaisches Denken. Erlangen 1985. S. 95 mit Anm. 11.

[68]   Vgl. Albertz, R.: Religionsgeschichte Israels in alttestamentlicher Zeit. Göttingen 1992. S. 65, Anm. 58.

[69]   Ebach, J. – Rüterswörden, U.: Unterweltsbeschwörung im AT, in: Ugarit Forsch. 9 (1977). S. 57-70 und 12 (1980). S. 205-220. Tropper, J.: Nekromantie. Totenbefragung im Alten Orient und im Alten Testament. Neukirchen-Vluyn 1989. S. 189ff. – Freundlicher Hinweis von M. Dietrich.

[70]   Riemschneider, M.: Spielbrett und Spielbeutel in Antike und Mittelalter, in: Acta Ethnograph. Hung. 8 (1959). S. 313-326, bes. S. 316. Ebach – Rüterswörden, a.a.O., S. 58 und S. 67f.

der Frau auf die entsprechende Frage Sauls: „Ich sehe G ö t t e r herauf-
steigen aus der Erde"[71]. Sie muß Saul diese Erscheinung beschreiben. Er, der
sie nicht sieht, erkennt aus ihrer Beschreibung Samuel, dessen Stimme er
dann hört[72]. Als Gott wird auch der Totengeist des Dareios bei Aischylos angesprochen[73]. Und was das Fell angeht, so ist bemerkenswert, daß das
Herbeirufen der Totengeister im Scholion zu Pindars Deutung des Argonau-
tenzuges als Rückführung der Seele des Phrixos mit demselben Verbum
ἀνακαλεῖσθαι „herbeirufen" wie bei Aischylos (v. 621) bezeichnet wird
und a u f dem Goldenen Vlies stattindet, dem die ganze Fahrt (πομπά) gilt[74].
Aus der sakralen Bedeutungstiefe des Tierfelles heraus wäre es also wohl
verständlich, der „Hexe von Endor", die die Götter herbeizwingt, ihren Titel
mit „Herrin des Tierfells" zu übersetzen, wobei es natürlich keine Rolle
spielt, ob der biblische Erzähler im konkreten Fall an ein tatsächlich
vorhandenes Tierfell denkt, was andererseits natürlich auch mutatis mutandis
für die anderen Übersetzungen „Herrin der Grube" oder „der Ahnen" gilt.

Nachdem nun an – naturgemäß oft weit auseinanderliegenden – Beispielen in der Vielfalt der Konnotationen die Möglichkeit einer hochrangigen
Funktion des Vlieses auf dem skythischen Pektorale zumindest sehr
wahrscheinlich geworden sein könnte, soll schließlich noch mit einem
weiteren etymologischen Vorschlag in umgekehrter Richtung der Blick von
der Bedeutung des Vlieses auf seine Benutzer gerichtet werden. Auch das
kann bis jetzt mangels skythischer Quellen nur als Analogiefall demonstriert
werden: Ausgehend von dem Ergebnis, daß Vliese eine große Bedeutung
haben, richtet sich das Interesse auf Namen, Titel oder Appellative, die mit
Bezeichnungen für „Vlies" gebildet sind. Angeregt durch A. Uruschadses
Nachweis der kaukasischen Herkunft von griech. κῶας (ko-wo in Linear-B)
wurde ich aufmerksam bei Sir Harold Baileys ossetischen Entsprechungen
zu seinen khotan-sakischen Begriffen für Magie und Opfer (kau-, kaub-)[75]
und kam auf γόης, das griechische Wort für Zauberer (... und Schamane!),
das bekanntlich ursprünglich ein Diagamma hatte (γοϜης)[76]. Üblicherweise
werden γόης, γόος, γοάω und weitere Ableitungen von einem Stamm *gou-
hergeleitet, der „ein allgemeines indogermanisches Schallwort zu sein"

---

[71] 1. Samuel 28, 13.

[72] Zum Wandel antiker Erklärungen der Stimmen bei Totenbeschwörungen:
Trencsényi-Waldapfel, I.: Die Hexe von Endor und die griechisch-römische Welt,
in: Acta Orientalia Budapest 12 (1961). S. 201-222, bes. S. 201f. – wichtig für die
unterschiedlichen Bibelübersetzungen.

[73] Aischylos, Pers. 642, dazu Trencsényi-Waldapfel, a.a.O., S. 217f.

[74] Pindar, Pyth. IV 156 (281)ff. Schol. ad loc. Vgl. Roux, a.a.O., S. 249 und S. 293.

[75] Siehe oben Anm. 32 und 40.

[76] Burkert, W.: Γοης, in: Rhein. Museum 105, 1962, 36-55. Frisk, a.a.O. I, S. 317.

scheint[77] – so auch bei W. Burkert, dessen umfassender und tiefschürfender Aufsatz über „die Bedeutungsgeschichte eines Wortes wie γόης zurückführt in die Prähistorie griechischen Geistes"[78]. Auch Burkert bezieht sich auf die Bedeutung „Schall", indem er den Kontext zur Totenklage betont[79]. Zugleich aber weist er auf die Zusammenhänge des Wortes mit Tier-Götter-Metamorphose[80] hin und betont die Verbindung mit den Einweihungen in Mysterien[81] – alles Bereiche, in denen auch Rituale mit dem Tierfell von Bedeutung sind. Dazu gehören auch die erwähnten Totenbeschwörungen. Ebenfalls sinnvoller über das „Tierfell" als über den „Schall" der Totenklage scheint mir die Nähe des γόης zum Schmied etymologisch zu erklären zu sein, die Burkert bei dem frühesten Beleg des Wortes in der „Phoronis" des 7. Jhds. v. Chr. hervorhebt. Darin werden „die Idäischen Daktylen, die das Eisen erfunden haben, als γόητες" eingeführt.

„Die Verbindung von Schmied und Zauberer ist verbreitet", fügt er hinzu[82]. Der weise königliche Schmied *Kaweh/Kavi* des alten Iran wird noch in der Endphase des sasanidischen Reiches über das Reichsbanner, das prunkvoll geschmückte riesige sogenannte „Schurzfell" des königlichen Schmiede-Ahnen als *drafš-i Kaweh* erinnert[83]. Möglicherweise gehören dazu und zum ebenfalls iranischen *kavi*, den G. Widengren nicht nur wegen seines ekstatischen Singens als „schamanistisch"[84] bezeichnet, auch die Priestertitel *kaves* im lydischen Sardis und κόης, κόιης in Samothrake[85], dessen Kabiren anderenorts auch als Schmiedegötter verehrt werden[86]. Die slawischen Bezeichnungen für Schmied wie serbokroatisch *kovāč*, bulgarisch *kováč*, polnisch *kowal* – üblicherweise zu althochdeutsch *houwan* oder litauisch *káuju, kóviau, kauti* „schlagen, *hauen*" gestellt[87] – könnten vielleicht eben-

---

[77] Burkert, a.a.O., S. 44.

[78] Ebd., S. 55.

[79] Ebd., S. 44.

[80] Ebd., S. 41.

[81] Ebd., S. 40.

[82] Ebd., S. 40. Eliade, M.: Schmiede und Alchemisten. Stuttgart 1980. Vierck, a.a.O.; vgl. auch die schamanistische Initiation des Hephaistos (Delcourt, M.: Hephaistos ou la légende du magicien. Paris 1957. S. 135f.).

[83] Frye, R. N.: The heritage of Persia. London 1962. S. 38 mit Anm. 40 (zu den *kavi*-Königen). Widengren, G.: Die Religionen Irans. Stuttgart 1965. S. 71 (*kavi* als Ekstatiker). Christensen, A.: L'Iran sous les Sassanides. Kopenhagen 1944. S. 502f. Alföldi, Voretruskischer Römerstaat, S. 202.

[84] Widengren, a.a.O., S. 72.

[85] Hemberg, B.: Die Kabiren. Uppsala 1950. S. 118, Anm. 4 auch mit den Belegen für Sardis.

[86] Hemberg, a.a.O., S. 158 (Kabeira) und S. 168 (Lemnos).

[87] Berneker, E.: Slavisches etymologisches Wörterbuch I. Heidelberg 1924. S. 593.

falls aus dem Zaubern des Schmiedes über das Fell zu erklären sein. In die selbe Wortfamilie führte dann auch altbulgarisch *kobj* „Schutzgeist", im Kirchenslavischen für „Wahrsagerei" benutzt[88]. Ferner möchte ich den keltischen Schmiedegott *Govannon/Gobhan*[89] hier nennen – und um den Bogen zurück zum kaukasischen Eingangsbeispiel zu schlagen, zu dem ossetischen *kovun* „Magie, Opfer" mit E. Benveniste[90] die *kubhanyavah* = fellgekleideten und todgeweihten Maruthen-Krieger des indischen Rigveda stellen, die ihre Entsprechungen bei den Tierfelle tragenden Kriegern der kaukasischen Albaner und Iberer haben[91].

Die des Eisenschmiedens kundigen Idäischen Daktylen, die in der „Phoronis" des 7. Jhds. v. Chr. zum ersten Male für uns faßbar als *Goëten* bezeichnet werden[92], sind matriarchalisch[93] nach ihrer Mutter Ida, dem phrygischen Ida-Gebirge benannt, kommen also aus Asien[94]. Ich vermute aus den dargelegten Gründen, daß von dort her auch ihr Titel γόητες stammt, denn in Ostanatolien und im Kaukasus ist die Verehrung des Tierfelles, seine mythische Lokalisierung und seine Benennung – als kartwelisch *tqov* – der Ursprung für griechisch κῶας/ko-wo – zuerst belegt. Bei den Hethitern ist das als Gottheit verehrte Vlies wie erwähnt eng mit dem Königtum verbunden. Von ihnen haben die Griechen noch zwei weitere Wörter für Fell, Schlauch – hurritisch *as-hi*[95] „Fell" zu ἀσκός „Schlauch"

Symanzik, B.: Die alt- und mittelpolnischen Handwerksbezeichnungen. Münster 1993. S. 132f. „L'aube scythique du monde slave" behandelt F. Cornillot in SLOVO, Revue du Centre d'etudes russes, eurasiennes et sibériennes 14. Paris 1994. S. 77-259.

[88]   Berneker, a.a.O., S. 535.

[89]   Wörterbuch der Mythologie, hrsg. v. H. W. Haussig, I 2: Götter und Mythen im Alten Europa. Stuttgart 1973. S. 116 und S. 133f.

[90]   Benveniste, E.: Etudes sur la langue ossète. Paris 1959. S. 12f. zu RV 5.52.12.

[91]   Strabon XI 4,5 (502) und Plutarch, Pompeius 35,3. Vgl. allgemein Alföldi, Voretruskischer Römerstaat, S. 81ff.

[92]   Burkert, a.a.O., S. 39. Hellanikos 4 FGrH F89 (Jacoby). – Erstaunlicherweise verweist der Name eines Daktylen, in dessen Mysterien Pythagoras sich einweihen ließ (Porphyrios, vita Pythag. 17), vgl. Harrison, J.: Themis (²1927). Gloucester, Mass. 1974. S. 56, auf das Tierfell: *Morgos* bedeutet nämlich nach Hesych auch ledernes oder rindshäutiges Behältnis (καὶ σκυτινιον τεῦχος ἄλλοι τεῦχος βόειον). Damit könnte zwar vielleicht ein Blasebalg gemeint sein, denn andere Daktylen-Namen leiten sich auch von Schmiedegerät her, doch finde ich die von der Verwendung von Tierfell sich herleitende Bedeutung im Kontext von Mysterien und Goëten schon bemerkenswert.

[93]   Matriarchalische Einflüsse auf die Stellung des Schmiede-Königs: Alföldi, Voretruskischer Römerstaat, S. 52f.

[94]   Mnaseas erwähnt sie in seinem 1. Buch „über Asien" (4 FGrH F 89).

[95]   Laroche, E. : Glossaire de la langue hourrite = Rev. Hittite et Asianique 34/35 (1976/77). S. 59: *aše* „peau". Freundlicher Hinweis von K. Metzler. Gamkrelidse, T. W. – Iwanow, W. W.: Die Frühgeschichte der indoeuropäischen Sprachen, in:

und hethit. *kurša*[96] zu βυρσα „(abgezogene) Haut", mittellatein. *bursa*, deutsche *Börse* und *Bursche* (als Nutznießer einer *Burse*) – übernommen.

Diesen Begriff *Byrsa* schließlich benutzt nun der ebenfalls aus Ostanatolien, aus dem kommagenischen Samosata stammende Lukian in einem seiner Skythen-Dialoge, nämlich „Toxaris oder über die Freundschaft" zur Bezeichnung des Opfer-Felles in einem Bündnis-Ritual[97]. Geopfert wird hier zwar ein Rind, aber in einem indischen Parallelfall wird der Widder genannt[98]. Das skythische Bündnis wird nach vollzogenem Opfer gültig, indem der loyalitätsempfangende Partner sich schließlich auf die Byrsa niedersetzt und die in das Bündnis Eintretenden einen Fuß auf das Fell setzen. Denn, so läßt Lukian den Skythen erklären, mit dem Fell verhält es sich nach unserem Brauch so: „... es ist der sicherste Vertrag und den Feinden unangreifbar, weil es voll den Schwur aufnimmt ... das Treten auf die Byrsa ist nämlich der Eid"[99]. Es wird deutlich, daß mit der φιλία aus dem Untertitel des Toxaris-Dialoges bei dem hier zitierten Vorgang nicht eine griechische, auf gegenseitiger Gefühlsneigung und privater Entscheidung beruhende Freundschaft gemeint ist, sondern ein vor Göttern – als Teilhabern am gemeinsamem Opfer – und Natur – das Fell liegt auf der Erde, der Schwurzeugin[100] – öffentlich bekundetes Rechtsverhältnis gegenseitiger unauflöslicher Verpflichtung. Politisch ist dieser Vorgang wohl nur nach moderner Kategorisierung, so wie das als religiöses Phänomen ebenfalls von Lukian überlieferte Ritual der Aufnahme in die Panegyris der Großen Syrischen Göttin von mir weiter oben unter rituellem Aspekt als

---

Spektrum der Wissenschaft, Mai 1990. S. 136f.: hurrit. *as-hi* = griech. ἀσκός „Fellschlauch". Herodot VII 26,3 nennt die Haut, die Apollo dem Marsyas abgezogen hat, ἀσκός. Sie sei auf dem Markt von Kelainai bzw. (dort ?) in einer Quellgrotte (Xenophon, Anab. I 2,8) aufgehängt. Die Römer sind menschlicher, sie stellen den lebenden Marsyas mit einem Weinschlauch auf dem Rücken dar – als Municipal-Symbol (Veyne, P.: Le Marsyas „colonial", in: Rev. Phil. 35 [1961]. S. 87. ... Rawson, P. B.: Marsyas in roman visual arts. Oxford 1987).

[96] Tischler, J.: Hethitisches etymologisches Glossar I. Innsbruck 1983. S. 654-657.

[97] Lukian, Toxar. 48 – nach Kroll, W.: Alte Taufgebräuche, in: ARW 8 (Beiheft = Festschrift für H. Usener) (1905). S. 39.

[98] Kalhanas Rājataranginī, A chronicle of the kings of Kásmir, übers. v. Sir Aurel Stein. London 1900, I. S. 225, Vers 326: König Sambhuvardhana (10. Jhd.) schließt ein Bündnis mit einem Dāmara, indem beide einen Fuß auf ein mit Blut bestrichenes Widderfell setzen – nach Zachariae, Th.: Auf einem Fell niedersitzen, in: ARW 15 (1912). S. 635-638, bes. S. 637 mit weiteren kaschmirischen Beispielen.

[99] Lukian, Toxar. 47: τέλος δὲ καὶ ἐπὶ τῆς βύρσης ἐκαθέζετο. 48: Τὸ δὲ ἔθος ἡμῖν τὸ περὶ τὴν βύρσαν οὕτως ἔχει ... σύνταγμα βεβαιότατον καὶ ἀπρόσμαχον τοῖς ἐχθροῖς ἅτι καὶ ἔνορκον ὄν ... τὸ γὰρ ἐπιβῆναι τῆς βύρσης ὅρκος ἐστίν.

[100] Die Erde, manifestiert in Schwursteinen und -felsen, ist in den Schwur einbezogen in Griechenland (Kolb, F.: Agora und Theater, Volks- und Festversammlung. Berlin 1981. S. 37, Anm. 124) und im alten Israel (Frazer, J. G.: Folklore in the Old Testament II. London 1918. S. 401ff.).

Einweihung behandelt ist[101]. Archaisches Denken hat diese Unterscheidung gewiß nicht gemacht. Mit G. Lüling ist hier vielmehr von einer durch Zeichen und Gesten sichtbar und wirksam gemachten magischen Sicherung von Handlungen zu sprechen, die er unter dem weiten Begriff des „Bedeckungsritus" faßt und damit – A. Gehlen zitierend – Rituale meint, die „den aktiven Weg einer inneren Zurichtung durch die Herbeiführung qualifizierender Zustände" darstellen[102].

Rückblickend scheint mir eine methodologische Reflexion des hier Vorgelegten sinnvoll: Lukians zum Schluß herangezogene Toxaris-Episode könnte vielleicht schon für sich aussagekräftig genug sein, um das Motiv der beiden Männer mit dem Vlies auf dem Pektorale der Tolstaia Mogila zu erklären. Dennoch scheint sich mir der Umweg durch das Labyrinth eines Zettelkastens gelohnt zu haben: das Vlies ist ein zu komplexes Symbol, als daß es monoperspektivisch zu fixieren wäre. Wie und mit welchen der hier zu rekonstruierenden Konnotationen allerdings ein Skythe – ob Träger des Pektorale oder dessen ehrfürchtiger Betrachter – das Vlies sah, bleibt natürlich ebenso dahingestellt wie die Frage der Kommunikation dieses Wissens, ob historisierend-individualisierend in einem Epos erzählt wie man vermutet[103], in ritualbegleitenden Hymnen oder sonstwie.

Ich habe hier nicht willkürlich Zeugnisse aller möglichen Sprachen, Ethnien und Epochen herangezogen, sondern habe ausgehend von dem Postulat, daß in mehr oder minder benachbarten Kulturfeldern Eurasiens Wörter und Zeichen oft jeweils nur isoliert und fragmentarisch überliefert sind oder unter sich jeweils verengenden oder erweiternden Aspekten fortentwickelt haben, in der kulturgenetischen Betrachtungsweise des Historikers[104] die Teile eines ursprünglichen Ganzen aus versprengten Elementen zu rekonstruieren versucht. Die Etymologie habe ich dabei im Bemühen, archaischem Denken näherzukommen unter der Voraussetzung einer Kongruenz von Wörtern und Sachen benutzt, die die jeweiligen Wörter und Sprachen nicht nur nach Lautgesetzen, sondern auch in Kontexten von Lebenswelten, Kulturkontakten und Weltbildern zu begreifen sucht.

---

[101] Siehe oben S. 257.

[102] Lüling, a.a.O., S. 57.

[103] Siehe oben Anm. 6 (Katalog-Text Paris 1975).

[104] Zur religionsgeschichtlichen Homogenität des frühen Eurasien vgl. die methodischen Bemerkungen bei Ginzburg, C.: Hexensabbat. Entzifferung einer nächtlichen Geschichte. Berlin 1990. S. 209ff., S. 219, Anm. 4 und S. 271.

Das Pektorale aus der Tolstaja Mogila

„Abstandsbetonung". Zur Entwicklung des Innenraumes griechischer Tempel in der Epoche der frühen Polis[*]

Zur Erinnerung an Gerhard Zinserling
11.06.1926 – 11.11.1993

Daß Sakralarchitektur in ihrem Aufbau – und der Struktur ihrer Innenräume zumal – nach theologischen Vorstellungen konzipiert wird, ist zumindestens außerhalb der Kunstgeschichte ein Gemeinplatz. Im Paradeigma der „Mittelalterlichen Architektur als Bedeutungsträger" – so der Titel des Buches von G. Bandmann, 1994 nunmehr in 10. Auflage erschienen – ist das wiederholt mit eindrucksvollen Interpretationen erhellt worden. In einer solchen religionsgeschichtlichen Perspektive soll hier noch einmal die Entwicklung des frühen griechischen Monumental-Tempels betrachtet werden, um an einem Beispiel der Kunst, eben der Tempelarchitektur, den Wechselwirkungen von Religion und Gesellschaft nachzugehen.

Denn in der Architekturgeschichte ist es üblich, den griechischen Tempel als ein plastisches Gebilde zu begreifen. Die Frage nach seinem Innenraum – sofern sie überhaupt gestellt wird – pflegt eher zurückzustehen. Das ist insofern bis zu einem gewissen Grade verständlich, als bekanntlich die entsprechenden Bauteile häufig nicht nur sehr fragmentarisch, sondern gelegentlich sogar überhaupt nicht erhalten sind. Zudem war einerseits in der Antike selbst der Zutritt zu ihnen für Besucher oft durch Sakralgesetze beschränkt, zum anderen beeinflußte in der Neuzeit der normsetzende Klassizismus des frühen 19. Jahrhunderts, indem er den Tempel als nobilitierendes Zitat in seiner nach außen gewandten denkmalhaften Monumentalität wahrzunehmen lehrte, auch die kunstarchäologische Wertung.

Gerhard Zinserling kommt das Verdienst zu, in immer neuen Ansätzen die sinn- und formstiftende Bedeutung des Tempelinnenraumes erhellt zu haben[1]. Den Raum von seinem ihn konstituierenden Inhalt, dem Kultbild, her begreifend erkannte er die wechselseitige Abhängigkeit der jeweiligen Raumgestalt des Tempels und der Art der kultisch-rituellen bzw. theologisch-dogmatischen

---

[*] Dieser Vortrag wurde schon in weitgehend übereinstimmender Form veröffentlicht in der archäologischen Zeitschrift HEPHAISTOS 13, 1995, 57-71.

[1] Zinserling, G.: Kultbild – Innenraum – Fassade, in: Das Altertum 2 (1957). S. 18ff. Zeus-Tempel zu Olympia und Parthenon zu Athen – Kulttempel? Ein Beitrag zum Raumproblem griechischer Architektur, in: Acta Antiqua Hung. 13 (1965). S. 41ff.; Abriß der griechischen und römischen Kunst. Leipzig 1970. S. 42ff.; Innenraumprobleme griechischer Tempelarchitektur, in: Beitr. d. Winckelmann-Ges. 8 (1977). S. 25ff.; Griechische Tempel – Raumgestalt und Körperform, in: Mitteil. d. Winckelmann-Ges. 52 (1988). S. 5ff.

Beziehungen zwischen Götterbild einerseits und Priestern oder/und Gläubigen andererseits – nicht ohne immer wieder auf den notwendigen Bezug zu den sozioökonomischen Rahmenbedingungen der jeweiligen Epoche zu verweisen. Von seinen Erkenntnissen und Deutungen ausgehend sollen ihm zu Ehren hier Aspekte der Entstehungsphase des Langhaus-Tempels im 7. und 6. Jahrhundert v. Chr. behandelt werden.

Die archäologischen Probleme der Frühgeschichte des griechischen Tempels sind gerade in der deutschsprachigen Forschung neuerer Zeit in bedeutenden Beiträgen aufgearbeitet worden. Es kann daher hier dankbar auf die entsprechende Literatur verwiesen werden[2]. Die andererseits auch schon von A. Snodgrass anvisierten Beziehungen zwischen seiner baulichen Gestaltung und politischen Rahmenbedingungen[3] hat W. Martini unter den Schlagworten „Vom Herdhaus zum Peripteros" jüngst in einem wichtigen und weiterführenden Aufsatz in den Blick gerückt[4]. Er betont aufgrund der archäologischen Befunde zu Recht das bemerkenswerte Phänomen der Diskontinuität zwischen dem alten Herdhaus mit der Eschara, dem Herdaltar, als Mittelpunkt aristokratischer Kultgelage und dem schon durch sein Längenmaß als Hekatompedos monumentalisierten Langhaus für das Kultbild einer jeweils ganz bestimmten Gottheit. Um diesen Bautypus, auch als Wohnhaus der Gottheit[5] bezeichnet, deren Altar als ritueller Ort der kultisch bedeutsamen gemeinschaftlichen Opfer v o r dem Gebäude steht, wird es im folgenden gehen.

Sowohl die seit der ersten Hälfte des 7. Jahrhundert v. Chr. durch die umlaufende Säulenstellung des Peripteros monumentalisierten hundert Fuß langen Tempelhallen als auch ihre schlichteren Vorläufer von gleicher oder

---

[2] Mit bibliographischen Verweisen auf die ältere Forschung Mallwitz, A.: Kritisches zur Architektur Griechenlands im 8. und 7. Jhd. v. Chr., in: AA 1981. S. 599ff.; Knell, H.: Architektur der Griechen. Darmstadt ²1988. – Wenig hilfreich für unsere Fragestellung ist Bordenache, R.: L'espace architectural dans la Grèce archaïque, classique et hellénistique. Roma 1977 (= Atti XXI Congresso di Storia dell'Architettura [Athen 1969]). S. 93ff. – Zum Raum in der griechischen Plastik: Sonntagsbauer, W.: Ein Spiel zwischen Fünf und Sieben, in: ÖJhbl, 1991-92 Beibl. Sp. 69ff., bes. Sp. 116ff. – Zum Raum in der griechischen Philosophie: Algra, K.: Concepts of space in greek thought. Leiden 1995. – Allgemein: Jammer, M.: Das Problem des Raumes. Darmstadt 1960.

[3] Snodgrass, A.: Archaeology and the rise of the greek state. Cambridge 1977. S. 21f., S. 25f.

[4] Martini, W.: Vom Herdhaus zum Peripteros, in: JdI 101 (1986). S. 23ff.

[5] Den *oikos* einer Göttin erwähnt, ohne daß man sein Aussehen spezifizieren könnte, schon in mykenischer Zeit eine Linear B-Inschrift aus Theben: *po-ti-ni-ja wo-ko-de* (Th Of 36,2 nach Casevitz, M.: Temples et sanctuaires: ce qu'apprend l'étude lexicologique, in: Temples et Sanctuaires, hrsg. v. G. Roux. Lyon 1984. S. 81ff., bes. S. 90, Anm. 76). Zu Form und Funktion früher „Gottes-Häuser" vgl. Rutkowski, B.: Neues über vordorische Tempel und Kultbilder, in: Ägaische Bronzezeit, hrsg. v. H. G. Buchholz. Mainz 1987. S. 407ff. sowie Dietrich, B. C.: Die Kontinuität der Religion im Dunklen Zeitalter Griechenlands, ebd., S. 478ff., bes. S. 491ff.

ähnlicher Länge, jedoch noch ohne die Ringhallen – vgl. also etwa Thermos, Aigeira, Eretria oder Samos[6] – zeichnen sich gemessen an späteren Bauten durch eine ungewöhnliche Schmalheit aus, die durch eine lange Reihe von Mittelstützen noch betont zu werden scheint. Am Beispiel von Samos, wo in beiden frühen Heratempeln, dem des 8. Jahrhunderts ohne umlaufende Säulen (Heraion I – Abb. 1) und dem Peripteros aus der Zeit vor der Mitte des 7. Jahrhunderts (Heraion II – Abb. 1) das Kultbild durch seine Basis nachgewiesen unmittelbar vor der Rückwand steht[7], hat G. Zinserling seinen Begriff der „Abstandsbetonung" gefaßt:

> „Das Kultbild ... sollte von der am Altar vor seinem Eingang versammelten Gemeinde abgesondert werden. Sein „Entferntsein" konnte nur durch Abstandsbetonung sinnfällig gemacht werden; diese Abstandsbetonung wurde in der Tiefendimension des Raumes realisiert. Das nur räumlich gestaltbare Problem der Abstandsbetonung kann als das Zentralproblem des frühgriechischen Tempels bezeichnet werden; von dort her erklärt sich dessen auch in der Körperform faßbare Langgestrecktheit"[8].

Indem er die Theologie des Kultbildes ernst nimmt und von ihm die sinnstiftende Bedeutung für die architektonische Form ableitet, bezieht er im Fortschreiten seiner Entwicklungsgeschichte des Tempelgrundrisses die Längen- und Breitenverhältnisse von Seitenptera, Pronaos und Opisthodom sowie die Proportionen der Cella und ihrer gelegentlichen Teilräume auf ihre Position zum Kultbild als der   g e i s t i g e n   Mitte des Tempel-Innenraumes. Der Abstandsbetonung   f r ü h e r   Situierungen des Kultbildes entspricht   s p ä t e r   in charakteristischen Fällen – sinnfällig im Zeustempel von Olympia[9] oder auch ganz besonders im sogenannten Hera-Tempel von Selinunt (E) – das stufenweise Ansteigen des Bodens von der Vorhalle über den Pronaos und die Cella zum Kultbild bzw. bis zum Adyton[10]. In der gänzlich anderen Gestaltung des Parthenon mit der U-förmig um die Athena-Statue herumführenden Säulenstellung der Cella sieht er daher zu Recht den formalen architektonischen Ausdruck der Tatsache, daß die Parthenos des Phidias eben kein Kultbild

---

[6]   Vgl. Martini, a.a.O., S. 24, Anm. 15. Zu Aigeira W. Alzinger in Klio 67 (1985). S. 389ff., bes. S. 430f.

[7]   Kyrieleis, H.: Führer durch das Heraion von Samos. Athen 1981. S. 78ff.

[8]   Zinserling, Griechische Tempel, S. 10.

[9]   Zinserling, Kultbild, S. 27.

[10]   Berve, H. – Gruben, G. – Hirmer, M.: Griechische Tempel und Heiligtümer. München 1961. S. 222: auf die 10 Stufen Freitreppe folgen nach 6 Stufen zur Cella noch 3 weitere zum Adyton, in dem schließlich das Kultbild wohl durch einen Baldachin umschlossen wurde – falls 4 entsprechende Pfostenlöcher seine Anbringung belegen können.

sondern ein Weihgeschenk war[11]. Von dieser sublimen Auffassung des Götter-
bildes in der Klassik Athens ist die archaische Gestaltung des Blickes auf das
Kultbild jedoch noch weit entfernt. In diesem Kontext spielt es natürlich keine
Rolle, daß der jeweils ursprünglich konzipierte Raum durch eventuelle spätere
Postierung von Weihgeschenken aller Art so zugestellt werden konnte, daß die
einst geplante Raumwirkung beeinträchtigt werden konnte.

Ehe nun der sich aufdrängenden Frage nachgegangen wird, was die Erbauer
der Heraia in Samos dazu bewog, mit architektonischen Mitteln etwas zu
bewirken, das (zumindest dem modernen Beurteiler) als eine Betonung des
Abstandes zum Kultbild erscheint – analog zu W. Martinis Frage, weshalb die
Tradition des Herdhauses abbrach und der Peripteraltempel entstand[12], ist noch
auf ein bemerkenswertes raumbildendes Motiv einzugehen und nach seiner
möglichen Herkunft zu fragen, da die neue Gestaltung des Innenraumes nicht
aus heimischen, d.h. minoisch-mykenischen oder westkleinasiatischen Vorstufen
abgeleitet werden kann: Im Heraion II von Samos ist die ältere Innenstützen-
Reihe weggefallen, neu sind dort entlang den Langseiten Innenstützen auf einer
bankettartigen Fundamentierung[13]. Ihnen entsprechen im Heraion von Olympia
(Abb. 2) – „kaum vor 600 v. Chr. erbaut"[14] – Zungenmauern und Säulen im
Wechsel, vergleichbar in ihrer ästhetischen Wirkung denen im Apollo-Tempel
von Bassai (Abb. 3)[15] oder noch im späten Artemis-Tempel von Lousoi (Abb.
4)[16]. In der schematisierten Grundrißzeichnung bleiben diese Zungenmauern und
Innenstützen vor der Wand Punkte und Striche, erst im ziemlich gut erhaltenen
Tempel von Bassai (Abb. 5) wird ihre innenraumbildende Ausdruckskraft
deutlich. In diesem Raum kommt bekanntlich den Reihen der Zungenmauern die
optische Bedeutung zu, durch ihre rahmende Funktion den Blick des Besuchers
zu führen, also durch die Staffelung der seitlichen Begrenzungen über die
Tiefenwirkung räumliche Distanz zu erzeugen, wie das auch Paul Anczykowski
mit seinem Film „Augenende" (1987) zu verstehen lehrte.

Vergleichbar mit den Heraia scheint mir der Blick in die Kolonade des
Eingangs in den Grabbezirk des ägyptischen Königs Djoser (3. Dynastie, etwa
2635-2615) in Saqqara mit ihren Papyrusbündel-Zungenmauern (Abb. 6)[17]. Der
Vorbau dieser Kolonade hat in den vier Doppelpilaster-Wänden auch das

---

[11] Zinserling, Innenraumprobleme, S. 40f.

[12] Martini, a.a.O., bes. S. 27f. und S. 29.

[13] Zur Problematik der Befunde Mallwitz, Kritisches zur Architektur, S. 624ff.

[14] Mallwitz, A.: Olympia und seine Bauten. Darmstadt 1972. S. 138 mit Abb. 109.

[15] Berve – Gruben – Hirmer, a.a.O., S. 152.

[16] Vgl. V. Mitsopoulos-Leon in ÖJh 58 (1988) (Grabungen 1987), S. 15, Abb. 1:
Grundriß – mit Haupt(?)Eingang an der südlichen Langseite.

[17] Firth, C. M. – Quibell, J. E.: Excavations at Saqqara. The Step Pyramid. Kairo 1935.
Taf. 54. Weitere Literatur bei Porter, B. – Moss, R. L. B.: Topographical Bibliography
III: Memphis. Oxford ²1981. S. 399ff. zum „entrance complex" bes. S. 405f.

Analogon zu den vier quer gestellten Stützen vor der Cella des Haraions II von
Samos. In beiden Fällen kommt dieser Schranke die von G. Zinserling
hervorgehobene Abstandsbetonung zu[18]. Diese Funktion hat in besonderer
Weise der Blick durch die Pylone und Tore eines traditionellen ägyptischen
Tempels (Abb. 7)[19], verkürzt in den Rahmungen ägyptischer Götterbilder durch
ineinander = hintereinander gestaffelte Tore (Abb. 8)[20], in Samos noch erkennbar im Schrein mit dem dreifachen Tor-Architrav der Göttin Mut = Hera auf
einem bronzenen Votiv-Spiegel aus dem Heraion[21]. Diese Art der Blickführung
bzw. des Weges durch Reihen von Toren[22] oder Säulenpaaren hin zum
Götterbild, die schon Strabon in seiner Beschreibung des ägyptischen Tempels
bemerkte, ist Abstandsbetonung.

Der Blick auf Ägypten ist so anstößig nicht, wie er Klassizisten erscheint.
Martin Bernals „Black Athena"[23] hat – von möglichen Fehleinschätzungen in
gelegentlichen Details einmal abgesehen – immerhin den Vorzug, darauf
aufmerksam gemacht zu haben, daß die Griechen selbst sich durchaus im Banne
und unter dem Einfluß des Orients sahen. In Samos ist das offensichtlich: unter

---

[18] Zinserling, Griechische Tempel, S. 11 mit dem Hinweis auf die ein Jahrhundert
spätere Monumentalisierung dieser Säulenreihe am sog. Tempel C von Selinunt.

[19] Keel, O.: Die Welt der altorientalischen Bildsymbolik und das Alte Testament.
Zürich – Neukirchen-Vluyn ²1977. Abb. 238a.

[20] Keel, a.a.O., Abb. 238. Vgl. ebd., S. 18f. mit Abb. 9-13 zur Metaphorik der „Tore
des Himmels". Die eminente theologische Bedeutung des Tores wird deutlich in der
Vielfalt der „Tornamen der ägyptischen Tempel", von denen Th. Grothoff in seiner
gleichnamigen Münsteraner Dissertation (1995) 145 Beispiele gesammelt und
besprochen hat, die allermeisten davon aus dem Neuen Reich. – Vgl. den erhaltenen
ägyptischen Holzrahmen (und seine moderne Kopie) bei Ehlich, P.: Bild und Rahmen
im Altertum. Leipzig 1953. Abb. 109 u. 112. – Möglicherweise hat auch das Epitheton
des „hunderttorigen" Theben – seit Ilias 9, 383 immer zwar auf Stadttore bezogen –
doch seinen Ursprung in mißverstandenen Eulogien thebanischer Gottheiten, die erst
hinter hundert Toren sichtbar werden. – Durchgänge aus drei Balken sind übrigens
bemerkenswerterweise auch über den Holz p r ü g e l – B r ü c k e n – wegen (vgl.
pontifex zu *pons*) früher germanischer Opferstätten in Wittnmoor, Kr. Wesermarsch
nachgewiesen (H. Hayen in Die Kunde NF. 22 [1971]. S. 116ff. mit Abb. 16 und
Verweis auf bronzezeitliche Vorgänger). Sie lassen an das römische Ritual des „sub
jugum ducere" denken. – Reihen von Durchgangsbögen (*torii*) vor Schreinen kennt
ferner der shintoistische Kult in Japan (Wörterbuch der Mythologie, hrsg. v. H. W.
Haussig, VI. Stuttgart 1994. S. 138f. [H. Zachert]). Hier Abb. 9 = Shinto-Schrein beim
Komyo-ji in Dazaifu, Kyushu (Photo L. Bulazel).

[21] P. Munro in ZäS 95 (1969). S. 92, Anm. 1 – vgl. Nofret die Schöne. Die Frau im
Alten Ägypten. Ausstellungskatalog. Mainz 1984. Nr. 55 mit Hinweis auf ein weiteres
Exemplar aus dem Heraion von Perachora. Mut identifiziert als Hera: U. Wilcken in
UPZ II Nr. 162 Col. I 28 (nach Munro, a.a.O., S. 109, Anm. 93).

[22] Strabon XVII 1, 28 (805): *propyla* aufgereiht an einem *dromos*.

[23] Bernal, M.: Black Athena. The Afroasiatic Roots of Classical Civilization, I: The
Fabrication of Ancient Greece 1785-1985. London 1987. Zur Forschungsgeschichte
bzw. ihren ideologischen Implikationen vgl. auch Burkert, W.: Die orientalisierende
Epoche in der griechischen Religion und Literatur. Heidelberg 1984. S. 7ff.

den frühen Kleinfunden aus dem Heraion um 700 v. Chr. sind a u c h einige griechische, 85 % aber stammen aus dem Orient, die Hälfte von 66 Statuetten etwa allein aus Ägypten[24]. Herodot wußte, daß die samische Elle der ägyptischen entspricht[25]. In der Gestaltung der samischen Kouros-Statuen hat H. Kyrieleis die ägyptischen Vorbilder auch im Detail nachweisen können[26]. Die „ägyptischen Einflüsse in der griechischen Architektur" hat G. Hölbl behandelt[27]. In seine Beobachtungen mag sich der hier vorgelegte Nachweis der ägyptischen Anregung für die Innenraum-Strukturierung durch gliedernde Wandvorsprünge einfügen. Dabei befremdet vielleicht der Hinweis auf den zwei Jahrtausende früheren Grabbezirk des Djoser. Der aber wurde gerade in der Spätzeit von Besuchern aufgesucht – aus der Saitenzeit gibt es einen Schacht in seiner Stufenpyramide[28], und merkwürdigerweise wurde der später vergöttlichte Imhotep, der auch als Architekt der Anlage von Saqqara galt – eine ihn nennende Inschrift wurde in bzw. bei der Kolonade gefunden[29], in saitischer Zeit in Statuetten gerade auch im griechischen Kulturraum[30] bekannt. Zu erinnern ist in diesem Kontext auch an J. L. Bensons Nachweis ägyptischer Totenbücher als gestalterische Vorbilder für den Bilddekor[31] bestimmter griechischer geometrischer Amphoren, deren Form übrigens auch Parallelen im ägyptischen Neuen Reich hat[32]. Da die „*philobarbaroi*" unter den antiken Autoren nicht müde werden, für ihre Götter ältere ägyptische Entsprechungen zu finden, steht zu vermuten, daß mit der Übernahme von Totenbuch-Motiven und Architektur-Elementen zur Abstandsbetonung auch religiöse Konzepte übernommen wurden. Sie scheinen mir über die Bedeutung des Priestertums und der von ihm

---

[24] Kilian-Dirlmeier, I.: Fremde Weihungen in griechischen Heiligtümern vom 8. bis zum Beginn des 7. Jhds. v. Chr., in: Jhb. RGZM 32 (1985). S. 215ff., bes. S. 236 und S. 240.

[25] Herodot II 168. Vgl. zum Proportionenvergleich griechischer Kouroi mit ägyptischen Statuen der 26. Dynastie E. Guralnik in AJA 82 (1978). S. 461ff. Ahrens, D.: Reconstructing Ancient Measurement Systems, in: Curator 27 (1984). S. 75ff.

[26] Kyrieleis, H.: Der große Kouros von Samos. Bonn 1996.

[27] G. Hölbl in ÖJh 55 (1984). S. 1ff., bes. S. 4 zum extremen „Wegeeffekt" der Abfolge von Räumen und S. 6ff. zur „dorischen Säule" in Ägypten. Auch sie ist – ohne das dorische Kapitell – schon im Grabbezirk der Djoser vorhanden (Firth – Quibell, a.a.O., Taf. 26, 79, 80, 2). Ihren ägyptischen Ursprung nahm schon 1834 Ludwig Ross bei seinem Besuch von Samos an (Ross, L.: Griechenland. Frankfurt 1990. S. 179 – freundlicher Hinweis von S. Wölffling). Zur „egyptian connection" der Dorer genüge hier der Hinweis auf Danaos im Mythos von Argos.

[28] Porter – Moss, a.a.O., S. 400. Es gibt auch – allerdings nur ägyptische – Besucherinschriften in der Stufenpyramide (Firth – Quibell, a.a.O., S. 77ff.).

[29] Porter – Moss, a.a.O., S. 407 zur Djoser-Statue Kairo JE 49889.

[30] Statuette im Museum Nicosia (Zypern).

[31] Benson, J. L.: Horse, Bird and Man. Amherst 1970.

[32] Amphora in Boston, Museum of Fine Arts 64. 9.

getragenen Theologisierung der Religion auch zur Distanzerfahrung beigetragen zu haben, mit der die Griechen der nachhomerischen Zeit ihre Götter erlebten.

Denn daß die Nähe der Teilnehmer am Kultgelage zu ihren Idolen im engen Raum des frühen Herdhauses ein anderes Erleben der Gottheit meinte als die Distanz zum Kultbild im Langhaus-Tempel, scheint mir auch vor dem Hintergrund einer zunehmenden Entrückung der Götter in immer weitere Fernen sinnvollerweise anzunehmen zu sein: Seit der Ionischen Wanderung ist der ferne Olymp Sitz der Götter, dorthin versetzen die Auswanderer[33] die Gemeinschaft all jener ursprünglich lokalen Einzelgötter, deren alte Verehrungsorte sie verließen und die sie nur in Bildern mitnehmen konnten. Schon Homer kennt die zeitweilige Abwesenheit der Götter bei den seligen Äthiopen[34]. Ähnliches gilt bekanntlich von Apoll bei den Hyperboreern. Im 5. Jahrhundert treibt Aristophanes im „Frieden" seinen Scherz mit dem Rückzug der Götter in immer fernere Tiefen des Himmels[35], wo sie dann nach Platon und Demokrit als *hyperouranioi*[36] in den Intermundien wohnen. „Die leicht dahin lebenden Götter"[37] der Klassischen Kunst sind es, die schon Karl Marx in seiner Dissertation als die des Epikur erkannt hat[38]. Was bei dem hellenistischen Denker als philosophische Spekulation endet, scheint mir schon mit der rituellen Ausdrucksform der Abstandsbetonung in den frühen Hekatompedoi-Tempeln begonnen zu haben: Vergeistigung als Theologisierung über Distanzerzeugung. Folgt man der Schluß-Pointe von Roberto Calassos „Hochzeit von Kadmos und Harmonia" (1990), so hat gerade ein weiteres orientalisches Erbgut dieser Epoche – die Übernahme der Alphabet-Schrift von den Phöniziern – die Griechen gezwungen, die auf eben dieser Hochzeit noch erfahrene Anwesenheit der Götter künftig sublimer zu verstehen: Kadmos hatte Griechenland „mit Geist begabte Geschenke" gebracht: an kleinste Zeilen gespannte Vokale und Konsonanten, „eingegrabenes Vorbild einer Stille, die nicht schweigt" – das Alphabet. Mit dem Alphabet würden die Griechen sich dazu erziehen, „die Götter in der Stille des Geistes zu erleben und nicht mehr in der vollen und normalen Gegenwart, wie er sie noch hatte erleben können am Tage seiner Hochzeit."

Der Abstandsbetonung zum Zweck der Exaltation des Kultbildes im Innenraum entspricht die Monumentalisierung der Außenerscheinung des Tempels

---

[33] Snell, B.: Die Entdeckung des Geistes. Hamburg ³1955. S. 57.

[34] Äthiopien als mythischer Ort: Thimme, J.: Griechische Salbgefäße mit libyschen Motiven, in: Jhb. Staatl. Kunstslgen. Baden-Württ. 7 (1970). S. 7ff., bes. S. 12f.

[35] Aristoph., Pax 197-207.

[36] Platon, Phaidros 247 c. Zu Demokrit vgl. D. Kövendi in Altheim, F.: Geschichte der Hunnen V. Berlin 1962. S. 85f.

[37] Otto, W. F.: Die Wirklichkeit der Götter. Reinbek 1963. S. 14ff.

[38] Lange, E. – Schmidt, E. G. u.a. (Hrsg.): Die Promotion von Karl Marx – Jena 1841. Berlin 1983. S. 68 (= MEW Erg. Bd. I, 1968, S. 283) gegen den Spott über die Götter des Epikur in den Intermundien: „Und doch sind diese Götter nicht Fiktion des Epikur. Sie haben existiert. *Es sind die plastischen Götter der griechischen Kunst.*"

durch die Hinzufügung des Säulenumgangs – auch er wohl möglicherweise nach ägyptischen Anregungen zu verstehen. Da W. Martini sich in seinem schon genannten Aufsatz eben diesem Bau-Element des neuen Hekatompedos-Tempels mit besonderem Interesse gewidmet hat, wird verständlich, daß für ihn „die Beschränkung auf den schmalen Naos ... primär Ausdruck der geringen Bedeutung des Innenraumes"[39] bleiben muß. Von der Position des Kultbildes und der rahmenden Blickführung durch die Wandvorsprünge her begriffen wird aber nach G. Zinserling gerade auch das Tempelinnere bedeutungsvoll, so daß Martinis Frage „Weshalb?", mit der er den Traditionsbruch zwischen älterem Herdhaus und neuem Peripteros problematisiert, auch für die Monumentalisierung des Innenraumes zu stellen ist.

Mit manchen Einzelbeobachtungen und Analogien belegt er, daß „der Kult aus dem Adelskontext gelöst wird"[40] und verweist ferner für das Zurücktreten der Einzelherrschaft in einem charakteristischen Beispiel auf die in Athen 683/82 v. Chr. vollzogene Ablösung des Basileus, also des erblichen Königtums, durch das jährlich wechselnde Archontat[41]. Ohne hier mit einer Zeitgleichheit argumentieren zu wollen, läßt sich doch ein bemerkenswertes Phänomen anschließen: die nach antiker Überlieferung mehrfach wechselnden Namen der Stadt Athen. Bevor nämlich die Stadt und ihre Einwohner sich nach ihrer Stadtgöttin nannten, hießen jene *Kranaoi*[42] nach dem Könige Kranaos und hieß die Stadt *Ogygia*[43] nach dem Könige Ogygos nzw. *Kekropia*[44] nach dem Könige Kekrops. Die durch solche Art der Namengebung herausgehobene Bedeutung des Königs wurde schließlich in signifikanter Weise an die neue Symbolfigur, die Stadtgöttin Athena, abgetreten: Auf der Akropolis scheint der alte Athenatempel den Platz des mykenischen Königspalastes eingenommen zu haben. Damit trat die Verehrung der Göttin an die Stelle der älteren Rituale im Megaron des Königs[45].

F. de Polignac hat in seiner Darstellung der „Entstehung der griechischen Stadt" mit der Festsetzung des Agalma, der Sistierung des Kultbildes die

---

[39] Martini, a.a.O., S. 28.

[40] Ebd., S. 30.

[41] Ebd., S. 34.

[42] Herodot VIII 44, 2. Strabon IX 1, 18 (397).

[43] Marmor Parium 239 FGrHist. A 1 (Jacoby).

[44] Ebd. A 3. Auch Pausanias I 2, 6 kennt wie das Marmor Parium noch eine vierte nach *Aktaios* und fügt die Umwandlung des Namens *Aktaia* nach der Tochter *Atthis* des Kranaos in das geläufige *Attika* hinzu.

[45] Zur Kontinuität des Kultes auf der Akropolis und ihrer Problematik Burkert, W.: Griechische Religion der archaischen und klassischen Epoche. Stuttgart 1977. S. 93f. mit Hinweis auf die Bedeutung des „Basileus" im Kult des Dionysos. Vgl. dazu Ehrenberg, V.: Der Staat der Griechen I. Leipzig 1957 (1932). S. 13.

kultische Sanktionierung des neuen territorialen Gebildes Polis verbunden[46], das die als Genossenschaft im Ritual gemeinsamer Mahlzeiten verbundenen älteren Strukturen des Personenverbandes ablöste[47]. Aristoteles beschreibt Vergleichbares, wenn er feststellt, daß die Demokratie „auch die Heiligtümer der Einzelnen zusammenführen muß zu wenigen und gemeinsamen" und die von früher gewohnten Kultvereinigungen aufgelöst werden sollen[48]. Entsprechendes gilt für die Verehrung der Toten: mit der Errichtung eines *dēmosion sēma* wird in der Folge des Sieges bei Marathon[49] in Athen die Bestattung der für die Gesamtheit der Stadt im Krieg gefallenen Bürger nicht mehr den jeweiligen Familien erlaubt, sondern in einem Staatsgrab im Kerameikos mit jenem propagandistischen Zeremoniell zelebriert, das N. Loraux als „die Erfindung Athens"[50] analysierte – Konstituierung von Gemeinschaft also durch Distanzerzeugung in der Verehrung der Götter wie der Toten.

Polignacs Betonung des Territoriums entspricht einem räumlichen Denken, das auch M. Detienne mit dem Ordnungskonzept des „in die Mitte Stellens" als Frühform egalitärer, gemeinschaftsbildender Metaphorik herausgearbeitet hat[51]. Wenn räumliche Vorstellungen also im archaischen Griechenland so prägend werden, muß auch die Betonung des räumlichen Abstandes zum Kultbild bedeutungsvoll sein. Die „Funktion des Ringhallentempels in der Entstehungsgeschichte der griechischen Polis" – so der Untertitel eines Vortrages H. von Hesbergs[52], läge also in der Monumentalisierung[53] jenes Kultes, der nach

---

[46] Polignac, F. de : La naissance de la cité grecque. Paris 1984. S. 66.

[47] Dieses Konstrukt einer idealtypischen Sukzession schließt natürlich nicht ein Weiterleben der älteren Kultform unter veränderten Bedingungen aus. So ist etwa in Athen noch im 4. Jhd. vom Kultlokal des *genos* der Eteobutaden die Rede, das der Vater des Aischines „mieten" konnte (Vgl. allgemein die Beiträge von Bergquist, Morris, Bookides, Tomlinson u.a. in Murray, O. [Hrsg.]: Sympotica. Oxford 1994 ; ferner: Roussel, D. : Tribu et cité. Paris 1976. S. 134). Am Jerusalemer Tempel scheinen solcher Art genutzte Räume um den Hof herum zusammengefaßt worden zu sein. Jeremias 35, 2 und 4 spricht von der Feier der Rehabiten in der *lishkah* (= griech. *lesche*) der Bene Hanan, die in den folgenden Versen durch ihre Position zu weiteren nach Personen bzw. Geschlechtern benannten Räumen bestimmt ist.

[48] Aristot. Polit. VII 1319 b 24. Vgl. auch Polignac, a.a.O., S. 125.

[49] Czech-Schneider, R.: Das *demosion sema* und die Mentalität der Athener, in: Laverna 5 (1994). S. 3-37.

[50] Loraux, N.: L'invention d'Athènes. Paris 1981.

[51] Detienne, M.: Les maîtres de vérité dans la Grèce archaique. Paris 1967. S. 83ff.

[52] Hesberg, H. von: Architektur und Ritual, Vortrag in Essen am 15.10.1991.

[53] Trigger, B. G.: Monumental architecture: a thermodynamic explanation of symbolic behaviour, in: World Archaeology 22, 2 (1990). S. 119ff. geht auf die monumentale Tempelarchitektur der griechischen Städte nur flüchtig ein (S. 128), offensichtlich weil die Selbstdarstellung der Poleis in ihren Tempeln nicht in sein Konzept von „egalitären Gesellschaften" (S. 120) paßt. Viel warme Luft wird gebraucht, um Thorstein Veblens „conspicuous consumption" von 1899 (S. 124f.) jung-dynamisch zu stylen. Konkretere Einsichten in die soziopolitische Dynamik monumentalen Bauens als Symbolform einer

Aristoteles die Zersplitterung der früheren Clan-Rituale beendet und der mit Polignac dem gefestigten Territorium der Polis im Agalma ein die ephemeren und partikularen Interessen verbindendes Zentrum gibt, das sich im Falle Athens als dem Vorort des durch Synoikismos geeinten Attika eben auch in der neuen Benennung nach Athena als der göttlichen Schützerin der gesamten Bürgerschaft zeigen ließe.

Daß erst eine größere politische Einheit überhaupt in der Lage ist, die neue Kultform, wie sie sich in den Peripteroi mit Innenraumgestaltung für ein Kultbild entfaltet, dauerhaft und wirksam zu gewährleisten, hat B. Gladigow so beschrieben:

> *„Mit dem großen, bald überlebensgroßen und ortsfesten Kultbild im Tempel ... ändern sich die kultischen und organisatorischen Bedingungen der Gottesvorstellungen grundsätzlich. Die regelmäßige Versorgung des Kultbildes – von der Unterhaltung des Tempels ganz zu schweigen – bedingt eine auch ökonomisch anspruchsvollere Institution, mit einer ganzen Reihe von das gesamte religiöse System betreffenden Konsequenzen. Der Zugang zum Kultbild ist nunmehr, bis hin zu den Modalitäten der Annäherung und zum Blickwinkel des Kultteilnehmers, steuerbar und kontrollierbar – von Opfertarifen und Verwertungsansprüchen ganz zu schweigen. Die Heilsmöglichkeiten des einzelnen – um einmal Max Webersche Perspektiven ins Spiel zu bringen – unterliegen auf dem Wege über das ortsfeste Kultbild der jeweiligen Territorialherrschaft, zu der das Tempelgelände gehört. Das im Innern des Tempels aufgestellte, dem freien Blick und freien Zugang entzogene Kultbild steht auch in der Konsequenz eines ausgestalteten Begriffs von Grundeigentum"[54].*

An eben diesem Grundeigentum aber entzünden sich die krisenhaften sozialen Konflikte der archaischen Polis.

Noch etwas zu der architektonischen Gestaltung dieser „Modalitäten der Annäherung und zum Blickwinkel des Kultteilnehmers." Hier wird vorgeschlagen, die Anregungen für die formalen Elemente der Abstandsbetonung durch eine Folge von Tordurchgängen bzw. Blickrahmungen in Gestalt der Mauervorsprünge in ägyptischen Vorbildern zu suchen. Dabei folgt die Architekturform hier konsequent den rituellen Bedürfnissen, denn wenn G. Hölbl am Innenraum des frühen Langhaustempels dessen „extremen Wegeeffekt"[55]

Gemeinschaft bietet Warnke, M.: Bau und Überbau. Soziologie der mittelalterlichen Architektur nach den Schriftquellen. Frankfurt 1976.

[54] Gladigow, B.: Epiphanie, Statuette, Kultbild. Griechische Gottesvorstellungen im Wechsel von Kontext und Medium, in: Visible Religion 7 (1990). S. 98ff., hier: S. 106.

[55] Oben Anm. 27.

konstatiert und H. von Hesberg von „Prozessionsstraße" und „Distanz"[56] spricht, so ist daran zu erinnern, daß eben diese Elemente auch das Ritual im ägyptischen Tempel prägen. J. Assmann sieht in dessen Architektur „eine Art gebauter Zentralperspektive", die komplementär sowohl das Kultbild als „Zentrum" als auch den „Weg" umfaßt, wenn an Festtagen der in Prozession ausziehende Gott seinen Weg durch die Reihe der Tore nimmt. „ S e i n e m Weg, und nicht dem des Menschen, gibt die Folge der Säle, Hallen und Höfe architektonische Gestalt"[57]. Zumindest für das Kultbild der Hera von Samos sind rituelle Prozessionen überliefert[58]. Abstandsbetonung ist also durchaus dialektisch zu begreifen – als Bezeichnung des Weges, den die Gottheit zu nehmen beliebt, um sich aus der hieratisch-sakralen Ruhe des innersten Tempels in den Festtaumel der Ausnahmesituation einer alljährlich sich wiederholenden Prozession zu begeben, wie auch andererseits als ambivalente Distanzierung der Sterblichen von dem erhabenen Bild, und das heißt sowohl – um mit N. Luhmann zu formulieren: als „Verknappung des Gnadenmittels" wie auch als Schutz vor der magischen Gewalt des Kultbildes[59].

Die unterschiedlichen Stufen homerischer Gottesvorstellungen können zur Abstandsbetonung in ihren mannigfachen Erscheinungsformen Analoges als Moralisierung erkennbar werden lassen: Während im Epos die Heroen üblicherweise sich von den Reden ihrer herbeitretenden Schutzgötter leiten lassen, weist Zeus am Anfang der Odyssee (I 32ff.) von der Höhe des Olymp den Menschen selbst die Verantwortung für ihre eigenen Freveltaten zu. Die Haltung des demgegenüber moralisch Handelnden wird folglich im – eher nach Hesiod und Solon denn nach Homer klingenden – Herrscherlob aus Munde des Odysseus wegen seiner Gerechtigkeit (*eudikia*) gegenüber dem Volk gottes- f ü r c h t i g (*theoudēs*) genannt[60]. Später verinnerlicht dann das sich in der Polis konstituierende Zusammenleben der Bürger, die inzwischen an die Stelle der homerischen Helden getreten sind, die nötige Moral im Gehorsam gegenüber dem Gesetz, zu dessen Überhöhung die frühe politische Sprache mit der Formel

---

[56] Oben Anm. 52.

[57] Assmann, J.: Ägypten. Theologie und Frömmigkeit einer frühen Hochkultur. Stuttgart 1984. S. 40f.

[58] Kyrieleis, Führer, S. 17. Generell: Burkert, Griechische Religion, S. 163ff.

[59] Gladigow, B.: Zur Konkurrenz von Bild und Namen im Aufbau theistischer Systeme, in: Wort und Bild, hrsg. v. H. Brunner – R. Kann nicht. München 1979. S. 103ff., hier: S. 109. Vgl. Evers, H. G.: Der griechische Tempel, in: Festschrift für H. Schrade. Stuttgart 1960. S. 1ff., hier: S. 31.

[60] Od. 19, 109-111. Von Sir Moses Finley (Die Welt des Odysseus. München 1979. S. 100f.) als „anachronistisch" modern innerhalb der an sich schon durch ihre Humanisierung der Götter Neues bringenden homerischen Religion bezeichnet. *Theoudēs* (zu deos Furcht) findet sich im Epos nur in der Odyssee – an dieser Stelle und dreimal im stereotypen Vers vor den Abenteuern mit unbekannten Fremden in der bangen Frage nach der Gottes-Furcht, die jeweils als das Zeichen von Zivilisiertheit erhofft wird (Od. 6, 121; 8, 576; 9, 176).

nomos basileus die Exaltation evoziert, die dem Monarchen gebührt. Wie vor ihm im Idealfall alle Bürger gleich sind, so die große Opfergemeinde, die sich durch das gemeinsame Opfer v o r dem Langhaus-Tempel der Gottheit, am Altar konstitiert – dies als mein Versuch, Distanz-Erfahrung aus der religiösen Erfahrung der Epoche zu verdeutlichen.

Insofern die Monumentalisierung des Langhaustempels durch Innenraumgestaltung und Peristasis in den Kontext der Polisentstehung gestellt ist, bekommt schließlich auch die Betonung der ägyptischen Vorbilder einen zusätzlichen Erklärungswert: Um die neue, Einheit und Identität stiftende Funktion des Tempels clan- und schichtenübergreifend sinnfällig und würdig darzustellen, bedarf es offensichtlich neuer Formen und Formate. Sie können nicht eigenen, notwendigerweise partikularen Traditionen entstammen, sondern werden außerhalb, eben im Orient gesucht, von wo das bewährte Alte als nobilitierendes Zitat mit dem Wert des Exotischen und Würdevollen zur kunstvollen Darbietung des neuen Eigenen genutzt wird. In Gestalt und Bedeutung der archaischen Kouros-Statue sind vergleichbare Phänomene zu beobachten[61]. Fremde Handwerker, wie sie H. G. Evers postuliert[62], sind dabei eher überflüssig, denn die Übernahme rangerhöhender Motive aus der durch Alter und Monumentalität sich auszeichnenden Welt des Orients kann gerade durch eigenständige und bewußte *imitatio* zum Nachweis für das Selbstwertgefühl der aufstrebenden jüngeren Kultur werden.

Zum Schluß noch eine wissenschaftshistorische Beobachtung zur eingangs angesprochenen Geringschätzung des Innenraumes griechischer Tempel durch die traditionelle Architekturgeschichte: Zu ihren klassizistischen Gründungsmythen gehört die Berufung auf das angebliche Konzept der Urhütte bei Vitruv[63]. Deren vier Pfosten/Säulen bestimmen den Bau als Körper und eben nicht als Raum – so jedenfalls dogmatisch ausgearbeitet im 18. Jahrhundert von Marc-Antoine Laugier SJ[64] in seinem *Essay sur l'Architecture* von 1753 (Abb.

---

[61] Metzler, D.: Archaische Kunst im Spiegel archaischen Denkens. Zur historischen Bedeutung der griechischen Kouros-Statuen, in: Festschrift für M. Wegner. Bonn 1992. S. 291ff., hier: S. 301f.

[62] Evers, a.a.O., S. 14.

[63] Vitruv, de architect. II 1, 2ff. – Wie sehr dieser Primitivismus antikes entwicklungslogisches Konstrukt ist (Müller, K. E.: Geschichte der antiken Ethnographie und ethnologischen Theoriebildung I. Wiesbaden 1972. passim; bes. S. 337f.), lehren die staunenswerten Architekturfunde von Nevali Çori im türkischen Kurdistan aus dem Frühen Neolithikum: Zwei aufeinander folgende quadratische Kultanlagen mit einer großen Bild-Nische und 188 bzw. 178 m² Innenraum geben mit ihren „fast monumentalen Abmessungen, der Aufstellung monolithischer Pfeiler und Stelen ... den Nachweis, daß diese Form der Kultbauten im Vorderen Orient auf eine lange Tradition bis ins 8. Jahrtausend v. Chr. zurückreicht" (Hauptmann, H.: Nevali Çori. Eine Siedlung des akeramischen Neolithikums am mittleren Euphrat, in: Nürnberger Blätter z. Archäol. 8 [1991-92]. S. 15ff., hier: S. 30).

[64] Laugier, M. L.: Essay sur l'architecture. Paris 1753. Vgl. Mertens, D.: Johann Hermann Riedesels Betrachtungen zur alten Baukunst in Sizilien. Stendal 1992. S. 20ff.

12). Als „basic model of perfection" beeinflußte dieses vitruvianisch-laugiersche Pfostengerüst jedoch nicht nur die frühe Kulturtheorie, sondern trug offensichtlich auch die kunstarchäologische Wertung des als freistehendes Denkmal wahrgenommenen Baukörpers des griechischen Tempels. „Goethe vor dem Straßburger Münster" hat unter dem Eindruck gotischer Architektur 1772 „vier Mauern auf vier Seiten" als Grundordnung des Bauens gesehen und sich seit seinem Münster-Aufsatz immer ironisch von der Überschätzung der Säulen durch den „lieben Abt" distanziert[65].

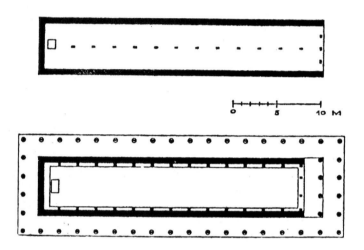

Abb. 1: Samos, Heraion I und II, Grundrisse (nach Kyrieleis 1981) [S. 157]

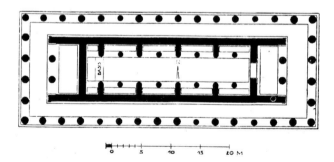

Abb. 2: Olympia, Heraion, Grundriß (nach Berve/Gruben 1961) [S. 157]

Die Rigorisität der 4-Stützen-Konstruktion in Laugiers Darstellung wird besonders deutlich im Vergleich mit der Variationsbreite, die für die „Urhütte" in den Kulturentstehungs-Allegorien die Ikonographie des 16. Jhds. bereithielt (Panofsky, E.: The early history of man in a cycle of paintings by Piero di Cosimo, in: Journ. Warburg Inst. 1 [1938-38]. S. 12ff., bes. Taf. 3 a-e). Selbstverständlich haben diese Hütten wie auch bei Vitruv Wände.

[65] Liess, R.: Goethe vor dem Straßburger Münster. Zum Wissenschaftsbild der Kunst. Leipzig 1985. S. 99 und S. 100.

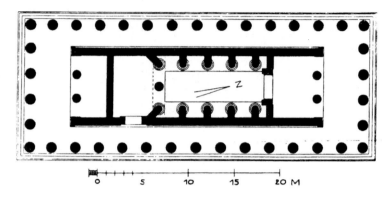

Abb. 3: Bassai, Apollontempel, Grundriß (nach Berve/Gruben 1961) [S. 158]

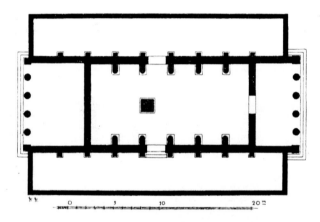

Abb. 4: Lousoi, Artemistempel, Grundriß
(nach Reichel/Wilhelm, Österr. Jahresh. 4, 1901, 24 Fig. 14) [S. 159]

Abb. 5: Bassai, Apollontempel, Innenansicht
(nach Mallwitz, AM 77, 1962, 167, Abb. 2) [S. 161]

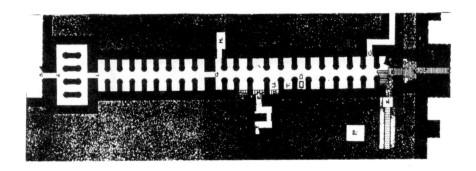

Abb. 6: Saqqara, Djoser-Bezirk, Grundriß des Eingangsbereichs [S. 162]

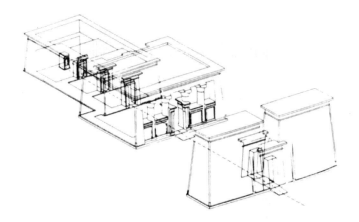

Abb. 7: Isometrische Darstellung der Portafolge eines ägyptischen Tempels
(Kalabscha) (nach Keel ²1977) [S. 163]

Abb. 8: Torfolge in einem ägyptischen Tempel
(Relief aus Begrawija, Meroë)
(nach Keel ²1977) [S. 164]

Abb. 9: Durchgangsbogen (torii) vor einem
Shinto-Schrein (Dazaifu, Japan)
(Foto Bulazel) [S. 165]

Abb. 10: Vitruvus ‚Urhütte' in einer Illustration
zu Marc-Antione Laugier (Essai sur l'Architecture, Paris 1753 [nach Original]) [S. 171]

Das Pferd auf den Münzen des Labienus –
ein Mithras-Symbol?

Die lange Reihe der Münzen der römischen Republik, deren typologische Mannigfaltigkeit im Gegensatz zu der monolithischen Prägung des Kaiserreiches die unterschiedlichen Interessen konkurrierender Prägeherren widerspiegelt, endet mit dem Aureus und dem Denar des Quintus Labienus im Jahre 40 v. Chr.[1] „The last republican issue" – wie M. H. Crawford sie nennt[2] – illustriert wie kaum eine die Widersprüchlichkeit der historischen Situation. Geprägt im kleinasiatischen Kilikien[3] und nicht im Rom des Triumvirats, zeigt ihre Rückseite ein fremdländisches Symbol: ein gesatteltes Pferd der schweren parthischen Rasse nach rechts, mit geschlossenen Beinen und verhängten Zügeln stehend (Abb. 2 und 3). Fast scheint es, als sei diese Pferdedarstellung, die sicher von parthiscben Münzbildern mit ungesatteltem und ungezügeltem Pferd inspiriert ist, zugleich auch eine Antwort auf die Prägung Octavians vom Sommer 43 v. Chr. mit der Reiterstatue und dem Porträt des Prägeherren – geprägt auf dessen Marsch auf Rom als seine erste Emission[4]. Auf der Vorderseite hat auch die Labienus-Münze das Porträt des Prägeherrn selbst (Abb. 1), von der an der Stirn beginnenden und vom Zentrum her zu lesenden Inschrift Q.LABIENVS PARTHICVS IMP eingefaßt. Die Anordnung von Kopf und Schrift im Perlkreis nimmt, wie auf einigen weiteren Porträtmünzen[5] der Zeit, das Schema des kaiserzeitlichen

[1] Babelon, E. : Description historique et chronologique des monnaies de la republique romaine. Paris 1885/86. S. 2f. (Atia); Grueber, H. A.: Coins of the Roman Republic in the British Museum. London (1910) 1970, II 500. S. 131 (im folgenden: Grueber); Bahrfeld, M.: Die römische Goldmünzenprägung. Halle 1923. S. 69; Sydenham, E. A.: The Coinage of the Roman Republic. London 1952. S. 1356f. (im folgenden: Sydenham); Crawford, M. H.: The Roman Republican Coinage. Cambridge 1974. S. 524 (im folgenden: Crawford). – Vom Aureus sind nur 4 Exemplare bekannt (MMAG, Auktion 43, 1970, Nr. 424), auch der Denar wird ungewöhnlich hoch bewertet. Der hier abgebildete Denar ist MMAG, Auktion 19 (1959) Nr. 153 veröffentlicht. Für die Beschaffung der Photos danke ich Frau Prof. M. Alföldi.

[2] Crawford, S. 742 zu Nr. 524.

[3] Ebd., S. 604.

[4] Parther: BMC Parthia 77 Nr. 66 Taf. 15, 8 (Orodes I. 57-38, der Bündnispartner des Labienus). Octavian: Crawford, S. 500 zu Nr. 490, 3

[5] Vgl. Alföldi, A.: Porträtkunst und Politik in 43 v. Chr., in: Nederl. Kunsthist. Jaarb. 5 (1954). S. 165; Instinsky, U.: Die Siegel des Kaisers Augustus. Baden-Baden 1962. S. 21, Anm. 39.

Münzbildes vorweg. Labienus, der angetreten ist, die Republik gegen die
Triumvirn zu verteidigen, benutzt wie diese für die Münzpropaganda sein
eigenes Porträt und weist mit seinem Beinamen und dem Bild des parthischen Pferdes auf die Möglichkeit fremder Hilfe hin. Der Frage nach der
Bedeutung dieser Pferdedarstellung gilt die vorliegende Untersuchung.

Zunächst der historische Hintergrund[6]. Labienus, Sohn des gleichnamigen Legaten Cäsars und schließlich wie sein Vater dessen Gegner, war als
Parteigänger der Cäsarmörder Brutus und Cassius von diesen vor der
Schlacht bei Philippi (42 v. Chr.) mit der Bitte um Hilfe, die auch tatsächlich
in Gestalt von Reitertruppen gewährt wurde, zum parthischen König Orodes
geschickt worden. Nach der Schlacht erst gelang es ihm, der als Republikaner die Proskriptionen durch die Triumvirn zu fürchten hatte, den zögernden
Orodes zu einem Eingreifen in Syrien zu überreden, während Octavian und
Antonius im Perusinischen Krieg einander gegenüberstanden. Der zwischen
diesen Beiden in Brundisium 40 v. Chr. geschlossene Verständigungsvertrag
konnte Orodes von seinem Unternehmen nicht abbringen. Im selben Jahre
schickte er unter dem Kommando seines Sohnes Pacorus Truppen nach Syrien[7]. Während diese erfolgreich und von großen Teilen der Bevölkerung als
Befreier vom römischen Joch bejubelt bis Jerusalem vordrangen[8], rückte
Labienus über Apamea nach Kleinasien vor. An der Südküste erfolgreich,
traf er erst vor den griechischen Städten Kariens auf Widerstand[9]. Im folgenden Jahr schickte ihm Antonius P. Ventidius Bassus entgegen. Diesem gelang es, Labienus auf Kilikien zurückzudrängen. Demetrios, ein Freigelasse-

---

[6]   Die wichtigsten Quellen sind: Vell. Pat. 2, 78; Strab. 14, 24 (660); Plut. Ant. 28
und 30; Cass. Dio 48, 24-26 und 39-40; Iustin., Epit. 42, 4, 7. Eine eigene Schrift
über Labienus hatte Appian (bell. civ. V 65, 276) angekündigt. – Dazu Debevoise,
N. C.: A political history of Parthia. Chicago 1938. S. 97ff.; Syme, R.: The Roman
Revolution. Oxford (1939) 1966. S. 223 und 259; Magie, D.: Roman Rule in Asia
Minor. Princeton 1950, I. S. 430f., II. S. 1280f. Rostovtzeff, M.: Die hellenistische
Welt. Gesellschaft und Wirtschaft. Stuttgart 1955, II. S. 799f. III. S. 1361;
Buchheim, H.: Die Orientpolitik des Triumvirn M. Antonius. Heidelberg 1960. S.
27, S. 75 und S. 79f. – Zur Beurteilung des Labienus, den Syme, Magie und
Crawford, dem Verdikt durch die Hofhistoriker des Prinzipats folgend, schlicht als
Renegaten bezeichnen, vgl. andererseits Buchheim, Orientpolitik, S. 27 und S. 79
sowie Timpe, D.: Die Bedeutung der Schlacht von Carrhae, in: MusHelv. 19 (1962).
S. 118, Anm. 91 und Ziegler, K.-H.: Die Beziehungen zwischen Rom und dem Par-
therreich. Wiesbaden 1964. S. 35.

[7]   Zu den Problemen der Chronologie Buchheim, Orientpolitik, S. 118, Anm. 188.

[8]   Debevoise, A political history, S. 117; Roth, C.: Messianic Symbols in Pales-
tinian Archaeology, PEQ 87 (1955), S. 164; Neusner, J.: A history of the Jews in
Babylonia I. Leiden 1955. S. 29f.

[9]   Vgl. Bean, G. E.: Kleinasien III. Jenseits des Mäander. Stuttgart 1974. S. 35, S.
92, S. 98, S. 103, S. 192, S. 233, S. 259. Auf diesen Widerstand spielt auch Tacitus
(Ann. III 62, 2) an. Nach Plutarch (Ant. 30) gingen die Vorstöße sogar bis Lydien
und Ionien.

ner Caesars, spürte schließlich den verkleidet in die kilikischen Berge Geflüchteten auf und nahm ihn gefangen.

Welche Koalitionsmöglichkeiten gab es während dieser Zeit für Labienus in Kleinasien? An wen wandte sich die Propaganda seiner dort, also während des Feldzuges[10], geprägten Münzen? Sie tragen Porträt und Namen eines Cäsargegners und weisen zugleich mit Beinamen und Rückseitenbild auf die Parther hin. Der Beiname, den die Zeitgenossen richtig als Hinweis auf seine parthische Macht verstanden – und je nach Parteinahme entsprechend verhöhnten[11] – wurde zweieinhalb Jahrhunderte später von Cassius Dio[12] falsch gedeutet: er ist jedoch nicht triumphal als Ehrenname eines Siegers über die Parther zu verstehen[13], sondern als Cognomen[14] und weist darauf hin, daß Labienus von den Parthern kommt, so wie Gordianus I. Africanus[15] an der Spitze afrikanischer Truppen als Senatskaiser gegen Maximinus Thrax aufstand, oder Vitellius Germanicus[16] mit der Rheinarmee gegen Galba marschierte. Für alle drei gilt, daß ihr Marsch auf Rom als Wiederherstellung einer verletzten Ordnung verstanden werden sollte. An den „Parthicus" knüpfen sich also Hoffnungen, die das Rom des Octavian, zumindest in Kleinasien, nicht mehr einlösen konnte. Dem entspricht die Charakterisierung des Pferdes auf der Rückseite, denn nicht nur rassisch ist es iranisch bezeichnet – schwere Hinterhand und kleiner Kopf[17], sondern auch die Schabracke mit stützenden Wülsten vorn und hinten – Frühform des Sattels –[18] und der herabhängende Köcher[19] – kein Steigbügel, wie auch vorgeschlagen

---

[10] Bellinger, A. R.: Notes on Some Coins from Antioch in Syria, in: ANSMus Notes 5 (1952), S. 62; Crawford, S. 604. – Münzprägungen während des Feldzuges – κατὰ στρατείαν – sind bei den Parthern üblich, vgl. Mithridates I. (123-87): SNG Copenhagen 59 und Artaban II. (88-77): BMC. Parthia 40 Nr. 22f.

[11] Strab. 14, 2, 24 (660): Hybreas von Mylasa stellt sich dem Παρθικὸς αὐτοκράτωρ ironisch als Καρικὸς αὐτοκράτωρ entgegen.

[12] Cass. Dio 48, 26, 5.

[13] Debevoise, A political history, S. 110, Anm. 66.

[14] RE XII (1924). S. 259, sv. Labienus (Münzer).

[15] Kneissl, P.: Die Siegestitulatur der römischen Kaiser. Göttingen 1969. S. 40.

[16] Ebd., S. 39.

[17] Vgl. Strab. II, 13, 7 (525). Walser, G.: Die Völkerschaften auf den Reliefs von Persepolis. Berlin 1966. S. 104ff. Reiche Bibliographie bei Brentjes, B.: Das Pferd im Alten Orient, in: Säugetierkundl. Mitt. 40 (1972). S. 325ff. (non vidi).

[18] Ghirshman, R. : La selle en Iran, in: Iranica Antiqua 10 (1973). S. 94ff., bes. S. 102f.

[19] So von Grueber (II 500) und H. A. Cahn (Kat. der Slg. Haeberlin Nr. 2900) gedeutet. Denkbar wäre auch noch ein lederner Schenkelschutz (παραμηρίδιον), doch ist dieser nach Ausweis lykischer Denkmäler breiter (Bernard, P.: Une pièce d'armure perse sur un monument lycien, in: Syria 41 [1964]. S. 195ff.).

wurde[20] – weisen auf die Parther, jedoch kaum auf deren militärische Macht, wie man aus der Darstellung erschließen wollte[21]. Denn durch das Pferd allein ist die parthische Reiterei nur unzureichend charakterisiert[22]. Es steht daher zu vermuten, daß das gesattelte Pferd mit Köcher und verhängten Zügeln – es scheint für einen unsichtbaren Reiter bereitzustehen – einen Bezug auf Geistiges hat, das über das vordergründig einleuchtende Militärische hinausweist, zumal wenn man bedenkt, daß Labienus zeitweilig nur wenige parthische Truppen mit sich führte[23] und mit dem einzigen für ihn überlieferten Münzbild nicht nur diese Parther, sondern auch die Bevölkerung der zu befreienden Gebiete ansprechen mußte, so daß diese Bildaussage möglichst universell gehalten sein sollte, d.h., über militärische Bedrohung hinaus auch etwas bleibend Positives auszudrücken hatte.

---

[20] Alföldi, A.: Die Herrschaft der Reiterei in Griechenland und Rom nach dem Sturz der Könige; in: Festschrift für K. Schefold. Basel 1967. S. 17f. mit Anm. 41 und Taf. 9, 9-10. Von L. White jr. (Die mittelalterliche Technik und der Wandel der Gesellschaft. München 1968 [engl. 1962]. S. 133f.) wird die Deutung als Steigbügel aus sachlichen Gründen abgelehnt, obwohl sie in die Entwicklungsgeschichte dieser für die Militär- und Sozialgeschichte so eminent wichtigen Erfindung paßte, sind doch Steigbügel in Indien im 2. Jh. v. Chr. auf den Reliefs von Sanchi und im 2. Jh. n. Chr. auf einer Kūshān-Gemme nachweisbar (White, Die mittelalterliche Technik, S. 25 mit 114 und Abb. I – nach dem Schrifttypus von Rosenfield, J. M.: The Dynastic Arts of the Kushans. Berkeley/Los Angeles 1967. S. 102, Nr. 1 in die Zeit Kanishkas I. oder die Frühzeit Huvishkas datiert). Dagegen sind die von der Satteldecke eines Pferdes auf der Amphora von Tschertomlyk. (Minns, E. H.: Scythians and Greeks. Cambridge 1913. Abb. 57 und 48, White, Die mittelalterliche Technik, S. 115) wie auch auf einem Eberkopfrhyton im Louvre (Charbonneaux, J.: Rhyton gréco-scythe du Musée du Louvre, in: La Revue du Louvre 12 [1962]. S. 295f.) – beide aus dem 4. Jh. v. Chr. – herabhängenden Gegenständen wegen der jeweils deutlich sichtbaren Schnalle als Sattelriemen anzusprechen. Vielleicht verbirgt sich hinter dem „medischen Mörser" – nach Raschi wohl als „Stegreif" zu erklären, den der Talmud unter dem unreinen Sattelzeug erwähnt (Mischna Kelim XXIII 2 = Monumenta Talmudica I, hrsg. v. S. Funck, Wien/Leipzig 1913. Nr. 342), eine Erwähnung des Steigbügels in frühsasanidischer Zeit. – In einer neueren Arbeit über die Ursprünge des Steigbügels versucht Kyzlasov, I. L.: Sur l'origine des étriers (russ. mit franz. Resumée), in: SovArch. 3 (1973). S. 24ff.) das Fehlen früherer Darstellungen mit dem Hinweis verständlich zu machen daß „l'absence des étriers sur les figurations anciennes reflète une tendance à la glorification du cavalier heroisé".

[21] Kent, J. P. C. – Overbeck, B. – Stylow, A. U.: Die römische Münze. München 1973. Nr. 102.

[22] „Equus Parthicus" bei den augusteischen Dichtern ist als pars pro toto zu verstehen – vgl. Properz 4, 4, 36 und Horaz, Carm. I, 19, 12; 3, 2, 3. Römische Darstellung parthischer Reiter zeigen etwa die Fayence-Kantharoi in Mainz (RGZM) und New York (Rostovtzeff, M.: Die hellenistische Welt II. Stuttgart 1954. Taf. CVII, 1 – angeblich aus Homs in Syrien, dem Operationsgebiet des Labienus und Pacorus.

[23] Cass. Dio 48, 39, 3. – Labienus trat nicht als parthischer Heerführer auf. Sein Verhältnis zu Orodes bezeichnet Iustin 42, 4, 7 als Bündnis (societas) und weist damit auf die Selbständigkeit beider Bündnispartner hin.

In der Tat haben denn auch vergleichbare Darstellungen gesattelter Pferde ohne Reiter in Iran[24] und Syrien[25], aber auch in Kilikien[26] religiöse Bedeutung, so daß es ferner nicht verwundern kann, auch ein gesatteltes und gezäumtes Kamel als theophores Tier zu verstehen. Ein solches zeigen seltene Münzen des Uranius Antoninus[27] (Abb. 9), auf denen H. R. Baldus wegen des Sattels „kein Last- sondern ein Reittier" erkannt hat. Allerdings muß es sich nicht um das Reittier eines Sterblichen – „Symbol für eine Expedition" des Kaisers – handeln. Sondern in Analogie zu den kamelreitenden Göttern aus Dura[28] und Palmyra[29] dürfte das Bild eher als anikonische Darstellung der Gottheit zu verstehen sein, zumal zahlreiche arabische Götter anikonisch oder in Idolen verehrt werden[30] und auch unsichtbar, in der Qubbah verborgen auf dem Kamel in die Schlacht geführt werden[31] – als Sieg verheißendes Zeichen. Diese Bedeutung scheint auch für die Münzen des Usurpators Uranius sinnvoll, die auf Urania = al-Lāt[32] hinweisen könnten, deren Idole etwa die Mekkaner in den Kampf begleiteten[33].

Anschaulich wird die Darstellung des Nichtdarstellbaren[34] besonders auf einem achämenidischen Rollsiegel in Berlin (Abb. 4), das über einem Pferd mit Schabracke und Zaumzeug eine geflügelte Sonnenscheibe zeigt[35]. Dazu fügt sich im Avesta Yasna I 11: „der schnelle Rosse besitzende Hvarexšaēta (= Sonnengott), das Auge des Ahura Mazdah." Geradezu wie eine Erklärung des Münzbildes mutet jedoch Tacitus' Beschreibung eines iranischen Kult-

---

[24] Shepherd, D. G.: Two Rhyta, in: BClevMus 53 (1966). S. 289ff.

[25] Seyrig, H. – Starcky, J.: Genneas, in: Syria 26 (1949). S. 230ff. Vgl. Goodenough, E. R.: Jewish Symbols in the Greco-Roman Period IX [= Bollingen Series 37]. New York 1964. S. 180ff.

[26] Siehe unten S. 291f..

[27] Baldus, H. R.: Die Münzen des Uranius Antoninus. Bonn 1971. S. 59f. mit Anm. 274, Taf. III, Nr. XIX, 26. Ein weiteres Exemplar: Hess & Leu, in: Auktion 49 (1971). Nr. 433.

[28] Rostovtzeff, M.: Dura and the Problem of Parthian Art, in: YaleClSt. 5 (1935). S. 226, Abb. 4.

[29] Ders.: Caravan Cities. Oxford 1932. S. 151, Taf. 22.

[30] Grohmann, A.: Arabien (Kulturgeschichte des Alten Orients). München 1963 (= HAW III I. 3. 3, 4). S. 82.

[31] Altheim, F.: Aus Spätantike und Christentum. Tübingen 1951. S. 32f. Vgl. die Terrakotta-Plastik in Berlin (Katalog Museum für Islamische Kunst. Berlin 1971. Nr. 451).

[32] Grohmann, Arabien, S. 82f.

[33] Ebd., S. 83.

[34] Zum Problem der Darstellung des Unsichtbaren vgl Schefold, K.: Vom Sichtbaren und vom Unsichtbaren in der griechischen Kunst, in: AA 1961. S. 231f.

[35] Berlin-Charlottenburg, Antikenabteilung F 180. Zwierlein-Diehl Nr. 195, Boardman, J.: Greek Gems and Finger-Rings. London 1970. S. 306, Nr.831.

rituals am Berge Sanbulos an – östlich von Ninive, im nördlichen Zagros zu suchen. Dort halten Priester des Herakles (= Verethragna?) bei ihrem Tempel Pferde für die Jagd. Sobald man sie mit Köcher und Pfeilen ausrüstet – wie das die Münze zeigt – stürmen diese Pferde nachts durch die Wildnis und kehren erschöpft und ohne Pfeile zurück, wobei ihr Weg durch erlegtes Wild markiert sei[36]. Ihren unsichtbaren, göttlichen Reiter hat man sich als eine Art „Wilder Jäger" vorzustellen, wie ihn auch die bekannten Bilder der Mithräen von Dura-Europos[37] und Dieburg[38] zeigen. Analoges gilt für Ritzzeichnung eines reiterlosen Pferdes mit einem Bogenköcher im Kaiserpalast zu Spalato[39], wo iranischer Einfluß nur scheinbar befremdlich ist, kennt doch die Notitia Dignitatum „comites Alani" als Palastgarde[40] – zwar in Italien, aber Spalato wurde ja nur von Diocletian als Palast benutzt, so daß diese Hilfstruppe aus Angehörigen eines iranischen Reitervolkes nach seinem Tode verlegt werden mußte.

In Iran selbst ist das gesattelte Pferd ferner mit dem Herrscherzeremoniell verbunden: dem Sasaniden Shāpūr I. wird auf seinem Relief in Bishāpūr in einem größeren Festzusammenhang ein gesatteltes Pferd zugeführt[41], das dem gezäumten Pferd vor dem thronenden Herrscher auf einem achämenidischen Siegelabdruck[42] zu entsprechen scheint, und im Festzug des Xerxes gehen zehn der heiligen nisäischen Pferde, denen die Gespanne des Gottes wie des Herrschers folgen[43]. Darf man in den heiligen Pferden die Reittiere der Fravashi sehen, jener Wesen, die den Himmel schützen[44] und denen Xerxes auf dem Hügel von Troja geopfert zu haben scheint?[45]

---

[36]   Tac. Ann. 13, 3. Altheim, F.: Zarathustra und Alexander. Frankfurt 1960. S. 125. Zur Lokalisierung des Berges: RE A I (1920). Sp. 2232, sv. Sanbulos (Weissbach). Ob tatsächlich Hercules der passende lateinische Name für die iranische Gottheit ist, bleibe dahingestellt.

[37]   Zuletzt: Vermaseren, M. J.: Der Kult des Mithras im römischen Germanien. Stuttgart 1974. Abb. 28.

[38]   Vgl. Schwertheim, E.: Die Denkmäler orientalischer Gottheiten im römischen Deutschland. Leiden 1974 (= EPRO 40). Nr.123 a mit Taf. 31/32; Vermaseren, a.a.O., Abb. 15.

[39]   Altheim, F.: Die Soldatenkaiser. Frankfurt 1939. S. 173 und S. 299, Abb. 57.

[40]   Seeck, O.: Notitia Dignitatum. Berlin 1876. Repr. Frankfurt 1962. S. 140 = Occ. VII 163.

[41]   Herzfeld, E.: Iran in the Ancient East. London 1941. S. 319, Taf. 117.

[42]   Legrain, L.: The Culture of the Babylonians. Philadelphia 1925. S. 325, Nr. 984, Taf. 46.

[43]   Hdt. 7, 40.

[44]   Kellens, J.: Mythes et conceptions avestiques sous les Sassanides, in: Acta Iranica 4 (1975) (= Festschrift für H. S. Nyberg I). S. 458f.; Widengren, G.: Die Religionen Irans. Stuttgart 1965. S. 22.

[45]   Hdt. 7, 42f.; Metzler, D.: Beobachtungen zum Geschichtsbild der frühen Achä-

Die iranischen Vergleichsbeispiele zeigen, daß ein antiker Betrachter die Pferdedarstellung auf der Münze eines PARTHICUS sehr wohl auf eine Hilfe aus Parthien beziehen konnte In der Tat wurde mit einer solchen Hilfe gegen Rom vielerorts gerechnet[46]. Cicero berichtet schon im Jahre 51/50 Entsprechendes von den Stämmen des Amanos-Gebirges im Grenzland zwischen Syrien und Kilikien[47], und von den Einwohnern der kleinen Stadt Pindenissos im Freien Kilikien sagt er ausdrücklich, daß sie „Parthorum adventum accerime exspectarent"[48]. Auf sein Urteil ist Verlaß, war er doch in diesem Jahr in Kilikien als Prokonsul für die Abwehr parthischer Einfälle verantwortlich. In Syrien war die parthische Verwaltung „offensichtlich populär"[49] und in Palästina, wohin sich das Parallelunternehmen des Pakoros wandte, hat es stets eine proparthische Partei gegeben. In ihrer Symbolsprache spielt auch das Parther-Pferd eine Rolle. So prophezeit in der Zeit Hadrians und seiner Nachfolger der Rabbi Simon ben Jochai: „Wenn ein Mann ein parthisches Pferd an einen Grabstein in Palästina angebunden erblickt, sollte er auf den Schritt des Messias lauschen"[50]. Diese messianischen Hoffnungen – der antirömisch eingestellten Unterschichten[51] – wurden im Laufe des 2. und 3. Jahrhunderts von den „gemäßigten" romtreuen Gruppen des Rabbinats[52] im wohlverstandenen Eigeninteresse abgeschwächt. Schon Labienus hatte Orodes gegenüber auf die romfeindliche Haltung der syrischen Gebiete hingewiesen[53], und ein römischer Raubzug des Antonius gegen die reiche Karawanen-Stadt Palmyra treibt deren flüchtende Bewohner nicht nur in die Arme der Parther, sondern veranlaßt Orodes im selben Jahre zum unmittelbaren Eingreifen in Syrien[54].

In ähnlicher Weise dürfen für Kleinasien in der Zeit des Labienus Klasseninteressen vermutet werden. Zwar kennt man von dort keine exakten Aussagen über die Hoffnungen der Unterschichten, wohl aber sind die wohlhabenden Schichten der griechischen Städte als entscheidende Gegner des

---

meniden, in: Klio 57 (1975). S. 450f.

[46] Über antirömische Stimmung und Kriegsorakel im Osten vgl. Windisch, F.: Die Orakel des Hystaspes. Amsterdam 1929. S. 45ff.

[47] Cic. Fam. 15, 2; Debevoise, A political history, S. 98f.

[48] Cic, Fam. 15, 4, 10.

[49] Cass. Dio 49, 20. Debevoise, A political history, S. 117.

[50] Encyclopaedia Judaica IV B (1971). S. 39, sv. Babylonia; Avi-Yonah, M.: Geschichte der Juden im Zeitalter des Talmud. Berlin 1962. S. 64.

[51] Ebd., S. 64f.

[52] Ebd., S. 66f.

[53] Cass. Dio 48, 24, 8. Debevoise, A political history, S. 116f.

[54] App. bell. civ. 5, 9f.; Debevoise, A political history, S. 108.

Labienus bezeugt[55], die, wie später etwa ein Aelius Aristides es deutlich ausspricht, sich dem römischen Kaiserreich als Kompradoren empfehlen – ähnlich wie in Kommagene, wo unter Tiberius nach dem Tode Antiochos III. die Oberschicht für die Übernahme in eine römische Provinz ist, während die Unterschichten die nationale und dynastische Autonomie – allerdings vergeblich – fordern[56]. Das muß allerdings keineswegs heißen, daß Labienus entsprechende Hoffnungen auch erfüllt hätte. Er zeigte wenig Verständnis: „Wie die anderen römischen Ausplünderer der Provinz brauchte er dringend Geld, das er, abgesehen von der Plünderung vieler Tempel, rücksichtslos von den Städten eintrieb"[57]. Dem entsprechen in Palästina die Plünderungen der parthischen Eroberer[58].

Auf der Seite des Labienus und der Parther sicher bezeugt sind aber lokale Dynasten, die zumindest dem Pompeius den Treueid geschworen hatten und von Cassius gefördert worden waren[59], als dessen Parteigänger sie Labienus ansahen und die erste Gelegenheit wahrnahmen, gegen den römischen Druck ihre guten Beziehungen zu den Parthern zu nutzen, allen voran Antiochos I. von Kommagene[60], der sich später den Titel Philoromaios zulegte. Er hatte seine Söhne zu den Parthern geschickt und Pacorus offen unterstützt[61]. Antonius nahm das zum Vorwand, hohe Bußgelder von ihm zu fordern. Neben einzelnen Dynasten stehen auf Seiten des Labienus auch römische Veteranen, die Brutus und Cassius in Apamea[62] – seit den Seleukiden das militärische Zentrum Syriens – angesiedelt hatten. Labienus konnte diese republikanisch gesonnenen Truppen durch Flugblatt-Propaganda – Pfeilschüsse trugen seine Pamphlete in die von dem Caesarianer L. Decidius

---

[55] Siehe oben Anm. 9.

[56] Ael. Aristides, 26 (Rede auf Rom) 59, 64, 65. Bleicken, J.: Der Preis des Aelius Aristides auf das Römische Weltreich, in: NGG 1966. Nr. 7. S. 250f., S. 272ff.; zu Kommagene Ios. Ant. Iud. 18, 53.

[57] Rostovtzeff, Die hellenistische Welt II, S. 800. Vgl; Strab, 12, 8, 9 (574).

[58] Debevoise, A political history, S. 112f.

[59] Syme, Roman Revolution, S. 259; Buchheim, Orientpolitik, S. 27.

[60] Ebd., S. 79ff.

[61] Cass. Dio 48, 41, 5.

[62] Cass. Dio 48, 25, 2. Schon unter den Seleukiden ist Apameia das militärische Zentrum Syriens (Strab. 16, 2, 10 [752]; Bickerman, E.: Institutions des Seleucides. Paris 1938. S. 92). Ferner ist diese Stadt, in der die Propaganda des Labienus ihre ersten Erfolge zeitigte, interessanterweise die Heimat des Poseidonios. Nach R. Turcan (Mithras Platonicus. Leiden 1975 [= EPRO 47]. S. 5f.) liegt dessen Geschichte des Pompeius den Berichten Plutarchs und Appians über die Mithras-Mysterien der Seeräuber zugrunde. Poseidonios richtete seine Aufmerksamkeit gerade auch auf die „action des prophéties dans la guerre psychologique menée par Mithridate contre Rome et ses partisans" – über das Vorgehen des Labienus ließe sich Entsprechendes sagen. Poseidonios starb 51/50 v. Chr. Über ein Weiterleben seiner Gedankenwelt in Apameia läßt sich nur spekulieren.

Saxa befehligte Stadt[63] – für seinen Kampf gegen Antonius und Octavian gewinnen.

Republikanische Veteranen und einheimische Dynasten kämpften auf seiner Seite. Seine Propaganda mußte also diese Extreme und mannigfache andere Interessengruppen ansprechen – der Imperator mit dem Programm-Namen „Parthicus" wählte ein gesatteltes Pferd mit Köcher und verhängten Zügeln als sein – vorerst – einziges Münzbild. Seine Veteranen kann er durch dieses offen parthische Symbol kaum abgeschreckt haben. Jedenfalls kannte man aus dem Bundesgenossenkrieg Münzen der Italiker mit dem Bild der erhofften Landung Mithridates' VI. oder eines seiner Generäle in Italien – dargestellt als ein Mann in Rüstung, der von einem Schiffsvorderteil herabsteigt und von einem etwas kleineren Leichtgerüsteten mit geschultertem Pilum durch Handschlag begrüßt wird, wobei die so vollzogene dextrarum iunctio (dexiosis) die Bündnisverpflichtung zwischen beiden ausdrückt[64]. Ferner ein Aureus des Minius Ieius[65], der als exakte Kopie einer Bronze-münze von Amisos aus der Zeit Mithridates' VI. den Kopf des jugendlichen Dionysos, efeubekränzt, auf der Vorderseite und auf der Rückseite eine Cista mystica mit Nebris und Thyrsosstab zeigt. Nach seinem religiösen Aussage-wert – Erwartung dionysischer Mysterien – muß auch die religiöse Bedeutung des Bildes eines parthischen Pferdes auf der Labienus-Münze zu verstehen versucht werden, denn beide Münzbilder weisen in – sit venia verbo – inneritalischen Kämpfen auf die Hilfe fremder Mächte hin.

Der unsichtbare Reiter des gesattelten und gezäumten Pferdes gibt sich nicht auf den ersten Blick zu erkennen[66]. Und das scheint beabsichtigt zu sein, gab es doch zahlreiche Götter in Kleinasien und Syrien, die als Reiter verehrt wurden. Im kilikischen Operationsgebiet des Labienus taucht die Darstellung des gesattelten Pferdes mit Zaumzeug, Köcher und Gorytos

---

[63] Cass. Dio 48, 25, 3. Gerade in ideologischen Auseinandersetzungen spielen Pamphlete eine wichtige Rolle. Dieselbe Taktik verwandten die Chier 469 v. Chr., um zwischen Athen und Phaselis zu vermitteln (Plut. Cim. 12, 4) und empfiehlt noch ein sasanidisches Militärhandbuch (Christensen, A.: L'Iran sous les Sassanides. Kopenhagen 1944. S. 217).

[64] Grueber II, S. 337 Anm.; Sydenham, S. 632 a. MMAG Auktion 52 (1975). Nr. 329. Zu Mithridates' VI. Rolle im Bundesgenossenkrieg Olshausen, E.: Mithradates VI. und Rom, in: ANRW I, 1. Berlin/New York 1972. S. 814. – Das Bildmotiv des landenden Mithridates ist nach dem Schema des in Italien landenden Äneas (vgl. Alföldi, A.: Die trojanischen Urahnen der Römer. Basel 1957) konzipiert und bekräftigt auch durch diese Motivübernahme den politischen Anspruch der Propaganda der Italiker. – Über die staatsrechtliche und religiöse Bedeutung der dextrarum iunctio handelte M. Le Glay, Paris, in einem Vortrag über „Formen der Begrüßung in der Antike" in Münster am 13.5.1976.

[65] Grueber II, S. 334 mit Anm.; Sydenham, S. 643.

[66] Erst nach Abschluß des Manuskriptes stieß ich auf „Das leere, gesattelte Pferd" von P. Calmeyer (AMI N.F. 7 [1974]. S. 66ff.), der ebenfalls an die Bedeutung des göttertragenden Pferdes erinnert.

mehr als zwei Jahrhunderte später auf Münzen auf, die für den jugendlichen[67] Kaiser Caracalla im Jahre 198 in Mopsos geprägt wurden (Abb. 5)[68]. Zusätzlich ist dort ein Zweig über dem Sattel befestigt. Einen Zweig trägt aber auch der Reiter in persischer Tracht mit Gorytos am Sattel auf Münzen des 4. Jahrhunderts v. Chr. von Tarsos (Abb. 6). Dieser wurde zwar als Dynast gedeutet[69], doch scheint mir der Zweig in seiner Hand eher auf einen Gott hinzudeuten – einen Reitergott von der Art des Zeus Asbamaios[70] im benachbarten Kappadokien, hinter dessen hellenisiertem Namen der reitende Ahuramazda[71] zu vermuten ist. In Kilikien ist der Reitergott ein vertrautes Bild, aus Syrien wären der Gott „Genneas" und verwandte Erscheinungen zu nennen[72]. In Lykien werden Herakles-Kakasbos[73] und Men[74] sowie ein Heiland (Sozon)[75] und Held (Heros)[76] als Reitergötter vorgestellt, wie überhaupt spätestens seit dem 3. Jahrhundert n. Chr. der Reitergott eine „proteische"[77] Figur ist und als Erscheinungsform vieler Götter und Heilsbringer gilt – belegbar für Helios[78], Horus[79], Mithras (Abb. 7 und 8)[80] denen solare Bezüge gemeinsam sind, aber auch für Christus[81], Salomon[82] und den gnostischen

---

[67]   Zu den auf Kinderkaiser gerichteten Erwartungen Hartke, W.: Römische Kinderkaiser. Berlin 1951. S. 219f. mit S. 55f.

[68]   Aulock, H. v.: Die Münzprägungen der kilikischen Stadt Mopsos, in: AA 1963. S. 231ff. Nr. 57f. = SNG Deutschland, Sammlung v. Aulock 5744.

[69]   Jenkins, G. K.: Two New Tarsos Coins, in: RevNum. 15 (1973). S. 30ff. Taf. I 1.

[70]   RAC II (1954). Sp. 878, sv. Cappadocia 878 (Kirsten).

[71]   Vgl. den reitenden Ahuramazda auf den frühsasanidischen Investiturreliefs (Erdmann, K.: Die Kunst Irans zur Zeit der Sasaniden. Mainz 1969. Taf. 20 und 24) sowie möglicherweise den eine Hydra tötenden Reiter mit Nimbus auf einer sasanidischen Gemme (Bivar, A. D. H.: Catalogue of the Western Asiatic Seals in the British Museum II. The Sasanian Dynasty. London 1967. S. 61, BL 4 Taf. 7).

[72]   Siehe oben Anm. 25. J. Starcky in Mél. P. Collart, Lausanne 1976, S. 330.

[73]   Metzger, H.: Catalogue des monuments votifs du Musée d'Adalia. Paris 1952. S. 13ff.

[74]   Ebd., S. 48f.

[75]   Ebd., S. 28ff.

[76]   Ebd., S. 55ff.

[77]   L. Robert (nach Will, E.: Le relief cultuel gréco-romain. Paris 1955. S. 104).

[78]   Ohlemutz, E.: Die Kulte und Heiligtümer der Götter in Pergamon. Würzburg 1940. S. 85.

[79]   Koptische Kunst. Christentum am Nil. Katalog der Ausstellung in Villa Hügel. Essen 1963. Nr. 77.

[80]   SNG Deutschland, Sammlung v. Aulock 6785 und 6784 = Franke, P. R.: Kleinasien zur Römerzeit. Griechisches Leben im Spiegel der Münzen. München 1968. Nr. 436 und 435; Campbell, L. A.: Mithraic Iconography and Ideology. Leiden 1968 (= EPRO 11). S. 191f. und S. 243.

[81]   Off 19, 11-16.

Sisinnios[83] – vom thrakischen Reitergott[84] und den Dioskuren[85] einmal ganz abgesehen. Allen gemeinsam scheinen eschatologische Aspekte zu sein, wie sie für den „Großen König" der Hystaspes-Orakel[86] und den Christus der Johannes-Apokalypse[87] besonders deutlich sind. Auf Heilserwartungen weisen auch zwei Typen menschlicher Reiter: der römische Kaiser auf den Adventus-Münzen[88] und das gesattelte, aber reiterlose Pferd unter der Kline des Verstorbenen auf Totenreliefs in Palmyra[89] und am Niederrhein[90] sowie möglicherweise auch die gesattelten, oft mit Weinlaub geschmückten Pferde iranischen Schlages in chinesischen Gräbern der Han- bis Tang-Zeit[91].

---

[82] Verdier, P. : Une „Imago Clipeata" du Christ Helios, in : CArch. 23 (1974). S. 35f., Abb. 8-9; Müller, C. D. G.: Von Teufeln, Mittagsdämonen und Amuletten, in: JbAChr. 17 (1974). S. 100, Abb. 8. Auch Mordechai, eine weitere Person der jüdischen Geschichte, wird im Typus des Reitergottes dargestellt – so in der Synagoge von Dura-Europos (Goodenough, Jewish Symbols IX, S. 180).

[83] Verdier, a.a.O., S. 36. Müller, a.a.O., S. 99.

[84] Tudor, D.: Corpus monumentorum religionis equitum danuviorum. Leiden 1969 (= EPRO 13).

[85] Im Typus der Dioskuren erscheinen im östlichen Kleinasien die kommagenischen Prinzen Epiphanes und Kallinikos auf Münzen (Taşyürek, O. A.: Die Münzprägung der Könige von Kommagene, in: AW 6 (1975), Sondernummer Kommagene 43. Nr. VIII 1, Abb. 48.

[86] Widengren, Religionen, S. 200. Zur Bedeutung der Hystaspes-Orakel jetzt Hinnels, J. R.: The Zoroastrian Doctrine of Salvation in the Roman World, in: Man and his Salvation. Studies in Memory of S. G. F. Brandon. Manchester 1973. S. 125ff. (non vidi).

[87] Kraft, H.: Die Offenbarung des Johannes. Tübingen 1974 (= Handbuch zum NT 16a). S. 247: Christus im Typus des Reitergottes „noch kaum vorstellbar".

[88] Koeppel, G.: Profectio und Adventus, in: BJb. 169 (1969). S. 179ff. – Beim adventus des Vespasian in Alexandrien steigt die Nilflut und geschehen Wunderheilungen (Cass. Dio 65, 8, 1).

[89] Goodenough, Jewish Symbols IX, S. 182.

[90] Diese Bedeutung möchte ich für Grabreliefs von der Art des Dardaners Romanus (CIL XIII 8305) und des Thrakers Longinus (CIL XIII 8312) in Köln (Kölner Römer Illustrierte I [1974]. S. 202, Nr.1-2) oder des Tungerers Oclatius in Neuß (Schoppa, H.: Die Kunst der Römerzeit in Gallien, Germanien und Britannien. Frankfurt 1953. Taf. 61-62) vorschlagen. Der Gegenstand, den der Führer des Pferdes des Oclatius (Schoppa, Taf. 62) hält, dürfte schon wegen der mehrfachen Umwickelung kaum ein „Stallbesen" sein, sondern sinnvoller als Fackel eines Totengeleiters anzusprechen sein. Auch die lang herabhängende Schabracke des Pferdes weist über Profanes hinaus. – Zur Bedeutung des Pferdes im sepulkralen Bereich: RE VIII (1912) Sp. 1144 sv. Heros (Eitrem). Nilsson, M.: Geschichte der griechischen Religion I. München ³1967 (= HAW 5. 2, 1). S. 382f.

[91] Ausstellung Chinesischer Kunst, Katalogbearbeitung L. Reidemeister – M. Wegner. Berlin 1929. Nr.278-279. Über den Weg der Weintraube nach China: Laufer, B.: Sino-Iranica (1919). Repr. Taipeh 1967. S. 220ff. Weinranke im sepulkralen Bereich: Graeve, V. v.: Der Alexandersarkophag und seine Werkstatt. Berlin 1970 (= IstForsch. 28). S. 44. Für den orientalischen Bereich vgl. auch

Schließlich fällt noch vom Vergleich mit einem weiteren „Reitergott" besonderes Licht auf das Symbol des gesattelten Partherpferdes der Labienus-Münzen: Die frühe indische Ikonographie der Buddhalegende kennt die Szene der „Weltflucht des Bodhisattva", dargestellt als Ausritt des künftigen Buddha[92]. Während nun die ältere Stufe in heiliger Scheu vor dem Nicht-Darstellbaren nur das gesattelte Pferd mit einem darüber gehaltenen Sonnenschirm, nicht aber den Reiter zeigt – so auf dem Osttor des Stupa I in Sanchi, der etwa gleichzeitig mit der Labienus-Münze entstanden ist[93], kennt die jüngere Stufe, vertreten durch Reliefs der Gandhāra-Kunst, in deren Bereich sich bekanntlich die ersten menschengestaltigen Buddha-Bilder finden[94], auch die Darstellung des Reiters selbst[95] in der Weltflucht-Szene. Die rigorose anikonische Verehrung der Gottheit prägt nicht nur die frühe buddhistische und frühe christliche Kunst, sondern ist schon durch Herodot für den achämenidischen Iran bezeugt[96], so daß es in der Tat sinnvoll erscheint, im Vergleich mit dem oben erwähnten achämenidischen Siegelbild des gesattelten Pferdes unter der Flügelsonne (Abb. 4) einerseits und den buddhistischen Darstellungsformen andererseits in dem Partherpferd der Labienus-Münzen ein theophores Tier zu sehen, das gewürdigt ist, die Gottheit zu tragen[97].

Welche Gottheit? Wenn auch die Zahl der Identifikationsmöglichkeiten groß und beabsichtigt scheint, so läßt sich doch eine Primärgestalt aufzeigen, die von Labienus intendiert sein muß. Dieser Gott muß wegen der eindeutigen Bezüge auf die Parther – Inschrift, Pferderasse und -ausrüstung – aus

---

Pirenne, J.: Le rinceau dans l'évolution de l'art Sud-arabe, in : Syria 34 (1957). S. 99ff.

[92]   Grünwedel, A. – Waldschmidt, E.: Buddhistische Kunst in Indien. Berlin 1932. S. 68f.

[93]   Ebd., Abb. 77. Zum Datum: Marshall, J. Sir: The Buddhist Art of Gandhāra. Cambridge 1960. S. 7 („c. 50 BC."). Das gesattelte Pferd ohne den Buddha kennt die konservative südindische Kunst von Amaravati noch im 2. Jh. n. Chr. (vgl. Paris, Musée Guimet MG 18509), zu seiner Bedeutung äußert sich allgemeiner H. Zimmer: Das „Pferd" ist das Symbol des körperlichen Trägers, und der „Reiter" ist das Wesen: wenn letzteres an das Ende seiner Inkarnationen gelangt ist, bleibt der Sattel unbesetzt und der Träger stirbt notwendigerweise (Myth and Symbol in Indian Art and Civilization. Princeton/New York o.J. S. 162).

[94]   Rowland, B.: A Note on the Invention of the Buddha Image, in: Harvard Journ. As. Stud. 11 (1948). S. 181ff.; Göbl, R.: Die Münzprägung der Kušān von Vima Kadphises bis Bahrām IV., in: Altheim, F. – Stiehl, R.: Finanzgeschichte der Spätantike. Frankfurt 1957. S. 190f., Taf. 3, Nr. 53.

[95]   Marshall, Buddhist Art, S. 92, Abb. 119; Ingholt, H.: Gandhāran Art in Pakistan. New York 1957. S. 60, Nr. 45 mit Hinweisen auf weitere Reliefs.

[96]   Hdt. I, 131, 1; Dinon bei Clemens, Protr. 4, 65, 1 (= 690 FGH F 28); Widengren, a.a.O., S. 124f.

[97]   Vgl. Trencsényi-Waldapfel, I.: Untersuchungen zur Religionsgeschichte. Budapest 1966. S. 450f.

Iran kommen, wo die alten Götter ohne Bild verehrt wurden. Ferner muß er von so durchschlagender ideologischer Kraft sein, daß er als alleiniges Propaganda-Symbol gewisse Gruppen der Römer und Kleinasiaten sowie Parther anzusprechen vermag. Ein solcher werbender und versprechender Gott aus Iran ist Mithras[98], dem noch eine Jahrhunderte spätere Inschrift aus Potaissa folgende Attribute gibt: Deo forti Phoebo Apollini Parthico[99]. Einige Jahrzehnte vor Labienus' Münzprägung tritt dieser Gott, der in seinem Ursprungsland schon seit Jahrhunderten die messianisch-eschatologischen Züge[100] aufwies, die seinen großen Einfluß im Westen erklären, in das Blick-

---

[98] Vermaseren, M. J.: Mithras. Stuttgart 1965; Mithraic Studies, hrsg. v. J. R. Hinnells, 2 Bde. Manchester 1975 (= Proceed. First Intern. Congr. 1971).

[99] Speidel, M. P.: Parthia and the Mithraism of the Roman Army, in: Acta Iranica 4 (1978), S. 439-483.

[100] Eschatologie in Iran: Widengren, Religionen Irans, S. 102ff. Eschatologische Aspekte hat Mihr-Mithra auch in der armenischen vorchristlichen Mythologie (Haussig, H. W.: Wörterbuch der Mythologie I. Abt., 12. Lieferung 1974, S. 127, sv. Mihr). Daß Mithra aber bereits im vierten vorchristlichen Jahrhundert in Kleinasien als Erlösergott verehrt wurde, hat Scheftelowitz, I.: Die Mithra-Religion der Indoskythen und ihre Beziehung zum Saura- und Mithras-Kult, in: Acta Orientalia 11 [1933]. S. 305) aus dem Namen des kappadokischen Satrapen Mithrobuzanes (Diod. 17, 21, 3; Arr. 1, 16, 3; Markwart, J.: Untersuchungen zur Geschichte von Ērān, in: Philologus 55 [1896]. S. 240f.; Robert, L.: Noms indigènes dans l'Asie Mineure Gréco-Romaine I. Paris 1963. S. 516, Anm. 4) abgeleitet, der nach F. Justi (Iranisches Namenbuch. Marburg 1895. S. 209) zu mitteliran. bōz-, bōx- = erlösen „Erlösung durch Mithra habend" bedeutet. Der Name lebt im Königshaus von Sophene bis ins 1. Jh. v. Chr. weiter (Markwart, J.: Ērānšahr nach der Geographie des Ps.-Moses Xorenac'i. Berlin 1901. S. 176) und findet sich als Buzmihr später noch in Georgien (hier Anm. 107). Ihm entspricht Bagabyzos (= durch Gott erlöst) – schon unter Darius belegbar (Justi, a.a.O., S. 56f.). Als Baga- wird aber gerade Mithra bezeichnet (Widengren, Religionen Irans, S. 119). Auf ein besonders enges Verhältnis zur Gottheit weist auch der Name Mithrobandakes – belegt sowohl im ägyptischen Bereich für 138/137 v. Chr. in Ptolemais Hermion (Schmitt, R.: Einige iranische Namen auf Inschriften oder Papyri, in: ZPE 17 [1975]. S. 18f.) als auch im mesopotamisch-iranischen Grenzbereich im 2. Avroman-Pergament – hier im 1. Jh. v. Chr. in der Schreibung Μιραβανδάκης (Minns, E. H.: Parchments of the Parthian Period from Avroman in Kurdistan, in: JHS 35 [1915]. S. 30, Zeile A 12, 817; S. 45f.). Seine Bedeutung „Diener des Mithras" erinnert – von allgemeinen Bezügen auf die im Orient verbreitete Hierodulie abgesehen – in diesem speziellen Falle an die von Porphyrios, Abst. 4, 16 (= Cumont, TMMM II 42) erwähnten, auch als „Raben" bezeichneten Diener des Gottes. Im Gegensatz zu diesem ptolemäischen Mithrobandakes, der durch seinen Vater Srousos (= awest, sraosa „Heiliges Wort", vgl. Justi, a.a.O., S. 311 sv. Srōsōē) als Iranier ausgewiesen ist, haben im achämenidischen Babylonien Träger von Mitra-Namen Väter mit babylonischen Namen: Mitratasi, Sohn des Abbimuttak und Mithraen, Sohn des Marduk-nādin-sum (Legrain, L.: The culture of the Babylonians. Philadelphia 1925. Nr. 566 und 887). Hier spricht die Namengebung für die werbende Kraft des Gottes, der nicht mehr von national-iranischer Exklusivität ist. Es scheint daher geraten, die vor-römischen, iranischen Mithräen [Der Bau im parthischen Uruk (Vermaseren, CIMRM II Nr. 7c) ist nach H. Lenzen (XIV. Vorläufiger Bericht ... Uruk-Warka. Berlin 1958. S. 20) nicht nur wegen des Grundrisses sondern auch wegen des Fragmentes einer Tonmodel für ein Mithras-Bild, das einen Stierbezwinger mit Hosen erkennen läßt

feld der Römer: Die von Pompeius geschlagenen Seeräuber an der Südküste Kleinasiens und die Soldaten Mithridates' VI. verehren ihn[101].

Er ist also zunächst der Gott der Feinde Roms[102]. Auf ein solches Wesen weisen im Osten auch die bis in die Zeit des Augustus[103] weit verbreiteten Hystaspes-Orakel[104]. Sie sprechen von einem „Großen König", der an der Spitze einer „sancta militia"[105] gegen das verhaßte Rom ziehen wird und aller Unterdrückung ein Ende machen wird. Mithras ist der Messias dieser Orakel: unter seiner solaren Herrschaft wird nach 6000 Jahren Kampfes das Millenium anbrechen[106]. Als Kosmokrator mit dem Globus in der Hand, zwischen Bäumen[107], kann der reitende Mithras daher gezeigt werden[108] oder

---

(Lenzen, a.a.O., Anm. 44, Taf. 45a) durchaus als Mithräum anzusprechen (Widengren, S. 229f. und S. 359, Abb. 6) und papyrologisch ist im 3. Jh. v. Chr. im Fayum (Vermaseren, CIMRM I Nr. 103 Anm.) ein Μιθραῖον als Kultbau und ein Gläubiger namens Μιθροδάτης nachweisbar (Smyly, J. G.: Greek Papyri from Gurob. London/Dublin 1921. S. 26ff., Nr.22, Zeilen 10 und 2] ernster zu nehmen als jene Forschungsrichtung es tut, die in den mithräischen Mysterien erst etwas genuin Römerzeitliches sehen zu müssen glaubt, obwohl gerade etwa auch Bezüge zum altiranischen Männerbund offensichtlich sind (zuletzt Colpe, C.: Mithra-Verehrung, Mithras-Kult und die Existenz iranischer Mysterien, in: Mithraic Studies II. Manchester 1975. S. 396). In ähnliche Richtung weist auch die Frühdatierung der Mithras-Inschrift von Faraşa-Rhodandos (Vermaseren, CIMRM I Nr.19) - nicht mehr 2. Hälfte, 1. Jh. v. Chr., sondern „late second century B.C.E." (Lipinski, E.: Studies in Aramaic Inscriptions and Onomastics. Löwen 1975. S. 194). Gemessen am iranischen Bestand scheinen dann die römerzeitlichen Ergänzungen nur unwesentliche Bereicherungen der Mithrasmysterien zu sein.

[101] Plut. Pomp. 24, 5. App. Mithrad. 92. Zuletzt Schwertheim, E.: Monumente des Mithraskultes in Kommagene, in: AW 6 (1975) Sondernummer Kommagene. S. 65.

[102] Zuletzt Colpe, Mithra-Verehrung, S. 392.

[103] Windisch, Orakel, S. 9, S. 32, S. 92f. – Augustus ließ die Orakel im Rahmen seiner Vernichtung oppositioneller Literatur verbrennen (Cramer, F.: Bookburning and Censorship in Ancient Rome, in: Journ. Hist. Ideas 6 [1945]. S. 157ff. Metzler, D.: Bilderstürme und Bilderfeindlichkeit in der Antike, in: Warnke, M. (Hrsg.): Bildersturm. München 1973. S. 18).

[104] Widengren, Religionen Irans, S. 199ff.

[105] Ebd., S. 202 und S. 224.

[106] Cumont, F. : La fin du monde selon les mages occidentaux, in : RHR 103 (1931). S. 57f., S. 93ff.

[107] Auch dem Baum scheint symbolische Bedeutung eigen zu sein, vgl. den Baumkult in Iran (Brozak, I.: Die Achämeniden in der späteren Überlieferung. Zur Geschichte ihres Ruhmes, in: Acta Antiqua 19 [1971]. S. 49ff.) und den Baum in der iranischen Herrscherrepräsentation (Eddy, S. K.: The king is dead. Lincoln 1961. S. 26ff.). Auf einem koptischen, nach sasanidischem Vorbild gewebten Stoff steht hinter dem gesattelten Pferd ein Baum (Koptische Kunst. Christentum am Nil. Katalog der Ausstellung in Villa Hügel. Essen 1963, Nr. 367). Zum Baum als Erscheinungsform Mithras: Eisler, R.: Weltenmantel und Himmelszelt I. München 1910. S. 179f. mit Hinweis auf den von Dioskourides 4, 161 überlieferten Namen Μιθρακίκη für den Lorbeer. – Auf der hier (Abb. 7) abgebildeten Münze des Caracalla aus Trapezunt reitet Mithras zwischen Baum und Altar. Pferd und Altar

als reitender Jäger, der die Tiere der Gegenwelt erlegt[109]. Beides wird als Zeichen für den Heiligen Krieg stehen, in dem Mithras seine – übrigens ja auch nach militärischem Vorbild organisierten – Anhänger an das Ziel ihrer Hoffnungen bringen wird. Das Motiv des Heiligen Krieges taucht zuerst bei den Griechen auf[110], ist in der Utopie der aristophaneischen Komödie der gerechte Krieg der Vögel gegen Zeus[111], ist im von messianischen Erwartungen geprägten Palästina des letzten Jahrhunderts vor Christus der Kampf der Söhne des Lichtes gegen die der Finsternis[112] und wird im Islam durch Muhammads Offenbarungen zum Beweger der Weltgeschichte. Der Erfolg macht Muhammad zum Religionsstifter, die erfolglosen Mithrasgläubigen dagegen heißen seit Pompeius Seeräuber. In Kleinasien lebte ihre Religion aber weiter, und ihren reitenden Gott mag Labienus mit dem Symbol des auf seinen Reiter wartenden Pferdes gemeint haben, dessen scheinbar unspezifisches Aussehen auch den Verehrern anderer Reitergötter[113] die Möglichkeit

---

allein zeigen die Embleme von 5 Silberschalen des 2. Jhs. v. Chr. aus Armazi und Bori (Lang, D. M.: The Georgians. London 1966. S. 89, Abb. 20), deren eine von einem Pitiaxes (Gouverneur) namens Buzmihr geweiht wurde. Sein Name – aus denselben Elementen wie der des Mithrobuzanes (hier Anm. 100) gebildet – weist auf Mithra als den Erlöser. Das Pferd selbst vor dem Altar erinnert andererseits an die am Mithrakana genannten Neujahrsfest abgehaltenen Pferdeopfer der Achämenidenzeit (Strab. II, 14, 9 [530]. Widengren, Religionen Irans, S. 120 und S. 228).

[108] Schwertheim, Denkmäler, Nr. 141 g mit Taf. 41; Vermaseren, Kult des Mithras, Abb. 27. – Den künftigen Kosmokrator als Reiter kennt auch die indische Ikonographie: im Zusammenhang mit dem Cakravartin (= Weltherrscher, der das Rad der Herrschaft in Bewegung setzt) wird das gesattelte Pferd ohne Reiter gezeigt. Auf der berühmtesten Darstellung dieses Themas, dem Relief aus Jaggayapeta in Madras, 1. Jh. v. Chr., ist die Satteldecke bemerkenswerterweise mit dem Perlstabmotiv iranischer Seidenstoffe geschmückt (Zimmer, H.: The Art of Indian Asia II. New York 1955. Taf. 37 – freundlicher Hinweis von Prof. Seckel, Heidelberg). Vergleichbar scheinen das gesattelte Pferd, das im 16. Jh. Festzügen des schiitischen Persien für den kommenden Mahdi bereitgehalten wurde oder das ungerittene Maultier in päpstlichen Prozessionen – so noch 1805 in Paris (Laurent, P. M.: Geschichte des Kaisers Napoleon. Leipzig 1841. S. 322 – nach Altheim, F.: Aus Spätantike und Christentum. Tübingen 1951. S. 32f.).

[109] Schwertheim, Denkmäler, Nr. 85 a mit Taf. 19, Nr.123 a mit Taf. 31; Vermaseren, Kult des Mithras, Abb. 8, 15, 28.

[110] Thucydides 1, 112. van der Ploeg, J. : La guerre sainte dans la Règle de la guerre de Qumrân, in: Mélanges Bibliques rédigés en l'honneur de A. Robert. Paris 1957. S. 326ff.

[111] Aristoph. Av. 556.

[112] Van der Ploeg, La guerre sainte, S. 328. – Auch auf Flavius Iosephus scheinen iranische eschatologische Vorstellungen gewirkt zu haben (Widengren, G.: Der Feudalismus im alten Iran. Köln/Opladen 1969. S. 89, Anm. 66).

[113] Mithras konnte nicht nur mit anderen Göttern identifiziert werden (Latte, K.: Römische Religionsgeschichte. München ²1967 (= HAW 5, 4 b). S. 351, Anm. 6. A. D. Nock in Gnomon 30 [1958], S. 295), sondern sie auch in seinen Kultraum aufnehmen (Vermaseren, Kult des Mithras, S. 9).

gab, sich von ihm angerufen zu fühlen. Möglicherweise darf man sogar so weit gehen, in den durch das Symbol des Partherpferdes ausgezeichneten Münzen den Sold zu sehen, mit dem der „Große König" Labienus als ein dux sanctae militae[114] seine Heerscharen entlohnte.

Das Bild des reitenden Königs an der Spitze seiner Heerscharen – schon in Iran von eschatologischen Erwartungen geprägt – wird am Ende des ersten Jahrhunderts n. Chr. vom Verfasser der Johannes-Apokalypse auf den Messias Jesus übertragen[115] und so beschreibt auch ein späterer Autor den siegreichen Konstantin[116]. Dessen Medaillon vom Jahre 313 aus der Münzstätte Ticinum[117] mit dem erstmaligen Auftreten des Christogramms auf einem Denkmal kaiserlicher Verantwortlichkeit zeigt erstaunlicherweise neben dem Kopf des siegreichen Herrschers eine Pferdeprotome (Abb. 10) – analog zu dem Mithras der Commodus-Münze von Trapezunt (Abb. 8)[118]. Dort ist der Reitergott Mithras ferner außer mit der phrygischen Mütze – will sagen: dem iranischen Baschlik – mit dem Strahlenkranz des Helios ausgezeichnet. Dieser solare Mithras hat die Pferdeprotome neben sich wie die späteren Kaiser Probus[119] und Konstantin – beide dem Helios-Sol nahestehend[120]. Wie Helios-Sol ist auch Mithras Kosmokrator. Dessen Insignie, der Globus, krönt auf dem Konstantinsmedaillon das Kreuzszepter, und noch die Anbringung des Christogramms als Helmzier über der Stirn – entsprechend der Johannes-Apokalypse, in der die Streiter Christi dessen Namen auf der Stirn tragen[121] – erinnert an die Mithrasgläubigen, die nach Tertullian[122]

---

[114] Vgl. das Hystaspes-Orakel bei Lact. Inst. Divin. 7, 19, 5; Widengren, Religionen Irans, S. 202.

[115] Siehe oben Anm. 81 und 87.

[116] Zonaras, Ann. 13, 3, 5 (PG 134, 1101f.).

[117] Kraft, K.: Das Silbermedaillon Constantins des Großen, in: JNG 5/6 (1954/55). S. 151ff.; Kähler, H.: Rom und seine Welt. München 1960. Taf. 245.

[118] SNG Deutschland, Sammlung v. Aulock 6784; Franke, Kleinasien zur Römerzeit, Nr. 43.

[119] RIC V 2, 38 Nr. 189. Weitere Münzporträts mit Pferdeprotomen nennt Menzel, H.: Zur Entstehung der C-Brakteaten, in: Mainzer Zeitschr. 44/45 [1949/50]. S. 64, Anm. 15 – freundlicher Hinweis von H. Vierck, Münster) für Numerianus, Maximianus und eben Konstantin. Menzel erinnert an das Bildschema der Dioskuren (ebd., S. 64 mit Anm. 7).

[120] L'Orange, H. P.: Sol invictus imperator. Ein Beitrag zur Apotheose, in: SOsl. 14 (1935). S. 86ff.; Alföldi, A.: The Conversion of Constantine and Pagan Rome. Oxford 1948. S. 56f.

[121] Off. 22, 4 und 14, 1.

[122] Tertull. Praescr. Haer. 40, 3: Mithra signat illic in frontibus milites suos. Colpe, Mithra-Verehrung, S. 388. – Zwar ist die Johannes-Apokalypse, wie vielfältig nachgewiesen ist (Kraft, H.: Die Offenbarung des Johannes. Tübingen 1974 [= Handbuch zum NT 16]) a) in der Tradition alttestamentarischer Prophezeiungen verwurzelt, doch gibt es neben der erwähnten Parallele der Namen auf der Stirn

ebenfalls das signum ihres Gottes auf der Stirn tragen. Konstantins Christentum wird demnach in der Bildsprache des Heidentums vorgetragen[123], innerhalb derer hier den mithräischen Elementen eine gewichtige Rolle zukommt – sicher nicht ohne Absicht, denn gerade der bekehrte Konstantin kannte den Wert mehrdeutiger Bildaussagen für die Hervorhebung seiner Person. Unter ihm sollte ein neues, lange ersehntes Friedensreich anbrechen.

Die Anspielung auf den Reitergott weist auch in diese Richtung, die durch den „Großen König" der Hystaspes-Orakel und den reitenden Messias der Apokalypse gewiesen wurde. Auf solche Vorstellungen scheint nicht nur das Partherpferd des Labienus anzuspielen, sondern schließlich auch das weiße Pferd als Reittier des wiederkehrenden Revolutionärs in der utopischen Schlußapotheose, mit der 1951 in „Viva Zapata", Elia Kazans bürgerlichem Trauerspiel von der mexikanischen Revolution, sich die geschlagenen Bauern auf eine bessere Zukunft vertrösten lassen müssen.

---

einige bemerkenswerte Beziehungen zum iranischen Bereich: Könige von jenseits des Euphrat kommen Christus zu Hilfe (16, 2), die Gläubigen der Endzeit können die Sonne entbehren (22, 5) – das christliche übertrifft also das mithräische Sol-Millennium und wie im himmlischen Zion der Tempel entbehrlich ist (21, 22), so wird in Iran „Pišyotan, der Vorkämpfer der Sache der Gerechten, den Götzentempel, den Ort der Feinde, zerstören" (Widengren, Religionen Irans, S. 203) – und zwar auf Befehl des Mithra (ebd. S. 204), d.h. in beiden Fällen ist ein gereinigter, anikonischer Kult das Ziel. Schließlich noch ein Detail: Christus als Reitergott hat seinen Titel (βασιλεὺς βασιλέων καὶ κύριος κυρίων) auf dem Mantel und dem Schenkel geschrieben (19, 16), genau wie die Könige Ardašīr und Šāpūr auf den sasanidischen Felsreliefs von Naqš-i Rustam und Naqš-i Rajab. Womit zugleich die Frage gestellt ist, ob nicht den literarischen Bildern der Apokalypse Beschreibungen realer Bilder nach Art des Zyklus der Synagoge von Dura-Enropos zugrunde liegen können.

[123] Vergleichbar in ihrer politischen Absicht ist die oben Anm. 64 erwähnte Übernahme des Äneas-Schemas für die Mithridates-Landung.

Abb. 1-3: Denar des Labienus [S. 639]

Abb. 4: Geflügelte Sonnenscheibe über gesatteltem Pferd
auf einem Achäemenidischen Rollsiegel [S. 639]

Abb. 5: Gesatteltes Pferd
auf einer Bronzemünze
von Mopsos [S. 639]

Abb. 6: Reiter auf einer
Silbermünze
von Tarsos [S. 639]

Abb. 7: Reitender Mithras
auf einer Bronzemünze von
Trapezunt [S. 639]

Abb. 8: Mithras mit Pferdeprotome auf einer Bronze-
münze von Trapezunt [S. 639

Abb. 9: Gesatteltes Kamel
auf einer Tetradrachme
des Uranius Antoninus
[S. 639]

Abb. 10: Konstantin mit
Pferdeprotome auf einem
Silbermedaillon [S. 639]

Bedeutung und Funktion des phönizischen Toponyms Melite und Argumente zur Erläuterung der Identifizierung von Melite mit Kephallenia

Die entscheidenden Argumente für die Identifizierung von Μελίτη (Apostelgeschichte 28,1) mit der Insel Kephallenia hat H. Warnecke in seiner Dissertation über *„die tatsächliche Romfahrt des Apostels Paulus"* (Stuttgart 1987) aufbauend auf breiten meteorologischen, nautischen, geographischen und historischen Kenntnissen mit bewunderswertem Scharfsinn dargelegt und inzwischen auch von kompetenten Autoren und Publikationen dafür die gebührende Anerkennung erfahren.[1] Natürlich ist er dabei auch auf den Insel-Namen „Melite" eingegangen, „dem anscheinend eine semitische Wurzel zugrunde liegt"[2] und der demnach offensichtlich mit dem schon seit Homer für die kephallenische Inselwelt belegten Fernhandel der Phönizier[3] zu verbinden ist. Das ist der weitere historische Rahmen für unseren Erklärungsvorschlag dieses Toponyms.

Alle bekannten Inseln mit dem Namen Melite haben nämlich in der Tat etwas mit den Phöniziern zu tun. Das gilt sowohl für Melite/Mljet vor der dalmatinischen Adria-Küste – der Paulus-Insel der Byzantiner und Benediktiner[4], der gegenüber die von Ps.-Skylax erwähnten Κάδμου καὶ Ἀρμονίας οἱ λίθοι also demnach doch wohl phönizische Baityloi in einem Heiligtum standen[5] – als auch für das im Altertum zu Afrika[6] gerechnete Μελίτη/Malta[7] mit seiner alten phönizisch-punischen Kultur, ferner für Samothrake, das nach Strabon X 3,19

---

[1] Eine 2. Auflage erschien 1989, eine populärwissenschaftliche Fassung davon unter dem Titel „War Paulus wirklich auf Malta?" Neuhausen – Stuttgart 1992 (griechisch: Kephallenia 1997). „Eine Zwischenbilanz zur Rezeption der Melite – Kephallenia-Theorie" bis 1996 gibt W. selbst in Πρακτικὰ „Συναντήσεως 1996" Κεφαλλήνια-Μελίτη, hrsg. v. G. D. Metallinos. Athen 1999. S. 119-131.

[2] Warnecke, Romfahrt 1987, S. 65.

[3] Homer, Od. XV 404-484; XIII 272-279. Warnecke, Romfahrt, S. 65f.

[4] Constantinus Porphyrogenitus, De administrando Imperio, ed. G. Moravcsik. Dumbarton Oaks 1967. S. 16ff. §36. Tomic, J. E.: Melita. Zagreb 1964. Meinardus, O. F. A.: Die Reisen des Apostels Paulus. Hamburg 1981. S. 203ff.

[5] Geogr. Graec. Min., ed. Müller I 30 §24. – Kadmos ist Phönizier und phönizisch ist auch die Verehrung „beseelter Steine".

[6] Ptolemaios IV 3,37; VIII 14,15 – entsprechend in der Neuzeit: Diezler, Verissima Effigies Maltae quondam dictae Melitae in Affrica depicta, Prag 1717 oder Malta als „afrikanische Insel" im Untertitel von Megiser, H.: Propugnaculum Europae. Leipzig 1606.

[7] St. Paul in Malta, hrsg. v. M. Galea – J. Ciarlo. Malta 1992.

(472) e i n s t (πρότερον) – also wohl vor den griechischen Siedlern – Melite hieß und dessen Seefahrts-Schutzgötter, die Kabiren, bekanntlich einen semitischen Namen tragen.[8]

Insofern nunmehr in unmittelbarer Folge des Symposions von 1993 auch für Kephallenia ein Toponym Melite nachzuweisen ist – nach mündlicher Lokaltradition beim Kap Vrachinari zu situieren[9], wo es beim heutigen Hotel White Rocks ('Ασπροι Βράχοι) einen kleinen Strand zwischen zwei Buchten (διθάλασσος) gibt – verstehen sich die hier vorgetragenen Überlegungen als ein Beitrag, das Melite der Apostelgeschichte aus dem kephallenischen Kontext zu erklären.

Ohne hier auf die forschungsgeschichtlich wichtigen Pole von Phönikomanie und Phönikophobie einzugehen – Skylla und Charybdis waren nur wenig gefährlicher, sei doch an Samuel Bochart (1595-1667) erinnert, der 1646 in seiner Schrift *de Phoenicum coloniis* als erster Μελίτη mit der semitischen Wurzel *mālat* „retten" *melīta* „Rettung" verband, wozu noch hebr. *mlt* „sich in Sicherheit bringen" oder akkad. *balatu* „am Leben erhalten" zu stellen sind. Über den klassischen Philologen E. Oberhummer[10] hinaus – von Warnecke (s.o., S. 65) zitiert – hat dann der Semistist H. Lewy (*Die semitischen Fremdwörter im Griechischen*, Berlin 1895) noch zwei weitere Stellen aus Diodor beigebracht, aus denen hervorgeht, daß man in Griechenland ein Jahrhundert vor Paulus – oder schon früher die jeweiligen Gewährsmänner Diodors – wie etwa Timaios von Tauromenion – Melite mit „Rettung" verband. Schon Bochart hatte auf Diodor V 12,3 verwiesen, wo Malta als καταφυγή „Zuflucht" der Phönizier auf ihrem Weg nach Westen genannt wird. Auch für Samothrake, nach Strabon ja einst Melite geheißen, berichtet Diodor von Rettung (σωτηρία und διασωσθέντες) vor einer großen Flutkatastrophe (V 47,5). Und einen Hafen am afrikanischen Ufer des Roten Meeres – Einflußgebiet phönizischen Handels – erwähnt er gleichsam in griechischer Übersetzung als Σωτηρία „Rettung" (III 40). Dem möchte ich den Namen Σώζουσα für Apollonia, den Hafen Kyrenes, hinzufügen, der in arabischer Zeit dann zu Susa wurde.[11] Und auf Kephallenia gibt es an der Küste von Pessada einen 'Αγιος Σώστης – worauf mich freundlicherweise Herr Th. Chartouliares hinwies. Um „Rettung" geht es auch im athenischen Demos Melite, wo Herakles verehrt wird als 'Αλεξίκανος „Retter vor Unheil", was H. Lewy mit Verweis auf die entsprechende Funktion

---

[8]   Hemberg, B.: Die Kabiren. Uppsala 1950. S. 318ff.

[9]   Πρακτικὰ 'Επιστημονικοῦ Συμποσίου „Ταύτισις τῆς Κεφαλληνίας με τὴ Μελίτη τῶν Πράξεων, hrsg. v. G. D. Metallinos. Athen 1996. S. 206. - Vgl. auch H. Warnecke in Πρακτικὰ „Συναντήσεως 1999". Κεφαλληνία -Μελίτη, hrsg. v. G. D. Metallinos, Athen 2003, S. 59f.) zu antiken Namen der Kalypso-Insel.

[10] Oberhummer, E.: Phönizier in Akarnanien. Untersuchungen zur phönizischen Kolonial- und Handelsgeschichte im westlichen Griechenland. München 1882.

[11] Goodchild, R. G.: Kyrene und Apollonia. Zürich 1971. S. 178.

des Melqart (Μελικέρτης) als phönizischen Kult bezeichnete.[12] Schließlich ist
doch wohl auch der Name des akarnanischen Küsten-Sees Melite wegen des
Beiwortes εὐλιμένης „mit guten Häfen versehen" – in diesem Sinne von
Zuflucht und Rettung für Schiffe zu verstehen. Er liegt in jener Küstenregion,
wo Astakos eine Peraia-Gründung Kephallenias ist.[13]

Gerade wegen Strabons und Diodors Kontext von Bedeutung und Funktion
scheint mir Melite also aus sachlichen, d.h. geographischen, nautischen und
religiösen Gründen besser aus dem Semitischen zu erklären zu sein als
paretymologisch mit den übrigens auch ganz anders betonten griechischen
Wörtern μέλι und μέλισσα „Honig und Biene" zu erklären zu sein. Zwar gibt
es diese Erklärung schon der Antike, erzählt doch Antoninus Liberalis[14] die
Geschichte von Meliteus, der als Kind ausgesetzt in der Wildnis von Bienen
ernährt und Gründer der erst in der Spätantike so geschriebenen Stadt Melite in
Phthia wird, die in klassischer Zeit als Melitaia oder Meliteia Phthiotis bekannt
ist und auf ihren Münzen im 4. Jahrhundert v. Chr. Biene und Zeus-Kopf zeigt,
aber diese Konstruktion ist leicht durchschaubar, heißt doch seine von Zeus
geliebte Mutter Othreis – nach dem dortigen Berge Othrys. Immerhin ist hier
frühes griechisches Etymologisieren faßbar. Da dieses Melitaia im Binnenland
liegt, dürften hier andere siedlungsgeschichtliche Bedingungen anzunehmen sein
als für die dem Kontakt mit der Außenwelt offenen Inseln mit dem Namen
Melite. Bemerkenswert scheint mir andererseits, daß auch die Mehrheit der
sieben Heroinen, die die RE unter dem Namen Melite führt, etwas mit Meer und
Wasser zu tun hat. So heißen nämlich jeweils eine Okeanide, Nereide und
Najade sowie eine Gestalt aus dem Umfeld der Seefahrtsgöttin Britomartis.
Wichtig scheint mir dabei, daß die antiken Scholien zum Nereiden-Katalog
Hesiods den Namen Melite nur von der Metaphorik des Süßen = Angenehmen
ausgehend im Kontext der Seefahrt deuten: „Wegen des Angenehmen, ange-
nehm (ἡδύ) ist nämlich allen die Seefahrt" und unmittelbar darauf folgend:
„Eulimene: Wegen der Freude (ἡδονή) über den Hafen für die dem Sturm
Entkommenen" sowie kurz davor: „Saō: Wegen der Rettung (σωτηρία) der
Seefahrenden".[15]

---

[12] Lewy, H.: Die semitischen Fremdwörter im Griechischen. Berlin 1895, S. 210. Vgl.
      Vikela, E.: Die Weihreliefs aus dem Athener Pankrates-Heiligtum am Ilissos. Berlin
      1994 (= AM Beiheft 16). S. 89ff. zu Phöniziern in Athen im 4. Jhd. und S. 129ff. zu
      Melqart (Freundlicher Hinweis von H. Nieswandt).

[13] Strabon X 2,21 (459) und Stephanos Byz. sv. Astakos.

[14] Antoninus Liberalis, Metamorph. XIII – Herr Chr. Karakulis machte mich freund-
      licherweise auf diese Stelle aufmerksam.

[15] Schol. ad Hes. Theog. 247 und 243, Eusthatios ad Il. 18,42 hat bei Melite
      γλυκισμός statt ἡδύ – Melite und Eulimene sind mehrfach als Namen von Nereiden
      auf Vasenbildern belegt (LIMC svv. M. und E.)

Übrigens ist Melite für einen Teil der Insel unter den vielen Namen Kephallenias[16] nicht der einzige semitische. Samos, eine Bezeichnung, die Homer (Od. 4,671) für die ganze Insel kennt und nicht nur für die Stadt Same auf Kephallenia, ist es auch: denn semit. *sm*‚´ bedeutet „hoch"[17], weshalb σαμοί von Strabon zweimal folgerichtig – „nach einigen Autoren" wie er hinzufügt – mit ταὔψη = die Höhen erklärt wird.[18] Victor Berard[19] verwies mit seiner *règle des doublets* deswegen auf bilinguale Doppel-Namen, denn Kephallenia mit dem über 1600 m hohen Haupt des Ainos-Berges ist doch wohl nach κέφαλος „Kopf, Haupt" gebildet, bedeutet also aus griechischer Sicht dasselbe wie Samos aus phönizischer, und spiegelt damit das Nebeneinander verschiedener Bewohner, Besucher oder Nachbarn ähnlich wider wie etwa an der französisch-flämischen Sprachgrenze die Namen der Stadt Bergen = Mons.

Neben Argumenten für die Lokalisierung erscheinen aber auch theologische Aspekte in einem neuen Licht. Auch ohne sich auf formgeschichtliche Analyse und Fragen der Fiktionalität der Schiffbruch-Geschichte einzulassen, dürfte der erste Satz des 28. Kapitels der Apostelgeschichte – καὶ διαωθέντες τότε ἐπέγνωμεν ὅτι Μελίτη ἡ νῆσος καλεῖται- doch wohl als ein Wortspiel zu verstehen sein. Pointiert ließe sich also übersetzen: U n d g e r e t t e t e r f u h r e n w i r d a n n , d a ß d i e I n s e l a u c h s o h i e ß : R e t t u n g! Damit wird hinter dem nur faktischen Verweis auf die geographische Situierung des überstandenen Schiffbruchs ein soteriologischer Horizont sichtbar. Er antwortet nicht allein auf die realen Widrigkeiten der Seereise, wie sie ab 27,14 bis zum Ende des Kapitels über 30 Verse hin geschildert werden, sondern auch auf die 27,9-10 von Paulus beklagte Unzeitigkeit einer Seereise nach dem jüdischen Fasten – „die Rabbinen rechnen ab dann die gefährliche Zeit"[20]. Mit der Befürchtung in die Syrte abzudriften (27,17) wird zudem ein Gemeinplatz der zeitgenössischen Literatur evoziert. Dion von Prusa (5,9) beschreibt sie als eine Seeregion, die bei widrigen Winden wegen ihrer Klippen oder Untiefen und den [Strömungen aus] zwei Meeresteilen (βραχέα καὶ διθάλαττ) kein Entrinnen erlaubt. Gerade dieses seltene Wort διθάλασσος wird aber in 27,41 zur Bezeichnung des Ortes der Strandung benutzt. Sein in der heidnischen Beschreibung furchteinflößender Sinn hat sich in der Apostelgeschichte nun-

---

[16] Die Antike kannte noch andere Namen für Kephallenia: Τάφος, Τηλεβόα, Δολίχιον, Σάμη, Τετράπολις, Μέλαινα und Μελανὴ Ἤπειρος nennt I. P. Loverdos Kostis 1888, S. 17f. in seiner Geschichte der Insel (nach I. Delidimos, in: Πρακτικά. Athen 1996. S. 170 – hier Anm. 9).

[17] Oberhummer, Phönizier, S. 6. Ich danke meinem Neffen K. Metzler für Hilfe in semitistischen Fragen.

[18] Strabon VIII 3,19 (346) zu Samikon „einst Samos genannt", an der Westküste der Peloponnes und X 2,17 (457) zu Samothrake.

[19] Berard, V. : Les Phéniciens et l'Odyssée. Paris 1902-03, I. S. 49ff., S. 339f.; II. S. 412.

[20] Schille, G.: Die Apostelgeschichte des Lukas. Berlin 1983. S. 461.

mehr ins Gegenteil gekehrt. Trotz der schlechten Omina also wird nicht nur Paulus gerettet, sondern der Autor wählt die „W i r"-Form: Und gerettet erfuhren wir, daß „Rettung" die Insel genannt wird – bezieht das bekundete Heil also auch auf sich (oder wenn man so will pastoral-eschatologisch über-interpretiert: auf die Lesergemeinde).

„*Die ‚Wir'-Passagen der Apostelgeschichte*" hat J. Wehnert in seinem gleichnamigen Buch als „*Ein lukanisches Stilelement in jüdischer Tradition*" – so der Untertitel (Göttingen 1989) – erkannt. Auf seine anderswo schlecht begründete Kritik an der von H. Warnecke entdeckten Identität von Melite mit Kephallenia muß hier nicht eingegangen werden, sie ist bekanntlich schon von A. Suhl und Th. Schirrmacher als unhaltbar zurückgewiesen worden.[21] Doch sind seine Hinweise auf das jüdische Element im theologischen Denken des Griechen Lukas, der in Antiochia(?) auch von der Synagoge geprägt zu sein scheint und besonders auf dessen jüdisch bestimmte apokalyptisch-eschatologi-sche Sicht hier insofern von Gewicht, als meine Deutung von 28,1 als bilin-guales Wortspiel[22] bei dem griechischen Autor semitische (sei es aramäische oder hebräische) Sprachkenntnisse voraussetzt, die im NT allerdings natürlich auch anderweitig gut belegt sind, so wie auch 27,9-10 als Omen nur in jüdischem Denken sein volles Gewicht bekommt.

Diese Interpretation eröffnet zwei Sinnebenen: Es geht hier sowohl um die geographische Identifizierung von Melite mit Kephallenia wie auch zugleich um den heilsgeschichtlichen Sinn der Rettung, mit dem die erwähnte semitische Wortbedeutung von *mālat/mlt/melīta* und das in den relevanten sechs Versen

---

[21] Suhl, A.: Gestrandet! Bemerkungen zum Streit über die Romfahrt des Paulus, in: Zeitschrift für Theologie und Kirche 66 (1991). S. 1-28. Schirrmacher, Th.: Plädoyer für die historische Glaubwürdigkeit der Apostelgeschichte und der Pastoralbriefe, in: Warnecke, Paulus, S. 181-235.

[22] Auf ein anderes Wortspiel in der Apostelgeschichte macht Cadbury, H. J.: The Book of Acts in History. London 1955. S. 30, Anm. 24 aufmerksam: In der Geschichte von der Bekehrung des „Kämmerers" der Königin Kandake befiehlt der Engel dem Philippos 8,26 von Jerusalem aus (gegen oder gen Mittag – Himmelsrichtung oder Tageszeit?) auf die Gaza-Straße, die alte Route nach Ägypten und Kusch zu gehen. Gaza wird dann in 8,27 wiederholt im Titel des "Kämmerers" (Luthers Übersetzung für εὐνοῦχος): ἐπὶ πάσης τῆς γάζης, Schatzverwalter also. θησαυρός wäre auch ein Wort dafür (z.B. Herodot IX 106 für Teile der persischen Kriegskasse, vergleichbar mit γαζοφυλάκιον bei Welles, C. B.: Royal Correspondance of the Hellenistic World. London 1934. S. 90, Nr. 18, 20). Seit achämenidischer Zeit klingt im Namen des Ortes Gaza – ungeachtet seines älteren Namens Hazzatu in den Amarna-Briefen – auch im aramäischen und hebräischen Sprachraum die Verwaltungsfunktion „Magazin oder Schatzhaus" an (Altheim, F. – Stiehl, R.: Geschichte Mittelasiens im Altertum. Berlin 1970. S. 548f.). – Generell zu Wortspielen vgl. jetzt Noegel, S. B. (Hrsg.): Puns and Pundits. Word Play in the Hebrew Bible and Ancient Near Eastern Literature. Bethesda 2000 und darin wiederum Rendsburg, , G. A.: Word Play in Biblical Hebrew. S. 137-162, bes. S. 141ff. über das hier relevante „bilingual word play" an ägyptisch-hebräischen und griechisch-hebräischen Beispielen – wie σοφία als Mitzudenkendes bei hebr. ṣōpiyyah in Prov. 31.7. Rendsburg verweist auf eigene und fremde Vor-arbeiten.

(27,43 – 28,4) viermal, also ungewöhnlich häufig auftretende griechische Wort für Gerettetwerden (διασώζεσθαι) auf das Heil (σωτηρία 27,34), das im profanen und zugleich sakralen Brotbrechen (27,35) versprochen wird, antwortet. Wie sehr solch mehrfacher Schriftsinn – theologischem Denken ja durchaus vertraut – auch im antik-heidnischen Erbe verwurzelt ist, möge hier der Verweis auf Theagenes von Rhegion oder Stesimbrotos von Thasos aus dem 6. und 5. Jahrhundert v. Chr. nur andeuten, deren Homer- und Mysterien-Verständnis über die Kategorien der ἀλληγορία und ὑπόνοια im Vorgefunden auch zugleich einen verborgenen Sinn aufdecken wollte.[23]

Zu den folgenden 10 Versen des 28. Kapitels lassen sich noch einige neue Argumente beitragen, die die Identifizierung der Insel Melite mit Kephallenia unterstützen. Zunächst zu den 28,2 und 4 genannten βάρβαροι auf einer g r i e c h i s c h e n Insel: Daß diese Zusammenstellung – geradezu ein Oxymoron – Anstoß erregt, liegt wohl in der chauvinistisch-arroganten Verwendung des Barbaren-Begriffs begründet, mit der die imperialistische Seebundspolitik Athens n a c h dem Sieg über die Perser durch Verächtlichmachung des Fremden eigene Überlegenheit suggerieren wollte.[24] Unter kulturellem Aspekt, den ja Paulus selbst in Römer 1, 14f. im Hellenen-Barbaren-Gegensatz mit „gebildet" und „unverständig" (σοφοῖς τε καὶ ἀνοήτοις) beschreibt, könnte man das nur scheinbare Problem lösen mit einem Hinweis auf Apollonios aus Tyana, übrigens eine Stadt, die – wie Paulus' Heimatstadt Tarsos – im „barbarischen" Kilikien gelegen ist. Dieser beklagt sich in seinem 34. Brief, gerichtet an die Gelehrten im alexandrinischen Museum, darüber, daß er nach längerem Aufenthalt in Argos, Megara, Sikyon, Lokris und Phokis zum Barbaren geworden ist (ἐβαρβαρώθην). Sein Besuch fällt in die rauhe Wirklichkeit der römischen Kaiserzeit, in der etwa auch – wenn auch mit anderen Beobachtungen und Argumenten – Pausanias nicht ohne eine gewisse Melancholie an die inzwischen vergangene Größe Griechenlands erinnert. Doch auf Kephallania – so mit „a" die Schreibweise in Quellen des 3. bis 1. Jahrhunderts v. Chr.[25] – ist der historische Kontext konkreter: die Kephallanen gehören wie die Akarnanen, Athamanen, Dryanen und Aitoler zu den Nordwest-Stämmen, die, wie schon mehrfach beobachtet, in der Antike nicht immer zu den Griechen gezählt wurden. Über die Aitoler sagt Polybios 18,5,9, worauf in entsprechendem Kontext P. Cabanes[26] hinwies, sehr bestimmt οὐκ

---

[23] Metzler, Eunomia und Aphrodite, in: Hephaistos 2 (1980). S. 73-88, bes. S. 76 und S. 78.

[24] Metzler, D.: Rezension zu E. Hall: Inventing the Barbarian. Greek Self-Definition through Tragedy (1989), in: Hephaistos 11/12 (1992/93). S. 215-223.

[25] Flacellière, R.: Les Aitoliens à Delphes. Paris 1937. Appendix I Nr. 37, 44, 45. Livius 38, 28,5-30,1.

[26] Cabanes, P.: Les habitants de régions situées au nord-ouest de la Grèce antique étaient-ils des étrangers aux yeux des gens de la Grèce centrale et meridionale?, in: L'étranger dans le monde Grec. Actes du Colloque Nancy 1988. S. 89-111, bes. S. 96.

ἔστιν Ἑλλάς. Eben solche Aitoler gelangten aber auch – gewiß nicht in großer Zahl – 223 v. Chr. als Kolonisten nach Same[27], und Verbündete bzw. durch Isopolitie Gleichgestellte hatten sie nach dem „Anschluß"[28] seit 228-223 in Pale. Die römische Eroberung Kephallanias bricht die Insel dann 189 v. Chr. aus dem Aitolischen Bund heraus. Sicher waren zwar die vier Poleis – Same, Krane, Pale, Pronnoi – griechisch organisierte Gemeinden, doch kann etwa die Landbevölkerung, deren ungewöhnliche Mitmenschlichkeit (οὐ τὴν τυχοῦσαν φιλανθρωπίαν) Paulus erfahren darf (28,2), durchaus noch von der „barbarischen" Kultur der Nordwest-Stämme geprägt sein.[29] Das erneute Oxymoron von „Philantropia" und „Barbar" erinnert aber zugleich auch an die ausgleichende Ambivalenz des Barbarenbegriffs wie ihn Paulus 1. Kor 14,11 benutzt: „Wenn ich die Bedeutung der Stimme nicht erkenne, werde ich gegenüber dem Sprechenden ein Barbar sein und der Sprechende mir ein Barbar." Sein ein wenig älterer Zeitgenosse mußte in der Verbannung in Tomi am Schwarzen Meer dieselbe Erfahrung machen – seiner mangelnden Sprachkenntnisse wegen ist Ovid selbst dort ja der Barbar.[30]

Von den Barbaren wird Paulus sodann nach dem überstandenen Schlangenbiß und dem von ihnen nicht erwarteten Nicht-Eingreifen der Göttin Dike nun seinerseits für einen Gott gehalten – wieder mit einem Wortspiel, diesmal einem einsprachig griechischen, beschrieben: θεωρούντων ... ἔλεγον αὐτὸν εἶναι θεόν[31] Zwar ist Paulus selbst auch anderswo im griechisch beeinflußten Osten – natürlich gegen seinen Willen – für einen Gott[32] gehalten worden, nämlich im kleinasiatischen Lykaonien zusammen mit Barnabas als Inkarnation von Hermes und Zeus (Apg. 14,11-18), auf Kephallenia jedoch wird Paulus nicht der einzige Christ bleiben, den die Bewohner der Insel vergöttlichen. Ein Jahrhundert später nämlich verehren seine Anhänger den schon 17jährig verstorbenen Epiphanes[33], Sohn des Gnostikers Karpokration und einer Kephallenierin mit Namen Alexandria. Durch seine radikalen Gleichheitsforderungen,

---

[27] Flacellière, Les Aitoliens, S. 258.

[28] Evd., S. 284, Anm. 3, benutzt diesen deutschen Begriff (1937!).

[29] In diesen Barbaren aber die orientalischen, gar jüdischen Sklaven des Publius erkennen zu wollen, halte ich für unseriös. Wenn Melite Kephallenia ist, dann nur mit den Barbaren!

[30] Ovid, Tristia V 10,37.

[31] Zwar ist θεωρέω ein geläufiges Verb für „sehen, ansehen als", doch da es daneben auch andere gibt, ist die Wahl dieses im heidnischen Sakralbereich der Gottesschau wurzelnden Wortes hier schon auffällig. – Zum Gott-Sehen: Metzler, D.: Autopsia, in: FS für H. E. Stier. Münster 1972. S. 113-121.

[32] Vergöttlichung von Sterblichen ist in der Kaiserzeit natürlich ein weit verbreitetes Phänomen (Wrede, H.: Consecratio in formam deorum. Vergöttlichte Privatpersonen in der römischen Kaiserzeit. Mainz 1981), doch ist sie für Juden und Phönizier Blasphemie.

[33] Clemens Alexandrinus, Stromateis III 2 ' 5,2-9,3 ist die einzige Quelle.

die er mit seiner auf biblische Zitate – also sieht er sich selbst als Christ, wenn auch zum Mißfallen seines rechtgläubigen Kritikers – aufbauenden Schrift „*Über die Gerechtigkeit*" (περὶ δικαιοσύνης)[34] untermauerte, trat er hervor. Sollte er mit dem plakativen Schlagwort δικαιοσύνη im Titel seiner Schrift auch auf die ein Jahrhundert vor ihm von seinen heidnischen Landsleuten auf Kephallenia angerufene Δίκη anspielen wollen? In Same wird Epiphanes, so berichtet Clemens von Alexandrien (H 215), in einem Hain mit Musen-Heiligtum[35] – nach der Materialbeschreibung wohl eine (künstliche?) Grotte – jeweils am Neumondstage „am Geburtstage seiner Apotheose" – erst nach seinem Tode also – mit großem kultischem Aufwand als Gott verehrt. Man weiß nicht, worüber mehr zu staunen wäre – über die heidnischen Vorstellungen von der Vergöttlichung eines Menschen bei seinen christlichen, wenn auch häretischen Verehrern oder über die Konsequenz seiner anarcho-sozialen, mit taoistischen genauso wie mit urkommunistischen Vorstellungen vergleichbaren Forderungen.

Der Name der Mutter dieses Epiphanes – Alexandria – ist für eine Kephallenierin insofern bemerkenswert, als Namengebung doch auch etwas über Wünsche und Ideale der Eltern aussagt. In unserem Falle wäre etwa in Analogie zu drei von mehreren Töchtern des Themistokles, die Sybaris, Italia und Asia hießen[36], möglicherweise an Eltern zu denken, die in Kephallenia mit den Schiffsverbindungen nach Alexandria zu tun gehabt haben könnten. Bemerkenswerterweise hat Paulus ja zwei alexandrinische Schiffe – Getreidefrachter für die Annona – benutzt, nachdem er das adramyttenische in Myra verlassen hatte. Im lykischen Myra – korrekter wohl: in Andriake[37], dessen vorgelagertem Hafen, wo die Alexandrien-Schiffe zu landen pflegen – besteigt er das Unglücksschiff, das ihn auf der üblichen Westroute unmittelbar vor dem ü b l i c h e n Etappen-Ziel Kephallenia an dessen Felsen-Strand Schiffbruch erleiden läßt. Und nach der ebenfalls ü b l i c h e n Überwinterung dort besteigt er sein zweites Alexandrien-Schiff, das ihn auf seinem Weg nach Rom schließlich glücklich über die ebenfalls ü b l i c h e Syrakus-Route nach Puteoli bei Neapel[38] auf das Festland (28,12-14) bringen wird. Gerade weil Kephallonia der

---

[34]   Löhr, W. A.: Epiphanes' Schrift Περὶ δικαιοσύνης (= Clemens Alexandrinus, Str. III 6,1-9,3), in: Logos = FS für Luise Abramowski, Beihefte zur Zs. für d. neutestamentl. Wiss. 67. Berlin - New York 1993. S. 12-29.

[35]   Boyancè, P.: Le culte des Muses chez les philosophes Grecs. Paris 1937. S. 292f. – nach Löhr, W. A.: Karpokratianisches, in: Vigiliae Christianae 49 (1995). S. 23-48, bes. S. 36.

[36]   Davies, J. K.: Athenian propertied families 600-300 BC. Oxford 1971. Nr. 6669. S. 217.

[37]   Zimmermann, M.: Die lykischen Häfen und die Handelswege im östlichen Mittelmeer, in: Zs. f. Papyrologie und Epigraphik 92 (1992). S. 201-217, bes. S. 215f.

[38]   In Neapel wurde seit etwa 800 der Dioskurentempel als Kirche S. Paolo Apostolo genutzt. Nach der auf einer Zeichnung des Neapolitaners Pirro Ligorio lesbaren

übliche Anlaufhafen auf der Strecke von Kreta nach Italien war, wofür bei
Warnecke mehrfache Belege zu finden sind, bekommt Paulus tröstende
Voraussage, daß man auf einer Insel landen werde (27,26), also gleichsam auch
eine realistische reisetechnische Begründung. Er und/oder der ihn möglicherweise vorher informiert habende Kapitän des Schiffes wissen, wovon zu
reden ist. Daß dann die Insel, die man beim Schiffbruch nicht sofort identifizieren kann – auch das ist typisch für Kephallonia, wie Warnecke ebenfalls
belegt – unter ihrem semitischen Namen – Melite = Rettung – eingeführt wird,
zeigt, wie sehr die Geschichte vom historischen Schiffbruch zugleich heils-
geschichtlich gelesen werden soll. Malta als Melite ist für diese theologische
Interpretation platterdings ungeeignet.

Das für einen Christen eigentlich belanglose Detail, daß das schließlich
rettende Schiff unter dem bekanntlich für Heiden Schutz verheißenden
παράσημον der Dioskuren[39] fährt, erwähnt der Autor in 28,12 ausdrücklich –
ohne andererseits die παράσημα der beiden ersten von ihm benutzten Schiffe
genannt zu haben. Offensichtlich haben die Dioskuren – etwa im Hinblick auf
die anzusprechenden Leser – noch ihre ominöse Bedeutung, denn auf diesem
Schiff beendet der Apostel schließlich glücklich seine Reise und möglicherweise
läßt der Autor außerdem noch mit der Nennung des heidnischen Schutzzeichen
auch die göttliche Vorsehung (Πρόνοια) der Griechen aufscheinen.[40] Wie ein
Dioskuren-Schutzzeichen aussehen könnte, zeigt ein Fresko des 3. Jahrhunderts
v. Chr., das 1982 von sowjetischen Archäologen in Nymphaion auf der Krim
gefunden wurde.[41] Dort hat eine große Triere mit dem (möglicherweise von

---

Inschrift (IG XIV 714) war er von einem Τιβέριος Ἰούλιος Τάρσος Διοσκούροις
geweiht (Mercando, I.: P. L. et il tempio dei Dioscuri, in: Studi in memora di Lucia
Guerrini = Studi Miscell. 30 [1991/92]. Rom 1996. S. 393ff.). Sollte in Neapel in
lokaler Tradition die Beziehung des Apostels zum Schutzzeichen seines Schiffes, zu den
Dioskuren – oder gar zu deren Verehrer Tiberius Julius, der den Namen der Heimatstadt
des Apostels als Cognomen führt - so bedeutend gewesen sein? Die neapolitanische
Patrozinien-Forschung dürfte hier weiteren Aufschluß bringen.

[39] Dölger, F. J.: Dioskuroi. Das Reiseschiff des Apostels Paulus und seine Schutzgötter, in: Antike und Christentum VI. Münster 1950. S. 276-285.

[40] Πρόνοια – häufig belegt im Hellenismus und überhaupt nicht im NT – wird im
Roman „Chaireas und Kallirhoe" des Chariton, der auch Kephallenia auf der Seeroute
von Kreta nach Syrakus kennt (III 3,18), als Schützerin der Schiffes (III 3,10) genannt
und – hierin der Δίκη (Apg. 28,5) vergleichbar – als göttliche Macht, die den Grab-
räuber und Piraten Theron seiner verdienten Strafe zuführt (III 4,7).

[41] Grač, N.: Ein neu entdecktes Fresko aus hellenistischer Zeit in Nymphaion bei
Kertsch, in: Skythika. Vorträge ... anläßlich einer Ausstellung der Leningrader Ermitage
in München 1984, hrsg. v. L. Galanina, N. Grač u.a. München 1987. S. 87-95.
Höckmann, O.: Naval and other graffiti from Nymphaion, in: Ancient Civilizations from
Scythia to Siberia 5 (1999). S. 303-356, bes. S. 305ff. – Da der Rahmen des Bildes an
der Buglinie nicht vollständig ist, könnte man auch an ein Relief oder eine Skulptur
nach Art der „Gallions"-Figuren von „Dionysos und Ariadne" aus dem Schiffsfund von
Mahdia (Horn, H. G.: Dionysos und Ariadne, in: Das Wrack. Der antike Schiffsfund
von Mahdia, hrsg. v. G. Hellenkemper-Salies. Köln 1994. S. 451-466, bes. S. 458f.)
denken. Der am oberen Ende des Bug-Stevens eingeritzte grobe Kopfumriß – gut

späterer?, anderer Hand eingeritzten)[42] Namen „Isis" auf der sichtbaren Seite des Schiffes am Bug die Protomen eines der Dioskurenzwillinge und seines Pferdes in einem quadratischen, ornamentierten Rahmen. Auf dem Pilos der Dioskuren sitzt dort jener sechsstrahlige Stern, in dem M. S. Phoka die symbolische Darstellung des Elmsfeuers als Erscheinungsform der Dioskuren erkennen zu können glaubt.[43] Das neue Fresko aus Nymphaion lehrt also, daß das παράσημον, wie schon Kyrillos von Alexandrien kommentierend zu unserer Stelle schrieb, ein gemaltes (γραφή) Bild gewesen sein kann und beidseitig (ἑκατέρωϑεν – so Lukian) am Bug zu sehen war.[44]

Als Schluß noch eine Beobachtung zum schon erwähnten Nachweis der Ortsbezeichnung Μελίτη in der Lokaltradition Kephallenias, wie sie beim Kap Vrachinari[45] zu finden ist: Kurioserweise haben unter den vielen Tausend erfaßten alten Handschriften des griechischen NT auch einige ganz wenige eine dazu passende Lesart überliefert. In 27,29 haben nämlich ein Papyrus Bodmer aus dem 7. Jahrhundert (p 74) sowie einige spätere Minuskel-Handschriften (88, 104, 2492, 1505)[46] für die Beschaffenheit des Ufers, wo die Strandung des Schiffes zu befürchten ist, statt des τραχεῖς τόπους (rauhe Örter, also Felsen) ΒΡΑΧΙC ΤΟΠΟ[ΥC], wobei τὰ βράχεα wie das moderne ὁ βράχος schon in der Antike als Klippen oder Felsen am Ufer bzw. *offendicula navigationis* (so Stephanus im *Thesaurus*) zu verstehen ist. Die Frage, wie es zu dieser Übereinstimmung zwischen der äußerst seltenen Textvariante und dem heute benutzten Toponym kommt, kann ich allerdings nur offenlassen.

---

erkennbar S. 92f., Abb. 2 – paßt stilistisch nicht zu dem Dioskurenbild, gehört also wohl zusammen mit dem Isis-Namen in eine andere Phase, als etwa das Bild des noch nicht beschrifteten Dioskuren-Schiffes von einem anderen Seereisenden für seinen Bedarf umgetauft worden sein könnte. – Zur Bedeutung der Dioskuren in der römischen Kaiserzeit: Castores. L'immagine dei Dioscuri a Roma, hrsg. v. L. Nista. Rom 1994.

[42]   So verschiedene Bearbeiter bei Höckmann, Naval, S. 309, Anm. 7 und Höckmann selbst nach Autopsie im Nachtrag (S. 356) sowie Morrison, J. S.: Greek and Roman Oared Warships. London 1996. S. 207-214 – zitiert nach Ju. G. Vinogradov in Anc. Civ. Scythia 5 (1999). S. 30, Anm. 77.

[43]   M. S. Phoka in Πρακτικά. Athen 1996 (hier Anm. 9). S. 200f.

[44]   Dölger, Dioskuroi, S. 278.

[45]   Siehe oben Anm. 9.

[46]   Nach freundlich gewährter Auskunft von Herrn M. Welte, Institut für neutestamentliche Textforschung der Universität Münster.

Zum Schamanismus in Griechenland

Viele Phänomene der Religion der Griechen sind, wie antike und moderne Autoren immer wieder festgestellt haben, bekanntlich über mannigfaltige Entwicklungslinie mit den älteren Kulturen der benachbarten Völker zu verbinden[1]. Hierzu zählen auch die Gestalt des Gottes Apollo und die Formen seiner Verehrung. Unter den zahlreichen Darstellungen Apollos sind in unserem Zusammenhang zwei Vasenbilder des Badischen Landesmuseums von Bedeutung, da sie Aspekte seines Wirkens zeigen, die ihn in die Nähe zu schamanistischen Vorstellungen[2] rücken.

Das erste weist auf nördliche Regionen: Auf einer korinthischen Lekythos aus dem 2. Viertel des 6. Jhds. v. Chr.[3] steht zwischen zwei heraldisch angeordneten Greifen ein Schwan (Abb. 1). Das Bild gehört in die Zeit der oft erwähnten Reise des Aristeas von Prokonnesos[4] zu den Issedonen und anderen Völkern des Nordostens. Greifen und Arimaspen bevölkern die hyperboreischen Gefilde[5]. Schwäne sind ja Tiere Apolls, die ihn auf seinem

---

[1]   Einen forschungsgeschichtlich und bibliographisch guten Überblick zur griechischen Religion bietet Weiler, I.: Griechische Geschichte. Darmstadt 1976. S. 107ff., bes. S. 121. – Für wichtige Literaturhinweise danke ich J. Floren, H. Hoffmann sowie S. und H. Vierck.

[2]   Zum Schamanismus allgemein vgl. etwa Eliade, M.: Schamanismus und archaische Ekstasetechnik. Frankfurt 1975 (frz. 1951); L. Vajda in Ural-Altaische Jhbb. 31 (1959). S. 456ff.; J. Maringer in Ztschr. f. Rel.- und Geistesgeschichte 29 (1977). S. 114ff.; Lommel, A.: Schamanen und Medizinmänner. München 1980. – Schamanismus in Griechenland: Meuli, K.: Scythica, in: Hermes 70 (1935). S. 121ff. – wieder abgedruckt in den Gesammelten Schriften, hrsg. v. Th. Geitzer. Basel 1975 mit der weiterführenden Rezension von F. Graf in Gnomon 51 (1979). S. 209ff.; Dodds, E. R.: Die Griechen und das Irrationale. Darmstadt 1970 (amerikan. 1951). S. 72ff.; W. Burkert in Rhein. Mus. 105 (1962). S. 36ff.; ders.: Griechische Religion der archaischen und klassischen Epoche. Stuttgart 1977. S. 180.

[3]   Karlsruhe B 198 = CVA 1, Taf. 41, 3, G. Hafner weist dort auf eine weitere Darstellung „swan between griffon birds" hin: Payne, Necrocorinthia 324 Nr. 1366 = London B 27.

[4]   Bolton, J. D. P.: Aristeas of Proconnesus. Oxford 1962. Vgl. Metzler, D.: Porträt und Gesellschaft. Münster 1971. S. 125.

[5]   RE, sv. Hyperboreer (Daebritz); Dodds, a.a.O., S. 221, Anm. 36; Kerényi, K.: Dionysos. München – Wien 1976. S. 170ff.; Hoffmann, H.: ΥΒΡΙΝ ΟΡΘΙΑΝ ΚΝΩΔΆΛΩΝS, in: Antidoron. Festschrift für Jürgen Thimme zum 65. Geburtstag am 26. September 1982, hrsg. von Dieter Metzler, Brinna Otto, Christof Müller-Wirth. Karlsruhe 1983. S. 61ff.

Jahr um Jahr[6] wiederkehrenden Weg zu den seligen Hyperboreern begleiten. Den Schwan erkannte schon G. Weicker in seiner Arbeit über den „Seelenvogel" als Darstellung des selig entrückten Toten[7]. Die Karlsruher Lekythos bezeichnet demnach den mythischen Ort dieser Entrückung durch die hyperboreischen Greifen, seinen Paradiescharakter durch die Rosetten[8] im Bildfeld. Daß die Vorstellung vom Seelenvogel sowohl im sibirischen Schamanismus als auch bei Aristeas eine Rolle spielt, hat E. R. Dodds bemerkt[9]. Ich möchte daher den Schwan zwischen Greifen als ein Bild seligen Lebens verstehen, dessen mythische Geographie J. Thimme zu sehen gelehrt hat[10].

Das zweite Vasenbild zeigt den Gott selbst: Im Innenbild der attischen Schale des Epitimos-Malers[11] aus dem Jahrzehnt nach der Mitte des 6. Jhds. steht Apollo als Bogenherr[12] zwischen zwei ebenfalls heraldisch angeordneten Löwen (Abb. 2). Thimme wies in seiner Erstveröffentlichung auf die Bedeutung der Löwen hin, mit denen der Maler, der dem nächsten Umkreis des Lydos zuzurechnen ist, Elemente der Apollo-Ikonographie seiner mutmaßlich lydischen Heimat aufgriff[13]. In dieselbe östliche Richtung weist auch die Darstellung von Pfeil und Bogen in der Hand des Gottes, denn Apollo ist hier nicht wie üblich mit der Waffe als Schütze dargestellt, sondern als repräsentative Mantelfigur. Das erinnert an die Darstellung der unbärtigen Gottheit mit dem Bogen im Bild des geflügelten (Sonnen-)Ringes

---

[6] Kerényi, a.a.O., S. 158ff., S. 172.

[7] Weicker, G.: Der Seelenvogel in der alten Literatur und Kunst. Leipzig 1902. S. 24. Da ein weiteres korinthisches Gefäß in Karlsruhe (Aryballos 71/33; J. Thimme in Jhb. BW 9 [1972]. S. 266) zwischen dem heraldischen Greifenpaar von Rosetten umgeben eine weibliche Gestalt zeigt, der gegenüber auf der Rückseite wiederum ein Schwan dargestellt ist, möchte ich vermutungsweise vorschlagen, in ihr nicht Artemis, sondern eines der hyperboreischen Schwanenmädchen (Dodds, a.a.O., S. 22, Anm. 37) zu sehen. Zwar legt die heraldische Komposition die bekannte Deutung auf die Herrin der Tiere nahe, doch könnte der Schwan in eine andere Himmelsrichtung weisen.

[8] J. Thimme in Festschrift für U. Jantzen. Wiesbaden 1969. S. 160f.

[9] Dodds, a.a.O., S. 221, Anm. 38.

[10] J. Thimme in Jhb. BW 7 (1970). S. 7ff., bes. S. 13f.

[11] Karlsruhe 69/61 = CVA 3, Taf. 100 (Manuskript). J. Thimme in Jhb. BW 7 (1970). S. 119f.

[12] Das griechische Wort für Bogenherr ist *tóxarchos*. So wird Dareios bei Aischylos (Perser 556) genannt. Über Bogenherren und deren goldene Zeremonialbögen bei den Steppenvölkern: Altheim, E. – Stiehl, R.: Geschichte der Hunnen V. Berlin 1962. S. 307f. sowie G. László und J. Harmatta in ActaArchaeol. Budapest 1 (1951). S. 91ff. bzw. S. 107ff. Die Erfindung des Reflexbogens wird den Skythen zugeschrieben und dorthin weist auch die skythisch-iranische Herkunft des griechischen Wortes *tóxon* = Bogen (E. Benveniste in Persia e ii mondo greco-romano. Rom 1966. S. 480f.).

[13] Thimme, a.a.O., S. 119f.

auf einem urartäischen Goryt-Blech in München[14]. Zwar sind Pfeil und Bogen auch und gerade Herrschaftssymbole[15], doch zeigt sich in den Pfeilen Apolls andererseits seine göttliche Kraft[16]. Auf einem Pfeil reitend war Abaris[17] nach Schamanenart von den Hyperboreern zu den Griechen gelangt. In Herodots Version, die im Zusammenhang mit den Hyperboreern des delischen Apollokultes steht, wandert Abaris mit dem Pfeil in der Hand[18].

Diese beiden Karlsruher Vasenbilder mögen hier nur gleichsam als Wegweiser verstanden werden, um Zugang zu finden zu Phänomenen griechischer Frömmigkeit, die ihre Parallelen bei relativ weit entfernten Kulturen haben. Solches Ausgreifen scheint mir sinnvoll zu sein, um die recht umfangreiche Gruppe von kleinen Bronzeobjekten zu verstehen, die sich wohl noch lange damit abfinden werden müssen, als „Kannenverschlüsse" durch die archäologische Literatur zu geistern. Gemeint sind Bronzen, bestehend aus einem Stab, der auf vier Seiten mit Noppen besetzt ist und von hockenden Figuren, Schlaufen oder Kannen bekrönt ist. Ihre Höhe schwankt etwa zwischen 8 und 12 cm. Datiert werden sie neuerdings in das 7. und 6. Jhd. v. Chr. Ihr gesichertes Verbreitungsgebiet ist Thessalien, Makedonien und angrenzende Gebiete des Balkans. 140 Stück hat I. Kilian-Dirlmeier kürzlich mit der bewundernswerten Askese prähistorischer Fundbeschreibung katalogisiert[19]. Drei weitere hatte J. Thimme 1966/67 für das Badische Landesmuseum erwerben können (Abb. 3)[20]. Die Deutung dieser Objekte ist umstritten[21]. Man sah in ihnen Teile am Pferdegeschirr, Geräte zum Weben, Nadelköpfe oder eben „Kannenverschlüsse" – obwohl weder in geometrischer Zeit, wohin man sie einmal datierte, Gefäße mit entsprechend engem Hals nachweisbar sind, noch irgendwelche Analogien zu dieser Funktion beigebracht werden können. Trotzdem wird diese Deutung als ein Paradebeispiel hermeneutischer Methode zur Einführung in die Archäologie benutzt[22]. Da-

---

[14]   G. Gropp in Iranica Antiqua 16 (1981). S. 113, Abb. 9.

[15]   H. Gesche in JNG 19 (1969). S. 47ff. Metzler, D.: Ziele und Formen königlicher Innenpolitik im vorislamischen Iran. Habilitationsschrift Münster 1977. S. 132 und S. 135f. P. Calmeyer in AMI, NF 12 (1979). S. 303ff.

[16]   Colli, G.: Die Geburt der Philosophie. Frankfurt 1981. S. 18f.

[17]   Dodds, a.a.O., S. 77. Duerr, H. P.: Traumzeit. Über die Grenze zwischen Wildnis und Zivilisation. Frankfurt 1978. S. 146.

[18]   Herodot IV 36, 1; Dodds, a.a.O., S. 221, Anm. 33.

[19]   Kilian-Dirlmeier, I.: Anhänger in Griechenland von der mykenischen bis zur spätgeometrischen Zeit. München 1979. S. 104ff. Nr. 1164-1305. Taf. 61-73, mit einer Verbreitungskarte auf Taf. 107.

[20]   Karlsruhe 66/108, 66/109 und 67/139; J. Thimme in Jhb. BW 4 1967). S. 153.

[21]   Kilian-Dirlmeier, a.a.O., S. 205, Anm. 4 gibt einen Überblick.

[22]   Niemeyer, H. G.: Einführung in die Archäologie. Darmstadt 1968. S. 100 – unverändert auch in der zweiten Auflage von 1978.

bei scheint die Deutung der hockenden Gestalt am Geräteoberteil eine wichtige Rolle zu spielen. Diese ist aber in ihren Varianten so unspezifisch gebildet, daß man sie nur als „anthropomorph"[23] beschreiben kann, wobei ihre Gestik – Hände zum Kopf geführt – verhältnismäßig unklar bleibt, da vermeintliche Gegenstände, die sie auf manchen Objekten zum Munde führt, auch als gußtechnisch erklärbarer Verbindungssteg zwischen Kopf und Armen zu verstehen sind[24]. Die Beobachtung der Fundlage einiger aus gesicherten Grabungen stammender Objekte führte andererseits schon früh zur Deutung als „Anhänger", die am Gürtel getragen wurden und zwar von Frauen[25], soweit man sich auf entsprechende Beobachtungen verlassen kann. J. Thimme verwendete daher die Benennung „Amulettanhänger".

Ein Zufall spielte mir die Abbildung eines sehr ähnlichen Objektes (Abb. 4) in die Hände[26], von dem ich glaube, daß es eine sinnvolle Deutung der Amulettanhänger zuläßt: Die Noppenreihen – genauer: 4 Reihen von je 8 bis 12 flachen kleinen Noppen oder Nagelköpfen alternierend mit 4 Reihen von je 7 mandelförmigen, vulvaartigen (?) Erhöhungen – und die hockende Gestalt schmücken den hölzernen Trommelschlegel eines Schamanen des 20. Jhds. in Nepal[27]. Der zeitliche und räumliche Abstand ist nur ein scheinbar unüberwindliches methodisches Hindernis. Deshalb sei den Bedenken klassizistischer Isolationisten sogleich Thukydides als Apotropaion entgegengehalten, der in weniger Vorurteilen befangen, es sich noch leisten konnte, die ethnologische Methode des Vergleichs vom Typus „Wie die Barbaren heute noch, so auch einst die Griechen" mit Erfolg in die historische Forschung einzubeziehen[28].

Zunächst ist die weite Verbreitung eines Gerättyps gar nicht so ungewöhnlich. Die skythenzeitlichen Bronzerasseln – ebenfalls Schamanengerät – wurden vom Hallstatt-Gebiet bis zur Ordos-Steppe gefunden[29], ähnlich verhält es sich mit Rad- und Vogelprotomen-Anhängern der gleichen Epoche[30]. Daß auch über große Zeiträume hinweg bestimmte Geräte ihre

---

[23] Kilian-Dirlmeier, a.a.O., S. 206.

[24] Ebd., S. 206.

[25] Ebd., S. 205, Anm. 8.

[26] Hitchcock, J. T.: A Nepali shaman's performance as theater, in: artscanada 30. Toronto 1973/74, Nr. 184-187. S. 74ff., Abb. S. 77. Eine Buchhandlung in Vancouver hatte mir dieses Heft als Gratiszugabe in ein Bücherpaket gesteckt. Dafür sei auch an dieser Stelle noch einmal aufrichtig gedankt.

[27] Vgl. auch J. T. Hitchtock in History of Religions 7 (1967). S. 149ff.

[28] Thukydides I 6, 1 und 8, 1. Müller, K. E.: Geschichte der antiken Ethnographie und ethnologischen Theoriebildung I. Wiesbaden 1972. S. 176.

[29] J. Bouzek in Festschrift für C. F. C. Hawkes. London 1971. S. 77ff. mit Verbreitungskarte auf S. 93.

[30] Ebd., S. 94.

Form wahren, lehrt der Vergleich von Schamanenstäben des Altertums mit solchen der Neuzeit[31]. Zwischen dem Verbreitungsgebiet der nordgriechischen Amulettanhänger und dem Himalayagebiet gibt es aber auch konkretere Verbindungen, die die vergleichende Sprachwissenschaft liefert. Bekanntlich gehören die Thraker – ihr älteres Siedlungsgebiet erstreckte sich auch auf Thessalien – sprachlich innerhalb der Indoeuropäer nicht zur Centum-Gruppe wie ihre Nachbarn, sondern zur Satem-Gruppe der Inder. Zwei Völkernamen tauchen in beiden Gebieten in derselben Form auf: den Darden/Derdai[32] – heute nur noch nachweisbar im westlich von Nepal gelegenen Dardistan und in Gilgit[33] – entsprechen im Westen die Dardaner[34] im thrakischen Siedlungsgebiet am Hellespont sowie der in der makedonischen Königsfamilie belegte Name Derdas[35]. Weiter führt der Vergleich eines Rituals, bei dem in Nepal der Trommelschlegel benutzt wird: In der Morgendämmerung tanzen Schamanen mit Federhauben zum Takt ihrer Trommeln den Reigen (Abb. 5)[36]. Nonnos erzählt in den Dionysiaka (5. Jhd. n. Chr.). vom Thiasos der Korybanten (III 62) zu Ehren der Hekate (v. 75). In

---

[31] Findeisen, H.: Schamanentum. Stuttgart 1957. S. 158, Abb. 13-14; J. Ozols in Kölner Jhb. f. Vor- und Frühgeschichte 14 (1974). S. 9ff.

[32] Megasthenes bei Strabon.XV 1, 44 (706) und Plinius, NH. VI 67. Kl. Pauly, sv. Dardae.

[33] Jettmar, K.: Die Religionen des Hindukusch. Stuttgart 1975. S. 19ff.; ders.: The middle asiatic heritage of Dardistan, in: East and West 17 (1967). S. 59ff.: G. Tucci in East and West 27 (1977). S. 9-103. Gemeinsame „innerasiatische, schamanistische" Ahnen für Indien und Griechenland betont Ruben, W.: Wissen gegen Glauben. Der Beginn des Kampfes des Wissens gegen den/das Glauben im alten Indien und in Griechenland, in: Abhd. Akad. Wiss. Berlin 1979, G 1. S. 173f. Vgl. auch P. Graf in Gnomon 51 (1979). S. 211 in der erwähnten Rezension zu K. Meuli.

[34] Detschew, D.: Die thrakischen Sprachreste. Wien 1957. S. 117f. Kl. Pauly, svv. Dardanoi, Dardanos. Auf die Namensgleichheit der Darden und Dardaner hat schon Miklosich, F. v.: Über die Mundarten und Wanderungen der Zigeuner Europas. Wien 1872ff. hingewiesen (nach Block, M.: Zigeuner. Leipzig 1936. S. 25 und Genner, M.: Spartakus. München 1979, I. S. 9. Die faszinierenden, wenn auch noch nicht immer ganz überzeugenden Thesen Genners über die frühgeschichtlichen Wanderungen der Zigeuner stehen hier nicht zur Debatte). Bezeichnenderweise gilt Dardanos in der griechischen Mythologie nicht nur als Stifter der samothrakischen Mysterien, sondern auch als Arzt und Magier (RE, sv. Dardanos, Nr. 11, E. Wellmann). – Über sehr viel spätere, frühmittelalterliche Kontakte zwischen den Gebieten des westlichen Himalaya und des südöstlichen Balkan vgl. Nedeltchev, K.: Kushan-homeland of the Bulgars, in: Naša Rodina 9 (1969). S. 16ff. und B. Brentjes in East and West 21 (1971). S. 215f.

[35] Thukydides I 57, 3.

[36] J. T. Hitchcock in artscanada 77. – Verbindungen der kretischen Korybanten zu ekstatischen Tänzern Asiens beobachtete auch K. Schefold in Welt als Geschichte 15 (1955). S. 8 und S. 14. – Federkrone als indoeuropäisches Erbe im Iran: R. D. Barnett in Survey of Persian Art 14 (1967). S. 2997ff. mit Abb. 1063 und 1066.

der Morgendämmerung ertönt der Lärm ihrer mit eisernen Waffen geschlagenen Schilde (v. 65).

Nun sind die Amulettanhänger gewiß keine Trommelschlegel, vielleicht aber die zum Amulett reduzierten Symbolformen davon. Wahrscheinlicher ist jedoch wohl eine beiden Formen gemeinsame Vorstufe, in der Art eines benagelten Stabes – etwa vergleichbar dem Nagelszepter Achills[37]. Mit silbernen Nägeln beschlagen war ferner das Schwert Achills, das ausdrücklich als thrakische Arbeit bezeichnet ist[38]. J. Thimme hat auf magische Aspekte des Nagels in der Antike in seinem Erwerbungsbericht hingewiesen[39]. Neuerdings denkt er, wie er mir freundlicherweise brieflich mitteilt, bei der Deutung der Amulettanhänger an „stilisierte Bäume mit Affen oder schamanenartigen Wesen". Die Objekte selbst lassen keine eindeutige Unterscheidung zu. Affen als Bewohner paradiesischer Landschaften[40] sind ebenso einleuchtend wie Schamanen, spielt doch der Baum als gelegentlich stufenweise zu erklimmender Weg in der Ekstasetechnik von Schamanen eine wichtige Rolle[41]. Solchen Stufen der Entrückung könnten die Nägel = Äste entsprechen, wobei ihre Zahl nicht etwa kanonisch festgelegt ist, wie beispielsweise bei der siebenstufigen Leiter des Mithrasglaubens[42], sondern zwischen vier und zehn schwankt – bei einem allerdings deutlichen Überwiegen des Typs mit sechs Nägeln übereinander am Schaft des Anhängers.

Wer mag diese Anhänger getragen haben? Die wenigen gesicherten Grabfunde weisen auf Frauen hin[43], wobei allerdings die Frage erlaubt ist, ob im Einzelfall die Deutung auf ein Frauengrab sich durch den Skelettbefund oder die angeblich „typisch weiblichen" Beigaben ergibt. Auffällig ist ferner

---

[37] Homer, Ilias 1, S. 246.

[38] Ilias 23, S. 808. Schon in der Antike hat man die Nagelverzierungen als auffällig empfunden; vgl. das Kapitel über den Nestorbecher bei Athenaios XI 76 (488). Nagel-Griffe in Iran: Moorey, P. R. S.: Ancient Persian bronzes in the Adam Collection. London 1974. S. 50, Abb. 19.

[39] J. Thimme in Jhb. BW 4 (1967). S. 153.

[40] J. Thimme in Jhb. BW 7 (1970). S. 16 mit Anm. 61. Frühe Darstellungen von hockenden Affen im Nepal benachbarten Tibet: Tucci, G.: Transhimalaya. London 1973. S. 39, Taf. 17-18. Tucci, a.a.O., S. 34, verweist auf Goldman, B.: Some aspects of the animal diety: Luristan-Tibet-Italy, in: Ars Orientalis 4 (1961). S. 287ff. Vgl. auch einen Affen aus Khotan: Gropp, G.: Archäologische Funde Khotan, Chinesisch-Ostturkestan. Die Trinkler-Sammlung im Übersee-Museum. Bremen 1974. S. 305 (mit weiterführender Literatur).

[41] Duerr, a.a.O., S. 45f. und S. 90f.

[42] Klimax heptápylos: Cumont, F.: Die Mysterien des Mithra. Leipzig [3]1923. S. 129f.; Vermaseren, M. J.: Corpus Inscriptionum et Monumentorum Religionis Mithriacae. den Haag 1957. S. 239ff.

[43] Kilian-Dirlmeier, a.a.O., S. 205, Anm. 8.

die Häufung von Funden – zwölf bzw. zehn Exemplare[44] – in einem Heiligtum im thessalischen Pherai, das auf Grund einer Weihinschrift[45] wohl eher
der Artemis Enodia als dem Zeus Thaulios zuzuweisen ist[46]. Artemis ist in
Pherai die Mysterien- und Totengöttin Hekate[47]. Dieser gilt, wie oben erwähnt, bei Nonnos der Waffentanz der Korybanten, deren Herkunft Strabon
nach einigen Autoren mit Kolchis[48] angibt, wohin auch Hekate Verbindungen hat, nach anderen mit Baktrien[49], also einem Nepal benachbarten Gebiet.
In diesen nordindischen[50] Regionen haben schon die Alexanderhistoriker den
Gebrauch von Trommeln und Zimbeln bei Kriegertänzen bzw. in der
Schlacht beobachtet und sie mit den dionysischen Bakchanten ihrer Heimat
verglichen[51]. Das weist auf den weitverbreiteten Komplex von Männerbund
und ekstatischen Tänzen[52], der nicht unbedingt von Baktrien seinen Ursprung nehmen muß, wie Strabon berichtet, dort jedoch schon in der Antike
beobachtet und mit griechischen Parallelen verglichen wurde. In indoeuropäischen Kulturkreisen findet er sich ebenso bei den Germanen[53], darüber
hinaus aber auch in manchen anderen Weltgegenden[54]. Schamanistische
Züge begegnen in diesem Umkreis als Elemente von Initiationsriten[55]. Doch

---

[44]   Gesicherte Herkunft: Kilian-Dirlmeier Nr. 1181, 1186-1188, 1200, 1221, 1281,
1283, 1286, l302, wahrscheinliche: Nr.1172 und 1234.

[45]   Béquignon, Y. : Recherches archéologiques à Phères de Thessalie. Paris 1937. S.
83, Nr. 27.

[46]   Kirsten, E. – Kraiker, W.: Griechenlandkunde. Heidelberg ⁵1967. S. 782 und S.
838.

[47]   Philippson, P.: Thessalische Mythologie. Zürich 1944. S. 67, S. 75ff., S. 85f., S.
105f.

[48]   Strabon X 3, 19 (472). Hekate und Kolchis: Diodor IV 45, 2.

[49]   Strabon, ebd. Ekstatische Männerreigen werden in Mazar-i Sharif bei Balch, dem
alten Baktra, am iranischen Neujahrsfest unter islamischen Vorzeichen Alī zu Ehren
noch heute getanzt. Einst galten sie wohl dem drachenbezwingenden Mithras.

[50]   Möglicherweise verbirgt sich im Chariton-Mimos hinter der Bezeichnung
„serikón" = serisch, d.h. benannt nach den zentralasiatischen Seidenleuten, für einen
ausgelassenen Bühnentanz mit mystischer Musikbegleitung im Gefolge eines
indischen Königs zu Ehren der Mondgöttin (Wiemken, H.: Der griechische Mimos.
Bremen 1972. S. 56, v. 91) ein Schamanentanz nach Korybanten-Art. Auch hier also
die Verbindung zu einer Göttin vom Typus Artemis-Hekate (ebd., S. 228, Anm. 25
und 26); Philippson, a.a.O., S. 98 nach Kerényi).

[51]   Arrian, Indica 5, 9, und 7, 8.

[52]   Wikander, S.: Der arische Männerbund. Lund 1938. Jeanmaire, H.: Couroi et
Courètes. Lille 1939. Duerr, a.a.O., S. 52ff.

[53]   Wolfram, R.: Schwerttanz und Männerbund. Kassel 1936. K. Hauck in Festschrift für H. Löwe. Köln – Wien 1978. S. 50 mit weiterführender Literatur.

[54]   Harrison, J. E.: Themis. A study of the social origins of Greek religion. Cambridge 1912. S. 24f.

[55]   Wosien, M. G.: Sacred dance. London 1974; Eliade, a.a.O.; Duerr, a.a.O., S. 34.

ist das Schamanisieren kein Vorrecht der Männer. Gerade Thessalien bietet wichtige Hinweise auf den weiblichen Anteil an dieser Urform religiösen Erlebens[56]. Apuleius' Eselroman hat hierfür mit der Schilderung der Praktiken der Zauberin Pamphile[57] ein besonders anschauliches Beispiel, das durchaus nicht als spätzeitliche Verfallserscheinung abgetan werden kann, werden doch der schamanistischen Zauberin auch seelengeleitende Kräfte bei der Jenseitsreise zugeschrieben. In diesem Sinne scheint mir die Anwesenheit der orientalisch gewandeten und von Helera und Arniope, zwei Nymphen mit thrakischen[58] Namen, begleiteten Zauberin Medea im Hesperidenbild der Hamilton-Hydria des Meidias-Malers[59] vom Ende des 5. Jhds. zu verstehen sein, nämlich als Totengeleiterin, deren schamanistische Kräfte die Heroen zu den Unterweltsgestalten Klymenos und Klytios[60] und den Hesperiden führt. Ihr Kästchen, das sie dabei trägt, mag ähnliche Mittel bergen, wie jenes, welches Pamphile bei Apuleius öffnet. Der Meidias-Maler erzählt demnach nicht noch eine weitere Variante des Argonauten-Epos[61], worin ja auch Medea ihren festen Platz hat, sondern benutzt einen Mythos, um dem Eingeweihten ein Mysteriengeheimnis anzudeuten[62].

Die Nennung namentlich bekannter einzelner Schamaninnen sollte allerdings keineswegs dazu verleiten, die Träger oder Trägerinnen jener Amulettanhänger, die wir in Analogie zu den ähnlich gestalteten Trommelschlegeln nepalischer Schamanen zu erklären versucht haben, nun ebenfalls durch die Bank zu Schamanen machen zu wollen. Vielmehr gilt es zu beachten, daß schamanistische Begabungen im Sinne medialer und ekstatischer Fähigkeiten nicht schon immer Privileg einzelner Spezialisten gewesen sind, sondern wie mehrfach beobachtet wurde, oft ohne Einschränkung von allen Mitgliedern der Gemeinschaft erfahren wurden[63]. In diesem Sinne dürfte auch wohl der Hinweis Diodors zu verstehen sein, wonach in Kreta ur-

---

[56] Zu den Frauengräbern hier Anm. 43.

[57] Apuleius, Metamorph. III 17, 2-18, 3 und 21, 3-5, dazu der Kommentar von R. T. van der Paardt. Amsterdam 1971.

[58] Detschew, a.a.O., S. 19 (sv. -apa) und S. 166 (sv. Elera).

[59] London E 224 = ARV 1313, 5; Becatti, G.: Meidias. Florenz 1947. S. 10, Taf. II. – Eine schamanistische Totenbeschwörung vollzieht auch Herakles in der Alkestis der Euripides (840ff. und 1025ff.).

[60] D. Metzler in Hephaistos 2 (1980). S. 82 mit Anm. 59.

[61] Andererseits hat eben das Argonauten-Epos auch Züge eines schamanistischen Initiations-Rituals (Duerr, a.a.O., S. 145 und S. 219).

[62] J. Thimme in Antaios 11 (1970). S. 509, Anm. 23. Metzler, a.a.O., S. 76ff.

[63] Meuli, a.a.O., S. 125; Findeisen, a.a.O., S. 160; Jettmar, K.: Die frühen Steppenvölker. Baden-Baden 1964. S. 138f.; Neeracher, O.: Kunst und Kultur der Westgriechen II: Sizilien. Basel 1977. S. 171.

sprünglich die Mysterien allgemein zugänglich waren[64]. Mit Amuletten schamanistischer Prägung könnten sich daher die Träger unserer Anhänger dieser Fähigkeiten versichert haben. Man gab sie ihnen demnach mit ins Grab oder weihte sie der totengeleitenden Hekate, um den Verstorbenen den Weg ins Jenseits zu erleichtern.

Diesem Zweck mögen auch andere Formen von Anhängern gedient haben, die I. Kilian-Dirlmeier zusammengetragen hat. So gilt etwa das Rad[65] als Symbol der Unterwelt[66], weist der Vogel auf der Scheibe möglicherweise auf Magie im Sinne der Vorstellungen vom Iynx-Vogel[67] oder erinnert der Doppelhahn[68] und die Doppelprotome mit Tierköpfen[69] sowie die Gebilde in Form von Bekrönungen des Kerykeions[70] an paläolithische Schamanenstäbe einerseits[71] und neuzeitliche griechische Hirtenstäbe (Abb. 6) andererseits[72]. Auch diese Stäbe, als deren Abbreviaturen die erwähnten Amulette möglicherweise zu verstehen sein dürften, waren wohl nicht immer für bestimmte Götter – Iris und Hermes – reserviert[73]. Darauf deutet die Reihe von zehn Männern auf einer „pontischen" Amphora[74] aus der Mitte des 6. Jhds. hin, die allesamt jeweils ein Kerykeion tragen und zwar teils in einem oben offenen Halbkreis endend, teils mit einem weiteren Kreisring darunter. Diese zehn Kerykeion-Träger zeigen also zumindest, daß die magische Kraft dieses Stabes[75], dessen sich Hermes wie seine schamanistischen Verwandten in seiner Eigenschaft als Psychopompos[76] bedient, nicht Privileg eines Einzel-

---

[64] Diodor V 77.

[65] Kilian-Dirlmeier, a.a.O., S. 16ff., Nr. 54-162.

[66] Riemschneider, M.: Rad und Ring als Symbol der Unterwelt, in: Symbolon 3 (1962). S. 46ff.

[67] Kilian-Dirlmeier, a.a.O., S. 27, Nr. 139f, S. 154ff., Nr.887-935. Kl. Pauly, sv. Wendehals. – Denkbar ist allerdings natürlich auch die Deutung auf „Schwan und Sonnenscheibe".

[68] Kilian-Dirlmeier, a.a.O., S. 138, Nr. 758 mit Anm. 58.

[69] Ebd., S. 212, Nr. 1321-1324.

[70] Ebd., S. 13, Nr.42-43.

[71] Findeisen, a.a.O., S. 158.

[72] Olivenholz, 21,2 cm breit. Norddeutscher Privatbesitz. Auf dem Knauf die Jahreszahl „1738" eingeritzt. Der Besitzer stellte mir dankenswerterweise ein Photo zur Verfügung.

[73] De Waele, F. J. M.: The magic staff or rod in graeco-italian antiquity (Diss. Nijmegen). Gent 1927. W. Hombostel in Jhb. Hamburger Kunstlgen. 24 (1979). S. 33ff.

[74] Rom, Pal. Conservatori. F. Duemmler in RM 2 (1887). S. 172, Taf. 8, 1; Helbig[4] 1573 (H. Sichtermann).

[75] De Waele, a.a.O., S. 22ff.

[76] Nilsson, M. P.: Geschichte der griechischen Religion I. München [3]1967. S. 509f.;

nen war, sondern Mehreren zugänglich war, vielleicht den Angehörigen eines Thiasos, wie jener der Molpoi-Sänger und Tänzer in Milet, die, später politische Elite (seit 525v. Chr. etwa)[77], ursprünglich wohl nach der Art der Männerbünde wirkten. Doch das sind nur Spekulationen! Schamanistische Züge in der griechischen Kultur sind mehrfach beobachtet worden[78]. Auf einige wichtige sei hier noch einmal die Aufmerksamkeit gelenkt, um die vorgetragene Deutung der Amulettanhänger mit Nagel-Schaft in einen entsprechenden Rahmen zu stellen. Auf schamanistische Parallelen zur Weitsicht des platonischen Höhlengleichnisses hat jüngst Werner Müller[79] aufmerksam gemacht. Daß Parmenides seinen Weg zur Wahrheit in der Form einer Schamanenreise beschreibt, ist schon im vorigen Jahrhundert gesehen worden[80] und auf Beziehungen des Epos zum Schamanengesang hingewiesen zu haben, bleibt trotz mancher, übrigens verständlicher Übertreibungen das Verdienst K. Meulis[81]. Ein Objekt epischer Schilderung sei zum Schluß noch erwähnt: Daß in der homerischen Beschreibung des Schildes, den Hephaistos auf Wunsch der Mutter Thetis[82] für ihren Sohn Achill schuf, ein Abbild des Kosmos zu sehen sei, ist seit Krates von Mallos im 2. Jhd. v. Chr. oft wiederholt worden[83]. Bedenkt man dazu die Analogie der Schilde der kretischen Korybanten, die wie die Tympana der nepalischen „Korybanten" geschlagen werden[84], so darf man auch an gelegentlichen Bemalungen von Schamanentrommeln erinnern, auf deren Außenseite „eine verkleinerte Welt mit ihren Himmeln und Erden"[85], ferner „der Schamane selbst, Opferzeremonien sowie Wesen aus dem Totenreich"[86] und ausführli-

---

Burkert, a.a.O. (1962). S. 46. Vgl. Eliade, a.a.O., S. 199ff.

[77] Kleiner, G.: Die Ruinen von Milet. Berlin 1968. S. 15; Busolt, G.: Griechische Staatskunde I. München ³1920. S. 373; Jeanmaire, a.a.O., S. 550; Nilsson, a.a.O., S. 722. Bemerkenswerterweise errichten die Molpoi gerade der Hekate ein Weihgeschenk (Dittenberger, Syll. Nr. 57, Z. 25ff.).

[78] Hier Anm. 2.

[79] Müller, W.: Indianische Welterfahrung. Frankfurt – Berlin – Wien 1981. S. 48f., S. 59.

[80] Diels, H.: Parmenides' Lehrgedicht. Berlin 1897. S. 14f. Mourelatos, A. P. D.: The route of Parmenides. New Haven 1970. S. 16ff.

[81] Meuli, a.a.O., S. 164ff. Vgl. auch K. Kerényi in Philolog. Wochenschrift 45 (1925). S. 285.

[82] Thetis als Helferin dürfte hier mehr als nur Heldenmutter sein. Als Meeresgöttin hat sie auch Jenseitsbezüge.

[83] Homer, Ilias 18, 478-608; Kl. Pauly, sv. Krates Nr.4; Fittschen, K.: Der Schild des Achilleus. Göttingen 1973. S. 1ff. (Geschichte der Deutungen).

[84] Harrison, a.a.O., S. 23, Abb. 3.

[85] Findeisen, a.a.O., S. 151.

[86] Ebd., S. 153.

che mythologische Reihen[87] dargestellt sein können. Dem Sänger werden Traditionen über solche Geräte zur Verfügung gestanden haben, doch hat er sie seinen neuen Bedürfnissen angepaßt, wie W. Burkert feststellt, wenn er schreibt, daß „das homerische Epos an Stelle des Magischen das Menschliche entdeckt hat"[88].

Der hier vorgelegte Versuch, Griechisches durch Berufung auf fremde Kulturen zu erklären, mag – von der Frage seiner Verifizierbarkeit einmal abgesehen – auf die eingangs angedeuteten ideologischen Widerstände stoßen. Ihnen gegenüber sei darauf verwiesen, daß die Strategie, Griechisches nur aus Griechischem zu erklären, wissenschaftsgeschichtlich eine obsolete Stufe der Forschung zu bilden scheint. Bevor nämlich seit der Entdeckung und Entzifferung der Schriftquellen des Alten Orients die Nachbarn der Griechen mit eigener Stimme zu reden beginnen konnten und bevor die Ethnologie ihre Methodik entwickelte, hatte sich längst im Zuge des Klassizismus ein hellenozentrisches Weltbild etabliert, das gerade in Deutschland[89] seit dem Ende des 18. Jhds. dazu gebraucht wurde, gegenüber dem Anspruch des Vorrangs und der Traditionen der romanischen Länder den Spiegel eigener Größe abzugeben[90]. Zu seinem Gralshüter ernannte sich die Klassische Philologie[91]. Verärgert darüber bemerkte schon J. J. Bachofen sarkastisch: „Vollends trifft üble Nachrede jenen, der ... aus seiner Forschung den Isolierschemel entfernt, auf den man jede Disziplin wie jedes Volk zu setzen beliebt, angeblich um durch diese weise Beschränkung die Vertiefung zu fördern: eine Methode, die das gerade Gegenteil, nämlich eine ungeistige Verflachung, am Ende aber eine ungenießbare Gelehrsamkeit und jenes Aufgehen in Äußerlichkeiten bewirkt, das in dem Photographieren der Handschriften seinen Triumph feiert"[92].

---

[87]   Ebd., S. 154f.

[88]   Burkert, a.a.O., S. 45.

[89]   Sehr viel weltoffener sind etwa im zeitgenössischen England Robert Woods Bemerkungen über Homer (1769) oder Sir William Jones' Commentaries on Asiatic poetry (1774), die beide orientalische Zeugnisse zur Erläuterung der griechischen Literatur heranziehen.

[90]   Fuhrmann, M.: Die „Querelle des Anciens et des Modernes", der Nationalismus und die deutsche Klassik, in: Classical influences on western thought A. D. 1650-1870, hrsg. v. R. R. Bolgar. Cambridge 1979. S. 121ff., S. 128f. Fuhrmann modifiziert, indem er eine kosmopolitische von der nationalistisch verengenden Strömung scheidet. Meine Kritik richtet sich gegen den leider lebendigeren, den chauvinistischen Flügel.

[91]   Highet, G.: The classical tradition. Oxford 1949. S. 498ff.

[92]   Bernoulli, C. A.: Bachofen. Urreligion und antike Symbole. Leipzig 1926, I. S. 241f. (Zitiert nach W. Benjamin in Materialien zu Bachofens „Das Mutterrecht", hrsg. v. H.-J. Heinrichs. Frankfurt 1975. S. 63).

Abb. 1: Schwan zwischen Greifen,
Lekythos, Karlsruhe B 198 [S. 76]

Abb. 2: Apollo als Bogenherr, Schale, Karlsruhe 69/61 [s. 76]

Abb. 3: Drei Amulettanhänger, Karlsruhe 66/108,
67/139, 66/109 [S. 78]

Abb. 4: Trommelschlegel aus Nepal
(Zeichnung von R. Gieske) [S. 78]

Abb. 5: Schmananentanz in Nepal

Abb. 6: Von einem griechischen Hirtenstab von 1738 (Privatbesitz)

Zur Nestorianer-Stele in Xian (China)

Mit den Leihgaben zur Julius Euting-Ausstellung kam auch ein repräsentativ gerahmter Abklatsch mit Teilen des syrischen und chinesischen Textes der berühmten Nestorianer-Stele aus der Bibliotheque Nationale et Universitaire de Strasbourg[1] nach Tübingen. Da er dort den Konferenz-Teilnehmern im Sitzungszimmer immer vor Augen war und auch mein erstauntes Interesse erregte, bat mich Herr Kollege Reichert, einige Worte der Erläuterung dazu vorzutragen – davon hier eine präzisierte Neufassung:

1.

Nach bemerkenswert frühen aber schwach belegten Anfängen – z. B. Arnobius über Christentum bei den Serern – ist die nestorianische Mission in China – spätestens im 6. Jahrhundert schon durch Kloster-Gemeinschaften mit mittelpersischen christlichen Texten in der Turfan-Oase nachgewiesen – im 7. Jahrhundert dann besonders gut dokumentiert[2]. Bekanntlich hatten die christologischen Auseinandersetzungen der Konzilien von Ephesos (431) und Chalkedon (451) dazu geführt, daß die Anhänger des Patriarchen Nestorius im Sasaniden-Reich eine selbständige und unabhängige Kirchenorganisation aufbauten. Vom römischen Reich politisch und dogmatisch getrennt missionierten sie – wie die älteren christlichen Gemeinden Persiens auch – im 6.-8. Jhd. nach Osten und zwar zur See über Südindien bis nach Südostasien[3] sowie den Karawanenwegen folgend über die großen Handelszentren

---

[1]   Straßburg, BNU Inv. Nr. R268 (Inscr. Orient no. 1), gestempelt mit Sigel der "Kaiserlichen Bibliothek". - Pelliot, P.: L'inscription nestorienne de Si-ngan-fou, ed. with supplements by A. Forte. Kyoto 1996. Diese Ausgabe sowie eine neue Übersetzung von J. Dauvillier/Toulouse waren mir noch nicht zugänglich.

[2]   Moule, A. C.: Christianity in China before 1550. London 1930. Dauvillier, J.: Les provinces chaldéennes „de l'exterieur", in: Mél. F. Cavallera. Toulouse 1948. S. 261 – 316, bes. S. 296ff. RAC, sv. China, Sp. 1078 – 1100 (A. Herrmann). Kawerau, P.: Ostkirchengeschichte. Löwen 1983. Haussig, H. W.: Die Geschichte Zentralasiens und der Seidenstraße in vorislamischer Zeit. Darmstadt 1983. Sims-Williams, N.: Die christlich-sogdischen Handschriften von Bulayiq, in: Ägypten – Vorderasien – Turfan, hrsg. H. Klengel – W. Sundermann. Berlin 1991 (= Schriften zur Geschichte und Kultur des Alten Orients 23). S. 119-125. Ders. in Enc. Iranica V (1992). S. 531 – 535, sv. Christianity. Klein, W.: Die Nestorianer in China, in: Mitteilungsblatt der Deutschen China Gesellschaft. Köln 1991, H.5.

[3]   Dauvillier a.a.O., S. 313f.

Zentralasiens bis zu den Türken des Semirjetschie-Gebietes im heutigen Kirgistan und später bis in die mandschurischen Nordosten Chinas[4].

2.

Daß der Bischof A-lo-ben (für Abraham?, Rabban als Titel? oder Yahb-allah als Übersetzung? und warum nicht auch für Ruben stehend?) im Jahre 635 Chang'an (= Singnan-fu, heute: Xian), die Hauptstadt Chinas unter der T`ang-Dynastie, erreichte und seine neue Lehre drei Jahre später durch kaiserliches Reskript als erlaubte Religion anerkannt wurde, berichtet eben diese Stele, die im Jahre 781 aufgestellt wurde[5].

Ihre Datierung ist im chinesischen Haupttext durch die entsprechende Herrschaftsära gegeben und in der syrischen Beischrift am unteren Rand der Vorderseite nach der Seleukiden-Ära, dem Jahr 1092 der Griechen (*Iaunaie*). Syrisch sind auch Namen und Funktion des Auftraggebers geschrieben: Yazdbuzid, Presbyter und Chorepiscopus von *Khumdan* (=Xian), Sohn des Presbyters Milis aus Balkh, sowie am rechten unteren Rand des chinesischen Textes: Adam, Priester und Chorepiscopus, *Papash* von *Chinastan*[6]. Auf beiden Schmalseiten – nur die linke ist vom Straßburger Abklatsch erfaßt – schließen sich 70 syrisch geschriebene Namen von Geistlichen mit ihren Titeln an. Der Haupttext berichtet in chinesischen Formulierungen vom Inhalt der Lehre und dem Wohlwollen der jeweiligen Kaiser gegenüber der Gemeinde in der verflossenen Zeit von etwa anderthalb Jahrhunderten seit ihrer Anerkennung[7].

3.

Anlaß und Aufstellungsort der Stele scheinen wohl bisher nicht ganz eindeutig festzuliegen. Ich schließe mich der von Y. Saeki dokumentarisch begründeten *lectio difficilior* an, wonach sie 1623 im Da Qin-Kloster in unmittelbarer Nähe des bei Louguantai (ca. 70 km südwestlich von Xian) gelegenen taoistischen Heiligtums von Zhouzhi/Wu Qun am Fuß der Süd-

---

[4] Ebd., S. 309.

[5] Meine Kenntnisse stützen sich wesentlich auf Saeki, Y.: The Nestorian Documents and Relics in China. Tokyo [2]1951. S. 10-112 mit chines. und syr. Text im Anhang A 1-12 und Abbildung aller 3 beschrifteten Seiten der Stele vor 53 – die Datierungen ebd., S. 68 und S. 69. Saeki beruft sich übrigens für die Chronologie nicht datierter nestorianischer Manuskripte ausdrücklich auf „Dr. Julius Euting`s Tabula Scripturae Aramaicae" (a.a.O., S. 317).

[6] Zum Titel vgl. Saeki, a.a.O., S. 82f. und zu dieser in Persien geprägten Bezeichnung für China, die auch Kosmas Indikopleustes benutzt Pigulewskaja, N.: Byzanz auf den Wegen nach Indien. Berlin – Amsterdam 1969. S. 146 sowie *Hudud al-Alam*, trsl. V. Minorsky. London 1937 (1970). S. 227.

[7] Vgl. die Übersetzung bei Saeki a.a.O., S. 53-68.

Berge (Nan Shan) im Jahre 1623 bei Erdarbeiten gefunden wurde[8]. Es ist
also wohl das nestorianische Kloster, in dem die erste, in der Inschrift erwähnte Übersetzung von christlichen Texten ins Chinesische erstellt wurde.
Von dem heutigen buddhistischen Kloster, das den christlichen Vorgänger-
komplex übernahm, konnte ich 1986 die relativ frühe achteckige Ziegelpa-
gode der T'ang-Zeit fotografieren, die demnach doch wohl schon wegen
ihrer Entstehungszeit als nestorianisches Bauwerk zu gelten hat[9]. Und das
taoistische Heiligtum mit dem Haus des Yin Xi[10] ist der Ort, wo B. Brechts
*„Legende von der Entstehung des Buches Taoteking auf dem Weg des
Laotse in die Emigration"* zu situieren wäre.

4.

Daß die Stele der Wissenschaft zugänglich gemacht wurde, scheint der Um-
sicht des zuständigen gebildeten und fürsorglichen Distriktsbeamten Liang
Goshun zu verdanken zu sein, der sie wohl im Zusammenhang mit seiner
Versetzung nach Xian dorthin transportieren ließ[11]. Dort lasen sie 1625 die
Jesuiten Nicolas Trigault und Emanuel Diaz. Einen Abklatsch erhielt für
einen Bericht der Konvertit Leo Li Zhizao in Hangzhou. In einer portugiesi-
schen Übersetzung wurde der Text der Stele schon 1627 in Europa bekannt.
Alvaro Semedos *Relação da Propagação de Fe no Reyno da China* (Lis-
sabon 1642) erschien englisch in London 1655.

5.

Athanasius Kircher bringt in seinem *Prodromus coptus sive aegyptiacus*
(Rom 1636) vom syrischen Teil eine lateinische Übersetzung. Maßgeblich
für lange Zeit wird dann dessen *China monumentis qua sacris qua profanis
... illustrata* (Amsterdam 1667)[12] mit akkurat abgezeichnetem syrischem und
chinesischem Text auf einer großen Ausklapptafel. Die weite Verbreitung
der „*China Illustrata*" förderte nicht nur das allgemeine Interesse an dem
sensationellen Fund, sondern ließ auch Zweifel an der angeblichen „jesuitischen Fälschung" aufkommen, die sich teilweise bis ins 19. Jahrhundert
hielten. Mit der autoritativen Edition von James Legge (London 1888) sind

---

[8]   Ebd., S. 354-389. Vgl. auch Zhou Zhenxiang, Über die Kontroverse, wo ... , in:
Wen Bo (1994/95). S. 42-50 (chinesisch) nach Thilo, Th.: Chang`an. Metropole
Ostasiens und Weltstadt des Mittelalters 583-904, Teil 1 Die Stadtanlage.
Wiesbaden 1997. S. 136, Anm. 17.

[9]   Vgl. den Bericht bei Saeki, a.a.O., S. 395f.

[10] Ebd., S. 383.

[11] Ebd., S. 386 f.

[12] Walravens, H.: China illustrata. Das europäische Chinaverständnis im Spiegel
des 16. bis 18. Jahrhunderts. Wolfenbüttel 1987. S. 94ff., Nr. 18 mit Angaben zu
anderen frühen Übersetzungen, vgl. auch Saeki, a.a.O., S. 27ff.

sie nach epigraphisch-kalligraphischen Studien von A. Wylie (Shanghai 1854) dann ausgeräumt.

6.

Die Stele selbst wurde in Reaktion auf allzu offensichtliche westliche Kaufinteressen von den chinesischen Autoritäten 1908 in Xian der dort schon im Jahre 1090 gegründeten hochbedeutenden Inschriftensammlung des sogenannten „Stelenwaldes" (Bei Lin) einverleibt. Als eine ihrer vielen Zimelien ist sie dort der Wissenschaft zugänglich. Abklatsche davon kann dort (1993) auch der interessierte Tourist leicht erwerben. Das scheint früher weniger einfach gewesen zu sein. Zwar ließ der Kaiser Kangxi sich 1690 angeregt durch Hinweise der Jesuiten eine solche Kopie des Textes vorlegen[13], aber sie müssen doch zumindestens im Westen so geschätzt gewesen sein, daß das Exemplar der Bibliothèque Nationale de Strasbourg den oben erwähnten Rahmen erhielt und die Bibliothèque de Paris in einer neueren Ausstellung[14] ein erst relativ spät erworbenes Exemplar zeigte. Es stammt aus dem Vermächtnis des Sinologen Henri Maspero, der von den Nationalsozialisten im März 1945 im Konzentrationslager Buchenwald umgebracht wurde.

7.

Was Julius Eutings Interesse an der Inschrift aus Xian angeht, so möchte ich, ohne daß ich mich bisher um konkrete Details habe kümmern können, annehmen, daß über sein generelles Interesse an syrischer Epigraphik hinaus die Arbeit an seiner Schrifttafel für D. A. Chwolsons *Syrisch-Nestorianische Grabinschriften aus Semirjetschie*, (St. Petersburg 1890) eine Beschäftigung mit den Schriftformen des 8. Jahrhunderts nötig machte – eine Aufgabe, für die er sich als kompetenter Epigraphiker und Kalligraph seit seinen Schrifttafeln für Th. Nöldekes *Mandäische Grammatik* (Halle 1875) immer erneut empfohlen hatte[15]. Die Semirjetschie-Grabinschriften Zentralasiens begin-

---

[13] Witek, J. D.: Understanding the Chinese, in: The Jesuits in China, 1582-1773, hrsg. v. Ch. E. Ronan – B. B. C. Oh. Chicago 1988. S. 62-102, bes. S. 86 mit Anm. 58: Bericht des Jesuiten Joachim Bouvet – er und sein chinesischer Vertrauter Chao benutzen die Nestorianer-Stele als Argumentationshilfe in ihrem Bemühen um kaiserliches Wohlwollen gegenüber ihrer Form des Christentums. In Zeiten imperialer Missionsversuche hat sie diese Funktion immer wieder bekommen. Somit liefert auch die Geschichte ihrer Erforschung immer wieder Beispiele einer „Orientalismus"-Kritik im Sinne E. Saids (*pace* H. Gaube).

[14] Katalog: Trésor d'Orient, Bibliothèque Nationale. Paris 1973. Nr. 130.

[15] Nöldeke, Th.: Kurzgefaßte syrische Grammatik. Leipzig ²1998 nennt im Vorwort von 1880 die „Schrifttafel von Euting's Meisterhand" (p. XII), desgleichen sind von ihm zu nennen: The Hebrew alphabet; Semitische Schrifttafel: Drei Tafeln des Pehlevi- und Zend-Alphabets (1877ff.), Tabula scripturae hebraicae ad illustr. D.

nen etwa gleichzeitig mit der Xian-Inschrift, aber die Mehrzahl von ihnen gehört in das 14. Jahrhundert. Aus dieser späten Epoche – der der weltoffenen Yuan-Dynastie – kannte man zwar auch zu Eutings Zeit schon einige wenige nestorianische Grabsteine aus Quanzhou[16] in Südchina, doch hätte er gewiß auch sein ästhetisches Vergnügen gehabt an mehreren syrisch geschriebenen Inschriften, die in den letzten Jahrzehnten chinesische Archäologen in wichtigen südchinesischen Hafenstädten der Yuan-Zeit fanden[17], wo es im 14. Jahrhundert nestorianische Gemeinden gab, die teilweise ja auch aus den zeitgenössischen italienischen Reiseberichten bekannt sind, nämlich in Fuzhou, Hangzhou, Nanjing, Quanzhou, Wenzhou, Yangzhou und Zhenjiang. Auf ihnen dient die syrische Schrift der Wiedergabe des Türkischen. Eine der letzten unter ihnen ist die für Elisabeth (chines. *Yelisiba*, syr. *Arshiba*) aus dem Jahre 1317 im Museum der Stadt Yangzhou[18].

8.

Noch eine historische Bemerkung zum Schluß: Im Kontext der Nestorianer-Stele greift die Literatur gelegentlich auf Synchronismen zum besseren Verständnis des darin genannten Ereignisses zurück. So wird die Ankunft des nestorianischen Bischofs Aloben in der chinesischen Hauptstadt im Jahre 635 mit der Ankunft des Bischofs „Aidan from the monastery of Iona at the capital of the small barbarian kingdom of Northumbria"[19] parallelisiert oder mit dem Aufbruch des großen buddhistischen Mönches Xuanzang aus Xian nach Indien (629-645)[20]. Zu erinnern wäre daher hier auf einem Arabien gewidmeten Symposium auch an die frühe muslimische Mission nach

---

Chwolsonii Corpus Inscr. Hebr. (1882) und Tabula scricpturae uiguricae, mongolicae, mandschuricae (1891) – nach dem Katalog der Bibliothek E. Littmanns.

[16]   Saeki, a.a.O., S. 435ff.

[17]   Foster, J.: Crosses from the wall of Zaitun, in: JRAS 1954. S. 1-25. Lieu, S. N. C.: Nestorians and Manichaeans on the South China coast, in: Vigiliae Christianae 34 (1980). S. 71-86. Yang Qinzhang, The Nestorian churches and their followers along the South China coast in Yuan dynasty. Vortrag bei der 12th International Association of Historians of Asia. Hongkong 1991. Wohl noch unveröffentlichte (?) Inschriften befinden sich im Archäologischen Museum in Fuzfou und im Museum für chinesische Übersee-Beziehungen in Quanzhou.

[18]   Wang Qunjin, in: Kao Gu 1989, H. 6. S. 553f. (mit gut lesbarer Abbildung, behandelt aber nur den chinesischen Text). Nach einem Abklatsch erkannten dankenswerterweise Monique Nagel-Angermann die Umschreibung des Namens Elisabeth und Kai Metzler die Datierung 1628 nach der „Ära Alexanders" – also in Analogie zur Doppeldatierung der Nestorianer-Stele auf das seleukidische Epochenjahr 311 v. Chr. – das Jahr 1317 = 4. Jahr der Yanyiu-Periode.

[19]   Foster, J.: The church of the T`ang dynasty. London 1939. S. 24. – Um das frühe Datum der Nestorianer zu würdigen, wird auch auf die sehr viel später erfolgte Missionierung germanischer Stämme etwa durch Bonifatius (gestorben 754) hingewiesen (Kawerau, a.a.O., S. 46).

[20]   Etiemble, L'Europe chinoise I. Paris 1988. S. 75.

China. Die chinesische Tradition von vier Schülern Muhammads, die noch zur Zeit des T´ang-Kaisers Wu de (618-628) auf dem Seeweg nach Süd-China gelangt seien, – je einer nach Kanton und Yangzhou, die anderen beiden nach Zaitun/Quanzhou wird offensichtlich aus ideologischen Gründen allzu leicht als fromme Legende[21] abgetan, doch kann jetzt archäologische Forschung eines Besseren belehren, haben doch neuere chinesische architekturgeschichtliche Vergleiche der Säulenformen des Grabes von zweien dieser Heiligen Männer am „Berg des Wunders" bei Quanzhou die Datierung dieser Anlage in die frühe T'ang-Dynastie ergeben[22]

---

[21] Vgl. z. B. Encyclopedia of Islam[2], sv. al-Sin 618: „legendary" C. E. Bosworth's Artikel von 1997 ist nur eine Überarbeitung des älteren von M. Hartmann und perpetuiert deswegen den Topos einer Legende, die angeblich schon seit Dabry de Thiersant, Le Mahometisme en Chine (Paris 1878) widerlegt sei.

[22] Yang Hongxun, A preliminary discussion of the building year of Quanzhou Moslem Holy Tomb and the authenticity of its legend, in: The Islamic historic relics in Quanzhou, Fuzhian. Publishing House 1985. S. 16-38. – Vgl. Altheim, F. – Altheim-Stiehl, R.: Die Araber in der Alten Welt II. Berlin 1965. S. 304-311, bes. S. 306 über entsprechend frühe arabische Kenntnisse von China, ferner Zhang Junyan, Relations between China and the Arabs in early times, in: Journ. of Oman Stud. 6 (1980). S. 91-109, bes. S. 92 und S. 94, wo die Gräber in Quanzhou – wie auch in der westlichen Literatur üblich – überhaupt nicht erwähnt sind.

Kommagene von Osten her gesehen[1]

Aus abendländischer Sicht gilt das Königreich Kommagene gemeinhin als eine der östlichen Bastionen griechischer Kultur. Da seine Herrscher sich aber ausdrücklich als legitime Nachkommen der Makedonen und Achämeniden bezeichneten, hat die Forschung natürlich auch immer schon auf die iranischen Traditionen der Kommagener hingewiesen. Unter ihnen J. Duchesne-Guillemin, D. Musti und G. A. Pugačenkova, um nur diese zu nennen[2]. Hier sollen einige bisher wenig oder gar nicht bekannte Argumente erinnert oder vorgestellt werden, die die Breite und Vielfalt iranischer und anderer östlicher Einflüsse auf die Kultur der Kommagene bezeugen.

Zunächst Elemente *altorientalischer* Tradition: Schon im Namen trägt dieses Königreich neben dem bekannten Nachhall des alten Landschaftsnamens *Kummuhu* mit der – im Hellenismus zwar weitverbreiteten – Endung -*ene* ein zunächst nicht griechisches Lokativsuffix, das im Urartäischen -*ana* und im Elamischen -*na* lautet.[3] Ferner ist in der Bildersprache des kommagenischen Herrscherkultes für die Adlersäulen am Karakuş und das Paar der Sitzstatuen auf dem Säulenmonument von Sesönk an nordsyrische Vorbilder in Tell Halaf zu erinnern, wo Doppelthron und Adlersäule gleichfalls zu finden sind. Hethitische Traditionen der Königsmacht evoziert schließlich das Symbol der Volute über dem spitzen Dreieck, das auf Münzen des Antiochos IV. und seiner Gemahlin Iotape von einem Skorpion gehalten wird (Abb. 1)[4]. Da zwei Namen der Herrscher von *Kummuhu* den *iranischen* Bestandteil -*aspa* (Pferd) aufweisen – Kundašpi um 853 und

---

[1] Überarbeitete Fassung eines Vortrags, der 1988 in Adana und 1989 in Münster gehalten, danach in: Asia Minor Studien 3 (1991). S. 21-27, F. K. Dörner zum 80. Geburtstag gewidmet, publiziert wurde.

[2] Duchesne-Guillemin, J.: Iran und Griechenland in der Kommagene, in: Xenia. Konstanzer Althistorische Vorträge und Forschungen 12 (1984). S. 12 ; G. Musti in Gnoli, G. – Vernant, J.-P.: La mort, les morts dans la société ancienne (1982); G. A. Pugačenkova in AASyr. 21 (1971). S. 113f. Vgl. auch Arsameia II [Hoepfner, W.: Das Hierothesion des Königs Mithradates I. Kallinikos von Kommagene nach den Ausgrabungen von 1963 bis 1967, IstForsch 33 (1983)]. S. 63ff. und Waldmann, Mazdaismus.

[3] Metzler, D.: Ziele und Formen königlicher Innenpolitik im vorislamischen Iran (Habilitationsschrift Münster 1977). S. 59, Anm. 1; C. F. Lehmann-Haupt in Klio 28 (1935). S. 331.

[4] Alföldy, A.: Die Struktur des voretruskischen Römerstaates (1974). S. 214ff., eine Beobachtung von C. Küthmann in SchwMbll 1 (1950). S. 62ff. aufgreifend.

Kuštašpi um 750 v. Chr. –, verwies schon F. Justi auf Beziehungen von Kommagene nach Medien[5].

Wiederum an einem Namen festzumachen ist erneut iranischer Einfluß im 3. Jh. v. Chr.: Samosata, die einstige Hauptstadt, hält die Erinnerung an ihren Gründer Samos[6] wach, dem zur Freude diese Stadt errichtet wurde. Denn in der Endung -*sata* steckt wie in Kyreschata und den armenischen Ortsnamen auf -*sata* das altpersische Wort šiyāti = Freude, Glück[7]. In allen Ortsnamen dieses Typs (z.B. Erovandašat, Arsamosata, Artaxiasata mit der Ausnahme von Ahtišat = Tempelstadt der armenischen Astarte) wird jeweils ein lokaler Dynast geehrt, der mit dieser Stadtbenennung außerdem meistens noch seine Unabhängigwerdung von einer Hegemonialmacht hervorhebt.

Die starke Betonung des Dynastischen verbindet auch in der Institutionalisierung des Ahnenkultes die Könige von Kommagene mit östlichen Herrscherfamilien. Ahnenkult in jeweils verschiedenen bildkünstlerischen und architektonischen Formen kennen – von Hethitern und Assyrern[8] hier einmal abgesehen – auch die Dynastien der Parther, Choresmier und Armenier[9], der Baktrer[10] und der Kushān[11] und spätestens seit dem 3. Jh. v.

---

[5]   Justi, F.: Iranisches Namenbuch (1895). S. 373, sv. Wištaspa.

[6]   Samosata muß, da es schon von Eratosthenes (3. Jh. v. Chr.) bei Strabon XIV 2, 29 erwähnt ist, nach einem früheren Samos als dem im kommagenischen Stammbaum für 140-130 v. Chr. genannten benannt sein. In Frage kommt jener Samos, zu dem um 260 v. Chr. Ziailas von Bithynien floh (C. Toumanoff in Museon 72 [1959]. S. 6; Arsameia I 19 [Dörner, F. K. – Goell, Th.: Die Ausgrabungen im Hierothesion des Mithradates Kallinikos von 1953-1956, IstForsch 23 (1963)].

[7]   Brandenstein, W. – Mayrhofer, M.: Handbuch des Altpersischen (1964). S. 143; Metzler (Anm. 3). S. 277f. zu Kyreschata. – Zum indoeuropäischen Kontext von šiyāti – vgl. Walde, A. – Hofmann, J. B.: Lateinisches etymologisches Wörterbuch ([2]1954), sv. *quies*.

[8]   Otten, H.: Hethitische Totenrituale (1958). S. 111f.; Haas, V.: Geschichte der hethitischen Religion (1994). S. 243ff.; zum alten Orient allgemein: S. 238ff. und zu neolithischen „Ahnengalerien" S. 52; Popko, M.: Religions of Asia Minor (1995). S. 153f.; M. Bayliss in Iraq 35 (1973). S. 122-125.

[9]   Zu Parthern: Boyce, M.: Zoroastrians (1979). S. 91. Zum Ahnenkult im nomadischen Umfeld der Parther: Olbrycht, M. J.: Parthia et ulteriores gentes. Die politischen Beziehungen zwischen dem arsakidischen Iran und den Nomaden der eurasischen Steppen (1989). S. 71. Vgl. auch Andrae, W.: Das wiederentstandene Assur (1938). S. 175. Weiteres bei Schmitt, R.: Parthische Sprach- und Namenüberlieferung aus arsakidischer Zeit, in: Wiesehöfer, J. (Hrsg.): Das Partherreich und seine Zeugnisse (1998). S. 163-204, bes. S. 170. Zu Choresmiern: Tolstow, S. P.: Auf den Spuren der altchoresmischen Kultur (1953). S. 195ff. Zu Armeniern: Moses Xorenaci II 8 und 77; G. Kh. Sarkissian in Harmatta, J. (Hrsg.): Studien zur Geschichte und Philosophie des Altertums (1968). S. 283ff. Zu Samosata s. S. 80.

[10]   F. Holt in Heckel, W. – Sullivan, R. (Hrsg.): Ancient Coins of the Graeco-Roman World (1984). S. 69ff.

[11]   Kumar, B.: The Early Ku nas (1973). S. 268, Nr. 82, 83; Fussman, G.: Surkh Kotal. Tempel der Kuschan-Zeit in Baktrien, in: AVA Materialien 19 (1983). S. 74f.

Chr. sind Galerien von Ahnenbildern auch in China bekannt[12]. Ob diese Vielfalt gerade wegen ihrer jeweils ganz unterschiedlichen Ausprägung auf ältere griechische Vorbilder[13] zurückgehen muß, wie sie aus dem archaischen Samos mit der Geneleosgruppe oder aus Delphi mit der Daochosgruppe bekannt sind, oder eher altorientalische Anregungen aufgreifen, wie sie bei den Hethitern[14] und in Assur[15] faßbar sind, bleibe dahingestellt.

Die weite Streuung von den Kushān in Afghanistan und Nordindien bis nach Anatolien, die diese Vergleiche aufzeigen, sollte übrigens nicht befremden, schließlich führten nicht nur die asiatischen Fernhandelswege durch Kommagene im Norden über Tomisa, im Süden über Zeugma, um so mancherlei Kulturkontakte zu ermöglichen, vielmehr waren Angehörige gerade des parthischen Königshauses außerordentlich weitläufig und keineswegs an ihre engere Heimat gebunden. Zu nennen wären beispielsweise Gregor der Erleuchter, christlicher Missionar Armeniens, der sich seiner Verwandtschaft mit den Arsakiden Parthiens rühmte sowie Anshi, ein parthischer Prinz, der in China – dorthin war auch Gregors Bruder verschlagen worden – buddhistische Texte aus indischen Sprachen übersetzte, oder Mani, der Religionsstifter, ebenfalls den Arsakiden verwandt.

Alle sind sie auf ihren weiten Reisen in fruchtbaren Kontakt zu den unterschiedlichsten Kulturen getreten. Andererseits ermöglichte auch gerade das Partherreich als jenes locker gefügte System heterogener politischer Einheiten zwischen Ostanatolien und Zentralasien trotz zeitweiliger Absperrungstendenzen fremden Reisenden die Durchquerung weiter Räume. Erinnert sei an die Reise des Apollonios von Tyana nach Taxila in Nordindien oder an die Delegation indischer Yogis, die den Kaiser Augustus in Athen aufsuchte. Strabon (I 2,1) konnte daher zu Recht behaupten, daß die Vorherrschaft der Römer und Parther die Erweiterung geographischer Kenntnisse ermöglicht hat. Politische Koalitionen umspannten den gesamten Raum: gegen den Sāsāniden Šāhpur verbündet sich der Armenier Chusro mit seinem Vetter, dem Kushān-König Vasudeva[16].

---

[12]   A. Conrady in Münsterberg, O. (Hrsg.): Chinesische Kunstgeschichte (1910). S. 179.

[13]   M. Rostovtzeff in JHS 55 (1935). S. 56ff.; A. Borbein in JdI 88 (1973). S. 68f., S. 82ff.

[14]   Goetze, A.: Kleinasien (1957). S. 89, Anm. 2; Otten (Anm. 8). S. 107ff., S. 111f. – Die hethitischen Texte sind auch und gerade insofern interessant, als sie ausführliche Bestimmungen für die Durchführung und den Teilnehmerkreis der Gedächtnisfeiern enthalten, die sich zudem auf mündlich tradiertes Recht (Otten [Anm. 8]. S. 109, Zeile 23) berufen, so daß man für die Kultbräuche der Antiochosinschrift in Kommagene mit sehr alten anatolischen Traditionen rechnen muß.

[15]   Andrae (Anm. 9). S. 103, Abb. 27 (assyrisch) und S. 175, Abb. 46 (parthisch).

[16]   Moses Xorenaci II 72 und Agathangelos §2; Grousset, R.: Histoire de l'Arménie (1947). S. 114.

Weit nach Osten weist auch der Stammbaum von Antiochos I. Bekanntlich führen die Stelen und Inschriften im Hierothesion auf dem Nemrud Dağı in der väterlichen achämenidischen Ahnenreihe auf den Usurpator Dareios I. – und bemerkenswerterweise nicht auf den Dynastiegründer Kyros I.[17] – und in der mütterlichen makedonischen zu Seleukos I. – und damit fiktiv[18] natürlich auch auf Alexander d. Gr. In beiden Reihen sind jedoch an entscheidenden Stellen, und zwar jeweils am Ende des 4. Jhs. v.Chr, Baktrer unter den Ahnen aufgeführt: Das ist zum einen Orontes/Aroandas, der bezeichnenderweise nicht in der griechischen, sondern in der iranischen Namensform genannt wird, obwohl er, wie es schon W. Dittenberger sah, mit dem Orontes identisch ist, der in der pergamenischen Inschrift „Baktrer" genannt wird[19], sowie zum andern Laodike, die aus der seleukidischen Dynastie stammt, deren Gründer Seleukos die Tochter Apame[20] des baktrischen Fürsten Spitamenes heiratete. Aroandas konnte eine achämenidische Prinzessin namens Rhodogune, eine Tochter Artaxerxes' II., heiraten[21], und mit Laodike kommt zum ersten Mal – also erst eine Generation vor dem stolzen Stifter beider Ahnenreihen – makedonisches Erbe in die kommagenische Dynastie der armenischen Orontiden[22]. Im übrigen nutzte König Mithradates VI. im benachbarten Pontos nur wenig früher dieselbe dynastische Herrschaftslegitimation (Iust. 38, 7, 1). Das hohe Ansehen, das eine solche „doppelt glückhafte" Ahnenreihe gerade auch bei den Parthern genoß, zeigt die Nachricht, daß Phraates IV. bei seinem überaus blutigen Putsch im Jahre 38 v. Chr. seine Halbbrüder, die Söhne einer kommagenischen Prinzessin, deswegen umbrachte, weil sie „nach ihrer mütterlichen Abstammung höherrangig als er waren" (Cass. Dio 49, 23, 4).

---

[17] Metzler (Anm. 3). S. 32f. = Reichsbildung und Geschichtsbild bei den Achämeniden, in: Kippenberg, H. G. (Hrsg.): Seminar. Die Entstehung der antiken Klassengesellschaft (1977). S. 279-312, bes. S. 295f.; Briant, P.: Histoire de l'empire perse. De Cyros à Alexandre (1996). S. 122f.

[18] Berve, H.: Das Alexanderreich auf prosopographischer Grundlage (1926) II. S. 351, Nr. 700 Anm. 4.

[19] OGIS³ 264, Zeile 4: τὸ γένος Βάκτρος ... Vgl. J. Wiesehöfer in HZ 253 (1991). S. 704.

[20] Berve (Anm. 18). II. S. 52, Nr. 98.

[21] Brosius, M.: Women in ancient Persia (559-331 B. C.) (1996). S. 76.

[22] Jacobs, B.: Armenien von der Eroberung durch die Perser bis in die Zeit Alexanders des Großen, in: Ruprechtsberger, E. – Brentjes, B. (Hrsg.): Armenien. Frühzeit bis 1. Jahrtausend. Sprache, Kunst und Geschichte. Linz 1990 (= Linzer Archäologische Forschungen 18). S. 37-46, bes. S. 44ff.; Messerschmidt, W.: Armenien von der Epoche Alexanders des Großen bis zum Beginn der römischen Kaiserzeit, ebd., S. 47-55.

Mit den späteren Kushān-Königen in Baktrien und Nordindien gemeinsam haben die Kommagener die mit Punkten (= Sternen?) besetzte Tiara[23],
wie sie von König Antiochos auf der Ostterrasse des Nemrud Dağı getragen
wird (Abb. 2). Die Kushān-Könige werden wie die Könige von Kommagene
durch Handschlag vereint mit den Göttern dargestellt. Auch sie tragen den
offenen, nur durch kostbare Spangen zusammengehaltenen Königsmantel
(Abb. 3)[24], der uns in Kommagene auf den Reliefs der achämenidischen
Ahnen auf dem Nemrud Dağı begegnet (Abb. 4). Seine lorbeerbesetzte Borte
weist auf den iranischen Mithraskult, in dem der Lorbeer als *mithraiké* bezeichnet ist[25]. Mit Mithras, der als der Felsgeborene auf Bergen erscheint[26],
ist auch wohl die Situation des Königsgrabes auf dem Gipfel des Nemrud
Dağı zu verbinden. Jedenfalls kennt das iranische Epos das Phänomen des
Königsgrabes auf Bergeshöhen[27]. „Könige in Götternähe" ist die diesen Vorstellungen gemeinsame Aussage. Antiochos' Hoffnung, zu den himmlischen
Thronen aufzusteigen, läßt sich also ganz konkret an den von ihm errichteten
thronenden Götterbildern auf seinem Götterberg[28] festmachen. Bei ihnen
steht auch sein Bild, dort ruht er im Tumulus, in der Vorstellungswelt Irans
dem „Himmel auf dem Berge". Der König ruft die Götter des Landes Kommagene und seiner Ahnen, der Perser und der Makedonen an (N 224ff.).
Götter der Ahnen, des Hauses – das erinnert an die Götter des Hauses (alt-
persisch νιϑ) in einer Dareiosinschrift von Persepolis[29]; wie ebenso auch die

---

[23] Pugačenkova (Anm. 2). S. 113f.; dies., Iskusstvo Baktrii epokhi Kushan (1979).
Abb. 124. – Allgemein zu Sternen im Königsornat des Alten Orients und Indiens:
Parpola, A.: The Sky-Garment (1985).

[24] Vgl. die Statue eines Kushān-Königs in Surkh Kotal (Pugačenkova [Anm. 23].
Abb. 133) und eines Stifters in Hadda (Rosenfield, J. M.: The Dynastic Arts of the
Kushans [1967]. Abb. 94). Vgl. auch Sarkosh Curtis, V.: The Parthian Costume and
Headdress, in: Wiesehöfer (Anm. 9). S. 61-73, bes. S. 64.

[25] Eisler, R.: Weltenmantel und Himmelszelt (1910) I. S. 179f.

[26] Vermaseren, M. J.: Mithras. Geschichte eines Kultes (1965). S. 58f. mit dem
Hinweis auf die altiranische Tradition dieses Motivs im Avesta (Yasht 10). In diesen
Kontext gehören auch Darstellungen der Kushān-Könige (Rosenfield [Anm. 24]. S.
196 mit Fig. 25 und S. 201f. mit dem Hinweis auf den Nemrud Dağı) und die am
Schluß dieses Beitrags genannten türkischen Toba-Herrscher (Eberhardt, W.: Ge-
schichte Chinas [1971]. S. 179).

[27] Firdousi, Shahnameh III 826 (III 68). Zoroastrische Bestattungen auf Berghöhen:
Boyce (Anm. 9). S. 90 (zum Epos *Vis und Ramin);* Shahbazi, A. Sh.: The Irano-
Lycian monuments (1975). S. 125, Anm. 5, S. 156, Anm. 4.

[28] Zur Verehrung von Götterbergen im alten Anatolien: J. Börker-Klähn in
Festschrift T. Özgüç (1989). S. 237-255.

[29] Dareiosinschrift Persepolis Nr. d 22 und 24 = Kent, R. G.: Old Persian (1953). S.
136. Die „väterlichen" (πατρώιοι) Götter der Kultinschriften (Dörrie, H.: Der Königskult des Antiochos von Kommagene im Lichte neuer Inschriften-Funde, Göttingen 1964. S. 185, Anm. 4) sind also wie die νιϑ–Götter des Dareios die Clan-
Götter der königlichen Familie.

Berufung des Königs auf seine guten Werke, die bezeichnenderweise alle in den Rahmen der Organisation seines Totenkultes gehören, an die zoroastrische Königspflicht zu *kirpak* = guten Taten und Stiftungen erinnert[30].

Neben den Persern sind bezeichnenderweise die Makedonen, nicht die Griechen genannt. Die dynastische Legitimation durch die Abkunft von Alexander und seinen Diadochen ist hier natürlich wichtiger als die griechische Religion als Ausdruck griechischer Kultur Die ist quasi Allgemeingut der parthischen Welt, durch Berufung auf sie kann man sich in dieser Zeit vor niemandem auszeichnen, denn Griechisch schreibt man auch in Susa, und griechischen Luxus kennt auch der Partherhof im turkmenischen Nisa, um nur diese Orte zu nennen, denn im fernen Aï Khanum und Kandahar des 3. Jhs. v. Chr. ist Griechisch die Sprache der baktrischen Königreiche als Ergebnis der Siedlungspolitik Alexanders und der Seleukiden.

Umgekehrt sollte eher erstaunen, wie wenig „griechisch" Kommagene eigentlich ist. Gewiß, die Sprache des Herrscherkultes und des Hofes war Griechisch, mußte es auch sein, denn eine *lingua franca* war wohl nötig in einem Gebiet, dessen Bevölkerung sich aus sehr heterogenen Elementen zusammensetzte. Zwar gibt es dazu keine primären Zeugnisse, aber mit gutem Grund darf man neben dem Aramäisch der syrischen Bevölkerungsgruppen auch Armenisch, Kurdisch[31] und natürlich die Sprachen der späthethitischen Gruppen vermuten. Griechisch ist – den Gepflogenheiten „stellvertretenden Luxuskonsums" (Th. Veblen) entsprechend – die Frauentracht des Hofes. Die Kleidung der Männer folgt natürlich der der Hegemonialmacht der Region, ist also ebenso parthisch wie die der Nachbarn, mit denen die kommagenischen Könige mehrfach durch dynastische Heiraten verschwägert sind. So sind auch die achämenidischen Ahnen auf den Reliefs gekleidet, doch zeigt sich gerade dort auch das historisierende Bemühen, durch Reliefprofil und Bartschnitt achämenidische Stilelemente zu zitieren. Achämenidische und parthische Tradition soll wohl auch mit der Schaustellung des Herrscherbildes als Felsrelief – wie in Arsameia am Euphrat (Gerger) – beschworen werden, falls nicht – mir weniger einleuchtend – unmittelbar an die heimischen späthethitischen Felsreliefs mit Götterbildern – wie am Karasu – angeknüpft wurde. Natürlich lassen sich auch kommagenische Könige als *Philhellenoi* feiern, aber das tun parthische Könige ebenso, und zwar nicht aus kulturellen, sondern aus politischen Gründen – um etwa ihr gutes Verhältnis zu griechischen Söldnern und Siedlern zu demonstrieren.

Welche eminente Bedeutung iranischer Tradition beigemessen wurde, zeigt bekanntlich der Königsornat besonders deutlich. Auf die Kopfbe-

---

[30] Dörner, F. K.: Der Thron der Götter auf dem Nemrud Dağı (³1987). S. 189; vgl. Widengren, G.: Die Religionen Irans (1965). S. 318.

[31] Einen neuen Nachweis für Kurden auch in hellenistischer Zeit bringt Fischer, Th.: Molon und seine Münzen, 222-220 v. Chr. (1988). S. 18 mit Anm. 28.

deckung soll hier näher eingegangen werden. Bekanntermaßen ist das ja kein griechisches Diadem, sondern eine iranische Tiara und zwar deren armenischer Variante besonders nahestehend. Diese wird gelegentlich als „fünfzackige Tiara" charakterisiert[32]. Zackenähnliche Gebilde sind zwar auch auf kommagenischen Tiaren zu erkennen, doch erlaubt genaueres Hinsehen eine exaktere Bestimmung. Denn auf einigen besser erhaltenen Reliefs mit dem Bild Antiochos' I. (Abb. 5) und auf dem Königskopf aus Arsameia am Nymphaios (Abb. 6) sind diese sogenannten Zacken wegen ihrer Länge, ihrer spitzen Form und der Fiederung in der Binnenzeichnung als fünf Federn zu bestimmen. L. H. Morgan und Friedrich Engels jubeln zu früh! Nein, eben nicht „Welch herrlicher Indianer!", wie der amerikanische Maler Benjamin West zu Zeiten Winckelmanns vor dem Apoll von Belvedere ausrief (dort natürlich von keinem Federschmuck verleitet), sondern, wie zu zeigen ist, Federn in iranischer und mesopotamischer Tradition. Darauf hatte schon 1969 der 1995 leider viel zu früh verstorbene P. Calmeyer hingewiesen, was mir aber erst nach Beendigung meiner früheren Recherche bekannt wurde. Er sah den Zusammenhang von Federhauben und festlicher Musik auf den assyrischen Reliefs im Rahmen einer „persönlich gefärbten Religion, freiwilliger Kultgenossenschaften" und verwies auf „die Federn, die die späteren Könige von Kommagene über den der allgemeinen iranischen Tiara verwandten, schmal zulaufenden Kopfbedeckungen tragen"[33].

Meine eigenen Beobachtungen hatten unabhängig davon Folgendes ergeben: Federhauben tragen auf Reliefs Sanheribs und Aššurbanipals[34] die Krieger des iranischen Berglandes, und in stilisierter Form zeichnen sie bestimmte Gruppen von Medern (?) auf den Reliefs von Persepolis[35] aus. Damit kommt man in das 7. bzw. 5. Jh. v. Chr. zurück. Älter, aber ikonographisch weniger klar bestimmbar sind die Kronen/Hauben der Köpfe auf dem bekannten Diskos von Phaistos und federartiger Schmuck an Verzierungsblechen urartäischer Wagendeichseln des 9. Jhs. v. Chr. in Karlsruhe[36]. Beide Zeugnisse könnten Anatolien in das ursprüngliche Verbreitungsgebiet

---

[32] Wagner, J.: Dynastie und Herrscherkult in Kommagene. Forschungsberichte und neuere Funde, in: IstMitt 33 (1983), S. 203. Vgl. generell zu den kommagenischen Kronen J. H. Young in AJA 69 (1964). S. 29ff.

[33] Calmeyer, P.: Federkränze und Musik, in: Actes du 17ᵉ Rencontre Assyriologique Internationale Bruxelles (1969). S. 184-195. – Nachruf auf Peter Calmeyer von B. Hrouda in MDOG 128 (1996). S. 5f.

[34] R. D. Barnett in Pope, A. U.: Survey of Persian Art XIV (1967). S. 2997ff., Abb. 1063-1065. Zwei weitere Fragmente befinden sich im Museo Archeologico in Venedig.

[35] Bittner, St.: Tracht und Bewaffnung des persischen Heeres zur Zeit der Achämeniden (²1987). S. 311f.

[36] Karlsruhe, Badisches Landesmuseum, Inv. Nr. 88, 213.214; 89, 2.3; Gymnasium 94 (1987). S. 263f., Taf. VII (ohne Angabe des Autors).

der Federhauben mit einbeziehen. Sehr früh sind natürlich auch die Feder-
kronen der Seevölker an den Küsten des östlichen Mittelmeeres bekannt
geworden. Tiaraartige Kopfbedeckungen mit Federkranz tragen in Mesopotamien die bärtigen Gestalten auf dem Kudurru-Stein des Marduk-nasir (13.-
10. Jh. v. Chr.)[37] und auf dem Siegel des babylonischen Königs Marduk-
zakir-shumi I. (9. Jh. v. Chr)[38] sowie die Fabelwesen vom Palast König Sargons II. in Dur Sharukin (8. Jh. v. Chr.)[39]. So ungewöhnlich wie dieser
Federschmuck im altorientalischen Kontext ist, so bemerkenswert scheint
mir auch die Eigentümlichkeit zu sein, daß die Gestalten auf dem Kudurru
und dem Siegel lange Ärmel tragen statt der sonst in Mesopotamien üblichen
kurzen. Könnte das über reiternomadische Traditionen auf kühlere, d.h. iranische Regionen verweisen?

Im iranisch beeinflußten Osten wurde bei den Vorfahren der Saken im
chinesischen Lou-Lan (Xinjiang)[40] die Leiche einer alten Frau mit zwei Federn am Kopf gefunden, bei einem verwandten sakischen Volk weit nördlich
davon im Issyk-Kurgan (Kasachstan) sowohl das Bild eines Kopfes mit Federhaube auf einem Fingerring als auch goldene Federn mit flügelartiger
Binnenzeichnung als Kopfschmuck eines reich mit Gold bekleideten Mannes
(Abb. 7)[41]. Zum kommagenischen Königsornat bietet dieser sakische Gold-
schmuck noch weitere Parallelen: Die schuppenartigen Applikationen der
Ärmeljacke lassen es denkbar erscheinen, daß auch das plastische Rautenmuster des Obergewandes von Antiochos I. keine Textilmuster (Brokat)
wiedergibt, sondern ebenfalls Applikationen aus Goldblech. Um den Hals
trug der Mann aus dem Issyk-Kurgan einen Halsring (Torques)[42], der in der
Höhe der beiden Tierköpfe jeweils vierreihig erscheint – genau wie der
Torques von Antiochos I. auf dem Mithrasrelief der Westterrasse (Abb. 5,

---

[37] Strommenger, E.: Fünf Jahrtausende Mesopotamien (1962). Taf. 271; Oates, J.:
Babylon (1983). S. 130, Abb. 73. – Frdl. Hinweis von U. Calmeyer-Seidl. Dem
Bildfries auf der Tiara des Antiochos (Löwen oder Adler) entsprechen hier zwei ge-
genständige Sphingen über einer Rosettenreihe.

[38] Ebd., S. 239, Abb. 136. Daß dieses Rollsiegel in einem partherzeitlichen Haus
gefunden wurde, deutet Wege der ikonographischen Traditionsvermittlung an.

[39] Strommenger (Anm. 37). Taf. 221.

[40] Jettmar, K.: Die frühen Steppenvölker (1964). S. 215, Abb. 133. Zum möglichen
historischen Kontext vgl. H. Haefs in Mitt. der Deutschen China-Gesellschaft e. V
(1997) 2. S. 10f.; K. Jettmar in AW 29 (1998) 2. S. 135-142.

[41] Akishev, K.: The Ancient Gold of Kazakhstan (1983). S. 102f. (Ring) und S. 72,
S. 219 (Federn, hier Vogelflügel genannt); L'uomo d'oro. La cultura delle steppe del
Kazakhstan dall'età del bronzo alle grandi migrazioni, Ausstellungskatalog Mantua
(1998). S. 175, Nr. 270. Möglicherweise hat man sich so wie beim „Goldenen
Mann" vom Issyk-Kurgan die Kopfbedeckung der Lykier bei Salamis vorzustellen:
πίλους πτεροῖσι περιεστεφανωμένους (Hdt. VII 92 nach Borchhardt, J.: Die
Steine von Zemuri [1993]. S. 11).

[42] L'uomo d'oro (Anm. 41). S. 178, Nr. 227.

8). Eigenartigerweise trägt Antiochos nur in dieser Dexiosis mit Mithras diesen einfachen Halsschmuck, sonst ist sein Hals von einem mit Adlern oder anderen Tieren geschmückten Reliefhalsreifen eingefaßt (Abb. 9). Den entsprechenden Bildstreifen als Metallrelief zu deuten, also nicht als textilen Kragen, legt ein Neufund aus dem Grab einer sarmatischen Fürstin aus Kobiakovo am unteren Don nahe (Abb. 10), dessen stilistisch nächste Parallelen in den Funden von Tiliatepe in Baktrien aus dem 1. Jh. v. Chr. zu sehen sind[43]. Vom selben baktrischen Fundplatz stammt auch ein kostbarer Ringknaufdolch, der sowohl in der Donregion wie auf kommagenischen Herrscherreliefs genaue Entsprechungen hat (Abb. 11a, b)[44]. Daß in Kommagene baktrische Vorbilder für solch hochrangige Zimelien wie Relieftorques und Prunkdolch als Herrschaftsbilder vor dem Hintergrund einer baktrischen Herkunft der königlichen Ahnen ganz bewußt gewählt wurden, darf wohl vermutet werden.

Schließlich sind noch die Bildapplikationen der spitzen Mütze (Tiara) des Saken[45] vom Issyk-Kurgan geradezu Varianten zum Löwen und der übrigen Symbolik auf der Tiara Antiochos'. Mit allen diesen Symbolen beruft er sich also offensichtlich weniger auf die iranische Reichsideologie achämenidischer Tradition als auf reiternomadische Elemente der parthischen Frühzeit unter Parnern und Dahern in Zentralasien. Er betont also aus dieser Sicht mit seinem Ornat wohl eher Adelskultur als Großkönigtum. Jünger als die bisher erwähnten Vergleiche des 5.-3. Jhs. v. Chr. und diesmal aus Kommagene selbst stammend sind die Tiarafedern auf einem Reliefbild des Iupiter Dolichenus aus der Gegend von Gaziantep (Abb. 12).

Die überwiegende Mehrzahl dieser Darstellungen zeigt Krieger, möglicherweise auch Herrscher (Issyk-Kurgan). Dahin gehört auch die neuzeitliche Darstellung eines als „Parther" bezeichneten Orientalen (Abb. 13)[46], der wie Antiochos ein kurzärmliges Obergewand und die weiten

---

[43] V. K. Gougouev in Schiltz, V. (Hrsg.): Les Scythes. Guerriers nomades au contact des brillantes civilisations grecque, perse et chinoise (1994). S. 76-83.

[44] Dolch aus Datchi, Distrikt Azov am Don: Entre Asie et Europe. L'or des Sarmates. Nomades des Steppes dans l'Antiquité, Ausstellungskatalog Abbaye de Daoulas (1995). S. 74, Nr. 104f. mit dem Vergleichsphoto Nr. 106 aus Kommagene: Relief Arsameia am Nymphaios; Dolch aus Tiliatepe: Schiltz, V.: Die Skythen und andere Steppenvölker (1994). S. 324, Abb. 236. Die iranische Typologie dieser Dolche systematisierte Tanabe, K.: Silk Road Coins. The Hirayama Collection. Brit. Mus. Exhibition 1993. S. 42ff., S. 90f. Sie erreicht mit Phraates IV. (38-2 v. Chr.) auch die Münzprägung. Unter ihm sind die Beziehungen Baktriens zu Parthien besonders eng (Olbrycht, [Anm. 9]. S. 118f., S. 125ff.). – Zur Verbreitung dieses Dolchtyps vgl. zuletzt die am Atatürk-Staudamm gefundene Statue eines Adligen aus der benachbarten Osrhoene (B. Jacobs/A. Schütte-Maischatz in IstMitt. 49 [1999]. S. 431-442 mit Taf. 40-42).

[45] L'uomo d'oro (Anm. 41). S. 177, Nr. 273ff.

[46] Histoire Generale Des Tvrcs, Contenant L'Histoire De Chalcondyle/Tradvite Par

reiternomadischen Hosen trägt. Die Beischrift zum Bilde dieses mit üppiger Federkrone geschmückten, mit Keule, Schwert und ebenfalls befiedertem Schild gewappneten Kriegers gibt ihm eine ganz andere Bedeutung: „Delli de nation Parthique qui signifie fol hardy ou enfant perdu." Mit *deli* = verrückt werden in osmanischer Zeit nicht nur ekstatische religiöse Exzentriker bezeichnet (also ein verrückter Außenseiter nomadischer Herkunft, denn im 17. Jh. bezeichnet „Parther" archaisierend Turkmenen und andere Nomaden), sondern darüber hinaus waren *deliler* auch eine berserkerartige Avantgarde, die als Stoßtrupps, oft aus Yörüken oder Turkmenen gebildet, Schlachten zu eröffnen hatten, also wahrhaft „kühne Narren" und „verlorene Kinder/Infanterie". Wem kämen da nicht die todgeweihten Krieger des „arischen Männerbundes"[47] in den Sinn? Daß die islamische Welt sie zu Verrückten erklärt, macht genauso viel Sinn, wie daß sie in Mitteleuropa Gegenstand der Volkskunde werden. Da sie einer vorstaatlichen Welt angehören, werden sie in Epochen von Zentralismus und Einheitsreligion marginalisiert. Ob Königsornat oder Narrenkostüm ist also auch eine Frage des Zeitpunktes – doch das ist ein weites Feld[48].

In denselben religiösen Bereich gehören Federhauben bei nepalesischen Schamanentänzern unserer Tage[49] und – wegen der kreisförmigen Verbreitung an den Federspitzen, die auch einige Reliefs Antiochos' I. (Abb. 14, 8, 9) zeigen, besonders gut vergleichbar – die Darstellung eines Sufi mit Federhaube (Abb. 15) in einem europäischen Reisebericht des 17. Jhs. über Persien[50]. Die Verbindung von „civil power and religious authority" in der Bildsymbolik der von Antiochos I. übernommenen sogenannten armenischen Tiara wurde schon früher gesehen[51]. In dieser Richtung weiterfragend,

---

Blaise de Vigenaire, Auec les Illustrations du mesme Autheur Et Continuée ivsques en L'An M.DC.XII. par Thomas Artus ; Et en cette Edition, par le Sieur de Mezeray, iusques en l'année 1661 (1662). Taf. 17.

[47] Wikander, S.: Der arische Männerhund (1938); Widengren, G.: Der Feudalismus im alten Iran, in: Wiss. Abh. der AG für Forschung NRW 40 (1969); Duerr, H. P.: Traumzeit (1978). S. 79ff.

[48] Daß das Rautenmuster des partherzeitlichen Königsornates, der skythischen und amazonischen Hosen einmal dasselbe meinte wie in der Harlekinstracht der Neuzeit, daß es dasselbe bedeutet wie das *agrenón,* der Netzüberwurf des Apollon, der Musen und über dem Omphalos, und daß diese wiederum wie die Knochenschürzen tibetischer Lamas und Totentänzer auf Tod und Wiedergeburt im Zerstückelungsritual verwiesen, möchte ich an anderer Stelle ausführen. Zum Problemfeld als Analogiefall einstweilen: Mellinkoff, R.: Outcasts: Signs of Otherness in Northern European Art of the Late Middle Ages (1993) I. S. 5-31. Diesen Hinweis verdanke ich I. Metzler.

[49] D. Metzler in Antidoron. Festschrift J. Thimme (1983). S. 75ff. mit Abb. 5.

[50] La Boullaye-Le Gouz, F.: Les voyages et observations ... Natolie ... Assyrie, Grand Mogol ... (1653). S. 75.

[51] H. Toros in SocAncNum. 7 (1976). S. 66 (nach Wagner [Anm. 32]. S. 201, Anm. 71).

plädiere ich daher dafür, nach Verbindungen zu männerbündischen Institutionen des alten und neuen Iran zu suchen. Letztlich mögen diese Federn als
Abbreviaturen der Vogelhauben gedeutet werden können, in denen schamanistisches Denken den vogelgestaltigen Hilfsgeist des Ekstatikers – und
Kriegers – erlebt. Apropos: Die Doppelfeder auf dem Haupte vieler kaiser-
zeitlicher Musendarstellungen – besonders prächtig bei der Klio auf einem
Mosaik aus Alexandreia[52] – wäre aus dieser Sicht als Zeichen der *mania* der
inspiriert-inspirierenden Sängerinnen[53] zu deuten. Sie verbindet sie mit der
erwähnten alten Frau von Lou-Lan, die möglicherweise eine Schamanin
gewesen sein könnte. Rückblickend ist noch einmal an Peter Calmeyers
Verbindung von „Federkränzen und Musik" zu erinnern. Seine Vermutung,
„persönlich gefärbte Religion, freiwillige Kultgenossenschaften"[54] in den
federgeschmückten Gestalten auf assyrischen Reliefs verkörpert zu sehen,
könnte vielleicht auch in die hier angedeutete Richtung von ursprünglich
schamanistischen und/oder männerbündischen Ritualen weisen.

Zum Schluß noch ein Perspektivenwechsel: Kommagene ist nicht nur
durch den Osten geprägt, sondern hat offensichtlich auch weit in den Osten
hinein nachgewirkt. Die Herrscher früherer Turkstämme waren es, die in der
Spätantike im fernen China das Konzept der Monumentalität der Götter- und
Herrscherbilder vom Nemrud Dağı aufgriffen und ihren eigenen politischen
und religiösen Aussagen dienstbar machten, wie E. R. Knauer vor einigen
Jahren wahrscheinlich machen konnte. Sie sieht in der Kolossalität der
Buddhafiguren der Yüngang-Grotten bei Datong, die älter sind als die gi-
gantischen Figuren von Bamiyan, kommagenischen Einfluß[55].

Das ist insofern sinnvoll, da gerade die vier größten Buddhas von Yün-
gang als Inkarnation der verstorbenen Herrscher der türkischen Toba-Dyna-
stie zu verstehen sind, die nach ihrer Sinisierung in der chinesischen Historiographie als Nördliche Wei-Dynastie (386-535) geführt wird. In ihrer anfänglichen Fremdheit in China bedienten die Toba sich des fremden Einflüssen stets offenen Buddhismus als ideologischer und organisatorischer Stütze
– auch darin Antiochos von Kommagene vergleichbar, der sich „zu den Lo-
kalgöttern in Opposition" setzend „seinen Kult dem der auswärtigen Großen
Götter" hinzugefügt hat[56]. Indem Antiochos sein Land in einem einheitlich
organisierten System seines Totengedenkens verbunden mit dem Kult der

---

[52] Daszewski, W. A.: Corpus of Mosaics from Egypt (1985) I. S. 132, Nr. 24, Taf.
25.

[53] Vgl. Findeisen, H.: Schamanentum (1957). S. 107, über neun himmlische
Jungfrauen, darunter eine Sängerin bei den sibirischen Jakuten. Sie bringen den
Menschen ebenfalls eine *mania*.

[54] Calmeyer (Anm. 33).

[55] Knauer, E. R.: Expedition 1983 (Summer). S. 27ff.

[56] Dörrie (Anm. 29). S. 184.

Götter der Perser und Makedonen erfaßte, gab er ihm ein im wesentlichen „asiatisches" Gepräge und schuf mit diesem rigorosen Zentralismus zugleich auch einen Vorläufer jener Staatskirchenorganisation, mit der sich Jahrhunderte später das Christentum erst in Armenien, dann im Römischen Reich und der Buddhismus in China, Japan und Tibet etablieren sollten.

Abb. 1: Sternzeichen „Skorpion", aus:
Münzen der kommagenischen
Königsfamilie (38-72 n.Chr.),
British Museum London [S. 24]

Abb. 2: Nemrud Dağı: Unfertiger Kopf
des Königs Antiochos I. auf der Ostterrasse [S. 34]

Abb. 3: Statue eines Kushān-
Königs in Surkh Kotal [S. 51]

Abb. 4: Nemrud Dağı: Stele des Xerxes I. auf der Westterrasse [S. 39]

Abb. 5: Nemrud Dağı: Dexiosis mit Apollon-Mithras-Helios-Hermes [S. 31]

Abb. 6: Arsameia am Nymphaios: Kopf des Königs Antiochos I. von Kommagene (Arch. Museum Gaziantep) [S. 51]

Abb. 8: Nemrud Dagı: Kopf des Königs
Antiochos I. von der Mithrasdexiosis auf der
Westterrasse [S. 53]

Abb. 7: „Goldener Mann" – Tracht des Fürsten
aus dem Issyk-Kurgan (Rekonstruktion) [S. 52]

Abb. 9: Arsameia am Nymphaios: Kopf des
Königs Antiochos I.
von der Heraklesdexiosis an Sockelanlage
III. [S. 53]

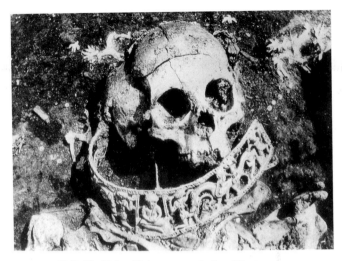

Abb. 10: Halsreif eines sarmatischen Fürsten aus
Kobiakovo an der Mündung des Don [S. 54)

Abb. 11a,b: Späthellenistische Prunkdolche:
a) Sarmatischer Dolch aus Datchi bei Asov am Don,
b) Dolch des Königs Antiochos I. von Sockelanlage III
in Arsameia am Nymphaios [S. 55]

Abb. 12: Dolichenusrelief aus
Zafer Köy
(Arch. Museum Adana) [S. 91]

Abb. 13: „Delli de nation Parthique" [S. 54]

Abb. 14: Nemrud Dagı: Tiara des Königs Antiochos I.
von der Zeusdexiosis auf der Westterrasse [S. 52]

Abb. 15: Sufi mit Federkrone [S. 54]

Concluding Remarks*

Die beiden anstrengenden und anregenden Tage des Workshop bleiben mit ihren 11 inhaltsreichen Vorträgen und den häufigen Gelegenheiten zu intensiven Diskussionen für alle Teilnehmer eine dauernde Bereicherung. Daß diese Tage so erfolgreich verliefen, ist der liebenswürdigen Aufmerksamkeit und Fürsorge unserer niederländischen Gastgeber, der akademischen Verwaltung der Rijksuniversiteit sowohl als auch unseren Groninger Fachkollegen, zu danken – und der sprachenpolitischen Großzügigkeit, mit der unsere niederländischen Freunde ihre schöne Muttersprache der Bequemlichkeit ihrer weniger sprachbegabten Nachbarn opferten – übrigens in geradezu achämenidischer Toleranz!

Die verschiedenen Einzelthemen spiegelten nicht nur die Komplexität und die unterschiedliche Struktur der Teile des Achämeniden-Reiches wider – von Ionien und Sardes über Palästina, Ägypten und Babylonien bis hin nach Baktrien und Arachosien, sondern gaben zugleich auch eine Eindruck von der Mannigfaltigkeit und Disparatheit der verfügbaren historischen Quellen. Denn die jeweils herangezogenen archäologischen, epigraphischen und literarischen Zeugnisse entstammen ja bekanntermaßen nicht nur verschiedenen ethnischen Gruppen und geographischen Räumen, beziehen sich nicht nur auf verschiedenartigste literarische Genera und Stilebenen, sondern verweisen auch auf unterschiedliche soziale Gruppen: neben der Gebrauchskeramik städtischer Bevölkerungsgruppen in Kandahar wurden königliche Verwaltungsurkunden aus Ägypten ebenso herangezogen wie Urkunden privater Archive aus Mesopotamien, Schriften des Bibel-Kanons, Orakel-Texte oder Interpretationen von Palast- und Tempelarchitektur bzw. des königlichen Zeremoniells – um hier nur einige Beispiele zu nennen. Und natürlich standen die mehr oder minder voreingenommenen Texte zeitgenössischer griechischer Historiker und Literaten sowie die sehr späten römerzeitlichen Zeugnisse zur Debatte. Ein Durcheinander also, wie es anregender und abschreckender kaum denkbar ist, so daß mit Recht mehrfach in den Diskussionen darauf verwiesen wurde, wie sehr sich eine kritische Achämenidenforschung noch im Stadium einer „préhistoire de l'historiographie" befindet. Die bisher bekannten Quellen sind zwar wohl hinlänglich publiziert, ihre Beurteilung, Einordnung und kritische Wertung aber auch gelegentlich durch mangelnde Konzepte oder allzu vertrauensvolle Übernahme

---

*   Der vorliegende Text ist eine veränderte und teilweise erweiterte Fassung von ursprünglich mündlich vorgetragenen Bemerkungen.

liebgewonnener Vorurteile offensichtlich verstellt, wie von einigen Teilnehmern mit Recht betont wurde.

Dies gilt insbesondere für ein so gewichtiges Problem, wie es das Thema
unseres Workshop war: „The Achaemenid empire in the second half of its
existence: decadence?" Die Frage nach einer möglichen Dekadenz kann ja
durch die nur bruchstückhaft überlieferten sogenannten Fakten allein nicht
beantwortet werden, wenn nicht zugleich auch die Relationen angegeben
werden, die eine Dekadenz als Absinken von einem einmal erreichten öder
auch nur suggerierten Standard erkennbar werden lassen. Bemerkenswerterweise haben mehrere Beiträge für ihren jeweiligen geographischen, sozialen oder kulturellen Bereich auf Grund des zur Verfügung stehenden
Quellenmaterials sich nicht nur außer Stande gesehen, Elemente festzumachen, die als Anzeichen einer Dekadenz gedeutet werden müßten, sondern
im Gegenteil für ihre Teilbereiche ein Andauern oder eine neue Entfaltung
wirkungskräftiger Erscheinungen feststellen können. So etwa A. Kuhrt für
die babylonische Wissenschaft, J. Lebram für die jüdische Gruppe hinter der
Esra-Tradition, aus der sich der Pharisäismus entwickelte oder P. Briant für
die Eigenständigkeit Baktriens. Besonders wichtig schien mir die Diskussion
der von J. Ray so detailliert und kenntnisreich dokumentierten kulturellen
Vielfalt des achämenidischen Ägypten, zeigt sich doch gerade hier – aber
auch in Lykien, Phönizien oder Palästina – wie sehr die sogenannte achämenidische Toleranz nicht nur das Nebeneinander verschiedener Kulturen ermöglichte, sondern auch Einflüsse, die von außen kamen – denkt man etwa
an das Eindringen griechischer Kulturelemente schon lange vor Alexander[1] –
aufnehmen konnte, ohne Eigenart und Stabilität aufgeben zu müssen. Diese
Durchlässigkeit und Anpassungsfähigkeit als ein Phänomen politischer
Stärke[2] und Selbstsicherheit zu begreifen, möge angesichts zunehmender
Ausländerfeindlichkeit und Zentralisierungs-Hysterie in unserer eigenen
politischen und gesellschaftlichen Umwelt als eine eindringliche Mahnung
der Geschichte verstanden werden. Immerhin sind nach meiner Kenntnis
auch aus der achämenidischen Spätzeit keine staatlichen Beschränkungen
der Mobilität von Arbeitskräften, Waren und Ideen bekannt, wie sie unsere
eigenen sich auch so offen gebärenden politischen Systeme durchzusetzen
versuchen. Dem hier zu erwartenden Gegenargument von den sogenannten

---

[1] Hofstetter, J.: Die Griechen in Persien. Berlin 1978. Metzler, D.: Ziele und
Formen königlicher Innenpolitik im vorislamischen Iran. Habilitationsschrift Münster 1977 (1982). S. 226ff. Generell: Herodot I 134, 4.

[2] Andererseits sieht J. Oelsner (Hellenische Poleis, hrsg. v. E. Ch. Welskopf.
Berlin 1974 II. S. 1058) gerade in der „liberalen Nationalitäten- und Religionspolitik
... Probleme begründet, die schließlich zum Zerfall des Reiches beitrugen." Dieser
Beurteilung kann ich mich nicht anschließen, da das Auseinanderfallen in der
Diadochenzeit (dazu unten S. 353) nicht von den jeweiligen Völkern, sondern von
den makedonischen Generälen und ihrem Anhang betrieben wurde.

‚Sachzwängen', die heute andere als damals seien, möchte ich einmal die Frage nach der ‚Dekadenz' entgegenhalten und zum anderen fragen, wem jeweils der angebliche Sachzwang nützt.

Diese unwissenschaftliche Abschweifung scheint mir insofern methodisch gerechtfertigt, als sie auch exemplarisch auf die durch „Erkenntnis und Interesse" (J. Habermas) definierte Beziehung zwischen Historiker und historischem Ereignis hinweisen kann. Denn eine Frage wie die nach der Dekadenz des Achämenidenreiches ist von antiken und neuzeitlichen Ideologien so befrachtet, daß das Nachdenken über die eigenen theoretischen und politischen Voraussetzungen schon lohnend sein kann. Mir scheint, daß Dekadenz des Achämenidenreiches erst durch den Sieg Alexanders zum Thema wird. Den zu begründen und im Rahmen des europäischen Selbstverständnisses zu nutzen, hat sich die landläufige abendländische Geschichtsschreibung allzu häufig bemüßigt gefühlt. Sie hat dafür eine griffige Formel parat, die einer meiner Studenten in einer Prüfung, vertrauensvoll auf die angelesene Lehrmeinung sich stützend, neulich so wiedergab: „Das Achämenidenreich ist an sich selbst zugrundegegangen". Alexander als der Vollstrecker des Weltgeistes und wir als seine Erben – wie er gerechtfertigt, überholte Strukturen durch unser Eingreifen zu modernisieren. Oder: Dekadenz als Vorwand für Kolonialismus! E. W. Said hat dieses Konzept als eine politische Strategie des ‚Orientalismus' entlarvt.

Die Dekadenzfrage scheint mir daher – vermittelt über das Begriffspaar ‚Alexander-Achämeniden' einerseits und seine europäische Rezeption andererseits – die Frage nach unserem Bild von unserem Gegner zu sein. Um entsprechende Vorurteile abzubauen zu versuchen, ist also auch nach Alexanders Verhältnis zum Achämeniden-Reich zu fragen. Unbestritten ist seine militärische Überlegenheit[3] – in Strategie, Taktik, Waffentechnik und Disziplin. Er war weitaus erfolgreicher als die zahlreichen aufständischen Satrapen und separatistischen Bewegungen, die immer wieder und nicht erst in der Spätzeit, sondern schon seit dem 6. Jahrhundert das Achämenidenreich in Atem hielten. Zwar stieß Alexander von außen in dieses Gebilde *(systema meizōn)*[4] hinein, aber er tat es als einer, der seit den Tagen seines Vaters Philipp sich auf ein weithin nach achämenidischen Vorbildern aufgebautes Machtgebilde, denn das war Makedonien im 4. Jahrhundert[5], stützen konnte. Wenn er Satrapen eroberter Gebiete in ihren Positionen beließ, oder

---

[3] Vgl. dazu neuzeitliche Beispiele bei Ness, G. D. – Stahl, W.: Western Imperialist Armies in Asia, in: CSSH 19 (1977). S. 2ff. Generell und systematisch zur Beurteilung Alexanders in der modernen Forschung: Demandt, A.: Politische Aspekte im Alexanderbild der Neuzeit. Ein Beitrag zur historischen Methodenkritik, in: AKG 54 (1972). S. 325ff.

[4] Adontz, N.: Le Servage, in : Rec. de la Soc. J. Bodin 2 (1937). S. 138.

[5] Kienast, D.: Philipp II. von Makedonien und das Reich der Achämeniden. München 1973. bes. S. 14f., S. 23f. und S. 28f.

solche Stellungen statt mit Makedonen mit Orientalen besetzte und die vorgefundenen Verwaltungsstrukturen weitgehend unangetastet ließ, heißt das
doch auch, daß er als Sieger sich den vom Gegner aufgebauten Formen
beugte. Wären diese Formen so sinnentleert gewesen, wie sie nach dem
landläufigen Dekadenz-Konzept hätten sein müssen, hätte Alexander zeitweilig wohl kaum achämenidische Münzen geprägt, achämenidisches Zeremoniell und achämenidische Politik übernommen. In seinen Städtegründungen pflegt man Elemente einer bewußten Hellenisierung des Orients zu sehen, aber gerade darum ging es ihm nicht, wenn er etwa Phönizier am Persischen Golf ansiedelte. Vielmehr nahm er die Städtegründungspolitik der
frühen Achämeniden wieder auf[6], indem er sie zur Sicherung seiner Eroberungen benutzte, mußten doch auch mehrere Könige vor ihm bei ihrem
jeweiligen Regierungsantritt – ob usurpiert oder legitim – erst einmal Teile
des Reiches neu erobern, da diese mit dem Tode des Vorgängers ihre Verpflichtungen als gegenstandslos betrachteten, wie das etwa der mehrfache
Abfall Ägyptens und Babyloniens zeigt.

Alexander versuchte bekanntlich, den Griechen seinen Krieg gegen Persien über den Begriff der Rache für die nun schon vier bis fünf Generationen
zurückliegende Zerstörungen der Perser in Griechenland als eine nationale
Angelegenheit zu präsentieren. Deshalb ließ er nach der Schlacht am Grani-
kos die Schilde der Perser als Siegesbeute eben am Parthenon aufhängen –
schickte aber die auf persischer Seite kämpfenden athenischen Söldner[7] als
Kriegsgefangene in die makedonischen Bergwerke. Athen wiederum errichtete Memnon, dem griechische Heerführer des Perserkönigs, ein Denkmal.
Das sogenannte nationale Interesse entpuppt sich also hier, wie so oft als ein
imperialistisches und ein klassenkämpferisches dazu[8], wenn man Isokrates'
Ratschlag an Philipp heranzieht, dem er zur Zerschlagung des Achämeniden-
reiches riet, um damit zugleich Raum für die Ansiedlung von in Griechenland unerwünschten revolutionären Bevölkerungsgruppen zu bekommen,
wie das schon Platon erwog[9]. Genau das tat Alexander aber nicht, denn weder hellenisierte er die eroberten Gebiete, noch zerschlug er die bewährte
achämenidische Struktur des Reiches. Das blieb erst seinen Nachfolgern, den
Diadochen, vorbehalten.

---

[6] Metzler, a.a.O., S. 42ff. und S. 270ff.

[7] Arrian I 16, 6. Über propersische Sympathien antimakedonischer Griechen vgl.
in diesem Zusammenhang Seibt, G.: Griechische Söldner im Achämenidenreich.
Bonn 1977. S. 165ff.

[8] Am Beispiel der Perserkriege dargelegt von Deman, A.: Lutte des dasses et nationalisme dans la Grèce des guerres médiques, Thèse Univ. Libre Bruxelles 1965;
vgl. auch Loraux, N.: L'invention d'Athènes. Paris – Den Haag 1981.

[9] Isokrates, Philipp. 120ff.; Platon, Leg. 735d ff.

Bemerkenswerterweise gilt denn auch in der orientalischen Überlieferung Alexander noch als letzter König der alten Dynastie, der er sich ja durch Heirat auch tatsächlich verbunden hatte, und die seleukidische Ära (312 bzw. 311 v. Chr.), nach der man im Orient noch Jahrhunderte lang – in christlichen Kreise sogar bis in die Neuzeit hinein – datierte, hieß auch die „nach dem Tode Alexanders" rechnende[10]. Dieses Datum steht symbolisch für den Beginn der Zeit der *mulūk at-tawā'iß* der Teilkönige. Erst sie zerbrechen die Einheit des Reiches. Für die Definierung ihres Selbstverständnisses ist dabei vielleicht auch ein Nebenaspekt von Interesse: J. Ray wies darauf hin, daß das in Ägypten in der Perserzeit verbreitete Reichsaramäische auch noch über 300 v. Chr. hinaus urkundlich belegt ist. Dem entspricht, daß die frühptolemäische Kleinkunst im Bereich der Luxusgüter wesentlich durch achämenidische Formen bestimmt ist[11]. Man beruft sich also in den Diadochenreichen nicht allein auf griechische oder lokale Traditionen – wie das etwa auch A. Kuhrt für die babylonische Schreiberkultur zeigte –, sondern knüpft auch an die Traditionen der alten Zentralgewalt an, was sich etwa auch in Phönizien beobachten läßt[12]. Bedeutender als diese kulturgeschichtlichen Details ist jedoch die Kontinuität, die die Diadochenreiche auf wirtschaftlichem und verwaltungstechnischem Gebiet mit dem achämenidischen Vorbild verbindet[13], denn gerade darin zeigt sich doch, daß die vorgefundenen Strukturen so effizient und brauchbar waren, daß sie auch von einer fremden Erobererschicht als Grundstrukturen beibehalten werden konnten.

Dies gilt übrigens nicht allein für die ehemals achämenidischen Reichsgebiete, sondern auch darüber hinaus: Auffällig ist, daß parallel zu der Hellenisierung der großen makedonischen Grabkomplexe des 4. Jhds. die Funde im benachbarten Thrakien, wie um sich von dem südlichen Nachbarn zu distanzieren, mannigfaltige achämenidische Einflüsse zeigen – vom Formengut des Tafelgeschirrs bis zur Übernahme iranischer Mythologie[14]. Im Falle In-

---

[10] Vgl. die politische Ideologie der Diadochenreiche (A. Heuss in AuA, 4 [1954]. S. 65ff., bes. S. 72).

[11] Segall, B.: Tradition und Neuschöpfung in der frühalexandrinischen Kleinkunst. Berlin 1966 (= BWPr 119/120). Parlasca, K.: Persische Elemente in der frühptolemäischen Kunst, in: Akten des VII. Intern. Kongr. Iran. Kunst und Archäologie (1976). Berlin 1979. S. 317ff.

[12] Vgl. die achämenidischen Formen auf der Stele des Baalyaton aus Umm el Awamid/Hamon (Dussaud, R. – Deschamps, P. – Seyrig, H.: La Syrie antique et médiévale illustrée. Paris 1931. Taf. 34). Zur kulturellen Blüte Phöniziens unter den Achämeniden – in die Spätphase dieser Epoche gehören ja bekanntlich die Münzen der autonomen phönizischen Städte, vgl. Elayi, J.: L'essor de la Phénicie, in: Baghd. Mitt. 9 (1978). S. 25ff.

[13] P. Briant in REA 74 (1972). S. 34ff.; ders. in ASNP III, 9 (1979). S. 1375ff.

[14] Szenen der iranischen Mythologie hat Alice Schulte auf den Zierplatten des Schatzes von Letnica entdecken können (unveröff. Manuskript).

diens hat man ebenfalls eine Übernahme achämenidischer Strukturen außerhalb des Reiches feststellen können. Doch möchte ich den Grund dafür nicht in den ‚Flammen über Persepolis' also in der Flucht achämenidischer Künstler und Funktionäre vor Alexander sehen, sondern in der beispielgebenden Attraktivität, die diese Strukturen für den Zusammenschluß heterogener Elemente in einem mehr oder weniger großen Einheitsstaat boten. So kann gerade das Aufgreifen achämenidischer Formen im Maurya-Reich[15] zeigen, daß zumindest von außen gesehen das Achämenidenreich nicht überall den Eindruck von Dekadenz hinterließ.

Daß die hier hervorgehobene Kontinuität sich nicht nur auf Nachbarn und die unmittelbaren Nachfolger bezieht, sondern sehr viel weitreichender die Geschichte des Orients bestimmt hat, ist schon länger bekannt: Barnabé Brisson (1590)[16] und Johann Jacob Reiske (1748)[17] wiesen auf die Vergleichbarkeit antiker und neuzeitlicher Einrichtungen im Vorderen Orient hin. Indem hier an sie erinnert wird, soll keineswegs einer angeblichen strukturellen Geschichtslosigkeit des Orients das Wort geredet werden, mit der der kolonialistische Orientalismus des Westens argumentiert, sondern auch zugleich ein neuer Blick auf unsere eigene europäische Geschichte gerichtet werden, denn über die hellenistischen Reiche[18] und später über die Sasaniden gelangten achämenidische Elemente in das römische Kaiserreich bzw. zu den Byzantinern[19] und auf dem Umweg über die sasanidischen Elemente in islamischen Staaten konnten sie von Friedrich II.[20] für seinen mittelalterlichen Beamtenstaat genutzt werden. Im Lichte solcher Kontinuitäten scheint es schwierig zu werden von Dekadenz im späten Achämenidenreich zu sprechen. Dieses Bild blieb jedoch einseitig, vergäße man, zu wessen Lasten die hier angedeutete Stabilität der Machtstrukturen ging. Denn deutlich handelt es sich bei den faßbaren Elementen von Kontinuität und Stabilität um solche der Regierbarkeit, der Selbstdarstellung des Herrschers, der Beteiligung der Oberschichten an der Macht, kurz: der Ausbeutung der Unterschichten.

---

[15] Vgl. Ruben, W. – Fischer, K.: Der Maurya- und der Mogul-Staat, in: SDAW 1965. nr. 5, bes. S. 29f.

[16] Brisson, B.: De regio Persarum principatu libri III. Paris 1590. Zu Brisson, Metzler in AMI Ergänzungsband 10. Berlin 1983. S. 300f.

[17] Reiske, J. J.: Oratio studium Arabicae linguae commendans (vom 21.8.1748), in: Conjecturae in Iobum et Proverbia Salomonis. Leipzig 1779. S. 278f. Zu Reiske: G. Strohmaier in Klio 58 (1976). S. 199ff.

[18] Vgl. G. Urögdi in Oikumene 1 (1976). S. 157ff.

[19] Alföldi, A.: Die monarchische Repräsentation im römischen Kaiserreiche, in: RM 49 (1934). S. 1ff. und 50 (1935). S. 1ff. (= Darmstadt 1970).

[20] Hempel, W. E.: Der sizilische Grosshof unter Kaiser Friedrich II. Stuttgart 1940; Hunke, S.: Allahs Sonne über dem Abendland. Stuttgart 1960. S. 256ff. und S. 273.

Vom Prinzipalmarkt zurück in den Orient:
Märkte vor der Stadtmauer

Dort, wo als Wirkungsstätte unseres Jubilars die Ugarit-Forschungsstelle nach langem Nomadisieren ihren derzeit letzten Standort gefunden hat, beginnt in Münster jener städtebaulich einzigartige bogenförmige Straßenzug, der sich wie ein Halbmond um die ursprüngliche Domburg – das *Monasterium* – zieht. Funktionale und typologische Parallelen dazu lassen sich allerdings auch im Fruchtbaren Halbmond – im Orient – finden. Schlagen wir diesen Bogen über Raum und Zeit, nicht um vermeintlichen historischen Einflüssen nachzugehen, sondern um eher assoziativ strukturelle Vergleichsmöglichkeiten früher Stufen von Markt-Topographien aufzeigen zu helfen.

Was ein Bummel über den Prinzipalmarkt auf der Ostseite des *Monasterium* den Fußgänger nur ahnen, die Vogelperspektive (Abb. 1) aber klar erkennen läßt, wird durch urkundliche Überlieferung[1] und archäologische Forschung[2] deutlich erkennbar (Abb. 2 und 3): Die Häuser auf der Westseite des Prinzipalmarktes stehen alle dicht aneinander gereiht mit ihrer Rückseite zur Immunitätsmauer hin ausgerichtet. Alle Parzellen sind annähernd gleich schmal. Ihre knappe Ladenbreite wird durch die Tiefe der Hauslänge ausgeglichen. So finden viele Händler nebeneinander Platz am Markt und hinreichend Lager- und Wohnraum dahinter.

Eine vergleichbare Situation konnte ich im Januar 1974 in Amrān im yemenitischen Hochland etwa 50 km nördlich von Ṣana ῾ā᾿ gleichsam in statu nascendi beobachten (Abb. 4 und 5). Dort findet ein Freitagsmarkt vor der Stadtmauer statt. Unmittelbar an diese Mauer angebaut gab es damals Läden – einige sehr beengt, weniger als einen Meter tief, andere durch davor gebaute Steinstützen zwar keinen Laubengang „Unter den Bögen" bildend, aber Wellblechplatten als ausklappbaren Sonnenschutz tragend. Freie Plätze im Innern der ummauerten Stadt waren in Amrān ebenso wie in der frühen Domburg *Monasterium* zwar vorhanden, aber nicht dort, sondern v o r den jeweiligen Mauern wird Markt abgehalten. Eine monographische Behand-

---

[1] Kirchhoff, K. H.: Die Erbmannshöfe in Münster, in: Westf. Zeitschr. 116 (1966). S. 3-26, bes. S. 16ff. Prinz, J.: Mimigernaford – Münster, Münster ²1976. S. 177ff. Balzer, M.: Die Stadtwerdung vom 9. bis 12. Jahrhundert, in: Jakobi, F. J. (Hrsg.): Geschichte der Stadt Münster. Münster 1993. Bd. I. S. 53-89, bes. S. 73ff.

[2] Winkelmann, W.: Ausgrabungen auf dem Domhof, in: Monasterium. FS zum 700jährigen Weihegedächtnis des Paulus-Domes zu Münster, hrsg. von A. Schroer. Münster 1966. S. 25-54, bes. S. 36ff. Prinz, a.a.O., S. 177ff.

lung dieses Marktes *extra muros* von Amrān wie etwa die von W. Dostal[3] über die innerstädtischen Suq-Viertel von Şana 'ā' ist mir leider nicht bekannt, während mir die Entstehungsgeschichte des hiesigen Prinzipalmarktes verständlicherweise besser zugänglich ist.

Die Anfänge einer Marktsiedlung vor dem nordöstlichen Tor des karolingischen *Monasterium* sind unter der Lambertikirche archäologisch für das 9. Jahrhundert belegbar, Münzrecht ist numismatisch seit dem 10. Jahrhundert nachgewiesen.[4] Auch die Münze befand sich vor diesem Tor der Domburg auf dem heutigen „Drubbel". Anfang des 12. Jahrhunderts wird von Bischof Burchard auf der Ostseite – gegenüber dem späteren Rathaus – das Michaelis-Tor neu angelegt.[5] Dadurch wird vor der Mauer eine Entwicklung eingeleitet, die nach den auf die Zerstörung der Domburg und der ihr vorgelagerten Marktsiedlung im Jahre 1121 durch Herzog Lothar von Sachsen folgenden Wiederaufbaumaßnahmen beschleunigt wird. „Die Aussiedlung von Handwerkern und Kaufleuten aus der Burg"[6] läßt die Bedeutung der Marktfläche am Graben vor der Ostmauer zwischen dem alten und neuen Tor steigen. Die Bebauung beginnt zwar auf der Ostseite des Prinzipalmarktes, bald aber werden die Parzellen auf der Westseite so interessant, daß die Häuser oder besser wohl anfangs: die Marktbuden am Rande des Burggrabens selbst und – wie aus Prozeßakten von 1169 hervorgeht[7], in denen erstmals nachweisbar die *civitas Monasteriensis* als Gesamtsiedlung von der *urbs*, der Domburg, unterschieden wird – auch ü b e r dem schon seit mindestens einer Generation sich mit Abfällen füllenden breiten Befestigungsgraben (Abb. 3) errichtet wurden. Dort war der Platz an der Marktseite knapp, also mußte in die Tiefe gebaut werden. Vergleichbares ist auch heute in Entwicklungsländern zu beobachten, wenn vor Siedlungen auf Straßendämmen an Kanalufern Verkaufsstände mit Wohnhütten errichtet werden – etwa in Kambodscha bei Angkor oder in Ägypten im Nildelta. Wie dauerhaft und erfolgreich solche Märkte heutzutage sein werden, bleibt abzuwarten, die Anlieger des Prinzipalmarktes dagegen gehörten zwar im 13. und teilweise auch schon im 12. Jahrhundert zu den vornehmen Geschlechtern der „Erbmänner", unter ihnen – nur um auf mögliche Berufe und Herkünfte zu verweisen – die Familie Travelmann[8], deren Name über *travel* = Handelsreise auf England weist. Doch blieb auch der Prinzipalmarkt nicht das, was er damals war, denn „um 1300 wird der Abzug der Kaufleute von der Markt-

---

[3]   Dostal, W.: Der Markt von Şana 'ā'. Wien 1979.

[4]   Balzer, a.a.O., S. 58f.

[5]   Kirchhoff, a.a.O., S. 20.

[6]   Balzer, a.a.O., S. 72.

[7]   Kirchhoff, a.a.O., S. 19.

[8]   Ebd., S. 16.

Westseite abgeschlossen gewesen sein."[9] Diese Erbmänner-Familien tausch-
ten die Enge und Dürftigkeit des Hausens am und über dem schon lang be-
deutungslos gewordenen Befestigungsgraben gegen Großgrundstücke in der
erweiterten und spätestens seit 1203 umwallten Stadt ein, nachdem in der
civitas vor der *interior urbs* auch der Markt am Burggraben sich von seiner
Position *extra muros* zum innerstädtischen Markt gewandelt hatte.

Was sich hier durch die fortifikatorische Entwicklung der Gesamtsiedlung ergibt, ist auch etwa in der typologischen Entwicklung der griechischen
Agora festzumachen: Von früher Randlage geht die Tendenz hin zur Anlage
des Marktes im Zentrum, so besonders in geplanten Stadtanlagen.[10] Auch die
Lage einer Agora unterhalb einer Akropolis gehört in diesen Kontext, zumal
sie mit der Lage des Marktes unterhalb einer Burg im europäischen Mittelalter in ökonomischer wie soziologischer Funktion weitgehend vergleichbar
ist.

Innerstädtische Märkte aller Epochen haben immer das Interesse der Forschung auf sich gezogen.[11] Durch ihre Multifunktionalität und Dauerhaftigkeit ergab sich nahezu zwangsläufig ihre monumentale Ausgestaltung durch
Bauten und Denkmäler von je nach Umständen verschiedenen Aufgaben mit
entsprechend respektablem archäologischem Fundmaterial. Anders die außerstädtischen Märkte, über die weit weniger und oft nur schwer zugängliche
Quellen berichten – etwa frühmittelalterliche Märkte im Keltengebiet von
Gallien bis Rätien, die die sakrosankten Plätze an ehemals heidnischen, später christianisierten Heiligtümer außerhalb einer gelegentlich auch erst später
dort angelegten Stadt anfangs für periodische Messen, dann auch permanent
nutzen können.[12] Aus dem römischen Reich wären etwa die Märkte –
cannabae – vor den Militärlagern zu nennen, meist von ephemerer Bauweise, gelegentlich aber mit zunehmender *stabilitas loci* durchaus monu-

---

[9] Ebd., S. 18.

[10] Lorenz, T.: Agora, in: Perspektiven der Philosophie. Neues Jahrbuch 13 (1987).
S. 383-407, bes. S. 396.

[11] Vgl. Martin, R. : Recherches sur l'agora grecque. Paris 1951. Kolb, F.: Agora
und Theater, Volks- und Festversammlung. Berlin 1981. Kenzler, U.: Studien zu
Entwicklung und Struktur der griechischen Agora in archaischer und klassischer
Zeit. Bern – Frankfurt 1999. Ennen, E.: Frühgeschichte der europäischen Stadt.
Bonn 1953. Wirth, E.: Die orientalische Stadt im islamischen Vorderasien und
Nordafrika. Mainz 2000. S. 103ff. und S. 461ff.

[12] Mitterauer, M.: Foires et villes, in: Annales ESC 28 (1973). S. 711-734, bes, S.
715f. zu Poitiers, S. 720 zu Kelheim und S. 724 generell. Zu S. 718, Anm. 30 –
Märkte in heidnischer Tradition an Gräbern im Mittelalter – vgl. Kolb, a.a.O., S. 6f.
mit griechischen Analogien. Ebenfalls an griechischen Beispielen orientiert sich
Felten, F.: Heiligtümer oder Märkte?, in: Ant. Kunst 26 (1983), D. 84-105.
Hellenistische und italische Märkte bei außerstädtischen Heiligtümern bearbeiten R.
Czech-Schneider und H. C. Schneider im Rahmen des Teilprojektes „Politische und
wirtschaftliche Funktion überregionaler Heiligtümer des SFB 493 „Funktion von
Religion in antiken Gesellschaften des Vorderen Orients" in Münster.

mentale formen annehmend, hat erst einmal das Lager den Status einer colonia erreichen können, wie im heute algerischen Timgad/Thamugadi das in der Vorstadt vor dem Westtor gelegene *macellum* der Sertier.[13]

Hinzu kommt, was den Alten Orient und die griechische Welt betrifft, daß es dort offensichtlich keinerlei archäologischen Reste von städtischen Märkten vor der Mauer zu geben scheint. Dennoch sind natürlich ihre Grundelemente nicht nur bekannt, sondern auch für Theoriebildungen genutzt worden. Nach Karl Büchers[14] Schema vom – anfangs – stummen Handel zwischen Fremden auf neutralem und/oder sakrosanktem, also außerhalb von Siedlungen, gar auf Grenzen also liminalem Boden und Robert S. Lopez' Konzept „Du marché temporaire à la colonie permanente"[15] – an Beispielen des Mittelalters vorgeführt – hat dann die Debatte über Karl Polanyis später von ihm selbst modifizierte These vom Nichtvorhandensein marktwirtschaftlichen Verhaltens im Alten Orient[16] einen eindrucksvollen Reichtum an Schriftbelegen zu Tage gefördert, der gerade auch – etwa von Wolfgang Röllig zusammengefaßt[17] – Märkte vor den Stadtmauern bzw. an Toren oder am Hafenkai betrifft.

---

[13] CIL VIII 2398. Boeswillwald, E. – Cagnat, R. – Ballu, A.: Timgad. Paris 1905, S. 188. – Ob in Rom selbst das Forum Boarium am Tiber-Ufer in frühester Zeit, in die phönikische Einflüsse seiner archaischen Heiligtümer weisen, außerhalb der Siedlung lag, ist theoretisch zwar zu vermuten, doch schließt schon die Servianische Mauer diesen Markt in das Stadtgebiet ein (Coarelli, F.: Foro Boario dalle origini alle fine della republica. Rom 1988. S. 19, S. 41. S. 60).

[14] Bücher, K.: Die Entstehung der Volkswirtschaft. Tübingen ³1901. S. 69ff.

[15] Lopez, R. S. : Du marché temporaire à la colonie permanente. In : Annales ESC 4 (1949). S. 389-405. Vgl. für die römische Antike: Nollé, J.: Nundinas instituere et habere. Diss. Köln 1982, für das nordische Mittelalter etwa die Etablierung der hansischen „Wintersitzer" auf der Deutschen Brücke in Bergen-*Bryggen* oder auf der Handelsseite gegenüber von Nowgorod (*torgostovaja storona*) und für die Neuzeit: Fischer, W.: Periodische Märkte im Vorderen Orient. Hamburg 1984.

[16] Trade and Market in the Early Empires: Economies in History and Theory, hrsg. von K. Polanyi, C. M. Arensberg, H. W. Pearson. Glencoe/Ill. 1957. Polanyi, K.: Ökonomie und Gesellschaft. Mit einer Einleitung von S. C. Humphreys. Frankfurt 1979. Zur Debatte außer Sally Humphreys ideologiegeschichtlich weiterführender Einleitung: vgl. bes. Renger, J.: Some remarks on Karl Polanyi's Conception of Marketless Trading and the Study of Ancient Economies, in: Archi, A. (Hrsg.): Circulation of Goods in Non-Palatial Context in the Ancient Near East. Rom 1984. S. 31-47, bes. S. 46f. zu Polanyi's späteren Modifizierungen. Snell, D. C.: Life in the Ancient Near East 3100-332 BCE. Yale 1997. S. 149-152. – K. Metzler machte mich freundlicherweise auf diese beiden Arbeiten aufmerksam. Wenn Snell (a.a.O., S. 149f.) noch 1997 wiederholt, daß Palanyi sich wesentlich auch durch Herodot bestätigt sah, der den Persern keinen Markt (agorá) zubilligt (I 153, 2), so ist auch anzumerken, daß derselbe Herodot sehr wohl Märkte im Orient kennt: I 197 Babylon, II 39, 2 Ägypten, II 138, 4 Bubastis, V 101, 2 Sardis und VII 26, 3 Kelainai in Phrygien.

[17] Röllig, W.: Der altmesopotamische Markt, in: Die Welt des Orients 8 (1975/76). S. 286-295, bes. auch S. 289 zu Marktoren im Alten Testament.

Den entsprechenden keilschriftlichen und biblischen Quellen sind allerdings nur wenige aus der Welt der Griechen an die Seite zu stellen. Karl Lehmann-Hartleben – bis zu seiner von den Nazis erzwungenen Emigration 1933 Ordinarius für Klassische Archäologie in Münster[18] – ist auf sie im Rahmen seiner Studie über „die antiken Hafenanlagen des Mittelmeeres"[19] eingegangen. Es handelt sich dabei, insofern die Positionierung von Märkten angesprochen wird, im wesentlichen um zwei Beispiele: die Emporia vom Typus Tanais, die separat neben den Städten bzw. Bürgerschaften genannt werden[20] sowie die epische Schilderung der Phäakenstadt bei Homer. Dort angekommen bewundert Odysseus in sinnvoller Reihenfolge[21] (Od. 7,43 f.) zunächst Häfen und Schiffe, dann die Märkte (*agorás*) und schließlich die Mauern, also Markt zwischen Hafen und Stadtmauer. Da alle drei topographischen Begriffe im Plural stehen, ist es wohl plausibler, mit einer stilistischen Formel zu rechnen als zwei Hafenbuchten mit einem Markt auf einer hypothetischen Landenge[22] zwischen ihnen anzunehmen. Auch ein weiteres griechisches Beispiel für Markt in Hafennähe vor der Stadt ist nur als literarische Fiktion zu erwähnen: Platon sieht darin eine sinnvolle Plazierung der Fernhandelsaktivitäten seines Idealstaates.[23] Ob etwa auch die außerstädtischen Häfen wie Piräus für Athen und Kenchreai und Lechaion für Korinth als außerstädtische Märkte angesprochen werden können, wäre Frage einer großzügigeren Definition der Begriffe, führt aber in unserem Kontext nur mittelbar weiter.

Immerhin scheinen mir hier etymologische Beobachtungen von Bedeutung: In seiner akademischen Antrittsrede, die der Leidener Ägyptologe Jacob J. Janssen 1980 über „De markt op de oever" hielt[24], wies er darauf hin, daß der ägyptische Begriff *mryt* = Ufer u n d Markt, letzterer im topographischen wie im ökonomischen Sinne zu verstehen, bedeutet. Das hat nicht nur seine inhaltliche Parallele im akkadischen *karum*, das nach den Wörterbü-

---

[18] Pray Bober, Ph.: Nachruf, in: Gnomon 33 (1961). S. 526-528. Respondek, P.: Besatzung, Entnazifizierung und Wiederaufbau der Universität Münster 1945-1952. Diss. Münster 1992. S. 395ff.

[19] Lehmann-Hartleben, K.: Die antiken Hafenanlagen des Mittelmeeres (= Klio Beiheft 14). Leipzig 1923. S. 30ff.

[20] Lehmann-Hartleben, a.a.O., S. 30.

[21] Ebd., S. 14, Anm. 5.

[22] A Commentary on Homer's Odyssey I, hrsg. von A. Heubeck, St. West, J. B. Hainsworth. Oxford 1988. S. 323.

[23] Platon, Kritias 117e.

[24] Janssen, J. J.: De markt op de oever. Leiden 1980.

chern[25] ebenfalls die Bedeutungsfelder Ufer, Hafenkai, Markt und Marktver-
waltung abdeckt, sondern etwa auch im mittelalterlichen Vietnam, wo für
Hanoi der Begriff *cho-búa* sowohl Schiffsgelände als auch Markt umfaßt.[26]
Alle drei Beispiele sind vor dem Hintergrund von Wasserläufen als Trans-
portwegen einleuchtend. Analog dazu möchte ich vermuten, daß auch hinter
dem lateinischen *macellum* (mit seinen Ableitungen *macellarius* und *Metzler*), was über griechisch *mákellon* = Marktgebäude, speziell Fleischmarkt
und *makéla* = Gehege, Zaun mit hebräisch *Miklā* = Hürde, Zaun, umzäunter
Platz zu verbinden ist[27], ein Begriff steht, der wegen arab. *mukallā* = Ufer,
Kai[28] und als Toponym al-Mukallā = südyemenitische Hafenstadt auch einen
für Marktzwecke ausgegrenzten Platz am Wasser meinen könnte. Der
Befestigungsgraben hinter dem Prinzipalmarkt war in dessen Entstehungsphase allerdings leider schon zu versumpft, um in unserer Argumentation
hier einen Rückweg nach Münster auch über das Wasser zu finden, aber an
die Stapelplätze der Fernhandel treibenden Friesen unter den Ufermauern
mittelalterlicher rheinischer Städte wäre noch in diesem Kontext von „Markt
op de oever" zu denken. Während andererseits die Funktion der hölzernen
Befestigungen des Ufers – aus eingerammten „Prügeln" – im oben S. 358
genannten Bergen über die Beziehung *bryggen*/Brücke zu altnordisch
bryggia = Landebrücke, Hafendamm zu stellen, auch mit schwäbisch *brügi*
= Heuboden, Bühne zu verbinden ist, also Bauweise und Ufertopographie
einerseits und Darbietung – von Waren im besonderen Falle – umfaßt.[29]

Platons eben erwähnter Plan seiner Idealstadt zeichnet sich bekanntlich
durch eine hochgradige Geometrisierung[30] und Symmetrisierung aus, in
denen die zentralistische Hierarchie seines Staates ihren architektonischen
Ausdruck findet. Für eine Agora, die der Begegnung und Versammlung
freier und gleichberechtigter Bewohner diente, ist darin kein Raum. So wie
der Verkehr mit Fremden dort eingeschränkt und kontrolliert ist[31], dient auch

---

[25]   The Assyrian Dictionary of the Oriental Institute of the University of Chicago,
Bd. 8, K. Chicago – Glückstadt 1971. S. 231-239, und Soden, W. v.: Akkadisches
Handwörterbuch 1965ff. S. 451f.

[26]   Papin, Ph.: Histoire de Hanoi. Paris 2001. S. 173.

[27]   Walde, A. – Hofmann, J. B.: Lateinisches etymologisches Wörterbuch. Heidelberg ³1954, sv. *macellum*. Koehler, L. _ – Baumgartner, W.: Hebräisches und ara-
mäisches Lexikon zum Alten Testament. Leiden ³1974. S. 549.

[28]   Lane, E. W.: An Arabic-English Lexivon. Beirut 1968. Sp. 2624. Kai Metzler
danke ich für diesen Hinweis.

[29]   Kluge, F.: Etymolog. Wörterbuch der deutschen Sprache. Berlin ²⁰1967, s.v.
Brücke.

[30]   Rosenau, H.: The Ideal City in its Architectural Evolution. London 1959. S. 12.
Vgl. Gaiser, K.: Platons Zusammenschau der mathematischen Wissenschaften, in:
Antike und Abendland 31 (1985). S. 89-124, bes. S. 107f. mit S. 114f.

[31]   Platon, Nomoi 951c-d, 953a.

die Randlage des Fernhandelsmarktes am Hafen der Distanzwahrung. Die Byzantiner bauen bekanntlich diese Separierung der Fremden in spezifischer Weise mit ihrer Institution des *mitatón*, dem Vorläufer des venezianischen *fondaco* aus.[32] Sie folgen damit andererseits der spätantiken Funktion der *commercia* an den Außengrenzen des römischen Reiches, mit denen der Verkehr von Waren und Menschen kontrolliert werden sollte.[33] Den Aspekt der Furcht vor Spionage teilen sie dabei mit der Plazierung des Marktes außerhalb der Stadtmauern. Denn da bekannt ist, daß Kaufleute normalerweise in die Städte hineingehen, empfiehlt Xenophon[34], sie als Kundschafter zu benutzen, und der Sasanide Ardaschir soll nach einer Episode in Firdousis *Shahnahme*[35] in der frühen Ausbauphase seiner Reichsgründung[36] den mythischen Drachen Haftanbocht in dessen als uneinnehmbar geltender Festung als chorasanischer Kaufmann verkleidet habe töten können, denn ein mit Luxusgütern lockender Fernhändler habe auch Zugang zum Tyrannen selbst. Entsprechendes fürchtend soll der Kalif al-Mansur den Markt aus seiner als Idealstadt auf kreisförmigen Grundriß geplanten Residenz Baghdad herausgenommen und in die Vorstadt al-Karkh, die ehemalige Hauptstadt des von den Muslimen besiegten Sasanidenreiches, verlegt haben – bezeichnenderweise erst auf den Ratschlag des byzantinischen „Patrikios" hin.[37] Dem entspricht, daß gesetzliche Regelungen in Rom seit Diokletian den Außenhandel auch deswegen der Kontrolle unterwarfen, um Spionage zu verhindern.[38]

Platons Idealstadt und al-Mansurs Rundstadt haben als auch ideologisch zu verstehende Abbilder eines umfassenden und autarken, keinen Eingriff von außen benötigenden und zulassenden Kosmos keinen Platz für einen Markt als Ort der Kontakte zu Fremden. Das gilt bezeichnenderweise auch für das besonders eklatante Beispiel einer als Kosmogramm verstandenen

---

[32] Lopez, R. S. : Foreigners in Byzantium. In : Bull. Inst. Hist. Belge de Rome 63 (1966). S. 341-352, bes. S. 347ff.

[33] Lact, S. J. de: Portorium. Brügge 1949. S. 456f.

[34] Xenophon, Hipparchikos 4. 7.

[35] Firdonsi, Le Livre des Rois V, hrsg. und übers. Von J. Mohl. Paris 1876. S. 703ff.

[36] Fiorani Piacentini, V.: Haftanhoht e Mihrak: La discesa sasanide al Golfo Persica fra leggenda e realta, in: FS F. Gabrieli, hrsg. von R. Traini. Rom 1984. S. 323-339. Die Kenntnis der Haftanboht-Episode verdanke ich K. Jahns.

[37] Lassner, J.: The Topography of Baghdad in the Early Middle Ages. Detroit 1970. S. 61. – Zu Märkten und Händlern in Dörfern vor der Stadt angesiedelt vgl. Dvin (Manandian, H. A.: The Trade and Cities of Armenia in Relation to the Ancient World Trade. Lissabon 1965. S. 81f.) und Buchara (Frye, R. N. [Hrsg.]: Narshakhī: The History of Bikhara. Cambridge/Mass. 1954. S. 18 und S. 44) in frühislamischer Zeit.

[38] Cod. Justin. IV 63, 4, 1 und 6 pr. – vgl. de Laet a.a.O.

Stadt, nämlich das kambodschanische Angkor, dessen Handelsviertel nach einem chinesischen Bericht vor dem Südtor, also am Kanal zum großen See = Tonle Sap lag.[39] Die frühe Domburg in Münster erhebt zwar nicht den Anspruch eines durchgegliederten Kosmogramms, doch ihre Ausweisung fremder Laien, seien es Händler oder Handwerker, darf gewiß auch als Demonstration frommer Selbstgenügsamkeit und Selbsterhebung gegenüber der profanen Außenwelt zu verstehen sein: Märkte vor der Stadtmauer sind somit nicht nur metaphorisch, sondern ganz konkret „catégories sociales de l'espace politique".[40]

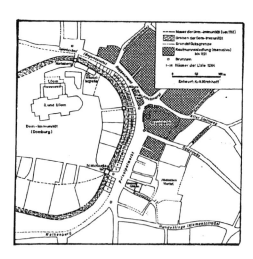

Abb. 1: Münster, Prinzipalmarkt aus der Vogelschau (nach Postkarte)

Abb. 2: Münster, Prinzipalmarkt um 1264 (aus Kirchhoff) [S. 432]

---

[39] Pelliot, P.: Mémoires sur les coutumes du Cambodge de Tcheou Ta-kouan. Paris 1951. S. 136, Anm. 2.

[40] Annales ESC 55 (2000). Titelseite von Heft 6.

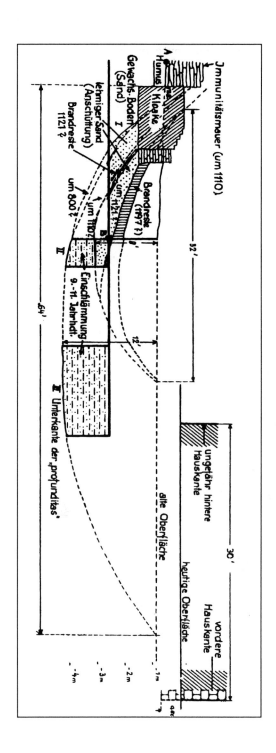

Abb. 3: Münster, Domburg-Graben am St. Michaelistor (Schnitt aus Prinz) [S. 433]

Abb. 4: Amrān, Markt vor der Stadtmauer (eigenes Photo)

Abb. 5: Amrān, Markt vor der Stadtmauer (eigenes Photo)

Ein Ende der Antike: Der letzte sasanidische Großkönig im Exil auf einem sogdischen Wandgemälde

Rezension zu: Markus Mode, Sogdien und die Herrscher der Welt. Türken, Sasaniden und Chinesen in Historiengemälden des 7. Jahrhunderts n. Chr. aus Alt-Samarqand (Europäische Hochschulschriften, Reihe XXVIII, Band 162), Frankfurt u.a. 1993

Die Sogden, meist zusammen mit den ihnen benachbarten Baktrern genannt, sind den klassischen Altertumskundlern natürlich aus den Alexanderhistorikern und den achämenidischen Quellen bekannt. Seit den sowjetischen Ausgrabungen der vergangenen Jahrzehnte wird man aber auch durch ihre Kunst fasziniert, vor allem durch die spätantiken und frühmittelalterlichen Fresken (Zur Einführung leicht zugänglich: Belenitzki, A. M.: Mittelasien. Kunst der Sogden. Leizpig 1980; Azarpay, G.: Sogdian Painting. The pictorial epic in oriental art. Univ. of California Press 1981 – mit dem Beitrag von A. M. Belenitzki und B. I. Marshak). Deren farbenprächtige und erzählfreudige naturalistische Bilderwelt kann an ihre frühen Vorstufen im iranischen Kulturkreis Mittelasiens der Alexanderzeit erinnern, wie sie von Chares von Mytilene (Athenaios XIII 575f.) für Tempel, Paläste und Privathäuser erwähnt werden. Die Fülle des Materials der bedeutenden Fundplätze Pendjikent und Afrasiab ist allerdings durchaus nicht in jedem Falle ikonographisch ganz eindeutig zu bestimmen, wenn auch gerade hierfür schon die Ausgräber selbst Hervorragendes geleistet haben.

Auf ihre Ergebnisse baut die hier zu besprechende Arbeit auf. M. Mode befaßt sich mit der Deutung der Fresken e i n e s Raumes – Saal 1 des Gebäudes 23 des Afrasiab am Stadtrand des heutigen Samarkand. Daß dabei „freilich endgültige Lösungen beim gegenwärtigen Forschungsstand kaum zu erzielen" sind (S. 15), führt er auch auf die nicht immer vollständige Publikation der Befunde zurück. Da es ihm nur um die historische und religionsgeschichtliche Erklärung geht, behilft er sich hier zu Recht mit einfachen Strichzeichnungen seines Bildmaterials. Sie wird gestützt durch Inschriften, deren längste und wichtigste auf dem Gewand der Figur 27 der Westwand (WW 27) einen Botschafterbericht vor einem König Varchuman von Samarkand referiert (S. 20). Varchuman ist durch chinesische Quellen um 650-655 zu datieren (S. 21f., mit Verfeinerungen der Datierung auf S. 72f.).

Auf ihn beziehen sich in geographischer Ordnung die Darstellungen auf allen vier Wänden des untersuchten Raumes: Auf der Westwand (Abb. 4, 6 und 10) empfängt er jeweils unterschiedlich gekleidete Gesandtschaften von seinen westlichen Nachbarn, aber auch von Chinesen, Tibetern und Koreanern (S. 112). China hält in dieser Epoche die Oberhoheit über die Türken und ihre einheimischen Unterkönige in Sogdien. Die Tibeter hat M. an ihrer spezifischen Gürtung der Mantelärmel erkennen können (S. 45). Aber auch innerhalb der chinesischen Delegation (Abb. 11, B 1) gibt es eine diesen angeglichene Person, die durch die Inschrift *twpt marty* ausdrücklich als „tibetischer Mensch" (S. 44 mit Anm. 96) bezeichnet wird. Damit wird das Fresko in die Zeit nach 641 datiert, als der tibetische König Srongtsengampo durch die Heirat einer T'ang-Prinzessin eine Allianz mit den Chinesen erreichte (S. 47), bzw. aus deren Sicht ihr Vasall wurde. Korea erstaunt zunächst in dieser Reihe, doch entspricht ihrer durch Vergleiche mit chinesischen Bildern von Koreanern eindeutig abgesicherten (S. 45 nach Albaum) Darstellung auf dem Afrasiab eine durch Bart und Mantelform als Sogder zu definierende Gesandtenstatue an einem spätantiken koreanischen Königsgrab (Kim, Won-yong: Ancient Korea and the Silk Road, in: Misul Charyo = National Museum Journal of Arts, Seoul No. 34 [1984]. S. 1-26, bes. S. 19, Abb. 40. S. 6, Abb. 3 und 4 auch die Identifikation der Schwerter der Afrasiaber Gesandten als koreanisch. Besseres Photo der Grabstatue: Adams, E. B.: Kyongju Guide. Seoul 1979. S. 151).

Korea bezeichnet aber wohl noch nicht das östlichste Ziel sogdischen Unternehmungsgeistes: Unter den Begleitern des buddhistischen Missionars Jianzhen/Ganjin, der 754 nach Japan ging, war neben einem Nepali und einem Malayen auch ein gewisser An Rubao aus Zentralasien (Verschuer, Ch. von: Les relations officielles du Japon avec la Chine aux VIII et IX siècles. Genf – Paris 1985. S. 107), der wegen des Namens An genau wie der chinesische Rebellenkaiser An Lushan (756) ein Sogder war (vgl. Pulleyblank, E. G.: A sogdian colony in Inner Mongolia, in: T'oung Pao 41 [1952]. S. 317-356, bes. S. 332, S. 338). Den tibetischen Gesandten in Samarkand entspricht umgekehrt bekanntlich die inschriftlich bezeugte Anwesenheit von – christlichen – sogdischen Händlern (841) im westtibetischen Tankse in Ladakh (Gropp, G.: Archäologische Funde aus Khotan. Die Trinkler-Sammlung. Bremen 1974. S. 367, Abb. 219 b). Nach Westen lassen sich ebenfalls sogdische Beziehungen über große Entfernungen nachweisen: Sugdaia, der Handelsplatz auf der Krim und die mit ihm zu verbindenden Sogder der Andreas-Legende oder die sogdischen Zandanīgī-Seiden aus dem koptischen Achmim (Katalog der Ausstellung „Ägypten. Schätze aus dem Wüstensand. Kunst und Kultur der Christen am Nil". Hamm 1996. Nr. 419 a-b).

Auch die Ost- und Nordwand (Abb. 25, 26 und 17-19) zeigen fremde Völker, jedoch nicht als Gesandte, sondern in Form der Abstammungslegende der türkischen Lehnsherren (S. 97ff.) sowie von Jagd und Prinzessinnen des chinesischen T'ang-Kaisers Tai Zong (S. 77ff.), von denen eine der westtürkische Herrscher Shekui im Jahre 646 zur Heirat gefordert hatte (S. 80). Beide Bilder vermag M. mit soliden Argumenten zu erklären, wenn auch die zum Vergleich mit der menschlichen Figur OW 7 A (Abb. 26) bei den Resten einer grauen Wolfsgestalt (S. 99) aus dem Ursprungsmythos der Türken herangezogene Relief-Bekrönung der Stele von Bugut (573) nach Autopsie im Museum von Cecerleg (Mongolei, Aimak: Archangai) zwar den Wolf/die Wölfin, aber keineswegs eindeutig Elemente einer mit dem Tier zu verbindenden Menschengestalt erkennen läßt. Daher behält auch der schon mehrfach behandelte Bezug der sogdischen Bilder von Wölfin mit Menschenkindern zum römischen Gründungsmythos (S. 101f.), mit dem M. seine Argumentation trotz der nachweisbaren Fernbeziehungen der Sogder aus epichorisch verkürzter Sicht „nicht belasten" will, weiter sein Gewicht (vgl. jetzt auch Semenov, G. L.: Studien zur sogdischen Kultur an der Seidenstraße. Wiesbaden 1996. S. 104ff. zur Wölfin, S. 106ff., zu äsopischen Fabeln in Sogdien sowie zur Verwandlung des „Amor und Psyche"-Motivs S. 97ff.).

Auf der Südwand (Abb. 20-24) schließlich wird auf eine südliche sogdische Nachbarregion Bezug genommen. M. schlägt vor (S. 95), dort Elemente einer Bestattungszeremonie zu erkennen, die der König Varchuman für seinen Vorgänger Šišpir ausrichten ließ. Dies ist das Fresko mit den überaus prächtigen Bildern eines Elefanten, den drei Reiterinnen im Damensitz zu Pferde und den beiden bärtigen Kamelreitern sowie dem von einem als zoroastrischen Priester zu deutenden Mann mit Atemschutz (*padām*) vor dem Mund, der ein kostbar gesatteltes Pferd führt. M. sieht es sinnvollerweise im Kontext des sogdischen Totenkultes (S. 91 mit Anm. 280, vgl. Metzler, D.: Das Pferd auf den Münzen des Labienus – ein Mithras-Symbol?, in: Festschrift für F. K. Dörner. Leiden 1978. S. 619-638). Gleiches gilt für die darüber stehenden vier weißen Vögel als seelengeleitende Wesen (S. 92). An Feinheit der Details und lebhafter Farbigkeit übertreffen diese naturalistischen Figuren noch den hohen Rang der übrigen sogdischen Malerei.

Für die Geschichte der Textilien wichtig sind die Seidengewänder mit ihren Tiermotiven im Perlkreis, etwa bei dem Priester der Eberkopf wie dasselbe Motiv der bekannten Seide aus Astana (Turfan), die Flügelpferde an der Figur SW 3 (Abb. 20) – Pegasoi, wie die Grabskulpturen der T'ang-Kaiser oder der Elefant bei dem rechten Kamelreiter gleichsam eine Vorstufe zu den Elefantenstoffen mittelalterlicher Kirchenschätze – gut erkennbar allein „auf der einzigen (!) vollständigen Reproduktion der Gemälde von der Südwand (Kopien) in dem japanischen Katalog Cultural contacts 1985, Nr. 93" (S. 147 Anm. 287). Nicht nur textilgeschichtlich interessant ferner die geschmückten Widder auf dem Mittelfeld der Satteldecke des erwähnten Pferdes – Symbole des Königsheils (Geschichte des Artachšir-i

Pāpakān, übers. von Th. Nöldeke, in: Bezzenbergers Beiträge 4 [1878]. S. 45 mit Anm. 5, vgl. Metzler, D.: Die politisch-religiöse Bedeutung des Vlieses auf dem skythischen Pektorale der Tolstaia Mogila, in: Stähler, K. [Hrsg.]: Zur graeco-skythischen Kunst. Archäologisches Kolloquium Münster 24.-26. November 1995. Münster 1997. S. 178-195), oder die Gänse (?) auf der Schabracke der Reiterin 6 (Abb. 11, Nr. 6) und wiederum ein Widder auf der der Reiterin 8. Könnten dieses Reiterinnen vielleicht auch die *fravashi*-Seelen verstorbener Ahnen verkörpern?

Wurde bisher auch die Ansicht vertreten, jede der vier Wände dieses Raumes sei unabhängig voneinander mit einem eigenen Thema bemalt gewesen (in Azarpay, a.a.O., S. 63), so nahm M. die auch schon von seinen Vorgängern herangezogene (S. 115) chinesische Beschreibung eines sogdischen Bauwerks b e i Kušanīyā (zurecht korrigiert er S. 149, Anm. 295 meine irrtümliche Lokalisierung dieses Bauwerks in Samarkand) ernster, um „das dortige einheitliche Bildprogramm der Herrscher der Welt" – „die Könige von Persien und Fulin" (Rom, Syrien) an der Westwand, „die alten Kaiser von China" an der Nordwand und „die Fürsten und Könige der Tuje (Türken) und Polomen (Brahmanen)" an der Ostwand (S. 113f.) – als Analogon für einen übergreifenden Deutungsversuch der Gesamtkomposition zu nutzen. Ob die Beschreibung der Südwand im chinesischen Text (Chavannes, E.: Documents sur les Tou-Kiue [Turcs] Occidentaux. St. Petersburg 1903. S. 145) nur zufällig verloren ist (S. 96), oder ob dieser Bau liwanartig nach Süden offen war, bleibe dahingestellt, doch sind in beiden Fällen die Chinesen auf der Nordwand, die Türken auf der Ostwand dargestellt – auf dem Afrasiab der schon erwähnte Abstammungsmythos der Türken und in Kušanīyā die „a l t e n Kaiser" der Chinesen, so daß in beiden Fällen die politische Geographie um die historische Dimension erweitert wird (S. 103). Über die Einzelheiten des Kušanīyā-Zyklus ist nichts weiter zu eruieren, offensichtlich haben aber in Samarkand auf dem Afrasiab die Türken eine so bedeutende politische Rolle gespielt, daß nicht nur auf der Ostwand ihre mythische Vergangenheit, sondern gegenüber auf der Westwand auch ihre Herrschaftssymbole – Bannerstangen über Pauken (S. 28ff. Abb. 7-9) – zusammen mit ihrem sogdischen Pendant (S. 30) gezeigt werden konnten.

Die Herkunft eines solchen „Weltbildes" ruht für M. im Dunkeln (S. 86). Immerhin hat es jedoch Jahrhunderte früher bei einem Sogder in analogem Denken eine Bedeutung gehabt: der chinesische Gesandte Ḳang Ṭai – auch er nach seinem Namen als Sogder zu erkennen (Pulleyblank, a.a.O., S. 336) – kennt zwischen 245 und 250 n. Chr. eine Ordnung der Welt nach ihren bedeutenden Reichen: China, Iran und Kŭšān nennt er ausdrücklich, Indien ist wohl zu ergänzen. Pelliot folgend nehme ich hier buddhistisches Gedankengut an (Metzler, D.: Über das Konzept der „Vier großen Reiche" in Manis Kephaleia [cap. 77], in: Klio 71 [1989]. S. 446-459, bes. S. 450).

Eigenartigerweise erhält in M.s Deutung der Südwand – seine überzeugende Argumentation leuchtet ein – eine Bestattungszeremonie (für den südlichen Nachbarn des Samarkander Fürsten) soviel Gewicht. Das ist jedoch so ungewöhnlich nicht, erwähnt doch etwa die Orchon-Inschrift des Türken-Khans Kültegin (731) anderthalb Jahrhunderte nach dem Ereignis ausdrücklich noch die Trauergesandtschaften für seinen Ahnen Muhan (572), zu denen Chinesen, Tibeter, Perser und Römer zählten. „So berühmte Kagane waren sie" (Metzler, Konzept, S. 455 nach Thomsen).

Dieses ganze komplexe und kohärente Bildprogramm ist unter dem Herrscher Varchuman entstanden, den die schon gewähnte große Inschrift (S. 20f.) mit dem Referat eines Gesandtenberichtes als Mittelpunkt des Geschehens nennt. Der Name Varchuman steht aber auch auf dem Nacken der Figur WW 4 geschrieben – sie hätte demnach also den auftraggebenden Herrscher gezeigt. Daß das aus mancherlei Gründen unwahrscheinlich ist, kann M. erweisen: Die Figur WW 4 führt keineswegs eine Gruppe an (so in Azarpay, a.a.O., S. 63 und S. 119 mit Abb. 51), sondern vor ihm sind noch Reste einer weiteren Figur WW 4A zu erkennen (S. 41, Abb. 6). Eine solche „subordinierte Position ... aber ist undenkbar". Die Inschrift steht dem auch nicht im Wege, denn der Epigraphiker Livšic identifizierte sie ihrem Duktus nach als spätere Inschrift eines Besuchers (S. 40), dem nach Belenitzki und Marshak vielleicht ein Fehler unterlaufen sein kann (in Azarpay, a.a.O., S. 62). M. sucht folgerichtig nach einer anderen Identifikationsmöglichkeit für diese wegen ihres reichen Ornates offensichtlich königliche Gestalt (S. 41f.) und entfaltet auf den Seiten 58 bis 74 (mit wichtigen Exkursen zur Sachkultur und Kunstgeschichte) die Argumente, die dafür sprechen, in der Figur WW 4 der zwischen 648 und 651 entstandenen (S. 74) Bilder des Raumes 23/1 auf dem Afrasiab Yezdegerd III., den letzten Großkönig der Sasaniden zu sehen.

Der historische Rahmen gestattet das: Yezdegerd kam 632/33 nach fünfjährigen Wirren, in denen 8 Könige bzw. Usurpatoren, darunter die beiden Töchter Chosroes II. (590-628), etwa fünfzehnjährig auf den Thron einer Dynastie, die seit 224 von Iran aus den Vorderen Orient beherrschte und mit dem Römischen Reich, ihrem gefährlichsten Gegner, „eines der zwei Lichter" bildete, „durch deren Glanz die Welt erstrahlt" – wie einer ihrer Gesandten gegenüber dem Kaiser Galerius sich ausdrücken konnte (Winter, E.: Die sāsānidisch-römischen Friedensverträge des 3. Jhds. Frankfurt – Bern 1988, 163f.). Yezdegerds Gegner sind die islamischen Araber: Schon 634 fordern sie diplomatisch seine Unterwerfung, 636 siegen sie in der Schlacht bei al-Qadisiya, 637 erobern sie die Hauptstadt Ktesiphon, 642 bringen sie dem sasanidischen Heer im nördlichen Iran bei Nihawand die entscheidende Niederlage bei. Yezdegerd flieht spätestens dann nach Chorasan. Schon vorher hatte er Bittbriefe an den Khagan der Westtürken, den König der Sogder und den Kaiser von China (638) gesandt

(S. 54f.). M. nimmt an (S. 74), daß Yezdegerd schon vor 648 – und nicht erst unmittelbar vor seinem Tode 651/52 – als Exilant am westtürkischen Hofe weilte. Sein Sohn Peroz mußte weiter nach Osten fliehen. Er starb 672 im chinesischen Exil.

Auf der Westwand des Raumes 23/1 steht Yezdegerd III. als Gabenbringer zwischen zwei Figuren, von denen die ganz erhaltene hinter ihm ebenfalls ein – von prachtvoller Seide verhülltes – Geschenk trägt (Azarpay, a.a.O., Abb. 51). Wegen seiner sasanidisch anmutenden Haube und des dem iranischen Herrscher vorbehaltenen Senmurv-Vogelmotivs auf seinem Gewand wird er von M. identifiziert. Bemerkenswerterweise schmückt dieses Senmurv-Muster auch das Gewand des Kyros auf dem koptischen Daniel-Tuch aus dem 5. Jhd. in Berlin (Inv. Nr. 9659 = Katalog der Ausstellung „Ägypten". Hamm 1996. Nr. 420 b), wo Daniel selbst nur einfache Kreuzmuster auf seinem persischen Gewand gestattet sind. Erst in nachsasanidischer Zeit findet sich ein mit dem Senmurv verziertes Gewand in profaner Verwendung, nämlich auf einem aus mehreren Stoffen zusammengeflickten Seidenkaftan des 9. Jhds. aus dem nördlichen Kaukasus (Balint, C.: Archäologie der Steppe. Köln – Wien 1989. S. 28, Abb. 7, 1-2) – also vielleicht „nur" ein Beutestück aus ehemals großköniglichem Besitz?

Modes scharfsinnige und kenntnisreiche Argumentation kulminiert – sieht man von anderen wichtigen Ergebnissen zur Ikonographie der sogdischen und türkischen Kultur einmal ab – unter der weltgeschichtlichen Perspektive einer Zeitenwende in einem geradezu tragischen Abseits: „Der Untergang des iranischen Großreiches – verkörpert durch den als kleinen Bittsteller in der Reihe hinter einem mittelasiatischen Potentaten erscheinenden letzten Großkönigs der Sasaniden" (S. 74).

Die von ihm hier besprochene Arbeit ist Teil seiner Habilitationsschrift „Studien zur Ikonographie sogdischer Wandgemälde" (Halle 1991), die inzwischen durch mehrere Aufsätze von ihm ergänzt wurde. Er widmet sie dem Andenken seines Vaters. Der Indologe Heinz Mode gehört zu denen, die als rassisch und politisch Verfolgte aus Deutschland emigrieren mußten. Vor dem nationalistischen Ansinnen seines Gastlandes, der Schweiz, sich in einem Lager politisch umerziehen zu lassen, bewahrte ihn Karl Schefold, der ihm im Basler Archäologischen Seminar die geistige Zuflucht bot, in der er sein Buch über „Indische Frühkulturen und ihre Beziehungen zum Westen" (Basel 1944) schreiben konnte.

Abb. 1: Afrasiab 23/1. Westwand: 2 Tibeter, sogd. Ordner
3 ungedeutete Südostasiaten (?), 2 Koreaner (nach Albaum) [S. 280]

Abb. 2: Afrasiab 23/1. Westwand: Kopf und Senmurv-Muster
der Figur WW 4 = Yezdegerd III. (nach Albaum und Mode) [s. 284]

Wandteppiche mit Bildern der Perserkriege im Achämenidenpalast zu Babylon

Die achämenidischen Einflüsse auf die hellenistische Herrscherrepräsentation haben schon A. Älföldi und H. P. L'Orange betont. Hierzu gehören auch historische Darstellungen. Achämenidische Historienbilder auf textilen Wandbehängen beschreibt Philostrat (vita Apollon. Tyan. I 25). Zwar gibt er vor, die Reiseeindrücke seines Helden aus der Mitte des l. Jh. n. Chr. Darzustellen, doch bringt er selbst den Hinweis zu seiner Entlarvung, wenn er sagt, daß er bei der fälligen Schilderung Babylons, über das man gewisse Dinge wissen müsse, Folgendes gefunden habe – gefunden bei den Alexanderhistorikern, die er auch sonst für Babylon (Eretrierdorf) exzerpiert oder bei Ktesias, der Kunstwerke des Palastes von Babylon aus eigener Anschauung schildert (F. Schachermeyr, Alexander in Babylon und die Reichsordnung nach seinem Tode. Wien u.a. 1970, S. 59. Ktesias: 688 FGH F1 p429 – Diodor II 8, 6). Der Palast selbst verfiel schon in seleukidischer Zeit, und Babylon war in parthischer Zeit durch Ktesiphon als Hauptstadt abgelöst worden. Aber auch innere Gründe sprechen dafür, daß die von Philostrat genannten Bilder nicht parthisch, sondern achämenidisch sind. Genannt werden die Szenen: 1) Darius zerstört Naxos, 2) Artaphernes belagert Eretria „und von den Schlachten des Xerxes die, in denen er gesiegt zu haben behauptet", 3) die Eroberung Athens, 4) Thermopylen und noch „medischere" Themen, wie 5) Wasserläufe in die Erde gegraben, 6) die Bezwingung des Meeres (durch die Hellespontbrücke) und 7) der Durchstich des Athos.

Darüber ist an der Decke die Darstellung des Kosmos. Magier werden als Berater für einen Teil des Bildprogramms genannt.

Verbindung von kosmischer und historischer Darstellung findet sich auf den ausdrücklich als orientalischer Herkunft bezeichneten Bildteppichen bei Euripides (Ion 1141 – 1162). Er erhebt orientalische Bildteppiche (F. von Lorentz in RM 52, 1937, S. 199ff. A. J. B. Wace in Arch. Class. 21, 1969, S. 72ff. K. Holeschofsky in Wiener Studien 111, 1969, S. 166ff. R. M. Boehmer in AA 1973, S. 149ff.) so sehr zum Topos, daß Aristophanes diese Manie in den Fröschen (v. 938) dem allgemeinen Gespött aussetzen kann. Daß es solche Bilder der Perserkriege gegeben hat, lehrt das Brückenbild des Mandrokles (Herodot IV 88). Da es de thronenden Darius (B. Fehr in MWPr. 1969, S. 45f.) und den persischen Heereszug zeigte, dürfte es der achämenidischen Kunst zuzurechnen sein, die ihrerseits ihre Vorbilder für Entsprechendes in den nach Kampagnen geordneten assyrischen Reliefs hatte. Diese Einteilung nach Kampagnen scheint auch noch in der Aufzählung bei Philostrat/Ktesias durch. Die Haltbarkeit der Textilien – zwischen Ktesias und den Perserkriegen liegt ein Jahrhundert – betonen die Alexanderhistoriker (Plutarch, Alex. 36, 2). Historische Szenen finden sich zudem auf achämenischen Siegeln verhältnismäßig häufig. Die „noch medischeren" Themen – in römischer Zeit ein verbreiteter Topos – haben in der zarathustrischen Literatur der Spätzeit ihre Entsprechung: Kanalbauten und Ameliorisationsarbeiten gelten, weil von gesellschaftlichem Nutzen, als gottgefällige Taten (K. M. Jamaspasa in Memorial J. Menasce 1974, S. 245).

Griechen und Römer haben die orientalischen Bildteppiche außerordentlich geschätzt. Die hohen Preise, die gelegentlich dafür gezahlt wurden – Plinius (NH 8, 74) berichtet von 4 Millionen Sesterzen, die Nero für einen Satz babylonischer Teppiche für ein Triclinium zahlte, also ziemlich viel verglichen mit den 10 Millionen, die das unfertige Theater im zeitgenössischen Nikaia kostete – weisen sie allein schon als Gegenstände herrscherlicher Repräsentation aus (z.B. Prunkzelt und Adonis-Vorhänge des Ptolemaios II., Porträts des Demetrios und Antigonos auf dem panathenäischen Peplos, Stiftung den Tempelvorhangs Antiochos' IV. nach Olympia u.a.m.). Bildteppiche gehören zugleich in den weiteren Rahmen beweglicher und ad hoc gefertigter Prunkausstattungen für Festprozessionen und Triumphzüge (römische Beispiele: O. Vessberg, Studien zur Kunstgeschichte der römischen Republik, Gleerup u.a. 1941), in deren Aufwand hellenistische Herrscher wetteiferten. Der Rückgriff auf achämenidische Formen bedeutet in diesem Zusammenhang Rückgriff auf legitimierende Traditionen für eine aus griechischem Verständnis schwer zu sanktionierende Herrschaftsform, Hellenismus meint eben nicht nur Verbreitung griechischer Kunstformen über den Orient, sondern – in ihren Folgen sehr viel schwerwiegender – Übernahme orientalischer wirtschaftlicher und politischer Strukturen durch die hellenistischen Königreiche und Rom.

Reichsbildung und Geschichtsbild
bei den Achämeniden[*]

Die Geschichte Irans in der zweiten Hälfte des 6. Jahrhunderts v. Chr. ist die Epoche der Entwicklung eines zentralistisch geordneten Staates. Dabei ist das Phänomen zu beobachten, daß mit den politisch-ökonomischen Bedingungen zugleich ideologische Instrumente herausgebildet wurden, die für dieses Ziel einsetzbar waren. Vom Reich der Meder konnten die Perser zwar, nachdem Kyros als Vasall des medischen Königs Astyages im Jahre 553 seinen Lehnsherren geschlagen hatte, zahlreiche politische und verwaltungstechnische Institutionen übernehmen, deren medischer Ursprung sprachgeschichtlich eindeutig erweisbar ist[1], doch griff der Reichsgründer Kyros, dem mit der Eroberung des neobabylonischen Reiches der Anschluß an die altmesopotamische Kultur gelang, auch assyrische Vorbilder auf[2]. Denn wenn auch die Perser schon seit dem 9. Jahrhundert – zuerst in Nordwestiran, später in den Längstälern des Zagros nach Südosten weiterziehend bis in die Persis, wo das in jüngster Zeit entdeckte Anschan[3] Herrschersitz des Kyros war – als ein Randvolk des Berglandes mit der assyrischen Hochkultur in Berührung trafen und in assyrischen Quellen mehrfach erwähnt werden[4], so scheinen sie doch noch mancherlei Züge ihre Nomadenkultur lange bewahrt zu haben. Unter ihren politischen Institutionen dürfte dabei als wichtigste die Einrichtung der Volksversammlung zu gelten haben, von der später Xenophon als einer nach Altersklassen geordneten Zusammenkunft der Freien spricht, die vor dem Sitz des Königs auf einem freien Platz abgehalten wurde[5].

---

[*] Vorliegender Aufsatz ist die Neufassung einer in KLIO 57, 1975 erschienen Arbeit. Wie jene ist auch dieser Franz Altheim gewidmet. – Für Anregungen und Hinweise danke ich H. G. Kippenberg und J. Wiesehöfer.

[1] Hinz, W.: Altiranische Funde und Forschungen. Berlin 1969. S. 63ff.

[2] J. Harmatta in Acta Iranica I (1974). S. 29ff.

[3] E. Reiner in Rev. Assyr. 67 (1973). S. 57ff. W. M. Summer in Iran 12 (1974). S. 155ff.

[4] D. J. Wiseman in Iraq 20 (1958). S. 1ff. R. M. Boehmer in Berl. Jhb. F. Vor- und Frühgesch. 5 (1965). S. 187ff. L. D. Levine in Iran 12 (1974). S. 196ff. D. Stronach in Iraq 36 (1974). S. 239ff. Ghirshman, R.: Terrasses Sacrés de Bard-e Nechandeh et Masjid-i Solaiman. Paris 1976, I. S. 149ff.

[5] Xenophon, Cyrup. I 2, 4. Adontz, N.: Armenia in the Period of Justinian. The Political Conditions Based upon the Naxarar System (hrsg. v. N. Garsoian). Lissabon 1970. S. 294ff. und S. 479.

Mit Kyros beginnt das eigentlich Neue: Im Kampf gegen die Meder gelingt ihm die Einigung der persischen Stämme[6]. Das von ihm teilweise mit Speergewalt gewonnene Land wird von ihm neu verteilt, Zeugen dafür sind Städte, die seinen Namen tragen – Cyropolis am Kaspischen Meer und am persischen Golf[7]. Ihnen werden die umliegenden Gebiete zugeordnet[8]. Ihre Verwaltung wird dem alten Lokaladel weggenommen und neuen Leuten, den „Freunden" des Königs unterstellt – so im Falle von Bara in der Landschaft Barene, das der besiegte Kroisos von Lydien mit der Pflicht zur Heeresfolge übertragen bekommt[9]. Nach Xenophon stammt auch die Einteilung des Reiches in Satrapien schon von Kyros[10]. Sinn dieser Maßnahmen scheint die Zerschlagung der lokalen auf Personenverbänden beruhenden Gewalten zu sein, an deren Stelle eine territoriale Gliederung des Reiches mit deutlicher Schwächung des Adels tritt, da der König, wo es geht, Leute seiner Wahl einsetzt, die ihm Verantwortung schuldig sind. Als Kontrollinstitution dienen die königlichen Archive[11]. Mit der territorialen Neugliederung des Landesverbundes ist eine Heeresreform, die sich auch im Wechsel der Begriffe – med. spada- wird durch ap. kara- abgelöst –[12] ausdrückt. Ihre materielle Grundlage ist die Versorgung eines einzelnen Kämpfers oder einer Abteilung mit soviel Landbesitz, wie zum Unterhalt des Mannes und seiner Ausrüstung (Waffen und Pferde) nötig ist. Solche Grundstücke eines Panzerreiters etwa wurden nach Ausweis keilschriftlicher Verträge seit Kambyses und Darius gelegentlich Dritten zur Nutzung überlassen, woraus man geschlossen hat, daß diese Institution schon eher – will sagen: von Kyros – geschaffen wurde[13]. Die Enteignung entsprechenden Landes zugunsten militärischer Siedler mag in den eroberten Gebieten verhältnismäßig einfach vor sich gegangen sein, ganz ohne jeden Widerstand der ehemaligen Besitzer ist sie jedoch kaum vorstellbar.

---

[6] I. V. Pyankov in VDI 1971, Nr. 117, S. 16ff.

[7] Plinius NH 6, 115: regio ibi maritima Cyropolis ... appellatur (H. Rackham, Loeb Class. Library).

[8] Über die Städte und mit ihnen verbundene Verwaltungsmaßnahmen handelt meine in Arbeit befindliche Untersuchung Ziele und Formen königlicher Innenpolitik im vorislamischen Iran.

[9] Iustin I 7, 7 und Ktesias 688 FGH F$_9$ S. 456. Vgl. auch Agathokles von Kyzikos (472 FGH F6):

[10] Xenophon, Cyrup. VIII 6, 1ff.

[11] Altheim, F. – Stiehl, R.: Die aramäische Sprache unter den Achaimeniden I. Frankfurt 1963. S. 75ff. Posner, E.: Archives in the Ancient World, Cambridge/ Mass. 1972.

[12] J. Harmatta in Acta Antiqua 19 (1971). S. 12.

[13] M. A. Dandamaev in FS W. Eilers, Wiesbaden 1967, S. 41.

Noch in anderer Hinsicht belasten Militär und Krieg das Volk: die ständigen Angriffskriege – Kambyses (529-522) erobert den Plänen seines Vaters
Kyros folgend ganz Ägypten und dringt bis nach Nubien vor – gehen zu
Lasten der Bauern, die durch Kriegsdienst und Abgaben doppelt belastet
wurden. Vor diesem Hintergrund wird der Aufstand des Magiers Gaumāta
verständlich, der ausbricht, als Kambyses' Rückkehr vom Ägyptenfeldzug
im Jahre 522 bevorsteht. Als eines der epochalen Ereignisse der frühen iranischen Geschichte verdient er näheres Eingehen. Die entsprechenden Quellen
sind naturgemäß spärlich, da vom Sieger geschrieben außerdem noch voreingenommen. Doch scheinen bei Herodot noch gewisse magierfreundliche
Traditionen aufgehoben zu sein, wie vor allem der Hinweis auf eine von
Gaumāta dem Volk versprochene dreijährige Aussetzung von Steuern und
Kriegsdiensten[14]. M. A. Dandamaev hat die sozialökonomische Bedeutung
des Aufstandes am konsequentesten herausgearbeitet[15], und F. Altheim hat
die Verbindung des Magiers Gaumāta zu Zarathustra wieder aufdecken können[16] sowie das soziale Programm dieses Magieraufstandes, das jenes der
um ein genaues Jahrtausend späteren Mazdakiten[17] in Inhalt und Wirkung
vorweggenommen zu haben scheint, angedeutet. Auf die soziale Bedeutung
des Aufstandes und seinen Rückhalt bei den Massen weist ferner die ebenfalls bei Herodot überlieferte Einsetzung eines Festes der Magiertötung:[18]
durch die ständig wiederkehrende Erinnerung an das gewaltsame Ende ihrer
Träger soll es den historischen Ursprung der Ideologie des Aufstandes tabui-

---

[14] Allgemein zum Aufstand des Gaumāta: Olmstead, A. T.: History of the Persian
Empire. Chicago 1948 (1970). S. 107f. Eine wichtige Quelle ist die Inschrift des
Darius von Behistun – im folgenden abgekürzt als DB (R. G. Kent in Old Persian =
American Oriental Series 33, New Haven 1953, S. 116ff.). – Zum Steuererlaß:
Herodot III 67, 3. Andererseits steht Herodots (III 65, 6) Einschätzung des
Aufstandes als einer national-medischen Bewegung, die auch noch jüngst wieder R.
Ghirshman (a.a.O., S. 168) vertrat, nicht im Einklang mit der Behistun-Inschrift, in
der noch vor der Erwähnung Gaumātas ganz allgemein von Aufstand im Reiche die
Rede ist (DB I, S. 33f.) und andererseits einzelne nationale Aufstände in Medien,
Elam und Babylonien ausdrücklich als solche bezeichnet sind (DB I, S. 74, S. 77-79;
II, S. 8-10 und besonders II, S. 14-16: der Meder Phraortes beruft sich auf seine Ab-
stammung von Kyaxares).

[15] Dandamev, M. A.: Iran pri pervych Achemenidach. Moskau 1963. S. 121ff. (non
vidi); ders. in Beiträge zur Achämenidengeschichte, hg. v. G. Walser, Wiesbaden
1972, S. 17.

[16] Altheim, F. – Stiehl, R.: Supplementum Aramaicum. Baden-Baden 1957. S. 52f.
Dies.: Geschichte Mittelasiens im Altertum. Berlin 1970. S. 31 und S. 53. Die
Rezension dieses Buches durch R. Schmitt (WZKM 67 [1975], S. 31-91) trifft in
ihrer Kritik zu Patizeithes-Gaumāta nicht – vgl. Hinz, W.: Altiranisches Sprachgut
in Nebenüberlieferungen. Wiesbaden 1975. S. 186f.

[17] Klima, O.: Mazdak. Prag 1957. Zum Weiterleben mazdakitischer Forderungen
vgl. Sadighi, G. H.: Les mouvements religieux Iraniens au 2ème et au 3ème siècle de
l'hégire. Thèse. Paris 1938.

[18] Herodot III 79.

sieren und die Aussichtslosigkeit von Aufständen den Besiegten einprägen. Unterwerfung wird hier in derselben Funktion zelebrierend erinnert wie im zeitgenössischen Sparta die sich alle Jahre wiederholende Verfolgung der Heloten zum Ritual der Verachtung gerät.[19]

Über die Größe der Anhängerschaft des Gaumāta geben die Zahlen der Opfer Aufschluß: 108.010 Gefangene nennt die aramäische Fassung des Darius-Textes für einen einzigen medischen Bezirk, ferner in Margiana, einem der Kerngebiete der Zarathustrier, während eines der Folgeaufstände noch einmal 55.243 Gefallene und 6.972 Gefangene[20]. Zum Verbleib der Gefangenen kann man folgende Überlegungen anstellen: da der für Darius nachweisbare Landesausbau[21] in der Persis große Massen von Arbeitskräften benötigte und auch die *Persepolis Fortification Tablets* Rationen und Transporte großer Menschenmassen erwähnen[22], steht zu vermuten, daß die medischen Ortsnamen der Persis[23] – darunter auch ein zweites, mit Magiern besiedeltes Ekbatana[24] – Kolonien deportierter aufständischer Meder bezeichnen, die Darius hier ansiedelte, wie er auch anderswo den Neuansiedlungen seiner zahlreichen Deportationen gelegentlich ihre alten Ortsnamen beließ[25].

Eine weitere Vermutung betrifft den Anlaß des Aufstandes: Nach der Behistun-Inschrift brach er im Jahre 522 am 15. Tag des Monats Viyahna (11. März) aus und zwar in Paišiyahuvādā (= Archiv) auf dem Berge Arkadriš[26]. Zwischen Archiv, Datum und Zahl der Anhänger besteht ein sinnvoller Zusammenhang, denn noch im 3. Jh. n. Chr. werden nach dem Talmud in jedem Jahre an diesem Tage von Archiven bzw. Gerichten Boten ausgeschickt, um corvée-Arbeiter für Straßenbau und Kanalarbeiten einzuberufen[27]. Dem talmudischen Monatsnamen adar entspricht in der akkadischen Übersetzung der Behistun-Inschrift addarru, das für das altpers. Viyahna steht. Die babylonischen Orakelkalender verzeichnen unter dem Monat Addaru zweierlei, was hier von Belang ist: Brunnengraben in diesem Monat bedeutet Übertreffen seines Widersachers[28] und Donnergrollen für den Kö-

---

[19]   J. Ducat in Annales ESC 29 (1974). S. 1451ff.

[20]   Cowley, A.: Aramaic Papyri of the Fifth Century B.C. Oxford 1923. S. 258.

[21]   Siehe Anm. 8.

[22]   Dandamaev in VDJ 1973 (3), S. 3ff. Ders. in Altorientalische Forschungen 2 (1975). S. 71ff.

[23]   Hinz, W.: Neue Wege im Altpersischen. Wiesbaden 1973. S. 78f.

[24]   Plinius NH 6, 116.

[25]   Vgl. Herodot IV 204 und hier Anm. 8.

[26]   DB I, S. 36-38.

[27]   Monumenta Talmudica II, bearb. v. S. Gandz, Wien – Leipzig 1913-1922, S. 195, Nr. 476.

[28]   Labat, R.: Un calendrier babylonien des travaux, des signes et des mois. Paris

nig, daß sein Land sich gegen ihn erhebt und der Gott Irra im Lande wütet[29]. Auch in viyḫtna- steckt die Bedeutung „graben" (ka-)[30]. Jedoch nicht unbedingt im Sinne von „pflügen, umgraben"[31], sondern wie die talmudischen und akkadischen Zeugnisse lehren, von „Kanäle graben". Der Aufstand des Gaumāta – als schriftkundiger Magier war er möglicherweise selbst im Archiv von Arkadriš tätig –[32] ist demnach in dem Moment ausgebrochen, als die aus mehr oder minder freien Bauern bestehenden zwangsrekrutierten[33] Arbeitskräfte für die jährlich wiederkehrenden Kanalarbeiten zusammengezogen wurden und sich angesichts ihrer großen Zahl stark genug fühlen konnten, gegen die durch Kriegslasten der Kambyses-Feldzüge und durch die sich ständig steigernden Verpflichtungen gegenüber dem Militäradel unerträglich gewordenen Verhältnisse aufzustehen – ähnlich den Zanğ-Sklaven des 9. Jahrhunderts[34], die in Ḫūzistān dazu verurteilt waren, die versalzte Erdkruste von den bewässerten Anbauflächen[35] abzutragen. Auch dort brach der Aufstand aus, als große Massen von Arbeitskräften zusammengezogen waren. Wie hier der Anlaß des Gaumāta-Aufstandes aus dem Datum und dem Ort seines Anfangs erschlossen wurde, so erklärte G. Widengren sein Ende im Festmonat Bāgāyadiš damit, daß am Mithrasfest jedermann der Zutritt zum Herrscher gestattet war, also auch Darius und seine Mitverschwörer sich Gaumāta/Smerdis unbehelligt nähern konnten[36].

Darius restaurative Maßnahmen zeigen, gegen wen sich der Aufstand richtete: er gab dem *kara-* Land und Besitz zurück und baute die zerstörten Heiligtümer wieder auf[37]. Kara wird mit Adel oder Heer übersetzt. Beides trifft hier zu, denn seit Kyros erhielten Adlige für Heeresfolge Land und

---

1965, S. 111 § 43.

[29] Ebd., S. 235.

[30] Bailey in JRAS 1970, S. 62. Vgl. Daher, Y.: Agricultura Anatolica. Helsinki 1970, S. 124: kanand = Hacke, Schaufel, zum Ausheben von Gräben.

[31] Hinz, Neue Wege, S. 65 und S. 70.

[32] Altheim – Stiehl, Aramäische Sprache, S. 86. – Zur frühen Verbreitung aramäischer Schrift in Medien vgl. drei Metallschalen aus Luristan mit aramäischen Besitzerinschriften zwischen 800 und 600 v. Chr. (A. Dupont – Sommer in Iranica Antiqua 4 [1964], S. 108ff.).

[33] Altheim – Stiehl, Aramäische Sprache, S. 86. – Zur frühen Verbreitung aramäischer Schrift in Medien vgl. drei Metallschalen aus Luristan mit aramäischen Besitzerinschriften zwischen 800 und 600 v. Chr. (A. Dupont – Sommer in Iranica Antiqua 4 [1964], S. 108ff.).

[34] Cahen, C.: Der Islam I. Frankfurt 1968 (= Fischer Weltgeschichte 14), S. 137f.

[35] Zum Umfang und zur Auswirkung der Versalzung des Bodens durch Bewässerung: T. Jacobsen – R. M. Adams in Science 128, Nr. 3334 (1958). S. 1257.

[36] Widengren, G.: Die Religionen Irans. Stuttgart 1965. S. 140.

[37] DB I, S. 64f.

Leute zugewiesen[38]. Wie es scheint, beruhte diese Form militärischer Organisation und Versorgung auf Enteignung ehemaliger Landbesitzer, die in Medien wie auch in den anderen Aufstandsgebieten Irans bis dahin in Stammesverbänden mit entsprechenden Besitzformen gelebt hatten. Da Darius den noch jungen Militäradel in seiner Macht restituiert[39], hat er ihn – genau wie später nach der Niederschlagung der Mazdakiten Chosroes I. in entsprechender Situation die von ihm eingesetzten Dehkane – in der Hand. Was die Zerstörung der Heiligtümer durch Gaumāta angeht, so ist an die späteren apokalyptischen Bilderstürme der Hystaspes-Orakel und des Bundeheš zu erinnern, in deren eschatologischen Prophezeiungen Pišyōtōn, Vorkämpfer der Sache der Gerechten, die Götzentempel als den Ort der Feinde zerstören wird und zwar auf Befehl des Mithra[40], dessen Fest Gaumāta mit seinen Anhängern im Monat Bāgāyadiš feierte[41].

Wie bekannt wurde der Aufstand niedergeschlagen. Wichtigster Gewinner war Darius, ein persischer Adliger[42], dem es mit Hilfe einiger Standesgenossen gelang, Gaumāta zu töten und sich zum König zu machen. Welcher ideologischer Mittel er sich bediente, seine Maßnahmen zu legitimieren, soll weiter unten gezeigt werden. Zunächst jedoch sei auf die Stärkung der Zentralgewalt eingegangen, die seine Machtergreifung für das Reich nach sich zog. Zwar restituierte Darius den Adel, gab einigen Familien auch besondere Vorrechte, doch band er diese dadurch nur um so fester an sich. Dadurch, daß er dem Adel Land zurückgab, mußte dieser, indem er es aus seiner Hand empfing, auch die Gewalt des Gebers anerkennen. Den mächtigen Satrapen wurden teilweise königliche Kommissare an die Seite gestellt und deren Kontrollfunktion durch ein Spitzelsystem – die „Augen und Ohren des Königs" – unterstützt[43]. Gleichzeitig verlor die Masse des Volkes nach dem erfolglosen Aufstand die Möglichkeit sich zu erheben und wurde darüber hinaus durch Umsiedlungen und Deportationen ihrer alten lokalen Bindungen beraubt. Die damit verbundene Nivellierung der freien Bevölkerung auf einen mehr oder minder gleichförmigen Untertanen-Status hin – als *bandaka-* = Knecht bezeichnete der König alle Reichsangehörigen unterhalb des Hochadels – wurde beschleunigt durch die wohl fundamentalste Neue-

---

[38] Siehe oben Anm. 9 und 13.

[39] DB I, S. 64: adam niyacārayam.

[40] Widengren, a.a.O., S. 203 f.

[41] Ebd., S. 140.

[42] Zum Stammbaum des Darius hier S. 295 und die vor dem Abschluß stehende Münsteraner Dissertation von J. Wiesehöfer. Angesichts dieser genealogischen Probleme wird auch die Bezeichnung „Achämeniden" fraglich, da sie strenggenommen nur für das Geschlecht des Darius gilt, während Kyros in seinen Selbstzeugnissen Achaimenes nicht nennt.

[43] Siehe unten Anm. 100.

rung: die Umwandlung der Tribute von „Geschenken"[44] in Steuern durch die Einführung des Münzgeldes[45]. Die Prägung von Münzen – basierend auf der Goldwährung – blieb streng gehütetes königliches Privileg und entwickelte sich schon früh zu einem außerordentlich wirksamen ökonomischen und politischen Druckmittel des Königs, der je nach Bedarf Abgaben in Geldform oder Sachleistungen einfordern konnte und eigene Zahlungen in der jeweils ihn begünstigenden Form leisten konnte[46]. Politisch bedeutete die Geldform der Steuer eine Versachlichung und Vereinheitlichung der Beziehungen der Untertanen zum Herrscher, deren positive Aspekte darin ihren Ausdruck finden, daß die Steuergesetze des Darius den antiken Autoren als gerecht gelten – sie schalten Willkür bei der Bemessung von Ernteabgaben aus und verhindern zusätzliche Forderungen adliger Grundherren. Zugleich werden alte Privilegien abgebaut und beispielsweise ehemals exempte Tempelwirtschaften in Babylonien[47] und Ägypten[48] zur Steuerzahlung herangezogen.

Die Konzentration des Geldes in der Hand des Königs bewirkt andererseits in ihrer partiellen Hortung – etwa 5% wurden jährlich im königlichen

---

[44] Die Vorstufe der „geschenkfressenden Könige" schildert für den griechischen Bereich Hesiod, Erga 39. Bemerkenswert scheint mir, daß im 6. Jahrhundert auch in China erstmals feste Steuern an die Stelle mehr oder weniger verbindlicher Abgaben traten (Franke, H.: Das chinesische Kaiserreich. Frankfurt 1968 (= Fischer Weltgeschichte 19), S. 44 mit Anm. 4). Auch eine weitere ökonomische „Rationalisierung" läßt sich etwa gleichzeitig bei zunehmender Zentralisierung des Staates im Vorderen Orient und in China nachweisen: der Verzicht auf die Tötung von Kriegsgefangenen und ihr Einsatz im Landesausbau. Darius' Deportationen greifen assyrische Methoden auf. So deportierte der Usurpator Sargon II. (721-705) 6.300 Aufständische, deren „Grab er schon bereitet hatte" nach Hama, für dessen Steuersatz sie aufzukommen hatten (Garelli, P.: La voix de l'opposition en Mesopotamie, in: Colloque Inst. Hautes Etudes. Brüssel 1973. S. 207). Sein Zeitgenosse Šabaka ersetzte in dem von ihm eroberten Ägypten Todesstrafe durch Zwangsarbeit (Diodor I 60, 3-5). In China empfiehlt Mo-ti (Gegen den Krieg, hg. v. H. Schmidt-Glintzer, Düsseldorf 1975, II, S. 55ff.) im 5. Jahrhundert entsprechende Sparmaßnahmen, die auch in Grabfunden (Statuetten statt getöteter Begleiter) nachweisbar sind, als Humanität und Investition zugleich.

[45] G. Ardant (Histoire de l'impot I, Paris 1971, S. 74) charakterisiert die Münzpolitik des Darius als „utilisation par l'état de l'économie monétaire". – Auf Frühformen der Geldwirtschaft in medischer Zeit weist ein Neufund von „ingot currency" vom Nušiĝān-Tepe (A. D. H. Bivar in Iran 9 [1971], S. 97ff.), worin eine tendenziell kontinuierliche Entwicklung auf das Erscheinen des Münzgeldes im achämenidischen Reich hin sich abzeichnet.

[46] Den Mechanismus der Wirtschaftsmaßnahmen des Großkönigs beschreibt (Ps.?) – Aristoteles, Oec. II 2 (1345 45b 12 ff. bes. b 26) – vgl. Altheim – Stiehl, Aramäische Sprache, S. 137f.

[47] M. A. Dandamaev in FS Altheim I, Berlin 1969, S. 89.

[48] Meyer, E.: Kleine Schriften II. Halle 1924. S. 98.

Schatz festgelegt[49] – nicht nur materielle Manifestierung von Macht, sondern auch zugleich Verhinderung von Investitionen und damit der Möglichkeit von sozialer Differenzierung, bedeutete also Befestigung der bestehenden „monopolistischen" Königswirtschaft. Diese selbst bildete als königliche Hofverwaltung darüber hinaus nach Beschäftigungszahlen und Rohstoffpotential zugleich die größte wirtschaftliche Einheit des Reiches. Gegen die so gestärkte Zentralgewalt, die ihre Gegner nicht nur unschädlich machte, sondern sie auch noch eigenen ökonomischen Interessen nutzbar machte, hat es im achämenidischen Reich zwar noch partikularistische Erhebungen einzelner, zeitweilig auch erfolgreicher Satrapen, jedoch keine Aufstände mit einer Massenbasis wie die von Gaumāta geführte Bewegung mehr gegeben. Durch die einheitliche Beziehung aller Untertanen auf den König entstand eine Herrschaftsordnung neuer Art, deren Struktur neuer ideologischer Formen zu ihrer Absicherung bedurfte, gerieten doch große Teile der Bevölkerung mit zum Teil neuen Schichten – wie die mit dem Ausbau des Rechts- und Verwaltungswesens[50] verbundenen Bürokraten – in ein mehr oder minder abstraktes Verhältnis zur Ordnung des Staates, die an die Stelle alter feudaler Personenbeziehungen trat und es der Zentrale ermöglichte, über die durch Geld vermittelte Arbeitsteilung in die lokalen Klassenbildungen einzugreifen. Denn sie gewinnt an lokalem Einfluß, weil die Ausbreitung des Warenaustausches – Städtegründungen kommt hier eine wichtige Aufgabe zu – es ihr ermöglicht, die lokalen Abgaben nicht nur nominell zu beanspruchen, sondern als Geld faktisch zu kontrollieren.

Der ideologischen Absicherung des Staates als Ordnungsmacht diente neben theologischen Begründungen auch die Schaffung einer Legitimation durch die Geschichte. Die ersten Konzeptionen wurden für Kyros geschaffen, wie sich zeigen läßt. Nach dem Gaumāta-Aufstand ergab sich eine neue Situation, auf die Darius mit neuen Antworten zu reagieren hatte. Zunächst Kyros – für ihn wurde jenes Konzept entworfen, nach dem mehr als zwei Jahrtausende Weltgeschichte gegliedert und begriffen wurde: Bevor Christoph Cellarius (1638-1707) in seiner *Historia tripartita* die heute noch gängige Aufteilung von Geschichte in Altertum, Mittelalter, Neuzeit vulgarisierte, galt – mit mehr oder weniger wichtigen Varianten – die Abfolge von Weltreichen als Ordnungsprinzip[51], an dem nicht nur politische wie geistesgeschichtliche[52] Ereignisse chronologisch festgemacht wurden, sondern das

---

[49] Altheim – Stiehl, Aramäische Sprache, S. 135.

[50] Zum Rechtswesen: A. Sami in Barrasihā-ye Tarikhi 1350 (1971). S. 253ff. Vgl. zuletzt: Bucci in Rev. Intern. des Droits de l'Antiquité 22 (1975). S. 11ff.

[51] Nach A. Heuß in Propyläen-Weltgeschichte 2, Hochkulturen des mittleren und östlichen Asiens, Berlin 1962, S. 19. – Ikonographie der „vier Monarchien": E. Kramer in Keramos 28 (1965). S. 3ff.

[52] Die vorsokratischen Philosophen werden in den Chroniken der orientalischen

auch zum weithin verstandenen Vehikel eschatologischer[53] Propaganda werden konnte. In ihrer ältesten Form ist die Folge der Weltreiche auf drei beschränkt: Assyrer – Meder – Perser. So liegt sie dem Aufbau der orientalischen Geschichte bei Herodot[54] zugrunde, der dieser von ihm dynastisch-
annalistisch dargestellten Epoche die Phase der vom demokratisch regierten
Athen geführten Abwehrkämpfe gegen das Perserreich folgen läßt. Mit der
Zurückdrängung dieses sich selbst als das dritte in der zeitlichen Abfolge
begreifenden Reiches auf die ihm nach griechischer Vorstellung gebührende
Ausdehnung – Asien – scheint für Herodot eine neue Epoche zu beginnen –
die des friedlichen Nebeneinanders[55], in dem der expansiven Handelspolitik
des perikleischen Athen, dessen Bürger Herodots Werk enthusiastisch willkommen hießen[56], eine besondere Rolle zukommt. Aus athenischem Blickwinkel bleibt die Abfolge der drei Reiche eine orientalische Angelegenheit,
bis dann Jahrhunderte später makedonischer und römischer Totalitäts-
anspruch respektive dessen jeweilige Gegner das alte Denkmodell wieder
auf die gesamte Oikumene ausweiten[57]. In dieser Form hatte es auch wohl
Hellanikos von Lesbos verwendet, der es nach dem Zeugnis des Eusebios
schon vor Herodot seinen *Persika* zugrunde legte[58].

Vom Reich der Meder gibt es keine Zeugnisse, die seinen Weltherrschaftsanspruch erkennen ließen, so daß man hier die Entstehung der Folge
nicht suchen sollte[59]. Wohl aber konnte die Erwähnung der Meder den Weg
zu den Persern weisen[60], für die die Befreiung von der Oberhoheit ihrer
Lehnsherren eine wichtige Stufe auf dem Wege zur Eroberung und Erweiterung des von den Assyrern als Weltreich[61] verstandenen Gebietes bedeutete.

Christen nach den Regierungszeiten achämenidischer Könige datiert (z.B. Eutychios
v. Alexandria ed. Cheikho FGH 260 F 1, p. 856). Dem liegt ältere Überlieferung
zugrunde: vgl. Diels, H. – Kranz, W.: Die Fragmente der Vorsokratiker. Berlin
⁹1959, Index svv. Dareios, Xerxes, Artaxerxes. Vgl. J. Irmscher in E. Ch. Welskopf,
Hellenische Poleis 3, Berlin 1975, S. 1644ff.

[53] Fuchs, H.: Der geistige Widerstand gegen Rom in der antiken Welt. Berlin
²1964. S. 62ff.; Flusser, D.: The Four Empires in the Fourth Sibyl and the Book of
Daniel in Israel Oriental Studies 2 (1972) (= FS für S. M. Stern), S. 148ff.

[54] Herodot I 95 und I 130, 1.

[55] Luria, S.: Anfänge griechischen Denkens. Berlin 1963. S. 122 mit Anm. 294.

[56] Plutarch, de malign. Herodoti 862 a. Metzler, D.: Porträt und Gesellschaft.
Münster 1971. S. 274f.

[57] Flusser, a.a.O., S. 173f.

[58] F. Jacoby in FGH 687 a Nr. 1 und 6 – von Flusser (S. 154) und seinen Vorgängern übersehen.

[59] So von Flusser (S. 154) vermutet.

[60] J. W. Swain in Class. Philology 25 (1940). S. 6.

[61] Bemerkenswerterweise blüht gerade unter den Assyrerkönigen des 7. Jh. v. Chr.
die historische Forschung (Bibliothek des Assurbanipal; Karte des Weltreiches

Die Einpassung des Keilschrift-Fragmentes 2504 der Nies-Collection in den Kyros-Zylinder durch P.-R. Berger[62] gestattet es, die Entstehung der Konzeption der drei Reiche bestimmter zu datieren: Kyros, den in dem bisher bekannten Zylinder-Text Marduk nach der kampflos erfolgten Besetzung Babylons für die Weltherrschaft erwählt[63], nennt in dem neuen Textfragment unter Umgehung babylonischer Traditionen ausdrücklich den Assyrerkönig Assurbanipal als sein politisches Vorbild[64]. Da Kyros sowohl die Abschüttlung der medischen Lehnshoheit als auch die Eroberung Babylons gelang, dürfte er es gewesen sein, für den das Konzept der drei Reiche entwickelt wurde, zumal wenn man bedenkt, daß der Aufstieg vom Kleinkönig in Anschan zum Weltherrscher die ideologische Absicherung durch historische Traditionsbildung geradezu verlangte.

Die historiographische Konstruktion einer Abfolge der Reiche gestattet vordergründig einem Usurpator, seine Angriffskriege als Rächer einer frühen Dynastie zu führen – so legitimiert bei Herodot (IV 1, 1) Darius einen Krieg gegen die Skythen als Vergeltungsmaßnahme für deren Feldzug nach Medien. Darüber hinaus weckt die Folge der Reiche zwei scheinbar entgegengesetzte Assoziationen: Einerseits den Anspruch, würdiger und legitimer Nachfolger zu sein, der die Traditionen seiner Vorgänger achtet und nicht wie Kyros' Vorgänger auf dem Throne Babylons, Nabonid, der letzte der neobabylonischen Dynastie, „Dinge einführt, die vorher nie im Land gesehen worden sind"[65]. Andererseits knüpfen sich an das jeweils letzte der Reiche Erwartungen, die zumal in den zahlreichen jüdischen Weissagungen in eschatologischen Formeln politisch-propagandistisch wirksam werden können. Auch Kyros hat so etwas wie die Heraufkunft eines neuen Zeitalters beschworen, wenn er die Rückführung der deportierten Völker proklamierte, weswegen er von den Juden als Werkzeug Gottes angesehen wurde. Eben damit führte Kyros aber nicht wie Nabonid etwas Neues ein, sondern resti-

---

Sargons I. auf der bekannten Tontafel im British Museum (Nr. 29 687) Thomson, J. O.: History of Ancient Geography. Cambridge 1948. S. 39, Taf. I A) – also Absicherung des Weltherrschaftsanspruches durch bewußte Anlehnung an ein historisches Vorbild – Sargon I. (2350-2295), der als Ninus Assyriorum auch römischen Universalhistorikern (Vellejus Paterculus I 6.6, Justinus I 1 – wohl nach Ktesias (FGH 688 F 1 p. 440) tausend Jahre vor Troja als erster Weltherrscher gilt.

[62] Anzeige von C. B. F. Walker in Iran 10 (1972). S. 159. Nies, J. B. – Keiser, C. E.: Babylonian Inscriptions in the Collection of J. B. Nies. New Haven 1920, II. Taf. 21, Nr. 32.

[63] Weißbach, F. H.: Die Keilinschriften der Achämeniden. Leipzig 1911. S. 3ff., Zeilen 12 und 20; Pritchard, J. B.: Ancient Near Eastern Texts Relating to the Old Testament. Princeton ³1969. S. 315.

[64] Assyrische Einflüsse auf die Achämeniden: J. Harmatta in Acta Iranica 1 (1974). S. 29ff. Zu assyrischen Traditionselementen in der achämenidischen Herrscherrepräsentation: P. Calmeyer in ZDMG 123 (1973). S. 175ff.

[65] Pritchard, a.a.O., S. 313. (Brit. Mus. 38 299).

tuierte nur die alte, zeitweilig gestörte Ordnung, wie denn auch frühe – und moderne – Endzeiterwartungen die Zukunft als Wiederkehr des Urzustandes zu erwarten pflegen.

Kyros legitimierte sich gegenüber seinen iranischen Untertanen, indem er seinen Aufstieg als die Legende von göttlicher Fügung erzählen ließ[66]. Das Reich, das er den Medern abgerungen hatte, griff jedoch über den Bereich der iranischen Völker hinaus. Aus diesem Grunde bedurfte er einer Rechtfertigung anderer Struktur, die nämlich die Fortsetzung der Herrschaft auch über die fremden, von den Medern befreiten Völker begründen konnte. Dieses Legitimationsbedürfnis erforderte den genealogischen Anschluß der neuen persischen Dynastie an die alte medische, indem die irreguläre Erbfolge als von übermenschlichen Mächten geplant dargestellt wurde und sich in entsprechenden Prophezeiungen ankündigte: Herodot erzählt, wie zweimal dem letzten Mederkönig Astyages in verschiedenen Traumbildern offenbart wird, daß ein Sohn seiner Tochter Mandane, die er deswegen aus Vorsicht seinem scheinbar unbedeutenden Vasallen Kambyses vermählt, die Welt beherrschen wird[67]. Feudale Heiratspolitik wird hier im Nachhinein zur Legitimierung eines erfolgreichen Vasallen umgedeutet.

Daß hinter dem Bemühen, die Weltherrschaft des Königs von Anschan historisch zu legitimieren und ihren Anspruch propagandistisch zu verbreiten, planvolles Vorgehen steht, vermag ein Blick auf die Ägyptenpläne des Kyros zu zeigen.

Herodot berichtet von diesen Plänen, deren Verwirklichung erst Kyros' Sohn und Nachfolger Kambyses gelang und die in den Weissagungen Jesajas ihren Niederschlag finden[68]. Auf ihre materiellen Vorbereitungen deuten die Neufunde eines Pavillons aus den späteren Jahren des Kyros bei Borazğan[69] am Persischen Golf und eines saitischen Siegels auf Bahrain[70], die als archäologische Denkmäler den Seeweg der Achämeniden nach Ägypten bzw. dessen Vorstufen illustrieren. Da nach dem Anspruch des Weltherrschers die wirkliche Eroberung nur eine Frage der Zeit[71] sein konnte, nahm

---

[66] Herodot I 110, 1-3. Binder, G.: Die Aussetzung des Königskindes. Kyros und Romulus. Meisenheim 1964. S. 17ff.

[67] Herodot I 107 f.

[68] Herodot III 1ff. vgl. I 77 und I 153; Jesaja 45, 14.

[69] D. Stronach in Bastan Chenasi va Honar-e Iran 7 (1971). S. 18. A. A. Sarfaraz, ebd., S. 22ff.

[70] G. Bibby in Kuml 1964, S. 88, Abb. 2. – Vgl. auch die noch unveröffentlichten Funde von der Insel Qishm vor Bender Abbas (Matheson, S.: Persia. An Archaeological Guide. London 1972. S. 249f.).

[71] Zeit wird von den Achämeniden – wie im Altertum auch sonst – unter verschiedenen Aspekten begriffen. F. Altheim – R. Stiehl (Geschichte Mittelasiens S. 10, S. 13, S. 26ff.) wiesen auf das Nebeneinander von aionischer Zeit (z.B. 6.000 Jahre von Zarathustra bis Xerxes' Angriff auf Griechenland laut Xanthos dem

er in seiner Palastanlage in Pasargadi, dem monumentalisierten Ausdruck seines Weltbildes, die Wirklichkeit vorweg. Deutlichster Beweis dafür ist die ägyptische Krone des „Genius" auf dem dortigen bekannten Relief[72]. Hinzu kommen die nur nach ägyptischen Vorbildern zu verstehenden Reliefs, die in den Türlaibungen des „Residenzpalastes" den König als einen epiphaniehaft Hinausschreitenden zeigen[73] – so wie ägyptische Grab- und Tempelreliefs Grabherren und König an der gleichen Stelle als Erscheinende zeigen, ferner die Raumauffassung dieses Palastbaues selbst: seine hypostyle Halle mit erhöhtem Mittelschiff und Oberlicht erinnert nicht so sehr an den großen Säulensaal des Amuntempels von Karnak[74] als vielmehr an den zu demselben Tempel gehörigen „Bankettsaal" Thutmosis' III.[75] Mit diesem verbindet den Bau des Kyros nicht nur die profane Verwendung, sondern auch möglicherweise sein Zusammenhang mit der Umgebung: denn dem sogenannten „Botanischen Garten" in Karnak[76] dürfte in Analogie zu späteren persischen Palastanlagen schon in Pasargadai ein Park oder Paradeisos entsprochen haben, wobei in beiden Fällen auf die Bedeutung des Gartens für die auch aus Assyrien bekannte Herrschaftssymbolik hingewiesen sei[77]. Kenntnis

---

Lyder) und historischer Zeit hin. Dem entspricht in der Bildsprache der königlichen Reliefs und Siegel das Nebeneinander von Darstellungen des Königs im Kampf gegen Löwen und mythische Ungeheuer einerseits und historischen Szenen andererseits. – Vgl. auch Anm. 77.

[72] Ghirshman, R.: Iran – Protoiraner, Meder, Achämeniden. München 1964. Abb. 174; Nylander, C.: Ionians at Pasargadae. Uppsala 1970. S. 126, Anm. 323 mit Hinweis auf G. Radet, der diese These schon 1919 äußerte. Methodisch überflüssig ist der Kompromißvorschlag von Ch. Chabazi (Bastan Chenasi 7 [1971], S. 29), in der eigentümlichen Krone wegen angeblicher phönizischer Elemente als Insignie zu sehen, die die Gewalt des Kyros über die phönizischen Städte nach der Eroberung von Babylon bedeutete, da ihre komplizierte Form auch schon in Ägypten selbst vorkommt (Abu Bakr, I.: Untersuchungen über die ägyptischen Kronen. Diss. Berlin 1937. S. 11, Abb. 7-8 und S. 63ff.).

[73] Ghirshman, Iran, Abb. 179.

[74] So G. de Francovich in East and West 16 (1966). S. 216ff. Vgl. G. Gropp in Archäol. Mitteil. Iran 4 (1971). S. 35f.: ägyptische Vorbilder für die Planaufteilung der Palastanlage von Persepolis.

[75] Haeny, G.: Basilikale Anlagen in der Baukunst des Neuen Reiches. Wiesbaden 1970. S. 6ff. – Zur kultischen Funktion dieses „Großen Hauses für Millionen Jahre" im Rahmen der Gedächtnisfeiern für den König nach seinem Tode ebd., S. 15ff.

[76] Wolf, W.: Die Kunst Ägyptens. Stuttgart 1957. S. 477. Interessanterweise stellen diese Reliefs Flora und Fauna aus Syrien dar, demselben Gebiet also, das auch im Gadatesbrief des Darius wegen seines Obstbaues gerühmt wird (F. Lochner-Hüttenbach bei Brandenstein, W. – Mayrhofer, M.: Handbuch des Altpersischen. Wiesbaden 1964. S. 91ff.).

[77] Vgl. das Motiv des Herrschers in der Weinlaube in Assyrien und seine gegenständliche Entsprechung in der für Darius von Theodoros von Samos geschaffenen goldenen Platane und Weinstock (Plinius NH 33, 137; Jacobsthal, P.: Ornamente griechischer Vasen. Berlin 1926. S. 104ff.; V. Zinserling in Acta Antiqua 15 [1967], S. 291, Anm. 35). – Zum „Garten des Königs" allgemein: Th.

dieser Anlagen aus dem märchenhaften Südland erhielt der König über jene ägyptische Prinzessin, mit deren Heirat er die diplomatische Offensive gegen Ägypten einleitete[78]. In ihrer Umgebung erwähnt Herodot ägyptische Ärzte[79]. Welche historischen und rituellen Kenntnisse ägyptische Priester-Ärzte hatten, lehrt der autobiographische Bericht des Udjahoresnet[80], der sich rühmt, Kambyses in die Geheimnisse ägyptischer Religion und Politik eingeweiht zu haben. Auch hierin ist Kambyses nur Vollstrecker der Pläne seines Vaters. Dessen Absichten gingen weiter: Über Ägypten hinaus zielten sie auf den gesamten ihm bekannten Erdkreis, reichten, wie F. Altheim aus den Weissagungen Jesajas und Jeremias herausgearbeitet hat, von Baktrien bis Meroe und Kush[81]. Hinter dieses Konzept konnte keiner seiner Nachfolger zurückfallen.

Im folgenden soll versucht werden, darzustellen, welcher Vorstellungen geographisch-historischer und politischer Art sie sich bedienten, diesen Weltherrschaftsanspruch zu erheben und zu rechtfertigen. Zunächst ein geographischer Aspekt, der die achämenidische Herrschaftsideologie bestimmt: Iran als das Land der *aryānām* = Arier, zu denen Meder wie Perser gehören, ist ihnen die Mitte der Welt und über alle anderen Gegenden herausgehoben[82]. Darius, der mit seiner Iranisierung der persischen Ideologie möglicherweise eine Antwort geben wollte auf das elamische Element des Reiches von Anschan, wo Könige mit so befremdenden, auch heute wohl noch nicht ganz befriedigend geklärten Namen wie Kyros und Kambyses[83] herrschten, betont sein Ariertum und trennt darüber hinaus andererseits zwischen der Persis und dem übrigen Reich[84]. Dessen Gesamtheit wird zwar ethnisch – nach Völkerschaften –, nicht aber geographisch gegliedert[85]. Im Gegensatz dazu steht das zeitgenössische griechische Weltbild mit seiner Teilung der Oikumene in

---

Finkenstedt in Wandlungen des Paradiesischen und des Utopischen = Probleme der Kunstwissenschaft 2 (1966). S. 183ff.

[78] Herodot III 1f.

[79] Herodot III 1, vgl. Anm. 98.

[80] Otto, E.: Die biographischen Inschriften der ägyptischen Spätzeit. Leiden 1954. S. 169ff.

[81] Altheim, F.: Neues über Kyros den Großen: Sein letztes Jahrzehnt, in: Festschrift aus Anlaß der Gründung ... hrsg. v. der Deutsch-Iranischen Gesellschaft, Köln 1971, S. 11f. zu Jesaja 45 und Jeremia 51, 27.

[82] Herodot III 106-116, dazu Immerwahr, H. R.: Form and Thought in Herodotus. Cleveland 1966. S. 172. Vgl. auch unten Anm. 137.

[83] Vgl. F. C. Andreas in Verhandl. d. XIII Orientai. Kongreß, Hamburg 1902. M. Mayrhofer in FS A. Scherer, Heidelberg 1971, S. 59.

[84] Darius-Inschrift von Naqš-i Rustem (DNa 14 und 18 = Kent, a.a.O., S. 137f.).

[85] Zur Bedeutung der sogenannten Satrapienlisten, die Völker, nicht Gebiete nennen, zuletzt: G. C. Cameron in JNES 32 (1973). S. 47ff. mit älterer Literatur.

Kontinente[86]: Europa und Asien deutlich voneinander getrennt, während Libyen = Afrika noch Herodot sichtliche Definitionsschwierigkeiten bietet[87]. Hellas, das sich, zumal in der Geschichte der Perserkriege, als das eigentliche Europa in Gegenüberstellung zu Asien sieht, hat diese Teilung der Welt in Kontinente erfunden, brauchte sie andererseits aber auch zur Stabilisierung seines Selbstverständnisses, indem es seine Randposition am Kräftezentrum des Alten Orients mit der Betonung seiner geographischen Besonderheit kompensierte, und darüber hinaus, indem es mit den barbarischen Asiaten einen Weltfeind als Bedroher aller – nur hellenisch-europäisch zu verstehenden – Humanität schuf, um mit der Betonung dieses Gegensatzes über mannigfaltige innenpolitische Gegensätze in den einzelnen Poleis hinwegzutäuschen[88]. Diese politische Bedeutung hat die Geographie auch bei Herodot, der andererseits im Rahmen der Epoche orientalischer Vorherrschaft dem persischen Weltbild Rechnung trägt, wenn er Massageten und Libyer als die äußersten Völker am Rande der Welt schildert[89] – übrigens besonders eindringlich schildert, um zu begründen, warum gerade sie der ideologisch und militärisch vertretenen Expansion[90] der Perser Widerstand leisten konnten.

Die unangefochtene Weltmacht der Achämeniden illustrieren die Bilder der Tributbringer auf den Reliefs von Persepolis[91], wobei Kush nur dem Anspruch nach, nicht aber in Wirklichkeit zu den Reichsvölkern zählte. Bemerkenswerterweise wird hier in Persepolis am Ort des Neujahrsfestes der Tribut der Untertanen noch in der alten Naturalform – Tiere, Rohstoffe aller Art und handwerkliche Produkte, nicht aber in der gerade zu der Zeit der Fertigstellung der Reliefs beginnenden Besteuerung in Geldform dargestellt. Als Aufmarsch individueller Gabenbringer verharmlost wird der Tribut hier zum festlichen Vorgang stilisiert, der die zu seiner Erbringung nötige Ausbeutung und Unterdrückung vergessen läßt. Als Tribut an den Herrscher ist auch der königliche Palast als solcher zu verstehen, denn zu seinem Bau

---

[86] Thomson, a.a.O., S. 21, S. 107ff.; Literaturhinweise bei Immerwahr, a.a.O., S. 41, Anm. 80.

[87] Herodot II 16-17.

[88] Deman, A.: Lutte des classes et nationalisme dans la Grèce des guerres mediques, Thèse Université Libre. Brüssel 1965.

[89] Immerwahr, a.a.O., S. 102f. und S. 172.

[90] Den Expansionismus der Perserkönige betont besonders Herodot (Immerwahr, a.a.O., S. 31f. und S. 104). Doch die achämenidischen Urkunden zeigen, daß diese Politik bewußt vorangetrieben wurde – z.B. DNa 17, 43 und 46, Dpe, 7f. = Kent, a.a.O., S. 136f.

[91] Ghirshman, Iran, Abb. 220ff. Walser, G.: Die Völkerschaften auf den Reliefs von Persepolis. Berlin 1966; Hinz, W.: Altiranische Funde und Forschungen. Berlin 1969. S. 95ff.

haben im Leiturgiesystem[92] die verschiedenen Reichsvölker nach ihren Fähigkeiten beigetragen, so daß das Bauwerk mit seinem Bildschmuck und die in ihm vollzogenen Zeremonien sowie ferner auch der aus verschiedenen Nationaltrachten zusammengefügte Ornat des Kyros-Genius auf dem schon erwähnten Relief in Pasargadai als bildliche Manifestierung der Weltherrschafts-Propaganda der Achämeniden angesehen werden können. Entsprechendes gilt von anderen Thronträger-Reliefs in Persepolis und Naqš-i Rustem[93], hier sogar nach Darius' eigenen Worten[94].

Die Herrscher sehen als ihre Aufgabe an, das bestehende Reich so abzurunden, daß es mit den Grenzen der Welt zusammenfällt. Kyros' Expedition gegen die Massageten scheiterte, ebenso die des Kambyses gegen die Libyer. Darius versuchte das Weltmeer zu erreichen: sein Zug gegen die Saken über das noch bis Ptolemaios als Teil des Weltozeans angesehene Kaspische Meer[95] zeugt davon ebenso wie sein Vorläufer des Suezkanals mit der Erschließung des Seeweges von Persien nach Ägypten. Die Unternehmungen sind jeweils planvoll vorbereitet. Wissenschaftliche Erkundung spielt hier wie später bei Alexander eine wichtige Rolle. Herodot nennt die Erkundungsfahrten des Skylax von Karyanda, die den indischen Feldzug vorbereiten sollen, und ihr westliches Gegenstück unter Leitung des Arztes[96] Demokedes von Kroton[97]. Ungenannte Händler werden entsprechende Informationen geliefert haben[98]. In die Zeit des Kyros fällt die phantastisch anmutende phönizische Expedition, die Hiram III. 534 v. Chr. vom Golf von

---

[92] Altheim – Stiehl, Aramäische Sprache, S. 174ff.; vgl. DSf, S. 29-55 = Kent, a.a.O., S. 143f. Vgl. liturgische Aspekte imperialen Bauens in Rom (Gnomon 40 [1968], S. 190 [J. Röder] und Laktanz, de mort. pers. 7, 8).

[93] Ghirshman, Iran, Abb. 246 und 279.

[94] DNa 41 = Kent, a.a.O., S. 137f.

[95] H. J. Schnitzler in Antike und Universalgeschichte, FS für H. E. Stier, Münster 1972, S. 71. Bei Herodot I 202, 4 aber gilt das Kaspische Meer als Binnenmeer – vielleicht in Anlehnung an Aristeas von Prokonnesos.

[96] Auffallend ist der große Anteil, den Ärzte an der Erforschung Irans – unter den Achämeniden und auch später haben: Neben den Griechen Polykritos, Demokedes und Ktesias wären etwa zu nennen Burzoe, der Leibarzt Chosroes', oder F. Bernier am Hofe Aurangzebs, dessen Berichte über Indien und Persien dem Marxschen Begriff von der asiatischen Produktionsweise zugrunde liegen. Wegen ihrer naturwissenschaftlichen Beobachtung und disziplinierten Darstellungsform erscheinen Ärzte für diese Aufgaben geeignet. Hippokrates' ethnologisch-geographische Beschreibungen geben eine Vorstellung von der Art, wie Ärzte ihre Forschungsmöglichkeiten auszunützen verstanden. Auf den „gemeinsamen Ursprung der Geschichtsschreibung und der exakten Wissenschaften (– d.h. also auch der Medizin) bei den Griechen" wies K. v. Fritz hin (Philosophia Naturalis 2 [1953], S. 201ff., S. 376ff.).

[97] Herodot IV 44 und III 129ff.

[98] Xenophon, Hipp. IV 6f.

Akaba nach Osten aussandte und von der die Inschrift aus Paraiba in Brasilien berichtet[99]. Über landeskundliche und politische Fakten hinaus, mit deren Gewinnung sich auch die „Augen und Ohren" des Großkönigs zu befassen hatten[100], galt das Interesse der jeweiligen Lokalgeschichte und Religion, um vermittels dieser Kenntnisse Einfluß auf das politische Leben der betreffenden Gebiete nehmen zu können. Kambyses' entsprechende Unterweisung durch Udjahoresnet in Ägypten wurde schon erwähnt. Xerxes entführte aus Athen die sogenannte Bibliothek des Peisistratos[101], in der sich die historisch wichtigen, weil Ansprüche legitimierenden, Orakelsprüche des Musaios[102] und der Iliastext mit der eingeschobenen Erwähnung der Athener im Kampf um Troja[103] befanden. In Troja hatte Xerxes, dem Herodot genau wie dem Kambyses ein gewisses archäologisch-historisches Interesse unterstellt, vorher ein Beispiel propagandistischer Nutzung von Geschichte gegeben: Während er an dem historischen Ort seine Truppen musterte, ließ er die Magier den Heroen *(fravaši?)* opfern[104], die in dem großen Krieg der Vorzeit mit Troja zugleich Asien geschützt hatten, um sich als ihr würdiger Nachfolger zu erweisen. Hellenozentrischem Denken mag das als Unding und Anmaßung erscheinen, doch wäre derselbe Vorwurf an die Gegenseite zu richten: die Athener, in deren bildlicher wie literarischer Publizistik die Kämpfe um Troja als Vorbild[105] für die Gegenwart der Perserkriege eine so bedeutende Rolle spielen, verdanken ihre homerische Würde erst dem Machtstreben des

---

[99] C. W. Gordon in Berytus 21 (1972). S. 23ff. Für die Echtheit der Inschrift traten ein A. van den Branden (Melto 4 [1968], S. 55ff.) und L. Delekat (Phönizier in Amerika, Bonn 1969). – Unter Xerxes scheiterte der Versuch einer Afrika-Umsegelung des Sataspes (Herodot IV 43), die an die Fahrt unter Necho anknüpfen sollte.

[100] A. L. Oppenheim, The Eyes of the Lord, in: FS für E. A. Speiser, New Haven 1968, S. 173 ff. – Überwachung medischer Fürsten durch Agenten der Assyrerkönige ebd., S. 174. – Zu den gaušaka in den Elephantine-Papyri: Grelot, P.: Documents araméens d'Egypte. Paris 1972. S. 403, Anm. j.

[101] Aulus Gellius, Noctes Atticae 7, 17. Platthy, J.: Sources on the Earliest Greek Libraries. Amsterdam 1968. S. 100, Nr. 8.

[102] Herodot III 6,3.

[103] Herodot VII 6, 3. Platthy, a.a.O., S. 97ff., Nr. 2, 3, 6. – Wie im archaischen Griechenland Homerstellen als historisches Argument gewertet wurden, lehrt auch Herodot V 67,1; Kleisthenes verbietet in Sikyon Homerrezitationen, weil sein Gegner Argos darin zu sehr gefeiert werde.

[104] Herodot VII 42f. Olmstead, a.a.O., S. 250 und S. 496. Der Besichtigungseifer der orientalischen Könige muß nicht als Übertragung griechischer Gepflogenheiten abgetan werden. Udjahoresnet berichtet schon Entsprechendes über Kambyses (oben Anm. 80) und bestätigt damit Herodot III 37, 1. Alexander verhält sich in Mesopotamien ebenso, wenn er die alten Königsgräber besichtigt (Strabon XVI 1,11 [741]).

[105] F. Jacoby in Hesperia 14 (1945). S. 185ff., bes. S. 203. Vgl. Herodot V 94, 2; VII 161, 3.

Peisistratos. Auch in Argos wird die mythische Vergangenheit – in der genealogischen Konzeption der Griechen erfolgreich zu politischem Leben erweckt, indem der Unterhändler des Xerxes den gemeinsamen Urahn Perseus beschwört[106]. Auf das dabei geschlossene Bündnis können sich eine Generation später argivische Gesandte beim König Artaxerxes berufen, um die alte Freundschaft zu erneuern[107]. Über das aktenmäßige Verfahren einer solchen Berufung auf Geschichte *(dikrōnā)* geben die biblischen Berichte über die Tempelbau-Urkunden Auskunft[108]. Der Aufbewahrung der historischen, juristischen und administrativen Dokumente dienten wie überall im alten Orient die Archive, die, von königlichen Beamten verwaltet, auch nur dem Herrscher und seinen Beauftragten zugänglich waren. Ihre Unterbringung in Burgen[109] oder Tempeln[110] und die wenn auch späte Nachricht, daß Alexander mühevoll nach Büchern der Achämeniden suchen lassen mußte[111], unterstreichen die Tatsache, daß Geschichte – manifestiert in Urkunden – vom Herrscher als schützenswertes Eigentum angesehen wurde, das nur ihm und seinen politischen Absichten, nicht aber seinen Untertanen zur Verfügung stand. Das schließt nicht aus, daß auch die feudalen Adelsfamilien oder politische und religiöse Gruppen – wie etwa die aramäisch-jüdische Kolonie in Elephantine[112], die Magier[113], und babylonische Gilden[114] – eigene

---

[106] Herodot VII 150.

[107] Herodot VII 151.

[108] Esra 4, 6ff. 6, 1ff. Vgl. P. R. Berger in Ugarit-Forschungen 2 (1970). S. 338.

[109] Esra 6, 2: Archiv in der Festung Ekbatana. Altheim – Stiehl, Aramäische Sprache, S. 75f. Ebd., S. 78 über Paišyahuvādā als Archiv in einer Burg. Befestigt waren auch die Schatzhäuser als Aufbewahrungsstellen für Archive, vgl. etwa den Fundort der „Persepolis Fortification Tablets". – Andere Deutung von Paišyahuvādā: Wüst, W.: Altpersische Studien. München 1966. S. 203ff.

[110] Posner, a.a.O., S. 41, S. 46, S. 115f. Tempel als sakrosankte Orte bieten Sicherheit und Dauerhaftigkeit. Dorthin werden also auch besonders gern Tatenberichte geweiht. P. Maaß in JdI 22 (1907). S. 21f. Für die parthisch-sasanidische Zeit werden Tempelarchive in Ani (Moses Chorenaci II 36, 46 und 48, Langlois) und Iṣṭaḫr (Mas'udi, Tanbīh, BGA VIII 106) genannt. Entsprechende Einrichtungen gab es in der Achämenidenzeit für die Awesta-Texte (Altheim, F.: Aus Spätantike und Christentum. Tübingen 1951. S. 98ff.).

[111] Ḥamza 45, S. 11f.: tumma tafarraǧa li-tatabbu'i kutubi dīnihim = darauf ließ er intensiv nach den Büchern suchen.

[112] Porten, B.: Archives from Elephantine. Berkeley – Los Angeles 1968. Historische Archive gab es auch in den Talmud-Schulen Babyloniens (Encyclopaedia Judaica sv. Archives, Sp. 376). Ihre Anfänge werden bis in die Achämenidenzeit hinaufreichen.

[113] In erster Linie ist hier an die Aufbewahrungsorte der Awesta-Texte zu denken (s. hier Anm. 110). Schriftliche Quellen mögen auch Xanthos der Lyder und Empedokles für ihre Magier-Schriften benutzt haben (Momigliano, A.: The Development of Greek Biography. Cambridge/Mass. 1971. S. 30ff.; West, M. L.: Early Greek Philosophy and the Orient. Oxford 1971, S. 165). – Den politischen Wert von Archi-

Archive hatten und eine eigene geschichtliche Tradition bewahrten. Adels-
überlieferungen scheinen auch manchen herodoteischen Nachrichten zugrunde zu liegen[115]. Er selbst betont gelegentlich, daß seine persischen
Quellen uneinheitlich sind, und über seinen Gewährsmann Zopyros, persischen Adligen und politischen Flüchtling in Athen[116], hat er auch die gegen
die königliche Zentralmacht gerichteten Überlieferungen der auf ihre Unabhängigkeit bedachten Adelshäuser kennengelernt.

Im königlichen Archiv bilden die βασιλικαὶ ἀναγραφαί[117] ein Kernstück. Es handelt sich bei dieser Einrichtung, die wohl eine eigene Schöpfung der Achämeniden darstellt, um das königliche Journal, in das die lau-
fenden Ereignisse eingetragen wurden. Wir hören von ihm häufig im Zusammenhang mit Personen: Xerxes entnimmt seiner Lektüre den gegen Mordechai erhobenen Hochverratsvorwurf[118], Darius versichert dem Gadates
seine wohlwollende Erwähnung darin[119] und wiederum Xerxes läßt laut
Herodot noch während der Schlacht die sich vor Salamis auszeichnenden
Schiffskommandanten darin eintragen[120]. Der politische Nutzen einer solchen „Zeitgeschichte" liegt auf der Hand und kann auch der Umwelt nicht
verborgen geblieben sein.

Erscheint also eine frühe Kenntnis dieser Schriften bei den Griechen als
denkbar, so darf man auf dem Wege, den A. Momigliano mit seiner Betonung orientalischer Einflüsse auf die griechische Historiographie und Bio-

---

ven haben die militanten Magieranhänger richtig eingeschätzt Denn da der Aufstand
Gaumātas von Paišyahuvādā, nach F. Justi dem Archiv auf dem Berge Arakadriš
(DB I, S. 36f.), ausging, darf man annehmen, daß die dort zu erwartenden Be-
sitzerurkunden und ähnliche Schriftstücke von ihnen vernichtet wurden, um dem
Adel die Möglichkeit zu nehmen, seine enteigneten Besitztümer (DB I, S. 64f.) zu
reklamieren (– Entsprechend motivierte Archivzerstörungen bei Aufständen im 2.
Jh. v. Chr. in Dyme [Dittenberger Syll. ³684, 7 und 22] und 1534 durch die Täufer in
Münster [Brendler, G.: Das Täuferreich zu Münster 1534/35. Berlin 1966. S. 121).

[114] Weisberg, D. B.: Guild Structure and Political Allegiance in Early Achaemenid
Mesopotamia. New Haven 1967.

[115] Siehe unten Anm. 116.

[116] Herodot III 160, 2.

[117] Esther 6, 1. Vgl. A. Cameron in Dumb. Oaks Papers 23/24 (1969/70). S. 162f.

[118] Esther 6, 1 zu 2, 21ff.

[119] Lochner-Hüttenbach (siehe Anm. 76), S. 91.

[120] Herodot VIII 85, 3. – Die Griechen müssen von der Existenz eines solchen
Buches spätestens durch jenen Syloson von Samos erfahren haben, der seine
Wohltat gegenüber Darius eben nicht darin verzeichnet fand – er hatte ihm, als
dieser noch als Offizier bei der Ägyptenarmee des Kambyses ohne jeden Anlaß, auf
die Königswürde zu hoffen, diente, seinen eigenen Mantel geschenkt. Syloson
mußte sich – natürlich erfolgreich: Darius überließ ihm die Herrschaft über Samos –
persönlich in Erinnerung bringen, da das Buch als königliche Einrichtung ja nur die
dem Darius nach seiner Thronbesteigung erwiesenen Wohltaten enthielt.

graphie eingeschlagen hat[121], weitergehend vermuten, daß auch und gerade diese ἀναγραφαί einen entsprechenden Einfluß geübt haben. Unter zwei Aspekten scheinen sie auf Griechenland gewirkt zu haben: einmal ganz allgemein durch die Betonung des historischen Gedenkens der Erinnerung – μνῆμα entspricht *dikrōnā* –, wie sie in Herodots Proömium zum Programm erhoben wird. Denn darin ist weniger die ganz anderen historischen Bedingungen angehörende Vorstellungswelt des Epos als Vorstufe zu spüren, wie A. Momigliano mit Recht kritisiert[122], als vielmehr der Eindruck der Effizienz, den die Genauigkeit der Angaben und der Nutzen ihrer politischen und sonstigen Verwendbarkeit den allem Neuen aufgeschlossenen Griechen machen mußte. Zweitens scheint die Biographie, die bei den Ioniern entsteht und sich etwa bei Herodot gerade um die Nebenpersonen rankt, die mit den Achämeniden zu tun haben[123], von jenen Dossiers beeinflußt zu sein, für die die „Augen und Ohren des Königs" den ἀναγραφαίς das Material zu liefern hatten. Die Bedeutung der Griechen liegt darin, daß sie diese nur für die Aufrechterhaltung der königlichen Macht konzipierten Darstellungsprinzipien demokratisierten, indem sie sie zur wissenschaftlichen, literarischen oder auch polemischen Schilderung der verschiedensten Personen und Völker anwandten[124]. Das bedeutet, daß die jeweilige Erzählung nicht für herrschaftserhaltende Zwecke niedergeschrieben und geheim verwahrt wird, sondern daß ihr Inhalt allgemein menschlicher Natur durch das Aufzeigen „humanen" Verhaltens eine Bedeutung an sich erhält, die durch die Öffentlichkeit des literarischen Vortrages zudem demokratischer Art ist. Die Geschichte, wie sie in der Polis gesehen wurde, ist ein sinnvolles Ganzes nicht dadurch, daß sie eine legitime Fortsetzung der Herrschaft über die geographisch bekannte Welt erklärt wie im achämenidischen Konzept, sondern daß sie die Einheit menschlicher Verwirklichungsmöglichkeiten in der Vielfalt der für sich bedeutungsvollen Ereignisse und ethnologischen Fakten rationalem Verstehen zugänglich macht. Hierdurch wird ein Bewußtsein politischer Emanzipation vorbereitet, dessen erste Ansätze sich gerade in jenen ethnologischen Texten von Autoren des fünften Jahrhunderts finden, die die vorgebliche Einheit des Perserreiches durch Rekurs auf die Verschiedenartigkeit und Widersprüchlichkeit der Nomoi jedes einzelnen Volkes auflöst und aus der Erkenntnis deren Relativität, die Möglichkeit zur Kritik hei-

---

[121] Momigliano, A.: Fattori orientali della storiografia ... greca, in: Persia e il mondo Greco-Romano, Acc. Naz. Linc. Atti. Rom 1966. S. 124f.; ders.: Development, S. 33ff.

[122] Ebd, S. 41.

[123] Ebd., S. 33ff.

[124] Meine eigenen Ergebnisse (Porträt und Gesellschaft, S. 26f. und S. 339) sind also dahingehend zu modifizieren, daß den orientalischen Einflüssen größere Bedeutung als angenommen zukommt.

misch-griechischer Zustände in den Bereich des Denkbaren bringt[125]. Damit vergesellschaften sie die im Orient nur dem Herrscher zugängliche Produktivkraft Wissenschaft[126] – natürlich nur in jenem engen Rahmen, den die Polisgesellschaft ihren Mitgliedern gestattete.

Wesentliche Funktion der von der Zentralgewalt verwalteten Geschichte ist die der Legitimierung von Herrschaft Besondere Bedeutung hat demnach ihre theologische Begründung. Andererseits sind die Formen der Investitur des Königs durch die Gottheit und die übermenschlichen Erscheinungen seines Wirkens von berufener Seite dargestellt worden, so daß auf die einschlägige Literatur[127] verwiesen werden kann. Doch sei es gestattet, zu einem noch offenen Problem dieses Bereiches mit einigen Überlegungen Stellung zu nehmen, da gerade hier – nämlich in der Frage der Legitimität des Darius – historische Argumentation und politische Publizistik in den Quellen der achämenidischen Epoche eine besondere Rolle spielen.

Mit Darius erreicht der Zentralisierungsprozeß des Reiches nach der Niederschlagung des Gaumāta-Aufstandes eine höhere Stufe. Ihr entsprechen ideologische Maßnahmen von einer neuen Art. Seine große Rechtfertigungsinschrift von Behistun zeigt, welchen hohen Wert Darius der politischen Propaganda beimißt: ausdrücklich wird darin – trotz der verhältnismäßig schwer zugänglichen lokalen Situation des Monumentes – ihre Wirkung auf die Leserschaft erwähnt[128]. In drei Reichssprachen ist der Text dort zu lesen und auf Aramäisch in den Fragmenten von Elephantine erhalten[129]. Mit allen zur Verfügung stehenden Mitteln der Schreibkunst[130] in alle Reichsteile verbreitet, wollen Text und Bild, das ausdrücklich erwähnt wird[131], auch in die Zukunft wirken, um den Nachruhm des Königs zu sichern. Über die Gegenwart hinaus mit seinen historischen Entscheidungen auch künftige Erinnerungen zu prägen, scheint ein besonderes Anliegen des Königs gewesen zu

---

[125] Bezeichnende Beispiele finden sich besonders bei Herodot (z.B. III 38) – vgl. Müller, K.: Geschichte der antiken Ethnographie und ethnologischen Theoriebildung. Wiesbaden 1972, S. 124 f.

[126] Diese Bedeutung von Wissenschaft tritt besonders in den wenigen erhaltenen Hinweisen auf die achämenidische Landwirtschaftsliteratur zutage, die stets den manageriellen Aspekt der Leitung eines landwirtschaftlichen Betriebes behandeln (zitiert bei [Ps.?] Aristoteles, Oecon. I 6, 3 [1344 b 34]).

[127] The Sacral Kingship. Supplements to Numen IV. Leiden 1959. S. 242ff. mit älterer Literatur; L'Orange, H. P.: Studies on the Iconography of Cosmic Kingship. Oslo 1953. passim; Sachsen-Meiningen, F. v.: Proskynese in Iran, in: Altheim, F.: Geschichte der Hunnen 2. Berlin 1960. S. 125ff. R. N. Frye in Iranica Antiqua 4 (1964). S. 36ff.

[128] DB IV, S. 54f. (Volk), S. 70ff. (Nachfolger) und S. 91f. (Satrapien).

[129] Cowley, a.a.O., S. 248ff.

[130] DB IV, S. 89f.

[131] DB IV, S. 90.

sein. Herodot berichtet, daß seit dieser Zeit die Perser der Magiertötung in einer Feier gedenken[132], wodurch sich Darius als Propagandist historischer Tradition erweist. Bezeichnenderweise wird mit der Feier der Tötung der Magier – wenigstens in rückschauender Erinnerung – das Volk von seinen Führern getrennt und durch die Schaffung von Rädelsführern als Masse von Verführten hingestellt. Die Institution des Festes als zugleich abschreckende und triumphale Erinnerung an die Unterdrückung des gefährlichsten Aufstandes wird ergänzt durch Darius' Rat an seine Nachfolger, wenn sie ihres Landes sicher sein wollen, auch in Zukunft Lügendiener = Aufständische zu verfolgen[133]. Geschichtliche Erfahrung wird hier als Mahnung verwertet. Daß sein Geschichtsbild so gewirkt hat, beweist auch der unscheinbare Siegelzylinder Artaxerxes' I, auf dem der Bildtypus des Behistun-Reliefs – gefangene Empörer vor dem Herrscher, der den Hauptfeind persönlich bestraft – für die Darstellung einer historisch ähnlichen Situation wieder verwendet wird[134].

Neben Bild und Tatenbericht erwähnt Darius noch besonders die Tatsache, daß er seinen Stammbaum aufgezeichnet habe[135]. Breit ist dieser am Anfang der Inschrift ausgeführt. Daß zwei seiner wichtigsten Glieder – sein Vater und Großvater – eben nicht Könige waren[136], wird übergangen, obwohl auch sie es gewesen sein müßten, um die im Text genannte Neunzahl[137] vollzumachen. Andererseits kommt aber gerade dem Stammbaum, dessen Qualitäten – arisch[138] und königlich – mehrfach betont werden[139], besondere Bedeutung für die Legitimierung von Herrschaft zu. Aber so wie Darius – und sei es auch nur über eine weniger bedeutende Nebenlinie – hier seine Abstammung von Achaimenes beschwört, die übrigens von Kyros in seinem Stammbaum auf dem babylonischen Tonzylinder interessanterweise überhaupt nicht erwähnt wird und von der nur die von Darius und seinen Nach-

---

[132] Herodot III 79. Ktesias (688 FGH F 13, 18 p. 461).

[133] DB IV, S. 36-40.

[134] C. Lenormant in Gaz. Archéol. 1877, S. 185ff.; Olmstead, a.a.O., S. 312, Anm. 24.

[135] DB IV, S. 90f.

[136] Herodot I 209f. und III 70, 3. DSf, 12ff. XPf 17ff. = Kent, a.a.O., S. 142 und 150.

[137] DB I, S. 9f.

[138] Zum Rassismus der alten Iranier heißt es im 14. Kapitel des Bundehesh: „die Erānier – deswegen werden sie so genannt, weil sie viel edlerer Rasse waren als alle anderen Rassen der sechs angrenzenden Erdteile" (nach Monchi-Zadeh, D.: Topographisch-historische Studien zum iranischen Nationalepos. Wiesbaden 1975. S. 97).

[139] DB I, S. 7ff. DNa, S. 14f. DSe, S. 13f. = Kent, a.a.O., S. 117, S. 137, S. 141. – Vgl. oben Anm. 42.

folgern redigierten Inschriften etwas wissen, wurden auch die späteren iranischen Dynastien – Parther[140] und Sasaniden[141] auch Alexander[142] selbst und die Kleinkönige von Armenien[143] und Kommagene[144] – mit dem Urahn Achaimenes und seiner Dynastie verbunden. Daß aber der neue König gegenüber den Persern mit dieser Genealogie allein seine Ansprüche kaum begründen konnte, zeigt seine Absicht, sich durch einen detaillierten Tatenbericht zu rechtfertigen. Dessen konkreter Inhalt – Kriege in den verschiedensten Reichsteilen, die alle als Niederschlagung von Aufständen hingestellt werden – kann hier beiseite gelassen werden. Bemerkenswert ist aber an ihm, daß er von einem kleinen späteren Zusatz[145] abgesehen – schon nach dem ersten Regierungsjahr[146] seinem Verfasser nötig schien, da der Herrscher nur durch eine autoritative Darstellung historischer Ereignisse sicher vorhandene Gegenansichten diskreditieren konnte.

Die Widerstände gegen den Usurpator Darius waren, wie er selbst gesteht, bedeutend, denn schließlich brachte er nicht nur den Adel in seine Abhängigkeit und setzte die von Kyros begonnene Zentralisation der politischen und ökonomischen Macht in verstärktem Maße fort, sondern erstickte auch die religiösen und sozialen Hoffnungen der Anhänger des Gaumāta in einem Meer von Blut[147]. Wie bereits erwähnt, gibt es gute Gründe, Gaumāta als Zarathustrier zu betrachten[148], wodurch die alte Frage, ob andererseits die Achämeniden ebenfalls Zarathustrier waren[149], erneut zu stellen ist. Zwar fällt das erste Auftreten Zarathustras noch in die früheste Zeit des Kyros –

---

[140] Synkellos 284 B-C (bei Photios I 58). J. Wolski in Beiträge zur Alten Geschichte und deren Nachleben, Festschrift für Franz Altheim I, Berlin 1969, S. 321. – Vgl. auch Ḥamza 42: Rache des Arsakes für Dara.

[141] Ṭabarī, übersetzt von Th. Nöldeke, Leiden 1879, S. 20f. Herodian VI 2,2; Julian Brief 40 (PG XXXII, 343 f.). I. Pfeiler in Schweiz. Münzbl. 23 (1973). S. 107ff. – über den achämenidischen Thron und Altar auf sasanidischen Münzen.

[142] Durch die Heirat der Tochter Darius' III. wird Alexander im persischen Epos zum Achämeniden (für verwandte Erscheinungen vgl. P. Kaplony in Chron. d'Egypte 46 [1971]). Die seleukidische Ära gilt in den orientalischen Quellen bezeichnenderweise als die Datierung nach Alexanders Tode. Damit erst beginnt für das iranische Geschichtsbild die Epoche der mulūk aṭ-ṭawā'īf.

[143] G. Sarkissian in Studien zur Geschichte und Philosophie des Altertums, hrsg. v. J. Harmatta, Amsterdam 1968, S. 292.

[144] F. K. Dörner in Istanb. Mitteil. 17 (1967). S. 205.

[145] DB V, S. 1ff.

[146] DB IV, S. 60.

[147] Vgl. Altheim – Stiehl, Aramäische Sprache S. 91 und S. 98.

[148] Siehe oben Anm. 16.

[149] Vgl. zuletzt etwa J. Duchesne-Guillemin in Acta Antiqua 19 (1971). S. 25ff.

569 nach den besten Quellen[150] –, doch erlangt seine Gemeinde politische Bedeutung erst unter Gaumāta – sicher in engem Kontakt mit Zarathustra selbst, dessen Wirken unter Kambyses von Barhebraeus bezeugt wird[151]. – Ferner ist festzuhalten, daß der Gott Ahura Mazda schon vor den Achämeniden verehrt wurde, weshalb sich also darin genausowenig zarathustrischer Glaube ausdrückt[152] wie in der Verehrung des Feuers, die archäologisch[153] und literarisch[154] schon vor Zarathustra belegt ist. Weder Ahura Mazda-Kult noch Feuer-Verehrung machen also aus den Achämeniden Zarathustrier, zumal sie auch andere Götter angerufen haben: Kyros ließ sich als Marduk-Verehrer feiern[155], Kambyses erwies trotz Herodots klug durchdachter Kolportage[156] sogar dem Apis-Stier Ehre[157], Darius gründete den Amuntempel in der Oase Khargeh[158], verehrte Apollo[159] und nennt in seiner Inschrift auch „andere Götter"[160]. Sicher haben politische Rücksichten auf die religiö-

---

[150] Die schon von dem Nestor der Iranistik, A. H. Anquetil du Perron im Jahre 1769 (Zend-Avesta. Ouvrage de Zoroastre, I 2, Paris 1771, S. 6f. und S. 60f.) nach persischen und chinesischen Quellen gefundene und von F. Altheim (Altheim – Stiehl, Supplem. Aramaicum S. 52f.; Dies., Geschichte Mittelasiens S. 39ff.) durch Hinzuziehung griechischer Zeugnisse und Präzisierung des Begriffs „Alexanderära" eingehend begründete Datierung in das 6. Jh. erfährt erneute Bestätigung durch arabische Angaben (B. Spuler in Archäol. Mitteil. aus Iran, NF 4 [1971], S. 113ff.) R. Schmitts Kritik (a.a.O., S. 35f.) bringt in diesem Punkt keine Begründung bei.

[151] Barhebraeus, hist dynast. 83 (Pocock.), zit. nach Altheim – Stiehl, Geschichte Mittelasiens S. 26.

[152] E. A. Grantovsky in Istorija Iranskogo Gosudarstva i Kulturij, hrsg. v. B. G. Gafurov, Moskau 1971, S. 305f. und S. 348.

[153] Neufund auf dem Nušiğān-Tepe: D. Stronach in Iran 9 (1971). S. 175 mit Taf. VI.

[154] Eutychios ed. Cheiko I 76, 9 f. (nach Altheim – Stiehl, Suppl. Aramaicum S. 51).

[155] Weißbach (s. Anm. 63), S. 3ff.

[156] Herodot III 29 und 37. D. Metzler in Bildersturm. Die Zerstörung des Kunstwerkes, hrsg. v. M. Warnke, München 1973, S. 22.

[157] Kienitz, F. K.: Die politische Geschichte Ägyptens vom 7. bis zum 4. Jahrhundert vor der Zeitenwende. Berlin 1953. S. 58.

[158] Ebd., S. 61f.

[159] Gadatesbrief (hier Anm. 76). Vgl. auch den sicher in Darius' Auftrag handelnden Datis, der ein geraubtes Apollobild den Griechen zurückgibt (Herodot VI 118) und dem Apollo nach Delos ein Weihgeschenk stiftete (G. Cousin – G. Deschamps in BCH 13 (1889), S. 539, Anm. 3).

[160] DB IV, S. 61 und S. 63. D. Vgl. auch die Verehrung des Mithra und anderer nicht-zarathustrischer Götter nach Ausweis der „Persepolis Fortification Tablets" (J. Duchesne-Guillemin in Beiträge zur Achämenidengeschichte, hrsg. v. G. Walser = Historia, Einzelschriften 18 [1972], S. 68). Die jüdische Überlieferung kennt auch einen Anahita-Ternpel zur Zeit des Darius in Susa. (Neutestam. Apokryphen, hrsg. v. E. Hennecke. Tübingen ⁴1971, II. S. 532). Den Griechen tritt Darius als Zeus-Verehrer gegenüber (Herodot IV 87), und in Babylon vermeidet er nach Auskunft

sen Gefühle unterworfener Völker hier genauso eine Rolle gespielt wie später bei Alexander, der sich auch in seiner Religionspolitik in den von den Achämeniden vorgezeichneten Bahnen bewegt, wenn er neben den griechischen Göttern auch Melqart, Ammon, Marduk und Sarapis ehrt und auch die Riten der Magier akzeptiert. Aber weshalb wäre die Verehrung Ahura Mazdas durch Darius nicht politisch? Politisch ist jedenfalls die betonte Herausstellung der Wahrheit und die Verdammung der Lüge[161], worin ich zarathustrischen Einfluß auf Darius erkennen möchte – jedoch in entfremdeter Form: Darius sah sich mit der zarathustrischen Ideologie der Gaumāta-Anhänger konfrontiert. Deren politische Führer konnte er zwar beseitigen, die Ideologie selbst aber nur entkräften, indem er sie pervertierte. Sein Erfolg ist schließlich auch daran zu messen, daß die spätere iranische Tradition die von Darius zu verantwortende Magiertötung dem Makedonen Alexander anlastete und damit jeden Makel von der Verbindung „Thron und Altar" nahm[162]. Wahrheit und Lüge waren den Zarathustriern moralische Begriffe, die ihr soziales und religiöses Verhalten bestimmten[163]. Bei Darius ist Lüge die Auflehnung[164] gegen die Gewalt eines Herrschers, der vorgibt, dieselbe Religion wie sein Gegner zu haben, um dadurch deren moralische Gebote zur Sicherung seiner Herrschaft zu verwenden – etwa so wie Gregor der Große einem ratsuchenden Bischof empfahl, Heiden dadurch zu Christen zu machen, daß er gewisse Aspekte ihrer Riten und Tempel für christlich erkläre, oder wie Bismarck die Sozialdemokratie dadurch isolieren zu können glaubte, daß er Teile ihrer Forderungen in seine Sozialgesetzgebung aufnahm. Die hier als Gegenargument sich einstellende Legende von der Wahrheitsliebe der Perser geht zwar schon auf Herodot zurück, aber es sollte stutzig machen, daß an beiden Stellen, wo er von ihr spricht, Wahrheit stets mit Tugenden verbunden ist, die dem Staate nützen: einmal mit militärischer Tüchtigkeit – Reiten und Schießen[165], zum anderen mit pünktlicher Steuerentrichtung. Denn das dürfte hinter dem zu vermuten sein, was nach Herodot die Perser als das Schändlichste ansehen: zu lügen und Schulden zu haben[166].

---

des dort gefundenen Fragmentes seiner Rechtfertigungsinschrift die Erwähnung Ahuramazdas, wohl um babylonische Gefühle nicht zu verletzen (Cowley, a.a.O., S. 249).

[161] DB I, S. 34 und IV, S. 34 mit IV, S. 38, S. 63, S. 68.

[162] Altheim – Stiehl in Geschichte Mittelasiens S. 32 und S. 62.

[163] Vgl. etwa Gathas, Yasna, S. 32.

[164] Klima, Mazdak, S. 53, Anm. 84. Schon im Akkadischen bedeutet sarrum sowohl Lügner als auch Aufständischer (W. v. Soden in Akkad. HdWb. 1030).

[165] Herodot I 136, 2.

[166] Herodot I 138, 1. Interessanterweise kennt auch der zentralistische Staat der Inkas ein entsprechendes „aus Staatsräson geborenes Gebot für die Massen": Sei kein Dieb, sei kein Lügner, sei kein Faulpelz! (Roter Faden zur Ausstellung Herrscher und Untertan. Völkerkunde-Museum. Frankfurt 1973. S. 180).

Diese Überlieferung bekommt ihren konkreten Sinn, wenn man an Stelle von
„die Perser" Darius setzt, den Herodot auch κάπηλος = Kaufmann nennt[167].
In zwei weiteren Überlieferungen sind Spuren davon zu finden, wie Darius
das Programm seiner Gegner entschärfte, indem er es auf seine Person zu-
rechtschnitt: Zu Gaumātas sozialen Maßnahmen gehörte die erwähnte
dreijährige Aussetzung von Steuern and Kriegsdiensten[168], durch die die
bäuerliche Bevölkerung entlastet werden konnte. Platon weiß demgegenüber, Darius habe den Demos der Perser durch Geld und Geschenke auf
seine Seite gezogen[169]. Entsprechend bei Herodot die Antwort des Darius auf
die demokratische Rede des Otanes: nachdem dieser versucht, die πάτρια
νόμαια vor der Willkür eines Alleinherrschers zu schützen, beruft sich jener
auf die πατρίους νόμους um damit die Monarchie zu legitimieren[170].

Ihren bildlichen Ausdruck findet auf religiösem Gebiet die Usurpation
älterer Formen durch Darius in der Szene des opfernden bzw. betenden Königs: wo über den alten medischen Felsgräbern Magier am Feueraltar standen, nimmt am achämenidischen Königsgrab der Herrscher selbst ihre Stelle
ein. Dem entspricht ein negativer Beleg: unter den zahlreichen Untertanen-
typen an der Apadanatreppe in Persepolis sind die Magier nicht dargestellt[171].

Da „Wahrheit" für Darius eine Tugend der Untertanen ist, kann er als
Herrscher sich einen etwas freieren Umgang mit ihr erlauben. Herodot läßt
Darius mit machiavellistischen Argumenten die Lüge als Mittel auf dem
Wege zum Erfolg rechtfertigen[172]. Dahinter ist weniger sophistisches Denken griechischer Art zu sehen als vielmehr die historische Situation seiner
Rechtfertigungsinschrift: ihre erste – elamische – Fassung stellt fest, daß in
einem Falle ihm nur noch wenige Gardetruppen treu geblieben waren, in der
jüngeren – altpersischen – Fassung ist dieser schmachvolle Passus weggefallen[173] – Unterschlagung als historische Methode. Ferner: die sechs Adligen,
die den Aufstand gegen den inzwischen offiziell als Herrscher anerkannten

---

[167] Herodot III 89, 3.

[168] Herodot III 67, 3.

[169] Platon, Leges 695 d.

[170] Herodot III 80, 5 und 82, 5.

[171] H. v. Gall in Archäol. Mitteil. aus Iran, NF 5 (1972). S. 283 und S. 277.

[172] Herodot III 72, 4. Demgegenüber entspricht dem herodotischen Argument des
Otanes, der Monarch werde leicht durch seine autokratische Regierungsgewalt
korrumpiert (III 80) in der iranischen Tradition Yast 10, 109: „Mithra behandelt als
würdig der Herrschaft nur *den* Herrscher, der den Versuchungen der Herrschaft
widersteht." – Zum iranischen Gehalt der Verfassungsdebatte vgl. P. T. Brannan in
Traditio 19 (1963). S. 427ff.

[173] Hinz, W.: Neue Wege im Altpersischen. Wiesbaden 1972. S. 17 und S. 60. Daß
die elamische die ursprüngliche Fassung des Tatenberichtes sei, stellte auch H. T.
Wade-Gery 1951 fest (Cameron a.a.O., S. 51).

Gaumāta begannen[174], denn schließlich waren ja ihnen unter seiner Regierung Land, Vieh und Leute nach Auskunft der Inschrift abgenommen worden[175], bezeichnet Darius, nachdem er seine Herrschaft gefestigt hat, nur noch als seine Gefolgsleute *(anušiya-)*[176]. Herodot kannte die ältere, nicht verschönerte Fassung: die sechs adligen Verschwörer nehmen ihrerseits Darius in ihren Bund auf, da er sich – sein Vater ist Statthalter in einer Satrapie – als einer der Ihren erwiesen hatte[177]. Diese historischen Tatbestände vergessen zu machen[178], erforderte höchste propagandistische Anstrengungen des Usurpators[179].

Sie entsprechen in ihrer Funktion jenen traditionsbildenden Lügen, mit denen die Geschichtsschreibung zentralistischer Machtgebilde als Legitimationsversuch anders nicht zu rechtfertigende Interessen zu begründen pflegt. Einige Beispiele aus der Alten Geschichte mögen genügen: in der ägyptischen Überlieferung heißt Reichseinigung, was die Eroberung des Nordens durch den Süden war[180]. Die Entstehung eines Hellenenbewußtseins in den Perserkriegen verdeckte zugleich die Gründe, nämlich soziale Gegensätze, die zu seiner Propagierung geführt haben[181]. Massinissa, der Einiger Numidiens, wird als der Begründer der Landwirtschaft dieses Gebietes hingestellt, um die Notwendigkeit von Domänenwirtschaft zu betonen, denn ihm gelang die erste wirklich rentable Zusammenfassung und Ausbeutung von Lände-

---

[174] Herodot III 70, 2 und 3. Vgl. auch Aischylos (Perser 775f.), der den Adligen Artaphrenes (= Vindafarna?) als Mörder des Mardos (= Smerdis/Gaumāta) nennt. Vindafarna und seine Familie bilden deshalb für den Usurpator Darius eine solche Konkurrenz, daß er sie bekanntlich ausrotten läßt.

[175] DB I, S. 46f.

[176] DB IV, S. 82.

[177] Herodot III 70, 3, hier Persis an Stelle von Parthava (DB III, S. 5) genannt. – Vgl. auch Strabon XV 15, 24 (736).

[178] Offiziöse Korrektur von Geschichte finden sich in Iran auch in spätsasanidischer Zeit: Nach Ḥamza Iṣfahānī (ed. Gottwaldt 24) sammelte der Magier Bahrām 20 Kopien des Königsbuches ein, wohl um sie zu verbessern, da sie große Unterschiede aufwiesen.

[179] Im hieroglyphischen Text der neuen Darius-Statue aus Susa wird Vištāspa, der Vater des Usurpators, als it nṯr = Gottesvater bezeichnet (J. Yoyotte in Journ. Asiat. 260 [1972], S. 257 mit Anm. 5) – ein Titel, den das ägyptische Protokoll einem Manne nichtköniglichen Blutes zu verleihen pflegt, dessen Sohn eine königliche Erbin heiratet (C. Aldred in JEA 43 [1957], S. 36). Dem entspricht die Heiratspolitik des Darius (Herodot III 88, 2).

[180] Unterägypter als besiegte Gegner des Pharaos dargestellt etwa auf der Narmer-Platte aus Oberägypten (Drioton, E. – Vandier, J.: L'Egypte. Paris ⁴1962, S. 131f.) oder auf den Reliefs des Reichseinigers Mentuhotep in Gebelēn (Porter, B. – Moss, R.: Topographical Bibliography. Oxford 1937, V. S. 163).

[181] Deman (s. Anm. 88).

reien in einer Hand[182]. Auch Salomos Bemühen um das richtige David-Bild ließe sich anführen[183]. Und – um mit einer philosophischen Abstraktion zu argumentieren, die der Einfachheit halber ebenfalls der antiken Überlieferung entnommen sei – Platon greift für die Begründung der Notwendigkeit der Klassengesellschaft in seinem Idealstaate ganz bewußt und ausdrücklich ohne Skrupel auf eine Lüge zurück[184]. Werde diese erste einmal akzeptiert, dann auch der auf ihr aufbauende Staat.

Wie weit auch der sich selbst auf die Suche nach der Wahrheit verpflichtende Wissenschaftler entsprechende Skrupel überwinden kann, zeigt Platons Schüler Aristoteles, wenn er wider besseres Wissen – Antiphons Lehre ist ihm bekannt[185] – die Sklaverei für naturnotwendig hält, indem er aus ökonomischen Gründen rechtliche und historisch gewordene Verhältnisse als naturgegeben erklärt[186] und damit an dem Punkt steht, „wo der Idealismus vor den gesellschaftlichen Widersprüchen die Fahne streicht und diese Widersprüche als ontologische Sachverhalte ausspricht"[187]. Im Geschichtsbild der Achämeniden werden entsprechende Widersprüche, die das neue zentralistische Großreich gewaltsam unterdrückte, als „Wahrheit" einer für gottgewollt und dynastisch legitimiert erklärten Macht untergeordnet, gegen die jeder Widerstand als „Lüge" zu gelten hat.

---

[182] Camps, G.: Massinissa ou les debuts de l'histoire. Paris 1960 (= Libyca 6). S. 8ff., S. 229ff.

[183] Weiser, A.: Die Legitimation des Königs David, in: Vetus Testamentum 16 (1966). S. 325ff., bes. S. 350ff. In romanhafter Form schildert Heym, St.: Der König David Bericht. München 1972 die Entstehung dieser Historiographie unter dem Druck dynastischer Politik.

[184] Platon, Res publica 414 c und 389 b.

[185] Aristoteles, Pol. I 3 (1253 b 20-23).

[186] So ein Autor des Vormärz: Schiller, L.: Die Lehre des Aristoteles von der Sklaverei, in: Jahresber. der kgl. Studienanstalt zu Erlangen 1847, S. 19.

[187] Marcuse, H.: Über den affirmativen Charakter der Kultur, in: Kultur und Gesellschaft I. Frankfurt 1965, S. 59.

Zur Wirkungsgeschichte des Darius-Palastes in Susa

Das Esther-Buch der Bibel läßt erkennen, daß der Achämenidenpalast in Susa Ausdruck zeremoniellen Wohnens ist. Schon W. Andrae[1] brachte Gründe für einen Vergleich seines Grundrisses mit babylonischen Anlagen bei. Seine Beobachtungen wurden bei Nachgrabungen 1972 durch den Nachweis bestätigt, daß der vermeintliche Tordurchlaß eine Wand war und als solche den hinteren von drei Räumen rückwärts abschloß. Damit war er endgültig den Thronsälen im Palaste Nebukadnezars zu Babylon vergleichbar geworden.

P. Amiet entdeckte das assyrische Urbild im Grundriß des Sanherib-Palastes zu Ninive und bestätigte damit die mehrfach beobachtete ideologische Anlehnung der Achämeniden an das Assyrische Weltreich[2]. Dieses Konzept königlicher Architekturrepräsentation wurde auch von den Satrapen übernommen: es findet sich im sogenannten Perserbau von Lachisch[3] in Palästina und auf Zypern im Palast von Vouni[4]. Beide Anlagen gehören in das 5. Jahrhundert, in beiden wurde achämenidisches Gerät gefunden. Wie der Palast des Darius in Susa hat sich auch der in Vouni durch eine Fehlinterpretation des Befundes dem richtigen Verständnis verschlossen. Lachisch zeigt deutlich, daß die beiden Stufen nicht von einem Propylon in einen Hof hinabführen – auch im griechischen Bereich, wo man suchen zu müssen glaubte, gibt es dafür keine Beispiele, sondern aus dem Innenhof hinauf in den Repräsentationsraum. In Vouni ist dessen Rückwand mehrfach verändert worden[5]. In seinen jüngeren Phasen hat Vouni ferner mit Susa die Doppelung des

---

[1] W. Andrae in AA (1923/24), S. 99ff

[2] P. Amiet in Syria 51 (1974), S. 65ff. – Achämeniden und Assyrer: D. Metzler in Klio 57 (1975), S. 444 mit Anm. 12

[3] Tufnell, O.: Investigations at Lachish III, London 1953, S. 131ff. Albright, W. F.: Archäologie in Palästina. Zürich, Köln 1962. S. 144. Die neuesten Überlegungen von Y. Aharoni (Investigations at Lachish V. Tel Aviv 1975. S. 33ff.), wonach dieser Grundriß mit assyrischen Bauten zu vergleichen sei, führen nicht weiter, da weder die Vergleiche einleuchten noch die Grabungsergebnisse von Miss Tufnell revidiert werden konnten. Deren Beobachtungen wiesen den Bau in das 5. Jhd. v. Chr.

[4] The Swedish Cyprus Expedition III, Stockholm 1937, S. 76ff., bes. S. 287f

[5] SCE III, S. 287f. mit Fig. 120. – Am vermeintlichen Propylon in Vouni kreuzen die Abwässerkanale der benachbarten Naß-Räume des Palastes den Weg des Eintretenden – das erscheint wenig repräsentativ. Die im Plan westlich daran anschließende Durchlaßpforte zwischen den in Fig. 120 mit 50 und 57 bezeichneten Räumen existierte nach Autopsie im ursprünglichen Bau nicht.

Innenhofes gemeinsam – in Babylon lagen sogar fünf Höfe nebeneinander[6].
Alle Bauten liegen so, daß sich die Vorhallen, will sagen Liwane, nach Norden hin auf den Innenhof öffnen, also gegen südliche Sonne geschützt sind.
Das gilt auch für die späteren Nachfolger dieses Grundrisses in Aï Khanum[7]
und in Ktesiphon[8] – hier in der für die spätsasanidische Zeit charakteristischen Verfeinerung des architektonischen Details: Gewölbe über Nischen
und Wandverkröpfungen.

Die Kontinuität der Grundrisse belegt das Fortbestehen des ihnen gemä-
ßen zeremoniellen Wohnstils, dessen Hauptanliegen das beeindruckende
Hinführen des Besuchers durch eine Folge von Hof, Vorhalle und Mittel-
raum zum Hauptraum und seinen Bewohnern war. Dabei wurde ursprünglich
königliches Privileg von den Satrapen übernommen[9] und sehr viel später
vom traditionsbewußten stadtsässigen Adel[10] wohl als Hinweis auf seine
historische Abkunft bewahrt, als die Könige seiner Zeit längst Paläste bauten, deren Zuschnitt den gesteigerten Bedürfnissen des sich weiterent-
wickelnden Zeremoniells entsprachen[11].

---

[6] Koldewey, R. – Wetzel, F.: Die Königsburgen von Babylon II. Leipzig 1932. S.
55, Taf. 32

[7] P. Bernard in CRAI 1970, S. 311, Abb. 9 mit S. 312, Anm. 2; ders. in CRAJ 1974,
S. 282, Abb. 1; ders. in CRAI 1975, S. 169, Abb. 1.

[8] O. Reuther in Survey of Persian Art I, S. 547, Abb. 156 b.

[9] Der Satrap hatte die Pflicht, dem Lebenswandel des Großkönigs zu folgen
(Xenophon, Cyrupaed. VIII 6, 10: mimeisthai). Im Zeremoniell äußerte sich das
auch darin, daß der König seinen „Freunden" Reste von seiner Tafel schickte (Xen.
Anab. I 9, 25f.) oder von ihm selbst getragene Gewänder weiterschenkte (Plutarch,
Artaxerxes 5; Esther 8, 15), so daß K. Galling (Syrien in der Politik der Achä-
meniden = Der Alte Orient 36 Heft 3/4, Leipzig 1937, S. 47) mit Recht im Gewand
der Stele des Königs Jehawmelek von Byblos Trachtelemente des persischen
Königsornates wiedererkannte.

[10] Weiterleben einer königlichen Repräsentationsform beim Adel scheint auch im
Falle des hohen, terrassenartigen Gebäudesockels des Palastes von Balalyk-Tepe (5.-
7. Jhd. n. Chr. Albaum, L. I. – Brentjes, B.: Wächter des Goldes. Berlin 1972. S.
167) vorzuliegen, vergleicht man seine Funktion mit der von B. Fehr (Marb.
Winckelmannsprogr. 1969, S. 39ff) als „Plattform und Blickbasis" charakterisierten
Aufgabe der Terrasse von Persepolis.

[11] Vgl. O. Reuther in Survey of Persian Art I, S. 534, fig. 150 (Firuzabad), S. 536,
fig. 151 (Sarvistan), S. 540, fig. 153 (Qasr-I Širin) und S. 543, fig. 155 (Taq-i Kisra).
Trotz Variationen.(z.B. basilikale Halle vor Kuppelraum) bleibt die Gliederung in
aufeinanderfolgende (oder zwei) Räume jedoch prinzipiell gewahrt und wird
schließlich noch in die frühislamische Architektur übernommen: Dār al-Imāra in
Kufa (M. A. Mustafa in Sumer 12, 1956, S. 13, Plan 1).

Bemerkungen zum Brief des Darius an Gadatas

Seit seiner Entdeckung im Jahre 1886 durch G. Cousin und G. Deschamps bei dem türkischen Dorf Germencik/Degirmencik im Mäandertal – inschriftlich in griechischer Fassung auf einem kaiserzeitlichen Eckstein zusammen mit einer Urkunde der karischen Stadt Magnesia erhalten – ist der Brief des Königs Darius (521-486) an seinen „Knecht" (δοῦλος) Gadatas[1] aus den Darstellungen der Geschichte des Achämenidenreiches nicht mehr wegzudenken. Er gilt trotz – meines Erachtens haltloser – Zweifel an seiner Echtheit als ein authentisches Zeugnis besonders für Fragen der achämenidischen Verwaltungs-, Agrar- und Religionspolitik. Entsprechend häufig und intensiv wird er auch von P. Briant in seiner meisterhaften, breit angelegten „*Histoire de l'Empire Perse*" von 1996 genutzt[2], die zusammen mit der im gleichen Jahre vorgelegten weit über 14.000 Einträge umfassenden systematischen Bibliographie[3] – von U. Weber und J. Wiesehöfer mit bewundernswerter Umsicht und Exaktheit in jahrelanger Mühe ohne Hilfskräfte und Computer erarbeitet – in absehbarer Zukunft die Grundlage für die Beschäftigung mit dem „Reich der Achämeniden" bleiben dürfte.

Einen kenntnisreichen iranistischen Kommentar der Inschrift legte F. Lochner-Hüttenbach im „Handbuch des Altpersischen" vor[4]. Daraus übernehme ich hier die deutsche Übersetzung und füge die französische von P. Briant[5] hinzu, da sie exakter ist und besonders sorgfältig dem achämenidischen Stil des Griechischen folgt, um zugleich mit einer solchen Trilingue an die Liberalität achämenidischer Sprachenpolitik zu erinnern, die weit entfernt war von beklagenswerten Tendenzen zu monopolistischer Einsprachigkeit im modernen Wissenschaftsbetrieb.

---

[1] Paris, Musee du Louvre. – Cousin, G. – Deschamps, G. : Lettre de Darius, fils d'Hystaspes, in: BCH 13 (1889,). S. 529-542. Kern, O. : Die Inschriften von Magnesia. Berlin 1900. Nr. 115 a. Meiggs, R. – Lewis, D.: A selection of greek historical inscriptions. Oxford 1969. Nr. 12.

[2] Briant, P. : Histoire de l'Empire Perse. De Cyrus à Alexandre. Paris 1996, mit Index.

[3] Weber, U. – Wiesehöfer, J.: Das Reich der Achämeniden. Eine Bibliographie. Berlin 1996 (= Archäol. Mitteil. aus Iran Erg.bd. 15).

[4] Brandenstein, W. – Mayrhofer, M.: Handbuch des Altpersischen. Wiesbaden 1964. S. 91-98.

[5] Briant, a.a.O., S. 507.

Βασιλεῦς [Βα]σιλέων Δαρεῖος ὁ Ὑστάσπεω Γαδάται δούλωι τάδε λέγει[ι. Πυνθάνομαί σε τῶν ἐμῶν ἐπι ταγμά-των οὐ κατὰ πάντα πειθαρχεῖν. ὅτι μὲν γὰ[ρτ]ὴν ἐμὴν ἐκπο-νεῖς γ]ῆν, τοὺς πέραν Εὐφ]ράτου καρποὺς ἐπ[ι τὰ κάτω τῆς Ἀσίας μέρ]η κατα-φυτεύων, ἐπαιν]ῶ σὴν πρόθεσιν καὶ δ]ιὰ ταῦτά σοι κείσεται μεγάλη χάρις ἐμ Βασι-λέως οἴκωι. ὅτι δὲ τὴν ὑπὲρ εῶν θμου διάθεσιν ἀφανίζεις, δώσω σοι μὴ μεταβα-λομένωι πεῖραν ἠδι-κη[μέ]νου θυμοῦ. φυτουργοὺς γὰρ ἱ]εροὺς Ἀπόλλ[ω]νος φόρον ἔπρασσες καὶ χώραν σ]καπανεύων βέβηλον ἐπ[έτασσες, ἀγνοῶν ἐμῶν προ-γόνων εἰς τὸν θεὸν ν]οῦν, ὃς Πέρσας εἶπε πᾶ]σαν ἀτρέκε[ι]αν καὶ τη.	Der König der Könige Dareios, Sohn des Hy-staspes, kündet seinem Untergebenen Gadatas folgendes: Ich vernehme, daß du meinen Anord-nungen nicht in jeder Beziehung nachkommst. Daß du mein Land kulti-vierst, indem du Früchte von jenseits des Euphrat in die Gebiete an der Kü-ste Kleinasiens pflanzst, diesen deinen Entschluß lobe ich, und deswegen wird dir im Hause des Königs großer Dank be-wahrt werden. Daß du aber meine Verfügung, die Götter betreffend, nicht beachtest, dafür werde ich dir, wenn du dich nicht änderst, einen Beweis meines Mißfal-lens geben. Denn du hast den geheiligten Gärtnern Apollons eine Steuer ab-verlangt und ihnen auf-getragen, ungeweihtes Land zu bebauen, in Ver-kennung der Gesinnung meiner Vorväter zur Gott-heit, die den Persern die volle Rechtsordnung kün-dete und ...	Le Roi des rois, Darius, fils d'Hystaspes, à son serviteur Gadatas parle ainsi. J'apprends que tu ne te conformes pas sur tous les points à mes instructions. Sans doute tu appliques tes soins à cultiver la terre qui m'ap-partient, puisque tu transplantes dans la Basse-Asie des arbres qui croissent de l'autre côté de l'Euphrate: sur ce point, je loue ton inten-tion, et, pour cela, il y aura envers toi une gran-de reconnaissance dans la maison du roi. Mais, d'autre part, comme tu fais disparaître mes sen-timents à l'égard des dieux, je te ferai éprou-ver, si tu ne changes pas, ma colère excitée par une injure. Les jardiniers sacrés d'Apollon ont été par toi soumis aux tribut et contraints de travailler un terrain profane: c'est là méconnaître les senti-ments de mes ancêtres pour le dieu qui a dit aux Perses [lacune].

Ohne hier die Fülle der von P. Briant und seinen Vorgängern geleisteten Er-läuterungen des Textes referieren zu wollen, werden vielmehr einige neue Bemerkungen zu Einzelpunkten vorgetragen – zunächst zur Person des Adressaten: Gadatas wird nach persischem Protokoll als δοῦλος angeredet, doch ist darunter nicht gerade im griechischen Sinne ein Oikos-Sklave zu verstehen, sondern wie mehrfach bemerkt, die Wiedergabe der üblichen Bezeichnung *bandaka* für den Untertan des Herrschers, der sein „Reich" allerdings gleichsam wie seinen privaten Oikos als Haushaltsvorstand regiert. Er hat natürlich einen eher hohen Rang in der lokalen Verwaltung bekleidet, konnte er doch wie aus dem Inhalt des Briefes hervorgeht 1) die Bebauung *königlichen* Landes (Z. 9) bestimmen und verbessern – durch Pflanzenimporte von jenseits (aus königlicher Sicht, aus kleinasiatischer Sicht also von diesseits) des Euphrat (Z. 10-13), 2) von corvée-Leistungen exempte Tempel-Bauern (oder -gärtner) des Apollon (φυτουργοὺς ἱερούς) zu Abgaben (φόρον) und Dienstleistungen – wenn auch offensichtlich widerrechtlich – zwingen und 3) dabei also anderen Landbesitz – eigenen, fremden oder königlichen, jedenfalls durch βέβηλος (Z. 25) als profanen bezeichneten kontrollieren. Welches genau seine Funktion in Magnesia war, ist unbekannt – möglicherweise die des von Kyros eingesetzten *hyparchos* von Sardis und zeitweilig in Magnesia residierenden Oroites oder die des von Artaxerxes I. mit der Stadt „beschenkten" Themistokles.

Der Name Gadatas ist relativ selten. Immerhin besteht die Möglichkeit ihn zu lokalisieren, denn in zwei Fällen ist er mit Syrien zu verbinden: Xenophon nennt einen einheimischen Fürsten, den Assyrern benachbart, der kinderlos Kyros als Erben einsetzt[6]. In der Kaiserzeit begegnet er uns unter den Syrern Dakiens. D. Tudor verbindet ihn dort mit dem bekannten ugaritisch-syrischen Schutzgott/Schutzgeist „Gad"[7]. Der zweite Bestandteil des Namens wäre dann wie schon F. Justi 1895[8] bemerkte mit aram *'ata* = „kommen, erscheinen" zu erklären. Es handelt sich also um einen der theophoren Namen, die das Erscheinen der Gottheit evozieren – vergleichbar griechischen Namen auf -φάνης und ägyptischen mit *hpr* gebildeten. Gadatas hätte also als Syrer Früchte aus seiner Heimat nach Magnesia in Karien transferiert. Die arische Interpretation sieht demgegenüber in Gadatas eine Kurzform von *Bagadata* („von Gott geschenkt" – vgl. θεόδοτος θεόδωρος)[9]. Die gut nachweisbaren semitischen Namen für jüdische und phönikische Personen im achämenidischen

---

[6] Xenophon, Kyroupädie V 4, 29f.

[7] Tudor, D.: Les Syriens en Dacie Inferieure, in : AAAS 21 (1971). S. 71-76, bes. S. 73 mit zahlreichen Varianten der Namen auf Gad –. Zum Bedeutungsfeld von Gad vgl. auch Metzler, D.: Archaische Kunst im Spiegel archaischen Denkens. Zur historischen Bedeutung der griechischen Kouros-Statuen, in: Festschrift für M. Wegner. Bonn 1992. S. 289-303, bes. S. 300, Anm. 96. Einen weiteren Gadatas fand Sekunda, N.: Achaemenid settlement in Caria, Lycia and Greater Phrygia, in: Achaemenid History VI. Leiden 1991. S. 83-143, bes. S. 95, in den Inschriften von Delos – ein Leichenträger im Jahre 275 v. Chr. (IG XI 2, 199 A 72).

[8] Justi, F.: Iranisches Namenbuch. Marburg 1895. S. 107 mit Hinweis auf Wellhausen.

[9] Mayrhofer, M.: Onomastica Persepolitana, SÖAW 286, Wien 1973. S. 282 § 11.1.5.2 – mit Hinweis auf Kadada in PF 279, 3, der aber kein Iraner sein muß. In wienerischer Heiterkeit verklärte W. Dressler diese Kürzung in Analoge zu Dialektvarianten seiner Heimatstadt als Allegro-Form (Die Sprache 20 [1974]. S. 125).

Kleinasien[10] scheinen mir allerdings diese iranistischen Konstrukte überflüssig werden zu lassen.

Die Erwähnung Apollons brachte für manche Bearbeiter Datierungs- und Echtheitsprobleme mit sich, insofern sie zurecht die Exemption der Tempelbauern mit der Gesinnung der Vorväter des Darius gegenüber diesem Gott verbanden und sich dann allerdings an der persischen Zerstörung des Apollon-Heiligtums von Didyma stießen. Jedoch „das Heiligtum von Didyma hat mit der hier zu besprechenden Inschrift nichts zu tun", wie J. Wiesehöfer lakonisch konstatiert[11]. Ich schlage ein anderes Apollon-Heiligtum und Orakel vor: das von Nape auf der äolischen Insel Lesbos, mit 190 km Luftlinie gewiß weiter ab vom karischen Magnesia als das nur knapp 60 km entfernte ionische Didymaion, aber sinnvoll mit den Achämeniden zu verbinden, hat es doch Kyros geweissagt: Τὰ ἐμά, ὦ Κύρε, σά – „Meines, oh Kyros, ist deines"[12]. Diese Loyalität gegenüber den Achämeniden konnte Lesbos unter Beweis stellen, indem die Stadt Mytilene ihren Anteil an der Flotte für den Ägyptenfeldzug des Kambyses stellte und Koës von Mytilene dem Darius an der Donaubrücke so erfolgreiche Ratschläge gab, daß dieser ihn später mit der Herrschaft über seine Heimatstadt belohnte[13].

Darius legt Wert darauf, daß Gadates die [gute] Einstellung (διάθεσις) des Königs gegenüber den Göttern (Plural Z. 18), in der kleinasiatischen Öffentlichkeit! möchte man hinzufügen, nicht dadurch unsichtbar werden läßt (ἀφανίζεις), daß dieser die Tempelbauern Apollons ungerechtfertigterweise zu Abgaben und Fron heranzieht, indem er die [gute] Gesinnung (νοῦς) der Vorväter des Königs – und unter diese rechnet Darius ja auch Kyros – gegenüber dem Gott (Singular Z. 27) verkennt – des Gottes, der den Persern reine unverdrehte Wahrheit (ἀτρέκειαν) sagte. Wahrheit (Unverdrehtheit) ist hier möglicherweise mehrdeutig, nämlich sowohl auf das Orakel wie auf die loyale Haltung zu beziehen, die Darius in der Bisutun-Inschrift bekanntlich als Gegenpol zur Lüge der Aufständischen setzt. Der Hinweis auf die Bisutun-Inschrift gilt auch für den Begriff „Perser" (Z. 28), denn sie werden dort – von den Lügenkönigen abgesehen – immer wieder als die loyalen Mitstreiter des Darius apostrophiert. Gerade w e i l der Brief an Gadates von „Persern" und nicht in zeitgenössisch griechischer Terminologie von „Medern" spricht, erweist er sich auch gerade hierin als authentisch (pace C. Tuplin)[14].

---

[10]   Lipinski, E.: Studies in aramaic inscriptions and onomastics. Löwen 1975. S. 161 et passim. Altheim-Stiehl, R.: Eine neue gräko-persische Grabstele aus Sultaniye Köy, 2. Die Inschrift, in: Epigraphica Anatolica 1 (1983). S. 10-18, bes. S. 12 (Add).

[11]   Wiesehöfer, J.: Zur Frage der Echtheit des Dareios-Briefes an Gadatas, in: Rh. Mus. 130 (1987). S. 396-398, bes. S. 397.

[12]   Philostrat, Heroicus 5, 3. Zu Nape: Buchholz, H. G.: Methymna. Mainz 1975. S. 206.

[13]   Herodot III 13, 1 und 14, 5 (Schiff); IV 97, 2 und V 11 (Koës).

[14]   Tuplin, C.: Persians as Medes, in: Achaemenid History VIII. Leiden 1994. S. 235-256, bes. S. 238.

Das Heiligtum des Apollon von Magnesia und das auf Lesbos haben Funktion und Bedeutung des Namens gemeinsam: Nape auf Lesbos ist mit „Waldtal" zu übersetzen, νάπαιος ist dort wie in Delphi Beiname des orakelgebenden Apollon und auf „Wald" beziehen sich beide Namensvarianten des magnesischen Heiligtums, insofern es wie erneut L. Robert[15] akribisch untermauert hat, mit dem durch Dendrophorie und andere ekstatische Rituale ausgezeichneten Tempel von Hylai (Wald, Bäume) – so die meisten Pausanias-Handschriften bzw. Aulai nach Emendation durch Wilamowitz und kaiserzeitlichen Münzen – identisch ist[16]. Mit dem Beinamen Aulaites (dem Freien, Offenen zugeordnet) wird Apollon einmal mehr als Orakelgott verehrt. Denn Orakeltätigkeit Apollons in Magnesia nennt zweimal der andere Text auf der Nebenseite desselben Steines von Germencik[17]. Ein für die Perser günstiges Orakel Apollons ist aus Magnesia selbst einstweilen nicht bekannt, das aus Lesbos für Darius' Vorfahren Kyros dagegen ist von bemerkenswerter Deutlichkeit und Delphis „Medismos" ein offenes Geheimnis. Daß sich Darius übrigens das Wohlwollen Apollons auch sonst etwas kosten ließ, zeigt bekanntlich das aufwendige Weihrauch-Opfer des Datis im Heiligtum von Delos[18].

Daß Tempelbauern (Heilige Gärtner) bei einem Apollon-Heiligtum genannt werden, hat gelegentlich Skepsis an der Echtheit des Briefes hervorgerufen. So wurden Zweifel geäußert, ob griechische Tempel „could hold peasants"[19]. P. Briant hat neben perserzeitlichen Beispielen auch die Stiftungen in Kommagene[20] als Gegenbeispiele angeführt – die Reihe ließe sich fortsetzen[21]. Wichtig scheint mir, zu beachten, daß Magnesia eben nicht ein ionischer d.h. griechischer Ort ist, sondern mit dem oberen Mäandertal zu Karien gehört[22] – wie hellenisiert er auch immer sein mag. Aber abgesehen davon gelten gerade die Magneten nach Aristoteles als ἱεροὶ τοῦ θεοῦ, Δελφῶν ἄποικοι, was Konon

---

[15] Robert, L.: Documents d'Asie Mineure 2. Le dendrophore de Magnésie, in: BCH 101 (1977). S. 77-88, bes. S. 82f.

[16] Pausanias X 32, 6. U. von Wilamowitz-Moellendorf in GGA 1900. S. 572, Anm. 3. Robert, a.a.O., S. 81 mit Abb. 15.

[17] Kern, a.a.O., Nr. 115 b Zeilen 4 und 22.

[18] Herodot VI 97, 2.

[19] Starr, Ch. G.: Greeks and Persians in the fourth century BC., in: Iranica Antiqua 11 (1975). S. 39-99, bes. S. 91, Anm. 140.

[20] Dörrie, H.: Der Königskult des Antiochos von Kommagene im Lichte neuer Inschriftenfunde. Göttingen 1964. S. 85. Briant, a.a.O., S. 509.

[21] Broughton, T. R. S.: Roman Asia Minor, in: Frank, T. (Hrsg): An economic survey of ancient Rome IV. Baltimore 1938. S. 641-645 und S. 678-684. Diakonoff, I.: Artemidi Anaeiti anestesen, in: BaBesch 54 (1979). S. 139-175, bes. S. 163f.

[22] Sekunda, a.a.O., S. 91f.

später mit dem Begriff δεκάτη (Weihung) spezifiziert[23]. Als von Delphi ausge-
sandtes Weihgeschenk sind sie also heiliges Eigentum des Gottes. Sie zu
schützen schreibt Darius hier einen B r i e f an Gadates, so wie sein Feldherr
Datis durch einen H e r o l d ausdrücklich im Auftrag seines Königs den nach
Tenos geflohenen „heiligen Männern" der Apollon-Insel Delos Unversehrtheit
für das Land und seine Leute zusagen läßt[24].

In Magnesia wurde die Abschrift des Darius-Briefes natürlich zur Demonstration eben dieser – ob längst verfallenen oder noch gültigen Privilegien, das
bleibe dahingestellt[25] – aufbewahrt. Er enthält aber auch im ersten Teil das Lob
des Adressaten für den Anbau neuer Fruchtsorten. Und genau diese Gegenüberstellung von Lob und Tadel entspricht achämenidischem Recht, denn so wägt
Darius die guten gegen die schlechten Taten des Sandokes, und die Richter vor
Artaxerxes II. die des Orontes[26]; ein Verfahren, das wie oft bemerkt zur Überprüfung der vorgebrachten Ansprüche genau so wie zur Registrierung lo-
benswerter Taten ein funktionierendes Archivwesen bzw. ein gutes Gedächtnis
voraussetzt. Syloson aus dem Magnesia benachbarten Samos berief sich
bekanntlich schon bald nach Darius' Machtübernahme auf seine guten Dienste.
Ähnlich früh könnte Darius möglicherweise auch schon gegenüber Gadates
reagiert haben, eventuell sogar auf eine lokale Beschwerde hin[27].

Daß agrarische Verbesserungen im Iran königlicher Belobigung würdig sind,
erwähnen auch die Burgwachen im parthischen Susa, die ihrem Stratiarchen
Zamaspes (1/2 n. Chr.) eine Statue weihen[28]. Sorge um die Landwirtschaft ist in
Iran religiöse Pflicht, wie Verse im jüngeren Avesta ausdrücklich nahelegen[29].
Zwar ist der König als Pflüger oder als Gärtner Symbolfigur in vielen Kulturen,
und wie jüngst K. Stähler[30] mit eindrucksvollen Beispielen dargelegt hat von
entsprechend bedeutungsvollem religiösen Rang, doch soll hier auch im Kontext
der Gadatas-Inschrift auf den königlichen Pflüger in der achämenidischen
Bildpropaganda hingewiesen werden: das Rollsiegel im Louvre und die Münze

---

[23] Aristoteles frg. 561 R (oder Theophrast) bei Athenaios, IV 173 F. Konon aus
Photios (26 FGrHistF 1, 29).

[24] Herodot VI 97.

[25] Siehe unten S. 411.

[26] Herodot VII 194, 2 (Sandokes); Diodor XV 8, 3-5 (Orontes). Briant, a.a.O., S. 328f.

[27] Herodot III 139-140 (Syloson). Auf lokale Eingaben hin antworten etwa römische
Kaiser in den ebenfalls inschriftlich publizierten Ordnungen für nordafrikanische
Domänen (Flach, D.: Inschriftenuntersuchungen zum römischen Kolonat in Nordafrika,
in: Chiron 8 [1978]. S. 441-492, bes. S. 477ff.

[28] Cumont, F.: Inscriptions grecques de Suse, in: CRAI 1931. S. 241.

[29] Vendidad III 23-33. Cannizzaro, F. A.: Il capitolo georgico dell'Avesta. Messina
1913.

[30] Stähler, K.: Christus als Gärtner, in: Boreas 17, Münster 1994 (= Festschrift für H.
Brandenburg). S. 231-236; ders.: Der Herrscher als Säer und Pflüger. Herrschaftsbilder
aus der Pflanzenwelt. Münster 2001 (= Eikon 6).

von Tarsos[31]. Indem sich Darius für den Früchte-Transfer des Gadatas interessiert, verhält er sich wie der große Assyrer Tiglatpilesar I. (1115-1077), dessen
Sorge um seinen Garten[32] bekannt ist, wie die kuschitischen Herrscher Taharqa
(690-664) und Harsiyotef (400-365), die den Weinbau in die Tempelgärten ihrer
Heimat zu übertragen versuchen[33] oder ein Majordomus des Amasis (625-570),
der für einen Tempel „einen Fruchtgarten mit süßen Bäumen aller Art" mit
„Gärtnern ... als Gefangene aus dem Ausland" anlegen ließ[34].

Zur Sorge das Darius um die Landwirtschaft noch einige weitere Aspekte:
Sein Lob gilt der Übertragung syrischer Früchte nach Kleinasien, also bestimmter Sorten. Sie gehören wie der berühmte Chalybon-Wein gewiß zu den
Luxus-Gütern. P. Briant hat in schöner Breite die „exaltation" des Herrschers
durch Luxus-Konsum dargestellt[35] und H. Sancisi-Weerdenburg entsprechende
food-notes (in: Topoi. Orient – Occident, Paris, Suppl 1 [1997/1998], S. S. 333-
345) beigebracht. Aus der Perspektive Thorstein Veblens entspricht dieses
zeremonielle Genießen der zur Machtausübung nötigen Selbstdarstellung der
„leisure class" – oder aus griechischer Sicht: τρυφή und ἀβροσύνη (luxuriöser
Aufwand) als Standespflicht[36]. Wie wesentlich entsprechende Kenntnisse für das
zeremoniöse Verhalten[37] bei Hofe waren, lehrt die Tatsache, daß in Iran – zwar
erst aus der Spätantike bekannt – dieses Wissen schließlich sogar als Handbuch
literarische Form finden konnte: der Pahlavi-Text *„König Kusro und sein
Page"*[38].

An diese Literatisierung anknüpfend wäre zu fragen, ob das agrarische
Interesse der Achämeniden, auf das auch der Brief des Darius ein Licht wirft
und analog dazu ihr Interesse an praktischer Naturwissenschaft wie Hippiatrie
und Medizin (man denke an die bekannten fremden Ärzte) auch zur Heraus-

---

[31] Sancisi-Weerdenburg, H.: The quest for an elusive empire, in: Achaemenid History
IV. Leiden 1990. S. 261-274, bes. S. 266. Briant, a.a.O., S. 940.

[32] Oppenheim, A. L.: On royal gardens in Mesopotamia, in: JNES 24 (1965). S. 328-
333, bes. S. 331.

[33] Priese, K.-H.: Das Reich von Napata und Meroë, in: Katalog Sudan. Antike
Königreiche am Nil, hrsg. von D. Wildung. München 1996. S. 207-217, bes. S. 213.

[34] Inschrift des Pefnefdi-Neith (Otto, E.: Die biographischen Inschriften der
ägyptischen Spätzeit. Leiden 1954. S. 165).

[35] Briant, a.a.O., S. 274f., S. 304ff., S. 311ff.

[36] Nenci, G.: *Tryphe* e colonizzazione, in: Modes de contacts et processus de
transformation dans les sociétés anciennes / Forme di contatto e processi di trasformazione nelle societa antiche. Actes du colloque de Cortone (24-30 mai 1981). Coll
EFR 67, Pisa-Roma (1983). S. 1019ff. und Lombardo, M.: *Habrosyne* e *habra* nel
mondo greco arcaico, in: ebd., S. 1077ff. Vgl. Metzler, D.: Rez. zu E. Hall, Inventing
the Barbarian, in: Hephaistos 11/12 (1992/93). S. 215-223, bes. S. 219.

[37] Metzler, D.: Eine neue gräko-persische Grabstele aus Sultaniye Köy 1. Beschreibung
und archäologischer Kommentar, in: Epigraphica Anatolica 1 (1983). S. 1-10, bes. S. 5f.

[38] Unvala, J. M.: The pahlavi text „King Husrav and his boy". Paris [1917].

bildung einer entsprechenden Fachliteratur geführt haben könnte. Um es
vorwegzunehmen: gesicherte Zeugnisse gibt es dafür nicht. Andererseits lassen
die von Ps.-Aristoteles[39] in entsprechendem Kontext erwähnten Περσικά (neutr.
plur.!) auch an Bücher denken, und Hamza Isfahanis Nennung von geopo-
nischen Werken (hiratatun) unter der von Alexander verschonten achämenidischen Literatur[40] muß nicht unbedingt nur sasanidische Rückprojektion sein.
Immerhin ist ja auch eine Frühdatierung der berühmten Geoponika des Mago in
die Zeit der Ausbreitung karthagischen Landbesitzes im 5. Jhd. durchaus
denkbar. Vielleicht verbergen sich hinter den drei iranischen Namen Daurises,
Yanbushad und Gaotema, die T. Fahd im Umfeld der filāha an-Nabātiya aus
arabischen Schreibungen rekonstruiert[41], ja auch achämenidenzeitliche Autoren.
Allzu viel praktisch-technisches Wissen dürfte darin aber kaum zu erwarten sein,
pflegte doch frühe geoponische Literatur eher manageriell-repräsentative
Bedeutung für die Landbesitzer zu haben, als konkret-nützliche Kenntnisse für
die arbeitenden Bauern zu bieten. Doch das bleiben Hypothesen.

Gesicherte Anhaltspunkte ergeben sich, fragt man nach dem agrarpolitischen
Rahmen, in den die Übertragung von Früchten aus einem Reichsteil in den
anderen – einmal abgesehen vom Luxusbedarf des Herrschers – zu stellen ist.
Schon den Griechen fiel das stark ausgeprägte Interesse der Achämeniden an der
Pflege der Landwirtschaft auf. Die Quellen dafür sind mannigfaltig und häufig
bearbeitet[42]. P. Briant hat in diesem Kontext auch auf die Arbeitspolitik[43] hingewiesen, denn Landesausbau durch die ebenfalls überlieferte Anlage von
Kanälen und anderen Bewässerungssystemen – die wagemutigen und aufwendigen Qanate[44] sind hier bekanntlich hervorzuheben – erfordert vor allem
den Einsatz menschlicher Arbeitskraft. Deportationen und Dorfgründungen
spielen dabei als bevölkerungspolitische Maßnahmen eine wesentliche Rolle[45],
deren Ziel in den Königsinschriften mit dem Selbstlob umartiya- (gut d.h. reich
mit Menschen versehen) für das Land der Perser ausgedrückt wird[46] –
entsprechend der Bedeutung des griechischen εὐανδρία-Ideals. Um eben diesen

---

[39] Ps.-Aristoteles, Oeconomica I 6, 3.

[40] Hamza Isfahani, Annalium Libri X, ed. v. J. M. E. Gottwald. Leipzig 1845. S. 42, Z.
21 (arab. Text), 29 (latein. Übers.).

[41] Fahd, T. : Retour à Ibn Wahšijja, in : Arabica 16 (1969). S. 83-88, bes. S. 87. Vgl.
allgemein Enc. Islam² sv. Filaha sowie die einschlägigen Monographien von T. Fahd.

[42] Briant, a.a.O., S. 244ff.

[43] Ebd., S. 412f., S. 446ff., S. 740f.

[44] Ebd., S. 827f.

[45] Metzler, D.: Ziele und Formen königlicher Innenpolitik im vorislamischen Iran.
Habilitationsschrift Münster 1977. S. 87, S. 113ff., S. 220ff. – Zu den (land-)wirt-
schaftlichen Besitzungen der Frauen der königlichen Familie jetzt Brosius, M.: Women
in Ancient Persia (559-331 BC). Oxford 1996. S. 123ff.

[46] Metzler, a.a.O., S. 225.

in der Landwirtschaft manifesten Arbeitskräftebedarf geht es im Konflikt des Apollon-Tempels mit Gadatas: indem Darius letzterem den unrechtmäßigen Arbeitseinsatz von exempten Tempelbauern auf profanem Land untersagt, bestätigt er dem Tempel dessen Privileg der uneingeschränkten Verfügung über die Arbeitskraft seiner eigenen Leute.

Sobald sich die Machtverhältnisse ändern und entsprechende Privilegien gefährdet sind, beruft man sich natürlich auf altehrwürdige Rechtstitel. Dabei scheinen sich die achämenidischen Beurkundungen eines besonderen Ansehens und Gewichtes auch noch in späteren Epochen zu erfreuen. Entsprechende königliche Erlasse (*datu*) werden etwa in seleukidischer Zeit 218 v. Chr. zitiert[47] oder unter Ptolemaios X. (107-88) für den Horus-Tempel von Edfu[48]. Als Tiberius nach Naturkatastrophen und Mißständen in Kleinasien Verwaltungsreformen[49] in Angriff nimmt, berufen sich die Bürger von Hierokaisareia auf Kyros[50] und stützten sich die Milesier auf [ein Dekret des] Darius[51]. Die erhaltene epigraphische Fassung des Briefes an Gadatas ist aber noch jünger – die Form der Buchstaben und die attizistische Modernisierung von Grammatik und Flexion[52] weisen in das 2. Jahrhundert, also in die Epoche der Kaiserzeit, in der der Prestigewettbewerb unter den kleinasiatischen Städten auch das historische Bewußtsein von einstiger politischer Größe als Propagandamittel einsetzt[53]. Daher kann es nicht verwundern, daß gerade in der Kaiserzeit relativ viele ältere historische Dokumente in epigraphischer Form monumentalisiert zu Propagandazwecken öffentlich sichtbar gemacht werden. A. Chaniotis hat davon 57 zusammenstellen können[54], darunter auch einige fiktive und unter der Nummer D 50 den Gadatasbrief, zu dessen Echtheitsbeweis auch die hier vorgelegten Bemerkungen weitere Argumente beitragen mögen.

---

[47] Olmstead, A. T.: History of the Persian Empire. Chicago 1948. S. 140.

[48] Meeks, D.: Le grand texte des donations au temple de'Edfou. Kairo 1972. S. 52 und S. 133.

[49] Orth, W.: Die Provinzialpolitik des Tiberius. München 1970.

[50] Tacitus, Ann. III 62, 4.

[51] Tacitus, Ann. III 63, 6.

[52] Kern, a.a.O., Nr. 115 a, Anm.

[53] Vgl. Ziegler, R.: Städtisches Prestige und kaiserliche Politik. Studien zum Festwesen in Ostkilikien im 2. und 3. Jh. n. Chr. Düsseldorf 1985. Scheer, F. S.: Mythische Vorväter. Zur Bedeutung griechischer Heroenmythen im Selbstverständnis kleinasiatischer Städte. München 1993.

[54] Chaniotis, A.: Historie und Historiker in den griechischen Inschriften. Stuttgart 1988. S. 234ff. (D 1-57).

Stilistische Evidenz für die Benutzung persischer Quellen durch griechische Historiker

In der Diskussion über die Möglichkeit, persische Quellen in den griechischen Zeugnissen zur Geschichte der Achämeniden nachzuweisen, haben in den letzten Jahrzehnten philologische Beobachtungen von iranistischer Seite besonderes Gewicht erhalten[1]. Eine hervorragende Stelle nahm und nimmt dabei die Beschäftigung mit dem inschriftlich erhaltenen Brief des Königs Darius an Gadatas[2], seinen Beauftragten in Magnesia, ein. In seinem griechisch erhaltenen Text sind bekanntlich mehrfache persische Lehnübersetzungen und Formulierungen der achämenidischen Kanzleisprache entdeckt worden. Ähnliches gilt *mutatis mutandis* auch für die Themistokles-Briefe[3]. Ferner hat naturgemäß besonders die Namenforschung reiches Material für die Kenntnis der Griechen über das Achämenidenreich erbracht[4].

Stilistische Vergleiche haben für die sogenannte Verfassungsdebatte bei Herodot (III 80-82) ergeben, daß man auch in den angeblich so sophistisch gefärbten Reden mit Elementen persischer Überlieferung zu rechnen hat[5], die auch inhaltlich begründet sind. Denn etwa bei der Beurteilung der Argumentation des Otanes für die Demokratie sollte man nicht übersehen, daß

---

[1] Literaturbericht von Schmitt (1981: S. 1ff., bes. S. 25f.). Vgl. auch Sancisi-Weerdenburg, H.: Yaunā en Persai: Grieken en Perzen in een ander perspectief. Diss. Leiden 1980.

[2] Lochner-Hüttenbach, F.: Brief des Königs Darius an den Satrapen Gadates, in: Brandenstein, W. – Mayrhofer, M.: Handbuch des Alterpersischen. Wiesbaden 1964. S. 91ff.; Boffo, L.: La lettera di Dario I a Gadata, in: BIDR III, 20 (1979). S. 267-303 (freundlicher Hinweis von M. Vickers, Oxford). Was den Namen Gadatas betrifft, so möchte ich gegen Ableitung aus dem Altpersischen (Schmitt 1981: S. 49) die alte These von Wellhausen (Lochner-Hüttenblich, a.a.O., S. 93) unterstützen, der an einen theophoren Namen zu palmyren. *Gad* erinnerte, denn ‚Gadates' ist als Name eines Syrers in dieser Form jetzt auch inschriftlich nachgewiesen (Tudor, D.: Les Syriens en Dacie inférieure, in: Ann. Archèol. Arab. Syr. 21 [1971]. S. 73, Taf. 12, 4). Darius lobt Gadatas, weil er Fruchtsorten aus Syrien nach Kleinasien verpflanzt hat. Er könnte also selbst sehr wohl ein Syrer sein.

[3] Nylander, C.: ASSYRIA GRAMMATA. Remarks on the 21st „Letter of Themistocles", in: Opuscula Atheniensia 8 (1968). S. 119ff.; Schmitt, R.: Achaimenidisches bei Thukydides, in: Koch, H. – Mackenzie, D. N. (Hrsg.): Kunst und Kultur der Achämenidenzeit und ihr Fortleben. Berlin 1983 (= AMI Ergänzungsband 10). Hier auch weitere Hinweise zum Gadatas-Brief.

[4] Schmitt 1981. S. 47ff, § 10.

[5] Gschnitzer, F.: Die sieben Perser und das Königtum des Dareios. Heidelberg 1977 (= SHAW 1977, 3); Schmitt 1977. S. 244)

auch im Achämenidenreich Formen der Volksvertretung der lokalen Autonomie und der Teilhabe an Wahlen bei einzelnen Stämmen und Institutionen existierten (vgl. Xen. Cyr. I 2, 3-15; V 4, 22; Platon Leg. 694ab; Arrian III 27, 5; VI 22, 2; Curtius Rufus IX 10, 5; Max. Tyr. XXII 4). Dem Argument des Otanes, der König laufe als Alleinherrscher Gefahr, durch Selbstüberhebung verdorben zu werden, stehen entsprechende Warnungen in der iranischen Königsethik zur Seite (Hdt. III 80, 3-4; Yasht 10, 109 und 111)[6]. Möglicherweise ist in der Darius-Rede eine bisher nicht beachtete Formulierung aus iranischem Denken heraus zu verstehen: Darius fürchtet, daß, wenn das Volk herrscht, sich die Schlechten – der moralische Terminus hat soziale Bedeutung! – zusammenrotten (*ta koina poieusi:* Hdt. III 82, 4). Mir scheint, daß das so beschriebene und gefürchtete gemeinsame Handeln der Unterschichten auch in dem altpersischen Wort der Bisutun-Inschrift des Darius für Aufrührer: *hamciya (hama-mithra)* – „zum gleichen Vertrag gehörig"[7] ausgedrückt wird. Der übliche Begriff im Griechischen wäre *stasis* für Aufstand. In der herodoteischen Rede wird jedoch – achämenidischem Wortgebrauch entsprechend – das Gewicht auf dem Zusammenschluß, die *con-iuratio* = Verschwörung gelegt.

Daß die Kyroupädie Xenophons ohne persische Quellen nicht denkbar ist, wird immer wieder hervorgehoben[8], wenngleich auch jüngst wieder der Versuch gemacht wurde, möglichst hellenozentrisch, gleichsam werkimmanent aus ihr eine spezifisch xenophontische Herrscherideologie herauszulesen[9]. Auf der Suche nach persischen Quellen trifft man ziemlich bald auf die Ungereimtheiten, die sich ergeben, betrachtet man das Kyros-Bild bei Herodot und Ktesias[10]. Offensichtlich muß es – schon die Auswahl der handelnden Personen und ihre gelegentlich wechselnden Namensformen legen das nahe – unterschiedliche iranische Parallelüberlieferungen gegeben haben. Bekanntlich postuliert man ein Kyros-Nameh, ein Epos also[11], das den

---

[6]   Vgl. Lentz, W.: Mithras Verfügung über die Herrschgewalt (Yasht 10, 109 und 111), in: Redard, G. (Hrsg.): Indo-Iranica (Festschrift Morgenstierne). Wiesbaden 1964. S. 119; Knauth, W.: Das altiranische Fürstenideal von Xenophon bis Firdousi. Wiesbaden 1975. S. 174f.

[7]   DB IV 9f.; Schmitt 1981. S. 32.

[8]   Knauth, a.a.O., S. 28ff.; Sancisi-Weerdenburg, a.a.O., S. 184ff.; Briant, P.: Des Achéménides aux Rois Hellénistiques: Continuités et Ruptures, in: ASNP 3 ser. 9 (1979). S. 1391.

[9]   Breebaart, A. B.: From victory to peace. Some aspects of Cyrus' state in Xenophon's Cyropaedia, in: Mnemosyne 36 (1983). S. 117ff.

[10]   Cizek, A.: From Historical Truth to the Literary Convention: the Life of Cyrus the Great viewed by Herodotus, Ctesias and Xenophon, in: AC 44 (1975). S. 530ff.

[11]   Christensen, A.: Les gestes des rois dans les traditions de l'Iran antique. Paris 1936. S. 126ff.; Pizzagalli, A. M.: L'epica iranica e gli scrittori greci, in: A & R, 3 ser. (1942). S. 40ff.; Breitenbach, H. R.: Xenophon von Athen. Stuttgart 1966 (= RE

Reichsgründer idealisierte. Daneben gab es aber auch eine archivalisch-ak-
tenmäßige Überlieferung, aus der griechische Autoren über die Vermittlung
durch persische Gewährsleute schöpfen konnten[12]. Auf die Zuweisung bestimmter Teile der Kyroupädie an den einen oder anderen dieser persischen
Traditionsstränge kann hier natürlich nicht generell eingegangen werden,
wohl aber soll versucht werden, an einem mutmaßlichen Beispiel die Problematik der Zuweisung zu epischer oder archivalischer Überlieferung aufzuzeigen.

In seiner Darstellung der Organisation des Reiches und seiner Verwaltung durch Kyros (Xen. Cyr. VIII 5, 37 VIII 6, 23) geht Xenophon im 6.
Kapitel des 8. Buches der Kyroupädie auch auf die Funktion der Satrapen
ein. In dem berichtend-erzählenden Text, der die Maßnahmen des Königs,
ihre Wirkung zu seiner Zeit und ihr Weiterleben beschreibt, sind wörtliche
Reden des Königs an die Satrapen eingefügt (Xen. Cyr. VIII 6, 3-4; 11-13).
Der fiktive Anlaß ist eine Versammlung, zu der er seine zukünftigen Funktionäre zusammenruft, ihr Inhalt allgemein gehaltene Ermahnungen, aber
auch spezielle Anweisungen für die Verwaltung und die Herrschaftsrepräsentation durch die zu Satrapen bestellten Freunde des Königs[13]. Ich vermute, daß diese Reden des Königs zu einer im Alten Orient mehrfach belegten Literaturform gehören: zu den Dienstanweisungen an Untergebene. J.
B. Pritchards *Ancient Near Eastern Texts relating to the Old Testament* bringen Beispiele aus dem Hethiterreich und aus Ägypten[14]. In beiden Bereichen
sind diese Anweisungen mit Zitaten wörtlicher Rede des Herrschers durch-
setzt. Naturgemäß ist ihr jeweiliger Inhalt auf konkrete, historisch jeweils
besondere Aufgabenbereiche bezogen, vergleichbar sind sie dem xenophontischen Text jedoch in Form und Funktion.

Eindeutig iranisch ist andererseits in den Dienstanweisungen des Kyros
die Pflicht zur *imitatio regis*[15]. Das heißt, die Satrapen sind gehalten den
Lebenswandel ihres Herrschers stets so nachzuahmen, daß sie ihrerseits einerseits Vorbild für ihre Untergebenen sein können und zum anderen die

---

IX a², sv. Xenophon). S. 1709 und S. 1719.

[12] Metzler, D.: Reichsbildung und Geschichtsbild bei den Achämeniden, in: Kippenberg, H. G. (Hrsg.): Seminar. Die Entstehung der antiken Klassengesellschaft.
Frankfurt 1977. S. 279ff., bes. S. 292.

[13] Wiesehöfer, J.: Die „Freunde" und „Wohltäter" des Großkönigs, in: StIr 9
(1980). S. 11ff..

[14] ANET. S. 207ff. und S. 212f.: Grabinschrift des Wezirs Rechmire.

[15] Breebaart, a.a.O., S. 130f.; Metzler 1983. S. 10. Auch in der Verwaltungspraxis
übernimmt der Satrap Methoden des Königs, so etwa in der Führung einer Liste von
Wohltätern und Tadelswerten (Metzler, a.a.O., S. 292; Wiesehöfer, a.a.O., S. 10f.),
auf die sich auch die späte Satrapeninschrift von Aranda (Maier, F. G.: Griechische
Mauerbauinschriften I. Heidelberg 1959. S. 256) und zwei Briefe des Arshama
(Grelot, P.: Documents araméens d'Egypte. Paris 1972. S. 305, Nr.65, d; S. 314,
Nr.68j = Driver G.: Aramaic Documents. Oxford 1965. Nr. 4 und 7) beziehen.

Allgegenwart des Königs stellvertretend manifestieren. In einem Falle, der Pagenerziehung bei Hofe, wird durch den orientalischen Ausdruck „an der Pforte" (des Palastes) deutlich auf eine iranische Quelle verwiesen (Xen. Cyr. VIII 6, 10)[16]. Wie eine Anspielung auf die von Kyros institutionalisierte Versorgung der Panzerreiter mit Grundstücken – in babylonischen Urkunden belegt[17] – klingt es, wenn es bei Xenophon heißt, daß die bei der Eroberung im jeweiligen Lande installierten Besatzungstruppen keine anderen als militärische Aufgaben wahrnehmen dürfen (Xen. Cyr. VIII 6, 3). Der griechische Ausdruck für diese Form der königlichen Anweisung – *prostagma* – ist auch der in der ptolemäischen Verwaltung übliche[18]. Den ptolemäischen Königsbriefen gehen auch in Ägypten die entsprechenden achämenidischen Texte voraus[19].

Diese Hinweise auf Verwaltungsurkunden legen nun zwar den Schluß nahe, daß Xenophon sich im hier behandelten Kontext auf eine archivalische Quelle stützen konnte, doch steht dem entgegen, daß das iranische Epos ebenfalls den Brief und die Ansprache des Königs als Einschub, um nicht zu sagen als Zitat, kennt – bei Firdousi mehrfach belegt[20]. Die Frage, ob Xenophon hier eine epische oder im engeren Sinne historische Quelle benutzte, bleibt also einstweilen offen. Auch über die Historizität des xenophontischen Kyrosbildes ist damit nichts gesagt, wohl aber über das iranische Kolorit dieses Bildes.

---

[16] Knauth, a.a.O., S. 67.

[17] Dandamaev, M. A.: Die Lehensbeziehungen zu Babylonien unter den ersten Achämeniden, in: Wiessner, G. (Hrsg.): Festschrift für W. Eilers. Wiesbaden 1967. S. 41.

[18] Lenger, M.-Th.: Corpus des Ordonnances des Ptolemées. Brüssel 1964.

[19] Neben den Arshama-Briefen vgl. Spiegelberg, W.: Drei demotische Schreiben aus der Korrespondenz des Pherendates, des Satrapen Darius' I. mit den Chnumpriestern von Elephantine, in: SPAW phil.-hist. Kl. 30 (1928). S. 604ff.; Gyles, M. F. : Pharaonic Policies and Administration 663 to 323 B.C. Chapel Hill 1959 *(non vidi)*.

[20] Knauth, a.a.O., S. 63f., S. 84 und S. 188.

Renaissance-Bildnisse antiker Architekten am Haus eines Stadtbaumeisters in Sélestat (Schlettstadt)

In Walter Hotz' „Handbuch der Kunstdenkmäler im Elsaß und in Lothringen"[1] fand ich anläßlich der Vorbereitung einer Reise durch das Elsaß den Hinweis auf „die Medaillonbilder antiker Baumeister" am „Haus des Stadtbaumeisters Stephan Ziegler (Wimpfelinggasse/Rue de Verdun 18)". Da die mir bekannt gewordenen Arbeiten[2] über die Renaissance-Architektur im Elsaß diese Bildnismedaillons wenn überhaupt. dann nur beiläufig und unvollständig erwähnen[3], scheint es geraten, diese für das Weiterwirken der Antike und das Selbstverständnis des elsässischen Humanismus[4] so aufschlußreichen Denkmäler eingehender zu behandeln.

Zum Befund: Das schlichte und unverzierte Giebelhaus wurde 1538 errichtet. 1545 wurde der reichgeschmückte Erker hinzugefügt. Seine beiden Stockwerke und die darüberliegende Brüstung des Balkons sind durch Pilaster gegliedert, die im Hauptgeschoß die hohen Fenster rahmend begleiten. Die mit antikisierendem Ornament ausgelegten Pilaster tragen jeweils in der Mitte ein Porträtmedaillon, dessen Name inschriftlich auf seiner Rahmenleiste angegeben ist. Alle vierzehn Porträt-Köpfe sind gewaltsam zerstört worden – der Überlieferung nach in der Französischen Revolution[5]. Während einige Köpfe bis auf den konkav gewölbten Grund des Medaillons eradiert sind, so daß nur noch der Umriß der Profillinie zu erkennen ist, zeigen an-

---

[1] Darmstadt 1965. S. 207.

[2] Woltmann, A.: Deutsche Kunst im Elsaß. Leipzig 1876. S. 308f.; Kraus, F. X.: Kunst und Altertum in Elsaß-Lothringen I. Straßburg 1876. S. 287f. – Hoeber, F.: Die Frührenaissance in Schlettstadt. Straßburg 1912, S. 30-52 (= Beilage zur Revue Alsacienne XIV [1912]). – Dorlan, A.: Histoire architecturale et anecdotique de Sélestat I. Paris 1912. S. 420f. – Lübke, W.: Geschichte der neueren Baukunst. Geschichte der Renaissance in Deutschland I. Eßlingen 1914. S. 247. – Haug, H.: L'Art en Alsace. Paris 1962. S. 135 (das falsche Baudatum 1530-1544 ist in 1538-45 zu verbessern).

[3] F. X. Kraus und A. Dorlan erwähnen Archimedes, Dinocrates, Philolaos und Vitruv, F. Hoeber bringt statt Vitruv unverständlicherweise Mausolos und W. Lübke beschränkt sich auf Archimedes.

[4] Zusammenfassend: L'Humanisme en Alsace. Paris 1939 (= Congrès G. Budé à Strasbourg). Darin behandelt E. G. Pariset zwar in Kapitel „L'Art et L'Humanisme en Alsace" die Architektur (S. 161ff.), doch ohne die Medaillon-Bildnisse zu erwähnen. Zu Schlettstadt: Adam, P.: L'Humanisme à Sélestat. Schlettstadt ²1967 (mit der älteren Spezialliteratur).

[5] Hoeber, a.a.O., S. 10 und S. 44.

dere – meist die höher gelegenen und deshalb von den Bilderstürmern schwieriger erreichbaren – etwas mehr von der Bildung des Gesichtes und der Form der gelegentlich vorhandenen Kopfbedeckung. Nur soviel ist gerade auf Grund der letzteren klar: es handelt sich um Porträts im Stil der Zeit. Auf der Suche nach der vera effigies der Dargestellten wäre die Zerstörung[6] immerhin zu verschmerzen, da ohnehin nur von den wenigsten der Dargestellten in der Antike Porträts – von welcher Bildnistreue auch immer sie gewesen sein mögen – existiert haben, und da zudem deren Überlieferung höchst zweifelhaft ist[7]. Wesentlicher scheint mir die Frage nach den Namen zu sein, die dieser Zyklus umfaßte. Sie sind glücklicherweise erhalten geblieben und bis auf eine Ausnahme sicher zu entziffern. Die Lesung der Inschriften wird hier in der Folge der Stockwerke von unten nach oben und von links nach rechts vorgetragen:

1. ARCHIMEDES SIRACVSANVS
2. MARCVS VITRVVIVS
3. PHILOLAVS ·
4. ARCHITAS · TARENT ·
5. CALLIMACHVS (...)
6. METAGENES
7. DINOCRATES ARCHITECTVS
8. COSSVTIVS CIVIS ROMANVS
9. TERENTIVS VARRO
10. CHARIS · CORINTIVS
11. SVCILAS MAVSOL · ARCHIT
12. AGATHARCH(VS)
13. CTESIPHON
14. MELEAGER

Eine Inschrift auf der breitesten Profilleiste des oberen Gesimses erläutert die Bedeutung dieses Zyklus: *architectis veteribus dicatum*. Zwei weitere Inschriften unmittelbar über den Frontfenstern des Hauptgeschosses stellen wohl das ästhetische Bekenntnis des Bauherrn dar: *suum cuique pulchrum* und *difficilia quae pulchra*. Daß jeder seine eigene Vorstellung vom Schönen habe, scheint die Auswahl der als vorbildlich anerkannten antiken Baumeister wie auch den in seiner Umgebung noch fremd und neuartig wirkenden Renaissancestil des Erkers rechtfertigen zu wollen. Und daß das Schöne

---

[6] Verputz und abbröckelnder Farbanstrich verunklären außerdem die Einzelformen. Eine denkmalpflegerische Reinigung des gesamten Erkers ist wünschenswert. – Vom ursprünglichen Aussehen der Köpfe gibt ein stilistisch verwandtes, heute im Hôtel Ebersmünster aufbewahrtes Fragment mit einem bärtigen und einem jugendlichen Männerkopf eine Vorstellung (Hoeber, a.a.O., S. 49, Abb. 60).

[7] Siehe unten S. 434f..

schwierig zu erreichen ist, erklärt die Notwendigkeit, sich der Würde der als
vorbildlich verehrten antiken Baukunst wenigstens programmatisch zu versichern. Der Bauherr selbst stellt sich mit der unteren Inschrifttafel vor, die für
den Vorübergehenden bequem lesbar zwischen der ebenerdigen Doppeltür
und dem darüberliegenden breiten Fenster angebracht ist:

*Steph. Ziegler a Senheim Architectus et Pub. Structor huius Civit.
Selat. ac Anna Romerin conjuges aedificium hoc suum in meliorem
faciem restituebant AN MDXLV.*

Diese Inschrift befindet sich ungefähr an der Stelle, wo ein von der
Symmetrie gefordertes 15. Medaillon sitzen müßte, um die untere Reihe der
Bildnisse zu vervollständigen.

Zu den Medaillons im Einzelnen:

1) Archimedes[8], der berühmte Mathematiker und Ingenieur wird von Vitruv
zusammen mit den beiden Tarentinern 3) Philolaos[9] und 4) Archytas[10] unter
denjenigen Wissenschaftlern genannt, die er wegen ihrer gründlichen
Beherrschung der Geometrie, Sternkunde, Musik und anderer Fächer im
Kapitel über die Ausbildung des Architekten als Vorbilder aufzählt[11]. Mehrfach lobt Vitruv Archytas und Archimedes wegen ihrer nützlichen Erfindun-
gen[12]. Auch nennt er sie zusammen unter den scriptores de machinationi-
bus[13]. Die Bedeutung des Pythagoreers Philolaos für die Architektur kann
nach dem Vorgang des Vitruv in der Renaissance nicht allein auf dem Gebiet der angewandten Mathematik gelegen haben, sondern bezog sich überhaupt auf den Schüler des Philosophen und Weisen Pythagoras[14].

Der Zusammenstellung von Archytas und Philolaos auf dem südlichen
Eckpfeiler entsprechen Archimedes und 2) Vitruv auf seinem nördlichen
Pendant. Vitruvs umfassende Bildung sichert ihm in den Augen der Renais-
sance[15] seinen Platz unter den unverzichtbaren Vorbildern für die Ausbil-

---

[8]   Heiberg, I. L.: Geschichte der Mathematik und Naturwissenschaften im Altertum. München 1925. S. 22ff., S. 67ff.; Sprague de Camp, N. : Ingenieure der Antike.
Düsseldorf 1964. S. 178ff.

[9]   Heiberg, a.a.O. S. 11, S. 50. Überweg, F. – Praechter, K.: Die Philosophie des
Altertums. Darmstadt 1961. S. 65ff.

[10] Heiberg, a.a.O., S. 22, S. 67; Überweg – Praechter, a.a.O., S. 61f., S. 65f.

[11] Vitruv I 1,17 (10, 15).

[12] Vitruv I 1,17 (10, 19); IX praef. 9 (215,9); IX praef. 13 (216, 21).

[13] Vitruv VII praef. (160, 2).

[14] Zur Bedeutung des Pythagoreismus im Kreise der Neuplatoniker seit dem späten
Mittelalter: Peukert, W. E.: Die große Wende. Darmstadt 1966. S. 412ff., S. 421, S.
426f.

[15] Ebhardt, B.: Die zehn Brüder Vitruvs und ihre Herausgeber seit 1484. Berlin

dung des Architekten. Sein Name ist mit Marcus Vitruvius angegeben. Unter seinen angeblichen Nomina, die ja erst seit dem 15. Jahrhundert in Handschriften und Drucken begegnen, ist zwar Marcus das verbreitetste, doch hat Paul Thielscher (1881-1962), dessen jahrzehntelange wissenschaftliche Arbeit dem Studium Vitruvs galt, die Identität Vitruvs mit dem praefectus fabrum Caesars nachweisen können – jenem Ritter aus Formiae, den Plinius nur mit seinem Cognomen[16] Mamurra kennt, so daß als sein wirklicher Name nunmehr zu gelten hat: Lucius Vitruvius Mamurra[17].

Die zweite Reihe der Medaillons beginnt mit 5) Kallimachos[18]. Er wird von Vitruv in der bekannten, anmutigen Fabel als Erfinder des korinthischen Kapitells gepriesen. Die Bedeutung dieser Kapitellform für die Architektur der Renaissance ist der sicherste Grund für die Einfügung ihres Erfinders in dieses Porträtprogramm. Die ionische Ordnung sollen laut Vitruv als erste 6) Metagenes und sein Vater Chersiphron am Artemision von Ephesos angewendet haben[19]. Beide haben außerdem beim Transport der Architrave bzw. Säulentrommeln dieses Tempels ihre Geschicklichkeit und Erfindungskraft als Techniker unter Beweis gestellt.[20]

Den Erfindern der ionischen und korinthischen Ordnung der Griechen entsprechen auf dem gegenüberliegenden Eckpfeiler zwei prominente Vertreter römischer Architektur. Zunächst 8) Cossutius, dessen Bildnis mit der

---

1918. Koch, H.: Vom Nachleben Vitruvs. Baden-Baden 1951.

[16] Plinius NH 36, 48. Das weit verbreitete Cognomen Pollio geht auf eine zweideutige Stelle bei Faventin (Text im Anhang zu Vitruv, hrsg. v. V. Rose, Leipzig 1867, S. 285ff.) zurück und ist schon von A. Choisy (Vitruve III. Paris 1909. S. 259, Anm. 2) als falsche Kompilation erkannt worden.

[17] Thielscher, P., RE II 17 (1961). S. 427ff. In Thielschers schon sehr früh benutztem Handexemplar, das sich jetzt in meinem Besitz befindet, ist der Buchtitel in entsprechender Weise handschriftlich verbessert: „L. Vitruvii Mamurrae de Architectura" (Leipzig 1912, hrsg. v. Krohn).

[18] Vitruv IV 1, 10 (87, 1). Brunn, H.: Geschichte der griechischen Künstler. Stuttgart 1857, I. S. 251ff, II. S. 330. EAA IV S. 298f. Ganz so abwegig wie es zunächst scheinen mag, ist die vitruvianische Erzählung (IV 1, 9. 86, 21 bis 87, 7) nicht, denn die archäologische Forschung konnte immerhin nachweisen, daß erst seit der Mitte des 5. Jahrhundert – also kurz vor Kallimachos' Schaffensperiode – attische Grabstelen nach Ausweis der Lekythenbilder gelegentlich mit Akanthus-Blättern bekrönt sind (A. Schott, ÖJH 44 [1959], S. 54). Vitruv spricht auch von der Bekrönung des Monumentes (in summo). Die Akanthus-Blätter denkt sich A. Schott in Metall ausgeführt - Kallimachos wird von Vitruv wegen der Zierlichkeit seiner toreutischen Arbeiten gerühmt. In ihm stilisiert also personalistisches Geschichtsdenken den entscheidenden Schritt der Stilentwicklung zur anekdotisch ausgeschmückten Tat des πρῶτος εὑρετής.

[19] Vitruv VII praef. 16 (161, 6). Brunn, a.a.O. II. S. 344ff. EAA IV 1086 und II, S. 546.

[20] Vitruv X 2, 11-12 (249, 26 – 251, 3).

vitruvianischen Formulierung „civis Romanus Cossutius" eingefaßt ist[21].
Sein Werk, die Vollendung des Olympieions in Athen lobt Vitruv mit den
Worten „non modo vulgo, sed etiam in paucis a magnificentia nominatur",
um dann im nächsten Satz unter den vier bedeutendsten Marmortempeln das
Olympieion neben das Artemision zu stellen[22]. Die Erwähnung des Cossutius nimmt Vitruv zum Anlaß, noch einmal auf die Architekten der römischen Welt hinzuweisen, unter die man in der Renaissance auch 9) Terentius
Varro rechnete wegen seines einen von Vitruv im gleichen Zusammenhang
erwähnten Buches der disciplinae über die Architektur[23]. Cossutius und
Varro scheinen die Aspekte des Prunks und der Nützlichkeit in der römischen Architektur zu repräsentieren.

Zwischen dem römischen und dem griechischen Paar steht 8) Deinokrates[24] – nicht nur chronologisch, sondern darüber hinaus scheint man mit
seiner Geschichte noch etwas Besonderes meinen zu wollen. Die Anekdote
vom Künstler und dem Herrscher bildet das Grundmotiv der Vorrede zum
zweiten Buch Vitruvs[25]: Wie Deinokrates bei Alexander, so möchte er selbst
bei Augustus in Gunst stehen. Und das, obwohl er nicht mehr so jung und
stattlich wie jener, sondern alt und krank sei – wie er kokettierend hinzufügt,
nicht ohne die Solidität seiner wissenschaftlichen Arbeit geschickt von dem
phantastischen und unverantwortlichen Entwurf des Deinokrates abzusetzen.
Der Architekt in seinem Bemühen um die Gunst eines fürstlichen Patrons –
sollte auch Stephan Ziegler diese Rolle gesucht haben – zumal wenn man
bedenkt, daß seinem Bruder Theobald durch königliche Gunst das Amt des
Bürgermeisters in ihrem Heimatort Sennheim übertragen wurde?[26] Oder ist
es einfach der Ruhm des kühnen Projektes, das ja nicht erst die Phantasie der
Barockarchitekten beflügelte, sondern schon die frühen Humanisten zu
hochgestochenen Vergleichen veranlaßte, wenn etwa schon 1390 F. Villani[27]
den Taddeo Gaddi einen „alter Dynocrates vel Victruvius" nennt?

Die obere Reihe auf den Brüstungspfeilern des Balkons beginnt mit einem nur teilweise entzifferbaren Namen. 10) ... charis Corintius ist zu lesen.

---

[21] Vitruv VII praef. 15 (160, 22). Brunn, a.a.O. II. S. 349f. EAA II. S. 870f.

[22] Vgl. ebd.; auch unten S. 423.

[23] Vitruv VII praef. 14 (160, 9).

[24] Brunn, a.a.O. II, S. 351ff. Körte, W.: Deinokrates und die barocke Phantasie, in:
Die Antike 13 (1937). S. 289ff. EAA III. S. 21f.

[25] Vitruv II praef. 1-4 (31, 8 -32, 26).

[26] Kraus a.a.O. II. S. 597f. Zu bedenken ist in diesem Zusammenhang auch, daß
Schlettstadt als freie Reichsstadt dem Kaiser unmittelbar war, und daß in der reaktionären Entwicklung gegen die Reformationsversuche der Kaiser auch in den elsässischen Städten wieder eine größere Rolle zu spielen begann.

[27] Koch a.a.O, S. 17.

Namen auf -χάρης sind nicht allzu häufig[28], einen ähnlich klingenden Architektennamen gibt es nicht. Brunns Register der Künstlernamen enthält nur Leochares. Ihn erwähnt auch Vitruv und zwar zweimal jeweils im Zusammenhang mit dem Bauschmuck des Mausoleums von Halikarnassos[29]. Zu diesem Namen bzw. einer möglichen Verballhornung desselben möchte ich die Inschrift versuchsweise ergänzen. Daß Korinth als Herkunft angegeben wird, ist in diesem Zusammenhang nur scheinbar ein Widerspruch, denn der heute für Leochares angenommene Heimatort Athen, ist den Schriftquellen – und nur sie allein standen in der Renaissance in diesem Falle zur Verfügung – nicht zu entnehmen[30]. Leochares ist Bildhauer genau wie Skopas[31], der sich hinter 11) Sucilas verbirgt und in dessen Inschrift das Mausoleum ausdrücklich genannt wird. Als Verfasser einer Schrift über das Mausoleum kennt Vitruv zwar Pytheos und Satyros und nennt Skopas nur unter den Bildhauern dieses Monumentes[32], aber gerade wegen seines Skulpturenschmuckes gelte es als eines der sieben Weltwunder, fügt er hinzu. Der Verfasser unseres ikonographischen Programms war also wohlberaten, als er den bedeutenden Plastiker in seinen Zyklus aufnahm, vermag doch, wie Vitruv hervorhebt, seine Kunst dem Werk des Architekten Ruhm zu verleihen.

Vertreter einer anderen „Hilfswissenschaft" ist 12) Agatharchos, Sohn des Samiers Eudemos, ihn nennt Vitruv den Erfinder der perspektivischen Bühnendekoration[33]. Für Aischylos hat er ein Bühnenbild geschaffen, und auf seine praktischen Erfahrungen, die er in einem Buch zusammenfaßte, stützten sich die Philosophen Demokrit und Anaxagoras in ihren theoretischen Abhandlungen über die Perspektive. In der Renaissance mag man sich ihn, den die Antike stets als Maler bezeichnet, wohl auch in Anlehnung an zeitgenössische Theaterbauten als Architekten vorgestellt haben. Die beiden letzten Medaillons bieten einige Schwierigkeiten: Weder 13) Ctesiphon noch 14) Meleager sind als Künstler, Ingenieure oder Philosophen bekannt. Ctesiphon ist zwar bis ins 18. Jahrhundert hinein die geläufige Verballhornung für Chersiphron[34], den Vater des Metagenes und mit ihm Erbauer des Artemisions, doch ist die lokale Trennung der Bildnisse von Vater und Sohn

---

[28] Nach Ausweis der rückläufigen Wörterbuches, der Listen in F. Bechtels Personennamen und der Register der einschlägigen Philosophie- und Literaturgeschichten. – Für die Entzifferung des Namens ist die Abb. 51 bei F. Hoeber leider unbrauchbar – das Cliché ist retouchiert.

[29] Vitruv II 8, 11 (50, 4) und VII praef. 13 (159, 17).

[30] Brunn, a.a.O. I, S. 385ff. EAA IV, S. 565f.

[31] Brunn a.a.O. I, S. 318ff. EAA VII, S. 364ff.

[32] Vitruv VII praef. 12 und 13 (159, 12 und 159, 18). Als Architekt hat Skopas laut Pausanias VIII 45, 5 am Tempel der Athena Alea zu Tegea gearbeitet.

[33] Vitruv VII praef. 11 (158, 21). Brunn, a.a.O. II, S. 51f. EAA I, S. 133.

[34] So noch 1750 in Jöchers Gelehrten-Lexikon.

im Aufbau des Zyklus verwunderlich und höchstens als Notlösung zu begreifen. Andererseits bot gerade die Schlettstädter Vitruv-Handschrift mit
den Formen *chrisifone* (70, 5) und *chresiphon* (159, 2) Ansätze zum Verständnis des richtigen Namens[35]. Die ebenfalls in Schlettstadt zur Verfügung
stehende Vitruv-Ausgabe des Fra Giocondo (Venedig 1511) bietet ctesiphon.
Sollte diese Namensform – vielleicht überhaupt erst entstanden wegen des
Gleichklangs mit dem der bekannten Partherstadt – etwa auch noch den Namen des von Vitruv gerühmten Technikers Ktesibios aus Alexandrien[36] haben anklingen lassen und sollte vielleicht diese Konfusion erst demjenigen
unterlaufen sein, der die Inschrift in den Stein meißelte? Ähnliches könnte
für die andere geläufige aber sinnlose Namensform Meleager gelten. Verwandt klingt als einziger Name bei Vitruv Melampus, den er unter weniger
Bedeutenden erwähnt, die praecepta symmetriarum conscripserunt[37]. Vielleicht meinte Vitruv an dieser Stelle den Maler Melanthios[38], der zur Zeit des
Apelles lebte – ein Schreibfehler, der auf der Verwechslung mit der gleichfalls von ihm zitierten Gestalt des mythischen Sehers Melampus[39] beruhen
könnte. Über Vermutungen wird man hier schwerlich hinauskommen.

Soweit die Namen eindeutig identifizierbar sind, erscheinen sie nach einem sinnvollen Schema geordnet: über den tragenden Gestalten der Grund-
wissenschaften stehen in der mittleren Reihe links die Vertreter der griechischen, rechts die der römischen Architektur, zwischen ihnen im Mittelpunkt
des Ganzen, das kühne Genie des Deinokrates, dem ein Alexander seine
Gunst schenkte. Über diesen wiederum Repräsentanten solcher Künste, deren Hilfe es zum Gelingen des architektonischen Kunstwerkes bedarf. Exakt
bestimmbar unter ihnen aber nur der Bildhauer Skopas, den die Inschrift
selbst aber als Architekten bezeichnet und der Bühnenmaler (und -architekt)
Agatharchos.

Die Auswahl der Namen mag zunächst befremden. Man vermißt
bedeutendere und möchte gern auf geringere verzichten. Allen gemeinsam
ist jedoch zunächst eine Äußerlichkeit: dreizehn werden von Vitruv genannt,
und Vitruv selbst tritt als vierzehnter in ihre Reihe. Mit einer Ausnahme
werden ihre Namen zwar auch von anderen Schriftstellern erwähnt, aber
diese Ausnahme zitiert die Inschrift des Medaillons sogar mit Vitruvs eigenen Worten: civis Romanus Cossutius. Für Vitruv als Quelle sprechen noch
andere Gründe. Zunächst sind die Auslassungen interessant: Vitruv selbst

---

[35] Schlettstadt, Humanistenbibliothek MS 17. Zur Geschichte dieses Codex siehe
unten Anm. 76.

[36] Vitruv IX 8, 2 (237, 5) et passim. Heiberg, a.a.O., S. 69ff. Sprague de Camp,
a.a.O., S. 166, S. 174f.

[37] Vitruv VII praef. 14 (160, 1). Brunn, a.a.O. II, S. 369.

[38] Brunn, a.a.O. II, S. 142ff. EAA IV, S. 982.

[39] Vitruv VIII 3, 21 (201, 5).

erwähnt zwar Iktinos für den Parthenon[40], Theodoros für das samische Heraion (das er merkwürdigerweise für dorisch hält)[41] und Silenos als Verfasser eines theoretischen Werkes über die dorische Ordnung[42], doch scheinen seine Exzerpisten in Schlettstadt zu glauben, seine unverhohlene Abneigung gegen diese Ordnung[43] so interpretieren zu müssen, daß sie deren Repräsentanten einen Platz im Bildungsprogramm des neuzeitlichen Architekten zu verweigern haben. Daß etwa Hermogenes[44], der Theoretiker und von Vitruv geschätzte Meister der ionisch-hellenistischen Baukunst, nicht erscheint, ist durchaus sinnvoll, weil ja sein möglicher Platz schon durch den von Vitruv dafür gehaltenen Erfinder der ionischen Ordnung, nämlich Metagenes bzw. vielleicht auch Ctesiphon (als Chersiphron), besetzt ist. Diese Hervorhebung des πρῶτος εὑρετής[45] gilt außerdem nicht nur bei Kallimachos für die korinthische Ordnung, sondern als Erfinder werden auch Agatharchos und Ktesibios (Ctesiphon) sowie Archimedes und Archytas von Vitruv ausdrücklich genannt. Und gerade Vitruv betont am Beginn seines zweiten Buches – ganz im Geiste der materialistischen Kulturentstehungstheorie Demokrits[46] – die Bedeutung der Erfindungskraft und der materiellen Verbesserungen für den Aufstieg der Menschheit[47]. Schließlich darf nicht übersehen werden, daß der Vitruvtext sowohl in einer alten Handschrift wie in einer gedruckten Ausgabe in Schlettstadt zur Verfügung stand und zwar in der Bibliothek des Beatus Rhenanus[48]. Zu seiner Person weiter unten, zunächst gilt unser Augenmerk Stephan Ziegler, denn er ist ja der Bauherr dieses Monumentes.

Für seine Biographie[49] gibt es nur wenige Anhaltspunkte, die allerdings unseren Rekonstruktionsversuch rechtfertigen können. Nicht einmal sein

---

[40] Vitruv VII praef. 12 (159, 1ff.).

[41] Ebd.

[42] Ebd.

[43] Vitruv IV 3, 1-2 (90, 20-91,11). Vgl. auch R. A. Tomlinson in Journ. Hell. Stud. 83 (1963). S. 133ff.

[44] Vitruv IV 3, 1 (90, 24); II 3,8 (72, 17) et passim.

[45] Kleingünther, A.: Protos Heuretes. Untersuchungen zur Geschichte einer Fragestellung, Philologus Suppl. 26, 1 (1933). Einen besonders reichen Katalog von Erfindern gibt Plinius NH, 7, S. 191-198.

[46] Cole, T.: Democritus and the Sources of Greek Anthropology, American Philolog. Assoc., Monograph XXV, 1967. Reinhardt, K. : Poseidonios. München 1920. S. 404.

[47] Vitruv II 1, 1-3 (33, 15-34, 21) und X 1, 3-5 (244, 19-245, 21).

[48] Siehe unten Anm. 76.

[49] Der Artikel im Thieme-Becker stützt sich auf die Inschrift des Ziegler-Hauses und die in Anm. 56 zitierte Urkunde. Neuere Literatur scheint nicht vorzuliegen. (Vgl. K. Schottenloher, Bibliographie zur deutschen Geschichte im Zeitalter der

Geburts- und Todesdatum sind bekannt. In der Inschrift seines Hauses und in einem Brief des Beatus Rhenanus[50] wird Sennheim (Cernay) als sein Geburtsort genannt. Da sein Bruder Theobald dort Bürgermeister werden konnte, scheint er einer verhältnismäßig wohlhabenden Familie zu entstammen. Schon als junger Mann – vor 1525 – hat er sich in Schlettstadt aufgehalten als Hörer des Humanisten Joannes Sapidus[51], der in jenem Jahre wegen seiner Parteinahme für die aufständischen Bauern und seiner protestantischen Gesinnung auf Drängen des Rates sein Amt als Rektor der berühmten Schlettstädter Schule aufgeben mußte und die Stadt verließ[52]. 1543 wird Ziegler in dem zitierten Brief publicus architectus genannt. Dieses Amt muß er erst kurz vorher übernommen haben, denn noch am 4.10.1539 wurde ein Diebolt Berkheim zum Baumeister bestellt. Da dessen zwei Vorgänger ihrerseits jeweils drei bzw. vier Jahre im Amte waren[53], wird auch er es solange innegehabt haben, so daß Ziegler 1542 oder 1543 Baumeister der Stadt wurde. Außerdem ist er nach dem Zeugnis des Briefes Zunftmeister (et decurionum ex suo sodalitio, cui praeest, nempe fabrorum, πάρεδρος). In den Jahren davor hat er als Fremder eine reiche, schon ältere Schlettstädterin geheiratet (Senheimii in Sungavis natus hic ducta vetula satis beata) – wohl die Anna Römerin, vielleicht eine Witwe. Ihr Erbteil könnte den stattlichen Bau des Wohnhauses von 1538 ermöglicht haben, das dann 1545 den Erker mit dem humanistischen Bildschmuck erhielt. Als Zunftmeister der Schmiede und als Rathsfreund erwähnen ihn Urkunden der Jahre 1552 und 1555[54]. 1556 widmet er seinem verstorbenen Bruder Theobald die Inschrift am Rathaus zu Sennheim[55]. Schließlich begegnet er noch einmal 1563 unter den Unterzeichnern der Tagsatzung der Straßburger Bauhütte[56]. Dort nennt er sich „paumeister zu Schlettstadt". Noch einmal nennen die Ratsurkunden im

---

Glaubensspaltung 1517-1585, Bd. 7, Stuttgart 1962. – Thieme-Becker hier Nr. 58944).

[50] Horawitz, A. – Hartfelder, K.: Briefwechsel des Beatus Rhenanuns. Leipzig 1886 (Reprint: Hildesheim 1966) Nr. 365, S. 493 (Im Folgenden zitiert als „Briefwechsel").

[51] Briefwechsel, S. 493.

[52] Adam, a.a.O., S 23f. Zur historischen Situation: Geny, J.: Die Reichsstadt Schlettstadt und ihr Aneteil an den socialpolitischen und religiösen Bewegungen der Jahre 1490, 1536. Freiburg 1900, Sapidus dort S. 69, S. 157, S. 182. „Im Jahre 1493 ging von Schlettstadt der erste Bundschuhaufstand aus, an dem sich auch Kräfte in den Städten beteiligten". (Streisand, J.: Deutsche Geschichte in einem Band. Berlin 1968. S. 44).

[53] Geny, J.: Schlettstädter Stadtrechte. Heidelberg 1902. S. 468, Anm. 2 (= Oberrhein. Stadtrechte III 1).

[54] Geny, a.a.O., S. 684, S. 893 und S. 894.

[55] Kraus, a.a.O. II, S. 597f. Siehe oben Anm. 26.

[56] Jahrbuch d. Kunsthist. Slg. d. Ah. Kaiserhauses XV, 2 (1894), Nr. 11849.

Jahre 1576[57] einen Ziegler als Zunftmeister der Schmiede. Doch dieser trägt den Namen Marx; man darf annehmen, daß er von seinem inzwischen verstorbenen Vater diese Würde übernommen hat. Irgendwelche Angaben über Arbeiten und Aufträge fehlen in den bisher veröffentlichten Urkunden. Deshalb muß auch der Versuch F. Hoebers, an das Wohnhaus Zieglers weitere Bauten der „Frührenaissance in Schlettstadt" anzuschließen[58], einstweilen auf stilistische Argumente beschränkt bleiben.

Da sich Ziegler in seiner Inschrift architectus et publicus structor huius civitatis nennt und auch Beatus Rhenanus ihn als architectus publicus bezeichnet, mag hier wegen der Bedeutung seines Wohnhauses auf dieses Amt, das wohl am ehesten mit „Stadtbaumeister" zu übersetzen ist, kurz eingegangen werden. Das Amt des Stadtbaumeisters[59] ist in der Geschichte des mittelalterlichen Städtewesens fest verankert. Die Planung schon der frühmittelalterlichen Städte läßt überall erkennen, daß es so etwas wie Bauverordnungen, Bauaufsicht und übergreifende Planung gegeben hat. Wann sich die Baumeister als „die wichtigsten Organe der Bauverwaltung"[60] aus der allgemeinen städtischen Verwaltung lösten, ist schwer zu sagen. Jedenfalls wird schon 1247 in Bourges ein gewisser Arnoul de Langres als Stadtbaumeister genannt[61]. In Florenz hat Giotto dieses Amt mit dem des Dombaumeisters in seiner Person vereinigt. In Basel ist es seit 1386 bezeugt, in Würzburg 1428, in Konstanz 1461. Schon vor 1461 war Hans Coler Stadtbaumeister in Nürnberg. Sein Amt übernimmt im selben Jahr der bekannte Endres Tucher[62]. Schlettstadt reiht sich in diese Entwicklung sinnvoll ein: die Statuten der Stadt enthalten in den Jahren 1374-1401 auch Bauordnungen. über deren Einhaltung „die Meister und der Rat" zu wachen haben[63]. Seit 1498 existiert ein Baumeistereid, der die Pflichten des Amtes

---

[57] Geny, a.a.O., S. 895.

[58] Hoeber, a.a.O., S. 48ff. Hoebers ausführliche Behandlung des Ziegler-Hauses erübrigt hier ein näheres Eingehen auf stilgeschichtliche Fragen, soweit sie nicht unmittelbar den Medaillon-Zyklus betreffen.

[59] Gönnenwein, O.: Die Anfänge kommunalen Baurechts, in: Kunst und Recht - FS für H. Fehr. Karlsruhe 1948. S. 129ff.

[60] Rörig, F.: Die europäische Stadt im Mittelalter. Göttingen 1955. S. 117. Wo schon eine bischöfliche Bauverwaltung existierte, konnte sich das Amt des Stadtbaumeisters zugleich mit der bürgerlichen Befreiung der Stadt aus der Gewalt des Bischofs herauslösen.

[61] Thieme-Becker, sv. Arnoul de Langres: „maitre des œuvre de la Ville". (Hinweis von M. Warnke).

[62] Reallexikon der deutschen Kunstgeschichte, sv. Baumeister, Sp. 92f. Gönnenwein, a.a.O., S. 129ff. In der Antike hat es das Amt des Stadtbaumeisters als ständige Einrichtung im frühen Hellenismus auf Rhodos gegeben (Vitruv X 16, 3-4 (280, 18 – 281, 1).

[63] Geny a.a.O., S. 315, Abschnitt c und d.

umschreibt[64]. Da dieses Amt gelegentlich nur mit einer Art Aufwandsentschädigung[65] abgegolten wurde und oft in den Händen begüterter Bürger lag – Endres Tucher gehörte der Patrizierfamilie Tucher an –, werden sie nicht unbedingt eine Amtswohnung zur Verfügung gehabt haben müssen, d.h. das Wohnhaus eines Stadtbaumeisters muß kein offizielles gewesen sein. Auch im Falle Ziegler ist es wahrscheinlicher, an Privatbesitz zu denken, denn die Inschrift nennt neben dem Bauherrn auch seine Ehefrau, die also wohl beide gemeinsam als Eigentümer auftreten.

Welch hohe Auffassung Ziegler von seinem Amt gehabt hat, zeigt das ikonographische Programm des Erkers sehr deutlich. Die hier beanspruchte Würde galt es auch im ornamentalen Schmuck des Baues zu unterstreichen. Möglicherweise ist auch der Ruhm des domicilio artificioso[66] der großen italienischen Renaissance-Künstler nach Schlettstadt gedrungen.

Was lag also näher, als sich an bewährte Vorbilder der neuen Bauweise anzuschließen? Schon F. Hoeber hat darauf hingewiesen, die Vorbilder der Pilasterarchitektur mit dem Medaillonschmuck in der Quattrocento-Architektur der Lombardei und Venetiens zu suchen[67] – vielleicht vermittelt über Augsburg und Basel, denn merkwürdigerweise taucht das so charakteristische Motiv des Pilastermedaillons im selben Jahr – 1519 – bei allen drei Holbeins auf[68]. Für die dekorativen Elemente liegen ebenfalls die Vorbilder in Oberitalien. Ihre Vermittlung erfolgte über Buch und Holzschnitt. H. Haug[69] fühlte sich deshalb mit Recht vor dem Erker an die Vorlagen des „Kunstbüchlin" des Druckers Vogtherr (Straßburg 1538) erinnert, das neben wenigen spätgotischen Vorlagen hauptsächlich italienisches Formengut vulgarisiert. Wie fremdartig neu und unverstanden die Dekorationselemente der Renaissance geblieben sind, zeigt die unorganische Zusammenfügung der Vorlagen: den Pilastern fehlen die ihnen eigentlich zustehenden Kapitelle, statt dessen entwachsen ihnen im Hauptgeschoß ganz unbekümmert zwei gotische Wasserspeier. Man wird deshalb annehmen dürfen, daß nicht wirklich gebaute Architektur, sondern eben „Kunstbüchlin" als Vorlagen dienten.

---

[64] Ebd., S. 467ff..

[65] Ebd., S. 468, Abschnitt 8.

[66] Francesco di Giorgio, zitiert nach: E. E. Rosenthal in Gaz. Beaux Arts 60 (1962). S. 342. Eine Liste von Künstler-Wohnhäusern gibt Burckhardt, J.: Die Baukunst der Renaissance in Italien. Darmstadt 1955. S. 21. In diesen Fragen verdanke ich viele Hinweise M. Warnke.

[67] Hoeber, a.a.O., S. 16; vgl. auch S. 42, S. 45, S. 47. Willich, H. – Zucker, P.: Die Baukunst der Renaissance in Italien. Potsdam 1914. Abb. 145, 152, 155, 158. Weiss, R.: The renaissance discovery of classical antiquity. Oxford 1969. S. 172f.

[68] Die Malerfamilie Holbein in Basel. Ausstellungskatalog Basel 1960. Nr. 20, 127 und 217.

[69] Haug, a.a.O., S. 135.

Außerdem ist das sich darin äußernde Unverständnis gewiß auch ein Aus-
druck der Eile, mit der das Neue übernommen wurde. Auch in Bezug auf die
Inschriften ist auf den kurzen Zeitraum, in dem die gotische durch die
lateinische Schrift in Schlettstadt abgelöst wurde, hingewiesen worden[70].
Nicht ohne Einfluß auf Wünsche und Vorstellungen Zieglers für den
Schmuck seines Wohnhauses kann schließlich das 1541 datierte Portal des
Hôtel Ebersmünster[71] gewesen sein, das er ja in Schlettstadt täglich vor Augen hatte. Dieser wirklich herrschaftliche Bau – Kurie der Benediktinerabtei
Ebersmünster – verwendet in besonders nachdrücklicher Weise das Motiv
des Pilastermedaillons. Hier wie auch an zahlreichen oberitalienischen Bauten gehören die Medaillons mit antiken Kaiserporträts zur Ikonographie des
seigneuralen Wohnhauses, dessen Würde und Freiheiten auch die – häufig ja
sogar geadelten – „Künstlerfürsten" des zeitgenössischen Italien beanspruchen und erhalten. Es ist nicht ausgeschlossen, daß auch Ziegler mit dem
Bildprogramm des Erkers aus Anlaß seiner Amtsübernahme ähnliche Vorrechte für den Stadtbaumeister erstrebte, um so als wahrhaft gebildeter Architekt in den Genuß des Ansehens und der materiellen Vorteile eines Ver-
treters der artes liberales zu gelangen.

Obwohl die stilistischen Übereinstimmungen der Kaiser – und Herrscher-
medaillons[72] dort mit den Architektenmedaillons des Ziegler-Hauses frap-
pant sind, gibt es andererseits nicht nur gewichtige Unterschiede im architektonischen Aufbau und in der dekorativen Gliederung, sondern auch keinerlei Identität der sichtbaren Steinmetz-Zeichen hier und dort, so daß Ziegler mit Sicherheit nicht als Architekt des Hôtel Ebersmünster gelten kann[73].
Um so aufschlußreicher ist die Übernahme des Medaillon-Motivs in das
einfachere Dekorationsschema des vier Jahre jüngeren Erkers: Während für
die Architekten-Bilder hier keinerlei Vorlagen nachzuweisen sind, kopieren
die Herrscher-Medaillons dort ganz eindeutig die dem Hans Weiditz und
seiner Werkstatt zugewiesenen[74] Holzschnitte in Johann Huttichius[75] Münzbuch „Imperatorum Romanorum Libellus" (Straßburg bei Wolfgang Koepfel

---

[70] Hoeber, a.a.O., S. 32, Anm. 2. Diese Beobachtung ist nicht ohne Bedeutung für
die Frage nach dem spiritus rector des Erker-Programms; siehe unten, S. 430.

[71] Hoeber, a.a.O., S. 10-29.

[72] Ebd., Abb. 12, 14, 15, 19, 20, 22, 23.

[73] Ebd., S. 28 und S. 42.

[74] Thieme-Becker, sv. Hans Weiditz, S. 270.

[75] Johann Huttichius (1488-1544) stand seit 1527 bis zu seinen Tode in
Briefverkehr mit Beatus Rhenanus (Briefwechsel Nr. 264, 292, 305, 351, 363, 376).
Rhenanus verfaßte für ihn auch die Grabinschrift (Briefwechsel 624, Nr. 20).
Christoph Weiditz – vermutlich der Bruder des Hans Weiditz – schuf auch eine
Bildnis-Medaille des Antiquars und Numismatikers Huttichius (Habich, G.: Die
deutschen Schaumünzen des 16. Jahrhunderts. München 1929. Nr. 324 = Spätgotik
am Oberrhein, Ausstellungskatalog Karlsruhe 1970. Nr. 445).

1526). Mit diesen haben die Architekten-Medaillons nicht nur die Art der Einfügung des Kopfes in das Rund gemeinsam. sondern vor allem auch die Anordnung der Schrift auf dem Rand mit ihrer klaren, weit von einander abgesetzten Buchstaben und den Interpunktionen. Nachdem Huttichius' Münzbuch zuerst am Hôtel Ebersmünster exakt exzerpiert und auskopiert worden ist, haben seine Holzschnitte dann noch einmal als Anregung für die freie Erfindung der Architekten-Bildnisse am Ziegler-Haus gedient. Sowohl dieses Buch als auch das Kunstbüchlin H. Vogtherrs befanden sich wie die Vitruv-Texte in der Bibliothek des Beatus Rhenanus und sind – mit seinem Besitzervermerk versehen – noch heute in der Humanisten-Bibliothek in Schlettstadt zugänglich[76].

Welcher Art waren die Beziehungen des Stadtbaumeisters zu dem Humanisten? Der schon zitierte Brief[77] hilft diese Frage beantworten. Wegen der Bedeutung der humanistischen Programmatik des Zieglerschen Porträtzyklus sei hier deshalb näher auf ihn eingegangen, zumal er in der kunsthistorischen Forschung unbemerkt geblieben zu sein scheint. Der Brief wurde unter dem Datum des 22. April 1543 an den bekannten Basler Advokaten und Rechtsgelehrten Dr. Bonifacius Amerbach gerichtet und enthält nach einer Empfehlung des Stephan Ziegler die Darlegung eines Rechtsfalles, in dem Rhenanus die Hilfe Amerbachs für Ziegler erbittet und auch erhält, wie aus dem Antwortschreiben des Nikolaus Briefer vom 29. April 1543 hervorgeht, das Ziegler mit nach Schlettstadt zurückbringt[78], – zumal Rhenanus seinem Freunde Amerbach auch die Zahlungsfähigkeit seines Klienten empfiehlt (promittunt hononarium tibi non aspernandum).

In der Empfehlung äußert sich Rhenanus über sein Verhältnis zu Ziegler mit folgenden Worten: „cum quo ob ingenium singulare magnus mihi familiaritatis usus intercedit". Das ingenium singulare bezieht sich darauf, daß

---

[76] Walter, J. : Ville de Sélestat. Catalogue général de la Bibliothèque Municipale. Incunables et XVIme siècle, Colmar 1929. Nr. 1591 (Huttichius), 2395 (Vitruv) und 2400 (Vogtherr). Der Vitruv-Codex (MS 17) des X. Jahrhunderts stammt aus der reichen Bibliothek des Wormser Bischofs und Humanisten Johann von Dalberg (1445-1503) in Ladenburg. Ein Michael Westermann aus Worms gibt in seinem Brief über Bücher dieser Bibliothek vom 18.9.1529 (Briefwechsel Nr. 268) seiner Freude darüber Ausdruck, daß er mit der Übersendung einer Vitruv-Handschrift dem Beatus Rhenanus einen Gefallen habe erweisen können. Da das erste Blatt des erhaltenen Codex noch die Ortsangabe Worms erkennen läßt, ist er also mit dem brieflich erwähnten identisch. Angebunden ist auch eine der beiden erhaltenen Handschriften von Faventinus' Artis architectonicae liber, der mit dieser Epitome den Vitruv-Text – wie er selbst sagt – auch den „humiliores ingenia" näherbringen möchte (S. 287, 3 Rose). Künstlernamen - außer dem des Andronikos, Architekt des Turms der Winde (Vitruv 16, 4) – nennt er deshalb nicht. – Monsieur l'Abbé Paul Adam weiß ich mich für seine Ratschläge und die Großzügigkeit, mit der er mir die Schätze der Schlettstädter Bibliothek erschloß, zu großem Dank verpflichtet.

[77] Briefwechsel Nr. 365.

[78] Ebd., Nr. 366: Steffanus Zieglerus, presencium lator.

Ziegler „omnis certe elegantiae veteris et Romanae studiosus in structuris saxisque exculpendis" ist. Im Gegensatz zu dieser warmen und freundlichen Beurteilung seiner künstlerischen und technischen Fähigkeiten steht das kühle und, wenn man so will, hochmütige Urteil über seine humanistische Bildung: „Sapidi quidem olim auditor, sed non tam literatus, quam literatum amans". Als Humanist fühlt sich Rhenanus seinem Freunde natürlich überlegen. Seinen Eifer muß er zwar anerkennen, doch bleibt er für ihn eben ein Amateur. Als tüchtigen Baumeister dagegen weiß er Ziegler wohl zu schätzen, wie denn Rhenanus überhaupt ein freundliches Verhältnis zu den Handwerkern seiner Umgebung gepflegt hat. Darüber hinaus hebt er jedoch in diesem Fall besonders hervor, daß er von dem vertraulichen Umgang mit Ziegler bisher großen Gebrauch gemacht habe[79].

Wie man sich das Verhältnis von Humanist und Handwerker vorzustellen hat, mag ein Einzelfall erläutern, von dem die letzten Zeilen desselben Briefes berichten. Rhenanus teilt darin mit, daß er dem Nikolaus Briefer geschrieben habe, Stephan Ziegler in Basel besonders die Rüstkammer, dann, wenn dieser darum bäte, ihm jenen oberen Saal des Rathauses (den Großratssaal), der mit Holbeins Gemälden geschmückt ist, zu zeigen und schließlich auch das Bollwerk von St. Clara. Rüstkammer und Bollwerk sind für einen Stadtbaumeister einleuchtende Studienobjekte. Der Saal mit Holbeins Gemälden jedoch wird mit einer Einschränkung erwähnt: man möge ihn ihm nur zeigen, wenn er darum bäte. Mir scheint hier hat Rhenanus höfliche Bescheidenheit vorgeschoben, obwohl es doch aller Wahrscheinlichkeit nach, wie S. Vögelin nachgewiesen hat, er selbst gewesen ist, der Hans Holbein den Programmentwurf für diese umfangreiche und komplizierte Bilderfolge antiker und alttestamentarischer Richter und Urteile geliefert hat[80]. Bedenkt man andererseits, daß Zieglers Wohnhaus ja seit 1538 steht, darf man wohl vermuten, daß schon 1543 – wohl anläßlich seiner Bestellung zum Stadtbaumeister – an den Plänen für den Schmuck des Erkers gearbeitet wurde, der dann zwei Jahre später ausgeführt wurde. Rhenanus scheint seinem Freunde bei dessen Besuch in Basel, seiner alten Wirkungsstätte, ein Beispiel humanistischer Ikonographie haben zeigen lassen wollen, allerdings wohl weniger, um sich ihm in diesen Dingen zu empfehlen, als der Wertschätzung, die ihm dieser literarum amans ohnehin entgegenbrachte, eine erneute Bestätigung zu bieten.

---

[79] Ebd.,Nr. 58 (enthält Grüße an den Kupferstecher Jakob Faber bei Froben). – Ziegler erwähnte später seinerseits in der Zeugenaussage zum Erbschaftsprozeß des Rhenanus vor dem Reichskammergericht zu Straßburg (1551-1559), daß er ihm sehr nahe gestanden habe (H. Kaiser in Zeitschrift Geschichte des Oberrheins 70 [1916]. S. 33, Anm. 3 und S. 42, Anm. 3 [RKG 114]).

[80] Vögelin, S.: Wer hat Holbein die Kenntnis des classischen Altertums vermittelt?, in: Reprt. Kunstwiss. 10 (1887), S. 345ff.

Beatus Rhenanus also, so vermute ich, hat Stephan Ziegler das ikono-
graphische Programm und die Vorlagen dafür geliefert, mit dem dieser den
Erker seines Wohnhauses schmückte. – Programm und Vorlagen, denn in
seinem Besitz befanden sich nicht nur die Vitruv-Texte, sondern ja auch das
Kunstbüchlin und das Münzbuch mit den Holzschnitten von Hans Weiditz.
Für Rhenanus ist das keine ungewohnte Aufgabe gewesen – ob sich selbst
gestellt oder übernommen, mag offen bleiben; denn schon während seiner
Zeit bei Froben oblag ihm die Illustration der dort gedruckten Bücher und in
dieser Tätigkeit traf er auch mit Hans Holbein zusammen, dessen
graphisches Werk mit der Froben-Offizin eng verbunden ist[81]. Wie kundig
Rhenanus diese Arbeit wahrnahm, bestätigte ihm Erasmus ausdrücklich[82].
Auch später hat er sich noch um ikonographische Fragen gekümmert, wenn
es darum ging, seinen Freunden zu helfen Die Glasfenster für die Dominika-
ner-Bibliothek in Schlettstadt[83] sind dafür ein Beispiel. Der Briefwechsel
darüber ist auch insofern interessant, als er das gelegentlich betrübliche Verhältnis von Entwurf und Ausführung beleuchtet: dem Glasmaler sind im
Titel des Erasmusbildes zwei Schreibfehler unterlaufen, die Rhenanus entdeckte und hinzufügt: „Sed hic subinde peccare solent opifices, nisi adsit,
qui moneat"[84] – eine Erfahrung, die ihm die Inschriften der Architekten-Medaillons einmal mehr bestätigt haben werden. Gerade dem Epigramm und
Inschriften aller Art galt seine Aufmerksamkeit, wie zweihundert Jahre später Johann Daniel Schöpflin hervorhebt:

„Rhenanus ... qui coloniae Romanae faciem Selestadio induxit.
Plurimae veteris latii stylo inscriptiones per varias urbis partes, in
templi parochialis columnis ac muris, in portis, in cancellaria,
mercatoria domo et alibi ad omnem posterorum memoriam auctore eo
a popularibus positae doctrinam et amorem ejus testantur in
patriam"[85].

Ein kleiner philologischer Hinweis auf seine Autorschaft des Architekten-
Zyklus scheint mir darin zu liegen, daß die gleiche Prägnanz des „architectis
veteribus dicatum" ebenfalls in einer Überschrift, nämlich der von ihm
verfaßten Ehreninschrift für die Schlettstädter Gefallenen von 1448, wiederkehrt – fortitudini et clementiae dicatum heißt es dort[86].

---

[81] Die Malerfamilie Holbein, a.a.O., Nr. 339-345, 351ff.

[82] Briefwechsel Nr. 68.

[83] Vögelin, a.a.O., S. 366. Briefwechsel Nr. 309, 316, 317.

[84] Ebd., Nr. 317.

[85] Schoepflin, J. D.: Alsacia illustrata II. Straßburg 1761. S. 386 §DCCX.

[86] Briefwechsel 623.

Seine philologischen Studien verhalfen ihm auch zu seiner Kenntnis der antiken Künstlergeschichte – besonders seine Arbeit am Pliniustext[87] kam ihm dabei zugute. Und daß sein Wissen von antiker Kunst nicht Rhetorik ohne Anschauung geblieben ist, bezeugt der Brief, in dem er über seinen Besuch der Fuggerschen Antikensammlung in Augsburg berichtet[88]. Auch der neuen italienischen Architektur scheint sein Interesse gegolten zu haben, besaß er doch – im Kreis der deutschen Humanisten ungewöhnlich – auch ein Exemplar von L. B. Albertis De re aedificatoria in der Pariser Ausgabe von 1512[89]. Nimmt man alles dies zusammen, haben wir alle Berechtigung, in Beatus Rhenanus den spiritus rector für den Zyklus der Architekten-Medaillons zu sehen.

Da ein solcher Zyklus, der nur Architekten und verwandte Berufe vereinigt, in dieser Zeit zumindest in Deutschland einmalig ist, liegt natürlich die Frage nahe, ob nicht auch Beatus Rhenanus seinerseits fremde Anregungen – etwa aus Italien – aufgegriffen hat. Die Rolle des Vermittlers hatte Paolo Giovio (1483-1552) spielen können[90]. Dieser sammelte seit mindestens 1521 Porträts berühmter Leute, für die er sein 1543 endgültig fertiges Musaeum bei Como baute[91]. „Maler und Bildhauer" waren in der dritten Bildnisgruppe seiner Sammlung ausgestellt. Beatus Rhenanus erwähnt ihn in seinen Briefen[92], besitzt auch Bücher[93] von ihm und ist selbst auch dem Paolo Giovio kein Unbekannter geblieben. Daß dieser ihn bei seiner Reise nach Deutschland im Herbst 1532 besucht hat, ist denkbar, konnte ich aber bisher nicht überprüfen. Dafür spräche die freundliche Formulierung in seinen Elogia: „Floret adhuc apud nos praedulcis et grata memoria Beati Rhenani"[94].

Älter als die Porträtgalerie Giovios ist Filaretes Beschreibung des Architektenhauses von Sforzinda (1464)[95]. Das Innere dieses utopischen Prunk-

---

[87] A. Horawitz in Zeitschr. f. bild. Kunst 8 (1873), S. 128. Walter, Catalogue Nr. 2054. Auf diesen Studien wird auch Rhenanus' oben Anm. 45 vermutete Kenntnis der erwähnten Pliniusstelle beruhen.

[88] Briefwechsel Nr. 274, S. 393f.

[89] Walter, Catalogue Nr. 561.

[90] Rave, P. O.: Paolo Giovio und die Bildnisvitenbücher der Renaissance, in: Jhb. der Berliner Mus. I (1959). S. 119ff. Diesen Hinweis verdanke ich M. Winner.

[91] Rave, P. O.: Das Museo Giovio zu Como, München 1961 (= Miscellanea Bibliothecae Hertzianae). S. 275ff.

[92] Briefwechsel Nr. 43 und 312.

[93] Walter, Catalogue Nr. 1626f.

[94] Giovio, P.: Elogia virorum literis illustrium. Basel 1577. S. 221. – Zu erwägen wäre, ob Beatus Rhenanus etwa dem Hans Weiditz den Auftrag einer Bildnismedaille des Paolo Giovio vermittelte (F. Dworschak in Numismatik 3 [1932, S. 53f.).

[95] Oettingen, W. v.: Antonio Averlino Filaretes Tractat über die Baukunst. Wien 1890. S. 509 und S. 514.

baues sollte nach der Vorstellung seines „Erbauers" mit den Bildern antiker Künstler geschmückt werden. Filaretes lange Kataloge, die mehrfach Überschneidungen und Wiederholungen aufweisen, nennen natürlich auch die Architekten[96]. Da auch er schon den Vitruv benutzt hat, finden sich dort also bekannte Namen. Nun ist aber Filaretes Traktat nur als Manuskript vorhanden gewesen, dürfte also kaum eine größere Verbreitung gefunden haben. Festzuhalten bleibt aber, daß er der erste gewesen ist, der das Haus eines Künstlers mit den Bildern seiner ruhmvollen Kollegen des Altertums geschmückt sehen wollte. Noch ohne Kenntnis Filaretes hatte Vasari 1542 den Einfall, sein Haus mit den Bildern antiker und moderner Künstler zu schmücken[97]. Angeregt worden sein mag er seinerseits durch die Bilderfolge von antiken und modernen Gelehrten, von Propheten und Kirchenvätern im Studiolo des Federigo da Montefeltre zu Urbino (um 1475)[98]. Alle diese italienischen Zyklen können – falls ihre Kenntnis den Weg über die Alpen gefunden bat – auf Beatus Rhenanus als Anregung gewirkt haben, doch als Monument für die antiken Architekten am Hause eines Architekten ist sein Entwurf neuartig und scheint auch lange Zeit einzigartig geblieben zu sein. Erst im Œuvre Karl Friedrich Schinkels (1781-1841) habe ich wieder Vergleichbares gefunden: Die Türflügel der beiden Portale seiner 1832 begonnenen Bauakademie[99] nehmen den Schlettstädter Gedanken wieder auf, wobei hier im romantisch-klassizistischen Sinne der Kreis der Vorbilder über die Antike hinaus historisierend auf die Neuzeit ausgedehnt wird. Jeder der vier Türflügel ist in vier übereinanderliegende Felder aufgeteilt, die in ihrer Mitte jeweils ein von antikisierenden Palmetten und Ranken eingefaßtes Porträtmedaillon zeigen. Die Köpfe sind fast ausschließlich im strengen Profil gegeben. Geringfügige Abweichungen in der Porträtauffassung unterscheiden die von August Kiss ausgeführten Eisengüsse von den Entwurfzeichnungen Schinkels. Den Entwürfen sind auch die Namen der Dargestellten beigeschrieben: „A. di Lapo (Arnolfo di Cambio), A. Dürer, Bramante, B. Maiano, Schlüter, L. da Vinci, R. Urbino, B. Peruzzi, Vitruv, M. A. Buonarotti, Palladius, N. Pisano, Ictinus, J. Bruneleschi, E. Steinbach, L. B. Alberti"[100]. Eine bunte Reihe – deutsche neben italienische Meistern, Theoretiker und Praktiker, Barock und klassisches Athen. Allen gemeinsam: für Schinkel sind diese Namen keine rhetorische Evokation, sondern eines

---

[96] Ebd., S. 729.

[97] Prinz, W.: Vasaris Sammlung von Künstlerbildnissen, Florenz 1966 (= Beiheft zu Mitt. Kunsthist. Inst. 12). S. 10f.

[98] Lavalleye, J.: Juste de Gand. Löwen 1936. S. 103ff., Taf. 12-25. E. Bielefeld in AA 1964, S. 121ff.

[99] K. F. Schinkel, Lebenswerk, hrsg. v. P. O. Rave, Bd. 11: Berlin, 3. Teil. Berlin 1962. S. 55, Abb. 52 und 54. Rave, P. O.: Genius der Baukunst. Berlin 1942. S. 50.

[100] Lebenswerk, S. 55.

jeden Œuvre ist ihm aus eigener Anschauung und Lektüre bekannt und vertraut. Der Schletterstädter Zyklus bleibt demgegenüber pathetische Leerform
mit idealistischem Absolutheitsanspruch, der sich weniger auf die nachzu-
ahmenden Vorbilder als auf das hierarchisch aufgebaute Lehrgebäude eines
überzeitlichen Architektenbildes bezieht. Schinkels eigene Arbeiten dagegen
und seine literarische Äußerungen lassen erkennen, daß seine Auswahl der
architecti veteres von seiner in die eigene Praxis überführten historischen
Erfahrung bestimmt ist. Die übrige Dekoration der Portale, darunter die Illustration zu Vitruvs Geschichte von Kallimachos[101] Erfindung des korinthischen Kapitells, hat P. O. Rave unter dem Aspekt des „Genius der Baukunst"
interpretiert. Die Bildnismedaillons erwähnt er nur beiläufig, und auch von
Schinkel selbst liegen keine Äußerungen über diesen Teil des Bildprogramms vor[102].

Die Eigenart der Schlettstädter Architekten-Medaillons wird schließlich
auch durch Vergleich mit anderen Bedeutungsmöglichkeiten erhellt, die das
Bildnis des antiken Architekten oder Künstlers überhaupt in der Nachwelt
annehmen konnte. Da eine monographische Behandlung dieses Themas
nicht existiert, können die hier angeführten Beispiele natürlich nur einen
lückenhaften Überblick bieten. „Eine Deinokratesdarstellung im Architek-
turtraktat des Francesco di Giorgio"[103] ist das früheste Bild eines Baumei-
sters der Antike. Den Grund dafür, daß nur dieser und kein anderer der
ebenso bekannten und in diesem Traktat ja auch erwähnten Baumeister im
Bilde vorgeführt wird, gibt der Autor selbst an. Ihn interessiert das Problem,
wie man sich den phantastischen Entwurf des Deinokrates vorzustellen habe.
Deshalb fügt er seinem Text diese erläuternde Zeichnung hinzu, wobei der
Umstand, daß er Vitruvs Beschreibung des Entwerfers mit der des Entwurfes
durcheinanderbrachte, das früheste Renaissancebildnis eines antiken Architekten entstehen ließ. Als Denkmal beabsichtigt ist die Statue Vitruvs auf der
wohl von Fra Giocondo, dem Vitruv-Editor und Ingenieur, erbauten Loggia
del Consiglio zu Verona (1476-1493)[104]. Der Architekt steht hier mit vier
weiteren berühmten Römern, deren Heimat zu sein Verona beanspruchte,
zum höheren Rühme der Stadt. Die Kunstgeschichte ist hier im Lokalpatrio-
tismus aufgegangen. Mancherlei Künstlerbildnisse entstammen den allzeit
beliebten Künstleranekdoten[105], sei es als Buchillustration, sei es als Motiv

---

[101] Rave, a.a.O., S. 47, Taf. 14. Rave verwechselt Kallimachos mit Kallikrates, den
Plutarch (Perikles 13) als einen der Architekten des Parthenon nennt (Brunn, a.a.O.
II, S. 365. Mylonas Shear in Hesperia 32 [1963], S. 375ff.).

[102] Nach freundlicher Auskunft von G. Riemann, Nationalgalerie Berlin.

[103] Lotz, Mitt. Kunsthist. Inst. Florenz 5 (1937-1940). S. 428ff.

[104] Willich – Zucker, a.a.O., Abb. 152. Reclams Kunstführer, Oberitalien-Ost.
Stuttgart 1965. S. 1034.

[105] Zur Persistenz der Topoi siehe Kris, E. - Kurz, O.: Die Legende vom Künstler.

eines Gemäldes Weil sie einen für eine Frau ungewöhnlichen Beruf ausübte, geriet die Malerin Marcia – eine Kompilation aus mindestens sechs verschiedenen Malerinnen, die Plinius[106] aufzählt – in Boccacios de claris mulieribus[107]. Die Anekdote vom Wettstreit des Zeuxis und des Parrhasios begegnet im Typus des mittelalterlichen Werkstattbildes in Hartmann Schedels Buch der Chroniken (1493)[108]. Phidias als Schöpfer eines der sieben Weltwunder kann sogar Kachelöfen[109], die keramischen Welttheater bürgerlicher Wohnstuben, schmücken. Ferner begegnen Apelles[110] und Zeuxis[111] in verschiedenartigen Situationen als „Barockthemen" der großen Malerei. All diesen Bildern ist etwas Anekdotisches und Episodisches gemeinsam. Wenn sie auch den Geist der antiken Künstler beschwören, der Anspruch und die Komplexität der humanistischen Programmatik des Schlettstädter Zyklus liegen ihnen fern.

Daß es schließlich in der Antike selbst schon neben verschiedenen Formen des Künstlerbildes[112] auch Architektenporträts gegeben hat, soll nicht unerwähnt bleiben. Zwar sind die Namen meist nur aus literarischen oder epigraphischen Quellen zu erschließen, doch gibt es darunter gerade drei, die auch in Schlettstadt dargestellt sind: Ein Bild des Agatharchos existierte – wohl schon zu seinen Lebzeiten – von der Hand des Malers Simonides[113]. Der Name des Cossutius findet sich auf einer Statuenbasis aus Athen[114], die nur seine Porträtstatue getragen haben kann. Von Archytas, dem Staatsmann,

---

Wien 1934. S. 14ff.

[106] Plinius NH 35, 147: pinxere et mulieres.

[107] Z.B. MS fr. 12420 der Bibliothèque Nationale, Paris von 1402 (Egbert, V. W.: The mediaeval artist at work. Princeton 1967. S. 82f.). Nach L. Mallé (Alberti della Pittura. Florenz 1950. S. 80, Anm. 2) ist Marcia als Topos im Mittelalter weit verbreitet.

[108] Hartmann Schedel, Liber Chronicarum 1493, fol. IXXI. Hinweis von M. Winner.

[109] J. Fink in Antike und Abendland 7 (1958). S. 85ff., Abb. 10 und 11. R. L. Wyss (Der Winterthurer Ofen von A. und H. Pfau aus dem Jahre 1682. In: Jahresber. des Histor. Mus. Basel 1961, S. 33ff.), erkannte in Stichfolgen der Sieben Weltwunder von Maerten van Heemskerk, Maerten de Vos und Claude Vignon die Vorlagen für die Bildprogramme dieser Ofengruppe, in der das jeweilige Wunderwerk mit seinem Schöpfer oder Auftraggeber verbunden ist. Außer Phidias begegnet dort noch als weiterer antiker Künstler Chares von Lindos neben seinem Koloß von Rhodos. - U. Bellwald danke ich für freundlich gewährte Auskunft.

[110] Pigler, A.: Barockthemen II. Budapest 1956. S. 351ff.

[111] Pigler, a.a.O., S. 421f.

[112] Metzler, D.: Porträt und Gesellschaft. Über die Entstehung des griechischen Porträts in der Klassik, Münster 1971, S. 296ff. und S. 340f.

[113] Plinius NH 35, 143. EAA VII 315. Metzler, a.a.O., S. 283f.

[114] Lorenz, Th.: Galerien von griechischen Philosophen- und Dichterbildnissen bei den Römern. Mainz 1965. S. 25, Nr. XVIII, 8. Im selben Zyklus befand sich auch ein Porträt des Phidias (XVIII, 3).

Mathematiker und Physiker, gab es ein Hermenporträt ungewisser Datierung – mehr als die jetzt auch verschollene Inschrift der Hermenbasis berichtet davon nicht[115]. Aus nachvitruvischer Zeit gibt es die trajanische Büste des Apollodor[116] (von Damaskus), den man mit dem berühmten Erbauer der Donaubrücke und des Trajansforums zu identifizieren pflegt, denn der Bart des Porträts bezeichnet unter seinen rasierten römischen Zeitgenossen den Griechen. In Ägypten, wo das Architekten-Bild schon sehr früh seinen festen Platz in der Ikonographie der Gräber und Votivbilder hat[117], gibt es sogar schon das retrospektive und historisierende Architekten-Bild. Imhotep – den Heilkundigen, Wesir und Baumeister am Hofe des Pharaos Djoser, für den er den Bau seines Grabbezirkes in Sakkara leitete – zeigen zahlreiche Bronze-statuetten der Spätzeit in der Tracht des Alten Reiches[118] – Ihre große Zahl erklärt sich aus der kultischen Verehrung, die man ihm als Helfer und Wei-sen entgegenbrachte. Insofern stehen gerade diese scheinbar so entlegenen Statuetten der Funktion der Schlettstädter Architekten-Bilder innerhalb der übrigen antiken Vorstufen so ferne nicht.

In Schlettstadt haben die Medaillons noch eine eigene Bedeutung: Hier schrieb – eine Generation vor Ziegler und Beatus Rhenanus – Jakob Wimpfeling seine „Epithome Rerum Germanicarum" (Straßburg bei Johann Prüss 1505), eines der bedeutendsten Zeugnisse des aufkommenden deut-schen Nationalbewußtseins und insofern eine interessante Facette im Spiegel der Antikenrezeption des deutschen Humanismus. Wimpfeling widmet in seiner Schrift der deutschen Architektur ein eigenes Kapitel[119] und voll

---

[115] Corpus Inscriptionum Atticarum III 561. Brunn, a.a.O. II, S. 350.

[116] München, Glyptothek Inv. Nr. 334. Kraus, Th.: Das römische Weltreich. Berlin 1967. S. 257, Taf. 304 – falls die Inschrift antik ist. Im parthisch-römischen Grenzbereich entstanden wäre hier auch noch das Bildnis des Architekten Maximos unter den Büstenbildern der Kassettendecke im Haus der Schreiber von Dura-Europos zu nennen (The Excavations of Dura. Preliminary Report 6th Season. New Haven 1936. S. 300, Nr. 792, Taf. 45, 3).

[117] Z. B. das Porträt des Senmut, Architekt der Bauten der Hatschepsut, in seinem Grabe (Nr. 353) in Deir el Bahri (Cenival, J.- L. de: Ägypten [Weltkulturen und Baukunst], München 1966, S. 88).

[118] Wolf, W.: Die Kunst Ägyptens. Stuttgart 1957. S. 623, Abb. 650. Beachtlich ist die Verbreitung dieser Imhotep-Statuetten über Ägypten hinaus: Sie finden sich in zypriotischen Gräbern (Nicosia, Museum) und mit phönizischen Inschriften versehen (Paris, Louvre A. O. 2744). – Etwa gleichzeitig rühmt sich der Obermeister Chnumibrê eines – teilweise fiktiven – Stammbaums von 23 Generationen von Oberbaumeistern, der zwar nur bis in die Ramessidenzeit exakt geführt ist, aber dann noch in kühnem Brückenschlag auch Imhotep mit einbezieht. (Otto, E.: Ägypten. Der Weg des Pharaonenreiches. Stuttgart ⁴1966. S. 249f.). In der ungebrochenen Tradition des statischen und hierarchischen Geschichtsbildes der Ägypter drückt sich hier also die Wertschätzung der als verbindlich angesehenen Schöpfungen des eigenen Altertums naturgemäß in genealogischer Form aus.

[119] Cap. 67. Im folgenden Kapitel (68) dient der Vergleich mit der Antike dem Lob

patriotischer Genugtuung zitiert er Enea Silvio: „Nach meinem Dafürhalten sind die Deutschen bewunderungswürdige Mathematiker, in der Architektur übertreffen sie alle Völker". Dem schließt er ein ausführliches Lob der Schönheit und der kühnen Technik des Straßburger Münsters an und fügt – ermutigt durch das gewichtige Urteil des Italieners – hinzu: „Quid si isti a laudatis auctoribus laudati artifices reviviscerent, Scopa, Phidias, Ctesiphon, Archimedes, profecto in architecturae disciplina se victos esse a nostris vel palam faterentur". Für Wimpfeling und seinen Kreis, „der die vorbehaltlose Aneignung des Gehaltes der Antike immer mit tiefem Grauen betrachtete"[120], erfüllt die antike Architektur die Funktion des rhetorischen Hintergrundes, vor dem der Glanz der eigenen Gegenwart um so heller erstrahlt. Mit dem Bildschmuck und der Dekoration des Erkers gaben Beatus Rhenanus und Stephan Ziegler im Bereich der Kunst zugleich auch die traditionalistische Antwort auf diesen ersten, noch unbeholfenen Versuch einer nationalen Emanzipation.

Abb. 1: Haus Stephan Ziegler,
Schlettstadt

Abb. 2: DINOCRATES

---

der zeitgenössischen deutschen Malerei und Keramik.

[120] Ellinger, G.: Italien und der deutsche Humanismus in der neulateinischen Lyrik I. Berlin 1929. S. 182.

Abb. 3: MARCUS VITRIVIUS

Abb. 4: PHILOLAVS und ARCHITAS

J. J. Winckelmann (1717-1768)*

Epochale geistige Konzepte sind offensichtlich so fruchtbar, daß sie für die mannigfaltigsten Interpretationen herhalten können. Auch Winckelmanns Entdeckung der griechischen Kunst zählt zu diesen komplexen und erregenden Phänomenen. Auf die Frage nach seiner Bedeutung für die Archäologie unserer Tage antworten daher – je nach geistigem oder auch politischem Standort – verständlicherweise durchaus konträre Stimmen.

Es verwundert daher nicht, wenn er mal als Objektivist, mal als Sensualist subjektiver Prägung, als Vorläufer des Historismus oder dessen Gegenpol, als Sozialrevolutionär oder Opportunist eingestuft wird und wenn schließlich im engeren Kreise der Fachgenossen seine Einschätzung schwankt zwischen „hoffnungslos veraltet" (W. Rehm steht hier nur für Viele) und anerkennender Würdigung seiner Methodik und Hermeneutik (N. Himmelmann)[1]. Seine Fehler hat schon Lessing gesehen und großzügig beiseite geschoben, Christian Gottlob Heyne war strenger und als Klassischer Philologe dabei auch fündiger[2]. Das in Varianten seit zwei Jahrhunderten verbreitete Bonmot, die Archäologen feierten Winckelmann, läsen ihn aber nicht, trifft zwar weitgehend zu, erklärt aber nicht die Distanz zu ihm, denn gerade die in Deutschland den Ton angebende Klassische Archäologie forscht in den von ihm eröffneten Bahnen. Dabei ist es ganz natürlich, daß seine Epigonen glauben, ihn hinter sich gelassen zu haben, denn auch nur halbwegs intelligente Schüler können es nicht vermeiden, daß sie in der

---

* Dieser Text ist die stark veränderte Fassung eines Vortrages, den ich auf Einladung des Archäologischen Instituts am 3.2.1983 in Hamburg halten durfte.

[1] Himmelmann, N.: Winckelmanns Hermeneutik, in: Abh. Akad. Wiss. Mainz 1971. Nr. 12. – vgl. auch K. Schefold in Geistesgeschichtliche Perspektiven, hrsg. v. G. Grossklaus. Bonn 1969. S. 191ff.

[2] Heyne, Chr. G.: Berichtigung und Ergänzung der Winckelmannischen Geschichte der Kunst des Altertums, in: Deutsche Schriften von der Königlichen Societät der Wissenschaften herausgegeben. Göttingen/Gotha 1771. Bd. I. S. 1; ders.: Sammlung antiquarischer Aufsätze. Leipzig 1778. Bd. I. S. 165ff. Vgl. auch: Die Kasseler Lobschriften auf Winckelmann (1778), hrsg. v. A. Schulz. Berlin 1963. Auf Winckelmanns Irrtümer und Fehleinschätzungen antiker Fakten wies zuletzt Demandt, A.: Winckelmann und die alte Geschichte, in: Gaethgens, T. (Hrsg.): J. J. W. 1717-1768. Vorträge der 7. Jahrestagung der Deutschen Gesellschaft für die Erforschung des 18. Jahrhunderts. 17.-19. November 1982. Hamburg 1986 (= Studien zum 18. Jahrhundert 7). S. 303-313, hin (eine Tagung in Berlin, die ausschließlich J. J. Winckelmann gewidmet war und unter deren Teilnehmern – bezeichnenderweise? – die Klassischen Archäologen eine quantité négligeable darstellten).

vom Heros Ktistes gewiesenen Richtung weitergehend zu entsprechend wissenschaftlichen Verbesserungen gelangen werden.

Winckelmann-Nachfolge wird also keineswegs proklamiert werden! Wenn trotzdem an ihn erinnert werden soll, so deswegen, weil mit Winckelmann etwas Neues in die Beschäftigung mit antiker Kunst trat, das die Winkelmänner, die nach ihm kamen[3], so mit klassizistischem Dunst vernebelten, daß eben das Neue – wie mir scheint – verdreht, entschärft oder gar totgeschwiegen werden konnte. Die fällige Entschlackung des Heros wird entsprechend voreingenommen ausfallen.

Zu einer umfassenden Darstellung Winckelmanns und seiner Wirkungen sehe ich mich nicht im Stande, auch gibt es hier keine neu entdeckten Texte von ihm vorzustellen oder sein Werk mit neuen Theorien zu konfrontieren. Ich möchte den demokratischen und fortschrittlichen Winckelmann vorstellen – nach Maßgabe längst bekannter Quellen und in dankbar verpflichteter Anlehnung an ähnlich urteilende moderne Autoren[4], so daß hier nichts Neues sondern nur Wichtiges vorgetragen wird. Die „Politisierung" Winckelmanns scheint mir aus seinem und meinem wissenschaftlichen Interesse nötig, war er es doch, der mehrfach und ausdrücklich die Entfaltung der klassischen Kunst aus ihren politischen Bedingungen aufzeigte, indem er in Anlehnung an antike Äußerungen in der politischen Freiheit den Grund für die Größe der Kunst Athens zu erkennen glaubte[5]. Die Widersprüche, in die er sich dabei verstrickte – Heyne hat sie als erster gesehen – sind auch heute noch nicht immer befriedigend gelöst – selbst Bücher mit Titeln wie „Porträt und Gesellschaft" schürfen in dieser Richtung noch nicht tief genug, insofern nämlich die Beziehungen zwischen Kunst und Gesellschaft, Kunst und Politik darin gelegentlich auch naiv mechanistisch gesehen werden. Auch dort ging Winckelmann voran! Aber indem er in

---

[3] R. Bianchi-Bandinelli zitierte diese Formulierung Friedrich Schlegels.

[4] Justi, K.: Über die Studien W.s in seiner vorrömischen Zeit. Historisches Tagebuch, hrsg. v. F. von Raumer 4, VII, 1866. S. 129ff. Justi, C.: Winckelmann. Sein Leben, seine Werke und seine Zeitgenossen I-II. Leipzig 1866-1872. Mehring, F.: J. J. W. (1907), in: Gesammelte Schriften X. Berlin 1961. S. 12ff. Heidrich, E.: W. (1911), in: Beiträge zur Geschichte und Methode der Kunstgeschichte. Basel 1917. S. 28ff. Balet, L. – Gerhard, E. (= E. Rebling): Die Verbürgerlichung der deutschen Kunst, Literatur und Musik im 18. Jahrhundert (1936), hrsg. v. G. Mattenklott, Frankfurt – Berlin – Wien 1979. S. 417ff. Koch, H.: J. J. W., Sprache und Kunstwerk. Berlin 1957. S. 87ff. Fontius, M.: Winckelmann und die französische Aufklärung. Sb. Akad. Wiss. Berlin 1968. Nr. 1. Kunze, M.: J. J. W. Ein biographischer Abriß. Stendal 1974. Dilly, H.: Kunstgeschichte als Institution. Frankfurt 1979. S. 90ff. Baeumer, M. L.: Klassizität und republikanische Freiheit in der außereuropäischen Winckelmann-Rezeptino des späten 18. Jahrhunderts, in: Gaethgens, T. (Hrsg.): J. J. W. 1717-1768. Vorträge der 7. Jahrestagung der Deutschen Gesellschaft für die Erforschung des 18. Jahrhunderts. 17.-19. November 1982. Hamburg 1986 (= Studien zum 18. Jahrhundert 7). S. 195-219.

[5] Siehe unten.

dieser Richtung dachte und empfand, bot er eine utopisch[6] formulierte Antwort auf politische und emotionale Bedürfnisse seiner Epoche. Die Widersprüche dieser Epoche sind auch seine eigenen. Es wäre falsch, sie aufzulösen und harmonisieren zu wollen. Wenn ich hier, wie mir scheint, einige zu Unrecht und zum Schaden der Archäologie vernachlässigte Aspekte seines Lebens und seines Werkes besonders ins Licht rücke, möchte ich auf das Motivationsdefizit der Archäologie angesichts ihrer positivistischen Verkümmerung mit der Erinnerung an die nicht unverächtlichen aufklärerischen Anfänge des Faches antworten: Doch zunächst einige biographische Angaben – wie üblich nach Justi:

Johann Joachim Winckelmann wurde am 9.12.1717 in Stendal in bescheidenen Verhältnissen als preußischer Untertan geboren. Nach dem Besuch der Lateinschule konnte er 1735/36 mit Hilfe eines privaten Stipendiums ein Jahr in Berlin das Gymnasium besuchen, wo damals Christian Tobias Damm Griechisch lehrte. Spätestens hier begründete sich seine Kenntnis Homers. In Halle belegte er 1738 Theologie, hörte historische Kollegs und lernte Hebräisch. Vorlesungen zur Numismatik und Ästhetik ließen ihn nach eigenen Worten eher unbeeindruckt. Nach zweijährigem Studium spielte er für ein Jahr im Stendal benachbarten Osterburg den Hauslehrer, kehrte wieder zur Universität zurück und belegte in Jena neuere Sprachen, Medizin und Mathematik. 1743 nahm er eine Stelle als Konrektor im altmärkischen Seehausen an, wo er fast fünf Jahre bleiben sollte – unter den denkbar ungünstigsten Bedingungen: „Über die Knechtschaft in Seehausen ist nichts gegangen", klagte er später. Eine bedeutende Verbesserung seiner Lage brachte 1748 die Anstellung als Bibliothekar des sächsischen Grafen Heinrich von Bünau in Nöthnitz bei Dresden. Sechs Jahre lang hatte Winckelmann hier Gelegenheit in der damals bedeutendsten Privatbibliothek Deutschlands zu arbeiten. Für seinen Dienstherrn hatte er Vorarbeiten zu dessen Reichsgeschichte zu leisten. Daß die von Winckelmann betreuten Teile unveröffentlicht blieben, ist um so bedauernswerter, als er sich gerade auch auf historischem Gebiet – nach seiner umfassenden Lektüre zeitgenössischer und älterer politisch-historischer Autoren zu urteilen – nicht unbedeutende Kenntnisse angeeignet haben muß.

Sein lebhaftes Interesse an moderner politischer Literatur aus England und Frankreich ist vielfältig bezeugt und prägte seine Anschauungen so sehr, daß man ihn mit modernen Worten einen Leser alternativer Literatur nennen möchte. In all den Jahren – auch schon vor 1748 – fand er neben seinen Amtsgeschäften noch die Muße, sich mit griechischen Autoren zu befassen. Mehrfach spricht er von Entleihungen oder entsprechenden Erwerbungen bei einschlägigen Buchhändlern. Sowohl in Bezug auf die antiken Autoren als

---

[6] Namowicz, T.: Die aufklärerische Utopie. Warschau 1978. S. 68ff.

auch auf die Aufklärungsliteratur seiner Gegenwart läßt sich sagen: Winckelmanns entscheidende Bildungsjahre liegen in Sachsen[7].

Begegnungen mit antiker Kunst gab es zwar in Dresden und Potsdam (1752), sie bleiben aber gemessen an der umfangreichen und umfassenden Lektüre eher Randerscheinungen. Wirkungslos können sie jedoch nicht gewesen sein, sonst bliebe unverständlich, was den Büchermenschen zu den Kunstwerken und Künstlern in Dresden zog, unter denen Adam Friedrich Oeser sein besonderer Mentor wurde. Ihm verdankt er wesentliche Elemente seines künstlerischen Sehens und Erlebens. Ob ihn auch die Stimmen kritischer Neuerer erreichten, die Ähnliches wie später er selbst vom einem Rückgriff auf die Klarheit antiker Kunst in ihrem Kampf gegen „Grillen- und Muschelwerk" zeitgenössischer Architektur hofften, ist mir nicht klar. Unverständlich bleibt, daß er sich von Friedrich August Krubsacius[8] distanzierte, der „ganz mit ihm übereinstimmt", wenn er in der Architektur Proportionen gegen überflüssiges Zierat stellt[9]. Balet und Gerhard haben auf ihn und andere Vorläufer hingewiesen, die schon seit 1742 in Deutschland, 1749 in Frankreich – sicher nicht ohne Kenntnis der Grabungsfunde von Herculaneum (1737) und Pompeji (1748) – ihren Überdruß am zeitgenössischen Barock durch Besinnung auf die als solche empfundene „Natürlichkeit" antiker Vorbilder zum Ausdruck brachten[10].

Der Boden für Winckelmanns „Gedanken über die Nachahmung der griechischen Werke in der Malerei und Bildhauerkunst", seinem Erstlingswerk von 1755, war also, wenn auch nur punktuell, bereitet. Entsprechend groß war das Aufsehen, das diese Schrift gleich bei ihrem Erscheinen erregte. Sie begründete zugleich seinen Ruhm und gab ihm den Mut – mit einem klaren Bild antiker Kunst vor Augen – seine Rompläne energischer zu verfolgen: Da er sich als Protestant, noch dazu in einer katholischen Residenz, kaum andere Wege erhoffen durfte, entschied er sich für den Übertritt zum Katholizismus, um so ans Ziel zu gelangen. Die dreizehn Jahre, die ihm in Rom verbleiben sollten, sind die menschlich und wissenschaftlich erfülltesten seines Lebens. Sie endeten tragisch: eine geplante Erholungsreise nach Deutschland bricht er unter merkwürdigen Umständen ab und wendet sich von Wien aus wieder Italien zu. Auf dem Rückweg nach Rom wird er am 8.6.1768 in Triest Opfer eines heimtückischen Mordanschlages. Die Nachricht von seinem grausamen Tode hinterläßt bei seinen zahlreichen Freunden und Lesern tiefe Bestürzung.

---

[7]   Fontius, a.a.O., S. 4.

[8]   Balet-Gerhard, a.a.O., S. 414.

[9]   Justi, a.a.O. I, S. 265.

[10] Balet-Gerhard, a.a.O., S. 412-417.

Winckelmanns Erkenntnis, daß die griechische Kunst eine historisch
faßbare Entwicklung durchläuft, bedeutete die große Wende in der Kunstliteratur der Neuzeit. Daß er mit der enthusiastischen Schilderung dieser
Kunst und ihrer empirisch-historischen Begründung seinen Zeitgenossen das
Bild eines heilen und erstrebenswerten Ideals anbot, machte seinen Erfolg
bei denen aus, die wie er in der Kunst seiner Gegenwart nur die deutlichen
Zeichen des moralischen und politischen Verfalls des Absolutismus sahen
oder sehen wollten. Seine Einsichten und seine Mißverständnisse sind auch
aus dieser Haltung zu beurteilen. Winckelmanns Einbindung in die breite
Strömung bürgerlicher Aufklärung beschrieb E. Heidrich[11]: „Über alles Persönliche hinaus jedoch: es ist die allgemeine Bewegung des 18. Jahrhunderts, in der die Laien kraft ihrer Bildung und unter Berufung auf die offensichtlichen Mängel und die allmähliche Verspottung des herrschenden Systems empordrängen und eine Reform der bestehenden Zustände von Grund
auf fordern, in der auch Winckelmann steht – jene große Bewegung des
dritten Standes, der die Privilegierten, die in Staat und Kunst Regierenden
vor Gericht fordert, weil die von ihnen geübte frivole Souveränität des Könnens und Genießens das öffentliche Leben zu depravieren und allen Begriffen einer wahren Größe und Menschlichkeit Hohn zu sprechen scheint.
Und so erhält nun die Opposition, die, bereits längst vorher und auf allen
Gebieten, in den Kreisen der Fachleute[12] selbst begonnen hatte, einen
revolutionären Charakter, und die Ideen, die auf den verschiedenen Le-
bensgebieten und in gleichem Sinne der eigentlich „barocken" Tendenz der
allgemeinen Entwicklung entgegengestellt worden waren, strömen ineinander und wachsen zu einer Flut, die das ancien régime mit seiner gesamten
Kultur vernichtet." Heidrichs brillante Charakteristik gründet sich auf die
Einschätzung des Anteils der Intellektuellen an der historischen Entwicklung
aus der Sicht eines Intellektuellen.

Dieser Sicht entspricht der hohe Wert, den Winckelmann selbst dem
Begriff der Freiheit in seinen politischen Äußerungen wie in seinen Begründungen der antiken Kunstentfaltung beimaß. Er stehe daher im Zentrum
des hier vertretenen Winckelmannbildes. Negativ wird er bestimmt durch
das Bild, das ihm seine Heimat Preußen bot. Illusionslos und mit klarem
Blick erkannte er den Zwangscharakter dieses Staates. In einem Brief aus

---

[11] Heidrich, a.a.O. (Anm. 4, hier zitiert nach Kultermann, U.: Geschichte der
Kunstgeschichte [1966]. Frankfurt – Berlin – Wien 1981. S. 89f.).

[12] Auf Winckelmanns Verpflichtung gegenüber den Fachleuten, als Vorläufern und
als Gegnern, ist seit Justi immer wieder hingewiesen worden – zuletzt auf der
Berliner Tagung (Anm. 2) in den kenntnisreichen und anregenden Vorträgen von H.
Sichtermann, E. Garms, R. Brandt und W. Lepenies. Bemerkenswerterweise stützte
er sich aber nicht nur auf die „Fachleute" der Altertumswissenschaften, sondern
öffnete sich – gerade in seiner vorrömischen Zeit – den Anregungen der Theoretiker
seiner Epoche.

Rom an den Schweizer L. Usteri vom 15.1.1763 schrieb er:

> *„Es schaudert mich die Haut vom Haupte bis zu den Zehen, wenn ich an den Preußischen Despotismus und an den Schinder der Völker gedenke, welcher das von der Natur selbst vermaledeyete und mit Lybischen Sande bedeckte Land zum Abscheu der Menschen machen und mit ewigen Fluche belegen wird. Meglio farsi Turco circonciso che Prussiano"*[13].

Justi gibt Gründe an, führt einen englischen Gesandschaftsbericht gleichen Tenors an und fügt ein weiteres Briefzitat von ihm hinzu: „ein freier Schweizer müsse dieß Land ärger als Sibirien verwünschen"[14].

Winckelmanns Abschied von Preußen – „ich gedenke mit Schaudern an dieses Land, wenigstens habe ich die Sklaverei mehr als andere gefühlt" zitierend[15] schließt Justi mit den Worten: „Wir lieben die, welche den Despotismus unter jeder Gestalt hassen, auch den notwendigen, auch den heilsamen und aufgeklärten Despotismus. Wir ziehen sie sogar denen vor, welche auf den beschränkten und parteiischen Zorn des achtzehnten Jahrhunderts in ihrer überlegenen, historischen Einsicht lächelnd herabsehen, welche geschichtlichen Sinn und sympathischen Respekt haben für alle glücklichen Verbrecher, für alle Scheiterhaufen und Staatsstreiche der Vergangenheit, und welche nur die ewigen Ideen des Rechtes, der Aufklärung und der Humanität für Phrase halten und nur für das Verlangen der Völker nach politischer Freiheit keinen Sinn haben"[16]. Eine deutliche Stellungnahme gegen den chauvinistischen Historismus seiner Epoche. Franz Mehring bemerkte 1909, daß diese „kräftigen Sätze" der ersten Auflage, die von mir also nicht ohne Grund zitiert wird, in der zweiten von 1898 verschwinden mußten – nachdem auch das hessische Marburg, wo Justi lehrte, 1866 preußisch geworden war. „In der Burg der bürgerlichen Gelehrsamkeit frißt der Byzantinismus so unaufhaltsam um sich wie der

---

[13] Justi, a.a.O. I. S. 189. J. J. W. Briefe II, hrsg. v. W. Rehm – H. Diepolder. Berlin 1954. Nr. 532.

[14] Briefe II Nr. 525 vom 27.11.1762.

[15] Briefe II Nr. 525. – Auf Tragödien pflegen Satyrspiele zu folgen: Winckelmanns Abscheu vor Friedrich II. bewahrte ihn nicht davor, daß das preußische Geschichtsbewußtsein auch ihn vereinnahmte (vgl. dazu auch Mehring, a.a.O., S. 13, hier Anm. 4): C. K. J. von Bunsen, preußischer Gesandter in Rom und Mitbegründer des archäologischen Institutes erwirkte, daß Winckelmanns Name auch am Reiterdenkmal Friedrichs II. erscheint, das C. D. Rauch 1839-1851 „Unter den Linden" errichtete. (Stark, C. B.: Systematik und Geschichte der Archäologie der Kunst. Leipzig 1880. S. 283). Dort prangt er nun auch heute wieder, zwar unweit des inzwischen (1912) nach ihm benannten Archäologischen Institutes der Universität, aber auch dort, wo das stolze Roß des Reiters die Äpfel fallen läßt. Für Lessing, Winckelmann und Kant ist in Preußen die Rückseite eines Denkmals gut genug, vorne wird gesiegt.

[16] Justi, a.a.O. I, S. 190.

Mauerschwamm"[17], konstatierte er. Justis liberale und aufrichtige Gesinnung, die auch früher unterdrückte[18], weil politisch anstößige republikanische Äußerungen Winckelmanns, namentlich an seine Zürcher Freunde, überlieferte, unterschlug auch nicht einen Satz wie diesen:

> *„Ich bin ein wildes Kraut, meinem eigenen Triebe überlassen und aufgewachsen, und ich glaube imstande gewesen zu sein, einen anderen und mich selbst aufzuopfern, wenn Mördern der Tyrannen Ehrensäulen gesetzt würden"*[19].

Republikanische Theatralik gewiß, und seine notorische Eitelkeit prägte wohl auch den politischen Gestus[20]. Die schottischen Tyrannomachen waren hier die Vordenker, Hölderlin und sein Sinclair sollten sich später ähnlich äußern.

Er selbst bat den „berüchtigten" Wilkes, wie der konservative Sprachgebrauch seiner Zeitgenossen den bekannten englischen Liberalen klassifizierte und den er wiederum mit dem von der anderen Seite gebrauchten Ehrentitel „Verteidiger der Freiheit" anredete, um seine Freundschaft, indem er auf den Tyrannenmord in der Antike anspielte:

> *„La liberté a été anciennement produite l'amitié; temoin Aristogiton et son ami chez les Athéniens et Melanippus et son ami chez les Syracusains"*[21].

Ein andermal möchte er ihn wieder durch Rom führen, *„où naquit le prototype de la liberté dont Vous defendés la copie"*[22]. Die alten Keime seien fruchtbar noch, fährt er fort, *„denn in Rom gibt es viele die befehlen, und niemand gehorcht; und ich atme eine Freiheit, die ich nirgendwo anders finden könnte"*[23].

Diese individualistische Wertung von privater Freiheit als Ausdruck der allgemeinen ist typisch für ihn. Wilkes berichtete zur selben Zeit aus Rom, daß Winckelmann, „born a subject of the tyrant of Prussia" getragen war von „love of liberty and sentiments worthy the freest republicks of antiquity, for

---

[17] Mehring, a.a.O., S. 12f.. In der 2. Auflage endet Justi das Kapitel mit dem lapidaren Satz: „Im Grunde jedoch war Winckelmann eine aristokratische Natur" (S. 177). Wer hätte mehr Verständnis für die heimlichen Wünsche der Archäologen, die hier auf ihren Heros Ktistes projiziert sind, gehabt als Justi an dieser Stelle!

[18] Vgl. Justi, a.a.O. I, S. 189.

[19] Briefe II Nr. 540 vom 20.2.1763. Vgl. auch die Beurteilung von Balet-Gerhard, a.a.O., S. 419.

[20] Mehring, a.a.O., S. 24f. Koch, a.a.O., S. 89.

[21] Briefe III (Berlin 1956) Nr. 692 vom 22.2.1765.

[22] Briefe III Nr. 882 vom 22.7.1767.

[23] Realistischer beurteilt H. A. Stoll (Mordakte Winckelmann. Berlin 1965. S. 170) W.s tatsächliche Situation in Rom.

if I do not mistake, most of the modern republicks are degenerated into corrupt aristocraties"[24]. Daß er in einem Brief an Füßli diejenigen mit „*Für-stengeschmeiß*"[25] bezeichnet, denen er sich sonst als „*unterthänigster Diener*" empfehlen muß, zeigt nur, daß das ständige Buckeln nicht zu einem moralischen Wirbelsäulenschaden geführt hat.

Die politische Einstellung – in Briefen oft geäußert – ist von seinem wissenschaftlichen Werk nicht zu trennen, hat doch gerade hier der Freiheitsbegriff eine für das Wesen der griechischen Kunst konstitutive Bedeutung. In der „Geschichte der Kunst des Altertums" heißt es im Rahmen der dort am Anfang stehenden „Untersuchung der Kunst nach dem Wesen derselben" über die historischen Bedingungen:

> „*Man muß also in Beurteilung der natürlichen Fähigkeiten der Völker, und hier insbesondere der Griechen, nicht bloß allein den Einfluß des Himmels, sondern auch die Erziehung[26] und Regierung in Betracht ziehen. Denn die äußeren Umstände wirken nicht weniger in uns als die Luft die uns umgibt, und die Gewohnheit hat so viel Macht über uns, daß sie sogar den Körpern und die Sinne selbst, von der Natur in uns geschaffen, auf eine besondere Art bildet*"[27].

Aus seiner römischen Erfahrung kann er anfügen:

> „*In Ländern, wo nebst dem Einflusse des Himmels einiger Schatten der ehemaligen Freiheit mitwirkt, ist die gegenwärtige Denkungsart der ehemaligen sehr ähnlich; dieses zeigt sich jetzt noch in Rom, wo der Pöbel unter der priesterlichen Regierung eine ausgelassene Freiheit genießt. Es würde noch jetzt aus dem Mittel desselben ein Haufen der streitbaren und unerschrockensten Krieger zu sammeln sein, die wie ihre Vorfahren dem Tode trotzten, und Weiber unter dem Pöbel, deren Sitten weniger verderbt sind, zeigen noch jetzt Herz und Mut wie die alten Römerinnen; welches mit ausnehmenden Zügen zu beweisen wäre, wenn es unser Vorhaben erlaubte*"[28].

---

[24] Briefe IV (Berlin 1957), Dokumente zur Lebensgeschichte Nr. 128 (1765).

[25] Briefe II Nr. 626 mit Kommentar S. 424: Die „editio expurgata" von 1778 (Briefe I. Berlin 1952. S. 460) änderte in „Fürstengeschlecht".

[26] W. hat besonders seinen Schweizer Korrespondenten gegenüber und aufbauend auf seinen römischen Erfahrungen im Umgang mit interessierten Reisenden auf die Bedeutung einer Erziehung durch die Kunst und für die Kunst hingewiesen – soweit ich sehe von der historischen Kunst- und Museumsdidaktik bisher nicht beachtet.

[27] Geschichte der Kunst des Altertums (1764), hrsg. v. W. Senff, Weimar 1964, S. 39.

[28] Ebd., S. 39f. – Auch die Blüte der Kunst bei den Etruskern begründet Winckelmann (ebd., S. 81) mit ihrer Freiheit, nämlich der, „welche dieses Volk unter ihren Königen genoß". Denn „die königliche Wurde deutete bei ihnen keinen eigenmächtigen Herrn, sondern ein Haupt und einen Heerführer an". Auf die

Der hier verwendete moderne Begriff „Pöbel" hat seinem politischen Inhalt
nach in Winckelmanns Analyse der antiken Verhältnisse seine konkrete Entsprechung in der Darstellung der radikalen Demokratie. Denn nachdem er
festgestellt hat, daß trotz günstiger Naturbedingungen sich bei den kleinasiatischen Griechen die Kunst nicht entwickelt habe, weil sie *„ihre Freiheit vor
der angrenzenden Macht der Perser nicht verteidigen konnten"*[29], fährt er
fort:

> *„In Athen aber wo nach Verjagung der Tyrannen ein demokratisches
> Regiment eingeführt wurde, an welchem d a s   g a n z e   V o l k
> Anteil hatte, erhob sich der Geist eines jeden Bürgers und die Stadt
> selbst über alle Griechen. Da nun der gute Geschmack allgemein
> wurde, und bemittelte Bürger durch prächtige öffentliche Gebäude
> und Werke der Kunst sich Ansehen und Liebe unter ihren Bürgern
> erweckten, und den Weg zur Ehre bahneten, floß in dieser Stadt, bey
> ihrer Macht und Größe, wie ins Meer die Flüsse, alles zusammen. Mit
> den Wissenschaften ließen sich hier die Künste nieder; hier nahmen
> sie ihren vornehmsten Sitz, und von hier giengen sie in andere Länder
> aus. Daß in angeführten Ursachen der Grund von dem Wachsthume
> der Künste in Athen liege, bezeugen ähnliche Umstände in Florenz, da
> die Wissenschaften und Künste daselbst in neueren Zeiten nach einer
> langen Finsterniß anfiengen beleuchtet zu werden"*[30].

Im vierten Kapitel „Von der Kunst unter den Griechen" werden diese
Gedanken weiter ausgeführt:

> *„In Absicht der Verfassung und Regierung von Griechenland ist die
> Freiheit die vornehmste Ursache des Vorzugs der Kunst. Die Freiheit
> hat in Griechenland alle Zeit ihren Sitz gehabt, auch neben dem
> Throne der Könige welche väterlich regierten, ehe die Aufklärung der
> Vernunft ihnen die Süßigkeit einer völligen Freiheit schmecken
> ließ"*[31].

Zum Beweis beruft er sich auf antike Quellen:

Freiheit unter den gewählten Herrschern der zwölf Städte der Etrusker hinzuweisen,
hat in der etruskischen Toskana Tradition: Coluccio Salutati und Leonardi Bruni
äußerten sich im gleichen Sinne schon um 1400 (Cipriani, G.: Il mito etrusco nel ri-
nascimento fiorentino. Florenz 1980. S. 3f., S. 5ff. Vgl. auch Mühlestein, H.: Die
verhüllten Götter. Wien – München – Basel 1957. S. 194ff.). Winckelmann war seit
1760 Mitglied der Accademia Etrusca zu Cortona.

[29] Ein auch heute noch gepflegtes Vorurteil, das weder die Entfaltung der
archaischen Kultur in Ionien über 546, dem Jahr der Annexion durch Kyros, hinaus,
noch die Blüte griechischer Kunst an kleinasiatischen Satrapenhöfen des 5. und 4.
Jahrhunderts berücksichtigt, vielmehr der spätestens seit Isokrates geläufigen
Griechen-Barbaren-Antithese der abendländischen Ost-West-Ideologie verhaftet ist.

[30] Ebd., S. 38.

[31] Ebd., S. 116.

*„Herodotus zeigt, daß die Freiheit allein der Grund gewesen von der
Macht und Hoheit, zu welcher Athen gelangt ist, da diese Stadt
vorher, wenn sie einen Herrn über sich erkennen müssen, ihren Nachbarn nicht gewachsen sein können"*[32].

Ehe aufgeklärte Historiker zu dieser enthusiastischen Bewertung der athe-
nischen Demokratie – ihre historische Verifizierbarkeit steht hier nicht zur
Debatte – gelangen, vergehen noch die Jahrzehnte bis zur Französischen
Revolution, sieht man einmal ab von der offensichtlich wenig beachteten
positiv-bürgerlichen Beurteilung, die der Xantener Kanonikus Cornelis de
Pauw 1787 der athenischen Demokratie zuteil werden ließ[33].

Winckelmann traf einerseits gewiß die Hoffnungen seiner aufgeklärten
Zeitgenossen, war andererseits im Rahmen der etablierten Wissenschaften
seiner Zeit voraus. „In der republikanisch-revolutionären Tendenz unterscheidet sich Winckelmann von aller vorangegangenen Griechenrezep-
tion"[34]. Daß ihm dies auf dem Felde der antiken Kunstgeschichte gelang,
bleibt Ruhm und Verpflichtung der Klassischen Archäologie. Die Berufung
auf Freiheit als Grundvoraussetzung blieb nicht Phrase, sondern ging in die
Beschreibung und Analyse der jeweils betrachteten Kunstwerke ein. Darauf
ist in der neueren Literatur oft verwiesen worden[35]. Winckelmann ging aber
auch auf konkrete Entstehungsbedingungen ein: Nicht das Geschmacksurteil
eines Einzelnen leitete die Künstler, *„sondern die Weisesten des ganzen
Volkes urteilten und belohnten sie"*[36]. Für diese Theorie vom „consensus
omnium als ästhetischer Kategorie der Klassik"[37] beruft er sich auf mehrere
Künstleranekdoten[38], deren oft topischen Charakter die moderne Beurteilung
besonders betont, ohne jedoch damit ihren jeweils konkreten ästhetischen
und historischen Inhalt grundsätzlich in Frage stellen zu können. Einen der
Gründe für die Anwendbarkeit des Laienurteils dürfte Winckelmann mit
seiner Beobachtung getroffen haben, daß in Griechenland *„die Kunst sich
eine eigene Natur gebildet"* hatte. Denn *„über dieses angenommene System
erhoben sich die Verbesserer der Kunst und näherten sich der Wahrheit der*

---

[32] Ebd., S. 118. Gemeint ist Herodot V 78. Vgl. auch die Schilderung des Aufstiegs
Athens ebd., S. 260ff.

[33] Loraux, N. – Vidal-Naquet, P.: La formation de l'Athènes bourgeoise, in:
Classical Influences on Western Thought 1650-1870, hrsg. v. R. R. Bolgar. Cambridge 1979. S. 180ff. zu de Pauw.

[34] Fontius, a.a.O. (hier Anm. 4), S. 16.

[35] Literaturhinweise bei Dilly, Koch und Namowicz (hier Anm. 4).

[36] Geschichte der Kunst, S. 119.

[37] Vortrag des Verfassers vom 27.1.1975 vor der Fachschaft Archäologie in Bonn.

[38] Brüschweiler-Mooser, V. L.: Ausgewählte Künstleranekdoten (Diss. Bern 1969).
1973. bes. S. 203ff.

Natur"[39]. Auch damit scheint er sich auf antikes Denken zu beziehen, denn *„angenommenes System"* entspricht der *Doxa* (zu *dechomai* = annehmen), die nach Simonides von Keos stärker ist als die *aletheia*[40]. Winckelmann folgt hier – wie auch sonst – vorplatonischem Denken, das sich aus welt-immanenten Kategorien speist, sofern er historisch und empirisch-beobach-tend argumentiert. Ich halte daher Versuche, ihn als Vertreter eines neupla-tonischen Idealismus zu sehen, für nicht gerechtfertigt.

Sein Ansatz, Kunstwerke im Umfeld ihres Entstehungszusammenhanges – Klima, Verfassung, Auftraggeber, künstlerische Tradition – zu sehen, rückt seine Geschichte der Kunst in die Nähe der Kulturgeschichtsschreibung der Aufklärung. Justi hat daher auf Voltaire als Vorbild hingewiesen[41]. In seinen „Gedanken vom mündlichen Vortrag der neueren allgemeinen Geschichte" – schon vor 1755 in Dresden entstanden – gibt er gleichsam den Hinweis auf die sozioökonomischen Grundlagen der athenischen Klassik, wenn er für die historische Darstellung fordert:

> *„Man zeige zugleich die großen Mittel an, wodurch Staaten glücklich und mächtig geworden. Durch Handlung und durch Beschäftigung vieler Hände hat Perikles Athen, so wie Elisabeth England dem Neide selbst zum Wunder gemacht"*[42].

Dem entspricht es, daß ihm auch die rein politische Geschichte ergän-zungsbedürftig ist:

> *„Zu den großen Begebenheiten in den Reichen gehören die berühmten Entdeckungen in der Natur und Kunst: auf beiden sollen Lehrer der Geschichte nicht weniger als auf Staaten aufmerksam sein"*[43].

Der mündliche Vortrag soll belehren, ist für den Laien gedacht. An ihn sollte sich offensichtlich später auch die Geschichte der Kunst wenden, die sich ja so grundsätzlich von der antiquarischen Kunstliteratur der Zeit unterschied, daß er über sie schreiben konnte:

> *„Es ist eine Arbeit nicht für Gelehrte, sondern für Leute, welche Empfindung haben und denken ... die gewisse, nicht Universitäts-kenntnisse haben"*[44].

---

[39] Dilly, a.a.O., S. 101.

[40] M. Detienne in Rev. Et. Grecques 77 (1964). S. 412ff. ; ders. : Les maitres de verité dans la Grèce archaique. Paris 1967. S. 109ff. Winckelmann selbst zitiert ein anderes Simonides-Wort in seiner Abhandlung über die Allegorie (Kleine Schriften, hrsg. v. W. Senff. Weimar 1960. S. 178).

[41] Justi, a.a.O. I , S. 209.

[42] Kleine Schriften (1960), S. 22.

[43] Ebd., S. 23.

[44] Justi, a.a.O. I, S. 90.

Was Winckelmann selbst als didaktisches Konzept – Erziehung durch Kulturgeschichte – formulierte, stellt H. Dilly in den Zusammenhang von Adressat, sprachlichem Ausdruck und historischer Sehweise. Er kommt dabei zu der weiterführenden Einsicht, daß Winckelmann, auf der Suche nach dem Wesen der Kunst, sich als Historiker[45] verhält, indem er den „Stil der Völker, der Zeiten und Künstler" untersucht[46] und zwar in ihrem jeweiligen historischen Kontext. Durch diese Historisierung der Kunst, die nur aus den „übrig gebliebenen Werken" erkennen zu können er sich bewußt war, verfiel Winckelmann jedoch nicht der Versuchung, sie als gleichsam ererbten und verfügbaren Besitz für den Unterbau der eigenen geschichtlichen Tradition zu usurpieren, sondern ermöglichte durch historisch konkrete Einordnung der Kunst des Altertums in die Kategorien seines „Lehrgebäudes", wie er seine „neue Entdeckung" nannte, „wovon man sich (vorher) nichts träumen ließ"[47], das Bewußtwerden der Distanz zwischen der selbst erlebten Gegenwart und der aus den sichtbaren Überresten rekonstruierten Vergangenheit. Der Abstand zur Antike wurde um so schmerzlicher empfunden, als das Ungenügen an den oft beklagten Verhältnissen der Gegenwart den suchenden Blick auf eine vermeintlich heile Welt lenkte, in der Natürlichkeit und Menschlichkeit – nach Maßgabe der zugänglichen archäologischen und literarischen Quellen – für den enthusiastischen Griff nach der als befreiend empfundenen Schönheit dieser Quellen eine Einheit zu bilden schienen. Die Gewißheit, daß diese erhoffte Einheit möglich sei, glaubte Winckelmann in der Betrachtung der ihm erreichbaren Meisterwerke der Kunst des Altertums erfahren zu können. Seine persönliche Betroffenheit angesichts dieser Werke ist der lebendigste Ausdruck einer Utopie, die die Überwindung der Gegenwart durch Rückgriff auf verschüttete Werte der Vergangenheit versuchte. Wie befreiend ein Betroffensein durch die Begegnung mit der Antike wirken kann, zeigte etwa Aby Warburg für das Quattrocento an der Gestalt der Dienerin mit der Fruchtschale auf Ghirlandaios Fresko der Geburt Johannes des Täufers in Florenz. Er erklärte das befremdliche Eindringen dieser übergroßen antiken Gestalt in die bürgerliche Normalität der christlichen Wohnstube damit, daß man in der italienischen Renaissance „die Antike nicht als Muster statuarischer Strenge, sondern als Freibrief für leidenschaftliche, ekstatische Lebenskraft zitiert"[48]. Genau in diesem Sinne erhält der formale Aspekt der Antikenaneignung im Bild der Nympha mit der Fruchtschale aber auch gerade seinen theologischen Inhalt, indem nämlich

---

[45] Zu Winckelmann als Historiker vgl. Dilly, a.a.O., S. 91, S. 93, S. 101, S. 113.

[46] Ebd., S. 95.

[47] Briefe III Nr. 669 vom 16.7.1764 an Riedesel. Justi, a.a.O. II, 2, S. 109.

[48] W. Hofmann in FAZ vom 3.11.1979.

die lebensverheißende, zukunftsmächtige Dimension des dargestellten Heilsgeschehens in der Zeichensprache einer idealen Welt ausgedrückt wird.

Daß es auch für Winckelmann nicht um mechanisches Kopieren des in der Antike erkannten Ideals ging, begründet Dilly mit dem Hinweis auf die historische Methode Winckelmanns, der durch seine kulturgeschichtliche Einbeziehung der Entstehungsbedingungen antiker Kunst zeigte, daß die neue erwartete Blüte der Kunst als Ausdruck der erhofften Freiheit „nicht über die Nachahmung einzelner Werke zu erlangen war, sondern durch die Nachahmung des autonomen Produktionsprozesses selbst"[49]. Im Sinne dieser Einbeziehung der Entstehungszusammenhänge von Kunst deutet er Winckelmanns Begriff von der Nachahmung:

> *„Gegen das eigene Denken setze ich das Nachmachen, nicht die Nachahmung; unter jenem verstehe ich die knechtische Folge; in dieser aber kann das Nachgeahmte, wenn es mit Vernunft geführet wird, gleichsam eine andere Natur annehmen und etwas eigenes werden"*[50].

Auf dieses Eigene aber kommt es an, geht es doch um die Gegenwart, denn – wie Dilly feststellt – Geschichte war für Winckelmann irreversibel geworden, mußte es auch werden, da die politische Einschätzung der Unnatur der Gegenwart nicht aus einer kontinuierlichen Entwicklung abgeleitet werden konnte, vielmehr als Bruch wahrgenommen wurde. Dilly folgert: „Nur wenn man den Vergangenheitscharakter erkannt hatte, konnte sie (= die Geschichte) vorbildlich werden: sie war ein Prozeß, dessen sich die Urheber selbst nicht bewußt waren und der nur historisch erfahren werden konnte. Eine neue Kunst entstand nicht aus der unmittelbaren Nachahmung einzelner Werke, sie mußte sich auf die Reflexion über das Ganze einlassen. Selbst wenn die historische Erkenntnis nur Ideologie sein sollte, war künstlerische Produktion ohne Rückbesinnung auf die ihr eigene Geschichte nicht mehr denkbar. Winckelmann behauptete damit, daß eine ‚reine Geschichte' nicht möglich war, und daß Geschichte ohne Geschichtstheorie nicht betrieben werden kann. Beide hatten sich zwischen die Anschauung einzelner Werke und den Begriff von Kunst geschoben, hatten ihrerseits Anschauung und Begriff verändert. Sie wurden zum Instrument, mit dessen Hilfe das Wesen der Kunst ermittelt werden konnte"[51].

Indem Winckelmann der Kunst zu ihrer Geschichte verhalf, erhob er sie selbst zum Subjekt und erreichte, wie Dilly schreibt, „mit dem höheren Abstraktionsgrad des so konzentrierten Begriffes größere soziale Reichweite ... Kunst und somit die Fähigkeit zu künstlerischem Tun waren eine

---

[49] Dilly, a.a.O., S. 103.

[50] Winckelmann nach Dilly, a.a.O., S. 103.

[51] Ebd., S. 104.

natürliche Disposition des Menschen schlechthin ... In der vermeintlichen griechischen Demokratie hatte die Kunst ihre erste Verwirklichung erreicht; nur unter demokratischen Bedingungen konnte sie wieder erstehen. Winckelmann löste den Begriff der Kunst und der Künste, als den dem freigeborenen Manne angemessene Fertigkeiten und Geschicklichkeiten, sowie Schicklichkeiten, von den aktuellen Machtverhältnissen. Er verband ihn mit der konkreten Utopie des Bürgertums. Kunst und Freiheit wurden unabdingbar miteinander verknüpft. Und wie es nicht mehr um die Durchsetzung einzelner Freiheiten gehen konnte, handelte es sich auch nicht mehr um die Förderung bestimmter Künste, sondern um die Etablierung der Kunst als gesellschaftlicher Institution. Sie konnte nicht von Fürsten eingesetzt werden, sondern nur aus dem Zusammenschluß unabhängiger geistiger Produzenten entstehen, die in kontinuierlicher Arbeit einen Prozeß in Gang bringen, der seinerseits die volle Ausbildung aller menschlicher Fähigkeiten garantierte. Dieser Prozeß konnte nicht mehr mit den Namen einzelner Künstler besetzt werden. Wie die jüngste Produktionsweise in anderen Bereichen, vor allem in der beginnenden industriellen Fertigung, blieb er nur abstrakt benennbar. So aber in Verknüpfung mit einer bestimmten Produktionsweise und in enger Verbindung mit dem Begriff der politischen Freiheit wurde der Begriff Kunst ideologisierbar"[52].

Ideologisierung ist unter verschiedenen Gesichtspunkten beobachtet worden. W. Senff[53] wies jüngst auf das teilnehmend-politische Mitleid hin, das sich in Winckelmanns einfühlenden Beschreibungen des Laokoon ausdrückt. In den Gedanken über die Nachahmung heißt es: *„Wir wünschten wie dieser große Mann das Elend ertragen zu können."* Zehn Jahre später ist von dem stillen Dulden nicht mehr die Rede, vielmehr beschreibt er scharf hinsehend[54] und begründet argumentierend im Antlitz des leidenden Laokoon den

„mit Stärke bewaffneten Geist in der aufgetriebenen Stirn" und den *„Streit zwischen Schmerz und W i d e r s t a n d wie in einem Punkte vereinigt, mit großer Weisheit gebildet; denn indem der Schmerz die Augenbrauen in die Höhe treibt, so drückt das Sträuben wider den-*

---

[52] Ebd., S. 108f.

[53] W. Senff in Schriften der Winckelmann-Gesellschaft Bd. V, hrsg. v. J. Irmscher. Berlin 1979. S. 11.

[54] Dem geduldigen aufmerksamen Hinsehen, das Winckelmann im Umgang mit den antiken Denkmälern so diszipliniert und unermüdlich übte, widmet Dilly, a.a.O., S. 97f. treffende Bemerkungen. Das 18. Jahrhundert stellte das Auge als das bestentwickelte Sinnesorgan des Menschen vor – Winckelmann richtete es zurück auf die Kunst des „Augenmenschen" (B. Snell) par excellence: der Griechen. Hinsehen als historische Methode wurde von ihm bewußt gepflegt. Auch darin folgte er antiken Theoretikern, vgl. Schepens, G.: Ephore sur la valeur de l'autopsie, in: Ancient Society 1 (1970). S. 163ff. mit reichen Literaturangaben in Anm. 10 und 19.

selben das obere Augenfleisch niederwärts und gegen das obere Augenlid zu, so daß dasselbe durch das übergetretene Fleisch beinahe ganz bedeckt wird[55].

Das hohe Pathos der Hervorhebung der Laokoon-Gruppe und das sich einlassende Hinsehen auf ihre stilistischen Details erfüllt – bewußt oder unbewußt? – die theoretischen Forderungen antiker Historiker vom Schlage eines Duris von Samos oder Agatharchides von Knidos, deren mimetisch-einfühlender Darstellung H. Strasburger[56] gerade deswegen wieder zu ihrem Recht verholfen hat, weil durch ihre Pathos erzeugende Detailbeschreibung humane Werte wie Erkenntnisvermittlung über Achtsamkeit, Teilnahme und Mitleid, angesprochen werden. Historische Darstellungen also, die gegen den Anspruch der ewigen Sieger Teilnahme am Schicksal der Leidenden erzeugen, indem sie nicht beim Registrieren des scheinbar Faktischen stehenbleiben, sondern dieses Faktische auch und gerade dann ausführlich und wirkungsvoll beschreiben, wenn es das Leiden der Unterdrückten und Vergessenen ist.

Geschichte ist als Erinnern nach E. Bloch nur dann fruchtbar, wenn sie zugleich an das erinnert, was noch zu tun ist. Winckelmann erinnerte, indem er die Kunst des Altertums für sich und seine Zeitgenossen neu entdeckte, an die noch nicht verwirklichte Freiheit. Sie wird natürlich dadurch nicht konkreter, daß man an einen erinnert, der nach ihr suchte, und erst recht hilft nicht die affirmative Beschwörung der wiedergewonnenen Tradition durch die klassizistischen Erbschaftsverwalter. Tertullian verwies die Unzufriedenen und Hoffenden auf „Christus, qui iam venit". Eben diese Hoffnung beanspruchte er zu verwalten. Deswegen zählt er zu den Kirchenvätern. Anderswo wird behauptet, daß nach der einen Großen Revolution weitere nicht mehr nötig sind. Wir behaupten, seit Winckelmann unsere Klassik zu haben, aber haben wir sie? „Sein Thema war die Geschichte der Kunst und damit die Reflexion der Vergangenheit im Hinblick auf eine mögliche, andere Zukunft"[57].

Das ist auch das Thema der „Ästhetik des Widerstandes" von Peter Weiss. Seinen Ansatz für die Beschäftigung mit der Kunst des Altertums fruchtbar zu machen, halte ich für eine Winckelmanns würdige Aufgabe der altertumskundlichen Fächer unserer Tage.

---

[55] Geschichte der Kunst (1964), S. 277f.

[56] Strasburger, H.: Die Wesensbestimmung der Geschichte durch die antike Geschichtsschreibung. Wiesbaden ³1975. S. 78ff. und S. 88ff.

[57] Dilly, a.a.O., S. 115.

Winckelmanns Porträt nach Angelika Kauffmann (Münster, Landesmuseum)

Winckelmann und die Indianer

Vor dem Apoll vom Belvedere habe der amerikanische Maler Benjamin West im Jahre 1760, wie sein Biograph nach John Williams berichtet, überwältigt ausgerufen: „My God, how like it is to a young Mohawk warrior"[1]. In seinem Gemälde „Abschied eines Indianers von seiner Familie" gibt er im selben Jahre der Figur des Kriegers die Gestalt des griechischen Gottes[2]. Wie für West ist auch für Winckelmann das Verhältnis zum Bild des Indianers ambivalent: Insofern Antike und Natur sich wechselseitig erhellen, folgen beide der seit der Renaissance sich entfaltenden ästhetischen Theoriebildung. Die Nobilitierung des wilden Indianers durch das Zitat der antiken Götterstatue zwar will dem europäischen Klassizisten in bezug auf die amerikanische Heimat des Künstlers nur allzu leicht plausibel scheinen, wie aber ist zu verstehen, daß der Klassizist Winckelmann analog zu dem Skandalon des Mohawk-Vergleiches des Zeitgenossen auch seinerseits „den schnellen Indianer" bemüht, um Homers Charakterisierung des schnellfüßigen Achill verständlich zu machen?

„Der Indianer spielt eine nicht ganz unbedeutende Rolle in Winckelmanns Werk", stellte Hans Zeller 1955 in seiner Analyse der „Beschreibung

---

[1]   Galt, J.: The Life and Works of Benjamin West Esq. London 1816. S. 105; Erffa, H.-M. v. – Staley, A.: The Paintings of Benjamin West. Yale UP 1986. S. 421; Roettgen, S.: Begegnung mit Apollo. Der Apollo von Belvedere als Vorbild im 18. Jh., in: Il Cortile delle Statue: Der Statuenhof des Belvedere im Vatikan. Akten des internationalen Kongresses zu Ehren von Richard Krautheimer, Rom 21.-23. Oktober 1992, hrsg. v. M. Winner, B. Andreae u. C. Pietrangeli. Mainz 1998. S. 253. Dort S. 254 auch der Hinweis John Shebbeare, Nouvelle Lydia, der schon 1753 „den Hinweis auf den Apollo vom Belvedere bemüht, um einen Indianer zu schreiben". Frau Dr. Roettgen danke ich für ihre liebenswürdige Bereitschaft, mir ihren Text schon als Vortragsmanuskript zur Verfügung gestellt zu haben.

[2]   Honour, H.: Benjamin West's Indian Family, in: The Burlington Magazine CXXV (1983). S. 726ff.; v. Erffa – Staley, a.a.O., S. 420-421, Nr. 452; Roettgen, a.a.O., S. 11. Die Ethnologica der West'schen Indianerbilder zeigte 1991 eine Sonderausstellung des Museum of Mankind (British Museum) in London. Benjamin West verwendet das Belvedere-Motiv allerdings auch in anderen Bildern – für Isaak und Jesus sowie in seinem Waterloo-Gemälde. – In einer nur mit Berufung auf Tristram Shandy (9 Bände 1759-67) zu entschuldigenden Abschweifung hier noch der Hinweis auf eine – gewollt oder ungewollt – karikierende Rezeption des Apoll vom Belvedere: eine Gravure wohl aus dem Jahre 1800 zeigt vor der überragend großen Gestalt des Gottes in derselben Haltung ziemlich klein Napoleon, dem zumindest noch in den vorderen Reihen devot lauschenden Gefolge seine Beute im Louvre vorführend (Grasskamp, W.: Museumsgründer und Museumsstürmer. München 1981. S. 80, Abb. 18).

des Apollo im Belvedere" lapidar fest[3]. Die einschlägigen Zitate sind bei ihm bequem zusammengestellt: Der „schnelle Indianer" findet sich in Winckelmanns Erstlingspublikation, den „Gedancken über die Nachahmung der Griechischen Wercke in der Mahlerey und Bildhauer-Kunst" von 1755. Zur jugendlichen Gestalt antiker Wettkämpfer heißt es dort: „Sehet den schnellen Indianer an, der einem Hirsche zu Fuße nachsezet: wie flüchtig werden seine Säfte, wie biegsam und schnell werden seine Nerven und Muskeln, und wie leicht wird der ganze Bau des Körpers gemacht. So bildet uns Homer seine Helden, und seinen Achilles bezeichnet er vorzüglich durch die Geschwindigkeit seiner Füße"[4]. Auf diese Hochschätzung der ursprünglichen Natürlichkeit des Wilden folgt in derselben Abhandlung ein Vergleich der defizitären Gegenwart mit einem entsprechenden Aspekt der „Sprachen der wilden Indianer". Über die Allegorie in der Kunst seiner Zeitgenossen, also über „Bilder, die allgemeine Begriffe bedeuten", klagt Winckelmann dort: „Der Künstler befindet sich hier wie in einer Einöde. Die Sprachen der wilden Indianer, die einen großen Mangel an dergleichen Begriffen haben, und die kein Wort enthalten, welches Erkenntlichkeit, Raum, Dauer usw. bezeichnen könnte, sind nicht leerer von solchen Zeichen als es die Malerei zu unseren Zeiten ist. Derjenige Maler, der weiter denket als seine Palette reichet"[5], bedürfe daher eines ausführlichen Handbuches der Allegorie.

Einen negativen Aspekt der eigenen Gegenwart als Primitivismus durch Gegenüberstellung mit der entwicklungsgeschichtlich ursprünglichen Primitivität der Wilden als besonders verwerflich zu kritisieren, dürfte Winckelmann aus seiner Lektüre des Kannibalen-Essays von Montaigne übernommen haben[6]. „Daß er ihn gekannt hat, ist durch Exzerpte belegt"[7]. Inhaltlich ist die Herkunft der sprachgeschichtlichen Beobachtung noch exakter zu erweisen. Schon Zeller vermutete, daß Winckelmann „auch das umfangreiche Werk des Jesuitenpaters Fr. Lafitau" gekannt habe, denn er war bekanntlich „ein eifriger Leser von Reisebeschreibungen"[8]. Joseph François Lafitaus „Moeurs des Sauvages Amériquains comparées aux moeurs des

---

[3]   Zeller, H.: Winckelmanns Beschreibung des Apollo im Belvedere. Zürich 1955. S. 109.

[4]   Gedancken S. 5; Eis. I S. 11 § 14; Johann Joachim Winckelmann: Kleine Schriften und Briefe, hrsg. v. W. Senff. Weimar 1960. S. 31-32.

[5]   Eis. I S. 51 § 159; Winckelmann, a.a.O., S. 58.

[6]   Michel de Montaigne, Essays Bd. I-III. Bordeaux 1580-1588. Bd. I: 1580. S. 31. Kapitel. Zur Funktion dieses Essays in einer europäischen „Philosophie als projektive Ethnologie der eigenen Kultur" vgl. Fink-Eitel, H.: Die Philosophie und die Wilden. Über die Bedeutung des Fremden in der europäischen Geistesgeschichte. Hamburg 1994. S. 118ff., bes. S. 127 und S. 148.

[7]   Zeller, a.a.O., S. 110.

[8]   Ebd.

premiers temps", Paris 1724, mag er im Original gelesen haben, auffällig ist allerdings auch die Nähe seiner Argumentation zur deutschen Übersetzung, die 1752 in Halle unter dem Titel „Algemeine Geschichte der Länder und Völker von America" in Siegmund Jacob Baumgartens monumentaler universalgeschichtlicher Reihe erschienen war[9]. Im Register heißt es dort: „Abstractionen hat die americanische Sprache wenig" und auf Seite 502 wird dazu ausgeführt, ein früherer Beobachter habe festgestellt, daß „alle Worte, die die Policey und das Regiment einer Stadt, einer Landschaft und eines Reiches betreffen; alles, was die Gerechtigkeit, Belohnung und Bestrafung angehet; die Namen einer Menge von Künsten [...] sich weder in den Gedanken, noch in dem Munde der Wilden gefunden" hätten. Lafitau selbst kann diese Darstellung sehr schnell als in europäischer Voreingenommenheit begründet zurückweisen – die aristotelische Grammatik mit ihrem Gegensatz von Nomen und Verbum könne den „huronischen und iroquoisischen Sprachen, wovon hier hauptsächlich die Rede ist" nicht gerecht werden, da in diesen das Verbum vorherrsche. Folglich hätten die Missionare die „abstracten, allgemeinen" Begriffe als zum Nomen gehörig nicht in ihnen antreffen können[10]. Auch die erste Stelle über die körperliche Erscheinung des Indianers ließe sich aus der Lafitau-Lektüre erklären:

„Übrigens sind sie gros, und grösser als die Europäer insgemein zu seyn pflegen, wohl gewachsen, von gutem Temperament, stattlich, stark und geschickt. Mit einem Worte, sie geben in Ansehung ihrer Leibesgestalt keinem Menschen etwas nach, wenn ihnen nicht noch

---

[9]   Ein Nachdruck mit Kommentar vom Helmut Reim erschien 1987 in der Edition Leipzig. – Der nur die Widmung als „J. F. S." zeichnende Übersetzer ist nicht der Pastor Johann Friedrich Schröder – seit 1731 an St. Marien in Stendal – den Winckelmann einmal brieflich grüßen läßt (Br. I Nr.74 S. 102-104), wie ich anfangs vermutete, sondern der königlich preußische Regierungs- & Konsistorialsekretär zu Magdeburg Johann Friedrich Schröter (Meusel, J. G.: Lexicon der 1750 bis 1800 verstorbenen teutschen Schriftsteller XII. Leipzig 1812. S. 470). Mit dem Herausgeber Siegmund Jacob Baumgarten, der schon 1738 Winckelmanns Hallenser Studiennachweis unterzeichnet hatte, verband ihn nach einer eindrucksvollen Begegnung in Halle 1742/43 gegenseitige Wertschätzung (Justi, C.: Winckelmann. Sein Leben, seine Werke und seine Zeitgenossen, Bd. I und II, 1-2. Leipzig 1866-1872. Bd. I. S. 108 – Ich zitiere Justis Winckelmann-Biographie nach der ersten 1866 im hessischen Marburg erschienenen Auflage, da diese noch frei ist von der durch die Reichseinigung bedingten borussisch-nationalistischen Selbstzensur, die die späteren Auflagen entstellte). Zu Baumgartens Welthistorie: Schloemann, M.: Siegmund Jacob Baumgarten. Göttingen 1974. S. 96ff.

[10] Lafitau, J. F.: Algemeine Geschichte der Länder und Völker von America. Halle 1752. S. 502. Zu Lafitaus Benutzung des Vergleichs mit der Antike, besonders mit Homer: Duchet, M.: Discours ethnologique et discours historique: le texte de Lafitau, in: Studies on Voltaire and the 18th Century 151-156 (1976). S. 607ff.; Zinser, H.: Cuzco, Rom, in: Mythen der Neuen Welt, hrsg. v. K.-H. Kohl. Berlin 1982. S. 183ff.; Nippel, W.: Griechen, Barbaren und „Wilde". Alte Geschichte und Sozialanthropologie. Frankfurt 1990. S. 53ff.

wol gar ein Vorzug vor andern Menschen darinnen eingeräumet werden mus"[11].

In seinen erst 1800 posthum veröffentlichten, aber schon 1754 verfaßten „Gedanken vom mündlichen Vortrag der neueren allgemeinen Geschichte" liegt Winckelmanns früheste bekannte Äußerung zu den Indianern vor – in einem bemerkenswert geschichtsphilosophischen Gedankengang, der ihm dem belehrenden Zweck des mündlichen Vortrags gemäß erscheint: „Die Karthaginiensier und nach ihnen die Römer holten ihr Silber aus Spanien; es war billig, daß sich die Spanier ihres Schadens anderwärts erholten: sie holen ihr Silber aus Indien. Vielleicht kommt künftig die Reihe auch an die Indianer, das Recht der Wiedervergeltung zu üben." Denn, so zitiert er Ovid (Ov. trist. I 8, 7): „Alles passiert jetzt, was ich immer leugnete, und nichts gibt es, in das man nicht seinen Glauben setzen müßte"[12].

Alle drei erwähnten Indianer-Zitate fallen in die fruchtbare Zeit der Studien, die „Winckelmann in Sachsen"[13] verbringen konnte, wo von 1748 bis 1754 in Nöthnitz bei seinen Arbeiten für die Reichshistorie des Grafen Brünau in dessen gewaltiger Bibliothek sich ihm unter der zeitgenössischen Literatur auch die große Spannweite der Reiseberichte eröffnete.

Seit 1755 in Rom werden ihm die Indianer offensichtlich weniger wichtig. Allerdings benutzt er in zwei Briefen an Paul Usteri spielerisch ein Bild der Jenseitshoffnungen des Indianers, zu dem sich im Himmel sein treuer Hund gesellt. Und für seine Beschreibung der Statue des Apollo im Belvedere finden sich „die unerleuchteten Indianer" – sie anzubeten – nur im Pariser Entwurf. Beide Erwähnungen – in Briefen und im Entwurf – hat Zeller überzeugend als Zitate nach Popes „Essay on Man" erwiesen[14]. Aus der schon erwähnten Kenntnis der Reiseliteratur stammt auch der Vergleich der roten Bemalung gewisser griechischer Götterbilder mit entsprechenden Gebräuchen der Indianer. In der „Geschichte der Kunst des Alterthums" wird dazu aus der Sammlung der Viaggi des Pietro della Valle zitiert: „geschiehet nach izo von den Indianern"[15].

---

[11] Lafitau, a.a.O., S. 50.

[12] Eis. XII S. XI; Winckelmann, a.a.O., S. 23; Justi, a.a.O., Bd. I, S. 211.

[13] Gerald Heres, Winckelmann in Sachsen. Ein Beitrag zur Kulturgeschichte Dresdens und zur Biographie Winckelmanns. Berlin – Leipzig 1991. S. 30-51.

[14] Zeller, a.a.O., S. 109. Im Florentiner Text der Beschreibung des Apollo kommt der Indianer-Vergleich nicht mehr vor: Il manoscritto Fiorentino di J. J. Winckelmann. Das Florentiner Winckelmann-Manuskript, hrsg. und kommentiert v. M. Kunze, mit einer Einleitung von Maria Fancelli. Firenze 1994 (= Accademia Toscana di Scienze e Lettere „La Colombaria", Studi CXXX), S. 5-9.

[15] GK1 S. 11; Eis. III S. 90. Zur roten Bemalung von Statuen in der Antike vgl. Metzler, D.: Archaische Kunst im Spiegel archaischen Denkens. Zur historischen Bedeutung der griechischen Kouros-Statuen, in: Festschrift für Max Wegner. Bonn 1992. S. 289-303, bes. S. 292 und S. 302.

In Nöthnitz bot ihm die Bünausche Bibliothek nicht nur die Möglichkeit einer literarischen Begegnung mit den Indianern, auch das lebensgroße Bild eines Indianers hatte er dort bei seiner Arbeit vor Augen – wenn denn er sich die Zeit nahm, davon aufzuschauen, um die Deckengemälde des unteren der beiden Bibliothekssäle zu betrachten: Vier ihrer heute nur noch in Photographien nachweisbaren hölzernen Tafeln von 1,55 m Höhe und 3,60 m Breite zeigen die Personifikationen der vier Weltteile – für „AMERICA" einen sitzenden Indianer (Abb. 1)[16] – zwei weitere, jetzt verlorene Tafeln im selben Format den Tisch der Götter bei der Hochzeit von Amor und Psyche in Anwesenheit Apolls und der Musen[17]. Das ikonologische Programm des Raumes wird ergänzt durch die wesentlich kleineren Darstellungen der vier Jahreszeiten[18], die seit Winckelmanns und Bünaus Zeiten als Supraporten angebracht sind. Alle Bilder gehören stilistisch und ikonographisch ins 17. Jahrhundert, es sind holländische Arbeiten eher handwerklicher Qualität[19].

---

[16] Heres, a.a.O., S. 25 und S. 156, Taf. S. 5-8. Die Deutsche Fotothek in der Sächsischen Landesbibliothek Dresden stellte mit dankenswerterweise Abzüge der dort verwahrten Negative 62822-62825 zur Verfügung. „America" mit dem Indianer (Neg. Nr. 62823) ist schon 1973 publiziert worden von Hentschel, W.: Denkmale sächsischer Kunst. Die Verluste des zweiten Weltkrieges. Berlin 1973. S. 149, Nr. 427, Taf. 227, Abb. 548 (Heres, a.a.O., S. 156); Vorlage für das Nöthnitzer Indianer-Bild war weitgehend ein 1581 datierter Stich von Jan Sadeler d. Ä. nach den Vier Weltteilen von Dirk Barendz d. J. – hier Abb. 32 – (Honour, H.: The New Golden Land. New York – London 1975. S. 87, Abb. 78; Mythen der Neuen Welt, a.a.O., Nr. 8/3, Abb. 287). Dorther stammt nicht nur bis ins Detail genau kopiert die linke Hälfte des landschaftlichen Hintergrundes einschließlich Einpassung der benennenden Inschrift AMERICA, sondern auch die Situierung der – wenn auch in Haltung und, hier besonders wichtig: Geschlecht, veränderter Gestalt. Bei Sadeler - Barendz ist wie üblich (vgl. Mythen der Neuen Welt, a.a.O., Nr. 8/4, 8/5 und 8/6) Amerika durch eine Frau = Amazone (vgl. Bredekamp, H.: Bomarzos „Koloss von Rhodos", in: Hephaistos 4 [1982]. S. 79-95, bes. S. 90-91) allegorisiert; in Nöthnitz aber konnte Winckelmann statt ihrer einen männlichen Körper bewundern – vor einem Baum, beide einen Speer haltend, den aufwärts gerichteten Kopf Papageien zugewandt. Der amerikanische Papagei – nach Cornelius Gurlitt grün-gelb-rot gemalt – ist hier wohl nicht nur als tiergeographische Chiffre aufzufassen, sondern steht änigmatisch für die Sprachwissenschaft – im Deckenfresko der Aula Leopoldina des Breslauer Universitätsgebäudes (1728-43) wird die Philologie von einem Papagei begleitet (vgl. auch Barnes, J.: Flauberts Papagei. Zürich 1987). Rechts vom Baum zeigt das Nöthnitzer Amerika-Bild vorn die Ankunft der Entdecker-Schiffe, während hinten das im 16. Jahrhundert (E. Luchesi – B. Bucher in Mythen der Neuen Welt, S. 71-74 und S. 75-91) wüst ausgeschlachtete Kannibalismus-Thema eher verschämt en miniature zitiert wird. Der muskulöse Indianer in der Mitte muß schon wegen seiner lebensgroßen Darstellung an der Decke des Bibliothekssaales Eindruck gemacht haben.

[17] Gurlitt, C.: Beschreibende Darstellung der älteren Bau- und Kunstdenkmäler des Königreichs Sachsen, Heft 24. Dresden 1904. S. 90.

[18] Marx, H.: Der Festsaal des Schlosses in Nöthnitz, in: Winckelmann und Nöthnitz. Stendal 1976 (= Beiträge der Winckelmann-Gesellschaft 4). S. 18-19, bes. S. 21-22, Abb. 3, 4, 6-9; Heres, a.a.O., S. 24.

[19] Gurlitt, a.a.O., S. 90. Gurlitt nimmt einen Stich nach Domenichino (1581-1641)

Sie stammen also aus der Zeit des Vorbesitzers von Nöthnitz, des kurfürstlich sächsischen Oberhofmarschalls Heinrich von Taube, der das Anwesen 1635 erworben hatte[20]. Ob er die Auswahl der Bilder bestimmte, ist einstweilen ebenso unklar wie die Art seiner Nutzung des mit knapp 23 m Länge ziemlich großen unteren Saales. Offensichtlich störten sie zumindest nicht das Konzept einer Bibliothekausstattung, das Graf Bünau 1740 bei seiner Übernahme der Räume hatte.

Winckelmann kann nicht ganz unempfänglich gewesen sein für die Ikonographie seines Arbeitsraumes, der Bibliothek, nennt er doch in den „Gedanken über die Nachahmung" eben in der Folge seines Vergleiches mit den „Sprachen der wilden Indianer" als eines der vorbildlichen Beispiele für die von ihm gewünschte bildkünstlerische Allegorisierung „in neueren Zeiten" gerade „die Cupolla der Kaiserlichen Bibliothek in Wien [...] von Daniel Gran gemalt und von Sedelmayer in Kupfer gestochen"[21]. Die Nöthnitzer Allegorie ist gewiß nicht so komplex wie die elaborierte Wiener Huldigung an Kaiser Karl VI. als Hercules Musarum und Restaurator Scientiarum, dafür aber in ihrer Eindeutigkeit ein verallgemeinerbares Bekenntnis zur Welt der Bücher, die die Welt der Schöpfung im Saal der Bibliothek vereint: Die Vier Weltteile der Decke und die Vier Jahreszeiten der Supraporten verkörpern die Totalität von Raum und Zeit, die Hochzeit von Amor und Psyche im pantheistischen Verständnis die Erschaffung der beseelt verstandenen göttlichen Natur. Die Musen singen hier wie bei den Dichtern des Altertums auf den Hochzeiten von Kadmos und Harmonia oder von Ares und Aphrodite nicht nur das Lied von der Schaffung der Welt, sondern sie schaffen nach den „heidnischen Mysterien der Renaissance" die Welt als Gesang. Sie sind die Harmonie der Sphären[22]. Die anspruchsvollste Deutung verstünde die Bibliothek als Abbild des Kosmos – etwa wie die Sammlerin Isabella d'Este 1502 Andrea Mantegnas Musenbild für ihr Studienkabinett, ihre „grotta" als Allegorie der neoplatonisch verstandenen Welt, malen ließ[23]. Ein Theoretiker aus der Entstehungszeit des Nöthnitzer Bilderzyklus'

als Vorbild an.

[20] Heres, a.a.O., S. 24.

[21] Eis. I S. 52 § 163; Winckelmann, a.a.O., S. 59; Sedelmayers Stichwerk über die Hofbibliothek in Wien ist 1737 erschienen (Matsche, F.: Die Hofbibliothek in Wien als Denkmal kaiserlicher Kulturpolitik, in: Ikonographie der Bibliotheken, hrsg. v. C.-P. Warncke. Wiesbaden 1992 [= Wolfenbütteler Schriften zur Geschichte des Buchwesens 17]. S. 199-233, bes. S. 199, Anm. 2, S. 203, Anm. 19 zur schriftlichen Erklärung und S. 208-209 zum Kuppelfresko).

[22] Snell, B.: Die Entdeckung des Geistes. Hamburg ³1955. S. 120ff.; Wind, E.: Heidnische Mysterien der Renaissance. Frankfurt 1981. S. 320ff.; Berendt, J. E.: Nada Brahma. Die Welt ist Klang. Reinbek 1983; Beschi, L.: Winckelmann und die Musik. Stendal 1992 (= Flugblätter der Winckelmann-Gesellschaft. Akzidenzen 4).

[23] Splendours of the Gonzaga, hrsg. v. D. Chambers, Ausstellungskatalog des Victoria and Albert Museum. London 1981.

formulierte weitläufiger: „Cosmopolite, ou habitant de tout le monde" sei, wer eine gute Bibliothek besitze[24], denn sie ermöglicht „Reisen ohne zu reisen", wie es schon im 15. Jahrhundert hieß[25]. So wußte auch Winckelmann die Bünausche Bibliothek zu nutzen.

Doch zurück vom Indianer in Nöthnitz zu den Indianern in Winckelmanns Schriften. Es bleibt zum Schluß die ideengeschichtliche Einordnung seiner Vergleiche der die Ursprünglichkeit der Natur verkörpernden Indianer mit dem Ideal der Antike. Die Geschichte dieses Vergleiches ist besonders für zwei Epochen untersucht worden: Zunächst für das 16. Jahrhundert mit seinem Problem, die neu entdeckten Indianer in das von der Antike übernommene Weltbild zu integrieren und der daraus nach antiken Vorbildern gezogenen Konsequenz, aus den „survivals" der Naturvölker in einer Art von „conjectural history" auf die Frühzeit der eigenen Hochkultur zurückzuschließen[26] – nach der thukydideischen Argumentationsform „wie die Barbaren heute noch, so einst auch die Griechen" (Thuk. I 5-6), sodann für die moderne Begegnung der Klassischen Altertumskunde mit der Ethnologie seit dem späteren 19. Jahrhundert, wie sie sich etwa in Henry Lewis Morgans und Friedrich Engels Rekonstruktion des Ursprungs von Familie, Eigentum und Staat oder Jane Harrisons Verständnis antiker Religiosität und Aby Warburgs „ewigem Indianertum der hilflosen Seele" zeigt[27]. Das 18. Jahrhundert sieht sich demgegenüber vielfach durch Homer herausgefordert und beflügelt. Seine Monumentalität und Ursprünglichkeit zu verstehen wird dadurch versucht, daß man über das Prinzip der Verzeitlichung[28] die Andersartigkeit der Naturvölker an den Anfang einer historischen Entwicklung stellt, die sich in seiner epischen Welt spiegelte. So erklärt „der schnelle Indianer" Winckelmann den schnellfüßigen Achill, nutzt Louis de Thomassin 1681 die Gebräuche der nordamerikanischen Indianer, um das Menschenopfer für Patroklos zu verstehen[29], begreift Robert Wood 1751 in der Wüste vor Palmyra unter dem Eindruck der Gesänge der Beduinen den Sänger Homer[30] oder versteht Georg Forster 1774 im Anblick der tahitischen

---

[24] Naudé, G.: Advis pour dresser une bibliothèque. Paris 1637 – nach Jochen Becker, in: Ikonographie der Bibliotheken, S. 91, Anm. 99.

[25] Bury, R. de: Philobiblon. London 1473 – nach Becker (hier Anm. 24).

[26] Nippel, a.a.O., zu Thukydides bes. S. 25.

[27] Humphreys, S.: Anthropology and the Greeks. London 1978.

[28] Seifert, A.: „Verzeitlichung". Zur Kritik einer neueren Frühneuzeitkategorie, in: Zeitschrift für historische Forschung 10 (1983). S. 447-448.

[29] Thomassin, L. de : Méthode d'étudier et d'enseigner solidement et chrétiennement les lettres humaines. Paris 1681 nach Finsler, G.: Homer in der Neuzeit von Dante bis Goethe. Leipzig – Berlin 1912. S. 144; vgl. auch Lafitau, a.a.O.

[30] Wood, R.: The Ruins of Palmyra. London 1753; vgl. auch Wood, R.: An essay on the original genius and writings of Homer (1750). London 1775. S. 156-157.

Flotte die Seemacht und Lebensweise der homerischen Griechen[31]. Winckelmann steht in dieser im 16. Jahrhundert wurzelnden Tradition. Das universalistische Verständnis von Wissenschaft, das ihn in seiner sächsischen Zeit
geprägt hatte, wird in Rom unter dem überwältigenden Eindruck des antiken
Erbes von ihm weitgehend zurückgedrängt. Daß die „Winkelmänner, die
nach ihm kamen" ihm nur auf diesem Wege gefolgt sind, halte ich für be-
dauerlich.

Abb. 1: Indianer als Personifikation für Amerika,
ehem. Nöthnitz, Deckengemälde 17. Jahrhundert [S. 121]

---

[31] Forster, G.: Reise um die Welt [...] 1772-1775. Berlin 1778 (Akad. Ausg. III,
1966). S. 84-85.

Abb. 2: Indianer als Personifikation für Amerika,
Kupferstich von Jan Sadeler d.Ä. 1581 [S. 121]

Abb. 3: Titelseite der Gedancken über die Nachahmung …
1. Auflage [S. 122]

Zwischen Kythera und Thebais

Antike in Gartenparadiesen der Neuzeit

Seinem Vortrag zum „Garten Eden", der diese Ringvorlesung 1997/98 über das von mir vorgeschlagene Thema „Religiöse Landschaften" eröffnete, hatte Manfried Dietrich wie leitmotivisch und als bewußt gewählten Zeiten-Sprung ein Bild der toskanischen Neorenaissance-Villa Gamberaia[1] in Settignano voran gesetzt. Es zeigte deren Gartenparterre, dessen beschnittene Hecken ihm den Aufbau einer Basilika mit Bögen in der Halbrundapsis nachzustellen schienen. Emblematisch war damit schon mein Thema angeschlagen: die Antike als mehr oder minder bedeutungsschweres Zitat in neuzeitlichen Ideallandschaften. Als Beispiele dafür mögen hier das aphrodisische Kythera und die asketische Thebais den Bogen vom klassischen zum christlichen Altertum spannen. Mit diesen beiden zum Mythos gewordenen Topoi verweist die jeweils zitierte Antike sowohl auf die Überhöhung des zunächst scheinbar nur ästhetischen Erlebens von gestalteter Natur der Gärten oder Landschaften ins Religiöse, als auch gerade im 18. Jahrhundert auf die bewußte Säkularisierung zur Darstellung aufklärerischer Inhalte. Wie diese zugestandenermaßen vage Formulierung jeweils historisch zu spezifizieren ist, soll im Folgenden an charakteristischen Elementen der Garten- und Landschaftsikonographie konkretisiert werden – mehr kann und will weder ein mündlicher Vortrag noch die davon hier vor-zulegende weitgehend überarbeitete Schriftfassung nicht leisten.

Zunächst einige Beispiele zur Umschreibung des religiösen Erlebens von Landschaft in der Antike selbst: Der bekannte Satz des Thales vom Anfang griechischen Philosophierens, daß nämlich „alles voll von Göttern" ist, kon-kretisiert sich als lebendiger Ausdruck für die Göttlichkeit der Natur etwa in der Vorstellung von den Hamadryaden, die als je einzelne Wesen einem je einzelnen Baum so innewohnen, daß sie bei dessen frevelhafter Fällung dem Tode verfallen sind[2], und damit also das mythologische Genus der Baumnymphen ganz spezifisch individualisieren. Wie überhaupt die Alten – so Servius – für jedes Ding und jeden Menschen einen *genius* als *naturalem deum* kannten.[3]

Landschaft als ein Umfassenderes kommt in den Blick, wenn etwa Strabon beispielsweise für das fruchtbare und schöne Hügelland an der Mündung des

---

[1] Vgl. Visentini 1997, S. 320. L. Bulazel und H. Hoffmann halfen mir bei der Identifizierung. Ihnen sei gedankt. Mein besonderer Dank gilt meinen Münsteraner Kollegen für wichtige Literaturhinweise. Sie sind jeweils in den Anmerkungen genannt.

[2] Ovid, Metamorph. VIII 771-73.

[3] Servius, ad Georg. I 102.

Alpheios dessen uns staunenswerte Menge von Tempeln, Schreinen und anderen Heiligtümern aufzählt.[4] Solches greifen die mit sakralen Zeichen aller Art durchsetzten anonymen Wandbilder Pompejis[5], ja noch die Landschaften Claude Lorrains oder Nicolas Poussins und ihrer Nachfolger auf. Nach der Durchsetzung des Christentums werden dann in bestimmten Regionen neue Zeichen gesetzt: Einsiedeleien, Anachoreten-Türme und Klöster besetzen etwa die ehemals heidnische Landschaft Syriens[6] – gelegentlich so konkret, daß sie in die zerstörten und geplünderten Tempel der besiegten Religion[7] hineingesetzt werden. Die gleichzeitig aufkommende Gattung der Pilgerberichte zeigt, daß sie – zusammen mit den durch die alttestamentarische Überlieferung geheiligten Plätzen der Juden – von gelegentlich auch weit anreisenden Verehrern besucht werden können. So läßt etwa die durch ihre alttestamentliche Tradition wie durch die Askese ihrer frommen Einsiedler bestimmte Bergeinsamkeit des Sinai mit ihren Mühen der Reise und den erhebenden Gefühlen religiöser Begegnungen die Pilgerin Egeria/ Ätheria nicht unbeeindruckt.[8] Verehrung der heiligen Plätze – Topolatrie kennt natürlich auch das pilgernde wie das touristische Heidentum[9] – muß so früh im Christentum sich entfaltet haben, daß schon Hieronymus mahnen zu müssen glaubte, statt die Reise nach (dem jüdischen) Jerusalem zu machen lieber ein Jerusalem im Herzen aufzubauen.[10]

Die nachantike Rezeption umfaßt natürlich beides – heidnische und christliche Tradition, und entsprechend hat die moderne Darstellung von Garten- und Landschaftsgeschichte die Topoi einer Insel der Liebesgöttin – Kythera – und einer Abgeschiedenheit für mönchisches Leben – der ägyptischen Thebais – in der Konzeption bzw. Realisierung von irdischen Paradiesen bzw. deren Surrogaten herausgearbeitet.[11] Hier soll an ausgewählten[12] Gestaltungselementen – Insel, Monopteros, Höhle, Berg und Hain – die Ambivalenz solcher topographischer und architektonischer Symbole nachgezeichnet werden, da sie – zumal im 18. Jahrhundert – sowohl profaniert als auch sakralisiert werden können. Beide Adaptionsweisen leben dabei vorrangig von ihrem Zitat-Charakter, will sagen: durch die Evokation einer mit humanistischen oder/und

---

[4]   Strabon VIII 12 (C 343).

[5]   Stähler 2002, S. 105-139.

[6]   Hahn 2002, S. 141-179.

[7]   Metzler 1981, S. 27-40.

[8]   Solzbacher 1989.

[9]   Chelini/Branthomme 1987. Vgl. auch Casson 1976; Nicholas 1977.

[10] Hieronymus Ep. 58,3 nach Frankfurter 1998, S. 46.

[11] Delumeau 1995; Niedermeier 1995; Schama 1996; Mayer-Tasch 1998.

[12] Hingewiesen sei nur auf die bunte Vielfalt antiker und antikisierender Statuen. „Die allegorischen Programme der Gartenplastik im 17. und 18. Jahrhundert zielen fast alle auf Herstellung einer paradiesischen Gesamtwelt" – so Börsch-Supan 1967, S. 335, Anm. 7 mit reicher Bibliographie. Ferner: Schedler 1985. Paca 1995 (non vidi).

theologischen Assoziationen nobilitierenden Berufung auf historisch und/oder literarisch erinnerte Zeichen wird der Anspruch auf die Bedeutung und Wirkung der Symbole nicht nur gesteigert, sondern wohl sogar in vieler Hinsicht erst sagbar und erkennbar. Zur Verständigung über den Sinn der Zeichen in ihrem neuen Kontext gehört also – um einen Gemeinplatz zu wiederholen – die wie auch immer elaborierte Kenntnis ihrer antiken Wertschätzung – „Gärten sind rhetorische Landschaften."[13]

In Watteaus bekannten Berliner Gemälden[14] evoziert der Aufbruch heiterer Paare zur Barke das Ziel Kythera ohne die ersehnte *Insel* zu zeigen: Von der Statue der Liebesgöttin in der Waldlichtung vorn führen die mit Elementen modischer Pilgertracht ausstaffierten Herren ihre Damen in Trachten aller Stände hinunter zum von Amoretten umschwärmten Schiff, dessen rotes Segel vom strahlenden Hintergrundslicht aufgehellt wird (Abb. 1).

Allein dieses Licht steht für das Ziel – „*Embarquement pour Cythère*". Ein Nachahmer Watteaus – Charles Amédée Philippe Vanloo – zitiert allerdings vordergründiger: in seinem Kythera-Bild ragt der Rundtempel deutlich sichtbar über die Bäume der Insel empor.[15] Der historisierenden Nähe ist hier das utopische ferne Leuchten[16] geopfert. Kythera ist in der Antike doppeldeutig: Die rauhe Wirklichkeit der abgelegenen Insel[17] vor der Südspitze der Peloponnes mit ihrem Kult einer Aphrodite Ourania, die als waffentragende archaische Holzstatue (*xóanon*) verehrt wurde[18] und die enthusiastische Anrufung der Aphrodite Kythereia durch die Dichter stehen nebeneinander. In Knidos und in Paphos auf Zypern wurde Aphrodite Kythereia[19] in Gärten verehrt – wohl auch in dem *Kepoi* = Gärten genannten Ort auf der Taman-Halbinsel am Kimmerischen

---

[13] Moore 1991, S. 61.

[14] Börsch-Supan 1983, S. 20-25; Held 1985.

[15] Börsch-Supan 1983, S. 53-58, bes. S. 56, Abb. 44. – Da die relative Häufigkeit von Kythera-Motiven im Besitz Friedrichs II. bemerkenswert scheint (vgl. auch Sperlich 1983, S. 50-52), ist es vielleicht nicht uninteressant, auch darauf hinzuweisen, daß der Name seines Gartenschlosses *Sans-souci* = ohne Sorge im antiken *Pausilypon* = Sorgen lösend sein Pendant als Name von Landsitzen hat: Posilippo bei Neapel und die tiberianische Villa einer Metia Hedonium (CIL XI 3316. Friedländer 1922[10], S. 472, Anm. 6), und außerdem ist *pausilypos* Epitheton des Zeus (Sophokles frgt. 425), der Rebe (Euripides, Bacch. 772) und eines Grabes (IG 14, 2136). Für alle drei Aspekte ist Sanssouci = Ohnsorg der Schauplatz: Herrschersitz, Weinberg und Gartengrab für die Asche des von klassischer Bildung geprägten Königs.

[16] Bloch 1959, S. 932-934. - Ebenfalls unsichtbar bleibt die Liebesinsel auf der entsprechenden Miniatur des Barthélemy d'Eyck im Codex René d'Anjou, Le Livre du Cœur d'amour épris = Wien, Österr. Nat. bibl. 2597, zwischen 1457 und 1470 entstanden (König 1996, Taf. XV).

[17] Coldstream/ Huxley 1972.

[18] Pausanias III 23, 1. Flemberg 1991.

[19] Kythereia ist Beiname der Göttin auch in Paphos und Knidos (Anthol. Pal. XVI 160, Platon).

Bosporus.[20] Der Garten von Paphos ist auch archäologisch noch nachweisbar[21], den von Knidos schildert Ps.-Lukians „*Erotes*":[22] schöne Bäume aller Art, Zypressen, Platanen und Weinstöcke bilden den heiligen Hain für die aphrodisisch feiernde Festgemeinde bei dem *Monopteros* mit der allseitig sichtbaren hochberühmten Marmorstatue der unbekleideten Göttin von der Hand des Praxiteles[23], deren Anblick die Besucher mit bewundernder Ergriffenheit (*thámbos*) packt.[24] So wird der Monopteros in der idealen Landschaft der Villa Hadriana in Tivoli[25] rekonstruiert und so zeigt ihn ein pompejanisches Wandbild im Hause der Julia Felix (Abb. 2).[26]

Wie die Kenntnisse vom antiken Kythera-Bild, also der Insel, dem Rundtempel und dem Garten zum Autor der „*Hypnerotomachia Polifili*" (1499)[27] gelangte und welche Rolle bei der Konzeptualisierung von dessen Liebesgarten als „*Cythera*" gar der mittelalterliche Rosenroman einschließlich seiner Ergänzungen spielte[28] muß hier ebenso übergangen werden wie die Frage nach dem doch ganz offensichtlichen Einfluß der „*Cythera*" in der Hypnerotomachia auf die „*Cythère*" des 18. Jahrhunderts.[29] In dieser Zeit wurden die mit Cythera verbundenen Assoziationen neben dem hochgestimmten Bilde Watteaus schließlich

---

[20] Ustinova 1999, S. 29ff., bes. S. 38.

[21] Karageorghis/ Carroll-Spillecke 1992, S. 141-152, bes. S. 142ff. Calame 1992. Niedermeier 1995, S. 31-39. Vgl. eine phönizische Tontafel mit einem Liebespaar zwischen zwei Palmen, wovon nur eine Früchte trägt, bei Dierichs 1992, S. 75-106, bes. S. 106, Abb. 6. – Allgemein: Scheid de Cazanove 1993. Krenn 1996, S. 119-121. – Zum heiligen Hain und Gärten in der antiken Utopie (Panchaia des Euhemeros bei Diodor V 43) und der rhetorischen Ekphrasis Rohde 1960, S. 545, Anm. 1. mit zahlreichen Quellenangaben.

[22] Lukian, Erotes 12-13.

[23] Plinius, NH 36, 21. Vgl. Hinz 1998, S. 17ff. zu Pseudo-Lukian und S. 41ff. mit Anm. 51ff. zu – wie mir scheint unberechtigten – Zweifeln an der Identifikation des Rundbaus von Knidos.

[24] Lukian, Erotes 13.

[25] Bean 1974, S. 153. Aurigemma 1961, S. 44, Taf. II. Der Durchmesser des Rundbaus ist mit ca. 17,30 m derselbe wie in Knidos (Hinz 1998, S. 42, Anm. 53), beide sind von dorischer Ordnung.

[26] Bean 1974, 152. Neapel, Mus. Naz. Pompei, Regio II 4, 3. Beyen 1938, Abb. 100.

[27] Wimmer 1989, S. 34-47. Vgl. Stewering 1996. – Für diesen Hinweis danke ich D. Schmidt-Stichel.

[28] Polizzi 1990, S. 267-288. Vgl. Wimmer 1989, S. 15-20. – Geoffrey Chaucers Gemälde des Berges Kithairon mit Gärten, „den Venus sich zum Lieblingsplatz erkor" – so in der Erzählung des Ritters in den Canterbury Tales (Pericard-Mea/ Pigeaud 1992, S. 66-75, bes. S. 70), liegt wohl eine Kontamination aus der Insel Kythera und Ovids Bacchus-Orgien auf dem Kithairon (Metamorph. II 223 und III 702) zugrunde. Das Cythera der Hypnerotomachia sehen die Autoren (S. 72f.) im Garten von Coulommiers in der Isle de France verwirklicht – ausgeführt nach 1588 für die Herzogin Catherine de Gonzague et Clèves.

[29] Nerlich 1983, S. 139-149, bes. S. 141.

nicht nur für Vaudeville oder Buchtitel[30] und fiktiven Druckort[31] pornographischer Literatur genutzt; auch Bougainville nannte das von ihm erneut entdeckte Tahiti 1768 nicht zuletzt wegen der liebenswürdigen Natürlichkeit seiner Bewohnerinnen vielversprechend „*Nouvelle Cythère*" – nachdem sein Vorläufer Samuel Wallis sich im Jahr zuvor mit „Neues Arkadien" begnügt hatte. Auch der neue Name verschwand, aber das damit Gemeinte bestimmte die Südseeromantik[32] entscheidend. Der derzeitige Marketing-Slogan „Reif für die Insel" ist davon nur die wehleidig-körperbeschränkte Reduktion in der das kleine Glück als Ware verhökernden Tourismuswerbung. Von der antiken Heilserwartung, die den „Inseln der Seligen" entgegengebracht wurde, ist sie noch weiter entfernt als das verspielte 18. Jahrhundert es schon war.

Wie sehr ein architektonisches Element, der *MONOPTEROS* der Aphrodite Kythereia von Knidos, schon in der Antike das Ideal einer sakralen Landschaft bestimmte, zeigen sowohl die schon erwähnten Beispiele aus der Villa Hadriana und der pompejanischen Wandmalerei als auch ihre Rezeption in der frühislamischen Paradies-Symbolik der Omayaden-Moschee in Damaskus (Abb. 3).[33] Im 18. Jahrhundert gehören sie gleichsam zum Ausstattungsprogramm der neuen Landschaftsgärten: ob in Wörlitz und Rheinsberg, am Predigtstuhl bei Wien im Garten der Fürstin Gallitzin oder später in den Englischen Gärten von Eutin und München, schließlich auf Inseln im Trianon von Versailles[34] oder im Lac Daumesnil bei Vincennes – um nur einige Beispiele zu nennen. So selbstverständlich eingebettet in die Vorstellung einer Ideal-Landschaft ist der Monopteros, daß er auch auf den Tapeten erscheint, durch die im 18. Jahrhundert sich die Innenräume in Landschaften verwandeln.[35]

---

[30] F. Algarotti (Freund und geschätzter Berater Friedrichs II.), Il congresso di Citera 1745, dtsch. 1747: Congress zu Cythera oder Landtag der Liebe, frz. Le congrès de Cythère 1749 – so wie auch die folgenden Titel nach freundlicher Auskunft von B. Korzus in einer westfälischen Adelsbibliothek: La nuit ... de Cythère 1761, La gazette de Cythère, „London" 1774, Journal de l'amour ou: Heure de Cythère, „Gnide" 1776 – Knidos als fiktiver Druckort, vgl. Le temple de Gnide, „Cologne" 1748 und C. L. de Montesquieu, Der Tempel zu Gnidus.

[31] „A Cythère, au temple de la Volupté" (Darnton 1994, S. 54-59, bes. S. 55).

[32] Ritz 1983 – dort S. 74ff. zu einem 1806 mit Militärgewalt in Tübingen verhinderten und mit Festungshaft bestraften Auswanderungswunsch jugendlicher Otaheiti-Schwärmer. Bitterli 1989, S. 65-81, bes. S. 79f. Südsee-Dekor im Landschaftsgarten: Werner 1992, S. 289-306, im Unterhaltungsroman: Zachariae 1777 – zehn Jahre vor „Ardinghello und die glückseeligen Inseln" 1787 – von W. Heinse, damals noch anonym erschienen.

[33] Brisch 1988, S. 13-20. Flood 2000, S. 30-35 und S. 196 zu vergleichbaren omayadischen Paradies-Mosaiken in der Großen Moschee von Medina.

[34] Niedermeier 1995, S. 171; vgl. ebd., S. 142: Rheinsberg, S. 143: Sanssouci, S. 176: Wörlitz. Frühestes mir bekanntes Beispiel Ende des 16. Jhds. im Garten von Schloß Ambras bei Innsbruck (Luchner 1958).

[35] Monopteros auf einer Tapete: Börsch-Supan 1967, S. 307, Abb. 241. - Um 1700 gehört in den Niederlanden das Landschaftszimmer beinahe zur kanonischen Ausstat-

In einer ganz anderen profanen Verwendung wird er besonders sinnfällig in bedeutendem Kontext genutzt: Für die Bibliothek im Palais des Duc de Picquiany in Paris schuf J. Lajoue 1735-37 neben zwölf weiteren Allegorien von Wissenschaften und Künsten auch eine Darstellung der „Histoire"[36], kopiert als Supraporte in einem zeitgenössischen großbürgerlichen Salon und in Deutschland durch Augsburger Kupferstiche unter dem Titel „Die GeschichtBeschreibung" verbreitet (Abb. 4). Lajoue, dessen gelegentliche Abhängigkeit von Watteau bekannt ist[37], hat hier ganz offensichtlich die Komposition der „Einschiffung nach Kythera" zitiert – die pilgernden Paare durch Putti ersetzend, um im strahlenden Licht des Hintergrundes das Ziel eben mit dem Monopteros zu bezeichnen. Im Aufbau des Bildes steht dieser für das in der Berliner Fassung gleichsam undarstellbar gebliebene Kythera Watteaus. Die Hoffnung der Pilger auf ein im doppelten Sinne verklärtes Ziel wird hier in „Verzeitlichung"[38] transformiert: Die Geschichte als Prozeß und als ihre Darstellung zugleich wird in der Allegorie eines Zuges von Kindern – also der Hoffnung auf ein neues Zeitalter – verbildlicht, der sich vom Dunkel einer Epoche mit Sklavenketten und Kanonen durch ein Tal hinauf zum lichtstrahlenden Tempel bewegt. Dies gibt gleichsam den Inhalt dessen wieder, was einer der Putti mit Blick auf dieses Licht der Aufklärung in das Buch schreibt, das der dienend gebeugte Gott Chronos auf seinem Rücken trägt, während ihm die messende geflügelte Sanduhr im Vordergrund entglitten ist. Nicht fällt hier das antike Licht Gottes auf den Rundtempel hernieder – wie etwa in der Bildsprache der niederländischen Protestanten auf einer Medaille für die Synode von Dordrecht 1619 (Abb. 5)[39], sondern der Monopteros selbst ist die Quelle des Lichtes, und nicht Historia als weibliche Personifikation einer inspiratorischen Wissenschaft – wie auf älteren Stichen üblich – schreibt Geschichte, sondern in der Gestalt der Putti, die Wandernde und Schreibende zugleich sind, schreibt sich hier die Geschichte als Prozeß selbst – als Weg zur Aufklärung. Die offensichtliche Verzeitlichung – der Prozeß der Geschichte als Weg der Kinder zum lichtstrahlenden Monopteros – wird durch die vor Chronos verrinnende Sanduhr

---

tung großbürgerlichen repräsentativen Wohnens, so daß es auch in entsprechenden Puppenstuben immer an derselben Stelle – links im Mittelgeschoß – zu finden ist. Börsch-Supan 1967, S. 289 mit Abb. 197 nennt drei Beispiele. 1776/79 spottet Goethe über den Fürsten „von äußerst empfindsamen Nerven", der draußen den Schnupfen und die Ameisen fürchtet: „Seine Zimmer gleichen Lauben, seine Säle Wäldern, seine Kabinette Grotten, so schön und schöner als die Natur; und dabei alle Bequemlichkeit, die Stahlfedern und Ressorts nur geben können" (Der Triumph der Empfindsamkeit = Sophien-Ausgabe WA I 17, S. 19f.).

[36] Roland-Michel 1984, S. 330 mit Abb. 44. Supraporten: Paris, Musée Carnavalet: Salon Brulart de Genlis. Augsburger Kupferstich, signiert von Jacob Wangner und Johann Georg Hertel.

[37] Roland-Michel 1984, S. 71ff. und S. 393.

[38] Seifert 1983, S. 447-477, nach frdl. Hinweis von W. Pohlkamp.

[39] van Loon 1723, Nr. 105.

allerdings aufgehoben: im Utopischen des nach dem Bilde Kytheras geformten Lichtortes, an dem die Geschichte sich zu vollenden hat.

Erscheint das Entstehungsdatum der Geschichtsallegorie von Lajoue – um 1735 – bemerkenswert früh zu sein, so mögen als ikonographiegeschichtliche Verstehenshilfen für die entsprechende Bedeutung des Monopteros einerseits Alessandro Alloris „*Historia auf dem Parnaß*" von 1568[40] gelten, wo auf dem Berg im Hintergrund ein allerdings massiver Rundbau den von einer nackten – also nichts verbergenden – Historia geführten Hercules, die Symbolgestalt des tatkräftigen Einzelnen, erwartet. Und andererseits das Bildnis eines Unbekannten, auf dem Caspar Netscher (1639-1684) den so symbolträchtigen Monopteros im Park hinter einem Vorhang noch halb verborgen hält[41], also am Beginn der „*Krise des europäischen Geistes 1680-1715*" wie sie Paul Hazard diagnostizierte. 1776 steht dann in einer oppositionellen englischen Zeichnung von James Barry der Monopteros mit der Aufschrift „*Libertas Americana*" jenseits eines Wassers in einer Parklandschaft als leuchtendes Hoffnungsymbol für die im dunklen Vordergrund klassischer Ruinentradition am Grabe der englischen Freiheit Trauernden.[42] Zur Karikatur verkürzt ist der Monopteros von Th. Th. Heine zwischen an tahitisches „*Nouvelle Cythère*" erinnernden Palmen auf einer Insel, die von Reichspräsident Ebert in schwankendem Kahn gegen widrige Wogen als quasi-utopisches Ziel angesteuert wird[43] und schließlich zu bitterer anti-aufklärerischer Ironie verfremdet der reale Monopteros des 18. Jahrhunderts im Kasseler Hofgarten als Fluchtpunkt des Blicks durch vier hintereinander plazierte Guillotinen, die Ian Hamilton Finlay 1987 auf der Documenta unter dem auch unseren Kontext evozierenden Titel „*A view to the temple*" installierte.

Vom Monopteros als desakralisiertem Kythera-Symbol noch einmal zurück zu Watteaus „*Einschiffung nach Kythera*". Darauf spielt das Schiff an, das in der Bildpropaganda der Französischen Revolution Kinder unter dem Zeichen der Freiheitsmütze hinüberbringt auf die INSEL von Ermenonville (Abb. 6), wo sich Rousseau leibhaftig aus seinem Grabe auferstehend im HAIN der Pappeln unter die in revolutionärer Freiheit spielenden Bürger-Kinder mischt[44] – so auch das Relief von Rousseaus erstem Grabmonument zu politischem Leben erweckend,

---

[40] Florenz, Uffizien, Inv. Nr. 1544 = Catalogo Generale (1979) I 120 P 24. Fabianski 1990, S. 95-134, bes. S. 109, Abb. 19.

[41] Hamburg, Kunsthalle, Katalog der Alten Meister in der Hamburger Kunsthalle, Hamburg 1956[4], Nr. 183.

[42] Honour 1975, Abb. 138.

[43] Karikatur für den „Simplizissimus"; Hölscher 1955.

[44] Die Auferstehung des Jean-Jacques Rousseau. Kupferstich von Geißler 1794. Hansen/Hansen 1989, S. 125, Abb. 62; vgl. auch S. 126 über eine festliche Einschiffung zu einer Flußinsel.

das utopisch schon 1780 spielende Putti um eine aufgesteckte Freiheitsmütze zeigt.[45]

Wie nicht anders zu erwarten sind nicht nur der Monopteros sondern eben auch Insel und Hain Zitate antiker religiöser Sinnträger, und in ihrer Rezeptionsgeschichte natürlich hinreichend dargestellt. Die „Insel der Seligen"[46], die „Insel Achills"[47] als Ziel seiner Entrückung oder das Ogygia der Kalypso in der Odyssee stehen dafür als bekannte Beispiele. Sakrale Haine bei Germanen und Arabern[48], Griechen und Römern[49] stehen für ein verbreitetes Phänomen numinoser Orte. Im 18. Jahrhundert werden sie – wie angedeutet – für die weitverbreitete profane Ritualisierung des Gedenkens an Rousseau zeichenhaft wiederbelebt[50], aber auch etwa für die symbolische Lokalisierung dichterischer Inspiration, die dem Barden im nordischen Hain als dem Gegenort zum apollinischen Parnaß zuteil wird.

HÖHLE und *BERG* sind ebenfalls gut untersuchte Motive im Repertoire sakraler Landschaften. Mit den anderen genannten Zeichen stehen sie oft in bedeutungsvollem Kontext. Zunächst die Höhle: Die Vielfalt ihrer symbolischen Bedeutungen in der Antike kann einerseits mit „*Heavenly Caves*" – so der Titel des Buches von Naomi Miller[51], in dem sie 1982 „*Reflections on the Garden Grotto*" vorlegte – umrissen bleiben, erlaubt aber andererseits auch eine Differenzierung: Kosmisch ist dabei, sofern es um die Rezeptionsgeschichte geht, die oberste Bedeutungsebene – in Porphyrios' „*Nymphengrotte*"[52] exemplarisch ausgeführt, Chronos zugeordnet und unter dem Stichwort „Hohlwelten" (Rainer Weissenborn 1998) von den schon von Pherekydes[53] im 6. vorchristlichen Jahrhundert „Alten" Genannten bis in die Moderne weitergeführt. Dabei darf natürlich nicht unerwähnt bleiben, daß nach neuerer Deutung schon in der paläolithischen Höhlenmalerei von Lascaux die Höhle selbst als „Abbild des Kosmos" dargestellt ist[54], die erwähnten „Alten" also sehr weit zurückreichen können. Über Chronos ist die kosmische Höhle auf einer weiteren Ebene etwa

---

[45] Hirschfeld 1785, S. 261f. mit Abb. Metzler 1990, S. 706-730, bes. S. 710f.

[46] Rohde 1961, S. 67-110. Vgl. Neutsch 1953/54, S. 62ff.

[47] Hommel 1980, S. 18-22.

[48] Wellhausen 1927[2], S. 105-107. Drijvers 1982, S. 65-75, bes. S. 69. – Reallexikon der Germanischen Altertumskunde von J. Hoops, 8, 1994, svv. Fesselhain, Lucus (noch nicht erschienen).

[49] S. oben Anm. 21.

[50] S. oben S. 469. Vgl. Lakanal [1794], S. 12: Vorschlag um das Pantheon herum einen Hain von „melancholischen" Pappeln anzulegen, damit „ce spectacle attendrissant rapelle à jamais aux âmes sensibles le souvenir des bocages d'Hermenonville".

[51] Miller 1982.

[52] Nauck 1886, S. 55-81, bes. S. 31-32.

[53] Pherekydes 7 B 6 (Diels-Kranz), Proclus, in Tim. 29 A.

[54] Rappenglück 1999.

auch mit dem iranischen Erlösergott Mithras verbunden. Für Mithras ist die Höhle auf dem Berg zugleich aber auch der Ort seiner Geburt[55] – durchaus in Analogie zu bronzezeitlichen Hügelgräbern im Uterus-Schema als Symbolform für Wiedergeburtsvorstellungen[56], die notwendigerweise anklingen, wenn in Claudians wirkungsmächtiger Beschreibung die „Höhle der Ewigkeit" als „Mutter der Jahre, deren weiter Schoß (*sinus*) die Zeiten darbietet und zurückruft"[57] mit matriarchaler Bildsprache kosmischer ausgedrückt werden soll.

Herkunft aus der Höhle suggeriert im Hellenismus das künstliche, mit Gold und Edelsteinen verzierte *ántron* im dionysischen Symposionsraum mit den Bildnissen der vergöttlichten Ahnen des Königs auf dem Nilschiff[58] des Ptolemaios IV. Philopator. Hier gab es – gleichsam auf einer schwimmenden, künstlichen „Insel der Seligen" – ferner auch einen Rundtempel mit Aphrodite-Statue[59], wie er oben behandelt wurde. Als Symbol für göttliche Abkunft bezeichnet die Grotte – die übrigens etwa auch die türkischen Toba-Kaiser im spätantiken China als Ursprungsort ihrer Ahnen verehren[60] – im Christentum im Gegensatz zur *humilitas* des in der abendländischen Bildtradition geläufigen „Stalls" von Bethlehem, besonders in der Ikonologie der Ostkirche, auch den Ort der Geburt Christi (Abb. 7).[61] Sie gewinnt damit den Aspekt des Kosmischen unter eschatologischer Perspektive als Paradies wieder, denn als solches wird sie von Romanos dem Meloden im Weihnachtslied gepriesen.[62] Im Hintergrund von Giorgiones „Drei Philosophen"[63] öffnet sie sich mystischer Kontemplation. Das Geheimnis einer esoterisch-philosophischen Grottensymbolik läßt sich wohl auch von der Erinnerung an die Grotte in den antiken Mysterien des Dionysos[64] her angehen. In den *„heidnischen Mysterien in der Renaissance"*[65] konnte sie jedenfalls so interpretiert werden, um zugleich – etwa von Heinrich Khunrath

---

[55] Merkelbach 1984, S. 113, S. 133f.; Miller 1982, S. 30f., Abb. 20. Vgl. Schütte-Maischatz/ Winter 2000, S. 93-101: Mithras-Reliefs in zwei (Steinbruch-?)Höhlen.

[56] Lüling 1984, S. 51-121, bes. S. 55-59.

[57] Claudian, de consulatu Stilichonis 2, 427. annorum mater ... quae tempora vasto (427) suppeditat revocatque sinu.

[58] Athenaios, Deipnosoph. V 205f.

[59] Athenaios 205 d.

[60] Liu 1989, 86-107, bes. 96.

[61] Kirschbaum 1970, sv. Geburt Christi, bes. S. 95-103. Vgl. Protevangelium des Jacobus 18-20 = Hennecke-Schneemelcher I S. 287f. – Vom Stall – Kernstück neuzeitlicher Weihnachtskrippen – ist weder dort noch in den kanonischen Evangelien (Lukas 2, 7) die Rede.

[62] Stichel 1991, S. 264f.

[63] Klauner 1955, S. 145-168. Settis 1982, S. 35-38. Auch Giorgiones „Anbetung der Hirten" (Washington, National Gallery) findet vor einer Höhle statt.

[64] Boyancé 1961, S. 107-127.

[65] Wind 1981; Vgl. del Bravo 2000, S. 31-39.

1598 mit der Warnung „*Procul hinc abeste profani*"[66] – durch Exklusivität die Zugelassenen zu privilegieren: vergleichbar der privaten Zurückgezogenheit in der „Grotta", als die Isabella d'Este das Studiolo mit ihren Sammlungen bezeichnete, ihre Kunstkammer als symbolischer Kosmos also.[67]

Im Jahr 1782 nutzt dann Karl Philipp Moritz seinen Besuch in der Höhle von Castleton zur damals vielbewunderten Schilderung seiner Seelen-Wanderung durch den vom Kerzenlicht belebten Kosmos.[68] Beim Schein von Laternen besuchte man nächtens im 18. Jahrhundert auch den Felsengarten Sanspareil bei Bayreuth[69], auf einer pädagogischen Psychagogie gerade durch Höhlen den Orten der Reise Telemachs folgend. Zwar galt diese romantische Wildnis bei Zwernitz schon 1604 als ein neues „Ithaka"[70], aber nicht Odysseus, sondern sein ihn suchender Sohn Telemach und dessen Mentor sind nach Fénelons Erziehungs- und Staatsroman Wegführer und Erlebnismodelle in Sanspareil, das seit 1749 von der Markgräfin Wilhelmine angelegt wurde. Stationen eines vorbildlichen Lebens werden hier – die Romanhandlung pointiert verkürzend – in moralisierender Absicht empathisch nachempfunden. Fénelons „*Aventures de Télémaque*" erschienen – nicht ohne königliche Restriktionen – 1699. Ein Jahrhundert früher stellte Edmund Spenser im 3. Buch seiner „*Faerie Queene*" (1590-96) das Leben als Gang durch den „Garten des Adonis" dar – wohl inspiriert von der im 1. Jahrhundert entstandenen „*Tabula Cebetis*" und beide von W. Kemp als Garten-Pendant zur Höhle Claudians gedeutet.[71]

Flackerndes Licht erhellt auch eine andere Höhle: Im Jahr 1785 gezeichnet von Georges Louis Le Rouge „*Le Désert de Retz*" (Abb.8): Fackeln werfen hier bei Vollmond ihr flackerndes Licht – wie bei Soiréen in den Museen die Zeitgenossen den starren Statuen durch das zuckende Licht der Fackeln den Anschein lebendiger Bewegung geben.[72] Sie werden von (Statuen von) Satyrn gehalten – Satyrn, wie sie das antike Theater auf der Bühne oft vor Höhlen

---

[66]   Khunrath 1602 = Miller 1982, S. 123, Abb. 122.

[67]   Miller 1982, S. 44. - Zum Museum als Grotte qua Schatzhöhle und Kosmos führt noch im 19. Jahrhundert der Höhlen-Eingang eines nicht ausgeführten Entwurfes für das Metropolitan Museum in New York vom Park aus (Miller 1982, S. 120, Abb. 119); vgl. ferner Plinius NH 37, 4 zur Grotte als Musaeum. In New York also ein später Nachfolger jener künstlichen Grotte in einem Musen-Hain in Same auf Kephallonia, wo der Karpokratianer Ephiphanes verehrt wurde (Clemens Alex., Stromateis III 2 § 5. Metzler 1999).

[68]   Moritz 1999, S. 68.

[69]   Toussaint 1998, S. 162.

[70]   Bachmann 1989, S. 6. Zur erbaulichen Wiederbelebung dieses mythischen Topos in derselben Epoche vgl. auch Heinrich 1977, S. 257-283.

[71]   Kemp 1973, S. 115ff., S. 120ff.

[72]   Miller 1982, S. 94, Abb. auf dem Rückendeckel. Baltrušaitis 1984, Abb. 111. „Materialien zu Leben und werk" von Georges Louis Le Rouge – so der korrekte Name – behandelt monographisch B. Korzus (erscheint demnächst). – Zum Museumsbesuch bei Fackellicht: Bätschmann 1998, S. 325-370.

posieren ließ.[73] In Retz ist es jedoch nicht eine beliebige Höhle im vielgestaltigen Bildprogramm dieses noch heute nordwestlich von Paris zu besuchenden Landschaftsgartens, sondern dessen Eingang von der Innenseite her gesehen, wodurch also der gesamte Garten für nächtliche Besucher – die brennenden Fackeln der Zeichnung von Le Rouge haben ihren Sinn! – mit seinen architektonischen und natürlichen Dekorationselementen zu einer „Hohlwelt" wird, deren kosmischer Anspruch in der frivolen Erlebniswelt des späten Ancien Régime wohl eher an den Rand gedrängt wurde – genau gegenüber am östlichen Rand des Paris Beckens liegt übrigens Disneyland, leicht durch Gedankensprünge oder Vorortzüge erreichbar. Nicht mehr erreichbar bleibt im alten China „die Welt hinter der Höhle"[74] als utopischer Topos in einer taoistischen Paradiesbeschreibung des 4. Jahrhunderts, denn ihr glücklicher Endecker konnte nach seiner Rückkehr trotz Merkzeichen den Höhleneingang nicht wiederfinden. Unter dem Stichwort *tung-t'ien* = „Höhlen-Himmel"[75] läuft diese Art von Beschreibungen eines Paradieses, das jemand einmal sah, aber keinem anderen zu zeigen vermochte. Und daß in einer dieser Erzählungen die Höhlenwelt auch eine Bibliothek[76] mit Seltenheiten des Altertums besitzt – leider ebenfalls nicht wiederzufinden, weil die entsprechenden Hinweise kaiserlicher Zensur zum Opfer gefallen seien, ist der Phantasie eines Jorge Luis Borges würdig.

Wie eng die Vorstellungen von der Höhle gerade in der Frühzeit mit der des BERGS verbunden sind, hat G. Lüling[77] nachdrücklich betont. Untersuchungen zu religionsgeschichtlichen Aspekten des Berges sind zahlreich und bekannt.[78] Schon eine nur skizzenhafte Systematik würde den hier gesteckten Rahmen sprengen. Meru, Zion und Parnassos mögen also samt ihren mannigfaltigen miniaturisierten oder kult-topographischen Wiederholungen an anderen Orten nur evokative Reizworte bleiben. Da hier die „Antike in Gartenparadiesen der Neuzeit" angesprochen ist, sei vielmehr nur ein künstlicher Berg aus einem antiken Garten genannt: das Paneion im Palastgarten der Ptolemäer.[79] Er war von Menschenhand aufgeschüttet, und über einen Spiralweg aufwärts spazierend ließ sich von seiner Höhe aus der Blick auf ganz Alexandrien genießen.

---

[73] Jobst 1970.

[74] Bauer 1971, S. 248-282.

[75] Bauer 1971, S. 269.

[76] Bauer 1971, S. 272.

[77] S. oben Anm. 56. Ähnlich Dietrich 1982, S. 1-12, der über Geburts- und Erneuerungssymbolik Aspekte von Auferstehung in den Religionen der Levante und Kretas deutlich werden läßt (S. 10f.).

[78] Clifford 1972. Haas 1982. Munakata 1990. Blondeau/ Steinkellner 1996. Metzler 1996, S. 19-24, bes. S. 22f.

[79] Strabon XVII 1, 10 (795).

Nicht auf die bekannte Komplexität der Vorstellungen, die sich um das dem Pan geheiligte Bergland und somit in Alexandrien als Zitat gebaute Arkadien[80] ranken, sondern nur auf die Künstlichkeit und den spiraligen Aufweg sei hier eingegangen, da sie im 18. Jahrhundert bemerkenswerte Ausprägungen erhalten. Aufwege stehen selbstverständlich als Metaphern für mühevollen oder charakterfesten Lebenswandel – ob Hercules am Scheidewege auf einem Relief von Schadow (1791)[81], der noch unschuldige Knabe, dem das Kinderfräulein in einer Ideallandschaft Hubert Roberts[82] von der Brücke (der Entscheidung) aus den Rundtempel über einer Grotte mit lebenspendender Quelle als fernes Ziel herakliskischer Mühen zeigt oder die Putti in Lajouës schon erwähnter Allegorie der „*GeschichtBeschreibung*", ob Zionsberge auf einem katholischen Grabmosaik des 20.[83] oder auf der schon erwähnten niederländischen Medaille des 17. Jahrhunderts – die Wege hinan führen zum Licht oder zu einem *MONOPTEROS* empor, Pilgerreisen zu erlösenden Zielen.

Künstlich ist auch ein Typus von Berg, den die Französische Revolution als profanes Symbol nutzt. Aufgeschüttet auf städtischen Plätzen in neu zu errichtenden Tempeln der Vernunft oder im Chor desakralisierter Kirchenräume[84] dient er der naturhaft-monumentalen Erhöhung innerweltlicher Abstraktionen: Natur, Philosophie und „Höchstes Wesen" werden so geehrt, sichtbar etwa auf einem Stich, der im zum Tempel der Vernunft umfunktionierten Münster zu Straßburg[85] die Natur als Herme im Schutze der Freiheitsgöttin auf einer Felsenspitze zeigt, von der die schon früher im Jahrhundert bemühten Putti die Kleriker der verschiedenen Konfessionen in den Sumpf hinab zu Kröten und Schlangen scheuchen oder ebenfalls auf einem Stich der von der Freiheitsgöttin bewachte Rundtempel der Philosophie auf dem Berg in Notre Dame zu Paris[86] am Tag des Festes der Vernunft. Die Sakralisierung der Natur durch ihre Versetzung in einen Innenraum wird dabei besonders eklatant, wenn wie in der Kirche Saint-André in Lille[87] (1793) der Berg mit der Freiheitsstatue in einen veritablen grünen *HAIN* lebender Bäume versetzt werden soll (Abb. 9). Nach einem Stich des 19. Jahrhunderts begnügte man sich aber ebenfalls in Lille in Saint-Maurice[88] (1795) wohl mit der alles bedeckenden Laubwerk-Übermalung

---

[80] Snell 1945, S. 26-41. Vgl. natürlich jedoch auch Panofsky 1936, S. 223-254.

[81] Abgebildet bei Bien 1987, S. 272-285, bes. S. 282f., Abb. 82. Arenhövel/ Bothe 1991.

[82] Baltrušaitis 1984, Taf. XII bei S. 118.

[83] Dresden, Alter Katholischer Friedhof, Südmauer.

[84] Hansen/ Hansen 1989, S. 127-140, Abb. 63-74.

[85] Hansen/ Hansen 1989, Abb. 63.

[86] Hansen/ Hansen 1989, Abb. 67.

[87] Hansen/ Hansen 1989, Taf. XXII.

[88] Hansen/ Hansen 1989, Abb. 68.

von Säulen, Wänden und Gewölbe, so in Weiterführung spätmittelalterlicher Konzepte die zeitgenössischen Theorien von der Entstehung der Gotik aus der Imitation des Waldes[89] – germanischen Eichenwaldes als Hort der Freiheit, wie Montesquieu meinte – durch Rückkehr zu den Wurzeln sinnfällig werden lassen. Während in Deutschland gegenüber dem nordischen Hain als Ort der Barden der Parnaß Apolls zum Hügel schrumpft – so in Klopstocks Ode „*Der Hügel und der Hain*" 1771 für den Göttinger Hainbund geschrieben –, kann in Frankreich die revolutionäre Bildpropaganda dem Berg den antiken Hain als Ort heroischen Gedenkens an die Helden der Aufklärung hinzufügen.[90]

Ihre Vorstufen hat diese profane Naturverehrung im frühen 18. Jahrhundert etwa im Pietismus eines Barthold Heinrich Brockes, über den Hölty – ebenfalls aus dem Hainbund – schrieb: „Jeder dämmernde Hain ist ihm ein heiliger Tempel, wo ihm sein Gott näher vorüberwallt."[91] Da klingt schon die Wandervereinsreligiosität von der Verehrung „meines Gottes" im Walde an, mit der im 20. Jahrhundert der Spaziergang am Sonntag zum Surrogat für Kirchgang wird – Bild geworden in einem bunten Glaskirchenfenster mit realistischer Walddarstellung, das erst vor einigen Jahren Kevin Atherton im Forest of Dean westlich von Bristol zwischen Bäumen aufhängen ließ (Abb. 10). Deplazierungen nutzen in beiden Fällen das Zitat der Kirchenarchitektur – Innenraum in Lille und Glasfenster im Wald bei Bristol –, um der Natur in der Gestalt des Waldes zu ihrem Recht zu verhelfen und zwar mit aufklärerisch-radikaler Attitüde in der Phase der Revolution und ironisch-lächelnd, vielleicht wohl auch kirchenkritisch in unseren Tagen zu erleben. Ob sich dann am Ende des 20. Jahrhunderts die wohlmeinenden Landfrauen, die den Chor einer münsterländischen Dorfkirche zum Erntedankfest mit Bäumen und Produkten des Waldes vollstellten, erinnerten, daß zwei Jahrhunderte früher – allerdings nicht gerade im Münsterland – mit derselben Dekoration die „*Versöhnung mit der Natur*" sich als Desakralisierung der Kirche manifestierte, muß offenbleiben.

Die oben angesprochenen religiösen Topoi neuzeitlicher Garten- und Landschaftskonstruktion lassen sich als Zitate h e i d n i s c h e r Antike verstehen, beziehen sich also auf das Titelstichwort KYTHERA. Sie stellen aber nur eine Auswahl dar: Tempel, Ruinen aller Art und Gräber wären noch zu nennen, um von den allgegenwärtigen Statuen, die natürlich auch schon der antike Garten kannte, seien es Allegorien oder Götterbilder, ganz zu schweigen. Gerade sie machen ja aus profanen Gärten recht eigentlich religiöse Landschaften – heidnische zwar, aber gerade durch deren Hervorhebung als ideale, kunstvoll

---

[89] Baltrušaitis 1984, S. 90-106. Frühe Beispiele für diese Verbindung von Wald und Gotik sind Säle im Castello Sforzesco von Leonardo da Vinci (1498) (Baltrušaitis 1984, S. 100, Abb. 83) und im böhmischen Schloß Bechin/Bechyne vom Anfang des 16. Jahrhunderts (Börsch-Supan 1967, S. 175, Abb. 122).

[90] Hansen/ Hansen 1989, S. 133 mit Abb. 80 (Grab für Marat 1793), vgl. Abb. 62 (Rousseau-Insel).

[91] Zitiert nach Flemming 1931, S. 92.

gestaltete Natur auch eine vom zeitgenössischen eigenen religiösen Alltag se-
pariert erlebte Welt. Das gilt es aber sogleich – wie im zweiten Titelstichwort
THEBAIS angedeutet – zu modifizieren.

Gleichsam als Bindeglied sei hier ein Aspekt des großen Paradies-Themas[92]
kurz beleuchtet. Angeregt durch das Titelblatt zu Basilius Beslers „*Hortus
Eystettensis*" (1613 und 1713)[93], das als Portalfiguren eines Einblicks in den
Paradies-Garten die Könige Kyros und Salomon zeigt, richtet sich unser
Interesse auf das Nachleben a c h ä m e n i s c h e r Gärten. Denn aus der
achämenidischen Gartenkultur stammt ja das jüdisch-christliche Wort für
Paradies[94], und dem entsprechend entfaltet sich die Spekulation zur Rekon-
struktion der aus literarischen Erwähnungen und geringen archäologischen Re-
sten in Pasargadai[95], der Residenz des Kyros, bekannten Geometrie des Gartens.
Im Orient wird der Garten des Kyros im 5. Jahrhundert als ausdrückliches Zitat
in der ceylonesischen Residenz auf dem Berge von Sigiri[96] nachgebaut, und im
Islam kommt er in „*Gardens of Paradiese*" bzw. ihren Surrogaten, den Garten-
teppichen, zu neuer Blüte.[97] Im Europa des 17. Jahrhunderts verfaßt Sir Thomas
Browne "*The Garden of Cyrus. Artificially, Naturally, and Mystically*".[98]
Dessen Quincunx-Schema der Bäume – wie eine Fünf auf den Würfel
angeordnet – schräge und gerade Durchblicke zugleich ergebend, das aus
antiken Autoren bekannt war – nahm schon Johann Peschels „*GartenOrdnung*"
von 1597[99] als Ideal einer geometrischen Anlage, deren mandala-artige Gestalt
als mystisches Abbild der Welt natürlich einen hohen Symbolwert hat. Daß sie
wie der Hortus Conclusus, der Garten der *Tabula Cebetis* und der islamische
Garten durch eine Mauer – gelegentlich auch mit dem den Kosmos sym-
bolisierenden Zinnenkranz der Mauerkrone[100] versehen – von ungestalteter
Natur und profaner Menge getrennt wird, hat sie mit ihrem achämenidischen
Vorbild ebenso gemeinsam wie mit dem Paradies der jüdisch-christlichen Tradition.

THEBAIS steht für Landschaften c h r i s t l i c h e n Mönchslebens, meint
insbesondere Einöden mit Eremitenbehausungen und hat im abendländischen
Sprachgebrauch meist die unmittelbare Beziehung zur Umgebung des ober-

---

[92]   Dietrich 1982, 2002 S. 1-29.

[93]   Keunecke 1989.

[94]   Tuplin 1996: Parks and Gardens; Hultgård 2000, S. 1-43.

[95]   Stronach 1978, S. 163-165. Stronach 1990, S. 171-180, bes. S. 174, Abb. 3.

[96]   Paranavitana 1972, S. 22f. und S. 122f. Bopearachchi 1993, S. 239-261.

[97]   Brookes 1987, S. 17-23.

[98]   Hunt 1976, S. 13.

[99]   Wimmer 1989, S. 77 mit Abb. 16.

[100] Mauer: Delumeau 1995, S. 121-127, Zinnenkranz: ebd., S. 123, Anm. 22. Vgl.
       Metzler 1994, S. 76-85, bes. S. 82.

ägyptischen Theben aufgegeben zugunsten einer geographischen Erweiterung, die – im Gegensatz zu den Klosterlandschaften des Natron-Tals und der Sketischen Wüste in Unterägypten – die Umgebung des Paulus- und Antonius-Klosters am Roten Meer mit einschließt.[101] Frühes ägyptisches Mönchstum ist im gesamten Christentum so prägend geworden, daß Thebais – wie es das Lexikon für Theologie und Kirche formuliert – „zum Synonym (zeit- und ortlos) authentischer Strenge und Perfektion des Mönchslebens wird." Im spätantiken Gallien etwa wird es auf den beiden Klosterinseln von Lérins durch jene *regula quattuor Patrum* geregelt, deren Sprechernamen – die Unterweisung ist als Abfolge von Reden aufgebaut, um durch die mündliche Authentizität historische Nähe zu suggerieren – ägyptisch sind.[102] An ägyptische Regeln knüpft auch das Mönchstum an den Seidenstraßen an, wie die christlichen Fragmente aus den Grotten von Bulayiq in der Turfan-Oase[103] zeigen. Der meistgelesene Klosterautor, Johannes Cassianus, selbst zehn Jahre Mönch in Ägypten, ist schließlich auch der einflußreichste Vermittler ägyptischer Klosterregeln.[104] Es erstaunt daher nicht, wenn es in karolingischer Zeit bei einer Klosteranlage – Corvey/ Nova Corbeia an der Weser – heißt, der Gründer habe einen Ort zum Wohnen ausgewählt, der von Wasserläufen durchflossen ist, „wie wenn er ein kleineres Ägypten (*minor Aegyptus*) und ein anderes Paradies gewesen wäre."[105] Die Natur selber liefert hier die typologisch vorbildliche Landschaft, so daß es menschlicher Verbesserungen nicht mehr bedarf, da das Kloster seinen ihm adäquaten Platz schon vorfindet. Unausgesprochen dürfte *minor Aegyptus* die Weser in den Rang eines *alter Nilus* erheben, spielt doch der Nil auch in der christlichen Geographie eine bedeutende Rolle.[106] Ohne Zweifel waren nach byzantinischem Verständnis eine *Nea Thivais* an der Nordwestseite des Athos oder eine *Novaja Fivaida* bei Pitzunda am Schwarzen Meer solche heroischen Orte asketischer Einöde, wie sie etwa auch die Liturgie der russisch-orthodoxen Kirche gerade nach der Revolution hervorhebt, wenn es heißt: „Juble, du russische Thebais, schmückt euch, ihr Wüsten und Wälder von Olonec, vom Weißen See und von Vologda ..."[107]

---

[101] Meinardus ²1992, S. 31-33. Vgl. Frankfurter 1998.

[102] de Voguë 1982, S. 180-205 und S. 68f. zu den vier Namen: Serapion, Pafnutius und die beiden Macarii.

[103] Sims-Williams1991, S. 119-125, bes. S. 123. Leser dieser syrischen Texte in sogdischer Schrift waren Türken (S. 124ff.).

[104] Altaner/ Stuiber 1978, S. 452-454.

[105] Radbert, Vita Adalhardi S. 67 (Migne PL 120, 1542). Krüger 1990, S. 110, Anm. 41. Vgl. von der Nahmer 1973, S. 195-270 nach frdl. Hinweis von H. Krüger.

[106] Hermann 1959, S. 30-69.

[107] Gottesdienst zu Ehren Aller Heiligen der Rus', in: Der Christliche Osten (Catholica Unio) 1987, S. 46 - nach frdl. Hinweis von R. Stichel.

So jedenfalls lassen bildliche Darstellungen im italienischen Mittelalter, die unverkennbar byzantinische Einflüsse zeigen, die Felslandschaft der Thebais – die verehrten vorbildhaften Eremiten vor ihren Einsiedeleien durch einzelne Bäume getrennt, gelegentlich über einem Nil am unteren Bildrand – erscheinen. Bedeutende Beispiele stammen von Gherardo Starnina (1354-1413) in den Uffizien[108] oder von einem Anonymus des Quattrocento, das E. Callmann aus verstreuten Einzelteilen – ein Hinweis auf die isolierende Szenenfolge des üblichen Kompositionsschemas – zusammenfügen konnte.[109] Die früheste und grandioseste Ausgestaltung findet sich im weitläufigen Freskenzyklus des Camposanto von Pisa (1330-1345), als dessen Maler allgemein Bonamico Buffalmacco gilt (Abb. 11).[110] Angebracht wurde es zu beiden Seiten des Grabes des zeitgenössischen Büßer-Eremiten Giovanni Cini/Johannes Soldatus (†1332), der also gleichsam in der Thebais, dem Paradies der Büßer, folglich in einem christlichen Garten-Grab[111] bestattet ist und zwar in doppelt „Heiliger Landschaft", ist doch bekanntlich der Camposanto nach einer Chronik des 14. Jahrhunderts von den Pisanern während der Kreuzzüge mit Schiffsladungen Erde aus dem Heiligen Land, dem *campo santo d'oltremare*, aufgefüllt worden.[112] Die bildliche Vergegenwärtigung der Thebais wendet sich in Pisa an städtische Laien. Sie hatten Zugang zu den *vitae Patrum*, der Erbauungsliteratur über die exemplarische Lebensführung der ägyptischen Begründer mönchischer Askese, die von dem Dominikanerprediger Cavalca nach 1320 in den pisaner Dialekt übersetzt worden sind.[113]

Solchen Laien-Eremiten, die im 14. Jahrhundert in italienischen Städten ein marginales Leben wählten, lassen sich einige Jahrhunderte später protestantisch-pietistische Gruppen an die Seite stellen, die um 1700 in Deutschland in den Grafschaften Berleburg und Wittgenstein und in Amerika in Pennsylvanien die Wälder in eine „*protestantische Thebais*" verwandelten.[114] Ihr asketisches Frömmigkeitsideal stand in der Nachfolge Makarios' von Alexandrien, dessen Kloster im ägyptischen Wadi Natrun bis heute existiert. Seine Homilien und Apophthegmata waren von G. Arnold, dem pietistischen Verfasser der epochalen „*Unpartheyischen Kirchen- und Ketzerhistorie*" im Jahr 1696 ins Deutsche übersetzt und auch in griechisch-lateinischen Ausgaben damals verbreitet worden.[115] Im Gegensatz zu den in Pisa offensichtlich respektierten Eremiten,

---

[108] Micheletti 1983, Nr. 11.

[109] Callmann 1957, S. 149-155.

[110] Frojmovič 1989, S. 201-211 – nach frdl. Hinweis von F. Kämpfer.

[111] Vgl. auch zur späteren Entwicklung von Buttlar 1995, S. 79-119.

[112] Frojmovič 1989, S. 201.

[113] Frojmovič 1989, S. 206.

[114] Benz 1963, Nr. 1 – nach frdl. Hinweis von R. Stichel.

[115] Benz 1963, , S. 28.

waren später die protestantischen in den meisten deutschen Territorien hart-
näckiger Verfolgung ausgesetzt, sofern sich einzelne Landesherren nicht aus
ihrer Protektion Gewinn erhofften. Die Hütten der „Separatisten", wie sie
diffamatorisch genannt wurden, bildeten im Wald von „Hüttental" bei Schwar-
zenau/ Berleburg eine lebende Thebais, die nicht nur adlige Besucher, sondern
auch Gleichgesinnte von Adel selbst aus dem fernen Frankreich anzog.[116]

Zwei Generationen später wird in England und Deutschland diese Lebensweise in fürstlichen Landschaftsgärten zur Farce: Eremitagen gibt es auch dort,
zwar im England des 17. Jahrhunderts[117] als Orte ernsthafter Einkehr und
Besinnung prunkvolle Prestigeobjekte ihrer Besitzer, aber allmählich nur noch
fassadenhafte Dekoration eines prätenziös „einfachen Lebens" in Rinden-
häuschen und künstlichen Grotten mit Moos- und Rasenbänken, auf denen in
stellvertretender Askese erst Miet-Eremiten – in England auch per Klein-
anzeigen gesucht – dann Puppen im Büßergewand zu Objekten der Schaulust
verkommen.[118] Radikaler als diese verharmlosende Exotisierung gehen die
Mitglieder der „*Society of Dilettanti*" in ihrem „*Hell-Fire-Club*" mit dem Thema
mönchischer Askese um: im Park von West Wycombe feierte in unterirdischer
Grottenwelt Sir Francis Dashwood im Mönchsgewand eine blasphemische Orgie
– so zumindest auf zwei Stichen von Hogarth und Knapton[119] und damit
exhibitionistisch realisierend, was böswillige Unterstellungen falscher Zeugen
den „Separatisten" vor Gerichten anzuhängen hatten. Das Eremiten-Bild war
aber offensichtlich auch so abgegriffen, daß es in der Ikonographie des
Landschaftsgartens – etwa im Bagno bei Steinfurt – heidnisch-profan wiederbelebt werden mußte: Diogenes als Bürgerheld zieht mit seiner Tonne in die
Grottenlandschaft ein.[120] Thebaische Eremiten sind ihrerseits natürlich auch
nicht alleiniger Anlaß mehr, Ägypten zu assoziieren: Um 1780 wird in
Unterösterreich donauabwärts von Wien als josephinisches Reformprojekt eine
Bewässerungsutopie geplant, die mit dem anspruchsvollen historisierenden
Schlagwort „*Kleines Ägypten*" propagiert, aber nie fertiggestellt wurde.[121] Einzig
einige schmückende Kunstwerke wie die ägyptische Statue in der Grotte in
Voeslau (1777)[122] lassen noch eine Erinnerung daran wach werden.

Religiöse Elemente an sich sind aber damit im 18. Jahrhundert keineswegs
aus dem Landschaftsgarten verschwunden. Sicher ist der Bethlehem-Park des

---

[116] Vgl. Bauer 1997, S. 121-135, bes. S. 125 - nach frdl. Hinweis von A. Kneppe.

[117] Hunt 1876, S. 1-10 et passim.

[118] von Buttlar 1989, S. 169. Schama 1996, S. 545.

[119] Stoneman 1987, S. 110-135, bes. S. 120f. Dashwood o.J., S. 10f.

[120] Herding 1989, S. 163-182: Diogenes als Bürgerheld. Pries 1988, S. 54 (= G. L.
LeRouge 43. XIX).

[121] Hajós 198, S. 96-116, bes. S. 103 mit Abb. 8.

[122] Hajós 1987, S. 101f., Abb. 6. Vgl. ägyptische Statuen in antiken Gartenbildern
(Sichtermann 1974, S. 41-45, bes. S. 41, Abb. 5 = Pompeji, Regio I, 9, 5).

Grafen von Sporck bei Kukus in Böhmen[123] aus den 1720er Jahren mit seiner erbaulichen Topographie und Szenerie eines naturverbundenen, einsiedlerischen Urchristentums eine Ausnahme, brachte seinem frommen katholischen Stifter auch von seinen jesuitischen Nachbarn manchen Tadel ein, doch nicht nur die Stellung der Kirche zur Natur änderte sich – die großen naturwissenschaftlichen Leistungen der benediktinischen Aufklärung sind bekanntes Zeugnis dafür –, auch das Verhältnis der Konfessionen zueinander entspannte sich – zumindest in der Fächer-Perspektive von Wörlitz.[124] In diesem Landschaftsgarten hat Fürst Franz von Anhalt-Dessau nach 1769 Blickachsen so auf eine *Memento mori* – Urne zulaufen lassen, daß nicht nur die Dorfkirche und die Synagoge, sondern jenseits des Sees die damals als Muschelsucherin gedeutete Statue einer antiken Knöchelspielerin als Allegorie der Gottsuche in der Natur gleichzeitig sichtbar sind. A. von Buttlar hat diesen, von L. Trauzettel gärtnerisch wieder geöffneten „Fächerblick" (Abb. 12) sinnvoll mit der „Allegorie der Religionen" in Shaftesburys auch für Landschaftserlebnis und naturreligiöser Geschichtsdeutung im 18. Jahrhundert so einflußreichen „*Charackteristicks of Men, Manners, Opinions, Times ...*" verglichen. Dieser Stich zeigt in einer Art *translatio fidei*-Sequenz Kultbauten und Symbolfiguren ägyptischer, römisch-griechischer und christlicher Religion – huldigend einer unter Baldachin thronenden gekrönten weiblichen Gestalt.[125]

Behält man diese hohe Interpretationsebene bei, geht die Toleranz in der Schaulust der Landschaftsgärten noch weiter als Shaftesburys Fortschrittsallegorie, denn schließlich sind – in dieser „Tempellandschaft", wie G. Hajós[126] den englischen Gartentypus in seiner heroischen Phase pointiert bezeichnet – die heidnischen Monumente der griechisch-römischen Antike, die Moscheen und Pagoden trotz gelegentlich frivoler Nutzung als Liebesnest oder Kaffeehaus doch gleichrangige Sakralbauten besiegter oder fremder Religionen – wenngleich auch wohl zu exotischen Curiosa der kolonialistischen Weltöffnung des 18. Jahrhunderts sublimierte und in ihrer eigentlichen Bedeutung schon durch den sie umgebenden verharmlosenden grünen Rasen verfremdete. Ein Rasen, der übrigens auch der damals gerade neu wiederentdeckten eigenen Kirchen-Gotik der Dörfer und Städte nicht erspart bleibt – wenn man so will ein Triumph der Landschaft über die gelebte Religion, denn das Grün schafft Distanz zum so isolierten und damit historisierten Sakralbau.

---

[123] Bachmann 1951, S. 203-228, bes. S. 207-214. Westfälisches Landesmuseum für Kunst und Kulturgeschichte. Das Kunstwerk des Monats. September 1988: Franz Anton Reichsgraf von Sporck (1662-1738).

[124] Trauzettel 1991, S. 71. Hirsch 1995, S. 179-207, bes. S. 205, Abb. 14.

[125] von Buttlar 1995, S. 103f., Abb. 8 mit Abb. 9.

[126] Hajós 1987, S. 109.

Die Interpretationsebene muß aber nicht so hoch liegen. In seiner schon oben[127] bemühten „*dramatische*(n) *Grille. Der Triumph der Empfindsamkeit*" hat Goethe 1776-78 während er selbst in Weimar mit der Ausgestaltung von Parkanlagen befaßt war in heiterer Selbstverspottung[128] Exaltiertheit und vorgeschobenen Tiefsinn der modischen Landschaftsgärtnerei mit dem damaligen Modewort „Empfindsamkeit" – seit 1773 belegbar – aufs Korn genommen. Zur hier interessierenden Sakralisierung von Landschaft durch nobilitierende Antike-Zitate nun daraus zum Abschluß einige Verse:

„Denn, Notabene! in einem Park
muß alles Ideal sein,
und, Salva Venia, jeden Quark
wickeln wir in eine schöne Schal' ein.
So verstecken wir zum Exempel
einen Schweinestall hinter einen Tempel;
und wieder ein Stall, versteht sich schon,
wird geradewegs ein Pantheon.
Die Sach' ist, wenn ein Fremder drin spaziert,
daß alles wohl sich präsentirt;
wenn's dem denn hyperbolisch dünkt,
posaunt er's hyperbolisch weiter aus.
Freilich der Herr vom Haus
weiß meistens wo es stinkt.[129]

Pagoden, Höhlen, Wieschen, Felsen und Klüfte,
eine Menge Reseda und anderes Gedüfte,
Weimuthsfichten, babylonische Weiden, Ruinen,
Einsiedler in Löchern, Schäfer im Grünen,
Moscheen und Thürme mit Kabinetten,
von Moos sehr unbequeme Betten,
Obelisken, Labyrinthe, Triumphbögen, Arkaden,
Fischerhütten, Pavillons zum Baden,
Chinesisch-gothische Grotten, Kiosken, Tings,
Maurische Tempel und Monumente,
Gräber, ob wir gleich niemand begraben,
man muß es alles zum Ganzen haben."[130]

---

127 Siehe oben Anm. 35.
128 Goethe, Sophienausgabe WA I 17, S. 314 (M. Roediger).
129 WA I 17, S. 37.
130 WA I 17, S. 38.

Und die im Zeitalter der frühen Industrialisierung so beliebten Brücken im Park – historische wie technisch allermodernste – ironisiert der Kammerdiener Askalaphus/Goethe dann selbst metaphorisch:

„Denn ernstlich kann kein Park bestehn
ohne sie, wie wir auf jedem Kupfer sehn.
Auch in unsern toleranten Tagen
wird immer mehr drauf angetragen,
auf Communication, wie bekannt,
dem man sich auch gleich stellen muß;
Elysium und Erebus
werden vice versa tolerant.“[131]

---

[131] WA I 17, S. 38.

Altaner, B./ Stuiber, A.
1978   Patrologie, Freiburg.
Arenhövel, W./ Bothe, R. (eds.)
1991   Das Brandenburger Tor 1791-1991, Berlin.
Aurigemma, S.
1961   Villa Adriana, Rom.
Bachmann, E.
1951   Anfänge des Landschaftsgartens in Deutschland, in: Zeitschrift für Kunstwissenschaften 5, S. 203-228.
1989   Felsengarten Sanspareil, München.
Bätschmann, O.
1998   Belebung durch Bewunderung: Pygmalion als Modell der Kunstrezeption, in: Mayer, M./Neumann, G. (eds.), Pygmalion Freiburg, S. 325-370.
Baltrušaitis, J.
1984   Imaginäre Realitäten. Fiktion und Illusion als produktive Kraft (Paris 1983), Köln.
Bauer, E.
1997   Radikale Pietisten in Wittgenstein, in: Wittgenstein 61, S. 121-135.
Bauer, W.
1971   China und die Hoffnung auf Glück. Paradiese, Utopien, Idealvorstellungen in der Geistesgeschichte Chinas, München.
Bean, G.
1974   Kleinasien III, Stuttgart.
Benz, E.
1963   Die protestantische Thebais. Zur Nachwirkung Makarios des Ägypters im Protestantismus des 17. und 18. Jahrhunderts in Europa und Amerika, Mainz.
Beyen, H. G.
1938   Die pompeianische Wanddekoration I, Den Haag.
Bien, H. M.
1987   Berlin – Brandenburger Tor. Torheiten, Tortur und Torso, in: Berliner Festspiele GmbH (ed.), Die Reise nach Berlin. Katalog der Ausstellung im Hamburger Bahnhof, Berlin, S. 272-285.
Bitterli, U.
1989   Die exotische Insel, in: Zeitschrift für historische Forschungen, Beiheft 7, S. 65-81.
Bloch, E.
1959   Das Prinzip Hoffnung, Frankfurt.
Blondeau, A. M./ Steinkellner, E. (eds.)
1996   Reflections of the Mountain. Essays on the History and Social Meaning of the Mountain Cult in Tibet and the Himalaya, Wien.
Bopearachchi, O.
1993   Jardins de Sigiriya au Sri Lanka, in: Asies II: Aménager l'espace, Paris, S. 239-261.
Börsch-Supan, E.
1967   Garten-, Landschafts- und Paradiesmotive im Innenraum, Berlin.
Börsch-Supan, H.
1983   Embarquement pour Cythère, in: Freunde der preußischen Schlösser und Gärten e.V. (ed.), Bilder vom irdischen Glück. Katalog zur Ausstellung, Berlin, S. 20-25, S. 53-58.

Boyancé, P.
1961　L'antre dans les mystères de Dionysos, in: Rendiconti Accademia Pontificia Archeologia 33, S. 107-127.

Bravo, C. del
2000　Rocce. Sul significato d'un motivo in Leonardo e nei Leonardeschi, in: artibus et historiae 42 (XXI), S. 31-39.

Brisch, K.
1988　Obvervations on the Iconography of the Mosaics in the Great Mosque at Damascus, in: Soucek, P. P. (ed.), Content and Context of Visual Arts in the Islamic World, London, S. 13-20.

Brookes, J.
1987　Gardens of Paradise. The History and Design of the Great Islamic Gardens, London, S. 17-23.

Buttlar, A. von
1989　Der Landschaftsgarten , Köln.
1995　Das Grab im Garten – Zur naturreligiösen Deutung eines arkadischen Gartenmotivs, in: Wunderlich, H. (ed.), „Landschaft" und Landschaften im 18. Jahrhundert, Heidelberg, S. 79-119.

Calame, C.
1992　Prairies intouchées et jardins d'Aphrodite: espaces „initiatiques" en Grèce, in: Moreau, A. (ed.), L'Initiation = Actes du Colloque International de Montpellier (1991), Montpellier, S. 103-118.

Callmann, E.
1957　A Quattrocento Jigsaw Puzzle, in: The Burlington Magazine, May, S. 149-155.

Casson, L.
1976　Reisen in der Alten Welt (Toronto 1974), München.

Chelini, J./ Branthomme, H.
1987　Histoire des pèlerinages non chrétiens, Paris.

Clifford, R. J.
1972　The Cosmic Mountain in Canaan and the Old Testament, Cambridge, Mass.

Coldstream, J. N./ Huxley, G. L. (eds.)
1972　Kythera, London.

Darnton, R.
1994　Sex ist gut fürs Denken!, in: Lettres International, Winter, S. 54-59.

Dashwood, Sir Francis
o.J.　West Wycombe Caves. The Caves and the Hell-Fire Club, o.O.

Delumeau, J.
1995　History of Paradise. The Garden of Eden in Myth and Tradition, New York (Paris 1992).

Dierichs, A.
1992　Liebeswerbung auf Knidos und frühgriechische Paarbilder, in: FS M. Wegner, Bonn, S. 75-106.

Dietrich, B. C.
1982　Evidence for Minoan Religous Traditions and their Survival in the Mycenaean and Greek World, in: Historia 31, S. 1-12.

Dietrich, M.
2002　Der "Garten Eden" und die babylonischen Parkanlagen im Tempelbezirk, in: Hahn, J. (Hrsg.): Religiöse Landschaften, Münster, S. 1-29

Drijvers, H. J. W.
1982　Sanctuaries and Social Safety. The Iconography of Divine Peace in Hellenistic Syria, in: Visible Religion 1, S. 65-75.

Fabianski, M.
1990 Iconography of the Architecture of Ideal *Musaea* in the 15th to 18th century, in: Journal for the History of Collections 2, S. 95-134.

Flemberg, J.
1991 Venus Armata. Studien zur bewaffneten Aphrodite in der griechisch-römischen Kunst, Stockholm.

Flemming, W.
1931 Der Wandel des deutschen Naturgefühls vom 15. zum 18. Jahrhundert, Halle.

Flood, F. B.
2000 The Great Mosque of Damascus. Studies in the Makings of an Umayyad Visual Culture, Leiden, S. 30-35, S. 196.

Frankfurter, D. (ed.)
1998 Pilgrimage and Holy Space in late Antique Egypt, Leiden.

Friedländer, I.
1922[10] Darstellungen aus der Sittengeschichte Roms I, Leipzig, S. 472.

Frojmovič, E.
1989 Die Wüstenväter im Camposanto zu Pisa, in: Belting, H./ Blume, D. (eds.), Malerei und Stadtkultur in der Dante-Zeit, München, S. 201-211.

Haas, V.
1982 Hethitische Berggötter und hurritische Steindämonen, Mainz.

Hahn, J.
2002 „Die Tempel sind die Augen der Städte". Religiöse Landschaft und Christianisierung in Nordsyrien, in: Ders. (Hrsg.): Religiöse Landschaften, Münster, S. 141-179

Hajós, G.
1987 Die neuentdeckte Landschaft der Wiener „Gegenden", in: Kunsthistorisches Jahrbuch Graz 23, S. 96-116.

Hansen, H.-Chr./ Hansen, E.
1989 Die Versöhnung mit der Natur. Gärten, Freiheitsbäume, republikanische Wälder, heilige Berge und Tugendparks in der Französischen Revolution, Reinbek.

Heinrich, G.
1977 „Nova Ithaca". Fürstliches Landleben und soziale Wirklichkeit im Herzogtum Dannenberg-Hitzacker zwischen 1605 und 1635, in: FS A. Kelletat, Berlin, S. 257-283.

Held, J.
1985 Antoine Watteau. Einschiffung nach Kythera, Frankfurt.

Herding, K.
1989 Im Zeichen der Aufklärung, Frankfurt.

Hermann, A.
1959 Der Nil und die Christen, in: Jahrbuch für Antike und Christentum 2, S. 30-69.

Hinz, B.
1998 Aphrodite. Geschichte einer abendländischen Passion, München.

Hirsch, E.
1995 Hortus Oeconomicus: Nutzen, Schönheit, Bildung. Das Dessau-Wörlitzer Gartenreich als Landschaftsgestaltung der europäischen Aufklärung, in: Wunderlich, H. (ed.), „Landschaft" und Landschaften im 18. Jahrhundert, Heidelberg, S. 179-207.

Hirschfeld, C. C. L.
1785 Theorie der Gartenkunst V, Leipzig.

Hölscher, E.
1955 Der Zeichner Thomas Theodor Heine, Freiburg.

Hommel, H.
1980   Der Gott Achilleus, Heidelberg.
Honour, H.
1975   New Golden Land, New York.
Hultgård, A.
2000   Das Paradies: vom Park des Perserkönigs zum Ort der Seligen, in: Hengel, M./
       Mittmann, S./ Schwemer, A. M. (eds.), La Cité de Dieu. Die Stadt Gottes, Tü-
       bingen, S. 1-43.
Hunt, J. D.
1976   The Figure in the Landscape, Baltimore.
Jobst, W.
1970   Die Höhle im griechischen Theater des 5. und 4. Jahrhunderts, Wien.
Karageorghis, V./ Carroll-Spillecke, M.
1992   Die heiligen Haine und Gärten Zyperns, in: Carroll-Spillecke, M. (eds.), Der
       Garten von der Antike bis zum Mittelalter, Mainz, S. 141-152.
Kemp, W.
1973   Natura. Ikonographische Studien zur Geschichte und Verbreitung einer
       Allegorie, Tübingen, Dissertation.
Keunecke, H. O. (ed.)
1989   Hortus Eystettensis. Zur Geschichte eines Gartens und eines Buches, München.
Khunrath, H.
1602   Amphitheatrum sapientiae terrenae, Hannover.
Kirschbaum, E. (ed.)
1970   Lexikon der christlichen Ikonographie II, Freiburg, S. 95-103.
Klauner, F.
1955   Zur Symbolik von Giorgiones „Drei Philosophen", in: Jahrbuch der Kunst-
       historischen Sammlungen 51, Wien, S. 145-168.
König, E.
1996   Das Liebentbrannte Herz. Der Wiener Codex und der Maler Barthélemy d'Eyck,
       Graz.
Krüger, H.
1990   Corveyer Gründungsberichte, Münster, Habilitationsschrift (Typoskript).
Lakanal, J.
[1774] Rapport sur J.-J. Rousseau, fait au nom du comité d'Instruction publique, Paris.
Liu, Yingshen
1989   Zur Urheimat und Umsiedlung der Toba, in: Central Asiatic Journal 33, S. 86-
       107.
Loon, G. van
1723   Beschryving der Nederlandsche Historipenningen, Den Haag.
Luchner, L.
1958   Denkmal eines Renaissancefürsten. Versuch einer Rekonstruktion des Ambraser
       Museums von 1583, Wien.
Lüling, G.
1984   Archaische Wörter und Sachen des Wallfahrtswesens am Zionsberg, in:
       Dielheimer Blätter zum AT 20, S. 51-121.
Mayer-Tasch, P.C.
1998   Hinter Mauern ein Paradies, Frankfurt.
Meinardus, O. F. A.
1992[2] Monks and Monasteries of the Egyptian Deserts, Kairo.
Merkelbach, R.
1984   Mithras, Königstein.

Metzler, D.
1981 Ökonomische Aspekte des Religionswandels in der Spätantike: Die Enteignung der heidnischen Tempel seit Konstantin, in: Hephaistos 3, S. 27-40.
1990 Die Freiheitsmütze und ihre antike Vorgeschichte, in: FS K.-E. Jeismann, Münster, S. 706-730.
1994 Mural Crowns in the Ancient Near East and Greece, in: Matheson, S. B. (ed.), An Obsession with Fortune. Tyche in Greek and Roman Art, New Haven, Conn., S. 76-85.
1996 Lykien und Kreta im 2. Jahrtausend v. Chr. Zwei ikonographische Vermutungen, in: FS J. Borchhardt I, Wien, S. 19-24.
1999 Bedeutung und Funktion des phönizischen Toponyms Melite und Argumente zur Erläuterung der Identifizierung von Melite mit Kephallenia, in: Metallinos, G. D. (ed.): Praktika „Synanthiseōs 1999" Kephallinia – Meliti, Athen 2003, S. 124-135

Micheletti, E.
1983 Die Meisterwerke aus den Uffizien in Florenz, Gemälde I, Stuttgart/ Zürich.

Miller, Naomi
1982 Heavenly Caves. Reflections on the Garden Grotto, New York.

Moore, Ch. W. u.a.
1991 Die Poetik der Gärten, Basel/ Berlin/ Boston.

Moritz, K. Ph.
1999 Die Reisen eines Deutschen in England im Jahr 1782. In Briefen an Herrn Direktor Gedike (nach B. Erenz), in: Die Zeit 27.5., S. 68.

Munakata, K.
1990 Sacred Mountains in Chinese Art, Urbana.

Nahmer, D. von der
1973 Über Ideallandschaften und Klostergründungsorte, in: Studien und Mitteilungen des Benediktiner-Ordens 84, S. 195-270.

Nauck, A. (ed.)
1886 Porphyrius, Opuscula, Leipzig.

Nerlich, M.
1983 „L'embarquement pour Cythère" bei La Fontaine und Watteau, in: Lendemains S. 29-32, S. 139-149.

Neutsch, B.
1953/54 Makarōn Nēsoi, in: AM 60/61, S. 62ff.

Nicholas, J.
1977 Temenos and Topophilia, London.

Niedermeier, M.
1995 Erotik in der Gartenkunst, Leipzig.

Paca, B.
1995 The Use of Statues in the 18th Century English Landscape Garden, Princeton, Dissertation. (non vidi).

Panofsky, E.
1936 Et in Arcadia ego. On the Conception of Transience in Poussin and Watteau, in: FS E. Cassirer, Oxford, S. 223-254.

Paranavitana, S.
1972 The Story of Sigiri, Colombo, S. 22f., S. 122f.

Pericard-Mea, D./ Pigeaud, M.
1992 Liebesgärten, in: Daidalos 11/46, S. 66-75.

Polizi, G.
1990   Le devenir du jardin medieval? Du verger de la Rose à Cythère, in: Sénéfiance 28, Aix en Provence, S. 267-288.

Pries, H.-W.
1988   Das Steinfurter Bagno. Alte Beschreibungen und Ansichten, Greven.

Rappenglück, M. A.
1999   Eine Himmelskarte aus der Eiszeit? Bern/ Frankfurt.

Ritz, H.
1983   Die Sehnsucht nach der Südsee. Bericht über einen europäischen Mythos, Göttingen.

Rohde, E.
1960   Der griechische Roman und seine Vorläufer, Darmstadt (1914³).
1961   Psyche. Seelencult und Unsterblichkeitsglaube der Griechen, Darmstadt (1898²).

Roland-Michel, M.
1984   Lajoue et l'art rocaille, Neuilly.

Schama, S.
1996   Landscape and Memory, New York.

Schedler, U.
1985   Die Statuenzyklen in den Schloßgärten von Schönbrunn und Nymphenburg. Antikenrezeption nach Stichvorlagen, Hildesheim.

Scheid de Cazanove, J./ Krenn, E. (eds.)
1996   Heilige Haine im griechischen Altertum, in: Akten des 6. Österr. Archäologentages (Graz 1994), Wien, S. 119-121.

Schütte-Maischatz/ Winter, E.
2000   Kultstätten der Mithrasmysterien in Doliche, in: Wagner, J. (ed.), Göttkönige aus Euphrat. Neue Ausgrabungen und Forschungen in Kommagene, Mainz, S. 93-101.

Seifert, A.
1983   „Verzeitlichung". Zur Kritik einer neueren Frühneuzeit-Kategorie, in: Zeitschrift für historische Forschung 10, S. 447-477.

Settis, S.
1982   Giorgiones Gewitter, Berlin.

Sichtermann, H.
1974   Gemalte Gärten in pompejanischen Zimmern, in: Antike Welt 5, S. 41-45.

Sims-Williams, S.
1991   Die christlich-sogdischen Handschriften von Bulayiq, in: Klengel, H./ Sundermann, W. (eds.), Ägypten Vorderasien Turfan, Berlin, S. 119-125.

Snell, B.
1945   Arkadien. Die Entdeckung einer geistigen Landschaft, in: Antike und Abendland 1, S. 26-41.

Solzbacher, R.
1989   Mönche, Pilger und Sarazenen. Studien zum Frühchristentum auf der südlichen Sinai-Halbinsel von den Anfängen bis zum Beginn der islamischen Herrschaft, Altenberge.

Sperlich, M.
1983   Kythera in der Mark, in: Freunde der preußischen Schlösser und Gärten e.V. (ed.), Bilder vom irdischen Glück. Katalog zur Ausstellung, Berlin, S. 50-52.

Stähler, K.
2002   Saturnia terra. Bilder heiliger Landschaften, in: Hahn, J. (Hrsg.): Religiöse Landschaften, Münster, S. 105-139

Stewering, R.
1996   Architektur und Natur in der „Hypnerotomachia Polifili" (Manutius 1499) und die Zuschreibung des Werkes an Niccolo Lelio Cosmico, Hamburg.

Stichel, R.
1991   Die musizierenden Engel von Bethlehem, in: Hörander, W./ Trapp, E. (eds.), Lexicographica Byzantina, Wien, S. 264f.

Stoneman, R.
1987   Land of Lost Gods. The Search for Classical Greece, London.

Stronach, D.
1978   Pasargadai: A Report on the Excavations Conducted by the British Institute of Persian Studies from 1961 to 1963, Oxford, S. 163-165.
1990   The Garden as a Political Statement, in: Bulletin of the Asia Institute 4, S. 171-180.

Toussaint, I.
1998   Lustgärten um Bayreuth. Eremitage – Sanspareil – Fantaisie in Beschreibungen aus dem 18. und 19. Jh., Hildesheim, S. 162.

Trauzettel, L.
1991   Wörlitz. Führer durch die Englischen Anlagen, Berlin/ Stuttgart

Tuplin, Chr.
1996   Achaemenid Studies, Stuttgart.

Ustinova, Y.
1999   The Supreme Gods of the Bosporan Kingdom. Celestical Aphrodite and the Most High God, Leiden.

Visentini, M. A.
1997   Die italienische Villa. Bauten des 15. und 16. Jahrhunderts, Stuttgart (Mailand 1995).

Voguë, A. de
1982   Les règles des Saints Pères I, Paris.

Wellhausen, J.
1927[2]   Reste arabischen Heidentums, Berlin/ Leipzig.

Werner, B.
1992   Otahitische Hütten und Kabinette, in: Die Gartenkunst 4, S. 289-306.

Wimmer, C. A.
1989   Geschichte der Gartentheorie, Darmstadt.

Wind, E.
1981   Heidnische Mysterien in der Renaissance (London 1958), Frankfurt.

Zachariae, F. W.
1777   Tayti oder die glückliche Insel, Braunschweig.

Abb. 1: Watteau, Einschiffung nach Kythera (Berlin) (nach Postkarte) [S. 183]

Abb. 2: Monopteros mit Aphrodite-Statue (Wandbild aus Pompeji)
(nach Beyen, Wanddekoration, Abb. 100)

Abb. 3: Zwei Monopteroi in Paradies-Architektur (Damaskus, Omayaden-
Moschee) (nach Postkarte)

Abb. 4: J. Lajoue, Die GeschichtBeschreibung
(nach Kuperstich, Privatbesitz)

Abb. 5: Zionsberg mit Rundtempel
(niederländische Medaille) (nach Auktionskatalog)

Abb. 6: „Die Auferstehung Rousseaus" im Pappelhain
der Insel von Ermenonville (1794)
(nach Hansen / Hansen, Abb. 62)

Abb. 7: Christi Geburt in der Höhle
(Sinai-Ikone, 14. Jh.) (nach Postkarte)

Abb. 8: Fackellicht im Höhlen-Eingang (LeRouge, Le Désert de Retz 1785)
(Archiv Korzus)

Abb. 9: Hain in St. André in Lille (Entwurf von Verlye 1793)
(nach Hansen / Hansen, Taf. XXII)

Abb. 10: Kirchenfenster im Wald (K. Atherton, Forest of Dean)
(nach Prospekt Arnolfini – Forestry Commission)

Abb. 11: Thebais (Pisa, Campo Santo, 14. Jh.)
(nach Frojmovi, Abb. 99)

Abb. 12: „Toleranzblick" in Wörlitz: Synagoge, Kirche und
Warnungsalter / „Muschelsammlerin"
(nach Hirsch, Abb. 14)

Die Achämeniden im Geschichtsbewußtsein des 15. und 16. Jahrhunderts

Bibliographien und Wissenschaftsgeschichten schenken dem 15. und 16. Jahrhundert in der Entwicklung der Erforschung des iranischen Altertums meist nur wenig Aufmerksamkeit[1]. Da aber schon vor der Wiedergewinnung der orientalischen Quellen – stellvertretend für viele seien hier nur Abraham Hyacinthe Anquetil du Perron (1731-1805) und Friedrich Grotefend (1775-1853) genannt – humanistische Gelehrsamkeit sich die zahlreichen griechischen und lateinischen Zeugnisse zur Geschichte der alten Perser erschlossen hatte, scheint eine Beschäftigung mit dieser Epoche der Iranistik durchaus lohnend, zumal einige ihrer Autoren durch eine Breite der Quellenkenntnis verblüffen, die in der gegenwärtigen Forschung nicht immer einschränkungslos vorausgesetzt werden darf.

Andererseits liegt in der Renaissance keineswegs der Beginn der Erforschung des iranischen Altertums. Denn seit der Antike haben die Chronographen wie die Theologen für die Erklärung und Datierung der biblischen Überlieferung nie das alte Persien aus dem Blick verloren, dessen Herrscher im christlichen Heilsgeschehen, denkt man an Kyros oder Darius, einen wichtigen Platz einnehmen[2]. Es überrascht daher nicht, in den Weltchroniken des Mittelalters die Abfolge der achämenidischen Herrscher – in der dritten der „Vier Monarchien"[3] – als chronologischen Rahmen nicht nur für

---

[1] Nawabi, Y. M.: A bibliography of Iran I-V. Teheran 1969-1975; Pearson, J. D. (Hrsg.): A bibliography of pre-islamic Persia. London 1975. Vgl. auch Schwab, R. : La renaissance orientale. Paris 1950; Grosrichard, A.: Structure du sérail, la fiction du despotisme asiatique dans l'occident classique. Paris 1979. – Wichtige Hinweise verdanke ich dem vorzüglichen Katalog der Firma Brill, Philologia Orientalis I, Sixteenth century. Leiden 1976. Für die Zarathustra betreffenden Probleme bieten die Bücher von A. Jackson (unten Anm. 55) und J. Duchesne-Guillemin (unten Anm. 88) sehr nützliche Forschungsüberblicke.

[2] Charakteristisch für die Einbeziehung der Achämeniden in die Geschichtstheologie des Abendlandes ist eine Illustration im Codex Jenensis der Weltchronik Ottos von Freising aus dem späteren 12. Jh.: Übereinander auf derselben Buchseite sind unten die Zerstörung Babylons durch Kyros und darüber die Gründung Roms durch Romulus und Remus dargestellt (Scheidig, W.: Der Miniaturenzyklus zur Weltchronik Ottos von Freising im Codex Jenensis Bose q6. Jena 1928. S. 13ff. zu fol. 20 a). Kyros als der „Gesalbte des Herrn" überwindet das sündige Babylon, Rom hat nach christlichem Denken seinen Platz im göttlichen Heilsplan.

[3] Metzler, D.: Reichsbildung und Geschichtsbild bei den Achämeniden, in: Seminar: Die Entstehung der antiken Klassengesellschaft, hrsg. v. H. G. Kippenberg. Frankfurt 1977. S. 285f.

die Ereignisse der jüdischen, sondern auch der griechischen Geschichte zu finden – beispielsweise so, daß die Lebenszeit griechischer Künstler, Wissenschaftler und Philosophen nach der Regierungszeit der jeweiligen Großkönige datiert wird[4]. Auch darin zeigt sich, wie stark im mittelalterlichen Denken christlich-biblischer Prägung die Welt eine Einheit bildet. Diese umfaßt sowohl den Raum wie die Zeit[5], wie ein beliebiges Beispiel zeigen mag: In der Lübecker Weltchronik von 1475 ist die Eroberung Lydiens durch Kyros dargestellt[6]. Im Bilde erscheint der orientalische Herrscher des Altertums als zeitgenössischer Ritter neben einer Kanone. Zwar ist durch chronologische Festlegung dieses Ereignis als lange zurückliegend erkannt, begriffen wird es aber im Kontext des allumfassenden Kontinuums göttlicher Schöpfung, in dem das räumlich und zeitlich Entfernte ohne Relativierung denselben Bedingungen unterstellt wird wie die lokale und gegenwärtige Erfahrung. Zwar pflegt auch das Mittelalter seinen Exotismus[7], doch ist er noch nicht durch den Dualismus des späteren kolonialistischen Orientalismus geprägt[8].

Für das Wissen, das das 15. und 16. Jahrhundert von den Achämeniden hatte, und die Rolle, die deren Nachleben im Bewußtsein dieser Epoche spielte, sollen hier nur punktuelle Hinweise gegeben werden, die zugestandenermaßen mehr oder minder auf Zufallsfunden beruhen, aber vielleicht als Anregung verstanden werden können, ein wie mir scheint vernachlässigtes Feld der Forschungsgeschichte umfassend aufzuarbeiten.

Zunächst ist aber noch festzuhalten, daß auch im Orient in dieser Epoche die Erinnerung an die Achämeniden evoziert wird: Persepolis als dem Ort, von dem man auch im 15. Jh. noch wußte, daß sich dort vor dem Herrscher am Neujahrsfest die Untertanen versammelten, gilt 1476 im Arz-Nameh (Parade-Buch) des Davānī (1427-1502) der gedenkende Besuch eines hohen

---

[4] Vgl. z.B. Phidias, die Sophisten und Hippokrates bei Eusebius und in den Excerpta Latina Barbari (Eusebi Chronicorum Libri II, hrsg. v. A. Schöne. 1866 I. S. 208, 31 b und 1875 II. S. 106f. Bemerkenswert in diesem Zusammenhang, daß unter die „Philosophi" in den mittelalterlichen Chroniken auch die demokratisch gewählten Volksführer wie Perikles und Miltiades gerechnet werden, da ihr nach Königen zählendes Ordnungsschema für sie keine andere Kategorie als die von Privatpersonen bereithielt.

[5] Ohly, F.: Schriften zur mittelalterlichen Bedeutungsforschung. Darmstadt 1977. S. 171ff. (Die Kathedrale als Zeitenraum), bes. S. 266f.

[6] Chronicarum et historiarum epitome, rudimentum novitiorum nuncupate, Lübeck bei Lucas Brandis 1475; vgl. auch davon die französische Adaption: La mer des histoires, Paris bei Pierre Le Rouge, 1488/89.

[7] Pochat, G.: Der Exotismus während des Mittelalters und der Renaissance. Uppsala 1970.

[8] Said, E. W.: Orientalism. London 1978 (deutsche Ausgabe: Berlin – Frankfurt 1981).

Würdenträgers[9]. Zur gleichen Zeit – zwischen 1474 und 1479 – beschreibt auch Josafat Barbaro (1413-1494)[10], wohl als zweiter Europäer nach Odorich von Pordenone, der nach 1318 dort war[11], offensichtlich aus eigener Anschauung[12] die Felsreliefs und Palastruinen. Als Vorbild haben die noch stehenden Säulenreihen des Apadana ganz offensichtlich für die Schauseite des Çinili Köşk[13] gedient, der 1473 von iranischen Meistern für Mehmet II. in dessen neuer Residenz in Istanbul errichtet wurde, worauf Frau I. Luschey-Schmeisser[14] hingewiesen hat – derselbe Mehmet, der, so wie Darius einst westliche Künstler in seine Paläste holte, einen Giovanni Bellini berief. Auch die zeitweiligen Gegner Mehmets II., die Karamanli in Kilikien, knüpften an die Achämeniden an, wenn sie Darius zu ihrem Ahnherrn er-

---

[9] Minorsky, V.: A civil and military review in Fars in 881/1476, in: BSOAS 10/1 (1939). S. 141ff.

[10] Travels to Tana and Persia by Josafat Barbaro and Ambrogio Contarini. London (Hakluyt) 1873. Die biographischen Angaben zu Barbaro wie auch zu den meisten der im folgenden genannten Personen entstammen der Biographie Universelle und den einschlägigen Nationalbiographien. – Sein Namensvetter Ermolao Barbara (1454-1493), der Humanist und Kardinal, emendierte in seiner Plinius-Ausgabe von 1492 in Nat. hist VI 115 richtig Cyropolis als Namen einer achämenidischen Region an der Nordküste des Persischen Golfes (Metzler, D.: Ziele und Formen königlicher Innenpolitik im vorislamischen Iran. Habilitationsschrift, Münster 1977. S. 61).

[11] Gabriel, A.: Die Erforschung Persiens. Wien 1952. S. 40, Anm. 16. An Odorich hat vielleicht John de Mandeville (1357) seine phantasievolle Schilderung der Ruinen von Persepolis angelehnt (ed. M. C. Seymour. London 1968. S. 117 = cap. 16 ad finem).

[12] Josafat Barbaro vermischt Gesehenes mit Gehörtem. Für Anwesenheit in Persepolis jedoch spricht die Art der Schilderung der Reliefs: Čilminar liege auf einem Plateau, dahinter ein Relief, das Salomon stehend mit dem Bogen Gott gegenüber zeige, beide werden von anderen getragen, etwas weiter *„there is"* ein Reiterrelief des Samson *„about which arr many other ymages apparailed of the french facon, with longe heares, and all those ymages arr of halfe relieuo"* (ed. Hakluyt-Society 1873. S. 81). Die geläufigen, aus der islamisch-jüdischen Tradition stammenden Deutungen auf Salomon und Samson brauchen uns hier nicht zu interessieren (vgl. A. S. Melikian-Chirvani in Le monde iranien et l'islam, hrsg. v. J. Aubin. Genf – Paris 1971. S. 9ff.); eigenartig ist der Vergleich der Haartracht der sasanidischen Adeligen von Naqš-i Rustam oder Naqš-i Rağab mit französischer Mode. – Der etwa gleichzeitig durch Persien reisende russische Kaufmann Athanasios Nikitin aus Twer – auf seinem Rückweg aus Indien hielt er sich 1472 auch in Schiraz auf – hat in seiner erhaltenen Reisebeschreibung Persien leider nur geringe Beachtung geschenkt (Die Fahrt des Afanassij Nikitin über die drei Meere, von ihm selbst niedergeschrieben, Vorwort von N. Gurjew. München 1966. S. 16 und S. 39).

[13] Sourdel-Thomine, J. – Spuler, B.: Die Kunst des Islam. Berlin 1973 (= Propyläen-Kunstgeschichte 4). S. 67, Abb. LXIV.

[14] Luschey-Schmeisser, I.: Nachleben und Wiederaufnahme achämenidischer Elemente in der späteren Kunst Irans (Tafeln 23-32), in: Koch, H. – MacKenzie, D. N. (Hrsg.): Kunst, Kultur und Geschichte der Achämenidenzeit und ihr Fortleben. Berlin 1983 (= Archäologische Mitteilungen aus Iran, Ergänzungsband 10), S. 272.

hoben[15]. Jedoch nicht nur im Bereich höfischer Repräsentation, sondern auch in der Kleinkunst lebte achämenidisches Erbe wieder auf. Denn ohne ein skythisch-achämenidisches Vorbild, wie es etwa im Oxus-Schatz begegnet, ist ein Goldarmband mit Chimärenköpfen im Louvre, das in das 14. oder 15. Jh. datiert wird, stilistisch nicht begreifbar[16]. Die Wiederaufnahme uralter Stilelemente mag zufällig geschehen sein, doch erinnert die Herkunftsangabe – Kairener Kunsthandel – einerseits an die Vermittlung iranischen Erbes nach Ägypten seit der Fatimiden-Zeit, zum anderen frappiert eine Notiz des schon erwähnten Josafat Barbaro, der in seinen Jugendjahren 1436 auf der Krim – in Tana unterhielten die Venezianer dort eine Faktorei – von einem Kairener Kaufmann zu einer Schatzsuche in den skythischen Kurganen der Umgebung eingeladen worden war[17]. Diese Grabung wurde zwar wegen der winterlichen Kälte erfolglos abgebrochen, für den Kairener scheint sie jedoch eine ganz gewöhnliche Unternehmung gewesen zu sein, so daß die Vermutung gewagt werden kann, auch in Schatzfunden Anregungen für künstlerische Schöpfungen zu suchen.

„Irans Aufstieg zum Nationalstaat im 15. Jh." hat Walter Hinz 1936 in einem grundlegenden Werk dargestellt An die Kunsthistoriker wäre die Frage zu richten, ob die Buchmalerei dieser Epoche der Darstellung der Achämeniden-Geschichte etwa im Shahnameh besondere Aufmerksamkeit widmet. Um hier nun die Brücke zum Westen zu schlagen, ist wiederum an Hinz anzuknüpfen, der in dem genannten Buch auch „die Fäden abendländischer Politik" verfolgt hat[18], denn das aufstrebende iranische Reich des Türken Uzun Hasan spielte nach dem Fall Konstantinopels (1453) eine gewichtige Rolle in der Osmanenpolitik der europäischen Mächte[19]. Seit 1456 laufen die Allianz-Versuche gegen die Türken[20]. 1459/60 bemüht sich der Papst auf dem Kongreß in Mantua, ein Bündnis zustande zu bringen. Im gleichen Jahr schickt Uzun Hasan einen Brief an den Herzog von Burgund[21].

---

[15] Memoiren eines Janitscharen oder Türkische Chronik, eingeleitet und übersetzt von Renate Lachmann. Graz – Wien – Köln 1975 (= Slavische Geschichtsschreiber, Bd. 8). S. 105. Diesen Hinweis verdanke ich P. Calmeyer.

[16] Paris, Mus. du Louvre MAO 124. J. David-Weill in CahByrsa 6 (1956). S. 155ff., Taf. II. Vgl. Dalton, O. M.: The treasure of the Oxus with other examples of early oriental metal-work. London 1964. S. 32ff., Nr. 116, Taf. I.

[17] Travels to Tana ... (Anm. 10). chap. 8-9.

[18] Hinz, W.: Irans Aufstieg zum Nationalstaat im 15. Jahrhundert. Berlin – Leipzig 1936. S. 41-48. Zur Geschichte Irans im 15. Jh. vgl. auch H. R. Roemer in AMI N.F. 9 (1976). S. 284ff. und 10 (1977). S. 305ff.

[19] Palombini, B. von: Bündniswerben abendländischer Mächte um Persien 1453-1600. Freiburg 1968.

[20] Hinz, a.a.O., S. 42.

[21] Palombini, a.a.O., S. 11, Anm. 17.

Diese Macht soll uns im folgenden beschäftigen, gibt es doch in der burgundischen Renaissance[22] ein bemerkenswertes Aufgreifen achämenidischer Traditionen. Die orientalische Gesandtschaft unter Lodovico da Bologna traf 1461 in St. Omer[23] Herzog Philipp den Guten nicht unvorbereitet. Dieser kannte nämlich den Orient aus den Reisebeschreibungen und den „Livres des Merveilles du Monde" seiner eigenen Bibliothek[24]. Schon 1433 hatte ihm sein Gesandter Bertrand de la Broquiere eine Koran-Übersetzung überreicht, ein Ereignis, das so bedeutend gewesen sein muß, daß man es noch 1458 in einer Buchminiatur festhielt[25]. Nach seinem Tode 1467 folgte ihm sein Sohn Karl der Kühne. Auch er war ein Bücherfreund. Für ihn übersetzte 1470 der portugiesische Humanist Vasco Fernandez, Graf von Lucena († 1512), Xenophons „Cyropädie" nach der lateinischen Version des Francesco Poggio Bracciolini (1380-1459) ins Französische[26], nachdem er ein Jahr vorher aus dem lateinischen Original des Quintus Curtius Rufus schon „Les gestes du Grant Alexandre" übertragen hatte[27]. Schon Poggio hatte übrigens seine Cyropädie als Fürstenspiegel einem Herrscher gewidmet – Alfons dem Großmütigen von Aragon, König von Neapel. 1467 war sie noch einmal übersetzt worden, diesmal von Francesco Filelfo (1398-1481), der seine Arbeit dem Papst Paul II. widmete. Filelfos lateinische Übersetzung erschien 1474 in Rom (?) als erste gedruckte Cyropädie. 1516 folgte dann der Erstdruck des griechischen Textes in Florenz[28]. Die Cyropädie war nicht das einzige Werk Xenophons, das man am Burgunderhof kannte. Auch seinen „Hieron" – ebenfalls ein Fürstenspiegel – hatte Charles Soillot (1434-

---

[22] Huizinga, J.: Herbst des Mittelalters. Stuttgart [6]1952. S. 347ff.; Panofsky, E.: Early Netherlandish painting. Cambridge Mass. 1913. S. 196f. und S. 435f. (zum „Timotheos" des Jan van Eyck von 1432, zu diesem vgl. auch Dhanens, E.: Hubert und Jan van Eyck. Königstein 1980. S. 182ff.). Monfrin, M. J. : „Le goût des lettres antiques à la cour de Bourgogne au XVème siècle", in : Bull. Soc. Nat. Antiqu. de France 1967. S. 285ff.

[23] Gallet-Guerne, D. : Vasque de Lucène et la Cyropédie à la cour de Bourgogne, 1470, le traité de Xénophon mis en français d'après la version du Pogge ... Genf 1974. S. XIX.

[24] Ebd., S. XIX.

[25] Paris, Bibl. Nat, Ms. fr. 9087 f. 152 v. Gallet-Guerne, a.a.O., S. XIX, Anm. 62.

[26] Siehe Anm. 23. Ausstellungskatalog Charles le Téméraire 1433-1477. Brüssel, Bibl. Royale 1977. S. 85ff., Nr. 9.

[27] Ausstellungskatalog „Die Burgunderbeute und Werke burgundischer Hofkunst". Bern 1969. S. 233f., Nr. 144 und S. 347, Nr. 347. Die Cyropädie ebd., S. 348, Nr. 231.

[28] Die Angaben der RE (Pauly-Wissowa) sv. Xenophon, Sp. 1907, 50ff. (H. R. Breitenbach) sind verworren. – Die Cyropädie ist – meist als separater Druck – im 16. Jh. in Westeuropa in zahlreichen Übersetzungen verbreitet: 1521 auf italienisch, 1540 auf deutsch, 1547 auf französisch, 1552 in der kastilianischen Gesamtausgabe Xenophons und 1567 schließlich auf englisch (nach Graesse 489-493).

1493) wiederum nach einer lateinischen Version um 1460 ins Französische übersetzt[29], doch muß die Schilderung des persischen Königs[30] und seines Reiches besonderes Interesse geweckt haben, hatten sich doch die Verbindungen mit dem neuen persischen König entwickelt: 1463 und 1465 drängte Venedig Burgund zu einem Bündnis mit Persien gegen die Türken[31]. 1473/74 traf der venezianische Gesandte Caterino Zeno einen burgundischen Gesandten[32] in Täbris[33], und 1475 weilte der schon genannte Lodovico da Bologna als burgundischer Gesandter ebenfalls dort, wo Uzun Hasan seinerseits Geschenke für seine Gesandtschaft nach Burgund bereithielt[34]. Das humanistisch-historisierende Denken der Burgunder ging übrigens im Kampf gegen die Türken so weit, daß ein vom Herzog zur Rettung der Christen um 1453 nach Konstantinopel entsandter Botschafter bei den Dardanellen nach der Lage von Troja fragen ließ, um gerade dort einen Sieg über die Türken zu erfechten[35]. Auch Xerxes hatte auf seinem Zug nach Westen in Troja gehalten[36] – allerdings um der Trojaner zu gedenken. Historische Erinnerung dort also in beiden Richtungen abrufbar!

Nicht nur bei Hofe gedachte man in Burgund der Vorbildlichkeit der Achämenidenherrscher, auch das Bürgertum des reichen Flandern erinnerte seine zeitgenössischen Herrscher an historische Vorbilder. Denn wie anders sollte man Gerard Davids Gerechtigkeitsbild im Rathaus von Gent, zwischen 1487 und 1498 in der Phase der Auseinandersetzung mit dem habsburgischen Erben Burgunds entstanden, interpretieren, das die harte Bestrafung des bestechlichen königlichen Richters Sisamnes durch den gerechten König Kambyses darstellt[37]. Königliches Eingreifen scheint auch ein Bild im

---

[29]   Katalog Charles le Téméraire, S. 73ff., Nr. 1.

[30]   G. Walser machte mich darauf aufmerksam, daß der Spitzhut, den Caesar auf dem vierten der burgundischen Teppiche aus der Kathedrale von Lausanne im Historischen Museum zu Bern (Ausstellung „Die Burgunderbeute". S. 372, Nr. 243, Abb. 342) trägt, nach dem burgundischen Achämeniden-Verständnis die dem Großkönig vorbehaltene τιάρα ὀρϑή sein kann, durch die demnach Caesars hellenistisch-orientalisch geprägtes Königtum charakterisiert worden sein könnte. „Einflüsse der päpstlichen Tiara auf Herrscherkronen" dieses Typs sieht allerdings G. B. Ladner (in Tainia = Festschrift für R. Hampe. Mainz 1980. S. 477, dort S. 478ff. weitere Beispiele für hohe Mützen im Herrscherornat des Mittelalters).

[31]   Palombini, a.a.O., S. 13, S. 20, S. 23.

[32]   Travels to Tana … (Anm. 10). S. 33 – bei B. von Palombini nicht erwähnt.

[33]   Träbris galt im 15. und 16. Jh. fälschlich als Ekbatana, die Hauptstadt jenes Darius, den Alexander schlug (Travels to Tana ... [Anm. 10]. S. 166).

[34]   Palombini, a.a.O., S. 29f.

[35]   Gallet-Guerne, a.a.O., S. XX.

[36]   Herodot VII 42f. Metzler, Reichsbildung, S. 291.

[37]   Simson, O. von: Gerard Davids Gerechtigkeitsbild und der spätmittelalterliche Humanismus, in: Festschrift für W. Braunfels. Tübingen 1977. S. 349ff.; Metzler,

benachbarten Rheinland zu fordern: Die 1478/79 in Köln gedruckte nieder-
deutsche Bibel hat als Illustration zum Esra-Buch einen Holzschnitt, auf dem
Esra den König Darius um die Genehmigung und Unterstützung für den Bau
des Tempels in Jerusalem bittet (Abb 1). Im Hintergrund erkennt man aber
den unfertigen Kölner Dom mit dem Baukran auf dem halbhohen Turm, wie
er auch auf dem gleichzeitigen Holzschnitt im „Fasciculus Temporum"
(1474, 1478) von Werner Rolevinck (1425-1502) die Kölner Stadtsilhouette
charakterisiert[38]. Auch Köln suchte königliche Spenden für seinen Tempel[39]
(Abb. 1).

Leider steht die Erfassung achämenidischer bzw. persischer Themen in
der Bildwelt der abendländischen Kunst erst ganz in den Anfängen[40], reiches
Material verspricht jedoch schon die Durchsicht der einschlägigen Lexika[41].
Besonders die bekannteren Könige sind es, auf die man selbst bei unsyste-
matischer Suche immer wieder stößt, und zwar nicht nur in Darstellungen
der weitverbreiteten Alexanderromane[42] oder der Kriege zwischen den Griechen oder Römern mit den Persern – Altdorfers Alexanderschlacht, Holbeins
Triumph Schapurs –, sondern auch bei „medischeren"[43] Themen wie Xerxes,
die Vergänglichkeit seiner Macht beweinend, in Emblem-Büchern[44], Kyros

---

Ziele und Formen, S. 147, Anm. 5.

[38] Eichenberger, W. – Wendland, H.: Deutsche Bibeln vor Luther. Hamburg 1977.
S. 70; Rolevinck: Ausstellungskatalog 500 Jahre Buch und Zeitung in Köln. Köln
1965. Nr. 184.

[39] Am Weiterbau des Domes hielt man noch lange fest, erst 1560 wurde das Projekt
der Vollendung aufgegeben. Im 15. Jh. stand allein der halbhohe südliche Westturm
(Die Parler und der Schöne Stil, hrsg. v. A. Legner. Köln 1978, I. S. 146f.). – Vgl.
allgemein Warnke, M.: Bau und Überbau. Soziologie der Mittelalterlichen Architektur nach den Schriftquellen. Frankfurt 1976. S. 37f. zur Hilfe des Herrschers beim
Kirchenbau.

[40] Die Kölner Dissertation von Gh. Homayoun über „Iran in europäischen
Bildzeugnissen vom Ausgang des Mittelalters bis ins 18. Jahrhundert" (1967)
behandelt fast ausnahmslos nur die Reiseliteratur. Der Aufsatz desselben Verf. über
„Iran in historisch-geographischen Werken europäischer Gelehrter im 16. Jh." in
AMI N.F. 3 (1970). S. 309ff., behandelt das Material nur unvollständig und teils
fehlerhaft. – Die für die Darstellung der Perser im 16. Jh. wichtigen Türkendrucke
sind jetzt zugänglich über Goellner, C.: Turcica I-III. Baden-Baden – Berlin –
Bukarest 1961-1978. Zahlreiche Hinweise – besonders die achämenidische Architektur, z.B. das Kyros-Grab, betreffend – bei Künzl, H.: Der Einfluß des Alten
Orients auf die europäische Kunst ... Diss. Köln 1973.

[41] Lexikon der christlichen Ikonographie, hrsg. v. E. Kirschbaum, svv. Cyrus,
Weltreiche; Pigler, Barockthemen ²1974, svv. Alexander - Darius, Daniel, Esther -
Ahasver, Kyros, Roxane, Tomyris.

[42] Ross, D. J. A.: Illustrated Medieval Alexander-Books in Germany and the
Netherlands. Cambridge 1971.

[43] Philostratus, vita Apollonii I 25 (Loeb p. 76). D. Metzler in MDA Verb 6 (1975),
Heft 2. S. 37f.

[44] Henkel, A. – Schöne, A.: Emblemata. Stuttgart 1967. Sp. 1146f.: Darius, Xerxes.

und Tomyris auf einem Wandteppich im Plantin-Moretus-Haus zu Antwerpen oder Darius und Kyros als Weltherrscher der „Dritten Monarchie" in der Ratsstube zu Lüneburg, ganz zu schweigen von biblischen Gestalten wie Esther oder Daniel.

Das mit der burgundischen Cyropädie-Rezeption angeschlagene Thema des Fürstenspiegels[45] leitet zum 16. Jh. über: Auch die Pädagogik im weiteren Sinne hat sich der Achämeniden bemächtigt. Baltasar Castigliones (1478-1529) „Cortegiano", zwischen 1508 und 1515 entstanden, zitiert durchgehend Kyros als Vorbild für den Hofmann. Nicolo Machiavelli (1469-1527) greift sowohl im „Principe" von 1513 als auch in den späteren „Discorsi" auf Beispiele aus der Kyrosgeschichte zurück[46], um Herrschern Ratschläge anbieten zu können. Roger Ascham (ca. 1515-1568) verfährt als Erzieher der künftigen Königin Elisabeth von England entsprechend[47]. Wenn sich diese Autoren auch ausdrücklich auf die Erziehung der Fürsten beziehen, möchte ich doch annehmen, daß auch für die bürgerlichen Pädagogen des italienischen Quattrocento – Pier Paolo Vergerio (1370-1444) oder Vittorino da Feltre (1378-1446) – ihr Ideal des *uomo universale* durch das Bild, das die griechischen Autoren von den Körper und Geist umfassenden Tugenden der persischen Könige überlieferten, geprägt war[48]. Einen anderen Aspekt altiranischer Erziehung hebt schließlich der Melanchthonschüler Arnold (Warwick) Burenius (1485-1566) in seiner Empfehlung für die Gründung einer Landes-Universität in Münster 1544 hervor[49]. Zwar erwähnt auch er *Persarum principes* als *Xenophontis magni viri*[50], doch betont er stärker noch die Fürsorge der Könige für die Jugenderziehung[51], nennt die

---

I. Brozak in ActaAntHung 19 (1971). S. 41ff.

[45] Knauth, W.: Das altiranische Fürstenideal von Xenophon bis Ferdousi. Wiesbaden 1975. Zum islamischen Herrscherideal vgl. Bagley, F. R. C.: Ghazali's Book of Counsel for Kings. London 1964 (S. LVI ss. die antiken Vorstufen), zum abendländischen: Eberhardt, O.: Via Regia. Der Fürstenspiegel Smaragds von St. Mihiel und seine literarische Gattung. München 1977, und Singer, B.: Der Fürstenspiegel in Deutschland im Zeitalter des Humanismus und der Reformation. Paderborn 1981 (nondum vidi), sowie zum antiken und frühchristlichen: Reallexikon für Antike und Christenum, sv. F., Sp. 555ff. (P. Hadot).

[46] Sancisi-Weerdenburg, H. W. A. M.: Xenophons Cyropaedie, in: Spiegel Historiael XV 9 (1980). S. 456ff., bes. S. 460f.

[47] Ebd., S. 460.

[48] Il pensiero pedagogico dello umanesimo, hrsg. v. E. Garin. Florenz 1958; Dolch, A.: Lehrplan des Abendlandes. Ratingen 1971. S. 176ff.

[49] Arnoldi Burenii oratio ad reverendiss. episcopum Monasteriensem de scholis Literariis constituendis … Wittenberg 1544.

[50] Burenius fol. 14 r.

[51] Ebd., fol. 14 r.

Magier als Gesetzgeber[52] und empfiehlt, einen *senatum Persicum* aus gebildeten Männern in ihrer aufsichtführenden Funktion als Paidonomen zum Vorbild zu nehmen[53]. Trotz dieser Hinweise auf die staatstragende und staatlich beaufsichtigte Erziehung sollte es in Münster allerdings noch Jahrhunderte dauern, bis auch hier 1780 eine Universität gegründet wurde[54].

Insofern Zarathustras Wirksamkeit in die Achämenidenzeit fällt, gehört auch die Beschäftigung des 15. und 16. Jahrhunderts mit dem Zoroastrismus oder besser: was man dafür hielt, hierher. Spätantike Autoren hatten die sogenannte „Oracula Zoroastris" gesammelt. Sie erfreuten sich in den gleichen Kreisen großer Beliebtheit, die sich auch um die sibyllinische Orakelliteratur kümmerten[55]. Giovanni Pico della Mirandola[56] (1463-1494) fand sie in den Schriften der neuplatonischen Byzantiner[57], machte sie seinem Lehrer Marsilio Ficino[58] (1433-1499) bekannt und entdeckte sie so für die Neuzeit. Picos weltoffener Humanismus – die Thesen für seinen vom Papst verbotenen Gelehrtenkongreß 1486 in Rom leitete er durch das Zitat eines Arabers über die Größe des Menschen ein[59] – versuchte den kabbalistisch beeinflußten Neuplatonismus seines Lehrers durch den Rückgriff auf die uralte Weisheit des Orients zu ergänzen. Nur allzuleicht gerieten die Adepten dieser esoterischen Bemühungen in die trüben Wasser des Okkulten, und es ist nicht verwunderlich, daß die Nachfrage eines verunsicherten und glaubensgierigen Jahrhunderts mehrere Ausgaben der geheimnisvollen Orakel hervorbrachte. Die erste soll Johannes Ludovicus Tiletanus 1563 in Paris bei Jean Loys her-

---

[52] Ebd., fol. 6 v.

[53] Ebd., fol. 14 v.

[54] Die Universität Münster 1780-1980, hrsg. v. H. Dollinger. Münster 1980 (S. 23, Anm. 35 der Plan des Burenius). Die in dieser offiziellen Festschrift unterschlagenen, heute weniger vorzeigbaren Aspekte der münsterischen Universitätsgeschichte findet man in: 200 Jahre zwischen Dom und Schloß. Ein Lesebuch zur Vergangenheit und Gegenwart der Westf. Wilhelms-Universität Münster, hrsg. v. L. Kurz. Münster 1980.

[55] Bidez, J. – Cumont, F. : Les mages hellenisés I-II. Paris 1938. Kurfess, A.: Sibyllinische Weissagungen. München 1951. L. H. Gray in Jackson, A. V. W.: Zoroaster, the prophet of ancient Iran. New York 1898 (Reprint 1965). S. 259ff.

[56] Craven, W. G.: Giovanni Pico della Mirandola, symbol of his age. Modern interpretations. Genf 1981 (nondum vidi).

[57] Psellos (Migne, Patrologia Graeca 122, 1115ff.) und Gemistios Plethon (Migne, PG 160, 973f.). Gray, a.a.O., S. 260.

[58] Kristeller, P. O.: Il pensicro filosofico di Marsilio Ficino. Florenz 1953 (deutsche Ausgabe: Frankfurt 1971).

[59] G. Pico della Mirandola, Conclusiones sive theses DCCCC 1486, hrsg. v. B. Kieszkowski. Genf 1973; Spätmittelalter, Humanismus und Renaissance, hrsg. v. H. Heger. München 1975, I. S. 512f.

ausgebracht haben[60]. Johannes Opsopoeus (1556-1596) – Calvinist, Arzt und Philologe, aus der Melanchthon-Stadt Bretten stammend – ließ seine „Oracula Magica Zoroastris" 1589 in Paris erscheinen[61]. Der Neuauflage seines Buches von 1599, ebenfalls in Paris gedruckt, schickte er eine Sammlung *Testimonia veterum aliquot scriptorum de Zoroastre* aus Platon, Plinius, Clemens, Plutarch, Eusebios und Ammianus Marcellinus voraus und begründete damit die Zarathustraforschung der Neuzeit. In Italien übersetzte der dalmatinische Humanist und Historiker Francesco Patrizi (1529-1597) dieselbe Sammlung ins Lateinische unter dem Titel: „Zoroaster et ejus CCCXX oracula caldaica" (Ferrara 1591, Hamburg 1593)[62]. In den hier angelegten Bahnen ging die Beschäftigung mit Zarathustra auch im 17. Jh. weiter[63].

Eine Bereicherung der Quellenkenntnis zur Achämenidengeschichte bedeutete die griechische editio princeps der Fragmente des Ktesias aus der Bibliothek des Photios. Henricus Stephanus/Henri (II.) Estienne (1531-1598), der bekannte Pariser Philologe und Drucker, legte sie 1557 im griechischen Text vor[64]. Charakteristisch für die Epoche der Herausbildung des monarchischen Zentralismus und Absolutismus, wie er sich in Frankreich entwickelte, ist Stephanus' offenes Bekenntnis zur Monarchie. In seiner Widmung an Carlo Sigonio (1523-1584) nennt er Monarchie, Aristokratie und Demokratie als mögliche Staatsformen. Weil er der Monarchie den Vorzug gebe, da er in einem monarchisch regierten Land geboren und erzogen sei, habe er eine besondere Vorliebe für die *Persicarum rerum historia*. Ktesias hat für ihn daher einen besonderen Wert, wie eben aus dem Vorwort

---

[60]   Nach Gray, a.a.O., S. 260, Anm. 5.

[61]   In seinen philologischen Anmerkungen zu den Oracula – auch bei Migne (hier Anm. 54) nachgedruckt – schöpft Opsopoeus ausgiebig aus Ficinos „de animarum immortalitate".

[62]   Arcari, P. M.: Il pensiero politico di F. Patrizi da Cherso. Rom 1935. – In der 46 Seiten langen Einleitung der Hamburger Ausgabe geht Patrizi/Patricius auf die Frage nach der damals gelegentlich – z.B. von Johannes Goropius – bezweifelten Historizität Zarathustras ein. Fol. 7 r. zitiert er aus dem Brief, in dem Pico seinem Lehrer Ficino über die Auffindung des Textes berichtet.

[63]   Vgl. Joh. Heinr. Ursinus, de Zoroastre Bactriano, Hermete Trismegisto, Sanchoniathone Phoenico, eorumque scriptis et aliis, contra Mosaicae Scripturae antiquitatem, exercitationes familiares ..., Nürnberg 1661. S. 9-72. Ursinus, Superintendent zu Regensburg, nennt für Zarathustra die Zeit des Nimrud als des ersten Herrschers nach der Sintflut. Der von Ursinus zitierte Johannes Bisselius (Duchesne – Guillemin, a.a.O., S. 386, Anm. 1) ist der Verfasser einer Geschichte des heidnischen Altertums unter dem Titel „Illustrium ab orbe condito ruinarum decas" in 9 Teilen. Amberg 1656 – Dillingen 1664. Bisselius (1601-1682) war Jesuit und lehrte u.a. in Regensburg und Amberg.

[64]   Ex Ctesia, Agatharchide, Memnone excerptae historiae. Appiani Iberica. Item, de gestis Annibalis. Omnia nunc primum edita. Cum Henrici Stephani castigationibus. Ex officina Henrici Stephani Parisiensis typographi. An. M. D. LVII.

hervorgeht, in welchem er die Bedeutung des Ktesias – gerade im Vergleich mit Herodot – offensichtlich überschätzt.

War die Geschichte der Perser bislang nur im Rahmen der Weltgeschichte behandelt worden, so erfahren sogar die einzelnen persischen Dynastien des Altertums in den Jahren nach 1570 monographische Behandlung. Reiner Reineccius[65] (1541-1595) aus Steinheim in Westfalen, Professor für Geschichte in Frankfurt an der Oder und später in Helmstedt, stellt in kurzen monographischen Abhandlungen die Herrschergeschichte der Achämeniden, Arsakiden und Sasaniden dar[66]. Sie bilden gleichsam die Vorarbeiten für seine 1594 zu erscheinen beginnende „Historia Julia", benannt nach dem Auftraggeber, seinem Dienstherren, dem Gründer der Julius-Universität zu Helmstedt[67]. Reineccius, wegen seines Konzeptes einer „historia scholastica" einer der Väter[68] der Kulturgeschichte[69], schreibt persische Geschichte als eine Folge von Herrscherbiographien. Für die Achämeniden bietet er als erster das Schema eines Stammbaumes[70]. Das chronologische Gerüst der persischen Geschichte war für Reineccius noch ganz das traditionelle, auf den spätantiken Arbeiten[71] aufbauende. Eine Verbesserung der Exaktheit und rechnerischen Überprüfbarkeit der historischen Datierungen stellte Joseph Justus Scaligers (1540-1609) „De emendatione temporum", Paris 1583, dar. Der „abgrundtiefe Brunnen der Gelehrsamkeit"[72] behandelt darin auch das Datum des altpersischen Neujahrsfestes und erläutert die Yezdegerd-

---

[65] Herding, O.: Heinrich Meibom und Reiner Reineccius, in: Westfälische Forschungen 18 (1965). S. 5ff.

[66] Familiae Persidarum et Achaemenidarunn et reges Numidiae, Leipzig 1570; Familia regum Ponticorum et Bosporanorum, Leipzig 1570; Familia Arsacidarum, Leipzig 1571; Commentarius de regibus persicis seu Familia Artaxerxis magusaei, Helmstedt 1588 (deutsche Übersetzung von Heinrich Meibom, Helmstedt 1590); Syntagma de familiis quae in monarchiis tribus prioribus rerum potitae sunt, Basel 1574. Alle fünf Bücher basieren auf griechischen und römischen Quellen. Für die Sasaniden-Geschichte wird diese Einseitigkeit meines Wissens erstmals überwunden durch Wilhelm Schickards Tarich sive Series Regum Persiae ab Ardschir-Babekano conscriptae, Tübingen 1628, der außer hebräischen auch persische und arabische Quellen zur Ergänzung der bis dahin im Westen allein bekannten byzantinischen heranzieht.

[67] Historia Julia sive syntagma heroicum onme fere gentium origines migrationes imperia etc. continens, Bd. I-III, Helmstedt 1594, 1595, 1597.

[68] Merton, R. K.: Auf den Schultern von Riesen. Ein Leitfaden durch das Labyrinth der Gelehrsamkeit. Frankfurt 1980. S. 92ff. zur Paternität als Eponymie.

[69] Kempf, A.: Die Säkularisierung der universalhistorischen Auffassung. Zum Wandel des Geschichtsdenkens im 16. und 17. Jh. Göttingen 1960. S. 71 und S. 158, Anm. 214.

[70] Historia Julia II ad finem. Meder und Perser: S. 1-59.

[71] S. oben Anm. 4.

[72] Merton, a.a.O., S. 238.

Ära[73]. Eigentümlich ist allerdings seine falsche Datierung Nehemias in die Zeit Alexanders[74]. Die breit gefächerten Interessen dieses Philologen werden auch durch einen Blick in den erhaltenen Katalog seiner Bibliothek, die 1609 nach seinem Tode versteigert wurde, offensichtlich. Er umfaßt zwar nur einen Teil derselben, darunter aber einige der hier zu nennenden Bücher, die für die Kenntnis Persiens belangreich sind[75].

Eine umfassende Darstellung der gesamten persischen Geschichte bis zur Neuzeit ließ als Monographie 1583 der umbrische Historiker Petrus Bizarus (1525 – nach 1586) unter dem Titel „Persicarum rerum historiae in libri duodecim" bei Plantin in Antwerpen erscheinen. In dem starken Folioband sind die ersten beiden Bücher den Achämeniden gewidmet, das dritte den Parthern, das vierte und fünfte den Sasaniden. Es folgt im sechsten bis elften Buch die islamische Zeit und im Buch XII eine politisch-geographische Übersicht, in der auch Militär, Recht und Gesellschaft behandelt werden. Sein politisches Interesse bekundet er durch Eingehen auf die bei Herodot erwähnte „Verfassungsdebatte"[76] vor der Machtübernahme des Darius. In der Schilderung von Persepolis scheint er Josafat Barbaros Bericht[77] benutzt zu haben und zitiert aus Diodor. Ktesias ist ihm ebenso vertraut wie die humanistisch-neuplatonische Literatur zu den Oracula Zoroastris. Indem er in Buch XII für seine Gesamtdarstellung Quellen aus dem Altertum mit solchen der Neuzeit verbindet, gehört er zu jenen, die das Perserreich gleichsam zeitlos als ein die Dynastien überdauerndes politisches Gebilde begreifen, dessen Aufbau und Funktionen stets denselben Bedingungen folgt[78].

Von dieser Prämisse ist auch der vielseitige westfälische Humanist Johannes Leunclavius / Löwenklau / Loevelingloe[79] (1541-1594) geprägt,

---

[73] Scaliger, J. J.: de emendatione temporum. Paris 1583. S. 142ff.

[74] Ebd., S. 283. Richtig: Eusebi Chronicorum Libri II 106 (oben Anm. 4) – Verbesserungen der Scaligerschen Chronologie brachte Edward Lively (1575-1605 Professor in Cambridge), A true chronologie of the times of the Persian Monarchie ... London 1597 (non vidi).

[75] The auction catalogue of the library of J. J. Scaliger 1609, hrsg. V. H. J. de Jonge, Utrecht 1977, z.B. S. 46 (Reineccius) und S. 18, S. 20, S. 46 (Leunclavius).

[76] Petrus Bizarus, Persicarum rerum historiae in Libris duodecim. Descripta totius gentis initia, mores, instituta et rerum domi forisque gestarum veram atque dilucidam enarrationem continens, Antwerpen 1583, S. 29: *rerum publicarum genera quatuor, videlicet, democratiam, oligarchiam, aristocratiam, monarchiam.* S. 428ff. befaßt er sich mit den logia Zoroastris, S. 430 wird Pico della Mirandola erwähnt, S. 437ff. die lateinische Übersetzung des Ktesias.

[77] Bizarus, a.a.O., S. 406f.-412, S. 414 Persepolis nach Diodor.

[78] A. Momigliano in Riv. Storica Ital. 89 (1977). S. 14; vgl. auch P. Briant in Annali Scuola Norm. Sup. Pisa III, 9 (1979). S. 1375ff.

[79] Metzler, D.: Johannes Löwenklau, in der Reihe: Westfälische Lebensbilder XIII (1985). S. 19-44.

wenn er in seiner Xenophon-Ausgabe von 1594 Formen des achämenidischen Hofzeremoniells durch zeitgenössisch-türkische erklärt, die er auf
einer Gesandtschaftsreise nach Istanbul kennengelernt hatte[80]. Die Türken
hatten nämlich die altpersischen Sitten während ihres langen Aufenthaltes im
Iran angenommen[81]. Deutlicher wird die Tendenz, die Kontinuität von den
Achämeniden bis zu den Safaviden zu betonen, aus der Propagandaschrift
des armenisch-persischen Bischofs P. Bedik von 1678, in der er Kaiser Leo-
pold ein Bündnis mit Persien empfiehlt[82]. Die Bündnispläne mit Persien
gegen die Türken bilden überhaupt den politischen Hintergrund für das wissenschaftliche Interesse, das man der Geschichte entgegenbringt, denn so
wie schon nach 1453 versuchten europäische Mächte auch im 16. Jh. eine
Umklammerungsstrategie gegen die Türken einzuleiten. Erinnert sei hier nur
an Gregors XIII. Plan einer Allianz mit Rußland und Persien gegen die Türken. Der eben erwähnte Leunclavius gehörte auf Grund seiner historischen
Forschungen und politischen Erfahrungen zu denen, die vor einer Unter-
schätzung der Türken warnten[83].

Den auch noch über zwei Jahrhunderte später nicht wieder erreichten
Höhepunkt der Achämenidenforschung des Humanismus bildeten zweifellos
die 1590 in Paris erschienenen „De regio Persarum principatu libri tres" des
Barnabas Brissonius[84]. Im 19. Jh. zitieren ihn Heeren[85] und Rawlinson[86]
ausgiebig. Goethe[87] hat ihn mehrfach benutzt, und selbst in allerjüngster Zeit
heißt es, „that this remarkable book has not as yet been fully replaced"[88].

---

[80] Xenophontis ... quae exstant opera, Ioannis Leunclavii Amelburni. Frankfurt
1594. Appendix Sp. 1023 E, 1041 C und 1066 BC.

[81] Ebd., Sp. 1041 D.

[82] Bedik, P.: Cehil Sutum, seu explicatio utriusque celeberrimi theatri quadraginta
columnarum in Perside Orientis. Wien 1678.

[83] Palombini, a.a.O., S. 103ff. – C. Goellner, Turcica II. 1971. S. 155.

[84] Das Werk erschien in zahlreichen Ausgaben: der Erstausgabe von 1590 folgte
ein Nachdruck in Paris 1591, 1595 in Heidelberg eine Ausgabe mit philologischen
Anmerkungen von Friedrich Sylburg, 1599 in Paris eine zweite Auflage und 1710 in
Straßburg eine weitere mit Anmerkungen von J. H. Lederlin.

[85] Heeren, A. H. L.: Ideen über die Politik, den Verkehr und den Handel der
vornehmsten Völker der alten Welt I 1. Göttingen 1793.

[86] Rawlinson, G.: The five great monarchies of the ancient eastern world IV.
London 1867.

[87] Grumach, E.: Goethe und die Antike II. Berlin 1949. S. 843 (Vorarbeiten von
1818 zu den Noten zum Divan). Schon 1772 ist Brisson von Goethe gelesen worden
(Sophien-Ausgabe Bd. 38. S. 353): Hinweise zu Brissons Wirkung auf die hier
genannten Autoren des 19. Jhs. verdanke ich Göttinger Diskussionsbeiträgen. Vgl.
auch Bachofen, J. J.: Gräbersymbolik der Alten. Basel 1860. S. 414.

[88] Lewis, D. M.: Sparta and Persia. Leiden 1977. S. 15f., Anm. 73. Vgl. auch
Duchesne-Guillemin, J. : La religion de l'Iran ancien. Paris 1962. S. 385.

Modern gesprochen beschreibt Brisson Aufbau und Struktur des Achämenidenreiches, mit seinen eigenen Worten: keine *res gestae* – wie seine Vorgänger, sondern zunächst alles, was sich *ad regii nominis decus, imperii maiestatem totumque Regni statum* bezieht und dann *quae ad populi mores instituta leges rem militarem spectant*[89]. Die Einzelheiten gehen aus dem sehr ausführlichen Inhaltsverzeichnis hervor, das häufig für eine einzige Textseite mehrere Inhaltsangaben macht; hinzu kommen 15 Seiten Index. Schon diese Übersichtlichkeit hat dem Werk zu seiner Wirkung verholfen. Dadurch, daß es *totum Regni statum*, den Gesamtzustand des Reiches auf der Basis einer umfassenden Kenntnis der klassischen Quellen darstellt, ist es ein einerseits eine Fundgrube für die Antiquare geworden, konnte aber andererseits auch zur Grundlage werden für die späteren Analysen der orientalischen Despotie als Staatstypus, die im Umkreis der europäischen Reiseliteratur[90] des 17. und 18. Jhs. entstanden.

Barnabé Brisson (ca. 1530-1591) war nach Beruf und Ausbildung an politischen und juristischen Problemen besonders interessiert. In Paris bekleidete er am königlichen Gerichtshof das Amt des Präsidenten. Die Führung dieses Amtes brachte ihm den Ruf offener Liberalität ein. Seine Ausbildung hatte er in Bourges bekommen, das um die Mitte des 16. Jhs. die protestantische und gallikanisch geprägte Avantgarde-Universität Frankreichs war[91], wo in der Tradition Laurenzo Vallas (1431-1457) Rechtshistoriker wie Jacques Cujas (1520-1590) und François Hotmann (1524-1590) die führenden Lehrer waren[92]. Brisson hat, angeregt durch diese Gelehrten, zumal auf dem Gebiete des römischen Rechtes, bedeutende Veröffentlichungen hinterlassen[93]. Seine Darstellung der persischen Monarchie paßt in den Rahmen, den Hotmann quasi als Forschungsprogramm umriß: Da das Recht nicht nur in Demokratien, Aristokratien und Monarchien verschieden sei, sondern auch wegen der Unterschiede der monarchischen Formen in den jeweiligen Staaten jeweils besondere Formen annehme, ergibt sich die Notwendigkeit einer vergleichenden Rechtsgeschichte[94]. Deutlich ist

---

[89] Brissonius (ed. 1595). S. 1.

[90] Schuster-Walster, S.: Das safawidische Persien im Spiegel europäischer Reiseberichte. Baden-Baden – Hamburg 1970; Chaybany, J.: Les voyages en Perse et la pensée française au XVIIIᵉ siècle. Teheran 1971; Metzler, Ziele und Formen, S. 128, Anm.

[91] Kelley, D. R.: Foundations of modern historical scholarship in the French Renaissance. New York – London 1970. S. 100f.

[92] W. Bouwsma in American Histor. Rev. 78 (1973). S. 326. Kelley, a.a.O., S. 107ff. und S. 112ff.

[93] Vgl. besonders sein Vocabularium iuris utriusque – noch bis 1760 nachgedruckt, sowie zahlreiche Einzelarbeiten in den Opera omnia (Leiden 1747), ferner auch eine Livius-Ausgabe (Frankfurt 1588).

[94] Kelley, a.a.O., S. 113.

hier der ramistische[95] Einfluß in der individualisierenden Forschung zu sehen, die die Prinzipien aristotelischen Vorgehens der Kritik durch die Erfahrung unterzog. Für diese „Erfahrung" bildete das Studium eines nach spezifischen Gesetzen funktionierenden Reiches die Möglichkeit, den Absolutheitsanspruch der römischen Tradition zu relativieren. Insofern leistete Brisson mit seinem Buch über das antike Persien auch einen gallikanischen Beitrag zur Festigung der französischen Monarchie.

Wenden wir uns schließlich nach den pädagogischen, religionswissen-
schaftlichen und historischen Aspekten nunmehr der sprachwissenschaftlichen Seite der Achämenidenrezeption des 16. Jhs. zu. Bedingt durch die
Quellenlage – das ethnozentrische Denken der griechisch-römischen Kulturwelt hat bekanntlich eine ausgesprochen bornierte Abneigung gegen fremde
Sprachen kultiviert – sind hier die Möglichkeiten allerdings außerordentlich
beschränkt. Dennoch gibt es im 16. Jh. einige bemerkenswerte Ansätze zur
Erforschung der persischen Sprache. Vor einigen Jahren[96] wurde die Aufmerksamkeit auf einen Brief des brabantischen Humanisten Justus Lipsius
(1547-1606) aus dem Jahre 1598 gelenkt, der einerseits mit kurzen Wort-
listen auf die Verwandtschaft im Vokabular zwischen der niederländischen
und der lateinischen sowie der neupersischen Sprache hinweist, zum anderen
auch grammatische Übereinstimmungen in der Flexion des Verbums darlegt.
Schon ein Jahr früher – 1597 – hatte der Flame Bonaventura de Smet/
Vulcanius (1538-1614) seiner Ausgabe der Gotengeschichte des Jordanes
einen Anhang „de literis et lingua Getarum sive Gothorum" angefügt[97].
Darin hatte er nicht nur die von Ogier Ghislain de Busbecq[98] (1522-1592)
beobachtete Ähnlichkeit des Krimgotischen mit dem Niederländischen, die
auch schon älteren Reisenden[99] aufgefallen war, und die Wulfilas-Bibel, d.h.
den Werdener Codex Argenteus, behandelt[100], sondern auch *persica voca-*
bula quae cum teutonicis conveniunt[101] – allerdings hier wieder nur neu-

---

[95] Petrus Ramus (1512-1572). Ballauf, Th. – Schaller, K.: Pädagogik. Eine Geschichte der Bildung und Erziehung I. Freiburg 1969. S. 610ff.

[96] R. E. Emmerick in Neue Methodologie in der Iranistik, hrsg. v. R. N. Frye.
Wiesbaden 1974. S. 49ff. Lipsius über die Perser: *voces plures nostras habent ... et*
flexus coniugationum haud nimis diversos.

[97] Bonaventura Vulcanius, Jornandes episcopus Ravennas de Getarum sive
Gothorum origine et rebus gestis ..., zusammen mit : De literis et lingua Getarum
sive Gothorum ... Leiden, ex officina Plantiniana apud F. Raphelengium 1597.

[98] Velde, R. van de: Het Krimgotisch, in: Leuvense Bijdragen 53 (1964). S. 102ff.

[99] Frühester Beleg: Wilhelm von Roebroek (1210-1270): *Goti quorum ydioma est*
Teutonicum (Velde, R. van de: De studie van het Gotisch in de Nederlanden. Gent
1966. S. 16) Dieselbe Beobachtung machte auch Josafat Barbaro 1436 (Travels to
Tana ... [Anm 10]. S. 30).

[100] van de Velde, De studie van het Gotisch, S. 17 und S. 19.

[101] Vulcanius, a.a.O., S. 87.

persische Wörter. Dabei berief er sich auf persönliche Auskunft des Franciscus Raphelengius (1539-1597). Dieser ist in der Umgebung des Lipsius und des Vulcanius der maßgebliche Orientalist. Bei dem Cosmopoliten[102] und Humanisten Guillaume Postel (1510-1581) hatte er Arabisch studiert, war seit 1587 Professor in Leiden und hat außer einem hebräischen (1596) und einem arabischen Lexikon (1613 posthum gedruckt) im Manuskript auch ein „Lexikon persicum vocabulorum quae in Pentateucho" hinterlassen, auch hier also nur der neupersische Wortschatz. Im 16. Jh. erwähnt meines Wissens zuerst der Zürcher Universalgelehrte Conrad Gesner (1516-1565) in seinem „Mithridates"[103] von 1555 einige altpersische Wörter, die bei antiken Autoren überliefert sind, und natürlich der schon erwähnte Brisson. In diesen Bahnen bewegen sich auch die „Leipsana veteris linguae persicae quae apud priscos scriptores graecos et latinos reperiri potuerunt" des Engländers William Burton (1609-1718)[104]. Erst der holländische Orientalist Adriaan Reland (1676-1718), der neben Burton auch Thomas Hyde (1636-1703)[105] anerkennend erwähnt, bringt hier vom Umfang und von der Methode, indem er auch das Neupersische heranzieht, einen Fortschritt in seinen 1707 veröffentlichten *dissertationes de reliquiis veteris linguae persicae* und *de persicis vocabulis Talmudis*[106]. Damit schlug er also „Neue Wege im Altpersischen" ein.

Die hier vorgetragenen Beobachtungen – in ihrer gelegentlich punktuellen Vereinzelung durchaus ergänzungsbedürftig – haben auf die frühe Phase der Erforschung des alten Persien einiges Licht geworfen; nicht unbeachtet bleiben sollte aber auch die bemerkenswerte Tatsache, daß jene Beschäfti-

---

[102] Heer, F.: Die dritte Kraft. Der europäische Humanismus zwischen den Fronten des konfessionellen Zeitalters. Frankfurt 1959. S. 266ff. Postel nennt sich selbst auf dem Titelblatt seines Buches De la republique des Turcs von 1552 „Cosmopolite" (Göllner, a.a.O., Nr. 927) – der früheste Nachweis dieses Begriffes in der Neuzeit!

[103] Conradus Gesnerus, Mithridates: de differentiis linguarum, tum veterum tum quae hodie apud diversas nationes in toto orbe terrarum in usu sunt, observationes. Zürich 1555. fol. 63 v.

[104] Burton, W.: Historia linguae graecae ..., zusammen mit: Leipsana veteris linguae persicae ... London 1657.

[105] Hyde, T.: Veterum Persarum et Parthorum et Medorum religionis historia. Oxford 1700.

[106] Adrianus Relandus, Dissertationes miscellaneae II. Utrecht 1707. S. 95ff. und S. 267ff. Relands Gewissenhaftigkeit zeigt sich in seiner Bemerkung, daß er keine *demonstrationes mathematicas, non firmas et inconcussas probationes, sed coniecturas solum* bieten kann (S. 98). In seiner „oratio pro lingua persica et cognatis literis" (Utrecht 1701) weist Reland auf die Bedeutung der Persischen Studien hin, indem er neben der Möglichkeit, die persischen Wörter des Königsbriefes im Esra-Buch der Bibel zu erklären (S. 10) auch den praktischen Nutzen persischer Sprachkenntnisse für den holländischen Orienthandel (S. 14) erwähnt. Sein Vertrauen in die *constantia linguae Persicae* (S. 31) ermöglicht ihm diese Verbindung von Alt- und Neupersisch.

gung mit einer orientalischen Kultur getragen war von einem weltoffenen
Humanismus internationalistischer Prägung, der erst später unter hier nicht
zur Debatte stehenden Umständen sich zur neoklassischen Beschränkung auf
die griechisch-römische Tradition eines sich im Gegensatz zum Orient defi-
nierenden mehr oder minder militanten Abendlandbegriffes verengen sollte[107].

Nachtrag: Für Verbesserungen und Hinweise wäre ich sehr dankbar, zumal
sich inzwischen weitere Beobachtungen ergaben, die einen Ergänzungsauf-
satz sinnvoll erscheinen lassen.

Esra erbittet Darius' Hilfe für den Tempelbau, im Hintergrund der
Kölner Dom; Kölner Bibel von 1478/79 [S. 294]

---

[107] B. Brentjes in Humanismus und Menschenbild im Orient und in der Antike.
Halle 1977. S. 17.

Die Freiheitsmütze vor der Revolution
und in der Antike[1]

Unter den Symbolen, deren politische Demonstrationen und oft vielfältigen Konnotationen sozialgeschichtliche Prozesse begleiten und vorantreiben, spielen Kopfbedeckungen so belanglos das klingen mag, oft eine nicht zu unterschätzende Rolle: durch gelbe Turbane signalisieren im chinesischen Altertum aufständische Bauern ihre Zusammengehörigkeit und ihren Widerstandswillen gegen die Han-Dynastie[2], ein Jahrtausend später trugen entsprechende Bewegungen das wohl von manichäischen Vorstellungen inspirierte Weiß. Breitkrempige Hüte der Geusen in den Niederlanden, der 1848er in Baden und der Carbonari in Italien waren in Europa politische Erkennungszeichen, ehe sie zum modischen Attribut der Boheme verkamen – und selbst als solche noch schockierend wirken konnten. Die politische Rezeption der proletarischen Ballon- oder Schiebermütze unter den Intellektuellen besonders der zwanziger Jahre als Symbol gegen Zylinder und steifen Hut des Bürgers ist neuerdings akribisch analysiert worden[3], die Baskenmütze – in Hermann Kants „Aula" als Selbstverständigungssymbol evangelischer Theologiestudenten in den frühen Jahren der DDR zitiert oder die Schiffermütze in ihrer geadelten Prinz-Heinrich-Variante als Markenzeichen eines sozialdemokratischen Bundeskanzlers wären vielleicht ähnlicher Studien würdig. Und über das Verbot des osmanischen Fez oder die weltweite Verbreitung der Kefiye, des Kopftuches der Palästinenser, ließe sich die Reihe solcher Beispiele sicher relativ weit fortsetzen.

Für den Historiker mag es wichtigere Dinge geben als die Geschichte von Kopfbedeckungen. Aber zu Quisquilien antiquarischen Interesse werden diese ja nur, wenn der forschende Blick sie so isoliert, daß sie aus ihrem jeweiligen politischen und gesellschaftlichen Kontext herausgelöst in objektiv-typologischer Sicht eben nur wechselnden Moden unterworfene Mützen, Hüte, Helme

---

[1] In anderer Form habe ich diesen Vortrag im Juli 1989 gehalten, um damit der 200. Wiederkehr des Jahrestages der Französischen Revolution an meiner Universität in Münster zu gedenken. Er ist veröffentlicht unter dem Titel „Die Freiheitsmütze und ihre antike Vorgeschichte", in: Geschichte und Geschichtsbewußtsein. Festschrift für Karl-Ernst Jeismann, hrsg. v. P. Leidinger und D. Metzler. Münster 1990. S. 706-730.

[2] Bauer, W.: China und die Hoffnung auf Glück. Paradiese, Utopien, Idealvorstellungen in der Geistesgeschichte Chinas. München 1974. S. 173.

[3] Hüppauf, B.: Zylinder, Mützen und ein steifer Hut. Versuch über Kopfbedeckungen und die Macht von Bildern, in: Paragrana 4 (1995). S. 120-150, bes. S. 123ff., S. 137ff. – Frdl. Hinweis von A. Kenkmann.

und Kronen sind. Wir halten es hier lieber mit Epiktet: „Nicht die Dinge selbst, sondern die Meinungen über dieselben erregen die Menschen."[4]

Als politisches Symbol hat die Freiheitsmütze – *„le bonnet de la Liberté"*, *„bonnet rouge"*, *„bonnet phrygien"* oder Jakobinermütze – bekanntlich im Verlauf der Französischen Revolution (Abb. 1-2) und ebenso auch davor und danach eine gar nicht zu unterschätzende Rolle gespielt.[5] Zu den Gemeinplätzen gehört der Verweis auf die befreiten Galeerensträflinge aus Marseille, die bei ihrem Einzug in Paris am 15.4.1792 die Matrosenmützen zum Symbol der Freiheitsmütze stilisieren ließen.[6] In der Tat tragen Matrosen und Fischer der Mittelmeerwelt die Zipfelmütze (Abb. 3) und zwar nach Gemälden des 17. bis 19. Jh. in unterschiedlichen Farben, neben dem vorherrschenden Rot auch in Blau und Grün.[7] Aber in der Revolution wurde die Freiheitsmütze bekanntlich auch schon vor der Ankunft der Galeerensträflinge getragen: Schon im März 1792 ist sie als Kopfbedeckung verbreitet, wird in den Tuillerien-Gärten sogar Damen des Adels und Priestern aufgenötigt. Seit Juli 1791 war sie in der Agitation der Sanscoulotten volkstümlich geworden, nachdem sie im Mai des Vorjahres schon in Lyon aufgetaucht war.[8] J. Harris, die in ihrer einschlägigen Studie keine Belege für die Mütze als Kleidungsstück des einzelnen Bürgers vor

---

[4] Epiktet, Encheiridion 5. – Von J. G. Herder 1774 seiner Abhandlung „Auch eine Philosophie der Geschichte zur Bildung der Menschheit" als Motto vorangestellt.

[5] Agulhon, M.: Marianne au combat. L'imagerie et la symbolique républicaines de 1789 à 1880. Paris 1979. Hagenow, G.: Zwischen phrygischer Mütze und Narrenkappe, in : Nassau. Annalen 96 (1985). S. 269-280. – Frdl. Hinweis von A. Jockenhövel. Epstein, J.: Understanding the Cap of Liberty, in: Past and Present 122 (1989). S. 75-118. Freiheit, Gleichheit, Brüderlichkeit. 200 Jahre Französische Revolution in Deutschland, Ausstellungskatalog. Nürnberg 1989. Nr. 581-599 et passim.

[6] Dörner, E.: Deus Pileatus, in : Acta Iranica 17 (1978). S. 115-122, bes. S. 121. Reichhardt, R.: Die Französische Revolution. Würzburg 1988. S. 27.

[7] Rote und blaue Mützen tragen die Schiffer auf Claude Lorrains Gemälde „L'embarquement d'Ulysse" im Louvre, rot sind sie in Venedig im 18. Jhdt. (Aquarelle von J. Grevembroch 1755-65 – Zorzi [unten Anm. 89]. S. 189). – Ob Masaniello, Fischer und Aufstandsführer 1647 in Neapel, die Mütze in einem zeitgenössischen Bildnis (Mortzfeld, P.: Die Porträtsammlung der Herzog August Bibliothek in Wolfenbüttel. München, New York 1986. A 433 – hier Abb. 3) als Teil seiner Berufstracht oder eher wohl als Freiheitssymbol trägt, ist nicht ganz leicht zu entscheiden. Für die politische Deutung spricht, daß auf dem nur wenige Jahre nach der Niederschlagung seines Aufstandes für ein neapolitanisches Kloster um 1653 gemalten Bilde der „Enthauptung der Heiligen Katharina" von G. F. B. Guercino (1591-1666) der Henker mit dem Schnauzbart und dem Langhaar des Masaniello die Rote Mütze trägt, während über seinem Opfer ein Engel die Krone der Märtyrerin hält (Katalog St. Petersburg der Kunsthalle der Bundesrepublik. Bonn 1997. Nr. 17) – so schwebt auch auf J. H. Fragonards (1732-1806) „Traum des Plutarch" die Krone höher als der Freiheitshut (Ausstellungskatalog „Goya. Das Zeitalter der Revolutionen", hrsg. v. W. Hofmann. Hamburg 1980. S. 168, Abb. 168).

[8] Markov, W. : Die Freiheiten des Priesters Roux. Berlin 1967. S. 392. Liris, E. : La symbolique du bonnet phrygien, in: Vovelle, M. (Hrsg) : Les images de la Revolution Française. Paris 1988. S. 307-316.

März 1792 kennt, stellt fest: „The date at which the bonnet rouge was adopted as part of revolutionary dress is rather difficult to determine precisely"[9], und fügt lapidar hinzu, daß das Symbol der Mütze der „Antike entlehnt ist."[10] Dessen waren sich auch die Zeitgenossen bewußt. Ausdrücklich bezieht sich etwa ein Anonymus in der Nr. 141 der „*Revolution de Paris*" vom 17.-24.3.1792 in dem von J. Harris herangezogenen Artikel über die Popularität des „*bonnet rouge*" auf das bekannte Münzbild des Caesarmörders Brutus mit dem „*pileus libertatis*" zwischen zwei Dolchen (Abb. 4)[11], das in unserer Argumentation eine wichtige Rolle zu spielen hat.

Die Entlehnung des Mützensymbols aus der politischen Symbolsprache der Antike beginnt nun aber keineswegs erst mit der Französischen Revolution. Meines Wissens begegnet es als Kopie der Brutus-Münze zum ersten Male auf einer Bronzemedaille in Florenz[12], um Lorenzino de Medici zu feiern, der „VIII. ID. IAN" = am 6. Januar 1537 – so die Inschrift unter dem *pileus* das antike „EID.MAR." = Iden des März aktualisierend – seinen allseits verhaßten Vetter Alessandro de Medici ermordete – als ein neuer Brutus, der hier sogar das Porträt des antiken übernimmt, ihm aber den eigenen Namen „LAVRENTIVS MEDICIS" gibt. Michelangelos Brutusbüste ist ein Reflex dieser Tat – und der Hoffnungen, die auf sie gesetzt wurden. Was die Wiederherstellung der Republik angeht, so blieben sie bekanntlich wie in der Antike uneingelöst.

Von Henri II. wird das Brutus-Motiv 1552 als Titelvignette und Medaillenbild (Abb. 5 und 6) in seiner Selbstdarstellung als „*vindex libertatis Germaniae et principum captivorum*" gegen den Kaiser eingesetzt.[13] Wegen der beiden Dolche ist das ganz offensichtlich, wenn auch der Rand des *pileus* zur Krempe eines Fell-Hutes verbreitert wurde. Die niederländischen Geusen haben ihrem Freiheitshut 1573-77 noch breitere Krempen gegeben (Abb. 7-8).[14] Auf einer Medaille wird er von der Libertas 1577 genauso emporgehalten wie dieselbe

---

[9] Harris, J.: The Red Cap of Liberty, in: Eighteenth Century Studies 14 (1981). S. 283-312, bes. S. 286.

[10] Harris, a.a.O., S. 286. – Allgemein zur Antikenrezeption in der Französischen Revolution: Mossé, Cl.: L'antiquité dans la révolution française. Paris 1989 – unter didaktischen Aspekten: Schuckert, L.: Citoyen Brutus: Aktualisierungen der Antike in der Französischen Revolution, in: Lehren und Lernen 11 (1985), H. 8. S. 29-53.

[11] Harris, a.a.O., S. 290. Allerdings handelt es sich nicht um einen Aureus, wie der Anonymus meint, sondern um einen Silberdenar (Crawford, M.: Roman Republican Coinage. Cambridge 1974. S. 508, 1 – der Aureus mit anderem Bild ebd., S. 508, 1).

[12] Katalog „Zeichen der Freiheit", hrsg. v. D. Gamboni und G. Germann. Bern 1991. S. 329, Nr. 159.

[13] Pariset, J. D.: Humanisme, reforme et diplomatie. Les relations entre la Frace et l'Allemagne au milieu du XVIe siècle. Strasbourg 1981. S. 128, Taf. 6.

[14] Schama, S.: Überfluß und schöner Schein. München 1988. Abb. 23 nach G. van Loon, Beschr. der Nederl. Historie pennings 1723-31. – Vgl. Zeichen der Freiheit, a.a.O., S. 329ff.

Göttin auf einer Münze Galbas den *pileus* hält (Abb. 9 und 10).[15] Es ist der „*galerus sive pileus*", der „*absolutae libertatis summaeque nobilitatis insigne habetur*", wie ihn der Xantener Antiquar Stephanus Pighius 1587 beschreibt.[16]

Die Gegner der Tyrannis in Florenz, König Henri II. von Frankreich und die aufständischen Niederländer, bedienen sich im 16. Jahrhundert des Mützen-symbols der klassischen Antike, wobei im Norden auch einheimische Tra-ditionen der Rechtssymbolik des Hutes, auf die unten eingegangen wird, von großer Bedeutung gewesen sind. Mit zunehmender Bevorzugung der klas-sizistischen Bildsprache wird dabei auch in den Niederlanden der Geusenhut – auf einer Notgeldprägung in Leiden vom Löwen („*leo Belgicus*") auf einem Schwert[17] gehalten, das dann 1615 durch einen Spieß ersetzt wird – vom „*pileus Libertatis*" abgelöst.[18] So 1654 in einer Allegorie auf den Frieden von West-minster gleich zweimal: im Bilde von einer reich gekleideten weiblichen Gestalt auf dem Spieß emporgehalten und vor dieser auf einem Relief von einer Frauengestalt in ihrer Linken erhoben.[19] Ganz offensichtlich meint die klas-sizistische Form auch die Abweisung der alten Unterschichten-Symbolik des Geusen-Aufstandes durch neue bürgerliche Interessen.

Am Ende des Jahrhunderts setzt sich diese Tendenz verbreitet über mehrere Regionen fort: In England erscheint die Stange mit dem „*pileus*" 1689 auf einer Medaille zum Toleranz-Edikt Willems III. von Oranien.[20] Die freien Städte Hamburg[21] und Basel[22] folgen 1691 und 1692 (Abb. 11), wobei der Hamburger schwere Goldportugalöser den Wohlstand der Stadt nach der 1686 erfolgten Niederschlagung des Aufstandes von Jastram und Snitger und die Basler Münze die Einigkeit von Senat und Volk nach der Beendigung des Henric-Petri-Aufstandes beschwören. Imperial darüber hinaus rühmt sich 1694 die Republik Venedig mit einer Medaille auf militärische Erfolge im Mittelmeer – 1756 noch

---

[15] Galba: BMC 319, 69. Coh. 112. Bilder und Szenen des Friedens zwischen Antike und Gegenwart, Ausstellungskatalog. Unna 1988. Nr. 43, Abb. 64 nach Bizot, Hist. Metallique de la Republique de Hollande, Amsterdam 1688, Bd. 1, S. 34.

[16] Pighius, St. W.: Hercules Prodicius (1587). Köln 1609. S. 301. Zu Pighius: W. Diedenhofen in Land im Mittelpunkt der Mächte. Die Herzogtümer Jülich Kleve Berg, Ausstellungskatalog. Kleve 1984. S. 422ff.

[17] Zeichen der Freiheit, a.a.O., S. 329, Nr. 161.

[18] Bilder und Szenen des Friedens, a.a.O., Nr. 221, Abb. 282.

[19] Ebd., Nr. 151, Abb. 242 (sic!).

[20] Van Loon, a.a.O. Bd. 3, S. 392. Münzen und Medaillen AG, Basel, Liste 533, 1990, Nr. 158 (im Folgenden abgekürzt: MMAG).

[21] Gaedechens, O. C.: Hamburgische Münzen und Medaillen Bd. 3. Hamburg 1876. S. 1693. Katalog „Geschichte in Gold" (= Slg. Vogel), Museum für Hamburgische Geschichte. Hamburg 1991. Nr. 98. – Vgl. auch das Hamburger Silbermedaillon von 1805 mit dem liegenden Flußgott *Albis* nach der Aufhebung der englischen Elbe-Blockade die Mütze auf der Stange haltend.

[22] MMAG 517, 1989, Nr. 100.

einmal aus ähnlichem Anlaß von Francesco Lauredano[23] wieder aufgenommen. Die „*Serenissima*" gibt der Form des „*pileus*" natürlich seine lokale Variante in Gestalt des „*corno*", das auch der Doge trägt.[24]

Im 18. Jahrhundert verbreitet sich das Mützensymbol in der Schweiz, in Amerika und Frankreich, während sich die feudalistischen deutschen Staaten, von so charakteristischen Ausnahmen wie der erwähnten Hamburger abgesehen, naturgemäß noch längere Zeit zurückhalten werden. Inzwischen hat sich aber der Verwendungsbereich des Symbols so differenziert, daß auf einzelne Bedeutungsfelder einzugehen lohnend erscheint.

In älteren Traditionen europäischer Volkskultur[25] wurzelt wohl das Aufstecken der Mütze in burleskem Kontext. So 1757 die Rote Mütze auf einer Kleiderpuppe im Bild des Pariser Straßenkarnevals von Etienne Jeaurat.[26] Ernstere Dinge meint das Bürgertum: In Holland führt 1730 die Frau mit der Mütze auf der Stange als Freiheit des Handels die Orientalen nach Amsterdam (Abb. 12)[27], seine Behinderung beklagt 1765 auf einer englischen Karikatur die sterbende Freiheit mit dem Seufzer : „It is all over with me"[28], Berner Verdienstmedaillen von 1751/52, 1759 und 1763 haben die Mütze auf der Stange im Kontext von Symbolen des Ackerbaus, des Fleißes und der Wissenschaft.[29] Die Freiheit der letzteren – Christian Thomasius forderte 1692 bekanntlich die Freiheit der Wissenschaften von seinem Landesherrn, indem er den Gelehrten neben den Fürsten stellte und Christian Gottlob Heyne sah ihren Fortschritt nur „ex libertate publica"[30] garantiert – rühmen auch die Fürsten, allen voran Kaiser

---

[23] Katalog „Im Lichte des Halbmonds", Kunsthalle der Bundesrepublik. Bonn 1995. Nr. 270 (= 1694) und Katalog „Türkische Kunst der Zeit der Osmanen", Villa Hügel – Essen. Recklinghausen 1985, Bd. 1. S. 199 (= 1756).

[24] Vgl. hier S. 526.

[25] Vgl. hier S. 523f. – Generell: Burke, P.: Helden, Schurken und Narren. Europäische Volkskultur in der frühen Neuzeit. Stuttgart 1981.

[26] Montgolfier, B. de: La Musée Carnavalet. Paris 1992. S. 64.

[27] Orbis antqui tabulae geographicae secundum Cl. Ptolemaeum, Amsterdam (Wetsten & Smith) 1730.

[28] Honour, H.: The New Golden Land. New York, London 1975. Abb. 136. – Die Abb. 131-142 geben einen guten Einblick in die Mannigfaltigkeit der Anwendung und Funktion von Freiheitsmützen in Nordamerika.

[29] Zeichen der Freiheit, a.a.O., S. 338, Nr. 175 und 177. MMAG 511, 1988, Nr. 129. Zum Ackerbau als Tugend des freien Bürgers vgl. die Cincinnatus-Rezeption in der Französischen Revolution (Harten, H.-Chr. u. E.: Die Versöhnung mit der Natur. Reinbek 1989. S. 39, Abb. 12), zu dessen monarchischer Tradition: Stähler, K.: Der Herrscher als Säer und Pflüger. Herrschaftsbilder aus der Pflanzenwelt. Münster 2001 (= Eikon 6). Zur Wissenschaft vgl. die Freiheit im von vorn ins Bild fallenden Licht der Aufklärung neben Minerva und mit Globus, Leier, Ackergerät auf dem Titelblatt der „Vermischten Schriften" Bd. 2. Zürich 1770 von Isaak Iselin, dem Gründer der „Helvetischen Gesellschaft".

[30] Heyne, Chr. G.: De veris bonarum artium litterarumque incrementis ex libertate

Karl VI., für den Daniel Gran 1730 das Deckengemälde der Hofbibliothek schuf, wo neben der „*Pax*" die Freiheit mit der Roten Mütze auf der Stange sitzt.[31] Minerva selbst hält die Stange mit der Mütze auf der Medaille, die 1757 die Stiftung einer Akademie der Wissenschaften durch Maximilian Joseph III. von Bayern preist.[32] Die Französische Revolution pflanzt schließlich die Freiheitsmütze auf das Akademiegebäude selbst.[33]

Politische Freiheit als Freiheit des bürgerlichen Individuums symbolisiert der „*pileus*" in England: 1737 feiert so eine Medaille das Andenken an John Hampton.[34] 1763 wird John Wilkes damit nach seiner berühmt gewordenen Kritik der Thronrede des Königs in der Nummer 45 seiner Zeitschrift „*The North Briton*" von Hogarth (Abb. 13) geschmäht und 1768 ehrt sie ihn aus demselben Grunde auf Paul Reveres Bostoner „*Liberty Bowl*" (Abb. 14). Aus dem reichen Freiheitsmützen-Repertoire vor und nach der Unabhängigkeits-erklärung der Vereinigten Staaten von Amerika übernimmt dann sogar in Deutschland ein Augsburger Stich von 1778[35] das Tea-Tax-Gespenst: eine Freiheitsmütze auf der Stange, sogar von einem herbeieilenden Indianer be-merkt, an den die Gründungsväter anfangs allerdings aber noch ebensowenig gedacht haben wie später zunächst die Franzosen an ihre Negersklaven, weshalb sie auch daran erinnert werden mußten[36], ein Freiheitssymbol also steigt in der Projektion der Weltgeschichte (= Chronos mit Globus und aufgeschlagenem Buch, eine Laterna magica haltend) aus dem explodierenden Bostoner Teekessel auf und wird in seinem politischen Anspruch dadurch gesteigert, daß unter dem Bild zwei bekränzte Medaillons an „W. Tell 1269" und „Holland 1560" erinnern. Historische Erinnerung als Gleichnis benutzt auch der Genfer Maler Jean-Pierre Saint-Ours, wenn er um 1782, als in seiner Vaterstadt „ein folgen-reicher Aufstand von der regierenden Oligarchie brutal niedergeschlagen"[37] in einem Bilde zeigt, wie Flamininus den Griechen ihre Freiheit zurückgab: ein Reiter trägt die hell leuchtende Mütze auf der Stange in die Menge des Volkes.[38]

---

publica. Göttingen 1763.

[31] Matschke, F.: Die Hofbibliothek in Wien als Denkmal kaiserlicher Kulturpolitik, in: Warncke, C.-P. (Hrsg.): Ikonographie der Bibliotheken. Wiesbaden 1992 (= Wolfenbütteler Schriften zur Geschichte des Buchwesens 17). S. 199ff.

[32] Auctiones AG. Basel 27, 1996, Nr. 1144.

[33] Laugier, M. A.: Das Manifest des Klassizismus = Essay sur l'architecture, 1753, übers. von H. Böck. Zürich, München 1989. S. 95, Abb. 16 (Zeichnung im Musée Carnavalet).

[34] Auctiones AG. Basel 17, 1988, Nr. 1415.

[35] Honour, a.a.O., Abb. 139.

[36] Vgl. Büste eines Negers mit Freiheitsmütze auf einem Stich nach Marie Louise Adelaide Boizot mit dem Titel „Moi libre aussi" (Goya, a.a.O., S. 355, Abb. 178).

[37] Zeichen der Freiheit, a.a.O., S. 472.

[38] Ebd., S. 473, Nr. 299.

Unmittelbar vor dem Tag der Bastille – läßt man wie üblich die Französische Revolution am 14.7.1789 beginnen – schwebt die Freiheit mit der Roten Mütze auf der Stange über dem Ballhaus-Schwur vom 20.6.1789 noch in den Wolken, die wie die Bostoner Tee-Dämpfe aus dem Kessel, im Saale aus der Versammlung emporsteigen – so ebenfalls *ex eventu* gemalt von Charles Monnet auf dem Salon von 1791 zu sehen.[39]

Doch noch einmal zurück nach Genf wegen seines berühmtesten Bürgers: Auf Titelblättern der Schriften von Jean-Jacques Rousseau finden sich natürlich Freiheitssymbole: Der „*Discours sur l'origine et les fondemens de l'inégalité parmi les hommes*" (Amsterdam 1755) ist mit dem Bilde einer im Grünen am Boden sitzenden Freiheit dargestellt (Abb. 15).[40] Sie hält den Hut auf der Stange, neben ihr entfleucht ein Vögelchen einem geöffneten Käfig, eine Katze – geläufiger emblematischer[41] Verweis auf Freiheit – schmiegt sich an sie. Die Idylle ist jedoch nur vordergründig, denn am Boden liegen Fesseln und ein Joch zerbrochen, und die Freiheit ist amazonisch zu verstehen, denn ihre eine Brust ist unverhüllt. Das Titelblatt des „*Contrat Social*" von 1762 rückt die Szene in einen Säulenportikus (Abb. 16). Die Freiheit thront auf einem Stuhle über einem Podest. Der Vogel schwebt über dem Käfig und die Katze streckt sich angriffslustig. In der einen Hand wird ein Szepter gehalten, mit ihrer Rechten hält sie die Mütze empor – so wie später Marat sie hält, triumphal von seinen Mitbürgern auf den Schultern getragen, und wie sie in Lebensgröße auf dem Gemälde von Jean-Baptiste Regnault 1794[42] über der Landkarte Frankreichs schwebt.

Doch bleiben wir bei Rousseau, ist es natürlich nur folgerichtig, daß das rückerinnernd-zukunftsweisende Freiheitszeichen auch an einem gleichsam sakralen Symbolort der Hoffnungen der Epoche zu finden ist – der Nachwelt fast vergessen, aber den Zeitgenossen in seiner Bedeutung durchaus bewußt: Eines der Reliefs an der zweiten, steinernen Ausführung des Rousseau-Grabes von 1780 auf der Pappel-Insel im Park von Ermenonville zeigt eine Gruppe von Kindern, die mit einer Fackel „Wickeln und Schnürleib, die Fesseln des ersten Alters, in Brand setzen, unterdessen daß die anderen mit einem auf einer Stange aufgesteckten Hut, dem Zeichen der Freiheit, herumtanzen und spielen" – so der Gartentheoretiker Hirschfeld. Seine beigegebene Zeichnung und eine weitere

---

[39] Paris, Bibl. Nat. Coll. de Vinck 1460 (nach Buchprospekt).

[40] Abbildungen nach Antiquariatskatalogen.

[41] Zur Freiheit in der emblematischen Literatur der Epoche vgl. Gravelot, H. F. – Cochin, Ch. N.: Iconologie par figures ou traité complet des allégories, emblemes etc. Paris 1765(?), (Repr. Genf 1972) Bd. 3. S. 31 und S. 33.

[42] Goya, a.a.O., Nr. 322 mit Farbtafel XIII (nach der kleineren Wiederholung). Wie Marat hält Regnaults Freiheit in der anderen Hand das Winkel-Lot als Zeichen der Gleichheit. Marat von Diogenes mit der Freiheitsmütze als wahrer Mensch, gefunden auf einem Stich von 1793 (Vidal-.Naquet, P.: Athen – Paris und zurück. München 1996. S. 127 [Abb.]).

von Le Rouge (Abb. 17) sowie eine moderne Photographie lassen übrigens eindeutig die Kopfbedeckung als Mütze erkennen.[43] Sie hat dieselbe Form wie die Mütze auf der Mastspitze jenes Schiffes, mit dem Kinder – Watteaus' „Einschiffung nach Kythera"[44] persiflierend – auf einem Stich von Geißler aus dem Jahre 1794 zur Rousseau-Insel übersetzen, wo um den aus seinem Grabe auferstehenden Befreier Kinder ihr Paradies gefunden haben.[45] Der rousseauschen Freiheit auf einem neuen Kythera läßt sich übrigens schon eine weitere aufklärerische Variante des watteauschen Pilger-Aufbruchs nach Kythera voranstellen: Eine Allegorie der „Geschicht-Beschreibung" auf einem Augsburger Stich von J. Wangner nach J. La Jouë zeigt Kinder auf dem Weg zu einem Monopteros, dessen helles Licht der Aufklärung den geschichts-schreibenden Putto „erleuchtet", während im dunklen Schatten der Zeit (Chronos) die Symbole der Vergangenheit – Fahne, Sklaven, Kette und Waffen – so zurückbleiben, wie im Bilde Watteaus die Symbole des Mars am Altarsockel der Venus-Statue geopfert werden.

Die durch Kontext und Stil evozierten antiken Vorbilder der Freiheitsmütze stiften also eine Tradition, die in der Symbolsprache der Neuzeit einen festen Platz hat. Solange sie für allegorisches Sprechen nur als Zeichen benutzt wird, bleibt sie auch im ancien regime durchaus tragbar – immerhin muß ihr Anblick etwa am Rousseau-Grab auch von mehreren anreisenden gekrönten Häuptern und anderen hochgestellten Personen ertragen werden. Anstößig wird sie offensichtlich erst, als die Angehörigen der Unterklasse das Symbol so ernst nehmen, daß sie es sich zunächst auf die eigenen Köpfe setzen und dann anderen aufnötigen. Interessant in diesem Kontext ist ein zeitgenössischer Kommentar aus Deutschland: Im „Journal des Luxus und der Moden" berichtet im Januarheft von 1793 ein Anonymus „über die Freyheits-Mütze der Römer" kenntnisreich und mit vielen Beispielen, darunter auch die Propaganda der Caesarmöder. Er zitiert ziemlich wörtlich offensichtlich aus Appian: „Einer unter ihnen trug eine Mütze auf der Pike und rufte durch Jedermann zur alten Freyheit auf."[46] Nachdem er dann konstatiert, daß das antike Symbol nicht für die „natürliche und angebohrne Freyheit" stand, sondern „auf die Wieder-erlangung dieses verlohrnen Guts" zielte, stellt er als Schlußfolgerung dem

---

[43] Hirschfeld, C. C. L.: Theorie der Gartenkunst Bd. 5. Leipzig 1785. S. 261 mit Abbildung auf S. 262. Le Rouge, G. L.: Jardins chinois 9. Paris 1781. Taf. 17: *„Tombeau de J. J. Rousseau dans l'isle de peupliers à Ermenonville de l'ordonnance de M. le Marquis de Gerardin".* Mathieu, R.: Ermenonville. Ermenonville o.J. S. 25. – Frdl. Hinweis von B. Korzus.

[44] Zweite = Berliner Fassung des Bildes von 1718 im Schloß Charlottenburg. Zur Deutung: H. Börsch-Supan in Katalog „Bilder vom irdischen Glück". Berlin 1983. S. 21ff. Zum Nachleben: B. Dieterle, ebd., S. 64ff. Vgl. Kupferstich von H. Tardieu 1733, ebd., S. 39, Abb. 24.

[45] Harten, a.a.O., S. 125, Abb. 62.

[46] Appian Bellum civile II 17 (19): „pîlon epi doratos ... epi tēn patrion politeian".

antiken, also dem antiquarisch legitimierten eigentlichen Gebrauch des Symbols, die moderne Verwendung als aus seiner Sicht offensichtlichen Mißbrauch entgegen: „Man würde gegen den Gebrauch dieser Mütze keine gegründete Einwendungen machen können, hätte nicht eine *A f t e r f r e y h e i t* häufigen Mißbrauch damit getrieben, und unter der geweihten Mütze, sehr unheilige Gesinnungen der Zügellosigkeit, zu verstecken gesucht. Dieß ist hoffentlich die Ursache, und nicht wirkliche Freyheitsscheu, warum der Anblick einer rothen Freyheits-Mütze izt Manchen so heftig empört."[47] Ein solides Antikenstudium kann also auch einen rechten Weg zur Freiheit zeigen! Seine Entrüstung über die Freiheitsforderung der Unterklasse teilt der Autor mit bürgerlichen Zeitgenossen. Wie er die sich ihrer selbst bewußt werdende „produktive Klasse" – so ein Selbstzeugnis vom Juli 1789 – mit den Begriffen „Afterfreyheit" und „Zügellosigkeit" beschimpft, so hat die bürgerliche Berichterstattung jener Ereignisse überhaupt ihre Schwierigkeiten mit dem durch eben diese Revolution neu bestimmten Inhalt des Begriffes „Klasse".[48]

Doch zurück zur Frühgeschichte unseres Symbols: Steht mit der Brutus-Mütze 1537 und 1792 eine antike Bildquelle für den *„pileus libertatis"* zur Verfügung, so kann für die Aufrichtung der Mütze auf der Stange noch ein weiteres, und zwar bedeutend früheres Zeugnis der Antike als Exemplum in Anspruch genommen werden, nämlich das in unserem Kontext bisher unbeachtet gebliebene, aber schon von J. J. Bachofen im *„Mutterrecht"* zitierte[49], bei Strabon überlieferte Aufstandssignal in Sparta aus der Zeit um 706 v. Chr. Damals verbündeten sich die wegen der langen Abwesenheit der Männer im messenischen Krieg inzwischen unehelich geborenen sogenannten Jungfrauensöhne (*„Partheniai"*) mit den Heloten gegen die Spartiaten „und kamen überein, als gemeinsames Zeichen (*„syssemon"*) auf dem Markt eine lakonische Mütze (*„pîlos"*) aufzurichten (*„ârai"*), um dann loszuschlagen."[50] Mit der lakonischen Mütze ist der Pilos der – lakonischen – Dioskuren gemeint. Strabon, der hier Ephoros von Kyme (4. Jh. v. Chr.) zitiert, kennt noch eine andere Version[51]: nach Antiochos von Syrakus (Ende des 5. Jh. v. Chr.) hatte man vereinbart, am Fest des Hyakinthos im Heiligtum von Amyklai loszuschlagen, wenn der Anführer Phalantos die ‚kynê' (Hundsfellkappe/Helm) aufsetzt. „Die Leute des Demos waren nämlich an ihrem Haar erkennbar", fügt Strabon hinzu, will sagen: das einfache freie Volk durfte keine Kappe tragen, sondern hatte

[47] Journal des Luxus und der Moden, hrsg. v. F. J. Bertuch, Bd. VIII. Weimar 1793. Jänner, S. 11-15. – Frdl. Hinweis von B. Korzus.

[48] Herrnstadt, R.: Die Entdeckung der Klassen. Berlin 1965. S. 128-132.

[49] Bachofen, J. J.: Das Mutterrecht (1861). Basel 1948. S. 940, Anm. 7.

[50] Strabon VI 3, 3 (280). Strabon ist seit 1423 im Westen bekannt. Wichtige Druck-Ausgaben: Rom 1469 (lat.), Basel 1523 und Genf 1587 (beide griech.-lat.).

[51] Strabon VI 3, 2 (278) = Jacoby 555 FgrH F 13.

barhäuptig das Haar zu zeigen.[52] Durch Verrat informiert, läßt man durch den
Herold dem Phalantos das Tragen der Kappe verbieten – die Verschwörung ist
geplatzt. Die Geschichte wird so detailliert berichtet – eine dritte Variante bei
Polyainos (2. Jh. v. Chr.) verlegt die Aufrichtung der Mütze („*pîlon
anascheîn*")[53] wiederum auf den Markt, weil die entlarvten Verschwörer, des
Landes verwiesen, als „Jungfrauensöhne" in Unteritalien für die Gründung des
später hochberühmten Tarent verantwortlich werden.[54]

Die Mütze auf der Stange ist also ein in der Antike gut bezeugtes Symbol.
Die Stange als „Senkrechte der Macht" zu mystifizieren, bleibt das Privileg
strukturalistischer Vordergründigkeit.[55] Durch die aufgesteckte Freiheitsmütze
ist aber auch der Freiheitsbaum[56] ausgezeichnet, wie ihn etwa die bekannte
Zeichnung Goethes von 1792 zeigt (Abb. 18). Doch diese glatte Stange scheint
eher die Ausnahme zu sein, üblicherweise wird die rote Mütze auf belaubte
Bäume gesteckt, denn wichtig ist natürlich die Konnotation von grünend
wachsendem Baum und lebendiger Freiheit.[57] Welche Bedeutung man 1792
diesem Symbol beimaß, zeigt die erstaunlich hohe Zahl von Freiheitsbäumen,
die im Verlauf der Kampagne des Abbé Gregoire in Frankreich errichtet
wurden: von 60.000 ist die Rede.[58] Ihre wohl unmittelbaren Vorläufer haben sie
in den nordamerikanischen Kolonien, wo seit 1765 „*Trees of Liberty*" so sehr
zu Kristallisationspunkten propagandistischer Aktionen wurden, daß 1770 eine
New Yorker Zeitung schreiben konnte, „offenbar verstehe man unter Freiheit
das Recht, ein Stück Holz als Götzen zu verehren."[59] Wenn auch im Einzelnen
nicht exakt nachzuweisen ist, durch welche Vermittlung man in Frankreich von
diesen Symbolen erfuhr – Lafayette, Payne, Franklin und Jefferson kämen in

---

[52] Vgl. unten Anm. 81.

[53] Polyainos, Strategem. II 14, 2. – Vgl. ebd. VII 12 über eine ganz andere „Mützen-
Aufrichtung": Dareios , der Perserkönig, ist auf seinem Saken-Feldzug mit seinem Heer
in einer Wüste vom Verdursten bedroht. In einem Regenzauber betet er zu „Apollo-
Helios". Dazu richtet er auf einem Hügel sein Szepter auf, das er mit seinem Königsmantel („*kándys*") behängt und auf das er seine königliche Mütze („*tiára*") setzt,
darum windet er das königliche Diadem. „Der Gott erhörte ihn und reichlicher Regen
rauschte nieder."

[54] Kiechle, F.: Lakonien und Sparta. München 1963. S. 176ff.; ders.: Messenische
Studien. Kallmünz 1959. S. 8f, Anm. 3.

[55] G. Blanchard bei Liris, a.a.O.

[56] Anderegg, S.: Der Freiheitsbaum. Ein Rechtssymbol im Zeitalter des Rationalismus.
Zürich 1968.

[57] Über „Gärten, Freiheitsbäume, republikanische Wälder, heilige Berge und Tugendparks in der Französischen Revolution" – so der Untertitel – handeln H.-Chr. und E.
Harten, a.a.O.

[58] Anderegg, a.a.O., S. 89.

[59] Ebd., S. 83.

Betracht[60], soweit berühmte Namen gefragt sind – ist andererseits auch durchaus mit bodenständigen Traditionen zu rechnen, denn „der Baum als revolutionäres Symbol erschien schon während der *Bauernaufstände*, die 1788 und 1789 in ganz Frankreich ausbrachen".[61] Hier spielen natürlich Vorstellungen vom Maibaum mit hinein.[62] Eigenartigerweise bietet aber auch gerade die im römischen Gallien bewahrte Ikonographie der orientalischen Erlösungsreligion des Attis Baum-Motive, die in unserem Kontext die lange Dauer entsprechender Vorstellungen in den Blick rücken. So zeigt ein Relieffragment aus Bordeaux[63] in der Szene des „*arbor intrat*" vier Männer beim Herbeischleppen eines riesigen Baumstammes und ein Reliefstein in Périgueux[64] einen mit Früchten und Bändern behängten Baum aus der phrygischen Mütze der Attis-Büste emporgewachsen.[65] Wegen der Befreiungstheologie der Erlöserreligionen mag an vergleichbare antike Symbolik erinnert werden: Als Eichenträger („*dryophóroi*") haben in Athen freigelassene Sklaven an Kultprozessionen teilzunehmen[66], und zum Zeichen der Lasten- und Abgabenfreiheit wird bei den Hethitern ein „*eja-*"Baum auf ein Grundstück gepflanzt.[67]

Doch zurück zur Kopfbedeckung. Aufgesteckt wird sie auch im bäuerlichen Deutschland[68], dargestellt etwa auf Sebald Behaims Holzschnitt (signiert NM,

---

[60] Ebd., S. 86f.

[61] Ebd., S. 87.

[62] Ebd., S. 56ff. S. 87f. Vgl. Hannig, J.: Vom Eigensinn der Freiheitsbäume, in: Arbeit, Frömmigkeit und Eigensinn, hrsg. v. R. van Dülmen. Frankfurt a.M. 1990. S. 171-213, bes. S. 182ff. zum Fortleben mittelalterlicher Vorstellungen vom Sonderrechtszustand, den die Baum-Aufrichtungen im Umfeld des Hambacher Festes 1832 evozieren. Ob Hannigs biedermeierlich verharmlosende Analyse seines Quellenmaterials – meist Gerichtsprotokolle – nicht auch mit minimalisierenden Schutzbehauptungen der Angeklagten und Zeugen zu rechnen hätte, wäre angesichts der Konsequenz im Einschreiten der Behörden noch zu fragen. Immerhin sieht sich auch im westfälischen Dorsten 1835 der Oberpräsident von Vincke veranlaßt, eine junge Birke auf dem Marktplatz zu beargwöhnen, die Gymnasiasten als Symbol ihrer Ferien-Freiheit ausgaben (Hdwb. d. dtsch. Aberglaubens, sv. Freiheitsbaum, Sp. 23).

[63] Bordeaux Mus. d'Aquitaine. Reallex. German. Altertumskunde II, sv. Bilddenkmäler, Sp 575, Taf. 59a (P. Buchholz).

[64] Périgueux, Mus. du Perigord. Vermaseren, M. J.: Cybele und Attis. The myth and the cult. London 1977. S. 133, Abb. 70. – Zum Baum im Mithras-Kult: D. Metzler in Festschrift für F. K. Dörner. Leiden 1978. S. 635, Anm. 106.

[65] Zum Baum als Symbol der mit Attis verbundenen Kybele siehe unten Anm. 121.

[66] Bekker, Anecdota Graeca 1, S. 242, 3.

[67] Otten, H.: Hethitische Totenrituale. Berlin 1958. S. 107, Zeile 9.

[68] Vgl. Stewart, Alison G.: The First „Peasant Festivals". Eleven Woodcuts […] by Barthel and Seebald Behaim and Erhard Schoen, ca. 1524-35. New York, Columbia, Diss. 1996 – Ob die Mütze auch spezifische agrarische Konnotationen hat, vermag ich einstweilen nicht zu eruieren. Immerhin wird sie von Bauern bei der Arbeit auf den Monats-Tellern von Pierre Reymond (Lomoges, 2. H. 16. Jhdt. Berlin, Staatl. Mus. Kunstgewerbemuseum Inv. K 5006ff.) getragen (frdl. Hinweis von S. Metzer), im 10.

1534) „Nasentanz von Gimpelsbrunn", wo der maibaumartig aufgerichtete Mast Nase, Kranz und Mütze trägt. Sind es auch „Gimpel", die hier tanzen, so darf doch nicht vergessen werden, daß Sebald Behaim einer der „drei gottlosen Maler" ist, die 1525 wegen ihrer Parteinahme für die Bauern aus Nürnberg ausgewiesen worden waren. Bei den freien Friesen bedeutete „*thene hod upsteta*" – den Hut aufrichten – das Volk zusammenzurufen.[69] Jacob Grimms einschlägiger Artikel „Hut" in seinen „Rechtsaltertümern" zieht auch antike Quellen heran, die die Mütze – den „*pileus*" – als Zeichen des Freien behandeln. Das bekannteste dort genannte Ereignis ist die Freude der Plebs in Rom nach dem Tode des Tyrannen Nero – „*pilleata*" = mit dem „*pileus*" auf dem Kopf, als Zeichen der wiedergewonnenen Freiheit lief man durch die Stadt.[70]

Als „*turba pileata*" wird auch der ausgelassene Schwarm der Saturnalien-gäste bezeichnet[71], „*pilleati epulati sunt*" wird von Teilnehmern eines Gelages in Benevent gesagt, das Gracchus für den Tempel der Libertas malen ließ.[72] „*Ad pilleum vocati*" heißt es von den Sklaven in Syrakus[73], die hier zur Verteidigung der Stadt aufgerufen werden, wie einst die Gefolgsleute des Phalantos in Sparta zum „*pîlos*" gerufen worden waren. Freigelassene Sklaven erhielten in Rom den „*pileus*"[74] – frühester Nachweis 214 v. Chr. 201 trug ihn auch ein aus karthagischer Kriegsgefangenschaft befreiter römischer Senator.[75] Das früheste erhaltene Bilddokument – ein Denar von 125 v. Chr. – zeigt Libertas den „*pileus*" in der vorgestreckten Rechten haltend auf einer Quadriga[76] (Abb. 19). Gesammelt hat die entsprechenden römischen Bild- und Textzeugnisse bis hin zu den schon genannten Münzbildern des Brutus und Galba Stefan Weinstock.[77]

Jhdt. aber auch von Jahreszeiten-Figuren (Fuldaer Handschrift in Tübingen, UB, theol. lat. fol. 192, abgebildet in Boeckler, A.: Deutsche Buchmalerei vorgotischer Zeit. Königstein 1959. Taf. 22 – frdl. Hinweis von I. Metzler), die über im Jahr (Annus) ausgehende Ranken ihrerseits einen Rahmen mit Monatsbildern halten. Verweisen ihre roten Spitzmützen auf „Reste alter Kultkleidung" früher Schutzgeister (Danckert, W.: Unehrliche Leute. Bern – München 1963. S. 248)?

[69] Grimm, J.: Deutsche Rechtsaltertümer. Leipzig [4]1922, Bd. 1. S. 208, sv. Hut (Frdl. Hinweis von A. Salomon).

[70] Sueton, Nero 57, 1.

[71] Livius 45, 44, 9. Vgl. Martial 11 6, 4 („*pilleata Roma*") und 14 6, 4 („*pillea*" beim Saturnalienmahl des Kaisers). Einen weißen „*pîlos*" tragen auch die Eingeweihten im Festzug der Mysterien von Andania (Sokolowski, F.: Lois sacrés des cités grecques. Paris 1969. NR. 65, Zeile 13).

[72] Livius 24, 16, 18.

[73] Livius 24, 32, 9.

[74] Livius 24, 16, 18f. Weinstock, S.: Divus Julius. Oxford 1971. S. 136.

[75] Livius 30, 45, 5. Weinstock, a.a.O., S. 136.

[76] Crawford, a.a.O., S. 266, S. 270.

[77] Weinstock, a.a.O., S. 135ff., Taf. 15.

Während in Rom jedoch der *„pileus"* – schon vor den Kontakten zum Orient – immer den ehemals Unfreien bzw. in der Festfreude der Saturnalien den Ausnahmezustand kennzeichnet, die Freiheit also quasi ex negativo als einen bedingten Status definiert, bezeichnet auf einer früheren Stufe der Entwicklung, bei indoeuropäischen Stammesgesellschaften, die Mütze nur den höchsten Rang der Freien, wie etwa bei den Skythen.[78] In der Ikonographie der Griechen tragen daher auch die den Skythen benachbarten Amazonen, die ihre Freiheit der Knechtschaft einer Ehe vorzogen[79], die Mütze (Abb. 20), und entsprechend kennt die neuzeitliche Ikonographie die Allegorie der Freiheit in amazonischer Tracht.[80] Nach Jordanes sind bei den Goten die Freien die *„kometa"i* = die (Lang-)haarigen[81], unter denen wiederum aber allein Priester und Könige den *„pîlos"* tragen dürfen. Dem erwähnten Phalantos und seinen spartanischen *„Partheniai"*, die ihren unterprivilegierten Status durch einen Aufstand zu verbessern trachten, wird also mit dem Tragen der *„kynê"* oder des lakonischen *„pîlos"* genau jener höchste Rang durch das Einschreiten des Herolds verweigert. Diese Rangstaffelung kann indirekt durch ein weiteres Beispiel erläutert werden: Der Daker Decebalus schickte erst bei einem zweiten Verhandlungsversuch, nachdem der erste mit den *„kometai"* gescheitert war, die „Würdigsten" zu den Römern, nämlich die Mützenträger (*„pilóphoroi"*).[82] Dem entspricht im sassanidischen Iran, daß der Groß-Magier Karter im autobiographischen Teil seiner Felsinschrift erst relativ spät in seiner Karriere notiert, König Hormizd habe ihm Mütze und Gürtel verliehen (*„kulaf ud kamar dad"*), ihn also schließlich geadelt.[83] Kulaf ist letztlich jene *„tiara"*[84], die einst – in besonderer Form und wohl auch Farbe – die achämenidischen Großkönige trugen. Ferner ist hier noch die Kappe zu nennen, die – von den nördlichen Nachbarn vermittelt – in China die „Tracht der Oberschicht der alten Zeit"

---

[78] Lukian, Toxaris 1. Grimm, a.a.O. Bd. 1. S. 378. Dumezil, G.: Romans de Scythie et d'allentour. Paris 1978. S. 193ff. – Einer der frühesten archäologischen Belege für die spitze Mütze der Steppenvölker ist das geometrische Terrakotta-Köpfchen, das A. Bammer kürzlich zusammen mit einer kimmerischen Bronzeglocke *u n t e r* dem Fundament des Kroisos-Baues im Artemision von Ephesos gefunden hat (ÖJH Beibl. 58. Sp. 23 = Art. 87/K 353).

[79] Iustinius 2 4, 5: *„servitutem, non matrimonium appellantes."*

[80] Zeichnungen von P. P. Prudhon (Goya, a.a.O., Nr. 316 und 317), Gemälde von A.-J. Gros (Revue du Louvre 1989, H. 1. S. 3).

[81] Jordanes Bd. 1. S. 377. Grimm, a.a.O. Bd. 1. S. 333. Zum langen Haar männerbündischer Krieger vgl. D. Metzler in The Archaeological Advertiser, Spring 1980. S. 62 und ders. in Visible Religion 7 (1990). S. 188, Anm. 72.

[82] Dio Cass. 68, 9, 1. Grimm, a.a.O. Bd. 1. S. 377.

[83] W. Hinz in Archäol. Mitt. aus Iran NF 3 (1970). S. 260.

[84] Gall, H. von: Die Kopfbedeckungen des persischen Ornats bei den Achämeniden, in: Archäol. Mitt. aus Iran NF 7 (1974). S. 145-161.

bedeutete.[85] Möglicherweise ist eine frühe Form davon in einer hohen, spitzen Filzkappe aus einem bronzezeitlichen Neufund in Xiemo/Sinkiang zu sehen.[86] Im tibetisch-mongolischen Pantheon tragen Trabanten von Totengöttern gelegentlich eine in unseren Kontext gehörende Mützenform, die S. Hummel von westasiatischem Einfluß aus hethitisch-phrygischer Zeit her deutete.[87] Diese Mützen stehen gleichsam am östlichen Rand der Steppenvölker, deren Kultur die der Goten, Daker und Iraner beeinflußte.

Im Westen sind möglicherweise die Thronenden mit Spitzmützen auf Reliefs der venetischen Situlen-Kunst des 6. Jh. v. Chr. zu nennen.[88] Sie haben eine so auffallende Ähnlichkeit mit dem „Horn" („corno") des venezianischen Dogen[89], daß ich Goethe folgen möchte, der in seiner „Italienischen Reise" – dessen Kopfbedeckung ebenso wie Heinse in seinem „Ardinghello" nicht ohne erotische Pikanterie – schlicht als „phrygische Mütze" bezeichnete.[90] Als sie übrigens seine wichtigste Insignie wurde, verband man mit ihr gerade das Bewußtsein der Unabhängigkeit Venedigs vom Byzantinischen Reich – unter Jacopo Tiepolo (1229-49).[91] Da das „corno" aber auch – auf dem Fresko eines anderen Tiepolo (Giandomenico) im gotischen Zimmer der Foresteria der Villa Valmarana um 1750 – als Kopfbedeckung einer Frau vom Lande[92] auftaucht gleichsam als „gesunkenes Kulturgut" interpretierbar, möchte ich, was ihre eigenartige Form angeht, für lokale, eben venetische Traditionen plädieren.

Als bisher früheste Stufe in der Geschichte der Freiheitsmütze haben wir diese somit als die Insignie der hochrangigen Freien der Stammesgesellschaften – und ihrer Nachfolgeinstitutionen – festzumachen versucht. Beim Zusammentreffen dieser Kultur mit dem entwickelten Staat, wie er das republikanische Rom im 2. Jahrhundert v. Chr. charakterisiert, kommt es zu einer bemerkenswerten Ambivalenz der Deutungsmöglichkeiten: die demonstrative Unterwürfigkeit des vor dem Senat 167 v. Chr. als Bittsteller auftretenden

---

[85] Eberhard, W.: Lokalkulturen im alten China Bd. 2, 2. Peking 1942. S. 51 (Reihe 43, 2).

[86] Xiaobing Li: A study on the costume and Urumqi adornment of the nationalities in the western regions of China. Urumqi 1995. Abb. 96 (chinesischer Text).

[87] Hummel, S.: Die Jakobinermütze im Parivāra des Yama, in: Asiatische Studien 23 (1969). S. 41ff. – frdl. Hinweis des Autors.

[88] Ljubljana, Archäol. Mus.: Situla aus Vace (Gamber, O.: Waffe und Rüstung Eurasiens. Braunschweig 1978. Abb. 261. Bei Gamber ist auch eine erhaltene antike Spitzmütze aus Hallstatt abgebildet [Abb. 263]).

[89] Z.B. San Marco, Capella di Sant'Isidoro: Mosaik des 14. Jhdts. (Zorzi, A.: Venedig. München 1981. S. 96; vgl. auch S. 20, S. 24, S. 25 und S. 30).

[90] J. W. Goethe, Italienische Reise unter dem 6.10.1786 zum Hochamt in Santa Giustina. W. Heinse, Ardinghello und die glückseligen Inseln (1785/1794), hrsg. v. M. Baeumer. Stuttgart 1975. S. 14 mit Kommentar.

[91] Muir, E.: Civic ritual in renaissance Venice. Princeton UP 1981. S. 207.

[92] Chiarelli, R.: I Tiepolo a Villa Valmarana. Mailand 1980.

bithynischen (= thrakischen) Königs Prusias II. läßt die Römer und ihre Historiker seinen *„pîlos"* mit der ihnen bekannten Kopfbedeckung der Freigelassenen gleichsetzen. Ob er damit nicht eher seine Identität als thrakischer Fürst – wenigstens vor sich selber – zu wahren bedacht war, kann mangels entsprechender Selbstzeugnisse zur Vermutung bleiben.[93]

Da das thrakische Bithynien ethnisch und geographisch durch die phrygische Einwanderung bestimmt ist, dürfte die Kopfbedeckung des Königs Prusias aus heutiger Sicht wohl mit Recht als „Phrygische Mütze" zu bezeichnen sein und damit die Frage aufwerfen, wie es zu dieser gerade in der Literatur zur Französischen Revolution üblichen Bezeichnung der Mütze kam. Rolf Schneider hat in den entsprechenden Quellen nun aber ambivalente Wertungen des Phrygischen in Rom aufweisen können.[94] Denn *„Phryges"* ist nicht nur der poetische Name für die trojanischen Urahnen der Römer – Paris trägt die entsprechende Mütze (Abb. 21)[95] oder auch die vor Troja von Achill erbeutete Briseis auf einem spätantiken Silberteller des 6. Jh.[96], sondern eher noch häufiger wird der Name zur formelhaften Denunzierung allen Orientalischens gebraucht – vom Tyrannen und seinem Luxus bis zum verächtlichen Sklaven. Phrygisch wird zum Synonym für asiatisch[97] – hat aber andererseits auch parallele Bennenungen nach einzelnen phrygischen Stämmen im „mysischen" Mützchen (*„pilidion"*), mit dem Aristophanes den Euripideischen Telephos als Bettelgestalt karikiert[98] oder in der „mäonischen" Kappe (*„mitra"*) des vergilischen Paris, die schon Winckelmann nach einer Büste im Palazzo Negroni mit der „Phrygischen Mütze" identifizierte – sie ist „um das Kinn und das öltriefende Haar gebunden".[99] Juvenal schließlich spricht (Anf. 2. Jh. n. Chr.) von der *„Phrygia tiara"*[100], sie hat Wangenlaschen, denn durch sie wird die Backe bedeckt (*„bucca vestitur"*) (Abb. 22).

---

[93] Polybios 30, 18. Diodor 31, 15, 1-3. Livius 45, 44, 4-19.

[94] Schneider, R. M.: Bunte Barbaren. Worms 1986. S. 123.

[95] Z.B. auf der sog. Portland Scheibe im Brit. Mus. (Glas, 1. Jhdt. n.Chr.). Phryger heißen die Begleiter des Priamos auch im 5. Jhdt. v.Chr. (Aristophanes bei Athenaios I 21 F).

[96] Leningrad, Eremitage Inv. ω 350 (Ausstellungskatalog „Frühbyzantinische Silbergefäße aus der Eremitage". Berlin (Ost) 1978. Nr. 9, Abb. 19).

[97] Vgl. die Quellen bei Schneider, a.a.O., S. 123.

[98] Aristophanes, Acharn. 439. Zur aristophanischen Parodie der „Barbarisierung" mythischer Gestalten auf der Bühne des Euripides vgl. Hall, E.: Inventing the Barbarian. Oxford 1989 mit Rez. Hephaistos 11/12 (1992/93). S. 215ff., bes. S. 221f.

[99] Vergil, Aen. 4, 216. Winckelmann, J. J.: Geschichte der Kunst des Altertums. Dresden 1764. S. 308. Die Büste mit Laschen-Tiara und besonderem Tuch um das Kinn (Paris?) befindet sich jetzt in London (Brit. Mus. 1769. Smith, Sculpture III 115. Bienkowski, P.: De simulacris barbarum gentium apud Romanos. Krakau 1900. S. 90f., Abb. 89). – Frdl. Hinweis von M. Kunze.

[100] Juvenal 6, 156.

Als solche taucht sie als Freiheitsmütze vor der Französischen Revolution meines Wissens gar nicht auf und nach 1789 zunächst höchst selten – J. B. Regnaults *„Freiheit oder Tod"* von 1794[101] ist eher die Ausnahme. Vorherrschend bleibt die Adaption des *„pileus libertatis"* der Brutus-Münze in mal weicherer, mal festerer Textur. Unklar ist mir, auf welchem Wege das antiquarische Wissen vom Aussehen der „Phrygischen Mütze" mit den Wangenlaschen in die revolutionäre Ikonographie geriet und warum erst spät. Freiheit ist mit der orientalischen Mütze Juvenals nicht gemeint. Dennoch scheint es mir sinnvoll, darauf hinzuweisen, daß im 1. Jh. n. Chr. der „Republikaner" Lucanus in seinem Abgesang auf die Freiheiten der untergegangenen römischen Republik schreiben konnte: *„Libertas ultra Tigrim Rhenumque recessit".*[102] Von jenseits des Tigris verkündeten im Altertum sybillinische und andere Orakel Befreiung, versprachen die Mysterien des Attis oder des Mithras[103] – um von den Göttern hier nur die Träger phrygischer Mützen zu nennen – Erlösung, und auf die englische Freiheit aus den „gotischen" Wäldern, deren Eichen als die Freiheitsbäume par excellence gelten[104], verwies im 18. Jahrhundert Montesquieu.

Doch zurück zum Aufstandsversuch im alten Sparta, dessen Symbolsprache Bachofen mit der lapidaren Bemerkung zitiert: *„'pîlos'* heißt auch jener Hut, den die lakonischen Parthenier und die Heloten als Zeichen ihrer mütterlichen Brüderlichkeit auf dem Markt von Sparta errichteten."[105] Ohne hier auf die längst noch nicht erledigte Matriarchatsproblematik eingehen zu wollen, verdient die „mütterliche Brüderlichkeit" doch einige Aufmerksamkeit. Denn der *„pîlos lakonikós"* ist die Mütze der Dioskuren, jener *„fratres pileati"*, die der Mythos aus dem Ei der Leda geboren werden läßt. „Jedem der beiden Dioskuren gehört die Hälfte des Eis, aus welchem sie hervorgegangen sind"[106] – von Lukian persifliert, indem er die libyschen Garamanten aus einem übergroßen Straußenei zwei *„pîloi"* fabrizieren läßt.[107] Bachofens romantischer Universalismus bringt ganze Ketten von Assoziationen der Symbolik des Ur-Eies mit ursprünglicher Naturhaftigkeit und – als Rechtshistoriker tut er dies – mit daraus abgeleitetem Naturrecht auf Freiheit und Gleichheit.[108] Hinzuzufügen ist der Vorstellungskomplex, der im *„pileus"* – der Kopfbedeckung in der Form

---

[101] Hier Anm. 42.

[102] Lucan 7, 434.

[103] Widengren, G.: Die Religionen Irans. Stuttgart 1965. S. 199ff. Vgl. Metzler (hier Anm. 64).

[104] Harten, a.a.O., S. 114.

[105] Bachofen, Mutterrecht, S. 940. Bachofens „Brüderlichkeit" greift hier *adelphoús* bei Strabon 6, 3, 3 (280) auf.

[106] Bachofen, J. J.: Versuch über die Gräbersymbolik der Alten (1859). Basel 1925. S. 191f.

[107] Lukian, de dipsad. 7 ad finem.

[108] Bachofen, Gräbersymbolik, S. 190ff. und ders., Mutterrecht, S. 371ff., S. 940f.

des halben Dioskuren-Eies – die abgeleitete Bedeutung des *„pileus"* als Eihaut des Embryos[109], als *„amnion"* mitdenkt. Auf die eminente sakrale Bedeutung entsprechender Vorstellungen hat G. Lüling hingewiesen[110], und C. Ginzburg verband sie – anknüpfend an seine Untersuchung der *„Benandanti"*, der wohlwollend Ausfahrenden, mit der in Alt-Eurasien weit verbreiteten Symbolgruppe Glückshaube – Tierhaut – Umhang oder Kappe, die Kriegergruppen, Totenheere oder schamanisierende Individuen als „Schwellenfiguren" kennzeichnet.[111] Der „arische Männerbund"[112] ist die soziale Gruppierung, in der sich die Schnittlinien dieser komplexen Erscheinung kreuzen. Als eine so organisierte Gruppe möchte ich die Gefolgschaft verstehen, die Phalantos in Sparta in seine Hetairie aufnimmt, und die er unter dem Zeichen der Dioskuren-Mütze bzw. der Hundsfellkappe (*„kynê"*) – in der zweiten Version der Geschichte – zum Aufstand vereint.

Dieselbe Funktion der beiden unterschiedlichen Kopfbedeckungen in den bei Strabon erhaltenen Varianten der Quellen – Antiochos und Ephoros – ist auch geeignet, ein methodisches Problem zu lösen, denn ausgehend von dem Zeichen „Kopfbedeckung auf Stange" habe ich den jeweiligen Erscheinungsformen der Freiheitsmütze – oder auch des Hutes (in den Niederlanden, bei den Friesen oder in Schweizer Kantonen) – wenig Beachtung geschenkt. Sie scheinen nicht nur modisch bedingt, wie schon ein simpler Überblick allein über die Bildquellen der wenigen Jahre der Französischen Revolution ergibt, die typologisch sehr heterogene Varianten zeigen, sondern auch durch antiquarische, literarisch oder ikonographisch vermittelte Kenntnisse bzw. Interpretationen wechselnder antiker Vorbilder inspiriert zu sein. „Die Urform der phrygischen Mütze" – so der Titel eines wichtigen Aufsatzes von G. Seiterle[113] – muß also nicht einheitlich gewesen sein. Die von mir favorisierte Filzmütze[114], der *„pîlos"*, begegnet in durchaus unterschiedlichen Formen. Aber bei den Steppenvölkern, in Sparta und in Rom signalisiert sie immer – wiederum jeweils anders verstandene und als Privileg umkämpfte oder verteidigte – Freiheiten. Wenn Seiterle seiner Marianne eine technisch und ikonographisch überzeugend rekonstruierte „phrygische" Mütze aus gegerbtem Stierhoden aufsetzt, so entspricht das nicht nur der römischen Vorschrift, daß die Priestermütze aus der Haut des Opfertieres (*„ex pelle hostiae caesae"*) zu sein hat[115], sondern fügt diese Variante in die

---

[109] Ael. Lamprid. (SHA), Anton. Diadumen. 4, 2-3.

[110] Lüling, G.: Die Wiederentdeckung des Propheten Muhammad. Erlangen 1981. S. 297 mit Anm. 81.

[111] Ginzburg, C.: Hexensabbat. Berlin 1990. S. 164 und S. 268f.

[112] Wikander, S.: Der arische Männerbund. Lund 1938.

[113] G. Seiterle in Antike Welt 16 (1985). S. 3-13.

[114] *„Pîlos"* bedeutet „Filz". Zur Frühgeschichte der Filzproduktion: Burkett, M. E.: The art of the felt maker. Kendal 1979.

[115] Servius, Aen. 2, 683.

Reihe der Tierfellhauben, deren politisch-sakrale Funktion A. Alföldi[116] auf breitester Quellenbasis so aufgearbeitet hat, daß sie sich in C. Ginzburgs erwähntes Konzept fügen. Denn mit der Hundsfell-Kappe ruft Phalantos seine (lang-)haarigen Gefolgsleute aus den Reihen der Gemeinfreien („*demos*") nicht nur zu sakral zu legitimierenden, weil gesetzte Grenzen übertretende Gewalt auf, sondern beansprucht damit auch zugleich die an diese Insignie gebundenen Privilegien der Oberschicht der Freien, die diese ihm durch das Eintreten des Herolds aufzusetzen verweigert.

K. Meuli, bei dem die „*pîlos*"-Mützen im Kontext von Tierfellhauben und Tiermasken stehen, öffnet mit den Worten: „über die höchst denkwürdige Geschichte, die von ferner Vorzeit bis in die Tage der französischen Revolution reicht, wäre viel zu sagen"[117] den Blick für eine weiträumige Sicht der Symbolbedeutung angeblicher roter Schiffermützen, die erst im dritten Jahr der Revolution zu deren verbreitetsten Emblemen geworden wären. Wie weit diese „ferne Vorzeit" konkret zu fassen ist, ist schwer zu bestimmen. Die mutterrechtlich-männerbündischen Elemente, die im archaischen Sparta Funktion und Bedeutung des „*pîlos*" bestimmen, weisen in mehrfacher Hinsicht auf das hethitisch geprägte Kleinasien: Pelops, der Heros eponymos der Peloponnes ist Phryger[118], der ihn im Wettstreit begünstigende Wagenlenker Myrtilos trägt einen hethitischen Namen („*Mursili*"), Leda, der Name der Mutter der von einem Vogel gezeugten beiden Dioskuren, ist ein Appelativum – „*lada*" bedeutet im Lykischen Mutter.[119] Als Kybele mit zwei begleitenden Knaben ist die entsprechende Muttergestalt bekanntlich im phrygischen Hattusa dargestellt.[120] Ferner lassen sich Kernbegriffe griechischen Selbstbewußtseins – wie „*eleútheros*" (= frei) – über seine mykenische Schreibung „*e-re-u-te-ro*" mit hethitisch „*arava*" (abgabenfrei)[121] und „*esthlos*" (edel) mit heth. „*hastalis*" (edel)[122] verbinden, um von Reihen von Eigennamen und Titeln ganz zu schweigen. Diese anatolischen Bezüge sind insofern von Bedeutung als auch zwei weitere „republikanische" Symbole dort festzumachen sind: der schon erwähnte, aber

---

[116] Alföldi, A.: Die Struktur des voretruskischen Römerstaates. Heidelberg 1974.

[117] Meuli, K.: Altrömischer Maskenbrauch (1955). Basel, Stuttgart 1975 (= Gesammelte Schriften). S. 269.

[118] Herodot 7, 11, 4. Thukydides 1, 9, 2.

[119] Bachofen, Mutterrecht, S. 234.

[120] Akurgal, E.: Die Kunst Anatoliens von Homer bis Alexander. Berlin 1961. Abb. 55.

[121] Ota, H.: Atti e Memorie del I° Congresso Internaz. di Micenologia (1967). Rom 1968, Bd. 3. S. 1116. Szemerenyi, O.: Indo-european Kingship, in: Acta Iranica 16 (1977). S. 108ff., bes. S. 116. – Zu den Symbolen der Kybele rechnet Symeon, G.: Les illustres observations antiques. Lyon 1558, in der Abbildung „Cybeles Aux Pennes" neben Löwe, Spieß, Flöte, Zimbeln und Triangel sowie (Freiheits-)Baum auch eine phrygische Mütze auf der Stange – das Ganze vor einem Stadttor, also auf dem Lande (Abb. 23).

[122] O. Szemerenyi in Journ. Hell. Stud. 94 (1974). S. 154.

für mich nicht näher bestimmbare „*eja*"-Baum[123] wegen seiner Exemptions-
symbolik als Analogon zum Freiheitsbaum und das Rutenbündel – seit 1789
(Declaration des Droits de l'Homme et du Citoyen vom 26.8.1789) in der
Revolutionsemblematik immer wieder Träger der aufgesteckten Freiheitsmütze,
dessen römisches Vorbild („*fasces*") auf urartäische Barsom-Bündel zu-
rückweist.[124] Schließlich ist die spitze Mütze selbst in ihrer hohen Variante
Bestandteil der hethitischen Göttertracht.[125] Die genannten Dinge und die sie
tragenden Konzepte scheinen mir als Elemente einer Stammeskultur von nach
Anatolien eingewanderten Kriegern eher erklärbar zu sein als durch wohl doch
wenig wahrscheinliche Einflüsse aus den Hochkulturen des Alten Orients, bei
deren zentralistisch-bürokratischer Struktur an solche Freiheiten zu denken eher
schwerfällt.

Ein Aspekt der Freiheitsmütze in der Französischen Revolutionj läßt sich
allerdings in noch weitere zeitliche Ferne zurückverfolgen: ihre Farbe – Rot.[126]
Insofern nämlich rot, ocker und ähnliche Färbungen – real oder literarisch – mit
dem Totenbrauch verbunden sind[127], sind in der Farbe des Blutes Vorstellungen
vom Weiterleben nach dem Tode zu sehen, gehören somit in geistige Konzepte,
die vor die Hochkulturen zurückreichen und über Konnotationen zu glückhaftem
Leben, Sonne, „Paradies im Osten" durchaus utopische Vorstellungen[128] im-
plizieren, so daß es nicht verwundert, immer wieder in der Geschichte Rot als
Aufstandsfarbe wiederzuerkennen.[129] Entsprechende Phobien lassen es heutzutage wenig opportun erscheinen, diesen Aspekt farbiger auszumalen. Nicht
verkneifen kann ich mir allerdings die Hinweise auf die rote Signalfahne des
Schrankenwärters, der in Daumiers bekannter Karikatur dem Bürger im vor-
beifahrenden Zugabteil den Schrecken in die Glieder fahren läßt und auf
Dittersdorfs' harmloses „Rotkäppchen", das 1794 in den Haag umgetauft wurde

---

[123] Hier Anm. 67.

[124] Drews, R.: Light from Anatolia on the Roman fasces, in: Amer. Journ. Philology 93
(1972). S. 40-51. Calmeyer, P.: Barsombündel im 8. und 7. Jhd. v. Chr., in: Festschrift
für E. Homann-Wedeking. Waldsassen 1975. S. 11-15.

[125] Z.B. Felsrelief von Yazilikaya (Cornelius, F.: Geschichte der Hethiter. Darmstadt
1973. Abb. 43).

[126] Sofern auf antiken Denkmälern Farben erkennbar sind, ist Rot für die phrygische
Mütze bei Mithras, Adonis (?), Penthesilea und Paris gelegentlich nachweisbar.

[127] Varro bei Servius, Aen. 3, 67. Samter, E.: Volkskunde im altsprachlichen Unterricht
Bd. 1. Berlin 1923. S. 130-132. Wunderlich, E.: Die Bedeutung der roten Farbe im Kult
der Griechen und Römer. Giessen 1925. S. 46ff. Meyer, H.: Die Rote Fahne, in: ZRG
Germ. Abt. 50 (1930). S. 310-353.

[128] Wunderlich, a.a.O., S. 103. Vgl. Günther, R. – Müller, R.: Sozialutopien der Antike.
Leipzig 1987.

[129] Rot als Aufstandsfarbe im Iran (Mazdakiten), im Islam (Babak der Churramit in
Gurgan, 8. Jhdt.), in England 1647 (Hill, Chr.: The world turned upside down. London
1972. S. 49f.), bei Ketzern im deutschen Mittelalter (Grundmann, H.: Religiöse
Bewegungen im Mittelalter. Darmstadt ²1961. S. 408).

und auf der Bühne ein blaues Käppchen tragen mußte[130] – gerade ein Jahr bevor
auch in Frankreich das Tragen des „*Bonnet Rouge*" von der Thermidor-Re-
gierung verboten wurde, und seine verstockten Träger von den jugendlichen
Dandys der Incroyables verprügelt wurden.[131]

Um sich vom Thema loszureißen – die Geschichte des propagandistischen
Rückgriffs auf das Symbol der Jakobinermütze in den vergangenen zwei Jahrhunderten wäre interessant genug – mag zum Schluß auf Wege ihres Verschwin-
dens[132] hingewiesen werden: Zwar trägt 1831 Delacroix' „Freiheit auf den
Barrikaden" (Abb. 25) noch ihre Rote[133] Mütze wie einen wilden Aufschrei[134]
ins Bild – und in die Zukunft[135], aber die offiziellen Darstellungen der Freiheit
und der Republik verlieren im Laufe des 19. Jahrhunderts immer schneller ihre
Freiheitsmützen, bis „Marianne" nicht nur bonapartistisch mit Polizeigewalt verfolgt, sondern sogar durch die Madonna ersetzt wird.[136] Andererseits blieb
Delacroix' „*Freiheit*" ein so bedeutendes Zeichen, daß diese Bildform selbst für
ihren tragischen Fall evoziert werden konnte: Th. A. Steinlens „*Tod der Louise
Michel*" auf der Barrikade der Commune von 1870 zusammenbrechend, mit

---

[130] E. Kruttge in Zs. f. Musikwiss. 6 (1923/24). S. 32. – Frdl. Hinweis von B. Korzus.

[131] Harris, a.a.O., S. 310. – Zwei Jahre zuvor feiert eine Medaille auf Friedrich Josias
von Sachsen-Coburg den Sieg der Koalition vom März 1793 über die Republik in
Belgien mit der Figur einer Victoria, die die Brandfackel an die Stange mit der
Freiheitsmütze legt (Auctiones 17, Basel 1988, Nr. 1100 = Grasser 555) – hier Abb. 24.

[132] Wichtig wäre auch der wissenschaftliche Beitrag zum Verschwinden-Lassen:
Peinlicherweise wurde jüngst nämlich auch noch eines der wenigen Beispiele einer
deutschen Freiheitspersonifikation mit dem *pileus* auf der Stange, nämlich die matro-
nenhaft bieder antikisierte engelähnliche Gestalt neben einer ebenso langweilig matro-
nenhaften Germania auf einem Blatt von 1848 als „Marianne" mißdeutet – eine
Beleidigung des ästhetischen Empfindens unserer Nachbarn und ein bemerkenswertes
Symptom dafür, wie sehr die ursprünglich innenpolitische Bedeutung der Freiheitsmütze
im Gefolge unserer nationalistisch verkommenen antifranzösischen Bildpropaganda der
20er und 30er Jahre heute offensichtlich von Spezialisten nur noch in außenpolitischen
Kategorien wahrgenommen werden kann (Ausstellungskatalog „Marianne und
Germania 1789-1889", hrsg. v. M.-L. von Plessen. Berlin 1996. Nr. L 40 mit Fronti-
spiz).

[133] Trotz wohlmeinenden Hinweises eines besorgten Kunsthistorikers ist die Mütze nach
Ausweis radiographischer Untersuchungen tatsächlich rot (Toussaint, H. [Hrsg.]: La
Liberté guidant le peuple de Delacroix. Paris 1982. S. 72).

[134] Einen wirklichen Schrei zeigt wenig Jahre später François Rude (1784-1855) im
Antlitz der Freiheit mit der Mütze, die den „Auszug der Freiwilligen" auf einem der
Reliefs am Arc de Triomphe in Paris (1833-35) anführt. „Der steinerne Mund schreit,
daß er dein Trommelfell zum Platzen bringt", sagte Rodin über ihn.

[135] D. Siqueiros' „*Tag der neuen Demokratie*" von 1943 (Havanna, Nationalmuseum.
Katalog Pollock und Siqueiros, Kunsthalle. Düsseldorf 1995, Nr. 101) läßt die Freiheit
mit glühend roter Mütze und geballten Fäusten riesenhaft am Horizont erscheinen.

[136] Agulhon, a.a.O., S. 167ff. – Zur Weiblichkeit der Freiheits- und anderer Allegorien
vgl. Warner, M.: Monuments and maidens. The allegory of the female form. London
1985, bes. S. 270ff. zu Delacroix und S. 15f. zur Freiheitsstatue. – Frdl. Hinweis von I.
Metzler.

amazonisch bloßer Brust, zum Schrei geöffnetem Mund, Kokarde an der Mütze und die Rote Fahne in der Hand.[137]

Demgegenüber hat Delacroix' Freiheit in unserer Zeit einen besonders schönen Platz bekommen: „Hinter den Sieben Bergen." So jedenfalls auf dem Gemälde von W. Matheuer[138] (Abb. 26). Ihre Rote Mütze mußte sie ablegen, aber dafür winkt sie ganz natürlich mit Feldblumen und bunten Luftballons hinter dem fernen Siebengebirge über der breiten Autobahn: „Freie Fahrt ins freie Wochenend" – vorbei an gut lesbaren Straßenschildern mit der Buchstabenfolge EIA POPEIA – „das Eiapopeia vom Himmel, womit man einlullt, wenn es greint, das Volk, den großen Lümmel", wie das Harfenmädchen „das alte Entsagungslied" sang in H. Heines „Wintermärchen" (Cap. 1, Strophe 7).

Für Photovorlagen danke ich der Münzen und Medaillen-AG Basel, dem Archäologischen Seminar Münster und B. Korzus. – Die Abbildungen beanspruchen keinen Dokumentationswert, sondern mögen in ihrer bescheidenen Qualität nur als Lesehilfe verstanden werden.

---

[137] Marianne und Germania, a.a.O., Nr. 12 b.
[138] Goya, a.a.O., S. 491, Abb. 231.

Abb. 1: Emblem der Republik
1793/94 [S. 185]

Abb. 2: Louis XVI mit Jakobinermütze,
Juni 1792 [S. 185]

LIBERTAS·

Sendtschrifften der
Königlichen Maiestat zü Franck.
rych.etc. An die Chur vnd Fürsten/
Stende vnd Stett deß Heiligen Römischen
Rychs Teütscher Nation/darin so sich
jrer jetzigen Kriegerüstung
halben vffo fürgest
erklert.

HENRICVS SECVNDVS, REX
FRANCORVM, VINDEX
LIBERTATIS GERMA-
NIÆ ET PRINCIPVM
CAPTIVORVM·

ANNO M. D. LII.

Abb. 3: Masaniello,
Neapel 1647 [S. 186]

Abb. 4 (oben): Denar des
Brutus, 44 v. Chr.; – **Abb. 5**
(unten): Henri II., Medaillon
1552 [S. 186]

Abb. 6: Henri II., „Send-
schriftten" 1552 [S. 186]

Abb. 7: Niederlande, Medaillon 1575 [S. 186]

Abb. 8: Niederlande, Medaillon 1573 [S. 185]

Abb. 9: Sesterz des Galba, 69 n. Chr. [S. 185]

Abb. 10: Niederlande, Medaillon 1577 [S. 185]

Abb. 11: Basel, Medaillon 1692 [S. 185

Abb. 12: Ptolemaios, Vignette der Ausgabe 1730 [S. 187]

Abb. 14: Liberty Bowl, Boston 1768 [S. 188]

Abb. 13: John Wilkes, Karikatur von
Hogarth 1763 [S. 187]

Abb. 15: Ballhausschwur, nach Zeichnung von Ch. Monnet, um 1791 [S. 188]

Abb. 16: Titelblatt J. J. Rousseau, Discours 1755

Abb. 17 : Titelblatt J. J. Rousseau, Droit politique 1762 [S. 189]

Abb. 18: G. Le Rouge, Tomba Rousseau 1781 [S. 189]

Abb. 19 : Handzeichnung von J. W. Goethe, Oktober 1792]

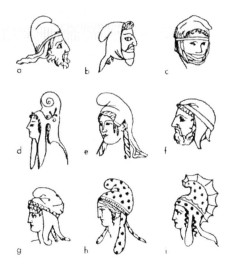

Abb. 20: Varianten der „phrygischen" Mütze in der Antike:
a) frühchristlich
b) baktrisch
c) Alexandersarkophag
d) Bogenschütze / Amazone
f) Satrap
e), g), h), i) Amazonen (nach Seiterle)
[S. 189]

Cybeles Aux Pennes.

Abb. 22: G. Symeon, Observations antique 1558 [S. 190]

Abb. 21: Denar des C. Cassius, 125 v. Chr. [S. 189]

Abb. 23: Medaillon auf den Sieg über die Republik in Belgien, 1793 [S. 190]

Abb. 24: E. Delacroix, Freiheit auf den
Barrikaden 1830 [S. 190]

Abb. 25: W. Mattheuer, Hinter den
sieben Bergen 1973 [S. 190]

Goethe und die Achämeniden

Nicht erst in seinen „Abhandlungen und Noten zu besserem Verständnis des West-Östlichen Divans" (1819) hat Goethe sich mit den „älteren Persern", dem Reich der Achämeniden (557-330 v. Chr.) also, befaßt[1]. Von Jugend auf bis in die letzten Tage vor seinem Tode interessierte ihn diese Epoche Irans. Ein Interesse, das sich nun durch eine gleichsam archäologische Entdeckung, die Rolf Bothe, dem Leiter der Kunstsammlungen zu Weimar, in den letzten Jahren gelang, sehr konkret vor unseren Augen manifestiert. Bothe konnte die abgestellten Papiermaché-Reliefs wieder in die ursprüngliche Dekoration des Großen Saales im Weimarer Schloß einfügen[2], mit dessen Bauleitung Goethe bekanntlich im Jahre 1800 in einer Interimsphase beauftragt war[3]. Er war also auch für die Ikonographie des Saales verantwortlich, wo Nachbildungen antiker Statuen und Reliefs mit Zitaten aus klassisch athenischer und vitruvianischer Architektur verbunden sind und gußeiserne Nachbildungen ägyptischer Löwen als Ofenschmuck dienen. Über ihnen ist unter einer geflügelten Sonne eine der „persepolitanischen Keilschriften" – leider nicht sehr exakt – kopiert, die Goethe – durch Herders lebhaftes Interesse an Persepolis angeregt – aus C. Niebuhrs Reisebeschreibung kannte. Darauf hat Bothe hingewiesen und für die Raumgestaltung als Oberlichtsaal an das damals geschätzte, im 18. Jhd. mehrfach angewandte palladianische Vorbild des „ägyptischen Saales" nach Vitruv VI 3,9 erinnert. Eben diesen Saaltypus mit Oberlichtern über den niedrigen Seitenschiffen hat aber schon Kyros, der Gründer der Achämeniden-Dynastie, in seinem Palast von Pasargadai programmatisch nach dem „Bankettsaal" Thutmosis' III. in Karnak zitiert[4].

---

[1] Vgl. jetzt die kommentierte Ausgabe von Birus, H.: J. W. Goethe, West-Östlicher Divan = Sämtliche Werke in 40 Bänden, I. Abt. 3, 1-2, Deutscher Klassiker Verlag. Frankfurt 1994. „Ältere Perser" dort S. 148ff. und S. 1425ff., wo auch auf einige von Goethes Fehlurteilen hingewiesen wird. Mein Text geht auf einen Vortrag zurück, den ich auf freundliche Einladung von Dr. Gerd Gropp am 6.5.1999 im Iranmuseum der Universität Hamburg halten durfte.

[2] Bothe, R.: Der Festsaal des Weimarer Schlosses, in: Ettersburger Hefte 3. Weimar 1995. S. 30ff., S. 42.

[3] Bothe, a.a.O. Lyss, L.: Johann Wolfgang von Goethe und das Residenzschloß zu Weimar. Meckenheim 1997. S. 68ff. Ewald, R.: Goethes Architektur. Des Poeten Theorie und Praxis. Weimar 1999. S. 54ff.

[4] Metzler, D.: Reichsbildung und Geschichtsbild bei den Achämeniden, in: Kippenberg, H. G. (Hrsg.): Seminar: Die Entstehung der antiken Klassengesellschaft. Frankfurt 1977. S. 279ff., bes. S. 288. Palladios Quattro Libri dell'Architettura

Beide waren Goethe und auch Vitruv wie Palladio natürlich unbekannt, achämenidisch bleibt die ostentative Nutzung dieses Konzeptes jedoch ebenso wie die Reihung der in der Architektur zitierten antiken Großreiche: Wenn der Weimarer Saal ägyptische, griechische und römische Formen mit der persepolitanischen Keilschrift-Tafel verbindet, so spiegelt das offensichtlich die bis zum Untergang des Heiligen Römischen Reiches Deutscher Nation hierzulande übliche herrschaftslegitimatorische Abfolge der „Vier Monarchien": Assyrien (hier durch Ägypten ersetzt), Persien, Hellas und Rom – uns aus dem Daniel-Buch der Bibel vertraut, jedoch als historisches Ordnungskonzept in der Reihe Assyrer, Meder, Perser wiederum für Kyros entworfen[5]. Daß Goethe in solchen Bildkategorien dachte, zeigt Tischbeins großes Gemälde von 1786. Dort lagert der Dichter in der Campagna vor römischen Hintergrunds-Ruinen neben einem griechischen Relief auf einem ägyptischen Obelisken – also „die Geschichte von innen hinaus" betrachtend wie er unter demselben Datum (29. Dezember 1786) in der „Italienischen Reise" vermerkt, unter dem er wenige Zeilen vorher Tischbeins Gemälde erwähnt. Später dann noch während seines Rom-Aufenthaltes kommentiert er Herders gerade erschienene Abhandlung über „Persepolis" mit den Worten: „Es freut mich unendlich", (5. Oktober 1787) und am 11. März 1798 notiert er die Lektüre von „Herders neuer Abhandlung über Persepolis".

Sein gesellschaftliches Umfeld nahm natürlich – wenn auch immer nur punktuell und partiell – die Kultur der Alten Perser zur Kenntnis: Wiederum Herder hatte J. Kleuker veranlaßt, Anquetils „Zend-Avesta"[6] ins Deutsche zu übersetzten und zu kommentieren. Damit war die Kenntnis von der Religion Zarathustras/Zoroasters, die seit Gemistos Plethon und anderen Neuplatonikern der Renaissance die religiöse Spekulation bewegte, auf eine solidere Basis gestellt. Der junge Goethe selbst hatte schon in einer Rezension der „Questions sur l' Encyclopédie" für die Frankfurter Gelehrten Anzeigen 1772 auf einen Artikel „Zoroaster" aufmerksam gemacht. Und in den Jahren vor 1787 benutzte J. J. C. Bode in der Korrespondenz des Geheimbundes der Illuminaten, dem auch Goethe angehörte, zur Datierung seiner Briefe altpersische Monatsnamen und die Datierung nach der zoroastrischen Yezdegerd-Ära[7] – kurios nur auf den ersten Blick, für die Verständigen un-

---

(Venedig 1570) folgen Vitruvs Gliederung der Saalbauten ziemlich genau. Für die „sale egittie" gibt er in Buch II, cap. 10 auf Seite 42 eine benutzte Rekonstruktion.

[5] Metzler, a.a.O., S. 286. Vgl. Koch, K.: Europa, Rom und der Kaiser vor dem Hintergrund von zwei Jahrtausenden Rezeption des Buches Daniel. Göttingen 1997.

[6] Metzler, D.: A. H. Anquetil-Duperron (1731-1805) und das Konzept der Achsenzeit, in: Sancisi-Weerdenburg, H. – Drijvers, J. W. (Hrsg.): Achaemenid History VII. Leiden 1991. S. 123ff. Vgl. Calmeyer, P.: Achaimeniden und Persepolis bei J. G. Herder, ebd., S. 135ff.

[7] Wilson, W. D.: Geheimräte gegen Geheimbünde. Stuttgart 1991. S. 285, Nr. 16, S. 299.

ter den Zeitgenossen jedoch ein geradezu utopisches Symbol als Ausdruck der Hoffnung, die sich auf die Wiederbelebung der auch von den Aufklärern hoch geschätzten Religion Zarathustras richtete. Goethes Kenntnisse über die Achämeniden beschränkten sich jedoch wie die seiner Zeitgenossen notgedrungen auf die antiken griechischen und römischen Autoren – nach deren Verständnis er dann auch etwa in Venedig am 8. Oktober 1786 Veroneses Bild der „Familie des Darius" zu interpretieren oder in Rom am 6. Januar 1787 eine Oper „Cyrus" zu goutieren hatte.

Um 1800 jedoch gewinnt das Achämeniden-Thema an wissenschaftlichem Interesse. Goethes Anbringung der Kopie einer persepolitanischen Keilschrift an prominenter Stelle der fürstlichen Selbstinszenierung im Festsaal des Weimarer Schlosses fällt in die Jahre mehrerer paralleler Entzifferungsversuche dieser bis dahin unlesbaren Schrift[8]. Bevor G. F. Grotefend 1802 erste sinnvolle Ergebnisse, die dann in der Folge zu der ungeahnt weiten Erschließung des alten Orients führen sollten, melden lassen kann, hatte neben O. G. Tychsen auch der mit Herder befreundete F. Münter sich an der Aufgabe versucht[9]. Goethe kannte ihn schon vor seinem römischen Aufenthalt, war also offenbar mit der Problematik vertraut. In die Jahre um 1815 – Goethe nennt damals seine nunmehr verstärkte Hinwendung zum Orient seine persönliche „Hegire" (Hedschra)[10] – fällt jene Steigerung des wissenschaftlichen und literarischen Interesses am Orient in ganz Europa, das R. Schwab unter dem Stichwort der „Renaissance orientale" (1950) beschrieb. Goethes Leih- und Leselisten weisen für diese Zeit die Lektüre verschiedener Bücher zum Thema der „Älteren Perser" aus: B. Brissonius über den Aufbau des persischen Staates, Th. Hyde über persische Religion, Sir John Malcolms persische Geschichte wegen der „vorderen und fabelhaften Epoche" (28. März 1818) sowie Anquetil, Ouseley, Chardin und erneut Niebuhr mit ihren einschlägigen Reiseberichten[11]. Poetischen Niederschlag hat diese Beschäftigung mit den Achämeniden zwar nicht gefunden. Bemerkenswert bleiben aber die historische Neugier und Gewissenhaftigkeit, mit denen Goethe sich um das Verständnis einer fremden Kultur bemüht – eine Arbeitsweise, die analog auch seine Lektüre einschlägiger Geschichtswerke und Reiseberichte während seines Interesses an chinesischer und indischer Literatur bestimmt. Aus dieser Perspektive tragen natürlich die Abschnitte

---

[8] Bothe, a.a.O., S. 56f.

[9] Borger, R. u. a. (Hrsg.): Die Welt des Alten Orients. Keilschrift – Grabungen – Gelehrte. Göttingen 1975. S. 157ff.

[10] Abdel-Rahim, S.: Goethes Hinwendung zum Orient eine innere Emigration, in: Ztschr. Dtsch. Morgenländ. Ges. 132 (1982). S. 269ff.

[11] Vgl. Goethes Tagebücher nach dem Namensregister und Keudell, E. von: Goethe als Benutzer der Weimarer Bibliothek. Ein Verzeichnis der von ihm entliehenen Werke. Weimar 1931.

über die „älteren Perser" auch „zu besserem Verständnis des West-Östlichen
Divans" bei, doch zeigt gerade seine frühere Beschäftigung mit den Achämeniden bis 1800 die Universalität seines historischen Denkens.

Das Interesse an den Achämeniden verlor der Dichter auch bis unmittel-
bar vor seinem Tode (22. März 1832) nicht. Von W. Zahn durch eine exakte
Zeichnung über das in Pompeji neugefundene Mosaik mit der „Schlacht
Alexanders gegen Darius III." informiert, widmet er sich brieflich zunächst
in feinsinniger Interpretation auch dem Heldenmut der Unterlegenen und
schickt, um sein Verständnis des Bildes zu vertiefen, dem Bibliothekar F.
Kräuter noch am 11. März 1832 ein knappes Billet: „Das Nähere über
Ocsatres[12] Bruder des Darius erbittet sich G."

Abb. 2: Darius III. im Kampf
gegen Alexander d. Gr. Mosaik
aus Pompeji um 100 v. Chr.
Neapel, Museo Nazionale
[S. 314]

Abb. 1: Drei Kunststile zitiert: ägyptischer Löwe,
griechisches Portal, achämenidisches Relief; Photo
Privatarchiv

---

[12] Goethe WA IV 49, S. 268, Nr. 187: Mit der Schreibung Ocsatres ist Oxyáthres
(Curtius Rufus III 13, 13) gemeint – von Justi, F.: Iranisches Namenbuch. Marburg
1895. S. 233 mit avest. *huchschathra* (gut regierend) erklärt.

Skythen und Schamanen bei Goethe –
zur Wahrnehmung der Kultur der Steppenvölker

Offenheit für Fremdes prägt im 18. Jahrhundert die universalistische Weite des kolonialisierenden Blickes[1]. Entsprechendes Interesse finden daher auch die Veröffentlichungen der Berichte von Reisenden und der Ergebnisse veritabler Forschungsexpeditionen zu den euroasiatischen Steppenvölkern, die seit Peter d. Gr. und besonders intensiv unter Katharina d. Gr. erst nach Sibirien und dann auch in die neueroberten nordpontischen Gebiete führen. Da andererseits zur Erklärung des fremden Neuen auch im Zeitalter der Aufklärung noch die überlieferten Traditionen des Altertums herangezogen werden, verwundert es nicht, daß auch die Nachrichten der antiken Historiker und Geographen über die Skythen, über ihre eigenartigen Lebensformen und ihre religiösen Vorstellungen als Verständnishilfen zur Verortung des Fremden herangezogen werden. Wissenschaftsgeschichtlich sind diese Dinge in ihren großen Linien ebenso wie in vielen bedeutenden Details gut bekannt[2].

Wenn hier Goethes Kenntnis über und Stellung zu den Skythen und - insofern steht dieses Stichwort für einen größeren Komplex von Phänomenen – der „Kultur der Steppenvölker" behandelt wird, so einerseits natürlich um eine weitere Facette seines weltbürgerlichen Humanismus zu beleuchten, andererseits aber auch um im Rahmen unseres Kolloquiums forschungsgeschichtlich eine so bedeutende Epoche wie die der Weimarer Klassik nach ihrer – und wegen der unter ihrem Einfluß partiell ja auch bis heute andauernde Prägung – auch unserer Beurteilung des Unklassischen zu fragen, als das Religion und Kultur der Skythen ja oft gedeutet werden. Goethes interessierte und anerkennende Aufmerksamkeit, die für die Welt der Araber, Chinesen, Inder, Juden und Perser ja in beinahe allen Phasen seines Lebens

---

[1] Bitterli, U.: Die Entdeckung und Eroberung der Welt. München 1980. Fisch, J.: Die europäische Expansion und das Völkerrecht. Stuttgart 1984. Albrecht, Chr. V.: Geopolitik und Geschichtsphilosophie 1748-1798. Berlin 1998. Barthold, V. V.: La découverte de l'Asie. Histoire de l'Orientalisme en Europe et en Russie. Paris 1947,, S. 233ff., S. 242ff., S. 257ff.

[2] Adelung, F. von: Kritisch-literärische Übersicht der Reisenden in Russland bis 1770, deren Berichte bekannt sind. St. Petersburg 1846. Donnert, E.: Russische Forschungsreisen und Expeditionen um 18. Jhd., in: Wiss.Beitr. Martin-Luther-Universität Halle-Wittenberg 21 (1983) (C28). Schiltz, V.: Histoire des kourganes. La redecouverte de l'or des Scythes. Paris 1991. Wendland, F.: Peter Simon Pallas (1741-1811). Berlin – New York 1992. Bergvelt, E. (Hrsg.): De wereld binnen handbereik: Nederlandse-Kunst en Rariteitenkabinetten 1585-1735. Zwolle 1992. S. 167f. und Katalogband S. 153ff. (zu Nicolas Witsen 1641-1717).

und seines Werkes – wenn auch natürlich in je unterschiedlichen Akzentuierungen – bis hin zur Geographie und Völkerkunde breit dokumentiert ist[3], läßt sich also um die bisher unter diesem Aspekt weitgehend unbeachtet weil zugegebenermaßen auch wohl eher marginal gebliebenen Skythen erweitern.

Immerhin begegnen die Skythen gerade in jenem Werk, das man zu Goethes klassischsten zu zählen pflegt - in den Versen des Schauspiels „Iphigenie auf Tauris" von 1786[4] ebenso wie in dessen erster Prosafassung „Iphigenie in Tauris" von 1779 (erste Aufführung am 6. April durch die „Liebhaberbühne). Im selben Jahre 1779 tauchen die Skythen auch im Libretto von Nicolas-François Guillard zu Chr. W. Glucks ebenso klassischer „Iphigenie en Tauride" auf (uraufgeführt am 18. Mai in Paris), während bei Euripides die ungastlichen Gegner des Orest am Gestade des Schwarzen Meeres noch Taurer[5] hießen, und die die im 18. Jahrhundert gar nicht so seltenen Opern dieses Titels[6] schlicht „Barbaren" nennen. Gluck und Guil-

---

[3]   Dahnke, H. D. – Otto, R. (Hrsg.): Goethe Handbuch. Stuttgart – Weimar IV 1-2, 1997/98 unter den jeweiligen Länder- und Völkernamen. Mommsen, K.: Goethe und die arabische Welt. Frankfurt [2]1989. Debon, G.: China zu Gast in Weimar. Heidelberg 1994. Metzler, D.: Goethe und die Achämeniden, in: Iranzamin XII (1999), H. 4/5 = Goethe und Persien, S. 310-314. Guthke, K. S.: Goethes Weimar und „die große Öffnung in die weite Welt". Wiesbaden 2001.

[4]   Adorno, Th. W.: Zur Klassizität von Goethes „Iphigenie". Noten zur Literatur. Frankfurt 1981. S. 495ff. Witte, B. u.a. (Hrsg.): Goethe Handbuch. Stuttgart – Weimar 1996. II, sv. Iphigenie. Riedel, V.: Antikerezeption in der deutschen Literatur. Stuttgart – Weimar 2000. S. 159. Namentlich benannt sind die Skythen in der „Iphigenie" nur dreimal: Vers 164, 800 und 1937. Wie hoch Goethe selbst 1786 seine „Iphigenie" wertet, zeigt auch das nach seinen Angaben gemalte berühmte Bild Tischbeins: In der Campagna-Landschaft ist unter den Fragmenten aus der Antike auch ein Relief dargestellt, in dessen Figuren K. Parlasca (FS für F. Brommer. Mainz 1977. S.231ff.) eindeutig antike Vorbilder und zeitgenössische Variationen des Iphigenienthemas nachgewiesen hat. Der jeweils eine Skythe ist allerdings auf dem Relief im Hintergrund nur schwach erkennbar als mit griechischen Augen gesehener Skythe zu erkennen – wohl aber auf der Umzeichnung des antiken Vorbildes durch iranisierende Tracht mit griechischen Helm (Parlasca, a.a.O., Taf. 63, 1.)

[5]   Euripides nennt nur ein einziges Mal den Namen des Volkes – v. 30: Land der Taurer. Sonst heißt es brutal und anonym „Barbaren" – ein Begriff, den die beschönigenden Übersetzungen von E. Buschor gern vermeiden, so Vers 1422, wo es falsch „Taurer" für „Barbarenland" in einer Rede des Thoas selbst heißt. Weitere Beispiele: Metzler in Hephaistos 11/12 (1992/3). S. 217. – Die Taurer werden übrigens von Herodot streng von den eigentlichen Skythen unterschieden (IV 99, 100, 102), bei ihm ist Iphigenie bekanntlich eine Göttin (IV 103) – Schiller allerdings bezieht sich in seiner Kritik an Goethes Iphigenie brieflich am 22.1.1802 auf die „Taurier". – Wie weit die damalige „Skythomania" gehen kann, zeigt der Schotte J. Pinkerton (Dissertation on the Scythians or Goths. London 1787) frz. Paris 1804, der die Skythen zu Ahnherren der nordeuropäischen Völker heroisiert.

[6]   H. Flashar (Inszenierung der Antike. Das griechische Drama auf der Bühne der Neuzeit. München 1991) nennt Opern von T. Traetta (Wien 1763) und Galuppi (1768) jeweils mit dem Libretto von M. Coltellini (S. 44) sowie die von Gluck (1779) mit dem Libretto von Guillard (S. 45). Aus den „Annales dramatiques ou dictionaire général des theatres ... par une société de gens de lettres" (Paris 1808-1812)

lard lassen sich trotz moderner Vorbilder aber insofern von Euripides inspirieren als sie nach seinem Vorbild aus der antiken Tragödie den Chor übernehmen, der bei ihnen aus blutrünstigen „Skythen" besteht und zu einer
„musica alla turca"[7] auftritt.

Ohne einen konkreten Anlaß für die erstmalige und gleichzeitige Einführung des Völkernamens Skythen in das Iphigenien-Thema bei Gluck und
Goethe im Jahre 1779 nennen zu können, scheint mir generell der Einfluß
russischer Politik mit ihren militärischen Erfolgen im alten Skythenland eine
Rolle zu spielen. Voltaire (1694-1778) wird in Westeuropa zu ihrem einflußreichen und hochbezahlten Propagandisten[8]. In unserem Zusammenhang
charakteristisch für die westliche Aufwertung Rußlands unter Katharina sein
Wort „In welchen Zeiten leben wir! Frankreich verfolgt die *philosophes* und
die Skythen nehmen sie in Ehren auf"[9]. Anknüpfen kann er dabei an die
bekannte schon in der griechischen Antike belegte Ambiguität von Wahrnehmung der Skythen, die sinnvoll den „rohen" wie den „edlen" Wilden in
ihm sehen kann[10]. Auf Gluck/Guillard und Goethe verteilen sich beide Pole:

---

lassen sich zwei weitere Beispiele entnehmen: Tragédie-Opera von Duché und
Danchet, Musik von Desmaret und Campra (1704) und die Tragödie von C. Gui-
mond de la Touche (1723-1760), 1757 aufgeführt und von Voltaire bissig mit den
Worten verrissen „laisser dégorger Iphigénie en Crimée" (Biographie Universelle,
sv. Guimond) – beide von Guillard für seinen Text benutzt (vgl. Flashar, S. 45). Den
Iphignien-Konflikt variierend bringt 1801 in Prag das Singspiel „Die Szythen" von
Simon Mayer mit dem Libretto von Gaetano Rossi ein Liebesdrama zwischen der
Tochter eines persischen Exulanten bei den Skythen, dem Perserkönig Atamaro und
einem skythischen Fürstensohn auf die Bühne des Ständetheaters (Frdl. Hinweis von
Dr. Alena Jakubcova, die mir dankenswerterweise auch eine Textkopie zur Ver-
fügung stellte). Dort heißen die Skythen zwar noch im vorletzten Auftritt „durch
Grausamkeit genährte menschliche Tiere", doch da sich der Fürst auch an Tugend
von niemandem überwunden sehen kann, verzichtet er auf die Durchsetzung alter
Rituale, denn: „Man beschuldige die Szythen keiner Grausamkeit" – und überläßt
seine Geliebte dem König.

[7]   Zitiert nach Mecklenburg, N.: „Iphigenie" und ihre türkische Verwandtschaft, in:
Lecke, B. (Hrsg.): Dauer im Wechsel? Goethe und der Deutschunterricht. Bern –
Frankfurt u.a. 2000. S. 451-460, bes. S. 455, wo er sich auf Wilson, W. D.:
Humanität und Kreuzzugsideologie um 1780. Die „Türkenoper" im 18. Jahrhundert
und das Rettungsmotiv in Wielands „Oberon", Lessings „Nathan" und Goethes
„Iphigenie". Frankfurt u.a. 1984 bezieht, der Goethes Iphigenie, „in eine überraschende literarische Reihe, nämlich in die lange Reihe der sogenannten Tür-
kenopern des 18. Jahrhunderts" stellt, die „die eurozentrische Sicht auf die orientalischen Fremden im Geist der Aufklärung um"-arbeiteten.

[8]   Albrecht a.a.O.., S. 142ff. Vgl. zum politischen Kontext auch McNeill, W. H.:
Europe's Steppe Frontier 1500-1800. Chicago 1964. S. 191ff.

[9]   Lentin, A.: Catherine the Great and Diderot, in: History Today 22 (1972). S. 313.

[10]   Müller, K. E.: Geschichte der antiken Ethnographie und ethnologischen Theoriebildung I-II. Wiesbaden 1977-1980. Levy, E.: Les origines du mirage scythe, in:
Ktema 6 (1981). S. 57-68. C. Ungefehr-Kortus, Anacharsis, der Typus des edlen,
weisen Barbaren. Ein Beitrag zum Verständnis griechischer Fremdheitserfahrung,
Bern – Frankfurt u.a. 1996.

während auf der Opernbühne der grausame König Thoas von den überlegenen Griechen getötet wird, läßt ihn Goethe – Euripides folgend – seine
Menschlichkeit gegenüber den Eindringlingen zu zeigen – und zwar sowohl
in der „ersten Prosa" von 1779 wie in der schließlichen Versfassung von
1786. Hier aber noch prononcierter – und trotz oder wegen der klassischen
Form – auch politischer und historisch konkreter:

> „Du glaubst, es höre
> Der rohe Scythe, der Barbar, die Stimme
> Der Wahrheit und der Menschlichkeit, die Atreus
> Der Grieche, nicht vernahm?" (V. 1936-1939)

Wogegen sich Thoas 1779 mit den Worten an Iphigenie gewandt hatte:

> „Du weißt, daß du mit einem Barbaren sprichst und traust ihm zu, daß
> er der Wahrheit Stimme vernimmt." (5. Akt, 3. Auftritt)

Die Menschlichkeit spielt bekanntlich in der kanonisch gewordenen Interpretation der „Iphigenie" eine herausragende Rolle. H. A. Korff hat ihr unter
dem Schlagwort „Humanitätsdichtung" einige eindrucksvolle Seiten gewidmet[11]. Durch Adornos Historisierung[12] jedoch und die Wiedergewinnung des
völkerrechtlichen Kontextes - für den Juristen Goethe naheliegend - durch A.
Wierlacher[13] , der unter bezug auf Bodin und Kant[14] die paritätische Gleichheit in der Wechselseitigkeit der Beziehung zwischen Fremden herausarbei-
tet, tritt klar zu Tage, daß Goethe den zeitgenössischen Skythen-Diskurs
auch auf eine eminent politische Ebene hebt. Resigniert–selbstironisch kann
Thoas sich zwar – im Verhältnis zu den Göttern! – „als ein erdgeborenen
Wilden" bezeichnen (V. 501), doch gleich darauf von Iphigenie Verständnis
fordernd sagen „Ich bin ein Mensch" (V. 503). Der Skythe Arkas ist es, der
„Iphigenie „Milde" erwarten lassen kann bei" einem neuen Volk voll Leben,
Muth und Kraft" (V. 1480). In der Auseinandersetzung um die geplante Entführung des einheimischen Kultbildes nach Griechenland will Pylades – ihm
dem nachgeordneten Freund, nicht Orest selber werden diese Worte in den

---

[11] Korff, H. A.: Geist der Goethezeit II. Leipzig ²1954. S. 155-168. Vgl. Liewer-
scheidt, D.: Selbsthelferin ohne Autonomie – Goethes Iphigenie, in: Goethe Jahrbuch 114 (1997). S. 219ff.

[12] Adorno, a.a.O., S. 497: „Die Griechen und Skythen darin sind nicht Repräsentanten eines invarianten und der Empirie entrückten Menschlichen, sondern gehören deutlich historisch bestimmten Stufen der Menschheit an."

[13] Wierlacher, A.: Ent-Fremdete Fremde – Goethes „Iphigenie auf Tauris" als Drama des Völkerrechts, in: Zeitschrift für deutsche Philologie 102 (1983). S. 161ff.,
wieder abgedruckt in: Lecke, a.a.O., S. 393ff.

[14] „Es ist hier" schreibt Kant in seinem Überlegungen zum ewigen Frieden, „nicht
von Philanthropie, sondern vom *Recht* die Rede", zitiert nach Wierlacher, a.a.O., S.
409.

Mund gelegt, „den heil'gen Schatz dem rauh unwürdigen Volk entwenden" (V. 1602f.) Darauf bezieht sich später Thoas mit den Worten: „Der Grieche wendet oft sein lüstern Auge den fernen Schätzen der Barbaren zu" (V. 2102f.) – von Adorno kommentiert: „Thoas, der Übervorteilte, mit dem das Gedicht insgeheim sympathisiert, verfügt gegen die Zivilisierten über das Argument von den Wilden, die doch bessere Menschen seien." „Die Europäische Expansion und das Völkerrecht"[15] könnten kaum politischer als mit Goethes beiden schlichten Doppelversen charakterisiert werden.

Am Beginn des Schauspiels ist Iphigenie natürlich „das Land der Griechen mit der Seele suchend" (V. 12) – und Anselm Feuerbach hat sie 1862 so überlebensgroß ins Bild gesetzt (Darmstadt, Landesmuseum), damit Interpretationen und Hoffnungen eines bürgerlichen Philhellenismus zugleich kreierend und befriedigend. Aber zu oft wird übersehen, daß sie am Ende – durch Thoas' „Milde" frei – nicht nur „ein freundlich Gastrecht" (V. 2153) zwischen sich und dem skythischen König walten lassen will, sondern das künftige Erinnern an ihn mit den Versen ausdrückt:

„ Bringt der Geringste deines Volkes je
Den Ton der Stimme mir ins Ohr zurück,
Den ich an euch gewohnt zu hören bin,
Und seh'ich an dem Ärmsten eure Tracht
Empfangen will ich ihn wie einen Gott,
Ich will ihm selbst ein Lager zubereiten,
Auf einen Stuhl ihn an das Feuer laden,
Und nur nach dir und deinem Schicksal fragen." (V. 2158-2165)

Daß die erhoffte Begegnung hier nach der Art einer griechischen Götterepiphanie erlebt wird, und daß im antiken Mythos Apollo aus dem skythischen Norden von den Hyperboreern kommend in Delphi periodisch erscheint, gibt der Aussage eine besonderen Rang. Sie bezieht sich auf die Erinnerung an den König, aber evoziert werden soll sie durch Sprache und Tracht der Skythen als ethnischer Gruppe.

Doch nun zum zweiten Titel-Stichwort, den Schamanen: Ein noch nicht allzu lange bekanntes biographisches Detail aus Goethes Illuminaten-Korrespondenz[16] steht aus unserer Perspektive in einem bemerkenswerten Zusammenhang mit der Einführung der Skythen in den Mythos der „Iphigenie" – der eigenartige Deckname mit dem Goethe 1784 im Kreise der Illuminaten seine Briefe unterzeichnet[17], und mit dem er immer wieder in Briefen ande-

---

[15] So der Titel des Buches von J. Fisch (hier Anm.1).

[16] Wilson, W. D.: Geheimräte und Geheimbünde. Ein unbekanntes Kapitel der klassisch-romantischen Geschichte Weimars. Stuttgart 1991.

[17] Wilson, Geheimräte, S. 296, Nr. 19, S. 298, Nr. 21, S. 299, Nr. 22, S. 331, Nr. 42, S. 334 ebenfalls in Nr. 42, S. 335, Nr. 35, S. 343, Nr. 49, S. 346, Nr. 51.

rer genannt wird: Abaris. „Ein weiser Mann unter denen Scythen" definiert 1732 der einschlägige Artikel in Zedlers Großem Universal-Lexikon. Nachdem W. Daniel Wilson dies 1990 im „Goethe Yearbook" bekannt gemacht hatte, zitierte es auch Gloria Flaherty in ihrer ungewöhnlichen und literatur- wie religionshistorisch gleich bedeutenden Monographie über Schamanismus und das 18. Jahrhundert[18]. Ich stieß mit großer Verwunderung darauf in Wilsons „Geheimräte und Geheimbünde". Verwunderung, denn der seltsame Name des hyperboräischen Schamanen Abaris klingt unter den übrigen *noms de guerre* jenes Illuminaten-Bundes, unter „Eschylus, Philostratus, Apollonius, Flavianus" oder um noch weitere zu nennen etwa Timoleon, Tiberius, Quintus, Minos, Cato, Alcibiades[19] nicht nur ziemlich exotisch, sondern ist doch wohl auch sehr bewußt gewählt.

„Hexenmeister" nennt der Zedler-Artikel den Abaris, und Bayles Dictionaire[20] widmet ihm fast vier doppelspaltige Folio-Seiten. Literarisch faßbar wird er in Louis de Cahusacs Libretto zu Jean-Philippe Rameaus Oper „Abaris ou les Boréades", wo Abaris der Sohn Apolls, ausgerüstet mit dem Wunderpfeil die Liebe der baktrischen Königin Alphise gewinnt und seine Stellung zu den Boreaden – legitimen Fürsten – mit den Worten unterstreicht: „Vous voulez être craints, pouvez vous être aimés". Wegen der offensichtlichen Anspielung auf die Beziehung „le Mal-aimé" für Ludwig XV. unterblieb 1763 anscheinend nach einigen Vorbereitungen jedoch die Aufführung[21]. Offensichtlich konnte sich also der vielseitige Wundermann, inspirierte Dichter und Priester Apolls aus dem angeblich so barbarischen Norden im 18. Jahrhundert bei Interessierten eines beachtlichen Ansehens erfreuen.

Die Illuminaten-Korrespondenz aus der sogenannten „Schweden-Kiste"[22] beschränkt sich auf wenige Jahre (1782-1787). Ob Goethe seinen darin benutzten Namen[23] „Abaris" auch später noch – oder gar vor 1784? – führte, vermag ich nicht zu sagen. Erinnert haben dürfte er sich allerdings, als ihm unter dem Datum vom 1. November 1818 Joseph von Hammer-Purgstall aus

---

[18] Flaherty, G.: Shamanism and the eighteenth century. Princeton 1992. S. 173 mit Anm. 41.

[19] Wilson, Geheimräte, S. 278 und Register.

[20] Bayle, P. : Dictionaire historique et critique. Amsterdam 1720, I. S. 3-7.

[21] Beaussant, Ph.: Rameau de A à Z- Paris 1963. S. 61ff.

[22] Wilson, Geheimräte, S. 50ff.

[23] Über die hohe Bedeutung, die Goethe seinem eigenen Namen beimaß, handelt Brandes, P.: Goethes Na(h)me, in: Weimarer Beiträge 47 (2001). S. 540ff. Wenn er Goethes Bemerkung „Nur durch Aneignung fremder Schätze entsteht ein Großes" (Gespräch mit Müller vom 17.12.1827), zur An-Nahme bedeutender Anregungen stellt, bezieht sich das auch auf den Namen Abaris, da er schließen kann: „Die Nahme bleibt im Namen bewahrt" (S. 557).

Wien sein „Morgenlaendisches Kleeblatt" mit einer sechszeiligen Widmung schickte[24]:

ΓΟΗΤΩ
ΣΦΥΡΑ
Dem Zaubermeister
das Werkzeug
Goethe'n
Hammer

Obwohl die in der griechischen Epigraphik sehr ähnliche Schreibung von Pi und Gamma leicht auch die Lesung *poētói* zu ließe (poiētói wäre korrekt), ist „Poet" wegen der beigegebenen Übersetzung auf der Ebene des Geschriebenen vorderhand auszuschließen, mag bei Schreiber wie Leser aber auch wohl mit angeklungen sein. Mit *Goēteia*[25] ist hier selbstverständlich ein ehrenvoller Begriff von „Zauberei" gemeint, obwohl er in früheren Jahrhunderten durchaus negativ bewertet war – etwa in J. von Liechtenbergs[26] gleichnamiger Schrift von 1631 oder in Pico della Mirandolas Traktat von 1486. Dort übrigens in Gegensatz zu dem ebenfalls erwähnten Weisen „Abbaris" gestellt[27], der als Vertreter der humanen, wohltätigen Naturphilosophie gilt.

Als ein weiterer skythischer Weiser erreicht Anacharsis durch den antiquarisch-idealisierenden Bildungsroman des Abbé J.J. Barthélemy am Ende des 18. Jahrhundert höchste Notorität. Seit 1788 seine „Voyage du jeune Anacharsis en Grèce" einen fiktiven Nachfahren des älteren Namensvetters aus dem Naturzustand Skythiens in die Klassik Griechenlands aufbrechen läßt[28], sollte dieses vielbändige Kompendium für Jahrzehnte das

---

[24] Goethes Bibliothek. Katalog, bearbeitet von H. Ruppert, Weimar 1958, Nr. 1764 (Die Bibliothek der Stiftung Weimarer Klassik fertigte mir freundlicherweise ein Photo der grünen inneren Umschlagseite an, auf der die mit roter Tinte geschriebene Widmung heute nur schwer lesbar ist). Im ausführlichen Kommentar zum West-Östlichen Divan von H. Birus (Frankfurt 1994) heißt es zwar „Goethe mit einer handschriftlichen Widmung vom 1.11.1818 übersandt" (II 1573), aber das geistreiche Wortspiel des Widmenden wird nicht erwähnt.

[25] Zur Entwicklung des Begriffes in der Antike vgl. Burkert, W.: *Goēs*, in: Rheinisches Museum 105 (1962). S. 36ff. und Metzler, D.: Die politisch-religiöse Bedeutung des Vlieses auf dem skythischen Pektorale aus der Tolstaia Mogila, in: Stähler, K. (Hrsg.): Zur graeco-skythischen Kunst. Archäolog. Kolloquium 1995. Münster 1997 (= Eikon Bd. 4). S. 177ff., bes. S. 190ff. Meine Erklärung des *goēs* aus dem Bereich des Schmiedes läßt in der *sphyra*=Hammer aus der Widmung noch eine besondere Nähe zur skythischen Religion aufscheinen.

[26] Li(e)chtenberg, J. von: Goētia, vel Theurgia, sive Praestigiarum magicarum descriptio ... Leipzig 1631.

[27] Pico della Mirandola, G.: Über die Würde des Menschen. Lateinisch-Deutsch, hrsg. v. A. Buck. Hamburg 1990. S. 52. Vgl. auch Flaherty, a.a.O., S. 246f., Anm. 19 und 20.

[28] Ungefehr-Kortus, a.a.O., S. 240ff., bes. S. 247ff.

Bild jenes Ideals prägen. Zu seiner Wirkungsgeschichte gehört auch, daß der preußisch-klevische Baron Joannes Baptista Cloots[29] als glühender Anhänger der Französischen Revolution – vor der Nationalversammlung, die am selben Tage alle Titel und feudalen Prärogativen abschafft hatte, hat er am 19.6.1790 das Bürgerrecht der Republik für alle Völker der Erde reklamiert – sich fortan Anacharsis Cloots nennt[30]. 1794 wird er – als Kosmopolit und Ausländer der Konspiration beschuldigt – guillotiniert, als „Redner des Menschengeschlechtes" trägt die Erinnerung seinen Namen weiter. Goethe widmet ihm 1794 das Distychon: „Anacharsis dem ersten nahmt ihr den Kopf weg, der zweite wandert ohne Kopf klüglich, Pariser, zu euch".[31]

So bekannt der erste ist – Goethe selbst erwähnt in noch einmal 1821 als „Cloots" in seinen Versen auf „Byrons Don Juan"[32], so unbekannt scheint der zweite zu sein. Kommentare fand ich bisher nicht, denkbar wäre eventuell eine antike kopflose Bildnisherme aus dem Kreis der Sieben Weisen mit der Namens-Inschrift. In G. Flahertys Schamanismus-Studien zum 18. Jahrhundert werden die beiden skythischen Weisen – der Ältere und der jüngere Anacharsis – nicht genannt. Aber in Bezug auf Goethes Interesse an deren schamanischen Nachfolgern bei den Steppenvölkern der Neuzeit wird man dort fündig[33].

Für die Ausgestaltung des Maskenzuges zu Ehren der Großherzogin Maria Pawlowna in Weimar 1810 entleiht er sich mehrfach aus der Schloßbibliothek Georgis „Beschreibung aller Nationen des Russischen Reichs"[34]. Von diesem Festzug in den jeweiligen Trachten der Völkervielfalt gibt es eine Beschreibung in Bertuchs „Journal des Luxus und der Moden[35]. Für die fremdartigen Ausstattungen der sibirischen Schamanen und Schamaninnen boten die kolorierten Tafeln bei Georgi acht verschiedene Beispiele[36].

---

[29] Avenel, G.: Anacharsis Cloots. Paris 1865, I. S. 209 zu Skythen.

[30] Anacharsis Cloots. Katalog. Kleve 1988. S. 148. Mortier, R.: Anacharsis Cloots. Paris 1995. S. 152.

[31] Goethe, Xenie 235 = WA I 5.1, S. 239.

[32] Goethe, WA I 3, S. 197 = I 41, S. 245.

[33] Flaherty, a.a.O., S. 172.

[34] Keudell, E. von: Goethe als Benutzer der Weimarer Bibliothek. Weimar 1931. Nr. 641 (18.1.1810) und Nr. 204 (22.3.-5.7.1800), Flaherty, a.a.O., S. 172.

[35] Journal des Luxus und der Moden 25 (1810) (April). S. 201ff. – Einen „Petersburger Maskenzug" erwähnten die Tagebücher unter dem 10.03.1822 (WA III 8, S. 174).

[36] Georgi, J. G.: Beschreibung aller Nationen des Russischen Reiches. St. Petersburg 1777, III. Taf. 12, S. 44f., S. 62f., S. 68, S. 75, S. 82f., S. 86. Die Landesbibliothek Eutin stellte mir dankenswerterweise Photos ihres kolorierten Exemplars zur Verfügung. Vgl. Flaherty, a.a.O., Taf. 12-19.

Aber nicht allein diese Stiche mögen als Anregung gewirkt haben, sondern vielmehr ein echter vollständiger Schamanen-Ornat, den Goethe bei seinen Besuchen in Göttingen gesehen haben muß[37]. Denn an der einzigen Stelle, wo Goethe den im 18. Jahrhundert geläufigen[38] Begriff „Schamane" (hier als weibliche Form verwendet) und das Adjektiv „schamanisch" verwendet, nämlich in einem Brief vom 14.02.1810[39] an die als Schamanin kostümierte Henriette Freifrau von Fritsch, Gattin des Staatsministers Carl Wilhelm von Fritsch, mit Präzisierung zur Probeneinladung für den zwei Tage später stattfindenden Maskenzug, wird auch die gleichzeitige Übersendung von „vier ächten Götzen mit Puppenschürzchen, welche wahrhaft schamanisch aussehen"[40] angesprochen. Solche Idole als Hilfsgeister eines Schamanen sind zwar relativ verbreitet, tauchen aber auf keinem der Georgischen Stiche auf, wohl aber an der göttingischen Schamanentracht – und zwar dort drei mit Köpfen aus Blech und mit Textilien („Puppenschürzchen") bekleidete auf der Vorder- und eine eiserne (ehemals eventuell auch bekleidete?) auf der Rückseite[41]. Das entspricht genau Herodots Beschreibung (IV 76, 4) des heimgekehrten Skythen Anacharsis bei der Verehrung der Göttermutter: „behängt mit Götterbildern" die Trommel schlagend. Drei Wochen hat Goethe den Vorbereitungen dieses durch Kostüme, Choreographie, Gesang und Dichtung so aufwendigen Maskenzuges gewidmet[42]. Die

---

[37] Ebd., S. 170 mit Taf. 20. Vorzügliche Farbabbildungen auch bei Lommel, A.: Schamanen und Medizinmänner. München ²1980. Taf. 10-15.

[38] Flaherty, a.a.O. Vgl. z.B. – von Goethe entliehen – Georgil, a.a.O., S. 375: „Die Schamanische Religion gehört zu den Religionen der alten Welt. Sie ist die älteste im Orient und die Mutter der lamaischen, braminischen und anderer heidnischer Secten." Der Begriff wurde zuerst publiziert – und zwar in seiner deutschen Form „Schaman" von Nicolaus Witsen (zu ihm hier Anm. 2; vgl. Flaherty, a.a.O., S. 23). Benutzt hat ihn aber schon der am 16.4.1682 als Altgläubiger hingerichtete Protopope Avvakum in seiner in der sibirischen Verbannung 1672/73 verfaßten, aber erst 1861 publizierten Autobiographie (Pentikäinen, J.: Schamanism and Culture. Helsinki – Tampere 1998. S. 81.) – mit *saman* einen Begriff der tungusischen Ewenken wiedergebend. In der mir zugänglichen Übersetzung des „Lebens des Protopopen Avvakum" von G. Hildebrandt. Göttingen 1965; vgl. S. 29 die Nennung der „Saman"-Stromschnellen jenseits des Jenissei in der Großen Tunguska und die Beschreibung einer Wahrsager-Seance S. 43f.

[39] WA Nachträge und Register zur IV. Abteilung, Bd. 53, hrsg. V. P. Raabe. München 1990, Nr. 5908a. Den erhofften Nachweis übermittelte mir auf Anfrage dankenswerterweise M. Schilar von der Redaktion des „Goethe-Wörterbuches" bei der Akademie der Wissenschaften in Berlin.

[40] Ebd., S. 276. Im Bericht des „Journal des Luxus und der Moden", a.a.O., S. 205, wird die russische Form des Wortes benutzt: „Frau von Fritsch, welche als eine Schamanka, oder tatarische Wahrsagerin den Zug anführte, trat vor und sprach folgende Anrede: „O du Gefeierte von Millionen ..." Die Schamanin hier also als Festordnerin und Lobrednerin.

[41] Lommel, a.a.O., S. 173. Vgl. ebd.

[42] WA IV 21, S. 188 (Nr. 5912).

Hofgesellschaft – ausführend wie zuschauend – schien er sehr genossen zu haben. Und damit die aus der Ferne zurückgekehrte Großfürstin mit dem Anblick ihrer „heimatlichen" Trachten zu erfreuen, wie sehr erinnert das nicht an Iphigeniens letzte Verse: „Und seh'ich an dem Ärmsten eure Tracht; Empfangen will ich ihn wie einen Gott."

Georgis „Beschreibung" wird von Goethe aber nicht erst 1810 für den Maskenzug ausgeliehen, sondern schon einmal für mehrere Monate im Jahre 1800[43], wie er ebenso auch die „Kupfer zu Pallas Reisen" – etwa mit Abbildungen von Karten und Altertümern der (Halb-) „Insel Taman" – nicht erst 1810, sondern schon 1806/07 ebenfalls für längere Zeit entliehen hatte[44]. Beide Werke weckten offensichtlich wegen ihres Bildmaterials zu den historischen und gegenwärtigen Völkern Rußlands sein Interesse. Wie ja überhaupt immer wieder festzustellen ist, daß Goethe, wenn er sich mit asiatischer Poesie beschäftigt zugleich auch über illustrierte Reiseberichte bildliche Anschauung etwa von China, Indien oder Persien zu gewinnen sucht.

1824 gibt es in unerwartetem Kontext einen nur scheinbar nebensächlichen Vergleich mit skythischer Art: In der wohlwollenden bis enthusiastischen Besprechung serbischer Volkslieder heißt es „von kriegerischen Abenteuern": „Ihr größter Held, Marko ... kann als ein rohes Gegenbild zu dem griechischen Hercules, dem persischen Rustam auftreten, aber freilich in scythisch höchst barbarischer Weise"[45]. Daß dies nicht als moralisierend-ästhetisches Urteil, sondern als kulturgeschichtliche Bezeichnung einer Lebens- und Stilform zu verstehen ist, möchte ich aus der anschließenden zusammenfassenden Folgerung „Die früheste dieser Epochen sieht also ganz heidnisch aus" ableiten.

Eine Vorstellung von skythischer Kunst, allerdings möglicherweise ohne sie als solche zu identifizieren, erhält Goethe durch die „Petersburger Lithographien", die Professor F. G. Hand 1825 von dort mitgebracht und der Universitätsbibliothek geschenkt hatte[46]. Drei Tage nachdem Hand ihm seine Aufwartung gemacht hatte[47], werden sie ihm am 1.11.1825 ausgeliehen – am

---

[43] Siehe Anm. 34.

[44] Keudell, a.a.O., Nr. 460 (7.10.1806-9.4.1807) und Nr. 65 (5.2.-19.2.1810).

[45] Über Kunst und Altertum (1825). Serbische Lieder = WA I 41.2, S. 136ff. – bes. S. 141ff.

[46] Bullinger, K.: Goethe als Erneuerer und Benutzer der jenaischen Bibliotheken. Jena 1932, S. 58, Anm. 40, Nr. 141 (1.11.1825-11.1.1827) und Nr. 147 (11.1.1827-9.10.1828): Icones rerum pretiosarum maximam partem ex antiquis Sibiriae sepulcris depromptarum quae Petropoli in Museo Academiae Scientiarum asservantur" (o.O. o.J.). Die Universitätsbibliothek Jena stellte mir dankenswerterweise Photokopien zur Verfügung.

[47] Tagebücher 28.10.1825 = WA III 10, S. 119. Von F. G. Hand selbst besaß Goethe einen Führer durch die Petersburger Sammlungen: Kunst und Alterthum in St. Petersburg, Bd 1. Weimar 1827 = Ruppert, a.a.O., Nr. 2215. Im selben Jahr

11.1.1827 verlängert und zurückgegeben erst am 9.10.1828[48]. Daß er sie schnell anforderte und so lange behielt, kann nur für sein Interesse sprechen, das aber leider nicht schriftlich dokumentiert ist. Diese 26 Tafeln der „"Icones rerum ... ex antiquis Sibiriae sepulcris" stellen offensichtlich eine Auswahl in einfacher graphischer Kopie nach den berühmten Aquarellen dar, mit denen die Sammlungen der Petersburger Akademie in den 1730er Jahren malerisch dokumentiert und 1741 als „Icones pictae rerum, quae in academiae thesauris insunt" katalogisiert waren. Die Aquarelle sowie danach angefertigte Stiche von 1747, und die Objekte der Auswahl sind bis heute fast vollzählig erhalten[49]. Goethe kennt sie allerdings nur in schwachem Abglanz. Um so verständlicher sein Stolz, ein originales Objekt der Kultur der Steppenvölker zu besitzen. Gemeint ist der Baschkiren-Bogen, den er von einem Anführer der Baschkirischen Reitertruppe als Geschenk erhalten hatte[50], die in der russischen Armee der antinapoleonischen Koalition 1813/14 in Weimar einquartiert war und der Goethe im protestantischen Alten Gymnasium die Aula für ihre muslimischen Gottesdienste hatte bereitstellen lassen, Diesen Bogen holt er, wie Eckermann ausführlich berichtet, am Sonntag 1.5.1825 hervor[51], um damit – als nunmehr Fünfundsiebzigjähriger! – Schießübungen zu veranstalten: „Er stand da wie der Apoll mit unverwüstlicher innerer Jugend, doch alt am Körper. Der Pfeil erreichte nur eine mäßige Höhe"[52]. Die sich aus diesen Übungen entwickelnden Gespräche gleiten bald über den Bogen des Odysseus zu Homer und den griechischen Tragikern – Abaris' Seele, das Land der Griechen auf dem Pfeile suchend?

---

erhielt Goethe von C. W. Stark, dem Sohn seines Hausarztes J. Chr. Stark, seine medizinhistorische Abhandlung über einen Aspekt des Schamanismus bei den Skythen: Stark, C. W. De νούσῳ θηλείᾳ apud Herodotum prolusio. Jena 1827 = Ruppert, a.a.O., Nr. 1270. Anstreichungen, die auf Goethe als Leser verwiesen, gibt es darin nicht (nach freundlich gewährter Einsicht in der Bibliothek des Goethe-Nationalmuseums) und Reflexe in den Tagebüchern auch nicht. Zum Thema der „weiblichen Krankheit"/Geschlechtswechsel bei den Skythen: Margreth, D.: Skythische Schamanen. Die Nachrichten über Enarees-Anaries bei Herodot und Hippokrates. Schaffhausen 1993, bes. S. 97f. zu C. W. Stark.

[48] Siehe Anm. 40.

[49] Prinzwa, G. A.: The Hermitage drawings of the objects from Peter the Greats Kunstkammer, in: Het Papieren Museum. Simposium Huizinga Instituut, Historisch Museum. Amsterdam 2000, S. 54ff.

[50] Vgl. Brief Nr. 6696 an von Trebra vom 5.1.1814 (WA IV 24, S. 91).

[51] Eckermann, J. P.: Gespräche mit Goethe in den letzten Jahren seines Lebens 1823-1832. Berlin (Deutsche Buchgemeinschaft o. J.) II. S. 164ff. – nach Eckermanns langen Ausführungen eigener Bogner-Kenntnisse. W. Jacobmeyer verdanke ich diesen Hinweis.

[52] Ebd., S. 165.

Purunpacha – die Vernichtung historischer Erinnerung durch den Sieger

Gewidmet den wendigen Identitätsstiftern

Ausgehend von dem Gemeinplatz, daß dort Späne fallen, wo gehobelt wird, gilt für Historiker und ihre Auftraggeber, daß beim Drechseln eines Geschichtsbildes eine Menge Abfall produziert wird. Was Abfall ist, bestimmt das jeweilige Bild-Konzept bzw. curricular gesehen: Bildungs-Konzept. Das Phänomen ist begreiflicherweise so weltweit verbreitet, daß es erlaubt sei, es hier mit einem Begriff aus einer fremden Kultur hervorzuheben: *Purunpacha* steht für eine bestimmte Bewältigungsstrategie. Das Wort entstammt dem Quechua (Kétschua), der Sprache der Inkas, und setzt sich zusammen aus den Elementen *purun* = wild, barbarisch und *pacha* = Epoche, Welt, Universum, bedeutet also etwa „Zeitalter der Barbarei" und meint die Zeit vor der Inka-Herrschaft[1].

In den erhaltenen Berichten über das Inkareich, die bekanntlich alle erst nach der Eroberung durch die Spanier im 16. und 17. Jahrhundert zum Teil von Indianern und Abkömmlingen der Inka-Dynastie verfaßt worden sind, wird das so bezeichnete Zeitalter der Barbarei verschieden gewertet: Zwar liegt es immer der erfüllten Zeit des Inka-Imperiums voraus, doch kann es als eine schon entwickelte Stufe – so als die dritte vor der fünften der Inkas bei Poma de Ayala, Garcilaso de la Vega und Pachacutic idyllisch und positiv erinnert – gesehen oder aber abwertend als die Epoche animalischer Naturhaftigkeit verstanden werden, die der Fürsorge und der Wohltaten des Inka-Imperialismus noch nicht teilhaftig ist[2]. Auf diesen Aspekt hat besonders L. Séjourné hingewiesen. Dementsprechend heißt es etwa, daß der Inka die neu unterworfenen Völker auch dadurch aus dem Zustand der „bestialité" befreite, daß er ihnen für den Bau ihrer Dörfer „der Vernunft und dem Naturgesetz gemäß" sogenannte rationale Siedlungsschemata befahl[3] – vergleichbar dem Selbstverständnis der Griechen in Kleinasien, wo im 4. Jahrhundert v. Chr. der rationale Stadtplan von Priene den einheimischen Barba-

---

[1]   Brundage, B. C.: Lords of Cuzco. Oklahoma Univ. Press 1967. S. 264. Séjourné, L.: Altamerikanische Kulturen. Frankfurt 1971 (= Fischer Weltgeschichte 21). S. 214. – Für förderliche Diskussionsbeiträge und wichtige Hinweise danke ich den Kollegen von Borries, Hannig und Marienfeld.

[2]   N. Wachtel in Annales ESC 26 (1971). S. 793ff.

[3]   Garcilaso nach Wachtel, a.a.O., S. 796.

ren griechische Kulturüberlegenheit zu demonstrieren hatte[4]. Ferner drückt sich der exklusive Kultur-Anspruch der Eroberer in der Behauptung aus, der erste Inka habe die Jäger den Ackerbau und seine Gattin die Frauen die Textiltechniken gelehrt. Die archäologischen Befunde zeigen andererseits das genaue Gegenteil – eine sehr alte, breit entfaltete und hochentwickelte Zivilisation Jahrhunderte lang vor den doch relativ spät auftretenden Inkas. *Purunpacha* bezeichnet hier also das Ergebnis der Vernichtung geschichtlicher Kenntnisse durch Diffamierung einer älteren Epoche[5].

Die Vernichtung der historischen Erinnerung der Reichsbevölkerung wurde auf zwei Wegen erreicht: durch Deportationen großen Ausmaßes *(mitimac)*, die die unterworfenen Völker entwurzelten und durch ihre Neuansiedlung im gesamten Reich eine mehr oder minder bunt gemischte, neu gegliederte Untertanenbevölkerung schufen und für deren Ideologisierung die dafür zuständigen Intellektuellen *(amauta)* die gereinigte Version einer zweisträngigen Tradition bereithielten. Denn aus einem „Sinn für Hierarchie" und aus „Ordnungsliebe" blieb die wahre und geheime Geschichte, von sehr wenigen beauftragen Spezialisten in der *Kipu*-Knotenschrift notiert, der Oberschicht vorbehalten, während die arbeitenden Massen sich mit poetischen Simplifizierungen – an Markttagen mündlich vorgetragen – zu begnügen hatten. Für beide Versionen jedoch galt, was nach dem Tode des jeweiligen Herrschers eine Kommission als offiziell und wahr festlegte[6].

Frantz Fanons[7] Beobachtungen zur psychischen Desorientierung und Lethargisierung des kolonialen Menschen ließen sich auch auf den Kolonialismus des Inka-Imperiums übertragen. Eine der Folgeerscheinungen zeigt ein geschichtsdidaktisches Beispiel Paul Freires[8]. Er berichtet von archäologischen Arbeiten bei den Nachkommen der Chimu: indem sie selbst – auf die Eigenständigkeit und das hohe Alter ihrer Kultur aufmerksam gemacht – die Gräber ihrer Vorfahren mit den prachtvollen keramischen und textilen Beigaben des 12. bis 14. Jahrhunderts, aus der Vor-Inka-Zeit *(purunpacha)* also, ausgruben, konnten sie nicht nur die selbstgemachten Funde be-greifen, sondern konkret zu ihrer ethnischen Identität zurückfinden, der zu ermangeln ihnen das gängige Vorurteil der Herrschenden einzureden

---

[4] Fehr, B.: Kosmos und Chreia, in: Hephaistos 2 (1980). S. 155ff.

[5] Generell gilt: „Das Verdrängte wurde dann ersetzt durch das phantasievolle Gemälde eines denkbar unwissenden und unzivilisierten paganen Heidentums. Bekanntlich waren bislang alle Orthodoxien in diesem Geschäfte Meister" (Lüling, G.: Sprache und archaisches Denken. Erlangen 1985. S. 177).

[6] Baudin, L. : La formation de l'élite et l'enseignement de l'histoire dans l'empire des Incas, in: Rev. Etudes d'Histoire 1927. S. 107ff.

[7] Fanon, F.: Die Verdammten dieser Erde. Frankfurt 1966 (frz. 1961 bei Maspero). S. 190ff.

[8] Volkserziehung in Lateinamerika, hrsg. v. W. und H. Schulze. Berlin 1978. S. 162ff.

pflegt – so wie etwa in der Spätantike Prokop von den Goten behauptete, sie seien so barbarisch, daß sie nicht einmal wußten, wer sie sind (b. Goth. IV 4, 11). Für das Selbstbewußtsein der zahlreichen revolutionären Bewegungen in Peru und Bolivien heute ist die Erfahrung der Chimu-Nachkommen also gewiß nicht ohne Bedeutung.

Was für die Vernichtungsstrategie der Inka gilt, gilt in höherem Maße natürlich für die nachhaltigere und effizientere Vorgehensweise der spanischen Conquistadores und ihrer missionierenden Helfershelfer. Bei den schon erwähnten Chronisten wird sie am deutlichsten erkennbar an ihrer Verinnerlichung der Zensur, die so tief greift, daß gelegentliches Aufbegehren in seiner devoten Formulierung nachgerade verzweifelt wirkt. Im übrigen ist die Vernichtung indianischer Tradition nicht an eine bestimmte Konfession gebunden, denn auch in den USA war bis 1934 den Indianern die Ausübung ihrer angestammten Rituale gesetzlich untersagt.

Vom genius Locci inspiriert, muß man hier in Loccum zwangsläufig den zisterziensischen Gemeinplatz vom „Siedeln der Mönche in der Wildnis" bemühen. Die Quellen sprechen nämlich andererseits auch von der Angst der Bauern vor der vereinnahmenden Tüchtigkeit der Mönche. Es gab also Altsiedler, und „Wüste" ist demnach in vielen Fällen wohl eher ein exkulpierendes Schlagwort für herrschaftsfreies Land, das durch den Zugriff der Klöster planvoller Ausbeutung unterstellt wird[9]. Der in einer anderen Kultur gegen die gleiche Institution bekannte Widerstand – Zerstörung buddhistischer Klöster im noch weitgehend heidnischen Tibet des 9. Jahrhunderts[10] – wird einer harmonisierenden Traditionsstiftung zuliebe gern vergessen.

Statt *purunpacha* könnte unser Titelstichwort auch *gāhiliya* (dschahilija) lauten – abgeleitet von arab. *gāhila* = nicht wissen, nicht können. Islamische Dogmatik und Historiographie bezeichnen damit den „Zustand der Unwissenheit" vor Muhammad. Auch diesem fundamentalistischen Rigorismus steht eine gut belegte archäologische, ferner aber auch epigraphische und literarische Überlieferung entgegen, die die hohe Kultur des vorislamischen Arabien bezeugt[11]. Wie tief das Vorurteil aber verwurzelt ist, lehrt die Antwort eines ortskundigen Scheichs auf die Frage einer deutschen Forscherin, die ihn um Hinweise auf Altertümer in seinem Stammesgebiet bat: „Was kann es in der *gāhiliya* schon Wissenswertes gegeben haben!"

Auf den Punkt gebracht wird dieses vernichtende Desinteresse im chronologischen Selbstverständnis religiöser und politischer Bewegungen, wenn

---

[9] Wiswe, H.: Grangien niedersächsischer Zisterzienserklöster, in: Braunschw. Jhb. 34 (1953). S. 5ff., bes. S. 27, S. 40 und S. 50.

[10] Bogoslovskij, V. A.: Essai sur l'histoire du peuple tibétain ou la naissance d'une societé de classes. Paris 1972. S. 53f. und S. 64f.

[11] Grohmann, A.: Arabien. München 1963 (= Hdb. d. Altert.wiss. III 1, 3, 3, 4); Doe, B.: Monuments of South Arabia. New York – Cambridge 1983.

sie die von ihnen eingeleitete neue Ära mit dem Jahre 1 beginnen lassen. Daß die Französische Revolution damit vor knapp zwei Jahrzehnten beinahe noch curriculare Erfolge gehabt hätte, ließe sich am Bielefelder Reformismus zeigen, als dortige Historiker im Gründungseifer alle Geschichte vor 1789 als quantité négligeable außen vor lassen zu können glaubten.

Wissenswertes und Erinnerungswürdiges läßt sich offensichtlich nur unter argen Definitionsschwierigkeiten beschränken. Wir halten es hier lieber mit Peter Weiss, der in der „Ästhetik des Widerstandes" seinen jugendlichen Protagonisten mit längerem historischen Atem für die Einbeziehung auch des Pergamon-Altares in die Politik der Gegenwart plädieren läßt: „Die Gesamtkunst, fuhr er fort, die Gesamtliteratur ist in uns vorhanden, unter der Obhut der einen Göttin, die wir noch gelten lassen können, Mnemosyne. Sie, die Mutter der Künste, heißt Erinnerung. Sie schützt das, was in den Gesamtleistungen unser eigenes Erkennen enthält. Sie flüstert uns zu, wonach unsere Regungen verlangen. Wer sich anmaßt, dieses aufgespeicherte Gut zu züchten, zu züchtigen, der greift uns selbst an und verurteilt unser Unterscheidungsvermögen. Manchmal sind mir schon die Kunsthistoriker zuwider, die mit erhobnem Zeigefinger die Vieldeutigkeit[12] jedes einzelnen Werkes vergessen, diejenigen aber, die aus politischen Erwägungen Zwänge vornehmen, wissen vom Wesen der Kunst nichts. Mit ihren Bilderstürmen, ihren Bücherverbrennungen, ihrer Bekämpfung nicht genehmer Ansichten stellen sie sich als Angehörige der Inquisition dar" (I 77).

Am erfolgreichsten ist die Vernichtung historischer Erinnerung wohl immer dann, wenn sie von ihren Opfern selbst geglaubt, also akzeptiert wird. So sagte mir einmal in der Osttürkei ein kurdischer Junge auf die Frage, warum er kein Kurdisch in der Schule lernen könne, daß diese Sprache weder schön noch ausdrucksfähig ist. Die kurdischen Volkssänger unserer Tage, die – wie ihr kurdisches Publikum – gegenteiliger Meinung sind, büßen ihre Uneinsichtigkeit in türkischen Gefängnissen. Die Perversion kann aber noch weitergehen: In Neuseeland haben die Maoris mit dem *gospelday* alljährlich die Erinnerung an die Landung christlicher Missionare am 26.10.1821 durch festliche Verbrennung der Kultobjekte ihrer angestammten Religion zu feiern. Vergleichbare Bedeutung hatte im achämenidischen Iran das Fest der „Magiertötung": Damit erinnerte der Usurpator Dareios seine Untertanen an die Niederschlagung des von dem Magier Gaumata (522 v. Chr.) geführten Volksaufstandes, dessen weite Verbreitung am deutlichsten wird aus der ungewöhnlich hohen Zahl der Opfer in den Triumphlisten des Siegers. Gaumata seinerseits hatte sich der Archive bemächtigt, um so historisch begründeten Besitzansprüchen des Adels ihre Legitimation zu

---

[12] Für die griechische Kunst vgl. Metzler, D.: Eunomia und Aphrodite, in: Hephaistos 2 (1980). S. 73ff.

entziehen[13]. Ein Jahrtausend später unter den Sasaniden ging Mazdak die gleichen Ziele radikaler an: Er griff nicht die historische Erinnerung an, sondern entzog durch den Aufruf zur Weibergemeinschaft dem Blutadel künftig die Berufungsmöglichkeit auf die Exklusivität seiner durch Abstammung legitimierten Privilegien. Seine solchermaßen konsequente Entwertung jeglicher Tradition führte allerdings nicht zu dem Neubeginn einer erhofften egalitären Gütergemeinschaft, sondern schuf für das Königtum nur jene tabula rasa, auf der es zum Ausbau seiner zentralistischen Macht einen ergebenen Dienstadel etablieren konnte[14].

Daß ferner Lied, Ritual und Kultobjekt in besonderer Weise Träger historischer Erinnerung sind, zeigen gerade jene Fälle von ideologischer Aggressivität, mit denen neue Religionen und Imperien, aber auch Klassen sich im Namen des Fortschritts durchzusetzen versuchen, Bücherverbrennungen – zum ersten Male von Platon beabsichtigt[15] und vom ersten Einiger Chinas Qin Shihuangdi zur Stützung zentralistischer Macht gegen feudalistische Dissidenten brutal verwirklicht[16] – oder in oralen Gesellschaften die Tötung (der englische König Edward I. läßt die walisischen Barden beim Gastmahl ermorden) bzw. Umdrehung der Träger der mündlichen Überlieferung (der Friesenmissionar Ludgerus macht einen lokalen Barden zum Psalmensänger)[17] sind oft behandelt[18], auch Bilderstürme haben eine lange und bekannte Tradition[19]. In beiden Komplexen dieser Kulturvernichtung ist obendrein das Opfer im nachhinein mit der Schuld belastet. Die Nicht-Rö-

---

[13] Metzler, D.: Reichsbildung und Geschichtsbild bei den Achämeniden, in: Seminar. Die Entstehung der antiken Klassengesellschaft, hrsg. v. H. G. Kippenberg. Frankfurt 1977. S. 279ff., bes. S. 281ff. Ebd., S. 298f. über die Funktion der traditionsbildenden Lüge als konstituierendes Element für Staatsgründungen.

[14] Klima, O.: Mazdak. Prag 1957. Metzler, Reichsbildung, S. 283.

[15] Aristoxenos von Tarent frgt. 83. Vgl. auch Speyer, W.: Büchervernichtung und Zensur des Geistes bei Heiden, Juden und Christen. Stuttgart 1981.

[16] Cotterell, A.: Der Erste Kaiser von China. Frankfurt 1981. S. 153f. und S. 163f.; Simons, St.: Das Bild Qin Shihuang's in der Geschichtsschreibung der VR China. Hamburg 1984. S. 173ff. mit dem Motto aus G. Salvatore.

[17] Vita S. Ludgeri II 26.

[18] Vgl. Beumann, H.: Die Hagiographie „bewältigt" Unterwerfung und Christianisierung der Sachsen durch Karl den Großen (1982), in: Ausgewählte Aufsätze aus den Jahren 1966-1986. Sigmaringen 1987 (nondum vidi). – Wie das Christentum verhält sich auch der Islam: Muhammad soll das persische Königsepos als unislamisch geschmäht haben, die afrikanischen Spielleute der Sahel sahen ihre Traditionen durch die neue Religion gefährdet (Frobenius, L.: Spielmannsgeschichten der Sahel. Jena 1921. S. 9) und die türkischen Seldschuken gaben nach ihrer Bekehrung ihre alttürkische Epentradition auf (Talbot Rice, T.: Die Seldschuken. Köln 1963. S. 93).

[19] Metzler, D.: Bilderstürme und Bilderfeindlichkeit in der Antike, in: Bildersturm, hrsg. v. M. Warnke. München 1973. S. 14ff.

mer, Nicht-Christen gelten als die Barbaren, obwohl gerade unter ihren Eliten literarisch gebildete Fürsten – bei Goten und Franken – durchaus bekannt sind, während der christliche Klerus, nicht der sogenannte Pöbel, zu Bilderstürmen, Bibliotheksverbrennungen und Tempelzerstörungen aufruft. Tertullian predigte gegen die Neugierde (gemeint ist Wissenschaft), und Hieronymus übersetzt die Bibel ins Lateinische, um griechische weil heidnische Bildung vergessen zu machen[20]. Barbaren sind die Intellektuellen!

Die Vernichtung der Volkskultur durch bürgerliche Eliten und staatlichen Zentralismus bleibt der auf Schriftquellen fixierten Verkürzung von Geschichte weitgehend verborgen. Es ist daher das Verdienst von R. Muchembled[21], anhand französischen Materials die Vernichtung der historischen Erinnerung eigenständiger Kulturen unter dem Druck zu Konformismus und Verfügbarkeit bei der Durchsetzung neuzeitlicher Lebens- und Wirtschaftsformen dargestellt zu haben. An italienischen Beispielen hat C. Ginzburg (Die Benandanti, Der Käse und die Würmer) die Modernisierung der bäuerlichen Lebenswelt durch die Inquisition als einen Prozeß der Selbstentfremdung behandelt. Aus der Antike wären etwa die zahlreichen und mannigfaltigen Phänomene vor-olympischer Religiosität aus ihrer Verharmlosung, Degradierung oder Verwerfung durch den etablierten Mythos zu rekonstruieren.

Die letzten Beispiele zeigen, daß gerade durch die Arbeitsteiligkeit der akademischen Fächer die Entfremdung des Historikers selbst so konstituiert ist, daß nicht-schriftliche Überlieferung der Archäologie und der Ethnologie oder der Volkskunde und Kunstgeschichte zur Erforschung vorbehalten ist. Grenzüberschreitung tut auch hier not! Deshalb der Hinweis auf die auch geschichtsdidaktisch plausible Arbeit des Kunsthistorikers D. Hoffmann-Axthelm über „Das abreißbare Klassenbewußtsein" (Gießen 1975). An einem Beispiel aus der Architekturgeschichte Berlins zeigt er Entfremdung und Vernichtung historischen Bewußtseins über zwei Jahrhunderte auf. Da es sich dabei um den Belle Alliance-Platz (heute: Mehringplatz) handelt, ist es vielleicht nicht uninteressant, daran zu erinnern, daß der alte Name bei der geschichtsbewußten französischen Besatzungsmacht Anstoß erregte, die folgerichtig in ihrer Zone nach 1945 zunächst jede Form von Geschichtsunterricht für Deutsche verboten hatte.

Besonders verheerend wirkt natürlich der Nationalstaat auf die geschichtliche Erinnerung. Auf Konstruktion einer Einheit fixiert, verschließt er den Blick auf die gewachsene Komplexität und läßt nach der bewährten Methode des Prokrustes alles das abhacken oder überdehnen, was nicht in das Einheitsbett des „Staatsbürgers" paßt: von den sprachlichen über die

---

[20] Hunke, S.: Allahs Sonne über dem Abendland. Stuttgart 1960. S. 196f.; Deschner, K.: Kriminalgeschichte des Christentums I: Die Frühzeit. Reinbek 1986. S. 192ff.

[21] Muchembled, R.: Kultur des Volkes, Kultur der Eliten. Stuttgart 1982.

religiösen hin zu den klassenspezifischen Störfaktoren wird vergessen oder
vernichtet, was durch seine historische Besonderheit über Nonkonformismus
Widerstandspotential entwickeln könnte (gilt nur so lange, wie die Eigenständigkeit noch nicht bis zur Folklore heruntergewirtschaftet und verharmlost ist oder bis die reale Arbeitswelt des 19. Jahrhunderts nur noch als
Hochglanzphoto eines gut ausgeleuchteten und frischlackierten sog. Indu-
striedenkmals wahrnehmungswürdig ist). Wer alles vergessen, vernichtet
oder gleichgeschaltet werden mußte, bis etwa der moderne griechische Nationalstaat unserer Tage sich für hinreichend funktionstüchtig halten kann,
zeigt die seitenlange Liste einst kulturell eigenständiger *griechischer* Gruppen, die P. L. Fermor einmal in verzweifelter Wehmut zusammengestellt
hat[22]. Für Deutschland mögen die Hinweise auf die brutale Ausgrenzung von
Juden und Zigeunern durch ihre physische Vernichtung und die verdum-
mende Ideologisierung des Staatsvolkes durch Tatsachenverdrehung genügen – etwa: Bismarck ist nicht der Einiger Deutschlands, sondern hat die
kleindeutsche Lösung verwirklicht. Nicht dem Deutschen Johannes Gutenberg gebührt der Ruhm, den Buchdruck erfunden zu haben, sondern den
Chinesen[23]. Darauf machte zwar Paolo Giovio schon 1546 und Juan Gonza-
lez de Mendoza 1585 (1589 deutsch erschienen) mit guter Begründung aufmerksam, aber da das deutsche Vorurteil – wohl nicht ohne Gutenbergs Zu-
tun – sich schon im 15. Jahrhundert gebildet hatte, scheint ein Umlernen
wohl zu unbequem zu sein, so daß im 19. Jahrhundert Gutenberg zum Na-
tionalheros des deutschen Bürgertums werden konnte.

Auch die Gegenwart verschont uns nicht: bedeutet Integration der Gastar-
beiter nicht auch deren Distanzierung von ihrer kulturellen Tradition, also
Dressur zwecks Identitätswandel? Wozu eigentlich Integration? Wäre Plura-
lität der Kulturen nicht humaner? Der vermeintliche Zwang zur Homogeni-
sierung, zur Vereinheitlichung qua Ausgrenzung und Verfolgung Nicht-An-
gepaßter hat ältere historische Wurzeln. Daß er die westeuropäische Geschichte seit dem Mittelalter bestimmt, hat jüngst R. I. Moore gezeigt[24].

Der partiellen Unbekümmertheit, mit der die Argumente hier vorgetragen
worden sind, wird man auch entnehmen können, daß es mir nicht um die
Frage der Durchführbarkeit eines Curriculums („Wer sollte das denn alles
wissen, berücksichtigen, lehren/lernen – in der kurzen zur Verfügung stehenden Zeit?") oder Sinnhaftigkeit der Zielvorstellungen („Was soll das Ganze?") geht, sondern um das Staunen und Entsetzen über das Vernichtungs-

---

[22] Fermor, P. L.: Mani. Salzburg 1972. S. 419f. – in der griechischen Übersetzung
noch ausführlicher.

[23] Ch'ien Ts'un-hsün in J. Needham: Science and civilization in China V, I: Paper
and Printing. Cambridge 1985. S. 315ff.

[24] Moore, R. I.: The formation of a persecuting society. Power and deviance in
western Europe. Oxford 1987.

potential der Geschichtswissenschaft – weit gefährlicher als das der deswegen oft gescholtenen Archäologie – und über die Leichtfertigkeit und Selbstgewißheit moralischer Urteile vom Typus: „Wir haben dank der modernen historischen Forschung die Weltgeschichte gut genug kennengelernt, um feststellen zu müssen, daß in ihr wirklich nur diejenigen sich auf Dauer durchgesetzt haben, die es letzten Endes auch verdienen, Sieger zu sein"[25] – über J. G. Droysens „Stets ist das stolze Recht des Siegers der Sieg eines höheren Rechtes" an Hegel anknüpfend. Daß meine Probleme leider auch nicht die allerneuesten sind, lehrt ein Blick auf die Antike: In der literarhistorischen Debatte des Hellenismus über die sogenannte tragische Geschichtsschreibung klingt auch an, ob das Fragen nach dem Leid der Besiegten erwähnenswert sei oder ob sich der Historiker von höheren Zielen leiten lassen sollte. Entsprechende Argumente aus den trüben Gewässern formalistischer Barbarei in das Blickfeld humanistischer Forschung gerückt zu haben, ist das Verdienst von H. Strasburger[26]. Leitmotivisch geradezu kehrt der Widerstand gegen das Vergessenwerden und die Vereinnahmung eigener Geschichte durch höhere Instanzen in Peter Weiss' Roman auf jeweils anders erlebten Reflexionsebenen wieder[27].

Bemerkenswert auch die Strategie des Vergessens bei der Ausgrenzung der Universalgeschichte aus dem Paradigma der Geschichte des Altertums mit dem zunehmenden Klassizismus der Aufklärung und unter dem Eindruck der Französischen Revolution: Die Verengung des identitätssuchenden Blickes auf Hellas und Rom wird als Befreiung „von der Polyhistorie des Spätbarock" gefeiert[28].

Zum Schluß: Hier wäre auch vielleicht noch zu reden von vorsätzlicher Vernichtung historischer Quellen nach dem Schema „Watergate", von der Verdrängung historischer Schuld aus dem Selbstbewußtsein unseres Volkes, von der Streichung unzeitgemäß gewordener Personen aus sowjetischen Enzyklopädien oder aus christlichen Heiligenkalendern[29]. Es gibt offensichtlich

---

[25] Stier, H. E.: Roms Aufstieg zur Weltmacht und die griechische Welt. Köln – Opladen 1957, S. 11.

[26] Strasburger, H.: Die Wesensbestimmung der Geschichte durch die antike Geschichtsschreibung. Wiesbaden 1975. S. 38f., S. 40f., S. 45f., S. 52f.

[27] Weiss, P.: Ästhetik des Widerstandes I. Frankfurt 1975. S. 53, S. 310f. III 1981. S. 265f.

[28] Wegner, M.: Altertumskunde. Freiburg 1951. S. 124. Den Prozeß der Ausgrenzung beschreibt Bernal, M.: Black Athena. The Afroasiatic roots of classical civilization I: The fabrication of Ancient Greece 1785-1985. London 1987. Bes. S. 28ff.

[29] Besonders eindrücklich der Hinauswurf christlicher Heiliger, die einst als Wehrdienstverweigerer das Martyrium erlitten hatten, durch die Staatskirche nach der constantinischen Wende, die ja auch nicht zuletzt eine Wende in der kirchlichen Tötungsmoral bedeutete (H. Achelis bei A. von Harnack: Die Mission und Ausbreitung des Christentums in den ersten drei Jahrhunderten. Leipzig [4]1924 [Reprint

immer viel mehr Wissenswertes als jeweils zu wissen die Curricula oder die Canones[30] erlauben. Auf die Auswahl kommt es an. Eben! Eine der diesbezüglich simpelsten und daher wirksamsten Zensur-Methoden zitierte schon vor über fünfzig Jahren E. Panofsky[31] aus einem englischen Leserbrief: Weil nun einmal der Philosophieunterricht soviel Zeit für Platon braucht, bleibt naturgemäß nur wenig übrig für die Beschäftigung mit Karl Marx.

1965], II. S. 588f., Anm. 1).

[30] Vgl. Kanon und Zensur, hrsg. v. A. und J. Assmann. München 1987. Bes. S. 19ff. (Generelle Überlegungen); S. 63ff. (Theologie); S. 169ff. (Geschichte).

[31] Panofsky, E.: Sinn und Deutung in der bildenden Kunst. Köln 1978. S. 34, Anm. 18 (publiziert 1940).

A. H. Anquetil-Duperron (1731-1805)
und das Konzept der „Achsenzeit"

In seinem Testament, das hier als Anhang erstmals vollständig publiziert wird, führt Anquetil mit berechtigtem Stolz die lapidare Bezeichnung „Voyageur aux Grandes Indes" wie einen Titel. Damit gehört er zwar nicht zum Kreis der eigentlichen Persien-Reisenden, denen unser neunter Achaemenid History Workshop gewidmet ist, vielmehr zog er der Möglichkeit eines Besuches bei den Parsen im persischen Kirman ausdrücklich die Reise nach Surat in Indien vor, wo er nicht nur deren Sprachen erlernen zu können hoffte, sondern auch die Gewißheit sah, seine Sanskrit-Studien erfolgreicher vorantreiben zu können. Doch sollte er aber gerade in Indien durch seine Übersetzung der heiligen Schriften der Zarathustrier „le fondateur des études iraniennes" (Burnouf 1836: S. 111) werden. Auf seine Avesta-Studien haben sich G. F. Grotefend[1] und auf ihm aufbauend Saint-Martin (1823: S. 65ff., nach Burnouf 1836: S. 5) bei ihrer Entzifferung der achämenidischen Keilschrift-Texte ausdrücklich bezogen. Sein Leben und Wirken ist durch die maßgebliche Biographie von Raymond Schwab (1934; s. auch ders. 1950) so bekannt[2], daß ich nach einer kurzen Erinnerung der wichtigsten Fakten (vgl. Jaulme 1936: S. 1374-1383) hier auf, wie mir scheint, zu Unrecht vergessene oder bisher gar nicht beachtete Punkte eingehen kann.

Abraham-Hyacinthe Anquetil-Duperron wurde am 7. Dezember 1731 in Paris geboren. Für die geistliche Laufbahn bestimmt erlernte er schon während des Studiums an der Sorbonne das Hebräische. Nach einem dreimonatigen Aufenthalt im Winter 1751/52 an den französischen Jansenisten-Kollegien – ein frommer Jansenist blieb er sein Leben lang – von Rhynwijk und Amersfoort in den Niederlanden richtete er vollends sein Interesse auf die orientalischen Sprachen und Religionen. Unter den Gelehrten im Umkreis der Königlichen Bibliothek und der Akademie fand er wohlwollende Gönner (Sallier, Barthélemy, de Caylus u.a.). 1754 bekam er Kopien von vier Blättern des Vendidad-Manuskripts der Bodleian Library zu Gesicht und entschloß sich zu seiner Reise zu den Parsen. Am 7.2.1755 konnte er sich mit äußerst dürftigen Mitteln und einem sehr bescheidenen königlichen Stipendium

---

[1] Die Welt des Alten Orients. Ausstellungskatalog, hrsg. v. R. Borger u.a. Göttingen 1975. S. 174f. = Grotefends Text von 1802. Heeren, A. H. L.: Ideen über die Politik, den Verkehr und den Handel der vornehmsten Völker der alten Welt I 1. Wien 1817. S. 415f. = Beilage Grotefends.

[2] Ein Porträt von ihm scheint es offenbar nicht zu geben, jedenfalls blieben meine Nachforschungen in den einschlägigen Bildniskatalogen bisher erfolglos.

ausgestattet in einer Gruppe von zum Kriegsdienst in der Kolonie entlassenen
Strafgefangenen nach Pondichéry einschiffen lassen, wo er, nur unzureichend
besoldet für die Compagnie des Indes tätig wurde. Seit 1758 hielt er sich für
drei Jahre in Surat auf, wo die Franzosen, hart bedrängt von der englischen
Konkurrenz, einen zweiten Stützpunkt in Indien unterhielten. In Surat gelang
es ihm, unter immer neuen Schwierigkeiten und teilweise lebensbedrohenden
Rückschlägen, mehr oder minder vertrauensvolle Kontakte zu den Desturs der
Parsengemeinde aufzubauen, die es ihm ermöglichten, nicht nur deren Sprache
zu erlernen, um in ihre Literatur eindringen zu können, sondern auch Kopien
von bedeutenden Manuskripten ihrer religiösen Texte zu erwerben. Nach
Frankreich zurückgekehrt konnte er der Königlichen Bibliothek am 15.3.1762
seine reiche Ausbeute an Texten und Übersetzungen zur Verfügung stellen. Im
nächsten Jahre wurde er – gerade 32 Jahre alt – als *membre associé* in die
Académie des Inscriptions et Belles Lettres aufgenommen. In den *Recueils*
und *Mémoires* der Akademie sollte er in den folgenden Jahren die bahnbre-
chenden Ergebnisse seiner siebenjährigen Arbeit in Indien veröffentlichen.
Herausragendes Ereignis war 1771 das Erscheinen des *Zend-Avesta, ouvrage
de Zoroastre* in drei Quartbänden, 1775-76 von Johann Friedrich Kleuker (vgl.
Schütz 1927: bes. S. 10f., S. 17 und S. 21; Faust 1977: S. 103ff., S. 119) auf
Anregung Johann Gottfried Herders, dessen eigenes Exemplar des *Zend-
Avesta* er benutzte, in Lemgo, der Heimatstadt des berühmten Persien-
Reisenden Engelbert Kaempfer, ins Deutsche übersetzt, mit Kommentaren
und später mit einem Anhang versehen. 1778 folgten die *Législation orientale*
– verlegt in Amsterdam, 1786 die *Recherches historiques et géographiques
sur l'Inde*, 1801-02 die lateinische Übersetzung der Upanischaden – um nur
die wichtigsten seiner Arbeiten zu nennen. Als Napoleon 1804 auch die
Akademie auf sich vereidigen ließ, lehnte er dieses Ansinnen als unvereinbar
mit seiner royalistischen Haltung ab und bot seinen Austritt an. Am 17. Januar
1805 starb er in der Wohnung seines Bruders im Marais – 57 rue des Blancs-
Manteaux.

Die epochale Bedeutung Anquetils wird auch darin deutlich, daß er seine
iranistischen Studien in einem universalgeschichtlichen Zusammenhang sah.
Für die Erforschung und Darstellung der Achämenidengeschichte ist er unter
diesem Aspekt deshalb so wichtig, weil er als erster die Gleichzeitigkeit der
großen Denker und Religionsstifter in Europa und Asien sah, die Karl Jaspers
(1949: S. 19ff., vgl. Ritter 1971: sv. Achsenzeit) zu dem etwas hinkenden Bild
(Demandt 1978: S. 250f.) der „Achsenzeit" veranlaßte. Zwar spielen die
Achämeniden auf den Kongressen, die neuerdings immer wieder dem „axial-
age" gewidmet werden[3], so gut wie keine Rolle, doch muß die heutige Ver-

---

[3] Venedig 1973: s. Daedalus, Spring 1975 = Proc. Americ. Acad. Arts and
Sciences 104/2 (1975); Bad Homburg 1985: s. Kulturen der Achsenzeit, hrsg. v. S.
N. Eisenstadt. Frankfurt 1987. Dort S. 7f. die Hinweise auf weitere Konferenz-
berichte.

breitung von Kenntnissen ja noch nichts über vergangene Wirklichkeiten aussagen. Denn „die achämenidischen Perser betraten ja einst im Gymnasium die Bühne der wahren Geschichte erst, als dort Miltiades, nachmals Sieger von Marathon, auf sie lauerte" (Gerster 1976: S. 65), doch hat der einstige Gymnasiast spätestens seit Gore Vidals Roman *Creation* (1981) ja heute wieder die Chance, sich die Buntheit und Dichte einer Universalgeschichte vorzustellen, wie sie sich vor ihrer klassizistischen Abmagerungskur dem Barock – und schon dem Mittelalter! darbot. Bevor Karl Jaspers, der als Vorstufen E. von Lasaulx (1856) und V. von Strauss (1870) zitierte[4], die Gleichzeitigkeit von Konfuzius, Laotse, Gautama Buddha, Zarathustra, Jesaja und Jeremia sowie der griechischen Dichter und Philosophen auf das ihnen Gemeinsame hin befragte, war diese Zeitgenossenschaft schon immer wieder von Historikern gesehen worden – eine ganze Liste seiner Vorgänger stellte F. J. Teggart (1939: S. XI) zusammen, Altheim erwähnte sie 1947 (I S. 112 mit 107) und Needham verwies 1954 (I S. 99; vgl. auch von Vacano 1952: S. 124-130) lapidar auf „die oft bemerkte Gleichzeitigkeit".

Vergessen wurde, worauf ich hier aufmerksam machen möchte, daß hinter ihnen allen Anquetil steht[5]. Da er 1769 die Datierung Zarathustras in das 6. Jahrhundert v.Chr. bestätigen konnte (Anquetil 1769: S. 275, S. 299; 1774: S. 710-754, bes. S. 728ff., S. 741ff.) – zu dieser Datierung weiter unten S. 570 –, und sich ihm durch die sinologischen Studien der Jesuiten auch der Ferne Osten erschlossen hatte[6], fiel sein Blick auf die neuen religiösen und philosophischen Erscheinungen im China, Indien, Israel und Griechenland desselben Jahrhunderts, die den von ihm in Iran entdeckten so nahe kamen, daß er in seiner Entdeckerfreude generalisieren zu können meinte, das Zend-Avesta gebe die allgemeinen theologischen Grundsätze (*idees reçus*) in Asien um die Mitte des 6. Jahrhunderts v.Chr. wieder (Anquetil 1769: S. 272). 1771 faßte er das Phänomen mit den Worten: „Ce siècle, qui peut etre regardé comme une époque considérable dans l'Histoire du genre humain. Il se fit alors dans la nature une espèce de révolution qui produisit dans plusieurs parties de la terre des Génies qui devoient donner le ton à l'univers." (Anquetil

---

[4]   Jaspers 1949: S. 28. Vgl. auch Opitz 1968: S. 7: „geistesgeschichtliches Phänomen, dem bis dahin nur wenig Beachtung geschenkt worden war ... blieb jedoch auch noch lange Zeit, nachdem von Strauss auf sie hingewiesen hatte, unbeachtet. Erst Karl Jaspers schenkte ihr ... volle Aufmerksamkeit."

[5]   Vgl. Momigliano 1975: S. 9: „Confucius, Buddha, Zoroaster, Isaiah, Heraclitus – or Aeschylus. The list would probably have puzzled my grandfather and his generation. It makes sense now; it symbolizes the change in our historical perspective." Zwei Jahre später verweist er (1977: S. 16) darauf, daß es Carsten Niebuhr, Anquetil und Sir William Jones waren, die zwischen 1770 und 1785 der Geschichte eine neue Dimension eröffneten. Niemand hat allerdings diese neue Dimension so klar umrissen wie Anquetil selbst!

[6]   Du Halde 1735: I-IV. Allgemein: Mungello 1985.

1771: I S. 2, S. 7; vgl. Metzler 1977 : S. 261 Anm. 1) Für die Aufklärung ist diese Verknüpfung von Natur und Revolution[7] sehr bezeichnend[8].

Im Ansatz hatte Anquetil damit das charakterisiert, was K. Jaspers differenzierter – und zeitgebundener – beschrieb, als er „das Neue dieses Zeitalters" darin erkannte, „daß der Mensch sich des Seins im Ganzen, seiner selbst und seiner Grenzen bewußt wird ... Bewußtheit machte noch einmal das Bewußtsein bewußt, das Denken richtete sich auf das Denken ... In diesem Zeitalter wurden die Grundkategorien hervorgebracht, in denen wir bis heute denken, und es wurden die Ansätze der Weltreligionen geschaffen, aus denen die Menschen bis heute leben. In jedem Sinne wurde der Schritt ins Universale getan." (Jaspers 1949: S. 20f.) Die Beiträge zu den erwähnten Kongressen über die „axial time" untersuchen die politischen, sozialen und geistigen Grundlagen dieses epochalen Wandels. Da sich Ideen jedoch nicht im luftleeren Raum verbreiten, bleibt – gegen K. Jaspers, der die Parallelentwicklungen im Fernen Osten und im Abendland sah, „ohne daß sie gegenseitig voneinander wußten" (Jaspers 1949: S. 20) – allerdings die Frage nach den Verkehrsbedingungen, die die Oikumene als solche entstehen ließen. In Romanform ist sie, wie erwähnt, beantwortet. Das reiche, aber höchst disparate archäologische und historische Quellenmaterial, das diesen Entwurf abzusichern vermag, harrt der wissenschaftlichen Darstellung[9].

Eine der Rahmenbedingungen für die zu postulierenden Kulturkontakte bildet die *pax Achaemenidica*, die immerhin Religionsgespräche der Art ermöglichte, wie sie Herodot (III 38, 4) mit dem Zusammentreffen von Indern und Griechen am Hofe des Darius anekdotenhaft stilisiert und die ferner einen Luxusgüter-Verkehr gestattete, wie er beispielsweise durch das Nebeneinander von achämenidisch beeinflußten Textilien und einer chinesischen Seidendecke im Kurgan Nr. 5 von Pasyryk (Rudenko 1970: Taf. 174-178) zufällig belegt ist. In diesem Sinn kann das auf Anquetil zurückzuführende Achsenzeit-Konzept den Bezugsrahmen abstecken, in dem die Universalmonarchie der Achämeniden gerade auch durch ihre Außenkontakte die Oikumene als Ganzes zum ersten Mal als Bühne der Weltgeschichte erscheinen läßt.

Anquetil muß ähnlich gedacht haben, als er plante, von Indien aus auf dem Landweg nach China zu reisen. Zarathustra und sein Jahrhundert standen damals mit Sicherheit im Brennpunkt seiner Interessen. Die Möglichkeit von Verbindungen zwischen dem chinesischen Altertum einerseits und der Antike des Mittelmeerraumes mit dem Alten Orient andererseits war ein weiteres

---

[7]   Schabert 1969 – ohne Erwähnung Anquetils.

[8]   Vgl. einen Vers des Revolutionsdichters P. D. E. Lebrun auf die Hinrichtung Louis Capets: „Republik, du wirst geboren, um das Universum zu rächen" – zitiert nach Starobinski 1989: S. 42.

[9]   Verf. arbeitet über Kulturkontakte Chinas zum Westen in der Achämenidenzeit.

Thema der Zeit (s. auch Bourguignon d'Anville 1768: S. 573-603), das durch die gerade entdeckte Existenz einer alten jüdischen Gemeinde im chinesischen Kaifeng aktualisiert worden war, zumal man hoffte, durch Pentateuch-Manuskripte der chinesischen Juden dem Urtext der Bibel näher zu kommen[10]. Was im Einzelnen Anquetil in China lockte, ist nicht bekannt – war der Hebraist oder der Iranist in ihm, der Religionshistoriker oder auch der Abenteurer angesprochen? Sicher ist nur, daß er dem abratenden Brief des Jesuiten Antoine Gaubil aus Peking[11] folgte und nicht nach China aufbrach.

Daß Anquetil die Gleichzeitigkeit der „Génies dans plusieurs parties de la terre" als eine „revolution dans la nature", daß er das sechste Jahrhundert als eine beachtenswerte Epoche in der Geschichte der Menschheit überhaupt wahrnehmen konnte, beruht wesentlich auf seiner Datierung Zarathustras. Diese baut auf den Kenntnissen antiker und orientalischer Texte auf, die ihm in den Arbeiten von B. Brisson, Th. Hyde, P. Foucher und anderen zugänglich waren (Jackson 1898 [1965]: S. 150f.; Dresden 1968: S. 171f.). Da die heutigen Iranisten durchaus verschiedene Datierungen vorschlagen, wäre es natürlich vermessen von mir, diese Problematik wie den Gordischen Knoten zu behandeln, obwohl ich gestehen muß, daß mir in diesem einen Falle das Vorgehen Alexanders mehr imponiert als die Warnungen E. Kästners' sparsamer Mutter, die bekanntlich auf vorsichtigem Aufdröseln bestand.

Beiseitelassen kann man die fiktive Zahl von 6000 Jahren (Jackson 1898 [1965]: S. 154-157), die in Varianten wiederkehrt und in bezug zu verschiedenen Personen und Ereignissen von antiken Autoren benutzt wurde. Sie ist bekanntlich Teil des Großen Weltjahres und will als solche nicht historisch, sondern eschatologisch begriffen werden. Bezeichnenderweise wird sie gerade in der griechischen Literatur tradiert, wo das Nebeneinander von mythischem und realistischem Weltbild gängig ist. (Vidal-Naquet 1960: S. 55-88) Die Versetzung in die Zeit des Ninus und der Semiramis (Jackson 1898 [1965]: S. 150f.) kann seit Nagels Buch (1982: bes. S. 88-90) getrost als mißverstandene Variante der Spätdatierung in das 6. Jahrhundert angesehen werden. Datierungen in frühere Epochen, besonders von Boyce (1975: S. 191; 1973: S. 93) und Gnoli (1980) vorgetragen, müssen die Schriftzeugnisse als unzuverlässig abtun. Dieses eigenartige Phänomen, daß man nämlich sowohl die orientalische schriftliche Überlieferung der Zarathustrier selbst als auch die der antiken und mittelalterlichen Autoren, die ja teilweise auf dieser fußen, zugunsten sprachgeschichtlicher und entwicklungstheoretischer Annahmen verwerfen zu

---

[10] Dehergne – Leslie 1980: bes. S. 20f. In seinem äußerst beschränkten Indien-Gepäck führte Anquetil bemerkenswerterweise auch eine hebräische Bibel mit.

[11] Gaubil, A.: Correspondence de Pekin 1722-1759, in: Simon 1970: Nr. 337, 852. Anquetil hatte am 20.3.1758 aus Goa nach Peking geschrieben. Die schon wenige Tage nach Erhalt von Gaubil abgesandte Anwort erreichte ihn am 19.7. des folgenden Jahres. Gaubil ermuntert ihn darin, auch in seinen Zarathustra-Studien fortzufahren.

können glaubt, die wiederum ihrerseits mit philologischen Methoden der inneren Struktur der Avesta-Texte und anderer zarathustrischer Traditionen abgelesen wurden, wirkt höchst befremdend. Mit scheint, daß bei diesem Vorgehen ähnliche Schwierigkeiten auftreten, wie sie auch in der Homer-Philologie zu beobachten sind. Denn Wörter und Sachen der Dichtersprache müssen historisch gesehen keineswegs der Abfassungszeit des Textes entsprechen. Mykenische Sprachformen und Sachgüter datieren die homerischen Epen ja auch keineswegs in das zweite Jahrtausend – ganz zu schweigen von archaisierenden Imitationen früher Epik im Hellenismus. Ähnlich läßt sich für Feuertempel und Bestattungsrituale argumentieren: Feuerkult und Beigabenverzicht gibt es auch außerhalb zarathustrischer Glaubensvorstellungen.

Damit habe ich deutlich gemacht, daß ich die traditionelle Datierung Zarathustras in das 6. Jahrhundert für sinnvoll halte (Metzler 1977: S. 261) und möchte hinzufügen, daß meine Bewunderung Anquetil gilt, der schon die allermeisten jener Quellen kannte, die Spätere gelegentlich als nur scheinbare Neuentdeckungen in die Argumentation einführten. Jackson war 1898 dieses Erbe noch voll vertraut. Die, die sich später dort bedienten, erwähnen Jackson selten, Anquetil so gut wie nie. Natürlich soll andererseits diese Rückkehr *ad fontes* nicht die Fortschritte unterschlagen, die über die Verknüpfung und Absicherung einzelner, sich nur scheinbar widersprechender Daten zur Rekonstruktion des Lebensganges Zarathustras geführt haben. Der respektvolle Hinweis auf die Arbeiten von Altheim (1957: S. 21-53; 1970: S. 9ff.) und Altheim-Stiehl steht hier für viele. Zu ihren besonders wichtigen Erkenntnissen rechne ich den – unter anderem über die Verbindung Gaumatas mit dem Namen Patizeithes erbrachten – Nachweis, daß Gaumatas Aufstand gegen die Achämenidenherrschaft im Geiste Zarathustras geführt wurde (Altheim, Stiehl 1970: S. 46ff.; Dandamaev 1976: S. 142f., S. 170; Metzler 1977: S. 6ff.). Da mit Patizeithes – in der Schreibung „Pazates" – schon bei Xanthos dem Lyder (Altheim, Stiehl 1969: S. 178; FGrH 765 F32 = Diog. Laert. I 2; Pearson 1939: S. 118) die Liste der Nachfolger Zarathustras abschließt, bekommt das von Altheim aus der Chronik des Porphyrios abgeleitete Jahr 522/21 v.Chr. – zugleich das Datum des Gaumata-Aufstandes (Altheim, Stiehl 1969: S. 184-186; 1970: S. 39ff.) – als Todesjahr des nach anderen Quellen 77 Jahre alt Gewordenen (Jackson 1898 [1965]: S. 127) seinen besonderen tragischen – und politischen! Sinn. Diese Interpretation der Xanthos-Notiz ist deswegen so wichtig, weil so mit ihr eine bemerkenswert frühe Überlieferung, aus dem 5. Jahrhundert v.Chr. nämlich, greifbar wird.

Demgegenüber gehören die frühesten Belege für die Kenntnis der Zarathustrier von der Lebenszeit ihres Propheten einer relativ späten Stufe an, da sie alle erst in der Sasanidenzeit greifbar werden[12]. Dazu gehört auch die Tra-

---

[12] Taqizadeh 1937: S. 134 sah in der Kalenderreform des 25. Jahres Khosraus den

dition einer persischen Gruppe, die das Jahr ihrer Einwanderung in China (598 n.Chr.) als das 1158. ihrer eigenen Zeitrechnung bezeichnete. Anquetil übernahm es von dem Sinologen Fréret (1741-43: S. 245, S. 248 und S. 254), bezog es aber nicht wie dieser auf das erste Jahr des Kyros, sondern sinnvoller auf Zarathustra (Anquetil 1774: S. 731-743 bes. S. 741).

Eine noch höhere Jahreszahl war Anquetil aus der islamischen Tradition für das Alter jener Zarathustra-Zypresse in Keshmar bekannt, die 1450 bzw. nach besserer Tradition 1405 Jahre alt geworden war, als sie im Jahre 232 H. = 846 n.Chr. auf Befehl des Kalifen Mutawaqqil niedergelegt wurde[13]. Diese Angabe kann natürlich nur von den Zarathustriern stammen, bezieht sich also auf Sonnenjahre (Jackson 1898 [1965]: S. 164) und ergibt als Pflanzdatum 559 v.Chr. Der Struktur nach vergleichbar erscheint mir eine Angabe für das Alter anderer heiliger Bäume zu sein, die Plinius (NH 16, 216) für die Zedern im Apolloheiligtum von Utica macht: zu seiner Zeit seien sie 1178 Jahre alt gewesen. Die Behauptung einer Unzuverlässigkeit der antiken Daten – eine so lange Jahreszählung sei angeblich nicht üblich oder möglich – halte ich daher für unbegründet, denn offensichtlich verfügten die persischen Einwanderer in China und die Hüter der Zypresse von Keshmar ebenso wie die „Apollo"-Priester in Utica sowohl über ein Zeitbewußtsein als auch über die Mittel zu seiner Notierung, die sie als religiöse Gruppen unabhängig von bzw. neben der staatlichen Datierung nach Regierungsjahren von Herrschern zur Vergewisserung ihrer Tradition benutzen konnten. Zumindest die Altersangabe für die Zypresse von Keshmar ist deswegen so wichtig, weil sie, offensichtlich von einer lokalen Tradition getragen, unabhängig von denjenigen Zarathustra-Daten überliefert werden konnte, die die in der modernen Literatur oft bemäkelte Zahl von 258 Jahren[14] für den Abstand zwischen Zarathustra und Alexander benutzen, diese aber ihrerseits auch gerade deswegen bestätigen können.

Zurück zu Anquetil: Nach chronologischen Beobachtungen zu seinem universalhistorischen Konzept gilt unser Interesse den auf seinen Reiseerfahrungen aufbauenden frühen Schriften, insofern ihm darin sein universalistischer Humanismus zu bemerkenswerten ethischen Stellungnahmen führt. Im Vorwort zu seiner 1778 in Amsterdam erschienenen *Législation orientale* schrieb er nämlich „Je suis homme, j'aime mes semblables; je voudrais serrer d'avantage les noeuds par lesquels la nature unit l'espèce humaine, et que la

---

Anlaß für die Festlegung der Datierung. Al-Biruni, Chronol. 121 (Übersetzung Sachau) kennt aber schon früher unter Yezdegerd eine nach Zarathustra gezählte Jahresangabe (Jackson 1898 [1965]: S. 161), genauso ist auch die schon bei Ammianus Marcellinus XXIII 6, 2 vorliegende Datierung zu deuten.

[13] Anquetil 1774: S. 728; Spuler 1871: S. 113ff. Vgl. Metzler 1977: S. 260 Anm. 3; nach einem Hinweis von J. Wiesehöfer.

[14] E.g. Shabazi 1977: S. 25-35. Dagegen stehen aber die hier Anm. 12 genannten Zeugnisse vor Khosrau.

distance des temps et des lieux et la varieté des langues, des usages et des opinions n'ont que trop relâchés, s'ils ne les ont pas entierement rompus." (Anquetil 1778 : S. VI) Die Untersuchung, deren Vorwort mit diesem Bekenntnis schließt, widmete er „aux peuples de l'Indoustan". Diese auf zwei Seiten ausführlich begründete Widmung ist bis dahin in der Literaturgeschichte völlig ungewöhnlich. Zwar überschrieb er selbst schon 1771 das Zend-Avesta: „Aux Nations qui possedent le texte original des livres de Zoroastre"[15], doch hier ist es das erste Mal[16], daß ein Autor sein Werk nicht einem höhergestellten Gönner, sondern ausgebeuteten und unterdrückten Völkern widmet. Über seine Wirkung gab er sich damals keinen verfrühten Erwartungen hin. „Peut être", wandte er sich 1778 an die Inder, „apprendrez vous en deux cents ans qu'un Européen qui vous a vus, qui a vécu avec vous, a osé réclamer en votre faveur, et présenter au Tribunal de l'Univers vos droits blessés, ceux de l'humanité flétris par un vil intérêt"[17]. Erklärtes Ziel seiner *Legislation orientale* war es, Montesquieus These vom orientalischen Despotismus (Montesquieu 1749: bes. I S. 72f.; s. Young 1978) zu widerlegen. Denn „les conséquences que M. de M(ontesquieu) tire du Déspotisme, tel qu'il l'a dépeint, ne sont pas plus fondées que les faites qu'il avance." (Anquetil 1778 : S. 5) Anquetils Widerlegung ist um so wichtiger, als kaum ein Verdikt über den Orient sich so hartnäckig fortschleppt wie das des Despotismus (Grosrichard 1979; Valensi 1987) – von Aristoteles über Montesquieu und Marx bis in die Theorie und Praxis unserer gegenwärtigen westlichen Politik, wobei ganz am Rande auch darauf hinzuweisen ist, daß Marx – *pace* Briant (1982b: S. 355 Anm. 26) – immerhin in seinen späten Exzerpten Anquetil (nach J. St. Mill) zitiert als den ersten, „der einsieht, dass in Indien nicht d. Grossmogul der einzige Grundeigenthümer" ist (Marx 1977: S. 77 Z. 26ff., 151f.).

Dieses ermutigende Bild vom solidarischen Anwalt der unterdrückten Völker kann allerdings leider nicht ganz so uneingeschränkt dem Gang der Entwicklung standhalten, denn in seinen späteren Indien-Büchern wurde er

---

[15] Gemeint waren „peuples puissans, éclairés & amis de la Sagesse, François & Anglois".

[16] Mein germanistischer Kollege Chr. Wagenknecht (Göttingen) teilt mir unter dem 7.5.1989 freundlicherweise mit, daß in der Tat für „derart programmatische Widmungen an Kollektive ... aus dem 17. und 18. Jahrhundert ... kein zweites Beispiel zu nennen" ist. Ähnliches sei „erst aus neuerer Zeit bekannt." Allgemein zum Begriff der ‚Widmung': Wagenknecht 1988: S. 423-436. Dank auch für diesen Hinweis.

[17] Anquetil 1778: II. Zum Pathos vgl. hier Anm. 8. Ähnlich hochgestimmt beginnt die Einleitung zu seiner lateinischen Upanischaden-Übersetzung (1801): „Anquetil-Duperron grüßt die Weisen Indiens. Verachtet nicht, oh ihr Weisen, dieses Werk eines Mannes, der eures Stammes ist. Vernehmt bitte die Art meiner Lebensführung" – es folgt der Hinweis auf seine Anspruchslosigkeit, Weltentsagung und Menschenliebe.

durchaus praktischer: Nicht die Ausbeutung Indiens an sich kritisierte er dort, sondern die Ausbeutung durch die englische Konkurrenz, die zu vernichten vornehmste Aufgabe eines aufrechten Franzosen sei[18]. Wie andere Kolonialisten auch hatte er dazugelernt[19], als er 1798 schrieb: „Diese mit Menschenblute befleckten Reichthümer (Indiens) wollen wir nun nicht begehren. Schränken wir uns aber auf die durch Menschenliebe und Klugheit vorgeschriebenen Gränzen ein, warum sollten wir denn auf die Goldgruben gänzlich Verzicht thun, die man mit Hülfe der Eingeborenen des Landes, zu ihrer eigenen völligen Zufriedenheit, anbauen kann, und die unsere Nebenbuhler sich ausschließlich zuzueignen auf keine Weise berechtigt sind. Ich werde demnach weiter kein Wort davon sagen, was für Nutzen Frankreich von Schriften, die von Ostindien handeln, zu allen Zeiten und insonderheit in dem gegenwärtigen Augenblicke haben kann"[20]. Das Weitere dazu wäre in Saids Orientalismus (1981, engl. 1978) nachzulesen.

---

[18] Anquetil 1798. Hier zitiert nach der deutschen Übersetzung von E. G. Küster 1799, I: S. XXXIIf. Anm.

[19] Vgl. die Beobachtungen von Stelling-Michaud 1960/61: S. 328ff. Anquetil selbst dokumentierte sein Bekenntnis zur bürgerlichen Wirtschaftsmoral in seinem Buch über La dignité du commerce et l'état du commercant. Paris 1789.

[20] Anquetil 1799: S. XIV. 1771 (I, IV) schrieb er noch: „L'Inde, il est vrai, qui jusqu'ici a gemi sous le poids des vos [ie. François et Anglois] victoires ne doit pas étre disposée à vous ouvrir son sein, à vous dévoiler ses Mystères. Le but de la vrai valeur est de faire des heurex. L'étendue même du Commerce en est souvent la ruine."

ANHANG
Anquetils Testament vom 14.1.1805 in notariell beglaubigter Abschrift nach der Registrierung am 21.1.1805[21]

P a r d e v a n t M.ˢ A m a b l e B o u r s i e r e t A n t o i n e P h i l i p p e R i o l l e t notaires à Paris soussignés en présence du S. Nicolas-Louis Beaufils – directeur du mont de pieté, demeurant à Paris rue des Blancs manteaux Nᵒ 58 division de l'homme armé et du Sʳ. Jean-Etienne Tournemine ancien Jurisconsulte – demeurant à Paris rue Xaintonge Nᵒ 27 division du Temple, tous deux temoins requis et appelés

Est Comparu M. A b r a h a m – H y a c i n t h e A n q u e t i l d u P e r r o n voyageur aux grandes indes – ancien pensionnaire et directeur de l'academie des inscriptions et belles lettres, et interprete de France pour les langues orientales, demeurant à Paris ordinairement rue et division du Montblanc Nᵒ 397 de present logé depuis hier chez M. Guillaume Louis Anquetil son frere, chef du bureau du mont de pieté rue des blancs manteaux Nᵒ 57 division de l'homme armé

Trouvé par les notaires et les temoins en une chambre formant bibliothéque au troisieme etage de la ditte maison rue des blancs manteaux Nᵒ 57. Sur le derriere de la ditte maison appartenante aux successions et representant M. Trumeau, cette chambre est airée par la cour.

Le dit S.ʳ Anquetil Duperron au lit, – malade de corps mais sain d'esprit, memoire et / jugement, comme il est apparu aux notaires et temoins en Conversant avec lui.

Le quel dans la vue de la mort, a dicté aux dits notaires en présence des dits temoins son testament qui a été ecrit en entier de la main du dit M. Riollet notaire ainsi quil suit:

Je donne et legue à M. de Sacy mon ancien Confrere à l'academie des Inscriptions et Belles lettres tous les manuscripts ecrits de ma main et d'autres mains contenant mes travaux sur les matieres orientales formant plus de sept à huit Volumes in folio et in quarto et autres formats, ensemble les Cartes Générales et particulieres grand et petit atlas, manuscrites, Imprimés ou Gravés, qui y tiennent ou en font partie.

Je veux et entends que tous les manuscrits orientaux ecrits dans les differentes Langues du pays, que je possede, soient remis au même M. de Sacy pour en disposer par lui ainsi qu il avisera, a la charge par lui d'en régler la valeur et d'en payer le montant à mes freres ci après nommés.

Je donne et legue à titre de prélever avant part et hors part en ma succession, à M. Jean Edme Anquetil de l'Etang la traduction que j ai faite et manuscrite du traité de l'Eglise par l'abbé Leyras formant avec les Observa-

---

21 Schwab, der eine Abschrift des Testaments in der Kanzlei des Nachfolgers des Notars Boursiers einsehen konnte, hat dessen Inhalt nur in Auszügen bekannt gemacht (1934 : S. 132).

tions quatre Volumes / in quarto.

Et quant au surplus de tous les biens meubles, effets mobiliers, denier Comptans, Livres bibliothéque, Creancer sur particulier, ainsi que tous ce qui m'est du par le Gouvernement pour raison de mes Pensions, Travaux Litteraires, et dépots faits a la bibliothéque au retour de mes Voyages, des ouvrages qui en etoient l'objet et généralement de tout ce qui se trouvera m'appartenant au Jour de mon decès tant en meubles qu'immeubles sans aucune exception ni réserve, Je le donne et legue à MM. Louis Pierre Anquetil, Jean-Edme Anquetil, Guillaume Louis Anquetil et Nicolas Anquetil mes quatre freres, et Je les nomme et institue à cet effet mes Legataires universels, Pour par eux jouir faire et disposer du tout en toute proprieté et en être saisir du Jour de mon decès et le partager entr'eux egalement et par quart avec accroissement entr'eux dans le cas ou l'un ou plusieurs d'entr'eux survient décédér avant moi.

Je Revoque tous Testaments, Codiciles, et autres dispositions à cause de mort que je puis avoir faits anterieurement à mon présent testament au quel seul je m'arrete comme contenant mes dernieres Volontés.

Ce fut ainsi fait et dicté par le dit S.^{r} / Anquetil Duperron Testateur aux notaires soussignés en présence des temoins aussi soussignés, et ensuite à lui testateur par l'un des dits notaires l'autre et les deux temoins présents, lu et relu, ce qu il a dit avoir bien entendu et y perseveres.

A Paris en la chambre lui désigné, le Vingt quatre Nivose an treize, à quatre heures de relevée, et le dit S. Anquetil Duperron Testateur a signe avec les temoins et les notaires, son présent Testament ecrit de la main du dit M. Riollet l'un d'eux, ainsi qu il est dit en la minute des présenter demeurie à M. Boursier l'un des notaires soussignés.

En marge est ecrit: Enregistré à Paris le premier pluviose an treize, reçu quatre francs quarante centimes compris subvention Signé Letricheux.

Riollet   Boursier

Randvermerk:
Expedition.
Beschreibung des Dokuments: Bogengröße: 41,5 cm x 27,3 cm, gefaltet, vierseitig beschrieben. Wasserzeichen: TIMBRE NATIONAL im Oval um weibliche Allegorie mit Füllhorn. – Auf Seite 1: Sechseckiger Gebührenstempel mit behelmter Allegorie der Republik, Fackel und Caduceus haltend, „REP. FRA. 75. cen." und runder Prägestempel der „ADM. DES DOM. DE L'ENREG. ET DU TIMBRE" mit Allegorie der Republik. Auf Seite 4: Papierklebemarke mit ovalem Siegel des Notars A. Boursier, dessen Motiv – thronende Justitia – sich auch auf Seite 2 durchgeprägt hat. Auf Seite 1 und 3 jeweils

unter dem Text die Paraphe von Boursier, wie sie auch neben seiner eigenhän-
digen Unterschrift auf Seite 4 erscheint. Auch Riollet hat eigenhändig mit
hinzugefügter Paraphe unterschrieben.

Die Testaments-Abschrift stammt aus der über 130.000 Briefe und Dokumente umfassenden Autographensammlung von Sir Thomas Phillipps (1792-
1872), des größten Büchersammlers der Welt (H. P. Kraus, A rare book saga,
New York 1978, 223-226) und befindet sich seit 1988 in meinem Besitz.

„Achsenzeit" – Zur Entwicklung eines geschichts-philosophischen Epochebegriffs für das Altertum

Der Begriff „Achsenzeit" erfreut sich heutzutage unter Historikern nicht gerade besonderer Wertschätzung. Daran änderte offensichtlich auch wenig die bisher fünfbändige Aufsatzsammlung, die S. N. Eisenstadt[1] dazu zusammentragen ließ, was wohl weniger an dessen einseitig weitgehend metaphysisch orientierter Ausrichtung auf das alte Israel liegt als – in Deutschland zumindest – an einer verbreiteten Abneigung regionalistischer historischer Spezialforschung gegenüber universalistischen Geschichtsbildern. Wo diese jedoch auftauchen – dankenswerterweise besonders unter der Obhut der UNESCO[2], werden „achsenzeitliche" Phänomene zur Kennzeichnung einer „Umbruchzeit" herangezogen.

Herkunft des Begriffes und des Konzeptes:

KARL JASPERS: Vom Ursprung und Ziel der Geschichte. München 1949. S. 19-42: „Die Achsenzeit"

> „Eine Achse der Weltgeschichte, falls es sie gibt, wäre empirisch als Tatbestand zu finden, der als solcher für alle Menschen gültig sein kann. Diese Achse wäre dort, wo geboren wurde, was seitdem der Mensch sein kann, wo die überwältigendste Fruchtbarkeit in der Gestaltung des Menschseins geschehen ist in einer Weise, die für das Abendland und Asien und alle Menschen, ohne Maßstab eines bestimmten Glaubensinhalts, wenn nicht empirisch zwingend und einsehbar, doch aber auf Grund empirischer Einsicht überzeugend sein könnte ... [Sie] scheint nun rund um 500 vor Christus zu liegen, in dem zwischen 800 und 200 stattfindenden geistigen Prozeß. Dort liegt der tiefste Einschnitt der Geschichte. Es stand der Mensch, mit dem wir bis heute leben ... (S. 19)

> In dieser Zeit drängt sich Außerordentliches zusammen. In China lebten Konfuzius und Laotse, entstanden alle Richtungen der chine-

---

[1] Eisenstadt, S. N.: Kulturen der Achsenzeit I-II. Frankfurt 1987-1992 - vgl. auch die Aufsatzsammlung von B. Schwartz in Daedalus 104 (1975), Heft 2 und die bemerkenswerte Einzelstudie von Roetz, H.: Die chinesische Ethik der Achsenzeit. Frankfurt 1992.

[2] History of Humanity. Scientific and cultural developments, vol III: 700 BC to 700 AD, hrsg. V. J. Herrmann - E. Zürcher. Paris – London 1996.

sischen Philosophie, dachten Mo-Ti, Tschuang-Tse, Lie-Tse und ungezählte andere –, in Indien entstanden die Upanischaden, lebte Buddha, wurden alle philosophischen Möglichkeiten bis zur Skepsis und bis zum Materialismus, bis zur Sophistik und zum Nihilismus, wie in China, entwickelt –, in Iran lehrte Zarathustra ... in Palästina traten die Propheten auf von Elias über Jesaias und Jeremias bis zu Deuterojesaias –, in Griechenland sah Homer, die Philosophen – Parmenides, Heraklit, Plato – und die Tragiker, Thukydides und Archimedes ... In diesem Zeitalter wurden die Grundkategorien hervorgebracht, in denen wir bis heute denken, und es wurden die Ansätze der Weltreligionen geschaffen, aus denen die Menschen bis heute leben. In jedem Sinne wurde der Schritt ins Universale getan. Durch diesen Prozeß wurden die bis dahin unbewußt geltenden Anschauungen, Sitten und Zustände der Prüfung unterworfen, in Frage gestellt, aufgelöst ... (S. 20f.)

Was der einzelne erreicht, überträgt sich keineswegs auf alle. Der Abstand zwischen den Gipfeln menschlicher Möglichkeiten und der Menge wird damals außerordentlich. Aber was der Einzelne wird, verändert doch indirekt alle. Das Menschsein im Ganzen tut einen Sprung. Der neuen geistigen Welt entspricht ein *soziologischer* Zustand, der in allen drei Gebieten Analogien zeigt. Es gab eine Fülle kleiner Staaten und Städte, einen Kampf aller gegen alle, bei dem doch zunächst ein erstaunliches Gedeihen, eine Entfaltung von Kraft und Reichtum möglich war. In China war unter dem ohnmächtigen Reichshaupt der Tschou-Dynastie ein Leben der kleinen Staaten und Städte souverän geworden; der politische Prozeß war die Vergrößerung der Kleinen durch Unterwerfung anderer Kleiner. In Hellas und im vorderen Orient war ein selbständiges Leben der Kleinen, sogar zum Teil der von Persien Unterworfenen. In Indien gab es viele Staaten und selbständige Städte ... Das menschliche Dasein wird als *Geschichte* Gegenstand des Nachdenkens ... Schon im Anfang dieses Erwachens des eigentlich menschlichen Geistes ist der Mensch getragen von Erinnerung, hat er das Bewußtsein des Spätseins, ja des Verfallenseins. (S. 22f.)

Das Zeitalter, in dem dies durch Jahrhunderte sich entfaltete, war keine einfach aufsteigende Entwicklung. Es war Zerstörung und Neuhervorbringen zugleich ... Als das Schöpfertum dem Zeitalter verlorenging, geschah in den drei Kulturbereichen die Fixierung von Lehrmeinungen und Nivellierung. Aus der unerträglich werdenden Unordnung erwuchs der Drang zu neuer Bindung in der Wiederherstellung dauernder Zustände. Der Abschluß ist zunächst politisch. Es entstehen gewaltsam durch Eroberung große, allbeherrschende Reiche fast gleichzeitig in China (Tsin Schi huangti), in Indien (Maurya-Dynastie). Im Abendland (die hellenistischen Reiche und das Imperium Romanum) ... Die am Ende der Achsenzeit erwachsenen Universalreiche hielten sich für die Ewigkeit gegründet. Doch ihre Stabilität war trügerisch ... Nur die Vergegenwärtigung der Fülle historischer Überlieferung kann zu wachsender Klarheit der These führen oder zu ihrer Preisgabe. [Sie] ist nicht Sache eines kurzen Besuches. Meine Hinweise bedeuten Fragen und Aufforderung, es mit der These zu versuchen ... *Die Jahrtausende alten Hochkulturen hören mit der Achsenzeit überall auf.* (S. 24f.)

[Deren] umfassende autoritäre Staatsbildungen und Rechtsschöpfungen sind für das Bewußtsein der Achsenzeit Gegenstände der Ehrfurcht und Bewunderung, ja des Vorbildes (so für Konfuzius, für Platon, aber derart, daß ihr Sinn in der neuen Auffassung verwandelt wird). (S. 26)

Vorläufer

Jaspers selbst zitiert (a.a.O., S. 28) Ernst von Lasaulx, *Neuer Versuch einer Philosophie der Geschichte* (1856), S. 115 und Viktor von Strauß, *Lao-tse: Tao Te King* (1870), LXIV, die ihrerseits auf E. M. Röth, *Geschichte unser abendländischen Philosophie I* (1846), zurückgreifen konnten. Die epochale Bedeutung der Gleichzeitigkeit der bekannten großen Namen von Konfuzius über Buddha und Zarathrustra bis zu den griechischen Philosophen sahen gelegentlich einander zitierend – eine ganze Reihe von Autoren: J. Burckhardt 1886 (1905), J. S. Stirt Glennie (1869), A. Brodbeck 1893, A. V. W. Jackson 1898, A. Wirth 1913, H. Rachel [2]1920, O. Menghin 1931, S. A. Cook 1936, F.-J. Teggart 1939, F. Altheim 1947, H. Freyer 1948, A. Weber [2]1950, O. W. von Vacano 1952 sowie A. Toynbee und I. Mumford, so daß J. Needham aus sinologischer Perspektive 1954 schlicht auf „die oft bemerkte Gleichzeitigkeit" *(Science and Civilization in China I 99)* verweisen konnte.

Die Ehre der **Entdeckung der Gleichzeitigkeit und ihrer Bedeutung** aber gebührt Abraham-Hyacinthe Anquetil-Duperron (1731-1805), dem Gründungsheros der Iranistik[3]. In seinem *Zend-Avesta, ouvrage de Zoroastre.* Paris 1771, faßt er, gestützt auf die Datierung Zarathustras ins 6. Jhd. v. Chr. und auf gute Kenntnisse der chinesischen Geschichte, das in der ganzen Alten Welt zu beobachtende Phänomen mit den Worten: „Dieses Jahrhundert, das als eine bemerkenswerte Epoche in der Geschichte der menschlichen Gattung angesehen werden kann. Damals also ereignet sich in der Natur eine Art Revolution, die in mehreren Teilen der Erde Genies hervor-

---

[3] Metzler, D.: A. H. Anquetil-Duperron und das Konzept der Achsenzeit, in: Achaemenid History VII: Through Travellers Eyes, hrsg. v. H. Sancisi-Weerdenburg – J. W. Drijvers. Leiden 1991. S. 123-133.

brachte, die dem Universum den Ton angeben sollten" (I 2, 7). – Für die Aufklärung ist diese Verknüpfung von Natur und Revolution sehr bedeutend – charakteristisch auch der Vers des Revolutionsdichters P. D. E. Lebrun auf die Hinrichtung Louis Capets: „Republik, du wirst geboren, um das Universum zu rächen"[4].

Thesen zur Brauchbarkeit des Achsenzeit-Konzeptes

Anquetils Entdeckung der Gleichzeitigkeit der bedeutendsten Geister in der später von Jaspers so genannten Achsenzeit ist im 18. Jahrhundert als ein Element humanistischer Aufklärung zu verstehen. Ausdrücklich. betont er den Anspruch auf Gleichheit aller Menschen – Antiphons Gedanken aus der Achsenzeit selbst aufnehmend. Er spricht in einem Bilde, das auch der Aufklärer und Materialist Paul Thiry d'Holbach benutzt, vom Knoten, der den Bürger von Paris mit dem von Peking verbindet, fühlt sich der gegenseitigen Menschenliebe verpflichtet – ähnlich wie der Weltumsegler und Revolutionär Georg Forster sagen konnte, daß alle Völker Anspruch auf seinen guten Willen haben. Daß Anquetil im 18. Jahrhundert n. Chr. wie Antiphon im 5. Jahrhundert v. Chr. oder gar noch dessen altägyptisches Vorbild im 18. Jahrhundert v. Chr.[5] Einzelstimmen blieben, ist dabei weniger von Belang als die durch sie gegebene Möglichkeit, einmal Gedachtes zur Begründung legitimer Ansprüche späterer Generationen einzuklagen.

Anquetil gibt übrigens seiner ausführlichen Kritik am (englischen) Kolonialismus in Indien auch darin Ausdruck, daß er 1778 seine *„Legislation orientale"*, die Rehabilitation des Orients gegenüber europäischen Vorurteilen, den „Völkern Hindustans" widmet – wohl im Anschluß an Rousseau (1754), der seinen *Discours* „der Stadt Genf und den Genfern" widmet, dann die früheste Buchwidmung an ein nunmehr sogar fremdes Kollektiv.

2.

Weder Anquetil noch Jaspers konnten für die Achsenzeit-Kultur einen einheitlichen, trotz größter Entfernungen real zusammenhängenden historisch-geographischen Raum annehmen. Doch lassen archäologische Einzelfunde (Pasyryk im Altai als Knotenpunkt west-östlicher Kulturbeziehungen, ferner etwa Funde von chinesischen Seidenresten in Athen, Urartu und bei den Kelten oder wechselseitiger Austausch von Gerät-Ornamentik zwischen dem Balkan und China) sowie sprachgeschichtliche Argumente für Seidenbezeichnungen und schließlich die sinnvolle Deutung von „Sinim" in Jesaja 49, 12 als China (bzw. dessen so West-orientierter Teilstaat Qin) entsprechende

---

[4]   Metzler, a.a.O., S. 126.

[5]   Metzler, D.: Die Griechische Ethnographie unter geschichtsdidaktischen Aspekten, in: Hephaistos 10 (1991). S. 106.

Verkehrswege schon in der hier in Frage stehenden Epoche des 6. und 5. Jhds. v. Chr. aufscheinen. Ein entsprechendes Panorama ist in Gore Vidals Roman *Creation* (1981, deutsch 1986 unter dem Titel *Ich, Cyrus, Enkel des Zarathustra*) in verblüffend gut recherchierten Details als Fiktion nachzulesen. Der Vortragende befaßt sich seit längerer Zeit mit relevanten Kontakten über die frühen Seidenstraßen. Ein wenn auch zugegebenermaßen sehr dünnes und weitmaschiges Verkehrsnetz hatte sich in Teilbereichen partiell jeweils schon seit dem 3. Jahrtausend aufbauen können und wurde in der Achsenzeit nur durch die planvollen Entdeckungsreisen eines Pytheas, Hanno oder Skylax, allerdings längst vor Alexanders Eroberungszügen, geographisch ergänzt. Es scheint bemerkenswert, daß auf die inzwischen reich belegten Handelskontakte des 3. und 2. Jahrtausends zwischen Mesopotamien und dem Indus-Gebiet in der Achsenzeit auch geistige Kontakte folgen können: das vom Perserkönig Dareios initiierte Gespräch zwischen Griechen und Indern über ihre jeweiligen Totenbräuche (Herodot III 38) oder die Erzählungen der buddhistischen Jatakas über die Baveru/Babylon-Fahrer. Die bekannten Lösungsvorschläge, Theorieangebote oder auch Zweifel der von Jaspers genannten Denker brauchen also in der Achsenzeit nicht als metaphysische Ereignisse im luftleeren Raum in Erscheinung zu treten, sondern können etwa auch durchaus von wandernden Händlern und/oder Religiösen ganz handfest transportiert werden. Der archäologisch-historischen Beachtung von oft auch nur bescheidenen Einzelphänomenen kommt hier gerade auch insofern besondere Bedeutung zu, als die kanonischen Schriften der jeweiligen Kulturen über „Mitte der Welt"-Ideologeme und Barbaren-Verdikt ihre jeweilige Autochthonie und Besonderheit zu betonen pflegen – was von den entsprechenden akademischen Fächern unseres Wissenschaftsbetriebes nur allzu bereitwillig aufgegriffen wird.

3.

Die folglich spätestens in der Achsenzeit in Kontakt miteinander stehenden alten Hochkulturen vom Huangho über den Indus und Mesopotamien bis zum Mittelmeer hatten ihre formative Phase längst hinter sich. Ihre scheinbare Stabilität war die der „Megamaschine" (L. Mumford) und rief zugleich die „bittere Erfahrung der Zivilisation" (A. Toynbee) hervor. In Relation zu den Krisen dieser zentralen Gebiete stehen die Veränderungen an der Peripherie: in Israel, Iran und Hellas am Rande des alten Orients, bei den Nomaden im Norden und Westen Chinas. Diese „Barbaren" partizipieren an den und verwandeln zugleich die Errungenschaften der alten Zentren: Entstehung von Staat, Ware-Geld-Beziehungen, Spaltung in Klassen – etwa über die acculturation des élites.

4.

In den Randkulturen und unter den deklassierten Teilen der Eliten (Ritter-söhne in China) in den Zentren kommt es zu einem bisher nicht gekannten Aufstieg der Intellektuellen – z.T. aus den Priester – und Kriegerkasten her-vorgegangen, die sich neben ihnen (oder als über ihnen stehend sich selbst einschätzend – wie Xenophanes in Griechenland) entwickeln: „Hundert Schulen" in China, Gurus in Indien, Propheten in Israel, Philosophen und Literaten in Hellas. Sie unterstreichen ihre Ansprüche bzw. legitimieren ihre Positionen durch Wertschätzung der Individualität, Rationalität und Empirie, Ethisierung des Rituals durch Verinnerlichung („Erkenne dich selbst"). Als Erneuerer bemerken und analysieren sie die Krise der auf asiatischer Pro-duktionsweise beruhenden alten Form der Herrschaft. Entsprechende Be-wältigungsversuche zielen partiell auf die Vermeidung von Herrschaft (durch Demokratisierung) und die Verdrängung von Priesterkasten (durch Opferverzicht). Verinnerlichung als Verlagerung der Konflikte führt zu Formalisierung (Klassik in Griechenland) oder Askese (bei Buddhisten und Pythagoräern).

5.

Wirkungen haben entsprechende Reformen in der Achsenzeit selbst zunächst oft nur punktuell – bei Eliten eben! Spätfolgen dagegen erreichen größere Menschenmengen: Über Verinnerlichung und Dogmatisierung – profan oder klerikal erzwungen – wird die auf Selbstverantwortung beschränkte Form der Krisenbewältigung als Ethisierung und Ästhetisierung genutzt – einer-seits zur Stabilisierung der eben durch diese Phänomene gestärkten neuen Wiederaufnahmen der alten Großreichstrukturen, andererseits um eben diese Werte für die Emanzipation des Individuums in Anspruch nehmen zu lassen.

6.

Insofern die marxistische Geschichtsauffassung von einer Entwicklung der Produktionsweisen ausgeht, hat das Konzept der „Achsenzeit" nur auf den ersten Blick darin keinen Platz. Die charakteristischen Phänomene der Ach-senzeit– soweit bisher erkennbar – sind weitgehend solche des Überbaus und zwar als Antworten auf Krisen der alten (asiatischen) Produktionsweise – in deren jeweils besonderen Formen auch jeweils besondere, aber strukturver-wandte Erklärungsmuster und Bewältigungsangebote erfordernd. Die durch die aufkommenden Ware-Geld-Beziehungen gesteigerte Möglichkeit der Sklavenhaltung und die ebenso damit verbundene Patriarchalisierung der Familie vertiefen die Spaltung der Klassen und Geschlechter = Unter-drückung. Diese gesellschaftlich-ökonomische Grenze ist es wohl, die auf einer Stufe der knappen Ressourcen die Reformversuche von intellektuellen Eliten, so umfassend sie auch formuliert sein mögen, an deren Eigeninter-esse bindet. Die ökonomische Basis wurde nicht erweitert, auch weil eine

Umverteilung der Produktionsmittel nicht angestrebt bzw. in Griechenland –
durch Bürgereide etwa – ausdrücklich verboten wurde.

7.

Wie nach späteren „Revolutionen" auch – um Anquetils Begriff aufzugreifen
– wurden Forderungen der Achsenzeit wegen ihres tragischen „zu früh" zu
Reformen, die zunächst auf den geistigen Überbau beschränkt waren, die
andererseits als solche dann aber über ihren Anspruch auf Einklagbarkeit die
Entwicklung eines ständig wachsenden Teils der Menschheit in den vergangenen zweieinhalb Jahrtausenden mitgestaltet haben.

Schluß

Nicht weil sie für die jeweilige Einzelkultur formativ gewesen ist, die entsprechenden Phasen liegen in den Hochkulturen des Alten Orients ja teilweise um Jahrtausende früher, ist von Achsenzeit zu sprechen, sondern weil
die sie charakterisierenden Erscheinungen damals annähernd gleichzeitig auf
vergleichbare Weise in einer wenn auch nur ansatzweise vernetzten Welt auf
die zwischen Mittelmeer und Ostasien wahrgenommenen „Umbrüche" der
Alten Hochkulturen antworteten.

Über das Konzept der „Vier großen Königreiche" in Manis Kephalaia (cap. 77)

Daß im spätantiken Orient der Religionsstifter Mani (216-276) vier Groß-mächte nebeneinander kannte, ist auch in der Alten Geschichte längst Hand-buchwissen[1]. Da aber andererseits die Benennung eines der Reiche – China als viertes neben Persien, Rom und Axum[2] – immer noch umstritten ist[3], kann eine erneute Behandlung dieses Themas vielleicht sinnvoll sein, stellt doch das Konzept der vier nebeneinander existierenden Großmächte eine be-merkenswerte Alternative zum römischen Weltmachtsanspruch dar, der sich eben in der Epoche Manis unter dem militärischen und politischen Druck der Sasaniden vorübergehend auf den Antagonismus „der zwei Lichter, durch deren Glanz die Welt erstrahlt" einzustellen beginnt[4] – vorübergehend und gezwungenermaßen, denn das augusteische *imperium sine fine*[5] bleibt auch die abendländische Universalmonarchie, für deren Ausbreitung zu beten sich der christliche Apologet Athenagoras Marc Aurel gegenüber bereit erklärte[6] und die Orosius im Geiste Augustins für gottgewollt hielt[7]. Da ferner den kosmopolitischen Manichäern von Kirche und Staat gleichermaßen auch und gerade ihre Herkunft aus dem nichtrömischen Osten vorgeworfen wurde[8], scheint es mir aus universalhistorischen wie tagespolitischen Gründen wün-

---

[1] Bengtson, H.: Grundriß der Römischen Geschichte. München [2]1970 (= Hdb. der Altertumswiss. 3, 5, 1). S. 394.

[2] A. Böhlig in Manichäische Handschriften der Staatl. Museen Berlin (hrsg. v C. Schmidt und H. J. Polotsky), I: Kephalaia. Stuttgart 1940. S. 188f. = cap. 77, bes. S. 189, 1-4.

[3] Haussig, H. W.: Die ältesten Nachr. der griech. und latein. Quellen über die Rou-ten der Seidenstraße, in: Acta Ant. Hung. 28 (1980). S. 9ff., bes. S. 19f., verbindet das „Königreich von Silis" mit dem Fluß Silis = Syr (–Darya/Fluß) = Jaxartes (Plin. NH 6, 16). Näheres dazu hier S. 586ff.

[4] Petrus Patric. frg. 13. Winter, E.: Die sasanidisch-römischen Friedensverträge des 3. Jahrhunderts n. Chr. – ein Beitrag zum Verständnis der außenpolitischen Be-ziehungen zwischen den beiden Großmächten (Diss. Münster 1987). Frankfurt – Bern 1988. S. 164 – anläßlich des Friedens von 297.

[5] Vergil, Aen. 1, 279.

[6] Athenagoras, leg. 37. Grant, R. M.: Christen als Bürger im Römischen Reich. Göttingen 1981. S. 40.

[7] Orosius, c. pagan. 2, 1, 4.

[8] Lof, I. J van der.: Mani as a danger from Persia in the Roman empire, in: Augu-stiniana 24 (1974). S. 75ff., bes. S. 76f. und S. 83.

schenswert, der eurozentrischen imperialen Rom-Ideologie das pragmatische und daher humanere Konzept Manis gegenüberzustellen und nach dessen Herkunft und Verbreitung im antiken Asien zu fragen.

Prima facie ist nun allerdings auch die Gliederung der Welt in vier Richtungen oder vier Reiche ein so sinnfälliges und so verbreitetes Phänomen, daß das Besondere an Manis Konzept im Allgemeinen aufzugehen scheint, denn in der Tat wußten schon die Sumerer, daß sie nur eine der vier Regionen *(ubda)* der Menschheit *(namlulu)* bewohnen[9]. Ähnlich die Ägypter des Neuen Reiches, die in ihren Jenseitsvorstellungen sich nur als eine der vier Rassen von „Vieh des Re" – so nennt der Gott Horus im Pfortenbuch die Menschen[10] – sahen und die entsprechende Viererreihe auch bildlich darstellten[11]. Im Jenseits sind vor Re alle Menschen gleich, selbst die Ausländer, die dort allerdings ägyptischer Dolmetscher bedürfen[12], während die imperialen Audienzszenen ihre Unterwürfigkeit vor dem lebendigen Pharao zu zeigen pflegen. Auch das entlegene Inkareich benutzt die Vorstellung von den vier Weltgegenden, aber nicht, um sich als eine von vieren zu definieren, sondern um den Herrschaftsanspruch auf das Ganze zu erheben. *Tahuantinsuyu* = Vier Weltgegenden ist seine offizielle Selbstbezeichnung[13] – vergleichbar etwa dem Weltherrschaftsanspruch der altassyrischen Könige oder dem Weltbild der Roma Quadrata[14]. Die Vorstellung ist so universell, daß es nicht überrascht, sie in steinzeitlichen Kosmogrammen[15] wie in indischen Mandalas wiederzufinden. Manis Konzept geht jedoch auf eindeutiger benennbare Quellen zurück und hat auch eine konkretere Bedeutung. Zunächst sein Text (in der Übersetzung von A. Böhlig):

> „Wiederum sprach der Apostel: [Vier große Königreiche] gibt es in der Welt. [Das erste ist das Königreich] des Landes Babylon und das der Persis. – Das [zweite] ist das Königreich der Römer. – Das dritte [ist das] Königreich der Axumiten. – Das vierte ist das Königreich von Σίλις. – Diese vier großen Königreiche befinden sich in der Welt.

---

[9]   Kramer, S. N.: The Sumerians. Their history, culture and character. Chicago 1963. S. 254.

[10]   Hornung, E.: Ägyptische Unterweltsbücher. Zürich – München 1972. S. 234.

[11]   Ebd., Abb. 32. Keel, O.: Die Welt der altorientalischen Bildsymbolik und das NT. Zürich – Neukirchen ²1977. S. 343, Abb. 494.

[12]   Sethe, K.: Kosmopolitische Gedanken der Ägypter des NR in bezug auf das Totenreich, in: Festschrift für F. Ll. Griffith. London 1932. S. 432f.

[13]   Mason, J. A.: The ancient civilizations of Peru. Harmondsworth 1957. S. 174.

[14]   Müller, W.: Die heilige Stadt. Roma Quadrata, himmlisches Jerusalem und die Mythen vom Weltnabel. Stuttgart 1961.

[15]   Müller: Neues von den vier Weltwinkeln, in: Antaios 12 (1971). S. 473ff. Krzak, Z.: Eine Grabstruktur als Kosmogramm, in: Almogaren (Hallein) 9/10 (1978/79). S. 369ff., bes. S. 376.

Nicht gibt es etwas, was sie übertrifft. Ich aber sage euch in Wahrheit:
Wer Brot und einen Becher Wassers einem meiner Jünger gibt [um
des Namens] Gottes willen, des Namens der Wahrheit willen, [die] ich
offenbart habe, jener ist groß bei Gott (und) überragend [mehr] als die
vier großen Königreiche. Er übertrifft auch ihre Heere. Denn sie haben
die Wahrheit Gottes nicht gehört noch der Gerechtigkeit geholfen."

Der Kontext, in dem die vier Reiche genannt werden, ist zwar keineswegs
ein politischer oder gar historiographischer, sondern schlicht der einer Mahnung zu rechtgläubiger Mildtätigkeit. Die vier Reiche der Welt bilden den
denkbar größten Gegensatz zum einfachsten Almosen für einen Jünger, vergleichbar in der Funktion des Gegensatzes zu „allen Königreichen der Welt
und ihrer Herrlichkeit"[16], die der Teufel Jesus in der Einsamkeit seines Fa-
stens anbietet.

Es war in der Benennung der vier Reiche fällt auf, daß in der Deutung A. Böh-
ligs – U. Monneret de Villard[17] und H. W. Haussig[18] sind ihm dann gefolgt –
auf die drei ersten durch politisch-geographische Bezeichnungen von Gebieten (Babylon zusammen mit der Persis, Rom und Axum = Äthiopien)
benannten als viertes ein Reich folgt, das nach einem Fluß Silis heißt, den
man mit dem Syr-Darya/Syr-Fluß identifiziert. Stilistisch könnte dieser
Wechsel der Benennungsweise beabsichtigt sein, er entbehrt sogar nicht
eines gewissen Reizes. Aber er ist völlig singulär. Zwar ist es üblich, Flüsse
zu nennen, um anzugeben, wie weit sich Herrschaftsbereiche ausgedehnt
haben oder Reisen unternommen wurden[19], und vier Flüsse bzw. Quellen
haben in der Bibel[20], der Odyssee[21] und in den Schriften der Buddhisten[22] die
kosmographische Funktion von Paradiesströmen, doch in einer Reihe mit
Regionalbenennungen begegnen sie meines Wissens nicht.

Es war daher einleuchtend, daß R. Ghirshman[23], die naheliegende
„permutation de *l* en *r*" annehmend, die Serer – Seidenleute = Chinesen[24] ins

---

[16] Mt. 4, 8.

[17] Monneret de Villard, U.: Aksum e i quattro re del mondo, in: Annali (Latera-
nensi) del Pontificio Museo Missionario Etnologico 12 (1948). S. 125ff.

[18] Siehe oben Anm. 3.

[19] Vgl. Nil und Indus in der Inschrift des Ingenieurs Amphilochos (CIG 2545) oder
Rhenus und Ochus in der Triumphalinschrift aus Karthago (G. Ch. Picard in
Karthago 1 [1950]. S. 83f.).

[20] Genesis 2, 10-14.

[21] Odyssee 5, 70f.

[22] Pranavananda, S.: Kailās-Mānasarovar. New Delhi 1949 (Reprint 1983). S. 15.

[23] Ghirshman, R.: Begram. Recherches archéologiques et historiques sur les
Kouchans = Mem. DAFA XII. Kairo 1946 (1948). S. 166.

[24] Der antike Name Serer soll sich auch auf Zwischenhändler der Seide, etwa die

Spiel brachte. A. Maricq hielt es für „wahrscheinlicher, daß das Λ ein Schreibfehler des Kopisten ist und daß man ihm nur einen Strich hinzufügen muß, damit es in N umgeformt wird, um so ebenfalls China = Sinai (bei Ptolemaios und in syrischen Texten)[25] zu erhalten"[26]. F. Altheim[27] löste das Problem philologisch noch eleganter mit dem Hinweis auf den im Ostaramäischen – der Sprache, die in Manis Herkunftsland, dem unteren Mesopotamien, gesprochen wurde – üblichen Lautwechsel von l und n, so daß, ohne am Text etwas ändern zu müssen, gerade durch die Authentizität der Dialektvariante ⲥⲓⲗⲉⲱⲥ in seiner koptischen Schreibung für Sīnāyē = China bestehen bleibt[28]. China gehört auch sachlich und traditionsgeschichtlich in die Reihe der vier Reiche. Dafür sind schon häufig einschlägige Belege angeführt worden. Durch Systematisierung und Ergänzung soll hier nun im

---

Wu-sun (Haussig, H. W.: Die ethn. Verhältn. der Spätantike in Südrußland, in: Unters. zu Handel und Verkehr der vor- und frühgesch. Zeit in Mittel- und N-Europa, hrsg. v. K. Düwel, H. Jankuhn u.a. Göttingen 1987 [= Abh. Akad. Wiss. Göttingen, 3. F. Nr. 156]. S. 686ff., bes. S. 693, Anm. 32) beziehen, mir scheint jedoch die Gleichung Serer = Chinesen aus sprachlichen und sachlichen Gründen einleuchtend (Altheim, F. – Stiehl, R.: Geschichte Mittelasiens im Altertum. Berlin 1970. S. 434ff. Reinink, G. J.: Das Land „Seiris" (Sir) und das Volk der Serer in jüdischen und christlichen Traditionen, in: Journ. for the Study of Judaism (Leiden) 6 [1975]. S. 72ff. – Frdl. Hinweis von H. J. W. Drijvers). Vgl. auch Dihle, A.: Antike und Orient. Heidelberg 1984. S. 201ff.: Serer und Chinesen.

[25] *Sinai/Thinai* bezieht sich bekanntlich auf Ts'in/Qin, den westlichsten der alten chinesischen Staaten, von dem zwar erst am Ende des 3. Jh. v. Chr. die Reichseinigung ausging, der aber schon vorher – offensichtlich auch handelspolitisch – so bedeutend war, daß er – als den Völkern des Westens am nächsten gelegen – um 300 v. Chr. als China in der Sanskritliteratur begegnet (A. Herrmann in RE [Stuttgart 1927]. S. 219, sv. Sinai) und natürlich auch mit *Sinim* in Dt. Jesaja 49, 12 gemeint ist (gegen G. Lambert in Nouv. Rev. Theol. 75 [1953]. S. 965ff.), wofür nicht nur die Überlieferung der chinesischen Juden selbst (Kaifeng-Inschrift von 1663; Leslie, D. D.: The survival of the chinese jews. Leiden 1972. S. 3), sondern auch der relativ gut belegte Seidenhandel des Achämeniden-Reiches spricht (Metzler, D.: Die Seidenstraße vor ihrer Eröffnung, in: Papers pres. to the 6th Achaemenid History Workshop. Groningen 1986. S. 61). Die Benennung der Chinesen durch ihre westlichen Nachbarn – sogdische Vermittlung erkannte Haussig (in ZDMG 109 [1959]. S. 150, Anm. 7) – folgt also dem auch sonst bekannten Schema: französisch *Allemagne* nach den Nachbarn am Oberrhein, lateinisch *Africa* nach den Beni Ifran/Afri in Tunesien oder *Asia* nach der asischen Weise in Lydien.

[26] Maricq, A.: Recherches sur les Res Gestae Divi Saporis. Brüssel 1953. S. 7.

[27] Altheim, F.: Die vier Weltreiche in den manichäischen Kephalaia, in: Probleme der koptischen Literatur, hrsg. v. P. Nagel. Halle 1968. S. 115ff., bes. S. 118.

[28] Den Befürwortern eines Flußnamens ist damit aber immer noch nicht das Wasser abgegraben. Sie könnten sich noch auf den skythischen Namen des Tanais/Don, nämlich Sinis berufen (Plin. NH 6, 20). Nur „Neilos" als Konjektur (Doresse, J.: L'empire du Prêtre-Jean. Paris 1957, I. S. 119) scheint sich nicht durchgesetzt zu haben (Kobishchanov, Y. M.: Axum. Pennsylvania State UP 1979 [Moskau 1966]. S. 287, Anm. 101).

Anschluß an die Untersuchungen von P. Pelliot[29], E. Herzfeld[30], O. Grabar[31] und dem schon genannten U. Monneret[32] versucht werden, Herkunft und Wirkung dieses manichäischen Welt-Bildes näher zu beleuchten.

Unser Blick hat sich dabei auf Indien und China zu richten, sagt doch das arabische Seehandbuch *'Ahbār as-Sīn wa l-Hind* von 851 ausdrücklich: „Die Bewohner Indiens und Chinas stimmen darüber überein, daß die Könige, die in der Welt gezählt werden, vier sind"[33]. Mani steht in dieser Traditionslinie. Den blühenden Fernhandel seiner Zeit, der alle vier von ihm genannten Reiche miteinander verband – selbst China mit Äthiopien[34], von China mit Rom ganz zu schweigen[35] –, kannte er teilweise aus eigener Anschauung: Seine Missionsreise nach Indien, die ihm auch engste Kontakte zum Buddhismus brachte[36], begann vor 241 am Endpunkt der China-Fahrer in Maishan am Persischen Golf. Wie die Wege seiner Apostel über Palmyra nach Oberägypten[37] folgte auch sie den Handelsrouten. Handel und Mission sind bei

---

[29]   Pelliot, P. : La theorie des quatre fils du ciel, in: T'oung Pao 22 (1923). S. 97ff.

[30]   Herzfeld, E.: Die Könige der Erde, in: Der Islam 21 (1933). S. 233ff.

[31]   Grabar, O.: The painting of the six kings at Qusayr 'Amrah, in: Ars Orientalis 1 (1954). S. 185ff.

[32]   Siehe oben Anm. 17.

[33]   Sauvaget, J.: 'Ahbār as-Sīn wa l-Hind. Relation de la Chine et de l'Inde. Paris 1948. S. 11f., § 24. Daß die Chinesen so höflich sein sollen, den Arabern den ersten Platz in der Liste der Könige einzuräumen, dürfte ein Zugeständnis des arabischen Anonymus an die Eitelkeit seiner Leser sein. Der gleiche Tenor auch bei al-Mas'ūdī: Die Könige von China, Indien, Zanğ (Afrika), der Türken und andere erkennen die Überlegenheit des Königs von Bābil (Babylon = Bagdad) an, „wenigstens war es einst so, aber in unseren Tagen im Jahre 322 (Al. H.) kann man es nicht mehr sagen". (Murūğ ad-dahab 1. S. 356f., ed. Barbier).

[34]   Altheim, F. – Stiehl, R.: Geschichte der Araber in der Alten Welt 2. Berlin 1965. S. 305ff. und S. 576f. Velgus, V.: Meroe (= Maris) and Besharya in medieval Chinese sources, in: 2. Intern. Congr. of Africanists (Dakar). Papers pres. by the USSR delegation. Moskau 1967 (non vidi). Desanges, J.: D'Axoum à l'Assam, aux portes de la Chine, in: Historia 18 (1969). S. 627ff. – Charakteristischerweise kennt auch Heliodors Äthiopien-Roman eine Serer-Gesandtschaft in Meroe (S. 297, 23 Bekker). Folgt man der frühen Datierung des Romans in die Jahre vor der Mitte des 3. Jh. (z.B. Altheim, F.: Araber 5, 1. Berlin 1968. S. 18ff.), stößt man gleichsam auf Zeitgenossen Manis. Bemerkenswert in unserem Kontext, daß im 3. Jh. in Äthiopien sowohl römische Münzen als auch solche der Kūshān benutzt wurden (Kobishehanov [hier Anm. 28]. S. 58f.).

[35]   Ferguson, J.: China and Rome, in: ANRW 2, 9. Berlin – New York 1978. S. 581ff. und Raschke, M. G.: New Studies in Roman Commerce with the East, ebd., S. 604ff. mit 136 Seiten Bibliographie und 10 Seiten Addenda.

[36]   Kephalaia 1, 15, 27-31. Lieu, S. N. C.: Manichaeism in the later Roman empire and in medieval China. Manchester UP 1985. S. 55ff. Klimkeit, H. J.: Die Begegnung von Christentum, Gnosis und Buddhismus an der Seidenstraße. Opladen 1986. S. 28ff

[37]   Koenen, L.: Manichäische Mission und Klöster in Ägypten, in: Das römische

Manichäern wie in anderen Religionen eng verbunden[38]. Er wußte also, wovon er sprach oder besser: was er zitierte, wenn er das Konzept der vier Reiche als Vergleich benutzte. In der langen Reihe der Erwähnungen der vier Reiche ist zwar keine vollständig ausgeführte älter als Manis missionarisches Wirken, zwei zeitgenössische aber sind eindeutig buddhistisch inspiriert, so daß man in diesem Bereich auch ältere Vorstufen rekonstruieren kann.

Zwischen 245 und 250 erwähnt der chinesische Gesandte K'ang T'ai, wohl dem Namen nach ein Sogder[39], aus Zentralasien in seinem Bericht über den Staat Fu-nan (Indochina) von diesem Konzept: China habe Überfluß an Menschen, Ta-ts'in (das Land im Westen: Iran oder die römischen Ostprovinzen) an Edelsteinen, die Yuetche (Kūshān) an Pferden[40] – kostbare Pferde aus Zentralasien wurden in Fu-nan importiert[41]. Indien, reich an Elefanten, ist nach Pelliot zu ergänzen, dort mag K'ang T'ai es kennengelernt haben. Das nächste Zeugnis gehört in das Jahr 281: Kālaruci, ein buddhistischer Mönch ans den Westländern[42], übersetzte einen indischen Text ins Chinesische, in dem dieselben Länder mit denselben Qualitäten genannt sind. Meines Erachtens liegt dieses möglicherweise aus sehr alten indischen Mandala-Vorstellungen erwachsene Konzept auch dem Missionsplan des Kaisers Ashoka (regierte 273-242 bzw. 265-232 v. Chr.) zugrunde. Seine Felsinschriften berichten nämlich über die Reisen seiner buddhistischen Missionare nach Tadmor (Palmyra)[43] und zu den griechischen Königen[44] der Mittelmeerwelt bis nach Epirus und in die Kyrenaika. Nach literarischen Quellen[45] erreichten sie auch Ceylon, ferner Khotan[46] am Südrand des Tarimbeckens

---

und byzantinische Ägypten. Symposium in Trier 1978, hrsg. v. G. Grimm – H. Heinen. Mainz. 1983. S. 93ff., bes. S. 97 für Palmyra.

[38] Lieu, a.a.O., S. 69ff.

[39] Pulleyblank, E. G.: A Sogdian colony in Inner Mongolia, in: T'oung Pao 41 (1952). S. 336.

[40] Pelliot, a.a.O., S. 122f.

[41] Villiers, J.: Südostasien vor der Kolonialzeit. Frankfurt a.M. 1965 (= Fischer Weltgeschichte. Bd. 18). S. 65f. Indo-skythischer (=Yue tche) Einfluß auch in der Tracht funanesischer Statuen (ebd.).

[42] Pelliot, a.a.O., S. 101.

[43] Altheim, F. – Stiehl, R.: Die Handelsstraße von Lagmān nach Tadmor, in: Klio 54 (1972). S. 61ff.

[44] Schneider, U.: Die Großen Felsenedikte Asokas. Wiesbaden. 1978. S. 76f. Schneider, U.: Einführung in den Buddhismus. Darmstadt 1980. S. 146f.

[45] Ruben, W.: Die gesellschaftliche Entwicklung im Alten Indien, III: Religion. Berlin 1971. S. 132.

[46] Die frühe Missionierung Khotans durch einen Sohn des Ashoka, der noch dazu am Hofe des Ersten Kaisers von China aufgewachsen sei (so die in einer tibetisch geschriebenen Version des 11. Jh. erhaltenen Annalen des Staates Li = Hutien = Khotan, in: Thomas, F. W.: Tibetan Literary texts and documents concerning

und – wohl auch hier den Handelsrouten folgend – vom Monsunwind getrieben Burma[47]. Suchte Ashoka die Nachbarreiche in allen vier Himmelsrichtungen missionarisch zu durchdringen, so vereinte ein anderer Förderer des Buddhismus, der Kūshān-König Kanishka II. (seine Datierung ins 2. oder 3. Jh. n. Chr. ist umstritten)[48] in seiner eigenen Titulatur die Legitimationsformen von vier verschiedenen Reichen: Mit *mahārāja* (Großkönig) meint er Indien, mit *rājātirāja* (König der Könige) Iran, mit *devaputra* (Gottes Sohn/Himmelssohn) China und mit kaisara (Lesung unsicher)[49] Rom[50]. Daß dieser Anspruch etwas hochgegriffen erscheint, ist hier weniger wichtig als das vorauszusetzende Wissen von der Bedeutung der mit der vier verschiedenen Titeln evozierten Reiche.

Nach Mani sind mir nur noch zwei literarische Zeugnisse aus dem buddhistischen Bereich zugänglich, nämlich eine von dem Mönch Kālo-

---

Chinese Turkestan 1. London 1935. S. 75, S. 98f., S. 102), gilt den Spezialisten als fromme Legende (Bailey, H. W.: The culture of the Sakas in Ancient Khotan. New York 1982. S. 43). Man weiß aber auch, daß der Buddhismus das weiter nördlich gelegene Kutscha immerhin schon vor 109 v. Chr. erreicht hatte (Liu Mau-tsai: Kutscha und seine Beziehungen zu China. Wiesbaden 1969. S. 21) – nach den Forschungen eines Gelehrten mit demselben Familiennamen Liu aus dem 6. Jh. Dann klingt die Nachricht einer japanischen Chronik, die mir nur nach J. de Guignes (in: Mém. de litterature tirés des registres de l'Acad. Royale des Inscr. et Belles Lettres 26. Paris 1759. S. 802) bekannt ist, gar nicht mehr so fingiert: im 29. Jahre des Ersten Kaisers (218 v. Chr.) seien 18 Mönche aus dem Westen nach China gekommen. De Guignes wies in einer Fußnote auf die Möglichkeit hin, daß diese, um den militärischen Auseinandersetzungen in Baktrien beim Sturz des Diodotos durch Euthydemos (225 v. Chr.) etwa nach Osten ausgewichen sein könnten: Wie dem auch sei, angesichts der Westpläne des Ashoka, die ja erst seit den Entdeckungen seiner Felsinschriften bekannt sind, scheint mir das frühe Datum der Missionierung Khotans gar nicht mehr so abwegig zu sein.

[47] Ashokas Mission bei den Mon in Burma ist plausibel auf dem Hintergrund des jetzt auch archäologisch nachweisbaren Güteraustausches zwischen den buddhistischen Kulturen Indiens und West-Thailand in den letzten Jahrhunderten vor Christus (I. Glover, Vortrag auf dem Colloquium „The Indian Ocean in Antiquity", London, British Museum 1988).

[48] Rosenfield, J. M.: The dynastic arts of the Kūshans. Berkeley 1967. S. 58 und (allgemein) S. 253ff. Weiteres zum Problem der Kūshān-Ära (nach der Konferenz in Dushanbe 1968: A. O. Soper in Artibus Asiae 33 (1971). S. 339ff. und 34 (1972). S. 102ff.

[49] Maricq, a.a.O., S. 8; Rosenfield, a.a.O., S. 58. In einem späteren Aufsatz (La grande inscription de Kaniska et l'étéo-tokharien, in: Journ. Asiat. [1958]. S. 345ff.) geht Maricq in seiner Skepsis weiter und erklärt alle vier Würden aus lokaler und iranischer Tradition (S. 372ff., S. 378ff.). Gerade ihre Zusammenstellung in einer einzigen Titulatur scheint mir jedoch für den besonderen Anspruch, d.h. für die Deutung auf das umfassende Weltherrschaftskonzept zu sprechen. Vgl. auch Anm. 50.

[50] Zu den Vorstellungen, die Mongolen und verschiedene zentralasiatische Völker in Spätantike und Mittelalter von Rom und Kaiser hatten, siehe Aalto, P.: Nomen Romanum, in: Festschrift für K. H. Menges. Wiesbaden 1977, I. S. 1ff.

daka[51] im Jahre 392 mit denselben Nennungen wie zuvor angefertigte erneute chinesische Übersetzung derselben Sutra, die schon 281 in China verbreitet worden war, sowie ihre systematisierte Aufzählung in der Biographie des großen Pilger-Reisenden Hiuan Tsang (600-664) von der Hand seines Übersetzergehilfen Tao-siuan[52]. Dort heißt es im 4. Kapitel, in Indien habe man die Tradition, daß die Welt vier bedeutende Reiche kenne – im Osten Tche-na (China), reich an Menschen; im Westen Po-sseu (Persien), reich an Edelsteinen; im Süden Yin-tou (Indien), reich an Elefanten und im Norden Hien-yun (Hiung-nu/Türken), reich an Pferden. Alle haben ihre besonderen Regierungsformen[53]. Hiuan Tsang selbst hält 646 dieses Nebeneinander von vier Reichen für beklagenswert, da das gegenwärtige Zeitalter damit also der Weltherrschaft des erhofften *cakravartin* entbehren müsse[54]. Hiuan Tsang hatte auch Grund genug zur Klage, galt ihm doch der Westen als geldgierig, der Norden als grausam, der Süden als magiebesessen, tröstlich allerdings, daß sein Heimatland China wohlgeordnet und gerecht sei[55]. Eine hübsche Reihe gängiger Vorurteile!

Neben den drei erwähnten literarischen Zeugnissen kennt man im Buddhismus auch den ikonographischen Niederschlag des Konzeptes von den Reichen der Welt. In Predigtszenen als Zuhörer oder als Trauernde beim Hinscheiden des Buddha erscheinen – besonders gut überliefert in der spätantiken Wandmalerei der Klosterhöhlen Zentralasiens – durch Kronen, Tracht und Physiognomie unterschiedene Könige der Welt in je unterschiedlicher Zahl[56]. Verwandt damit sind die verschiedenrassigen Girlandenträger unter Bildern der buddhistischen Heilsgeschichte auf den Fresken

---

[51]   Pelliot, a.a.O., S. 97.

[52]   Ebd., S. 125.

[53]   Ebd.

[54]   Ebd., S. 106.

[55]   Ebd. 107. Noch bei al-Mas'ūdi (hier Anm. 33) leben diese Stereotypen wieder auf: Indien ist berühmt durch Elefanten und durch Weisheit (der strenge Hiuan Tsang sah darin wohl auch Magie), China ist gut regiert und organisiert, die Türken sind grausame Krieger und haben wilde Pferde. Rom allerdings wird freundlicher gesehen: Es zeichnet sich durch die Schönheit seiner Menschen aus. Der gute Mas'ūdi!

[56]   Besonders eindrucksvoll differenziert die Szenen der Dunhuang-Grotten 220 (datiert 642) und 158 (9. Jh.) (Die Höhlentempel von Dunhuang. Ein Jahrtsd. Chinesischer Kunst, hrsg. v. Dunhuang Inst. of Cultural Relies. Stuttgart 1982. Abb. 63 und 81) und der Bāzāklik-Grotte 39 (Cultural relies unearthed in Sinkiang. Beijing 1975. Abb. 197. Eichenbaum-Karetzky, P.: Foreigners in Tang and Pre-Tang painting, in: Oriental Art 30 (1984). S. 160ff., bes. S. 165, Abb. 9 und 11. – Frdl. Hinweis von S. Werner).

von Miran – wohl schon im 3. Jahrhundert unter deutlich westlichem, alexandrinischem (?) Einfluß entstanden[57].

In bildkünstlerischer Gestaltung lebt das Konzept der vier Reiche in Zentralasien, in Iran und – erweitert – im Islam fort, indem es im Ausstattungsluxus des Herrscherzeremoniells propagandistisch verwendet wird. Das erste Zeugnis dieser Reihe führt in das 6. Jahrhundert: Über den Herrscherpalast in der sogdischen Stadt Samarkand berichten die Annalen der chinesischen Sui-Dynastie, daß dort „an der Nordwand die früheren Kaiser Chinas abgebildet sind, an der Ostwand die Herrscher der Türken und von P'o-lo-men[58] und an der Westwand die von Persien und Fulin (Byzanz)"[59]. Da eine Südwand nicht erwähnt wird, kann es sich bei dem erwähnten Gebäude möglicherweise um eine nach Süden offene Liwan-Halle gehandelt haben, in der der Herrscher selbst, umringt von seinen Nachbarfürsten, Platz nahm. Der chinesische Autor fügt zwar hinzu, daß er jenen allmorgendlich seine Reverenz erwies, aber das dürfte die interpretatio sinica sein, die den höheren Rang des Himmelssohnes gegenüber dem Westbarbaren gewahrt wissen wollte. Der etwa gleichzeitig[60] verfaßte Tansar-Brief führt weiter nach Iran. Auch er teilt die Welt in vier Teile: den ersten der Türken von der Westgrenze Indiens bis zur Ostgrenze Roms, den zweiten zwischen Rom und den Kopten und Berbera, den dritten (Sawād) von Berbera bis Indien und den vierten, welcher Persien genannt ist ... die auserwählte Region der Erde[61]. Wenn auch der Brief vorgibt, in der Zeit des Reichsgründers Ardashir geschrieben zu sein, sind die Indizien für eine Datierung in die Zeit Khusraus I. Anoshirvans längst erkannt. Dazu paßt auch, daß eben aus der Zeit Khusraus berichtet wird, in seinem Palaste neben und hinter seinem Throne würden goldene Sessel freigehalten für die Herrscher von China, Byzanz und den

---

[57] Stein, A. Sir: Serindia 1. Oxford 1921. S. 524ff., Abb, 135-137.

[58] Gemeint sind Hindus (Chavannes, E.: Documents sur les Tou-Kiue (Tures) occidentaux. Paris 1903. Notes add. 12).

[59] P'ei Chü, Sui shu – nach Miyakawa, H. – Kollantz, A.: Ein Dokument zum Fernhandel zw. Byzanz und China z. Z. Theophylakts, in: Byz. Zeitschr. 77 (1984). S. 17. So einmalig wie W. W. Barthold, zitiert von R. J. Stawiskij (Die Völker Mittelasiens im Lichte ihrer Kunstdenkmäler. Bonn 1982. S. 172) meinte, ist dieser Bilderzyklus allerdings nicht.

[60] Christensen, A.: L'Iran sous les Sassanides. Kopenhagen [2]1944. S. 65: zwischen 557 und 570 abgefaßt.

[61] Boyce, M.: The Letter of Tansar. Rom 1968. S. 63. China ist im Tansar-Brief nicht genannt. Zwar wurde Nord-China bis 557 von der türkischen Toba/Wei-Dynastie beherrscht, aber die geographische Bestimmung der Türken – zwischen Indien und Rom, also an Irans Nordgrenze – läßt den Gedanken an die türkischen Toba eher unwahrscheinlich werden. Die Nennung der Türken verhindert andererseits die Datierung auch dieses Brief-Stückes in die Zeit Ardashirs, denn im 3. Jh. waren sie den Iranern noch unbekannt.

Khazaren bzw. Hephtaliten[62]. In ihrem Kreis ist der Sasanide – ähnlich seinem sogdischen Pendant in Samarkand – der im Tansar-Brief als auserwählt gepriesene Vierte. Auf fünf Herrscher erweitern islamische Autoren – Qazwīnī und Ibn al-Fakīh den Kreis bei der Erwähnung des *dukkan* = Laden (Plattform oder Grotte?), „wo sich die Könige der Erde versammeln"[63], nämlich Faghfur, König von China, Khakān, König der Türken, Dāhar, König der Inder, Kaisar, König der Römer und Kisra Abarwīz[64]. Bei Kirmanshah lag diese Anlage, vielleicht identisch mit der großen Plattform beim Felsen von Bisutun[65]. Da beide Khusrau – Anoshirwan und Parvez – genannt sind, bleibe es dahingestellt, ob die späten Nachrichten nur das Thema variieren oder ob es tatsächlich zwei Anlagen, einmal für vier und ein andermal für fünf Herrscherthrone, gegeben hat.

Während dies nur literarisch bezeugt ist, ist in Qusair ʿAmra bei Amman aus frühislamischer Zeit ein Fresko erhalten[66], das – in diese Reihe gestellt – die Herrscher der Welt nebeneinander auf einem Wandbild zeigt, allerdings nicht vier oder vier um einen fünften, sondern sechs und an der gegenüberliegenden Wand allein thronend den Siebenten[67] als ihrer aller Mächtigsten: den Khalifen al-Walīd I.(?) (705-715), denn in Analogie zu den Bildern in Samarkand oder den drei Thronen um den des Khusrau sollte das Bild des einzeln Thronenden mit in die Interpretation einbezogen werden. Die sechs sind durch teilweise erhaltene griechische und arabische Inschriften identifizierbar: der Mukaukis[68] von Ägypten als Vertreter des byzantinischen Kaisers, der Sasanide (Khusrau) und vielleicht der Kaiser von China in der ersten Reihe, dahinter halbverdeckt Roderich, der letzte Westgotenkönig, der Negus von Äthiopien „wie ein Priester der Monophysiten gekleidet"[69] und vielleicht ein Türken-Khan oder ein Inder[70]. Der Islam hat sie alle besiegt –

---

[62] Färsnāmeh des Ibn al-Balkhi, hrsg. Le Strange – Nicholson 97 nach Christensen, a.a.O., S. 412.

[63] Zitiert nach Schwarz, P.: Iran im Mittelalter nach den arabischen Geographen. Leipzig 1921 (Nachdruck Hildesheim 1969). S. 485. Grabar, painting, S. 186, Anm. 14.

[64] Ibn al-Fakīh nach Schwarz, a.a.O., S. 485, Anm. 5.

[65] Die Beschreibung bei Schwarz, a.a.O. trifft auf die Terrasse vor der sogenannten Abarbeitung des Farhad zu; vgl. auch Luschey, H.: Bisutun, in: AA 1974. S. 129, Abb. 6.

[66] Musil, A.: Kusejr ʿAmra. Wien 1907. S. 217, Abb. 134, Taf. XXVI. Grabar, painting, S. 185ff. Sourdel-Thomine, J. – Spuler, B.: Die Kunst des Islam. Berlin 1973 (= Propyläen Kunstgeschichte 4). S. 159, Taf. VIII.

[67] Musil, a.a.O., Taf. XV. Sourdel-Thomine – Spuler, a.a.O., S. 180, Taf. 33.

[68] Altheim, F. – Stiehl, R.: Finanzgeschichte der Spätantike. Frankfurt a.M. 1957. S. 168.

[69] Sourdel-Thomine – Spuler, a.a.O., S. 159.

[70] Ebd.

seit den Siegen über Ägypten und Iran und in den unmittelbar zurückliegenden Kämpfen von Andalusien bis Ferghana und Multan (712-715). Der gegenüber im anderen Kreuzarm des Bauwerkes gemalte Thronende mit Nimbus in einer „Mihrab"-Nische[71] dürfte deshalb den Khalifen als den Siegreichen zeigen, gestiftet vom Erbauer, laut Inschrift einem Emir, vielleicht einem der Söhne al-Walīds I.[72], denn die Anlage von Qusair ʿAmra ist weitaus
kleiner als die üblichen Wüstenschlösser der Omayyaden-Khalifen[73]. Der
Rang ihres Bildschmuckes kann allerdings kaum unterschätzt werden[74]. Vielmehr setzt das Bildprogramm einen hohen Grad an Bewußtheit voraus, sind
doch auf den benachbarten Wänden in allegorischen Figuren nicht nur
„Poiesis", sondern auch „Historia" und „Skepsis"[75], einander schwesterlich
umarmend[76], dargestellt. Die ebenfalls dargestellten Jagd- und Badeszenen
sollten deswegen nicht als niederes Genre[77], sondern als die der Herrscherrepräsentation zuzuweisenden Paradiesbilder[78] verstanden werden. Ferner
tragen sie zusammen mit der Darstellung eines Ringkampfes, den Bildern
vom Bau eines Palastes (?) und den Mädchenbildern[79] dazu bei, dem gesamten Bildprogramm im Sinne des Tansar-Briefes[80] und des „Gespräches König Khusraus mit seinem Pagen"[81] jene erzieherische Tendenz zu geben, die
über politisch-historische Belehrung hinaus auch den kultivierten zeremoniellen Genuß dem künftigen Herrscher oder aber auch einem Adligen zur
Pflicht der imitatio regis[82] erhebt. Der als Bauherr von Qusair ʿAmra be-

---

[71] Ebd., S. 160.

[72] Zum Khalif in der Bogennische: Grabar, L'iconoclasme byzantin. Paris 1957. S.
69.

[73] Sourdel-Thomine – Spuler, a.a.O., S. 159.

[74] Ebd.

[75] Musil, a.a.O., S. 229, Anm. 71, Taf. XXIV

[76] Zur Bildtradition Metzler, D.: Eunomia und Aphrodite, in: Hephaistos 2 (1980).
S. 88, Anm. 80. Da Skepsis-Darstellungen gar nicht so häufig sind, sei hier auf eine
weitere aufmerksam gemacht: Sie steht auf einem Silberteller des Getty-Museums in
Malibu hinter dem Geographen (!) Ptolemaios, dem Hermes Trismegistos den Nous
offenbart. Der Teller ist aber nicht spätantik, sondern gehört in den oberitalienischen
oder französischen Manierismus des 16. Jh. Skepsis steht Gelehrten wohl an! Und
durch die Beifügung von Skepsis unterscheidet sich – nicht nur in Qusair ʿAmra –
Historie von Poesie.

[77] Sourdel-Thomine – Spuler, a.a.O., S. 158, S. 161.

[78] Ringbom, J. I.: Graltempel und Paradies. Stockholm 1951. S. 66f.

[79] Sourdel-Thomine – Spuler, a.a.O., Taf. 32, 34 und IX.

[80] Siehe oben Anm. 61.

[81] Unvala, J. M.: The Pahlavitext "King Husrav and his boy". Paris 1917.

[82] Vgl. Metzler, D.: Zur Wirkungsgeschichte des Darius-Palastes in Susa, in: Akten
des VII. Intern. Kongr. f. Iranische Kunst und Archäologie 1976. Berlin 1979 (=
AMI Erg.bd. 6). S. 217f, Anm. 9. Metzler, D.: Eine neue gräko-persische Grabstele

zeichnete Emir hätte sich damit in die Hierarchie des demonstrativen Luxuskonsums gefügt, um so seine Abhängigkeit und seinen Rang in der feudalen Gesellschaftsordnung zur Schau zu stellen[83].

Die Ordnung der Reiche der Welt hat hier eindeutig triumphale Aspekte, die auch bei den schon erwähnten islamischen Autoren[84] in der Betonung der Vorherrschaft Arabiens bzw. Babylons/Baghdads klar ausgesprochen wird. Das Wandbild wirkt in seiner zeitübergreifenden Präsenz darüber hinaus auch wie die Verewigung einer fiktiven Audienz. Das Erscheinen niederrangiger und fremder Fürsten oder ihrer Gesandten scheint mir daher wegen der propagandistischen Funktion des Zeremoniells ihres Auftretens bei Hofe vergleichbar zu sein. Hier deshalb einige entsprechende Berichte und Darstellungen – zunächst aus Iran und dann aus dem ferneren Osten. Die Paikuli-Inschrift des sasanidischen Königs Narseh vom Ende des 3. Jahrhunderts erwähnt als Gratulanten zwar auch Kaisar und den Turan-Shah, fügt sie aber ein in eine lange Reihe von weniger bedeutenden Nachbarn wie Armenien (Trdt = Tiridates), Iberien im Kaukasus, Choresm, Kūshān, Saken und Lahmiden (Araber)[85] – in gewisser Weise auch in der Tradition der Reichsvölker-Darstellungen an den Statuen, Gräbern und Palästen der Achämeniden-Könige stehend, im sasanidischen Einheitsstaat aber die Außenpolitik betonend. In China umfaßt die bekannteste entsprechende Gruppe – Gesandte fremder und untertaner Fürsten als steingewordene Trauergäste am Grabe des Tang-Kaisers Kao-tsung (650-683) – 61 lebensgroße Statuen; ihr Vorbild mag die Gruppe von Vertretern unterworfener Völker gewesen sein, die schon dem Ersten Kaiser mit ins Grab gegeben worden sein sollen. Schriftlich bezeugt sind die byzantinischen Gesandten zu den West-Türken, die 576 dort gerade zu dem Zeitpunkt eintreffen, als der Khan Sizibul/Istämi bestattet wird. Sie werden gezwungen, das Trauerritual mit zu vollziehen[86] und durch Selbstzerfleischung[87] – für sie genügt die symbolische Ritzung der Wangen – ihrer Trauer Ausdruck zu verleihen. Einige Jahre vorher weigerte sich der chinesische Gesandte standhaft und erfolgreich, bei der Bestattung des Ost-Türken-Khans Muhan (572) dieses Ritual zu vollziehen, weil es ihm

---

aus Sultaniye Köy, in: Epigraphica Anatolia 1 (1983). S. 10.

[83] Borchhardt, J.: Die Dependenztheorie, erläutert an der Tumba des Graf Niclas zu Salm, in: Festschrift für H. Vetters. Wien 1985. S. 257ff. Vergleichbare Strukturen in der „Entwicklung und politischen-sozialem Funktionswandel des Luxus in Frankreich und im Alten Reich am Ende des Ancien Régime" – so der Untertitel – zeigt Pallach, U. C.: Materielle Kultur und Mentalitäten im 18. Jh. München 1987, auf.

[84] Siehe oben Anm. 33.

[85] Humbach, H. – Skjaervø, P. O.: The Sassanian inscription of Paikuli, Part 3, 2: Commentary by P. O. Skjaervø. Wiesbaden 1983. S. 70f., §92.

[86] Menander Protector 208 = Dietrich, K.: Byzantin. Quellen zur Länder- und Völkerkunde 2. Leipzig 1912. S. 24.

[87] Belenizki, A. M.: Mittelasien. Kunst der Sogden. Leipzig 1980. S. 50, S. 94.

barbarisch war[88]. Drastisch zeigt es einer der trauernden Barbarenfürsten auf dem schon erwähnten Dunhuang-Fresko aus der Mitte des 9. Jahrhunderts in der Szene mit dem Parinirvana Buddhas[89]. Diese Trauergesandtschaften galten den Türken soviel, daß sie noch anderthalb Jahrhunderte später in der Orchon-Inschrift des Khans Kül-tegin (731) zum Beweis türkischer Macht erwähnt werden. Immerhin nennt sie neben anderen so bedeutende Völker wie die Chinesen, Tibeter, Perser und Römer[90] (Byzantiner), die „kamen, um an der Klage und dem Leichenbegängnis teilzunehmen. So berühmte Kagane waren sie"[91].

Diese gewiß unvollständige Beispielgruppe zeigt andererseits auch, daß das ursprünglich buddhistische und dann auch den Manichäern bekannte Konzept der vier Reiche den propagandistischen Selbsterhöhungen bestimmter Könige durch ihre Aufzählung von fremden Fürsten oder Gesandten an ihrem jeweiligen Hofe oder Grabe zwar äußerlich nahe steht, daß aber der eigentliche Kern jenes Konzeptes, die gleichgewichtige Verteilung der Macht auf vier nebeneinander existierende Reiche zugunsten des jeweils interessierten Herrschers hierarchisiert und zentralisiert[92] werden kann. Da es hier ferner natürlich nicht um Gesandtschaftswesen im allgemeinen oder besonderen geht, können die entsprechenden Darstellungen von unterwürfigen Ausländern vor den ägyptischen Königen des Neuen Reiches oder die Erhöhung des römischen Kaisers in Audienzszenen hier unerwähnt bleiben[93].

In die Zeit der eben genannten Paikuli-Inschrift und des Mani-Textes führt ein anderer Gesandten-Katalog, der hier angefügt sei, weil er als Gegenkonzept zu Mani die Gleichzeitigkeit von kosmopolitisch-pragmatischer Sicht der politischen Realität in einer Weltreligion und zentralistisch-imperialem Selbstverständnis im Römischen Reich zeigen kann – der Bericht der Historia Augusta[94] über den sogenannten Triumph Aurelians nach der Eroberung Palmyras im Jahre 274. Der pseudonyme Verfasser der Vita Aureliani, Flavius Vopiscus, zählt in dessen bekannter Schilderung[95] auch die zur Teil-

---

[88] Chavannes, a.a.O., S. 240.

[89] Siehe oben Anm. 56.

[90] Diese Übersetzung für *apar* und *apurum* stammt von Aalto, a.a.O., S. 1.

[91] Thomsen, V.: Alttürkische Inschriften aus der Mongolei, in: ZDMG 78 (1924). S. 145.

[92] Vgl. etwa auch die byzantinische Vorstellung von der „Familie der Könige" (F. Dölger in Histor. Jb. 60 [1940]. S. 397ff.).

[93] Vgl. Gabelmann, H.: Antike Audienz- und Tribunalszenen. Darmstadt 1984.

[94] SHA Aurel. 34, 4 mit 41, 10.

[95] Straub, J.: Aurelian und die Axumiten, in: IV Congresso Internaz. di Studi Etiopici = Acc. Naz. Linc., Quaderno 191. Rom 1974. S. 55ff. Zur Verwendung von Länderlisten in Antike und Christentum allgemein vgl. U. Maiburg in Jb. Ant.

nahme gezwungenen Angehörigen fremder Völker auf, und zwar getrennt in zwei Gruppen: *Gothi, Halani, Roxolani, Sarmatae, Franci, Suevi, Vandali, Germani religatis manibus, captivi utpote* – also Gefangene aus den Kriegen des Kaisers an den Nordgrenzen des Reiches, „an den Händen gefesselt". Vor ihnen marschierte die andere Gruppe, nämlich *Blemmyes, Exomitae, Arabes Eudaemones, Indi, Bactriani, Hiberi, Saraceni, Persae cum suis quique muneribus*. Das sind Leute aus dem Orient und aus Afrika „mit ihren jeweiligen Geschenken"[96]. Über den politischen Status dieser Völker und die Möglichkeiten, wie ihre Vertreter in Aurelians *pompa*[97] gelangten, referierte J. Straub eine ziemlich umfangreiche Kontroverse[98]. Ich schließe mich seiner Zustimmung zu dem Vorschlage R. Delbruecks an, in der Gruppe der Gabenbringer Kaufleute zu sehen, die bei der Eroberung Palmyras in die Hände der Römer fielen[99]. Palmyras Stellung im Fernhandel mit Afrika und dem Orient ist bekannt[100].

Die Schreibung des Axumiten-Namens an dieser Stelle – *Exomitae* – gibt Veranlassung, noch einmal auf Mani zurückzukommen, denn ebendiese Schreibung hat auch die koptische Version der Kephalaia: ⲉϩⲟⲙⲓⲧⲏⲥ, bemerkenswerterweise mit Epsilon und Omikron[101]. *Exomia* bzw. *eximia* haben nur noch die Expositio totius mundi (§ 17)[102], deren anonymer Autor ein syrisch sprechender Mesopotamier um 359 war[103], und mit Omega als Εξωμιτις Epiphanios (367-403 Bischof von Salamis auf Zypern)[104]. Alle

---

Christ. 6 (1983). S. 38ff.

[96] Vgl. die Unterscheidung von *dona persica* und *spolia germanica* in der Rede des Mamertinus von 289 (Panegyr. Lat. 10 [2] 9, 2). Winter, a.a.O., S. 138.

[97] Dieser neutrale Ausdruck wird hier nach dem Vorgang von E. Merten (Zwei Herrscherfeste in der Historia Augusta. Unters. zu den pompae der Kaiser Gallienus und Aurelianus. Bonn 1968) bevorzugt, da die Frage nach der staatsrechtlich üblichen Gestaltung des Triumphes (Straub, a.a.O., S. 55 und S. 58) hier nicht von Belang ist.

[98] Straub, a.a.O., S. 56-58.

[99] Ebd., S. 58. R. Delbrueck, Südasiatische Seefahrt im Altertum, in: BJb. 155/6 (1955/6). S. 270.

[100] Drexhage, R.: Untersuchungen zum römischen Osthandel (Diss. Münster 1987). Bonn 1988.

[101] Die Edition der SHA von E. Hohl mit den Ergänzungen von Ch. Samberger und W. Seyfahrt (Leipzig 1971) kennt noch die Varianten *exomitę* und *exionitas* (zu 33, 4) und *exonite* (zu 41, 10).

[102] Geographi Minores Graeci, hrsg. v. C. Müller. Paris 1861, 2. S. 516 hat statt des Namens noch *foris una* aus griechisch εξω μία. Die moderne Textausgabe ist von J. Rougé. Paris 1966.

[103] Desanges, J.: Une mention alterée d'Axoum, in: Ann. D'Ethiopie 7 (1967). S. 155 (nach Rougé).

[104] Epiphanius, Ancoratus, hrsg. v. C. Conti Rossini = CSCO 54, 25, zitiert nach Timp, U.: Aksūm und der Untergang Meroës. Diss. Münster 1972. S. 30.

anderen mir bekannten griechischen und lateinischen Autoren schreiben *Axoum, Axōm, Auxōm oder Auxoum*[105]. Dem entspricht auch die griechische Schreibung auf den axumitischen Münzen[106]. Da die koptische Version der Kephalaia mit der Form ⲥⲓⲗⲉⲱⲥ, wie Altheim nachgewiesen hat[107], eine ostaramäische Dialektvariante des Syrischen bewahrt und *Exomitis* bzw. *Exomia* nur im Osten – bei einem Syrer, dem Autor der Expositio und einem Zyprer aus dem phönikisch beeinflußten Salamis – belegt ist, kann die Historia Augusta-Stelle nicht auf eine griechische Quelle zurückgeführt werden[108], sondern dürfte die Form des Namens wiedergeben, die im syrisch sprechenden Palmyra für äthiopische Besucher geläufig war. Über Palmyra mag auch Mani von der Bedeutung und Größe des Axumiten-Reiches erfahren haben, denn seine Jünger haben noch zu seinen Lebzeiten auch in Palmyra missioniert[109], wo sie Zenobia und deren Schwester zu ihren Gönnerinnen zählen durften[110].

Die Historia Augusta habe ich herangezogen, ohne vorher die obligate Beschwörungsformel „Natürlich mit Vorsicht zu genießen!" zu bemühen – à propos: Flaubert hat sein Wörterbuch der Gemeinplätze zu früh abschließen müssen. Der über die Historia Augusta hätte dort eine würdige Umgebung gefunden. Es scheint nämlich, daß dieses so diskreditierte Werk zumindest in Details[111] gelegentlich bemerkenswert gut informierte Quellen benutzt hat. Der Name Exomiten in syrischer Aussprache gibt dem Völkerkatalog für die *pompa* Aurelians jedenfalls eine bisher nicht beachtete Authentizität. Wie allerdings die deswegen wohl in Palmyra entstandene Namensliste[112] in den Text der Historia Augusta gelangte, muß offenbleiben. Er ist jedoch in diesem Zusammenhang noch wegen eines anderen Details zu rehabilitieren: In derselben *pompa* werden neben Tigern und anderen Tieren Elch und Giraffe mitgeführt. Letztere hat durch J. Straub den ihr gebührenden historischen Ort

---

[105] Ptolem., Geogr. 4, 7, 25 und 29. Periplus Mar. Erythr. §4. Heliodor 298, 11 ed. Bekker. Ferner Stephanos v. Byzanz, Nonnosos bei Photios, Kosmas Indikopleustes u.a., sowie in einer Textvariante in Theophanes, Chronogr. 223, 1 (nach Straub, a.a.O. [hier Anm.91]. S. 70).

[106] Munro-Hay, S. C.: The Coinage of Aksum. New Dehli 1984.

[107] Siehe oben Anm. 27.

[108] Gegen Straub, a.a.O., S. 70.

[109] H. H. Schaeder in Gnomon 9 (1933). S. 344f. = Widengren, G.: Der Manichäismus. Darmstadt 1977. S. 78.

[110] Koenen, a.a.O. (hier Anm. 37). S. 106 zu Anm. 27.

[111] Vgl. Metzler, D.: Ziele und Formen königlicher Innenpolitik im vorislamischen Iran. Habilitationsschrift Münster 1977. S. 174f. zu SHA Aur. 5, 5 *(patera* als diplomatisches Geschenk).

[112] A. v. Domaszewski (Die Geographie bei den Scriptores Historiae Augustae = Sb. Akad. Wiss. Heidelberg 1916. S. 17ff.) zerlegt den Text in willkürliche Zitate aus älteren Autoren, ohne den Kontext des Vorganges zu sehen.

bestätigt bekommen[113]. Der Elch begegnet auf Festprägungen des Philippus Arabs[114]. Diese exotischen und extravaganten Tiere erfüllen gleichsam eine politisch-kosmographische Funktion, indem sie die Himmelsrichtungen verkörpern, in die die Macht des Herrschers zu reichen vorgibt. Tiere als Symbole für Himmelsrichtungen kennt auch die chinesische und buddhistische Ikonographie. Im Unterschied zu den diese leitenden magischen Vorstellungen wird jedoch in Rom die Auswahl nach real-tiergeographischen Gesichtspunkten getroffen.

Aurelians anspruchsvoller Titel *restitutor orbis*[115] wird durch diese Tiersymbolik auch auf die Natur ausgedehnt, und selbst vor der letzten Stufe scheint sein Biograph nicht zurückzuschrecken, wenn er mit einer erneuten Auflistung von fremden Völkern behauptet, daß „ihn die Sarazenen, Blemmyer, Exomiten, Baktrer, Serer, Iberer, Albaner und Armenier, selbst Völker Indiens fast als leibhaftigen *(praesentem paene)* Gott verehrt haben"[116]. Mit Chinesen, Axumiten und iranischen Völkern (Baktrer, Armenier) wären also wieder die drei anderen Reiche Manis neben Rom genannt, aber eben nur *neben*! Aurelian nämlich steht *über* diesen allen und nimmt so vergleichsweise jenen Rang ein, den die Manichäer als den des Großen Königs bezeichnet haben, den aber auch der Buddhist Hiuan Tsang dem erhofften *cakravartin* zubilligte[117]. Dieser „Weltenherrscher" steht komplementär zu den vier Königen der Welt, unter ihm erfüllt sich die Zeit, indem ihre Trennung in Teile aufgehoben wird. Unsere chronologisch orientierte Suche nach Vorstufen für Manis Konzept der vier Reiche stieß auf ältere buddhistische Vorstellungen. Eines ihrer konstitutiven Elemente wirkt bei Mani implizit als Gegensatz nach: Das frühe buddhistische Schema preist jedes der Reiche wegen eines besonderen Reichtums[118]. Reichtum und Fülle setzt indessen auch Manis Verwendung des Bildes voraus, um den Gegensatz zur Spende von Brot und Wasser für einen seiner Jünger voll auszuspielen. Auch unter diesem Aspekt zeigt sich also „der Manichäismus als Vermittler literarischen Gutes". Dem von J. P. Asmussen unter diesem Titel[119] behandelten Phäno-

---

[113] Straub, a.a.O., S. 71f.

[114] Kent, J. C. – Overbeck, B. – Stylow, A. – Hirmer, M.: Die römische Münze. München 1973. Nr. 463 (Privatbesitz, unediert). Vgl. auch das in Rom seltene Rhinocerus auf einem Quadrans des Domitian (BMC 411, 499), erwähnt für Axum (Adulis) bei Plinius NH 6, 173. und für Rom selbst in SHA Gord. 33, 1 (dort auch – im Kontext der Säkularfeier des Philippus Arabs – Elche und Giraffen).

[115] Straub, a.a.O., S. 58.

[116] SHA Aur. 41, 10. Zu den Serern in dieser Reihe siehe oben Anm. 34 und Straub, a.a.O., S. 69f.

[117] Siehe oben Anm. 54.

[118] Siehe oben Anm. 53.

[119] In: Temenos 2 (1966). S. 5ff.

men scheint mir nämlich auch das manichäische Konzept der vier Reiche zuzuordnen zu sein, denn es wäre verfehlt, in der Nennung von drei weiteren Reichen neben Rom nur einen Widerhall der angeblichen Schwäche Roms im 3. Jahrhundert sehen zu wollen. Vielmehr zeigt sich ja gerade vor dem buddhistischen Traditionshintergrund bei Mani die Bedeutung einer nicht auf Rom zentrierten Sicht der Welt.

Ein Ausblick sei noch angefügt: Das Altertum hat nicht nur die hier behandelte Vorstellung vom Nebeneinander der vier großen Reiche der Welt entwickelt und damit zwei Weltreligionen in der gleichsam liberalen Phase ihres werbenden Aufstiegs den geographisch-politischen Rahmen abgesteckt, sondern hat auch in den jeweils erfolgreichen Monarchien das Bild von der zeitlichen Abfolge der vier Weltreiche gekannt, wodurch sich die jeweils überwundene Vorgängermacht zugleich – je nach Standort – als historisch obsolet oder als traditionsstiftendes Vorbild verzeichnen ließ. Die Achämeniden prägten als erste[120] das entsprechende Konzept, mit dem sie sich als Nachfolger und Überwinder von Medern und Assyrern legitimierten. Das Buch Daniel kanonisierte die Griechen, und, indem diese durch die Römer ersetzt wurden, trug es bis zum Ende des Heiligen Römischen Reiches Deutscher Nation 1806 hier nicht nur das weltliche, sondern auch das kirchliche Selbstverständnis[121]. Es ist also nicht erstaunlich, daß heterodoxe christliche Gruppen ihre Hoffnung auf das fünfte Reich setzten – so die Quintomonarchisten seit dem 16. Jahrhundert besonders in England –, die damit die bevorstehende Wiederkehr Christi meinten[122], und einleuchtend, daß ferner angesichts der abnehmenden Bedeutung des deutschen Kaisers und der Erweiterung des geographisch-politischen Horizontes im Zeitalter der Entdeckungen 1690 Sir William Temple in China, Peru, Nordeuropa und den Ländern des Islam die vier bedeutendsten Regionen des neuen Zeitalters erkannte[123].

---

[120] Metzer, D.: Beobachtungen zum Geschichtsbild der frühen Achämeniden, in: Klio 57 (1975). S. 443ff.

[121] Hengel, M.: Judentum und Hellenismus. Stuttgart ³1973. S. 332ff. Lebram, J. C.: Das Buch Daniel. Zürich 1984. Demandt, A.: Metaphern für Geschichte. München 1978. S. 285f. Voss, J.: Das Mittelalter-Verständnis im histor. Denken Frankreichs. München 1972, bes. S. 51 zur Schlußphase. Vgl. die bildlichen Darstellungen bei Kramer, E.: Die vier Monarchien, in: Keramos 28 (1965). S. 3ff.

[122] Hill, Chr.: The world turned upside down. Radical ideas during the English revolution. Harmondsworth 1975. – 16. Jh.: Mollerus, B.: Autumnalia Tarquinii. De imperiis ... eum regno quinto Regis Christi. Münster 1597.

[123] Wagner, F.: Die Anfänge der modernen Geschichtswissenschaft im 17. Jh. München 1979. S. 17f.

Die griechische Ethnographie unter geschichtsdidaktischen Aspekten

Fachdidaktik als „Kunstlehre" von den Vermittlungstechniken – beispielsweise im Geschichtsunterricht – dürfte eine in den Rahmen der Altertumswissenschaften sich einfügende Archäologie möglicherweise nur peripher interessieren, obwohl es auch auf diesem Feld bekanntlich zu wirkungsvoller Integration archäologischer Forschung in den Schulunterricht kommen kann[1]. Faßt man aber Definition und Aufgabenbereich weiter, indem man „die Didaktik der Geschichte als Wissenschaft vom Geschichtsbewußtsein innerhalb der Gesellschaft, seiner Entstehung, seinen Inhalten und Formen, seiner Veränderung, seiner Bedeutung"[2] versteht, so haben etwa die ideologiekritischen Untersuchungen von B. Fehr über die politisch-pädagogische Funktion des Stadtplanes von Priene[3], von N. Loraux über Entstehung und Wirkung des Marathon-Ideologems im klassischen Athen[4] oder auch die der „Mitteilungen aus dem Lande der Lotophagen zum Verhältnis von Antike und deutscher Nachkriegsliteratur"[5] ihre durchaus geschichtsdidaktischen Aspekte, tragen sie doch dazu bei, Formen von Geschichtsbewußtsein innerhalb der Gesellschaft durchschaubar zu machen. Vergleichbare Forschungsinteressen leiten die hier vorzustellenden Überlegungen[6] zum geschichtsdidaktischen Wert einer Beschäftigung mit antiker Ethnographie.

Mit der neuzeitlichen Entwicklung zum Nationalstaat hat auch das moderne Bild von der Geschichte und der Geschichtsschreibung der Antike eine verhängnisvolle Verengung auf den nationalistischen Standpunkt erfahren. Stellte

---

[1] Zur Problematik vgl. Schneider, L.: Bild und Text als Gegenstände historischer Forschung und als Vermittler von Geschichte, in: Gymnasium 92 (1985). S. 30-46.

[2] Jeismann, K.-E.: Eine Disziplin entdeckt ihr Gebiet, in: Geschichtsdidaktik 2 (1977). S. 322-335, hier: S. 323.

[3] Fehr, B.: Kosmos und Chreia. Der Sieg der reinen über die praktische Vernunft in der griechischen Stadtarchitektur des 4. Jhs.v. Chr., in: Hephaistos 2 (1980). S. 155-185. – Das politische Pendant zur sogenannten rationalen Stadtplanung ist in der athenischen Demokratie der Mythos der Durchschaubarkeit (Loraux, N.: Sur la „transparcence" democratique, in: Raison Présente 49 [1978]. S. 3-13).

[4] Loraux, N.: L'invention d'Athènes. Paris – den Haag 1981.

[5] G. Lohse – H. Ohde in Hephaistos 4 (1982). S. 139-170 und 5/6 (1983/4). S. 164-226.

[6] Eine erste Fassung davon wurde auf der 17. Internationalen EIRENE-Konferenz der Sozialistischen Länder 1986 in Berlin (DDR) vorgetragen. Ich danke den Veranstaltern und Kollegen für weiterführende Gespräche und fruchtbare Anregungen – besonders Masaoki Doi, Reimar Müller sowie Isolde Stark und Kurt Treu.

die Aufklärung noch die Geschichte Griechenlands und Roms in den universalhistorischen Rahmen einer Menschheitsgeschichte, so usurpierte vielerorts
der bürgerliche Humanismus die klassizistisch isolierte und idealisierte Kultur
Griechenlands und Roms für die Begründung eigener Bildungs- und Macht-
ansprüche[7]. Da dessen Antiquiertheit jedoch nicht überall zur Kenntnis genommen wird, scheint es notwendiger denn je, das Erbe der Antike unter anderen und weiterführenden Aspekten zu bedenken – etwa unter dem des inter-
nationalistischen Humanismus[8] und dem ständig aktuellen Ziel der Frie-
denssicherung als ktémata eis aeí. Beide sind in Ost und West – wenn auch
mit unterschiedlichen Begründungen – als Lernziele des Geschichtsunterrichts
denkbar und werden in diesem Sinne hier als Gegenstand der Geschichtsdidaktik verstanden[9].

Konstitutiv für diesen Humanismus ist seit dem Altertum die Einsicht in
die Einheit und Gleichheit der Menschheit. Lange vor Alexander und dem
stoischen Kosmopolitismus betonte der Sophist Antiphon, daß „wir von Natur

---

[7]   Vgl. z.B. Fuhrmann, M.: Die „Querelle des Anciens et Modernes", der Nationalismus und die deutsche Klassik, in: Classical influences on western thought A.D. 1650-
1870, hrsg. v. R. R. Bolgar. Cambridge 1979. S. 121ff., S. 128f. Landfester, M.:
Humanismus und Gesellschaft im 19. Jahrhundert. Darmstadt 1988.

[8]   B. Brentjes in Humanismus und Menschenbild im Orient und in der Antike. Halle
1977. S. 17. Entsprechendes bei zwei wichtigen Autoren der Aufklärung: A. H. Anquetil Duperron schrieb in seiner „Legislation orientale" (Amsterdam 1778), mit der er sich
gegegen das europäische Vorurteil über die Orientalische Despotie wandte und die er
bemerkenswerterweise „den Völkern Hindustans" widmete: *„L'esprit dans lequel cet
ouvrage est écrit, doit en faire excuser les imperfections. Je suis homme, j'aime mes
semblables; je voudrois serrer d'avantage les noeuds par lesquels la nature unit
l'espèce humaine, et que la distance des temps et des lieux et la variété des langues,
des usages et des opinions n'ont que trop relâchés, s'ils ne les ont pas entierement
rompus"* (p. VI – Zu Anquetil vgl. Metzler, D.: A. H. Anquetil Duperron (1731-1805)
und das Konzept der Achsenzeit, in: Achaemenid History VII. Proceed. of the 1989
Groningen Achaem. History Workshop, hrsg. v. H. Sancisi-Weerdenburg. Leiden
1991, S. 123-133. – J. G. Herder argumentierte 1784 ähnlich: „Der Amerikaner, der
Neger". „ist dein Bruder". „den also sollst du nicht unterdrücken, nicht morden, nicht
stehlen; denn er ist ein Mensch wie du bist" (Ideen zur Philosophie der Geschichte der
Menschheit. Berlin/Weimar 1965, I. S. 250 = 2. Teil 7. Buch 1. Kap. – der dort zur
Debatte stehende Gegensatz zum Affen interessiert hier nicht). – Zu den antiken
Ausprägungen der Vorstellungen von der Einheit der Menschheit hier Anm. 10.

[9]   UNESCO-Empfehlungen zu Friedenserziehung, Menschenrechten und Grund-
freiheiten vom 19. Nov. 1974, die KSZE Schlußakte von Helsinki oder auch nationale
oder regionale Erlasse, wie etwa der des Kultusministeriums meines Bundeslandes
Nordrhein-Westfalen von 1977 bieten dafür die politischen Begründungen. Daß es sich
dabei natürlich um politische Optionen, nicht um wissenschaftliche Begründungen
handelt, ist ein begrüßenswertes Beispiel von Humanismus. Modische Wissen-
schaftlichkeitsansprüche erweisen sich auf diesem Felde allzu leicht als haltlose
Spiegelfechtereien, wie Laufs, J.: Politische Bekenntnisse als „Wissenschaft". Eine
Kritik der Begründung der nordrhein-westfälischen Richtlinien für den Politischen
Unterricht. Frankfurt – Bern 1976 überzeugend nachgewiesen hat. Seine Ergebnisse
sind beliebig übertragbar.

alle in Allem gleich entstanden sind, Barbaren wie Hellenen"[10]. Dabei scheint mir das sym-pathetische „Wir" genauso beachtenswert[11] wie die ein paar Zeilen weiter gegebene „naturwissenschaftliche" Erklärung: „Atmen wir doch alle insgesamt durch Mund und Nase." Eben dieses Bild benutzt auch schon ein ägyptischer Sargtext des Mittleren Reiches. Dort schafft der Schöpfergott „die vier Winde, auf daß ein jeder Mensch aus ihnen atme gleich seinem Nächsten in seiner Zeit"[12]. In beiden Fällen impliziert der Kontext auch und vor allem soziale Gleichheit.

Einheit und Gleichheit sind natürliche Gegebenheiten und politische Forderungen zugleich, ihre dialektische Ergänzung haben sie in der Vielfalt der kulturellen Entfaltungsmöglichkeiten des Menschlichen. Oft genug ist diese in der Antike wie in der Neuzeit auch Anlaß für Vorurteile und Unterdrückung[13], jedoch haben – und das steht hier zur Diskussion – gerade die griechischen Ethnographen immer wieder methodisch reflektierend und entsprechende Fakten berichtend so den Blick auf die Fremdartigkeit der sogenannten „Barbaren" gerichtet, daß sie nicht nur deren Besonderheiten vom scheinbar selbstverständlich Normalen des eigenen Wertesystems abhoben, sondern durch die Spiegelung im Fremden eigene Totalitätsansprüche relativierten oder gar bestimmte Lebensformen und Wertvorstellungen als der griechischen Auffassung überlegen darstellten. Unter den Aspekten von Toleranz und friedlichem Nebeneinander verdienen entsprechende Quellen im Geschichtsunterricht herangezogen zu werden. Und zwar nicht nur ihrer Fakten, sondern – in gewissen Fällen – gerade auch ihrer formalen Gestaltung wegen.

Den Wert der Faktenkenntnis betonte Theopomp von Chios, als er empfahl, zunächst möglichst viele Verfassungen und Lebensformen bei Hellen u n d Barbaren zu studieren, bevor daraus philosophische Rhetorik abgeleitet werde[14]. Ebenso sammelten die Skeptiker – auch entlegenes – ethnographisches Material, um „die generalisierenden Lehren der dogmatischen Schulen bestreiten" zu können[15].

---

[10]   Antiphon 87 B 44, Fragment B col. 2 = Diels-Kranz II [9]353. R. Müller in Der Mensch als Maß der Dinge, hrsg. v. R. Müller. Berlin (DDR) 1976. S. 254ff. Vgl. auch Seibert, J.: Alexander der Große. Darmstadt 1972. S. 186ff. (zur Forschungsgeschichte).

[11]   Metzler, D.: Porträt und Gesellschaft. Münster 1971. S. 109.

[12]   Frankfort, H. u.a.: Frühlicht des Geistes. Stuttgart 1954. S. 120.

[13]   Seine extrem negative Bewertung erhält der Begriff des Barbaren in Griechenland beispielsweise nicht etwa im Erlebnis der Perserkriege, sondern in der imperialistischen Ideologie des demokratischen Athen in der Zeit des attisch-delischen Seebundes, wie G. Walser in einem Vortrag in Groningen (30.5.1984) überzeugend nachwies. Das negative Feindbild dient hier – wie auch sonst – der Bindung der Bündner an die Hegemonialmacht.

[14]   Theopompos 115 FgrH T 20 ?5.

[15]   A. Dihle in Grecs et Barbares, Entretiens Fond. Hardt 8 (1962). S. 203.

Herodots aufgeklärte und universalistische „*historie*" ist für den hier ver-
folgten Zweck naturgemäß besonders ergiebig – und von verbohrten Klassizisten schon im Altertum gerade deswegen getadelt worden[16]. Wenig beachtet bleiben in der Forschung seine Hinweise auf die Möglichkeiten eines
friedlichen Ausgleichs zwischen Persien und Athen, die aufgezeigt zu haben
das Verdienst von S. Luria ist[17], häufig – und bekannt – seine Bewunderung
für die Leistungen der Nicht-Griechen, seine kritische Haltung gegenüber dem
unbegründeten Elitebewußtsein der Griechen[18] und sein Eintreten für eine
unvoreingenommene Wertung andersartiger Kulturen[19].

Einer seiner großen Bewunderer[20] war Agatharchides von Knidos, der am
Ptolemäerhof „über das Rote Meer" schrieb[21]. Darin berichtet er von den unterschiedlichsten Lebensformen der dort anwohnenden Völker. Stoisch-kyni-
schen Konzepten folgend schildert er einige unter ihnen – die Ichthyophagen
etwa – als Muster naturgemäß einfachen Lebens und erhebt ihre Bedürfnislosigkeit zum Gegenbild der Habgier seiner eigenen Gesellschaft. Steht er mit
dieser Idealisierung des „einfachen Lebens"[22] ganz in der Tradition, so bleibt
seine teilnahmsvolle Schilderung des Sklavenelends[23] in den ptolemäischen
Goldbergwerken[24] der östlichen (arabischen) Wüste in der antiken Literatur
ein ganz ungewöhnlicher und wenig beachteter Sonderfall. Karl Marx war
diese Stelle bekannt. Er zitierte sie im „Kapital" aus Diodor[25]. In seiner Übersetzung lauten die entscheidenden Sätze: „Man kann diese Unglücklichen, die
nicht einmal ihren Körper reinlich halten noch ihre Blöße bedecken können,
nicht ansehen, ohne ihr jammervolles Schicksal zu beklagen. Denn da findet
keine Nachsicht und Schonung statt für Kranke, für Gebrechliche, für Greise,

---

[16] Plutarch, de malignitate Herodoti 854 F – 974 C, bes. 857 A (*philobárbaros*).

[17] Luria, S.: Anfänge griechischen Denkens (1947). Berlin (Ost) 1963. S. 122ff.

[18] Vgl. z.B. Her. I 131, II 45, II 120, II 148, III 80,1.

[19] Her. III 38.

[20] Agatharchides 86 FgrH F 19 p. 215 = Diodor I 37,4. Meister, K.: Die griechische
Geschichtsschreibung. Stuttgart 1990. S. 150-153.

[21] Woelk, D.: Agatharchides von Knidos, Über das Rote Meer, Übersetzung und
Kommentar. Diss. Freiburg 1966. Burstein, St. M.: Agatharchides of Cnidus On the
Erythraean Sea. London 1990.

[22] Vischer, R.: Das einfache Leben. Wort- und motivgeschichtliche Untersuchungen
zu einem Wertbegriff der antiken Literatur. Göttingen 1965. Müller, K. E.: Geschichte
der antiken Ethnographie und ethnologischen Theoriebildung I-II. Wiesbaden 1972-
1980, sv. Idealisierung der Barbaren. Blundell, S.: Theories of evolution in antiquity.
London 1985, sv. primitivism.

[23] Agatharch. frg. 26 Woelk = Diodor III 13.

[24] Vergleichbare Bergwerke archäologisch nachgewiesen: G. Castel u.a. in Antike
Welt 16 (1985). S. 15ff.

[25] MEW 23, 250.

für die weibliche Schwachheit. Alle müssen, durch Schläge gezwungen, fortarbeiten bis der Tod ihren Qualen und ihrer Not ein Ende macht."

Außer bei Diodor ist Agatharchides noch in den Exzerpten des Byzantiners Photios[26] überliefert – mit bemerkenswertem Unterschied: „Die Menschen, sagt er (Agatharchides), die das größte Unglück traf, führte die Tyrannis in die sehr harte Knechtschaft der Goldgruben." Das berichtet Diodor ebenfalls[27]. Doch dann fährt Photios fort: „Nachdem er das Leid auf tragische Weise vergrößert hat, so daß für kein Unglück eine Steigerung übrig ist, stellt er den Vorgang dar, durch welchen das Gold in sorgfältiger Arbeit abgebaut wird."

Genau da liegt der springende Punkt: Technisch-sachliches Interesse steht gegen „tragische" Schilderung von Details. Oder andersherum: Die deutliche Kenntlichmachung von Ausbeutung und Verelendung fällt unter die s t i l i - s t i s c h e Selbstzensur der maßgeblichen antiken Historiographie. Polybios etwa tadelt die Darstellung von Leiden der Besiegten als unecht und wei- bisch[28]. Agatharchides spricht von Mitleid[29]. H. Strasburger hat in seiner Abhandlung über „die Wesensbestimmung der Geschichte durch die antike Geschichtsschreibung" die humanistische Tendenz der durch Pathos Sympa- thie erzeugenden sogenannten tragischen Geschichtsschreibung herausgear- beitet und gerade am Beispiel der Ethnographie des Agatharchides mit Überzeugung und Wärme ihre Rehabilitierung eingeleitet[30].

Wie wichtig, weil aufklärend die tragisch-pathetische Geschichtsschrei- bung des nur scheinbar unwichtigen Details ist, hatte man in der abschließen- den Plenarsitzung der 17. Eirene-Konferenz in Berlin (DDR) zu sehen Gele- genheit. Denn der dort projezierte Film über die Opfer und die Folgen des amerikanischen Atombombenabwurfes auf Hiroshima und Nagasaki führte Bildmaterial vor Augen, das – um Lernen aus der Geschichte zu verhindern – nicht ohne Grund seit 1945 jahrzehntelang in amerikanischen Archiven seque- striert geblieben war, bis es endlich unter Druck der japanischen Öffentlichkeit Meter für Meter gegen Bezahlung freigegeben werden mußte. Die ver- sachlichende, abstrakte Technokratensprache zieht andererseits dem konkreten Einzelschicksal die generalisierenden Begriffe „overkill" und „Megatote" vor[31]. Formalismus als Verharmlosung! Strasburger weist auf die verheerende, weil immunisierende Wirkung dieser Verharmlosung am Beispiel der histori- schen Kompendienliteratur der Antike hin: nach mehreren Jahrhunderten Ab-

---

[26] Agatharch. frg. 24 Woelk = Photios 447, 34b.

[27] Diodor III 12, 2-3.

[28] Polybios II 56, 9.

[29] Agatharch. frg. 26 Woelk: *ele?seie*.

[30] Strasburger, H.: Die Wesensbestimmung der Geschichte durch die antike Ge- schichtsschreibung. Wiesbaden [3]1974. S. 48ff.

[31] Vgl. Kühn, D.: Auf der Zeitachse. Frankfurt 1980. S. 115-117 über sprachliches Versagen gegenüber dem Ungeheuerlichen am Beispiel eines Interviews mit A. Speer.

stand notiert Eutropius die Auslöschung Karthagos durch Rom nur noch mit dem lapidaren Satz: *Is eam cepit ac diruit*[32]. Geschichtsschreibung entlarvt sich hier als die Technik des Vergessens[33], indem sie von der Last des Lernbaren befreit und so durch eine scheinbare Versachlichung schließlich nur verdummt[34].

Sehr „sachlich", will sagen konkret und mit teilnehmendem Blick hat Peter Weiß in seinem Roman „Ästhetik des Widerstandes" die Mühen der gallischen Gefangenen beim Bau des Pergamonaltares geschildert und zugleich den Blickwinkel der zeitgenössischen gebildeten Betrachter aus der pergamenischen Oberschicht eingenommen, wenn er schreibt: „Sie sahen Formen entstehen, deren Wesen Vollkommenheit war. Indem die Ausgeplünderten ihre Energien in ausgeruhte und aufnahmebereite Gedanken übertrugen, entstand aus Herrschsucht und Erniedrigung Kunst"[35] Aus der Vollkommenheit antiker – und anderer – historiographischer Texte die darin verschwiegene Realität aufzudecken zu versuchen, bleibt Aufgabe des Historikers.

Mit ihrer pathetischen und tragischen Konzeption der Faktenüberlieferung[36] haben die antike Ethnographie wie auch die Historiographie Formen und Inhalte zu bieten, die auch in der Gegenwart einer aufklärenden und friedensfördernden Geschichtsvermittlung von Nutzen sind. Solche und ähnliche Ansätze durch Quellenlektüre im Geschichtsunterricht fruchtbar zu machen, ließe sich wohl mit neueren humanistischen Lernzielen vereinbaren, denn sie erinnern an verschüttete humanistische Traditionen der Antike, die einzulösen für unsere eigene Gegenwart eine die politischen Lager übergreifende Aufgabe bedeutet.

---

[32]   Strasburger, a.a.O., S. 83, Anm. 2. Eutrop. IV 12.

[33]   Vgl. auch Olshausen, E.: Der Krieg. Das Ende und was danach kommt. Von der Vergeßlichkeit der Völker, in: Humanistische Bildung 8 (1984). S. 1ff.

[34]   Reine Aufzählung von Kriegen hielt schon um 100 v. Chr. Sempronius Asellio für kindisch und unwissenschaftlich: *id fabulas pueris est narrare non historias scribere* (Aul. Gellius, Noct. Att. V 18, 9).

[35]   Weiß, P.: Die Ästhetik des Widerstandes. Frankfurt 1975. S. 14.

[36]   Von Fakten zu reden, ist auch dann noch sinnvoll, wenn in Rechnung gestellt ist, daß die Rhetorik historiographischer Texte entsprechend den schulmäßigen Übungen (progymnásmata) die Einführung schmückender Details als Stilmittel nutzte. (Bonner, S. F.: Education in Ancient Rome. Berkeley – Los Angeles 1977. S. 261ff. Ferrill, A.: History in Roman Schools, in: The Ancient World 1 [1978]. S. 1-5.) Denn die Erfindung (inventio als Form der variatio) konnte nur im Rahmen des Wahrscheinlichen und Plausiblen ihre Wirkung entfalten. Darüber hinaus gestattet der fiktionale Charakter der progymnasmata aber auch gerade die Formulierung unkonventioneller und heterodoxer Überlegungen, wofür als Vehikel ethnographische Texte in besonderer Weise herangezogen werden können.

Lesefrüchte zur Geschichte und ihrer Didaktik

Die geschichtsdidaktische Fachliteratur hat sich nach jahrhundertealten bescheidenen Anfängen mittlerweile üppig entfalten dürfen. Handbücher, Zeitschriften, Unterrichtshilfen, theoretische und praxisferne, identitätsstiftende und kritische Publikationen ernähren inzwischen ihre Verleger, seltener ihre Verfasser. Und da über mangelndes Interesse der Öffentlichkeit schon lange nicht mehr zu klagen ist, vielmehr nach der dem Westen in den Schoß gefallenen Wiederkehr nationaler Größe hierzulande eher eine grassierende Geschichtssüchtigkeit zu diagnostizieren ist, wuchert auch die – Politikern eher anstehende – „Historikerdebatte" dahin. Die dementsprechenden Regalmeter könnten bei denen, die sich dadurch noch nicht haben den Kopf verdrehen lassen – à propos drehen und gedreht werden: Unser Kopf ist rund, damit das Denken die Richtung wechseln kann (Francis Picabia 1879-1953) – eine gewisse Schwellenangst erzeugen. Sie therapieren zu helfen, hat natürlich die folgende Reihe von Lesefrüchten nur mittelbar im Sinn. Da sie je nach Bedarf oder Laune verkürzbar, verlängerbar, umstellbar und interpretierbar, vielleicht auch nutzbar ist, sind dem, der sie hier zusammengestellt hat, entsprechende Hinweise durchaus willkommen. Den auf eine gewisse Einseitigkeit hat er schon gehört. Das pluralistische Spektrum unserer Wissenschaft bietet ja Platz genug für andere Auswahlkriterien.

1) Wenn ich weiter gesehen habe, so deshalb, weil ich auf den Schultern von Riesen stehe. (Isaac Newton)
2) Nos esse nanos gigantium humeris insidentes. (Bernhard von Chatres – nach R. K. Merton, Auf den Schultern von Riesen. Ein Leitfaden durch das Labyrinth der Gelehrsamkeit, 1965 engl., Frankfurt 1980, 43 et passim)
3) Die dümmste und unehrlichste Methode, Geschichte zu schreiben, ist die, das Bestehende zu rechtfertigen. (Kurst Eisner 1906)
4) History is bunk. (Henry Ford)
5) Die Welt hängt am Atem der Kinder, die die Schule besuchen. (Talmud)
6) Der Himmel und das Verdikt der Geschichte verschwören sich, um die Waagschale gegen die Besiegten zu belasten. (Sir Ronald Syme, Die römische Revolution 1939)
7) Wir haben dank der modernen historischen Forschung die Weltgeschichte gut genug kennengelernt, um feststellen zu müssen, daß in ihr wirklich nur diejenigen sich auf Dauer durchgesetzt haben, die es letzten Endes auch verdienen, Sieger zu sein. (Hans Erich Stier, Roms Aufstieg 1957)

8) Stets ist das stolze Recht des Siegers der Sieg eines höheren Rechtes. (Johann Gustav Droysen)

9) Die meisten Denkmäler sind hohl. (Stanislaw Lec)

10) In der Geschichte zählen selbst die unvollendeten Taten. (S. Lec)

11) Die Geschichte lehrt, wie man sie fälscht. (S. Lec)

12) L'histoire est le seul lieu où se construit le Royaume de Dieu. (Karl Rahner bei Roger Garaudy 1979)

13) Der Geschichte anzugehören ist kaum ein Lob. Sie nannte Helden und Verbrecher und verschwieg die Wohltäter unseres Geschlechts. (Carl Gustav Jochmann 1789-1830)

14) Den Opfern aller Helden und Heldentaten. (Denkmalinschrift auf einem Gemälde von A. R. Mantorani, 1975)

15) So wenig man das, was ein Individuum ist, nach dem beurteilt, was es sich selbst dünkt, ebensowenig kann man eine solche Umwälzepoche aus ihrem Bewußtsein beurteilen, sondern muß vielmehr dies Bewußtsein aus den Widersprüchen des materiellen Lebens, aus dem vorhandenen Konflikt zwischen gesellschaftlichen Produktivkräften und Produktionsverhältnissen erklären. (Karl Marx)

16) (Es wird) schwerlich gelingen, ... den Ursprung der hochdeutschen Lautverschiebung ... ökonomisch zu erklären. (Friedrich Engels)

17) Wieviele Geister werden heute davon abgehalten, auch nur einen Kontakt zum Marxismus herzustellen, und zwar einfach dadurch, daß man sie bis zum Rand mit den Werken Platons und anderer Philosophen anfüllt. (Englischer Leserbrief 1937, zit. von E. Panofsky)

18) Es fällt mir nicht mehr ein, vor den Paradegäulen und Eckstehern der Geschichte mich zu bücken. Ich gewöhne mein Auge ans Blut. (Georg Büchner 1833)

19) Nur jenes Erinnern ist fruchtbar, das zugleich an das erinnert, was noch zu tun ist. (Ernst Bloch)

20) Wie nah sind uns manche Tote, wie tot sind manche, die leben. (Wolf Biermann)

21) Freiheit kommt nie zu früh. (W. Biermann)

22) Gott kann die Vergangenheit nicht ändern, dazu braucht er die Historiker. (Graffito Fachschaft Geschichte, Münster)

23) Wir lieben die, welche den Despotismus unter jeder Gestalt hassen, auch den nothwendigen, auch den heilsamen und aufgeklärten Despotismus. Wir ziehen sie sogar denen vor, welche auf den beschränkten und parteiischen Zorn des achtzehnten Jahrhunderts in ihrer überlegenen historischen Einsicht lächelnd herabsehen, welche geschichtlichen Sinn und sympathetischen Respect haben für alle glücklichen Verbrecher, für alle Scheiterhaufen, und alle Staatsstreiche der Vergangenheit, und nur die ewigen Ideen des Rechts, der Aufklärung und der Humanität für Phrase halten und nur für das Verlangen der Völker nach politischer Freiheit

keinen Verstand haben. (C. Justi, Winckelmann 1. Aufl. 1866, nach der Deutschen Einigung seit der 2. Auflage 1898 der Selbstzensur anheimgefallen)

24) Der Mythos ist das Alibi für die Unfähigkeit zum Handeln, die Unfähigkeit zur menschlichen Rationalität. (Karin Schrader-Klebert)

25) Des historischen Materialismus Grundbegriff ist nicht Fortschritt, sondern Aktualisierung. (Walter Benjamin)

26) Wenn eine Geschichte eines Königs nicht verbrannt worden ist, so mag ich sie nicht lesen. (Georg Christoph Lichtenberg)

27) Die gefährlichsten Unwahrheiten sind Wahrheiten, mäßig entstellt. (G. C. Lichtenberg)

28) Laß dich deine Lektüre nicht beherrschen, sondern herrsche über sie. (G. C. Lichtenberg)

29) Unterricht in Geschichte soll sich weniger mit den Kriegen als mit dem Frieden befassen. (Juan Luis Vives, um 1530)

30) Dulce bellum inexpertis – Angenehm erscheint der Krieg nur den Unerfahrenen. (Erasmus von Rotterdam 1515)

31) Geschichte ist viel zu ernst, als daß man sie den Historikern allein überlassen dürfte. (Dieter Metzler)

Schriftenverzeichnis

Monographien

1. Untersuchungen zu den griechischen Porträts des 5. Jhdt.v.Chr., Dissertation Münster 1966, Rotaprint, 90 Seiten
2. Griechische, römische und byzantinische Münzen, Katalog Nr. 1 der Galerie für griechische, römische und byzantinische Kunst, Frankfurt 1970, 222 Nrn.
3. Porträt und Gesellschaft. Die Entstehung des griechischen Porträts in der Klassik, Münster 1971, 376 Seiten, 8 Tafeln
4. Ziele und Formen königlicher Innenpolitik im vorislamischen Iran (Habilitationsschrift Münster 1977, als photokopiertes Manuskript - 280 Seiten - 1982 publiziert)

Aufsätze

5. Zwei Bilder des Pergamenischen Gigantomachiefrieses und ihre Vorbilder, in: Masch.-Schriftl. FS für Max Wegner, Münster 1962, 10 Seiten
6. Zur Münzkunst Siziliens im 5. Jhdt.v.Chr., in: Westfalia Numismatica 1963, Münster 1963, S. 9-13
7. Ein neues Porträt des Phidias, in: Antike Kunst 7 (1964), S. 51-55
8. Diskussionsbeiträge in Atti del 1 Congr. Intern. di Micenologia, Rom 1967, S. 237, S. 614-615, S. 1092
9. Beiträge z. Katalog "Weltkunst im Privatbesitz", Köln 1968, Nr. A 40, 41, 42, 61, 68
10. Eine attische Kleinmeisterschale mit Töpferszenen in Karlsruhe, in: Arch. Anz. 1969, S. 138-152
11. Ein Meisterwerk spätantiker Porträtkunst, in: Arch. Anz. 1969, S. 195-203
12. Terrakottagruppe eines Liebespaares, in: Arch. Anz. 1970, S. 421-427
13. Ein griechisches Plektron, in: Arch. f. Musikwiss. 28 (1971), S. 147-150
14. Eine geometrische Amphora, in: Ant. Kunst 15 (1972), S. 3-6
15. Autopsia, in: FS für Hans E. Stier, Münster 1972, S. 113-121
16. Renaissance-Bildnisse antiker Architekten am Haus eines Stadtbaumeisters in Schlettstadt, in: Antike und Abendland 19 (1973), S. 146-162

17. Bilderstürme und Bilderfeindlichkeit in der Antike, in: Bildersturm, hrsg. von M. Warnke, München 1973, S. 14-29 und S. 142-150

18. Beobachtungen zum Geschichtsbild der frühen Achämeniden - Franz Altheim gewidmet, in: Klio 57 (1975), S. 443-459

19. Wandteppiche mit Bildern der Perserkriege im Achämenidenpalast zu Babylon (Symposion über "Staatliche Repräsentation im Hellenismus"), in: Mitt. d. Dtsch. Archäologen-Verbandes 6 (1975), S. 37-38

20. Zur Theorie und Methode der Erforschung von Rassismus in der Antike (zus. mit H. Hoffmann), in: Kritische Berichte 5 (1977), S. 5-20

21. Ptolemaios' Geographie und die Topographie der Persepolis Fortification Tablets, in: ZDMG Suppl. 3 (1977), S. 1057-1060

22. Reichsbildung und Geschichtsbild bei den Achämeniden, in: Seminar - Die Entstehung der antiken Klassengesellschaft, hrsg. von H. G. Kippenberg, Frankfurt 1977, S. 279-312

23. Das Pferd auf den Münzen des Labienus - ein Mithras-Symbol?, in: FS für Friedrich K. Dörner, Leiden 1978, S. 619-638

24. Zur Wirkungsgeschichte des Darius-Palastes in Susa, in: Akten des VII. Intern. Kongresses für Iran. Kunst, München 1976 = Archäol. Mitt. aus Iran, Erg.Bd. 6 (19799, S. 217-218

25. Eunomia und Aphrodite, in: Hephaistos 2 (1980), S. 73-88

26. Ökonomische Aspekte des Religionswandels in der Spätantike: Die Enteignung der heidnischen Tempel seit Konstantin, in: Hephaistos 3 (1981), S. 27-40

27. Ahiqar in Trier, in: Thiasos ton Mouson, FS für Josef Fink zum 1.3.82, Köln - Wien 1984, S. 97-107

28. Zum Schamanismus in Griechenland, in: Antidoron, FS für Jürgen Thimme zum 65. Geburtstag, Karlsruhe 1982, S. 75-82

29. Die Achämeniden im Geschichtsbewußtsein des 15. und 16. Jahrhunderts, in: Archäolog. Mitt. aus Iran, Erg.Bd. 10 (19839, S. 289-303

30. Eine gräko-persische Grabstele ... archäologischer Kommentar, in: Epigraphica Anatolica 1 (1983), S. 1-10

31. Johannes Löwenklau (1541-1594), in: Westfälische Lebensbilder 13 (1985), S. 19-44

32. Demokratie als Bauherr, in: Praktika des 12. Intern. Kongress. für Klass. Archäologie 1983, Athen 1988, IV, S. 129-133

33. J. J. Winckelmann, in: Hephaistos 5/6 (1983/84), S. 7-17

34. Einfluß der Pantomime auf die Vasenbilder des 6. und 5. Jhd.v.Chr., in: Images et société en Grèce antique - Colloque International Lausanne 1984 (Cahiers d'Archéologie Romande 36), Lausanne 1987, S. 73-77

35. Zur Geschichte Apuliens im Altertum, in: Apulien. Kulturberührungen in griechischer Zeit, hrsg. von K. Stähler, Münster 1985, S. 14-24

36. Concluding remarks, Groningen 1983 Achaemenid History Workshop, in: Achaemenid History I, ed. H. Sancisi-Weerdenburg, Leiden 1987, S. 191-196

37. Stilistische Evidenz für die Benutzung persischer Quellen durch griechische Historiker, in: Achaemenid History II The greek sources, ed. H. Sancisi-Weerdenburg - A. Kuhrt, Leiden 1987, S. 89-91

38. Symposion, in: Griechische Vasen aus westfälischen Privatsammlungen, hrsg. von B. Korzus, wiss. bearb. von K. Stähler, Münster 1984, S. 100-102

39. Religion, ebd. S. 161-165

40. Anikonische Darstellungen, in: Visible Religion 5 (19869, S. 96-113

41. Diskussionsbeiträge, in: Actes du XVIe Congres Intern. des Sciences Historiques 1985, Stuttgart 1986, III S. 35f., S. 135, S. 431-432

42. Widerstand von Nomaden gegen zentralistische Staaten im Altertum, in: Forms of control and subordination in Antiquity, hrsg. von T. Yuge - M. Doi, Tokyo - Leiden 1988, S. 86-95

43. Eindrücke vom International Symposion on Ancient Worlds in Japan, in: Kaiho 19/20, 20.7.1986, S. 6-8 (in japanisch)

44. Die griechische Ethnographie unter geschichtsdidaktischen Aspekten, in: Hephaistos 10 (1991), S. 105-110

45. Löwenklau, Johannes, in: Neue Deutsche Biographie 15, München 1987, 95-96

46. Audiatur et altera pars: Zur Doppeldeutigkeit einer griechischen Amazone aus dem Sudan (zus. mit H. Hoffmann), in: Visible Religion 7 (1990), S. 172-198

47. Purunpacha - die Vernichtung historischer Erinnerung durch den Sieger, in: Geschichtsbewußtsein und historisch-politisches Lernen, hrsg. von Gerhard Schneider, Pfaffenweiler 1988, S. 41-48

48. Über das Konzept der "Vier großen Königreiche" in Manis Kephalaia (cap. 77), in: FS für R. Günther = Klio 71 (1989), S. 446-459

49. Kommagene von Osten her gesehen, in: Histor.-archäolog. Freundeskreis e.V. Rundbrief 1989, Münster 1989, S. 39-47

50. Kaiserkult außerhalb der Reichsgrenzen und römischer Fernhandel, in: Migratio et Commutatio = FS für Th. Pekáry, hrsg. v. H.-J. Drexhage - J. Sünskes, St. Katharinen 1989, S. 196-200

51. A. H. Anquetil-Duperron (1731-1805) und das Konzept der Achsenzeit, in: Achaemenid History VII, hrsg. v. H. Sancisi-Weerdenburg - J. W. Drijvers, Leiden 1991, S. 123-133

52. Historical perspectives on artistic environments, in: Investigating artistic environments in the ancient near east, hrsg. v. Ann C. Gunter, Washington 1990, S. 143-147

53. Der Seher Mopsos auf den Münzen der Stadt Mallos, in: Kernos 3 (1990), S. 235-250

54. Die antike Vorgeschichte der Freiheitsmütze, in: Geschichte und Geschichtsbewußtsein. FS für K.-E. Jeismann, Münster 1990, S. 706-730

55. Gesellschaftliche Verfassung und Programmatik der antiken Bildung, in: Bildungsgeschichte und historisches Lernen, hrsg. v. E. Hinrichs - W. Jacobmeyer, Frankfurt 1991, S. 25-35

55a. = 49, in: Asia Minor Studien, hrsg. von der Forschungsstelle Asia Minor ... Münster, Bd. 3: Studien zum antiken Kleinasien, Bonn 1991, S. 21-27 (überarbeiteter Text)

56. Lesefrüchte zur Geschichte und ihrer Didaktik, in: Geschichte, Politik und ihre Didaktik 19 (1991), S. 254-255

57. Archaische Kunst im Spiegel archaischen Denkens. Zur historischen Bedeutung der griechischen Kouros-Statuen, in: Mousikos Aner. FS für Max Wegner, Bonn 1992, S. 289-303

58. Einleitung zu: Amphitryon. Ein griechisches Motiv in der europäischen Literatur und auf dem Theater = Untersuchungen zum Nachwirken der Antike 1, hrsg. von M. Kunze, D. Metzler, V. Riedel, Münster 1993, S. 5-7

59. Mural Crowns in the Ancient Near East and Greece, in: Yale University Art Gallery Bulletin 1994, S. 76-85

60. Axial-Age - the development of a philosophical concept of ancient world history, in: Studies in Chinese and Western Classical Civilizations = Essays in Honour of Prof. Lin Zhichun on his 90th Birthday, Changchun 1999, S. 311-316

61. Winckelmann und die Indianer, in: Winckelmann-Gesellschaft (Hrsg.), Altertumskunde im 18. Jahrhundert. Wechselwirkungen zwischen Italien und Deutschland, Stendal 2000, S. 115-122

62. "Abstandsbetonung". Zur Entwicklung des Innenraumes griechischer Tempel in der Epoche der frühen Polis. Dem Andenken an Gerhard Zinserling gewidmet, in: Hephaistos 13 (1995), S. 57-71

63. Lykien und Kreta im 2. Jahrtausend v. Chr. Zwei ikonographische Vermutungen, in: Fremde Zeiten = FS für Jürgen Borchhardt, Wien 1996, I, S. 19-24

64. Die politisch-religiöse Bedeutung des Vlieses auf dem skythischen Pektorale von Tolstaia Mogila, in: Zur graeco-skythischen Kunst. Archäologisches Kolloquium Münster 24.-26. November 1995, hrsg. von K. Stähler, Münster 1997, S. 178-195

64a. = 62 in überarbeiteter Fassung, in: Religion und Gesellschaft. Veröffentlichungen des AZERKAVO, Bd. I, hrsg. von R. Albertz, Münster 1997, S. 155-175

65. Bemerkungen zum Brief des Darius an Gadatas, in: Topoi, Suppl. 1, Lyon 1997, S. 323-332

66. Goethe und die Achämeniden, in: Iranzamin XII (1999), Heft 4/5, S. 310-314

67. Zur Akkulturation an der Nordküste des Schwarzen Meeres im Altertum (DFG-Antrag 4.6.99)

68. „Achsenzeit". Zur Entwicklung eines geschichtsphilosophischen Epochebegriffs für das Altertum, in: Sitzungsberichte der Leibniz-Sozietät 34 (1999), Heft 7, S. 93-100

69. Zur Nestorianer-Stele in Xian (China), in: Euting-Symposion Tübingen 1999

70. Die Bedeutung und Funktion des phönizischen Toponyms Melite und Argumente zur Stützung der Identifizierung von Melite mit Kephallenia, in: Praktika „Synanthiseōs 1999" Kephallinia – Meliti, hrsg. von G. D. Metallinos, Athen 2003, S. 124-135

71. Promedon. Beobachtungen zur Ikonographie von Zuschauern und Zuhörern in der griechischen Kunst, in: Skenika = FS für Horst-Dieter Blume, hrsg. von S. Gödde und Th. Heinze, Darmstadt 2000, S. 197-206

72. = 49 = 55 a, in: Gottkönige am Euphrat, hrsg. von J. Wagner, Mainz 2000, S. 51-55, S. 136-137 (erneut erweiteter Text)

73. Zwischen Kythera und Thebais, in: Religiöse Landschaften. Veröffentlichungen des AZERKAVO, Bd. III, hrsg. von J. Hahn, Münster 2002, S. 181-216

74. Die Freiheitsmütze vor der Revolution und in der Antike, in: V. Riedel (Hrsg.), Die Freiheit und die Künste = Schriften der Winckelmanngesellschaft XX, Stendal 2001, S. 67-68

75. Saddles Horse without Horseman – a Religious Symbol of Parthian Time, in: Miras, Ashgabat 2002, H. 1, S. 162-167

76. Vom Prinzipalmarkt zurück in den Orient. Märkte vor der Stadtmauer, in: Ex Mesopotamia et Syria Lux. Festschrift für Manfried Dietrich zu seinem 65. Geburtstag, Münster: Ugarit-Verlag 2000, S. 425-434

77. Diogenes – Kyniker oder Sufi? Außenseiter und Randgruppen im antiken Griechenland, in: Annäherungen an Griechenland = FS für Anastasios Katsanakis = Choregia I, hrsg. von H. D. Blume – C. Lienau, Münster 2002, S. 190-195

78. Skythen und Schamanen bei Goethe – zur Wahrnehmung der Kultur der Steppenvölker (im Druck)

79. Antike Technik im Geschichtsunterricht anhand von Bild- und Textquellen, in: Schule – Europa – Technik. Der neue Lehramtsstudiengang Geschichte an der RWTH Aachen: Ziele – Formen – Inhalte, hrsg. von T. Arand – K. Scherberich, Aachen 2003, S. 89-102

80. „Geschichte und Philologie" – zu dem zerstörten Wandbild von Fritz Roeber in Münster (1895-1900), in: Bildergeschichte = FS für Klaus Stähler, hrsg. von J. Gebauer u.a., Bibliopolis-Möhnesee 2004, S. 347-360

Rezensionen

81. zu L. Fitzhardinge, The Spartans, London 1980, in: The Archaeological Advertiser, Spring 1980, S. 63-66

82. zu J. Jaynes, The origin of consciousness in the breakdown of the bicameral mind, Boston 1976, in: Hephaistos 2 (19809, S. 205-207

83. zu Marvin W. Meyer, The "Mithras Liturgy", Missoula 1976, in: Theologische Revue 77 (1981), S. 384

84. zu H. Jessen (Hrsg.), Das Griechenlandalbum des Grafen Karl von Rechberg, Zürich 1974, in: Geschichte/Politik und ihre Didaktik 9 (1981), S. 213

85. zu Robert M. Grant, Christen als Bürger im Römischen Reich, Göttingen 1981, in: ebd., S. 213-214

86. zu H. von Petrikovits, Altertum - Rheinische Geschichte Bd. I, 1, Düsseldorf 1978, in: Westfälische Forschungen 31 (1981), S. 272-273

87. zu A. Cameron, Circus factions, Oxford 1976, in: Gnomon 54 (1982), S.399-400

88. zu B. Bilinski, Agoni ginnici, Warschau 1979, in: Hephaistos 4 (1982), S. 179-183

89. zu F. Kolb, Die Stadt im Altertum, München 1984, in: Münstersche Beitr. z. Antiken Handelsgeschichte IV, 2 (1985), S. 116-117

90. zu Lambert Schneider, Die Domäne als Weltbild, Wiesbaden 1983, in: Gymnasium 94 (1987), S. 188-189

91. zu Lambert Schneider - Chr. Höcker, Die Akropolis von Athen, Köln 1990, in: Westfälische Nachrichten 20.3.1991

92. zu Kulturgeschichte des alten Vorderasien, hrsg. v. H. Klengel, Berlin DDR 1989, in: DLZ 113, 1/2 (1992), S. 73-75

93. zu Edith Hall, Inventing the Barbarian. Greek Self-Definition through Tragedy, Oxford 1989, in: Hephaistos 11/12 (1992/93), S. 215-223

94. zu Reinhold Merkelbach, Isis regina - Zeus Sarapis, Stuttgart - Berlin 1995, in: Theologische Revue 91 (1995), S. 529-530

95. zu Markus Mode, Sogdien und die Herrscher der Welt. Türken, Sasaniden und Chinesen in Historiengemälden des 7. Jhds. n.Chr. aus Alt-Samarqand, Frankfurt - Bern - New York 1993, in: Hephaistos 14 (1996), S. 279-284

Nachrufe auf Gelehrte

96. Franz Altheim (1898-1976), in: Münstersche Zeitung 23.10.1976

97. Sir Moses Finley (1912-1986), in: Münstersche Beiträge zur Antiken Handelsgeschichte IV, 2, 1985 (1986)

Mitarbeit als Herausgeber

98. Antidoron Jürgen Thimme - Festschrift zum 65. Geburtstag, hrsg. gemeinsam mit C. Müller-Wirth und B. Otto, Karlsruhe 1982

99. Beirat der Zeitschrift Visible Religion. Annual for Religious Iconography (Leiden) 1982ff.

100. Geschichte und Geschichtsbewußtsein - Festschrift Karl-Ernst Jeismann zum 65. Geburtstag, hrsg. gemeinsam mit P. Leidinger, Münster 1990

101. Untersuchungen zum Nachwirken der Antike 1ff., hrsg. gemeinsam mit M. Kunze und V. Riedel, Münster 1993ff.

102. Hephaistos. Kritische Zeitschrift zur Theorie und Praxis der Archäologie, Kunstwissenschaft und angrenzende Gebiete, ab 11, Bremen 1992 gemeinsam mit B. Fehr, H. Hoffmann, H. Schalles, Lambert Schneider und Christoph Höcker

103. Die emotionale Dimension antiker Religiosität, hrsg. gemeinsam mit A. Kneppe = Forschungen zur Anthropologie und Religionsgeschichte 37, Münster 2003

104. Bildergeschichte – Festschrift für Klaus Stähler zum 65. Geburtstag, hrsg. gemeinsam mit J. Gebauer, E. Grabow und F. Jünger, Bibliopolis-Möhnesee 2004

Angaben zur Erstveröffentlichung

I. Geschichte der Antike

Diogenes – Kyniker oder Sufi?
Annäherung an Griechenland. Festschrift für Anastasios Katsanakis zum 65. Geburtstag, hrsg. von H.-D. Blume und C. Lienau, Münster: Lienau 2002, S. 190-195

Bilderstürme und Bilderfeindlichkeit in der Antike
Bildersturm, hrsg. von M. Warnke, München: Hanser 1973, S. 14-29 und S. 142-150

Zur Theorie und Methode der Erforschung von Rassismus in der Antike
Kritische Berichte 5 (1977), Marburg: Jonas-Verlag, S. 5-20

Ökonomische Aspekte des Religionswandels in der Spätantike
Hephaistos 3 (1981), Bad Bramstedt: Moreland Ed., S. 27-40

Demokratie als Bauherr
Praktika des 12. Internationalen Kongresses für Klassische Archäologie 1983, Athen 1988, IV, S. 129-133

Zur Geschichte Apuliens im Altertum
Apulien. Kulturberührungen in griechischer Zeit, hrsg. von K. Stähler, Münster: Wilmers 1985, S. 14-24

Widerstand von Nomaden gegen zentralistische Staaten im Altertum
Forms of control and subordination in Antiquity, hrsg. von T. Yuge - M. Doi, Tokyo – Leiden: Brill 1988, S. 86-95

Geschichtliche Verfassung und Programmatik der antiken Bildung
Bildungsgeschichte und historisches Lernen, hrsg. von E. Hinrichs - W. Jacobmeyer, Frankfurt: Diesterweg 1991, S. 25-35

Rezension zu Edith Hall, Inventing the Barbarian
Hephaistos 11/12 (1992/93), Klartextverlag Bremen, S. 215-223

II. Kunst der Antike

Zur Münzkunst Siziliens im 5. Jahrhundert v. Chr.
Westfalia Numismatica, hrsg. von P. Berghaus, Münster: Verein der Münzfreunde für Westfalen und Nachbargebiete 1963, S. 9-13

Eunomia und Aphrodite
Hephaistos 2 (1980), Bad Bramstedt: Moreland Ed, S. 73-88

Einfluß der Pantomime auf die Vasenbilder des 6. und 5. Jhds. v. Chr.
Images et société en Grèce antique - Colloque International Lausanne 1984 (Cahiers d'Archéologie Romande 36), Lausanne: Inst. d'Archéologie et d'Histoire Ancienne 1987, S. 73-77

Audiatur et altera pars: zur Doppeldeutigkeit einer griechischen Amazone aus dem Sudan
Visible Religion 7 (1990), Leiden: Brill, S. 172-198

Archaische Kunst im Spiegel archaischen Denkens
Mousikos Aner. Festschrift für Max Wegner zum 90. Geburtstag, hrsg. von Oliver Brehm – Sascha Klie, Bonn: Habelt 1992, S. 289-303

Rezension zu L. F. Fitzhardinge, The Spartian
The Archaeological Advertiser, Spring 1980, Bad Bramstedt: Moreland Ed., S. 63-66,

Rezension zu: B. Bilinski, Agoni ginnici
Hephaistos 2 (1980), Bad Bramstedt: Moreland Ed,S. 179-183

III. Religion der Antike

Autopsia
Antike und Universalgeschichte. Festschrift Hans Erich Stier, Münster: Aschendorff 1972, S.113-121

Anikonische Darstellungen
Visible Religion 5 (1986),Leiden: Brill, S. 96-113

Die politisch-religiöse Bedeutung des Vlieses auf dem skythischen Pektorale der Tolstaia Mogila
Zur graeco-skythischen Kunst. Archäologisches Kolloquium Münster 24.-26. November 1995, hrsg. von K. Stähler, Münster: Ugarit-Verlag 1997, S. 178-195

„Abstandsbetonung". Zur Entwicklung des Innenraums griechischer Tempel in der Epoche der frühen Polis
Religion und Gesellschaft. Studien zu ihrer Wechselbeziehung in den Kulturen des Antiken Vorderen Orients, hrsg. von Rainer Albertz, Münster: Ugarit-Verlag 1997, S. 155-175

Das Pferd auf den Münzen des Labienus – ein Mithras-Symbol?
Studien zur Religion und Kultur Kleinasiens. Festschrift für Karl Dörner zum 65. Geburtstag am 28. Februar 1976, Leiden: Brill 1978, S. 619-638

Bedeutung und Funktion des phönizischen Toponyms Melite und Argumente zur Erläuterung der Identifizierung von Melite mit Kephallenia
Praktika „Synanthiseōs 1999" Kephallinia – Meliti, hrsg. von G. D. Metallinos, Athen 2003, S. 124-135

Zum Schamanismus in Griechenland
Antidoron, Festschrift für Jürgen Thimme zum 65. Geburtstag am 26. September 1982, Karlsruhe: Müller 1982, S. 75-82

IV. Orient

Zur Nestorianer-Stele in Xian (China)
Julius Euting, ein Forscherleben in Tübingen und Straßburg. Euting-Symposium Tübingen 1999

Kommagene von Osten her gesehen
Gottkönige am Euphrat, hrsg. von Jörg Wagner, Mainz: von Zabern 2000, S. 51-55

Concluding Remarks
Achaemenid History I. Sources, Structures and Synthesis. Proceedings of the Groningen 1983 Achaemenid History Workshop, ed. By Heleen Sancisi-Weerdenburg, Leiden: Nederlands instituut voor het nabue oosten 1987, S. 191-196

Vom Prinzipalmarkt zurück in den Orient: Märkte vor der Stadtmauer
Ex Mesopotamia et Syria Lux. Festschrift für Manfried Dietrich zu seinem 65. Geburtstag, Münster: Ugarit-Verlag 2000, S. 425-434

Ein Ende der Antike: Der letzte sasanidische Großkönig im Exil auf einem sogdischen Wandgemälde. Rezension zu Markus Mode, Sogdien und die Herrscher der Welt
Hephaistos 14 (1996), Lüneburg: Camelion-Verlag, S. 279-284

V. Achämeniden

Wandteppiche mit Bildern der Perserkriege im Achämenidenpalast zu Babylon
Mitteilungen des Deutschen Archäologen-Verbandes e.V., hrsg. vom Vorstand des Deutschen Archäologen-Verbandes e.V. 6 (1975), S. 37-38

Reichsbildung und Geschichtsbild bei den Achämeniden
Seminar: Die Entstehung der antiken Klassengesellschaft, hrsg. von Hans G. Kippenberg, Frankfurt: Suhrkamp 1977, S. 279-312

Zur Wirkungsgeschichte des Darius-Palastes in Susa
Akten des VII. Intern. Kongresses für Iran. Kunst, München 1976 = Archäologische Miteilungen aus Iran, Ergänzungsband. 6, Berlin: Reimer 1979, S. 217-218

Bemerkungen zum Brief des Darius an Gadatas
Topoi, Suppl. 1, Paris: De Boccard 1997, S. 323-332

Stilistische Evidenz für die Benutzung persischer Quellen durch griechische Historiker
Achaemenid History II. Sources, Structures and Synthesis. Proceedings of the Groningen 1983 Achaemenid History Workshop, ed. By Heleen Sancisi-Weerdenburg, Leiden: Nederlands instituut voor het nabue oosten 1987, S. 191-196

VI. Nachleben der Antike

Renaissance-Bildnisse antiker Architekten am Haus eines Stadtbaumeisters in Sélestat (Schlettstadt)
Antike und Abendland 18 (1973), Berlin u.a.: De Gruyter, S. 146-162

J. J. Winckelmann (1717-1768)
Hephaistos 5/6 (1983/4), Bremen: Klartextverlag, S. 7-18

Winckelmann und die Indianer
Altertumskunde im 18. Jahrhundert. Wechselwirkungen zwischen Italien und Deutschland, Stendal: Winckelmann-Gesellschaft 2000, S. 115-122

Zwischen Kythera und Thebais
Religiöse Landschaften, hrsg. von Johannes Hahn, Münster: Ugarit-Verlag 2002, S. 181-216

Die Achämeniden im Geschichtsbewußtsein des 15. und 16. Jahrhunderts
Archäologische Mitteilungen aus Iran, Ergänzungsband 10, hrsg. vom
Deutschen Archäologischen Institut, Abteilung Teheran, Berlin: Reimer
1983, S. 289-303

Die Freiheitsmütze vor der Revolution und in der Antike
Die Freiheit und die Künste. Modelle und Realitäten von der Antike bis zum
18.Jahrhundert, hrsg. von Volker Riedel, Stendal: Winckelmann-Gesell-
schaft 2001, S. 67-86

Goethe und die Achämeniden
Iranzamin. Echo der iranischen Kultur 12 (1999), Ausgabe 4/5, Bonn: Hafiz-
Verlag, S. 310-314

Skythen und Schamanen bei Goethe
Erstveröffentlichung

VII. Geschichtsbewußtsein

Purunpacha – die Vernichtung historischer Erinnerung durch den Sieger
Geschichtsbewußtsein und historisch-politisches Lernen, hrsg. von Gerhard
Schneider, Pfaffenweiler: Centaurus-Verlagsgesellschaft 1988, S. 41-48

A. H. Anquetil-Duperron (1731-1805) und das Konzept der Achsenzeit
Achaemenid History VII. Through Travellers' Eyes. European Travellers on
the Iranian Monuments, ed. By Heleen Sancisi-Weerdenburg, Leiden: Ne-
derlands instituut voor het nabue oosten 1991, S. 123-133

Achsenzeit. Zur Entwicklung eines geschichtsphilosophischen Epochen-
begriffs für das Altertum. Thesen zur Brauchbarkeit des Achsenzeits-Kon-
zepts
Sitzungsberichte der Leibniz-Sozietät, Bd. 34 (1999), Berlin: Leibniz-
Sozietät e.V., S. 93-100

Über das Konzept der „Vier großen Königreiche" in Manis Kephalaia (cap.
77)
Klio. Beiträge zur alten Geschichte 71 (1989), Berlin: Akademie-Verlag, S.
446-459

Die griechische Ethnographie unter geschichtsdidaktischen Aspekten
Hephaistos 10 (1991), Klartextverlag Bremen, S. 105-110

Lesefrüchte zur Geschichte und ihrer Didaktik
Geschichte, Politik und ihre Didaktik. Zeitschrift für historisch-politische Bildung. Beiträge und Nachrichten für die Unterrichtspraxis 19 (1991), Paderborn: Schöningh, S. 254-255

Personenindex

(inkl. Götter und Personifikationen)

Ortsindex

Ugarit-Verlag Münster

Ricarda-Huch-Straße 6, D-48161 Münster (www.ugarit-verlag.de)

Lieferbare Bände der Serien AOAT, AVO, ALASP(M), FARG, Eikon und ELO:

Alter Orient und Altes Testament (AOAT)

Herausgeber: Manfried DIETRICH - Oswald LORETZ

43 Nils P. HEEßEL, *Babylonisch-assyrische Diagnostik*. 2000 (ISBN 3-927120-86-3), XII + 471 S. + 2 Abb., ∈ 98,17.

245 Francesco POMPONIO - Paolo XELLA, *Les dieux d'Ebla. Étude analytique des divinités éblaïtes à l'époque des archives royales du IIIe millénaire*. 1997 (ISBN 3-927120-46-4), VII + 551 S., ∈ 59,31.

246 Annette ZGOLL, *Der Rechtsfall der En-ḫedu-Ana im Lied nin-me-šara*, 1997 (ISBN 3-927120-50-2), XII + 632 S., ∈ 68,51.

248 *Religion und Gesellschaft. Veröffentlichungen des Arbeitskreises zur Erforschung der Religions- und Kulturgeschichte des Antiken Vorderen Orients (AZERKAVO), Band 1*. 1997 (ISBN 3-927120-54-5), VIII + 220 S., ∈ 43,97.

249 Karin REITER, *Die Metalle im Alten Orient unter besonderer Berücksichtigung altbabylonischer Quellen*. 1997 (ISBN 3-927120-49-9), XLVII + 471 + 160 S. + 1 Taf., ∈ 72,60.

250 Manfried DIETRICH - Ingo KOTTSIEPER, Hrsg., *"Und Mose schrieb dieses Lied auf". Studien zum Alten Testament und zum Alten Orient. Festschrift Oswald Loretz*. 1998 (ISBN 3-927120-60-X), xviii + 955 S., ∈ 112,48.

251 Thomas R. KÄMMERER, *Šimâ milka. Induktion und Reception der mittelbabylonischen Dichtung von Ugarit, Emār und Tell el-'Amārna*. 1998 (ISBN 3-927120-47-2), XXI + 360 S., ∈ 60,33.

252 Joachim MARZAHN - Hans NEUMANN, Hrsg., *Assyriologica et Semitica. Festschrift für Joachim OELSNER anläßlich seines 65. Geburtstages am 18. Februar 1997*. 2000 (ISBN 3-927120-62-6), xii + 635 S. + Abb., ∈ 107,88.

253 Manfried DIETRICH - Oswald LORETZ, Hrsg., *dubsar anta-men. Studien zur Altorientalistik. Festschrift für W.H.Ph. Römer*. 1998 (ISBN 3-927120-63-4), xviii + 512 S., ∈ 72,60.

254 Michael JURSA, *Der Tempelzehnt in Babylonien vom siebenten bis zum dritten Jahrhundert v.Chr.* 1998 (ISBN 3-927120-59-6), VIII + 146 S., ∈ 41,93.

255 Thomas R. KÄMMERER - Dirk SCHWIDERSKI, *Deutsch-Akkadisches Wörterbuch*. 1998 (ISBN 3-927120-66-9), XVIII + 589 S., ∈ 79,76.

256 Hanspeter SCHAUDIG, *Die Inschriften Nabonids von Babylon und Kyros' des Großen*. 2001 (ISBN 3-927120-75-8), XLII + 766 S., ∈ 103,--.

257 Thomas RICHTER, *Untersuchungen zu den lokalen Panthea Süd- und Mittelbabyloniens in altbabylonischer Zeit (2., verb. und erw. Aufl.)*. 2004 (ISBN 3-934628-50-8; Erstausgabe: 3-927120-64-2), XXI + 608 S., ∈ 88,--.

258 Sally A.L. BUTLER, *Mesopotamian Conceptions of Dreams and Dream Rituals*. 1998 (ISBN 3-927120-65-0), XXXIX + 474 S. + 20 Pl., ∈ 75,67.

259 Ralf ROTHENBUSCH, *Die kasuistische Rechtssammlung im Bundesbuch und ihr literarischer Kontext im Licht altorientalischer Parallelen*. 2000 (ISBN 3-927120-67-7), IV + 681 S., ∈ 65,10.

260 Tamar ZEWI, *A Syntactical Study of Verbal Forms Affixed by -n(n) Endings . . .* 1999 (ISBN 3-927120-71-5), VI + 211 S., ∈ 48,06.

261 Hans-Günter BUCHHOLZ, *Ugarit, Zypern und Ägäis - Kulturbeziehungen im zweiten Jahrtausend v.Chr.* 1999 (ISBN 3-927120-38-3), XIII + 812 S., 116 Tafeln, ∈ 109,42.

262 Willem H.Ph. RÖMER, *Die Sumerologie. Einführung in die Forschung und Bibliographie in Auswahl (zweite, erweiterte Auflage)*. 1999 (ISBN 3-927120-72-3), XII + 250 S., ∈ 61,36.

263 Robert ROLLINGER, *Frühformen historischen Denkens. Geschichtsdenken, Ideologie und Propaganda im alten Mesopotamien am Übergang von der Ur-III zur Isin-Larsa Zeit* (ISBN 3-927120-76-6)(i.V.)

264 Michael P. STRECK, *Die Bildersprache der akkadischen Epik*. 1999 (ISBN 3-927120-77-4), 258 S., ∈ 61,36.

265 Betina I. FAIST, *Der Fernhandel des assyrischen Reichs zwischen dem 14. und 11. Jahrhundert v. Chr.*, 2001 (ISBN 3-927120-79-0), XXII + 322 S. + 5 Tf., € 72,09.

266 Oskar KAELIN, *Ein assyrisches Bildexperiment nach ägyptischem Vorbild. Zu Planung und Ausführung der „Schlacht am Ulai".* 1999 (ISBN 3-927120-80-4), 150 S., Abb., 5 Beilagen, € 49,08.

267 Barbara BÖCK, Eva CANCIK-KIRSCHBAUM, Thomas RICHTER, Hrsg., *Munuscula Mesopotamica. Festschrift für Johannes RENGER.* 1999 (ISBN 3-927120-81-2), XXIX + 704 S., Abb., € 124,76.

268 Yushu GONG, *Die Namen der Keilschriftzeichen.* 2000 (ISBN 3-927120-83-9), VIII + 228 S., € 44,99.

269/1 Manfried DIETRICH - Oswald LORETZ, *Studien zu den ugaritischen Texten I: Mythos und Ritual in KTU 1.12, 1.24, 1.96, 1.100 und 1.114.* 2000 (ISBN 3-927120-84-7), XIV + 554 S., € 89,99.

270 Andreas SCHÜLE, *Die Syntax der althebräischen Inschriften. Ein Beitrag zur historischen Grammatik des Hebräischen.* 2000 (ISBN 3-927120-85-5), IV + 294 S., € 63,40.

271/1 Michael P. STRECK, *Das amurritische Onomastikon der altbabylonischen Zeit I: Die Amurriter, die onomastische Forschung, Orthographie und Phonologie, Nominalmorphologie.* 2000 (ISBN 3-927120-87-1), 414 S., € 75,67.

272 Reinhard DITTMANN - Barthel HROUDA - Ulrike LÖW - Paolo MATTHIAE - Ruth MAYER-OPIFICIUS - Sabine THÜRWÄCHTER, Hrsg., *Variatio Delectat - Iran und der Westen. Gedenkschrift für Peter CALMEYER.* 2001 (ISBN 3-927120-89-8), XVIII + 768 S. + 2 Faltb., € 114,53.

273 Josef TROPPER, *Ugaritische Grammatik.* 2000 (ISBN 3-927120-90-1), XXII + 1056 S., € 100,21.

274 Gebhard J. SELZ, Hrsg., *Festschrift für Burkhart Kienast. Zu seinem 70. Geburtstage, dargebracht von Freunden, Schülern und Kollegen.* 2003 (ISBN 3-927120-91-X), xxviii + 732 S., € 122,--.

275 Petra GESCHE, *Schulunterricht in Babylonien im ersten Jahrtausend v.Chr.* 2001 (ISBN 3-927120-93-6), xxxiv + 820 S. + xiv Tf., € 112,48.

276 Willem H.Ph. RÖMER, *Hymnen und Klagelieder in sumerischer Sprache.* 2001 (ISBN 3-927120-94-4), xi + 275 S., € 66,47.

277 Corinna FRIEDL, *Polygynie in Mesopotamien und Israel.* 2000 (ISBN 3-927120-95-2), 325 S., € 66,47.

278/1 Alexander MILITAREV - Leonid KOGAN, *Semitic Etymological Dictionary. Vol. I: Anatomy of Man and Animals.* 2000 (ISBN 3-927120-90-1), cliv + 425 S., € 84,87.

279 Kai A. METZLER, *Tempora in altbabylonischen literarischen Texten.* 2002 (ISBN 3-934628-03-6), xvii + 964 S., € 122,--.

280 Beat HUWYLER - Hans-Peter MATHYS - Beat WEBER, Hrsg., *Prophetie und Psalmen. Festschrift für Klaus SEYBOLD zum 65. Geburtstag.* 2001 (ISBN 3-934628-01-X), xi + 315 S., 10 Abb., € 70,56.

281 Oswald LORETZ - Kai METZLER - Hanspeter SCHAUDIG, Hrsg., *Ex Mesopotamia et Syria Lux. Festschrift für Manfried DIETRICH zu seinem 65. Geburtstag.* 2002 (ISBN 3-927120-99-5), XXXV + 950 S. + Abb., € 138,--.

282 Frank T. ZEEB, *Die Palastwirtschaft in Altsyrien nach den spätaltbabylonischen Getreidelieferlisten aus Alalaḫ (Schicht VII).* 2001 (ISBN 3-934628-05-2), XIII + 757 S., € 105,33.

283 Rüdiger SCHMITT, *Bildhafte Herrschaftsrepräsentation im eisenzeitlichen Israel.* 2001 (ISBN 3-934628-06-0), VIII + 231 S., € 63,40.

284/1 David M. CLEMENS, *Sources for Ugaritic Ritual and Sacrifice. Vol. I: Ugaritic and Ugarit Akkadian Texts.* 2001 (ISBN 3-934628-07-9), XXXIX + 1407 S., € 128,85.

285 Rainer ALBERTZ, Hrsg., *Kult, Konflikt und Versöhnung. Veröffentlichungen des AZERKAVO / SFB 493, Band 2.* 2001 (ISBN 3-934628-08-7), VIII + 332 S., € 70,56.

286 Johannes F. DIEHL, *Die Fortführung des Imperativs im Biblischen Hebräisch.* 2002 (ISBN 3-934628-19-2) (i.D.)

287 Otto RÖSSLER, *Gesammelte Schriften zur Semitohamitistik,* Hrsg. Th. Schneider. 2001 (ISBN 3-934628-13-3), 848 S., € 103,--.

288 A. KASSIAN, A. KOROLËV†, A. SIDEL'TSEV, *Hittite Funerary Ritual šalliš waštaiš.* 2002 (ISBN 3-934628-16-8), ix + 973 S., € 118,--.

289 Zipora COCHAVI-RAINEY, *The Alashia Texts from the 14ᵗʰ and 13ᵗʰ Centuries BCE. A Textual and Linguistic Study.* 2003 (ISBN 3-934628-17-6), xiv + 129 S., € 56,--.

290 Oswald LORETZ, *Götter – Ahnen – Könige als gerechte Richter. Der "Rechtsfall" des Menschen vor Gott nach altorientalischen und biblischen Texten.* 2003 (ISBN 3-934628-18-4), xxii + 932 S., € 128,--.

291 Rocío Da RIVA, *Der Ebabbar-Tempel von Sippar in frühneubabylonischer Zeit (640-580 v. Chr.),* 2002 (ISBN 3-934628-20-6), xxxi + 486 S. + xxv* Tf., € 86,--.

292 Achim BEHRENS, *Prophetische Visionsschilderungen im Alten Testament. Sprachliche Eigenarten, Funktion und Geschichte einer Gattung.* 2002 (ISBN 3-934628-21-4), xi + 413 S., € 82,--.

293 Arnulf HAUSLEITER - Susanne KERNER - Bernd MÜLLER-NEUHOF, Hrsg., *Material Culture and Mental Sphere. Rezeption archäologischer Denkrichtungen in der Vorderasiatischen Altertumskunde. Internationales Symposium für Hans J. Nissen, Berlin 23.-24. Juni 2000.* 2002 (ISBN 3-934628-22-2), xii + 391 S., € 88,--.

294 Klaus KIESOW - Thomas MEURER, Hrsg., *„Textarbeit". Studien zu Texten und ihrer Rezeption aus dem Alten Testament und der Umwelt Israels. Festschrift für Peter WEIMAR zur Vollendung seines 60. Lebensjahres.* 2002 (ISBN 3-934628-23-0), x + 630 S., € 128,--.

295 Galo W. VERA CHAMAZA, *Die Omnipotenz Aššurs. Entwicklungen in der Aššur-Theologie unter den Sargoniden Sargon II., Sanherib und Asarhaddon.* 2002 (ISBN 3-934628-24-9), 586 S., € 97,--.

296 Michael P. STRECK - Stefan WENINGER, Hrsg., *Altorientalische und semitische Onomastik.* 2002 (ISBN 3-934628-25-7), vii + 241 S., € 68,--.

297 John M. STEELE - Annette IMHAUSEN, Hrsg., *Under One Sky. Astronomy and Mathematics in the Ancient Near East.* 2002 (ISBN 3-934628-26-5), vii + 496 S., Abb., € 112,--.

298 Manfred KREBERNIK - Jürgen VAN OORSCHOT, Hrsg., *Polytheismus und Monotheismus in den Religionen des Vorderen Orients.* 2002 (ISBN 3-934628-27-3), v + 269 S., € 76,--.

299 Wilfred G.E. WATSON, Hrsg., *Festschrift Nick WYATT.* 2004 (ISBN 3-934628-32-X)(i.V.)

300 Karl LÖNING, Hrsg., *Rettendes Wissen. Studien zum Fortgang weisheitlichen Denkens im Frühjudentum und im frühen Christentum. Veröffentlichungen des AZERKAVO / SFB 493, Band 3.* 2002 (ISBN 3-934628-28-1), x + 370 S., € 84,--.

301 Johannes HAHN, Hrsg., *Religiöse Landschaften. Veröffentlichungen des AZERKAVO / SFB 493, Band 4.* 2002 (ISBN 3-934628-31-1), ix + 227 S., Abb., € 66,--.

302 Cornelis G. DEN HERTOG - Ulrich HÜBNER - Stefan MÜNGER, Hrsg., *SAXA LOQUENTUR. Studien zur Archäologie Palästinas/Israels. Festschrift für VOLKMAR FRITZ zum 65. Geburtstag.* 2003 (ISBN 3-934628-34-6), x + 328 S., Abb., € 98,--.

303 Michael P. STRECK, *Die akkadischen Verbalstämme mit ta-Infix.* 2003 (ISBN 3-934628-35-4), xii + 163 S., € 57,--.

304 Ludwig D. MORENZ - Erich BOSSHARD-NEPUSTIL, *Herrscherpräsentation und Kulturkontakte: Ägypten - Levante - Mesopotamien. Acht Fallstudien.* 2003 (ISBN 3-934628-37-0), xi + 281 S., 65 Abb., € 68,--.

305 Rykle BORGER, *Mesopotamisches Zeichenlexikon.* 2004 (ISBN 3-927120-82-0), viii + 712 S., € 74,--.

306 Reinhard DITTMANN - Christian EDER - Bruno JACOBS, Hrsg., *Altertumswissenschaften im Dialog. Festschrift für WOLFRAM NAGEL zur Vollendung seines 80. Lebensjahres.* 2003 (ISBN 3-934628-41-9), xv + 717 S., Abb., € 118,--.

307 Michael M. FRITZ, *". . . und weinten um Tammuz". Die Götter Dumuzi-Ama'ušumgal'anna und Damu.* 2003 (ISBN 3-934628-42-7), 430 S., € 83,--.

308 Annette ZGOLL, *Die Kunst des Betens. Form und Funktion, Theologie und Psychagogik in babylonisch-assyrischen Handerhebungsgebeten an Ištar.* 2003 (ISBN 3-934628-45-1), iv + 319 S., € 72,--.

309 Willem H.Ph. RÖMER, *Die Klage über die Zerstörung von Ur.* 2004 (ISBN 3-934628-46-X), ix + 191 S., € 52,--.

310 Thomas SCHNEIDER, Hrsg., *Das Ägyptische und die Sprachen Vorderasiens, Nordafrikas und der Ägäis. Akten des Basler Kolloquiums zum ägyptisch-nichtsemitischen Sprachkontakt Basel 9.-11. Juli 2003.* 2004 (ISBN 3-934628-47-8), 527 S. (i.D.)

311 Dagmar KÜHN, *Totengedenken bei den Nabatäern und im Alten Testamtent. Eine religionsgeschichtliche und exegetische Studie.* 2004 (ISBN 3-934628-48-6)(i.V.)

312 Ralph HEMPELMANN, *„Gottschiff" und „Zikkurratbau" auf vorderasiatischen Rollsiegeln des 3. Jahrtausends v. Chr.* 2004 (ISBN 3-934628-49-4), viii + 154 S., + Tf. I-XXXI, Abb. (i.D.)

313 Rüdiger SCHMITT, *Magie im Alten Testament.* 2004 (ISBN 3-934628-52-4), xiii + 471 S. (i.D.)

Neuauflage:

257 Thomas RICHTER, *Untersuchungen zu den lokalen Panthea Süd- und Mittelbabyloniens in altbabylonischer Zeit* (2., verb. und erw. Aufl.). 2004 (ISBN 3-934628-50-8; Erstausgabe: 3-927120-64-2), XXI + 608 S., € 88,--.

Elementa Linguarum Orientis (ELO)
Herausgeber: *Josef TROPPER - Reinhard G. LEHMANN*

1 Josef TROPPER, *Ugaritisch. Kurzgefasste Grammatik mit Übungstexten und Glossar.* 2002 (ISBN 3-934628-17-6), xii + 168 S., € 28,--.

2 Josef TROPPER, *Altäthiopisch. Grammatik des Ge'ez mit Übungstexten und Glossar.* 2002 (ISBN 3-934628-29-X), xii + 309 S. € 42,--.

Altertumskunde des Vorderen Orients (AVO)
Herausgeber: *Manfried DIETRICH - Reinhard DITTMANN - Oswald LORETZ*

1 Nadja CHOLIDIS, *Möbel in Ton.* 1992 (ISBN 3-927120-10-3), XII + 323 S. + 46 Taf., € 60,84.

2 Ellen REHM, *Der Schmuck der Achämeniden.* 1992 (ISBN 3-927120-11-1), X + 358 S. + 107 Taf., € 63,91.

3 Maria KRAFELD-DAUGHERTY, *Wohnen im Alten Orient.* 1994 (ISBN 3-927120-16-2), x + 404 S. + 41 Taf., € 74,65.

4 Manfried DIETRICH - Oswald LORETZ, Hrsg., *Festschrift für* Ruth Mayer-Opificius. 1994 (ISBN 3-927120-18-9), xviii + 356 S. + 256 Abb., € 59,31.

5 Gunnar LEHMANN, *Untersuchungen zur späten Eisenzeit in Syrien und Libanon. Stratigraphie und Keramikformen zwischen ca. 720 bis 300 v.Chr.* 1996 (ISBN 3-927120-33-2), x + 548 S. + 3 Karten + 113 Tf., € 108,39.

6 Ulrike LÖW, *Figürlich verzierte Metallgefäße aus Nord- und Nordwestiran - eine stilkritische Untersuchung.* 1998 (ISBN 3-927120-34-0), xxxvii + 663 S. + 107 Taf., € 130,89.

7 Ursula MAGEN - Mahmoud RASHAD, Hrsg., *Vom Halys zum Euphrat.* Thomas Beran *zu Ehren.* 1996 (ISBN 3-927120-41-3), XI + 311 S., 123 Abb., € 71,07.

8 Eşref ABAY, *Die Keramik der Frühbronzezeit in Anatolien mit »syrischen Affinitäten«.* 1997 (ISBN 3-927120-58-8), XIV + 461 S., 271 Abb.-Taf., € 116,57.

9 Jürgen SCHREIBER, *Die Siedlungsarchitektur auf der Halbinsel Oman vom 3. bis zur Mitte des 1. Jahrtausends v.Chr.* 1998 (ISBN 3-927120-61-8), XII + 253 S., € 53,17.

10 *Iron Age Pottery in Northern Mesopotamia, Northern Syria and South-Eastern Anatolia.* Ed. Arnulf HAUSLEITER and Andrzej REICHE. 1999 (ISBN 3-927120-78-2), XII + 491 S., € 117,60.

11 Christian GREWE, *Die Entstehung regionaler staatlicher Siedlungsstrukturen im Bereich des prähistorischen Zagros-Gebirges. Eine Analyse von Siedlungsverteilungen in der Susiana und im Kur-Flußbecken.* 2002 (ISBN 3-934628-04-4), x + 580 S. + 1 Faltblatt, € 142,--.

Abhandlungen zur Literatur Alt-Syrien-Palästinas und Mesopotamiens (ALASPM)
Herausgeber: *Manfried DIETRICH - Oswald LORETZ*

1 Manfried DIETRICH - Oswald LORETZ, *Die Keilalphabete.* 1988 (ISBN 3-927120-00-6), 376 S., € 47,55.

2 Josef TROPPER, *Der ugaritische Kausativstamm und die Kausativbildungen des Semitischen.* 1990 (ISBN 3-927120-06-5), 252 S., € 36,30.

3 Manfried DIETRICH - Oswald LORETZ, *Mantik in Ugarit.* Mit Beiträgen von Hilmar W. Duerbeck - Jan-Waalke Meyer - Waltraut C. Seitter. 1990 (ISBN 3-927120-05-7), 320 S., € 50,11.

5 Fred RENFROE, *Arabic-Ugaritic Lexical Studies.* 1992 (ISBN 3-927120-09-X). 212 S., € 39,37.

6 Josef TROPPER, *Die Inschriften von Zincirli.* 1993 (ISBN 3-927120-14-6). XII + 364 S., ∈ 55,22.

7 *UGARIT ⸚ ein ostmediterranes Kulturzentrum im Alten Orient. Ergebnisse und Perspektiven der Forschung.* Vorträge gehalten während des Europäischen Kolloquiums am 11.-12. Februar 1993, hrsg. von Manfried DIETRICH und Oswald LORETZ.

Bd. I: *Ugarit und seine altorientalische Umwelt.* 1995 (ISBN 3-927120-17-0). XII + 298 S., ∈ 61,36.

Bd. II: H.-G. BUCHHOLZ, *Ugarit und seine Beziehungen zur Ägäis.* 1999 (ISBN 3-927120-38-3): **AOAT 261**.

8 Manfried DIETRICH - Oswald LORETZ - Joaquín SANMARTÍN, *The Cuneiform Alphabetic Texts from Ugarit, Ras Ibn Hani and Other Places. (KTU: second, enlarged edition).* 1995 (ISBN 3-927120-24-3). XVI + 666 S., ∈ 61,36.

9 Walter MAYER, *Politik und Kriegskunst der Assyrer.* 1995 (ISBN 3-927120-26-X). XVI + 545 S. ∈ 86,92.

10 Giuseppe VISICATO, *The Bureaucracy of Šuruppak. Administrative Centres, Central Offices, Intermediate Structures and Hierarchies in the Economic Documentation of Fara.* 1995 (ISBN 3-927120-35-9). XX + 165 S. ∈ 40,90.

11 Doris PRECHEL, *Die Göttin Išḫara.* 1996 (ISBN 3-927120-36-7) — Neuauflage geplant in AOAT.

12 Manfried DIETRICH - Oswald LORETZ, *A Word-List of the Cuneiform Alphabetic Texts from Ugarit, Ras Ibn Hani and Other Places (KTU: second, enlarged edition).* 1996 (ISBN 3-927120-40-5), x + 250 S., ∈ 40,90.

Forschungen zur Anthropologie und Religionsgeschichte
(FARG)
Herausgeber: *Manfried DIETRICH - Oswald LORETZ*

27 Jehad ABOUD, *Die Rolle des Königs und seiner Familie nach den Texten von Ugarit.* 1994 (ISBN 3-927120-20-0), XI + 217 S., ∈ 19,68.

28 Azad HAMOTO, *Der Affe in der altorientalischen Kunst.* 1995 (ISBN 3-927120-30-8), XII + 147 S. + 25 Tf. mit 155 Abb., ∈ 25,05.

29 *Engel und Dämonen. Theologische, anthropologische und religionsgeschichtliche Aspekte des Guten und Bösen.* Hrsg. von Gregor AHN - Manfried DIETRICH, 1996 (ISBN 3-927120-31-6), XV + 190 S. - vergr.

30 Matthias B. LAUER, *"Nachhaltige Entwicklung" und Religion. Gesellschaftsvisionen unter Religionsverdacht und die Frage der religiösen Bedingungen ökologischen Handelns.* 1996 (ISBN 3-927120-48-0), VIII + 207 S., ∈ 18,41.

31 Stephan AHN, *Søren Kierkegaards Ontologie der Bewusstseinssphären. Versuch einer multidisziplinären Gegenstandsuntersuchung.* 1997 (ISBN 3-927120-51-0), XXI + 289 S., ∈ 23,52.

32 Mechtilde BOLAND, *Die Wind-Atem-Lehre in den älteren Upaniṣaden.* 1997 (ISBN 3-927120-52-9), XIX + 157 S., ∈ 18,41.

33 *Religionen in einer sich ändernden Welt. Akten des Dritten Gemeinsamen Symposiums der THEOLOGISCHEN FAKULTÄT DER UNIVERSITÄT TARTU und der DEUTSCHEN RELIGIONSGESCHICHTLICHEN STUDIENGESELLSCHAFT am 14. und 15. November 1997.* Hrsg. von Manfried DIETRICH, 1999 (ISBN 3-927120-69-3), X + 163 S., 12 Abb., ∈ 16,87.

34 *Endzeiterwartungen und Endzeitvorstellungen in den verschiedenen Religionen. Akten des Vierten Gemeinsamen Symposiums der THEOLOGISCHEN FAKULTÄT DER UNIVERSITÄT TARTU und der DEUTSCHEN RELIGIONSGESCHICHTLICHEN STUDIENGESELLSCHAFT am 5. und 6. November 1999.* Hrsg. von Manfried DIETRICH, 2001 (ISBN 3-927120-92-8), IX + 223 S., ∈ 16,87.

35 Maria Grazia LANCELLOTTI, *The Naassenes. A Gnostic Identity Among Judaism, Christianity, Classical and Ancient Near Eastern Traditions.* 2000 (ISBN 3-927120-97-9), XII + 416 S., ∈ 36,81.

36 *Die Bedeutung der Religion für Gesellschaften in Vergangenheit und Gegenwart. Akten des Fünften Gemeinsamen Symposiums der THEOLOGISCHEN FAKULTÄT DER UNIVERSITÄT TARTU und der DEUTSCHEN RELIGIONSGESCHICHTLICHEN STUDIENGESELLSCHAFT am 2. und 3. November 2001.* Hrsg. von Manfried DIETRICH - Tarmo KULMAR, 2003 (ISBN 3-934628-15-X), ix + 263 S., ∈ 46,--.

37 *Die emotionale Dimension antiker Religiosität.* Hrsg. von Alfred KNEPPE - Dieter METZLER, 2003 (ISBN 3-934628-38-9), xiii + 157 S., € 46,--.

38 Marion MEISIG, *Ursprünge buddhistischer Heiligenlegenden. Untersuchungen zur Redaktionsgeschichte des Chuan⁴ tsih² pêh² yüan² king¹.* 2004 (ISBN 3-934628-40-0), viii + 182 S., € 53,--.

39 Dieter METZLER, *Kleine Schriften zur Geschichte und Religion des Altertums und deren Nachleben. Hrsg. von Tobias Arand und Alfred Kneppe.* 2004 (ISBN 3-934628-51-6), ix + 639 S., Abb.

Eikon
Beiträge zur antiken Bildersprache
Herausgeber: *Klaus STÄHLER*

1 Klaus STÄHLER, *Griechische Geschichtsbilder klassischer Zeit.* 1992 (ISBN 3-927120-12-X), X + 120 S. + 8 Taf., € 20,86.

2 Klaus STÄHLER, *Form und Funktion. Kunstwerke als politisches Ausdrucksmittel.* 1993 (ISBN 3-927120-13-8), VIII + 131 S. mit 54 Abb., € 21,99.

3 Klaus STÄHLER, *Zur Bedeutung des Formats.* 1996 (ISBN 3-927120-25-1), ix + 118 S. mit 60 Abb., € 24,54.

4 *Zur graeco-skythischen Kunst. Archäologisches Kolloquium Münster 24.-26. November 1995.* Hrsg.: Klaus STÄHLER, 1997 (ISBN 3-927120-57-X), IX + 216 S. mit Abb., € 35,79.

5 Jochen FORNASIER, *Jagddarstellungen des 6.-4. Jhs. v. Chr. Eine ikonographische und ikonologische Analsyse.* 2001 (ISBN 3-934628-02-8), XI + 372 S. + 106 Abb., € 54,19.

6 Klaus STÄHLER, *Der Herrscher als Pflüger und Säer: Herrschaftsbilder aus der Pflanzenwelt.* 2001 (ISBN 3-934628-09-5), xii + 332 S. mit 168 Abb., € 54,19.

7 Jörg GEBAUER, *Pompe und Thysia. Attische Tieropferdarstellungen auf schwarz- und rotfigurigen Vasen.* 2002 (ISBN 3-934628-30-3), xii + 807 S. mit 375 Abb., € 80,--.

8 *Ikonographie und Ikonologie. Interdisziplinäres Kolloquium 2001.* Hrsg.: Wolfgang HÜBNER - Klaus STÄHLER, 2004 (ISBN 3-934628-44-3), xi + 187 S. mit Abb. (i.D.).

Auslieferung - Distribution:
BDK Bücherdienst GmbH
Kölner Straße 248
D-51149 Köln

Distributor to North America:
Eisenbrauns, Inc.
Publishers and Booksellers, POB 275
Winona Lake, Ind. 46590, U.S.A.